사의 1초를 아껴주는 정성!

세상이 아무리 바쁘게 돌아가더라도
책까지 아무렇게나 빨리 만들 수는 없습니다.
인스턴트 식품 같은 책보다는
오래 익힌 술이나 장맛이 밴 책을 만들고 싶습니다.

길벗이지톡은 독자 여러분이
우리를 믿는다고 할 때 가장 행복합니다.
나를 아껴주는 어학도서,
길벗이지톡의 책을 만나보십시오.

독자의 1초를 아껴주는
정성을 만나보십시오.

미리 책을 읽고 따라해본 2만 베타테스터 여러분과
무따기 체험단, 길벗스쿨 엄마 2% 기획단,
시나공 평가단, 토익 배틀, 대학생 기자단까지!
믿을 수 있는 책을 함께 만들어주신 독자 여러분께 감사드립니다.

홈페이지의 '독자마당'에 오시면
책을 함께 만들 수 있습니다.

(주)도서출판 길벗 www.gilbut.co.kr
길벗이지톡 www.gilbut.co.kr
길벗스쿨 www.gilbutschool.co.kr

mp3 파일 구성과 활용법

1 〈첫째 마당 듣기 완벽 대비〉 폴더

▶ 듣기 영역 시나공법에 나오는 예제, 내공쌓기 받아쓰기, 확인문제가 수록되어 있습니다. 각 코너와 예제별로 파일이 나누어져 있어 선택하여 들을 수 있습니다.

> **예시** 듣기 1-01-1 예제1.mp3
> 듣기 1-01-3 확인문제.mp3
> 듣기 2-01-2 내공쌓기.mp3

2 〈둘째 마당 독해 완벽 대비〉 폴더

▶ 독해 영역 3, 4부분의 시나공법에 나오는 예제, 확인문제의 지문이 수록되어 있습니다. 복습할 때 유용하게 활용할 수 있습니다.

> **예시** 독해 3-01-1 예제.mp3
> 독해 3-01-2 확인문제.mp3

3 〈실전문제-듣기〉 폴더

▶ 듣기 한 영역이 끝날 때마다 문제를 풀어 보며 학습 내용을 중간 점검할 수 있습니다. 〈실전 듣기용〉 폴더와 필요한 부분을 찾아 들을 수 있는 〈반복 훈련용〉 폴더로 구성되어 있습니다.

> **예시** 〈실전 듣기용〉   1-05 실전문제.mp3
> 〈반복 훈련용〉   실전문제01.mp3

〈실전문제-독해〉 폴더

▶ 독해 영역 3, 4부분의 실전문제 지문이 수록되어 있습니다. 지문별로 파일이 나누어져 있어 선택하여 들을 수 있습니다.

> **예시** 실전문제 71_75.mp3
> 실전문제 76_80.mp3

4 〈실전모의고사〉 폴더

▶ 실제 시험과 같이 시험을 칠 수 있는 〈실전 듣기용〉 폴더와 필요한 부분을 찾아 들을 수 있는 〈반복 훈련용〉 폴더로 구성되어 있습니다.

> **예시** 〈실전 듣기용〉   실전모의고사.mp3
> 〈반복 훈련용〉   실전모의고사01.mp3

5 〈듣기 특별 모의고사〉 폴더

▶ 최근 HSK 듣기 스타일을 반영하여, 문제의 난이도를 높이고 음원 속도를 빠르게 조절했습니다. 〈실전 듣기용〉과 〈반복 훈련용〉 폴더로 구성되어 있습니다.

> **예시** 〈실전 듣기용〉　　　듣기특별모의01.mp3
> 　　　 〈반복 훈련용〉　　　듣기특별모의01-01.mp3

6 〈HSK6급 비법노트〉 폴더

▶ 부록 단어장에 담긴 핵심 어휘, 핵심 호응, 핵심 문장이 수록되어 있습니다. 자주 들으면서 귀에 익히도록 합시다.

> **예시** Day01 핵심어휘.mp3

mp3 파일 무료 다운로드

길벗 홈페이지(www.gilbut.co.kr)로 오시면 mp3 파일 및 관련 자료를 다양하게 이용할 수 있습니다.

| 1단계 | 도서명 ▼ | | 검색 | 에 찾고자 하는 책 이름을 입력하세요. |

2단계　검색한 도서로 이동하여 〈자료실〉 탭을 클릭하세요.

3단계　mp3 및 다양한 자료를 받으세요.

美梦成真! 꿈은 이루어진다!

★ 목표하는 HSK 급수

1 시험 예정 시기: [　　　　]년 [　　　]월

2 목표 점수: HSK 6급 [　　　　]점

듣기 [　　　　]점 | 독해 [　　　　]점 | 쓰기 [　　　　]점

★ 중국어 공부의 최종 목표

(예: HSK 0급, 교수, 학원 강사, 동시통역사, 번역가, 뉴스청취, 일상회화, 古文, 무역회사 등)

➔ [　　　　　　　　　　　　　　　　　　　　　　　　　　　　　]

★ 중국어 공부 세부 목표

(예: 이 책을 매일 세 장씩 공부하기, 하루 한 문장 암기하기, 지하철에서 mp3 파일 듣기, 단어 20개씩 외우기 등)

1 _____

2 _____

3 _____

4 _____

5 _____

마법의 네 마디!

아래 네 문장을 매일 공부하기 전에 큰 소리로 읽어 주세요.

- 나는 날마다 중국어 실력이 늘고 있다!
- 나는 중국어 공부하는 것이 미치도록 재미있다!
- 남과 비교하지 말고, 나 자신의 어제와 오늘을 비교하자!
- 나는 꼭 HSK 6급 (　　　　)점을 딸 수 있다!

시험에 나오는 것만 공부한다!

시나공
HSK 6급

YBM 종로 어학원 · EBSlang HSK 전문 강사

리우 · 쉬엔 지음

시나공 HSK 6급
Crack the Exam! - HSK for Level 6

초판 발행 · 2017년 8월 10일
초판 6쇄 발행 · 2020년 3월 15일

지은이 · 리우, 쉬엔
발행인 · 이종원
발행처 · (주)도서출판 길벗
브랜드 · 길벗이지톡
출판사 등록일 · 1990년 12월 24일
주소 · 서울시 마포구 월드컵로 10길 56(서교동)
대표전화 · 02)332-0931 / **팩스** · 02)323-0586
홈페이지 · www.gilbut.co.kr / **이메일** · eztok@gilbut.co.kr

담당편집 · 박정현(bonbon@gilbut.co.kr) / **기획** · 이민경 / **디자인** · 신세진 / **제작** · 이준호, 손일순, 이진혁
영업마케팅 · 김학흥, 장봉석 / **웹마케팅** · 이수미, 최소영 / **영업관리** · 심선숙 / **독자지원** · 송혜란, 홍혜진

편집진행 및 교정교열 · 홍주현 / **전산편집** · 수(秀)디자인 / **사운드 편집 및 오디오 제작** · 와이알미디어
CTP출력 및 인쇄 · 예림인쇄 / **제본** · 신정문화사

ISBN 979-11-5924-127-7 03720
(길벗도서번호 300922)

이 도서의 국립중앙도서관 출판예정도서목록(CIP)은 서지정보유통지원시스템 홈페이지(http://seoji.nl.go.kr)와
국가자료공동목록시스템(http://www.nl.go.kr/kolisnet)에서 이용하실 수 있습니다. (CIP제어번호 : CIP2017015254)

정가 · 25,000원

독자의 1초를 아껴주는 정성 길벗출판사

길벗 | IT실용서, IT/일반 수험서, IT전문서, 경제경영서, 취미실용서, 건강실용서, 자녀교육서
더퀘스트 | 인문교양서, 비즈니스서
길벗이지톡 | 어학단행본, 어학수험서
길벗스쿨 | 국어학습서, 수학학습서, 유아학습서, 어학학습서, 어린이교양서, 교과서

페이스북 · www.facebook.com/gilbuteztok
네이버 포스트 · http://post.naver.com/gilbuteztok
유튜브 · https://www.youtube.com/gilbuteztok

한 달치 끈기만 갖고 시작하세요.
나머지는 시나공이 책임집니다!

한 달만 버텨라!

어떤 공부나 시험이든 슬럼프가 있습니다. HSK 6급은 처음 한 달이 고비입니다. 시험 공부와 함께 단어나 배경 지식 등 중국어 내공을 함께 쌓아야 해서 시작부터 무척 힘들죠.

일단 HSK 6급을 목표로 공부를 시작했다면, 한 달 동안은 스스로 실력에 대해 생각이나 평가를 하지 마세요. 모르는 단어가 나오고, 문제를 틀리는 것을 자연스러운 현상이라고 생각하고 묵묵히 한 달만 버티면, 6급 합격은 물론, 고득점까지 가능합니다!

학습 순서를 바꾸는 것이 전략이다!

공부할 때 꼭 듣기 → 독해 → 쓰기 순서로 공부할 필요가 없습니다. 각자 **빠르게 점수를 올릴 수 있는 파트부터 집중 공략**하는 것이 지름길입니다.

특히 독해의 경우 **독해 2 → 3 → 4 → 1부분으로 순서를 바꾸어 학습하세요**. 독해 파트 중 빠른 시간 내 성적이 오르지 않는 파트가 바로 1부분입니다. 이 부분을 풀지 않더라도 2, 3, 4부분에서 60점 이상을 취득하면 합격하는 데 전혀 지장이 없습니다. 평소 공부를 할 때도 이렇게 순서를 바꾸어 보세요. 시간이 촉박하다면 과감하게 버리는 것 또한 전략입니다!

단어는 한 자(字)씩 외워라!

6급은 4, 5급과 달리 필수 어휘 2,500개에 국한되지 않고 출제됩니다. 그렇다면 이 방대한 양의 어휘를 어떻게 공부해야 할까요?

먼저, 5급 필수 어휘 1,300개를 다시 한 번 **한 자(字)씩 복습**해 어휘량을 일정 수준으로 올립니다. 그다음 이 책에서 제시하는 **한 자(字)씩 익히는 훈련**을 합니다. 단어를 한 자(字)씩 공부하면 모르는 단어가 나와도 무슨 의미인지 유추할 수 있는 힘을 기르게 됩니다.

저자가 운영하는 '리우HSK 카페(www.liuhsk.co.kr)'에서 다년간의 분석을 토대로 선별한 〈HSK 6급 최우선 800단어〉 자료를 무료로 다운받아 학습하세요.

마지막으로 시험 보기 전 소책자에 있는 〈시험 전에 보는 6급 족보〉를 익힙니다.

이 책은 오랜 시간 연구한 학습법과 오프라인 학생들을 대상으로 한 강의 노하우를 집약한 결작입니다. 이전의 시나공 시리즈와는 전혀 다른 구성으로 여러분들을 찾아뵙게 되어 감회가 새롭습니다. 교재가 나오기까지 많은 도움을 주신 길벗출판사와 홍주현 씨께 감사의 말씀을 전합니다. 또한 교재를 함께 집필해 준 쉬엔 선생님과 리우HSK연구소 직원분들께도 고마움을 전합니다. 마지막으로 이 책을 선택해 주신 학생 여러분들 모두에게도 HSK 합격의 선물(礼物)이 되기를 바랍니다.

리우 & 쉬엔

1 이론

영역별 문제 유형을 통해 기본 실력 다지기

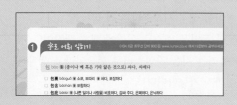

❶ 字로 어휘 익히기

한 글자(字)로 여러 단어를 익힐 수 있는 코너입니다. 이 코너는 필수 단어를 단기간에 익히는 데 도움이 되고, 모르는 단어를 봐도 그 뜻을 유추할 수 있는 힘을 길러 줍니다.

★ 〈HSK 6급 최우선 단어 800〉는 www.liuhsk.co.kr에서 무료 다운로드 받아 학습하세요.

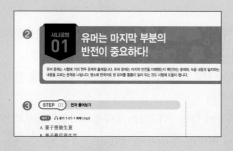

❷ 시나공법

각 영역에서 자주 출제되는 포인트와 그에 대한 학습 방향을 제시합니다. 시나공법만 읽어도 출제 포인트와 문제 유형을 파악할 수 있습니다.

❸ STEP 01 먼저 풀어보기

예제를 풀어 보는 코너입니다. 시나공법에서 배운 출제 포인트를 확인하고 실전 감각을 키울 수 있습니다.

❹ STEP 02 선생님 풀이과정 보기

예제의 해설 코너입니다. 선생님의 문제 풀이 과정과 실제 강의를 듣는 듯 생생한 해설을 볼 수 있습니다.

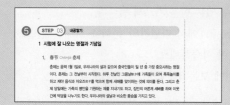

❺ STEP 03 내공쌓기

각 영역과 각 유형에서 필요한 이론을 학습하는 코너입니다. 꼭 알아야 할 이론 지식, 선생님이 엄선한 단어와 문법 내용 등으로 구성되어 있습니다.

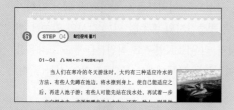

❻ STEP 04 확인문제 / 실전문제 풀기

각 시나공법에 대한 문제 풀이 코너입니다. 각 시나공법의 핵심이 무엇이었는지 생각하면서 자신의 실력을 중간 점검합니다.

2 　　　　　　　문제

실전모의고사로 시험 적응 완료!

이론편에서 문제 유형 파악과 기본 실력을 다졌으니 이제 실전 시험에 적응하는 단계입니다. 실제 시험과 같은 형식의 모의고사를 풀면서 실력을 점검합니다. 실제 시험처럼 시간을 지키면서 푸는 것이 좋습니다.

3 　　　　　　　해설

해설을 꼼꼼하게 읽어서 내 것으로 만들기!

이 책의 최대 강점인 정답과 해설입니다. 확인문제와 실전문제, 실전모의고사의 정답과 해설로 구성되어 있습니다. 저자리우 선생님과 쉬엔 선생님의 오랜 강의 경험에서 나온 HSK학습 노하우가 모두 녹아들어 있습니다. 강의실에서만 접할수 있었던 날카로운 문제 분석과 명쾌한 해설을 이제 책을 통해서도 만나 볼 수 있습니다.

휴대용 소책자
〈HSK 6급 비법노트〉
HSK 6급 필수단어와 핵심 호응, 핵심 문장을 수록했습니다. 평소 들고 다니며 틈틈이 암기하고, 시험 당일 시험장에 가져가서 어려운 단어와 호응 위주로 확인하세요.

mp3 파일 무료 다운로드
3가지 빠르기의 mp3 파일을 제공합니다. 0.8배속, 1.0배속 mp3 파일로 본책을 학습하고, 1.2배속 mp3 파일을 반복해 들으면 듣기영역을 완벽히 대비할 수 있습니다. 독해영역 mp3 파일까지 제공합니다.

PDF 학습 자료 무료 다운로드
- **HSK 6급 시나공 족보** : 저자의 오프라인 강의에서만 제공하는 시험 대비 자료를 제공합니다.
- **HSK 6급 최우선 단어 800** : 저자 리우 샘이 뽑은 HSK 6급 최우선 암기해야 할 단어 800개를 정리했습니다
- **단어 쓰기노트** : HSK 6급 최우선 단어 800 쓰기노트입니다.
- **단어 테스트** : 휴대용 소책자에 수록된 필수 단어와 〈HSK 6급 최우선 단어 800〉을 암기한 후 실력을 점검해 보세요.
- **녹음 지문 받아쓰기** : 본책의 녹음 지문 받아쓰기를 할 수 있는 학습 자료입니다. 3가지 빠르기의 mp3 파일을 들으며 학습하세요.
- **다시 풀어보기 복습 자료** : 학습이 끝난 후 본책의 문제를 틀린 문제 위주로 한 번 더 풀어보세요.

mp3 파일과 학습 자료는 www.eztok.co.kr에서 무료로 다운로드 받으세요.

HSK란?

HSK는 汉语水平考试(한어수평고사)의 병음 표기인 Hanyu Shuiping Kaoshi의 첫 글자에서 따온 이름으로, 제1 언어가 중국어가 아닌 사람의 중국어 능력을 평가하기 위해 만들어진 중국어 시험입니다. 중국 정부 유일의 국제 중국어 능력 표준화 시험으로, 생활·학습·업무 등 실생활에서의 중국어 운용 능력을 중점적으로 평가합니다. HSK는 중국 및 한국 대학의 입학, 졸업, 각급 업체나 기관의 채용, 승진을 위한 기준이 됩니다.

다음은 新HSK에 대한 기본적인 내용입니다. 시험 일정과 접수처, 접수 방법 등 자세한 내용은 HSK 홈페이지 (www.hsk.or.kr)에서 확인하세요.

 개정 내용

한국에서는 2010년 3월 처음으로 新HSK가 시행되었습니다. 新HSK는 'HSK 1급~6급'의 필기시험과 'HSK 초급·중급·고급'의 회화시험(신설)으로 나뉘어 시행되며, 필기시험과 회화시험은 각각 개별적으로 신청, 응시합니다.

新HSK의 급수별 중국어 수준과 개정 전 HSK 해당 급수 비교는 다음과 같습니다.

新HSK	수준	개정 전 HSK
6급	중국어로 된 소식을 가볍게 듣고 이해할 수 있음	고등 HSK(9~11급)
5급	중국어로 신문과 잡지를 읽고, 영화와 TV를 감상할 수 있음	중등 HSK(6~8급)
4급	중국어로 비교적 넓은 영역의 주제를 토론할 수 있음	초등 HSK(3~5급)
3급	중국어로 생활, 학습 비즈니스 방면에서 기본적인 임무를 수행할 수 있음	기초 HSK(1~3급)
2급	초급 중국어의 우수한 수준에 준함	중국어 초보 학습자를 대상으로 신설됨
1급	매우 간단한 중국어 단어와 구문을 이해하고 사용할 수 있음	

 응시 대상

新HSK 6급은 5,000개 또는 5,000개 이상의 상용 어휘와 관련 어법 지식을 마스터한 학습자를 대상으로 합니다.

시험
구성

新HSK 6급은 총 101문제로, 듣기 / 독해 / 쓰기 세 영역으로 나뉩니다.

시험 내용		문항수	시험 시간
듣기	제1부분 15문항	50문항	약 35분
	제2부분 15문항		
	제3부분 20문항		
듣기 영역 답안 작성 시간			5분
독해	제1부분 10문항	50문항	50분
	제2부분 10문항		
	제3부분 10문항		
	제4부분 20문항		
쓰기	작문	1문항	45분
총계		101문항	약 135분

• 총 시험 시간은 약 140분입니다. (응시자 개인정보 작성 시간 5분 포함)

성적
결과

• 新HSK 6급 성적표에는 듣기, 독해, 쓰기 세 영역의 점수와 총점이 기재됩니다.
• 각 영역별 점수는 100점 만점이며, 총점은 300점 만점입니다. 총점이 180점 이상이면 합
  격입니다.
• 시험일로부터 1개월 후 중국 고시센터 홈페이지(www.hanban.org)에서 응시자 개별 성적
  조회가 가능하며, 성적표는 시험일로부터 40일 후에 등기 우편으로 발송됩니다.
• 우편수령 신청자의 경우 등기 발송되며, 방문수령 신청자의 경우 HSK한국사무국을 방문
  하여 수령합니다.
• 新HSK 성적은 시험일로부터 2년간 유효합니다.

듣기 학습법

평소 듣기 공부 요령

1. 반복 듣기와 따라 읽기는 기본입니다.

듣기를 단순히 귀로만 해서는 안 됩니다. 성우의 목소리와 억양을 똑같이 흉내 내고 항상 머릿속에 그 문장의 상황을 그려야 합니다. 제가 잠시 연기 학원에 다닌 적이 있었는데, 연기 동작은 하나도 못 배우고, 한 달 내내 대본 읽기만 했습니다. 그런데 희한한 것이 우리말인데도 한 번 읽을 때와 두 번, 세 번 읽을 때의 느낌이 달라지더라고요. 하물며 외국어이니, 반복해서 큰 소리로 읽는 것은 더할 나위 없이 중요하다고 할 수 있습니다.

2. 받아쓰기를 해 봅니다.

문제를 푼 후에는 원문을 바로 보지 말고 받아쓰기를 해 봅니다. 받아쓰기를 하다 보면 왜 안 들리는지 원인 분석을 할 수 있습니다. 단어를 몰라서 못 들었는지, 아는 단어인데도 못 들었다면 왜 못 들었는지 체크해야 합니다. 받아쓰기를 하면 가장 좋은 점이 모르는 단어가 나오더라도 앞뒤 문장에 의해 어떤 단어가 쓰일 것인 지 추측할 수 있는 힘을 길러 준다는 것입니다. 시험을 2~3개월 남겨 두었을 때는 꾸준히 받아쓰기 연습을 하고, 시험이 1달 앞으로 다가왔을 경우에는 받아쓰기 횟수를 줄이고 문제 풀이에 집중합니다.

> ❖ **받아쓰기 요령**
> ① 먼저 문제를 풀어 본 뒤 한 문장씩 받아쓰기를 합니다.
> ② 모르는 단어는 사전에 의지해도 됩니다. (앞뒤 문맥으로 단어를 유추하는 연습)
> ③ 안 들리는 문장에 너무 시간을 끌지 말고 들리는 대로 한어병음과 성조를 씁니다.
> ④ 녹음 원문을 확인한 뒤 자신이 적은 내용을 맞춰 봅니다.
> ⑤ 자신이 쓴 틀린 부분을 지우지 말고, 색깔 펜으로 정답을 적어서 비교합니다.
> ※주의: 안 들린다고 바로 원문을 보면 안 됩니다. 꼭 들리는 대로 한어병음과 성조를 먼저 적어 봅니다.

3. 중국 드라마를 시청합니다.

인터넷이 발달한 요즘은 손쉽게 중국 드라마를 다운받거나 시청할 수 있습니다. 중국에 있는 유학생들은 중국 TV 프로그램을 접할 기회가 많으니 틈나는 대로 시청하면 됩니다. 한글 자막이 있는 것보다는 중국 자막이 있 는 드라마를 택합니다. 눈으로는 자막을 순간적으로 독파하면서 귀로는 중국어를 듣다 보면, HSK 듣기 실력 향상에 상당한 도움이 됩니다.

4. 중국 친구와 대화를 합니다.

중국에 있는 유학생들은 중국인들을 쉽게 접할 수 있습니다. 한국에서도 요즘은 중국 학생들이 한국 대학으로 공부하러 오는 경우가 부쩍 늘었기 때문에 중국 친구를 사귈 기회가 많아졌습니다. 자신이 배운 문장들을 그 대로 중국 친구들에게 쓰다 보면, 그 문장은 완전히 자기 것이 됩니다. 주의할 것은 한국어 문장에 단어를 끼 워 맞추는 식의 한국식 중국어를 하지 말고, 배운 중국어 문장을 통째로 말해 보는 연습을 한다는 점입니다.

실제 듣기 시험 응시 요령

1. 10초 전략이 관건입니다.

문제와 문제 사이에 약 10초 정도의 풀이 시간이 주어집니다. 해당 선택지를 미리 보고 있다가 질문이 끝나는 순간 바로 문제지에 답을 체크하고, 그다음 문제의 선택지를 미리 보고 있어야 합니다. HSK 듣기는 듣기 영역이 끝난 후 5분 동안 답안 마킹 시간이 주어집니다. 한 문제를 풀고 바로 답안지에 마킹을 하다 보면 집중력이 흐트러질 수 있습니다. 문제를 풀 때는 문제지에 답을 체크하며 집중해서 듣는 것이 좋습니다. 실전 시험에서 안 좋은 습관 중 하나는 보통 2개 정도의 선택지를 놓고 고민하다가 10초를 다 소비하고 마지막에 가서 찍는 경우입니다. 문제를 잘 듣지 못했을 때는 고민하지 말고 마음 편하게 찍고 다음 문제를 준비하는 것이 현명합니다. 결국 듣기의 승부는 이 10초에 달려 있다고 해도 과언이 아닙니다. 평소에 연습문제나 모의고사를 풀 때 연습을 많이 해 두기 바랍니다.

2. 단어 하나하나를 들으려 하지 말고 전체 흐름을 유추합니다.

듣기는 평소 중국인들과 대화할 때처럼 들어야 합니다. 즉, 안 들리는 부분은 앞뒤 흐름을 가지고 한국어로 유추하면서 들어야 합니다. HSK를 준비하는 대부분의 수험생들이 안 들리는 단어를 들으려 하는 데서 오히려 듣기가 안 된다는 점을 간과하고 있습니다. 가만히 있어도 귀에 '쏙' 들리는 부분만 듣고, 나머지 부분은 미리 봐 둔 선택지 내용을 토대로 전체 흐름을 유추하는 연습을 해야 합니다. '你吃饭了吗?'처럼 가만히 있어도 들리는 문장이나 단어를 늘리려면 평소 학습법에서 얘기했듯이 받아쓰기와 큰 소리로 읽는 연습을 많이 해야 합니다.

3. 들으면서 선택지에 간단하게 메모하는 습관을 들입니다.

문제를 풀 때 선택지 옆에 간단하게 ○× 표시와 등장인물을 메모하는 습관을 기릅니다. 때로는 ×를 메모하면서 답이 아닌 선택지들을 하나씩 제거하다 보면 답을 찾게 되는 경우도 있습니다. 주의할 점은 메모의 내용이 길어서는 안 된다는 것입니다. 내용 전체를 메모하는 것이 아니라, 선택지를 보면서 해당 선택지에서 들리는 부분만 옆에 간단하게 메모해 두면 됩니다.

독해 학습법

평소 독해 공부 요령

1. 독해의 기본은 어휘 학습입니다.

독해에 있어서 어휘의 중요성은 두말하면 잔소리입니다. HSK 6급 어휘는 범위 없이 어마어마한 양의 어휘를 다루고 있습니다. HSK 6급 필수 어휘로는 절대로 감당이 되지 않습니다. 어휘(词)는 반드시 한 자(字)씩 뜯어서 이해하는 습관을 가져야, 모르는 단어를 봐도 뜻을 유추할 수 있으며 어휘량이 무한대로 늘어날 수 있습니다. 가령, 体会는 HSK 5급 어휘의 의미는 '체득하다'인데, 통으로 암기하지 말고 体와 会를 뜯어서 이해하도록 합니다. 体는 身体의 의미이고, 会는 '깨닫다, 이해하다'란 의미가 있습니다. 이렇게 공부를 해 두면 HSK 6급 어휘인 领会를 처음 보더라도 '깨닫다, 이해하다'라는 의미임을 유추할 수 있습니다. 또한 领会를 이해하면, 领悟의 领에도 '깨닫다, 이해하다'란 의미가 있음을 유추할 수 있고, 领悟라는 단어가 나와도 그 의미를 유추할 수 있습니다. 본 교재의 문제나 지문에 있는 단어를 외우는 것에 그치지 말고, 조금 귀찮더라도 꼭 한 자(字)씩 뜯어서 이해하는 연습을 해야 합니다.

2. 반복해서 정독하는 것이 중요합니다.

언어는 창조가 아닌 모방입니다. 한국인이든 중국인이든 기본적인 사고는 똑같습니다. 한국어로 '밥 먹었니?'를 중국인들은 '你吃饭了吗?'라고 표현할 뿐입니다. 다만 이런 기초적인 회화는 잘하는데, HSK는 잘 못하겠다는 학생들이 많습니다. 그 이유는 초급 중국어에서 배우는 일상 대화는 한국어로도 자주 쓰는 말들이기 때문에 반복이 잘되지만, HSK 6급은 대부분 지식을 다루는 지문이 출제되므로 단지 한 번 읽고 이해하여 지나가는 정도로는 내공이 쌓이지 않기 때문입니다. 절대로 이렇게 수박 겉 핥기 식의 공부를 해서는 안 됩니다. 문제를 풀고 이해했으면, 다시 본문으로 돌아가서 소리 내어 정독합니다. 본문에 성조 정도 표시하는 것은 괜찮지만, 한어병음을 써 놓는 것은 안 됩니다. 읽다가 단어가 막히면 사전이나 단어란에서 찾아 확인합니다. 정독은 본인이 느꼈을 때, 읽는 것이 부드러워질 때까지 반복, 또 반복합니다. 그런 다음 이 지문을 그다음 날 다시 꺼내서 읽어 봅니다. 그다음 날 읽어 봐도 모르는 단어가 또 나타나고, 읽는 것이 부자연스럽습니다. 이렇게 2일차에 다시 반복을 한 후에, 3일차, 4일차, 5일차까지 매일같이 똑같은 지문을 한두 번씩 반복해서 읽습니다. 처음에 한 달은 지문 한 개를 정독하는 데, 3시간 이상 걸리는 것이 당연합니다. 절대로 조급해 하지 말고 정독을 생활화하세요. 개인차는 있겠지만 어느 정도 시간이 흐르면 정말 어마어마한 내공이 쌓이는 것을 느낄 수 있습니다.

실제 독해 시험 응시 요령

독해는 총 50문제를 50분 안에 다 풀고 답안 마킹까지 해야 합니다. 즉, 한 문제당 1분을 넘기면 안 됩니다. HSK 6급 210점 이상의 학생들의 경우는 시간이 모자라지 않지만, 그렇지 않을 경우엔 시간이 모자라는 것이 당연합니다. 따라서 HSK 6급 입문 학생들은 반드시 가장 어려운 독해 1부분을 과감하게 버리고, 독해 2부분~4부분을 집중해서 공부하도록 합니다. 독해 2부분~4부분이 총 40문제(80점)이기 때문에 50분 안에 풀면 충분히 60점 이상을 취득할 수 있습니다.

주의할 점은 시간이 없어서 독해 1부분을 찍게 될 경우, 한 번호로 다 찍게 되면 점수가 잘 안 나올 수 있으니, 2~3개의 정답을 선택하도록 합니다. 또한 독해 시간이 끝나면 문제지를 바로 걷어 가기 때문에 반드시 시간 안에 마킹을 다 해야 합니다.

쓰기 학습법

평소 쓰기 공부 요령

1. 독해력을 먼저 기릅니다.

HSK 6급 쓰기는 '요약 쓰기'입니다. 개인의 관점이나 생각을 쓰는 것이 아니라, 주어진 지문을 읽고 나서 그 내용을 요약하는 것입니다. 따라서 독해력이 바탕이 되지 않으면 아무리 작문 실력이 좋아도 내용을 쓸 수가 없습니다. HSK 6급 쓰기는 1년에 한두 차례 내용이 매우 어렵게 출제됩니다. 이럴 경우에는 내용만 이해하여 쉽게 풀어서 요약 쓰기를 해도 점수를 잘 받을 수 있습니다. HSK 6급에 입문하는 학생들은 처음부터 쓰기를 하려고 하지 말고, 먼저 독해력을 길러야 합니다. 독해력은 평소에 같은 지문을 많이 정독해야 길러집니다.

2. 평소에 눈으로만 보지 말고, 써 보는 연습을 합니다.

쓰기는 원고지에 직접 쓰는 것이기 때문에 평소에 단어들을 많이 써 봐야 합니다. 단어는 아는데 한자가 생각이 안 나서 못 쓰는 경우가 없어야 합니다. 어려운 한자를 처음 볼 경우에는 부수를 이용해서 그 한자를 기억하는 연습을 합니다. 가령 贏처럼 어려운 단어는 亡+口+月+贝+凡처럼 부수를 나눠서 암기하면 기억하는 데 도움이 됩니다. 참고로 중국어 타자를 빠르게 잘 치는 학생들은 쓰기 영역 점수를 위해 IBT(컴퓨터) HSK 시험에 응시를 해도 됩니다. 다만 IBT HSK 시험은 독해 영역에서 불리할 수 있다는 점에 유의를 합니다.

실제 쓰기 시험 응시 요령

1. 답안 작성은 샤프 연필로 하는 것이 좋습니다.

듣기, 독해 객관식 답안 마킹은 반드시 2B연필로 해야 하지만, 주관식인 쓰기는 샤프 연필로 써도 무방합니다. 깔끔하게 답안을 쓰기에는 2B연필보다 샤프 연필이 효과가 좋습니다. 또한 평소에 원고지 쓰기 연습을 통해 원고지 네모 칸 안에 여백을 살려서 글씨를 예쁘게 쓰는 연습을 하도록 합니다.

2. 결론은 최대한 암기해서 쓰도록 합니다.

HSK 6급 쓰기는 처음 10분 동안 지문을 독해할 시간을 주는데, 이때는 절대 필기구를 사용할 수 없습니다. 따라서 지문을 읽으면서 서론, 본론, 결론을 어떻게 나누어 요약할 것인지 대략의 개요를 생각해야 합니다. 마지막 결론 부분은 최대한 암기해서 쓰면 좋은 점수를 받을 수 있습니다. HSK 6급 입문 학생들은 굳이 사자성어나 어려운 단어들을 쓰려 하지 말고, 쉬운 단어를 활용해서 요약하되, 내용 전개에 더 주력합니다. 단어나 문장의 수준이 평이하더라도, 내용 전개가 좋으면 좋은 점수를 받을 수 있습니다.

차례

첫째마당

듣기 완벽 대비

1장 | 듣기1부분, 이렇게 나온다!

字로 어휘 익히기	22
시나공법 01	유머는 마지막 부분의 반전이 중요하다!	24
시나공법 02	배경지식으로 문제를 푼다!	31
시나공법 03	HSK정신으로 정답을 찾는다!	53
시나공법 04	설명문 듣기는 세부 내용이 관건이다!	60
1부분 실전문제	68

2장 | 듣기2부분, 이렇게 나온다!

字로 어휘 익히기	72
시나공법 01	진행자의 질문이 곧 문제의 질문이다!	74
시나공법 02	신상과 성공 비결을 중심으로 듣는다!	82
시나공법 03	인터뷰 대상의 견해를 중심으로 듣는다!	92
2부분 실전문제	102

3장 | 듣기3부분, 이렇게 나온다!

字로 어휘 익히기	106
시나공법 01	단골 문제를 놓치지 마라!	108
시나공법 02	한 지문당 한 문제는 주제가 답이다!	120
시나공법 03	핵심 단어를 중심으로 듣는다!	131
3부분 실전문제	138

:차례:

둘째마당 독해 완벽 대비

1장 | 독해1부분, 이렇게 나온다!

字로 어휘 익히기	144
시나공법 **01** ｜ 주술목을 찾으면 잘못된 문장(病句)이 보인다!	146
시나공법 **02** ｜ 주술목이 맞는다면, 부사어를 체크한다!	163
시나공법 **03** ｜ 매년 출제되는 포인트를 공략한다!	177
1부분 실전문제	190

2장 | 독해2부분, 이렇게 나온다!

字로 어휘 익히기	194
시나공법 **01** ｜ 빈칸 한두 개만 풀면 정답을 고를 수 있다!	196
시나공법 **02** ｜ 유의어에 너무 깊이 파고들지 마라!	220
시나공법 **03** ｜ 성어를 알면 빠르게 답을 찾는다!	253
2부분 실전문제	268

3장 | 독해3부분, 이렇게 나온다!

字로 어휘 익히기	274
시나공법 **01** ｜ 어법적으로 접근한다!	276
시나공법 **02** ｜ 키워드와 문맥으로 정답을 찾는다!	292
3부분 실전문제	302

4장 | 독해4부분, 이렇게 나온다!

字로 어휘 익히기	306
시나공법 **01** ｜ 문제를 먼저 읽고 지문에서 정답을 찾는다!	308
시나공법 **02** ｜ 설명문의 흐름에 따라 정답을 찾는다!	322
4부분 실전문제	346

: 차 례 :

셋째마당

쓰기 완벽 대비

1장 | 쓰기, 이렇게 나온다!

字로 어휘 익히기   360
시나공법 **01** | 기본 줄거리 요약만으로 60점을 넘긴다!   362
시나공법 **02** | 80점 이상 받으려면 4가지를 체크하라!   384
쓰기 실전문제   402

실전모의고사   409
원고지 작성법   433
듣기 특별 모의고사   439

정답과 해설

확인문제 정답과 해설   3
실전문제 정답과 해설   81
실전모의고사 정답과 해설   169

리우 샘이 제안하는 4주 학습계획표

HSK 6급은 다른 급수와는 달리 합격을 위한 학습 계획이 매우 필요한 급수입니다. 갑자기 폭발적으로 늘어나는 어휘량과 긴 문장들, 듣기 영역의 빠른 성우 음성 등등이 HSK 6급에 처음 입문하는 학생들을 힘들게 합니다. 따라서 무조건 듣기, 독해, 쓰기 순서로 공부한다든지, 쓰기가 약하다고 해서 쓰기부터 하는 학습법은 아주 좋지 않은 학습법입니다. 특히 독해 1부분은 맨 마지막에 학습해야 합니다. 전체적인 학습 순서를 아래와 같이 잡고 하는 것이 효율적입니다.

- 6급 입문하기: 듣기 1부분 ➜ 독해 3부분
- 6급 내공쌓기(160~180점 공략): 듣기 3부분 ➜ 듣기 2부분 ➜ 독해 2부분
- 6급 합격하기(180~230점 합격): 독해 4부분 ➜ 쓰기 60점 & 80점 도전하기
- 6급 고득점 도전하기(230점 이상 합격): 독해 1부분

첫째 주	1일차	2일차	3일차	4일차	5일차	6일차	7일차
학습 내용	듣기 1부분 시나공1, 2	독해 3부분 시나공 1, 2	듣기 1부분 시나공 3, 4	독해 3부분 실전문제	듣기 1부분 실전문제	듣기 3부분 시나공1, 2	복습

둘째 주	8일차	9일차	10일차	11일차	12일차	13일차	14일차
학습 내용	듣기 2부분 시나공1, 2	독해 2부분 시나공1, 2	듣기 3부분 시나공3	듣기 3부분 실전문제	듣기 2부분 시나공3	듣기 2부분 실전문제	복습

셋째 주	15일차	16일차	17일차	18일차	19일차	20일차	21일차
학습 내용	독해 2부분 시나공3	독해 2부분 실전문제	독해 4부분 시나공1, 2	쓰기 1, 2	독해 4부분 실전문제	쓰기 실전문제	복습

넷째 주	22일차	23일차	24일차	25일차	26일차	27일차	28일차
학습 내용	독해 1부분 시나공1	독해 1부분 시나공2	독해 1부분 시나공3	독해 1부분 실전문제	모의고사	모의풀이	총정리

* 4주차 학습계획표는 하루 공부 시간이 3시간 이상인 학생들을 대상으로 한 경우입니다. 하루 공부 시간이 이보다 적을 경우에는 1일 학습 분량을 2일에 걸쳐 학습하세요.

시나공
HSK

듣기
완벽
대비

1장 듣기 1부분 이렇게 나온다!

2장 듣기 2부분 이렇게 나온다!

3장 듣기 3부분 이렇게 나온다!

1

첫째 마당

시험 유형 소개

★ 단문을 듣고 녹음 내용과 일치하는 선택지 고르기

★ 단문이 끝나고 질문은 따로 없음

★ 단문은 70자~100자 정도의 내용임

★ 단문 1개당 1문제 출제

★ 문제 번호: 1번~15번(총 15문제)

★ 배점: 문제당 2점

예제

1.　A 妻子想做生意　　　　　　B 妻子最后很生气 ∨
　　C 妻子没试穿衣服　　　　　　D 丈夫是服装店老板

> 🎧 服装店里一位丈夫坐着等妻子试衣服，他妻子已经试了七套衣服了。当妻子又从更衣室出来时，他上下打量了一番后说：“很好，这件挺合身的，就买这件吧。”妻子生气地说：“我今天出门穿的就是这件。”

1 선택지를 먼저 보고 녹음 지문을 유추하라!

선택지의 내용을 읽어 보면 유머 지문인지 설명 지문인지, 세부 사항을 묻는 문제인지 주제를 묻는 문제인지 대략 파악이 가능합니다. 가령, 일상생활과 관련된 내용은 유머 지문일 확률이 높고, 白菜, 鱼와 같이 특정 음식과 효능을 언급한 내용은 음식과 건강에 대한 설명 지문일 확률이 높습니다. 이처럼 어떤 내용이 들릴지 미리 유추하면 녹음 지문이 훨씬 잘 들립니다.

2 정답을 고른 후 다음 선택지를 미리 봐라!

정답은 녹음 지문의 앞부분과 중간, 마지막 부분에서 골고루 출제됩니다. 만약 정답이 앞에 나오는 경우에는 답을 체크한 다음, 바로 다음 문제의 선택지를 봅니다. 반대로 정답을 고르지 못했다고 해서 다음 문제로 넘어가기 전 약 10초의 시간을 한 문제에 매여서 허비하는 것은 절대 금물입니다. 못 푼 문제는 일단 비워 두거나 찍고, 다음 선택지를 미리 보는 연습을 합니다.

3 답안 마킹은 마킹 시간에 하라!

HSK 6급 듣기는 상당한 난이도를 가지고 있기 때문에 문제를 풀면서 답안 마킹을 할 경우 집중력이 흐트러지고, 그다음 문제의 선택지를 볼 시간이 줄어듭니다. 그러므로 녹음 지문이 나올 때는 문제 풀이에만 집중하고, 듣기 시간이 끝나고 주어지는 5분 마킹 시간에 답안 마킹을 하도록 합니다. 원칙적으로 듣기 마킹 시간 5분 동안에는 독해 영역을 볼 수 없음에 유의하세요.

〈HSK 6급 최우선 단어 800〉은 www.liuhsk.co.kr 에서 다운받아 공부하세요!

包 bāo 동 (종이나 베 혹은 기타 얇은 것으로) 싸다, 싸매다

- ☐ **包裹** bāoguǒ 명 소포, 보따리 동 싸다, 포장하다
- ☐ **包含** bāohán 동 포함하다
- ☐ **包庇** bāobì 동 (나쁜 일이나 사람을) 비호하다, 감싸 주다, 은폐하다, 은닉하다
- ☐ **包围** bāowéi 동 포위하다, 에워싸다, 둘러싸다
- ☐ **包装** bāozhuāng 동 (물건을) 포장하다
- ☐ **承包** chéngbāo 동 청부를 맡다, 하청을 받다, 도맡다, 책임지고 떠맡다
- ☐ **红包** hóngbāo 명 (축의금 · 세뱃돈 등을 넣는) 붉은 종이봉투, (기업의) 특별 상여금, 보너스

胞 bāo 명 ① 태반 ② 친형제자매 ③ 동포 　　　　　月와 包가 합쳐진 글자입니다.

- ☐ **同胞** tóngbāo 명 동포, 겨레, 한민족
- ☐ **细胞** xìbāo 명 세포
- ☐ **双胞胎** shuāngbāotāi 명 쌍둥이

饱 bǎo 부 족히, 충분히 　　　　　饣(食)와 包가 합쳐진 글자입니다.

- ☐ **饱满** bǎomǎn 형 충만하다
- ☐ **饱和** bǎohé 형 (사물의 상태가) 최고조에 달하다, 포화 상태에 이르다
- ☐ **饱经沧桑** bǎojīngcāngsāng 성 세상만사의 변화를 실컷 경험하다
- ☐ **大饱眼福** dàbǎoyǎnfú 성 (진기하고 아름다운 경관이나 사물을) 실컷 보고 즐기다, 실컷 눈요기를 하다

抱 bào 동 안다, 껴안다, 포용하다 　　　　　扌(手)와 包가 합쳐진 글자입니다.

- ☐ **抱负** bàofù 명 포부, 큰 뜻
- ☐ **抱怨** bàoyuàn 동 (불만을 품고) 원망하다
- ☐ **拥抱** yōngbào 동 포옹하다, 껴안다
- ☐ **怀抱** huáibào 동 품에 안다, (팔에) 껴안다

泡(儿) pào(r) 명 거품, 포말 　　　　　氵(水)와 包가 합쳐진 글자입니다.

- ☐ **泡沫** pàomò 명 (물)거품, 포말
- ☐ **泡茶** pàochá 동 차를 끓이다, 차를 우려내다
- ☐ **浸泡** jìnpào 동 (오랜 시간 물에) 담그다, 잠그다
- ☐ **冲泡** chōngpào 동 (차 · 커피 등을) 뜨거운 물로 타다
- ☐ **灯泡** dēngpào 명 전구

炮 pào 명 포[군대에서 쓰는 무기를 뜻함]

火와 包가 합쳐진 글자입니다.

- ☐ **鞭炮** biānpào 명 폭죽
- ☐ **炮弹** pàodàn 명 포탄

暴 bào 형 맹렬하다, 조급하다, 폭로하다

- ☐ **暴力** bàolì 명 폭력
- ☐ **暴露** bàolù 동 폭로하다
- ☐ **暴雨** bàoyǔ 명 폭우
- ☐ **风暴** fēngbào 명 폭풍, 폭풍우

爆 bào 동 폭발하다, 터지다

火와 暴가 결합한 글자입니다.

- ☐ **爆发** bàofā 동 (감정 등이) 폭발하다
- ☐ **爆炸** bàozhà 동 (큰 소리를 내며) 폭발하다, 작렬하다
- ☐ **烟花爆竹** yānhuābàozhú 명 불꽃놀이 폭죽

保 bǎo 동 보호하다, 보장하다, 보증하다, 유지하다

- ☐ **保持** bǎochí 동 (좋은 상태를) 유지하다, 지키다
- ☐ **保存** bǎocún 동 (물건을) 보관하다, (유물 등을) 보존하다
- ☐ **保留** bǎoliú 동 보존해 오다
- ☐ **保险** bǎoxiǎn 명 보험 형 안전하다
- ☐ **保密** bǎomì 동 비밀을 지키다, 기밀로 하다
- ☐ **保姆** bǎomǔ 명 보모, 가정부
- ☐ **保守** bǎoshǒu 형 보수적이다 동 지키다, 고수하다
- ☐ **保卫** bǎowèi 동 보위하다, 지키다
- ☐ **保养** bǎoyǎng 동 보양하다, 양생하다
- ☐ **保障** bǎozhàng 동 (생명·재산·권리 등을) 보장하다, 보증하다
- ☐ **保重** bǎozhòng 동 건강에 주의하다, 몸조심하다
- ☐ **担保** dānbǎo 동 보증하다, 담보하다, 책임지다
- ☐ **确保** quèbǎo 동 확실히 보장하다

悲 bēi 형 슬프다, 슬퍼하다

非(아니다)와 心이 결합한 글자입니다.

- ☐ **悲观** bēiguān 형 비관하다, 비관적이다
- ☐ **悲哀** bēi'āi 형 슬프고 애통하다, 비통하다
- ☐ **悲惨** bēicǎn 형 비참하다, 슬프다
- ☐ **悲伤** bēishāng 형 몹시 슬퍼하다, 상심하다
- ☐ **悲痛** bēitòng 형 비통하다, 슬프고 통탄스럽다
- ☐ **悲剧** bēijù 명 비극

> **Tip** 悲가 들어간 단어는 모두 '슬프다'라는 의미를 나타냅니다.

유머는 마지막 부분의 반전이 중요하다!

유머 문제는 시험에 거의 한두 문제씩 출제됩니다. 유머 문제는 마지막 반전을 이해했는지 확인하는 문제와, 녹음 내용과 일치하는 내용을 고르는 문제로 나뉩니다. 평소에 한국어로 된 유머를 틈틈이 읽어 두는 것도 시험에 도움이 됩니다.

STEP 01 먼저 풀어보기

예제 1 🎧 듣기 1-01-1 예제1.mp3

A 妻子想做生意
B 妻子最后很生气
C 妻子没试穿衣服
D 丈夫是服装店老板

예제 2 🎧 듣기 1-01-2 예제2.mp3

A 女儿不听话
B 妈妈不听话
C 妈妈有白头发了
D 姥姥的头发是黑的

예제 1

|해 설|

A	妻子	想做生意	아내는 장사를 하고 싶어 한다
B	妻子	最后很生气	아내는 마지막에 매우 화가 났다
C	妻子	没试穿衣服	아내는 옷을 입어 보지 못했다
D	丈夫	是服装店老板	남편은 옷 가게 사장이다

妻子, 丈夫 등 등장인물을 체크하고, '衣服(옷)'와 관련된 지문임을 미리 유추합니다. 이런 일상생활과 관련된 단어들이 나오면 유머 지문일 확률이 높습니다.

녹음 지문의 마지막 부분에, '아내가 화를 내면서 말했다'라는 부분만 들으면 정답을 찾을 수 있습니다. 지문의 세부 내용인 妻子生气地说가 답으로 그대로 출제된 문제입니다. 따라서 정답은 B입니다.

|해 석|

服装店里一位丈夫坐着等妻子试衣服，他妻子已经试了七套衣服了。当妻子又从①更衣室出来时，他上下②打量了一番后说："很好，这件③挺合身的，就买这件吧。"妻子生气地说："我今天出门穿的就是这件。"

옷 가게에서 한 남편이 아내가 옷을 입어 보는 것을 앉아서 기다리는데, 그 아내는 이미 7벌의 옷을 입어 봤다. 아내가 다시 ①탈의실에서 나왔을 때 그는 위아래를 한 차례 ②훑어본 후에 말했다. "아주 좋아. 이 옷이 ③몸에 잘 어울리는군. 이걸로 사지." 아내는 화를 내면서 말했다. "내가 오늘 외출하면서 입은 옷이 바로 이거예요."

|단 어| **试穿** shìchuān 통 입어 보다 | **服装店** fúzhuāngdiàn 명 옷 가게 | **老板** lǎobǎn 명 (가게의) 주인, (회사의) 사장 | **套** tào 양 벌, 세트[옷을 세는 단위, 두 개나 두 개 이상이 모여 한 덩어리를 이루는 사물을 세는 단위] | **更衣室** gēngyīshì 명 탈의실 | **打量** dǎliang 통 훑어보다 | **番** fān 양 번, 차례[동작의 횟수를 세는 단위] | **合身** héshēn 형 (의복이) 몸에 꼭 맞다, 잘 어울리다

|정 답| B

선생님의 한마디

1 문제를 풀어 본 후 해석 코너를 가리고 다시 녹음을 들으며 받아쓰기 코너의 빈칸을 채워 보세요.

2 만약 녹음을 듣지 않고 눈으로만 공부하는 경우, 한국어로 어떤 내용의 단어가 들어갈 것인지 유추해 보세요.

선생님의 한마디

녹음 지문의 ①, ②, ③은 '녹음 지문 받아쓰기' 코너의 정답입니다.

녹음 지문 받아쓰기 녹음을 들으며 빈칸의 단어를 받아써 보세요. 🎧 듣기 1-01-1 예제1.mp3

服装店里一位丈夫坐着等妻子试衣服，他妻子已经试了七套衣服了。当妻子又从①_____出来时，他上下②_____了一番后说："很好，这件③_____，就买这件吧。"妻子生气地说："我今天出门穿的就是这件。"

|해 설|

A 女儿不听话   不听话의 주제 찾기   딸은 말을 안 듣는다
B 妈妈不听话   엄마는 말을 안 듣는다
C 妈妈有白头发了   엄마는 흰머리가 났다
D 姥姥的头发是黑的   외할머니의 머리는 검다

선택지의 단어들이 일상생활과 관련된 것이므로 유머 지문이라는 것을 유추하면서 듣습니다. 등장인물 女儿, 妈妈, 姥姥를 구분해서 들어야 합니다.

유머 지문은 내용의 세부 사항을 물어보는 경우가 많습니다. 녹음에서 "妈妈，您头上为什么长出了白头发?"를 통해 엄마의 머리에 흰머리가 났다는 사실을 언급하고 있으므로 정답은 C 妈妈有白头发了입니다. 女儿不听话가 녹음에서 그대로 들린다고 A를 고르면 안 됩니다. 유머이기 때문에 실제로 딸아이가 말을 안 듣는 것이 아니라 놀려 주려고 한 말이라는 것을 알아채야 합니다.

|해 석|

一天，女儿在妈妈的①梳妆台上发现了几根白头发，②急切地问:"妈妈，您头上为什么长出了白头发?"妈妈说:"女儿不听话，妈妈的头上就会长出白头发。"女儿③恍然大悟地说:"我明白为什么姥姥的头发全白了。"	어느 날, 딸아이가 엄마의 ①화장대에서 흰머리 몇 가닥을 발견하고는 ②다급하게 물었다. "엄마, 엄마 머리에 왜 흰머리가 났어요?" 엄마는 말했다. "딸이 말을 안 들으니까 엄마 머리에 흰머리가 나온 거야." 딸은 ③문득 크게 깨달은 듯 말했다. "난 왜 외할머니의 머리가 전부 하얗지 알겠어요."

|단 어| 姥姥 lǎolao 몡 외할머니 | 梳妆台 shūzhuāngtái 몡 화장대 | 根 gēn 양 개, 가닥[가늘고 긴 사물을 세는 단위] | 急切 jíqiè 혱 다급하다, 절박하다, 간절하다 | 长 zhǎng 동 나다, 생기다, 자라다 | 恍然大悟 huǎngrándàwù 성 문득 크게 깨닫다

|정 답| C

✏️ 녹음 지문 받아쓰기   녹음을 들으며 빈칸의 단어를 받아써 보세요. 🎧 듣기 1-01-2 예제2.mp3

　一天，女儿在妈妈的①_____上发现了几根白头发，②_____地问:"妈妈，您头上为什么长出了白头发?"妈妈说:"女儿不听话，妈妈的头上就会长出白头发。"女儿③_____地说:"我明白为什么姥姥的头发全白了。"

시험에 잘 나오는 유머

유머 관련 문제에서 어려운 경우는 반전이나 숨겨진 의도를 파악하는 문제입니다. 전체 내용을 이해해야 하고 숨어 있는 의도까지 찾아야 하기 때문입니다. 따라서 평소에 유머 관련 지문을 많이 읽어 보는 것이 중요합니다. 중국어가 아닌 한국어로 된 유머를 많이 읽어 보는 것도 도움이 됩니다.

◆ 다음 유머 지문을 읽고 보기 중 알맞은 내용을 골라 보세요.

1) 两位已婚男人谈论各自的家政，甲说：“我们夫妻最讲民主，如果她的意见与我一样，我便服从她；如果不一样，她便服从我。”乙说：“我们夫妻是分工负责制。我决定小事，她决定大事。不过结婚两年来，我家尚未发生大事。”

① 갑의 부부는 남자의 권력이 세다
② 을의 부부는 민주적이다
③ 을의 집에는 큰일이 많이 일어난다

두 남자가 자기 가정은 민주적이며 책임 분담제라고 자랑을 하지만, 속내를 들여다보면 모두 부인보다는 자기에게 권한이 있다는 얘기를 돌려서 말하고 있습니다. 얼핏 들으면 정말 민주적이고 책임을 분담하는 듯 보이지만, 사실상 남자들의 권력이 세다는 숨어 있는 의미를 찾아내야 합니다. ∴①

|해 석|

> 결혼한 두 남자가 각자의 가정에 대해 이야기를 나누었다. 갑이 말했다. "우리 부부는 민주적인 걸 제일 중시해. 만약 아내의 의견이 나와 같다면 난 그녀를 따르고, 의견이 다르다면 그녀가 나를 따르지." 을이 말했다. "우리 부부는 책임 분담제야. 난 작은 일을 결정하고 그녀는 큰일을 결정해. 하지만 결혼 후 이 년 동안 아직 별 큰일은 없었어."

2) 一位老姑娘到婚姻介绍所，对工作人员说：“我感到太寂寞了，我要找一个丈夫。他必须是讨人喜欢的、有教养的、能说会道的、消息灵通的。还有一条，我希望他终日在家里陪着我，我要他讲话，他得开口；我感到厌烦，他得住口！”“我懂了，小姐。”工作人员回答，“我劝您买一台电视机。”

① 여자는 텔레비전 한 대를 사고 싶어 한다
② 여자가 찾는 남편의 조건은 매우 까다롭다
③ 결혼소개소 직원은 여자가 원하는 남자를 찾아 줬다

선생님의 한마디

실제 시험에서 문제 사이의 간격은 약 10초입니다. 그 시간 안에 빠르게 정답을 고르고 다음 문제의 선택지까지 봐야 하므로, 정답을 고를 수 있는 시간은 매우 빠듯합니다. 평소에 유머 지문을 볼 때마다 그 지문이 말하려는 사실이 무엇인지 체크해 보는 연습을 하세요.

· 讲 jiǎng 통 중시하다, 추구하다

· 灵通 língtōng 형 (정보가) 빠르다
· 厌烦 yànfán 형 짜증 나다, 싫증 나다

노처녀가 결혼소개소에 와서 원하는 남성상을 얘기했습니다. 직원이 대답한 의미는, 여자의 요구 사항이 너무 까다로워서 사실상 이를 모두 만족시킬 만한 대상은 텔레비전밖에 없다는 뜻입니다. ∴②

| 해 석 |

> 한 노처녀가 결혼소개소에 왔다. 그녀는 직원에게 말했다. "너무 외로워서 남편을 찾고 싶어요. 제 남편은 남들의 환심을 살 수 있고, 교양 있고, 말솜씨가 좋고, 정보가 빨라야 해요. 또 한 가지 조건이 있어요. 하루 종일 집에서 나와 있어 주면 좋겠어요. 내가 그에게 얘기하라고 하면 그가 말을 하고, 내가 짜증 날 땐 입을 다물어 주면 좋겠어요." "알겠습니다, 아가씨." 직원이 대답했다. "텔레비전 한 대를 사시는 걸 권해 드립니다."

3) 一家声誉不佳的银行招聘会计。面试只有一道题：一加一等于几？所有抢着回答的人都没有录取，只有一个默不作声的应聘者入选了。原来他等众人散去以后，关上房间的门窗，把嘴凑到总经理的耳边问道："你看应该是多少？"

· 录取 lùqǔ 통 채용하다
· 凑 còu 통 접근하다, 다가가다

① 이 은행은 명성이 아주 뛰어나다
② 지원자가 오직 한 명이었다
③ 이 은행은 똑똑한 경리보다 말을 잘 듣는 경리가 필요했다

이 유머의 맨 첫 문장인 '一家声誉不佳的银行(명성이 좋지 않은 은행)'을 잘 들어야 합니다. 이 은행은 셈을 잘 맞추는 사람보다는 사장이 원하는 숫자를 들어서 처리해 주는 경리 직원이 필요했던 것입니다. 그래야 회사의 회계 장부를 조작하기 쉽겠죠? ∴③

| 해 석 |

> 명성이 좋지 않은 은행이 경리를 모집했다. 면접은 단 한 문제였다. '1 더하기 1은 몇인가요?' 앞다투어 대답을 한 사람들은 모두 채용되지 못했고, 아무 말이 없던 한 지원자만 뽑혔다. 알고 보니 그는 다른 사람들이 모두 떠난 후, 방의 문과 창문을 닫고 사장의 귀에 대고 물었다. "사장님 생각엔 얼마여야 하나요?"

4) 一位富小姐常在丈夫前夸耀，说这样东西是她的，那样东西也是她的，使他的丈夫不胜其烦。一天晚上，这位小姐听到外面有响声，便把丈夫唤醒："快去看看，恐怕有贼了！"丈夫说："那与我有什么关系？屋里的东西全是你的呀。"

· 夸耀 kuāyào 통 과시하다, 뽐내다
· 不胜其烦 búshèngqífán 성 번거로워서 견딜 수 없다
· 贼 zéi 명 도둑

① 두 사람은 결국 이혼했다
② 집 안의 물건은 모두 여자의 것이다
③ 도둑은 여자가 아는 사람이다

이 유머는 결혼해서 부부가 되면 재산이 서로의 공동 소유가 되어야 하는데 자기 것이라고 자랑만 하는 부잣집 여성을 풍자하는 유머입니다. 이렇게 유머 지문은 마음씨 나쁜 부자 혹은 권력자들을 풍자하는 경우가 많습니다. ∴②

|해 석|

> 한 부잣집 아가씨는 항상 남편 앞에서 과시를 했다. 이 물건도, 저 물건도 모두 자기 것이라고 말해서 그녀의 남편은 귀찮아 견딜 수가 없었다. 어느 날 저녁, 그녀가 밖의 기척을 듣고 남편을 깨웠다. "얼른 가서 좀 봐요, 도둑이 든 것 같아요!" 남편이 말했다. "그게 나랑 무슨 상관이야? 집 안에 있는 물건은 전부 당신 것이잖아."

5) 一位教师拿了很多东西，弄得狼狈不堪。他叫住一个站在旁边的学生问道："如果你看到我手上提了好几个袋子，身上背了很多东西，你会怎样帮我忙呢？"这个学生不假思索地回答："送你一根扁担。"

- 狼狈不堪 lángbèibùkān [성] 매우 난처하다
- 不假思索 bùjiǎsīsuǒ [성] 깊이 고려하지 않다
- 扁担 biǎndan [명] 멜대

① 학생은 선생님을 도와줄 생각이 없다
② 학생은 선생님의 물건을 들어 주었다
③ 선생님은 학생에게 물건을 들어 달라고 했다

선생님이 손에 무거운 것을 들고 있으면 보통 도와주는 것이 학생이 도리입니다. 그러나 이 지문에서는 학생이 도와주지 않자, 선생님은 학생을 교육하는 차원에서 질문을 통해 자신을 돕게 하려고 했지만 학생은 아무 생각 없이 멜대만 하나 주겠다는 답변을 합니다. 유머는 이렇듯 일반인들이 생각하는 답변인 "선생님, 제가 도와 드릴게요"가 아닌 전혀 예상치 못한 행동을 이끌어 냅니다. ∴①

|해 석|

> 한 선생님이 많은 물건을 손에 들고 있어서 매우 난처했다. 그는 옆에 서 있던 학생을 불러 세워 물었다. "만약 내가 여러 개의 봉지를 손에 들고 많은 물건을 등에 지고 있는 걸 네가 본다면, 넌 날 어떻게 돕겠니?" 이 학생은 별 생각하지 않고 대답했다. "멜대 하나를 드리겠습니다."

01 A 儿子是校长
    B 母亲45岁了
    C 儿子受到了表扬
    D 儿子和同学们吵架了

02 A 墙上有很多图画
    B 妈妈帮儿子学数学
    C 儿子的算术算错了
    D 儿子不明白妈妈为什么生气

03 A 妻子希望离开医院
    B 医生的女仆辞职了
    C 有人把医生的儿子打伤了
    D 医生要用自己的妻子做抵偿

04 A 酒最后剩下1/5
    B 很多人都喝尿了
    C 人们都喝醉了
    D 酒的质量不太好

▶ 정답 및 해설 4쪽

배경지식으로 문제를 푼다!

HSK는 전 세계 외국인들을 대상으로 한 시험이다 보니 중국의 문화와 지역, 훌륭한 인물을 소개하는 문제가 자주 출제됩니다. 배경지식만 잘 알고 있어도 답을 쉽게 고를 수 있으므로 평소에 시험에 잘 나오는 중국 문화, 특색 있는 지역, 역사적 인물 등을 잘 알아 두어야 합니다. 또 이런 유형의 문제는 선택지(ABCD)의 내용 중 정답을 녹음에서 그대로 들려주는 경우가 많기 때문에 문제를 풀 때 선택지를 집중해서 보며 녹음을 들어야 합니다.

STEP 01 먼저 풀어보기

예제 1 🎧 듣기 1-02-1 예제1.mp3

A 四大发明影响深远

B 四大发明产生于明代

C 四大发明最先用于战争

D 四大发明耗费了大量资金

예제 2 🎧 듣기 1-02-2 예제2.mp3

A 河西走廊交通不便

B 河西走廊盛产丝绸

C 河西走廊位于黄河以西

D 河西走廊森林资源丰富

예제 1

|해 설|

A	四大发明	影响深远	4대 발명의 영향은 매우 깊다
B	四大发明	产生于明代	4대 발명은 명대에 생겨났다
C	四大发明	最先用于战争	4대 발명은 가장 먼저 전쟁에 쓰였다
D	四大发明	耗费了大量资金	4대 발명은 대량의 자금을 소비하였다

四大发明이 ABCD에 주어로 있으므로 세로줄을 그어 놓고 놓어 위주로 선택지를 보면서 녹음을 듣도록 합니다.

지문의 맨 마지막 문장 对世界文明的发展也产生了巨大的影响을 통해 정답이 A임을 알 수 있습니다. 녹음에서 中国古代发明的를 듣고 B를 제외시키고, 녹음에 나오지 않은 내용인 C와 D를 제외시켜 답을 찾을 수도 있습니다.

|해 석|

四大发明①是指中国古代发明的造纸术、指南针、火药和活字印刷术，这些发明对中国政治、经济、文化的发展产生了巨大的②推动作用，并且经过各种③途径传到西方后，对世界文明的发展也产生了巨大的影响。	4대 발명은 중국 고대에 발명된 제지술, 나침반, 화약, 활자인쇄술을 ①가리킨다. 이 발명들은 중국의 정치, 경제, 문화의 발전에 거대한 ②촉진 작용을 일으켰고 게다가 여러 ③경로를 통해서 서양에 전해진 후에 세계 문명의 발전에도 커다란 영향을 끼쳤다.

|단 어| **深远** shēnyuǎn 혱 (의의나 영향 등이) 심원하다, 깊고 크다 | **战争** zhànzhēng 몡 전쟁 | **耗费** hàofèi 동 소비하다, 소모하다 | **指南针** zhǐnánzhēn 몡 나침반 | **火药** huǒyào 몡 화약 | **活字印刷术** huózì yìnshuāshù 활자인쇄술 | **推动** tuīdòng 동 촉진하다, 추진하다 | **途径** tújìng 몡 경로, 길, 과정

|정 답| **A**

✎ 녹음 지문 받아쓰기　　녹음을 들으며 빈칸의 단어를 받아써 보세요. 🎧 듣기 1-02-1 예제1.mp3

　　四大发明①_____中国古代发明的造纸术、指南针、火药和活字印刷术，这些发明对中国政治、经济、文化的发展产生了巨大的②_____，并且经过各种③_____传到西方后，对世界文明的发展也产生了巨大的影响。

|해 설|

A	河西走廊	交通不便	허시쩌우랑은 교통이 불편하다
B	河西走廊	盛产丝绸	허시쩌우랑은 실크를 많이 생산한다
C	河西走廊	位于黄河以西	허시쩌우랑은 황하 서쪽에 위치한다
D	河西走廊	森林资源丰富	허시쩌우랑은 삼림 자원이 풍부하다

주어가 河西走廊으로 모두 동일하므로 세로줄을 그어 놓고 숨어 위주로 봅니다. 어려운 내용일수록 들리는 단어를 답으로 그대로 출제하는 경우가 많기 때문에 선택지에서 눈을 떼지 말고 들어야 합니다. A의 交通不便처럼 부정적인 내용은 정답으로 잘 출제되지 않으니 B, C, D 위주로 보면서 들으세요.

河西走廊이라는 중국의 지역을 소개한 글입니다. 주로 지역의 특징을 정답으로 많이 출제하지만, 간혹 이 문제처럼 지역의 위치를 정답으로 출제하기도 합니다. 선택지의 술어 부분을 중심으로 듣기를 하면 C 位于黄河以西가 녹음에서 그대로 들립니다.

|해 석|

"河西走廊"①位于甘肃省，是一条西北－东南走向的狭长平地，总长度约一千公里。因位于黄河以西，②故称"河西走廊"。这里路经很多历史名城，③曾是甘肃著名的粮仓，也是西北地区的交通要道。

'허시쩌우랑'은 간쑤성①에 위치하며 서북에서 동남 방향으로 펼쳐져 있는 좁고 긴 평지로, 총 길이가 대략 1000킬로미터에 달한다. 황하 서쪽에 위치하기 때문에 이전부터 '허시쩌우랑'이라고 ②불렸다. 이곳은 역사적으로 유명한 도시들이 많고, ③일찍이 간쑤성의 유명한 곡창지대이자, 또한 서북 지역의 교통 요지이기도 했다.

|단 어| **盛产** shèngchǎn 동 많이 생산하다, 많이 나다 | **丝绸** sīchóu 명 실크, 비단 | **位于** wèiyú 동 ~에 위치하다 | **森林资源** sēnlín zīyuán 삼림 자원 | **河西走廊** Héxīzǒuláng 지명 허시쩌우랑[난저우에서 둔황에 이르는 길] | **甘肃省** Gānsùshěng 지명 간쑤성 | **走向** zǒuxiàng 명 방향 | **狭长** xiácháng 형 좁고 길다 | **总长度** zǒng chángdù 총 길이 | **约** yuē 부 대략 | **公里** gōnglǐ 양 킬로미터(km) | **故** gù 접 그래서['所以'의 의미임] | **称** chēng 동 ~이라고 부르다 | **历史名城** lìshǐ míngchéng 역사적으로 유명한 도시 | **粮仓** liángcāng 명 곡창지대, 식량 창고 | **要道** yàodào 명 요도, 중요한 길

|정 답| C

✍ 녹음 지문 받아쓰기　　녹음을 들으며 빈칸의 단어를 받아써 보세요. 🎧 듣기 1-02-2 예제2.mp3

"河西走廊"①_____甘肃省，是一条西北－东南走向的狭长平地，总长度约一千公里。因位于黄河以西，②_____"河西走廊"。这里路经很多历史名城，③_____甘肃著名的粮仓，也是西北地区的交通要道。

1 시험에 잘 나오는 명절과 기념일

1. 春节 Chūnjié 춘제

춘제는 음력 1월 1일로, 우리나라의 설과 같으며 중국인들이 일 년 중 가장 중요시하는 명절이다. 춘제는 그 전날부터 시작된다. 하루 전날인 그믐날除夕에 가족들이 모여 폭죽놀이를 하고 제야 음식과 자오즈饺子를 먹으며 함께 새해를 맞이하는 것에 의미를 둔다. 그리고 춘제 당일에는 가족의 평안을 기원하는 제를 지내기도 하고, 집안의 어른께 세배를 하며 이웃 간에 덕담을 나누기도 한다. 우리나라의 설날과 비슷한 풍습을 가지고 있다.

| 관련 단어 및 표현 |

☐ **年夜饭** niányèfàn 녠예판
年夜饭은 섣달 그믐날 밤, 온 가족이 함께 모여 먹는 식사를 말한다. 年夜饭을 먹은 다음에는 둘러앉아 담소를 나누거나 텔레비전 시청을 하며 밤을 지새운다.

☐ **鞭炮** biānpào 폭죽 / **烟花爆竹** yānhuā bàozhú 불꽃놀이 폭죽
중국인들은 경사스러운 일이 생기면 폭죽을 터트리며 축하하는 풍습이 있다. 섣달 그믐날의 자정이 지나면서 춘제로 넘어갈 때, 폭죽놀이가 요란하게 시작된다. 이렇게 폭죽을 터뜨리는 일은 큰 소리로 나쁜 기운을 물리치고 새해의 축복을 알리기 위함이다.

2. 元旦 Yuándàn 위엔단

위엔단은 양력 1월 1일, 즉 정월 초하루를 가리킨다. 현대 중국의 위엔단은 춘제에 비해 중요성이 매우 적으므로, 매년 행해지는 풍습이나 놀이 또한 활발하지 않다. 보통 기관과 기업에서는 연말 단체 경축 행사를 열지만 민간 활동은 매우 적다.

3. 元宵节 Yuánxiāojié 위엔샤오제

위엔샤오제는 음력 1월 15일로, 우리나라의 정월 대보름과 같다. 위엔샤오제가 가까워 오면 거리나 사찰 등 전국 각지가 등으로 화려하게 장식된다. 중국은 국토 면적이 넓고 역사가 유구해서 위엔샤오제에 관한 풍속은 전국 각지마다 다르다. 그중 위엔샤오元宵를 먹고 꽃등을 구경하며 등롱 수수께끼를 맞추는 것은 위엔샤오제의 주요 민간 풍속이다.

☐ **元宵** yuánxiāo 위엔샤오
위엔샤오는 찹쌀가루로 만든 피에 팥, 설탕, 깨 등의 소를 넣어 둥글게 만든 새알심 모양
의 떡을 말하며, 동그란 모양 때문에 탕위엔(汤圆 tāngyuán)이라 부르기도 한다. 이 위
엔샤오는 가정의 화목을 상징한다.

4. 龙抬头节 Lóngtáitóujié 롱타이터우제

롱타이터우지에는 음력 2월 2일로, 용왕에게 제사를 지내는 민간 전통 명절이다. 龙头节 또
는 春龙节라고도 부른다. 전설에 따르면 당 나라 무측천武则天이 왕으로 있을 때, 옥황상제
에게 노여움을 사서 3년간 인간 세상에 비가 내리지 않게 되었다고 한다. 물이 없어 인간들
이 힘들어 하는 것을 보고 용왕이 옥황상제 몰래 음력 2월 2일에 비를 내려 주었다. 이로 인
해 용왕은 옥황상제에게 벌을 받게 되었고 인간들은 용왕에게 음식을 갖다 바치며 감사를
표하자, 옥황상제가 용왕이 계속 비를 내리는 것을 허락해 주었다는 전설에서 유래한 날이
다. 사람들은 이날 이발을 하면 1년 내내 운이 좋아진다고 믿었기에, 머리를 깎고 춘빙春饼과
돼지머리를 먹는 풍속이 있다.

|관련 단어 및 표현|

☐ **春饼** chūnbǐng 춘빙
춘빙은 얇은 밀가루 피에 고기와 야채를 싸서 먹는 음식을 가리킨다.

5. 清明节 Qīngmíngjié 칭밍제

칭밍제는 24절기 중 하나로, 태양의 경도가 15°쯤 이르렀을 때 시작하므로 매년 양력 4월 4
일~4월 6일 정도가 된다. 이때는 날씨가 풀리고 새싹이 돋아나며 청명한 느낌이 든다고 해
서 청명절, 즉, 칭밍제라고 부른다. 원래 조상의 묘를 정리하고 제사를 지내는 풍습이 있었으
나, 현재는 이전만큼 중요한 명절로 여기지는 않고 있다.

6. 端午节 Duānwǔjié 돤우제

돤우제는 음력 5월 5일로, 우리나라의 단오와 같다. 돤우제에는 전국시대 초나라의 애국시인
굴원屈原을 추모하기 위한 날이다. 굴원은 나라를 잃은 분노에 스스로 강에 뛰어들었다. 굴
원의 시신을 찾지 못하자 사람들은 물고기들이 그의 시신을 훼손하지 못하게 막으려는 의도
로, 쫑즈粽子를 강물에 던져 물고기 밥으로 주었다고 전해진다. 그래서 쫑즈가 돤우제의 전

통 음식이 되었고, 굴원의 시신을 찾기 위해 배를 몰았던 것은 용선 경기로 발전되었으며, 창포를 걸고 웅황주를 마시는 풍속이 있다. 돤우제는 중국의 법정 공휴일 중 하나이다.

| 관련 단어 및 표현 |

粽子

☐ **粽子** zòngzi 쭝즈

　찹쌀을 대나무 잎사귀나 갈댓잎에 싸서 삼각형으로 묶은 후 찐 음식이다.

☐ **赛龙舟** sài lóngzhōu 용선 경주를 하다

　뱃머리가 용 머리 형상인 배를 타고 노를 저어 시합하는 경기이다.

☐ **挂菖蒲** guà chāngpú 창포를 걸다

　창포는 민간에서 쉽게 구할 수 있는 약초이다. 창포를 문 앞에 걸어 두면 사이한 기운을 피할 수 있고, 습한 날씨에 생길 수 있는 병 또한 예방할 수 있다고 믿는다.

☐ **雄黄酒** xiónghuángjiǔ 웅황주

　액막이를 위해 마시거나 몸에 바르던 웅황 가루와 창포 뿌리를 잘게 썰어 넣어 만든 술이다. 창포를 거는 것과 마찬가지로, 사이한 기운을 피하는 역할을 한다고 해서 돤우제 마시게 되었다.

7. 中秋节 Zhōngqiūjié **중치우제**

중치우제는 음력 8월 15일로 우리나라의 추석에 해당하며, 춘제 다음가는 주요 명절로 자리 잡고 있다. 일 년 중 달이 밝고 가장 둥근 날이어서 团圆, 즉 '한자리에 모이는 것'을 상징한다. 이날은 온 가족이 둘러앉아 웨빙月饼을 먹으며 달을 감상한다. 웨빙은 밀가루 피에 소를 넣어 만든 둥글고 납작한 빵으로, 이 모양 역시 둥근 달과 团圆을 상징한다. 또한 중치우제의 달맞이는 고대에 달에게 제사를 지내던 풍속에서 유래한 것이다.

8. 腊八节 Làbājié **라빠제**

라빠제는 음력 12월 8일로, 석가모니가 득도하여 부처가 된 날을 기리는 불교 전통 명절이다. 따라서 석가모니의 득도를 축하하는 의미에서 여러 가지 곡식을 넣어 죽을 끓인 후, 이것을 부처님께 바치며 제를 지내고, 가족, 친구들 등 여러 사람들과 함께 나누어 먹는데, 이 죽을 라빠저우腊八粥라고 한다. 또한 껍질을 바른 마늘에 식초를 부어 장아찌를 담그는데, 이 마늘을 라빠쏸腊八蒜이라고 한다. 춘제 전날인 섣달 그믐날, 자오즈를 먹을 때 이 라빠쏸을 꺼내어 먹는다.

9. 重阳节 Chóngyángjié 충양제

충양제는 음력 9월 9일로, 踏秋tàqiū라고도 부른다. 충양제는 재앙을 피하기 위해 모든 가족이 함께 높은 산에 올라 산수를 즐기거나 성묘를 하는 풍습이 있다. 또한 '오래다'의 의미인 久와 발음이 같은 九가 두 번 겹치는 날이므로, 장수를 상징하는 국화를 감상하거나 국화주를 마시기도 한다. 이외에도 이날에는 중국 전역에서 다양한 행사가 이루어지는 것을 볼 수 있다.

10. 国庆节 Guóqìngjié 궈칭제

궈칭제는 양력 10월 1일로, 중화인민공화국의 건국 기념일이다. 1949년 10월 1일 중화인민공화국 설립을 기념하기 위해 국가가 정한 기념일로, 10월 1일부터 7일 정도 중국의 법정 공휴일이다. 춘제와 더불어 일 년 중 가장 긴 휴일이므로, 중국 여행 업종의 황금주黄金周라고도 일컫는다.

2 시험에 잘 나오는 지역과 명소

🎓 선생님의 한마디
중국의 지역이 문제에 나올 경우 여행 관광지에 관련된 지문이 자주 출제됩니다. 본문의 지역과 특징을 잘 알아 두세요.

1. 黄山 Huáng Shān 황산

황산은 중국 안후이성安徽省 남동부에 위치한 산으로, '중국의 가장 아름다운 산'으로 잘 알려져 있다. 유네스코 세계 문화유산에도 등재되어 있는 이곳은, 화강암으로 된 산봉우리에 구름이 걸쳐져 있는 그림 같은 풍경으로 유명하다.

|관련 단어 및 표현|

> ☐ 天下第一奇山 tiānxià dìyī qíshān 천하제일기산
> 천하에서 가장 신비로운 산이라는 뜻으로, 황산을 수식하는 표현이다.
>
> ☐ 五岳归来不看山，黄山归来不看岳
> wǔyuè guīlái bú kàn shān, Huáng Shān guīlái bú kàn yuè
> 오악을 봤던 사람은 다른 산이 눈에 차지 않고, 황산을 봤던 사람은 오악을 봐도 감흥이 들지 않는다.

2. 五岳 wǔyuè 오악

오악이란 중국 5대 명산의 통칭으로, 예로부터 험준하지만 경치가 수려하고 좋은 기운을 가진 산으로 유명하다. 중국 대륙의 동, 서, 남, 북, 중앙에 각각 위치한 산을 뜻하는데, 동악 타

이산, 서악 화산, 남악 헝산, 북악 헝산, 중악 쑹산으로 이루어져 있다. 산동성山东省 지난시济南市에 위치한 타이산泰山은 세계 문화유산과 세계 자연유산으로 등재되어 있는 산으로, 도교의 주요 성지 중 하나이다. 산시성陕西省에 위치한 화산华山은 바위로 이루어진 산이며, 다섯 손가락 형태로 솟아 있는 5봉이 특징이다. 후난성湖南省에 위치한 헝산衡山은 중국 천하절경의 명산으로, 신화와 전설이 많아 무협 영화에도 많이 등장하는 산이며 도교 사원인 남악대묘南岳大庙로 유명하다. 허베이성河北省에 위치한 헝산恒山은 대표적인 유적지로 현공사悬空寺와 운강석굴云冈石窟 등이 있다. 허난성河南省에 위치한 쑹산嵩山은 태실산과 소실산이 합쳐진 산으로 소림사少林寺가 유명하다.

| 관련 단어 및 표현 |

☐ **东岳泰山** dōngyuè Tài Shān 동악 타이산
☐ **西岳华山** xīyuè Huá Shān 서악 화산
☐ **南岳衡山** nányuè Héng Shān 남악 헝산
☐ **北岳恒山** běiyuè Héng Shān 북악 헝산
☐ **中岳嵩山** zhōngyuè Sōng Shān 중악 쑹산
☐ **五岳之宗** wǔyuè zhī zōng 오악지종
　　중국 고대의 왕들이 하늘에 제사를 지냈다 하여 붙여진 이름으로, 동악 타이산을 뜻한다.
☐ **奇险天下第一山** qíxiǎn tiānxià dìyī shān 기험천하제일산
　　기이하고 험준하기가 천하에서 으뜸이라는 의미로, 서악 화산을 뜻한다.

3. 赵州桥 Zhàozhōuqiáo 조주교

허베이성河北省에 위치하는 조주교는 베이징北京의 노구교卢沟桥, 허난성河南省의 낙양교洛阳桥, 광둥성广东省의 광제교广济桥와 함께 중국 4대 다리로 꼽힌다. 조주교에는 도교의 여신인 서왕모西王母의 전설과 춘추전국 시대에 건축과 목공 발명품의 장인으로 유명한 노반鲁班의 전설이 있다. 조주교는 아치형 돌다리石拱桥로 그 외관은 비교적 단순하지만, 그동안 수차례의 홍수와 지진, 전쟁을 거치고도 보존이 매우 완벽하여 현대 건축 측면에서도 그 존재 가치가 매우 크고, 또한 오늘날 세계에서 현존하는 가장 오래된 다리라는 점에서 역사적 의의가 있다.

4. 滕王阁 Téngwánggé 등왕각

등왕각은 장시성江西省 난창南昌에 위치한 누각이다. 당 고조 이연李渊의 아들 이원영李元婴이 현재의 난창인 홍저우洪州로 내려와 이 누각을 지었는데, 후에 이원영이 등왕으로 봉해진 까닭에 '등왕각'이라는 이름이 붙여졌다. 등왕각은 후베이성湖北省의 황학루黄鹤楼, 후난성湖南省의 악양루岳阳楼와 더불어 '강남 3대 명루江南三大名楼'로 불린다. 또한 당 초기 4당 초걸

初唐四杰로 불린 중국의 대표 시인 중 으뜸인 왕발王勃이 바로 이 누각에서 '등왕각서腾王阁序'라는 시를 지은 것으로도 유명하다. 이처럼 등왕각은 중국 고대 건축물의 대표로, 5천 년간 축적된 중국의 문화 및 예술과 전통을 상징하고 있다.

5. 五指山 Wǔzhǐ Shān 우즈산

우즈산은 하이난섬海南島에서 가장 높은 산으로, 하이난섬의 중부에 위치하고 있다. 중국의 가장 아름다운 숲으로 꼽히는 동시에, 세계적으로도 보존이 잘되어 있는 3대 열대림 중 한 곳이다.

|관련 단어 및 표현|

☐ **不到五指山，不算到海南** búdào Wǔzhǐ Shān, búsuàn dào Hǎinán
우즈산에 오지 않으면 하이난에 온 것이라고 할 수 없다
민간에서 우즈산을 찬미하여 전해진 말로, 우즈산이 해남을 대표하는 명소임을 잘 나타내는 표현이다.

6. 孔庙 Kǒngmiào 공자묘

공자묘는 중국의 위대한 사상가이자 교육가인 공자의 제사를 모시기 위한 사당으로, 산둥성山东省 취푸시曲阜市에 위치해 있다. 오늘날에 이르기까지 2400여 년 동안 끊이지 않고 제사를 모셨으며, 뿌리 깊은 역사가 있는 건축물이다. 중국에서는 베이징의 구궁故宫, 청더의 비슈산장避暑山庄과 더불어 중국 3대 고건축물로 꼽힌다.

7. 四大书院 sì dà shūyuàn 4대 서원

후난의 위에루 서원岳麓书院, 장시의 바이루동 서원白鹿洞书院, 허난의 숭양 서원嵩阳书院, 잉티엔 서원应天书院을 합쳐서 중국 고대 4대 서원이라고 부른다. 서원은 일종의 사설 학교라고 볼 수 있다. 정규 학교, 즉, 나라에서 관리하는 관학과 비슷했으나 과목이나 규정에 있어서 관학만큼 엄격하지 않았다. 송대 초부터 4대 서원이 유명해졌지만, 나라에서 관학 출신의 학생에게 관직을 주면서 서원은 점점 쇠락했다. 이후 남송대에서 관학이 부패해지고 정치가 문란해지면서, 지식인들은 서원으로 돌아갔기 때문에 남송 때는 서원이 다시 흥하게 되었다.

3 시험에 잘 나오는 인물

🎓 선생님의 한마디

중국의 훌륭한 인물이 문제에 나올 경우, '贡献非常大(공헌이 매우 크다)', '孔子是大教育家(공자는 훌륭한 교육가이다)'와 같이 인물의 업적 및 신분이나 호칭을 나타내는 내용이 정답으로 자주 출제됩니다.

1. 张衡 Zhāng Héng 장형

장형은 한대의 학자로, 기상학자, 천문학자, 철학자이자 문인이다. 특히 천문학 분야에서 많은 업적을 남겼는데, 대표적인 발명으로 혼천의浑天仪와 후풍지동의候风地动仪를 들 수 있다. 혼천의는 천체의 운행과 위치를 관측하기 위한 도구이고, 지동의는 지진의 발생 유무와 발현 방향 및 강도 등을 알 수 있는 일종의 지진계를 뜻한다. 특히 장형의 지동의는 세계 최초의 지진계라는 업적 외에, 외관의 예술적 가치로도 높은 평가를 받고 있다. 장형은 천문학과 역법을 연구하는 황실 책임자이자, 재상으로서 호족豪族들의 발호를 견제하는 데에도 큰 공을 세웠다.

2. 王羲之 Wáng Xīzhī 왕희지

왕희지는 동진东晋 시대의 유명한 서예가이다. 한 나라 때 생겨난 해서, 행서, 초서의 서법을 예술적으로 승화시킨 최고의 서예가로, 그의 서법은 독특한 풍격이 있고 힘이 있으면서도 수려하다. 생존 당시에도 그의 글씨는 쉽게 살 수 없고 그 가치를 돈으로 따질 수 없을 만큼 인기가 높았다고 전해진다. 대표작으로 《兰亭集序(난정집서)》를 들 수 있는데, 당시 산문의 주류에서 조금 벗어나 있지만 그 기풍과 필체 때문에 후대에 널리 애송된 작품이다.

| 관련 단어 및 표현 |

> ☐ 天下第一行书 tiānxià dìyī xíngshū 천하제일행서
> 왕희지는 《난정집서》를 통해 '천하제일행서'라는 명칭을 얻었다.

3. 武则天 Wǔ Zétiān 무측천

무측천은 당 나라 고종 이치의 황후로, 고종이 죽은 뒤 조정을 장악하고 권력을 독점했다. 권력이 날로 강대해지자, 국호를 당에서 주周로 바꾸고 스스로 황제가 된다. 중국 역사상 최초이자 유일무이한 여황제이다. 하지만 즉위한 지 오래지 않아 쿠데타로 인해 아들에게 황제 자리를 물려주게 되고 국호는 다시 당으로 바뀌게 된다. 후대 사람들에게 무측천은, 음탕하고 간악하여 황위를 찬탈한 요녀라는 비난과 민생을 보살펴서 나라를 훌륭히 다스린 여걸이라는 칭송을 같이 받고 있다.

4. 三苏 sānsū 삼소(소씨 삼부자)

삼소는 송대의 문학가, 소순苏洵과 그의 두 아들 소식苏轼, 소철苏辙 이 세 명을 함께 일컫는 말이다. 후대 사람들이 '당송팔대가唐宋八大家'라고 부른 문인 집단에 이들 삼부자가 모두 포함되어 있다. 특히 소식은 이름 외에 소동파苏东坡라는 호로 더 잘 알려져 있다. 소식의 작품은 유교 사상을 근간으로 하지만, 불교와 도교 사상도 조화롭게 접목한 것이 특징이다. 대표적인 작품으로 《前后赤壁赋(전후적벽부)》를 들 수 있다.

|관련 단어 및 표현|

☐ **前后赤壁赋** qiánhòu chìbìfù 전후적벽부
소식이 적벽에서 두 차례 뱃놀이를 하고 써낸 글이다. 두 편의 글을 구분하기 위해 첫 번째 작품을 '전적벽부', 두 번째 작품을 '후적벽부'라고 부른다.

5. 李时珍 Lǐ Shízhēn 이시진

이시진은 명 나라의 위대한 의학자이자 약재학자이다. 의학자 집안에서 태어난 이시진은 아버지에게 의학 이론을 배웠고, 스스로 조부와 부친이 남긴 진료 기록에 자신이 연구한 약재를 가미하여 효과를 증대시켰다. 당시에도 약재에 관한 서적은 있었으나, 자신이 몸소 약재를 체험하고 연구하며 자신만의 진단과 처방의 체계를 잡아 갔다. 이 결과가 바로 《本草纲目(본초강목)》이라는 책이다. 이외에도 많은 책을 저술했지만, 《本草纲目》은 현재에도 한의학계에서 높은 가치를 인정받고 있다.

6. 齐白石 Qí Báishí 치바이스

치바이스는 청 나라 말기부터 중화인민공화국 초기까지 생존한 현대 중국 화가이다. 이름은 치황齐璜이고, '중국 근대 회화의 아버지' 또는 '부평초 노인萍翁'이라는 애칭으로 불리기도 한다. 가난한 농가에서 태어난 그는 몸이 약해 농사일을 못하게 되자 목공일을 하다가 후친 위안胡沁园 등의 스승을 만나 글공부를 하며 그림에 대한 안목을 키우게 된다. 그 뒤 주로 독학으로 시서화诗书画를 익힌 그는 장다첸张大千과 더불어 중국 회화의 전통을 계승한 화가로 추앙받고 있다.

7. 梅兰芳 Méi Lánfāng 메이란팡

메이란팡은 할아버지와 아버지 모두 배우였던 경극 집안에서 태어나 어렸을 때부터 경극을 접하며 성장했다. 청 나라 말기였던 당시는 시대적인 특성상 여성이 경극 배우로 활동할 수

🎓 *선생님의 한마디*
메이란팡은 HSK 시험에 자주 등장하는 인물이므로, 전반적인 배경지식은 꼭 알고 있는 것이 좋습니다.

없었기 때문에, 남자 배우가 여자 역할을 대신할 수밖에 없었다. 메이란팡은 남자이지만 여자 역할인 '단'을 완벽하게 연기했던 명배우이다. 또한 메이란팡은 연기와 창법, 분장 등 경극 전반에 걸쳐서 현대적인 색채를 가미하며 개혁을 시도하여 경극의 발전에 큰 영향을 미쳤고, 일본, 미국, 소련 등 해외에서도 성황리에 공연을 마치며 경극을 세계적으로 알리는 데에도 중추적인 역할을 하였다.

경극은 노래唱와 대사念, 동작做, 무술打의 4요소로 이루어진 예술로, 베이징 지역에서 발달한 까닭에 '경극'이라 부르며, 흔히 '베이징 오페라'라고도 한다. 경극의 주요 배역으로는 남자 역할인 생生, 여자 역할인 단旦, 남자 조연 역할인 정淨, 어릿광대 역인 축丑으로 나뉜다. 동작은 현대극에 비해 많이 정형화되어 있고, 화려한 의상과 짙은 얼굴 분장이 대표적인 특색이다. 이 얼굴 분장의 색은 극 중 인물의 성격을 나타내는데, 붉은색 얼굴은 정의로운 인물, 녹색 얼굴은 영웅호걸, 흰색 얼굴은 귀신이나 사악한 인물을 나타낸다. 청대 후기부터 시작된 경극은 메이란팡과 같은 명배우의 활약에 힘입어 현재에도 중국 문화를 대표하며 활발하게 공연되고 있다.

8. 袁隆平 Yuán Lóngpíng **위안롱핑**

위안롱핑은 중화인민공화국의 농업과학인으로, 현재에도 정계 및 학계에서 활발하게 활동하고 있는 인물이다. 중국은 벼농사를 지을 수 있는 경작지가 적은 반면, 인구가 많아 식량문제가 늘 대두되고 있다. 위안롱핑은 농작에 과학기술을 접목하여 품종이 우수하고 수확량이 높은 잡교벼杂交水稻를 육성하는 데 성공하였다. 이에 위안롱핑은 '잡교벼의 아버지'라고 칭송받았고, 세계 벼 생산의 발전에도 기여하여 2011년에는 마하티르 과학상을 수상하기도 했다. 위안롱핑의 연구 성과는 벼 종자 생산량 및 농민들의 연 수입이 크게 확대되었고, 13억 중국인의 식량문제도 크게 개선시켰다는 점에 큰 의의가 있다.

9. 莫言 Mò Yán **모옌**

모옌은 중국의 유명 소설가이다. 그의 대표작인 《红高粱家族(붉은 수수밭 가족)》는 장이머우张艺谋 감독에 의해 《红高粱(붉은 수수밭)》이라는 영화로 제작되기도 했으며, 《蛙(개구리)》라는 작품으로 2012년 노벨문학상을 수상하기도 했다. 또한 그의 작품은 대체적으로 마술적 사실주의의 영향을 깊이 받았으며, 문화대혁명, 산아정책 등을 소재로 한 그의 작품은 직설적이면서도 해학적인 필체로 중국 사회를 잘 반영했다는 평가를 받고 있다.

| 관련 단어 및 표현 |

☐ **魔幻现实主义** móhuàn xiànshízhǔyì 마술적 사실주의, 매직 리얼리즘
마술적 사실주의란 문학 기법의 하나로, 현실 세계에 적용하기에는 인과법칙에 맞지 않는 문학적 서사를 의미한다.

10. 钱钟书 Qián Zhōngshū **치안중슈**

치안중슈는 중국 현대문학 소설가이자 문학 연구학자로, 1947년에 쓴 《围城(포위된 성)》으로 명성을 날린 작가이다. 그는 매우 박식하여 중국과 서양·과거와 현재를 접목하는 방식에 매우 정통하며, 여러 분야의 지식을 융합하여 글을 쓰는 데에도 뛰어나다. 이러한 재능은 그의 작품 속에서도 잘 드러나 있다.

| 관련 단어 및 표현 |

> ☐ 《围城》 Wéichéng 《포위된 성》
> 1940년 전후 중국 지식인들의 방황, 허영심, 사랑을 그리고 있다. 생동감 있고 세련된 문체로 당시의 인물 성격이나 시대상을 풍자한 소설이다.

11. 金庸 Jīn Yōng **진용**

진용은 중국의 무협 소설 작가이며 언론인이다. 그의 무협 소설은 동서양의 여러 나라에서 번역 출판되어 공식적으로 집계된 것만 해도 백만 부가 넘게 팔렸을 정도로 인기를 끌고 있다. 또한 그의 무협 소설들은 수십 차례에 걸쳐 드라마와 영화로 제작되었으며 컴퓨터게임으로도 만들어졌다. 진용의 작품은 홍콩이 중국으로 반환된 이후 대륙에 널리 알려져 '김학金學'이라는 그의 소설을 연구하는 학문이 생길 정도로 존경받고 있다. 대표작으로 《射雕英雄传(사조영웅전)》, 《神雕侠侣(신조협려)》, 《倚天屠龙记(의천도룡기)》, 《笑傲江湖(소오강호)》, 《鹿鼎记(녹정기)》 등이 있다.

12. 花木兰 Huā Mùlán **화무란**

화무란은 위진남북조 시대의 민가인 '木兰辞'의 여주인공이다. 실존 인물인지 허구 인물인지에 대한 의견이 분분하지만, 허구 인물일 가능성을 높게 보고 있다. 위진남북조 시대는 전쟁이 끊이지 않았던 시기였다. 군첩을 받은 연로한 아비를 대신해, 여자인 화무란이 남장을 하고 군에 들어가, 오랜 시간 동안 종군하며 수많은 전투에서 큰 공적을 남겼다는 이야기이다. 이 화무란의 이야기는 국난을 극복한 영웅이자, 부모에게 효도하는 여인의 표상으로 오늘날까지도 중국인들에게 많은 사랑을 받고 있다.

13. 四大美女 sì dà měinǚ **4대 미녀**

중국 고대의 4대 미녀는 서시西施, 초선貂蝉, 왕소군王昭君, 양귀비杨贵妃를 꼽는다.
서시는 춘추시대 월나라 사람이다. 구천이 오나라의 부차夫差에게 패하자, 구천勾践의 충신

범려가 오나라에 보복하기 위해 월나라 최고 미인인 서시를 오왕 부차에게 바쳤다. 즉, 서시는 전쟁에 패한 구천이 오왕 부차에게 보복할 수 있도록 시간을 벌어 준 것이다. 결국 월 나라는 오나라를 무찌르고 원수를 갚을 수 있게 되었다.

초선은 삼국지에 나오는 인물로, 후한 시대 사람이다. 동탁이 포악하여 황실이 위태로워지자 대신인 왕윤王允이 자신의 양녀(혹은 노래하는 기녀)인 초선을 동탁에게 바쳤다. 초선은 동탁과 여포를 이간질시켜 동탁을 죽게 만든 후 자신도 의로운 목숨을 거둔 것으로 전해진다. 정사에는 초선에 대한 기록이 없어, 허구의 인물로 추정하고 있다.

왕소군은 한나라 원제 때의 후궁이었으나, 황제의 사랑을 받지 못했다. 당시 흉노의 침입에 고민하던 원제가 우호 정책으로 흉노의 군주에게 왕소군을 시집 보냈다고 전해진다. 즉, 흉노와의 화친 정책에 희생된 비운의 여인이라고 할 수 있다. 그녀의 무덤은 네이멍구에 있지만 지금 전해지는 이야기도 대부분 후대에 윤색된 것이어서 진위 여부는 알 수가 없다.

양귀비는 당나라 현종의 왕자 수왕의 비가 되었다가, 후에 현종 황제의 비가 되었다고 전해진다. 귀비는 그녀에게 내려진 품계이고, 이름은 양옥환杨玉环이다. 황제의 마음을 사로잡은 양귀비는 황후와 다름없는 대우를 받으며 절대 권력을 누리다가 안사의 난이 일어났을 때 목을 매어 죽었다. 황제의 총애를 받던 시절, 그녀가 남쪽 지역의 특산 과일인 리즈荔枝를 좋아하자 파발마를 이용하여 그 과일을 진상했다는 일화도 유명하다. 또한 현종과의 사이에서 일어난 이야기는 오랫동안 중국 문학 작품의 소재로 등장하기도 했다.

| 관련 단어 및 표현 |

☐ **卧薪尝胆** wòxīnchángdǎn 와신상담
월나라 구천이 오왕 부차에게 패하여, 낮에는 그의 종으로 일하고 밤에는 섶을 깔아 놓은 우리에서 잠을 자는 등 갖은 모욕을 당했다. 구천은 잠자리에 쓸개를 매달아 놓고 항상 그 쓸개를 핥아 쓴맛을 곱씹으며 자신을 채찍질하였다. 결국 부차가 북벌에 힘을 쏟는 틈을 타, 구천은 오 나라를 정복하고 부차가 스스로 목숨을 끊게 만들었다. 와신상담은 '섶 위에 누워 쓸개를 핥으며 원수를 잊지 않다'라는 뜻으로, 원수를 갚기 위해 괴로움을 참고 견딤을 나타낸다.

☐ **闭月羞花之貌，沉鱼落雁之容** bìyuèxiūhuā zhī mào, chényúluòyàn zhī róng
달이 숨고 꽃이 부끄러워하는 얼굴, 물고기가 물속으로 숨고 기러기가 모래톱에 내려앉게 하는 용모
여자의 얼굴이 매우 아름다워서 달과 꽃, 물고기와 기러기가 모두 자신을 부끄럽게 여겨 숨어 버린다는 뜻이다. 4대 미녀를 수식하는 말로 유명하며, 闭月羞花 또는 沉鱼落雁으로만 쓰기도 한다.

14. 四大爱情故事 sì dà àiqíng gùshi **4대 러브 스토리**

중국 4대 러브 스토리는 중국 민간에서 구두, 원고 등의 형식으로 가장 널리 전해진 4가지의 러브 스토리를 가리킨다. 견우와 직녀牛郎织女, 맹강녀곡장성孟姜女哭长城, 백사전白蛇传, 양

산백과 축영대梁山伯与祝英台의 이야기를 합쳐 중국 민간 4대 러브 스토리라고 부른다.

견우와 직녀 이야기는 한국의 전래 동화와 내용이 같다. 중국에서는 이들의 사랑이 이루어진 음력 7월 7일을 '칭런제情人节'라 부르며 연인들끼리 선물을 주고받기도 한다.

맹강녀곡장성은 '맹강녀가 장성에서 울다'라는 뜻의 전설이다. 진시황은 만리장성을 건축하기 위해 수많은 백성들을 징발했고, 맹강녀의 남편 또한 장성으로 끌려갔다. 그녀는 엄동설한에 고생할 남편이 걱정되어, 솜옷을 지어 몇 달에 걸쳐서 만리장성에 도착했으나 남편은 이미 죽었고, 시신 또한 성벽 밑에 묻혀서 찾을 수 없다는 이야기를 듣게 되었다. 그 소식을 들은 맹강녀가 대성통곡을 하자 성벽 800리가 무너져 내리며 남편의 시신이 드러났고, 그녀는 남편 옆에서 스스로 목숨을 끊었다. 진시황이 만리장성을 축조하면서 얼마나 많은 희생이 있었는지 빗댄 전설이다.

백사전은 천년 묵은 백사에 관한 전설이다. 가난한 청년 허선이 시후西湖 단교断桥의 빗속에서 묘령의 여인을 만나 서로 사랑하게 되는데, 이 여인이 바로 천년 묵은 백사가 둔갑한 백낭자이다. 둘은 부부의 연을 맺고 행복하게 살지만, 그녀가 요괴임을 알아본 승려로 인해 결국 허선 또한 백 낭자가 백사임을 알게 되어 놀라 죽게 된다. 백 낭자는 위험을 무릅쓰고 신선과 싸우며 약을 구해 허선을 살리고, 허선은 백 낭자의 진심을 알고 다시 만나 사랑을 회복한다.

양산백과 축영대는 동진 시기의 설화로 전해진다. 부잣집 딸인 축영대는 학문에 대한 열의가 있었지만, 당시 여자는 서원에 들어갈 수 없다는 사회적 특성 때문에 남장을 하고 서원에 들어가게 된다. 이곳에서 가난하지만 의로운 성격을 가진 양산백을 만나 동문수학한다. 후에 집으로 돌아간 축영대는 부모의 뜻대로 다른 집안과 혼사를 약속하게 된다. 축영대가 여자임을 알게 된 양산백은 기뻐하며 그녀를 찾아가 청혼을 하지만 부모의 반대로 헤어지게 되고, 얼마 지나지 않아 요절하고 만다. 축영대가 부모의 뜻대로 혼례를 올리는 날, 마침 양산백의 묘 근처를 지나게 되었는데 풍랑이 일어 배가 나아가지 못했다. 이곳이 양산백의 묘라는 말을 들은 축영대가 통곡하자 무덤이 갈라졌고, 축영대가 뛰어들어 둘은 함께 묻히게 되었다. 죽음을 불사한 사랑 이야기라서 중국판 로미오와 줄리엣으로 불리기도 한다.

🎓 선생님의 한마디
양산백과 축영대 이야기는 HSK 6급 쓰기에 출제된 적이 있습니다. 줄여서 梁祝라고도 부릅니다.

4 시험에 잘 나오는 문화, 문학, 문물

1. 相声 xiàngsheng 샹성

샹성은 중국 전통 설창说唱 문예의 일종으로, 우리나라의 만담과 비슷한 공연 예술이며, 요즘 시대의 스탠딩 개그 정도로 이해할 수 있다. 공연 형식으로는 혼자 말하는 单口相声, 짝을 이루어 두 사람이 공연하는 对口相声, 여러 사람이 나와서 그룹으로 이야기하는 群口相声 등이 있다. 샹성은 '말하고, 흉내 내고, 웃기고, 노래하는' 것을 중요시하며, 의상이나 무대 효과, 배경음악보다는 익살스러운 말투와 풍자로 웃음을 주는 것이 특징이다. 중국에서는 궈

🎓 선생님의 한마디
중국 문화가 문제에 나올 경우, '历史悠久(역사가 유구하다)'라는 내용이 답으로 가장 많이 출제되었습니다. 본문의 중국 문화와 특징은 물론, 历史悠久라는 표현 또한 잘 알아 두세요.

더강郭德钢이 최고의 만담가로 꼽히는데, 주로 풍자를 통해 중국의 사회문제를 끄집어낸 것으로 유명하다.

| 관련 단어 및 표현 |

☐ **说唱** shuōchàng 설창
산문과 운문이 결합된 내용으로, 말하고 노래하는 형식으로 꾸며진 민간 예술이다.

☐ **说学逗唱** shuō xué dòu chàng 말하고 흉내 내고 웃기고 노래하다
샹성의 기본적인 4가지 기법으로, 이야기하기(说), 흉내 내기(学), 말재간으로 웃기기(逗), 노래하기(唱)를 뜻한다.

2. 小品 xiǎopǐn 샤오핀

샤오핀은 설 디너쇼에서 탄생한 신형 예술 표현 형식으로, 두 사람 이상이 하는 상황극 혹은 콩트와 같은 개그 단막극으로 이해할 수 있다. 샤오핀의 특징은 짧지만 힘이 있고, 유머러스하며, 대중적이어서 누구나 감상할 수 있다는 것이다. 또한 샤오핀은 유머를 통해 시대의 병폐를 풍자하기도 한다.

| 관련 단어 및 표현 |

☐ **春节联欢晚会** Chūnjié liánhuān wǎnhuì 설 디너쇼
중국에서 음력 1월 1일에 방송하는 설 특집 방송으로, 유명 연예인 및 전 해에 유명해진 인물이 출현한다. 노래, 샤오핀, 소수민족의 공연 등 다채로운 코너로 이루어져 있는데, 해마다 중국인들이 밤을 새워 볼 정도로 전역에서 큰 인기를 끌고 있다.

3. 变脸 biànliǎn 변검

중국은 지방별로 전통극을 가지고 있다. 베이징의 전통극은 경극京剧, 쓰촨 지역의 전통극은 천극川剧인데, 이 천극을 대표하는 것이 바로 변검이다. 변검은 원래 희곡에서 감정이나 정서를 드러내는 화장을 가리켰는데, 후에는 얼굴의 가면을 손이나 부채로 가리키는 순간에 빠르게 바꾸는 공연 특기를 가리키게 되었다. 변검의 가면은 극 중 인물의 충성심, 사악함, 정의감 등의 성격 특징을 나타내는데, 이러한 가면을 바꾸면서 감정의 변화를 드러내는 것이다. 마술 같기도 한 변검 공연은 중국 국내뿐 아니라, 세계적으로도 큰 감탄을 이끌어 내고 있다.

4. 孔明灯 kǒngmíngdēng 공명등(=天灯 tiāndēng 천등)

듣기에서 孔明灯이 나오면 灯이라는 글자 때문에 일반 조명 기구로 생각하기 쉽지만, 사실 孔明灯은 작은 열기구를 떠올리면 된다. 공명등의 구멍이 아래로 향하게 한 후, 고체 알코올에 불을 붙여 열이 가득 차면 하늘로 날리는 것이다. 공명등은 제갈량이 멀리 있는 병사들에게 구원을 청하기 위해 고안해 낸 것이라고 전해진다. 요즘은 춘제春节나 중추제中秋节와 같은 명절 때 소원을 적어서 하늘로 날리기도 한다.

| 관련 단어 및 표현 |

☐ **诸葛亮** Zhū GěLiàng 제갈량
　삼국시대 촉(蜀) 나라의 정치가이자 군사 전략가

☐ **飞孔明灯** fēi kǒngmíngdēng 공명등을 날리다
　공명등은 일반 조명등이 아니라 소원을 기원하며 하늘로 날리는 등불이므로 동사 飞와 함께 어울려 쓴다.

5. 马头琴 mǎtóuqín 마터우친

마터우친은 두 줄로 된, 몽고족의 전통 현악기이다. 악기의 끝 부분이 말의 머리 모양을 하고 있기 때문에 马头琴이라는 이름이 붙여졌다. 현이 두 줄이라는 점, 활을 이용해 연주한다는 점 및 악기의 외관을 보면 우리나라의 해금과 비슷해 보이지만, 마터우친은 악기의 울림통이 매우 커서 해금보다 훨씬 묵직하고 깊은 음색을 낸다. 서정적이면서도 애절한 느낌을 주는 음색을 낸다는 것이 마터우친의 특징이다.

马头琴

6. 微雕 wēidiāo 미니 조각

微雕는 쌀알 크기의 상아 조각이나 대나무 조각, 머리카락 따위의 극소 물체에 글자를 새기거나 형상을 그려 넣은 공예품이다. 조각한 작품 내용을 감상하기 위해서는 돋보기나 현미경으로 봐야 한다. 단순히 작은 물체에 무언가를 새겨 넣는 것에 그치는 게 아니라, 예술적 정취가 재현되어야 그 가치를 인정받을 수 있다.

微雕

7. 散文 sǎnwén 산문

산문은 문학의 한 장르로서 운율이나 음절의 수 등에 얽매이지 않고 자유롭게 쓴 글을 의미한다. '형식은 흩어져도 정신은 흩어지지 않음'을 중요시하며, 춘추전국 시대부터 명·청대에 이르기까지 산문은 각 시대의 사상을 잘 반영하고 있다.

춘추전국 시대에는 수많은 학파의 지식인들이 나와 자신의 주장을 내세우면서 백가쟁명의 상황이 만들어졌고, 이로 인해 산문 또한 크게 발전하게 되었다. 이 시기의 산문은 역사산문, 제자산문(철학산문)으로 나뉘고 대표작으로는 역사산문인 《书经(서경)》, 《春秋(춘추)》, 《国语(국어)》, 《战国策(전국책)》, 제자산문인 《论语(논어)》, 《孟子(맹자)》, 《荀子(순자)》, 《老子(노자)》, 《庄子(장자)》 등이 있다.

산문은 한대에 들어서면서 내용과 형식 면에서 더욱 발전하였는데, 대표적인 작품으로는 사마천의 《史记(사기)》, 반고의 《汉书(한서)》 등이 있다.

위진남북조 시대의 산문은 문체가 점점 화려해지는 특색이 있으며, 작품이 더욱 풍부해졌다. 왕희지의 《兰亭集序(난정집서)》, 도연명의 《桃花源记(도화원기)》 등이 이 시기의 대표작이다. 당송 시대에는 '당송팔대가唐宋八大家'라고 불린 왕안석王安石, 소식苏轼 등과 문인들이 등장하면서 산문의 절정기를 이루었다. 또한 이 시기에는 위진남북조의 화려한 문풍을 다시 되돌려 놓으려는 움직임이 성행했는데, 한대나 그 이전의 문체를 본받아 쓴 글이라는 의미로 이들의 산문 형식을 고문古文이라 부른다. 문학의 실용성을 중시하면서 화려하기만 한 변려문을 쇠퇴시킨 점은 장점으로 평가되지만, 지나치게 고문을 중시하여 문학이 예술로서의 가치를 잃고 윤리도덕의 잣대가 되었다는 단점이 있다.

8. 四大名著 sì dà míngzhù 4대 작품

중국의 문학 중 사대 명저로는 명대 소설 《三国演义(삼국연의)》, 《水浒传(수호전)》, 《西游记(서유기)》와 청대 소설 《红楼梦(홍루몽)》을 꼽는다. 삼국연의는 나관중罗贯中이 위·촉·오 삼국 간의 전쟁을 배경으로 쓴 장편소설이다. 수호전은 '송강'이라는 실존 인물을 소재로 하여, 허구를 가미한 영웅소설이다. 수호전의 영향으로 명대에는 수많은 영웅소설이 창작되었다. 서유기는 손오공이 당승 현장과 저팔계, 사오정과 함께 불경을 구하러 가는 길에 맞닥뜨리는 난관을 헤쳐 나가는 내용이다. 난관에서 만나는 마귀들은 한편으로는 인간 사회의 불합리한 현실과 사악한 인물들을 풍자하고 있다. 홍루몽은 부귀영화를 누리던 한 가문의 흥망성쇠의 과정을 근간으로, 수많은 등장인물들의 복잡하고 다양한 삶을 보여 주는 장편소설이다. 당시의 사회상을 잘 드러낸 것은 물론, 인물들의 삶을 통해 인생의 깨우침과 감동을 불러일으키고 있다.

9. 四大发明 sì dà fāmíng 4대 발명

중국은 고대에 과학이 크게 발전하였다. 중국 고대 과학의 큰 성취이자, 세계 문화에 공헌한 네 가지 발명이 나침반指南针, 제지술造纸术, 활자 인쇄술印刷术活字, 화약火药이다. 점술에서 비롯되어 발전한 나침반은 전쟁과 항해에서 방향을 찾을 수 있어 큰 역할을 하였고, 11세기 무렵 유럽으로 전파되었다. 제지술은 후한 때 발명되어 대량생산이 시작되었다고 전해진다.

선생님의 한마디
중국의 四大名著와 四大发明은 HSK 5급, 6급 단골 메뉴입니다.

당대에는 민간에도 보급되어 당시의 산문 등 문학 장르에도 크게 영향을 미치게 되었다. 제지술과 함께 인쇄술도 발명되었다. 발명 시기는 분명하지 않으나 당대에 이미 널리 행해지고 있었던 것으로 보아, 그 이전에 인쇄술이 시작되었다고 추정한다. 화약은 군사용으로 사용한 것은 당송 시기이며, 원대에 제조 방법이 서양으로 전파되기 시작했다.

10. 唐三彩 tángsāncǎi 당삼채

당대에는 도기에 유약을 발라 색을 입히는 것이 유행했는데, 대체로 황색, 갈색, 녹색의 세 가지 색깔로 배합된 것이 많아 '당삼채'라고 통칭하게 되었다. 주로 귀족들의 장례용으로 제작되었고, 출토된 유물은 남녀의 인물상, 말이나 낙타 등의 동물, 항아리나 쟁반 등의 생활용품이다. 당삼채는 당대 도기의 정수로 불리며, 후대에는 요 나라나 금 나라의 삼채에도 영향을 미쳤다고 알려져 있다.

5 시험에 잘 나오는 생활과 자연

1. 蜡染 làrǎn 납염

납염은 중국의 전통 염색법 중 하나이다. 직물 염색법 중 부분적으로 착색하여 필요한 무늬가 나타나도록 하는 기술인 날염의 한 방법으로, 녹인 밀랍을 이용하여 흰 천 위에 도안을 그리고 나서 염색 후 밀랍을 제거하면 백색 부분의 도안이 나타난다. 의복과 장신구 혹은 각종 생활용품 제작에 많이 사용되며, 다양한 도안을 만들어 낼 수 있고 소박하면서도 세련됨이 있으며, 민족적 특색을 풍부하게 보여 준다는 특징이 있다.

2. 文房四宝 wénfáng sì bǎo 문방사보

문방사보는 서예에 필요한 도구인 붓笔, 먹墨, 종이纸, 벼루砚를 가리키며, 문방사우文房四友 또는 문방사후文房四侯라고 부르기도 한다. 문방사보는 그 재질과 기능이 제각기 달라서 오직 서로 어울려야만 비로소 정교하고 아름다운 서예 작품을 만들어 낼 수 있다. 또한 문방사보는 한자 문화권인 중국에서는 매우 유구한 역사를 지니고 있으며, 현재에는 단순히 서예의 도구라기보다, 중국 문화를 대표하는 독특한 볼거리라는 가치가 있다.

3. 秧歌 yāngge 양거

양거는 중국 북쪽 지역에서 널리 전해 내려오는 한족의 민속놀이로서, 군중성과 대표성을 가진 일종의 집단 가무 예술이다. 양거는 원래 북방 농촌 지역의 모내기 노래로, 농사 지을 때의 동작을 모방한 원시적인 춤이었는데, 후에는 농한기 또는 연말 연시에 민간 광장에서 행해지는 분장 공연이 되었다. 10여 명에서 백 명 정도로 구성되는 양거는 춤의 동작이 풍부하고, 북이나 징 등 리듬과 함께 떠들썩한 분위기를 돋울 수 있어서 특히 환영받고 있다.

4. 旗袍 qípáo 치파오

치파오는 원피스 모양의 여성 의복으로, 중국 복식을 대표하는 의상이다. 원래 치파오는 만주족의 전통 의상이었는데, 1920년대에 신사상, 신문화의 영향을 받은 상하이 여학생들이 처음 치파오를 입으면서 점차 퍼지게 되었다. 또한 유명 배우나 유명 인사의 부인이 공식적인 자리에서 치파오를 입으면서 더욱 유행하게 되었다. 초기의 치파오는 비교적 헐렁한 디자인이었지만, 일상 복장으로 인기를 끌면서 곡선미를 드러내고 소매가 짧아지는 등의 변화가 생기며 현재의 모습을 갖추게 되었다.

旗袍

5. 舌尖上的中国 shéjiān shàng de Zhōngguó 혀끝으로 만나는 중국

舌尖上的中国는 CCTV에서 방영된 다큐멘터리纪录片로, 중국 각지의 먹거리와 지역별 음식 문화를 다루고 있다. 단순한 음식 소개뿐만 아니라, 여러 가지 측면을 통해서 음식이 중국인의 생활에 가져온 의식 및 윤리 등 다방면의 문화를 잘 나타내고 있다.

🎓 *선생님의 한마디*
舌尖上的中国는 중국에서 큰 인기를 얻어 2탄이 제작된 만큼, 시험에 출제될 가능성이 높습니다.

6. 东北三宝 Dōngběi sān bǎo 동베이의 3가지 특산물

중국 동베이 지역은 세 가지 지방 특산물로 유명하다. 과거의 세 가지 특산물은 인삼人参, 담비의 모피貂皮와 우라초乌拉草이다. 우라초는 풀의 일종인데, 추운 동베이 지역에서 보온을 위해 우라초를 넣어 만든 신발을 뜻한다. 요즘은 주로 제지용으로 쓰인다. 현재의 세 가지 특산물은 인삼人参, 담비의 모피貂皮와 녹용鹿茸이다. 백두산 등지의 인삼은 중국 인삼 총 생산량의 80퍼센트에 이르고 품질이 매우 좋다. 또한 백두산에는 유용 동식물이 수백 가지가 서식하고 있는데, 그중 담비와 꽃사슴이 포함된다. 담비는 진귀한 모피 동물로, 동베이 지역에서 사육에 성공하여 수출량이 높다. 아시아권에서 매우 진귀한 약재로 쓰이는 녹용 또한 동베이의 주요 특산물이다.

7. **梅兰竹菊** méi lán zhú jú **매난죽국**

매난죽국은 매화, 난초, 대나무, 국화를 가리킨다. 매화는 강인함과 절개, 난초는 고결함과 초연함, 대나무는 굳건함과 지조, 국화는 부귀에 연연하지 않는 소박함을 상징한다. 이러한 상징이 모두 군자에게 필요한 덕목이라 하여 매난죽국을 '꽃 중의 사군자'라고 부르기도 한다.

8. **百合** bǎihé **백합**

백합은 중국인들에게 환영받는 꽃 중 하나이다. 흰 백합을 두고 예전부터 '운상선자云裳仙子', 즉, '구름 치마를 입은 선녀'라는 별칭으로 불리기도 한다. 중국에서 백합은 '평생 화목하게 살다(百年好合)', '영원한 사랑(持恒的爱)'을 상징하기 때문에, 특히 결혼식 때는 없어서는 안 되는 꽃으로 인식되고 있다.

9. **芙蓉** fúróng **연꽃**

연꽃은 芙蓉 외에 莲花 또는 荷花라고 불리기도 한다. 연꽃은 중국의 그림이나 문학작품에서 여자의 날씬하고 아름다운 자태를 형용할 때 자주 쓰이며, 꽃 중 가장 고상한 꽃으로 불린다.

| 관련 단어 및 표현 |

☐ **出淤泥而不染，濯清涟而不妖** chū yūní ér bù rǎn, zhuó qīnglián ér bù yāo
더러운 흙탕물 속에서도 오염되지 않고, 맑은 물에 씻어도 자태가 요염하지 않다
고대 문학작품의 한 구절로, 연꽃의 곧은 기개, 청아함과 순결함을 잘 드러낸 말이다. 연꽃을 빗댄 표현이라는 점을 기억해야 한다.

10. **兰花** lánhuā **난초**

난초는 단아하면서도 아름다운 잎, 운치 있는 꽃봉오리, 감동을 자아내는 향기로 인해 매우 오래전부터 중국인들에게 많은 사랑을 받아 왔다. 난을 키우고 감상하는 것, 난을 치고 난에 관한 문장을 짓는 것은 줄곧 인격 수양의 한 가지 방법으로 생각되기도 했다. 또한 난의 고귀한 아름다움을 높이 평가하여, 고대 문인은 항상 시문을 '난장(兰章)'으로 비유하였고 우정을 '난교(兰交)'로, 좋은 친구를 '난객(兰客)'으로 비유하였다.

01　A 古琴历史悠久
　　B 古琴又称四弦琴
　　C 古琴是打击乐器
　　D 古琴是从20世纪开始流行的

02　A 舟山群岛风景秀丽
　　B 舟山群岛没有鸟类
　　C 舟山群岛面积很小
　　D 舟山群岛是国家自然保护区

03　A 张仲景喜欢田园生活
　　B 张仲景被称为"医圣"
　　C 《伤寒杂病论》由多人合著
　　D 《伤寒杂病论》是史学著作

04　A 和田玉开采难度大
　　B 中国玉石开采业刚起步
　　C 和田玉是一种优质玉
　　D 中国玉石集中分布在新疆

▶ 정답 및 해설 6쪽

HSK정신으로
정답을 찾는다!

HSK는 다른 외국어 시험과 달리 인생철학과 관련된 지문이 많습니다. 이 책에서는 HSK에 출제되는 인생철학을 'HSK정신'이라고 정리했습니다. HSK정신만 잘 알고 있다면, 내용 전체를 알아듣지 못해도, 한두 문장만 듣고도 정답을 수월하게 찾을 수 있습니다.

STEP 01 먼저 풀어보기

예제 1 🎧 듣기 1-03-1 예제1.mp3

A 赞美不需要技巧
B 赞美应该发自内心
C 凡事要三思而后行
D 批评孩子不能过于严厉

예제 2 🎧 듣기 1-03-2 예제2.mp3

A 要学会放弃
B 车到山前必有路
C 人们都喜新厌旧
D 知识可以改变命运

예제 1

|해 설|

> A 赞美不需要技巧   칭찬은 테크닉이 필요하지 않다
> B 赞美应该发自内心   칭찬은 마음속에서 우러나와야 한다
> C 凡事要三思而后行   모든 일은 심사숙고한 후에 행동으로 옮겨야 한다
> D 批评孩子不能过于严厉   아이를 꾸짖는 것은 지나치게 엄해선 안 된다
>
> A와 B는 '赞美(칭찬하다)'와 관련한 선택지이며, C와 D는 '심사숙고하다(三思而后行)'와 '아이를 혼내는(批评孩子)' 내용과 관련이 있습니다. 내용을 충분히 파악한 후 녹음 지문을 듣습니다.

녹음에서 칭찬의 기술로 두 가지를 언급하고 있습니다. 두 가지 내용을 열거할 때 사용하는 '首先……, 其次……' 구조를 잘 익혀 두세요. 이 문제에서는 首先 부분에서 들린 只有发自内心的赞美才能显示出它的魅力를 듣고 정답 B 赞美应该发自内心을 선택할 수 있습니다.

☞ 선생님의 한마디

赞美, 称赞, 赞扬, 赞许처럼 赞이 들어간 단어에는 모두 '칭찬하다'라는 의미가 있습니다. '赞美(칭찬하다)'와 관련한 지문은 HSK 시험에서 매년 꾸준히 출제되고 있으니, 관련 단어를 꼭 외워 두는 것이 좋습니다.

|해 석|

> 　赞美是一种①成本最低、回报最高的人际交往法宝，当然赞美也要②掌握一定的原则和技巧。首先要③真诚，只有发自内心的赞美才能显示出它的魅力；其次要适度，④恰到好处的赞美才会产生最好的效果。

> 칭찬은 ①비용이 가장 낮고 보상이 가장 높은 대인 관계의 좋은 방법으로, 당연히 칭찬도 일정한 원칙과 테크닉을 ②파악해야 한다. 우선 ③진실해야 한다. 마음속에서 우러나오는 칭찬만이 비로소 그것의 매력을 보여 줄 수 있다. 둘째로 적당해야 한다. ④적당한 칭찬만이 가장 좋은 효과를 낼 수 있다.

|단 어| **赞美** zànměi 图 칭찬하다, 찬미하다 │ **技巧** jìqiǎo 圀 테크닉, 기술 │ **发自内心** fāzì nèixīn 마음속에서 우러나오다 │ **凡事** fánshì 圀 모든 일 │ **三思而后行** sānsī ér hòu xíng 図 심사숙고한 후에 행동으로 옮기다 │ **批评** pīpíng 图 꾸짖다, 질책하다, 비평하다 │ **过于** guòyú 凰 지나치게, 너무 │ **严厉** yánlì 囿 엄하다, 호되다 │ **成本** chéngběn 圀 비용, 원가 │ **回报** huíbào 图 보상하다, 보답하다 圀 보상, 보답 │ **人际交往** rénjì jiāowǎng 대인 관계 │ **法宝** fǎbǎo 圀 좋은 방법, 특효약 │ **掌握** zhǎngwò 图 파악하다, 정통하다 │ **真诚** zhēnchéng 囿 진실하다 │ **显示** xiǎnshì 图 (뚜렷하게) 보여 주다 │ **魅力** mèilì 圀 매력 │ **适度** shìdù 囿 (정도가) 적당하다, 적절하다 │ **恰到好处** qiàdàohǎochù 図 아주 적당하다, 매우 적절하다

|정 답| **B**

✍ 녹음 지문 받아쓰기　　녹음을 들으며 빈칸의 단어를 받아써 보세요. 🎧 듣기 1-03-1 예제1.mp3

> 　赞美是一种①_____最低、回报最高的人际交往法宝，当然赞美也要②_____一定的原则和技巧。首先要③_____，只有发自内心的赞美才能显示出它的魅力；其次要适度，④_____的赞美才会产生最好的效果。

| 해 설 |

A	要学会放弃	포기할 줄 알아야 한다
B	车到山前必有路	궁하면 통한다
C	人们都喜新厌旧	사람들은 모두 싫증을 잘 낸다
D	知识可以改变命运	지식은 운명을 바꿀 수 있다

인생철학과 관련한 선택지입니다. B 车到山前必有路는 '수레가 산 앞에 이르면 반드시 길이 생긴 다'라는 뜻으로, 어떠한 경우라도 마지막에 이르면 해결책이 생긴다는 의미입니다. C의 喜新厌旧는 처 음 보는 성어일지라도 한 字씩 뜯어 보면 '새로운 것을 좋아하고, 옛것을 싫어한다'라는 의미임을 알 수 있습니다.

녹음의 첫 문장 选择有时候意味着放弃를 듣고 이 글이 选择와 放弃에 관한 글임을 빨리 머릿속 으로 생각해야 합니다. 이 문제는 첫 문장 选择有时候意味着放弃와 뒤에 이어지는 구체적인 설명 을 들으면, 전체 내용의 주제가 A와 일치한다는 것을 알 수 있습니다. '这不是A, 也不是B, 而是C' 의 구조에서는 부정을 하는 A와 B는 듣지 않아도 되며, 而是 뒤의 C만 주의해서 들으면 됩니다.

| 해 석 |

选择有时候意味着放弃，选择了一个 机会，就①等于放弃了其他的可能。当新的 机会摆在面前的时候，②敢于放弃已经获得 的一切，这不是功亏一篑，也不是③半途而 废，而是为了④谋求更大的发展空间。

선택은 때때로 포기를 의미하는데, 하나의 기 회를 선택했다는 것은 다른 가능성을 포기한 것 과 ①같다. 새로운 기회가 앞에 놓여 있을 때 이미 얻은 모든 것을 ②용감하게 포기하는 것은 성공을 눈앞에 두고 실패하는 것이 아니고 ③도 중에 포기하는 것도 아니며, 더 큰 발전 공간을 ④모색하기 위한 것이다.

| 단 어 | 放弃 fàngqì 图 포기하다 | 车到山前必有路 chē dào shānqián bì yǒu lù 属日 수레가 산 앞 에 이르면 길이 있는 법이다, 궁하면 통한다 | 喜新厌旧 xǐxīnyànjiù 성 새것을 좋아하고 옛것 을 싫어하다, 실증을 잘 내다 | 改变 gǎibiàn 图 바꾸다 | 命运 mìngyùn 명 운명 | 意味着 yìwèizhe 图 의미하다 | 可能 kěnéng 명 가능성, 가망 | 摆 bǎi 图 놓다, 벌여 놓다, 진열하다 | 敢于 gǎnyú 图 용감하게 ~하다 | 获得 huòdé 图 얻다, 획득하다 | 一切 yíqiè 명 모든 것 | 功亏一篑 gōngkuīyīkuì 성 아홉 길 높이의 산을 쌓는데 한 삼태기의 흙이 모자라 다 쌓지 못하다, 성공을 눈앞에 두고 실패하다, 거의 다 되다 말다 | 半途而废 bàntú'érfèi 성 도중에 포기하다 | 谋求 móuqiú 图 모색하다, 강구하다

| 정 답 | A

녹음 지문 받아쓰기 녹음을 들으며 빈칸의 단어를 받아써 보세요. 🎧 듣기 1-03-2 예제2.mp3

选择有时候意味着放弃，选择了一个机会，就①_____放弃了其他的可能。当新 的机会摆在面前的时候，②_____放弃已经获得的一切，这不是功亏一篑，也不是 ③_____，而是为了④_____更大的发展空间。

시험에 잘 나오는 인생철학 주제

인생철학과 관련해서는 HSK에 자주 출제되는 주제만 알아도 문제의 반은 맞혔다고 할 수 있습니다. 반드시 철저히 암기를 해서 인생철학 관련 문제만큼은 다 맞히도록 합니다.

1. 인간관계 관련 주제

인간관계에서는 상대방을 칭찬하고, 상대방 말을 경청하며, 상대방을 사심 없이 도와주어야 한다는 내용이 자주 출제된다.

☐ 赞美是一种美德。 Zànměi shì yì zhǒng měidé.

　　칭찬은 일종의 미덕이다.

☐ 赞美有助于人际交往。 Zànměi yǒuzhùyú rénjì jiāowǎng.

　　칭찬은 인간관계에 도움을 준다.

☐ 要学会认真倾听。 Yào xuéhuì rènzhēn qīngtīng.

　　진지하게 경청하는 것을 배워야 한다.

☐ 要乐于助人。 Yào lèyú zhù rén.

　　다른 사람을 기꺼이 도와야 한다.

☐ 要懂得分享。 Yào dǒngde fēnxiǎng.

　　다른 사람들과 함께 누릴 줄 알아야 한다.

2. 성공 관련 주제1 – 목표와 계획의 중요성

성공을 하려면 목표를 설정하고, 끝까지 포기하지 않는 정신이 중요하다. 하지만 맹목적으로 전진하는 것만이 성공을 향한 길이라고는 볼 수 없다. 실수가 있다면 때로는 한 걸음 물러서는 것도 필요하다는 것을 강조한다.

☐ 成功贵在坚持。 Chénggōng guì zài jiānchí.

　　성공은 포기하지 않고 지속하는 것이 중요하다.

☐ 不要盲目坚持目标。 Búyào mángmù jiānchí mùbiāo.

　　맹목적으로 목표를 고집하지 마라.

☐ 发现犯了错要勇于止步。 Fāxiàn fànle cuò yào yǒngyú zhǐ bù.

　　잘못을 발견하면 용감하게 걸음을 멈추어야 한다.

☐ 有时候放弃也是一种智慧。 Yǒushíhou fàngqì yě shì yì zhǒng zhìhuì.

　　때로는 포기하는 것도 일종의 지혜이다.

□ 退一步是为了前进。 Tuì yí bù shì wèile qiánjìn.

한 걸음 물러서는 것은 전진을 위한 것이다.

□ 要学会取舍。 Yào xuéhuì qǔshě.

취하고 버릴 줄 알아야 한다.

・取舍 qǔshě 图 취사선택하다

□ 要及时调整方向。 Yào jíshí tiáozhěng fāngxiàng.

제때에 방향을 조정할 줄 알아야 한다.

・及时 jíshí 형 제때, 적절한 시기에

3. 성공 관련 주제 2 – 노력과 태도

성공을 하려면 피나는 노력을 해야 하고, 긍정적이고 낙관적인 마음 자세, 그리고 적극적인 행동력이 중요하다고 말한다. 자신의 장점과 잠재력을 발견해서 계발해야 한다는 내용도 자주 출제된다.

□ 成功离不开勤奋。 Chénggōng líbukāi qínfèn.

성공은 근면함이 없어서는 안 된다.

□ 事业的成功离不开坚韧的毅力。 Shìyè de chénggōng líbukāi jiānrèn de yìlì.

일의 성공은 강인한 의지가 없어서는 안 된다.

・坚韧 jiānrèn 형 강인하다, 단단하고 질기다

□ 付出才会有收获。 Fùchū cái huì yǒu shōuhuò.

노력한 만큼 결과를 얻는다.

□ 一分耕耘一分收获。 Yì fèn gēngyún yì fèn shōuhuò.

노력한 만큼 수확을 얻는다.

・耕耘 gēngyún 图 땅을 갈고 김을 매다, 부지런히 일하다

□ 人们应该充分挖掘潜力。 Rénmen yīnggāi chōngfèn wājué qiánlì.

사람은 잠재 능력을 충분히 발굴해야 한다.

□ 要善于发挥自己的优势。 Yào shànyú fāhuī zìjǐ de yōushì.

자신의 장점을 잘 발휘해야 한다.

□ 要正视自己的缺点。 Yào zhèngshì zìjǐ de quēdiǎn.

자신의 단점을 정확히 봐야 한다.

□ 情绪可以由自己掌握。 Qíngxù kěyǐ yóu zìjǐ zhǎngwò.

감정은 자신이 통제할 수 있다.

□ 积极的心态更重要。 Jījí de xīntài gèng zhòngyào.

적극적인(긍정적인) 마음 자세가 더욱 중요하다.

□ 成功要靠行动。 Chénggōng yào kào xíngdòng.

성공은 행동에 달려 있다.

선생님의 한마디

积极는 '적극적이다'라는 뜻 이외에 '긍정적이다'라는 의미로도 자주 쓰이므로 함께 알아 두도록 합니다

积极와 반대의 의미인 消极도 '소극적이다'라는 뜻 이외에 '부정적이다'라는 의미도 있습니다.

4. 성공 관련 주제 3 – 기회

성공하려면 기회를 잡아야 하며, 기회는 준비된 자에게 찾아온다고 한다. 또한 위험을 두려워 말고 과감하게 도전해야 하며, 경쟁은 사람을 발전시킨다는 내용도 출제된다.

☐ 要善于把握机会。 Yào shànyú bǎwò jīhuì.
기회를 잘 잡을 줄 알아야 한다.

☐ 机会偏爱有准备的人。 Jīhuì piān'ài yǒu zhǔnbèi de rén.
기회는 준비된 자를 좋아한다.

☐ 不要过于害怕风险。 Búyào guòyú hàipà fēngxiǎn.
위험을 지나치게 두려워하지 마라.

☐ 危机能够使人成熟。 Wēijī nénggòu shǐ rén chéngshú.
위기는 사람을 성숙하게 만들어 줄 수 있다.

☐ 竞争促进发展。 Jìngzhēng cùjìn fāzhǎn.
경쟁은 발전을 촉진시킨다.

5. 행복 관련 주제

행복과 관련해서는 다른 사람과 비교하지 않고, 스스로의 삶에 만족해야 함을 강조하는 내용이 주로 출제된다.

☐ 做人应该知足常乐。 Zuòrén yīnggāi zhīzú chánglè.
사람은 항상 만족할 줄 알아야 한다.

☐ 不要过于追求完美。 Búyào guòyú zhuīqiú wánměi.
지나치게 완벽을 추구해서는 안 된다.

☐ 不要与别人比较。 Búyào yǔ biérén bǐjiào.
다른 사람과 비교하지 마라.

☐ 要乐观面对生活。 Yào lèguān miànduì shēnghuó.
낙관적으로 삶을 대해야 한다.

01 A 看问题要全面
   B 放下也是一种智慧
   C 坚持才能取得胜利
   D 不做没有把握的事情

02 A 做事要持之以恒
   B 人生不应该有缺憾
   C 缺憾会给人生带来转机
   D 付出比得到更令人快乐

03 A 自控有助于成功
   B 要主动认识世界
   C 要有一颗自由的心
   D 行动比思考更重要

04 A 要及时调整目标
   B 不要低估你的对手
   C 得不到的才是最好的
   D 要珍惜已有的东西

▶ 정답 및 해설 8쪽

설명문 듣기는
세부 내용이 관건이다!

HSK 6급 시험이 다른 급수보다 어렵게 느껴지는 이유는 다양한 분야의 지식을 물어보는 문제가 출제되기 때문입니다. 특히 듣기 1부분과 3부분에 지식을 전달하는 설명문이 50% 이상 출제되며, 주로 과학기술(技術), 운동과 건강, 생활 분야의 내용입니다. 설명문 듣기는 세부 내용을 묻는 경우가 많은데, 내용 전체를 다 알아듣지 못해도 선택지(ABCD)의 내용만 놓치지 않는다면 정답을 찾을 수 있습니다. 배경지식과 설명문의 구조를 알아 두면 많은 도움이 됩니다. 내공쌓기 부분을 꼭 학습하세요.

STEP 01 먼저 풀어보기

예제 1 🎧 듣기 1-04-1 예제1.mp3

A 宠物狗应定期体检
B 要定期给宠物狗剪毛
C 最好在夏季给宠物狗剪毛
D 宠物狗剪毛后容易感冒

예제 2 🎧 듣기 1-04-2 예제2.mp3

A 白菜营养价值不高
B 豆腐对老年人有好处
C 鱼和豆腐不能一起吃
D 豆腐有助于增强记忆力

예제 1

|해 설|

A	宠物狗应定期体检	애완견은 정기적으로 신체검사를 해야 한다
B	要定期给宠物狗剪毛	정기적으로 애완견의 털을 깎아 주어야 한다
C	最好在夏季给宠物狗剪毛	여름철에는 애완견의 털을 깎아 주는 것이 가장 좋다
D	宠物狗剪毛后容易感冒	애완견은 털을 깎은 후에 쉽게 감기에 걸린다

宠物는 애완동물이고, 宠物狗는 애완견입니다. 선택지를 통해 이 문제는 애완견의 '剪毛(털 깎아 주기)'와 관련된 내용임을 미리 유추합니다.

이 문제의 녹음 지문에서 散热部位, 舌头, 肉垫처럼 어려운 단어들이 들려서 앞부분은 알아듣기가 조금 어렵지만, 이때 당황하지 않는 것이 중요합니다. 此外 뒤의 剪了毛的小狗洗澡后很容易感冒 부분은 HSK 5급 수준의 학생들이라면 충분히 들을 수 있으며, 이 문장으로 정답 D 宠物狗剪毛后容易感冒를 고를 수 있습니다.

|해 석|

①盛夏，很多人会给自己的宠物狗剪毛以求②降温。其实，狗的主要散热部位是舌头和脚底的肉垫，所以剪毛的降温效果很有限，此外，剪了毛的小狗洗澡后很容易感冒，身体的突然变化还可能引发小狗的③抑郁情绪。

①한여름에 많은 사람들이 ②체온을 낮추기 위해서 자기 애완견의 털을 깎아 준다. 사실 개의 열 발산 부위는 혀와 발바닥의 패드라서 털을 깎는 것의 온도 내림 효과는 매우 한계가 있다. 이외에 털을 깎은 강아지는 목욕을 한 후에 아주 쉽게 감기에 걸리는데 신체의 갑작스러운 변화는 강아지의 ③우울한 기분을 초래할 수도 있다.

|단 어| **宠物狗** chǒngwùgǒu 몡 애완견 | **定期** dìngqī 뷔 정기적으로 | **体检** tǐjiǎn 동 신체검사하다 | **剪** jiǎn 동 (가위로) 깎다, 자르다 | **毛** máo 몡 털 | **盛夏** shèngxià 몡 한여름 | **以求** yǐ qiú ~하기 위해 | **降温** jiàngwēn 동 온도를 내리다 | **散热** sàn rè 열을 발산하다 | **舌头** shétou 몡 혀 | **脚底** jiǎodǐ 몡 발바닥 | **垫** diàn 몡 깔개, 매트, 방석 | **有限** yǒuxiàn 혱 한계가 있다 | **洗澡** xǐzǎo 동 목욕하다 | **突然** tūrán 혱 (상황이) 갑작스럽다 | **引发** yǐnfā 동 초래하다, 일으키다, 야기하다 | **抑郁情绪** yìyù qíngxù 우울한 기분

|정 답| D

📝 녹음 지문 받아쓰기   녹음을 들으며 빈칸의 단어를 받아써 보세요. 🎧 듣기 1-04-1 예제1.mp3

①_____，很多人会给自己的宠物狗剪毛以求②_____。其实，狗的主要散热部位是舌头和脚底的肉垫，所以剪毛的降温效果很有限，此外，剪了毛的小狗洗澡后很容易感冒，身体的突然变化还可能引发小狗的③_____。

🐘 선생님의 한마디

· 宠物와 宠物狗 관련 문제는 꾸준히 출제되고 있습니다.

· 설명문은 글의 특성상 전문적인 부분이 많다 보니 알아듣기 힘든 경우가 많습니다. 따라서 선택지를 보고 설명문일 것 같은 생각이 들면 선택지를 빠르게 독해하고, 내용을 못 알아듣더라도 선택지에 있는 내용은 최대한 놓치지 않고 들어야 합니다.

|해 설|

A 白菜营养价值不高	배추는 영양가가 높지 않다
B 豆腐对老年人有好处	두부는 노인에게 좋다
C 鱼和豆腐不能一起吃	생선과 두부는 함께 먹으면 안 된다
D 豆腐有助于增强记忆力	두부는 기억력을 높이는 데 도움이 된다

白菜, 鱼, 豆腐 등을 보아, 지문이 음식과 건강 상식에 관한 내용임을 유추할 수 있습니다.

녹음 지문의 첫 문장에서 들리는 '鱼生火, 肉生痰, 白菜豆腐保平安'은 속담이라서 의미를 빠르게 파악하기 힘듭니다. 이 속담에서는 鱼, 肉, 白菜가 등장하지만 그다음 문장부터는 계속해서 豆腐만 들립니다. 따라서 선택지의 B와 D에 집중을 합니다. 지문에서 记忆力란 단어는 들리지 않고 对老人而言이 들리므로 정답을 B 豆腐对老年人有好处로 선택하면 됩니다. 마지막 문장의 '对老人而言, 豆腐对于血管硬化、骨质疏松等疾病有良好的食疗作用'에서 '血管硬化、骨质疏松'과 같은 어려운 단어는 들을 필요도 없고, 뒤에 들리는 疾病만 들으면 질병의 종류가 나왔음을 유추할 수 있습니다. 따라서 정답은 B가 됩니다.

|해 석|

老人常说："鱼生火，肉生痰，白菜豆腐保平安"，豆腐的主要成分是①蛋白质，常吃豆腐有助于健康和②智力发育。对老人而言，豆腐对于血管硬化、骨质疏松等疾病有良好的③食疗作用。	노인들은 "생선은 화(火)가 생기게 하고, 고기는 가래(痰)가 생기게 하고, 배추와 두부는 속을 편안하게 해 준다."라고 자주 말한다. 두부의 주요 성분은 ①단백질로, 두부를 자주 먹는 것은 건강과 ②지능 발달에 도움이 된다. 노인한테 있어서, 두부는 혈관 경화와 골다공증 등의 질병에 좋은 ③식이 요법 작용을 한다.

|단 어| **白菜** báicài 명 배추 | **营养价值** yíngyǎng jiàzhí 영양가, 영양 가치 | **豆腐** dòufu 명 두부 | **有助于** yǒuzhùyú 동 ~에 도움이 되다 | **增强** zēngqiáng 동 높이다, 증강하다 | **记忆力** jìyìlì 명 기억력 | **鱼生火** yú shēng huǒ 생선은 화(火)를 생성한다 | **肉生痰** ròu shēng tán 고기는 가래(痰)를 생성한다 | **白菜豆腐保平安** báicài dòufu bǎo píng'ān 배추와 두부는 속을 편안하게 해 준다 | **蛋白质** dànbáizhì 명 단백질 | **健康** jiànkāng 명 건강 | **智力** zhìlì 명 지능, IQ | **发育** fāyù 동 발달하다, 성장하다 | **血管** xuèguǎn 명 혈관 | **硬化** yìnghuà 동 경화되다, 굳어지다 | **骨质疏松** gǔzhì shūsōng 명 골다공증 * **疏松** shūsōng 형 푸석푸석하다, 엉성하다 | **食疗** shíliáo 명 식이 요법

|정 답| B

✍ **녹음 지문 받아쓰기** 녹음을 들으며 빈칸의 단어를 받아써 보세요. 🎧 듣기 1-04-2 예제2.mp3

老人常说："鱼生火，肉生痰，白菜豆腐保平安"，豆腐的主要成分是①＿＿＿＿＿＿＿＿，常吃豆腐有助于健康和②＿＿＿＿＿＿＿。对老人而言，豆腐对于血管硬化、骨质疏松等疾病有良好的③＿＿＿＿＿＿＿。

듣기를 할 때 한 글자도 놓치지 않고 들어야겠다는 강박관념은 오히려 듣기의 독(毒)이 됩니다. 선택지를 빠르게 읽고, 반복해서 들리는 단어에 집중하면서 들어야 듣기 점수를 올릴 수 있습니다.

[듣기 부분에 나오는 설명문의 구조와 특징]

1 첫 문장에 사물의 정의를 말하고, 두 번째 문장부터는 그 사물이 갖는 특징을 설명한다!

扇子是一种扇风取凉的物品，很早就被人们广泛使用。起初，它只是一个日
　　　　　　사물의 정의

常用品，慢慢地，人们开始在扇面上写字作画，使其演变为具有使用价值的
'起初…, 慢慢地…'로 시간의 흐름에 따른 사물의 특징 설명

艺术品，并成为当今收藏品的一大门类。

> 부채는 종이 따위를 흔들어 더위를 식히는 물품으로, 일찍이 사람들에게 폭넓게 사용되었다. 처음에, 그것은 단지 일상 용품에 불과했는데 서서히 사람들이 부채 면 위에 글씨를 쓰고 그림을 그리기 시작 하면서, 부채는 사용 가치가 있는 예술품으로 변천하고, 오늘날 소장품의 한 분류가 되게 했다.

2 첫 문장은 주제 문장이며, 두 번째 문장부터는 구체적인 예를 들어 설명한다!

蓝色会影响视觉、听觉和嗅觉，可以减轻身体对疼痛的敏感度。
　　　　　　　　주제 문장

手术后伤口正在恢复的患者，可以选择蓝色的床单、被罩以及其他家居用
주제에 대한 구체적인 설명 →

品，或者将房间刷成蓝色，这些都对减轻伤口的疼痛有一定的帮助。

> 파란색은 시각, 청각과 후각에 영향을 끼쳐서, 몸의 통증에 대한 민감도를 줄일 수 있다. 수술 후 상처 가 회복 중인 환자는 파란색 침대 시트, 이불 커버 및 기타 가정용품을 선택하거나 방을 파란색으로 칠해도 좋다. 이런 것들은 모두 상처의 통증을 줄이는 데 어느 정도 도움이 된다.

3 잘못된 통념과 정확한 개념을 대비하여 소개한 구조에서는 其实, 事实上과 같은 단어가 관건이다!

我们通常认为，别人的言谈比他们的外表对我们更有影响。其实不然，我们
　　　　　사람들의 잘못된 통념 언급　　　　　　　　　반론를 제기함

会不自觉地以貌取人。实验证明，在寻求路人的帮助时，那些穿着整齐、仪
예를 들어 증명함

表堂堂的人，要比那些不修边幅的人更有可能成功。

> 우리는 통상적으로 다른 사람의 말투가 그들의 외모보다 우리에게 더욱 영향을 끼친다고 여긴다. 하 지만 사실은 그렇지 않고 우리는 자기도 모르게 용모로 사람을 평가한다. 실험에서 증명하길, 행인에 게 도움을 구할 때 옷차림이 단정하고 풍채가 당당한 사람들이 용모나 옷차림에 신경을 쓰지 않는 사 람들보다 성공할 가능성이 더 크다고 한다.

- 扇子 shànzi 몡 부채
- 扇风取凉 shān fēng qǔ liáng 부채질로 더위를 식히다
- 广泛 guǎngfàn 혱 광범위하다, 폭넓다
- 慢慢 mànmàn 뫼 서서히, 차츰
- 写字作画 xiě zì zuò huà 글씨 를 쓰고 그림을 그리다
- 演变 yǎnbiàn 통 변천하다, 변 화 발전하다
- 收藏品 shōucángpǐn 몡 소장 품
  └ 收藏 소장하다
- 门类 ménlèi 몡 (사물의) 분류

- 蓝色 lánsè 몡 파란색
- 视觉 shìjué 몡 시각
- 嗅觉 xiùjué 몡 후각
- 减轻 jiǎnqīng 통 경감하다, 줄 이다
- 疼痛 téngtòng 몡 (육체적) 통 증, 아픔
- 敏感度 mǐngǎndù 몡 민감도
- 恢复 huīfù 통 회복하다
- 患者 huànzhě 몡 환자
- 床单 chuángdān 몡 침대 시트
- 被罩 bèizhào 몡 이불 커버
- 家居用品 jiājū yòngpǐn 가정 용품[가구류, 침구류, 주방 용품 등의 통칭]
- 刷 shuā 통 (솔로) 칠하다, 바르 다
- 伤口 shāngkǒu 몡 상처

- 言谈 yántán 몡 말투, 언사[말 의 내용과 태도]
- 外表 wàibiǎo 몡 외모, 겉모습
- 其实不然 qíshí bùrán 사실은 그렇지 않다
- 不自觉地 bú zìjué de 자기도 모르게
- 以貌取人 yǐmàoqǔrén 젱 용 모로 사람을 평가하다
- 实验 shíyàn 몡 실험
- 证明 zhèngmíng 통 증명하다
- 寻求 xúnqiú 통 찾다, (도움을) 구하다
- 路人 lùrén 몡 행인
- 穿着 chuānzhuó 몡 옷차림
- 整齐 zhěngqí 혱 단정하다, 깔 끔하다
- 仪表堂堂 yíbiǎotángtáng 젱 풍채가 당당하다
- 不修边幅 bùxiūbiānfú 젱 용모 나 옷차림에 신경을 쓰지 않다

시험에 잘 나오는 배경지식

들기 1부분에서 녹음 지문으로 설명문이 나올 때는 그 주제에 대한 지식이 있다면 녹음을 다 듣지 않고도 문제를 쉽게 풀 수 있습니다. 다음은 HSK에서 자주 나오는 듣기 1부분 주제와 배경지식들입니다. 한글 위주로 읽으면서 배경지식을 쌓아 보세요.

🎓 *선생님의 한마디*

설명문은 단순히 단어 암기와 해석만으로 해결하기 힘든 부분이 있습니다. 이번 내공쌓기 코너의 배경지식들을 꼭 익혀 두세요.

1. 음식 관련 배경지식

1) 음식을 먹을 때 텔레비전은 보지 않는 것이 좋다.

만일 음식을 먹을 때 정신을 팔면, 저도 모르게 지나치게 많은 음식을 먹게 된다. 연구에서는 식사하면서 텔레비전을 보는 사람이 식사하면서 음악을 듣는 사람보다 더 빨리 먹고, 먹는 음식도 71%가 많다고 증명했다. 그래서 식당에서는 텔레비전을 보지 않는 것이 가장 좋다.

> 如果吃东西时分心，就会不知不觉吃下过多的食物。研究证实，边吃饭边看电视的人比边吃饭边听音乐的人吃得更快，吃下的东西也多71%。所以最好不要在餐厅里看电视。

2) 뜨거운 음식이 든 통은 냉장고에 바로 넣지 않는 것이 좋다.

뜨거운 김이 나는 음식 통을 냉장고 안에 바로 넣는 것은 냉각이 고르지 않게 하고, 심지어 식중독을 초래한다. 왜냐하면 이 음식 통의 열량이 냉장고 안의 온도를 높여서 세균 번식을 초래하기 때문이다. 음식을 만든 후에는 식탁 위에서 1시간을 식히거나 그것을 작게 나눠서 냉장고 안에 넣는 것이 가장 좋은데, 이렇게 하면 조금 빨리 냉각된다.

> 将一大盆热气腾腾的食物直接放进冰箱会导致冷却不均匀，甚至会造成食物中毒，因为这盆食物的热量会让冰箱里的温度升高，导致细菌滋生。食物做好后最好在桌上冷却1小时，或将它分成小份再放进冰箱，这样会冷却得快点。

- 细菌 xìjūn 명 세균
- 滋生 zīshēng 통 번식하다

2. 건강 관련 배경지식

1) 소금의 과다 섭취는 건강에 해롭다.

의학전문가들은 소금을 과다 섭취하게 되면 혈압을 상승시킬 뿐만 아니라 얼굴 세포의 탈수를 초래하여, 피부 노화를 일으킨다고 경고했다. 이 때문에 하루 소금 섭취량은 6그램을 넘지 않는 것이 좋고, 물을 많이 마셔서 피부의 독소 배출을 도와야 한다고 말한다.

> 医学专家提醒，吃盐过多，不仅会使血压升高，还会导致面部细胞失水，从而造成皮肤老化，所以每天盐的摄入量最好不要超过6克，并且还要多喝水，帮助皮肤排毒。

2) 체조를 할 때는 거울을 보지 않는 것이 좋다.

건강 체조를 할 때, 많은 사람들이 거울에 다가가서 자신의 동작이 규범에 맞는지 살펴보길 좋아한다. 하지만 연구에서는, 거울을 가득 채운 방 안에서 운동하는 것은 여성이 자기 몸매의 결함에 더욱 불안감을 느끼게 해서, 거울을 보지 않는 것이 운동 효과가 더 좋다는 것을 발견했다. 그래서 건강 체조를 할 때는 중간 뒤쪽에 서는 것이 가장 좋다.

> 跳健身操时，很多人喜欢靠近镜子看看自己的动作是否规范。但研究发现，在装满了镜子的屋里运动会让女性对自己身材的不完美处倍感焦虑，而不看镜子锻炼效果会更好。所以跳健身操时最好站在中间靠后部分。

- 倍感 bèigǎn 통 특별히 더 느끼다
- 焦虑 jiāolǜ 명 초초한 마음

3) 칫솔은 문이 달린 찬장에 두는 것이 좋다.

세면대는 일반적으로 모두 수세식 변기 옆에 있다. 과학자는, 수세식 변기는 1제곱센티미터당 49만 6천 개의 세균이 있는데, 이 세균들이 30센티미터 멀리까지 솟구쳐서 당신의 칫솔을 오염시킬 수 있다고 지적한다. 그래서 칫솔은 화장실의 문이 달린 찬장에 두는 것이 가장 좋다.

> 洗手池一般都在抽水马桶旁边。科学家指出，抽水马桶上每平方厘米有49.6万个细菌，冲马桶时，这些细菌可以被冲到30厘米远处，污染你的牙刷。所以最好把牙刷放在卫生间带门的橱柜里。

4) 손가방에는 세균이 많으므로 식탁이나 음식 가까이에 두는 것은 좋지 않다.

사람들이 몸에 지니는 손가방은 아마 버스 안, 식당 안, 심지어 공중화장실 안과 같은 갖가지 장소에 놓일 것이다. 이는 당신의 예쁜 핸드백을 움직이는 세균 저장실이 되게 한다. 거반과 그의 동료는 조사에서, 핸드백 아래쪽은 1제곱센티미터당 6만 5천 개의 세균이 있고, 많게는 핸드백의 3분의 1이 대장균을 지닌다는 것을 발견했다. 이 때문에 핸드백은 반드시 음식에서 멀리해야 하고, 절대로 주방 식탁 위에 두어서는 안 된다.

> 人们随身携带的提包可能被放在各种各样的地方：公交车上、饭店里，甚至是公共厕所里，这就让你漂亮的手袋变成了一个移动的细菌储藏室。哥班和他的同事在调查中发现，手袋底部每平方厘米有6.5万个细菌，而多达1/3的手袋都携带大肠杆菌。因此手袋一定要远离食物，千万不能放在厨房餐桌上。

- 大肠杆菌 dàchánggǎnjūn 명 대장균

5) 시끄러운 환경에서 이어폰을 쓰면 귀의 손상을 초래한다.

연구에서 시끄러운 환경에서 이어폰을 쓰면 이어폰 음량을 너무 높게 조정하게 된다는 것을 발견했다. 예를 들어 기내에서 이어폰 음량이 89데시벨에 달하면, 귀 손상을 초래한다. 그래서 조용한 환경에서 음악을 듣는 것이 낫다.

研究发现，在嘈杂的环境里用耳机，你会把耳机音量调得过高。比如在机舱中，耳机音量会高达89分贝，导致耳朵受伤。所以还是要在安静的环境中听音乐。

• 嘈杂 cáozá 형 시끌벅적하다
• 分贝 fēnbèi 양 데시벨

6) 잠잘 때는 양말을 벗는 것이 좋다.

너무 더우면 당신은 잠이 들기 힘들다. 연구원은 야간에 정상적으로 온도가 떨어지는 것은 당신의 몸이 졸음을 느끼게 해 준다고 발견했다. 그래서 몸을 약간 덮어 주면 손발을 통해서 몸의 열을 발산시켜 더욱 편안하게 잠들게 된다. 가장 좋은 방법은 잠자기 전에 양말을 신어서 따뜻함을 유지하여 혈관이 확장되게 하고, 잠잘 때는 양말을 벗고 발을 이불 밖에 놓고 잠에 드는 것이다.

太热会让你难以入睡。研究人员发现，夜间正常的温度下降会让你的身体感受到睡意，因此身上可以少盖一点，通过手脚帮助身体散热，能更舒适地入睡。最好的做法是：睡前穿着袜子，保持温暖让血管扩张，睡时脱下袜子，将脚放在毯子外面入睡。

3. 동식물 관련 배경지식

1) 동물의 반응으로 기후 변화를 미리 알 수 있다.

동물은 기후 변화에 반응이 매우 민감하다. 관찰에 따르면 전 세계 600종의 동물을 일기예보원이라 할 수 있다. 예를 들면, 만약 당신이 밤중에 귀뚜라미의 울음소리를 듣는다면, 내일은 좋은 날씨임을 알 수 있다. 또 만약 잠자리가 공중에서 위아래로 날뛴다면, 한두 시간 후 비가 올 것이다.

动物对天气变化的反应很敏感，据观察，全世界有600种动物称得上是天气预报员。比如你在夜间如果听见蟋蟀的唧唧声，则预示明天是个好天气；蜻蜓在空中上下飞窜，则预示一两个小时后将会有雨。

• 称得上 chēngdeshàng 동 ~이라고 불릴 만하다
• 蟋蟀 xīshuài 명 귀뚜라미
• 蜻蜓 qīngtíng 명 잠자리
• 窜 cuàn 동 날뛰다, 마구 뛰어 다니다

2) 해바라기는 관상용 외에, 실용적으로도 가치가 있다.

해바라기는 매우 아름다운 관상용 꽃이다. 해바라기는 외형이 태양을 매우 닮은 것 외에, 꽃송이가 눈부시고 우아하여 관상용으로 놓기에 적합하다. 해바라기의 씨앗은 높은 경제적 가치를 지니고 있는데, 볶아서 사람들에게 사랑받는 해바라기씨 과자를 만들 수 있고, 콜레스테롤이 낮은 식용 해바라기유를 만들 수도 있다.

向日葵是一种非常美丽的观赏花卉。向日葵除了外形酷似太阳以外，它的花朵明亮大方，适合观赏摆饰。它的种子有很高的经济价值，不但可以炒制成人人喜爱的葵花瓜子，还可以制成低胆固醇的食用葵花油。

• 向日葵 xiàngrìkuí 명 해바라기
• 胆固醇 dǎngùchún 명 콜레스테롤

01   A 酸奶即牛奶

        B 酸奶容易保存

        C 酸奶营养价值高

        D 酸奶不易吸收

02   A 昆虫方向感很强

        B 有些昆虫寿命很长

        C 昆虫的嗅觉很灵敏

        D 昆虫实际上也有鼻子

03   A 减肥需要毅力

        B 运动减肥效果最佳

        C 胖瘦跟遗传有较大关系

        D 体重主要由后天因素决定

04   A 越打哈欠越困

        B 胖子更容易打哈欠

        C 打哈欠可以降低血压

        D 打哈欠能让大脑清醒

▶ 정답 및 해설 10쪽

1. A 跳伞有优惠
   B 那个人跳伞成功了
   C 降落伞打不开不收钱
   D 降落伞质量有问题

2. A 客观条件决定一切
   B 事业成功具有偶然性
   C 创业前应做好充分准备
   D 事业成功离不开坚韧的毅力

3. A 梅兰芳弟子众多
   B 梅兰芳是京剧大师
   C 梅兰芳祖籍是上海
   D 梅兰芳人缘很好

4. A 食盐能灭火
   B 要加强防火意识
   C 家里应配备灭火器
   D 食盐的主要成分是氢氧化钠

5. A 饭后要刷牙
   B 修补牙齿费用很高
   C 动物的牙齿更坚固
   D 牙齿化石的考古价值很大

6. A 灯塔的形状多样
   B 灯塔可为船只照明
   C 灯塔发出的光线微弱
   D 目前灯塔多以火作为光源

7. A 经验很重要
   B 江淹是位画家
   C 江淹年轻时很有名
   D 人的潜力是无限的

8. A 遇到问题要保持冷静
   B 逃避是解决不了问题的
   C 朋友之间应该相互信任
   D 面对某些难题，可以绕道而行

9. A 青海湖是避暑胜地
   B 青海湖面积很小
   C 青海湖气候炎热
   D 青海湖常年结冰

10. A 游戏种类繁多
    B 平淡的生活中也有乐趣
    C 电子游戏让人很有成就感
    D 电子游戏不再是年轻人的专利

11. A 要选好书读

　　B 等人要有耐心

　　C 阅读能使人心静

　　D 等人时不要看书

12. A 好钢要用在刀刃上

　　B 行动之前要先做准备

　　C 做决定不要优柔寡断

　　D 要合理安排自己的时间

13. A 皮影戏是无声的

　　B 皮影戏离不开灯光

　　C 皮影戏对中国电影有很大影响

　　D 皮影戏距今有四千多年历史了

14. A 自由是相对的

　　B 压力并不总是消极的

　　C 孩子的个性与环境关系密切

　　D 家庭教育比学校教育更重要

15. A 网络小说颇受欢迎

　　B 网络作家多是兼职的

　　C 网络小说可免费下载

　　D 网络小说题材有限

▶ 정답 및 해설 82쪽

듣기

2부분

★ 남녀 인터뷰를 듣고 질문에 답하기
★ 총 3개의 인터뷰, 인터뷰 1개당 5문제 출제
★ 인터뷰는 남녀 4회 이상의 대화로 구성
★ 문제 번호: 16번~30번(총 15문제)
★ 배점: 문제당 2점

예제

16. A 文化熏陶 ∨   B 艺术创作   C 兴趣爱好   D 生活作息
17. A 创业   B 读研究生 ∨   C 出国留学   D 参加工作
18~20번 문제는 생략

女: 冯先生, 您好! 我知道您的家乡是浙江绍兴, 那是个人杰地灵的地方, 出了很多名人, 故乡对您有什么影响呢?

男: 我觉得文化方面的影响比较深刻。绍兴的文化底蕴比较深厚, 在绍兴生活, 不光是受到家庭的熏陶, 还受到社会文化的熏陶, 这种熏陶是从小就有的。

女: 那您小时候有什么梦想吗?

男: 那时候是比较模糊的, 并没有一个职业的概念, 只是想将来我要做对社会有贡献的人, 有用的人。

女: 大学毕业后, 很多同学都非常着急去工作挣钱, 而唯独您去读了研究生, 您为什么会做出这样的选择?

男: 我觉得有一句话对我的影响更大, "知识就是力量"。所以一旦有机会继续学习, 我就毫不犹豫地选择了学习。开始的时候, 班里一起复习的人还是挺多的, 但是时间一天一天过去, 好多人的想法还是有了微妙的变化, 变变变, 变到最后, 就只有我一个人报考了研究生, 别人连名都没报。

女: 您这么多年在理工大学当老师, 您知道您在学生心目中的形象是什么样的吗?

男: 学生比较怕我。当然我对他们也不错, 所以他们虽然怕我, 但也比较尊敬我, 我说的话他们都听, 我们的关系比较融洽, 有了这个融洽的环境我们才能进行科学研究, 科研队伍的主要力量之一就是学生, 所以我特别重视和学生之间的关系。我跟他们说: "说实话, 我不把你们当学生看, 而是当同事看。"

女: 我听说您把自己带过的博士生的论文都非常整齐地摆放在家里。

男: 对, 因为这是他们的脚印, 也是我的脚印。他们的劳动成果中也有我的一部分。每一本博士论文都意味着我的科学研究有了一个进步, 以及在培养人上的一个收获。看见这些论文我心里就非常愉快, 也会更加激励我把后边的学生带好。

16. 故乡在哪方面对男的影响深刻?
17. 大学毕业后, 男的做了什么选择?
18~20번 문제는 생략

1 초대 손님의 신상을 파악하라!

인터뷰에서 처음 말하는 사람은 진행자입니다. 제일 첫 마디에 초대 손님의 신분이나 직업, 인터뷰의 목적 등이 나오는데 그것을 놓치지 않는 것이 관건입니다. 주로 유명 작가, 운동선수, 배우, 성공한 기업가(특히 여성), 중국 문화 전도사 등이 초대 손님으로 자주 등장합니다.

2 진행자의 질문이 곧 시험 문제이다!

인터뷰는 진행자의 질문과 초대 손님의 답변이 4~5번 정도 반복됩니다. 이때 진행자의 질문이 문제의 질문으로 출제되고, 초대 손님의 답변 중 정답이 나오는 경우가 대부분입니다. 한 지문의 총 5문제 중 평균 4문제는 초대 손님의 답변에서 정답이 나오고, 1문제는 진행자의 말 속에서 정답을 찾을 수 있습니다.

3 인터뷰의 흐름을 잡아라!

인터뷰가 초대 손님 중심인지, 아니면 초대 손님의 활동 중심인지 그 흐름을 파악하는 것이 중요합니다. 초대 손님이 중심이라면 그의 과거 이력, 영향을 끼친 인물(또는 사건), 미래의 계획 등에 대한 이야기가 주를 이룹니다. 초대 손님의 활동이 중심이라면 그 활동을 시작하게 된 계기, 활동에 대한 초대 손님 본인의 평가, 초대 손님이 활동과 관련하여 가장 마음에 들어 하는 점(또는 가장 어려워하는 점) 등의 이야기가 주를 이룹니다. 이 흐름을 파악하면 녹음 지문을 훨씬 수월하게 들을 수 있습니다.

4 녹음 지문을 들으면서 답을 골라라!

대부분 인터뷰 진행 순서대로 첫 번째 문제부터 다섯 번째 문제까지 순차적으로 풀립니다. 따라서 녹음 지문을 다 들은 후 질문이 나올 때 문제를 푸는 것이 아니라, 지문을 들으면서 동시에 정답을 체크해야 합니다. 선택지를 보면서 녹음을 듣고, 선택지의 단어가 들리면 바로 메모하거나 정답을 유추하여 체크해 둡니다. 지문이 끝나고 질문이 나오면 체크해 둔 정답을 확인하고, 문제 간격인 약 10초 동안은 그다음 지문의 선택지를 미리 보는 연습을 합니다.

字로 어휘 익히기

边(儿) biān(r) 몡 (물체의) 변두리, 가장자리, 주위, 근방

- ☐ **边界** biānjiè 몡 국경선, (토지의) 경계, 범위
- ☐ **边缘** biānyuán 몡 가장자리
- ☐ **边疆** biānjiāng 몡 국경 지대, 변경, 변방
- ☐ **边境** biānjìng 몡 국경 지대, 변경, 변방
- ☐ **周边** zhōubiān 몡 주변, 주위
- ☐ **不修边幅** bùxiūbiānfú 쎵 용모나 옷차림에 신경을 쓰지 않다

本 běn 몡 (사물의) 근본, 근원, 기초

- ☐ **本质** běnzhì 몡 본질
- ☐ **本人** běnrén 몡 자신, 본인
- ☐ **本能** běnnéng 몡 본능
- ☐ **本钱** běnqián 몡 (장사·도박에서의) 본전, 원금
- ☐ **本身** běnshēn 몡 그 자신, 그 자체
- ☐ **本领** běnlǐng 몡 기량, 능력, 솜씨
- ☐ **本事** běnshì 몡 능력, 재능, 재주
- ☐ **本着** běnzhe 젠 ~에 근거하여, ~에 입각하여
- ☐ **标本** biāoběn 몡 (학습이나 연구용 동물·식물·광물 등의) 표본
- ☐ **资本** zīběn 몡 자본
- ☐ **成本** chéngběn 몡 원가, 자본금
- ☐ **剧本** jùběn 몡 극본, 각본

笨 bèn 혱 멍청하다, 우둔하다, 어리석다, 미련하다   竹(대나무)와 本이 합쳐진 글자입니다.

- ☐ **笨拙** bènzhuō 혱 멍청하다, 우둔하다, 굼뜨다, 서툴다
- ☐ **笨重** bènzhòng 혱 둔중하다, 육중하다
- ☐ **笨蛋** bèndàn 몡 멍청이, 바보, 숙맥, 얼간이
- ☐ **笨手笨脚** bènshǒubènjiǎo 쎵 행동이 굼뜨다, 손발이 둔하다
- ☐ **笨头笨脑** bèn tóu bèn nǎo 어리석다, 우둔하다, 아둔하다, 멍청하다

辟 bì 툉 제거하다, 물리치다
pì 툉 열다, 개척하다, 개발하다, 창건하다, 창립하다

- ☐ **辟邪**[=避邪] bìxié 툉 액막이를 하다, 요괴(악귀)를 물리치다
- ☐ **开辟** kāipì 툉 개통하다, 열다, 개발하다, 개척하다
- ☐ **开天辟地** kāitiānpìdì 쎵 천지개벽

壁 bì 몡 벽(壁), 절벽, 낭떠러지   辟와 土가 합쳐진 글자입니다.

- ☐ **隔壁** gébì 몡 옆집, 이웃

□ **悬崖峭壁** xuányáqiàobì 〔성〕 깎아지른 듯한 절벽
□ **戈壁** gēbì 〔명〕 자갈 사막[거친 모래와 자갈이 딱딱한 토양에 뒤덮인 지형을 가리킴]

避 bì 〔동〕 피하다, 도망가다   辟와 辶(쉬엄쉬엄 가다)가 합쳐진 글자입니다.

□ **避暑** bìshǔ 〔동〕 피서하다, 더위를 피하다
□ **避免** bìmiǎn 〔동〕 피하다, 면하다, 모면하다, (나쁜 상황을) 방지하다
□ **逃避** táobì 〔동〕 도피하다
□ **回避** huíbì 〔동〕 회피하다, 피하다, 비켜 가다
□ **躲避** duǒbì 〔동〕 회피하다, 숨다

扁 biǎn 〔형〕 평평하다, 납작하다, 넓고 얇다

□ **扁担** biǎndan 〔명〕 멜대
□ **扁鹊** Biǎn Què 〔인명〕 편작[중국 전국시대의 명의]

编 biān 〔동〕 엮다, 편집하다, 창작하다   纟(실)와 扁이 합쳐진 글자입니다.

□ **编辑** biānjí 〔동〕 편집하다 〔명〕 편집자
□ **编织** biānzhī 〔동〕 (옷을) 엮다, 짜다, 뜨다
□ **编码** biānmǎ 〔동〕 (컴퓨터 따위의 정보를) 부호화하다, 코딩(coding)하다
　　　　　　　〔명〕 코드(code), 코딩, 신호, 암호
□ **改编** gǎibiān 〔동〕 (원작을) 각색하다, 개작하다

遍 biàn 〔형〕 두루 미치다, 전면적이다, 보편적이다   扁과 辶(쉬엄쉬엄 가다)가 합쳐진 글자입니다.
　　　〔양〕 번, 회[한 동작의 처음부터 끝까지의 전 과정을 가리킴]

□ **普遍** pǔbiàn 〔형〕 보편적인, 일반적인
□ **遍布** biànbù 〔동〕 널리 퍼지다, 널리 분포하다
□ **漫山遍野** mànshānbiànyě 〔성〕 온 산과 벌판에 가득하다

偏 piān 〔형〕 치우치다, 쏠리다, 편향되다   亻(사람)과 扁이 합쳐진 글자입니다.

□ **偏偏** piānpiān 〔부〕 기어코, 일부러, 마침, 공교롭게
□ **偏见** piānjiàn 〔명〕 편견, 선입견
□ **偏僻** piānpì 〔형〕 외지다, 궁벽하다, 구석지다
□ **偏差** piānchā 〔명〕 편차, 오차
□ **偏食** piānshí 〔동〕 편식하다
□ **偏爱** piān'ài 〔동〕 편애하다

骗 piàn 〔동〕 속이다, 기만하다   马(말)와 扁이 합쳐진 글자입니다.

□ **欺骗** qīpiàn 〔동〕 속이다, 사기 치다, 기만하다
□ **诈骗** zhàpiàn 〔동〕 속이다, 갈취하다

진행자의 질문이
곧 문제의 질문이다!

인터뷰 문제에서는 대부분 진행자의 질문이 곧 문제의 질문이고, 인터뷰 대상의 답변 속에 정답이 있습니다. 대부분은 인터뷰 진행 순서대로 첫 번째 문제부터 다섯 번째 문제까지 순차적으로 풀리게 되어 있어, 선택지를 보면서 녹음을 듣는 것이 중요합니다. 간혹 진행자의 질문 속에 정답이 있거나, 인터뷰 내용의 순서와 문제 순서가 섞여 있는 경우도 있습니다.

STEP 01 먼저 풀어보기 🎧 듣기 2-01-1 예제.mp3

예제

1. A 文化熏陶
   B 艺术创作
   C 兴趣爱好
   D 生活作息

2. A 创业
   B 读研究生
   C 出国留学
   D 参加工作

3. A 知识就是力量
   B 三人行必有我师
   C 长江后浪推前浪
   D 青出于蓝而胜于蓝

4. A 作家
   B 导演
   C 政府官员
   D 大学教授

5. A 酷爱美食
   B 曾梦想当演员
   C 喜欢自己的工作
   D 对物理学很有研究

예제

|해 설|

• 듣기 2부분은 한 지문당 다섯 문제이기 때문에 선택지의 문장이 대부분 짧은 구로 되어 있는 것이 특징입니다. 그러므로 가급적 다섯 문제의 선택지를 한눈에 다 보도록 합니다.

• 이 예제는 듣기 2부분의 가장 전형적인 문제라 할 수 있습니다. 문제를 풀 때는 진행자의 질문에 맞춰 지문을 들으면서 문제의 답을 하나씩 체크해 나가는 연습을 합니다.

1. A 文化熏陶 　　　　　　　　문화적 영향
   B 艺术创作 　　　　　　　　예술 창작
   C 兴趣爱好 　　　　　　　　흥미와 취미
   D 生活作息 　　　　　　　　일과 휴식

   A의 熏陶라는 단어가 어렵기 때문에 文化와 관련된 내용을 놓치지 않고 들어야 합니다. 혹은 나머지 선택지를 제거해 가는 방향으로 문제에 접근합니다.

2. A 创业 　　　　　　　　　　창업했다
   B 读研究生 　　　　　　　　대학원에 진학했다
   C 出国留学 　　　　　　　　유학을 갔다
   D 参加工作 　　　　　　　　취직했다

   선택지가 동작과 관련되어 있기 때문에 초대 손님의 행동에 집중해서 듣습니다.

3. A 知识就是力量 　　　　　　지식이 곧 힘이다
   B 三人行必有我师 　　　　　겸허하게 다른 사람에게 배워야 한다
   C 长江后浪推前浪 　　　　　사람이나 사물은 끊임없이 새롭게 변한다
   D 青出于蓝而胜于蓝 　　　　제자가 스승보다 낫다

   얼핏 보면 주제를 물어보는 문제 같지만, 듣기 2부분은 특별한 주제가 없습니다. 따라서 이와 같은 선택지는 본인의 좌우명이나 본인에게 영향을 줄 말을 묻는 경우가 많습니다.

4. A 作家 　　　　　　　　　　작가
   B 导演 　　　　　　　　　　감독
   C 政府官员 　　　　　　　　정부 관료
   D 大学教授 　　　　　　　　대학교수

   직업을 나타내는 단어이기 때문에 초대 손님의 직업에 주의를 기울이며 듣습니다.

5. A 酷爱美食 　　　　　　　　맛있는 음식을 매우 좋아한다
   B 曾梦想当演员 　　　　　　일찍이 연기자가 되고 싶어 했다
   C 喜欢自己的工作 　　　　　자신의 일을 좋아한다
   D 对物理学很有研究 　　　　물리학에 조예가 깊다

   초대 손님의 특징을 물어보고 있음을 알 수 있습니다. 美食, 演员, 物理学 같은 단어들을 기억하고 녹음을 들어야 합니다.

1. 问：故乡在哪方面对男的影响深刻?

   문제 질문과 진행자의 질문이 일치합니다. 고향이 준 영향에 대해 물어보았는데, 이에 대해 남자는 我觉得文化方面的影响比较深刻라고 했으므로 '문화(文化)'에 대한 영향이 컸다는 것을 알 수 있습니다. 정답은 A 文化熏陶입니다.

2. 问: 大学毕业后，男的做了什么选择?

해석의 [3]번 대화에서 진행자가 '大学毕业后，很多同学都非常着急去工作挣钱，而唯独您去读了研究生'이라고 언급합니다. 读了研究生이 직접 언급되고 있기 때문에 바로 B를 정답으로 고를 수 있습니다. 정답은 B 读研究生입니다.

3. 问: 哪句话对男的影响很大?

해석 [3]번 대화 중 남자의 답변에서 '我觉得有一句话对我的影响更大，知识就是力量'이라고 말합니다. 선택지 A에 知识就是力量이 그대로 있기 때문에 놓치지 않고 체크합니다. 정답은 A 知识就是力量입니다.

4. 问: 男的是做什么的?

선택지를 보면 초대 손님의 직업을 묻는 문제임을 알 수 있습니다. [4]번 대화에서 진행자가 您这么多年在理工大学当老师라고 했으므로 정답은 D 大学教授입니다.

5. 问: 关于男的，可以知道什么?

남자에 대한 세부 사항을 묻는 문제입니다. 해석의 [5]번 대화를 통해 남자는 자신의 일에 상당히 자부심을 가지고 있으며, 또 좋아하고 있음을 알 수 있습니다. 나머지 선택지의 내용은 들리지 않기 때문에 제거해서 푸는 것도 방법입니다. 정답은 C 喜欢自己的工作입니다.

| 해 석 |

[1]**女:** 冯先生，您好！我知道您的家乡是浙江绍兴，那是个人杰地灵的地方，出了很多名人，故乡对您有什么影响呢?

男: ¹⁾我觉得文化方面的影响比较深刻。绍兴的文化底蕴比较深厚，在绍兴生活，不光是受到家庭的熏陶，还受到社会文化的熏陶，这种熏陶是从小就有的。

[2]**女:** 那您小时候有什么梦想吗?

男: 那时候是比较模糊的，并没有一个职业的概念，只是想将来我要做对社会有贡献的人，有用的人。

[3]**女:** ²⁾大学毕业后，很多同学都非常着急去工作挣钱，而唯独您去读了研究生，您为什么会做出这样的选择?

男: ³⁾我觉得有一句话对我的影响更大，"知识就是力量"。所以一旦有机会继续学习，我就毫不犹豫地选择了学习。开始的时候，班里一起复习的人还是挺多的，但是时间一天一天过去，好多人的想法还是有了微妙的变化，变变变，变到最后，就只有我一个人报考了研究生，别人连名都没报。

여: 펑 선생님, 안녕하세요! 선생님께서는 저장성 샤오싱 출신이신 걸로 아는데요, 그곳은 인재로 유명한 곳이기도 하고, 실제로 많은 유명인이 배출되었죠. 고향이 선생님께 끼친 영향은 무엇인가요?

남: ¹⁾제 생각에 문화 측면에서 비교적 깊은 영향이 있지 않았나 합니다. 샤오싱은 상당한 깊이의 문화가 축적된 곳이죠. 샤오싱에 살면 비단 가정의 영향뿐만 아니라 사회문화의 영향도 받게 됩니다. 이러한 영향이 어려서부터 작용했다고 봐야겠지요.

여: 그러면 선생님은 어렸을 때 무슨 꿈이 있었나요?

남: 그때는 뚜렷하지는 않았죠. 직업이라는 개념도 없었고요. 그저 앞으로 사회에 무언가 공헌할 수 있는 사람이 되고자, 도움이 되는 사람이 되고자 했습니다.

여: ²⁾대학 졸업 후에 많은 학생들이 돈을 벌려고 일자리 찾기에 급급한데요, 유독 선생님께서는 대학원에 진학하셨습니다. 왜 이런 선택을 하셨는지요?

남: ³⁾저는 '지식이 곧 힘이다'라는 말이 제게 큰 영향이 되었다고 봅니다. 그래서 공부를 계속할 수 있는 기회가 생기자 조금도 망설임 없이 공부를 선택할 수 있었어요. 처음에는 저희 반에 같이 공부하는 친구들이 꽤 있었습니다. 그런데 시간이 하루하루 지나면서 많은 사람들의 생각에 미묘한 변화가 생겼어요. 변하고 또 변하더니, 결국 저 혼자만 대학원 시험에 지원하고 다른 친구들은 신청조차도 하지 않았어요.

[4] 女: ⁴⁾您这么多年在理工大学当老师，您知道您在学生心目中的形象是什么样的吗？

男: 学生比较怕我。当然我对他们也不错，所以他们虽然怕我，但也比较尊敬我，我说的话他们都听，我们的关系比较融洽，有了这个融洽的环境我们才能进行科学研究，科研队伍的主要力量之一就是学生，所以我特别重视和学生之间的关系。我跟他们说："说实话，我不把你们当学生看，而是当同事看。"

[5] 女: 我听说您把自己带过的博士生的论文都非常整齐地摆放在家里。

男: 对，因为这是他们的脚印，也是我的脚印。他们的劳动成果中也有我的一部分。每一本博士论文都意味着我的科学研究有了一个进步，以及在培养人上的一个收获。⁵⁾看见这些论文我心里就非常愉快，也会更加激励我把后边的学生带好。

1. 故乡在哪方面对男的影响深刻？
2. 大学毕业后，男的做了什么选择？
3. 哪句话对男的影响很大？
4. 男的是做什么的？
5. 关于男的，可以知道什么？

여: ⁴⁾이렇게 오랜 시간 동안 이공대에서 교편을 잡고 계신데요, 선생님은 학생들이 생각하는 선생님 이미지가 어떤지 아시나요?

남: 학생들은 절 어려워하는 편입니다. 물론 저는 학생들에게 잘 대하기 때문에 비록 저를 어려워하더라도 비교적 저를 존경하기도 하고요. 제가 하는 말을 학생들은 다 듣는 편이고, 사제지간이 비교적 조화로워요. 이런 조화로운 환경이 있기에 과학 연구가 가능한 것입니다. 과학 연구 단체의 중요한 원동력 가운데 하나는 바로 학생입니다. 그래서 저는 학생들과의 관계를 특히 중요하게 생각합니다. 저는 '솔직히 말해서, 난 너희들을 학생으로 보기보다는 동료라고 생각한다'라고 말하곤 합니다.

여: 제가 듣기로 교수님께서는 데리고 계시던 박사생의 논문을 댁에 깔끔하게 잘 정리해 두신다고 하더군요.

남: 네, 왜냐하면 논문은 그들의 발자취이자 저의 발자취이기 때문입니다. 그들의 성과 속에 저의 일부도 있고요. 각각의 박사학위 논문은 저의 과학 연구가 발전했다는 것을 의미하기도 하고, 또 인재를 키운다는 측면에서 하나의 수확이기도 합니다. ⁵⁾이러한 논문을 볼 때마다 매우 기쁘기도 하고 다음 학생들도 잘 이끌어야겠다라는 격려가 되기도 합니다.

1. 고향은 어떤 측면에서 남자에게 깊은 영향을 주었는가?
2. 대학 졸업 후 남자는 어떤 선택을 하였는가?
3. 어떤 말이 남자에게 가장 큰 영향을 끼쳤는가?
4. 남자의 직업은 무엇인가?
5. 남자에 대해 알 수 있는 것은 무엇인가?

| 단어 | 熏陶 xūntáo 몡 영향, 훈도 | 创作 chuàngzuò 동 (문예 작품을) 창작하다 | 创业 chuàngyè 동 창업하다 | 研究生 yánjiūshēng 몡 대학원생 | 知识就是力量 zhīshì jiùshì lìliàng 성 아는 것이 힘이다 | 三人行必有我师 sān rén xíng bì yǒu wǒ shī 성 세 사람이 길을 걸으면 그 가운데는 반드시 자신의 스승이 될 만한 사람이 있다, 겸허하게 다른 사람에게 배워야 한다 | 长江后浪推前浪 Cháng Jiāng hòulàng tuī qiánlàng 성 창장의 뒷물결이 앞 물결을 밀어낸다. 사물이나 사람은 끊임없이 새롭게 변하기 마련이다 | 青出于蓝而胜于蓝 qīng chūyú lán ér shèngyú lán 성 청출어람, 제자가 스승보다 낫다, 후세 사람이 전대 사람을 능가하다 | 导演 dǎoyǎn 몡 감독, 연출자 | 政府官员 zhèngfǔ guānyuán 정부 관료 | 酷爱 kù'ài 동 몹시 좋아하다 | 美食 měishí 몡 맛있는 음식 | 梦想 mèngxiǎng 몡 꿈, 이상 | 物理学 wùlǐxué 몡 물리학 | 浙江 Zhèjiāng 지명 저장성 | 绍兴 Shàoxīng 지명 샤오싱 | 人杰地灵 rénjiédìlíng 성 빼어난 곳에서 뛰어난 인물이 나다 | 深刻 shēnkè 형 (느낌이) 매우 강렬하다, 깊다 | 底蕴 dǐyùn 몡 속사정, 잠재된 재지와 식견 | 深厚 shēnhòu 형 깊다, 두껍다, (감정 등이) 두텁다 | 模糊 móhu 형 모호하다, 분명하지 않다 | 概念 gàiniàn 몡 개념 | 贡献 gòngxiàn 동 공헌하다 | 有用 yǒuyòng 동 쓸모가 있다 | 唯独 wéidú 부 유독, 오직 | 毫不犹豫 háo bù yóuyù 조금도 주저하지 않다 | 想法 |

xiǎngfǎ 몡 생각, 견해 │ **报考** bàokǎo 동 (시험에) 응시하다 │ **理工** lǐgōng 몡 이공과 │ **心目**
xīnmù 몡 마음속, 심중 │ **形象** xíngxiàng 몡 이미지, 형상 │ **尊敬** zūnjìng 동 존경하다 │ **融洽**
róngqià 혱 사이가 좋다, 조화롭다, 융화하다 │ **科研** kēyán 몡 과학 연구[科学研究의 줄임말] │
队伍 duìwu 몡 대열, 대오, 집단 │ **整齐** zhěngqí 혱 단정하다, 정연하다 │ **摆放** bǎifàng 동 진
열하다, 놓다 │ **脚印** jiǎoyìn 몡 발자국, 발자취 │ **意味着** yìwèizhe 동 ~을 의미하다 │ **培养**
péiyǎng 동 배양하다, 기르다 │ **收获** shōuhuò 동 수확하다 │ **激励** jīlì 동 격려하다

│ 정 답 │ 1. A 2. B 3. A 4. D 5. C

STEP 03 내공쌓기

받아쓰기 훈련으로 듣기 실력 향상하기

HSK 듣기 문제를 잘 풀기 위해서는 출제 경향을 익히고, 문제 풀이에 필요한 부분만
골라 듣는 연습을 해야 합니다. 하지만 기본적으로 들리는 내용이 너무 없다면 좋은
점수를 받기 어렵습니다. 듣기의 가장 기본 연습은 받아쓰기입니다. 받아쓰기를 할
때는 단어의 발음과 성조는 기본이며, 문맥의 흐름과 구조적인 부분까지 고려해야 하
므로 가장 좋은 듣기 훈련이라 할 수 있습니다.

◆ 녹음을 들으며 빈칸의 단어를 받아써 보세요. 🎧 듣기 2-01-2 내공쌓기.mp3

女: 1_____您好！我们知道您在广告创意方面已经2_____了大大
小小很多3_____，我们很好奇当初您是怎么选择4_____创
意这个行业来的呢？

男: 我在大学里读的专业纯粹是理工科，在校读书的期间，我也参加
了一些5_____活动，如摄影协会、书画协会，在这个过程中，
我发现我个人可能对于摄影，6_____相关艺术的行业都有一定
的兴趣。所以在毕业之后，我的第一份工作就进了广告公司，之
后就在这条路上一直走下来了。

女: 在7_____创意时，您通常会用什么方法来吸引大家的
8_____呢？

男: 关于创意的点子，以前有一个9_____，大家都认为很多好的点
子是灵光一现，是某一时刻一个10_____的展现。其实对于我
们这些行业内的人11_____，大多数情况下都是人家12_____
产生很多好的点子，你再在这之中13_____地慢慢14_____。
我们是属于商业创意的行业，你需要做的是把客户的品牌

15_____出去，把客户品牌的卖点16_____出去。这个时候你要对产品有足够了解，足够熟悉，而最重要的是你必须要了解消费者是怎么想的。基本上你要把消费者的兴趣和17_____、产品18_____的卖点进行捆绑、连接。这个连接，你要19_____或通过一些很好玩的方式和20_____，比如说娱乐的方式，通过一些有趣的创意点子来完成这个过程。

女：您觉得一个广告除了价格以外，还21_____了哪些意义？

男：品牌的理想、品牌的价值。广告也好、其他的22_____手段23_____，都在帮助企业打造一个品牌，品牌的24_____是一种文化产业，是一个品牌的精神层面。我们选择这个品牌，就是25_____我们对这个品牌的理解，知道它、了解它、理解它、喜欢它。我们做的所有的创意都应该以这个角度为出发点。

女：在您看来，未来广告发展会有什么样的流行26_____？

男：今天在创意的很多27_____里面都有跨界创意的概念。以前我们说创意或广告，做广告就是做广告。而如今流行把很多艺术表现形式和创作表现形式全部28_____起来，产生更多营销和创意的点子，这样它就变成一个整合的方案。这是一个行业做大的趋势之一。

| 해석 |

女：1雷总您好！我们知道您在广告创意方面
雷(성씨)+总(직책)
已经2荣获了大大小小很多3奖项，我们
영예롭게 획득하다
很好奇当初您是怎么选择4踏进创意这个
동사 　보어
行业来的呢？

男：我在大学里读的专业纯粹是理工科，在校读书的期间，我也参加了一些5社团活动，如摄影协会、书画协会，在这个过程中，我发现我个人可能对于摄影，6包括相关艺术的行业都有一定的兴趣。所以在毕业之后，我的第一份工作就进了广告公司，之后就在这条路上一直走下来了。

女：在7构思创意时，您通常会用什么方法来吸引大家的8眼球呢？

男：关于创意的点子，以前有一个9误区，大家都认为很多好的点子是灵光一现，是

여：1레이 사장님, 안녕하세요? 저희는 사장님이 광고 크리에이티브 방면에서 이미 크고 작은 많은 3상을 2영예롭게 받으신 것으로 알고 있는데요, 처음에 사장님은 어떻게 크리에이티브 이 업종에 4들어가기로 선택하신 건지 매우 궁금합니다.

남：제가 대학에서 공부한 전공은 완전히 이공과였습니다. 학교에서 공부한 기간에 저도 5서클 활동들에 참가했었죠. 예를 들면 촬영 협회, 서화 협회에서요. 이 과정에서 전 저 개인이 아마도 촬영과 관련 예술을 6포함한 업종 모두에 어느 정도 흥미가 있을지 모른다는 사실을 발견했었죠. 그래서 졸업한 후, 제 첫 번째 일은 바로 광고 회사에 들어가는 것이었습니다. 그 후에 이 길을 줄곧 걸어오게 된 거죠.

여：창의적인 아이디어를 7구상할 때, 사장님은 보통 어떤 방법으로 사람들의 8주의를 끄나요?

남：창의적인 아이디어에 관해서 이전에는 9잘못된 인식이 있었습니다. 사람들은 좋은 아이디어들은 순간적

• **踏进** tàjìn 图 들어가다, 나아가다

• **纯粹** chúncuì 閉 순전히, 완전히

• **构思** gòusī 图 구상하다
• **吸引~眼球** xīyǐn~yǎnqiú ~의 주의를 끌다
• **点子** diǎnzi 圐 아이디어, 생각
• **灵光一现** língguāng yí xiàn 효과가 잠깐 좋았다 사라지다, (아이디어가) 번뜩이다

某一时刻一个10灵感的展现。其实对于我们这些行业内的人11而言，大多数情况下都是人家12事先产生很多好的点子，你再在这之中13精心地慢慢14筛选。我们是属于商业创意的行业，你需要做的是把客户的品牌15推销出去，把客户品牌的卖点16推广出去。这个时候你要对产品有足够了解，足够熟悉，而最重要的是你必须要了解消费者是怎么想的。基本上你要把消费者的兴趣和17需求、产品18优质的卖点进行捆绑、连接。这个连接，你要19借助或通过一些很好玩的方式和20途径，比如说娱乐的方式，通过一些有趣的创意点子来完成这个过程。

女： 您觉得一个广告除了价格以外，还21承载了哪些意义？

男： 品牌的理想、品牌的价值。广告也好、其他的22营销手段23也罢，都在帮助企业打造一个品牌，品牌的24核心是一种文化产业，是一个品牌的精神层面。我们选择这个品牌，就是25基于我们对这个品牌的理解，知道它、了解它、理解它、喜欢它。我们做的所有的创意都应该以这个角度为出发点。

女： 在您看来，未来广告发展会有什么样的流行26趋势？

男： 今天在创意的很多27环节里面都有跨界创意的概念。以前我们说创意或广告，做广告就是做广告。而如今流行把很多艺术表现形式和创作表现形式全部28融合起来，产生更多营销和创意的点子，这样它就变成一个整合的方案。这是一个行业做大的趋势之一。

으로 번뜩이는 것이고, 어떤 한순간에 10영감이 나타나는 것이라고 여겼어요. 사실 저희 같은 이런 업종에 있는 사람11에게 있어서, 대다수 상황은 모두 남이 12사전에 좋은 아이디어를 많이 생각해 내고 당신은 이 중에서 13정성껏 천천히 14선별하는 것이죠. 저희는 비즈니스 크리에이티브에 속한 업종이라서, 당신이 해야 하는 것은 거래처의 브랜드를 15널리 팔고, 거래처 브랜드의 매력을 16널리 홍보하는 것이죠. 이때 당신은 상품에 대해서 충분한 이해와 숙지가 있어야 합니다. 가장 중요한 것은 당신이 반드시 소비자가 어떻게 생각하는지 알아야 한다는 것이죠. 기본적으로 당신은 소비자의 흥미와 17니즈, 상품의 18우수한 매력을 끼워 맞추고 연결시켜야 합니다. 이런 연결에서 당신은 아주 재미있는 방식과 20방법의 19도움을 받거나 혹은 (도움을) 통해서, 예컨대 오락의 방식을 재미있는 창의적 생각들을 통해서 이 과정을 완성하는 거죠.

여: 사장님은 광고가 가격 외에 어떤 의미들을 21담고 있다고 여기시나요?

남: 브랜드의 이상, 브랜드의 가치죠. 광고든 다른 22마케팅 수단23이든 모두 기업을 도와 브랜드를 만들어 주죠. 브랜드 24핵심은 일종의 문화 산업이고 브랜드의 정신적 층면이에요. 저희가 이 브랜드를 선택하는 것은 바로 저희의 이 브랜드에 대한 이해에 25근거하는데, 그것을 알고 이해하고 좋아하는 것이죠. 저희가 하는 모든 크리에이티브는 모두 이런 관점을 출발점으로 삼아야 합니다.

여: 사장님이 보시기에, 미래 광고의 발전은 어떤 유행 26추세일 것 같은가요?

남: 오늘날 크리에이티브의 많은 27부분에는 세계를 뛰어넘는 창의적인 개념이 있어요. 이전에 저희는 크리에이티브 혹은 광고에 대해 이렇게 말했죠. '광고를 하는 것은 바로 광고를 하는 것이다'. 하지만 오늘날엔 많은 예술 표현 형식과 창작 표현 형식 전부를 28융합시켜 더 많은 마케팅과 창의적인 아이디어를 만들어 내는 것이 유행했어요. 이렇게 그것은 통합 조정된 방안이 되었죠. 이것은 업종이 커지는 추세 중의 하나인 거죠.

- 捆绑 kǔnbǎng 图 줄로 묶다, (억지로) 끼워 맞추다

- 跨界 kuàjiè 图 세계를 뛰어넘다

01 A 爱好收藏
B 当过海军
C 准备创业
D 曾经留学

02 A 一次旅游的见闻
B 受了诗歌的影响
C 参观了一次展览
D 有朋友请他画荷花

03 A 洁白无瑕
B 十分罕见
C 脱离社会现实
D 实用价值不高

04 A 少年时期
B 青年时期
C 中年时期
D 老年时期

05 A 风格更简约
B 与科技相结合
C 得到老师的认可
D 油画与国画相结合

▶ 정답 및 해설 12쪽

신상과 성공 비결을 중심으로 듣는다!

인터뷰의 내용은 주로 인터뷰 대상의 신분과 그 사람이 어떤 분야에서 성과를 거두었는가 하는 것입니다. 인터뷰 대상의 신분이나 신상 정보는 대부분 녹음 첫 부분에서 진행자가 인터뷰 대상을 소개할 때 언급되므로 진행자의 첫 마디를 놓치지 않고 들어야 합니다. 하지만 최근 시험에서는 진행자가 초대 손님을 소개하지 않고 바로 인터뷰하기도 합니다. 이때는 대화의 내용을 들으면서 초대 손님의 신분을 유추해야 합니다.

STEP 01 먼저 풀어보기 🎧 듣기 2-02-1 예제.mp3

예제

1. A 雪山雄鹰
   B 草原雄鹰
   C 雪山勇士
   D 高原舞者

2. A 增强体质
   B 欣赏自然美景
   C 丰富人生阅历
   D 理解生命的意义

3. A 懂得反省
   B 情感丰富
   C 不怕死的精神
   D 沟通能力

4. A 是摄影爱好者
   B 小时候身体虚弱
   C 是专业登山运动员
   D 组建了新的登山队

5. A 二十年
   B 三、四周
   C 三、四个月
   D 一年

예제

|해 설|

1. A 雪山雄鹰　　　　　　　　　설산의 매
   B 草原雄鹰　　　　　　　　　초원의 매
   C 雪山勇士　　　　　　　　　설산의 용사
   D 高原舞者　　　　　　　　　고원의 무희

   선택지가 명사 형태로 이루어져 있으므로 '……什么?' 형태의 질문이 나옵니다. 단어의 의미를 모를 경우에는 발음이라도 짐작하여 녹음에서 들리는 단어를 놓치지 않도록 합니다.

2. A 增强体质　　　　　　　　　체질을 강화하다
   B 欣赏自然美景　　　　　　　자연 경치를 감상하다
   C 丰富人生阅历　　　　　　　인생 경험을 풍부하게 하다
   D 理解生命的意义　　　　　　생명의 의의를 이해하다

   동사구로 이루어진 선택지이므로 목적어를 기억하기 힘들 때는 동사를 중심으로 미리 기억한 상태에서 녹음을 들어야 합니다.

3. A 懂得反省　　　　　　　　　반성할 줄 안다
   B 情感丰富　　　　　　　　　감성이 풍부하다
   C 不怕死的精神　　　　　　　죽음을 두려워하지 않는 정신
   D 沟通能力　　　　　　　　　소통 능력

   A와 B는 동사구이고, C와 D는 명사형입니다. 녹음에서 들리는 선택지를 놓치지 않도록 합니다.

4. A 是摄影爱好者　　　　　　　촬영 애호가이다
   B 小时候身体虚弱　　　　　　어린 시절에 허약했다
   C 是专业登山运动员　　　　　전문 산악인이다
   D 组建了新的登山队　　　　　새로운 등반대를 조직했다

   주어는 없지만 초대 손님이 주어라는 것을 생각하고 듣습니다. 초대 손님의 신분이나 기타 활동에 대해 물어보는 선택지입니다. 초대 손님의 신상에 관한 네 번째 문제는 첫 번째 대화, 즉, 초대 손님을 소개하는 대화에서 출제되는 경우가 많으니 선택지 다섯 문제의 선택지를 한눈에 볼 수 있도록 연습해야 합니다.

5. A 二十年　　　　　　　　　　20년
   B 三、四周　　　　　　　　　3, 4주
   C 三、四个月　　　　　　　　3, 4개월
   D 一年　　　　　　　　　　　1년

   기간과 관련된 문제입니다. 녹음을 들으면서 기간이 들릴 경우 메모하면서 듣습니다.

1. 问：男的被人们称为什么?

   들리는 단어를 그대로 출제한 문제이므로 선택지를 미리 보고 들었다면 쉽게 풀 수 있습니다. 해석의 [1]번 대화에서 진행자는 초대 손님의 신분과 성과에 대해 소개하고 있습니다. 정답은 A 雪山雄鹰입니다.

2. 问：男的认为登山的魅力是什么？

해석의 [2]번 대화에서 진행자의 질문이 곧 2번 문제이며, 초대 손님의 대답 속에 정답이 있습니다. '这个活动最能给我战胜困难的……' 부분의 最가 잘 들어야 합니다. 最가 들리는 부분에서 정답이 나올 확률이 높기 때문입니다. 人就能理解什么是生命了 부분을 제대로 들었다면 D 理解生命的意义를 고를 수 있습니다.

3. 问：男的认为登山最需要具备什么素质？

[3]번 대화에서 진행자의 질문이 곧 3번 문제이며, 초대 손님의 대답이 정답입니다. 초대 손님인 남자는 耐力와 不怕死的精神이 없으면 성공할 확률이 적다고 했으므로, 등산에서 가장 중요한 자질은 바로 C 不怕死的精神이 됩니다.

4. 问：关于男的，下列哪项正确？

진행자의 첫 소개 부분에 정답이 있습니다. 진행자의 소개말 중 登山队男子分队队长이 가장 확실한 힌트인데, 만약 이 말을 듣지 못했더라도 녹음 지문의 중간중간에 登山이란 단어가 들리기 때문에 C 是专业登山运动员을 정답으로 찾을 수 있습니다. 다만 D의 组建了新的登山队에도 登山이란 단어가 있지만, 새롭게 등산 팀을 만든 것은 아니므로 D는 오답입니다.

5. 问：登山大概要提前多长时间准备？

선택지를 보면 기간을 묻는 문제임을 알 수 있습니다. 대화에서 숫자가 나올 것임을 미리 예상하고, 그것을 놓치지 않고 들을 준비를 해야 합니다. '大概三、四个月以前就要开始计划各种装备' 라는 남자의 말속에 정답이 들어 있습니다. 정답은 C 三、四个月입니다.

🐌 선생님의 한마디

4번 문제처럼 초대 손님의 신분을 묻는 문제는, 정답은 지문의 첫마디에 나오지만 문제는 네 섯 번째에 출제되는 경우가 많습니다.

|해 석|

[1] **女**: ⁴⁾今天我们节目邀请的嘉宾是西藏自治区登山队男子分队队长次仁多吉，请他给我们讲述一下他攀登世界高峰的心路历程。您好! 在20多年的登山过程中，您征服了世界上所有8000米以上的高峰，被国际公认为攀登高峰次数最多、成功登顶次数最多的人，¹⁾您被称为"雪山雄鹰"和"横跨珠峰的第一人"，对于这些成绩，你怎么看?

男: 取得这样的成绩，首先要感谢我的父母，感谢父母给我这么壮的身体，然后是我周边的很多登山爱好者，我的朋友、同事们也给了我很大的帮助，是他们的鼓励才让我走到今天，我也要感谢他们。让我一个人去完成登山那么大的任务是不可能的，没有他们的力量，我不会成功的。

여: ⁴⁾오늘 저희 프로그램이 초청한 초대 손님은 시짱 자치구 등반대 남성등반대장 츠런뚸어지(次仁多吉) 씨입니다. 그분을 모셔서, 그가 세계적으로 높은 산을 등반할 때의 심경을 한번 들어 보고자 합니다. 안녕하세요? 20여 년의 등산 과정 동안 8000미터 이상의 높은 산을 모두 완등하셨는데요, 국제 공인 최다 고봉 등정, 최다 완등 기록을 보유하고 계시죠. ¹⁾'설산의 매', '에베레스트산을 횡단한 최초의 인류'라 불리는데요. 이러한 성취에 대해 어떻게 생각하시는지요?

남: 이런 성과를 얻은 것에 먼저 부모님께 감사하게 됩니다. 부모님께서 제게 물려주신 건강한 신체를 감사하게 생각하고요, 그다음엔 제 주변의 많은 등산 애호가들, 제 친구들과 동료들 또한 제게 많은 도움을 줬지요. 그들의 격려가 오늘의 저를 있게 했어요. 그들에게도 감사를 전합니다. 저 혼자서 등반과 같은 거대한 임무를 완성하는 것은 불가능합니다. 그들의 도움이 없었다면 저는 성공할 수 없었을 거예요.

[2]**女**：您为什么当初会选择登山？您觉得这项运动的魅力在什么地方？

男：登山这个行业对西藏人来说是个优势，对我来说是特别的优势，我的身体和各个方面的条件允许我参加这项运动，所以我一直在参加登山这个活动，都30多年了。²⁾这个活动最能给我战胜困难的勇气和信心，经历过里逃生后人就能理解什么是生命了。

[3]**女**：您认为想成功登顶的话需要具备哪些优秀的素质？

男：³⁾登山没有一定的耐力，没有一定的吃苦耐劳不怕死的精神，那成功的几率就是很少的。

[4]**女**：是的，在登山过程中，很多危险都是难以预测的。作为登山队的队长，您要比其他队员多做什么样的工作？

男：作为登山分队长，承担的责任就更大了。我们要从拉萨出发的时候，⁵⁾大概三、四个月以前就要开始计划各种装备，各类技术装备，到上面拉绳子等等，那些都要先了解清楚再制定计划。计划定好了，再报体育局，要落实这个经费，有好多细节要做。每次登山之前要开好几次会，包括挖岩、修路、准备绳子等，都是我的责任。

1. 男的被人们称为什么？
2. 男的认为登山的魅力是什么？
3. 男的认为登山最需要具备什么素质？
4. 关于男的，下列哪项正确？
5. 登山大概要提前多长时间准备？

여: 왜 처음에 등산을 선택하시게 되었나요? 이 스포츠의 매력이 어디에 있다고 생각하시는지요?

남: 등산이라는 분야는 시짱 사람들에게 유리하고, 저에게는 특히 유리합니다. 제 신체와 여러 방면의 조건이 제가 등산을 하도록 허락해 주었기 때문에 등산이라는 활동을 계속할 수 있는 것인데요, 벌써 30여 년이 되었네요. ²⁾이 일은 제게 어려움을 극복할 수 있는 용기와 자신감을 가장 많이 주었습니다. 죽음의 문턱에서 살아 돌아온 후에, 사람은 생명이 무엇인지 가장 잘 이해할 수 있죠.

여: 등반에 성공하려면 어떠한 우수한 소양이 필요하다고 보시는지요?

남: ³⁾등산은 일정한 지구력이 없고, 어느 정도 고생을 마다하지 않고 죽음을 두려워하지 않는 정신이 없다면 성공 확률이 매우 낮을 겁니다.

여: 네, 등산을 할 때 예측할 수 없는 많은 위험이 있겠네요. 등반대의 대장으로서 다른 대원들에 비해 어떤 일을 많이 하고 있나요?

남: 등반대장으로서 져야 하는 책임이 더욱 큽니다. 저희가 라싸에서 출발할 때는 ⁵⁾대개 3, 4개월 이전부터 각종 장비를 준비하기 시작합니다. 다양한 기술 장비, 위에 올라가서 자일을 당기는 등등의 일 말이죠. 이러한 것들은 먼저 명확하게 이해한 다음에 계획을 짜야 하거든요. 계획이 다 정해졌으면 체육국에 신청해서 이 경비를 조달하고, 또 해야 하는 세부적인 것이 많이 있습니다. 매번 등산하기 전에 회의를 정말 많이 하는데요, 암석을 파내거나 루트를 수정하고 자일을 준비하는 것 등은 모두 제 책임입니다.

1. 남성은 무엇으로 불리는가?
2. 남성이 생각하는 등산의 매력은 무엇인가?
3. 남성이 생각하는 등산에 있어 가장 중요한 소양은 무엇인가?
4. 남성에 대한 설명 중 옳은 것은 무엇인가?
5. 등산은 대개 얼마 전에 준비하는가?

단어 雄鹰 xióngyīng 명 용맹한 매, 용사 | 草原 cǎoyuán 명 초원 | 增强 zēngqiáng 동 강화하다, 증강하다 | 体质 tǐzhì 명 체질, 체력 | 阅历 yuèlì 명 경험, 체험 | 沟通 gōutōng 동 소통하다 | 摄影 shèyǐng 동 사진을 찍다 | 虚弱 xūruò 형 허약하다, 쇠약하다 | 组建 zǔjiàn 동 조직하다 | 嘉宾 jiābīn 명 귀빈, (방송에서의) 초대 손님, 게스트 | 西藏自治区 Xīzàng Zìzhìqū 지명 시짱 자치구 | 分队 fēnduì 명 팀, 대오 | 讲述 jiǎngshù 동 진술하다, 서술하다 | 攀登 pāndēng 동 등반하다 | 高峰 gāofēng 명 최고봉, 절정 | 心路历程 xīnlù lìchéng 심리 변화의 과정 * 历程 lìchéng 명 (지나온) 과정, 경로 | 征服 zhēngfú 동 정복하다 | 登顶 dēngdǐng 산 정상에 오르다 * 顶 dǐng 명 꼭대기 | 横跨 héngkuà 동 뛰어넘다, 건너뛰다 | 珠峰 Zhūfēng 지명 초모룽

마(chomolungma)봉[에베레스트산의 티베트 음역어인 珠穆朗玛峰의 약칭] | **周边** zhōubiān 몡 주변, 주위 | **鼓励** gǔlì 동 격려하다 | **魅力** mèilì 몡 매력 | **行业** hángyè 몡 분야, 업종 | **优势** yōushì 몡 우세, 장점 | **允许** yǔnxǔ 동 허락하다 | **战胜** zhànshèng 동 승리하다, 극복하다 | **经历** jīnglì 동 체험하다, 직접 겪다 몡 경험 | **逃生** táoshēng 동 목숨을 건지다 | **素质** sùzhì 몡 소양, 자질 | **耐力** nàilì 몡 지구력, 인내 | **耐劳** nàiláo 혱 노고를 견디다 | **精神** jīngshén 몡 정신 | **几率** jīlù 몡 확률 | **预测** yùcè 동 예측하다 | **承担** chéngdān 동 맡다, 담당하다 | **拉萨** Lāsà 지명 라싸 | **装备** zhuāngbèi 몡 장비 | **绳子** shéngzi 몡 밧줄, 노끈, 자일 | **制定** zhìdìng 동 제정하다 | **落实** luòshí 동 (정책, 계획, 조치 등을) 실현시키다, 구체화하다 | **经费** jīngfèi 몡 경비, 비용 | **细节** xìjié 몡 사소한 부분 | **挖** wā 동 파내다 | **岩** yán 몡 암석, 바위

| 정 답 | **1. A**   **2. D**   **3. C**   **4. C**   **5. C**

STEP 03 내공쌓기

1 시험에 잘 나오는 인터뷰 문제

1. 초대 손님의 개인 신상에 관해 묻는다!

진행자가 초대 손님을 소개할 때 그의 직업이나 신분, 성과 등을 언급하며 인터뷰를 시작합니다. 신상 정보를 묻는 문제에서는 주로 '그의 직업은 무엇인가?'와 같이 직접적으로 묻고, 간혹 '그에 관해 알 수 있는 것은 무엇인가?'와 같이 녹음 지문과 일치하는 내용을 고르는 문제가 나오기도 합니다. 초대 손님의 개인 신상과 관련된 문제는 대체로 네 번째나 다섯 번째 문제에서 물어보는 경우가 많으므로, 녹음이 시작되기 전에 다섯 문제의 선택지를 모두 빠르게 훑어보며 어떤 질문이 나올지 파악한 후 녹음을 들어야 합니다.

| 예시질문 |

☐ **男的从事哪方面的工作?**
남자는 어떤 방면의 일에 종사하는가?

☐ **在做导演之前男的做过什么?**
감독이 되기 전에 남자는 무슨 일을 했는가?

☐ **关于男的，可以知道什么?**
남자에 관해 알 수 있는 것은 무엇인가?

🎓 선생님의 한마디
본 코너는 시험에서 자주 물어보는 내용입니다. 잘 익혀 두면 인터뷰의 흐름을 잡는 데 도움이 됩니다.

2. 성공하는 데 필요한 자질이나 경쟁력을 묻는다!

초대 손님은 주로 업계에서 성공한 유명 인사입니다. 그러므로 성공에 필요한 자질이나 스스로 느끼는 자신만의 경쟁력이 무엇인지는 빠지지 않고 나오는 질문입니다.

| 예시질문 |

☐ **男的认为他们公司的核心竞争力是什么?**

남자는 그들 회사의 핵심 경쟁력이 무엇이라 여기는가?

☐ **男的觉得自己与大学教授相比有什么优势?**

남자는 자신이 대학교수와 비교해서 어떤 강점이 있다고 생각하는가?

☐ **男的认为他获胜的最重要因素是什么?**

남자는 자신이 승리한 가장 중요한 요소가 무엇이라 여기는가?

3. 미래에 대한 비전과 계획을 묻는다!

초대 손님 개인의 비전과 계획은 대부분 인터뷰의 마지막 부분에서 들립니다. 선택지는 주로 '동사+목적어' 형태의 동사구로 이루어져 있으며, 대부분 녹음 지문에서 들리는 내용을 정답으로 그대로 출제하는 경우가 많습니다.

| 예시질문 |

☐ **男的还有什么梦想?**

남자는 또 어떤 꿈이 있는가?

☐ **男的未来的人生目标是什么?**

남자는 미래의 인생 목표가 무엇인가?

4. 지나온 이력에 대한 기간을 물어본다!

초대 손님이 해당 업종에서 어느 정도의 기간을 보냈는지, 혹은 회사를 설립한 지 얼마나 되었는지 등등을 물어봅니다. O个月 또는 O年과 같이 기간을 나타내는 선택지가 보이면 몇 번째 문제인지 체크한 뒤, 녹음에서 기간이 들릴 때 바로 메모를 하며 들어야 합니다.

| 예시질문 |

☐ **这个公司成立多少年了?**

이 회사는 설립된 지 몇 년이 되었는가?

☐ **男的收藏文物多少年了?**

남자는 문물을 수집한 지 몇 년이 되었는가?

2 시험에 잘 나오는 진행자의 말

1. 초대 손님을 소개하는 진행자의 말

인터뷰의 첫마디 말에서 진행자는 주로 초대 손님의 신분을 소개합니다. 초대 손님의 신분을 알면 인터뷰가 무엇을 중심으로 이루어질 것인지도 유추가 가능하며, 문제에서 직접 초대 손님의 신분을 물어보기도 합니다. 초대 손님을 소개하는 형식의 말은 다음과 같습니다.

1) 今天我们邀请到了现在最受关注的 + (직업/신분) + (이름)。

   오늘 우리는 최근 가장 주목받고 있는 (직업/신분), OOO 씨를 모셨습니다.

   例 朋友们好！今天我们邀请到了现在最受关注的华人导演，李安导演。您好！

   여러분, 안녕하세요? 오늘 우리는 최근 가장 주목받고 있는 화교 감독, 리안 감독님을 모셨습니다. 안녕하세요?

2) 今天我们请到的嘉宾是著名的 + (직업/신분) + (이름)。

   오늘 우리가 모신 분은 유명한 (직업/신분), OOO 씨입니다.

   例 今天我们请到的嘉宾是著名的画家古锦其。古老师，您好！

   오늘 우리가 모신 분은 유명한 화가 구진지 씨입니다. 구 선생님, 안녕하세요?

> **Tip** 듣기 2부분에 자주 등장하는 초대 손님의 직업
>
> | | |
> |---|---|
> | 作家 zuòjiā 작가 | 画家 huàjiā 화가 |
> | 导演 dǎoyǎn (영화·드라마의) 감독 | 演员 yǎnyuán 배우 |
> | 市长 shìzhǎng (도시를 대표하는) 시장 | 总经理 zǒngjīnglǐ 기업 대표 |
> | 运动员 yùndòngyuán 스포츠 선수 | 企业家 qǐyèjiā 기업가 |

2. 초대 손님의 신분을 드러내는 진행자의 말

초대 손님의 직업이나 신분을 정확히 듣지 못했다면, 진행자가 초대 손님을 부르는 호칭을 통해 알 수도 있습니다. 하지만 특정 분야를 나타내는 호칭이 아닌, 先生이나 老师와 같은 호칭으로 부를 경우, 또 초대 손님이 특정 분야의 유명 인사가 아닌, 일시적인 이슈를 통해 유명해진 사람일 경우에는 질문 내용에 중점을 두고 초대 손님의 직업이나 신분을 파악해야 합니다.

1) 직급에 주목하기

   例 雷总，您好！我们知道您在广告创意方面已经荣获了大大小小很多奖项，我们很好奇当初您是怎么选择踏进创意这个行业来的呢？

   레이 사장님, 안녕하세요? 저희는 사장님이 광고 크리에이티브 방면에서 이미 크고 작은 많은 상을 영예롭게 받으신 것을 알고 있는데요, 처음에 사장님은 어떻게 크리에이티브 이 업종에 들어가기로 선택하신 건지 매우 궁금합니다.

🎓 선생님의 한마디

예문에서 진행자의 말 중 밑줄의 내용이 핵심 내용입니다. 华人导演이라는 말을 통해 초대 손님이 중국인 감독임을 알 수 있어야 합니다.

🎓 선생님의 한마디

초대 손님의 이름은 듣지 못했더라도 그의 직업, 즉, 화가라는 신분은 꼭 듣고 기억해야 인터뷰의 내용을 빠르게 이해할 수 있습니다.

🎓 선생님의 한마디

초대 손님의 직업 중 작가의 경우 소설가, 만화가, 시인 등이 자주 등장하고, 기업가의 경우 주로 창업에 성공한 청년이나 여성 기업가가 자주 등장합니다.

🎓 선생님의 한마디

예문의 밑줄 부분이 초대 손님에 대한 핵심 내용입니다. 초대 손님은 雷姓을 가진 '总经理(대표)'이고, 광고 분야의 전문가임을 알 수 있습니다.

2) 직업에 주목하기

예 **1500米自由泳决赛看得很爽，但你提前入水的那一刻还是吓了大家一跳。**

1500미터 자유형 경기는 정말 시원하게 잘 봤습니다. 그런데 선수께서 시작 전에 입수한 그 순간은 그래
도 모두를 놀라게 했죠.

Tip | **직업/신분을 나타내는 말**

(성씨)+**总** ~zǒng [기업 대표를 뜻함]   예 **谢总** 씨에 사장님

(악기)+**家** ~jiā [음악가를 뜻함]   예 **小提琴家** 바이올리니스트

(운동종목)+**选手** ~xuǎnshǒu [운동선수를 뜻함]   예 **高尔夫选手** 골프 선수

(성씨)+**导** ~dǎo [영화감독을 뜻함]   예 **李导** 리 감독님

3. 인터뷰 화제를 소개하는 진행자의 말

인터뷰 도입 부분에서 진행자가 인터뷰의 주요 화제를 소개하는 경우도 많습니다. 인터뷰의 화
제를 알고 들으면 전체적으로 듣기가 수월해집니다. 인터뷰 화제를 소개하는 형식의 말은 다음
과 같습니다.

1) **请您给我们谈谈……** 우리에게 ……에 대해 얘기해 주세요

예 **范林老师，您好！您是钱币收藏界的大佬，今天请您来给我们谈谈 收藏的**
心得。
화제

판린 선생님, 안녕하세요? 선생님은 화폐 수집 분야의 대가이십니다. 오늘 저희에게 수집의 깨달음에 대
해 얘기해 주세요.

2) **请您给我们介绍一下** 저희에게 소개 좀 부탁 드립니다

예 **我觉得这个展厅布置得很有特色，请您给我们介绍一下。**
화제

제 생각에 이 전시홀은 매우 특색 있게 꾸며졌는데, 저희에게 소개 좀 해 주세요.

3) **今天的话题是……** 오늘의 화제는 ……입니다

예 **我们今天的话题是 如何培养孩子的领袖气质。**
화제

오늘 저희의 화제는 어떻게 아이들의 리더십을 기르느냐 하는 것입니다.

4) **一起来聊聊……** 함께 ……에 대해 얘기해 보겠습니다

예 **大家好！今天我们请来了著名导演李安，一起来聊聊他的电影《少年派的奇**
幻漂流》。
화제

여러분, 안녕하세요? 오늘은 유명한 리안 감독님을 모셔서 함께 그의 영화 《少年派的奇幻漂流》에 대
해 얘기해 보도록 하겠습니다.

• **领袖** lǐngxiù 명 지도자

선생님의 한마디

예문은 초대 손님에 대한 구체적
인 소개 없이 바로 인터뷰에 돌
입하는 유형의 진행자 첫마디입
니다. 구체적인 소개는 없지만
핵심 단어 몇 개만으로 초대 손
님이 수영선수임을 알 수 있어야
합니다.

4. 미래의 계획이나 전망에 대해 묻는 진행자의 말

인터뷰의 마지막 부분에 가장 많이 등장하는 내용은 초대 손님에게 해당 업계의 전망을 묻거나
초대 손님 개인의 미래 계획을 묻는 것입니다. 초대 손님의 답변 속에 정답을 그대로 출제하는
경우가 많으니 놓치지 않고 듣도록 합니다.

1) 지문 그대로 출제되는 경우

예 녹음 지문

진행자 : 你已经拥有了一个非常成功的企业，那你还有什么其他梦想
吗?

초대 손님 : 我会投入更多时间鼓励人们创业，帮助更多中小企业以及企
业家，另外我还想去学校讲学。

출제된 질문: **男的还有什么梦想?**
선택지 정답: **鼓励人们创业**

예 녹음 지문

진행자 : 在您看来，未来广告发展会有什么样的流行趋势?

초대 손님 : 今天在创意的很多环节里面都有跨界创意的概念。这是一个
行业做大的趋势之一。

출제된 질문: **男的认为未来广告有怎样的发展趋势?**
선택지 정답: **跨界创意**

2) 지문이 변형되어 출제되는 경우

예 녹음 지문

진행자 : 您收获了个荣誉博士，您今后还打算收获些什么?

초대 손님 : 我想等我死了以后，一把送给大陆，一把送给台湾，希望将
来能放在一起，这两把刀应该留在我们中国。

출제된 질문: **男的还有什么愿望?**
선택지 정답: **中国统一**

01 A 导演
   B 评书表演
   C 武打设计
   D 公关策划

02 A 演员演技差
   B 质量非常高
   C 情节不全
   D 已经过时了

03 A 武打很成功
   B 工作效率高
   C 忠实于原著
   D 设置了许多悬念

04 A 三年
   B 五年多
   C 十几年
   D 二十多年

05 A 打算退休
   B 老家在北京
   C 缺少周转资金
   D 开了一个评书公司

▶ 정답 및 해설 15쪽

인터뷰 대상의 견해를 중심으로 듣는다!

인터뷰의 주된 목적은 인터뷰 대상의 생각을 듣는 것입니다. 따라서 인터뷰는 진행자가 인터뷰 대상에게 어떤 화제(话题)에 대한 견해(看法)를 물어보는 형식으로 진행됩니다. 견해를 묻는 표현을 미리 알아 두면 인터뷰의 내용을 파악하는 데 도움이 됩니다. 평소 문제를 풀 때 녹음 지문 전체를 다 들으려고 하지 말고, 집중해서 필요한 정보만 골라 듣도록 연습해야 합니다.

STEP 01 먼저 풀어보기

🎧 듣기 2-03-1 예제.mp3

예제

1. A 应该多读书
   B 要经常锻炼身体
   C 应该要求特殊待遇
   D 不要麻烦别人

2. A 学会等待
   B 努力争取
   C 追求平等
   D 慎重选择

3. A 有一定局限性
   B 对残疾人也有帮助
   C 容易让人沉迷其中
   D 缺少针对残疾人的网站

4. A 有优越感
   B 是网站编辑
   C 有自己的博客
   D 感到很自卑

5. A 提供心理辅导
   B 平等对待他们
   C 给予特殊照顾
   D 成立专门学校

예제

|해 설|

1. A 应该多读书   책을 많이 읽어야 한다
   B 要经常锻炼身体   운동을 자주 해야 한다
   C 应该要求特殊待遇   특별한 대우를 요구해야 한다
   D 不要麻烦别人   다른 사람을 불편하게 하지 말아야 한다

读书, 锻炼身体, 待遇, 麻烦别人과 같이 동사 위주로 선택지를 미리 보고 녹음을 들어야 합니다.

2. A 学会等待   기다림을 배우다
   B 努力争取   노력해서 쟁취하다
   C 追求平等   평등을 추구하다
   D 慎重选择   신중하게 선택하다

等待, 争取, 平等, 选择를 위주로 녹음에서 들리는지 체크합니다.

3. A 有一定局限性   어느 정도 한계가 있다
   B 对残疾人也有帮助   장애인에게도 도움이 된다
   C 容易让人沉迷其中   쉽게 사람이 그 안에 빠지게 만든다
   D 缺少针对残疾人的网站   장애인 맞춤형 웹사이트가 부족하다

선택지만 보고는 어떤 질문이 나올지 짐작하기 어려운 문제입니다. 일단 빠르게 선택지를 본 후에 핵심 단어들 局限性, 残疾人, 沉迷, 网站을 집중적으로 보면서 녹음을 듣도록 합니다.

4. A 有优越感   우월감이 있다
   B 是网站编辑   웹사이트 편집자이다
   C 有自己的博客   자신의 블로그가 있다
   D 感到很自卑   열등감을 느낀다

개인 신상에 관한 문제입니다. A와 D는 반대 내용이므로 함께 묶어서 보고, B는 직업을 묻는 것이며, C는 블로그의 유무 여부를 나타냅니다. 내용을 기억하여 체크하며 듣도록 합니다.

5. A 提供心理辅导   심리적 도움을 제공한다
   B 平等对待他们   평등하게 그들을 대한다
   C 给予特殊照顾   특별한 보살핌을 제공한다
   D 成立专门学校   전문 학교를 설립한다

B의 他们은 제3의 인물이므로 누구인지 파악하면서 듣습니다. 선택지에 생략된 주어들은 모두 초대 손님에 해당된다는 것을 생각하며 듣습니다.

1. 问: 对于残疾人，男的有什么观点?

해석의 [1]번 대화에서 진행자의 질문 '你认为残疾人该怎样看待自己?'가 1번 질문 '对于残疾人, 男的有什么观点?'으로 출제되었습니다. 이에 초대 손님인 남자는 '一方面……, 另一方面……, 还有就是……, 另外……'의 구조를 이용해서 답변하고 있습니다. '还有就是……' 부분의 내용이 선택지에 나와 있습니다. 还有就是尽量不要给别人带来麻烦이라고 말하는 것을 듣고 정답 D 不要麻烦别人을 고를 수 있습니다.

2. 问: 在爱情方面，男的有什么经验?

해석의 [2]번 대화에서 진행자의 질문 '那么在这方面(爱情)，您能给残疾人什么忠告呢?'가 2번 문제 '在爱情方面，男的有什么经验?'으로 출제되었습니다. 장애인의 연애와 결혼에 대한 진행자의 질문에 초대 손님은 大胆地追求幸福라고 대답했습니다. 뒤에 이어지는 '你争取了，也许也不成功，但起码还有可能'을 듣고 정답은 B 努力争取임을 알 수 있습니다.

3. 问: 男的怎样看待网络?

해석의 [3]번 대화에서 진행자의 질문이 3번 문제 '男的怎样看待网络?'로 출제되었고, 초대 손님은 '不仅……，还……' 구문을 이용해서 답변하고 있습니다. 선택지 B 对残疾人也有帮助를 직접 언급하지 않았지만 초대 손님의 답변을 통해 충분히 유추할 수 있습니다. 정답은 B입니다.

🎓 선생님의 한마디
'不仅……, 还……' 구문에서 중요한 부분은 뒷절의 '还……' 부분입니다.

4. 问: 关于男的，可以知道什么?

[3]번 대화의 진행자 말 속에 정답을 그대로 주고 있습니다. 我看到了您写的博客를 듣고 정답 C 有自己的博客를 고를 수 있습니다.

5. 问: 男的认为怎样做对残疾人帮助最大?

5번 문제는 [4]번 대화에서 풀립니다. 초대 손님의 답변에서 就是给予平等地对待 부분이 선택지 B 平等对待他们에 정답으로 똑같이 나와 있습니다. 따라서 정답은 B입니다.

|해 석|

[1] 女: 你认为残疾人该怎样看待自己? 怎样给自己定位?

男: 对于残疾人来讲，一方面在思想上要接受自己是残疾人的现实，另一方面又不要把自己孤立起来。不能从心理上否定自己，认为自己这个也不行，那个也不行。[1]还有就是尽量不要给别人带来麻烦，不要把各方面对自己的照顾当成应该的，甚至产生一种优越感。另外我觉得残疾人之间还是应该加强互相的交流。其实我上初中的时候，我妈就曾经给我借过一辆手摇车，把我带到残疾人中去，刚开始我一直觉得不好意思，不愿意去，因为思想上一直没有把自己归入到残疾人中去。后来去过几回，觉得很好，因为身体状况相同，经历也有类似的地方，他们所讲的东西，和别人讲的不太一样，很适合我。

[2] 女: 一般残疾人的婚恋都比较困难，而你却找到了自己的幸福，那么在这方面，您能给残疾人什么忠告呢?

여: 당신은 장애인이 스스로를 어떻게 보아야 한다고 생각하십니까? 자신에 대해 어떠한 정체성을 가져야 할까요?

남: 장애인은, 심리적으로는 자신이 장애인이라는 현실을 받아들여야 하고, 또 다른 한편으로 자신을 고립시키지 않아야 합니다. 심리적으로 자신을 부정하면서 자신은 이것도 저것도 못 한다고 여겨서는 안 됩니다. [1]또 최대한 다른 사람에게 불편을 끼치지 않도록 해야겠지요. 여러 가지 측면에 있어서 (남들이) 자신을 돌보는 것을 당연시하거나 심지어 그런 우월감을 가져서는 안 됩니다. 그밖에 제 생각에 장애인들 간에 상호 교류를 강화할 필요가 있어요. 사실 제가 중학교에 다닐 때, 어머니께서 휠체어 한 대를 빌려서 저를 데리고 장애인들이 있는 곳으로 갔어요. 처음에 저는 계속 좀 민망한 생각이 들어서 안 가려고 했어요. 왜냐하면 내심 스스로 장애인의 부류에 들어가려 하지 않았던 거죠. 그런데 나중에 몇 번 가면서부터는 기분이 좋았어요. 왜냐하면 신체적으로 다들 같은 상황이니까 비슷한 경험도 많더라고요. 그분들이 이야기하는 것들은 다른 사람들이 이야기하는 것과 달랐고, 저한테 참 잘 맞았어요.

여: 일반적으로 장애인들은 연애와 결혼이 비교적 어려운 경향이 있는데 당신은 자신의 행복을 찾으셨잖아요. 이런 문제에 있어서 다른 장애인들에게 어떤 조언을 해 주실 수 있으신지요?

男: ²⁾大胆地追求幸福嘛!别老在窗外徘徊，要勇敢地破窗而入。不要顾忌太多，你争取了，也许也不成功，但起码还有可能，如果你不争取，那就什么可能都没有了，那你何不去争取一下呢? 残疾人就是要克服自己的心理障碍，克服自卑心理，大胆地去追求应该属于自己的幸福!不要怕被拒绝，我觉得，在爱情方面，就要厚脸皮。有些残疾人，是怕不能给对方带来幸福，但其实不是这样的。爱是互相的，如果对方也爱你，那么对方在接受这份爱情的同时，也就接受了这份爱情所带来的一切。

[3] **女**: ⁴⁾我看到了您写的博客，您认为网络对残疾人有多大的帮助呢?

男: ³⁾快捷、便利，发挥的空间更大，可以畅所欲言，网络不仅缩短了残疾人和健全人的差距，³⁾还让残疾人能够更方便地接触外界，了解世界，可以和外界交流，发表自己的看法。

[4] **女**: 您认为怎么做才能对残疾人最有帮助?

男: ⁵⁾就是给予平等的对待，不是特殊照顾，而是让残疾人真正享受到平等的感觉，尤其是在就业方面，给残疾人一个公平竞争的机会，我认为这才是最重要的。

1. 对于残疾人，男的有什么观点?
2. 在爱情方面，男的有什么经验?
3. 男的怎样看待网络?
4. 关于男的，可以知道什么?
5. 男的认为怎样做对残疾人帮助最大?

남: ²⁾용감하게 행복을 추구해야 해요! 맨날 창밖을 배회하지만 말고 용감하게 창을 깨고 들어가야 해요. 너무 많이 고민하지 말고 쟁취해야 합니다. 어쩌면 성공하지 못할 수도 있지만 최소한 가능성은 있잖아요. 만약 자신이 나서지 않는다면 아무런 가능성도 없는데 어떻게 쟁취하지 않을 수 있겠어요? 장애인은 자신의 심리적인 장애와 열등감을 극복해야 합니다. 용감하게 자신의 것이어야 할 행복을 추구해야 합니다! 거절당할 것을 두려워하지 마세요. 제 생각에 사랑 앞에서는 얼굴이 좀 두꺼울 필요가 있어요. 어떤 장애인들은 상대에게 행복을 줄 수 없다는 걱정을 하는데요, 사실 그렇지가 않아요. 사랑은 서로가 서로에게 주는 겁니다. 상대도 당신을 사랑한다면 상대는 그 사랑을 받아들임과 동시에 이 사랑이 가져오는 모든 것을 받아들입니다.

여: ⁴⁾당신이 쓴 블로그를 본 적이 있는데요, 인터넷이 장애인들에게 얼마나 도움이 된다고 생각하십니까?

남: ³⁾빠르고 간편하며, 의견을 말할 수 있는 공간이 더욱 크기 때문에 하고 싶은 말을 마음껏 할 수가 있죠. 인터넷은 장애인과 비장애인의 격차를 좁힐 수 있을 뿐만 아니라 ³⁾장애인들이 더 편리하게 외부 세계와 접촉하고 세상을 이해하게 해 줍니다. 외부 세계와 교류하며 자신의 생각을 말할 수 있지요.

여: 그러면 어떻게 하는 것이 장애인들에게 가장 도움이 된다고 생각하시는지요?

남: ⁵⁾바로 평등하게 대하는 것이지요. 특별한 보살핌이 아니라, 장애인들이 진정으로 평등하다는 느낌을 받을 수 있게 해야 합니다. 특히 취업을 할 때 장애인들에게 공정한 경쟁을 할 수 있는 기회를 주었으면 합니다. 저는 이 점이 가장 중요하다고 봅니다.

1. 장애인에 대해 남자는 어떤 관점을 가지고 있는가?
2. 사랑에 대해 남자는 어떤 경험을 가지고 있는가?
3. 남자는 인터넷을 어떻게 생각하는가?
4. 남자에 관해 알 수 있는 것은 무엇인가?
5. 남자가 생각하기에 어떻게 하는 것이 장애인들에게 가장 도움이 되는가?

| 단 어 | 争取 zhēngqǔ 〔동〕 쟁취하다, 얻어 내다 | 慎重 shènzhòng 〔형〕 신중하다 | 局限 júxiàn 〔동〕 제한하다, 국한하다 | 残疾人 cánjírén 〔명〕 장애인, 장애우 | 沉迷 chénmí 〔동〕 깊이 빠지다 | 编辑 biānjí 〔명〕 편집자 | 博客 bókè 〔명〕 블로그 | 自卑 zìbēi 〔형〕 스스로 열등하다 | 辅导 fǔdǎo 〔동〕 도우며 지도하다 | 定位 dìngwèi 〔동〕 정체성을 갖다, 객관적으로 평가하다 | 对于~来讲 duìyú~lái jiǎng ~으로 말하자면 | 接受 jiēshòu 〔동〕 받아들이다 | 孤立 gūlì 〔동〕 고립시키다, 고립하다 | 尽量 jǐnliàng 〔부〕 최대한 | 优越感 yōuyuègǎn 〔명〕 우월감 | 手摇车 shǒuyáochē 〔명〕 휠체어, 자전거[의자가 놓인 세발자전거 형태의 도구] | 归入 guīrù 〔동〕 ~의 범주에 들다 | 类似

lèisì 혱 유사하다 | 婚恋 hūnliàn 몡 연애와 결혼 | 忠告 zhōnggào 동 충고하다 | 大胆 dàdǎn 혱 대담하다 | 徘徊 páihuái 동 배회하다 | 破窗而入 pò chuāng ér rù 창문을 깨고 들어가다 | 顾忌 gùjì 동 염려하다, 고려하다 | 起码 qǐmǎ 부 최소한, 적어도 | 何不 hébù 부 어찌 ~하지 않는가? | 克服 kèfú 동 극복하다 | 障碍 zhàng'ài 동 방해하다, 막다 | 自卑心理 zìbēi xīnlǐ 열등 심리 | 厚脸皮 hòuliǎnpí 혱 얼굴이 두껍다, 철면피이다 | 网络 wǎngluò 몡 인터넷 | 快捷 kuàijié 혱 빠르다, 신속하다 | 发挥 fāhuī 동 (의견을) 충분히 잘 드러내다, 표현하다, 발휘하다 | 畅所欲言 chàngsuǒyùyán 셩 하고 싶은 말을 마음껏 하다 | 缩短 suōduǎn 동 단축하다 | 健全人 jiànquán rén 건강한 사람 ＊健全 jiànquán 혱 (병·부상 없이) 온전하고 건강하다 | 差距 chājù 몡 차이, 격차, 갭 | 接触 jiēchù 동 접촉하다 | 给予 jǐyǔ 동 주다, 부여하다 | 享受 xiǎngshòu 동 향유하다, 누리다

|정 답| 1. D   2. B   3. B   4. C   5. B

STEP 03   내공쌓기

1 시험에 잘 나오는 인터뷰 문제

1. '怎样看待？'를 통해 초대 손님의 견해를 듣는다!

진행자의 말 중 怎样看待가 나오면, 이어지는 초대 손님의 말에서 정답이 나올 확률이 높습니다. 문제 질문은 시험지에 쓰여 있지 않고 녹음으로 듣기만 해야 하므로, 녹음 시작 전 선택지를 보고 견해를 나타내는 내용이 몇 번인지 미리 파악해 두는 것이 좋습니다. 견해를 나타내는 선택지는 주로 동사구(동사+목적어) 구조로 이루어져 있습니다.

|예시질문|

☐ 男的怎样看传统戏曲改革？

남자는 전통 희곡 개혁을 어떻게 생각하는가?

• 传统 chuántǒng 몡 전통
• 戏曲 xìqǔ 몡 중국 전통극, 희곡
• 改革 gǎigé 동 개혁하다

☐ 男的怎么看待领袖？

남자는 지도자를 어떻게 생각하는가?

☐ 男的怎么看待喜剧和搞笑的关系？

남자는 희극과 웃음의 관계를 어떻게 보는가?

• 喜剧 xǐjù 몡 희극
• 搞笑 gǎoxiào 동 웃기다

2. '最'를 이용한 문제가 많이 출제된다!

진행자나 초대 손님의 말 속에서 最가 나오면, 뒤에 이어지는 내용이 무엇인지 꼭 기억해야 합니다. 最는 강조를 나타내는 말이므로, 초대 손님의 견해나 감정을 나타낼 때 자주 쓰입니다.

☐ **男的认为喜剧最大的吸引力是什么?**

남자는 희극의 가장 큰 흡인력이 무엇이라 여기는가?

☐ **男的对自己的哪个作品最满意?**

남자는 자신의 어느 작품에 가장 만족스러워 하는가?

☐ **女的认为对于手语主播来说，最困难的是什么?**

여자는 수화 진행자로서 가장 어려운 점이 무엇이라 여기는가?

• **手语** shǒuyǔ 명 수화
• **主播** zhǔbō 명 진행자, 사회자, 앵커

2 인터뷰의 흐름 잡기

어떤 관점에 대해 길게 말할 때, 화자는 일반적으로 '전체(总)'에서 '세부 사항(分)'으로 말을 전개해 나갑니다. 여기서 말하는 '전체'란 사물을 소개하거나 관점을 얘기하는 부분으로, 글의 '중심(中心)'에 해당하고, '세부 사항'이란 '중심'에 대해 구체적으로 설명하는 부분을 뜻합니다. 세부 사항 부분에서 자주 등장하는 단어들을 제대로 알면 이야기의 전체 흐름이 어떻게 이어질지 유추가 가능합니다.

1. 시간의 흐름을 이야기하는 경우

듣기 2부분에서는 진행자가 게스트를 초대하여 그의 경험에 대해 이야기하기 때문에 시간의 흐름에 따라 이야기하는 경우가 많습니다. 따라서 시간의 흐름을 나타내는 단어를 기억해 두면 이야기하고 있는 사건이 언제 발생한 것인지 빠르게 알 수 있습니다.

1) 처음에는 ➡ 나중에는 ➡ 지금은
　 开始/起初　　后来　　　　现在

예 我刚**开始**学习打羽毛球的时候感觉非常辛苦，偷懒、不想练；**后来**练着练着觉得它能锻炼人的反应能力，所以逐渐**爱上了**这项运动；**现在**我成为了一名专业运动员，要特别感谢我的启蒙老师。

제가 처음 배드민턴을 배울 때는 너무 힘들어서, 꾀를 부리고 연습하기 싫어했어요. 나중에 연습을 하다 보니 배드민턴이 사람의 반응 능력을 단련시키는 것 같았습니다. 그래서 점점 이 운동을 좋아하게 됐지요. 지금 저는 프로 운동선수가 되었어요. (배드민턴) 전수해 주신 선생님께 특히 감사드립니다.

• **启蒙** qǐméng 통 (기초 지식 등을) 전수하다

2) 원래는 ➡ (나중에는) ➡ (그러나) 지금은
　 本来/原来　(后来)　　　(但)现在

예 我**本来不爱**他的，**后来**不知怎么**爱上了**，**现在**竟然是他不爱我。

나는 원래 그 사람을 사랑하지 않았는데, 나중에 나도 모르게 사랑하게 되었다. 지금은 도리어 그가 나를 사랑하지 않는다.

3) 예전에는 ➡ 지금은
以前   如今/现在

예 成家后，我的感触颇深，因为以前是被保护的对象，而如今，我要学着保护我的
家人。

가정을 이룬 후 나는 감회가 매우 깊었다. 왜냐하면 예전에는 보호를 받는 대상이었는데, 지금은 내 가족을
보호하는 것을 배우고 있기 때문이다.

・感触 gǎnchù 명 감개, 감회, 느낌
・颇 pò 부 매우, 꽤

|예제|

◆ 다음 지문을 듣고 내용을 이해해 보세요. 🎧 2-03-2 내공쌓기1.mp3

1. 以前我从事传统陶瓷艺术，陶瓷艺术主要分为五彩、粉彩和红绿彩等，我主
要以彩绘为主，都是比较古典风格的陶瓷艺术形式。后来开始进行陶瓷材料
以及陶烧成的研究，创作了一系列体现陶瓷本然特色、张扬陶艺特色的陶艺
作品。

2. 我本来不打算演这部电影，但由于妻子的极力推荐才参加了拍摄。如今拿到
了这个"最佳男主角"，还是我妻子的功劳呢！

듣기 지문은 모든 내용을 일일이 다 이해하기는 어려우므로, 먼저 시간을 나타내는 단어에 주
의하여 각각의 시점과 사건 위주로 듣는 연습을 해야 합니다.

1. 以前我从事传统陶瓷艺术，……。后来开始进行陶瓷材料以及陶烧成的研
究，创作了……的陶艺作品。

이전-전통 도자기 예술에 종사함 → 이후-도자기 재료와 도자기를 만드는 연구를 진행함,
~한 도예 작품을 창작함

2. 我本来不打算演这部电影，但由于妻子的极力推荐才参加了拍摄。如今拿到
了这个"最佳男主角"，还是我妻子的功劳呢！

원래-영화를 찍을 계획이 없었으나 부인의 권유로 촬영함 → 현재-남우주연상을 받음

먼저 문맥의 큰 틀을 이해하는 연습을 하면, 점차 세부 사항까지도 잘 들리게 됩니다. 반드시
녹음을 반복하여 들으며 연습하세요.

・五彩 wǔcǎi 명 오채[青(푸른색)·黄(노란색)·赤(붉은색)·白(흰색)·黑(검은색)의 다섯 가지 색깔을 뜻함]
・粉彩 fěncǎi 명 분채[청(淸)대에 도자기에 칠하던 연하고 고운 빛깔의 무늬]
・极力 jílì 부 적극적으로, 있는 힘을 다하여
・推荐 tuījiàn 동 추천하다
・拍摄 pāishè 동 촬영하다
・功劳 gōngláo 명 공로

2. 이야기의 순서를 말하는 경우

대화를 할 때는 상대방이 이해하기 쉽게 말하는 것이 중요합니다. 따라서 본인의 생각을 말할
때 '첫째는 ……이고, 둘째는 ……이다'의 형식으로 말하는 경우가 많습니다. 그러므로 아래 나오
는 단어들과 글에서 어떻게 활용되는지를 익혀 전체 글의 흐름을 잡아내는 연습을 해야 합니다.

1) 우선은 ➡ 그다음은 ➡ 그 외에
首先   其次   另外/还有

• 设身处地 shèshēnchǔdì 젱 입장을 바꾸어 생각하다

• 新颖 xīnyǐng 혱 참신하다, 새롭다

예 在采访前是要做好准备的，首先，要站在名人的立场上，设身处地去考虑考虑；其次，采访前尽可能做好充分的准备，尽可能全方面地了解被采访者；另外就是想一些新颖的话题，如果总是问些相似的问题，不仅被采访者会觉得没意思，而且读者也会觉得无聊。

인터뷰 전에는 준비를 잘해야 한다. 우선, 유명인의 입장에 서서 입장을 바꾸어 생각해야 한다. 그다음은, 인터뷰 전에 가능한 한 충분한 준비를 하고, 가능한 한 전면적으로 인터뷰 대상자를 이해해야 한다. 그 외에 참신한 화제를 생각해야 한다. 만약 항상 비슷한 질문만 한다면 인터뷰 대상자가 지루해 할 뿐만 아니라 독자들도 무료하게 생각할 수 있다.

2) 첫째는 ➡ 둘째는 ➡ 셋째는 ➡ 그 외에
   一是   二是   第三   另外

• 传达 chuándá 툉 전달하다

• 股东 gǔdōng 몡 주주, 출자자

• 占据 zhànjù 툉 점유하다

• 领先 lǐngxiān 툉 선두에 서다

예 要想将一个公司做大做好，是非常不容易的，一是要将自己的想法传达给股东，只有让股东们"动心"，他们才会投资，二是处理好和员工的关系；第三，要在消费者心目中树立一个良好的形象；另外，也是我觉得最重要的就是要对产品进行不断创新，只有这样才能在市场上占据领先地位。

한 회사를 크고 좋게 키우는 일은 매우 어렵다. 첫째로 자신의 생각을 주주들에게 전달해야 한다. 주주들이 '마음을 움직여야' 그들은 비로소 투자를 받을 수 있다. 둘째로, 직원과의 관계를 잘 처리해야 한다. 셋째로, 소비자의 마음속에 좋은 이미지를 만들어야 한다. 그 외에 내가 가장 중요하다고 생각하는 것은 바로 제품을 끊임없이 새롭게 만드는 것이다. 이렇게 해야만 시장에서 선두 위치에 오를 수 있다.

3) 두 종류가 있다 ➡ 한 종류는 …이다 ➡ 또 다른 한 종류는 …이다
   有两种   一种是   另一种是

예 我曾经看到过这样一句话：世界上有两种人，一种是燃烧自己照亮别人；而另一种是看着别人燃烧的人，我则更倾向于前者。

나는 일찍이 이 말을 본 적이 있다. '세상에는 두 종류의 사람이 있다. 한 종류는 자신을 불살라서 다른 사람을 밝게 비추는 사람이고 또 다른 한 종류는 다른 사람이 불사르는 것을 보는 사람이다.' 나는 전자(前者)에 (마음이) 기운다.

|예 제|

◆ 다음 지문을 듣고 내용을 이해해 보세요. 🎧 2-03-3 내공쌓기2.mp3

1. 我觉得主要是两个方面，一是故事本身要好看，二是能让人感动。爱情故事最主要的是传达的感情要能感动人。

2. 我有我非常个人化的工作方式。大体可以分为三个阶段，酝酿期、交流期和控制期。在酝酿期，我会通过各种渠道找大量我感兴趣的资料，让心中的想法慢慢成型，接下来的交流期，我会挑选工作伙伴、挑选演员，然后，不断地与他们交流，让他们明白自己需要做什么。接下来就是控制期了，这才是真正开始拍摄的阶段，在这个阶段我的控制欲会非常强烈，不会因为什么状况就妥协，所以在第三阶段我有一股狠劲儿。

• 酝酿 yùnniàng 툉 사전에 미리 준비하다, (생각을) 가다듬다, 성숙되어 가다

• 一股狠劲儿 yì gǔ hěnjìnr 결연한 의지

순서를 나타내는 단어가 들릴 경우, 그 단어에 유의하여 들으면 화자의 생각이나 관점, 또는 사건을 빠르게 머릿속에 정리할 수 있습니다.

1. 我觉得主要是两个方面，<u>一是</u>故事本身要好看，<u>二是</u>能让人感动。爱情故事最主要的是传达的感情要能感动人。

    화자가 생각하는 두 가지 관점
    1. 스토리 자체가 재미있어야 함
    2. 사랑을 감동시켜야 함

2. 我有我非常个人化的工作方式。<u>大体可以分为三个阶段</u>，<u>酝酿期</u>、<u>交流期</u>和<u>控制期</u>。在<u>酝酿期</u>，……找大量我感兴趣的资料，……，接下来的<u>交流期</u>，我会挑选工作伙伴、挑选演员，然后，不断地与他们交流，……。接下来就是<u>控制期</u>了，……不会因为什么状况就妥协，所以在第三阶段我有一股狠劲儿。

    화자의 작업 방식-숙성기, 교류기, 통제기
    1. 숙성기-자료를 찾음
    2. 교류기-스태프와 출연진을 섭외하고 그들과 교류함
    3. 통제기-결연한 의지로 타협 없이 일하는 단계

세부 내용을 일일이 다 들으려고 하면 정작 큰 흐름을 놓치기 쉽습니다. 따라서 순서를 나타내는 단어에 주의하여 들으며 흐름을 잡는 연습을 하는 것이 중요합니다.

01 A 决定话剧的成败
B 推动剧院的发展
C 改变作家的命运
D 决定舞台制作的投入

02 A 情节感人
B 吸引观众
C 深刻表达人性
D 反映社会现实

03 A 应该简化
B 反对使用技术手段
C 比剧本创作更重要
D 应从表演需要出发

04 A 擅长模仿
B 思想有深度
C 注重戏剧技巧
D 更了解观众需求

05 A 是戏剧演员
B 引起很多争议
C 创办了北京人艺
D 赞同作家参与话剧创作

▶ 정답 및 해설 18쪽

16. A 帮助他人
    B 提高知名度
    C 创立新品牌
    D 开办体育院校

17. A 是上海人
    B 爱好收藏
    C 去过非洲
    D 在大使馆工作

18. A 男的还没结婚
    B 男的是田径运动员
    C 男的关注失学儿童
    D 北京世博会规模最大

19. A 会匀速发展
    B 前景不容乐观
    C 危险与机遇并存
    D 资源不足限制发展

20. A 出国学习
    B 夺得世界冠军
    C 抽出时间陪父母
    D 学习做个好父亲

21. A 中国夏都
    B 中国花都
    C 花园城市
    D 魅力之都

22. A 人口稀少
    B 矿产丰富
    C 名胜古迹众多
    D 畜牧业发达

23. A 是少数民族
    B 对西宁很熟悉
    C 受到市民的称赞
    D 重视基础设施建设

24. A 宣传西宁
    B 促销郁金香
    C 扩大海外投资
    D 丰富市民生活

25. A 西宁海拔较低
    B 西宁气候宜人
    C 青海金融业发达
    D 郁金香节是首次举办

26. A 腿粗
    B 形体长
    C 尾巴短
    D 都在奔跑

27. A 透明
    B 密度高
    C 吸水性好
    D 声音清脆

28. A 是相对的
    B 标准不统一
    C 无法超越古人
    D 只有少数人能达到

29. A 反对夸张手法
    B 是陶艺评论家
    C 强调作品的个性
    D 现在追求古典风格

30. A 再现历史
    B 充满想象力
    C 反映时尚潮流
    D 用土与火表达思想

▶ 정답 및 해설 90쪽

시험 유형 소개

★ 단문을 듣고 질문에 답하기

★ 단문 1개당 3~4문제 출제

★ 보통 3문제 단문 4개, 4문제 단문 2개(총 6개의 단문) 출제

★ 문제 번호: 31번~50번(총 20문제)

★ 배점: 문제당 2점

예제

31. A 经常出差　　　　　　　　B 写不出稿子
　　C 不擅长办报纸　∨　　　 D 小说写得不好

32. A 公司倒闭了　　　　　　　B 与太太离婚了
　　C 在战场上打了败仗　　　 D 在两方面都受到损失　∨

33번 문제는 생략

　　某作家接管了一家报社，结果没几天自己便主动辞职了。原因不是他没有能力写稿子，而是他的确不懂怎样把报纸办得令读者叫好，他自己也感觉比写小说还累。于是作家继续拿起他的笔写小说。

　　领导有时在用人上同样会遇到像作家这样的人才，他们的确是那类很优秀、很出众的人才，只是由于他们对某些事务或某类工作不熟悉，操作起来不仅显得吃力，也显得被动。有的人适合搞科研，有的人适合做管理，有的人喜欢习文，有的人酷爱练武。一个优秀的领导，应该清楚地了解其下属的所长，让他们各就各位，各尽其能。

　　如同那位作家，报纸没办好，既浪费了自己的时间，又给报社带来了不必要的经济负担。在这种情况下，领导最理智的办法就是让作家做他能够做得好的事情。如果继续让他办报纸，也只能是赔了夫人又折兵，不值得。

31. 作家为什么辞职？

32. 这段话中，"赔了夫人又折兵"是什么意思？

33번 문제는 생략

1 녹음 지문의 흐름과 문제의 순서는 동일하다!

간혹 지문이 약간 쉬운 경우에는 지문의 흐름과 문제 순서가 상관없이 무작위로 풀리는 경우가 있지만, 대부분의 경우 이야기의 흐름에 따라 첫 번째 문제부터 마지막 문제까지 순차적으로 풀리게 되어 있습니다. 따라서 선택지의 내용을 미리 봐 둔 후, 관련 내용이 들리면 선택지에 바로 체크하는 습관이 필요합니다.

2 이야기의 흐름을 잡아라!

지문당 3~4문제가 출제되는데, 마지막 문제는 보통 주제를 묻는 문제입니다. 그러므로 녹음 지문이 시작되기 전, 주제로 예상되는 선택지를 먼저 읽고 녹음 지문을 듣는 연습을 합니다. 주제의 범위를 어느 정도 좁혀 놓은 후 녹음 지문을 들으면 글의 흐름을 잡는 데 큰 도움이 됩니다.

3 녹음 지문을 들으면서 답을 골라라!

간혹 녹음 지문을 다 들은 후, 문제가 나올 때 정답을 고르는 학생들이 있습니다. 가급적 녹음 지문을 들음과 동시에 선택지를 보며 정답을 유추하여 체크해 두도록 합니다. 지문 내용이 끝나고 문제가 나올 때는 미리 체크해 둔 정답을 확인하고, 다음 문제로 넘어가기 전 공백인 약 10초 동안에는 그다음 지문의 선택지를 미리 보는 연습을 해야 합니다. 가령 31~33번 문제를 풀 때, 문제와 문제 사이의 공백인 10초 동안 34~37번 지문의 선택지를 미리 보는 훈련이 필요합니다.

辩 biàn 图 변론하다, 해명하다

- ☐ **辩论** biànlùn 图 변론하다, 토론하다
- ☐ **辩证** biànzhèng 图 변증하다, 논증하다
- ☐ **辩护** biànhù 图 변호하다
- ☐ **辩解** biànjiě 图 해명하다, 변명하다
- ☐ **答辩** dábiàn 图 답변하다
- ☐ **争辩** zhēngbiàn 图 논쟁하다

> **Tip** 辩은 가운데에 讠(言)이 들어 있으므로 말과 관련된 의미라는 것을 유추할 수 있으며, 辨과 혼동하지 않도록 구분해서 학습해야 합니다.

辨 biàn 图 분별하다, 구별하다, 가려내다

- ☐ **辨认** biànrèn 图 식별해 내다
- ☐ **辨别** biànbié 图 판별하다, 구별하다
- ☐ **分辨** fēnbiàn 图 분별하다, 구분하다

瓣(儿) bàn(r) 图 (여러 조각으로 이루어진 식물의) 쪽, 조각, 꽃잎

- ☐ **花瓣** huābàn 图 꽃잎

> **Tip** 辨과는 달리 가운데에 瓜가 들어가 있음에 유의합니다.

并 bìng 图 병렬하다, 나란히 하다
　　 图 ①함께, 같이 ②결코, 전혀[부정사의 앞에 쓰여 부정의 어투를 강조함]

- ☐ **并存** bìngcún 图 병존하다, 공존하다
- ☐ **并非** bìngfēi 图 결코 ~하지 않다, 결코 ~이 아니다
- ☐ **并列** bìngliè 图 병렬하다
- ☐ **并肩** bìngjiān 图 어깨를 나란히 하다
- ☐ **合并** hébìng 图 합병하다, 합치다

> **Tip** 并이 부수로 쓰일 때는 並으로도 쓰입니다.

拼 pīn 图 ①(모아서) 합치다, 긁어모으다, 잇다, 연결하다, 맞붙이다
　　　 ②필사적으로 하다, 목숨을 걸다　　　　　　　　　　　扌(手)와 幷이 결합한 글자입니다.

☐ **拼音** pīnyīn 명 병음[현대 중국어 음절 구성 규칙에 따라 자음과 모음을 조합하고 성조를 붙여 한 음절을 구성함]

☐ **拼命** pīnmìng 통 필사적으로 하다, 온 힘을 다하다

☐ **拼搏** pīnbó 통 전력을 다해 분투하다, 끝까지 싸우다

☐ **拼死拼活** pīnsǐpīnhuó 성 죽기살기로 싸우다, 목숨을 걸고 싸우다

☐ **拼图** pīntú 통 퍼즐을 맞추다

☐ **打拼** dǎpīn 통 최선을 다하다, 필사적으로 싸우다

屏 píng 명 담장, 병풍　　　　　　　　　　　　　　　　尸(시체)와 幷이 결합한 글자입니다.

☐ **屏障** píngzhàng 명 (병풍처럼 둘러쳐진) 장벽, 보호벽

☐ **屏风** píngfēng 명 병풍

☐ **屏幕** píngmù 명 영사막, 스크린(screen)

☐ **荧屏** yíngpíng 명 텔레비전 스크린, 모니터

瓶(儿) píng(r) 명 병　　　　　　　　　　　　　　　　幷과 瓦(기와)가 결합한 글자입니다.

☐ **瓶颈** píngjǐng 명 ①병목 ②난관, 걸림돌

此 cǐ 대 이, 이것

☐ **此外** cǐwài 명 이외에, 이밖에

☐ **从此** cóngcǐ 부 (시간이나 장소에 쓰여) 지금부터, 여기부터

☐ **彼此** bǐcǐ 대 피차, 상호

柴 chái 명 장작, 땔감　　　　　　　　　　　　　　　　此와 木로 이루어진 글자입니다.

☐ **木柴** mùchái 명 장작, 땔감, 땔나무

☐ **火柴** huǒchái 명 성냥

단골 문제를 놓치지 마라!

듣기 3부분은 문제의 질문을 미리 볼 수 없고, 긴 지문을 들려준 후에 각 문제를 들려주기 때문에 문제 풀이 요령이 없으면 정답을 맞히기 어렵습니다. 세부 내용 듣기, 지문과 일치하는 내용 고르기, 단어나 관용구의 의미 듣기, 주제나 제목 듣기 등 단골 문제만 예상할 줄 알면 짧은 기간에 점수를 많이 올릴 수 있습니다. 선택지를 빠르게 읽고 질문을 예상해서 녹음을 들으며 바로 답을 체크하세요.

STEP 01 먼저 풀어보기

예제 1 🎧 듣기 3-01-1 예제1.mp3

1. A 经常出差
   B 写不出稿子
   C 不擅长办报纸
   D 小说写得不好

2. A 公司倒闭了
   B 与太太离婚了
   C 在战场上打了败仗
   D 在两方面都受到损失

3. A 怎样跟领导沟通
   B 领导要见多识广
   C 领导要知人善任
   D 怎样提高产品的销量

1. A 开会迟到
   B 会场太小
   C 会议时间过长
   D 人们发言不积极

2. A 时间提前了
   B 有人没座位
   C 开除了几个人
   D 有人被领导批评了

3. A 没人迟到
   B 有人没来
   C 多添了几个座位
   D 座位更少了

4. A 要平等待人
   B 不要眼高手低
   C 宽容是一种美德
   D 解决问题要抓关键

예제 1

|해설|

1. A 经常出差　　　　　　자주 출장을 간다
　 B 写不出稿子　　　　　원고를 쓰지 못한다
　 C 不擅长办报纸　　　　신문사 경영을 잘하지 못한다
　 D 小说写得不好　　　　소설을 잘 쓰지 못한다

선택지에 주어가 나와 있지 않으므로, 녹음 지문 초반에 등장하는 인물을 잘 체크합니다. 稿子, 报纸, 小说 같은 명사들은 녹음에서 들릴 확률이 높습니다. 그리고 办报纸는 '신문사를 경영하다'라는 의미이니 잘 알아 두도록 합니다.

2. A 公司倒闭了　　　　　회사가 부도났다
　 B 与太太离婚了　　　　아내와 이혼했다
　 C 在战场上打了败仗　　전쟁에서 패했다
　 D 在两方面都受到损失　두 가지 방면에서 모두 손해를 입었다

선택지 ABCD는 내용상 서로 연관성이 전혀 없어 보입니다. 문제를 보면 알듯이 녹음에서 들리는 성어나 속담의 의미를 물어봤기 때문입니다. 이런 문제의 경우, 선택지의 내용이 녹음에서 직접 언급되지 않고 의미를 유추해야 하므로 난이도가 높습니다.

3. A 怎样跟领导沟通　　　어떻게 지도자와 소통할까
　 B 领导要见多识广　　　지도자는 박학다식해야 한다
　 C 领导要知人善任　　　지도자는 사람을 잘 파악하고, 등용할 줄 알아야 한다
　 D 怎样提高产品的销量　어떻게 제품의 판매량을 올릴까

주제를 묻는 문제입니다. B의 见多识广과 C의 知人善任은 단어를 한 字씩 보면서 대략의 뜻을 유추하는 연습을 해야 합니다. 지도자가 갖추어야 할 덕목은 HSK에서 자주 출제되는 주제입니다.

• 이 문제는 1번 → 3번 → 2번 순서로 문제가 풀리고, 2번 문제의 난이도가 가장 높습니다. 문제 유형은 HSK에서 가장 많이 출제되는 전형적인 유형입니다. 1번은 주인공에 대한 구체적인 내용을 물어보는 문제이고 2번은 녹음 지문 속 핵심 표현을 물어보는 문제이며 마지막 3번은 주제를 묻는 문제입니다.

• 1번 C의 办报纸와 비슷한 형태인 '办学校(학교를 경영하다)'도 자주 보이는 표현입니다. 외워 두세요!

1. 问: 作家为什么辞职?

　녹음에서 들리는 而是他的确不懂怎样把报纸办得令读者叫好가 선택지에는 不擅长办报纸로 출제되었습니다. 따라서 정답은 C입니다.

2. 问: 这段话中, "赔了夫人又折兵"是什么意思?

　선택지의 내용이 녹음 지문에서 직접 언급되지도 않았고, 지문 속의 赔了夫人又折兵이라는 표현 또한 어렵습니다. 赔了夫人又折兵은 삼국지에서 나온 말로, 오(吴) 나라 손권(孙权)과 주유(周瑜)가 손권의 여동생과 유비(刘备)의 거짓 결혼을 통해 유비를 인질로 잡으려 했으나 제갈량(诸葛亮)에게 계략을 간파당해 손권이 유비에게 여동생도 잃고 병사들도 잃었다는 말에서 유래되었습니다. 이는 이중으로 손해를 볼 때 사용하는 말입니다. 이 표현을 알고 있었다면 쉽게 풀 수 있었겠지만, 몰랐다 하더라도 작가의 신문사 운영에 대한 설명, 즉, 신문사를 잘 운영하지 못하면 시간을 낭비하고 신문사에 경제적 부담을 준다는 내용을 통해 이 의미를 유추할 수 있습니다. 정답은 D 在两方面都受到损失입니다.

3. 问: 这段话主要谈什么?

주제를 묻는 문제입니다. 이 지문은 첫머리에 이야기를 먼저 주고, 이야기가 끝난 후 주제를 주는 형식입니다. '一个优秀的领导, 应该清楚地了解其下属的所长, 让他们各就各位, 各尽其能'을 듣고 정답 C 领导要知人善任을 유추할 수 있습니다.

|해 석|

某作家接管了一家报社, 结果没几天自己便主动辞职了。原因不是他没有能力写稿子, [1)]而是他的确不懂怎样把报纸办得令读者叫好, 他自己也感觉比写小说还累。于是作家继续拿起他的笔写小说。

领导有时在用人上同样会遇到像作家这样的人才, 他们的确是那类很优秀、很出众的人才, 只是由于他们对某些事务或某类工作不熟悉, 操作起来不仅显得吃力, 也显得被动。有的人适合搞科研, 有的人适合做管理, 有的人喜欢习文, 有的人酷爱练武。[3)]一个优秀的领导, 应该清楚地了解其下属的所长, 让他们各就各位, 各尽其能。

[2)]如同那位作家, 报纸没办好, 既浪费了自己的时间, 又给报社带来了不必要的经济负担。在这种情况下, 领导最理智的办法就是让作家做他能够做得好的事情。如果继续让他办报纸, 也只能是赔了夫人又折兵, 不值得。

1. 作家为什么辞职?
2. 这段话中, "赔了夫人又折兵"是什么意思?
3. 这段话主要谈什么?

어떤 작가가 신문사를 인수하여 관리하게 되었는데, 결과적으로 며칠이 지나지 않아 스스로 사직했다. 이유는 그가 원고를 쓸 능력이 없어서가 아니라, [1)]그가 어떻게 신문사를 독자들이 마음에 들어 하도록 운영할지 확실히 몰랐기 때문이다. 그 스스로도 소설을 쓰는 것보다 훨씬 힘들다고 느꼈다. 그래서 작가는 펜을 잡고 계속 소설을 썼다.

지도자는 때때로 인재를 임용함에 있어서 이 작가와 같은 인재를 만나곤 한다. 그들은 분명 우수하고 출중한 인재들이다. 다만 그들은 어떤 업무 혹은 어떤 일에 대해서는 익숙하지 않기 때문에, 일을 하다 보면 힘이 들어 보이고 또한 수동적으로 보인다. 어떤 이는 과학 연구에 적합하고, 어떤 이는 관리에 적합하다. 또 어떤 사람은 글을 익히는 것을 좋아할 것이고, 어떤 사람은 무예를 연마하는 것을 좋아한다. [3)]뛰어난 지도자는 반드시 부하 직원들이 가진 장점을 정확히 이해해야 하고, 그들에게 각자의 위치에서 그들의 능력을 다할 수 있게 해야 한다.

[2)]그 작가처럼 신문사를 잘 운영하지 못한다면, 자신의 시간을 낭비할 뿐만 아니라 신문사에 불필요한 경제적 부담을 가져다주는 것이다. 이런 상황에서, 지도자로서 가장 현명한 방법은 작가로 하여금 그가 잘할 수 있는 일을 하게 하는 것이다. 만약 그에게 계속 신문사를 경영하게 한다면, 이중으로 손해를 볼 뿐이고, 가치 없는 일이다.

1. 작가는 왜 사직했는가?
2. 이 글에서 '赔了夫人又折兵'은 무슨 의미인가?
3. 이 이야기가 말하려는 것은 무엇인가?

|단 어| **倒闭** dǎobì 图 부도나다, 도산하다 | **败仗** bàizhàng 阅 패전, 패배 | **见多识广** jiànduōshíguǎng 囵 박학다식하다 | **知人善任** zhīrénshànrèn 囵 사람의 능력을 잘 파악하여 잘 임용하다 | **接管** jiēguǎn 图 인수하여 관리하다 | **辞职** cízhí 图 사직하다 | **叫好** jiàohǎo 图 잘한다고 외치다 | **操作** cāozuò 图 일하다, 노동하다 | **被动** bèidòng 阌 수동적이다, 소극적이다 | **习文** xíwén 图 글을 익히다 | **酷爱** kù'ài 阌 몹시 좋아하다 | **练武** liànwǔ 图 무예를 연마하다 | **下属** xiàshǔ 阅 부하, 하급 직원 | **各就各位, 各尽其能** gè jiù gè wèi, gè jìn qí néng 각자 제자리에서 자기의 능력을 다하다 | **理智** lǐzhì 阌 이지적이다 阅 이성과 지혜 | **赔了夫人又折兵** péi le fūrén yòu zhé bīng 囵 부인을 잃고 병사마저 잃다, 이중으로 손해를 보다

|정 답| 1. C   2. D   3. C

|해 설|

1. A 开会迟到 　　　　　　　　회의에 지각한다
   B 会场太小 　　　　　　　　회의실이 너무 작다
   C 会议时间过长 　　　　　　회의 시간이 지나치게 길다
   D 人们发言不积极 　　　　　사람들의 발표가 적극적이지 않다

선택지를 보면 회의와 관련된 지문이라는 것을 알 수 있습니다. 회의 장소와 시간, 회의 발언에 관해서 녹음에서 들리는 부분을 체크하면 됩니다.

2. A 时间提前了 　　　　　　　시간을 앞당겼다
   B 有人没座位 　　　　　　　자리가 없는 사람이 있다
   C 开除了几个人 　　　　　　몇 사람을 해고했다
   D 有人被领导批评了 　　　　어떤 사람이 상사한테 혼났다

회의 시간이 앞당겨졌는지, 자리가 없는 사람이 있는지, 누군가를 해고했는지, 상사가 누군가를 혼냈는지에 관해 주의하여 듣습니다. C의 开除는 6급 필수 단어로, 만약 의미를 모른다면 kāichú 라는 발음이 들리는지 체크합니다.

3. A 没人迟到 　　　　　　　　지각한 사람이 없다
   B 有人没来 　　　　　　　　안 온 사람이 있다
   C 多添了几个座位 　　　　　자리 몇 개를 더 늘렸다
   D 座位更少了 　　　　　　　자리가 더 줄었다

지각 및 출석 여부, 자리 수에 관해 물어보는 선택지입니다. C의 添은 필수 단어가 아니라서 의미를 모를 수 있는데, 이럴 경우 나머지 선택지 위주로 정답을 찾거나 소거법을 이용하여 정답을 고릅니다.

4. A 要平等待人 　　　　　　　평등하게 사람을 대해야 한다
   B 不要眼高手低 　　　　　　능력도 없이 눈만 높게 굴지 마라
   C 宽容是一种美德 　　　　　관용은 일종의 미덕이다
   D 解决问题要抓关键 　　　　문제를 해결하려면 핵심을 잡아야 한다

선택지의 내용으로 보아 주제와 관련된 문제임을 알 수 있습니다. 이처럼 주제를 묻는 문제는 다른 선택지보다 우선적으로 보고, 주제를 생각하면서 녹음을 들어야 합니다.

1. 问 : 什么问题令人头疼?
   첫 문장 开会迟到是一个让人头疼的问题가 A 开会迟到와 같이 그대로 출제되었습니다. 정답은 A입니다.

2. 问 : 关于第二次开会, 可以知道什么?
   녹음에서 첫 번째 회의에서 늦게 온 사람들은 의자에 앉지 못한 채 서서 회의를 했다고 했으므로 선택지 B 옆에 '첫 번째'라고 메모를 하면서 계속 듣기를 합니다. 두 번째 회의 역시 늦게 온 사람들은 서서 회의에 참석했다고 언급했습니다. 따라서 B 옆에 '두 번째'도 같이 메모합니다. 질문에서 '두 번째 회의'에 대한 것을 물어보았기 때문에 정답은 B 有人没座位가 됩니다. 녹음의 第一次迟到者都提前来到会议室에서 提前이 들리지만 지각한 사람들이 스스로 시간을 당겨 온 것이지 회의 시간 자체가 앞당겨진 것이 아닙니다. 따라서 A 时间提前了는 오답입니다.

이 문제는 듣기 3부분의 전형적인 유형이고, 단어들 또한 그리 어렵지 않습니다. 문제의 정답은 녹음 순서대로 풀리며, 정답은 들리는 단어들을 그대로 출제하거나 비슷한 의미로 바꿔서 출제했습니다. 녹음에서 第一次가 들렸다면 뒤에 반드시 第二次, 第三次가 들린다는 것을 기억하세요. 선택지에도 숫자로 구분해서 표시하도록 합니다. 녹음을 들으면서 반드시 정답을 찾아 시험지에 체크하면서 듣도록 합니다.

3. 问: 第三次开会时出现了什么情况?

세 번째 회의에 관한 내용 중 '会议时间一到, 竟没有人迟到'라는 설명이 나옵니다. 따라서 정답은 A 没人迟到기 됩니다.

4. 问: 这段话主要想告诉我们什么?

주제를 묻는 문제입니다. 이야기 글의 경우, 주로 마지막 부분에서 전달하고자 하는 주제를 들려줍니다. 이 글의 마지막 부분에서 '很多看似困难的问题, 只要找准问题的关键, 解决它就像搬走一个椅子那么简单'이라고 했으므로 주제는 D 解决问题要抓关键임을 알 수 있습니다.

☞ 선생님의 한마디

녹음에서 '第一次……, 第二次……'와 같이 시간 순서대로 상황이 열거된다면, 각각의 때와 상황을 잘 구분하며 들어야 합니다. 선택지 내용을 보고 몇 번째 회의의 내용인지 숫자를 적으며 들으면, 녹음 지문이 끝난 후 문제를 들을 때 내용을 헷갈리지 않고 정답을 고를 수 있습니다.

|해석|

1) 开会迟到是一个让人头疼的问题。虽然公司一再强调开会要准时出席, 但是每次开会总有员工迟到, 不久, 公司新来了一位办公室主任, 公司会议多数由他主持。第一次开会, 迟到者像往常一样, 陆陆续续走进会议室。他们环顾一圈发现: 会议室里一个多余的座位也没有了, 来晚的职员, 只得在会议室一角站着开会。开会时间往往少则一个小时, 多则几个小时。迟到者从来没有试要站着开会, 所以一个会议下来, 腿都站肿了。2) 第二次开会, 第一次迟到者都提前来到会议室, 可还是有其他职员迟到, 只是明显比上次少了一些, 迟到的职员也是要站着开会的。第三次开会, 各部门职员都一溜小跑地涌向会议室。3) 会议时间一到, 竟没有人迟到。

人都是有惰性的, 人的惰性大多来源于生活和工作的环境, 环境改变了, 人的习惯也就改变了, 4) 很多看似困难的问题, 只要找准问题的关键, 解决它就像搬走一个椅子那么简单。

1. 什么问题令人头疼?
2. 关于第二次开会, 可以知道什么?
3. 第三次开会时出现了什么情况?
4. 这段话主要想告诉我们什么?

1) 회의에 지각하는 것은 사람을 머리 아프게 하는 문제이다. 비록 회사에서 회의는 제시간에 참석해야 한다고 거듭 강조하지만 매번 회의 때마다 항상 지각하는 직원이 있다. 얼마 전, 회사에 부서 주임이 새로 왔는데, 회사 회의의 대부분은 그가 진행했다. 첫 번째 회의 때, 지각자는 평소처럼 잇따라 회의실에 들어갔다. 그들은 빙 둘러보고는, 회의실 안에 남은 자리가 없음을 발견했다. 늦게 온 직원은 어쩔 수 없이 회의실 한구석에 서서 회의를 했다. 회의 시간은 대부분 적게는 한 시간이고, 많게는 몇 시간이었다. 지각자는 지금껏 서서 회의를 해 본 적이 없어서, 한 번 회의를 하고 나면 오래 서 있어서 다리가 붓기까지 했다. 2) 두 번째 회의에서 첫 번째 회의의 지각자는 미리 회의실에 왔지만 여전히 다른 직원들은 지각을 했다. 하지만 확실히 지난번보다 조금 줄었으며 지각한 직원은 역시나 서서 회의를 해야 했다. 세 번째 회의에서, 각 부서의 직원은 모두 줄을 지어 재빠르게 종종걸음 치며 회의실로 모여들었다. 3) 회의 시간이 되자, 뜻밖에도 지각한 사람이 없었다.

사람은 모두 타성을 가지고 있고, 사람의 타성은 대부분 생활과 업무 환경에서 나온다. 환경이 달라지면 사람의 습관도 달라진다. 4) 보기에 어려운 문제 같아도 문제의 핵심을 제대로 찾아내기만 하면, 그것을 해결하는 것은 마치 의자 하나를 옮기는 것처럼 그렇게 간단하다.

1. 어떤 문제가 사람을 머리 아프게 하는가?
2. 두 번째 회의에서 알 수 있는 것은 무엇인가?
3. 세 번째 회의 때 어떤 상황이 나타났는가?
4. 이 이야기가 우리에게 말하려는 것은 무엇인가?

|단어| 迟到 chídào 동 지각하다, 늦다 | 积极 jījí 형 적극적이다 | 提前 tíqián 동 (예정된 시간을) 앞당기다 | 座位 zuòwèi 명 좌석, 자리 | 开除 kāichú 동 해고하다, 제명하다 | 领导 lǐngdǎo 명 지도자, 상사 | 批评 pīpíng 동 질책하다, 나무라다 | 添 tiān 동 더하다, 늘리다 | 平等 píngděng 형 평등하다 | 待人 dàirén 동 사람을 대하다 | 眼高手低 yǎngāoshǒudī 성 눈만 높고 실력이 부족하다 | 宽容 kuānróng 명 관용 | 美德 měidé 명 미덕 | 解决 jiějué 동 해결하다 | 抓 zhuā 동 붙잡다 | 关键 guānjiàn 명 관건, 열쇠 | 强调 qiángdiào 동 강조하다

准时 zhǔnshí 🅱 제때에, 정시에 | **出席** chūxí 🅳 참가하다, 출석하다 | **办公室** bàngōngshì 🅼 사무실, 부서 | **主任** zhǔrèn 🅼 주임 | **主持** zhǔchí 🅳 사회를 보다, 주관하다 | **往常** wǎngcháng 🅼 평소 | **陆续** lùxù 🅱 끊임없이, 계속해서 | **环顾** huángù 🅳 (사방을) 둘러보다 | **一圈** yì quān 한 바퀴 | **多余** duōyú 🅷 여분의, 나머지의 | **从来没有** cónglái méiyǒu 지금 껏 ~해 본 적이 없다 | **试** shì 🅳 시도하다 | **腿** tuǐ 🅼 다리 | **肿** zhǒng 🅳 붓다, 부어오르다 | **明显** míngxiǎn 🅱 분명히, 확실히 | **一溜小跑** yí liù xiǎopǎo 재빠르게 종종걸음 치다 * **小跑** xiǎopǎo 🅳 종종걸음 하다, 가볍게 뛰듯 걷다 하다 | **涌向** yǒngxiàng 🅳 (~로) 모여들다 | **竟** jìng 🅱 뜻밖에, 의외로 | **惰性** duòxìng 🅼 타성[오래되어 굳어진 버릇을 뜻함] | **来源** láiyuán 🅳 유래하다, 생겨나다[주로 来源于의 형태로 씀] | **环境** huánjìng 🅼 환경 | **改变** gǎibiàn 🅳 바뀌다, 달라지다 | **习惯** xíguàn 🅼 습관 | **找准** zhǎozhǔn 🅳 정확하게 찾다, 제대로 찾다 | **搬走** bānzǒu 🅳 옮기다 | **椅子** yǐzi 🅼 의자

| 정 답 | 1. A 2. B 3. A 4. D

STEP 03 내공쌓기

1 듣기 3부분 단골 문제

1. 세부 내용을 묻는 문제

세부 내용을 묻는 문제란, 为什么나 什么, 怎么 등의 의문사를 이용해서 구체적인 내용이 무엇인지 묻는 문제를 말하며, 가장 많이 출제되는 유형입니다. '동사+목적어' 형태의 동사구로 이루어진 선택지가 주로 세부 내용을 묻는 문제입니다.

| 예시질문 |

☐ 那个人在哪儿休息?
그 사람은 어디에서 쉬는가?

☐ 那个人认为什么不合理?
그 사람은 무엇이 불합리하다고 생각하는가?

☐ 那个人最后明白了什么?
그 사람은 마지막에 무엇을 알게 되었는가?

☐ 后来人们决定怎么对付"年"?
후에 사람들은 어떻게 '나이'에 대응하기로 결정했는가?

선생님의 한마디
듣기 공부는 크게 듣기 실력을 높이는 것과 듣기 점수를 올리는 것 2가지 방향으로 나눌 수 있습니다. 듣기 실력은 받아쓰기와 소리내어 정독하는 연습을 반복함으로써 향상시킬 수 있습니다. 다만 상당한 시간을 필요로 한다는 점을 명심해야 합니다. 반면에 듣기 점수는 짧은 기간에 향상시킬 수 있습니다. 문제 푸는 요령과 시험에 자주 출제되는 단골 문제만 익힌다면 내용을 다 알아듣지 못해도 점수를 쉽게 올릴 수 있습니다.

2. 지문과 일치하는 내용을 고르는 문제

지문과 일치하는 내용을 고르는 문제의 선택지는 주로 '주어+술어+목적어' 형태로 구성되어 있습니다. 선택지의 길이가 비교적 길기 때문에 빠르게 읽고 내용을 이해하는 독해력이 뒷받침되어야 합니다. 녹음에서 들리는 내용 중 선택지에 있는 내용은 체크하며 들어야 하고, 지문당 평균 1문제가 출제됩니다.

| 예시질문 |

- □ 根据这段话，下列哪项正确？

  이 글에 따르면 다음 중 정확한 것은 무엇인가?

- □ 关于说话人，可以知道什么？

  화자에 대해서 알 수 있는 것은 무엇인가?

- □ 关于侧卧，下列哪项正确？

  측면으로 자는 것에 관해 다음 중 정확한 것은 무엇인가?

3. 단어나 관용구의 의미를 묻는 문제

듣기 3부분 지문에서 물어보는 단어나 관용구들은 상대적으로 난이도가 높아서, 문제를 들어도 무엇을 물어보는지 모르는 경우가 많습니다. 평소에 어휘량을 많이 늘리는 것은 물론, 문제의 정답이 아니더라도 녹음을 들으면서 들리는 내용은 바로바로 선택지에 체크하는 연습이 필요합니다. 단어나 관용구 관련 문제는 매 시험에서 한두 문제 정도 출제되므로, 출제 비중은 그리 높은 편이 아닙니다.

| 예시질문 |

- □ "双刃剑"最可能是什么意思？

  '双刃剑'은 무슨 의미이겠는가?

- □ "失聪"是什么意思？

  '失聪'은 무슨 의미인가?

- □ "恍然大悟"最可能是什么意思？

  '恍然大悟'는 무슨 의미이겠는가?

4. 주제나 제목을 묻는 문제

서사문(이야기 글)은 주로 결말 부분에 주제가 나오고, 설명문은 주로 도입 부분에 주제를 먼저 말한 후 구체적으로 설명해 나가는 형식입니다. 설명문의 경우 도입 부분에서 의문문으로 질문을 하는 문장이 주제일 확률이 높습니다. 매 지문의 마지막 문제가 보통 주제나 제목을 묻는 문제이며, 질문은 다음과 같이 고정되어 있습니다. 녹음 지문이 끝나기 전에 주제나 제목을 파악하여 문제 푸는 시간을 줄여야 합니다.

| 예시질문 |

☐ 这段话主要想告诉我们什么?

　　이 이야기가 우리에게 말하려는 것은 무엇인가?

☐ 这段话主要谈的是什么 ?

　　이 이야기가 말하려는 것은 무엇인가?

☐ 下列哪项最适合做这段话的标题?

　　다음 중 이 이야기의 제목에 가장 적합한 것은 무엇인가?

2 받아쓰기 훈련으로 듣기 실력 향상하기

◆ 녹음을 들으며 빈칸의 단어를 받아써 보세요.

🎧 듣기 3-01-3 내공쌓기1.mp3

1) 从众效应，1_____当个体受到群体的影响时，会2_____并改变自己的观点、判断和行为，3_____与群体大多数人4_____的方向变化，也就是人们通常所说的"5_____"。从众效应的出现，是由于没有6_____的信息，或者7_____准确的信息，从而选择8_____他人的思想或者行为来9_____风险。从众是一种普遍的社会心理现象，从众效应本身10_____好坏之分，其作用11_____在什么问题及场合上产生从众行为。不同12_____的人从众行为的程度不一样。一般来说，女性从众多于男性；性格内向、13_____的人多于外向、自信的人；文化程度低的人多于文化程度高的人；年龄小的人多于年龄大的人；社会14_____的人多于社会阅历丰富的人。

从众效应，1<u>是</u><u>指</u>当个体受到群体的影响时，会2<u>怀疑</u>并改变自己的观点、判断和行为，3<u>朝着</u>与群体大多数人4<u>一致</u>的方向变化，也就是人们通常所说的"5<u>随大流</u>"。从众效应的出现，是由于没有6<u>足够</u>的信息，或者7<u>搜集</u><u>不到</u>准确的信息，从而选择8<u>模仿</u>他人的思想或者行为来9<u>规避</u>风险。从众是一种普遍的社会心理现象，从众效应本身10<u>并无</u>好坏之分，其作用11<u>取决于</u>在什么问题及场合上产生从众行为。不同12<u>类型</u>的人从众行为的程度不一样。一般来说，女性从众多于男性；性格内向、13<u>自卑</u>的人多于外向、自信的人；文化程度低的人多于文化程度高的人；年龄小的人多于年龄大的人；社会14<u>阅历</u>浅的人多于社会阅历丰富的人。

군중효과는 개인이 단체의 영향을 받을 때 자신의 관점, 판단력과 행위를 2의심하고 바꿔서 단체 대다수와 4일치된 방향3으로 변하는 것을 1가리키며, 또한 바로 사람들이 통상적으로 말하는 '5대세에 순응하는'것이다. 군중효과의 출현은 6충분한 정보가 없거나 정확한 정보를 7모으지 못했기 때문이다. 그러므로 타인의 생각 혹은 행위를 8모방해서 위험을 9회피하기로 선택하는 것이다. 여론에 따르는 것은 일종의 보편적인 사회심리 현상으로, 군중효과 자체는 10결코 좋고 나쁨의 구분이 없고 그 작용은 어떤 문제와 경우에 있어서 여론에 따르는 행위가 일어나는가11에 달려 있다. 다른 12유형의 사람은 동조 행위의 정도가 다르다. 일반적으로 여성이 대세에 따르는 것이 남성보다 많고, 성격이 내성적이고 13열등감을 느끼는 사람이 외향적이고 자신 있는 사람보다 많다. 학력 수준이 낮은 사람이 학력 수준이 높은 사람보다 많고, 나이가 어린 사람이 나이가 많은 사람보다 많으며, 사회 14경험이 얕은 사람이 사회 경험이 풍부한 사람보다 많다.

- **从众效应**
  cóngzhòng xiàoyìng
  뎽 군중효과

- **随大流** suí dàliú 다수가 하는 대로 따르다, 대세에 순응하다

- **规避风险** guībì fēngxiǎn 위험을 회피하다

- **阅历** yuèlì 뎽 경험

🎧 듣기 3-01-4 내공쌓기2.mp3

2) 蘑菇长在阴暗的1＿＿＿＿＿＿＿＿，得不到阳光，也没有2＿＿＿＿＿＿＿，3＿＿＿＿＿＿＿＿＿＿＿＿，只有长到足够高的时候才会开始被人关注，可此时它自己已经能够接受阳光了。人们将这种现象称之为"蘑菇效应"。"蘑菇效应"很形象地4＿＿＿＿＿＿了多数人的工作经历：一个刚参加工作的人，总是先做一些5＿＿＿＿＿＿的事情，而且得不到重视。当他6＿＿＿＿＿＿＿＿＿＿地工作一段时间后，如果工作出色，就逐渐被人关注并得到重用；如果工作不出色，就逐渐被7＿＿＿＿＿＿，甚至被人8＿＿＿＿＿＿。从传统的观念上讲，这种"蘑菇经历"不一定是什么坏事，因为它是人才"蜕壳羽化"前的一种9＿＿＿＿＿＿，它可以10＿＿＿＿＿＿一些11＿＿＿＿＿＿的幻想，从而使人更加接近现实，能够更加理性地思考和处理问题，对人的意志和12＿＿＿＿＿＿的培养也具有13＿＿＿＿＿＿作用。

蘑菇长在阴暗的1角落，得不到阳光，也没有2肥料，3自生自灭，只有长到足够高的时候才会开始被人关注，可此时它自己已经能够接受阳光了。人们将这种现象称之为"蘑菇效应"。"蘑菇效应"很形象地4诠释了多数人的工作经历：一个刚参加工作的人，总是先做一些5不起眼的事情，而且得不到重视。当他6默默无闻地工作一段时间后，如果工作出色，就逐渐被人关注并得到重用；如果工作不出色，就逐渐被7边缘化，甚至被人8遗忘。从传统的观念上讲，这种"蘑菇经历"不一定是什么坏事，因为它是人才"蜕壳羽化"前的一种9磨练，它可以10消除一些11不切实际的幻想，从而使人更加接近现实，能够更加理性地思考和处理问题，对人的意志和12耐力的培养也具有13促进作用。

버섯은 어두운 1구석에서 자라서, 햇빛을 받지 못하고 2비료도 없이 3자생하고 자멸한다. 충분히 높게 자라야만 비로소 사람에게 관심을 받기 시작하지만, 이때 버섯은 스스로 이미 햇빛을 받아들일 수 있다. 사람들은 이런 현상을 '버섯 효과'라고 부른다. '버섯 효과'는 매우 생생하게 대다수 사람들의 업무 경험을 4설명했다. 회사 생활을 막 시작한 사람은 항상 먼저 5하찮은 일들을 할 뿐만 아니라 중시를 받지 못한다. 그가 6묵묵히 한동안 일한 후에, 만일 업무가 뛰어나면 점차 사람에게 관심을 받고 아울러 중용을 받는다. 만일 업무가 뛰어나지 않다면 점차 7비주류화되고 심지어 사람한테 8잊혀진다. 전통적인 관념에서 말하자면, 이런 '버섯 경험'은 반드시 나쁜 일은 아니다. 왜냐하면 그것은 인재가 '껍질을 벗고 우화하기' 전의 9단련으로, 그것은 11실제에 맞지 않는 환상들을 10없앨 수 있다. 그러므로 사람이 더욱 현실에 접근하게 만들어 더 이성적으로 문제를 사고하고 처리할 수 있으며 사람의 의지와 12인내력의 배양도 13촉진하는 작용을 가진다.

- **蘑菇** mógu 몡 버섯
- **自生自灭** zìshēngzìmiè 젱 자생하고 자멸하다
- **诠释** quánshì 통 설명하다, 해석하다
- **默默无闻** mòmòwúwén 젱 이름이 세상에 알려지지 않다
- **边缘化** biānyuánhuà 통 비주류화하다(되다)
- **遗忘** yíwàng 통 잊어버리다
- **蜕壳羽化** tuìké yǔhuà 껍질을 벗고 우화하다

01　A 种子在表皮上
　　B 果肉就是种子
　　C 环境受到了污染
　　D 经过了改良培育

02　A 很难消化
　　B 价格昂贵
　　C 有很硬的种子
　　D 果肉里有褐色小点儿

03　A 嫁接繁殖
　　B 用幼芽繁殖
　　C 用种子繁殖
　　D 用野生香蕉繁殖

04　A 是一种生理现象
　　B 发生在比赛结束后
　　C 和比赛的胜负无关
　　D 会影响运动员的发挥

05　A 想得太多
　　B 天气异常
　　C 缺少竞争
　　D 缺少压力

06　A 反复训练
　　B 与队友交流
　　C 多激励自己
　　D 顺其自然

07　A 付出才有回报
　　B 比赛结果可以预料
　　C 太在意反而容易出错
　　D 对手也可能成为朋友

▶ 정답 및 해설 21쪽

한 지문당 한 문제는 주제가 답이다!

총 여섯 개의 지문 중 한 문제씩은 직접 혹은 간접적으로 주제를 물어봅니다. 이야기 글(故事类)은 주로 지문의 끝 부분에, 설명문 (说明文)은 도입부나 끝 부분에 주제가 나온다는 것만 기억하고 듣는다면 정답을 바로 맞힐 수 있습니다.

STEP 01 먼저 풀어보기

예제 1 🎧 듣기 3-02-1 예제1.mp3

1. A 不自由
   B 干活儿没力气
   C 没有食物过冬
   D 不知该选哪堆草料

2. A 被冤枉了
   B 犹豫不决
   C 怕见陌生人
   D 有点儿自卑

3. A 要当机立断
   B 不要三心二意
   C 不要被困难吓倒
   D 要全面考虑问题

1. A 四脚朝天
   B 趴在地上
   C 迅速调整姿态
   D 通过四肢保持平衡

2. A 有保暖作用
   B 有平衡作用
   C 有捕食作用
   D 能反映猫的心理状态

3. A 猫怎样抓住老鼠
   B 猫尾巴的功能
   C 猫和飞机的相同之处
   D 猫怎样使自己不被摔伤

예제 1

|해 설|

1. A 不自由   자유롭지 않다
    B 干活儿没力气   일할 때 힘이 없다
    C 没有食物过冬   겨울을 보낼 식량이 없다
    D 不知该选哪堆草料   어떤 여물 더미를 선택해야 할지 모른다

듣기 3부분의 선택지 대부분은 주어가 없습니다. 따라서 녹음을 들을 때 등장인물 혹은 주요 사물 등을 잘 파악해야 합니다. 독해력이 약해서 선택지를 다 볼 수 없을 경우에는 단어들 위주로 보고, 독해력이 강한 경우에는 해석을 전부 해서 봅니다. 自由, 没力气, 没有食物, 草料를 위주로 잘 들습니다.

2. A 被冤枉了   억울한 일을 당했다
    B 犹豫不决   우유부단하다
    C 怕见陌生人   낯선 사람 만나는 것을 두려워한다
    D 有点儿自卑   조금 열등감이 있다

선택지의 내용으로 보아, 이 글의 주인공의 성격이 어떠한지 물어보는 문제임을 알 수 있습니다. A의 冤枉이 모르는 단어일 경우, 다른 선택지들 보고 정답을 찾거나 제거해 가는 방법을 사용합니다.

3. A 要当机立断   즉시 결단을 내려야 한다
    B 不要三心二意   망설이며 딴마음을 품지 마라
    C 不要被困难吓倒   어려움에 물러서지 마라
    D 要全面考虑问题   문제를 전면적으로 고려해야 한다

선택지를 보면 주제와 관련된 문제임을 알 수 있습니다. A의 当机立断과 B의 三心二意가 어려운 성어들이기 때문에 한 字씩 보면서 뜻을 유추합니다.

1. 问: 小毛驴为什么发愁?

당나귀가 걱정하는 것, 즉, 당나귀가 처한 어려움을 묻는 문제입니다. 녹음의 始终也无法确定究竟该选择哪一堆 부분을 들으면 D 不知该选哪堆草料를 정답으로 고를 수 있습니다.

2. 问: 关于小毛驴, 可以知道什么?

당나귀에 관해서 물어보는 문제입니다. 당나귀가 어려움을 해결해야 할 때 보여 준 행동은 '망설임'이었습니다. 녹음의 犹犹豫豫来来回回 부분을 들으면 정답 B 犹豫不决를 선택할 수 있습니다.

3. 问: 这段话主要想告诉我们什么?

주제를 묻는 문제입니다. 비록 A의 当机立断이 어려운 성어이긴 하지만, 녹음에서 反而要求我们当机立断迅速决策라고 当机立断을 읽어 주고 있기 때문에 A 当机立断을 정답으로 고를 수 있습니다.

· 1~3의 선택지 중 반드시 주제가 있는 선택지를 먼저 보는 습관을 기릅니다.

· 이야기 글은 주로 앞부분에 이야기를 제시하고, 뒷부분에는 그 이야기에서 엿볼 수 있는 인생의 교훈을 이야기합니다. 듣기 3부분의 여섯 개 지문 중 보통 한두 개 지문이 이야기 글로 출제됩니다. 이야기 글의 첫 번째 문제는 보통 주인공이 처한 어려움을 물어보고, 두 번째 문제는 그 어려움을 해결하는 과정 중 특징이 되는 부분을 물어보고, 마지막 문제는 주로 주제를 물어봅니다.

　　一位哲学家养了一头小毛驴，他每天都从附近的农民那儿买来一堆草料来喂它。有一天，送草的农民出于对哲学家的景仰，额外多送了一堆草料放在旁边。这时，毛驴站在两堆数量、质量完全相同的干草之间十分为难。¹⁾它左瞅瞅右看看，始终也无法确定究竟该选择哪一堆。²⁾这头可怜的毛驴就这样站在原地，一会儿考虑数量，一会儿考虑质量，一会儿分析颜色，一会儿分析新鲜度，犹犹豫豫来来回回，最后竟活活饿死了。

　　每个人在生活中都会遇到这样那样的抉择，有的抉择甚至关系到一生的成败得失。因而人们常常反复权衡利弊，再三斟酌举棋不定。³⁾但是很多情况下，机会稍纵即逝，并没有留下足够的时间让我们去反复思考，反而要求我们当机立断迅速决策。如果我们犹豫不决就会两手空空，一无所获。

1. 小毛驴为什么发愁？
2. 关于小毛驴，可以知道什么？
3. 这段话主要想告诉我们什么？

한 철학자가 당나귀를 한 마리 키우고 있었다. 그는 매일 인근의 농민에게서 여물을 한 더미 사서 당나귀에게 먹였다. 어느 날 여물을 가지고 온 농민이 철학자에 대한 존경의 마음으로, 별도로 여물을 한 더미 더 가져왔다. 이때, 당나귀는 양과 질이 꼭 같은 건초 사이에서 매우 난처해 했다. ¹⁾당나귀는 좌우를 둘러보면서 어떤 더미를 선택해야 할지 도무지 결정하지 못했다. ²⁾이 불쌍한 당나귀는 이렇게 제자리에 서서 양이 어떤지 질이 어떤지 생각하고, 또 색깔은 어떤지 신선도는 어떤지를 따지며 결정하지 못하고 우왕좌왕했다. 결국 그 당나귀는 굶어서 죽어 버렸다.

모든 인간은 살다 보면 이런저런 선택을 만나게 되며, 어떤 선택은 심지어 그 결정이 인생의 성패와 득실에 관련되어 있기도 하다. 때문에 사람들은 득과 실을 반복해서 따지며 결정을 내리지 못하곤 한다. ³⁾하지만 여러 상황하에서 기회는 금방 사라지게 마련이다. 결코 반복해서 고민할 만한 충분한 시간을 주지 않고, 오히려 당장 빠른 결정을 내리길 요구하곤 한다. 만약 결정을 빨리 내리지 못하면 아무것도 얻지 못한 채 빈손으로 남게 될 것이다.

1. 당나귀는 무엇을 걱정하는가?
2. 당나귀에 대해 알 수 있는 것은 무엇인가?
3. 이 이야기가 우리에게 말하려는 것은 무엇인가?

干活儿 gànhuór 동 일하다 | **堆** duī 양 무더기, 더미 동 쌓이다, 퇴적하다 | **草料** cǎoliào 명 (가축이 먹는) 풀과 사료, 여물 | **冤枉** yuānwang 동 억울한 누명을 씌우다 | **犹豫** yóuyù 형 머뭇거리다, 망설이다, 주저하다 | **陌生** mòshēng 형 낯설다, 생소하다 | **自卑** zìbēi 형 스스로 남보다 못하다고 느끼다 | **当机立断** dāngjīlìduàn 성 제때 결단을 내리다 | **三心二意** sānxīn'èryì 성 전념하지 못하다, 망설이며 딴마음을 품다 | **吓倒** xiàdǎo 동 놀라 뒤로 물러서다 | **哲学家** zhéxuéjiā 명 철학가 | **毛驴** máolú 명 당나귀 | **景仰** jǐngyǎng 동 경모하다, 탄복하다 | **额外** éwài 형 초과한, 별도의 | **瞅** chǒu 동 보다 | **确定** quèdìng 동 확정하다 | **原地** yuándì 명 제자리, 본래의 자리 | **分析** fēnxī 동 분석하다 | **新鲜度** xīnxiāndù 명 신선도 | **犹豫** yóuyù 형 머뭇거리다, 주저하다 | **抉择** juézé 동 선택하다, 고르다 | **权衡利弊** quánhéng lìbì 이해득실을 따져 보다 | **斟酌** zhēnzhuó 동 헤아리다, 고려하다 | **举棋不定** jǔqíbúdìng 성 바둑돌을 들고 놓을 자리를 결정하지 못하다, 주저하다 | **稍纵即逝** shāozòngjíshì 성 조금만 늦어도 사라져 버리다 | **迅速** xùnsù 부 신속하게 | **决策** juécè 동 (정책·방침 등의) 책략을 결정하다

1. D　2. B　3. A

|해 설|

1. A 四脚朝天   사지가 하늘을 향한다
   B 趴在地上   바닥에 엎드린다
   C 迅速调整姿态   빠르게 자세를 조정한다
   D 通过四肢保持平衡   네 다리로 균형을 잡는다

선택지를 보면 어떤 동작과 관련되어 있음을 알 수 있고, D의 四肢를 통해 선택지 내용의 주제는 사람이 아닌 동물임을 알 수 있습니다.

2. A 有保暖作用   보온 작용을 한다
   B 有平衡作用   균형을 잡는 작용을 한다
   C 有捕食作用   먹이를 잡는 작용을 한다
   D 能反映猫的心理状态   고양이의 심리 상태를 반영한다

선택지 D의 猫를 보고 이 글이 고양이에 관한 글임을 유추할 수 있습니다. 'OO作用'에 대한 내용이므로, 고양이의 행동이나 신체 부위가 어떤 작용을 하기 위한 것인지 주의하며 들어야 합니다.

3. A 猫怎样抓住老鼠   고양이는 어떻게 쥐를 잡는가
   B 猫尾巴的功能   고양이 꼬리의 기능
   C 猫和飞机的相同之处   고양이와 비행기의 같은 점
   D 猫怎样使自己不被摔伤   고양이는 어떻게 스스로를 다치지 않게 하는가

주제를 묻는 선택지입니다. 선택지 ABC를 보면서 이 글이 주로 고양이의 어느 부위와 관련한 글인지 듣고, D는 고양이가 왜 넘어져도 다치지 않는지 생각하며 듣습니다.

1. 问: 猫从高处落下时，身体会怎么样?

녹음 지문 중 '即使是四脚朝天，它们也能迅速地转过身来调整姿态' 부분을 잘 들어야 합니다. 하지만 이 문장 속에 선택지 A와 C의 내용이 다 있어서 헷갈릴 수 있습니다. '即使~也/都···' 구문은 '虽然~但是···'와 비슷한 의미로, '설령 ~이라 하더라도 ···하다'라는 뜻을 나타내며 '也/都···' 부분이 중요한 내용입니다. 따라서 이 문장도 能迅速地转过身来调整姿态가 주요 부분이므로, 정답은 C 迅速调整姿态가 됩니다.

2. 问: 关于猫的尾巴，可以知道什么?

녹음 지문의 '猫尾是一个平衡器官，······使身体保持平衡'이 힌트입니다. 따라서 정답은 B 有平衡作用이 됩니다. 평소에 꼬리를 尾巴라고만 외운 학생은 녹음에서 들리는 猫尾나 尾部 같은 단어가 들리지 않을 수 있으므로 유의해야 합니다.

3. 问: 这段话主要谈什么?

주제를 묻는 문제입니다. 도입 부분에서 '猫怎么可以在没有任何保护措施的情况下，从百倍于自身的高度上坠落而仍保全性命呢?'라고 의문문으로 주제를 먼저 제시했습니다. 이 문장을 통해 D 猫怎样使自己不被摔伤이 정답이라는 것을 알 수 있습니다. 만약 B 猫尾巴的功能이 정답이 되려면 고양이 꼬리의 여러 가지 기능이 나와야 합니다. 이 글은 고양이가 높은 곳에서 떨어질 때 다치지 않는 이유를 언급하면서 고양이 꼬리가 가장 중요한 역할을 한다고 언급하고 있을 뿐입니다. 따라서 정답은 D 猫怎样使自己不被摔伤입니다.

　　人们都知道，大部分猫从高楼坠下后依然能够安然无恙，甚至更有一例：猫自45层高楼坠下也没有死亡。³⁾猫怎么可以在没有任何保护措施的情况下，从百倍于自身的高度上坠落而仍保全性命呢？

　　猫从高处落下不会送命，这与猫有发达的平衡系统和完善的肌体保护机制有关。¹⁾当猫从高处落下时，即使是四脚朝天，它们也能迅速地转过身来调整姿态。这种与生俱来的姿态调整本领可以帮助猫减少因下坠而产生的加速度，其中尾部起到重要的作用。²⁾猫尾是一个平衡器官，就如飞机的尾翼，可以使身体保持平衡。这样猫在接近地面的时候通常都可以保证四肢着地，而猫脚趾上厚实的脂肪质肉垫又能大大减轻着地的冲击力，有效地防止了震动对各脏器的损伤。

1. 猫从高处落下时，身体会怎么样？
2. 关于猫的尾巴，可以知道什么？
3. 这段话主要谈什么？

사람들이 알다시피, 대부분의 고양이는 높은 건물에서 떨어져도 여전히 평안 무사하다. 심지어는 이런 예가 있었다. 고양이가 45층 고층 건물에서 떨어졌는데도 사망하지 않은 것이다. ³⁾고양이는 어떻게 아무런 보호 조치도 없는 상황에서 자신보다 백 배 높은 높이에서 떨어져도 목숨을 부지할 수 있을까?

고양이가 높은 데서 떨어져도 목숨을 잃지 않는 것은 고양이의 발달한 균형 체계와 완벽한 신체 보호 구조와 관련이 있다. ¹⁾고양이는 높은 데서 떨어질 때, 설령 사지가 하늘을 향해 있더라도, 재빠르게 몸을 돌려 자세를 조정할 수 있다. 이러한 태생적인 자세 조정 능력은 낙하 시의 가속도를 줄여 주는데, 특히 꼬리는 중요한 작용을 한다. ²⁾고양이의 꼬리는 균형 기관으로, 마치 비행기의 꼬리 날개처럼 몸의 균형을 유지할 수 있다. 이렇게 고양이가 지면에 접근했을 때 대부분의 경우 네 다리를 이용해 착지할 수 있고, 고양이 발가락의 두꺼운 지방질의 패드가 착지의 충격을 크게 줄여 주기 때문에 진동에 의한 장기의 손상을 효과적으로 방지할 수 있다.

1. 고양이가 높은 데서 떨어질 때 몸은 어떻게 되는가?
2. 고양이의 꼬리에 대한 설명 중 알 수 있는 것은 무엇인가?
3. 이 이야기가 말하려는 것은 무엇인가?

👩‍🏫 선생님의 한마디

설명문은 도입 부분에 글의 주제를 던지고 그다음부터는 주제를 구체적으로 설명해 가는 방식을 취합니다. 특히 이 글처럼 주제를 글의 앞부분에서 의문문으로 던지는 경우도 많습니다. 설명문은 배경 지식 없이 들을 경우 전문적인 단어들은 거의 듣지 못하는 상황이 되므로, 배경 지식이 특히 중요합니다. 이럴 경우에는 선택지에 더 집중해서, 들리는 단어들과 문장을 최대한 놓치지 않도록 합니다.

|단 어| 四脚 sìjiǎo 몡 사지, 동물의 네 다리 | 朝天 cháo tiān 하늘을 향하다 | 趴 pā 동 엎드리다 | 调整 tiáozhěng 동 조정하다, 조절하다 | 姿态 zītài 자태, 모습, 자세 | 保持平衡 bǎochí pínghéng 평형을 유지하다, 균형을 잡다 | 保暖 bǎonuǎn 동 보온하다, 일정한 온도를 유지하다 | 捕食 bǔshí 동 (동물이) 먹이를 잡다 | 摔伤 shuāishāng 동 떨어져 다치다 | 坠 zhuì 동 떨어지다, 추락하다 | 依然 yīrán 뷰 여전히 | 安然无恙 ānránwúyàng 솅 평안 무사하다 | 措施 cuòshī 몡 조치, 대책 | 坠落 zhuìluò 동 추락하다 | 保全 bǎoquán 동 보전하다, 온전하게 보호하다 | 系统 xìtǒng 몡 체계, 시스템 | 肌体 jītǐ 몡 몸, 신체 | 机制 jīzhì 몡 체제, 구조, 시스템 | 即使~也… jíshǐ~yě… 설령 ~이라 하더라도 …하다 | 转过身来 zhuǎn guò shēn lái 몸을 돌리다 *转身 zhuǎnshēn 동 몸을 돌리다 | 调整 tiáozhěng 동 조정하다, 조절하다 | 与生俱来 yǔ shēng jù lái 태어날 때부터 갖추고 있다 | 本领 běnlǐng 몡 능력, 재능 | 起~作用 qǐ~zuòyòng ~한 작용을 하다 | 器官 qìguān 몡 기관 | 尾翼 wěiyì 몡 (비행기의) 꼬리 날개 | 接近 jiējìn 동 접근하다, 가까워지다 | 通常 tōngcháng 솅 일반적이다 | 着地 zháo dì 착지하다 | 脚趾 jiǎozhǐ 몡 발가락 | 厚实 hòushi 솅 두툼하다, 두껍다 | 脂肪 zhīfáng 몡 지방 | 垫 diàn 몡 방석, 깔개, 매트 | 减轻 jiǎnqīng 동 경감시키다, 줄다 | 冲击 chōngjī 몡 충격을 받다 | 震动 zhèndòng 동 진동하다, 울리다, 뒤흔들다 | 脏器 zàngqì 몡 장기, (내장의) 여러 기관 | 损伤 sǔnshāng 몡 손상 동 상처를 입다

|정 답| 1. C　2. B　3. D

지문의 흐름 잡기

1. 이야기 글은 이렇게 출제된다!

|예제 1|

> 著名表演艺术家英若诚小时候生活在一个大家庭中，每次吃饭都是几十口人围坐在一个大餐厅中。有一次他突发奇想，决定跟家人开个玩笑。吃饭前，他把自己藏在饭厅的一个不被人注意的柜子中，想等大家遍寻不到他时再跳出来。可令他尴尬的是，大家丝毫没有注意到他的缺席。自那以后，他就告戒自己：永远不要把自己看得太重要，否则会大失所望。
>
> 其实看清自己是一种风度，一种修养，一种境界。古往今来，没有哪个人是世界的中心，也没有谁一直是别人注目的焦点。
>
> 我们要用一颗平常心面对生活，看清自己，"不以物喜，不以己悲"，就不会为凡尘中的各种诱惑、烦恼所左右，从而以清醒的心智和从容的步履轻松地走过人生的岁月。
> _{주제 문장}

이야기 글 제시:
英若诚의 어린 시절 일과를 통해 스스로를 과대 평가 하지 말아야 한다는 메시지를 전달함

주제문 제시:
우리는 평상심을 가지고 생활하며, 자신을 정확하게 바라봐야 한다.
⇒ 要看清自己

- **告戒** gàojiè 图 일깨우다
- **不以物喜，不以己悲** bùyǐwùxǐ, bùyǐjǐbēi 사물의 득실과 자기의 승진이나 강등 때문에 기뻐하거나 슬퍼하지 않는다
- **凡尘** fánchén 圀 속세, 인간 세상
- **从容** cóngróng 圀 여유롭다
- **步履** bùlǚ 圀 걸음걸이, 행보

이야기 글은 먼저 구체적인 이야기를 제시하여 지문이 전하고자 하는 메시지를 전달하고, 이야기가 끝난 후 메시지, 즉, 주제를 정제된 언어로 다시 한 번 언급합니다. 하지만 뒷부분의 주제 관련 내용은 오히려 알아듣기 힘들 수 있으므로, 앞부분의 이야기를 통해 주제를 찾는 것이 수월합니다. 따라서 이야기를 통해 주제를 유추하는 연습을 하는 것이 좋습니다.

|해 석|

> 유명한 공연예술가 잉뤄청은 어린 시절 대가족 속에서 살아서 매번 식사 때마다 수십 명의 사람들이 커다란 부엌에 모여 앉았다. 한번은 그가 문득 기발한 생각을 떠올렸고, 가족들에게 장난을 치기로 결정했다. 식사 전에 그는 부엌의 눈에 잘 띄지 않는 궤짝 안에 몸을 숨겼고, 사람들이 아무리 찾아도 그를 찾을 수 없을 때 뛰쳐나가려 했다. 하지만 그를 난감하게 한 것은 사람들이 모두 그의 빈자리에 주의를 기울이지 않았다는 것이다. 그때부터 그는, 영원히 스스로를 너무 과대평가해서는 안 되고 그렇지 않으면 크게 실망한다는 것을 깨달았다.
>
> 사실 자신을 뚜렷이 파악하는 것은 일종의 품격이고, 교양이고, 경지이다. 예로부터 누구도 세상의 중심인 사람은 없고, 줄곧 타인이 주목하는 초점이 된 사람도 없다.
>
> 우리는 평상심으로 생활을 대하고, 자신을 똑똑히 볼 수 있어야 한다. 또한 사물의 득실과 자기의 승진이나 강등 때문에 기뻐하거나 슬퍼하지 않는다면 속세의 각종 유혹과 괴로움에 휘둘리지 않을 것이다. 그럼으로써 깨어 있는 사고력과 여유로운 걸음걸이로 인생의 세월을 홀가분하게 걸어 나갈 수 있을 것이다.

齐国有个人非常喜欢打猎，每天花费许多时间去打猎，结果却是一无所获，回家后他觉得愧对家人，出门又觉得愧对邻里好友。他仔细琢磨为何自己老是打不到猎物，最后才明白是因为猎狗不好，可是因为家境贫寒没办法买到好的猎狗。于是他想回到自己田里努力耕种，有收获之后便可买一只好的猎犬，等到有一只好猎犬时，便容易捕获野兽，实现自己成为一个好猎人的心愿。

> 이야기 글 제시:
> 사냥꾼의 경험을 통해 도구(사냥개)의 중요성을 언급함

"工欲善其事，必先利其器"，但是应该具备哪些器具，才能善其事呢？这可能是更重要的课题。

> 주제문 제시:
> 좋은 결과를 내기 위해서는 근본적인 원인을 찾아 기초를 세우는 것이 가장 중요함
> ⇒ 要找出问题的根本原因

很多企业，员工每天辛辛苦苦从早忙到晚，领导者也是每天加班，可惜效益就是上不去，为什么？基础没打好，员工技能低，管理制度不完善等等，都可能是问题的根源所在。全身心投入经营的企业家唯有不断反复思考这个问题，才能摸索出答案，取得成功。

> 주제 문장

• 愧对 kuìduì 图 볼 면목이 없다

• 仔细琢磨 zǐxì zuómo
꼼꼼히 궁리하다

• 工欲善其事，必先利其器
gōng yù shàn qí shì, bì xiān lì qí qì
장인이 일을 잘하려면 먼저 도구를 잘 다듬어야 한다, 모든 일은 기초가 제일 중요하다

이 글의 첫머리에서는 사냥꾼의 이야기를 통해 성공을 하려면 근본 원인을 올바르게 찾는 것이 중요하다는 점을 알려 주고 있습니다. 이야기가 끝나면 이 글의 주제를 다시 한 번 언급합니다. 하지만 전체적으로 단어의 난이도가 있고 비유를 통해 설명하므로, 듣고 이해하기는 다소 어려울 수 있습니다. 따라서 비교적 쉽게 이해할 수 있는 이야기 부분을 통해 글 전체의 흐름을 잡는 것이 중요합니다.

| 해 석 |

제나라에 사냥을 좋아하는 사람이 있었다. 매일 많은 시간을 들여서 사냥을 했지만, 결국 아무것도 얻지 못했다. 집에 돌아간 후에 그는 식구들을 볼 면목이 없다고 여겼고, 외출해서는 또 이웃의 친한 친구를 볼 면목이 없다고 여겼다. 그는 어째서 자신은 항상 사냥감을 잡지 못하는지 꼼꼼히 궁리하다가, 결국엔 사냥개가 나빠서 때문이란 것을 알았지만, 집이 가난해서 좋은 사냥개를 살 방법이 없었다. 그래서 그는 자신의 밭에 돌아가서 열심히 경작하여, 수확이 생긴 후에는 좋은 사냥개를 살 수 있겠다고 생각했다. 좋은 사냥개가 생기고 나면 매우 쉽게 야생 짐승을 잡아서, 자신이 훌륭한 사냥꾼이 되겠다는 소망을 이룰 것이라고 생각했다.

'장인이 일을 잘하려면, 먼저 도구를 잘 다듬어야 한다.' 하지만 어떤 도구를 갖춰야, 비로소 그 일을 잘할 수 있을까? 이것이 아마도 더 중요한 과제일 것이다.

많은 기업에서 직원은 매일 고생스럽게 아침부터 저녁까지 바쁘게 보내고, 임원 역시 매일 야근을 해도 안타깝게도 이익이 오르지 않는다. 왜 그럴까? 기초를 제대로 다지지 않았고 직원의 기능이 낮으며, 관리 제도가 불완전한 것 등등에 모두 문제의 근본 원인이 있을 것이다. 몸과 마음 전부를 경영에 쏟는 기업가는 오직 이 문제를 계속 반복적으로 사고해야 비로소 답안을 찾아내어 성공을 거둘 수 있다.

2. 설명문은 이렇게 출제된다!

|예제 1|

父母与孩子的说话方式对他们的智力水平有直接影响。
주제 문장

研究发现：家长的说话方式主要有两种——①指示型和②社交型。

指示型家长与孩子的谈话基本上都是清楚的命令，①比如：拉着我的手，把电话给妈妈，好好吃饭等。社交型家长则会在谈话中使用"什么""怎样"和"为什么"，②比如：我真想知道他为什么没来电话，或是你觉得咱们应该去哪里？

这类问题可以把孩子带入自己的思路。②社交型家长的孩子会从这种对话里得到显著的好处，他们普遍更早地学会读书写字，在学校的功课也更优异。对这种现象，合理的解释是——在不断理解他人和事情的过程中，社交型家长无形中在引导孩子主动去思考；①指示型家长，不希望从孩子那里得到回答，他们只希望孩子遵守家长的指示，这就是说他们的孩子不需要思考答案，也不用加入谈话。

虽然有的时候简单明了的指示在孩子身上更有效果，然而，从长远看，带入孩子参与对话才是对他们更有利的。儿童的智力发展非常快，往往在几个月内就能学会大人教给的东西，家长要想应付如此快速的发展，应该给孩子提供一个丰富多彩的词汇库和能刺激他们自己思考的谈话。

주제문 제시: 부모가 아이에게 말하는 방식은 그들의 지능 수준에 직접적인 영향을 끼침
⇒ 父母怎样与孩子谈话
지시형과 사교형 말하기 방식의 구체적 예시

지시형과 사교형 말하기 방식의 결과

아이의 지능 발전을 유도하는 말하기 방식 제시

듣기 3부분 설명문 지문은 앞에 주제를 먼저 말하고 이어서 구체적인 예를 들어 설명하는 두괄식 형태가 많습니다. 이러한 녹음 지문은 제일 첫 문장이 주제와 밀접한 관련이 있습니다. 또한 이 지문처럼 분류형의 예시가 나올 경우, 각각의 분류와 특징을 잘 구분해서 들어야 합니다.

|해 석|

부모가 아이에게 말하는 방식은 그들의 지능 수준에 직접적인 영향을 끼친다. 연구에서 부모의 말하는 방식은 주요하게 지시형과 사교형의 두 종류가 있다는 것을 발견했다.

지시형 부모가 아이에게 하는 이야기는 기본적으로 뚜렷한 명령이다. 예를 들면 '내 손을 잡고 있어라', '전화를 엄마한테 주어라', '제대로 먹어라' 등이 있다. 반면에 사교형 부모는 이야기하는 중에 '뭐', '어떻게', '왜'를 사용한다. 예를 들면 '나는 그한테서 왜 전화가 오지 않는지 알고 싶구나', 혹은 '넌 우리가 어디에 가야 한다고 생각하니?'이다.

이런 종류의 문제는 아이를 자신의 사고의 방향으로 데려갈 수 있다. 사교형 부모의 아이는 이런 대화에서 확실히 좋은 점을 얻게 되고, 그들은 일반적으로 더 빨리 읽고 쓰는 것을 습득하고 학교에서의 학업 성적도 더 우수하다. 이런 현상에 대해서 합리적인 설명은, 타인과 일을 끊임없이 이해하는 과정 속에서 사교형 부모는 자신도 모르는 사이에 아이들이 직접 나서서 사고하도록 인도해 주고 있다는 것이다. 반면에 지시형 학부모는 아이한테서 대답을 기다리지 않고 아이가 부모의 지시를 지키는 것을 바랄 뿐이다. 이것이 바로 그들의 아이는 답안을 사고할 필요가 없고 또한 대화에도 끼어들 필요가 없다는 것을 의미한다.

비록 어떤 때에는 간단명료한 지시가 아이한테 더 효과가 있지만, 멀리 보면 아이를 대화에 참여하도록 끌어들여야 그들에게 더 유리하다. 아이의 지능 발전은 매우 빨라서 종종 몇 개월 안에 어른이 가르쳐 준 것을 습득할 수 있는데, 부모가 이처럼 빠른 발전에 대응하려면 아이에게 풍부하고 다채로운 어휘 창고와 그들이 스스로 사고하도록 자극할 수 있는 대화를 제공해야 한다.

团购就是消费者联合起来增强与商家的谈判能力，以求得
最优价格的一种购物方式。

근래에 团购这个词越来越吃香：购房要团购、装潢要
团购、手机要团购、服装要团购，甚至买零食都要团购。早年
的团购还只是限于同一个企业或者单位的人，随着互联网的发
展，团购的参加者更多的是素不相识的陌生人，大家通过购物
会友，交流消费信息和购物心得。

是什么原因促使大家参加团购呢？首先，对折扣的期望值
是首要因素，根据薄利多销、量大价优的原理，商家可以给出
低于零售价格的团购折扣，提供单独购买得不到的优质服务。
其次，参加者还希望通过集体行动，能对商品的质量、观感等
有更多的了解，以确定自己的决定是否正确，这里面包含着一
种"从众"心态。

团购作为一种新型的电子商务，虽然还不是主流的消费模
式，但它所具有的爆发力已经逐渐显露了出来。现在团购的主
要方式是网络团购，在团购的疯狂浪潮中，你不是孤军奋战，
这只队伍正在日益壮大。

공동구매의 정의

현재와 이전의 공동구매
비교

공동구매 활성화의 원인
① 首先……
② 其次……

공동구매의 현재 상황 및
발전 가능성

주제: 공동구매의 상황 및
발전 추세

⇒ 团购在中国发展趋势

• 素不相识 sùbùxiāngshí
ⓢ 평소에 서로 알지 못하다. 전
혀 안면이 없다.

• 薄利多销 bólìduōxiāo
ⓢ 박리다매[이익을 적게 보고
많이 파는 것]

• 孤军奋战 gūjūnfènzhàn
ⓢ 고군분투하다

설명문은 도입 부분에서 주요 내용에 대한 정의를 내립니다. 이 녹음 지문에
서는 '团购(공동구매)'란 무엇인지 정의를 내리고 있습니다. 구체적으로 살펴
보면, 早年的团购와 随着互联网的发展을 통해서 시대의 흐름에 따라 비교하
며 전개하고 있다는 것을 알아야 합니다. 또한 공동구매가 발달하는 이유에
대해 질문하고, 크게 두 가지로 나눠 이유를 설명하고 있습니다. '首先……,
其次……'와 같은 구문을 주의해서 들으면 글의 전체 흐름을 이해하는 데 크
게 도움이 됩니다. 마지막으로 공동구매의 현재 상황과 앞으로의 발전 가능
성에 대해 언급하며 마무리하고 있습니다.

|해 석|

공동구매는 소비자들이 연합하여 판매자와의 담판 능력을 강화해, 가장 좋은 가격으로 구매하는 방식이다.
최근 공동구매란 말이 갈수록 환영받고 있는데, 집을 살 때, 인테리어 할 때, 휴대전화나 옷, 심지어 간식
을 구매할 때도 모두 공동구매를 하고 있다. 이전의 공동구매는 단지 같은 회사나 부서의 사람에게만 한정
되어 있었지만, 인터넷이 발달함에 따라 공동구매 참가자 중 더 많은 이들은 평소 알지 못하는 낯선 사람들
이고, 모두들 물건 구매를 통해 친구가 되어 소비 정보나 구매 소감을 주고받는다.
무엇이 사람들을 공동구매에 참가하게 만들었을까? 먼저 할인에 대한 기대치가 주된 원인이다. 박리다매,
양이 많아지면 가격이 저렴해지는 원리에 따라 판매자들은 소매 가격보다 낮은 단체 할인을 제시하고, 독자
적으로 구매 시에는 얻지 못하는 양질의 서비스를 제공한다. 그다음으로, 참가자들은 단체 행동을 통해 상
품의 품질이나 감상 등에 대해 더 많이 이해하기를 원하고, 이는 자신의 결정이 옳고 그른지에 확신을 줄 수
있다. 여기에는 '군중심리'가 포함되어 있다.
공동구매는 일종의 신형 전자상거래로서, 비록 주된 소비 패턴은 아니지만 그것이 가지고 있는 폭발력은
이미 점점 드러나고 있다. 현재 공동구매의 주된 방식은 인터넷 구매이다. 공동구매 열풍 속에서, 당신은 혼
자서 고군분투하는 것이 아니고, 이 팀(공동구매팀)은 날로 강대해지고 있다.

01　A 怎样游得更快
　　B 怎么找到食物
　　C 什么东西最好吃
　　D 怎么才能吃到钓钩上的东西

02　A 不去碰它
　　B 不断尝试
　　C 学会合作
　　D 学会躲藏

03　A 骄傲使人落后
　　B 要勇于挑战困难
　　C 遇到危险要保持镇静
　　D 世上没有免费的午餐

04　A 身体也会说话
　　B 自己经常撒谎
　　C 倾听的重要性
　　D 微笑可以延缓衰老

05　A 显得全神贯注
　　B 显得十分气愤
　　C 经常往上面看
　　D 不愿直视对方

06　A 说话的艺术
　　B 撒谎时的表现
　　C 怎样避免冲突
　　D 有时谎话是有益的

▶ 정답 및 해설 25쪽

시나공법 03 핵심 단어를 중심으로 듣는다!

녹음을 들었을 때 순간적으로 머릿속에 꽂히는 단어 위주로 듣고, 안 들리는 단어는 과감히 버리는 연습을 해야 합니다. 특히 但是, 如果, 其实, 最, 相反, 关键在于 같은 핵심 단어들을 놓치지 않고 들으면 글의 흐름을 쉽게 파악할 수 있습니다. 내공쌓기 코너에 정리된, 듣기 3부분에 자주 나오는 핵심 단어와 구문을 암기해 두면 핵심만 골라 들을 수 있고, 단기간에 듣기 점수를 향상시킬 수 있습니다.

STEP 01 먼저 풀어보기   🎧 듣기 3-03-1 예제.mp3

예제

1. A 创业要懂得分享
   B 创业是一个人的事情
   C 创业不一定要投入很多资金
   D 创业要聚集大家的力量

2. A 组织能力
   B 总结能力
   C 解决能力
   D 核心竞争力

3. A 创业的好办法
   B 什么叫创业
   C 如何自己创业
   D 杠杆借力

|해 설|

1. A 创业 要懂得分享　　　　　창업은 함께 누릴 줄 알아야 한다
   B 创业 是一个人的事情　　　　창업은 혼자의 일이다
   C 创业 不一定要投入很多资金　창업은 꼭 많은 자금을 투입해야 하는 건 아니다
   D 创业 要聚集大家的力量　　　창업은 모두의 힘을 모아야 한다

   창업(创业)과 관련한 녹음 내용을 체크하면서 듣습니다.

2. A 组织能力　　리더십
   B 总结能力　　총 정리 능력
   C 解决能力　　해결 능력
   D 核心竞争力　핵심 경쟁력

   2번 선택지처럼 명사만 제시되어 있는 경우는 질문이 '……是什么？'일 가능성이 높습니다. 하지만 단순히 무엇을 묻는 문제보다는 最를 이용하여 '가장 ~한 것'을 묻는 문제가 많이 출제됩니다. 지문을 들을 때 '最+형용사' 부분을 놓치지 않도록 합니다.

3. A 创业的好办法　　창업의 좋은 방법
   B 什么叫创业　　　창업은 무엇인가
   C 如何自己创业　　어떻게 스스로 창업해야 할까
   D 杠杆借力　　　　지렛대로 힘을 빌리다

   주제를 묻는 문제입니다. 선택지 ABC에 창업가 있으므로 이 지문은 창업와 관련된 지문이라는 것을 유추할 수 있습니다. D는 어려운 단어이기 때문에 ABC에서 먼저 답을 찾도록 합니다.

1. 问：说话人不同意哪种理念？
   녹음 지문의 첫 문장에서 답을 찾아야 합니다. 첫 문장의 很多人觉得成立公司要靠自己는 많은 사람들의 통상적인 생각이며, 바로 뒤에 其实错了라고 사람들의 생각을 부정하며 화자의 생각을 전개해 나가고 있습니다. 이 문장에서 핵심 단어 其实를 놓치지 않고 들어야 합니다. 이 문제의 질문은 '说话人不同意哪种理念？'이라고 했으므로 其实 앞에 있는 잘못된 내용, 즉, 很多人觉得成立公司要靠自己가 정답이 됩니다. '靠自己(자신에게 의지한다)'를 선택지에서는 创业是一个人的事情이라고 바꾸어 출제했습니다. 따라서 정답은 B 创业是一个人的事情입니다.

2. 问：说话人认为创业最重要的能力是什么？
   '作为创业者，最重要的能力是组织能力'를 들었다면 정답을 쉽게 맞힐 수 있습니다. 따라서 정답은 A 组织能力입니다.

3. 问：这段话主要谈什么？
   주제를 묻는 문제입니다. 도입 부분에서 '什么叫创业？'라고 질문을 하고 창업에 대한 화자의 생각을 얘기합니다. 하지만 이 글은 단순히 창업의 정의에 대해 말하는 글이 아닙니다. 따라서 B는 정답이 아닙니다. 두 번째 단락의 '怎样把所有的力量聚集到一起？怎么为你客户的梦想创造更有利的实现基础？这是创业者应该思考的'에서 怎么라고 질문하고 있습니다. 怎么는 방식을 물어보는 의문사이므로 이 글 전체 주제는 A 创业的好办法입니다. D의 杠杆借力도 녹

🎓 **선생님의 한마디**
- 출제위원들은 其实를 중심으로 其实 앞에 있는 잘못된 내용을 출제하거나, 其实 뒤에 있는 맞는 내용을 출제합니다. '(잘못된 내용/대다수의 생각)+其实+(옳은 내용/화자의 생각)'의 형태는 듣기 전 영역에 걸쳐 자주 출제되는 포인트이므로 잘 익혀 두어야 합니다.

- '最+형용사' 구문은 자주 출제되는 포인트이므로, 녹음 지문에서 最가 들리면 뒷부분의 내용을 잘 메모해야 합니다. 실제 시험에서는 녹음 질문이 나오기 전, 지문을 들을 때 문제지에 정답을 동시에 체크해야 합니다. 녹음을 듣는 동시에 답을 찾는 연습을 계속해야 합니다.

음에서 들리긴 하지만 주제로는 적당하지 않습니다. 대부분 학생들이 杠杆借力의 의미를 모를 수 있습니다. 이럴 때는 일단 선택지 ABC에서 먼저 주제를 찾고, 만약 ABC에서 답이 없다면 D를 선택하면 됩니다.

| 해 석 |

¹⁾很多人觉得成立公司要靠自己，其实错了！什么叫创业？创业不是说自己脑海中有一个想法，然后就一个人独自去实现它。创业者是看到了一群人有各种各样的资源，然后通过某种巧妙的借力机制，把这群人团结起来，一起来实现同样的梦想。

²⁾作为创业者，最重要的能力是组织能力。³⁾"怎样把所有的力量聚集到一起？怎么为你客户的梦想创造更有利的实现基础？"这是创业者应该思考的。

在做营销时，有一个非常重要的策略，就是"杠杆借力"原则，你必须学会运用。一个人的奋斗是一种孤独的奋斗，是一种艰难、痛苦的挣扎，不要这样。永远不要认为创业是一个人的事，所有人都将是你的竞争对手，所有人都希望从你那儿"抢一把米"，这是错误的。这个世界上有很多人都希望帮助你，你需要向他们描绘一个美好的蓝图，告诉他们"帮助我，其实就是帮助你自己"，这并不矛盾。当你有了这种思维模式，你才能"杠杆借力"。

1. 说话人不同意哪种理念？
2. 说话人认为创业最重要的能力是什么？
3. 这段话主要谈什么？

¹⁾많은 사람들이 회사를 설립하는 것은 자신에게 달려 있다고 생각하지만 사실은 틀린 생각이다! 창업이 무엇인가? 창업은 자신의 머릿속에 생각이 떠올랐다고 해서 독자적으로 실현할 수 있는 것이 아니다. 창업자는 많은 사람들이 가진 각양각색의 자원들을 발견하고, (이들의) 힘을 빌리는 기발한 체제를 통해 이들을 단결시켜 다같이 같은 꿈을 실현시키도록 해야 한다.

²⁾창업자로서 가장 중요한 능력은 리더십이다. ³⁾"어떻게 수많은 힘을 하나로 모을까? 어떻게 고객들의 꿈을 위해 더 유리한 실현 기반을 만들까?" 이는 창업자가 반드시 고려해 봐야 할 점이다.

마케팅에서 매우 중요한 전략이 있는데 바로 '지렛대' 원칙이다. 당신은 반드시 (지렛대 원칙을) 사용할 줄 알아야 한다. 한 사람의 분투는 곧 외로운 싸움이고, 힘겹고 고통스러운 발버둥이라서 이렇게 하지 않는 것이 좋다. 창업이 혼자만의 일이라고 영원히 생각하지 마라. 모든 사람이 당신의 경쟁 상대가 될 것이고, 모든 사람이 당신에게서 '쌀 한 줌이라도 뺏으려' 할 것이라고 여기는데 이것은 잘못된 것이다. 이 세상에는 당신을 도우려는 사람들이 많이 있다. 당신은 그들에게 아름다운 청사진을 그려 주어야 하고, 그들에게 '나를 돕는 것이 사실 당신 자신을 돕는 것이다'라는 것을 알려 주어야 한다. 이는 결코 모순이 아니다. 당신이 이런 사고방식을 가질 때, 비로소 '지렛대'를 사용할 수 있다.

1. 화자는 어떤 생각에 동의하지 않는가?
2. 화자는 창업에서 가장 중요한 능력이 무엇이라 생각하는가?
3. 이 이야기가 말하려는 것은 무엇인가?

| 단 어 |

投入 tóurù 동 (자금을) 투입하다 | 资金 zījīn 명 자금 | 聚集 jùjí 동 집중하다, 한데 모으다 | 组织 zǔzhī 동 (사람들을) 모으다 | 核心 héxīn 명 핵심 | 竞争 jìngzhēng 동 경쟁하다 | 杠杆 gànggǎn 명 지렛대, 지레 | 靠 kào 동 의지하다, 기대다 | 实现 shíxiàn 동 실현하다, 달성하다 | 各种各样 gèzhǒnggèyàng 성 각양각색, 가지각색 | 资源 zīyuán 명 자원 | 巧妙 qiǎomiào 형 기발하다, 절묘하다, 훌륭하다 | 机制 jīzhì 명 체제, 구조 | 团结 tuánjié 동 사이좋게 지내다 | 客户 kèhù 명 거래처, 고객, 바이어 | 基础 jīchǔ 명 기초, 밑바탕, 토대 | 策略 cèlüè 명 전략, 책략 | 奋斗 fèndòu 동 열심히 일하다(살다) | 挣扎 zhēngzhá 동 발버둥 치다, 발악하다 | 抢 qiǎng 동 빼앗다 | 把 bǎ 양 줌, 움큼 | 描绘 miáohuì 동 그리다, 묘사하다 | 蓝图 lántú 명 청사진, 계획 구상 | 矛盾 máodùn 형 모순적이다 명 모순 | 思维模式 sīwéi móshì 사고방식, 생각

| 정 답 | 1. B   2. A   3. A

시험에 잘 나오는 핵심 단어

1. 역접의 의미를 나타내는 핵심 단어

역접의 의미를 나타내는 접속사 뒤에는 화자가 궁극적으로 말하고자 하는 내용이 나옵니다. 그러므로 역접을 나타내는 핵심 단어 뒷부분의 내용을 주의 깊게 들어야 합니다. 실제 시험에서 이 단어들 뒤에 정답을 가장 많이 출제하고 있습니다.

1) 但(是) 그러나, 하지만, 그렇지만

但是 뒤에는 앞에서 서술한 내용과 일치하지 않거나 반대되는 내용이 이어집니다. 같은 의미로 可(是), 然而, 不过, 而(是), 却 등이 있습니다.

例 从前有个渔夫，从海里捞到一颗大珍珠，他爱不释手，但美中不足的是珍珠上面有一个小黑点儿。

> 옛날에 한 어부가 있었는데 바다에서 큰 진주를 건졌고, 그는 매우 애지중지했다. 하지만 옥에 티는 진주 위에 작은 흑점이 있다는 것이다.

- **捞** lāo 통 잡다, 취득하다
- **爱不释手** àibúshìshǒu 성 너무 좋아하여 차마 손에서 떼어 놓지 못하다
- **美中不足** měizhōngbùzú 성 옥에도 티가 있다

2) 相反 이와 반대로

但是 등이 보통 문장과 문장을 연결하면서 역접을 나타내는 접속사라면, 相反은 전체 글을 크게 2등분해서 앞 내용과 반대되는 내용을 이끌어 낼 때 사용합니다. 이를 잘 활용한다면 전체 글의 흐름을 이해하는 데 큰 도움이 됩니다. 같은 의미로 与此相反, 反之가 있습니다.

例 领导不一定自己能力有多强，只要懂信任、懂放权，就能团结比自己更强的力量。相反，许多能力很强的人却因过于追求完美，事必躬亲，最后只能做最好的销售代表，成不了优秀的领导。

> 지도자는 스스로의 능력이 꼭 강한 것은 아니다. 신임할 줄 알고 권력을 넘겨줄 줄 알기만 하면, 자신보다 더 강한 힘을 모을 수 있다. 이와 반대로 능력이 강한 많은 사람들은 지나치게 완벽을 추구하기 때문에, 어떠한 일이라도 반드시 몸소 행해야 한다. 결국엔 가장 좋은 판매 대표만 될 수 있을 뿐 우수한 지도자는 될 수 없다.

- **事必躬亲** shìbìgōngqīn 성 어떠한 일이라도 반드시 직접 하다

3) 其实 사실상

其实는 앞에 나온 내용을 부정하면서 말하고자 하는 사실을 언급합니다. 같은 의미로 事实上, 实际上 등의 단어가 있습니다.

例 大部分人都知道运动可以强健体魄，其实，长期坚持体育锻炼，还会对你的性格产生潜移默化的影响。

> 대부분 사람들은 운동이 몸과 정신을 건강하게 해 준다고 알고 있는데, 사실상 장기간 체력 단련을 계속하면 당신의 성격에도 은연중에 영향을 끼친다.

- **强健** qiángjiàn 통 건강하게 하다
- **体魄** tǐpò 명 신체와 정신
- **潜移默化** qiányímòhuà 성 한 사람의 사상 등의 영향으로 무의식중에 변화가 생기다

4) 原来 알고 보니

原来는 몰랐던 사실을 알게 되었을 때 사용하는 단어이므로, 原来 뒤에 나오는 내용은 중요한 부분입니다. 原来는 글자 그대로 '원래는 ~했는데'라는 의미로, 本来로 바꾸어 쓰기도 합니다.

예) 鸟既然不在鸟巢中睡觉，为什么还要辛辛苦苦地筑巢呢？原来，对大多数鸟类来说，鸟巢是繁殖后代的"产房"。

새는 새 둥지에서 잘 것도 아닌데, 왜 아주 힘들여서 보금자리를 지을까? 알고 보니, 대다수 새들에게 새 둥지는 후대를 번식하는 '새끼를 낳는 방'이다.

- 鸟巢 niǎocháo 몡 새 둥지
- 筑巢 zhù cháo 둥지를 짓다
- 繁殖 fánzhí 동 번식하다

5) 不是 A，而是 B   A가 아니라 B이다

이 구문은 주로 어떤 원인을 설명할 때 많이 사용하는 구문이며, 정답은 B부분에서 찾아야 합니다. A가 있는 앞 절은 不是나 不, 没로 부정하기 때문에 중요하지 않은 내용이며, 화자가 하고 싶어 하는 말은 B부분에 있습니다.

예) 夺走生命最多的不是敌人猛烈的炮火，也不是大自然的疾风暴雨，而是飞行员的操作失误。

생명을 가장 많이 빼앗아 가는 것은 적의 맹렬한 포화가 아니고 또한 대자연의 질풍과 폭우도 아니며, 비행사의 조작 실수이다.

- 夺走 duózǒu 동 빼앗아 가다
- 猛烈 měngliè 혱 맹렬하다
- 疾风暴雨 jífēng bàoyǔ 질풍과 폭우

예) 小象长大了，成了力大无比的庞然大物，但是它依然无法挣脱链子，不是因为不能，而是因为它从来都未尝试过，甚至于这种想法都不曾有过。

새끼 코끼리가 자라서 힘이 더없이 센 거대한 동물이 되었지만, 새끼 코끼리는 여전히 쇠사슬에서 벗어날 수 없다. 이는 할 수 없어서가 아니라, 새끼 코끼리가 지금까지 시도해 본 적이 없고 심지어 이런 생각조차도 일찍이 가져 본 적이 없기 때문이다.

- 力大无比 lìdàwúbǐ 셍 힘이 더없이 세다
- 庞然大物 pángrándàwù 셍 대단히 거대한 물건

2. 강조를 나타내는 핵심 단어

강조를 나타내는 핵심 단어 뒤에는 앞에서 언급한 내용 중 화자가 가장 중요한 한 가지를 재차 언급할 때 쓰이므로, 문제의 정답으로 출제될 가능성이 높습니다. 따라서 역접의 의미를 나타내는 단어와 마찬가지로 뒷부분에 중점을 두고 녹음 지문을 들어야 합니다.

1) 最+형용사   가장 ~하다

'最+형용사' 구문은 가장 자주 출제되는 부분 중 하나입니다. 그중에서도 '最重要的……'가 가장 대표적입니다.

예) 作为创业者，最重要的能力是组织能力。

창업자로서 가장 중요한 능력은 리더십이다.

예) 生活中最不幸的是：原本你很优秀，但由于你身边缺乏积极进取的人，缺少有远见卓识的人，使你丧失向上的动力，缺乏前进的勇气。

생활 속에서 가장 불행한 것은 원래 당신은 매우 우수했는데 당신 곁에 적극적이고 진취적인 사람이 부족하고 멀리 내다보는 탁월한 식견이 있는 사람이 부족해서, 당신이 발전하려는 동력을 잃어버리고 전진하려는 용기가 부족하게 만드는 것이다.

- 远见卓识 yuǎnjiànzhuóshí 셍 멀리 내다보는 탁월한 식견

2) 尤其是 그중에서도 특히

尤其是는 앞에서 말한 내용을 좀 더 구체적으로 강조할 때 사용합니다. 같은 의미로 特别是가 있습니다.

> 예) **仰卧不利于全身充分地放松，尤其是腹腔内压力较大时容易使人产生憋得慌的感觉。同时要注意，仰卧时不要将手放在胸部，否则容易做噩梦。**
>
> 반듯하게 눕는 것은 전신이 충분히 편안해지는 것에 불리하다. 그중에서도 특히 복강 내의 압력이 비교적 클 때는 쉽게 사람으로 하여금 매우 답답한 느낌을 갖게 한다. 동시에 반듯하게 누울 때는 손을 가슴 부위에 놓지 말아야 한다. 안 그러면 쉽게 악몽을 꾼다.

- 仰卧 yǎngwò 통 반듯하게 눕다
- 憋得慌 biē de huāng 매우 답답하다

3) 就是 바로 ~이다

就是는 단어나 문장을 강조할 때 사용하기 때문에 뒤에 들리는 단어나 문장은 중요한 부분입니다. 같은 의미로 正是가 있습니다.

> 예) **在所有的朋友中，不能缺了最重要的一个，那就是自己。**
>
> 모든 친구 중에서 가장 중요한 친구가 없어서는 안 되는데, 그것은 바로 자신이다.

4) 关键在于 관건은 ~에 있다

关键이라는 단어 자체가 '관건', '핵심'이라는 의미입니다. 말하고자 하는 핵심 내용을 '关键在于……'의 형태로 말합니다.

> 예) **能否和自己做朋友，关键在于有没有另一个自我。**
>
> 자신과 친구가 될 수 있는지의 관건은 또 다른 자아가 있느냐 없느냐에 달려 있다.

> 예) **期望能给人勇气，也容易引起沮丧，关键在于期望值是否适中。**
>
> 기대는 사람에게 용기를 줄 수 있지만 또한 매우 쉽게 낙담하게 만든다. 관건은 기대치가 적당했는지에 달려 있다.

- 沮丧 jǔsàng 형 낙담하다, 풀이 죽다
- 期望值 qīwàngzhí 명 기대치, 기대값
- 适中 shìzhōng 형 정도가 알맞다, 적당하다

5) 惊讶 놀라다, 의아해 하다

녹음에서 惊讶가 들리고 문제에서는 吃惊으로 물어보는 경우가 종종 출제되므로 녹음에서 惊讶가 나오면 놓치지 않아야 합니다.

> 예) **箭几乎全部射入石头中去了。李广很惊讶，他不相信自己能有这么大的力气。**
>
> 화살은 거의 전부가 돌 속으로 들어갔다. 리광은 매우 놀랐다. 그는 자신이 이렇게 큰 힘을 가진 것을 믿지 못했다.

- 箭 jiàn 명 화살
- 射入 shèrù 통 쏴서 집어넣다

01 A 平均60次
    B 平均75次
    C 平均85次
    D 不超过100次

06 A 要学会变通
    B 要保护海洋
    C 坚持才是最重要的
    D 身体是革命的本钱

02 A 人生需要放松
    B 人生需要拼搏
    C 人生需要宽恕
    D 人生需要忍耐

03 A 做事要有目标
    B 做事做到八成就好
    C 做事要持之以恒
    D 做事要全力以赴

04 A 应该当"快活族"
    B 生存方式是多样的
    C 让老板们感到很不安
    D 应该当"慢活族"

05 A 怕消耗能量
    B 不利于健康
    C 速度比方向重要
    D 怕自己消沉下去

▶ 정답 및 해설 28쪽

31. A 变卖家产
    B 继承遗产
    C 朋友馈赠
    D 中了彩票

32. A 被盗了
    B 被恐吓了
    C 房子着火了
    D 亲人去世了

33. A 和蔼可亲
    B 视财如命
    C 心地善良
    D 乐于助人

34. A 也有副作用
    B 时间不宜太短
    C 可以提高记忆力
    D 会影响人们的性格

35. A 遇事沉着
    B 具备领导才能
    C 做事不够果断
    D 熟悉人类文明史

36. A 乒乓球
    B 游泳
    C 帆船
    D 足球

37. A 游泳容易上瘾
    B 守门员组织能力强
    C 乒乓球适合老年人
    D 帆船是聪明人的运动

38. A 感到庆幸
    B 腿受伤了
    C 浑身都湿了
    D 沾了一身泥

39. A 小心谨慎
    B 熟悉地形
    C 身体强壮
    D 见多识广

40. A 优势是成功的保障
    B 优势是自信的基础
    C 不要只看别人的缺点
    D 不要过分依赖自己的优势

41. A 表情僵硬
    B 平静镇定
    C 犹豫不决
    D 无精打采

42. A 身体状况
    B 成长经历
    C 自身感受
    D 工资待遇

43. A 债务纠纷
    B 机密泄露
    C 现金丢失
    D 员工失踪

44. A 态度严肃认真
    B 喜欢描述细节
    C 缺乏时间观念
    D 故意诬陷他人

45. A 左脑更灵活
    B 结构与年龄有关
    C 喜欢对事物进行分类
    D 更依赖时间来做出判断

46. A 带有偏见
    B 激励人心
    C 实事求是
    D 责备别人

47. A 要重视健康
    B 成功没有捷径
    C 不能以偏概全
    D 要透过现象看本质

48. A 一本相册
    B 一张照片
    C 一座塑像
    D 一部短片

49. A 性别
    B 年龄
    C 受到的暗示
    D 实验的长度

50. A 态度决定成败
    B 性格决定相貌
    C 人具有思维定势
    D 眼睛是心灵的窗户

▶ 정답 및 해설 99쪽

독해
완벽
대비

1장 독해 1부분 이렇게 나온다!

2장 독해 2부분 이렇게 나온다!

3장 독해 3부분 이렇게 나온다!

4장 독해 4부분 이렇게 나온다!

둘째 마 당

2

주요 문장성분은 다음 기호로 표시하였습니다.

주어	＿＿＿	술어	＿＿＿	목적어	〜〜〜
관형어	( )	부사어	[ ]	보어	〈 〉

독해

1부분

시험 유형 소개

★ 4개의 선택지(ABCD) 중 잘못된 문장(病句) 고르기

★ 문제 번호: 51번~60번(총 10문제)

★ 배점: 문제당 2점

예제

51. A 他们把小区建设得像花园一样美丽。
   B 生命离不开阳光、空气、水，更离不开运动。
   C 深秋的峨嵋山，是人们登高远眺、观赏日出的好时候。∨
   D 我们总是盯着得不到的东西，而忽视了那些已经得到的东西。

1 독해 1부분은 마지막에 풀어라!

실제 시험에서는 반드시 독해 2부분, 3부분, 4부분을 먼저 풀고 나서 남는 시간에 독해 1부분을 풀도록 합니다. 평소에 공부를 할 때도 독해 1부분보다는 독해 2~4부분에 더 많은 시간을 투자하도록 합니다. 보통 HSK 6급 210점 합격까지는 독해 1부분을 풀 수 있는 시간이 없기 때문에, 210점 이상의 내공이 쌓인 후에 독해 1부분의 학습 양을 늘리도록 합니다. 2013년도 이후에는 독해 1부분이 많이 쉬워지고 있다는 점도 학습자들에게는 희소식입니다.

2 문장 구조를 분석하라!

독해 1부분을 공부할 때는 우선적으로 주어, 술어, 목적어 등 문장 구조를 분석하는 연습을 해야 합니다. 네 개의 선택지를 보면 문장성분이 중복 출현하거나 누락되어 있는 경우, 불필요한 문장성분이 추가되어 있는 경우의 오류 문장이 많습니다. 따라서 문장 구조를 잘 분석할 줄 안다면, 실제 시험에서 굳이 시간을 들여 해석하지 않아도 구조 분석만으로도 정답을 골라낼 수 있습니다. 그러므로 평소에 문장 구조를 분석하는 연습을 많이 하도록 합니다.

3 정독을 많이 하라!

독해 1부분은 어법 지식도 중요하지만, 어감도 필요합니다. 문장을 한두 번만 읽고 病句를 찾으려면 평소에 정독을 많이 해서 어감을 길러야 합니다. 정독은 소리를 내서 읽어야 하며, 한 지문을 반복해서 읽어야 합니다. 독해 2~4부분 지문들로 정독 연습을 하는 것이 좋습니다.

4 출제 포인트를 확실히 익혀라!

HSK 문제는 단어만 바뀌어 출제될 뿐, 풀이의 포인트나 유형은 거의 비슷한 경향을 보입니다. 독해 1부분 또한 예외는 아닙니다. 본 교재의 '내공쌓기' 코너에서 알려 주는 출제 포인트를 익히면 病句를 빠르게 찾을 수 있는 안목이 생겨납니다.

雌 cí 형 암컷의

此와 隹(새)로 이루어진 글자입니다.

☐ **雌雄** cíxióng 명 자웅, 암컷과 수컷

垂 chuí 동 드리우다, 늘어뜨리다

☐ **垂直** chuízhí 형 수직의
☐ **垂暮** chuímù 명 황혼 무렵, (인생의) 노년
☐ **垂钓** chuídiào 동 낚시하다
☐ **垂头丧气** chuítóusàngqì 성 의기소침하다, 풀이 죽고 기가 꺾이다
☐ **永垂不朽** yǒngchuíbùxiǔ 성 (지난날의 명성·업적·정신 등이) 오래 전해져 사라지지 않다, 천추에 길이 빛나다

睡 shuì 동 (잠을) 자다

目와 垂로 이루어진 글자입니다.

☐ **睡眠** shuìmián 명 수면, 잠
☐ **瞌睡** kēshuì 동 졸리다, 졸음이 오다
☐ **沉睡** chénshuì 동 깊이 잠들다, 숙면하다

唾 tuò 명 타액, 침

口와 垂로 이루어진 글자입니다.

☐ **唾沫** tuòmo 명 타액, 침 [=**唾液** tuòyè]

斥 chì 동 꾸짖다, 책망하다

☐ **排斥** páichì 동 배척하다
☐ **训斥** xùnchì 동 꾸짖다, 질책하다, 나무라다

拆 chāi 동 (붙여 놓은 것을) 뜯다, 떼어 내다

扌(手)와 斥로 이루어진 단어입니다.

☐ **拆开** chāikāi 동 뜯다, 떼어 내다
☐ **拆信** chāixìn 동 편지를 뜯다
☐ **拆房子** chāi fángzi 집을 헐다

诉 sù 동 (~에게) 알리다, 말해 주다, 고소하다

讠(言)과 斥로 이루어진 단어입니다.

☐ **告诉** gàosu 동 (~에게) 알리다, 말하다
☐ **起诉** qǐsù 동 고소하다, 기소하다
☐ **诉讼** sùsòng 동 소송하다, 고소하다

辰 chén 몡 진(辰)[지지(地支)의 다섯 번째]

☐ **诞辰** dànchén 몡 탄신, 생일[윗사람이나 존경하는 사람의 생일을 말할 때 씀]
☐ **时辰** shíchen 몡 시각, 시기, 때

晨 chén 몡 아침, 새벽, 오전 日와 辰으로 이루어진 단어입니다.

☐ **早晨** zǎochen 몡 이른 아침, 새벽
☐ **清晨** qīngchén 몡 이른 아침
☐ **凌晨** língchén 몡 새벽녘, 동틀 무렵

唇 chún 몡 입술 辰과 口로 이루어진 단어입니다.

☐ **嘴唇** zuǐchún 몡 입술
☐ **唇膏** chúngāo 몡 립스틱
☐ **唇亡齿寒** chúnwángchǐhán 셍 순망치한, 입술이 없어지면 이가 시리다, 이해관계가 서로 밀접하다

振 zhèn 동 진동하다 扌(手)와 辰으로 이루어진 단어입니다.

☐ **振动** zhèndòng 동 진동하다
☐ **振奋** zhènfèn 혱 분발하다, 진작하다 동 용기를 북돋우다, 진작시키다
☐ **振作** zhènzuò 동 진작시키다
☐ **振兴** zhènxīng 동 진흥시키다
☐ **重振** chóngzhèn 동 다시 진작하다, 재차 가다듬다

震 zhèn 동 진동하다, 진동시키다 雨와 辰으로 이루어진 단어입니다.

☐ **地震** dìzhèn 몡 지진
☐ **震惊** zhènjīng 동 깜짝 놀라게 하다
☐ **震动** zhèndòng 동 진동하다, (중대한 일이나 소식이) 반향을 불러일으키다

辱 rǔ 몡 치욕, 수치 辰과 寸으로 이루어진 단어입니다.

☐ **羞辱** xiūrǔ 동 치욕을 주다, 모욕을 주다 몡 치욕, 모욕
☐ **耻辱** chǐrǔ 몡 치욕, 치욕스러운 일
☐ **侮辱** wǔrǔ 동 모욕하다, 능욕하다
☐ **辱骂** rǔmà 동 욕설을 퍼부어 모욕을 주다, 욕설을 퍼붓다

주술목을 찾으면 잘못된 문장(病句)이 보인다!

독해 1부분에서 가장 많이 나오는 문제는 '주어(S)+술어(V)+목적어(O)'의 호응 문제입니다. 먼저 수식 성분인 관형어와 부사어를 괄호로 표시하고, 주술목 구조 중 빠진 성분은 없는지, 각각의 성분이 서로 호응되는지, 불필요한 단어는 없는지 확인하면 정답을 빨리 찾을 수 있습니다. 문장을 읽고 어감으로도 답을 찾을 수 있지만, 어감은 짧은 기간에 생기지 않으므로 주술목 구조 분석과 어법 지식으로 답을 찾도록 합니다.

STEP 01 먼저 풀어보기

예제 1

A 他们把小区建设得像花园一样美丽。

B 生命离不开阳光、空气、水，更离不开运动。

C 深秋的峨嵋山，是人们登高远眺、观赏日出的好时候。

D 我们总是盯着得不到的东西，而忽视了那些已经得到的东西。

예제 2

A 财富不是你一生的朋友，朋友却是你一生的财富。

B 保健品只是具有某种保健作用的食品而已，并不具备药物的治疗作用。

C 有些食物营养成分不高，热量却高得惊人，比如炸薯条、火腿、蛋糕等。

D 他是个很有吸引力的人，我每次看到他的时候都保持着他那灿烂的微笑。

예제 1

|해 설|

A 他们 [把小区] 建设 得 〈像花园一样美丽〉。
    S   把+O   V   조사   보어

B 生命 离不开 阳光、空气、水, [更] 离不开 运动。
    S   V₁   O₁   부사어 V₂   O₂

C (深秋的) 峨嵋山, 是 (人们登高远眺、观赏日出的) 好时候。
   관형어   S   V   관형어   O

D 我们 [总是] 盯 着 (得不到的) 东西, 而 忽视 了
    S   부사어 V₁ 조사 관형어   O₁ 접속사 V₂ 조사

   (那些已经得到的) 东西。
     관형어   O₂

A 문장에 전치사 把가 보이면 먼저 把자문을 체크합니다. 술어 建设의 목적어 小区가 把小区로 빠져 있고, 목적어(小区)가 변화된 결과는 조사 得 뒤에 보어(像花园一样美丽)로 와 있습니다. 把자문의 기본 어순과 일치하므로 A는 病句가 아닙니다.

B 하나의 주어에 술어1과 목적어1, 이어서 술어2와 목적어2가 대등하게 나열된 구조입니다. 전체 구조 및 단어의 호응, 부사어의 위치가 모두 알맞게 되어 있으므로 病句가 아닙니다.

C 이 문장의 수식 성분을 뺀 주술목 구조를 보면, '峨嵋山是好时候。'로 주어와 목적어의 호응이 맞지 않습니다. 따라서 이 문장은 病句입니다. 时候를 地方으로 바꿔 줘야 '峨嵋山是好地方。'이 되어 주어와 목적어의 호응이 맞게 됩니다.
   [病句] 深秋的峨嵋山，是人们登高远眺、观赏日出的好时候。
   [修改] 深秋的峨嵋山，是人们登高远眺、观赏日出的好地方。

D D는 주어 하나를 두고, 술어와 목적어의 구조가 대등하게 복문을 이루고 있습니다. 이때 앞뒤 절의 주어가 같기 때문에 뒷절에는 주어가 생략되어도 무방합니다. 또한 술어와 목적어의 호응, 즉, 盯着东西와 忽视了东西는 모두 호응 관계가 맞으므로, 이 문장은 病句가 아닙니다.

🎓 선생님의 한마디
'离不开(없어서는 안 되다)'는 관계가 아주 밀접한 경우에 사용합니다.

🎓 선생님의 한마디
접속사 而은 앞 문장과 반대의 내용을 이끌어 내는 역할을 합니다.

|해 석|

A 그들은 주택 단지를 화원처럼 아름답게 건설하였다.
B 생명은 햇빛, 공기, 물이 없어서는 안 되고, 더욱이 운동이 없어서도 안 된다.
C 늦가을의 어메이산(峨嵋山)은 사람들이 높은 곳에 올라 먼 곳을 바라보고 일출을 감상하기 좋은 곳이다.
D 우리는 늘 얻을 수 없는 물건을 바라보고 있고, 이미 얻은 물건은 등한시한다.

|단 어| 小区 xiǎoqū 명 주택 단지 | 建设 jiànshè 동 건설하다 | 离不开 líbukāi 동 없어서는 안 되다 | 深秋 shēn qiū 늦가을 | 峨嵋山 Éméi Shān 지명 어메이산[쓰촨(四川)성에 있는 산 이름] | 登高远眺 dēnggāo yuǎntiào 높은 곳에 올라 먼 곳을 바라보다 | 观赏 guānshǎng 동 감상하다 | 忽视 hūshì 동 등한시하다, 소홀히 하다

|정 답| C

|해 설|

A 財富 不是 (你一生的) 朋友，朋友 [却] 是 (你一生的) 財富。
　　S₁　V₁　　관형어　　O₁　S₂　부사어　V₂　　관형어　　O₂

B 保健品 [只] 是 (具有某种保健作用的) 食品 而已，[并不] 具备
　　S　부사어　V₁　　관형어　　　　　　O₁　어기조사　부사어　V₂

(药物的) 治疗作用。
　관형어　　　O₂

C 有些食物 营养成分 不高，热量 [却] 高 得 〈惊人〉，
　　大S　　　V₁　　　　　　　V₂

比如 炸薯条、火腿、蛋糕等。
접속사　　　명사

D 他 是 (个很有吸引力的) 人，[我每次看到他的时候][都] 保持 着
　S　V　　관형어　　　　O　　　　부사어　　　　　　V　조사

(他那灿烂的) 微笑。
　관형어　　　O

A '주어1+술어1+목적어1, 주어2+술어2+목적어2'로 이루어진 복문입니다. 전체적인 구조 및 부사어 却의 위치 또한 주어 뒤, 술어 앞에 옳게 들어갔기 때문에 이 문장은 病句가 아닙니다.

B 이 문장은 '주어+술어1+목적어1, 술어2+목적어2'의 구조로 이루어진 복문으로 病句가 아닙니다. 복문에서 앞절과 뒷절의 주어(保健品)가 같을 경우, 뒷절에는 주어를 쓰지 않습니다. 保健品只是具有某种保健作用的食品而已에서 전체 술어는 是이고, 목적어는 食品입니다. 관형어 具有某种保健作用的는 다시 동사(具有)와 목적어(某种保健作用)로 이루어져 있으므로, 전체 술어인 동사 是와 관형어 안의 동사 具有를 혼동하지 않아야 합니다.

C 이 문제의 전체 큰 주어(大S)는 有些食物이며, 술어는 营养成分不高와 热量却高得惊人입니다. 문장의 구조가 완전하므로 이 문장은 病句가 아닙니다.

D 이 문장은 얼핏 보면 '주어(他)+술어(是)+목적어(人), 주어(我)+술어(保持着)+목적어(微笑)'로 이루어진 복문으로 보이기 때문에 구조상 옳은 문장으로 보일 수 있습니다. 하지만 뒷절의 他那灿烂的微笑로 보아, 뒷절의 주어는 我가 아닌 他가 되어야 함을 알 수 있습니다. 따라서 이 문장은 주어가 누락되어 있으므로 病句입니다.

[病句] 他是个很有吸引力的人，我每次看到他的时候都保持着他那灿烂的微笑。
[修改] 他是个很有吸引力的人，我每次看到他的时候他都保持着他那灿烂的微笑。

|해 석|

A 재산은 당신 평생의 친구가 아니지만, 친구는 당신 평생의 재산이다.
B 건강식품은 단지 어떤 보건 효과를 가지고 있는 식품일 뿐이며, 결코 약물의 치료 효과를 가지고 있지는 않다.
C 일부 음식은 영양 성분이 높지 않지만 열량은 놀랄 정도로 높은데, 예를 들어 감자튀김, 햄, 케이크 등이 있다.
D 그는 매우 매력적인 사람으로, 내가 그를 볼 때마다 그는 항상 자기만의 눈부신 미소를 짓는다.

|단 어| **財富** cáifù 몡 재산, 부 | **保健品** bǎojiànpǐn 건강식품 | **具有** jùyǒu 동 가지고 있다 | **保健作用** bǎojiàn zuòyòng 보건 효과 •**保健** bǎojiàn 동 건강을 보호하다(지키다) | **具备** jùbèi 동 구비하다, 갖추다 | **药物** yàowù 몡 약물, 약품 | **治疗作用** zhìliáo zuòyòng 치료 효과 | **营养**

선생님의 한마디
- 부사 '却(그러나)'는 반드시 주어 뒤, 술어 앞에 위치합니다. 시험에서 간혹 却가 주어 앞에 있는 경우가 있으니 주의하세요.

- B처럼 전체 술어인 동사와 관형어 안의 동사가 있는 경우, 전체 술어 동사를 빼고 病句를 만들어 출제하기도 합니다.

선생님의 한마디
뒷절의 부사 都는 앞의 每次와 호응하며, 이때는 都를 '항상'으로 해석합니다.

成分 yíngyǎng chéngfèn 영양 성분 | **热量** rèliàng 몡 열량 | **惊人** jīngrén 통 사람을 놀라게 하다 | **炸薯条** zháshǔtiáo 몡 감자튀김 | **火腿** huǒtuǐ 몡 햄 | **吸引力** xīyǐnlì 몡 매력, 흡인력 | **保持** bǎochí 통 (좋은 상태를) 유지하다 | **灿烂** cànlàn 혱 눈부시다, 찬란하다 | **微笑** wēixiào 몡 미소

|정 답| **D**

STEP 03 내공쌓기

실제 시험에서 가장 많이 출제되는 부분이 주술목(S+V+O) 관련 문제입니다. 구조 분석을 직접 해 보고 어디가 틀렸는지 생각해 본 다음에 풀이를 보는 것이 좋습니다. 문장이 똑같이 출제되지 않지만, 출제 포인트는 같습니다.

[중국어 문장의 기본 구조]

관형어	주어	부사어	술어	보어	관형어	목적어
来上海两年多的	我	已经深深地	喜欢	上了	美丽的	上海。

1. 주어가 빠져 있지 않은가?

1) 中国是扇子的故乡，在中国有着悠久的历史。

> • 직접 분석해 보세요.
>
> 中 国 是 扇 子 的 故 乡 ， 在 中 国 有 着 悠 久 的 历 史 。

中国 是 (扇子的) 故乡, [在中国] 有 着 (悠久的) 历史。
　S　 V　 관형어　 O　 부사어 V 조사 관형어 O
　　　　　　　　　　 생략된 주어 中国는 有历史의 주어가 될 수 없음

• **扇子** shànzi 몡 부채
• **故乡** gùxiāng 몡 고향
• **悠久** yōujiǔ 혱 유구하다

앞절과 뒷절의 주어가 같을 경우에만 뒷절의 주어를 생략할 수 있습니다. 이 문장에서 앞절의 주어인 中国는 뒷절인 在中国有着悠久的历史의 주어가 될 수 없습니다. 따라서 뒷절에 주어 扇子를 써 줘야 합니다.

→ 中国是扇子的故乡，扇子在中国有着悠久的历史
중국은 부채의 고향으로 부채는 중국에서 유구한 역사를 가지고 있다.

2) 《雨巷》是戴望舒的成名作，因此获得了"雨巷诗人"的称号。

> • 직접 분석해 보세요.
>
> 《雨巷》是戴望舒的成名作，因此获得了
>
> "雨巷诗人"的称号。

《雨巷》 是 （戴望舒的） 成名作，
  S   V   관형어   O

因此 获得 了 （"雨巷诗人"的） 称号。
접속사 V 조사   관형어   O

생략된 주어 《雨巷》은 获得称号의 주어가 될 수 없음

뒷절의 주어가 생략되었다면 앞절의 주어가 뒷절의 술어 및 목적어와 호응하는지 체크해야 합니다. 뒷절의 '获得了称号(칭호를 얻었다)'의 주어는 작품이될 수 없으며, 사람이 주어가 되어야 합니다. 따라서 앞절의 주어 《雨巷》이 뒷절의 주어가 될 수 없으므로, 뒷절의 동사 获得 앞에 주어 他를 써 줘야 합니다.

→ 《雨巷》是戴望舒的成名作，因此他获得了"雨巷诗人"的称号。

《우항》은 따이왕슈의 성공작이어서 그는 '우항 시인'이라는 칭호를 얻었다.

• **雨巷** Yǔxiàng 고유 우항['비 오는 골목'이라는 뜻의 작품]
• **戴望舒** Dài Wàngshū 인명 따이왕슈
• **成名作** chéngmíngzuò 성공작
• **获得** huòdé 동 획득하다, 얻다
• **称号** chēnghào 명 칭호

3) 由于计算机技术的普及，为学校开展多媒体教学提供了良好的条件。

> • 직접 분석해 보세요.
>
> 由于计算机技术的普及，为学校开展多媒体教学
>
> 提供了良好的条件。

주어가 없음

[由于计算机技术的普及]，[为学校开展多媒体教学] 提供 了 （良好的）
      부사어   부사어   V 조사 관형어

条件。 → 주어로 바꾸기
  O

이 문장은 '提供了……条件'의 주어가 누락되어 있습니다. 의미상 문장 제일 앞의 부사어 부분을 주어로 바꾸어 주는 것이 좋습니다. 由于를 삭제하여 计算机技术的普及만 남겨 두면 주어가 될 수 있습니다.

→ 计算机技术的普及，为学校开展多媒体教学提供了良好的条件。

컴퓨터 기술의 보급은 학교에서 멀티미디어 수업을 전개하는 데 좋은 조건을 제공했다.

• **计算机** jìsuànjī 명 컴퓨터
• **开展** kāizhǎn 동 전개하다, 펼치다
• **多媒体教学** duōméitǐ jiàoxué 멀티미디어 수업

4) 在气温突然下降的时候，往往会使一些身体素质较差的人患上感冒。

> • 직접 분석해 보세요.
>
> 在 气 温 突 然 下 降 的 时 候 ， 往 往 会 使
>
> 一 些 身 体 素 质 较 差 的 人 患 上 感 冒 。

👨‍🎓 선생님의 *한마디*

사역동사 使 뒤에는 항상 '주어
+술어+목적어'의 완전한 문장이
옵니다.

• 下降 xiàjiàng 동 떨어지다
• 素质 sùzhì 명 자질, 소양, 소질
• 患上 huànshàng 동 (병에) 걸
리다

주어가 없음

[在气温突然下降的时候], [往往会] 使 (一些身体素质较差的)
　　　부사어　　　　　　부사어　 V　　　 관형어

→ 주어로 바꾸기

人　患上　感冒。
S_2　V_2　O_2

사역동사 使 앞에 在气温突然下降的时候라는 부사어만 있을 뿐, 使의 주어가
없습니다. 따라서 '在……的时候'를 삭제해서 气温突然下降을 使의 주어로 만
들어 줘야 합니다.

→ 气温突然下降，往往会使一些身体素质较差的人患上感冒。
　 기온이 갑자기 떨어지는 것은 종종 신체적 자질이 비교적 떨어지는 사람들로 하여금 감기에 걸리게 한다.

2. 술어가 빠져 있지 않은가?

1) 有些网站可以免费申请个人主页的功能。

> • 직접 분석해 보세요.
>
> 有 些 网 站 可 以 免 费 申 请 个 人 主 页 的 功 能 。

• 网站 wǎngzhàn 명 (인터넷)
사이트
• 免费 miǎnfèi 동 무료로 하다
• 申请 shēnqǐng 동 신청하다
• 个人主页 gèrén zhǔyè
개인 홈페이지

有些网站 (可以免费申请个人主页的) 功能。
　S　 술어 자리　　　 관형어　　　 O

이 문장에 동사(申请)는 있지만 申请의 목적어는 个人主页입니다. 즉, 목적어
功能과 호응하는 술어가 없습니다. 따라서 주어 有些网站 뒤에 술어 有를 써
줘야 합니다.

→ 有些网站有可以免费申请个人主页的功能。
　 몇몇 사이트에는 무료로 개인 홈페이지를 신청할 수 있는 기능이 있다.

2) 虽然他们之间有时也会小矛盾，但相处得还算融洽。

> •직접 분석해 보세요.
>
> 虽 然 他 们 之 间 有 时 也 会 小 矛 盾 ，但 相 处 得
>
> 还 算 融 洽 。

虽然　他们之间　[有时][也][会]　小矛盾，但　相处　得　〈还算融洽〉。
접속사　　S　　　부사어　　　　　O　　접속사　V　조사　　보어
　　　　　　　　　　　　　　술어 자리

능원동사 会 뒤의 小矛盾은 명사입니다. 능원동사 뒤에는 절대 명사가 올 수 없기 때문에 이 문장에서는 술어가 빠져 있다는 것을 알 수 있습니다. 따라서 동사 술어 有를 써 줘야 합니다.

→ 虽然他们之间有时也会有小矛盾，但相处得还算融洽。

　비록 그들 사이에는 때때로 작은 갈등도 있었지만 그런대로 사이좋게 지낸다.

3) 大自然的许多奥妙是与人生的某些现象相似之处的。

> •직접 분석해 보세요.
>
> 大 自 然 的 许 多 奥 妙 是 与 人 生 的 某 些 现 象
>
> 相 似 之 处 的 。

　　　　　　　　　　　　　　강조
（大自然的许多）奥妙　是　[与人生的某些现象]　相似之处　的 。
　　관형어　　　　S　　　　　　부사어　　　　　　　O
　　　　　　　　　　　　　　　　　　　　　　술어 자리

이 문장에서 '是~的' 구문은 강조 구문이므로 是는 술어가 아닙니다. 与人生的某些现象은 '전치사+명사' 구조의 부사어이며, 相似之处는 명사형 단어이므로 문장에서 술어가 없다는 것을 알 수 있습니다. 따라서 목적어 앞에 술어 有를 추가해야 합니다.

→ 大自然的许多奥妙是与人生的某些现象有相似之处的。

　대자연의 수많은 오묘함은 인생의 어떤 현상들과 비슷한 점이 있다.

4) 书中的经验和知识对我们来说取之不尽、用之不竭的源泉。

> • 직접 분석해 보세요.
>
> 书 中 的 经 验 和 知 识 对 我 们 来 说 取 之 不 尽 、
>
> 用 之 不 竭 的 源 泉 。

(书中的) 经验和知识 [对我们来说] (取之不尽、用之不竭的) 源泉。
　관형어　　　S　　　　부사어　 술어 자리 　　관형어　　　　　O

이 문장의 구조를 보면 经验和知识가 주어이고, '取之不尽、用之不竭的'는 源泉을 수식하는 관형어이므로 문장에서 술어가 없음을 알 수 있습니다. 일부러 관형어 자리에 어려운 성어를 써서 혼란스럽게 했을 뿐입니다. 따라서 술어를 추가해 주어야 합니다.

→ 书中的经验和知识对我们来说是取之不尽、用之不竭的源泉。
　　책 속의 경험과 지식은 우리에게 있어서 아무리 써도 없어지지 않는 원천이다.

• 取之不尽、用之不竭
  qǔzhībùjìn、yòngzhībùjié
  쪹 아무리 써도 없어지지 않는
  다. 무궁무진하다
• 源泉 yuánquán 몡 원천

3. 목적어가 빠져 있지 않은가?

1) 电动车，简而言之就是以电力为能源。

> • 직접 분석해 보세요.
>
> 电 动 车 ， 简 而 言 之 就 是 以 电 力 为 能 源 。

电动车，[简而言之] 就是 以电力为能源。
　S　　　　부사어　　 V 　'以~为…'구문은 就是의 목적어가 될 수 없음

电动车는 주어이고, 就是는 술어입니다. 以电力为能源은 '以~为…(~으로 …이 되다)' 구문으로 목적어가 될 수 없으므로, 이 문장은 목적어가 누락되어 있음을 알 수 있습니다. 따라서 관형어 뒤에 的车를 붙여서, 주어와 술어에 호응하는 목적어를 만들어 주어야 합니다.

→ 电动车，简而言之就是以电力为能源的车。
　　전동차는 간단히 말하면 바로 동력을 에너지로 하는 차이다.

• 简而言之 jiǎn'ér yán zhī 요컨대, 간단히 말하면
• 能源 néngyuán 몡 에너지

2) 他这个人除了有点儿固执之外，还有不少让人值得佩服。

> • 직접 분석해 보세요.
>
> 他 这 个 人 除 了 有 点 儿 固 执 之 外 ， 还 有 不 少
>
> 让 人 值 得 佩 服 。

<u>他这个人</u>　[除了有点儿固执之外]，　[还]　有　不少让人值得佩服。
　S　　　　　　부사어　　　　　　부사어　V　　　有의 목적어가 될 수 없음

他这个人이 주어이고, 有가 동사 술어입니다. 不少让人值得佩服에서 不少가 수식하는 명사 목적어가 없습니다. 따라서 不少让人值得佩服는 목적어가 될 수 없으며, 목적어를 수식하는 관형어가 되어야 합니다. 그러므로 그 뒤에 的地方을 추가하여 목적어를 만들어 주어야 합니다.

→ 他这个人除了有点儿固执之外，还有不少让人值得佩服的地方。
　그 사람은 약간 고집스러운 것 외에 남이 감탄할 만한 점도 많이 있다.

• 固执 gùzhí 형 고집스럽다, 완고하다
• 值得 zhídé 통 ～할 만한 가치가 있다
• 佩服 pèifú 통 감탄하다, 탄복하다

3) 现代医学研究表明，22时到凌晨4时是人体免疫系统、造血系统最旺盛。

> • 직접 분석해 보세요.
>
> 现 代 医 学 研 究 表 明 ， 22 时 到 凌 晨 4 时 是
>
> 人 体 免 疫 系 统 、 造 血 系 统 最 旺 盛 。

<u>现代医学研究</u>　<u>表明</u>，　<u>22时到凌晨4时</u>　<u>是</u>　人体免疫系统、造血系统最旺盛。
　大S　　　　　　大V　　　　　S　　　　　　V　　是는 명사형 목적어를 가지므로 목적어가 될 수 없음

이 문장은 '현대 의학 연구가(S) ～을(O) 발표했다(V)'라는 큰 구조에서, 목적어 부분이 다시 구체화되는 문장입니다. 22时到凌晨4时가 주어이고 是는 동사 술어입니다. 주어인 22时到凌晨4时는 시간을 나타내므로 '～이 가장 왕성하다'라는 是의 목적어가 될 수 없습니다. 그러므로 이 문장은 목적어가 누락되어 있습니다. '～最旺盛' 뒤에 的时间을 추가해서 목적어를 만들어서, 전체 주어와 술어, 목적어의 호응 관계를 맞춰 주어야 합니다.

→ 现代医学研究表明，22时到凌晨4时是人体免疫系统、造血系统最旺盛的时间。
　현대 의학 연구에 따르면, 22시부터 새벽 4시까지는 인체의 면역계통과 조혈계통이 가장 왕성한 시간이라고 한다.

• 凌晨 língchén 명 새벽, 이른 아침
• 免疫系统 miǎnyì xìtǒng 면역 계통
• 造血系统 zàoxiě xìtǒng 조혈 계통[피를 만드는 계통]
• 旺盛 wàngshèng 형 왕성하다

4)　在信息时代，一个人是否具有迅速捕捉有效信息，决定他成就的大小。

> • 직접 분석해 보세요.
>
> 在 信 息 时 代 ， 一 个 人 是 否 具 有 迅 速 捕 捉 有 效
>
> 信 息 ， 决 定 他 成 就 的 大 小 。

명사형 목적어가 필요함

[在信息时代]，　一个人　[是否]　具有　迅速捕捉有效信息，　决定
부사어　　　　　　　　　　　　　S　　　　　　　　　　　　　　　　V

(他成就的)　大小。
관형어　　　　O

주어 속 迅速捕捉有效信息를 보면 捕捉의 목적어가 有效信息입니다. 따라서 앞에 있는 동사 具有의 목적어가 빠져 있습니다. 그러므로 '……信息' 뒤에 的 能力를 추가하여 具有의 목적어를 만들어 주어야 합니다. 여기서 '一个人是否具有……的能力'는 전체 문장의 주어가 되며, 决定이 술어가 됩니다.

→ 在信息时代，一个人是否具有迅速捕捉有效信息的能力，决定他成就的大小。

정보화 시대에는, 효과적인 정보를 신속하게 포착하는 능력을 가지고 있는지가, 그 사람이 거둘 성과의 크기를 결정한다.

• 信息时代 xìnxī shídài 정보화 시대
• 捕捉 bǔzhuō 통 포착하다, 잡다

4. 주어 + 술어 + 목적어의 호응 관계가 맞는가?

1)　7月的内蒙古草原，是一个美丽的季节。

> • 직접 분석해 보세요.
>
> 7 月 的 内 蒙 古 草 原 ， 是 一 个 美 丽 的 季 节 。

동응 X

(7月的)　内蒙古草原，　是　(一个美丽的)　季节。
관형어　　　S　　　　V　　관형어　　　　O

때, 시기와 동응함

주어인 内蒙古草原과 목적어인 季节는 호응이 맞지 않습니다. 따라서 7月的内蒙古草原을 内蒙古草原的7月로 바꿔야 합니다.

→ 内蒙古草原的7月，是一个美丽的季节。

네이멍구 초원의 7월은 아름다운 계절이다.

• 内蒙古 Nèiměnggǔ 지명 네이멍구

2) 这一天的活动是同学们这段时间最紧张、最愉快、最有意义的一天。

> • 직접 분석해 보세요.
>
> 这 一 天 的 活 动 是 同 学 们 这 段 时 间 最 紧 张 、
>
> 最 愉 快 、 最 有 意 义 的 一 天 。

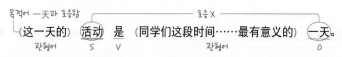

목적어 一天과 호응함 ────── 호응 X ──────

(这一天的) 活动 是 (同学们这段时间……最有意义的) 一天。
관형어　　　S　　V　　관형어　　　　　　　　　　　O

주술목을 보면 '活动是一天。'으로 주어와 목적어의 호응이 맞지 않습니다. 주어를 这一天으로 바꿔 줘야 '这一天是(……的)一天。'이 되어 맞는 문장이 됩니다.

→ 这一天是同学们这段时间最紧张、最愉快、最有意义的一天。
　이날은 학생들이 근래 들어 가장 긴장되고 즐겁고 매우 보람 있는 날이었다.

3) 这个地区的粮食总产量，除了供给本地区外，还运送给其他地区。

> • 직접 분석해 보세요.
>
> 这 个 地 区 的 粮 食 总 产 量 ， 除 了 供 给 本 地 区 外 ，
>
> 还 运 送 给 其 他 地 区 。

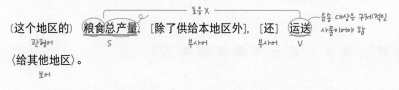

호응 X

운송 대상은 구체적인 사물이어야 함

(这个地区的) 粮食总产量， [除了供给本地区外]， [还] 运送
　관형어　　　　　S　　　　　부사어　　　　　부사어　 V

〈给其他地区〉。
　보어

동사인 '供给(공급하다)', '运送(운송하다)'과 호응하는 주어는 추상적인 생산량, 즉, 粮食总产量이 아니라, 구체적인 사물인 粮食가 되어야 합니다.

→ 这个地区的粮食，除了供给本地区外，还运送给其他地区。
　이 지역의 식량은 우리 지역에 공급되는 것 외에 다른 지역에도 운송한다.

선생님의 한마디

'除了~外'는 전치사구이며, 除了 뒤에는 명사뿐 아니라 供给本地区처럼 동사구가 오기도 합니다.

• 粮食 liángshi 몡 식량, 양식
• 总产量 zǒngchǎnliàng 총 생산량
• 供给 gōngjǐ 동 공급하다

4) 绿色植物是天然的空气调节器和净化器的作用。

직접 분석해 보세요.

绿 色 植 物 是 天 然 的 空 气 调 节 器 和 净 化 器 的 作 用 。

호응 X

(绿色植物) 是 天然的空气调节器和净化器的 (作用)。
S   V   O
         绿色植물의 목적어로 적합함

주술목 구조만 보면 '绿色植物是(……的)作用.'으로, 주어와 목적어의 호응 관계가 맞지 않습니다. 따라서 的作用을 없애고 空气调节器和净化器를 목적어로 만들어서 주술목 호응 관계를 맞춰야 합니다.

→ 绿色植物是天然的空气调节器和净化器。
녹색식물은 천연의 공기 조절기이자 정화기이다.

• 绿色植物 lǜsè zhíwù
  녹색식물
• 调节器 tiáojiéqi 명 조절기
• 净化 jìnghuà 통 정화하다

5. 술어와 목적어의 호응 관계가 맞는가?

1) 智能手机扩大了微博等社交媒体工具的普及速度。

• 직접 분석해 보세요.

智 能 手 机 扩 大 了 微 博 等 社 交 媒 体 工 具 的 普 及 速 度 。

호응 X

智能手机 扩大 了 (微博等社交媒体工具的) 普及速度。
S   V   조사 관형어   O

동사 '扩大(확대하다)'와 목적어 '速度(속도)'는 잘못된 호응입니다. 속도와 호응하는 동사는 提高이므로 동사를 '提高了(향상시키다)'로 바꿔 줘야 합니다.

→ 智能手机提高了微博等社交媒体工具的普及速度。
스마트폰은 미니블로그 등 소셜 미디어 도구의 보급 속도를 향상시켰다.

• 智能手机 zhìnéng shǒujī
  스마트폰
• 扩大 kuòdà 통 확대하다
  └ 扩大范围 범위를 확대하다
• 微博 wēibó 명 미니블로그
• 社交媒体 shèjiāo méitǐ
  소셜 미디어(social media)

2) 五彩缤纷的焰火在夜空中组织了一幅美妙无比的图案。

• 직접 분석해 보세요.

五 彩 缤 纷 的 焰 火 在 夜 空 中 组 织 了

一 幅 美 妙 无 比 的 图 案 。

(五彩缤纷的)　焰火　[在夜空中]　组织　了　(一幅美妙无比的)　图案。
관형어　　　　S　　　부사어　　V　　　　　관형어　　　　　O

동사 组织는 사람들을 모아서 어떤 활동을 할 때 사용합니다. 즉, '学校组织学生们到中国去旅游。'처럼 사용하며, 이 문장의 목적어 图案과는 호응하지 않습니다. 따라서 동사 组织를 构成으로 바꿔 줘야 합니다.

→ **五彩缤纷的焰火在夜空中构成了一幅美妙无比的图案。**
오색찬란한 불꽃이 밤하늘에 아주 아름다운 무늬를 이루었다.

- 五彩缤纷 wǔcǎibīnfēn
  [형] 오색찬란하다
- 焰火 yànhuǒ [명] 불꽃, 화염
- 幅 fú [양] 폭[옷감·종이·그림 등을 세는 단위]
- 美妙 měimiào [형] 아름답다, 훌륭하다

3)　由于大量的酒精会杀死脑神经细胞，所以长期饮酒会导致记忆力减退，还有可能引发各种疾病的可能性。

- 직접 분석해 보세요.

由 于 大 量 的 酒 精 会 杀 死 脑 神 经 细 胞 ， 所 以

长 期 饮 酒 会 导 致 记 忆 力 减 退 ， 还 有 可 能 引 发

各 种 疾 病 的 可 能 性 。

원인　　　　　　　　　　　　　　　　　　　　　결과
由于　(大量的)　酒精　[会]　杀死　脑神经细胞，所以　长期饮酒
접속사　관형어　　S　　부사어　V　　　O　　接续사　　

[会]　导致　记忆力减退，[还有可能]　引发　各种疾病的　可能性。
부사어　V　　　O　　　　부사어　　　　V　　　　　　　O
　　　　　　　　　　　　　　　　引发의 목적어로 적합함

동사 引发는 '일으키다', '야기하다'의 의미로, '引发争吵(논쟁을 일으키다)'처럼 쓰입니다. 이 문장에서 引发는 可能性을 목적어로 가질 수 없고 직접적으로 各种疾病을 목적어로 가져야 합니다. 따라서 的可能性을 삭제하여 引发各种疾病으로 술어와 목적어의 호응을 맞춰야 합니다.

→ **由于大量的酒精会杀死脑神经细胞，所以长期饮酒会导致记忆力减退，还有可能引发各种疾病。**
대량의 알코올은 뇌신경 세포를 죽여서 장기간 음주하면 기억력 감퇴를 초래하고 또한 각종 질병을 일으킬 수도 있다.

- 酒精 jiǔjīng [명] 알코올
- 杀死 shāsǐ [동] 죽이다
- 脑神经细胞
  nǎoshénjīng xìbāo
  뇌신경 세포
- 饮酒 yǐnjiǔ [동] 음주하다, 술을 마시다
- 导致 dǎozhì [동] (나쁜 결과를) 초래하다, 야기하다
- 记忆力 jìyìlì [명] 기억력
- 减退 jiǎntuì [동] (정도가) 감퇴하다, 약해지다
- 引发 yǐnfā [동] (질병 등을) 일으키다, 유발하다

6. 필요 없는 단어가 있지 않은가?

1) 调查显示，多数女性喜欢有责任心、成熟、认真、幽默的男性最受女性欢迎。

调查　显示, 多数女性　喜欢　(有责任心、成熟、认真、幽默的)　男性
S　　V　　　S　　　V　　　　　　관형어　　　　　　　　O
最受女性欢迎。

이 문장의 술어인 喜欢의 목적어는 男性입니다. 따라서 男性 뒤에 있는 最受女性欢迎은 필요 없는 단어들이 됩니다. 마치 목적어인 男性을 最受女性欢迎의 주어로 보이게끔 만든 문제이니 주의해야 합니다.

→ 调查显示，多数女性喜欢有责任心、成熟、认真、幽默的男性。
　　조사에 따르면, 다수의 여성은 책임감이 있고 성숙하고 성실하며 유머러스한 남성을 좋아한다고 한다.

2) 入春以来，南方局部地区出现雷雨、大风、冰雹等强对流天气比较频繁。

[入春以来], 南方局部地区　出现　(雷雨、大风、冰雹等)　强对流天气
　　부사어　　　　S　　　V　　　　관형어　　　　　　　O
比较频繁。

이 문장의 술어는 出现이며, 목적어는 强对流天气이므로 强对流天气 뒤에 있는 比较频繁은 필요 없는 단어들이 됩니다. 频繁은 부사어로 쓰일 수 있으므로 술어 앞으로 옮겨서 频繁出现으로 만들어 주는 것이 문맥상 좋습니다.

→ 入春以来，南方局部地区频繁出现雷雨、大风、冰雹等强对流天气。
　　입춘 이래로, 남방 일부 지역에는 뇌우, 강풍, 우박 등의 강한 대류성 날씨가 빈번하게 나타났다.

3) 每个教师都应尽量利用课堂教学唤起学生对所学科目的兴趣，
使学生产生学习的欲望变得更强。

> • 직접 분석해 보세요.
> 每个教师都应尽量利用课堂教学唤起学生对所学
> 科目的兴趣，使学生产生学习的欲望变得更强。

每个教师 ［都应尽量］ 利用 课堂教学 唤起 （学生对所学科目的）
 S   부사어 V₁ O₁ V₂   관형어

兴趣， 使 学生 产生 （学习的） 欲望 变得更强。
 O₂ V S₂ V₂ 관형어 O₂

사역동사 使는 겸어문을 이끌어 내므로, 뒤에 다시 하나의 완전한 문장이 옵니
다. 이 문장에서는 '学生(S)+产生(V)+欲望(O)'입니다. 따라서 목적어 欲望 뒤
의 变得更强은 필요 없는 단어이므로 삭제해야 합니다.

→ 每个教师都应尽量利用课堂教学唤起学生对所学科目的兴趣，使学生产生学
习的欲望。
모든 교사는 교실 수업을 최대한 이용해서 학생들의 학과목에 대한 흥미를 불러일으켜, 학생들이 학습 의
욕이 생기게 해야 한다.

• 尽量 jǐnliàng 〔부〕 가능한 한, 최대한
• 课堂教学 kètáng jiàoxué 교실 수업
• 唤起 huànqǐ 〔동〕 (흥미를) 불러 일으키다
• 科目 kēmù 〔명〕 과목
• 欲望 yùwàng 〔명〕 욕망, 의욕

4) 中国古代的青花瓷，图案款式种类繁多，每个时期的款式都有
鲜明的时代特征明显。

> • 직접 분석해 보세요.
> 中国古代的青花瓷，图案款式种类繁多，每个
> 时期的款式都有鲜明的时代特征明显。

（中国古代的） 青花瓷， 图案款式种类繁多，（每个时期的） 款式 ［都］ 有
 관형어   S₁   V₁   관형어 S₂ 부사어 V₂

（鲜明的） 时代特征 明显。
 관형어 O₂

뒷절에서 동사 술어는 有이고, 목적어는 时代特征입니다. 따라서 목적어 뒤에
다른 단어가 올 수 없으므로, 明显을 삭제해야 맞는 문장이 됩니다.

→ 中国古代的青花瓷，图案款式种类繁多，每个时期的款式都有鲜明的时代特
征。
중국 고대의 청화자기는 도안 양식의 종류가 많고, 매 시기별 디자인도 모두 뚜렷한 시대적 특징을 가지고
있다.

• 青花瓷 qīnghuācí 〔명〕 청화자기
• 款式 kuǎnshì 〔명〕 디자인, 스타 일, 양식
• 种类 zhǒnglèi 〔명〕 종류
• 繁多 fánduō 〔형〕 (종류가) 많고 다양하다
• 鲜明 xiānmíng 〔형〕 뚜렷하다, 선명하다

5) 经过治疗，儿子的病已经恢复了健康。

> • 직접 분석해 보세요.
>
> 经 过 治 疗 ， 儿 子 的 病 已 经 恢 复 了 健 康 。

[经过治疗]，（儿子的） 病 [已经] 恢复 了 健康。
  부사어   관형어 S 부사어 V 조사

• 治疗 zhìliáo 통 치료하다
• 恢复 huīfù 통 회복되다

만약 주어가 儿子라면 恢复了健康을 술어와 목적어로 가질 수 있지만, 주어 病은 목적어 健康을 가질 수 없습니다. 그러므로 이 문장에서 健康은 불필요한 단어가 됩니다.

→ 经过治疗，儿子的病已经恢复了。
오 치료를 통해 아들의 병은 이미 회복되었다.

6) 今天，我们去了北京郊区的地方，游览了很多著名的景点。

> • 직접 분석해 보세요.
>
> 今 天 ， 我 们 去 了 北 京 郊 区 的 地 方 ，
>
> 游 览 了 很 多 著 名 的 景 点 。

[今天]， 我们 去 了 北京郊区的地方， 游览 了 （很多著名的） 景点。
 부사어 S V₁ 조사   O₁   V₂ 조사 관형어   O₂

🎓 선생님의 한마디
비슷한 문제가 많이 출제되니 꼭 익혀 두세요. 장소 뒤에는 的地方을 쓰지 않습니다.

• 郊区 jiāoqū 명 교외 지역
• 游览 yóulǎn 통 유람하다
• 景点 jǐngdiǎn 명 명소, 경치가 좋은 곳

동사 去了의 목적어는 北京郊区만 있으면 됩니다. 的地方은 장소인 北京郊区 뒤에 쓰지 않도록 합니다.

→ 今天，我们去了北京郊区，游览了很多著名的景点。
오늘 우리는 베이징 교외 지역에 가서 많은 유명한 곳을 유람했다.

01 A 这个节目创意独特，颇受年轻人的欢迎。

 B 著名京剧表演艺术家梅兰芳先生的祖籍是江苏泰州人。

 C 他小小年纪，就能做到遇事从容不迫，真是难能可贵。

 D 哺乳动物的感情世界要比昆虫和鱼类丰富和鲜明得多。

02 A 这次失败的原因在于事先准备不足，计划做得不够周密。

 B 古龙创作的武侠小说构思巧妙，开展了武侠小说的新天地。

 C 关于牛郎与织女的爱情故事，中国民间有很多不同的版本。

 D 核桃含有较多的优质蛋白质和脂肪酸，对脑细胞的生长有益。

03 A 苦瓜虽苦，但与其他食材搭配时并不会将苦味渗入别的材料中，被人们称为"君子菜"。

 B 天气的变化，直接影响着动物的生活，往往能及时察觉到天气的变化，并预先做好相应的准备。

 C 在中国，酒主要以粮食为原料酿制而成。其中由谷物粮食酿造的酒一直处于优势地位，而果酒所占的份额很小。

 D 研究发现，一个人缓解压力的能力与他的社会经验有关，30岁以下的上班族的减压能力明显弱于资深上班族。

▶ 정답 및 해설 32쪽

주술목이 맞는다면,
부사어를 체크한다!

주술목(SVO) 구조가 올바르다면 두 번째로 체크할 부분은 부사어입니다. 부사어 관련 문제는 매 시험마다 한두 문제씩 출제되고 있습니다. 부사어란 술어 앞에 위치하여 술어를 수식하는 문장성분을 말하는데, 주로 부사, 능원동사, 전치사구 등이 부사어로 쓰이고, 把자문과 被자문도 부사어에 포함됩니다. 부사어의 위치나 어법이 맞게 쓰였는지 확인해야 합니다.

STEP 01 먼저 풀어보기

예제 1

A 检讨不是后悔，而是为前进铺路。

B 夫妻之间出现矛盾时， 吵架或冷战都不是解决问题的好办法。

C 灵芝不仅能食用，还能药用，其功效早在古代的医书上就有详细的记载。

D 生活中会发生什么，我们无法选择，但我们甚至可以选择怎样面对。

예제 2

A 每年六月的第三个星期日，被定为国际父亲节。

B 小时候，我特别盼望过端午节，因为能吃到妈妈亲手包的粽子。

C 这家公司目前在全球76个国家1,300万客户提供服务。

D 他们看到了这个尚待开发的市场中蕴藏着的巨大商机。

예제 1

|해 설|

A 检讨 不是 后悔, 而是 为前进铺路。
　　S　V₁　O₁　　 而是　V₂　 O₂

B [夫妻之间出现矛盾时], 吵架或冷战 [都] 不是 (解决问题的) 好办法。
　　　부사어　　　　　　　　　S　　 부사어　V　 관형어　　　 O

C 灵芝 不仅 [能] 食用, [还][能] 药用, 其功效 [早][在古代的医书上就]
　 S 접속사 부사어 V₁ 부사어 　 V₂ 　 S 　　부사어

有 (详细的) 记载。
V 관형어 　 O

D 生活中会发生什么, 我们 [无法] 选择, 但 我们 [甚至][可以] 选择
　　　O　　　　　 S₁ 부사어 V₁ 접속사 S₂ 　 부사어 　 V₂

怎样面对。
　 O₂

A 전체 문장은 '不是A, 而是B' 구문입니다. 'A가 아니라 B이다'의 의미로, A를 부정하고 B를 긍정하는 구문입니다. 문장의 구조와 뜻이 완전하므로 A는 病句가 아닙니다.

B '……时'는 부사어이므로, 주어 앞에 위치합니다. 동사구 吵架或冷战은 주어가 될 수 있습니다. 주술목의 구조와 부사어 위치가 완전하므로 B는 病句가 아닙니다.

C '不仅A, 还B' 구문에서 还는 접속사 而且를 대신해서 쓰인 접속부사입니다. 이 구문에서 앞 절과 뒷절의 주어가 같을 시에는 주어를 한 번만 쓰며, 반드시 不仅 앞에 두어야 합니다. '不仅, 还B' 구문의 주어 위치도 정확하고, 앞뒤 절 모두 구조나 의미가 완전하므로 C는 病句가 아닙니다.

D 生活中会发生什么는 我们无法选择의 의미상 목적어이지만 주어 앞으로 빼서 화제어로 만들어 줬습니다. 이 문장은 문장성분은 완전하지만, 부사 甚至가 의미상 잘못 쓰였으므로 病句입니다. 甚至는 앞의 내용보다 뒤의 상황을 강조할 때 사용하며 내용이 더 깊어지는 进一步의 의미를 나타냅니다. 뒷절에 역접 접속사 但이 있으므로, 의미상 甚至보다 '至少(최소한)'를 쓰는 것이 옳습니다.
[病句] 生活中会发生什么，我们无法选择，但我们甚至可以选择怎样面对。
[修改] 生活中会发生什么，我们无法选择，但我们至少可以选择怎样面对。

○☞ 선생님의 한마디
• '不仅A, 还B' 구문의 의미는 'A뿐만 아니라 B이기도 하다' 입니다. 不仅 대신에 不但도 자주 쓰입니다.

• 生活中会发生什么는 목적어 이지만 해석은 '～은/는'으로 되어야 자연스럽습니다.

|해 석|

A 반성은 후회가 아니라 전진을 위해서 길을 내는 것이다.
B 부부간에 갈등이 생겼을 때, 말다툼하거나 냉전하는 것은 모두 문제를 해결하는 좋은 방법이 아니다.
C 영지는 먹을 수 있을 뿐만 아니라 약으로 쓸 수도 있는데, 그 효능은 일찍이 고대 의서에 상세한 기록이 있다.
D 삶에서 무슨 일이 일어날지는 우리가 선택할 수 없지만, 우리는 최소한 어떻게 마주해야 하는지 선택할 수 있다.

|단 어| 检讨 jiǎntǎo 圄 깊이 반성하다 | 铺路 pūlù 圄 길을 내다 | 冷战 lěngzhàn 圄 냉전하다 | 灵芝 língzhī 圐 영지 | 药用 yàoyòng 圄 약으로 쓰다 | 记载 jìzǎi 圐 기록

|정 답| D

예제 2

|해 설|

A （每年六月的） 第三个星期日， ［被(+주어 생략)］ 定 〈为国际父亲节〉。
관형어　　　 O 　　　부사어 V 보어

B ［小时候］， 我 ［特别］ 盼望 过端午节， 因为 ［能］ 吃 〈到〉
부사어 S 부사어 V O 접속사 부사어 V 보어

（妈妈亲手包的） 粽子。
관형어 O

C 这家公司 ［目前］［在全球76个国家］ 1,300万客户 提供 服务。
S 부사어 명사형 V

D 他们 看到 了 （这个尚待开发的市场中蕴藏着的巨大） 商机。
S V 조사 관형어 O

A 목적어 第三个星期日 뒤에 쉼표가 있습니다. 쉼표가 있다고 무조건 하나의 문장으로 생각하면 안 된다는 것에 유의합니다. 이 문장은 문장성분이 모두 알맞게 들어가 있으므로 A는 病句가 아닙니다.

B 동사 盼望 뒤에 목적어로 동사구 过端午节가 왔습니다. 접속사 因为가 있으므로, 문맥에 맞게 제대로 쓰였는지 체크합니다. 因为는 뒷절에 쓰일 수 있습니다. 위치나 의미상 옳게 쓰였으므로 B는 病句가 아닙니다.

C 문장 구조를 보면 부사어 目前在全球76个国家 뒤에 바로 명사형 단어인 1,300万客户가 온 형태인데, 이 명사형 단어가 어떤 문장성분으로 쓰였는지 정확하지 않습니다. 이 문장에서는 명사 앞에 전치사 为를 써야 맞는 표현이 됩니다. 전치사구에서 전치사가 빠져 있는 유형이므로, C는 病句입니다.
［病句］这家公司目前在全球76个国家1,300万客户提供服务。
［修改］这家公司目前在全球76个国家为1,300万客户提供服务。

D 이 문장은 '주어+술어+관형어+목적어'로 이루어진 단순한 구조의 문장입니다. 구조나 의미가 알맞게 되어 있으므로, D는 病句가 아닙니다.

선생님의 한마디
被자문은 p.172 내공쌓기를 참조하세요.

선생님의 한마디
'为……提供'은 함께 쓰이는 호응 구문이므로 통째로 암기해 두는 것이 좋습니다.

|해 석|

A 매년 6월 셋째 주 일요일은 국제 아버지의 날로 정해졌다.
B 어렸을 때 나는 돤우제(端午节)가 오는 걸 아주 간절히 바랐다. 왜냐하면 엄마가 직접 싼 쭝즈를 먹을 수 있기 때문이다.
C 이 회사는 현재 전 세계 76개 국가에서 1,300만 명의 고객을 위해 서비스를 제공한다.
D 그들은 아직 개발이 필요한 시장 속에 잠재되어 있는 이 거대한 사업 기회를 보았다.

|단 어| 盼望 pànwàng 동 간절히 바라다 | 端午节 Duānwǔjié 고유 돤우제 | 亲手 qīnshǒu 부 직접, 손수 | 包 bāo 동 (얇은 것으로) 싸다 | 粽子 zòngzi 명 쭝즈[찹쌀을 대나무 잎사귀나 갈댓잎에 싸서 삼각형으로 묶은 후 찐 음식] | 全球 quánqiú 명 전 세계 | 客户 kèhù 명 고객, 거래처, 바이어 | 提供 tígōng 동 제공하다 | 服务 fúwù 동 서비스하다 | 尚待 shàngdài 동 아직 ~이 필요하다, 아직 ~을 기다려야 한다 | 蕴藏 yùncáng 동 잠재하다 | 商机 shāngjī 명 사업 기회

|정 답| C

1. 부사를 문맥에 맞게 제대로 썼는가?

1) 中国至少在周朝就有了天赋人权的思想萌芽。

• 직접 분석해 보세요.

中 国 至 少 在 周 朝 就 有 了 天 赋 人 权 的 思 想 萌 芽 。

<u>中国</u> [至少][在周朝][就] <u>有</u> 了 (天赋人权的) <u>思想萌芽</u>。
　S　　부사어　　　V 조사　관형어　　　O

부사를 제대로 썼는지 물어보는 유형입니다. 이 문장은 周朝, 즉, 주나라 시기의 일을 말하고 있으므로, '최소한'의 뜻을 가지는 至少는 의미상 어울리지 않습니다. 과거 시기의 일을 들어, '일찍이 언제부터 ~했다'라고 표현할 때는 '早在+시기+就+동사'의 구조로 씁니다. 따라서 부사 至少를 早로 바꾸어야 합니다.

→ 中国早在周朝就有了天赋人权的思想萌芽。
중국에는 일찍이 주나라 때 천부인권사상의 싹이 생겨났다.

• 周朝 Zhōu cháo 주나라 시기
• 天赋人权思想 tiānfù rénquán sīxiǎng 천부인권사상
• 萌芽 méngyá 圀 싹, 맹아[사물의 시작을 비유함]

2) 过了一会儿，卡车突然渐渐地放慢了速度。

• 직접 분석해 보세요.

过 了 一 会 儿 ， 卡 车 突 然 渐 渐 地 放 慢 了 速 度 。

[过了一会儿]， <u>卡车</u> [突然][渐渐地] <u>放慢</u> 了 <u>速度</u>。
　부사어　　　　S　　　부사어　　　　V 조사　O

부사가 연이어 두 개가 쓰인 유형입니다. 이때는 부사들의 의미가 함께 어울리는지, 혹시 반대 의미의 부사가 함께 쓰이지 않았는지 확인해야 합니다. 이 문장에서는 '突然(갑자기)'과 '渐渐地(점점)'가 상반되는 의미이므로 함께 쓸 수 없습니다. 따라서 부사 둘 중 하나를 삭제해야 합니다.

→ 过了一会儿，卡车渐渐地放慢了速度。 / 过了一会儿，卡车突然放慢了速度。
잠시 후 트럭은 서서히 속도를 늦추었다. / 잠시 후 트럭은 갑자기 속도를 늦추었다.

• 渐渐 jiànjiàn 凰 서서히
• 放慢 fàngmàn 图 (속도를) 늦추다

3) 他看着手机里的这个短信不禁忍不住笑出声来。

• 직접 분석해 보세요.

他 看 着 手 机 里 的 这 个 短 信 不 禁 忍 不 住 笑 出 声 来 。

<u>他</u> <u>看</u> 着 (手机里的) <u>这个短信</u> [不禁][忍不住] <u>笑出声来</u>。
S　V 조사　관형어　　　O　　　　부사어　　　　V

📖 선생님의 한마디
• 忍不住는 항상 '忍不住+동사'의 형태로 쓰기 때문에 동사이지만 문장성분은 부사어입니다.
• 笑出声来는 说出话来와 같은 구조로, 出来는 방향보어이며 목적어는 보통 出来 사이에 넣습니다.

부사어 부분이 不禁忍不住로 되어 있습니다. 不禁은 부사이고 忍不住는 동사로, 품사는 다르지만 의미상 같기 때문에 함께 쓰지 않습니다. 따라서 부사어 부분의 두 단어 중 하나를 삭제해야 합니다.

→ 他看着手机里的这个短信<u>不禁</u>笑出声来。/ 他看着手机里的这个短信<u>忍不住</u>笑出声来。

그는 휴대전화의 이 문자를 보고서 참지 못하고 웃음소리를 냈다.

· 短信 duǎnxìn 명 문자 메시지
· 不禁 bùjīn 부 참지 못하고, 절로
· 忍不住 rěnbúzhù 동 참을 수 없다

4) 雨下得非常大，他身上的大衣基本上完全湿透了。

> · 직접 분석해 보세요.
>
> 雨 下 得 非 常 大 ， 他 身 上 的 大 衣 基 本 上 完 全 湿 透 了 。

雨　　下　　得　　〈非常大〉，（他身上的）　大衣　　［基本上］［完全］　湿　〈透〉　了。
　S　　V　　조사　　　보어　　　　관형어　　　　S　　　　부사어　　　V　보어　조사

부사 基本上은 '거의', '대체로'라는 뜻이고, 보어 透는 '전부', '완전히'라는 뜻입니다. 따라서 함께 쓰면 의미가 모순되므로 함께 쓸 수 없습니다.

→ 雨下得非常大，他身上的大衣<u>完全</u>湿透了。

비가 아주 많이 내려서 그의 외투는 완전히 푹 젖었다.

🎓 선생님의 *한마디*

한국어의 보어와 중국어의 보어는 의미가 완전히 달라서 중국어의 보어 문제는 특히 病句인지 알아보기가 힘들기 때문에 유의해야 합니다.

· 基本上 jīběnshang 부 거의, 대체로
· 湿透 shītòu 형 흠뻑 젖다, 푹 젖다

5) 宽容是一种为人处世的哲学。只有宽容他人的过错，与人才能建立起良好的人际关系。

> · 직접 분석해 보세요.
>
> 宽 容 是 一 种 为 人 处 世 的 哲 学 。 只 有 宽 容 他 人 的 过 错 ， 与 人 才 能 建 立 起 良 好 的 人 际 关 系 。

宽容　　是　　（一种为人处世的）　哲学。　只有　　宽容　　（他人的）　过错，
　S　　V　　　　관형어　　　　　O　　접속사　V　　　관형어　　　O

［与人］［才］［能］　建立　〈起〉　（良好的）　人际关系。
　부사어　　V　　보어　　관형어　　　O

부사어에서 품사들 간의 기본 순서는 '부사+능원동사+전치사+명사'입니다. 따라서 이 문장의 부사어 부분인 与人才能은 '才(부사)+能(능원동사)+与(전치사)+人(명사)'의 순서로 써야 맞는 문장이 됩니다. 이처럼 부사어가 나열되어 있는 경우 순서를 체크하는 것도 중요합니다.

→ 宽容是一种为人处世的哲学。只有宽容他人的过错，<u>才</u>能<u>与人</u>建立起良好的人际关系。

관용은 일종의 처세 철학이다. 오직 타인의 잘못을 너그럽게 대해야만, 남과 좋은 인간관계를 맺을 수 있다.

· 宽容 kuānróng 명 관용 동 너그럽게 대하다, 관대하다
· 为人处世 wéirén chǔshì 처세를 잘하다
· 哲学 zhéxué 명 철학
· 过错 guòcuò 명 잘못, 허물

2. 전치사를 제대로 썼는가?

1) 经过显微镜，我们可以清楚地看到肉眼看不见的微生物。

> • 직접 분석해 보세요.
>
> 经 过 显 微 镜 ， 我 们 可 以 清 楚 地 看 到
>
> 肉 眼 看 不 见 的 微 生 物 。

[经过显微镜]，　我们　[可以] [清楚地]　看到　（肉眼看不见的）　微生物。
부사어　　　　　S　　　　부사어　　V　　　관형어　　　　O

전치사 经过와 通过를 제대로 썼는지 물어보는 유형입니다. 经过는 주로 '经过长期的努力(장기간의 노력을 통해)'처럼 기간과 함께 쓰이며, 通过는 단순히 수단을 나타낼 때 쓰입니다. 이 문장에서 '显微镜(현미경)'은 단순한 수단이므로 经过가 아닌, 通过를 써야 합니다.

→ 通过显微镜，我们可以清楚地看到肉眼看不见的微生物。
　현미경을 통해서 우리는 육안으로 볼 수 없는 미생물을 분명하게 볼 수 있다.

• **显微镜** xiǎnwēijìng 명 현미경
• **肉眼** ròuyǎn 명 육안, 맨눈
• **微生物** wēishēngwù 명 미생물

2) 关于火山的喷发情况，可以将火山分为死火山、休眠火山和活火山。

> • 직접 분석해 보세요.
>
> 关 于 火 山 的 喷 发 情 况 ， 可 以 将 火 山 分 为 死 火 山 、
>
> 休 眠 火 山 和 活 火 山 。

[关于火山的喷发情况]，　[可以]　[将火山]　分
부사어　　　　　　　　　　부사어　　=把+O　　V

〈为死火山、休眠火山和活火山〉。
보어

전치사 关于와 根据를 제대로 썼는지 체크하는 문제입니다. 关于 뒤에는 얘기하고자 하는 내용이 오고, 根据 뒤에는 동작의 근거가 제시됩니다. 전치사를 제대로 썼는지 보려면 단순히 전치사 뒤에 오는 명사만 봐서는 안 되고, 전치사가 수식하는 동사까지 봐야 합니다. 이 문장은 술어 부분에서 화산의 종류를 나누는 내용을 말하고 있습니다. 따라서 의미상 화산을 나누는 근거가 와야 하므로, 关于가 아닌 根据를 써야 합니다.

→ 根据火山的喷发情况，可以将火山分为死火山、休眠火山和活火山。
　화산의 분출 상황에 따라서, 화산을 사화산, 휴화산과 활화산으로 나눌 수 있다.

🎓 **선생님의 한마디**
만약 술어부에 介绍나 讨论이 오면 전치사는 关于를 씁니다.

• **喷发** pēnfā 통 분출하다, 내뿜다
• **休眠火山** xiūmián huǒshān 명 휴화산

3) 专家建议，求职者谨慎的态度找工作是对的，但也不可过于挑剔。

> • 직접 분석해 보세요.
>
> 专 家 建 议 ， 求 职 者 谨 慎 的 态 度 找 工 作 是 对 的 ，
>
> 但 也 不 可 过 于 挑 剔 。

专家 建议，<u>求职者</u> 谨慎的态度 找 工作 是 对 的，
 S   V   S   V

(부사어 자리) (강조)

[但] [也不可过于] 挑剔。
     부사어   V

두 번째 주어 부분인 求职者谨慎的态度找工作는 하나의 문장으로 이루어졌습니다. 주어 求职者와 '관형어+명사' 형태인 谨慎的态度가 연달아 있고, 그 뒤에 동사 找가 있습니다. 따라서 求职者 뒤의 명사 谨慎的态度 앞에는 전치사以를 추가하여 부사어로 만들어 주어야 합니다.

→ 专家建议，求职者以谨慎的态度找工作是对的，但也不可过于挑剔。
> 구직자는 신중한 태도로 일자리를 찾는 것이 맞지만 지나치게 따져서도 안 된다고 전문가는 제안한다.

• **求职者** qiúzhízhě 몡 구직자
• **谨慎** jǐnshèn 휑 (언행이) 신중하다
• **过于** guòyú 톤 지나치게, 너무
• **挑剔** tiāoti 통 (결점·잘못을) 지나치게 트집 잡다(따지다)

4) 张衡从小很早就对天文学和数学产生了浓厚的兴趣。

> • 직접 분석해 보세요.
>
> 张 衡 从 小 很 早 就 对 天 文 学 和 数 学 产 生 了
>
> 浓 厚 的 兴 趣 。

<u>张衡</u> [从小] [很早][就][对天文学和数学] <u>产生</u> 了 (浓厚的) <u>兴趣</u>。
 S   부사어   V   조사 관형어   O

전치사구 从小와 부사어 很早는 같은 의미의 표현입니다. 뜻이 중복되므로 이 표현은 함께 쓰지 못합니다. 따라서 둘 중 하나를 삭제하고 하나의 표현만 써야 옳은 문장이 됩니다.

→ 张衡从小就对天文学和数学产生了浓厚的兴趣。/ 张衡很早就对天文学和数学产生了浓厚的兴趣。
> 장형은 어려서부터 천문학과 수학에 대해 큰 흥미가 생겼다. / 장형은 일찍이 천문학과 수학에 대해 큰 흥미가 생겼다.

• **张衡** Zhāng Héng 인명 장형 [중국 동한(东汉) 시대의 과학자이자 천문학자]
• **数学** shùxué 몡 수학
• **浓厚** nónghòu 휑 (흥미가) 크다, 깊다
• **兴趣** xìngqù 몡 흥미

5) 相比两个月前，他的身体状况有了很大的改善，他对自己这段时间的恢复情况还是十分满意的。

> 相比两个月前，他的身体状况有了很大的
> 改善，他对自己这段时间的恢复情况还
> 是十分满意的。

[相比两个月前]，(他的) 身体状况 有 了 (很大的) 改善，
   부사어   관형어   S   V 조사   관형어   O

他 [对自己这段时间的恢复情况][还] 是 [十分] 满意 的。
S   부사어   강조   부사어   V(형)

동사 相比, 相似, 相同처럼 相이 들어간 단어는 항상 앞에 전치사 '跟(=和=与)'
이 와서 '与……相比'의 형태로 씁니다. 따라서 위 문장 앞의 부사어를 与两个
月前相比로 고쳐야 옳은 문장이 됩니다.

→ 与两个月前相比，他的身体状况有了很大的改善，他对自己这段时间的恢复
情况还是十分满意的。
> 두 달 전과 비교해 보면, 그의 몸 상태는 크게 나아졌다. 그는 자신의 그동안의 회복 상황에 대해서 그래도
> 매우 만족스러웠다.

'有了很大的改善'은 '매우 개선
되었다'라는 중국식 표현입니다.
한국어와 표현 방식이 다르므로
암기해 두면 좋습니다. 형용사
술어 满意는 뒤에 목적어를 가질
수 없으며, 전치사 对와 함께 쓰
이는 경우가 많습니다. '对……
满意'의 구문을 암기하세요.

• **身体状况** shēntǐ
zhuàngkuàng
몸 상태
• **恢复情况** huīfù qíngkuàng
회복 상황

3. 把자문을 제대로 썼는가?

┌───┐
把자문 공식

주어   [부사어] [把+동사의 목적어] 동사 술어 〈목적어가 변화된 결과〉
我   已经   老虎   打   死了

기본 문형은 '我已经打死了老虎。'입니다. 把자문은 기본 문형의 목적어(老虎)를 把
를 이용하여 동사 앞으로 옮긴 것이 가장 큰 특징이며, 동사 뒤에는 목적어(老虎)가 변
화된 결과(死了)를 써 줘야 합니다. 把 대신 将을 쓸 수 있으며, 把는 전치사이므로 부
사와 능원동사가 올 경우 把 앞에 쓰는 것이 일반적인 순서입니다.
└───┘

1) 把小女儿每次抱在怀里，喂她吃东西，我都有一种很满足的感觉。

> 把小女儿每次抱在怀里，喂她吃东西，
> 我都有一种很满足的感觉。

[把小女儿] [每次] 抱 〈在怀里〉，喂 她 吃 东西，
把+O　　　부사어　V₁　　보어　　V₂ O₂ V₃ O₃

我 [都] 有 （一种很满足的） 感觉。
S　부사어　V　　관형어　　　　　O

명사 每次는 부사어로 쓰입니다. 把자문에서 부사어는 전치사 把 앞에 위치해야 하므로, 이 문장에서 每次를 把 앞으로 옮겨야 합니다.

→ 每次把小女儿抱在怀里，喂她吃东西，我都有一种很满足的感觉。
매번 딸아이를 품에 안고서 음식을 먹일 때면, 나는 매우 만족스러운 느낌이 든다.

☞ 선생님의 한마디
학생들이 문제에 把자문과 被자문이 있으면 무조건 病句라고 생각하는 경향이 있습니다. 하지만 실제로, 把자문과 被자문은 매 시험에 출제되는 것이 아니고 100문제 중에 3~4문제 정도 출제됩니다.

• 喂 wèi 图 (음식물을) 먹이다

2) 有的人把购物成为一种释放压力的手段，心理压力过大、心里不痛快时，就通过购物来舒缓自己的情绪。

> • 직접 분석해 보세요.
> 有 的 人 把 购 物 成 为 一 种 释 放 压 力 的 手 段，
> 心 理 压 力 过 大 、 心 里 不 痛 快 时 ， 就 通 过 购 物 来
> 舒 缓 自 己 的 情 绪 。

有的人 [把购物] 成 〈为一种释放压力的手段〉，
S　　　把+O　　보어
[心理压力过大、心里不痛快时]，[就通过购物来] 舒缓 （自己的） 情绪。
　　　부사어　　　　　　　　　　　부사어　　　V　　관형어　　O

把자문에서는 동사 뒤에 '为+명사'의 구문이 보어로 많이 쓰입니다. 하지만 이 문장에서 成为의 为는 보어가 아니고 成为 자체가 하나의 단어입니다. 따라서 成为는 把자문에 쓰지 않습니다. 이 문장은 'A를 B로 보다[여기다]'의 의미를 가진 '把A视为B'의 구문으로 바꾸어야 옳은 문장이 됩니다.

→ 有的人把购物视为一种释放压力的手段，心理压力过大、心里不痛快时，就通过购物来舒缓自己的情绪。
어떤 사람은 쇼핑을 스트레스를 해소하는 수단으로 여겨, 심리적 스트레스가 너무 크고 마음이 불쾌할 때 쇼핑을 통해서 자신의 마음을 완화시킨다.

☞ 선생님의 한마디
'通过+수단+来+동사' 구조에서 来는 조사로서, 通过와 같은 의미로 쓰인 것입니다. 굳이 해석하지 않아도 됩니다.

• 购物 gòuwù 图 쇼핑 图 물건을 사다
• 视为 shìwéi ~으로 여기다, ~으로 간주하다
• 释放 shìfàng 图 (스트레스를) 해소하다
• 舒缓 shūhuǎn 图 (마음을) 완화하다

3) 随着人们环保意识的提高，越来越多的人在购买家电产品时，把节能做重要的衡量标准，绿色家电成为新的时尚选择。

> • 직접 분석해 보세요.
> 随 着 人 们 环 保 意 识 的 提 高， 越 来 越 多 的 人 在 购 买 家 电 产 品 时，
> 把 节 能 做 重 要 的 衡 量 标 准 ， 绿 色 家 电 成 为
> 新 的 时 尚 选 择 。

[随着人们环保意识的提高]，（越来越多的） 人 [在购买家电产品时]，
　　　부사어　　　　　　　　　관형어　S₁　　　　부사어

[把节能] 做 重要的衡量标准，绿色家电 成为 （新的时尚） 选择。
把+O　　V₁　　보어 자리　　　　S₂　　V₂　관형어　　O₂

把자문에 쓰이는 동사 뒤에는 목적어가 변화된 결과가 와야 합니다. 주로 보어
가 오는데, 보어로 쓸 수 있는 품사는 동사와 형용사입니다. 이 문장은 동사 做
뒤에 명사형인 重要的衡量标准이 왔기 때문에 病句가 됩니다. 명사가 결과로
올 때는 '为+명사'의 전치사구 형태가 되어야 보어로 쓸 수 있습니다. 把자문과
被자문에서 동사 뒤에 전치사 없이 명사만 올 경우 病句가 됩니다.

→ 随着人们环保意识的提高，越来越多的人在购买家电产品时，把节能做为重
要的衡量标准，绿色家电成为新的时尚选择。
사람들의 환경보호 의식이 높아짐에 따라, 갈수록 많은 사람들이 가전제품을 살 때 에너지 절약을 중요한
평가 기준으로 삼아서, 녹색 가전이 새로운 트렌디한 선택이 되었다.

---

4. 被자문을 제대로 썼는가?

被자문 공식

동사의 목적어 [부사어] [被+주어] 동사 술어 〈목적어가 변화된 결과〉
　老虎　　　已经　　被我　　　打　　　　　死了

기본 문형은 '我已经打死了老虎。'입니다. 被자문은 기본 문형의 목적어(老虎)를 被
를 이용하여 동사 앞으로 옮겨 놓은 구조를 말합니다. 把자문과 마찬가지로 동사 뒤에는
목적어가 변화된 결과(死了)가 와야 하고, 부사(已经)와 능원동사가 올 경우 被 앞에 놓
입니다. 被자문의 가장 큰 특징 중 하나는 被 뒤에 있는 주어(我)를 생략할 수 있다는 점
입니다. 따라서 위 문장은 '老虎已经被打死了。'라고도 할 수 있습니다.

---

1) "鸡蛋里挑骨头"常用来被形容一个人无中生有，故意找别人毛
病。

> • 직접 분석해 보세요.
>
> " 鸡 蛋 里 挑 骨 头 " 常 用 来 被 形 容 一 个 人 无 中 生 有 ，
>
> 故 意 找 别 人 毛 病 。

"鸡蛋里挑骨头" [常] 用来 [被] 形容一个人无中生有，故意找别人毛病。
　　O　　　부사어　V　　被　　　　　목적어가 변화된 결과
　　　　　　　　　(+주어 생략)

• 环保意识 huánbǎo yìshí 환경
　보호 의식
• 购买 gòumǎi 동 사다, 구매하다
• 家电产品 jiādiàn chǎnpǐn
　가전제품
• 节能 jiénéng 동 에너지를 절약
　하다
• 衡量标准
　héngliáng biāozhǔn 평가 기준
• 时尚 shíshàng 형 유행하다,
　트렌디하다

이 문장의 동사 술어는 用来입니다. 被자문에서 동사 술어의 위치는 被 뒤입니다. 따라서 用来被가 아닌, 被用来가 되어야 합니다. '形容一个人无中生有, 故意找别人毛病'은 보어는 이지만 被자문에서 목적어(鸡蛋里挑骨头)를 설명해 주는 역할을 합니다.

→ "鸡蛋里挑骨头"常被用来形容一个人无中生有，故意找别人毛病。

'鸡蛋里挑骨头'는 어떤 사람이 없는 사실을 꾸며 내고 고의로 다른 사람의 결점을 찾아내는 것을 형용하는 데 자주 쓰인다.

- **鸡蛋里挑骨头**
  jīdàn li tiāo gǔtou
  속담 달걀 속에서 뼈를 찾다, 억지로 남의 결점을 들추어내다
- **无中生有** wúzhōngshēngyǒu
  성어 없는 사실을 꾸며 내다
- **故意** gùyì 분 고의로, 일부러
- **找毛病** zhǎo máobìng 결점을 찾아내다

2) 鸟类原本是以星星定向的，城市的照明光却常常被它们迷失方向。

> • 직접 분석해 보세요.
>
> 鸟 类 原 本 是 以 星 星 定 向 的 ， 城 市 的 照 明 光
>
> 却 常 常 被 它 们 迷 失 方 向 。

被자문의 기본 구조는 '목적어+被(+주어)+동사 술어+결과'입니다. 이 문장 두 번째 절의 被 부분을 보면 被 뒤에 '주어+동사+목적어'의 형태로 쓰여 있기 때문에 被자문의 구조가 아님을 알 수 있습니다. 또한 의미를 해석해 보면, 被 앞의 주어 照明光이 주체가 되어, 它们迷失方向이라는 결과를 이끄는 것이 의미상 자연스럽습니다. 따라서 이 문장은 被를 '~에게 …하게 하다'라는 의미인 让으로 바꾸어야 합니다.

→ 鸟类原本是以星星定向的，城市的照明光却常常让它们迷失方向。

조류들은 원래 별을 이용해서 방향을 정하지만 도시의 조명이 자주 조류들로 하여금 방향을 잃게 만든다.

- **定向** dìngxiàng 통 방향을 정하다
- **照明光** zhào míng guāng
  밝게 비추는 빛
  └ **照** zhào 통 (빛 등을) 짧게 비추다
- **迷失** míshī 통 (방향을) 잃다

3) 有"活化石"之称的龟视为长寿的象征，在生物演化、地质变迁等方面具有重要的科研价值。

> • 직접 분석해 보세요.
>
> 有 " 活 化 石 " 之 称 的 龟 视 为 长 寿 的 象 征 ，
>
> 在 生 物 演 化 、 地 质 变 迁 等 方 面 具 有
>
> 重 要 的 科 研 价 值 。

有"活化石"之称的龟　视　〈为长寿的象征〉，[在生物演化、地质变迁等方面]

具有　（重要的）　科研价值。

이 문장은 동사 视 뒤에 '为+长寿的象征'이 보어로 쓰인 구조입니다. 얼핏 보면 이 문장의 龟를 주어로, 视를 술어로 생각할 수 있는데, 그렇게 되면 视의 주체가 龟가 되므로 의미가 매끄럽지 못하게 됩니다. 따라서 이 문장은 '有活化石之称的龟'가 의미상의 목적어이고 이것이 앞으로 나와 있으므로, 被자문으로 바꾸어 줘야 합니다. 즉, 이 문장은 동사 视 앞에 被를 추가해야 옳은 문장이 됩니다.

→ 有"活化石"之称的龟被视为长寿的象征，在生物演化、地质变迁等方面具有重要的科研价值。

'활화석'이란 명칭을 가진 거북은 장수의 상징으로 여겨지며, 생물의 진화와 지질 변천 등의 방면에서 중요한 과학 연구 가치를 가진다.

---

5. 겸어문을 제대로 썼는가?

겸어문 공식

주어1	[不/没/능원동사]	동사1	주어2(겸어)	[부사어]	술어2	목적어2
电脑		使	我们	在市场上	找到了	新机会。

겸어문의 동사1은 주로 사역동사(让, 叫, 使, 令)이며, 동사1 뒤에는 '주어2+술어2' 형태인 완전한 문장이 옵니다. 이때 주어2(我们)는 동사1(使)의 목적어이면서 술어2(找到)의 주어를 겸하기 때문에 '겸어'라고 하며, 이런 문장을 겸어문이라고 합니다. 부사어 중에서 부정부사 不, 没와 능원동사는 대부분 동사1 앞에 오지만, 나머지 부사어들은 의미에 따라 동사1 앞에 올 수도 있고 술어2 앞에 올 수도 있습니다. 술어2 자리에는 동사뿐 아니라 형용사도 올 수 있습니다.

1) 看到他在网上给我的留言后，让我深受鼓舞。

• 직접 분석해 보세요.

看 到 他 在 网 上 给 我 的 留 言 后 ， 让 我 深 受 鼓 舞 。

[看到他在网上给我的留言后]，让　我　深受　鼓舞。

사역동사 让이 쓰이려면 让 앞에 주어1이 와야 합니다. 이 문장에서는 주어1이

• 活化石 huóhuàshí 명 활화석 [살아 있는 화석]
• 之称 zhī chēng ～라는 명칭
• 龟 guī 명 거북
• 被视为 bèi shì wéi ～으로 여겨지다
• 长寿 chángshòu 명 장수
• 象征 xiàngzhēng 명 상징
• 生物演化 shēngwù yǎnhuà 생물의 진화
• 地质变迁 dìzhì biànqiān 지질의 변천
• 科研 kēyán 명 과학 연구[科学研究의 줄임말]

• 留言 liúyán 명 쪽지, 메시지
• 深受鼓舞 shēnshòu gǔwǔ 매우 고무되다

없고 부사어 看到他在网上给我的留言后만 있기 때문에 让이 바로 올 수 없습니다. 따라서 让을 빼고 일반적인 문장으로 만들어 주어야 합니다.

→ **看到他在网上给我的留言后，我深受鼓舞。**
그가 인터넷에서 내게 남긴 쪽지를 본 후에 나는 매우 고무되었다.

2) 经过三天的培训，使员工的业务素质得到了一定的提高。

> • 직접 분석해 보세요.
>
> 经 过 三 天 的 培 训 ， 使 员 工 的 业 务 素 质 得 到 了
>
> 一 定 的 提 高 。

[经过三天的培训]，使 （员工的） 业务素质 得到 了 （一定的） 提高。
　　　부사어　　　　　　관형어　　　　S　　　V　조사　관형어　　　O

使를 이용한 겸어문이 되려면 使 앞에 반드시 주어1이 있어야 합니다. 经过三天的培训은 '전치사+명사' 구조로, 주어가 될 수 없고 부사어로 쓰입니다. 따라서 사역동사 使를 삭제하여 일반적인 문장으로 만들어 주어야 합니다.

→ **经过三天的培训，员工的业务素质得到了一定的提高。**
3일간의 교육을 통해서 직원의 업무 자질이 어느 정도 향상되었다.

3) 通过游戏的过程，让孩子可以培养敏锐的观察力。

> • 직접 분석해 보세요.
>
> 通 过 游 戏 的 过 程 ， 让 孩 子 可 以 培 养
>
> 敏 锐 的 观 察 力 。

[通过游戏的过程]，让 孩子 [可以] 培养 （敏锐的） 观察力。
　　　부사어　　　　　　S　부사어　V　　관형어　　　O
　→ 주어로 바꾸기

사역동사 让이 있으면 항상 让 앞의 주어를 먼저 체크해야 합니다. 이 문장은 주어 대신 전치사구 형태의 부사어(通过游戏的过程)가 왔기 때문에 病句가 됩니다. 먼저 通过를 삭제하여 游戏的过程을 주어로 만들어 줍니다. 그리고 培养의 주체가 孩子가 되면 의미상 맞지 않기 때문에, 孩子는 동사 培养 뒤 관형어 자리로 옮겨서 문맥을 매끄럽게 맞추어야 옳은 문장이 됩니다.

→ **游戏的过程，可以培养孩子敏锐的观察力。**
놀이의 과정은 아이의 날카로운 관찰력을 길러 줄 수 있다.

• **培训** péixùn
  통 훈련하다, 교육하다, 육성하다
  명 직장 교육, 기술 훈련

• **游戏** yóuxì 명 놀이, 게임
• **培养** péiyǎng 통 기르다, 배양하다
• **敏锐** mǐnruì 형 날카롭다, 예민하다
• **观察力** guāncháli 명 관찰력

01 A 发言之前，每个人有两分钟的准备时间。

B 一口健康洁白的牙齿，会让你的笑容更迷人。

C 长期以来，外滩一直被世人看成是上海的象征。

D 顾虑太多，犹豫不决，就容易把机会从手中溜走。

02 A 为了便于记忆，人们编了一首二十四节气歌。

B 人要善于控制自己的情绪，否则你就会控制它们。

C 马在松软的土地上容易失蹄，人在甜言蜜语中容易失足。

D 古代，人们把一天划分为12个时辰，一个时辰相当于现在的两个小时。

03 A 乐观是一种习惯，悲观也是一种习惯，而习惯是可以养成的，也是可以摒弃的。

B "隔行如隔山"，是指如果你不干这一行，就很难理解这一行的内容和规则。

C 有弟兄两个人，各自在院子里种了一些土豆。在他们的精心栽培中，土豆的长势非常良好。

D 循环赛是指每个队都能和其他队比赛一次或两次，最后按总成绩计算名次的一种比赛。

▶ 정답 및 해설 35쪽

매년 출제되는
포인트를 공략한다!

주술목 구조 분석과 부사어 체크에 익숙해졌다면 독해 1부분 시험에 자주 출제되는 포인트를 알아 두어야 합니다. 출제 포인트만 잘 알고 있으면 모든 문장을 분석하지 않고도 정답을 빠르게 고를 수 있습니다. 접속사, 是否 · 能否 · 有没有, 之一, 정도부사, 형용사 중첩이 문장에 나오면 그 문장부터 확인해야 합니다.

STEP 01 먼저 풀어보기

예제 1

A 人体的散热主要是通过皮肤来实现的。

B 这篇文章的构思很巧妙，而且主题表达不够清晰。

C 在影片放映之前播放即将上映的影片的预告片，是电影院的惯例。

D 马铃薯含有丰富的维生素、蛋白质等营养元素，是很好的抗衰老食物。

예제 2

A 快乐的人不是没有伤心事，而是不会被伤心事所左右。

B 指南针是用于辨别方位的一种仪器，是中国古代四大发明。

C 读者只有领略到书中的精华，才能够体会到读书的乐趣。

D 九寨沟享有"童话世界"的美称，已被列入世界文化遗产名录。

예제 1

|해 설|

A （人体的） 散热 ［主要］ 是 ［通过皮肤来］ 实现 的。
　　　관형어　　 S 　　부사어　　 　〔강조〕　부사어　　 V

B （这篇文章的） 构思 ［很］ 巧妙， 而且 主题表达 ［不够］ 清晰。
　　 관형어 　　　 S 　부사어 V 　 접속사 　 S 　 부사어 　 V

C ［在影片放映之前］ 播放（即将上映的影片的）预告片， 是 （电影院的） 惯例。
　　　 부사어 　　　　　　　　 S 　　　　　　　　　　 V 　 관형어 　 O

D 马铃薯 含有 （丰富的维生素、蛋白质等） 营养元素， 是 （很好的）
　　 S 　 V₁ 　　　 관형어 　　　　　　　 O₁ 　 V₂ 　 관형어

抗衰老食物。
　 O₂

A 通过皮肤来实现 구문에서 来는 조사로서 通过와 같은 의미로 쓰이기 때문에 굳이 해석할 필요는 없습니다. '是~的'는 강조 용법이며, 이 문장에서는 '通过+방식'을 강조합니다. 문장성분이나 의미에서 오류가 없으므로 A는 病句가 아닙니다.

B 앞 절에서는 '기발하다(巧妙)'라는 내용이 나왔고, 뒷절에서는 '뚜렷하지 못하다(不够清晰)'라고 했으므로 앞 절과 뒷절은 문맥상 반대 내용에 해당합니다. 그러므로 而且가 아니라, 전환을 나타내는 접속사 但是를 써야 합니다. 따라서 B는 病句입니다.
［病句］ 这篇文章的构思很巧妙，而且主题表达不够清晰。
［修改］ 这篇文章的构思很巧妙，但是主题表达不够清晰。

C 동사구 播放即将上映的影片的预告片이 주어인 형태입니다. 문장성분이 완전하게 갖추어져 있으므로 C는 病句가 아닙니다.

D 뒷절에 주어가 없기 때문에 뒷절의 주어가 马铃薯인지 먼저 체크합니다. 내용상 문제가 없고, 구조나 의미에서도 오류가 없으므로 D는 病句가 아닙니다.

🎓 선생님의 한마디
접속사 관련 문제에서는 어려운 접속사는 물어보지 않습니다. 쉬운 접속사이지만, 앞 절과 뒷절의 해석을 통해 문맥에 맞게 접속사를 썼는지 알아보는 문제를 출제합니다.

|해 석|
A 인체의 발열은 주로 피부를 통해서 실현된다.
B 이 글의 구상은 기발하지만, 주제 표현은 뚜렷하지 못하다.
C 영화 상영 전에 곧 상영될 영화의 예고편을 상영하는 것은 영화관의 관례이다.
D 감자는 풍부한 비타민과 단백질 등의 영양 원소를 함유하고 있는 아주 좋은 항노화 음식이다.

|단 어| **巧妙** qiǎomiào 혱 절묘하다, 기발하다, 훌륭하다 | **清晰** qīngxī 혱 뚜렷하다, 분명하다 | **放映** fàngyìng 통 상영하다, 방영하다 | **播放** bōfàng 통 방송하다, 방영하다 | **即将** jíjiāng 뷔 곧, 머지않아 | **上映** shàngyìng 통 상영하다, 상영되다 | **预告片** yùgàopiàn 몡 예고편 | **惯例** guànlì 몡 관례 | **马铃薯** mǎlíngshǔ 몡 감자 | **维生素** wéishēngsù 몡 비타민 | **蛋白质** dànbáizhì 몡 단백질 | **抗衰老食物** kàng shuāilǎo shíwù 항노화 음식

|정 답| B

|해 설|

A (快乐的) 人 不是 没有伤心事, 而是 [不会] [被伤心事] 所 左右。
　　관형어 　S 　V 　　　　　　O　　　 V 　부사어 被+S 　　 所 　V

B 指南针 是 (用于辨别方位的) 一种仪器, 是 中国古代四大发明。
　　S 　V 　　　관형어 　　　　 O 　V 　　　　O

C 读者 只有 领略 〈到〉 (书中的) 精华, [才][能够] 体会 〈到〉
　 S 　접속사 　V 　보어 관형어 　O 　부사어 　 V 　보어
　　　　　　　└────── 유일한 조건 ──────┘ 　└──── 결과 ────┘

(读书的) 乐趣。
　관형어 　 O
└── 관형어 ──┘

D 九寨沟 享有 ("童话世界"的) 美称, [已] [被(+주어 생략)] 列
　 S 　V 　　　관형어 　　　　 O 　부사어 　被(+S) 　　 V
〈入世界文化遗产名录〉。
　　　보어

A '不是A, 而是B' 구문과 뒷절의 被자문을 체크합니다. '被~所…' 구문에서 所 뒤에 나오는 동사(左右)는 보어가 없이 단독으로 쓰일 수 있습니다. 따라서 A는 病句가 아닙니다.

B 四大发明이라면 총 4개의 발명품이 언급되어야 하는데, 指南针만 언급되었으므로 病句입니다. 따라서 四大发明 뒤에 之一를 넣어야 합니다.
[病句] 指南针是用于判别方位的一种简单仪器，是中国古代四大发明。
[修改] 指南针是用于判别方位的一种简单仪器，是中国古代四大发明之一。

C '只有+유일한 조건+才+결과'를 체크합니다. 반드시 앞 절에서 무엇을 해야만 결과가 나오기 때문에 뒷절에는 부사 才를 써야 합니다. C는 病句가 아닙니다.

D 뒷절에 있는 被자문을 체크합니다. 被 뒤에 주어는 생략되어 있고, 동사 列가 바로 나와 있습니다. 또한 동사 列 뒤에 '入+명사'가 보어로 쓰였습니다. 구조상으로나 의미상으로 오류가 없으므로 病句가 아닙니다.

🎓 선생님의 한마디
• '之一 누락'은 시험에 자주 나오는 출제 포인트이므로 꼭 체크하는 습관을 길러야 합니다.
• 只有 구문과 함께 只要 구문도 알아 두세요. '只要+충분 조건+就+결과' 구문에서는 뒷절에 才가 아닌, 就를 쓴다는 점에 유의합니다.

|해 석|

A 즐거운 사람은 슬픈 일이 없는 게 아니라 슬픈 일에 좌우되지 않는 것이다.
B 나침반은 방위를 구별하는 데 사용되는 측정기로, 중국 고대 사대발명 중의 하나이다.
C 독자는 오직 책 속의 정화를 느껴야만, 독서하는 즐거움을 체득할 수 있다.
D 지우자이거우는 '동화 세계'라는 아름다운 이름을 얻었고, 이미 유네스코 세계 문화유산 명부에 채택되었다.

|단 어| 左右 zuǒyòu 통 좌우하다, 좌지우지하다, 통제하다 | 指南针 zhǐnánzhēn 명 나침반 | 辨别 biànbié 통 구별하다, 판별하다 | 仪器 yíqì 명 측정기 | 领略 lǐnglüè 통 느끼다, 음미하다 | 精华 jīnghuá 명 정화, 정수 | 乐趣 lèqù 명 즐거움 | 九寨沟 Jiǔzhàigōu 지명 지우자이거우 | 享有 xiǎngyǒu 통 (권리·명예 등을) 향유하다, 누리다, 얻다 | 童话世界 tónghuà shìjiè 동화 세계 [동화같이 아름다운 곳을 비유함] | 列入 lièrù 통 끼워 넣다, 채택하다 | 世界文化遗产 Shìjiè wénhuà yíchǎn 고유 유네스코 세계 문화유산 | 名录 mínglù 명 명부, 명단

|정 답| B

STEP 03 내공쌓기

1. 접속사를 제대로 썼는지 체크한다!

접속사는 독해 1부분에서 거의 매 시험마다 1문제씩 출제되고 있습니다. 시험에서 접속사 관련 문제는 절대로 어려운 접속사를 물어보지 않습니다. '因为~所以…', '虽然~但是…', '如果~就…', '不仅~而且…', '不管~都…', '只有~才…', '只要~就…'처럼 가장 기본이 되는 접속사 위주로 출제됩니다. 접속사 자체의 호응보다는 앞 절과 뒷절의 내용 관계를 파악해서 접속사를 제대로 썼는지 체크하는 연습이 필요합니다.

1) 不管大家强烈反对，他仍然坚持自己的意见。

• 직접 분석해 보세요.

不 管 大 家 强 烈 反 对 ， 他 仍 然 坚 持 自 己 的 意 见 。

不管~也/都… ~을 막론하고 …하다

不管 大家强烈反对，他仍然坚持自己的意见。

모두 반대한다 / 그는 고집한다 / ← 앞뒤 절은 상반된 내용

접속사 不管은 주로 也, 都와 함께 호응을 이루어 '~을 막론하고 …하다'라는 의미를 나타냅니다. 이때 不管 뒤에는 반드시 2가지 이상의 조건이 와야 합니다. 이 문장에는 不管과 호응하는 단어도 없고, 2가지 이상의 조건도 없으므로 病句임을 알 수 있습니다. 의미상 '모두가 반대하지만 그는 자신의 의견을 주장한다'라는 내용이므로 尽管으로 써야 합니다.

→ 尽管大家强烈反对，他仍然坚持自己的意见。
비록 모두가 강렬하게 반대했지만, 그는 여전히 자신의 의견을 고집했다.

Tip

不管~, 也/都… ~을 막론하고 …하다

- '不管+2가지 이상의 조건, 也/都…'의 형태로 쓴다.
- 2가지 이상의 조건은 의문사, A不A, A还是B의 형식이 온다.
- 不管은 无论이나 不论으로 바꿔 쓸 수 있다.

예 不管做什么工作，他都非常认真。
그는 어떤 일을 하든지 아주 진지하다.

尽管~, 但是/却/还是… 비록 ~하더라도 …하다, ~에도 불구하고 …하다

- 尽管은 虽然과 의미가 같다.

예 尽管天下着大雨，但是同学们却没有一个迟到的。
비록 큰비가 내리고 있었지만 학생들은 한 사람도 지각하지 않았다.

선생님의 한마디
접속사는 독해 3부분 p.283로 가서 한 번 더 학습하세요.

• 仍然 réngrán 부 (그래도) 여전히
• 坚持 jiānchí 동 (의견을) 고집하다, 고수하다

2) 时间就像海绵里的水，要不然你愿意挤，总是有的。

> • 직접 분석해 보세요.
>
> 时 间 就 像 海 绵 里 的 水 ， 要 不 然 你 愿 意 挤 ，
>
> 总 是 有 的 。

• 海绵 hǎimián 몡 스펀지
• 挤 jǐ 동 (손으로) 짜다

时间就像海绵里的水，　　　　要不然 만약에 그렇지 않으면　　你愿意挤，　　总是有的。
　　　　　　　　　　　　　　　要不然　　　　당신이 짜려고 한다　　항상 있다
　　　　　　　　　　　　　　　　　　　　　　(조건절)　　　　(결과절)

접속사 要不然은 '만약에 그렇지 않으면'이란 의미로. 앞에 언급한 내용과 반대 상황을 가정할 때 쓰는 접속사입니다. 하지만 이 문장은 앞뒤 절이 서로 자연스럽게 이어지는 내용이므로 要不然이 어울리지 않습니다. 이 문장은 你愿意挤가 조건이고 总是有的가 조건에 따른 결과입니다. 따라서 '~하기만 하면'이라는 의미의 只要가 들어가야 합니다.

→ 时间就像海绵里的水，只要你愿意挤，总是有的。
　　시간은 스펀지 속의 물과 같아서 당신이 짜려고만 하면 항상 있다.

> **Tip** **要不然 만약에 그렇지 않으면**
> • 반드시 뒷절 맨 앞에 위치하며 앞 절의 내용에 상반되는 가정을 하면서 결과를 이끌어 낸다.
> • 要不然은 要不, 不然, 否则로 바꿔 쓸 수 있다.
> 예 你一定要按时吃药，要不然你的病就会越来越严重。
> 　　너는 반드시 정해진 시간에 맞춰 약을 먹어야 해. 그렇지 않으면 병이 갈수록 악화될 거야.
>
> **只要~就… ~하기만 하면 …하다**
> • '只要+충분 조건, 就/都/一定+결과'의 형식으로 쓴다.
> 예 你只要把话说清楚，她就一定会原谅你的。
> 　　네가 말을 분명하게 하기만 하면 그녀도 너를 용서할 거야.

3) 有人说："有两种东西，即便失去才知道可贵：一是青春，一是健康。"

> • 직접 분석해 보세요.
>
> 有 人 说 ： " 有 两 种 东 西 ， 即 便 失 去 才 知 道
>
> 可 贵 ： 一 是 青 春 ， 一 是 健 康 。 "

有人说："有两种东西，| 即便 | 失去 才知道可贵：一是青春，一是健康。"

잃어버리다 (조건)　　그제야 귀한 걸 알게 되다 (결과)

• 可贵 kěguì 형 귀중하다, 소중하다

접속사 即便은 주로 부사 也와 호응을 이루어 '설령 ~할지라도 …하다'라는 의미를 나타냅니다. 이때 即便 뒤에는 극단적인 가정 상황이 옵니다. 하지만 이 문장은 即便과 호응하는 也도 없고, 의미상 '잃어버리다'라는 조건과 '그제야 깨닫게 되다'라는 결과이므로 病句임을 알 수 있습니다. 따라서 조건을 이끌어 내어 결과를 유도하는 문장은 '只有~才…' 구문을 써야 합니다. 이 문장에서는 才知道可贵의 才가 힌트입니다.

→ 有人说："有两种东西，只有失去才知道可贵：一是青春，一是健康。"

누군가 "오직 잃어버려야만 귀중함을 알게 되는 두 가지가 있다. 하나는 청춘이고, 하나는 건강이다."라고 말했다.

> **Tip**
>
> **即便~也/都… 설령 ~할지라도 …하다**
> • 即便은 即使, 哪怕, 就算, 就是로 바꿔 쓸 수 있다. 即使와 哪怕가 자주 출제된다.
> • '即使+극단적 상황 가정, 也/都+(능원동사)+변하지 않는 결과'의 형식으로 쓴다.
> 예 即使困难再大，我们都要坚持下去。
>   설령 어려움이 아무리 크더라도 우리는 계속해서 나가야만 한다.
>
> **只有~才… 오직 ~해야만 …이다**
> • '只有+유일한 조건, 才(能)+결과'의 형식으로 쓴다.
> • 只有 뒤에는 명사가 올 수도 있다.
> • 才 뒤에는 능원동사 能이 자주 온다.
> 예 只有团结起来，才能把事情办好。
>   반드시 단결해야만 일을 잘 해낼 수 있다.

4) 狮子每天要睡20个小时左右，因而它在捕食猎物时会消耗大量体力。

> • 직접 분석해 보세요.
>
> 狮 子 每 天 要 睡 2 0 个 小 时 左 右 ， 因 而 它 在 捕 食
> 猎 物 时 会 消 耗 大 量 体 力 。

因而 그러므로[=因此]

狮子每天要睡20个小时左右，| 因而 | 它在捕食猎物时会消耗大量体力。

사자는 20시간 자야 한다 (결과)　　많은 체력을 소모한다 (원인)

因而은 '그러므로'라는 뜻으로, 결과를 이끌어 내는 접속사입니다. 즉, '원인, 因而+결과'의 형태로 쓰는데, 이 문장은 뒷절이 앞 절의 원인이 되기 때문에

• 狮子 shīzi 명 사자
• 捕食 bǔshí 동 (먹이를) 잡아먹다
• 猎物 lièwù 명 사냥감
• 消耗 xiāohào 동 (체력을) 소모하다

因而이 아니라 因为를 써야 합니다.

→ 狮子每天要睡20个小时左右，因为它在捕食猎物时会消耗大量体力。

사자는 매일 20시간 정도 자야 한다. 왜냐하면 사자는 사냥감을 잡아먹을 때 많은 체력을 소모하기 때문이다.

🍃 선생님의 한마디

'결과, 因为 원인'처럼 因为는 뒷절에 쓸 수 있습니다.

> **Tip** **因而 그러므로**
>
> • '원인, 因而+결과'의 형식으로 쓴다.
>
> • 앞 절에 접속사를 쓸 경우, 因为는 쓰지 못하고 由于는 쓸 수 있다.
>
> 예 地球是我们的家园，因而我们要保护环境。
>   지구는 우리의 정원이다. 그러므로 우리는 환경을 보호해야 한다.
>   [=由于地球是我们的家园，所以我们要保护环境。]
>
> **因为 왜냐하면**
>
> • '因为+원인, 所以+(주어)+就/才+결과'의 형식으로 쓴다.
>
> 예 因为手头的工作太多，所以小王一再推迟休假。
>   벌여 놓은 일이 많아서, 샤오왕은 여러 차례 휴가를 미뤘다.

5) 孔子之所以提倡"因材施教"的原因是因为每个人的想法和接受
   能力都不同，所以老师应根据学生的特点，有针对性地教学。

> • 직접 분석해 보세요.
>
> 孔 子 之 所 以 提 倡 " 因 材 施 教 " 的 原 因 是 因 为 每
>
> 个 人 的 想 法 和 接 受 能 力 都 不 同 ， 所 以 老 师 应 根
>
> 据 学 生 的 特 点 ， 有 针 对 性 地 教 学 。

孔子 之所以 提倡"因材施教" 的原因
      之所以+결과

是因为 每个人的想法和接受能力都不同，……。
      是因为+원인

之所以는 '之所以+결과, 是因为+원인'의 형태로 쓰기 때문에 바로 뒤에 결과
가 나와야 합니다. 이 문장은 之所以 뒤에 '～的原因'이라는 원인이 나왔으므로
病句가 됩니다. 따라서 '～的原因'을 삭제하여 '之所以+결과, 是因为+원인'의
형태를 맞춰야 합니다.

→ 孔子之所以提倡"因材施教"，是因为每个人的想法和接受能力都不同，所以
  老师应根据学生的特点，有针对性地教学。

공자가 '피교육자의 수준에 맞추어 교육한다'를 제창한 것은 모든 사람의 생각과 받아들이는 능력이 다르
기 때문이다. 그래서 선생님은 학생의 특징에 따라 맞춤형으로 가르쳐야 한다.

• 孔子 Kǒngzǐ 인명 공자

• 提倡 tíchàng 동 제창하다

• 因材施教 yīncáishījiào
  성 피교육자의 수준에 맞추어
  교육하다

• 针对性 zhēnduìxìng 맞춤형

• 教学 jiāoxué 동 가르치다

之所以~, 是因为… ~한 것은 …때문이다

- 之所以+결과, 是因为+원인 = 因为+원인, 所以+결과
- 예 我之所以对他比较熟悉，是因为我和他一起工作过。
  내가 그 사람에 대해 좀 아는 것은 그 사람과 함께 일한 적이 있기 때문이다.
  [=因为我和他一起工作过，所以我对他比较熟悉。]

2. 是否, 能否, 有没有에 주의한다!

是否, 能否, 有没有는 모두 술어 앞에 위치하는 부사어입니다. 是否는 是不是의 의미이고, 能否는 能不能의 의미입니다.

1) 寂寞是一块儿试金石，可以试出一个人意志坚韧是否。

> • 직접 분석해 보세요.
>
> 寂 寞 是 一 块 儿 试 金 石 ， 可 以 试 出
>
> 一 个 人 意 志 坚 韧 是 否 。

<u>寂寞</u> <u>是</u> <u>一块儿试金石</u>, [可以] <u>试出</u> <u>一个人意志</u> <u>坚韧</u> [是否]。
　S　　Vı　　　　Oı　　　　부사어　V2　　　O2

- 试金石 shìjīnshí 圏 시금석[어떤 사물의 가치나 사람의 능력 등을 평가하는 데 기준이 될 만한 사물을 비유하여 이르는 말]
- 试 shì 圖 시험하다
- 坚韧 jiānrèn 圐 강인하다

是否는 부사로서 술어 앞에 위치해야 합니다. 두 번째 목적어인 一个人意志坚韧是否에서 부사 是否가 형용사 술어인 坚韧 뒤에 위치하고 있으므로 이 문장은 病句가 됩니다.

→ 寂寞是一块儿试金石，可以试出一个人意志是否坚韧。
　외로움은 시금석으로서, 사람의 의지가 강인한지 아닌지를 시험할 수 있다.

2) 能否保持一颗平常心是考试正常发挥的关键。

> • 직접 분석해 보세요.
>
> 能 否 保 持 一 颗 平 常 心 是 考 试 正 常 发 挥 的 关 键 。

🎓 **선생님의 한마디**

2)번 문제의 경우, 한국어로 해석만 해서는 정답을 찾기 힘든 문제이지만, 能否는 눈에 잘 띄는 단어이므로 확인을 잘해야 합니다.

<u>能否保持一颗平常心</u> <u>是</u> (考试正常发挥的) <u>关键</u>。
　　　S　　　　　　　　V　　　관형어　　　　　　O
~할 수 있는가 없는가　≠　　　~할 수 있는가

- 平常心 píngchángxīn 圏 평상심
- 发挥 fāhuī 圖 발휘하다
- 关键 guānjiàn 圏 관건, 열쇠

구조적으로는 문제가 없지만 의미상 病句가 됩니다. 앞에서 能否保持一颗平常心이라고 했으므로 의미상 正常发挥 앞에도 能否를 넣어 줘야 논리적으로 맞게 됩니다.

→ 能否保持一颗平常心是考试能否正常发挥的关键。

평상심을 유지할 수 있는지 여부는 시험에서 정상적으로 (실력을) 발휘할 수 있는지 없는지의 관건이 된다.

3) 有没有坚定的信念，是成功的先决条件。

> • 직접 분석해 보세요.
>
> 有 没 有 坚 定 的 信 念 ， 是 成 功 的 先 决 条 件 。

<table>
<tr><td>有没有坚定的信念，</td><td>是</td><td>(成功的)</td><td>先决条件。</td></tr>
<tr><td>S</td><td>V</td><td>관형어</td><td>O</td></tr>
<tr><td>~이 있는가 없는가</td><td>≠</td><td></td><td>~의 선결 조건이다</td></tr>
</table>

是成功的先决条件이 '술어+목적어' 부분입니다. 따라서 주어인 坚定的信念 앞에 有没有를 넣게 되면, 술어 부분과 의미상 맞지 않게 됩니다. 확고한 신념이 성공의 선결 조건이지, 확고한 신념이 있고 없고가 성공의 선결 조건이 아니기 때문입니다. 따라서 주어 부분의 有没有를 삭제해야 합니다.

→ 坚定的信念，是成功的先决条件。

확고한 신념은 성공의 선결 조건이다.

• 坚定 jiāndìng [형] (신념이) 확고하다, 굳다
• 先决条件 xiānjué tiáojiàn 선결 조건

3. 之一를 제대로 썼는지 체크한다!

之一는 '~가운데 하나'라는 의미로, 앞에 四大, 七大, 八大, 十大 등의 단어와 함께 쓰입니다. 확인해야 할 것은 四大, 七大 등의 단어와 함께 쓰인 주어가 1개일 경우에는 반드시 之一를 써 줘야 한다는 것입니다. 즉, 之一가 보이면 주어의 수를 세어서 之一가 필요한지 필요 없는지를 판단해야 합니다.

1) 《红楼梦》是中国古代四大名著。

> • 직접 분석해 보세요.
>
> 《 红 楼 梦 》 是 中 国 古 代 四 大 名 著 。

<table>
<tr><td>《红楼梦》</td><td>是</td><td>中国古代四大名著。</td></tr>
<tr><td>S</td><td>V</td><td>O</td></tr>
<tr><td>홍루몽: 1개</td><td></td><td>4대 명작: 4가지 작품</td></tr>
</table>

주어는 《红楼梦》1개이므로, 목적어의 四大名著와 수가 맞지 않습니다. 따라서 四大名著 뒤에 반드시 之一를 붙여 줘야 합니다.

→ 《红楼梦》是中国古代四大名著之一。

《홍루몽》은 중국 고대 4대 명작 중 하나이다.

• 红楼梦 Hónglóumèng [고유] 홍루몽[중국의 사대기서 중의 하나, 청나라 조설근(曹雪芹)이 지은 소설]
• 四大名著 sìdà míngzhù 4대 명작[삼국연의, 수호전, 서유기, 홍루몽을 뜻함]

2) 《富春山居图》是元朝画家黄公望的作品，以浙江富春江为背景，是中国十大传世名画。

> • 직접 분석해 보세요.
>
> 《 富 春 山 居 图 》 是 元 朝 画 家 黄 公 望 的 作 品 ，
>
> 以 浙 江 富 春 江 为 背 景 ， 是 中 国 十 大 传 世 名 画 。

《富春山居图》 是 （元朝画家黄公望的） 作品，[以浙江富春江] 为 背景，
　　S　　　　V　　　　관형어　　　　　O　　　부사어　　　V　　O
부춘산거도: 1개

是 中国十大传世名画。
V
　　10대 명화: 10가지 작품

주어는《富春山居图》1개이므로, 中国十大传世名画의 十大와 맞지 않습니다.
따라서 中国十大传世名画 뒤에 之一를 붙여야만 앞뒤 절의 의미가 맞게 됩니다.

→《富春山居图》是元朝画家黄公望的作品，以浙江富春江为背景，是中国十大
传世名画之一。
《부춘산거도》는 원 나라 화가 황공망의 작품으로, 저장성 부춘강을 배경으로 했으며 중국 후세에 전해지는
10대 명화 중 하나이다.

• 富春山居图 Fùchūnshānjūtú
　고유 부춘산거도[중국의 10대 명
　화에 속함]
• 黄公望 Huáng Gōngwàng
　인명 황공망
• 浙江 Zhèjiāng 지명 저장성
• 富春江 fùchūnjiāng
　지명 부춘강
• 传世 chuánshì 동 후세에 전해
　지다

3) 苏洵，北宋文学家，与其子苏轼、苏辙合称"三苏"，均被列入
"唐宋八大家"之一。

> • 직접 분석해 보세요.
>
> 苏 洵 ， 北 宋 文 学 家 ， 与 其 子 苏 轼 、 苏 辙 合 称 " 三 苏 " ，
>
> 均 被 列 入 " 唐 宋 八 大 家 " 之 一 。

苏洵， 北宋文学家，[与其子 苏轼、 苏辙] 合称 "三苏"，
　S　　　　　　　　　　　부사어　　　　V　　　O
　　　　　　　　　사람 3명

[均] [被] 列 〈入"唐宋八大家"之一〉。
부사어　被　V　　　　보어
　　　　　　　사람 3명 ⊂ 당송팔대가

당송팔대가에 포함되는 사람은 三苏, 즉, 苏洵, 苏轼, 苏辙 세 명입니다. 또한
부사 '均(=都)'이 쓰인 걸로 봐서 역시 여러 사람임을 알 수 있습니다. 따라서
唐宋八大家之一에서 之一는 한 명일 때 사용하므로 잘못된 표현입니다. 之一
를 삭제하고 唐宋八大家만 써야 옳은 문장이 됩니다.

• 苏洵 Sū Xún 인명 소순
• 苏轼 Sū Shì 인명 소식
• 苏辙 Sū Zhé 인명 소철
• 合称 hé chēng 합쳐서 ~이라
　고 부르다
• 均 jūn 부 모두, 다
• 被列入 bèi lièrù ~에 속하다,
　~에 들어가다

→ 苏洵，北宋文学家，与其子苏轼、苏辙合称"三苏"，均被列入"唐宋八大家"。

소순은 북송의 문학가로 그의 아들 소식 소철을 합쳐서 '삼소(三苏)'라고 부르며 모두 '당송팔대가'에 속한다.

4. 정도부사와 형용사 중첩을 체크한다!

형용사는 목적어를 갖지 않기 때문에 독해 1부분에서 病句로 출제되는 비율이 아주 적습니다. 형용사 관련 문제는 '정도'를 제대로 강조했는지를 출제합니다. 형용사의 정도를 강조하는 방법으로는 아래의 총 3가지 방법이 있으며, 이 3가지 방법 중 2개 이상을 함께 쓰면 안 됩니다. 따라서 정도부사와 형용사 중첩을 함께 쓰면 病句가 됩니다.

[형용사의 정도를 강조하는 방법]

1. **정도부사+형용사:** 정도부사는 很, 非常, 十分, 比较, 格外 등이 있다.

2. **형용사+정도보어:** 형용사+得很, 형용사+得厉害, 형용사+得不得了와 같은 형태로 쓴다.

3. **형용사 중첩:** 형용사의 정도를 강조하기 위해 중첩한다.

　① AABB형식으로 중첩하는 형용사

　　예 高高兴兴, 漂漂亮亮, 干干净净 등 대부분의 형용사들

　② ABAB형식으로만 중첩할 수 있는 형용사

　　예 雪白雪白, 漆黑漆黑, 金黄金黄, 冰凉冰凉

　③ ABB형식으로 중첩하는 형용사

　　예 亮晶晶, 胖乎乎, 傻乎乎, 暖洋洋

　④ A里AB형식으로 중첩하는 형용사

　　예 糊里糊涂, 土里土气, 小里小气

---

1) 正值7月盛夏，车内没有空调，热得很不得了。

> • 직접 분석해 보세요.
>
> 正 值 7 月 盛 夏 ， 车 内 没 有 空 调 ， 热 得 很 不 得 了 。

[正值7月盛夏]，车内　没有　空调，热得很不得了。
　　부사어　　　　　S　　V　　O　　V+得+정도보어

热得不得了의 不得了는 정도보어로, 이미 정도가 강조되어 있기 때문에 정도부사 很을 함께 쓸 수 없습니다. 따라서 很을 삭제해야 합니다.

→ 正值7月盛夏，车内没有空调，热得不得了。

마침 7월 한여름인데다 차 안에는 에어컨이 없어서, 엄청 무덥다.

• 正值 zhèngzhí 圖 한창 ~때이다

• 盛夏 shèngxià 圓 한여름

• 空调 kōngtiáo 圓 에어컨

• 不得了 bùdéliǎo 圈 (정도가) 심하다

2) 他长得很身强力壮，个子大概在一米八五左右。

> • 직접 분석해 보세요.
>
> 他 长 得 很 身 强 力 壮 ， 个 子 大 概 在 一 米 八 五 左 右 。

他　长得《很身强力壮》，　个子　[大概]　在　一米八五左右。
S　V+得+정도보어　　　S　부사어　V　　O

身强力壮은 성어이지만 성질은 형용사와 같고, 이미 정도가 강조되어 있으므로 앞에 정도부사 很을 쓸 수 없습니다. 따라서 이 문장에서는 很을 삭제하고 长得身强力壮으로 고쳐야 옳은 문장이 됩니다.

→ 他长得身强力壮，个子大概在一米八五左右。
　그는 신체 건장하고 힘이 넘치며, 키는 대략 185정도이다.

• 身强力壮 shēnqiánglìzhuàng
ᄝ 신체 건장하고 힘이 넘치다.

형용사 역할을 하는 성어
• 兴高采烈 xìnggāocǎiliè
　매우 기쁘다
• 如花似玉 rúhuāsìyù
　여자의 자태가 매우 아름답다
• 心花怒放 xīnhuānùfàng
　대단히 기쁘다

3) 她看上去很老老实实，一点儿也不淘气，这就是她给我们留下的第一印象。

> • 직접 분석해 보세요.
>
> 她 看 上 去 很 老 老 实 实 ， 一 点 儿 也 不 淘 气 ，
>
> 这 就 是 她 给 我 们 留 下 的 第 一 印 象 。

她　[看上去]　很老老实实，　[一点儿] [也]　不淘气，
S　부사어　　　V(형)　　　부사어　　V
这　[就]　是　(她给我们留下的)　第一印象。
S　부사어　V　　관형어　　　　O

형용사 중첩과 정도부사는 함께 쓸 수 없습니다. 따라서 이 문장의 老老实实는 정도부사 很의 수식을 받을 수 없으므로, 很老实라고 고쳐야 옳은 문장이 됩니다.

→ 她看上去很老实，一点儿也不淘气，这就是她给我们留下的第一印象。
　그녀는 보기에 매우 성실하고, 조금도 장난이 심하지 않다. 이것이 바로 그녀가 우리한테 남긴 첫인상이다.

• 老实 lǎoshi ᄝ 성실하다
• 淘气 táoqì ᄝ 장난이 심하다

01 A 这栋楼已经有100多年的历史了。

B 人类离不开盐，盐是调味品，更是生命的必需品。

C 黄山毛峰香气清新，畅销全国，是中国十大名茶。

D 运气也许能使你抵达巅峰，但它不能使你永远呆在那儿。

02 A 许多人缺少的不是美丽的外貌，而是自信的气质。

B 他们昨晚刚办了一个生日宴会，所以屋子里显得很乱糟糟的。

C 积极的人在危机中看到机会，而消极的人则在机会中看到危机。

D 人在情绪低落的时候，适当吃些甜食，会让自己的心情好起来。

03 A 长期以来，香港素有"购物天堂"的美称。

B 莫高窟的彩塑，每一尊都是一件令人称叹的艺术品。

C 在你想要放弃的那一刻，不妨想想当初为什么坚持走到了这里。

D 有没有远大的志向和脚踏实地的精神，是一个人取得成功的关键。

04 A 苏州地处温带，四季分明，气候温和，物产丰富，是众所周知的"鱼米之乡"。

B 以"色绿、香郁、味甘、形美"而闻名于世的龙井茶，在历史上留下了不少神奇的传说。

C 这本书讲述了东汉开国皇帝刘秀从一个底层农民成为天下霸主的传奇经历。

D 城市原住民的生活和风俗传统等非物质文化遗产的保护非常重要，何况这些东西丢失了，那么城市最重要的精神个性就没有了。

▶ 정답 및 해설 38쪽

51. A 我国棉花的生产，长期不能自给。

B 如果他不能实事求是，事业就会受到损失。

C 他的革命形象时刻浮现在我眼前。

D 我们在学习上应该树立不畏艰难的信心。

52. A 怀疑精神是科研工作者应该具备的基本。

B 专利申请的快速增长表明公众专利意识在不断增强。

C 由于应酬增多，许多上班族的假期生活反而比平时更加繁忙。

D 一个优秀的推销员总能不断开发潜在的市场，拓宽产品销路。

53. A 同学们正在努力复习，迎接高考。

B 这次学术会收获很大，尽管开的时间并不长。

C 为精简字数，不得不略加删改一些。

D 同学们对学校的教育课程改革方案广泛地交换了意见。

54. A 他的论文在社会上引起了巨大的反响。

B 在王洛宾改编的民歌，最著名的要数《在那遥远的地方》了。

C 他的一番话博得了老总的赏识，最终他被录用为这个部门的经理。

D 我喜欢在午后，坐在咖啡厅的一角，静静地享受悠闲的时光。

55. A 抽烟没有安全剂量，每抽一支烟都会有损害健康。

B 一个成年人所表现出来的性格特点，大都可以在幼年时期找到缘由。

C 自信的人能看见问题后面的机会，自卑的人只能看见机会后面的问题。

D 果汁的营养和水果比起来有很大的差距，千万不要把两者混为一谈。

56. A 早晨6点钟，通往机场的大街两旁已经站满了数万名迎送的人群。

B 中学生阅读和理解大量文学名著，有利于开阔视野、陶冶情操。

C 通过中国男子足球队的表现，使我们认识到有良好的心态是非常重要的。

D 很显然，汉武帝国策抉择的正确与否，直接关系着西汉王朝命运的兴衰。

57. A 在雪橇犬的牵引下，我们的雪橇在雪地上出发飞速。

B 钱庄是明代中叶后出现的一种信用机构，是银行的雏形。

C "风能"作为一种清洁的可再生能源，逐渐受到了各国政府的重视。

D 成熟由两部分组成，一部分是对美好的追求，一部分是对残缺的接纳。

58. A 幽默的确很有魅力，拥有了它，我们的语言变得更加生动，与别人的交谈也变得趣味盎然。

B 由于环境压力的增大，能源需求的增加，天然气作为"对环境友好"的能源，其地位正在逐渐提高。

C 贪婪的人很容易被事物的表面现象极易迷惑，难以自拔，但时过境迁后，往往又会后悔不已。

D "五一"期间，植物园在"百花展"系列游园活动中将展出郁金香、牡丹和连翘等花卉，届时还将举办大型民族舞蹈表演。

59. A 走进国家图书馆古朴典雅的阅览大厅，任何一个人都会不自觉地放轻脚步，屏气凝神。

B 一个热爱读书的人，既然不能拥有舒适的房屋、宁静的夜晚，也会始终保持着一份纯洁的读书感情。

C 考古学家对长沙马王堆一号墓新出土的文物进行了多方面的研究，对墓主人所处的时代有了进一步的了解。

D 与作家不同的是，摄影师对自然、社会、人文的感受不是通过文字来表达，而是通过镜头来展示。

60. A 越剧善于抒情，以唱为主，声腔优美动听，表演真切动人，极具江南灵秀之气。

B 从1898年清政府成立京师大学堂至今，中国的现代高等教育已经走过了110多年的历史。

C 早在一个多世纪以前的科幻小说里，人类就开始在火星上散步了，然而直到今天，它仍然还只是一种幻想。

D "蝴蝶效应"是指在一个动力系统中，初始条件下微小的变化会整个系统带来长期、巨大的连锁反应。

▶ 정답 및 해설 110쪽

독해

2부분

시험 유형 소개

★ 지문에 빈칸이 3~5개 있음

★ 지문의 빈칸에 알맞은 단어 선택하기

★ 문제 번호: 61~70번(총 10문제)

★ 배점: 문제당 2점

예제

做生意就好比下棋，普通人只能看到眼前的一两步，＿＿＿＿的棋手却能看出后面的五五步。遇事能处处＿＿＿＿，比别人看得更远、更准，这便是优秀的职业经理应该具备的＿＿＿＿。

A 高尚　　留神　　因素　　　　　　　　B 高超　　留念　　要素

C 高级　　留恋　　元素　　　　　　　　D 高明　　留心　　素质　∨

1 지문의 키워드를 중심으로 전체 내용을 파악하라!

독해 2부분은 지문의 빈칸에 적합한 단어를 고르는 문제입니다. 이때 단순히 단어와 단어의 호응으로만 풀어서는 안 됩니다. 전체 지문이 무슨 이야기를 하고 있는지 파악하고, 그 내용에 맞는 단어를 선택하는 것이 중요합니다. 따라서 단어의 용법을 익히는 것도 물론 중요하지만, 지문의 중심 내용을 파악하는 연습도 꼭 필요합니다.

2 가장 확신 있고 자신 있는 단어를 중심으로 풀어라!

매 문제마다 빈칸이 3~5개 정도 출제됩니다. 빈칸의 순서대로 풀어도 좋지만 가장 자신 있는 단어부터 공략하는 것도 좋은 방법입니다. 예를 들어, 마지막 빈칸에 해당되는 단어들이 본인에게 가장 익숙하고 쉽다면, 그 단어가 있는 문장부터 분석하여 풀도록 합니다. 문제 대부분은 빈칸 한두 개만 정확히 풀어도 정답을 맞힐 수 있습니다.

3 가장 많이 사용하는 단어의 호응을 선택하라!

독해 2부분에서 가장 중요한 것은 단어들의 호응입니다. A도 맞는 것 같고 B도 맞는 것 같을 경우, 가장 많이 사용하는 호응 관계를 답으로 선택하면 됩니다. 따라서 시험에 자주 출제되는 호응 단어들을 평소에 많이 암기하는 것은 물론, 많은 지문을 정독하여 단어의 어감을 기르는 것이 중요합니다.

字로 어휘 익히기

虫 chóng 閉 곤충, 벌레

□ **虫牙** chóngyá 閉 충치
□ **昆虫** kūnchóng 閉 곤충

触 chù 통 부딪치다, 닿다, 접촉하다, 건드리다 角와 虫이 합쳐진 글자입니다.

□ **接触** jiēchù 통 닿다, 접촉하다
□ **抵触** dǐchù 통 저촉되다, 충돌되다, 대립되다
□ **触犯** chùfàn 통 범하다, 위반하다
□ **触电** chùdiàn 통 (사람 · 동물 등이) 감전(感電)되다, (감정상) 전기가 통하다
□ **触动** chùdòng 통 감정에 변화를(영향을) 주다
□ **触发** chùfā 통 유발하다, 촉발하다, 자아내다
□ **触角** chùjiǎo 閉 (곤충이나 연체동물의) 촉각
□ **触觉** chùjué 閉 촉각[감각기관이 물체와 접촉할 때 생기는 느낌]
□ **触手** chùshǒu 閉 (하등동물의) 촉수

融 róng 통 녹다, 풀리다, 융합하다 鬲와 虫이 합쳐진 글자입니다.

□ **融化** rónghuà 통 (얼음 · 눈 따위가) 녹다, 융해되다
□ **融洽** róngqià 형 사이가 좋다, 조화롭다, 융화하다
□ **通融** tōngróng 통 융통하다, 융통성을 발휘하다
□ **金融** jīnróng 閉 금융
□ **暖融融** nuǎnróngróng 형 따뜻하다, 포근하다

蚕 cán 閉 누에 天과 虫이 결합한 글자입니다.

□ **蚕茧** cánjiǎn 閉 누에고치
□ **蚕丝** cánsī 閉 잠사, 고치실, 생사, 명주실
□ **蚕豆** cándòu 閉 잠두, 누에콩, 잠두의 씨

独 dú 阌 단일의, 하나의   犭과 虫이 결합한 글자입니다.
　　阍 홀로, 혼자

- □ **独立** dúlì 阊 혼자의 힘으로 하다, 홀로 서다
- □ **独特** dútè 阌 독특하다, 특별하다
- □ **独居** dújū 阊 혼자 살다, 독거하다
- □ **单独** dāndú 阍 단독으로, 혼자서
- □ **孤独** gūdú 阌 고독하다, 외롭다, 쓸쓸하다
- □ **唯独** wéidú 阍 오직, 홀로, 유독
- □ **得天独厚** détiāndúhòu 阇 우월한 자연 조건을 갖고 있다, 처한 환경이 남달리 좋다

蜀 Shǔ 阓 촉[주(周)나라 때의 제후국 이름으로, 지금의 쓰촨(四川)성 청두(成都) 일대]
　　　　　　　　　　　　　　　　　　　　　　　　罒과 勹와 虫이 합쳐진 글자입니다.

- □ **蜀汉** Shǔhàn 阓 촉한[삼국 중 한 곳. 지금의 쓰촨성 부근에 유비가 세운 나라]
- □ **蜀绣** Shǔxiù 阓 쓰촨의 자수품[중국 4대 자수 중 하나]

烛 zhú 阎 초, 양초   火와 虫이 합쳐진 글자입니다.

- □ **蜡烛** làzhú 阎 초, 양초
- □ **洞房花烛** dòngfánghuāzhú 阇 신혼 초야에 신방의 촛불(화촉)을 밝히다, 결혼하다

浊 zhuó 阌 흐리다, 혼탁하다, 더럽다   氵(水)와 虫이 합쳐진 글자입니다.

- □ **混浊** hùnzhuó 阌 (물·공기 따위가) 혼탁하다 [= **浑浊** húnzhuó]
- □ **污浊** wūzhuó 阌 (공기·물 등이) 혼탁하다, 더럽다

독해 2부분은 보통 빈칸이 3~5개 주어집니다. 하지만 대부분의 문제는 빈칸 1~2개만 풀어도 정답을 고를 수 있습니다. 가장 자신 있는 빈칸에 올 수 있는 단어 옆에 O, 그렇지 않은 것에 X 표시를 합니다. 다음으로 자신 있는 빈칸에 올 수 있는 단어를 표시합니다. 1~2개의 빈칸만 채우면 선택지 ABCD에 나온 모든 단어의 용법을 알지 못해도 충분히 정답을 고를 수 있습니다.

STEP 01 먼저 풀어보기

예제 1

做生意就好比下棋，普通人只能看到眼前的一两步，_____的棋手却能看出后面的五六步。遇事能处处_____，比别人看得更远、更准，这便是优秀的职业经理应该具备的_____。

| A 高尚 | 留神 | 因素 | | B 高超 | 留念 | 要素 |
| C 高级 | 留恋 | 元素 | | D 高明 | 留心 | 素质 |

예제 2

雏菊是一种野菊花，它们静静地_____在山林和田野中，将其_____得异常美丽。这些小野花平常很少被人关注，可一过了九月，天气转寒，它们就盛开了。与_____枯黄暗淡的野草相比，它们成了初冬_____的主角。

A 绽放	点缀	周围	唯一
B 释放	蔓延	四周	孤独
C 开放	掩饰	边缘	任意
D 放射	装饰	边境	特定

예제 1

|해 설|

> 做生意就好比下棋，普通人只能看到眼前的一两步，___①___的棋手却能看出
> 后面的五六步。遇事能处处___②___，比别人看得更远、更准，这便是优秀的
> 职业经理应该具备的___③___。
>
> A 高尚✕　　留神○　　因素✕　　　　B 高超✕　　留念✕　　要素✕
> C 高级✕　　留恋✕　　元素✕　　　　D 高明○　　留心○　　素质○

*해석으로 풀어 유추하기

🎓 선생님의 한마디

실제 시험에서는 빈칸에 번호가
없으며, 여기서는 해설을 위해
편의상 붙인 것입니다.

[1번 빈칸] ___①___的旗手却能看出后面的五六步。

빈칸은 棋手를 수식하는 단어입니다. 旗手는 '바둑 기사'라는 의미이고, 빈칸을 포함한 문장을 해석하면 '( )한 기수는 멀리 내다볼 수 있다'라는 의미입니다. 따라서 여기서 답이 될 수 있는 것은 高明밖에 없습니다. 선택지의 단어 高尚, 高超, 高明이 모두 6급 필수 단어라서 어려울 수 있지만, 이럴 때는 확실히 알고 있는 4급 단어 高级를 먼저 넣어 봅니다. 高级는 주로 사물이나 상품과 호응하는 단어로, 高级的棋手는 틀린 표현이므로 C를 먼저 제거합니다.

> A **高尚** gāoshàng 뒝 고상하다
> 高尚的人格 고상한 인격 | 高尚的友谊 고상한 우정
>
> B **高超** gāochāo 뒝 뛰어나다
> 高超的技艺 뛰어난 기예 | 高超的技术 뛰어난 기술
>
> C **高级** gāojí 뒝 고급의
> 高级饭店 고급 식당 | 高级轿车 고급 승용차
>
> D **高明** gāomíng 뒝 뛰어나다, 고명하다
> 高明的棋手 뛰어난 기수 | 高明的商人 뛰어난 상인

• **友谊** yǒuyì 뎽 우정

• **轿车** jiàochē 뎽 승용차, 세단

[2번 빈칸] 遇事能处处___②___，比别人看得更远、更准，

빈칸 앞의 遇事와 어울리는 단어를 찾아야 합니다. '일을 만났을 때 항상 ~할 수 있다'라는 문장이므로, 문맥상 자연스러우려면 留神(A), 留心(D) 두 단어가 답이 될 수 있습니다. 즉, B도 제거됩니다.

> A **留神** liúshén 뚱 주의하다, 조심하다
> 留神小偷 좀도둑을 조심하다
>
> B **留念** liúniàn 뚱 기념으로 남기다
> 拍照留念 사진을 찍어 기념으로 남기다
>
> C **留恋** liúliàn 뚱 그리워하다, 미련을 두다
> 留恋过去 과거를 그리워하다
>
> D **留心** liúxīn 뚱 조심하다, 유의하다
> 留心车辆 차량을 조심하다

🎓 선생님의 한마디

선택지의 단어들이 모두 6급 필수 단어들이라서 어렵기 때문에, 내공이 약한 학생들은 가급적 2번 빈칸은 그냥 넘기도록 합니다.

[3번 빈칸] 这便是优秀的职业经理应该具备的　③　。

빈칸 앞의 经理应该具备가 단서입니다. 具备는 '갖추다'라는 의미로 호응 대상이 다양하므로 具备만으로는 문제를 풀기가 힘듭니다. 3번 빈칸의 결정적 단서는 经理입니다. 经理는 직급을 나타내는 단어이므로, 사람임을 알 수 있습니다. 사람의 기본적인 소양, 자질, 인성 등을 중국어로는 素质라고 표현합니다. 나머지 3개 단어들은 모두 사람에게 쓸 수 없습니다.

🎓 *선생님의* **한마디**
자주 나오는 具备의 호응 관계는 具备素质, 具备才能, 具备因素, 具备功能, 具备条件 등이 있습니다.

> **A 因素** yīnsù 몡 요소, 원인 [=要素]
>   问题的因素 문제의 요소
>
> **B 要素** yàosù 몡 요소
>   事件的要素 사건의 요소
>
> **C 元素** yuánsù 몡 원소
>   化学元素 화학원소
>
> **D 素质** sùzhì 몡 소양, 자질
>   文化素质 문화적 소양 │ 人的素质 사람의 자질 │ 身体素质 신체적 자질

|해 석|

做生意就好比下棋，普通人只能看到眼前的一两步，①高明的棋手却能看出后面的五六步。遇事能处处②留心，比别人看得更远、更准，这便是优秀的职业经理应该具备的③素质。	장사를 하는 것은 마치 바둑을 두는 것과 같다. 평범한 사람은 현재의 한두 걸음만 볼 수 있지만, ①뛰어난 기사는 나중의 대여섯 걸음을 볼 수 있다. 일이 생기면 여러 방면에서 ②조심하며, 다른 사람보다 더 멀리, 더 정확하게 볼 수 있는데, 이것이 바로 우수한 전문 경영자가 갖춰야 할 ③소양이다.

|단 어| **好比** hǎobǐ 통 마치 ~과 같다 │ **下棋** xiàqí 통 바둑을(장기를) 두다 │ **棋手** qíshǒu 몡 바둑 기사 │ **遇事** yùshì 통 일이 생기다, (곤란한) 일에 맞닥뜨리다 │ **准** zhǔn 혱 정확하다 │ **具备** jùbèi 통 갖추다

|정 답| D

|해 설|

雏菊是一种野菊花，它们静静地 ① 在山林和田野中，将其 ② 得异常
　　　　　　　　　　　　주어　부사어　동사자리　보어(在+장소)　　　동사자리　　보어
美丽。这些小野花平常很少被人关注，可一过了九月，天气转寒，它们就盛开
了。与 ③ 枯黄暗淡的野草相比，它们成了初冬 ④ 的主角。
　　　　　└──────┘　　　　　　　　　　　　　└────┘
　　　　　　호응　　　　　　　　　　　　　　　　　　호응

A 绽放 ○　　点缀 ○　　周围 ○　　唯一 ○
B 释放 ×　　蔓延 ×　　四周 ○　　孤独 ×
C 开放 ○　　掩饰 ×　　边缘 ×　　任意 ×
D 放射 ×　　装饰 ○　　边境 ×　　特定 ×

[1번 빈칸] 它们静静地 ① 在山林和田野中，

주어인 它们과 호응하는 동사를 고르는 문제입니다. 它们은 앞 절의 雏菊를 가리킵니다. 菊花가 국화이므로 雏菊 또한 국화의 한 종류임을 유추할 수 있습니다. 만약 菊花도 몰랐다면 그저 꽃이라는 것만 유추하고 넘어가도 좋습니다. '꽃을 피우다'라고 할 때는 开, 开放, 绽放을 쓸 수 있습니다. 따라서 선택지에서 绽放(A)과 开放(C)이 가능하므로 B와 D는 제거합니다.

> A 绽放 zhànfàng 통 (꽃이) 피다
> 鲜花绽放 꽃이 피다
>
> B 释放 shìfàng 통 석방하다, 방출하다
> 释放犯人 범인을 석방하다(풀어 주다) | 释放能量 에너지를 방출하다
>
> C 开放 kāifàng 통 개방하다, (꽃이) 피다
> 开放博物馆 박물관을 개방하다 | 花朵开放 꽃이 피다
>
> D 放射 fàngshè 통 방사하다, 뿜어내다
> 放射线 방사선

[2번 빈칸] 将其 ② 得异常美丽。

빈칸 앞의 将其를 잘 봐야 합니다. 将其는 把它의 의미이며, 여기서 其는 앞 절의 '山林和田野(산과 들판)'를 가리킵니다. 보어를 나타내는 구조조사 得로 보아 빈칸은 동사 자리이며, 의미상 '산과 들을 아주 예쁘게 꾸며 주었다'라는 내용이 들어가야 자연스러우므로 点缀(A)와 装饰(D)가 가능합니다. D는 이미 1번 빈칸에서 제거되었기 때문에 A가 정답임을 알 수 있습니다.

> A 点缀 diǎnzhuì 통 단장하다, 꾸미다, 돋보이게 하다
> 用花卉来点缀 화초로 단장하다
>
> B 蔓延 mànyán 통 만연하다, 퍼지다, 번지다
> 火势蔓延 불길이 번지다 | 大火蔓延 큰불이 번지다
>
> C 掩饰 yǎnshì 통 (결점·실수를) 숨기다, 감추다
> 掩饰错误 잘못을 숨기다 | 掩饰痛苦 고통을 감추다
>
> D 装饰 zhuāngshì 통 장식하다
> 装饰房间 방을 장식하다

선생님의 한마디

绽放은 급수 외 단어지만 6급 수준이고, 释放과 放射는 6급 단어입니다. 开放은 5급 단어인데, 한국어로 '개방하다'라는 의미이다 보니, '꽃이 피다'라는 의미를 모르는 학생들이 많습니다. 내공이 약한 학생들은 1번 빈칸이 어렵게 생각될 수 있습니다.

• 博物馆 bówùguǎn 명 박물관

선생님의 한마디

내공이 조금 있다면 1번과 2번 빈칸만으로도 정답을 찾을 수 있습니다. 실제 시험에서는 더 이상 볼 필요 없지만, 내공이 약한 학생들은 비교적 쉬운 3, 4번 빈칸에서 승부를 걸어야 합니다.

• 花卉 huāhuì 명 화훼, 화초

• 火势 huǒshì 명 불타는 기세, 불길

[3번 빈칸] 与 __③__ 枯黄暗淡的野草相比,

빈칸 뒤의 **枯黄暗淡的野草**와 호응하는 단어를 고르는 문제입니다. **枯黄暗淡**은 어려운 표현이므로 **野草**로 호응을 찾습니다. 즉, '( )의 들풀과 비교해서'라고 해석이 되므로 周围(A)와 四周(B)가 들어가야 흐름이 자연스럽습니다. 따라서 C와 D는 제거합니다.

> **A** 周围 zhōuwéi 몡 주위, 주변
> 周围的人 주변 사람 | 周围的事 주변 일
>
> **B** 四周 sìzhōu 몡 주위, 사방
> 四周的建筑 주위의 건축물
>
> **C** 边缘 biānyuán 휑 가장자리, 직전, 끝자락, 위기
> 绝望的边缘 절망의 끝자락
>
> **D** 边境 biānjìng 몡 변경, 국경 지대
> 国家的边境 국가의 변경

[4번 빈칸] 它们成了初冬 __④__ 的主角。

빈칸은 **主角**를 수식하는 단어이면서 문장 전체의 의미를 함께 봐야 합니다. '이 국화들이 초겨울 ( )의 주인공'이라고 해석이 되므로 가장 적합한 답은 唯一(A)밖에 없습니다.

> **A** 唯一 wéiyī 휑 유일하다
> 唯一的纪念品 유일한 기념품 | 唯一的朋友 유일한 친구
>
> **B** 孤独 gūdú 휑 고독하다, 외롭다
> 孤独的人 고독한 사람
>
> **C** 任意 rènyì 휑 임의로, 제멋대로
> 任意挑选 제멋대로 고르다 | 任意行动 제멋대로 행동하다
>
> **D** 特定 tèdìng 휑 특정한
> 特定的时间 특정한 시간 | 特定的场所 특정한 장소

|해석|

　　雏菊是一种野菊花, 它们静静地①绽放在山林和田野中, 将其②点缀得异常美丽。这些小野花平常很少被人关注, 可一过了九月, 天气转寒, 它们就盛开了。与③周围枯黄暗淡的野草相比, 它们成了初冬④唯一的主角。

데이지는 일종의 들국화로, 그것들은 조용히 숲과 들에서 ①피어나며, 숲과 들을 매우 아름답게 ②꾸며 준다. 이 작은 들꽃들은 평소에 사람들에게 관심을 별로 받지 못하지만, 9월이 지나고 날씨가 추워지면 데이지는 만개한다. ③주위의 시들어 누렇고 어두운 들풀과 비교하면, 데이지는 초겨울의 ④유일한 주인공이 된다.

|단어| 雏菊 chújú 몡 데이지 | 野菊花 yějúhuā 몡 들국화 | 田野 tiányě 몡 들판, 들 | 异常 yìcháng 팀 대단히, 몹시 | 野花 yěhuā 몡 들꽃, 야생화 | 盛开 shèngkāi 통 (꽃이) 만발하다, 활짝 피다 | 枯黄暗淡 kūhuáng àndàn 시들어 누렇고 어둡다 | 与~相比 yǔ~xiāngbǐ ~과 비교해서 | 主角 zhǔjué 몡 주인공

|정답| **A**

1 시험에 잘 나오는 동사

1. 1음절 동사

□ 眨 zhǎ 통 (눈을) 깜박거리다, 깜짝이다

　眨眼 눈을 깜박거리다

□ 眯 mī 통 실눈을 뜨다, 눈을 가늘게 뜨다

　眯眼睛 눈을 가늘게 뜨다

□ 瞪 dèng 통 (눈을) 부릅뜨고 노려보다, 부라리다

　瞪眼睛 눈을 부릅뜨고 노려보다

　瞪着对方 상대방을 부라리다

□ 迈 mài 통 내딛다, 나아가다

　迈步 발걸음을 내딛다

　迈向明天 내일을 향해 나아가다

□ 泼 pō 통 (물 등의 액체를) 뿌리다, 붓다

　泼水 물을 뿌리다

　泼冷水 찬물을 끼얹다

□ 冒 mào 통 뿜어 나오다, 발산하다, (안에서 밖으로) 나오다

　冒火 불이 뿜어 나오다, 화를 내다

　冒烟 연기가 나다, 화를 내다

□ 绣 xiù 통 수놓다, 자수하다

　绣花 (꽃을) 수놓다

　刺绣 수놓다, 자수하다

□ 镶 xiāng 통 끼워 넣다, 박아 넣다

　镶嵌 끼워 넣다, 박아 넣다

　镶牙 의치를 하다

　镶钻 다이아몬드를 박아 넣다

> 🎓 선생님의 한마디
>
> 독해 2부분의 선택지 단어는 대부분 6급 필수 단어입니다. 6급 필수 단어는 2500개 이상이기 때문에 전체 단어를 다 외울 수는 없습니다. 이번 내공쌓기는 자주 출제되는 중요한 단어들만 뽑아 놓았으니, 이 단어들을 최우선적으로 암기해야 합니다.

• 镶嵌 xiāngqiàn 통

• 钻 zuàn 명 다이아몬드

□ 贴 tiē [동] 붙이다

贴邮票 우표를 붙이다

贴对联 대련을 붙이다

□ 涂 tú [동] 바르다, 칠하다

涂鸦 그래피티[낙서 예술]

涂颜色 색을 칠하다

□ 扑 pū [동] 돌진하여 덮치다, 뛰어들다

扑火 불 속으로 뛰어들다

扑灭 박멸하다, 잡아 없애다

□ 扭 niǔ [동] (몸을) 돌리다, (발을) 삐다, 접질리다

扭身 몸을 돌리다

扭脖子 목을 돌리다

扭伤了脚 발을 접질렸다

□ 揉 róu [동] 비비다, 문지르다, 주무르다

揉眼睛 눈을 문지르다

揉肩膀 어깨를 주무르다

□ 扎 zhā [동] (뾰족한 물건으로) 찌르다, 뚫고 들어가다

扎针 침을 놓다

扎根 (식물이) 뿌리를 내리다

□ 扛 káng [동] (어깨에) 메다, 짊어지다

扛自行车 자전거를 짊어지다

扛行李 짐을 짊어지다

□ 捏 niē [동] (손가락으로) 집다, 쥐다

捏一把汗 (걱정이 되어) 손에 땀을 쥐다

□ 拽 zhuài [동] 잡아당기다

拽胳膊 팔을 잡아당기다

拽衣服 옷을 잡아당기다

• **对联** duìlián [명] 대련, 주련[종이나 천에 쓰거나 대나무ㆍ나무ㆍ기둥 따위에 새긴 대구(對句)되는 글귀]

• **鸦** yā [명] 까마귀

• **扑灭** pūmiè [동]

• **脖子** bózi [명] 목

• **肩膀** jiānbǎng [명] 어깨

• **针** zhēn [명] 바늘, 침

• **胳膊** gēbo [명] 팔

□ 搁 gē 屠 놓다, 두다

搁起来 놓다, 두다

搁在一起 한데 놓다

□ 捡 jiǎn 屠 줍다

捡东西 물건을 줍다

捡钱包 지갑을 줍다

□ 拾 shí 屠 줍다, 집다

拾金不昧 재물을 주워도 자기 것으로 탐내지 않는다

· **拾金不昧** shíjīnbúmèi 셍 재물
을 주워도 자기 것으로 탐내지 않
는다

□ 扒 bā 屠 (껍질을) 벗기다, 파다

扒皮 (껍질을) 벗기다

扒橘子皮 귤껍질을 벗기다

· **橘子** júzi 몡 귤 [=桔子 júzi]

□ 捞 lāo 屠 (물 등의 액체 속에서) 건지다, 끌어올리다

水中捞月 물속에서 달을 건지다, 되지도 않을 일을 하여 헛수고만 하다

□ 掏 tāo 屠 (손이나 도구로) 꺼내다, 끄집어내다

掏钱 돈을 꺼내다

□ 抄 chāo 屠 베끼다, 베껴 쓰다

抄作业 숙제를 베끼다

□ 抹 mǒ 屠 바르다, 칠하다, 닦다

抹口红 립스틱을 바르다

抹粉 분을 바르다, 분칠하다

抹眼泪 눈물을 닦다

· **口红** kǒuhóng 몡 립스틱
· **粉** fěn 몡 (화장용) 분

2. 2음절 동사

□ 解除 jiěchú 屠 해제하다, 없애다, 풀다

解除合同 계약을 해지하다

解除职务 직무를 해제하다

解除误会 오해를 풀다

· **合同** hétong 몡 계약, 계약서

□ 占有 zhànyǒu 동 점유하다, 차지하다

占有重要地位 중요한 지위를 차지하다

占有市场 시장을 점유하다

□ 占据 zhànjù 동 점거하다, 차지하다

占据支配地位 지배적 지위를 차지하다

占据了我的心 나의 마음을 차지했다

• 支配 zhīpèi 동 지배하다, 통제하다

□ 占领 zhànlǐng 동 점령하다, 점유하다

占领高地 고지를 점령하다

占领要塞 요새를 점령하다

占领市场 시장을 점유하다

• 要塞 yàosài 명 요새

📖 선생님의 한마디

领과 会는 각각 '깨닫다', '이해하다'의 의미가 있어서 '领悟(깨닫다)'와 '体会(체득하다)'라는 단어가 파생됩니다.

□ 领会 lǐnghuì 동 깨닫다, 이해하다

领会意思 뜻을 깨닫다

领会意图 의도를 이해하다

□ 凝聚 níngjù 동 응집하다, 모으다

凝聚力量 역량을 모으다

凝聚智慧 지혜를 모으다

• 智慧 zhìhuì 명 지혜

□ 围绕 wéirào 동 (문제를) 둘러싸다, (주위를) 돌다

围绕主题 문제를 둘러싸다

围绕中心 중심을 둘러싸다

围绕地球 지구를 돌다

□ 展望 zhǎnwàng 동 전망하다, (앞을) 내다보다

展望未来 미래를 전망하다

展望前途 앞길을 내다보다

• 前途 qiántú 명 앞길, 전도

□ 瞻仰 zhānyǎng 동 우러러보다, 참배하다

瞻仰佛像 불상을 우러러보다

瞻仰圣地 성지를 참배하다

• 佛像 fóxiàng 명 불상
• 圣地 shèngdì 명 성지

□ 鸟瞰 niǎokàn 图 굽어보다, 조감하다

　鸟瞰大地 대지를 굽어보다

　鸟瞰地球 지구를 굽어보다

□ 珍惜 zhēnxī 图 아끼다, 소중히 여기다

　珍惜时光 시간을 아끼다

　珍惜名誉 명예를 소중히 여기다

　珍惜生命 생명을 소중히 여기다

・时光 shíguāng 阌 시간, 세월 [=光阴 guāngyīn]

□ 促进 cùjìn 图 촉진하다

　促进经济发展 경제 발전을 촉진하다

　促进交流 교류를 촉진하다

□ 促使 cùshǐ 图 ~하도록 (재촉)하다

　促使交通事故发生 교통 사고가 발생하게 했다

　促使我们进步 우리를 발전하게 했다

🎓 선생님의 한마디

促使는 使가 있기 때문에 '주어 +술어' 형태를 목적어로 가져서 '주어1+促使(술어1)+주어2+술어 2'의 구조로 쓰입니다. 반면 促 进은 동사를 목적어로 가집니다.

□ 吸收 xīshōu 图 흡수하다

　吸收水分 수분을 흡수하다

　吸收热量 열량을 흡수하다

　吸收知识 지식을 흡수하다

□ 吸取 xīqǔ 图 섭취하다, 흡수하다, 받아들이다

　吸取养料 양분을 섭취하다

　吸取水分 수분을 흡수하다

　吸取教训 교훈을 받아들이다

・养料 yǎngliào 阌 양분, 자양분

・教训 jiàoxùn 阌 교훈

□ 善于 shànyú 图 ~을 잘하다

　善于观察 관찰을 잘하다

　善于总结 총정리를 잘하다

　善于表达 표현을 잘하다

□ 擅长 shàncháng 图 뛰어나다, 잘하다

　擅长书法 서예에 뛰어나다

　擅长弹钢琴 피아노를 잘 치다

・弹钢琴 tán gāngqín 피아노를 치다

- 计较 jìjiào 통 계산하여 비교하다, 따지다

  计较得失 득실을 따지다

  斤斤计较 이것저것 세세하게 따지다

· 斤斤计较 jīnjīnjìjiào 성 시시콜콜 따지다

- 讲究 jiǎngjiu 통 중요시하다, 신경을 쓰다

  讲究营养 영양을 중요시하다

  讲究效率 효율을 중요시하다

  讲究礼仪 예의를 차리다

· 营养 yíngyǎng 명 영양
· 效率 xiàolǜ 명 효율
· 礼仪 lǐyí 명 예의[예절과 의식]

- 遵循 zūnxún 통 따르다

  遵循条约 조약을 따르다

  遵循协定 협정을 따르다

· 条约 tiáoyuē 명 조약
· 协定 xiédìng 명 협정

- 留心 liúxīn 통 주의를 기울이다, 조심하다

  留心观察 주의를 기울여 관찰하다

  留心小偷 좀도둑을 조심하다

· 小偷 xiǎotōu 명 좀도둑

- 培训 péixùn 통 양성하다, 훈련하다

  培训干部 간부를 양성하다

  培训员工 직원을 훈련하다

- 暴露 bàolù 통 폭로하다, 드러내다

  暴露问题 문제를 폭로하다

  暴露身份 신분을 드러내다

· 身份 shēnfen 명 신분, 지위

- 畏惧 wèijù 통 두려워하다, 무서워하다

  畏惧困难 어려움을 두려워하다

  畏惧考试 시험을 두려워하다

- 恐惧 kǒngjù 통 겁먹다, 두려워하다

  恐惧心理 공포심

  感到恐惧 두려움을 느끼다

- 改正 gǎizhèng 통 바로잡다, 고치다

  改正错误 잘못을 바로잡다

  改正缺点 결점을 고치다

☐ **封闭** fēngbì 통 봉쇄하다, 폐쇄하다

封闭式教育 폐쇄식 교육

封闭式格局 폐쇄식 구조 · **格局** géjú 명 구조, 짜임새

2 시험에 잘 나오는 형용사

☐ **珍贵** zhēnguì 형 진귀하다, 귀중하다

珍贵的照片 진귀한 사진

珍贵的礼物 진귀한 선물

珍贵的经验 귀중한 경험

☐ **坚韧** jiānrèn 형 강인하다, 단단하고 질기다

坚韧的性格 강인한 성격

质地坚韧 재질이 단단하고 질기다

☐ **吉祥** jíxiáng 형 상서롭다, 길하다

吉祥的气氛 상서로운 분위기

吉祥如意 상서롭고 뜻하는 바와 같이 되다[주로 인사말로 쓰임]

吉祥的预兆 길조 · **预兆** yùzhào 명 조짐, 징조

☐ **慈祥** cíxiáng 형 자애롭다, 자상하다

慈祥的表情 자애로운 표정

慈祥的老人 자상한 노인

☐ **焦虑** jiāolǜ 형 초조하다, 걱정스럽다

焦虑不安 초조하고 불안하다

焦虑的情绪 초조한 기분 · **情绪** qíngxù 명 기분, 정서

☐ **精美** jīngměi 형 정교하고 아름답다

精美的设计 정교하고 아름다운 디자인

精美的包装 정교하고 아름다운 포장 · **包装** bāozhuāng 명 포장

☐ **美观** měiguān 형 아름답다, 보기 좋다

美观的设计 아름다운 디자인

美观的造型 아름다운 조형 · **造型** zàoxíng 명 (만들어 낸 물체의) 조형, 형상

□ 奇妙 qímiào [형] 기묘하다, 신기하다

奇妙的现象 기묘한 현상

奇妙的大自然 신기한 대자연

□ 巨大 jùdà [형] 거대하다, 아주 크다, 커다랗다

巨大的工程 거대한 공사

巨大的贡献 아주 큰 공헌

巨大的变化 커다란 변화

巨大的影响 커다란 영향

· 工程 gōngchéng [명] 공사, 공정
· 贡献 gòngxiàn [명] 공헌

□ 稳定 wěndìng [형] 안정되다, 안정적이다

生活稳定 생활이 안정되다

稳定的工作 안정적인 일자리

□ 充足 chōngzú [형] 충분하다

资金充足 자금이 충분하다

睡眠充足 수면이 충분하다

· 睡眠 shuìmián [명] 수면, 잠

□ 庞大 pángdà [형] 방대하다, 매우 크다

庞大的机构 방대한 기구

庞大的动物 매우 큰 동물

· 机构 jīgòu [명] 기구

□ 广阔 guǎngkuò [형] 광활하다, 넓다

广阔的星空 별이 총총한 광활한 하늘

广阔的胸怀 넓은 마음

· 星空 xīngkōng [명] 별이 총총한 하늘
· 胸怀 xiōnghuái [명] 가슴, 마음

□ 可观 kěguān [형] 대단하다, 굉장하다

可观的收入 대단한 수입

可观的规模 굉장한 규모

· 规模 guīmó [명] 규모

□ 经典 jīngdiǎn [형] 전형적이고 권위 있는, 오래도록 사랑받는

经典乐章 권위 있는 악장

经典著作 오래도록 사랑받는 저서

· 乐章 yuèzhāng [명] 악장
· 著作 zhùzuò [명] 저작, 작품

□ **密切** mìqiè [형] 밀접하다, 긴밀하다

　密切的关系 밀접한 관계

　关系密切 관계가 밀접하다

　配合密切 협력이 긴밀하다 　　　　　　　　　　• **配合** pèihé [명] 협동, 협력

□ **独特** dútè [형] 독특하다

　造型独特 조형이 독특하다

　风格独特 풍격(스타일)이 독특하다

□ **分明** fēnmíng [형] 분명하다

　公私分明 공과 사가 분명하다

　四季分明 사계절이 분명하다

□ **清晰** qīngxī [형] 또렷하다, 분명하다

　口齿清晰 발음이 또렷하다 　　　　　　　　　　• **口齿** kǒuchǐ [명] 발음

　画面清晰 화면이 또렷하다

3 시험에 잘 나오는 명사

🎓 *선생님의 한마디*

명사는 대부분 주어나 목적어 자리에 오며, 주로 형용사와 호응합니다.

□ **特征** tèzhēng [명] 특징

　性格特征 성격 특징

　面部特征 얼굴 특징

□ **特色** tèsè [명] 특색

　民族特色 민족 특색

　中国特色 중국의 특색

□ **情绪** qíngxù [명] 정서, 감정, 기분

　情绪高涨 정서가 고조되다 　　　　　　　　　　• **高涨** gāozhǎng [동] (정서가) 고조되다

　情绪低落 기분이 가라앉다 　　　　　　　　　　• **低落** dīluò [동] 떨어지다, 의기소침하다

□ **景色** jǐngsè [명] 풍경, 경치

　景色壮观 풍경이 장관이다 　　　　　　　　　　• **壮观** zhuàngguān [형] 장관이다

　景色迷人 경치가 매력적이다 　　　　　　　　　• **迷人** mírén [동] 매력적이다

□ **模式** móshì 몡 양식, 패턴

　生活模式 생활 양식

　消费模式 소비 패턴

□ **起源** qǐyuán 몡 기원

　人类的起源 인류의 기원

　战争的起源 전쟁의 기원
　　　　　　　　　　　　　　　　　　　　　　　・**战争** zhànzhēng 몡 전쟁

□ **风味** fēngwèi 몡 풍미, 맛, 색채

　家乡风味 고향의 맛

　北京风味 베이징의 맛

　地方风味 지방색

□ **体魄** tǐpò 몡 신체와 정신

　健康的体魄 건강한 신체와 정신

□ **系统** xìtǒng 몡 계통

　神经系统 신경 계통

　消化系统 소화 계통

　循环系统 순환 계통
　　　　　　　　　　　　　　　　　　　　　　　・**循环** xúnhuán 몡 순환

□ **体系** tǐxì 몡 체계

　科学体系 과학 체계

　管理体系 관리 체계

□ **焦点** jiāodiǎn 몡 (문제·관심사의) 초점

　关注的焦点 관심의 초점

　议论的焦点 논의의 초점

□ **品种** pǐnzhǒng 몡 품종

　品种繁多 품종이 많다
　　　　　　　　　　　　　　　　　　　　　　　・**繁多** fánduō 혱 (종류가) 많다,
　品种优良 품종이 우수하다　　　　　　　　　　다양하다
　　　　　　　　　　　　　　　　　　　　　　　・**优良** yōuliáng 혱 (품질·기
　　　　　　　　　　　　　　　　　　　　　　　　 풍·전통 등이) 뛰어나다, 우수
　　　　　　　　　　　　　　　　　　　　　　　　 하다

□ **种类** zhǒnglèi 몡 종류

　不同的种类 다른 종류

　种类繁多 종류가 많다

□ 喜悦 xǐyuè 몡 희열, 기쁨
　分享喜悦 기쁨을 나누다
　内心的喜悦 마음속의 기쁨

□ 形象 xíngxiàng 몡 형상, 이미지
　人物形象 인물 캐릭터
　形象好 이미지가 좋다

□ 方式 fāngshì 몡 방식
　独特的方式 독특한 방식
　沟通的方式 소통하는 방식

• 沟通 gōutōng 통 소통하다

□ 渠道 qúdào 몡 경로, 루트
　贸易渠道 무역 루트
　销售渠道 판매 루트

• 销售 xiāoshòu 몡 판매

□ 成本 chéngběn 몡 원가, 비용
　生产成本 생산원가

□ 财富 cáifù 몡 부, 재산, 자산
　人生的财富 인생의 재산
　精神财富 정신적 자산

□ 心态 xīntài 몡 심리 상태
　健康的心态 건강한 심리 상태
　调整心态 심리 상태를 조절하다, 마인드 컨트롤 하다

• 调整 tiáozhěng 통 조정하다, 조절하다

□ 习俗 xísú 몡 습속[습관과 풍속]
　当地的习俗 현지의 습속
　打破习俗 습속을 깨다

□ 风俗 fēngsú 몡 풍속
　不同的风俗 다른 풍속
　尊重风俗 풍속을 존중하다

□ 声誉 shēngyù 몡 명성과 명예

    声誉卓著 명성이 높다

    享有声誉 명성을 누리다

· **卓著** zhuózhù 혱 탁월하다,
  (명성이) 높다

□ 本身 běnshēn 몡 그 자체, 자신

    问题本身 문제 자체

□ 榜样 bǎngyàng 몡 모범, 본보기

    做榜样 모범이 되다, 모범을 보이다

    学习的榜样 학습의 본보기

□ 潜力 qiánlì 몡 잠재력

    挖掘潜力 잠재력을 발굴하다

    发挥潜力 잠재력을 발휘하다

· **挖掘** wājué 통 발굴하다, 찾아
  내다

□ 风格 fēnggé 몡 풍격, 스타일

    风格独特 풍격이 독특하다

    处事的风格 일 처리 스타일

· **处事** chǔshì 통 일을 처리하다

□ 含量 hánliàng 몡 함량

    钙的含量 칼슘의 함량

    水的含量 물의 함량

· **钙** gài 몡 칼슘

4 시험에 잘 나오는 부사

□ 一度 yídù 틧 한때, 한동안

    他一度很有名。 그는 한동안 매우 유명했다.

🎓 **선생님의 한마디**
부사는 대부분 술어인 동사를 수
식하는 역할을 합니다.

□ 一味 yíwèi 틧 단순히, 무턱대고

    不要一味抱怨别人。 무턱대고 남을 원망하지 마라.

· **抱怨** bàoyuàn 통 원망하다

□ 素 sù 틧 예로부터, 줄곧

    素有～之称 예로부터 ～이라는 명칭이 있다

    香港素有"购物天堂"之称。 홍콩은 예로부터 '쇼핑 천국'이란 명칭을 가지고 있다.

□ **愈** yù 男 더욱, 더더욱[= 越 yuè]

愈发 한층 더

愈来愈 갈수록, 점점

□ **皆** jiē 男 모두, 전부

皆然 모두 그러하다

人人皆知 모든 사람이 다 안다

皆大欢喜 모두 몹시 기뻐하다

放之四海而皆准 어느 곳에 놓아도 꼭 들어맞다, 진리는 어느 곳에서도 다 옳다

• **人人皆知** rénrénjiēzhī 閱 모두 가 다 알다

□ **亦** yì 男 ~도 역시, 또한

反之亦然 바꾸어서 말해도 역시 그렇다

• **反之亦然** fǎnzhīyìrán 閱 바꾸어 말해도 역시 그렇다

□ **勿** wù 男 ~해서는 안 된다, ~하지 마라

请勿拍照 사진을 찍지 마시오

请勿吸烟 흡연하지 마시오

□ **颇** pō 男 꽤, 상당히, 매우

颇具特色 매우 특색 있다

颇受欢迎 매우 환영을 받다

□ **陆续** lùxù 男 (시간 차를 두고) 연이어, 계속해서[= 先后 xiānhòu, 相继 xiāngxù]

陆续入场 끊임없이 입장하다

陆续离开 연이어 떠나다

陆续到场 계속해서 현장에 도착하다

□ **不断** búduàn 男 부단히, 끊임없이

不断努力 부단히 노력하다

不断进步 끊임없이 발전하다

□ **分别** fēnbié 男 각각, 따로따로

分别进行 각각 진행하다

分别说明 따로따로 설명하다

□ **单独** dāndú 男 단독으로, 혼자서

单独行动 단독으로 행동하다

单独生活 혼자서 생활하다

□ 即将 jíjiāng 🄫 곧, 머지않아

　即将开始 곧 시작할 것이다

　即将毕业 곧 졸업할 것이다

□ 预先 yùxiān 🄫 사전에, 미리

　预先警告 사전에 경고하다　　　　　　　　　　　　　　　　　　　　　　• **警告** jǐnggào 🄭 경고하다

　预先准备 미리 준비하다

　预先通知 미리 통지하다

□ 依然 yīrán 🄫 여전히, 변함없이[= 依旧 yījiù, 仍然 réngrán, 仍旧 réngjiù]

　依然有效 여전히 유효하다

□ 居然 jūrán 🄫 뜻밖에, 의외로[= 竟然 yìngrán]

　他居然考了第一名。 그는 뜻밖에도 시험에서 일등을 했다.

□ 不时 bùshí 🄫 수시로, 불시에, 자주, 늘

　不时看一眼 수시로 한번 보다

□ 顿时 dùnshí 🄫 갑자기, 문득

　顿时想起来 문득 생각나다

□ 立即 lìjí 🄫 곧, 즉시, 바로[= 立刻 lìkè]

　立即行动 즉시 행동하다

　立即出发 바로 출발하다

□ 毕竟 bìjìng 🄫 그래도 어쨌든, 결국

　他毕竟是个孩子。 그는 그래도 어쨌든 아이이다.

5 동사를 수식하는 기타 품사

- 各自 gèzì [대] 제각기, 따로따로

  各自处理 제각기 처리하다

  各自行动 따로따로 행동하다

  各自为政 제각기 자기 생각대로만 일하다

- 广泛 guǎngfàn [형] 광범위하다, 폭넓다

  广泛地传播 광범위하게 전파하다

  广泛地搜集 폭넓게 수집하다

- 精心 jīngxīn [형] 정성을 들이다, 심혈을 기울이다

  精心护理 정성껏 간호하다

  精心照顾 정성껏 보살피다

  精心安排 공들여 안배하다

- 明显 míngxiǎn [형] 뚜렷하다, 분명하다

  明显有变化 뚜렷하게 변화가 있다

  明显提高 뚜렷하게 향상되다

- 密切 mìqiè [형] (관계가) 밀접하다, 긴밀하다

  密切相关 밀접하게 관련되다

  密切关注 (사회문제 등에) 긴밀하게 관심을 갖다

  密切配合 빈틈없이 협력하다

- 圆满 yuánmǎn [형] 원만하다

  圆满结束 원만하게 끝나다

  圆满完成任务 원만하게 임무를 완수하다

- 切实 qièshí [형] 실제적이다, 착실하다

  切实可行的计划 실제적이어서 실행 가능한 계획

  切实提高 착실하게 끌어올리다

- 连续 liánxù [동] 연속하다, 계속하다

  连续受挫 연속하여 좌절을 겪다

  连续不断 계속하여 끊이지 않다

- **传播** chuánbō [동] 전파하다, 널리 퍼뜨리다
- **搜集** sōují [동] 수집하다

- **护理** hùlǐ [동] 간호하다, 돌보다

📖 선생님의 **한마디**

형용사는 주로 술어나 관형어, 보어 역할을 하는데, 明显과 같이 일부 형용사들은 부사처럼 동사를 수식하는 역할을 하기도 합니다.

- **配合** pèihé [동] 협력하다, 협조하다

- **受挫** shòucuò [동] 좌절하다, 상처를 입다

6 시험에 잘 나오는 양사

□ **卷** juǎn **양** 권, 통, 두루마리[원통 형태로 둥글게 말 수 있는 사물을 세는 단위]

一卷书 책 한 권

□ **册** cè **양** 권, 책[책을 세는 단위]

上册 상권

下册 하권

□ **番** fān **양** ①회, 차례, 번 ②종류

打量一番 한 차례 훑어보다

一番教诲 하나의 가르침

□ **届** jiè **양** 회, 기, 차[정기적인 모임 등의 횟수를 세는 단위]

一届大会 1회 대회

一届毕业生 1회 졸업생

□ **串** chuàn **양** 꾸러미, 송이[길게 꿰어 이루어진 사물을 세는 단위]

一串故事 이야기 한 꾸러미

一串葡萄 포도 한 송이

□ **堆** duī **양** 무더기, 더미

一堆书 책 한 더미

一堆柴火 땔감 한 더미

□ **摊** tān **양** 웅덩이, 무더기

一摊水 물 한 웅덩이

一摊泥 진흙 한 무더기

□ **兜** dōu **양** 호주머니

一兜钱 한 호주머니의 돈

□ **户** hù **양** 집, 가정, 가구

一户人家 한 가정

☐ **窝** wō 〈양〉 우리, 굴[동물이나 곤충의 둥지를 나타내는 단위]

　一窝小鸡 한 우리의 병아리

　一窝蚂蚁 한 굴의 개미

　　　　　　　　　　　　　　　　　　　　　　　　　　　　• 蚂蚁 mǎyǐ 〈명〉 개미

☐ **枝** zhī 〈양〉 송이, 자루[가늘고 긴 사물을 세는 단위]

　一枝梅花 매화 한 송이

　一枝铅笔 연필 한 자루

　　　　　　　　　　　　　　　　　　　　　　　　　　　　• 铅笔 qiānbǐ 〈명〉 연필

☐ **只** zhī 〈양〉 마리[비교적 작은 크기의 동물을 세는 단위]

　一只猪 돼지 한 마리

　一只老鼠 쥐 한 마리

　　　　　　　　　　　　　　　　　　　　　　　　　　　　• 猪 zhū 〈명〉 돼지
　　　　　　　　　　　　　　　　　　　　　　　　　　　　• 老鼠 lǎoshǔ 〈명〉 쥐

☐ **条** tiáo 〈양〉 개, 마리[가늘고 긴 사물 및 동식물을 세는 단위]

　一条裤子 바지 한 개

　一条路 한 갈래의 길

　一条鱼 물고기 한 마리

　　　　　　　　　　　　　　　　　　　　　　　　　　　　• 裤子 kùzi 〈명〉 바지

☐ **棵** kē 〈양〉 그루, 포기[식물을 세는 단위]

　一棵树 나무 한 그루

☐ **颗** kē 〈양〉 알[둥글고 작은 알맹이 모양의 사물을 세는 단위]

　一颗牙 이 한 개

　一颗星星 별 하나

　一颗心 하나의 마음

☐ **罐** guàn 〈양〉 항아리, 단지

　一罐蜂蜜 꿀 한 단지

　一罐酒 술 한 단지

　　　　　　　　　　　　　　　　　　　　　　　　　　　　• 蜂蜜 fēngmì 〈명〉 벌꿀

☐ **幅** fú 〈양〉 폭

　一幅画 한 폭의 그림

☐ **艘** sōu 〈양〉 척[배를 세는 단위]

　一艘船 배 한 척

□ 架 jià 양 대, 개[받침대가 있는 물건이나 기계 장치 등을 세는 단위]

一架飞机 비행기 한 대

一架钢琴 피아노 한 대

□ 套 tào 양 조, 벌, 세트[여러 개의 구성품이 모여 한 덩어리를 이루는 사물을 세는 단위]

一套家具 가구 한 세트

一套书 책 한 세트

一套房子 집 한 채

□ 辆 liàng 양 대[교통수단을 세는 단위]

一辆马车 마차 한 대

一辆卡车 트럭 한 대

□ 双 shuāng 양 짝, 켤레, 쌍

一双鞋 신발 한 켤레

一双手 양손

□ 对 duì 양 짝, 쌍

一对情侣 한 쌍의 연인

一对鸳鸯 한 쌍의 원앙새

· 情侣 qínglǚ 명 연인, 애인
· 鸳鸯 yuānyāng 명 원앙새

01 "沙画"艺术是近年兴起的一种与舞台艺术相结合的表演形式。表演者在白色背景板上现场用沙子作画，并结合音乐，通过投影_____在屏幕上。沙画具有_____的表演魅力，能使现场观众获得_____的视觉享受。

A 反射	特定	巧妙	B 展现	独特	奇妙
C 展望	独立	美妙	D 呈现	单独	神奇

02 当人心中充满不满或悲伤时，会希望通过谈话的_____向身边的人倾诉，高兴的时候，也希望有人可以_____快乐的心情。换句话说，人都有一种向他人倾诉的需求，而朋友是最好的倾诉_____，当这种需求无法得到_____时，就会造成"欲求不满"。时间一长，朋友之间的关系自然会受到影响。

A 方案	分解	现象	立足
B 方式	分享	对象	满足
C 方针	分辨	对手	慰问
D 格式	分别	对方	自满

03 人们普遍认为，女性要获得_____上的成功，就必须"表现得像个男人"。然而研究_____，表现得刚毅而自信的"强势型"女性，_____比"温柔型"女性获得升职的机会少。虽然这些性格特征在男性身上广为推崇，但表现在女性身上，则会_____"缺乏可爱"。

A 事业	表明	通常	显得
B 事项	证明	平常	展现
C 事务	指示	时常	展示
D 行业	显示	照常	流露

04 苏州素有"人间天堂"之称，这里_____出了苏州刺绣艺术。苏州刺绣已有2000余年的历史，早在三国时就有了关于刺绣制作的_____。苏州刺绣具有图案秀丽、_____巧妙、绣工细腻、针法活泼的_____风格，地方特色浓郁。

A 孕育	记载	构思	独特
B 诞生	记忆	设计	独立
C 创造	记录	构成	单独
D 发育	标记	设置	特殊

▶ 정답 및 해설 42쪽

유의어에 너무 깊이 파고들지 마라!

선택지에는 **程序, 次序, 工序, 秩序**처럼 한 글자는 같고 나머지 한 글자만 다른 단어가 제시되는 경우가 많습니다. 같은 한자가 들어가는 단어는 비슷한 의미를 갖는 경우도 있지만, 독해 2부분 선택지에는 대부분 전혀 다른 의미를 갖는 단어가 나옵니다. 그러므로 의미가 비슷한 유의어를 구분하는 것에만 초점을 맞추지 말고, 같은 한자가 들어가지만 뜻이 다른 한자도 함께 알아 두어야 합니다. 문제를 풀 때 애매모호한 것은 넘어가고, 확실히 답이 아닌 것을 지우며 정답을 찾아야 합니다.

STEP 01 먼저 풀어보기

예제 1

著名画家徐悲鸿有一句名言叫"傲气不可有，傲骨不可无"，这句名言告诉了我们一个做人的简单_____，不要在成绩面前骄傲_____，目中无人，但也不能_____自尊地一味讨好别人，_____。

A 理论	自发	损失	半途而废
B 原理	自主	迷失	讨价还价
C 道理	自满	丧失	卑躬屈膝
D 原则	满足	消失	咬牙切齿

예제 2

蓝色地带，专指世界上长寿人口比例很高的地区。在这些地方，人们的寿命长得_____，他们到了90岁、100岁还依然_____良好的身体状态和生活能力。_____是什么呢？这些美好的生命传奇和他们的生活习惯密切相关，长寿秘诀就隐藏在他们吃的食物、_____的伙伴以及他们的价值观中。

A 难能可贵	占有	机密	交叉
B 不可思议	拥有	秘密	交往
C 不相上下	拥护	奥秘	交涉
D 不言而喻	占据	焦点	交换

예제 1

|해설|

著名画家徐悲鸿有一句名言叫"傲气不可有，傲骨不可无"，这句名言告诉了我们一个做人的简单 ① ，不要在成绩面前骄傲 ② ，目中无人，但也不能 ③ 自尊地一味讨好别人， ④ 。

（호응） *（~하지 마라）* *（부정적인 단어가 와야 함）*
（부사어） *（부사어）* *（술어）*

A 理论×	自发×	损失×	半途而废×
B 原理×	自主×	迷失×	讨价还价×
C 道理○	自满○	丧失○	卑躬屈膝○
D 原则○	满足×	消失×	咬牙切齿×

[1번 빈칸] 这句名言告诉了我们一个做人的简单 ① ，

1번 빈칸은 해석을 통해 풀 수 있는 문제입니다. 명언이 우리에게 알려 주는 것을 道理(C)나 原则(D)라고 말할 수 있지만, 理论(A)과 原理(B)는 적당하지 않습니다. 따라서 C와 D가 정답 범위에 들어갑니다.

> A **理论** lǐlùn 몡 이론
> 政治理论 정치 이론 | 军事理论 군사 이론
>
> B **原理** yuánlǐ 몡 원리
> 数学原理 수학 원리 | 光学原理 광학 원리
>
> C **道理** dàoli 몡 도리, 이치
> 做人的道理 사람으로서의 도리 | 简单的道理 간단한 이치
>
> D **原则** yuánzé 몡 원칙
> 做人的原则 사람으로서의 원칙 | 处事的原则 일 처리 원칙

[2번 빈칸] 不要在成绩面前骄傲 ② ，目中无人，

빈칸은 앞의 骄傲와 어울릴 수 있는 단어를 고르는 문제입니다. 선택지 단어 중 骄傲의 유사어인 自满(C)이 적합합니다.

> A **自发** zìfā 톙 (의무가 없지만) 자발적이다
> 自发捐款 자발적으로 돈을 기부하다 | 自发支援灾区 자발적으로 재해 지역을 지원하다
>
> B **自主** zìzhǔ 통 자주적으로 하다
> 自主开发 자주적으로 개발하다 | 自主研制 자주적으로 연구 제작하다
>
> C **自满** zìmǎn 톙 자만하다
> 骄傲自满 거만하고 자만하다
>
> D **满足** mǎnzú 통 만족하다, 만족시키다
> 满足于现状 현 상태에 만족하다 | 满足要求 요구를 만족시키다

🎓 *선생님의 한마디*

自发와 自主는 단어 모양이 비슷하게 생겼지만 의미가 전혀 다릅니다. 의미를 잘 외워 두세요.

• **捐款** juānkuǎn 통 돈을 기부하다
• **支援** zhīyuán 통 지원하다
• **灾区** zāiqū 몡 재해 지역
• **研制** yánzhì 통 연구 제작하다

• **现状** xiànzhuàng 몡 현 상태

[3번 빈칸] 但也不能 ③ 自尊地一味讨好别人， ④ 。

自尊을 목적어로 갖는 동사를 찾아야 합니다. 주로 '경제적 손실'이라는 단어로 쓰이는 损失(A)와 목적어를 갖지 않고 자동사로 쓰이는 消失(D)를 먼저 제외시킵니다. 迷失(B)는 방향이나 길을 목적어로 가지는 동사이고, 丧失(C)는 능력, 권리, 자격, 자존심 등을 목적어로 갖습니다. 따라서 정답은 C입니다.

> A 损失 sǔnshī 몡 손실, 손해
> 经济损失 경제적 손실 | 损失惨重 손실이 극심하다
>
> B 迷失 míshī 동 잃다, 잃어버리다
> 迷失方向 방향을 잃다 | 迷失路途 길을 잃다
>
> C 丧失 sàngshī 동 상실하다, 잃다
> 丧失记忆 기억을 상실하다 | 丧失工作能力 업무 능력을 잃다
>
> D 消失 xiāoshī 동 사라지다, 없어지다
> 大雾消失了 짙은 안개가 사라졌다 | 钱包消失了 지갑이 사라졌다

[4번 빈칸] 但也不能 ③ 自尊地一味讨好别人， ④ 。

성어 문제입니다. 앞에 내용을 보면 '무턱대고 남의 비위를 맞추어서도 안 된다'라는 교훈에 어울려야 하므로, '비굴하게 아첨하다'라는 뜻의 卑躬屈膝(C)가 적합합니다.

> A 半途而废 bàntú'érfèi 성 도중에 포기하다
> 学习不能半途而废. 공부는 도중에 포기해서는 안 된다.
>
> B 讨价还价 tǎojiàhuánjià 성 값을 흥정하다
> 中国人买东西的时候喜欢讨价还价. 중국인은 물건을 살 때 값을 흥정하길 좋아한다.
>
> C 卑躬屈膝 bēigōngqūxī 성 비굴하게 아첨하다, 허리를 굽히고 무릎을 꿇다
> 没有必要对领导卑躬屈膝. 상사에게 비굴하게 아첨할 필요는 없다.
>
> D 咬牙切齿 yǎoyáqièchī 성 (화가 나서) 이를 갈다
> 他恨她恨得咬牙切齿. 그는 그녀를 이를 갈 정도로 원망했다.

|해 석|

著名画家徐悲鸿有一句名言叫"傲气不可有，傲骨不可无"，这句名言告诉了我们一个做人的简单①道理，不要在成绩面前骄傲②自满，目中无人，但也不能③丧失自尊地一味讨好别人，④卑躬屈膝。

유명한 화가 쉬베이훙에겐 '거만한 태도는 있어서는 안 되고, 강직한 성격은 없어서는 안 된다.'라는 명언이 있다. 이 명언은 우리에게 사람으로서의 간단한 ①도리를 알려 준다. 성과 앞에서 거만하고 ②자만하며 안하무인으로 굴어서는 안 되지만, 자존심을 ③잃고 무턱대고 남의 비위를 맞추며 ④비굴하게 아첨해서도 안 된다.

|단 어| 傲气 àoqì 몡 거만한 태도 | 傲骨 àogǔ 몡 강직한 성격 | 做人 zuòrén 동 (올바른) 사람이 되다 | 骄傲 jiāo'ào 혱 거만하다 | 目中无人 mùzhōngwúrén 성 안하무인이다 | 自尊 zìzūn 혱 자존심이 있다, 스스로 품위를 지키다 | 一味 yíwèi 뷔 무턱대고, 단순히 | 讨好 tǎohǎo 동 비위를 맞추다

|정 답| C

|해 설|

蓝色地带，专指世界上长寿人口比例很高的地区。在这些地方，人们的寿命长
得　①　，他们到了90岁、100岁还依然　②　良好的身体状态和生活能
力。　③　是什么呢？这些美好的生命传奇和他们的生活习惯切相关，长
寿秘诀就隐藏在他们吃的食物、　④　的伙伴以及他们的价值观中。

（'长(길다)'을 보충함 / 높아지기 / 목적어）

A 难能可贵 ×	占有 ×	机密 ×	交叉 ×
B 不可思议 ○	拥有 ○	秘密 ○	交往 ○
C 不相上下 ×	拥护 ×	奥秘 ○	交涉 ×
D 不言而喻 ×	占据 ×	焦点 ×	交换 ×

[1번 빈칸] 人们的寿命长得　①　，
앞 문장에서 장수 인구 비율이 높다고 언급했고, 이어서 '사람의 수명은 (　)할 만큼 길다'라는 얘기를
하고 있기 때문에 의미상 1번 빈칸의 정답은 不可思议(B)가 적당합니다. 즉, 长得不可思议는 '놀라
울 정도로 길다'라는 의미를 나타냅니다. 나머지 성어는 의미상 빈칸에 맞지 않습니다.

A **难能可贵** nánnéngkěguì 🟦 (어려운 일을 해내서) 아주 기특하다
他这种拾金不昧的精神难能可贵。
그의 이런 재물을 주워도 자기 것으로 탐내지 않는 정신은 아주 기특하다.

B **不可思议** bùkěsīyì 🟦 불가사의하다, 놀라울 정도이다
他们的缘分让人不可思议。그들의 인연은 참 불가사의하다.

C **不相上下** bùxiāngshàngxià 🟦 막상막하, 우열을 가릴 수 없다
这两个人的水平不相上下。이 두 사람의 수준은 막상막하이다.

D **不言而喻** bùyán'éryù 🟦 말하지 않아도 알다
文凭的重要性是不言而喻的。졸업장의 중요성은 말하지 않아도 안다.

- 拾金不昧 shíjīnbúmèi 🟦 재물을 주워도 자기 것으로 탐내지 않는다
- 缘分 yuánfèn 🟫 연분, 인연
- 文凭 wénpíng 🟫 졸업장

[2번 빈칸] 他们到了90岁、100岁还依然　②　良好的身体状态和生活能力。
빈칸은 身体状态와 生活能力를 목적어로 갖는 동사를 찾는 문제입니다. '그들은 90세, 100세가 되어
도 여전히 좋은 신체 상태와 생활 능력을 (　)하다'라는 문장이므로 의미상 拥有(B)만 정답이 됩니다.

A **占有** zhànyǒu 🟩 점유하다, 차지하다
占有市场 시장을 점유하다 | 占有优势 우세를 차지하다

B **拥有** yōngyǒu 🟩 (가지고) 있다, 소유하다
拥有能力 능력이 있다 | 拥有友谊 우의가 있다

C **拥护** yōnghù 🟩 옹호하다, 지지하다
拥护共产党 공산당을 옹호하다 | 拥护公司的决定 회사의 결정을 지지하다

D **占据** zhànjù 🟩 점거하다, 차지하다
占据高地 고지를 점거하다 | 占据重要地位 중요한 지위를 차지하다

- 共产党 gòngchǎndǎng 🟫 공산당

[3번 빈칸] ___③___ 是什么呢?

빈칸 문장의 앞 문장에서는 블루 존에 사는 사람들의 수명이 아주 길다는 사실을 언급했고, 뒷문장에서는 장수 비결을 설명했습니다. 문맥상 '장수의 비결은 무엇일까?' 하는 내용이 빈칸에 들어가면 글의 흐름이 자연스러워집니다. 따라서 3번 빈칸에는 비밀이라는 의미를 가진 秘密(B)와 奥秘(C)가 들어갈 수 있고, 주로 국가 기밀이나 군사기밀에 쓰이는 机密(A)와 초점을 뜻하는 焦点(D)은 제거됩니다.

A 机密 jīmì 몡 기밀
　国家机密 국가 기밀 ｜ 军事机密 군사기밀

B 秘密 mìmì 몡 비밀
　长寿的秘密 장수의 비밀 ｜ 保守秘密 비밀을 지키다

C 奥秘 àomì 몡 신비, 비밀
　自然的奥秘 자연의 신비 ｜ 人体的奥秘 인체의 비밀

D 焦点 jiāodiǎn 몡 초점
　关注的焦点 관심의 초점 ｜ 问题的焦点 문제의 초점

• 保守 bǎoshǒu 통 지키다

[4번 빈칸] 长寿秘诀就隐藏在他们吃的食物、___④___ 的伙伴以及他们的价值观中。

빈칸 뒤의 伙伴을 수식하는 단어를 고르는 문제입니다. 伙伴은 '친구'라는 뜻이고 '이들과 사귄다'고 할 때 쓸 수 있는 단어는 交往(B)입니다. 나머지 선택지는 의미상 어울리지 않습니다.

A 交叉 jiāochā 통 교차하다
　交叉路口 교차로 ｜ 铁路交叉 철도가 교차하다

B 交往 jiāowǎng 통 왕래하다, 사귀다
　交往的朋友 사귀는 친구 ｜ 交往了多年 여러 해 동안 사귀었다

C 交涉 jiāoshè 통 교섭하다
　交涉工作 업무를 교섭하다 ｜ 交涉有关事宜 관련된 일을 교섭하다

D 交换 jiāohuàn 통 교환하다
　交换意见 의견을 교환하다 ｜ 交换礼物 선물을 교환하다

🎓 *선생님의* 한마디
총 4개의 빈칸 중 4번 빈칸이 가장 쉽습니다. 앞의 선택지가 어렵게 생각될 경우, 시간을 끌지 말고 4번 빈칸에서 승부를 거는 것이 현명합니다.

• 铁路 tiělù 몡 철도

• 有关事宜 yǒuguān shìyí 관련된 일

|해 석|

蓝色地带，专指世界上长寿人口比例很高的地区。在这些地方，人们的寿命长得①不可思议，他们到了90岁、100岁还依然②拥有良好的身体状态和生活能力。③秘密是什么呢? 这些美好的生命传奇和他们的生活习惯切相关，长寿秘诀就隐藏在他们吃的食物、④交往的伙伴以及他们的价值观中。

블루 존은 세계에서 장수 인구 비율이 매우 높은 지역을 전문적으로 가리킨다. 이곳은 사람들의 수명이 ①불가사의할 정도로 길며, 그들은 90세, 100세가 되어서도 여전히 좋은 신체 상태와 생활 능력을 ②지니고 있다. ③비밀은 무엇일까? 이 아름다운 생명 전기들은 그들의 생활 습관과 밀접한 관련이 있다. 장수 비결은 그들이 먹는 음식, ④사귀는 친구와 그들의 가치관에 숨겨져 있다.

|단 어| **蓝色地带** lánsè dìdài 블루 존 ｜ **专指** zhuānzhǐ 통 전문적으로 가리키다 ｜ **长寿** chángshòu 혱 수명이 길다, 장수하다, 오래 살다 ｜ **比例** bǐlì 몡 비율 ｜ **寿命** shòumìng 몡 수명 ｜ **依然** yīrán 분 여전히 ｜ **传奇** chuánqí 혱 전기적이다[전하여 오는 기이한 일을 세상에 전하다] ｜ **密切**

miqiè 톙 밀접하다 | **相关** xiāngguān 툉 관련이 있다 | **秘诀** mìjué 몡 비결 | **隐藏** yǐncáng 툉 숨겨져 있다 | **伙伴** huǒbàn 몡 친구 | **价值观** jiàzhíguān 몡 가치관

|정답| **B**

STEP 03 내공쌓기

1 모양이 비슷한 동사 구분하기

동사는 목적어를 가지지 않고 단독으로 쓰이는 자동사와 목적어와 함께 쓰이는 타동사로 나눌 수 있습니다. 이번 코너의 동사는 대부분 목적어를 가지는 타동사입니다. 자주 쓰이는 목적어의 호응 관계를 함께 암기하는 것이 좋습니다.

📖 선생님의 한마디
단어 모둠은 □와 ■로 구분되어 있습니다.

□ **期待** qīdài 툉 기대하다
期待回信 답장을 기대하다
期待的目光 기대하는 눈빛

□ **等待** děngdài 툉 기다리다
等待回信 답장을 기다리다
等待时机 시기를 기다리다

□ **看待** kàndài 툉 대하다
看待问题 문제를 대하다
看待生活 생활을 대하다

> **Tip** **看待와 对待의 호응**
> • 看待＋문제나 생활
> • 对待＋사람

□ **对待** duìdài 툉 대하다
对待学生 학생을 대하다
对待顾客 고객을 대하다

■ **维持** wéichí 툉 (상태가 더 나빠지지 않도록) 유지하다
维持生命 생명을 유지하다
维持生活 생활을 유지하다
维持秩序 질서를 유지하다
维持现状 현상을 유지하다

■ 维护 wéihù 통 지키다

维护尊严 존엄을 지키다

维护主权 주권을 지키다

□ 转变 zhuǎnbiàn 통 바꾸다, 바뀌다

转变态度 태도를 바꾸다

□ 转让 zhuǎnràng 통 양도하다, 이전하다

转让权利 권리를 양도하다

转让技术 기술을 이전하다

> **Tip** 转变, 转让, 转移, 转折의 의미
> - 转变: 변화하다
> - 转让: 양보하다
> - 转移: 이동하다, 옮기다
> - 转折: 전환하다, 반전이 일어나다

□ 转移 zhuǎnyí 통 옮기다, 바꾸다

转移注意力 주의력을 옮기다

转移目标 목표를 바꾸다

□ 转折 zhuǎnzhé 통 전환하다, (사물의 발전 추세의) 방향이 바뀌다
　　　　　 명 (인생의) 전환

面临重大转折 중대한 전환에 직면하다

转折点 전환점

■ 保持 bǎochí 통 (좋은 상태를 지속적으로) 유지하다

保持联系 연락을 유지하다

保持身材 몸매를 유지하다

保持良好的习惯 좋은 습관을 유지하다

🎓 *선생님의* **한마디**
어떤 상태나 상황을 그대로 보존할 때 保持를 씁니다. 维护와 구분하여 알아 두세요.

■ 坚持 jiānchí 통 ①(행동을) 지속하다[힘든 상황에서도 포기하지 않고 끝까지 행동을 지속함]
　　　　　 ②(원칙 등을) 고수하다[생각이나 의견을 굽히지 않고 끝까지 고수함]

坚持运动 운동을 지속하다

坚持己见 자신의 견해를 고수하다

□ 掩饰 yǎnshì 통 감추다, 숨기다

掩饰内心的痛苦 마음속의 아픔을 감추다

□ 装饰 zhuāngshì 동 장식하다
装饰房间 방을 장식하다

□ 修饰 xiūshì 동 수식하다, 꾸미다
副词修饰动词 부사는 동사를 수식한다

□ 饰演 shìyǎn 동 ~역을 연기하다
饰演重要角色 중요한 배역을 연기하다

■ 体现 tǐxiàn 동 구현하다, 구체적으로 보여 주다
体现精神 정신을 구현하다
体现传统 전통을 구현하다

■ 呈现 chéngxiàn 동 (모양이나 색깔을) 드러내다, 나타내다
呈现风光 풍경을 드러내다
呈现出七彩的颜色 일곱 가지 색깔을 드러내다

■ 出现 chūxiàn 동 출현하다, 나타나다
出现问题 문제가 출현하다
出现情况 상황이 나타나다

■ 涌现 yǒngxiàn 동 (대량으로) 나타나다, 생겨나다
涌现出大量好人好事 착한 사람과 좋은 일이 많이 생겨나다

■ 显现 xiǎnxiàn 동 드러나다, 나타나다
美景显现在眼前 아름다운 경치가 눈앞에 드러나다

□ 演绎 yǎnyì 동 전개하다, 표현하다
演绎故事 이야기를 전개하다
演绎人生 인생을 표현하다

□ 演奏 yǎnzòu 동 연주하다
演奏乐曲 악곡을 연주하다

□ 演出 yǎnchū 동 공연하다
上台演出 무대에 올라 공연하다

□ 表演 biǎoyǎn 통 공연하다, 연기하다

表演魔术 마술을 공연하다

■ 反应 fǎnyìng 명 반응, 태도

反应灵敏 반응이 예민하다

反应快 반응이 빠르다

■ 反映 fǎnyìng 통 반영하다, (상부에) 보고하다

反映现实 현실을 반영하다

反映情况 상황을 보고하다

■ 反思 fǎnsī 통 반성하다, 되돌아보다

值得反思 반성할 만하다

反思历史 역사를 되돌아보다

■ 反驳 fǎnbó 통 반박하다

反驳得有理 이치에 맞게 반박하다

■ 反馈 fǎnkuì 통 피드백하다, (정보·반응이) 되돌아오다

反馈意见 의견을 피드백하다

■ 反射 fǎnshè 통 반사하다

反射光线 빛을 반사하다

□ 争取 zhēngqǔ 통 쟁취하다, ~하려고 힘쓰다, ~을 목표로 노력하다

争取机会 기회를 쟁취하다

争取提前完成 앞당겨 완성하려고 힘쓰다

□ 录取 lùqǔ 통 채용하다, 합격시키다, 뽑다

录取新生 신입생을 뽑다

被公司录取了 회사에 합격했다

□ 吸取 xīqǔ 통 받아들이다, 섭취하다

吸取教训 교훈을 받아들이다

吸取养料 양분을 섭취하다

🎓 선생님의 한마디
反应은 명사이지만, 시험에 간혹 '他没有反应过来(그는 반응하지 않았다)'와 같이 동사 형태로 출제가 되기도 합니다.

· 灵敏 língmǐn 형 (감각이) 예민하다

🎓 선생님의 한마디
争取의 목적어로는 명사뿐 아니라 동사도 자주 쓰입니다.

· 养料 yǎngliào 명 양분

□ 获取 huòqǔ 통 얻다, 획득하다

获取地位 지위를 얻다

获取名誉 명예를 얻다

■ 释放 shìfàng 통 방출하다, 내보내다

释放压力 스트레스를 풀다

释放能量 에너지를 방출하다

■ 解放 jiěfàng 통 해방하다

解放思想 (낡은 전통이나 관습의 구속으로부터) 사상을 해방하다

彻底解放 철저히 해방하다

■ 播放 bōfàng 통 방송하다, 방영하다

播放节目 프로그램을 방송하다

播放电影 영화를 방영하다

□ 表明 biǎomíng 통 분명히 밝히다, (입장·태도를) 표명하다

研究表明 연구에 따르면

表明立场 입장을 표명하다

表明态度 태도를 표명하다

□ 表示 biǎoshì 통 (언행으로 태도를) 나타내다, 표시하다

表示同意 동의를 표시하다

表示反对 반대를 표시하다

□ 表现 biǎoxiàn 통 (추상적인 것을 구체적으로) 나타내다, 표현하다
　　　　　 명 태도, 행동, 실력, 표현

表现出极大的勇敢 대단한 용기를 나타내다

工作表现 일하는 태도

> **Tip** 表现의 동사 용법
>
> 주어 ＋ 술어 ＋ 목적어
> 　↑　　 表现　　 　↑
> 주로 작품이나　　　　주로 추상명사가 옴
> 사람의 행동이 옴　　예 勇敢 용감, 精神 정신, 智慧 지혜 등

☐ 表态 biǎotài 图 태도를 표명하다

明确表态 명확히 태도를 밝히다

领导表态 대표가 태도를 표명하다

■ 结合 jiéhé 图 결합하다

把中医和西医结合起来 중의학과 서양 의학을 결합하다

完美结合 완벽하게 결합하다

■ 组合 zǔhé 图 조합하다, 한데 묶다

集体是由个体组合而成的。 단체는 개체가 조합되어 이루어진 것이다.

■ 联合 liánhé 图 연합하다, 단결하다, 공동으로 하다

联合举办 공동 개최하다

联合创业 공동 창업하다

☐ 观察 guānchá 图 관찰하다

善于观察 관찰을 잘하다

观察生活 생활을 관찰하다

☐ 考察 kǎochá 图 현지 조사하다, 시찰하다

考察水利工程 수리 공사를 현지 조사하다

南极考察 남극 시찰, 남극 탐사

☐ 视察 shìchá 图 시찰하다, 관찰하다

视察工作 업무를 시찰하다

视察市场 시장을 관찰하다

■ 运算 yùnsuàn 图 연산하다, 운산하다

运算程序 연산 프로그램

运算公式 연산 공식

■ 结算 jiésuàn 图 결산하다

结算报告 결산 보고

年终结算 연말 결산

🎓 선생님의 한마디

• 结合는 '把A和B结合起来'의 형태로 많이 쓰입니다.

• 组合는 '由~组合而成(~으로 조합되다)'의 형태로 많이 쓰입니다.

• 联合는 동사를 수식하는 부사어로 많이 쓰입니다.

🎓 선생님의 한마디

단어의 중요도: 视察 < 考察

🎓 선생님의 한마디

단어의 중요도:

运算 < 结算 < 预算 < 打算

> **Tip** **考察, 视察의 의미**
>
> • 考察: 회사 등 어떤 장소에 가서 경험을 배우는 것, 또는 연구하고 탐사하는 것을 뜻함.
>
> • 视察: 주로 상사가 부하에게, 상급 회사가 하급 회사에 대해 검사 지도하는 것을 뜻함.

■ 预算 yùsuàn 동 사전 계산하다
　　　　　　명 예산

预算费用 비용을 사전 계산하다
公司预算 회사 예산

■ 打算 dǎsuan 동 ~하려고 하다, 계획하다

打算留学 유학하려고 하다
打算辞职 사직하려고 하다

□ 并存 bìngcún 동 병존하다, 공존하다

风险与机遇并存 위험과 기회가 공존하다

□ 储存 chǔcún 동 (물자 혹은 자료를) 저장하여 두다, 저장하다

储存粮食 식량을 저장하다
储存数据 데이터를 저장하다

□ 保存 bǎocún 동 보관하다, 보존하다

保存水果 과일을 보관하다
保存文物 문화재를 보존하다

■ 丧失 sàngshī 동 상실하다, 잃어버리다

丧失工作能力 업무 능력을 상실하다
丧失勇气 용기를 잃다

■ 迷失 míshī 동 (방향·길 등을) 잃다, 잃어버리다

迷失方向 방향을 잃다
迷失自我 자신을 잃다

■ 损失 sǔnshī 동 손실되다, 손해 보다
　　　　　　명 (경제적) 손실, 손해

损失100万元 100만 위안을 손해 보다
经济损失 경제적 손실

■ 消失 xiāoshī 동 사라지다

大雾消失 짙은 안개가 사라지다
逐渐消失 점점 사라지다

🎓 **선생님의 한마디**
打算 뒤에는 동사가 온다는 점에 유의합니다.

🎓 **선생님의 한마디**
• 并은 '나란히 하다', '함께'라는 의미가 있습니다.
• 储存은 储의 '저장하다'라는 의미가 강조된 단어입니다.
• 保存은 구체적인 물건을 보관하거나, 추상적인 것을 보존할 때 사용합니다. 한국어의 '보관하다'를 뜻하는 단어는 保管보다는 保存이 더 가깝습니다. 保存이 사용 범위가 훨씬 넓기 때문입니다.

🎓 **선생님의 한마디**
• 损失는 동사 용법보다는 명사 용법이 훨씬 중요합니다.
• 消失는 정답으로 자주 출제되는 중요한 단어입니다. 목적어를 갖지 않는 자동사라는 점에 유의하세요.

□ 激发 jīfā 통 (감정을) 불러일으키다, 분발시키다

激发热情 열정을 불러일으키다

激发上进心 성취욕을 불러일으키다

🎓 선생님의 한마디

激发, 激励, 刺激는 모두 시험에 잘 나오는 아주 중요한 단어들입니다.

□ 激励 jīlì 통 격려하다

激励年轻人 젊은이를 격려하다

激励学生 학생을 격려하다

□ 刺激 cìjī 통 자극하다

刺激大脑 대뇌를 자극하다

刺激食欲 식욕을 자극하다

🎓 선생님의 한마디

• 给予는 발음에 주의해야 하며, 给予 뒤에는 반드시 동사가 와야 합니다. 给予는 일종의 형식 동사로서 뒤에 오는 동사의 의미가 중요합니다.

• 형식 동사: 문장에서 술어로 쓰이지만 의미는 없고 뒤에 목적어로 오는 동사에 의미가 있는 동사

예 进行, 给予, 加以

■ 给予 jǐyǔ 통 주다

给予帮助 도움을 주다

给予同情 동정하다

■ 授予 shòuyǔ 통 (훈장·상장·명예·학위 등을) 수여하다

授予学位 학위를 수여하다

授予称号 칭호를 수여하다

■ 赋予 fùyǔ 통 (중대한 임무나 사명 등을) 부여하다

赋予意义 의미를 부여하다

赋予使命 사명을 부여하다

■ 赐予 cìyǔ 통 하사하다, 내려주다, 주다

上天赐予 하늘이 내려주다

赐予生命 생명을 주다

🎓 선생님의 한마디

发挥와 发扬은 정답으로 자주 출제됩니다.

□ 发挥 fāhuī 통 발휘하다

发挥作用 작용을 발휘하다

发挥水平 수준을 발휘하다

□ 发扬 fāyáng 통 (전통·미풍양속 등을) 드높이다, 더욱 빛내다

发扬传统 전통을 더욱 빛내다

发扬光大 (원래의 기초 위에) 더욱더 발전시키다

□ 发布 fābù 图 발표하다
　发布消息 소식을 발표하다
　发布新闻 뉴스를 발표하다

□ 发动 fādòng 图 동원하다, 개시하다
　发动群众 군중을 동원하다
　发动战争 전쟁을 개시하다

■ 游览 yóulǎn 图 유람하다
　游览名胜古迹 명승고적을 유람하다

■ 浏览 liúlǎn 图 대충 훑어보다, 대강 둘러보다
　浏览网页 홈페이지를 대강 둘러보다

■ 展览 zhǎnlǎn 图 관람하다
　展览作品 작품을 관람하다

■ 预览 yùlǎn 图 미리 보다
　预览文件 파일을 미리 보다

□ 施加 shījiā 图 (압력·영향 등을) 주다, 가하다
　施加影响 영향을 주다
　施加压力 압력을 가하다

□ 加强 jiāqiáng 图 (관리 등을) 강화하다
　加强管理 관리를 강화하다
　加强团结 단결을 강화하다

□ 加剧 jiājù 图 (정도가) 악화되다, 심해지다
　病情加剧 병세가 악화되다
　矛盾加剧 갈등이 심해지다

□ 加工 jiāgōng 图 가공하다, 다듬다
　　　　　　　图 가공
　食品加工 식품 가공
　木料加工 목재 가공

🎓 선생님의 한마디
览에는 '看'의 의미가 있습니다.
游, 浏, 展, 预의 차이가 이 단어
들의 차이를 나타냅니다.

🎓 선생님의 한마디
施加, 加强, 加剧, 加工은 施,
强, 剧, 工의 의미로 단어들의 차
이를 엿볼 수 있습니다.

■ 形成 xíngchéng 통 형성되다, 이루다

形成习惯 습관이 형성되다

形成独特的风格 독특한 스타일을 이루다

■ 构成 gòuchéng 통 구성하다, 형성하다

由五个小故事构成 다섯 개의 작은 이야기로 구성하다

构成灾害 재해를 형성하다

■ 组成 zǔchéng 통 구성하다, 조직하다

由三个人组成 세 사람으로 구성하다

组成图案 도안을 구성하다

■ 合成 héchéng 통 (합쳐서) ~이 되다, 합성하다

合成一股力量 (합쳐서) 힘이 되다

合成照片 사진을 합성하다

□ 照耀 zhàoyào 통 밝게 비추다

阳光照耀大地 햇빛이 대지를 밝게 비추다

□ 炫耀 xuànyào 통 자랑하다, 뽐내다

爱炫耀 자랑하길 좋아하다

炫耀好成绩 좋은 성적을 자랑하다

□ 闪耀 shǎnyào 통 (빛을) 뿌리다, 반짝이다

闪耀着光芒 빛을 뿌리고 있다

闪耀着灯光 불빛이 반짝이고 있다

■ 体验 tǐyàn 통 체험하다

体验生活 생활을 체험하다

体验学习的乐趣 공부하는 즐거움을 체험하다

■ 考验 kǎoyàn 통 시련을 주다, 시험하다

经得起考验 시련을 이겨 낼 수 있다

考验爱情 사랑을 시험하다

선생님의 한마디

• 构成은 사물의 구성에만 쓰이며, 사람을 구성할 때는 쓰지 않습니다. 주로 '由~构成'의 형식으로 쓰입니다.

• 组成은 사람이나 사물의 구성에 모두 쓰이며, '由~组成'의 형식으로 자주 쓰입니다.

■ **试验** shìyàn 통 시험하다, 실험하다, 테스트하다
　　　　　 명 시험, 실험

试验原子弹 원자폭탄을 실험하다
科学试验 과학 실험

■ **验证** yànzhèng 통 검증하다

验证密码 비밀번호를 검증(확인)하다
验证真假 진위를 검증하다

□ **赞扬** zànyáng 통 칭찬하다, 찬양하다

赞扬孩子 아이를 칭찬하다
值得赞扬 칭찬할 만하다

□ **赞叹** zàntàn 통 찬탄하다, 감탄하며 찬미하다

赞叹不已 찬탄해 마지않다
大为赞叹 크게 찬탄하다

□ **赞同** zàntóng 통 (다른 사람의 주장이나 행위에 대해) 찬성하다, 동의하다

赞同观点 관점에 찬성하다
赞同意见 의견에 찬성하다

□ **赞助** zànzhù 통 찬조하다, 협찬하다

赞助电影拍摄 영화 촬영에 협찬하다
赞助奥运会 올림픽에 협찬하다

■ **公认** gōngrèn 통 공인하다, 모두가 인정하다

公认的英雄 모두가 인정하는 영웅
公认的天才 공인된 천재

■ **公开** gōngkāi 통 공개하다
　　　　　 부 공개적으로

公开道歉 공개적으로 사과하다
公开账目 장부를 공개하다

🎓 *선생님의* **한마디**

赞은 크게 '칭찬하다'와 '돕다'의 의미로 나누는데, 赞이 들어간 단어는 대부분 '칭찬하다'라는 의미로 쓰입니다. 따라서 赞许, 赞美, 称赞 같은 단어들을 처음 보더라도 이 단어들이 모두 '칭찬하다'라는 의미임을 유추할 수 있습니다.

□ 公布 gōngbù 图 공표하다, 공포하다

公布结果 결과를 공표하다

公布法令 법령을 공표하다

🎓 선생님의 한마디
公布는 公开宣布를 줄인 단어입니다.

□ 公告 gōnggào 图 공고, 알림
          图 공고하다, 공포하다

政府的公告 정부의 공고

特此公告 특별히 공고하다

□ 泄露 xièlòu 图 (비밀 · 기밀 등을) 누설하다, 폭로하다

泄露秘密 비밀을 누설하다

泄漏情报 정보를 누설하다

🎓 선생님의 한마디
• 露는 발음이 lù와 lòu 두 가지가 있습니다. 명사로서 '이슬'을 뜻할 때는 lù, 동사로서 '드러내다', '폭로하다'를 뜻할 때는 lù와 lòu 모두 쓰입니다.

• 揭의 기본 뜻은 '(물건을) 들추어내다'입니다. 이 의미에서 확장되어 '어떤 일을 들추어서 폭로하다'라는 의미가 나왔습니다.

□ 揭露 jiēlù 图 폭로하다, 까발리다, 들추어내다

揭露内幕 내막을 폭로하다

揭露问题 문제를 폭로하다

□ 透露 tòulù 图 (정보 · 상황 · 의중을) 넌지시 드러내다, 흘리다, 누설하다

透露小道消息 루머를 흘리다

透露风声 소문을 흘리다

□ 流露 liúlù 图 (생각 · 감정을) 무심코 드러내다

流露出真情 진심을 무심코 드러내다

流露出喜悦 기쁨을 무심코 드러내다

■ 分享 fēnxiǎng 图 (기쁨 · 행복 · 좋은 일 등을) 함께 나누다, 함께 누리다

分享快乐 즐거움을 함께 나누다

分享喜悦 기쁨을 함께 나누다

🎓 선생님의 한마디
HSK에서 강조하는 삶이 分享이다 보니 정답으로 자주 출제됩니다.

■ 分析 fēnxī 图 분석하다

分析情况 상황을 분석하다

分析问题 문제를 분석하다

■ 分辨 fēnbiàn 图 분별하다, 가리다

分辨真伪 진위를 가리다

分辨是非 시비를 가리다

□ **传播** chuánbō 통 전파하다, 널리 퍼뜨리다

传播知识 지식을 전파하다

传播技术 기술을 전파하다

□ **播放** bōfàng 통 방영하다

播放节目 프로그램을 방영하다

播放电影 영화를 방영하다

□ **播种** bōzhǒng 통 파종하다, 씨를 뿌리다

播种大米 쌀을 파종하다

播种粮食 양식을 파종하다

2 모양이 비슷한 형용사 구분하기

형용사는 문장에서 대부분 술어 역할 또는 명사를 수식하는 관형어 역할을 합니다. 명사를 수식할 때 대부분 조사 的를 사용하지만, 陌生人처럼 형용사와 명사 간의 결합이 아주 긴밀한 경우는 한 단어처럼 사용되어 的를 쓰지 않기도 합니다.

□ **奇妙** qímiào 형 기묘하다, 신기하다

奇妙的现象 기묘한 현상

奇妙的大自然 신기한 대자연

□ **巧妙** qiǎomiào 형 절묘하다, 기발하다, 훌륭하다

巧妙的运用 절묘한 운용

巧妙的设计 기발한 설계

□ **美妙** měimiào 형 (음악 · 풍경 등이) 아름답다

美妙的音乐 아름다운 음악

美妙的风景 아름다운 풍경

■ **沉重** chénzhòng 형 (기분 · 무게가) 무겁다

心情沉重 마음이 무겁다

脚步沉重 발걸음이 무겁다

🎓 **선생님의 한마디**
중한사전에 巧妙가 '교묘하다'라고 나오는데, 巧妙를 '교묘하다'라고 기억하면 안 됩니다. 우리는 평소에 '교묘하다'라는 말을 잘 쓰지 않을뿐더러 '교묘하다'는 부정적인 의미를 나타내지만, 사실 巧妙는 '아주 절묘하다' 또는 '매우 기발하다'라는 긍정적인 의미입니다.

🎓 **선생님의 한마디**
沉은 '물에 가라앉다'라는 기본 뜻에서 '무겁다'는 의미가 파생되었습니다.

- 沉默 chénmò [형] 과묵하다 [동] 침묵하다 [명] 침묵

  沉默不语 과묵하며 말이 없다

  保持沉默 침묵을 유지하다

- 沉着 chénzhuó [형] 침착하다

  沉着冷静 침착하고 냉정하다

  遇事沉着 일이 생기면 침착하다

- 严密 yánmì [형] (사물의 결합이나 구성이) 빈틈없다, 치밀하다

  严密的证明 빈틈없는 증명

  结构严密 구성이 치밀하다

- 精密 jīngmì [형] 정밀하다, 세밀하다

  精密仪器 정밀한 기구

  精密的计算 정밀한 계산

- 密切 mìqiè [형] (관계가) 밀접하다

  密切相关 밀접하게 관련되다

  关系密切 관계가 밀접하다

- 自满 zìmǎn [형] 자만하다

  骄傲自满 거만하고 자만하다

- 自卑 zìbēi [형] 열등감을 가지다

  自卑心理 열등 심리, 열등감

- 自私 zìsī [형] 이기적이다

  自私自利 자신의 이익만 챙기고 남은 생각하지 않는다

- 自发 zìfā [형] 자발적인, 스스로 발생한, 자연적인

  自发捐款 자발적으로 기부하다

  自发的组织 자발적인 조직

선생님의 한마디

중국인들은 沉着冷静처럼 비슷한 형용사들을 함께 써서 4字로 만드는 것을 좋아합니다.

■ 自觉 zìjué 형 자각적이다
　　　　　동 자각하다, 스스로 느끼다
　　不自觉地 자기도 모르게
　　自觉学习 스스로 알아서 공부하다

선생님의 한마디
自觉는 사람의 의식적인 활동을
의미하며 不自觉地가 시험에서
자주 보입니다.

■ 自主 zìzhǔ 동 자주적으로 하다, 자주적이다
　　自主开发 자주적으로 개발하다
　　独立自主 자주 독립

□ 深刻 shēnkè 형 (인상이나 느낌이) 깊다
　　深刻的印象 깊은 인상
　　深刻的体会 깊은 체득

□ 深沉 shēnchén 형 (소리가) 낮고 묵직하다, (속이나 생각이) 깊다
　　声音深沉 소리가 낮고 묵직하다
　　深沉的微笑 의미심장한 미소

□ 深奥 shēn'ào 형 (학문·이론 등이) 심오하다
　　道理深奥 이치가 심오하다
　　深奥的话 심오한 말

□ 深重 shēnzhòng 형 (재난·피해·위기 등이) 매우 심하다, 심각하다
　　灾难深重 재난이 심각하다
　　深重的危机 심각한 위기

■ 急切 jíqiè 형 몹시 절박하다, 절실하다
　　急切地盼望 절박하게 바라다
　　急切的愿望 절실한 소망

■ 确切 quèqiè 형 확실하다, 정확하다
　　确切的消息 확실한 소식
　　确切的解释 정확한 해석

■ 恳切 kěnqiè 형 간절하다, 간곡하다
　　恳切地希望 간절히 바라다
　　恳切的目光 간절한 눈빛

- 深切 shēnqiè 휑 (감정이) 깊다, 따뜻하고 친절하다

  深切的关怀 깊은 관심

  深切的怀念 깊은 그리움

- 平静 píngjìng 휑 (감정이) 평온하다, 차분하다, (상황·환경이) 평온하다

  心情平静 마음이 평온하다

  平静的生活 평온한 생활

- 安静 ānjìng 휑 (주변 환경이) 조용하다, (성격이) 차분하다

  安静的教室 조용한 교실

  性格很安静 성격이 매우 차분하다

- 寂静 jìjìng 휑 고요하다, 적막하다

  寂静的夜晚 고요한 밤

  寂静的树林 고요한 숲

- 高级 gāojí 휑 고급의

  高级饭店 고급 호텔

  高级轿车 고급 승용차

- 高尚 gāoshàng 휑 고상하다, 품위 있다

  高尚风格 고상한 스타일

  高尚的品格 고상한 성품

- 高超 gāochāo 휑 뛰어나다, 특출하다

  高超的技艺 뛰어난 기예

  棋艺高超 바둑 솜씨가 특출하다

- 高明 gāomíng 휑 (학문·견해 등이) 빼어나다, 뛰어나다

  高明的办法 빼어난 방법

  高明的领导 뛰어난 리더

- 圆满 yuánmǎn 휑 원만하다, 훌륭하다

  圆满结束 원만하게 끝나다

  圆满成功 원만하게 성공하다

<aside>

🎓 **선생님의 한마디**

- 平静은 주로 '사람의 마음이 정상적인 상태로서 평온하다'라는 의미로 쓰이며, 환경에 쓰일 때는 '어떤 상황이 발생하지 않고 평온하다'라는 의미입니다.

- 安静은 '주변 환경이 시끄럽지 않고 조용하다'라는 의미와 '사람이 말을 하지 않아 조용하다'라는 의미로 쓰입니다. 간혹 사람의 성격에 쓰이기도 합니다.

- 寂静은 환경에만 사용하며, 사람에게는 쓰지 않습니다.

🎓 **선생님의 한마디**

圆满은 주로 동사를 수식하는 부사어로 쓰입니다.

</aside>

□ 丰满 fēngmǎn 형 풍만하다

身材丰满 몸매가 풍만하다

体态丰满 체형이 풍만하다

□ 饱满 bǎomǎn 형 포만하다, 가득 차다

颗粒饱满 과립이 가득 차다

精神饱满 원기가 왕성하다

■ 广大 guǎngdà 형 (면적·공간이) 넓다, (사람 수가) 많다

广大群众 많은 군중

广大读者 많은 독자

🎓 선생님의 한마디
广大는 '면적이 넓다'라는 기본적인 의미보다는 '사람 수가 많다'라는 의미로 더 많이 쓰입니다.

■ 广泛 guǎngfàn 형 광범위하다, 폭넓다

广泛的应用 광범위한 응용

爱好广泛 취미가 폭넓다

■ 广阔 guǎngkuò 형 넓다, 광활하다

广阔的田野 광활한 들판

广阔的天空 광활한 하늘

□ 精美 jīngměi 형 정교하고 아름답다

精美的设计 정교하고 아름다운 디자인

精美的包装 정교하고 아름다운 포장

□ 精心 jīngxīn 형 정성을 들이다

精心照顾 정성껏 돌보다

精心准备 정성껏 준비하다

🎓 선생님의 한마디
精心은 주로 동사를 수식하는 부사어로 쓰입니다. 精心照顾는 자주 출제되는 중요한 표현이니 꼭 외워 두세요.

□ 精简 jīngjiǎn 동 간소화하다, 간결히 하다

精简机构 기구를 간소화하다

精简人员 인원을 감원하다

□ 精确 jīngquè 형 매우 정확하다

精确的计算 정확한 계산

精确的数据 정확한 데이터

■ 稳定 wěndìng 阌 안정되다, 안정적이다

　　生活稳定 생활이 안정되다

　　工作稳定 업무가 안정적이다

■ 镇定 zhèndìng 阌 침착하다, 태연하다

　　保持镇定 침착함을 유지하다

　　故作镇定 일부러 태연한 척하다

■ 坚定 jiāndìng 阌 확고하다, 굳다

　　立场坚定 입장이 확고하다

　　坚定的意志 확고한 의지

■ 固定 gùdìng 阌 고정되다

　　固定的收入 고정된 수입

　　固定的座位 고정된 좌석

□ 强烈 qiángliè 阌 강렬하다

　　强烈要求 강렬하게 요구하다

　　强烈的愿望 강렬한 바람

□ 热烈 rèliè 阌 열렬하다, 뜨겁다

　　热烈欢迎 열렬하게 환영하다

　　热烈的气氛 뜨거운 분위기

□ 激烈 jīliè 阌 격렬하다, 치열하다

　　激烈的比赛 격렬한 시합

　　激烈的竞争 치열한 경쟁

□ 剧烈 jùliè 阌 격렬하다

　　剧烈的运动 격렬한 운동

　　剧烈的震动 격렬한 진동

□ 壮烈 zhuàngliè 阌 장렬하다

　　壮烈牺牲 장렬하게 희생하다

　　壮烈的场面 장렬한 장면

🎓 선생님의 한마디

• 强烈는 동사를 수식하는 부사어 용법과 명사를 수식하는 관형어 용법을 모두 가지고 있습니다.

• 热烈는 동사를 수식하는 부사어 용법이 자주 쓰입니다.

• 牺牲 xīshēng 阍 희생하다, 대가를 치르다

- 充实 chōngshí [형] 충실하다, 풍부하다

  充实的生活 충실한 생활

  充实的安排 꽉 찬 일정

- 坚实 jiānshí [형] 견실하다, 튼튼하다

  坚实的基础 견실한 기초

  迈出坚实的步伐 튼튼한 발걸음을 내딛다

- 朴实 pǔshí [형] 소박하다, 꾸밈이 없다

  穿着朴实 옷차림이 소박하다

  生活朴实 생활이 소박하다

- 切实 qièshí [형] 실제적인

  切实可行 실제적이어서 실행할 수 있다

  切实有效 실제적이고 효과적이다

- **迈出** màichū [동] 걸음을 내딛다
- **步伐** bùfá [명] 발걸음

- **穿着** chuānzhuó [명] 옷차림

3 모양이 비슷한 명사 구분하기

명사는 대부분 주어나 목적어 자리에 오며, 주로 형용사의 수식을 받습니다. 단어의 뜻만 외우는 것보다 함께 쓰이는 호응 관계를 외워 두어야 단어를 잘 활용할 수 있습니다.

- 风味 fēngwèi [명] 맛, 특색, 풍미

  风味独特 맛이 독특하다

  地方风味 지방의 특색

- 气味 qìwèi [명] 냄새

  清新的气味 상쾌한 냄새

  散发气味 냄새를 발산하다

- 口味 kǒuwèi [명] 입맛

  合口味 입맛에 맞다

  口味不同 입맛이 다르다

- 实力 shílì 명 실력

  经济实力 경제력

- 活力 huólì 명 활력

  充满活力 활력이 가득하다

- 势力 shìlì 명 세력

  势力范围 세력 범위

- 潜力 qiánlì 명 잠재력

  挖掘潜力 잠재력을 발굴하다

  • 挖掘 wājué 동 파내다, 캐다

- 毅力 yìlì 명 굳센 의지

  超人的毅力 보통 사람을 능가하는 강한 의지

- 程序 chéngxù 명 ① 순서, 절차 ② 프로그램

  会议程序 회의 순서

  电脑程序 컴퓨터 프로그램

  🎓 선생님의 한마디

  程序는 '컴퓨터 프로그램'의 의미가 자주 쓰입니다.

- 秩序 zhìxù 명 질서

  秩序井然 질서 정연하다

  维持秩序 질서를 유지하다

- 次序 cìxù 명 차례, 순서

  先后次序 앞뒤 순서

  按次序 순서에 따라

- 工序 gōngxù 명 (생산) 공정

  工序复杂 공정이 복잡하다

  一道工序 하나의 공정

- 情景 qíngjǐng 명 정경, 장면[눈앞에 펼쳐진 모습을 의미함]

  当时的情景 당시의 정경

  难忘的情景 잊을 수 없는 장면

■ 前景 qiánjǐng 몡 전망, 장래

公司的前景 회사의 전망

大好的前景 아주 좋은 장래

■ 背景 bèijǐng 몡 배경

时代背景 시대 배경

历史背景 역사 배경

□ 场合 chǎnghé 몡 (추상적인) 장소, 상황, 경우

社交场合 사교장

不分场合 장소를 가리지 않다

□ 当场 dāngchǎng 뷔 현장에서, 그 자리에서

当场被抓 현장에서 붙잡히다

当场死亡 현장에서 사망하다

🎓 선생님의 한마디
当场은 다른 단어들과 달리 부사라는 점에 유의합니다. 주로 场合와 같이 출제되기 때문에 명사 파트에서 함께 공부하도록 합니다.

■ 心态 xīntài 몡 심리 상태

心态健康 심리 상태가 건강하다

调整心态 심리 상태를 조절하다, 마인드 컨트롤 하다

■ 状态 zhuàngtài 몡 상태

心理状态 심리 상태

身体状态 신체 상태, 컨디션

■ 姿态 zītài 몡 자태, 모습

优雅的姿态 우아한 자태

姿态万千 자태가 각양각색이다

• 优雅 yōuyǎ 혱 우아하다

■ 神态 shéntài 몡 표정과 태도

神态严肃 표정이 엄숙하다

神态各异 표정이 각기 다르다

□ 亲身 qīnshēn 뷔 직접, 몸소

亲身体验 직접 체험하다

亲身经历 몸소 경험하다

🎓 선생님의 한마디
亲身은 품사가 부사임에 유의합니다.

□ 终身 zhōngshēn 명 일생, 평생

终身受益 평생 수혜를 받다

终身难忘 평생 잊을 수 없다

□ 本身 běnshēn 명 그 자신, 그 자체

科学本身 과학 그 자체

青春本身 청춘 그 자체

□ 浑身 húnshēn 명 온몸

浑身酸痛 온몸이 시큰하고 아프다

浑身是宝 온몸이 보배이다

■ 素质 sùzhì 명 소질, 소양, 자질

综合素质 종합적 소양

身体素质 신체 소질

■ 本质 běnzhì 명 본질, (사람의) 본성

事物的本质 사물의 본질

本质善良 본성이 선량하다

■ 品质 pǐnzhì 명 (사물의) 품질, (사람의) 품성

品质好 품질이 좋다

品质优良 품질이 우수하다

🎓 선생님의 한마디
品质는 사물에만 쓰는 것이 아
니라 사람에게도 쓴다는 점을 잘
알아 두세요.

■ 实质 shízhì 명 실질, 본질

实质上相同 실질적으로 같다

精神实质 정신적 본질

□ 要素 yàosù 명 요소

成功的要素 성공의 요소

要考虑的要素 고려해야 할 요소

□ 元素 yuánsù 명 원소

化学元素 화학 원소

微量元素 미량 원소

■ 资格 zīgé 명 자격
　具备资格 자격을 갖추다
　取消资格 자격을 취소하다

■ 资源 zīyuán 명 자원
　资源匮乏 자원이 부족하다
　海底资源 해저 자원

- 匮乏 kuìfá 형 부족하다, 모자라다

■ 资本 zīběn 명 자본
　投入资本 자본을 투입하다
　垄断资本 자본을 독점하다

- 垄断 lǒngduàn 동 농단하다, 독점하다

□ 风光 fēngguāng 명 풍경, 경치
　自然风光 자연 풍경
　风光秀丽 풍경이 수려하다

🎓 선생님의 한마디
风光은 风景과 같은 말이며, 6급 시험에서 자주 보입니다.

□ 风格 fēnggé 명 스타일, 양식
　风格独特 스타일이 독특하다
　建筑风格 건축 스타일

□ 风气 fēngqì 명 풍조, 기풍
　社会风气 사회 풍조
　学习风气 학습 기풍

□ 风度 fēngdù 명 기품, 매너
　绅士风度 신사다운 매너
　有风度 기품이 있다

- 绅士 shēnshì 명 신사

■ 挫折 cuòzhé 명 좌절
　遇到挫折 좌절을 만나다(겪다)
　巨大的挫折 커다란 좌절

■ 曲折 qūzhé 명 우여곡절
　　　　형 곡절이 많다
　有不少曲折 우여곡절이 많다
　曲折的人生 곡절 많은 인생

- **转折** zhuǎnzhé 图 (사물의 발전 추세의) 방향이 바뀌다, 전환하다
  图 전환(점)

  转折时期 전환 시기

  重要的转折 중요한 전환

☐ **头绪** tóuxù 图 단서, 실마리, 갈피

  理清头绪 실마리를 풀다

  摸不着头绪 갈피를 잡을 수 없다

· **摸不着** mōbuzháo 图 잡을 수 없다

☐ **思绪** sīxù 图 생각(의 갈피), 사고의 실마리

  思绪万千 오만 가지 생각이 다 들다

  思绪很乱 생각이 복잡하다

- **故障** gùzhàng 图 고장

  出故障 고장이 나다

  发生故障 고장이 발생하다

- **保障** bǎozhàng 图 보장
  图 보장하다

  生活保障 생활 보장

  保障供电 전력 공급을 보장하다

- **屏障** píngzhàng 图 장벽, 보호벽

  天然的屏障 천연의 장벽

- **障碍** zhàng'ài 图 장애

  语言障碍 언어 장애

  心理障碍 심리 장애

☐ **模范** mófàn 图 모범[=**榜样** bǎngyàng]

  英雄模范 영웅 모범

  劳动模范 노동 모범[모범 노동자를 뜻함]

☐ **模型** móxíng 图 모형

  飞机模型 비행기 모형

  汽车模型 자동차 모형

🎓 **선생님의 한마디**

模范의 동의어로 榜样도 알아 두세요. 시험에 자주 출제되는 중요한 단어입니다.

□ 模式 móshì 명 양식, 패턴

思维模式 사유 패턴

生活模式 생활 패턴

■ 帷幕 wéimù 명 막

拉开帷幕 (대형 활동·연출·시합의) 막을 열다

降下帷幕 (대형 활동·연출·시합의) 막을 내리다

■ 荧幕 yíngmù 명 (텔레비전) 스크린, 모니터

电视荧幕 텔레비전 스크린

搬上荧幕 스크린으로 옮기다

■ 字幕 zìmù 명 (영화나 텔레비전의) 자막

英文字幕 영문 자막

电影字幕 영화 자막

□ 主题 zhǔtí 명 주제, 테마

会议的主题 회의의 주제

主题公园 테마 공원

□ 标题 biāotí 명 표제, 제목

新闻的标题 뉴스의 제목

文章的标题 글의 제목

□ 课题 kètí 명 과제, 프로젝트

研究课题 연구 과제

科研课题 과학 연구 프로젝트

□ 专题 zhuāntí 명 특정한 제목, 전문적인 테마

专题节目 특집 프로그램

专题报道 특집 보도

4 모양이 비슷한 부사 구분하기

부사는 대부분 동사 술어를 수식하는 역할을 하고, 문장 내에서의 성분은 부사어입니다.

□ 毕竟 bìjìng 界 그래도 어쨌든, 결국에는

机器人毕竟不是人。로봇은 그래도 어쨌든 사람이 아니다.

□ 竟然 jìngrán 界 뜻밖에도, 의외로[=竟 jìng, 居然 jūrán, 没想到 méixiǎngdào]

他竟然考了满分。그는 뜻밖에도 만점을 받았다.

□ 究竟 jiūjìng 界 도대체

这究竟是怎么回事? 이게 도대체 어찌된 일이지?

■ 无非 wúfēi 界 단지 ~일 뿐이다[=只不过 zhǐbúguò]

他无非是有点儿钱罢了。그는 단지 돈이 조금 있을 뿐이다.

■ 莫非 mòfēi 界 설마 ~이란 말인가?

莫非我听错了? 설마 내가 잘못 들었단 말인가?

■ 并非 bìngfēi 동 결코 ~이 아니다

这并非他的错。이것은 결코 그의 잘못이 아니다.

■ 除非 chúfēi 접 반드시 ~해야 한다

除非你去，否则我也不去。반드시 네가 가야지, 그렇지 않으면 나도 안 갈 거야.

□ 通常 tōngcháng 界 통상적으로, 보통
　　　　　　　　 형 일반적이다

他通常都不在家。그는 보통 집에 없다.

□ 照常 zhàocháng 界 평소대로
　　　　　　　　 동 평소와 같다

我们周日也照常营业。우리는 일요일도 평소대로 영업한다.

□ 经常 jīngcháng 界 자주, 종종

他最近经常迟到。그는 요즘 자주 늦는다.

□ 正常 zhèngcháng 형 정상적이다

最近的天气不太正常。 요즘 날씨는 별로 정상적이지 않다.

■ 不妨 bùfáng 부 ~해도 무방하다, 괜찮다

你不妨试试。 네가 한번 해 보는 것도 괜찮다.

■ 不免 bùmiǎn 부 면할 수 없다, ~하기 마련이다

第一次不免有些紧张。 처음에는 약간 긴장하기 마련이다.

■ 不禁 bùjīn 부 자기도 모르게

他不禁出了一身冷汗。 그는 자기도 모르게 식은땀이 났다.

□ 未必 wèibì 부 반드시 ~한 것은 아니다

我说的未必都对。 내가 말한 것이 반드시 옳은 것은 아니다.

□ 必定 bìdìng 부 반드시

懒惰的人必定失败。 게으른 사람은 반드시 실패할 것이다.

□ 必须 bìxū 부 반드시 ~해야 한다

这件事必须引起重视。 이 일은 반드시 중시해야 한다.

선생님의 한마디
正常은 다른 단어들과 달리 형용사라는 점에 유의합니다.

선생님의 한마디
不妨, 不免은 한국어로는 동사처럼 해석이 되지만, 동사 앞에 위치하는 부사라는 점에 유의하세요.

선생님의 한마디
未必의 동의어로는 不一定과 不见得이 있습니다.

• 懒惰 lǎnduò 형 나태하다, 게으르다

01 男人流泪比女人更容易让人觉得真诚，更容易获得积极的_____。常言道："男儿膝下有黄金"，"男儿有泪不轻弹"，_____男人流泪，人们就觉得这样的感情十分_____，令人感动。

A 反应	一旦	珍贵	B 反射	一度	宝贵
C 反驳	万一	昂贵	D 反思	一贯	可贵

02 不认为自己幸运的人永远感受不到幸运。_____我们把抱怨的心态转化为_____的心态，把注意的焦点放在_____的部分，否则幸运将离你越来越远。不幸的_____，在于看不见自己的幸运。

A 倘若	感激	守护	来源
B 除非	感恩	拥有	根源
C 并非	感慨	拥护	实质
D 无非	感谢	占领	源泉

03 春节是中国最重要的传统节日，春节_____着团圆，因此在中国南方普遍都有过年吃汤圆的_____。因为汤圆是圆的，象征着一家团圆，正好符合春节的文化意义。不过春节吃汤圆并非是全国各个地方都有的现象。在北方，_____过年基本上都吃饺子，这从一个_____反映出了中国地域文化的差异。

A 传达	典礼	大街小巷	表面
B 意味	习俗	家家户户	侧面
C 示意	风俗	四面八方	反面
D 指示	礼节	世世代代	平面

04 人们常说创业之所以未果，多半是由于资金匮乏或_____不力。其实现实生活中，创业失败的最大原因往往是原始构思不_____。才华横溢的创业者们往往太_____于自己的完美构思，_____忽视了现实中的种种限制。

A 成员	可观	着重	导致
B 人质	可靠	迷失	以免
C 人事	可恶	迷惑	以便
D 人员	可行	着迷	以致

▶ 정답 및 해설 48쪽

독해 2부분은 주로 단어의 호응을 묻는 문제가 나오지만 10문제 중 2~4문제는 선택지에 성어가 출현합니다. 사실상 성어를 몰라도 문제를 푸는 데 큰 지장은 없지만, 시험에 자주 나오는 성어의 뜻만 알면 다른 빈칸을 풀지 않고도 빠르고 정확하게 정답을 찾을 수 있습니다. HSK6급 200점 정도가 목표라면 굳이 성어를 암기하지 않아도 되지만, 200점 이상의 점수를 원한다면 내공쌓기 코너의 '자주 출제되는 성어'를 암기하면 도움이 됩니다.

STEP 01 먼저 풀어보기

예제 1

人们越喜欢一个人，越容易被这个人的意见_____，所谓_____。爱美之心人皆有之，所以_____漂亮的人在社交方面更占优势。汽车广告中总是有几个漂亮的模特，因为广告商希望把人们对模特的喜爱_____到他们的汽车上。

A	左右	爱屋及乌	外表	转移
B	主导	一举两得	面貌	周转
C	诱惑	雪上加霜	容貌	运输
D	引导	相辅相成	面子	寄托

예제 2

在科学史上，善于_____的人总会有所发现，有所创造。只要你_____，善于在_____的现象中追根问底地探索，你一定会从无所发现的人群中_____。

A	看待	各抒己见	不言而喻	得天独厚
B	观察	孜孜不倦	司空见惯	脱颖而出
C	考察	兢兢业业	莫名其妙	继往开来
D	注视	聚精会神	一目了然	再接再厉

예제 1

|해 설|

> 人们越喜欢一个人，越容易被这个人的意见 ___①___ ，所谓 ___②___ 。爱美之心
> 人皆有之，所以 ___③___ 漂亮的人在社交方面更占优势。汽车广告中总是有几
> 个漂亮的模特，因为广告商希望把人们对模特的喜爱 ___④___ 到他们的汽车上。
>
> | | | | |
> |---|---|---|---|
> | A 左右 ○ | 爱屋及乌 ○ | 外表 ○ | 转移 ○ |
> | B 主导 × | 一举两得 × | 面貌 × | 周转 × |
> | C 诱惑 × | 雪上加霜 × | 容貌 ○ | 运输 × |
> | D 引导 × | 相辅相成 × | 面子 × | 寄托 × |

[1번 빈칸] 人们越喜欢一个人，越容易被这个人的意见 ___①___ ，

빈칸은 被 뒤의 동사를 물어본 것입니다. 이 동사의 주어는 这个人的意见이고, 목적어는 맨 앞에 있는 人们입니다. 즉, '这个人的意见 ___①___ 人们'이라고 봐도 무방합니다. 앞 문장과 함께 해석을 해 보면 '사람들은 어떤 사람을 좋아하면 좋아할수록 그 사람의 의견은 사람들을 쉽게 ( )하게 된다' 또는 '사람들은 그 사람의 의견에 쉽게 ( )한다'라고 해석됩니다. 문맥상 '사람을 좋아하게 되면 그 사람의 의견에 쉽게 좌우된다' 정도가 적당합니다. 즉, 가장 적절한 정답은 A 左右입니다. B의 主导는 형용사와 명사 용법이 있고, 동사 용법은 없으므로 적합하지 않습니다. D의 引导는 사람들을 좋은 방향으로 인도한다는 의미이므로 문맥상 적합하지 않습니다. C의 诱惑는 의미상 빈칸에 들어갈 수 없습니다.

> A **左右** zuǒyòu [동] 좌우하다, 통제하다
>   左右别人 다른 사람을 좌우하다 | 左右局面 국면을 좌우하다
> B **主导** zhǔdǎo [형] 주도적인 [명] 주도
>   主导作用 주도적 작용 | 主导地位 주도적 지위
> C **诱惑** yòuhuò [동] 유혹하다 [명] 유혹
>   被诱惑 유혹당하다 | 金钱的诱惑 금전의 유혹
> D **引导** yǐndǎo [동] 인도하다, 이끌다, 안내하다
>   引导学生 학생을 이끌다 | 引导游客 여행객을 안내하다

[2번 빈칸] 所谓 ___②___ 。

'所谓(소위, 이른바)'는 단어의 정의를 내릴 때 사용하므로, 2번 빈칸에 들어갈 성어는 앞에 언급된 내용이 단서입니다. 앞에서 '어떤 사람을 좋아하게 되면, 그 사람의 의견에 좌우된다'라는 의미이므로 사람이 좋으면 그 사람의 모든 것이 좋아 보인다는 의미와 통합니다. 따라서 A 爱屋及乌가 정답이며, 나머지 성어들은 모두 문맥과 어울리지 않습니다.

> A **爱屋及乌** àiwūjíwū [성] 집이 좋으면 그 집 지붕 위에 있는 까마귀까지도 좋다
>   [=아내가 예쁘면 처갓집 말뚝에도 절을 한다]
>   喜欢一个人时，他的缺点也会变成优点，所谓爱屋及乌。
>   한 사람을 좋아할 때 그의 결점도 장점으로 변하는데 이른바 爱屋及乌라고 한다.

선생님의 한마디

많은 학생들이 左右를 단지 '3点 左右'와 같이 대략적인 수를 나타내는 경우만 알고 있는데, 左右는 동사로서 '좌지우지하다'라는 의미도 있습니다.

선생님의 한마디

평소에 성어를 공부할 때 단순히 그 의미를 외우는 것보다는 한 자씩 뜯어서 의미를 풀어 보는 연습을 하는 것이 효과적입니다. 예를 들어, 爱屋及乌를 한 글자씩 뜯어서 의미를 풀어 보면 '집을 사랑하면 까마귀한테까지 (영향을) 미친다'입니다. 한국어 속담 중 '아내가 예쁘면 처갓집 말뚝에도 절을 한다'와 같은 의미입니다.

B 一举两得 yìjǔliǎngdé 〔성〕일거양득

运动既可以让身体更健康，还可以减肥，可谓一举两得。
운동은 몸을 더 건강하게 할 수 있을 뿐만 아니라 다이어트도 할 수 있는데, 이른만 일거양득이다.

C 雪上加霜 xuěshàngjiāshuāng 〔성〕설상가상이다, 엎친 데 덮친 격이다

他被炒了鱿鱼，又得了癌症，真是雪上加霜。
그는 해고를 당했고 또 암에 걸렸는데 정말 설상가상이다.

> ・炒鱿鱼 chǎo yóuyú 오징어를 볶다, 해고하다
> ・癌症 áizhèng 〔명〕암

D 相辅相成 xiāngfǔxiāngchéng 〔성〕상부상조하다, 서로 돕다

学习和复习是相辅相成的。 학습과 복습은 서로서로 돕는 것이다.

[3번 빈칸] 爱美之心人皆有之，所以　③　漂亮的人在社交方面更占优势。

漂亮과 주술 구조를 이룰 수 있는 명사를 찾는 문제입니다. 漂亮的 뒤에 人이 있기 때문에 3번 빈칸에는 사람의 외모를 뜻하는 단어가 들어가야 함을 알 수 있습니다. 따라서 3번 빈칸에는 外表(A)와 容貌(C)가 들어갈 수 있습니다. 面貌(B)는 주로 추상적인 사물의 모습을 가리킬 때 씁니다.

A 外表 wàibiǎo 〔명〕외모, 겉모습

外表漂亮 외모가 아름답다 ┃ 从外表看人 외모로 사람을 평가하다

B 面貌 miànmào 〔명〕모습, 면모

城市的面貌 도시의 모습 ┃ 社会面貌 사회의 면모

C 容貌 róngmào 〔명〕용모

容貌好 용모가 예쁘다 ┃ 容貌迷人 용모가 매력적이다

> ・迷人 mírén 〔동〕매력적이다

D 面子 miànzi 〔명〕체면, 면목

有面子 면목이 서다 ┃ 丢面子 체면을 잃다

[4번 빈칸] 因为广告商希望把人们对模特的喜爱　④　到他们的汽车上。

4번 빈칸의 문장은 '광고주들은 사람들이 모델에 대해 좋아하는 마음을 그들의 자동차로 (　　)하기를 바라기 때문이다'로 해석됩니다. 선택지 단어를 빈칸에 넣어서 의미를 해석해 봤을 때, 가장 문맥이 매끄러운 것은 '옮기다', 즉, 转移(A)입니다. 转移의 移가 移动의 의미임을 알아 두도록 합니다.

A 转移 zhuǎnyí 〔동〕(방향·위치를) 옮기다, 이동하다

转移视线 시선을 옮기다 ┃ 转移注意力 주의력을 옮기다

B 周转 zhōuzhuǎn 〔동〕(자금이) 돌다, 회전되다

资金周转 자금이 돌다 ┃ 快速周转 빠르게 회전하다

C 运输 yùnshū 〔동〕운송하다, 수송하다

运输粮食 식량을 운송하다 ┃ 运输货物 화물을 수송하다

D 寄托 jìtuō 〔동〕(희망·감정을) 걸다, 품다

寄托希望 희망을 걸다 ┃ 把希望寄托在我身上 희망을 나에게 걸다

人们越喜欢一个人，越容易被这个人的意见①左右，所谓②爱屋及乌。爱美之心人皆有之，所以③外表漂亮的人在社交方面更占优势。汽车广告中总是有几个漂亮的模特，因为广告商希望把人们对模特的喜爱④转移到他们的汽车上。

사람들은 어떤 사람을 좋아할수록 이 사람의 의견에 ①좌우되기 쉬운데 이른바 ②爱屋及乌라고 한다. 아름다움을 좋아하는 마음은 누구나 다 가지고 있어서 ③외모가 아름다운 사람은 사교 방면에서 더욱 우위를 차지한다. 자동차 광고에는 항상 아름다운 모델 몇 명이 등장하는데, 광고주는 사람들이 모델에 대한 사랑을 자신들의 자동차로 ④옮기길 희망하기 때문이다.

|단 어| **人皆有之** rén jiē yǒu zhī (~한 마음을) 누구나 다 가지고 있다 | **社交** shèjiāo 몡 사교 | **占优势** zhàn yōushì 우위에 있다, 우세를 차지하다 | **模特** mótè 몡 모델

|정 답| **A**

在科学史上，善于___①___的人总会有所发现，有所创造。只要你___②___，善于在___③___的现象中追根问底地探索，你一定会从无所发现的人群中___④___。

（조건절 / 결과절 표시 포함）

A 看待×	各抒己见×	不言而喻×	得天独厚×
B 观察○	孜孜不倦○	司空见惯○	脱颖而出○
C 考察×	兢兢业业○	莫名其妙×	继往开来×
D 注视×	聚精会神×	一目了然×	再接再厉×

[1번 빈칸] 在科学史上，善于___①___的人总会有所发现，

빈칸의 문장을 해석하면, '과학의 역사로 보면, ( )을 잘하는 사람이 무언가를 발견하게 된다'라는 의미입니다. 선택지 단어를 빈칸에 넣어서 해석해 보면, 观察(B)가 가장 적합합니다. 나머지 선택지들은 해석이 매끄럽게 되지 않으므로 정답과는 거리가 멉니다.

A **看待** kàndài 통 대하다, 다루다

看待问题 문제를 대하다 | 如何看待? 어떻게 생각합니까?

B **观察** guānchá 통 (사물·현상을) 관찰하다

善于观察 관찰을 잘하다 | 观察生活 생활을 관찰하다

C **考察** kǎochá 통 현지 조사하다, 시찰하다 몡 시찰, 탐사

考察民情 민심을 시찰하다 | 南极考察 남극 탐사

D **注视** zhùshì 통 주시하다, 주목하다

注视前方 전방을 주시하다 | 注视黑板 칠판을 주목하다

[2번 빈칸] 只要你　②　, 善于在　③　的现象中追根问底地探索, 你一定会从无所发现的人群中　④　。

2번 빈칸의 키워드는 '只要~, 一定会···(~하기만 하면 반드시 ···하게 될 것이다)'입니다. 이 구문에서 只要 뒤에는 '조건'이 와야 하고, 一定会 뒤에는 '결과'가 와야 합니다. 1번 빈칸이 있는 문장을 보면, '과학 역사상 (　)을 잘하는 사람이 항상 발견하고 창조한다'라고 했으므로, 2번 빈칸이 있는 문장은 '당신이 (　)을 하기만 하면, 반드시 성공(발견과 창조)할 수 있다'라는 의미가 와야 자연스럽습니다. 그러므로 선택지의 성어 중 적합한 것은 孜孜不倦(B)와 兢兢业业(C)임을 알 수 있습니다.

> **A** 各抒己见 gèshūjǐjiàn 성 각자 자신의 의견을 발표하다
>
> 开会的时候, 员工们各抒己见, 每个人都说了自己的想法。
> 회의를 할 때 직원들이 각자 자신의 의견을 발표했고 모두들 자신의 생각을 말했다.
>
> **B** 孜孜不倦 zīzībújuàn 성 게을리하지 않고 꾸준히 하다
>
> 只要孜孜不倦地努力, 就会成功。 꾸준히 노력하기만 하면 성공할 것이다.
>
> **C** 兢兢业业 jīngjīngyèyè 성 부지런하고 성실하다
>
> 他在工作上兢兢业业, 是我们学习的好榜样。
> 그가 일에 있어서 부지런하고 성실한 것은 우리 학습의 좋은 본보기이다.
>
> **D** 聚精会神 jùjīnghuìshén 성 정신을 집중하다
>
> 上课时要聚精会神地听讲, 不要溜号。
> 수업할 때 정신을 집중해서 강의를 들어야 하고 딴짓을 해서는 안 된다.

・ **榜样** bǎngyàng 명 모범, 본보기

・ **溜号** liūhào 동 딴짓하다, 한눈 팔다

[3번 빈칸] 只要你　②　, 善于在　③　的现象中追根问底地探索, 你一定会从无所发现的人群中　④　。

3번 빈칸은 접속사 只要의 조건절에 속합니다. 빈칸을 중심으로 해석해 보면, '(　)한 현상 속에서 끝까지 탐색을 잘한다'라는 의미입니다. 선택지의 성어를 넣어서 해석해 보면, '흔히 있는 현상에서 끝까지 탐색을 잘하다', 즉, 司空见惯(B)가 가장 잘 어울립니다.

> **A** 不言而喻 bùyán'éryù 성 말하지 않아도 안다
>
> 结果不言而喻。 결과는 말하지 않아도 안다.
>
> **B** 司空见惯 sīkōngjiànguàn 성 자주 보아서 이상하게 여기지 않다, 흔히 있는 일이다
>
> 这种现象在中国是司空见惯的。 이런 현상은 중국에서는 흔히 있는 일이다.
>
> **C** 莫名其妙 mòmíngqímiào 성 영문을 모르다, 어리둥절하다, 어이 없다
>
> 他的反应让人莫名其妙。 그의 반응은 사람들을 어리둥절하게 만들었다.
>
> **D** 一目了然 yímùliǎorán 성 일목요연하다, 한눈에 훤히 알다
>
> 北京多家医院采取电子病历, 让人"一目了然"。
> 베이징의 많은 병원들은 컴퓨터 병력 관리를 채택해서 일목요연하게 만들었다.

🎓 선생님의 한마디

HSK에서 말하는 '발견'이란 뭔가 거대한 발견이 아닌, 일상에서의 조그마한 발견이며, 이런 일상에서의 발견이 남들보다 나은 성과를 만들어 낸다는 스토리는 자주 출제됩니다.

[4번 빈칸] 只要你　②　, 善于在　③　的现象中追根问底地探索, 你一定会从无所发现的人群中　④　。

4번 빈칸은 2번 빈칸 앞에 있는 접속사 只要의 결과를 나타내는 부분입니다. 문맥상 결과적으로는 '성공하다'란 의미가 가장 어울리므로 이에 근접한 선택지를 고르면 됩니다. 아무것도 발견하지 못한 평범한 사람들 중에서 두각을 나타낸다는 의미인 脱颖而出(B)가 가장 적합합니다.

A 得天独厚 détiāndúhòu 성 아주 좋은 조건을 갖추다

这家饭店的位置得天独厚。 이 식당의 위치는 아주 좋다.

B 脱颖而出 tuōyǐng'érchū 성 송곳 끝이 주머니를 뚫고 나오다, 두각을 나타내다,
재능을 드러내다

他在这次大赛中脱颖而出。 그는 이번 대회에서 두각을 나타냈다.

C 继往开来 jìwǎngkāilái 성 이전의 사업을 계승하고 새 길을 개척하다

我们应该继往开来，继续努力。
우리는 이전의 사업을 계승하고 새 길을 개척하고 계속 노력해야 한다.

D 再接再厉 zàijiēzàilì 성 더욱더 힘쓰다, 한층 더 분발하다

希望同学们再接再厉，取得更好的成绩。
학생들이 한층 더 분발해서 더 좋은 성적을 거두길 바랍니다.

|해 석|

在科学史上，善于①观察的人总会有所发现，有所创造。只要你②孜孜不倦，善于在③司空见惯的现象中追根问底地探索，你一定会从无所发现的人群中④脱颖而出。

과학 역사에서 ①관찰을 잘하는 사람이 항상 발견을 하고 창조를 한다. 당신이 ②꾸준히 노력하고 ③흔히 있는 현상에서 끝까지 캐물으며 탐색하는 것을 잘하기만 하면, 당신은 반드시 아무것도 발견하지 못한 무리 속에서 ④두각을 나타내게 될 것이다.

|단 어| 善于 shànyú 통 ~을 잘하다 | 创造 chuàngzào 통 창조하다, 만들다 | 现象 xiànxiàng 명 현상 | 追根问底 zhuī gēn wèn dǐ 끝까지 캐묻다, 꼬치꼬치 캐묻다 | 探索 tànsuǒ 통 탐색하다, 찾다 | 人群 rénqún 명 (사람의) 무리, 군중

|정 답| B

독해 2부분에 자주 출제되는 성어

성어는 뜻만 알면 정답을 매우 쉽고 빠르게 찾을 수 있습니다. 그러므로 가급적 많은
성어를 알고 있으면 좋지만, 모르는 성어가 나왔을 경우라도 성어의 글자를 한 字씩
보며 의미를 유추할 수 있습니다. 평소에 공부할 때도 반드시 성어의 글자를 한 字씩
을 찾아서 왜 그 뜻이 나왔는지를 이해한 뒤에 암기하는 것이 장기 기억에 도움이 됩
니다. 이렇게 공부해야 시험에서 모르는 성어를 만나도 그 뜻을 유추해 낼 수 있는 내
공이 쌓이게 됩니다.

🎓 **선생님의 한마디**
성어는 보통 그 자체로 술어 또
는 한 문장으로 쓰이는 경우가
많기 때문에 예문을 싣지 않았습
니다.

☐ **爱屋及乌** àiwūjíwū	집이 좋으면 그 집 지붕 위의 까마귀까지도 좋다, 아내가 고우면 처 갓집 말뚝에도 절을 한다, 눈에 콩깍지가 쓰이다 及: 이르다, 미치다 爱屋及乌를 직역하면 '집이 좋으면 그 집에 사는 까마귀까지 좋아진다'라는 의미입니다.
☐ **爱不释手** àibúshìshǒu	매우 아껴서 손을 떼지 못하다 释: ①해석하다 ②석방하다 ③놓다, 떼다 爱不释手에서 释는 '놓다', '떼다'의 의미입니다.
☐ **拔苗助长** bámiáozhùzhǎng	급하게 일을 서두르다 오히려 그르치다 拔: 뽑다 + 苗: 묘목 + 助: 돕다 + 长: 자라다 拔苗助长은 '묘목을 뽑아서 자라는 것을 도와주다'라는 의미입니다.
☐ **半途而废** bàntú'érfèi	도중에 포기하다 半: 절반 + 途: 길 + 而: 그래서(순접) + 废: 포기하다, 폐기하다 半途는 절반의 길, 즉 '중도', '도중'이라는 의미입니다. 따라서 半途而废는 '중 도에서 포기하다'라고 직역할 수 있습니다.
☐ **包罗万象** bāoluówànxiàng	(내용이 풍부하여) 모든 것을 다 포함하다
☐ **饱经沧桑** bǎojīngcāngsāng	세상사의 온갖 고생을 다 겪다 饱: 충분히, 실컷 + 经: 겪다 + 沧桑: 세상의 온갖 풍파 饱经沧桑을 직역하면 '세상의 온갖 풍파를 실컷 겪다'라는 의미입니다. 같은 의미의 성어로, 历经沧桑이 있습니다.
☐ **卑躬屈膝** bēigōngqūxī	허리를 굽히고 무릎을 꿇다, 줏대 없이 비굴하게 아첨하다 卑: 비굴하다 + 躬: 허리를 굽히다 + 屈: 꿇다 + 膝: 무릎 卑躬屈膝를 직역하면 '비굴하게 허리를 굽히고 무릎을 꿇다'라는 의미입니다. 비굴하게 낮게게 아첨할 때 쓰는 표현입니다.

🎓 **선생님의 한마디**
자녀 교육에 있어서 拔苗助长
해서는 안 된다는 내용이 시험에
종종 출제됩니다.

□ **别具一格** biéjùyìgé	독특한 풍격을 지니다	
□ **别出心裁** biéchūxīncái	좋은 구상을 생각해 내다, 기발한 생각을 해내다	
□ **博大精深** bódàjīngshēn	(사상 · 학식이) 넓고 심오하다	
□ **不思进取** bùsījìnqǔ	노력할 생각을 하지 않다, 안주하다	
□ **不可思议** bùkěsīyì	불가사의하다	
□ **不由自主** bùyóuzìzhǔ	자기도 모르게, 부지불식간에	
□ **不相上下** bùxiāngshàngxià	막상막하이다, 우열을 가릴 수 없다	
□ **不言而喻** bùyán'éryù	말하지 않아도 안다 喻: 알다, 이해하다	
□ **层出不穷** céngchūbùqióng	차례로 나타나서 끝이 없다, 끊임없이 나타나다	
□ **称心如意** chènxīnrúyì	마음에 꼭 들다 称: 적합하다, 어울리다, 맞다	
□ **出神入化** chūshénrùhuà	입신의 경지에 이르다	
□ **川流不息** chuānliúbùxī	(배 · 차량이) 냇물처럼 끊임없이 오가다 息: 멈추다 川流不息의 不息는 '멈추지 않는다', 즉, '끊임없이'라는 뜻입니다. 따라서 川流不息는 '냇물이 끊임없이 흐른다'라고 해석할 수 있습니다.	
□ **春风得意** chūnfēngdéyì	모든 일이 순풍에 돛을 단 것처럼 순조롭다	
□ **大街小巷** dàjiēxiǎoxiàng	거리와 골목, 온 거리 街: 거리 + 巷: 골목 大街小巷을 직역하면 '큰 거리와 작은 골목'이라는 의미입니다.	
□ **得不偿失** débùchángshī	얻는 것보다 잃는 것이 많다, 득보다 실이 많다 偿: 보상하다, 갚다 得不偿失는 '얻는 것이 잃은 것을 보상하지 못한다'라고 직역할 수 있습니다.	

🎓 **선생님의 한마디**
'집집마다 알다'라는 뜻의 성어 '家喻户晓 jiāyùhùxiǎo'의 晓 또한 不言而喻의 喻와 의미가 동일합니다.

🎓 **선생님의 한마디**
称心如意에서 称은 발음이 chēng이 아닌 chèn인 것에 유의해야 합니다.

□ 得天独厚 détiāndúhòu	특별히 좋은 조건을 갖추다, 처한 환경이 남달리 좋다
□ 丢三落四 diūsānlàsì	이것저것 잘 잊어버리다, 건망증이 심하다 丢: 잃어버리다 + 落: 빠뜨리다 丢三落四를 직역하면 '세 개를 잃어버리고 네 개를 빠뜨리다'라는 의미입니다. 덜렁거리며 물건을 잘 빠뜨리거나 건망증이 심한 사람한테 쓸 수 있는 표현입니다.
□ 废寝忘食 fèiqǐnwàngshí	침식을 잊다, 전심전력하다, 몰두하다 废: 그만두다, 폐기하다 + 寝: 자다 + 忘: 잊다 + 食: 먹다 废寝忘食를 직역하면 '자는 것을 그만두고 먹는 것을 잊다'라는 의미입니다. 즉, 먹고 자는 것까지 잊은 채 열심히 노력할 때 쓸 수 있는 표현입니다.
□ 纷至沓来 fēnzhìtàlái	눈발이 그치더니 눈덩이가 온다, 그치지 않고 계속 오다
□ 风土人情 fēngtǔrénqíng	풍토와 인정
□ 各抒己见 gèshūjǐjiàn	각자 자기 의견을 말하다 抒: 발표하다, 표현하다
□ 归根到底 guīgēndàodǐ	결국, 끝내
□ 恍然大悟 huǎngrándàwù	문득 크게 깨닫다
□ 灰心丧气 huīxīnsàngqì	(실패·좌절로) 의기소침하다, 풀이 죽다
□ 急功近利 jígōngjìnlì	눈앞의 성공(공로)과 이익에만 급급하다
□ 急于求成 jíyúqiúchéng	객관적인 조건을 무시하고 서둘러 목적을 달성하려 하다
□ 继往开来 jìwǎngkāilái	이전 사람의 사업을 계승하여 앞길을 개척하다
□ 家家户户 jiājiāhùhù	집집마다
□ 家喻户晓 jiāyùhùxiǎo	집집마다 다 알고 있다, 누구나 다 안다 家: 집 + 喻: 알다 + 户: 집 + 晓: 알다 家喻户晓는 '집집마다 알다'라고 직역할 수 있습니다.

□ 见多识广 jiànduōshíguǎng	박식하고 경험이 많다
□ 见义勇为 jiànyìyǒngwéi	정의를 보고 용감하게 뛰어들다 见: 보다 + 义: 정의 + 勇: 용감하다 + 为: 행하다
□ 津津有味 jīnjīnyǒuwèi	흥미진진하다
□ 精益求精 jīngyìqiújīng	더 잘하려고 애쓰다 精: 훌륭하다, 우수하다 + 益: 더욱 + 求: 추구하다 + 精: 훌륭하다 精益求精은 '훌륭한데도 더욱 훌륭함을 추구하다'라고 직역할 수 있습니다.
□ 兢兢业业 jīngjīngyèyè	부지런하고 성실하다
□ 举世闻名 jǔshìwénmíng	전 세계에 이름이 알려지다 举: 온, 모든 + 世: 세계 + 闻: 듣다 + 名: 이름 举世闻名은 '온 세계가 이름을 듣다'라고 직역할 수 있습니다. 즉, 세계적으로 유명하다는 의미입니다.
□ 举足轻重 jǔzúqīngzhòng	일거수일투족이 전체에 중대한 영향을 끼치다 举: 들다 + 足: 발 + 轻: 가볍다 + 重: 무겁다 举足轻重은 '발을 들어 놓는 위치에 따라 가벼움과 무거움이 결정된다'라는 의 미입니다. 즉, 실력자가 두 강자 사이에서 한쪽으로 조금만 치우쳐도 세력의 균 형이 깨진다는 뜻입니다.
□ 聚精会神 jùjīnghuìshén	정신을 집중하다, 열중하다 聚会: 모으다 + 精神: 정신 聚精会神은 聚会와 精神을 1字씩 교차시켜 의미를 강조한 표현입니다.
□ 侃侃而谈 kǎnkǎn'értán	당당하고 차분하게 말하다
□ 空前绝后 kōngqiánjuéhòu	전무후무하다, 이전에도 없었고 앞으로도 없을 것이다
□ 苦尽甘来 kǔjìngānlái	고진감래, 고생 끝에 낙이 온다
□ 理所当然 lǐsuǒdāngrán	도리(이치)로 보아 당연하다
□ 理直气壮 lǐzhíqìzhuàng	당당하다

☐ 礼尚往来 lǐshàngwǎnglái	예의상 선물을 받으면 답례를 해야 한다, 오는 정이 있으면 가는 정이 있다 礼: 예의 + 尚: 숭상하다, 중시하다 + 往: 가다 + 来: 오다 礼尚往来는 '예의상 오고 가는 것을 중시한다'라고 직역할 수 있습니다.
☐ 络绎不绝 luòyìbùjué	찾아 주는 사람이 잦아 끊이지 않다 络绎: 왕래가 빈번하다 + 不: ~이 아니다 + 绝: 끊어지다
☐ 滔滔不绝 tāotāobùjué	끊임없이 말하다 滔滔: (언행이) 끊임없다 + 不: ~이 아니다 + 绝: 끊어지다
☐ 名副其实 míngfùqíshí	명실상부하다
☐ 莫名其妙 mòmíngqímiào	영문을 알 수 없다, 어리둥절하다, 이유 없이, 괜히 莫: (아무도 ~하는 자가) 없다 + 名: 설명하다 + 其: 그(것) + 妙: 오묘하다 莫名其妙는 '아무도 그 오묘함을 설명하는 자가 없다'라고 직역할 수 있습니다. 부사로 '이유 없이'란 의미로 쓰이기도 합니다.
☐ 难能可贵 nánnéngkěguì	(어려운 일을 해내서) 아주 기특하다
☐ 迫不及待 pòbùjídài	잠시도 지체할 수 없다
☐ 奇光异彩 qíguāngyìcǎi	기묘한 빛과 광채 奇异: 기이하다 + 光彩: 광채 奇光异彩는 奇异와 光彩를 1字씩 교차시킨 표현입니다.
☐ 迄今为止 qìjīnwéizhǐ	지금까지
☐ 恰到好处 qiàdàohǎochù	꼭 알맞다, 지극히 적당하다
☐ 锲而不舍 qiè'érbùshě	중도에 그만두지 않고 끝까지 새기다
☐ 轻而易举 qīng'éryìjǔ	수월하다, 식은 죽 먹기이다 轻: 가볍다 + 而: 그래서(순접) + 易: 쉽다 + 举: 들다 轻而易举는 '가벼워서 들기 쉽다'라고 직역할 수 있습니다. 이 의미에서 '수월하다'라는 뜻으로 파생되었습니다.
☐ 全力以赴 quánlìyǐfù	전력을 다하여 일에 임하다, 모든 힘을 쏟다

□ 任重道远 rènzhòngdàoyuǎn	맡은 바 책임은 무겁고 갈 길은 아직도 멀다
□ 日新月异 rìxīnyuèyì	나날이 새로워지다
□ 实事求是 shíshìqiúshì	실사구시, 사실을 토대로 하여 진리를 탐구하다
□ 世世代代 shìshìdàidài	대대손손, 자자손손
□ 司空见惯 sīkōngjiànguàn	흔히 있는 일이다
□ 四面八方 sìmiànbāfāng	사방팔방, 방방곡곡
□ 讨价还价 tǎojiàhuánjià	값을 흥정하다
□ 脱颖而出 tuōyǐng'érchū	자신의 재능을 전부 드러내다, 두각을 나타내다
□ 为人处世 wéirénchǔshì	사람 됨됨이와 처신
□ 无动于衷 wúdòngyúzhōng	전혀 무관심하다, 마음에 전혀 와닿지 않다
□ 无精打采 wújīngdǎcǎi	활기가 없다
□ 无能为力 wúnéngwéilì	어떤 일을 하거나 어떤 문제를 해결할 힘이나 능력이 없다
□ 无穷无尽 wúqióngwújìn	무궁무진하다 无: 없다 + 穷: 다하다, 끝나다 + 尽: 다하다, 끝나다
□ 无影无踪 wúyǐngwúzōng	온 데 간 데 없다, 흔적도 없다 影: 그림자 + 踪: 흔적 无影无踪은 '그림자도 없고 흔적도 없다'라고 직역할 수 있습니다.
□ 无忧无虑 wúyōuwúlù	아무런 근심 걱정도 없다 忧虑: 걱정하다, 우려하다
□ 物超所值 wùchāosuǒzhí	돈 값 이상 하다

🎓 선생님의 한마디
穷은 '가난하다'라는 의미 외에 '다하다', '끝나다'라는 의미도 있습니다.

☐ 物美价廉 wùměijiàlián	물건이 좋고 값도 싸다	
☐ 喜闻乐见 xǐwénlèjiàn	즐겨 듣고 즐겨 보다	
☐ 相辅相成 xiāngfǔxiāngchéng	상부상조하다	
☐ 想方设法 xiǎngfāngshèfǎ	온갖 수단 방법을 생각해 내다, 갖은 방법을 다하다	
☐ 心甘情愿 xīngānqíngyuàn	달갑게 바라다, 기꺼이 원하다	
☐ 欣欣向荣 xīnxīnxiàngróng	(초목이) 무성하다, (사업이) 번창하다	
☐ 雪上加霜 xuěshàngjiāshuāng	설상가상이다	
☐ 鸦雀无声 yāquèwúshēng	쥐 죽은 듯 조용하다 鸦: 까마귀 + 雀: 참새 + 无声: 소리가 없다 鸦雀无声은 '까마귀와 참새 소리마저도 없다'라고 직역할 수 있습니다.	
☐ 咬牙切齿 yǎoyáqièchǐ	격분하여 이를 갈다, 몹시 화를 내다 咬, 切: (이를) 갈다 + 牙, 齿: 이 咬牙와 切齿는 모두 '이를 갈다'라는 뜻입니다. 같은 의미의 단어를 병렬로 배열하여 의미를 강조한 표현입니다.	
☐ 一帆风顺 yìfānfēngshùn	순풍에 돛을 올리다, 일이 순조롭게 진행되다	
☐ 一举两得 yìjǔliǎngdé	일거양득, 일석이조	
☐ 一路顺风 yílùshùnfēng	가시는 길이 순조롭길 빕니다[주로 인사말로 쓰임]	
☐ 一目了然 yímùliǎorán	일목요연하다, 한눈에 훤히 알다	
☐ 一如既往 yìrújìwǎng	한결같다	
☐ 一丝不苟 yìsībùgǒu	조금도 빈틈이 없다	
☐ 一事无成 yíshìwúchéng	한 가지의 일도 이루지 못하다	

□ 因祸得福 yīnhuòdéfú	화로 인하여 복을 얻다	
□ 迎刃而解 yíngrèn'érjiě	주요한 문제를 해결하면 그와 관련된 기타 문제도 쉽게 해결할 수 있다	
□ 优胜劣汰 yōushèngliètài	생존 경쟁에서 강한 자는 번성하고 약한 자는 도태되다 优: 우수하다 + 胜: 이기다 + 劣: 열등하다, 나쁘다 + 汰: 도태되다 优胜劣汰는 '우수한 자는 이기고 열등한 자는 도태된다'라고 직역할 수 있습니다.	
□ 由此看来 yóucǐkànlái	이로부터 보면	
□ 与日俱增 yǔrìjùzēng	날이 갈수록 증가하다 与: 과 + 日: 날, 하루 + 俱: 모두, 함께 + 增: 증가하다 与日俱增을 직역하면 '날과 함께 증가하다'라는 의미입니다.	
□ 再接再厉 zàijiēzàilì	더욱더 힘쓰다, 한층 더 분발하다	
□ 朝气蓬勃 zhāoqìpéngbó	생기발랄하다	
□ 争先恐后 zhēngxiānkǒnghòu	늦을세라 앞을 다투다 争: 다투다 + 先: 앞 + 恐: 두려워하다 + 后: 뒤처지다 争先恐后를 직역하면 '앞을 다투며 뒤처지는 것을 두려워하다'라는 뜻입니다.	
□ 至关重要 zhìguānzhòngyào	매우 중요하다	
□ 众说纷纭 zhòngshuōfēnyún	많은 사람의 의견이 분분하다	
□ 众所周知 zhòngsuǒzhōuzhī	모든 사람이 다 알고 있다	
□ 自力更生 zìlìgēngshēng	자신의 힘으로 어려움을 극복하다, 세상의 온갖 풍파를 두루 겪다	
□ 自强不息 zìqiángbùxī	스스로 노력하여 게을리하지 않다	
□ 孜孜不倦 zīzībújuàn	조금도 게을리하지 않고 열심히 하다, 지칠 줄 모르다, 꾸준하다	
□ 总而言之 zǒng'éryánzhī	한마디로 말하면, 요컨대	

🎓 선생님의 한마디

迎刃而解는 원래 '대나무를 가를 때 윗부분만 가르면 아래는 칼날을 따라 쉽게 갈라진다'라는 의미입니다.

01 作为一个单位的领导，不需要、也不可能＿＿＿＿＿，但一定要明察秋毫，能够在细节问题上比他人观察得更＿＿＿＿＿，在解决关键问题时为每个员工做出＿＿＿＿＿。

A	见多识广	精致	模型
B	事必躬亲	细致	榜样
C	兢兢业业	精确	模范
D	有条不紊	别致	案例

02 刚毕业的大学生在积累工作经验的＿＿＿＿＿，也要认识到相对＿＿＿＿＿的工作经历是今后发展所需的重要资历之一，动不动就辞职是一种＿＿＿＿＿的做法。

A	同时	稳定	得不偿失
B	时光	镇定	急功近利
C	时刻	坚定	半途而废
D	时期	固定	拔苗助长

03 火宫殿是湖南著名的旅游景点，也是长沙饮食文化的中心。火宫殿八大小吃是＿＿＿＿＿湘菜的代表，凝聚了湘菜烹饪技巧的＿＿＿＿＿。在这里不仅能大饱眼福，还能大饱口福，因此一年到头游客＿＿＿＿＿。

A	正经	结晶	川流不息
B	正规	风味	空前绝后
C	正当	焦点	家喻户晓
D	正宗	精华	络绎不绝

04 公元500年左右，曾是丝绸之路上重要＿＿＿＿＿中转站的楼兰古国，从中国史册上＿＿＿＿＿地消失了。迄今为止，关于楼兰古国消失的原因依然＿＿＿＿＿，而楼兰古城却只是静静地躺在距离若羌县城200多公里的地方，＿＿＿＿＿着更多的人去揭开它的面纱。

A	交易	秘密	博大精深	期待
B	交际	神奇	不可思议	看待
C	外交	神圣	不言而喻	等候
D	贸易	神秘	众说纷纭	等待

▶ 정답 및 해설 54쪽

61. 春节期间，北京某大型商场为了_____，贴出了这样的_____：凡在本店购物满300元者，将获赠_____礼品一份。

    A 销售   情报   精密

    B 推销   汇报   精确

    C 畅销   公告   精简

    D 促销   布告   精美

62. "算术"一词正式出现于《九章算术》。在古代，"算"是指一种竹制的_____器具，而"算术"则是指_____这种计算器具的技术，也_____当时一切与计算有关的数学知识。

    A 记录   操纵   指示

    B 预算   掌握   概括

    C 运算   操作   泛指

    D 结算   操练   指定

63. 随着机动车的普及和道路的发展，_____醒目的交通标志已成为实施交通管理、保证道路交通安全的重要_____。交通标志有多种类型，常见的有可动式标志和_____式标志、照明标志、发光标志和反光标志等。

    A 部署   来源   专程

    B 布置   设备   遥控

    C 设置   措施   固定

    D 修建   途径   探索

64. 本市二手房交易市场中，租售比失调仍十分_____。在市场普遍不景气的情况下，房东和中介_____只能通过上调租金来_____预期收益，从而出现了二手房的价格_____，但租金持续上涨的现象。

    A 罕见   设施   补救   浮动

    B 突出   机构   弥补   下跌

    C 薄弱   单位   补贴   反弹

    D 坚定   团体   补偿   飙升

65. 本质往往被_____在表象的最底层，而我们肉眼所看到的却只是其表象。因此不要轻易相信你的所见所闻，在下_____之前，应先深入调查一番。要想判断一件事的好坏_____，我们必须先对表象进行_____。

    A 覆盖   结论   是非   分析

    B 掩盖   结局   雌雄   阐述

    C 遮挡   结果   曲折   分解

    D 埋葬   后果   彼此   分辨

66. 人们看电视时间的长短，也有规律可循：经济_____地区，由于商贸活动_____，人们忙着赚钱，看电视的时间就短；贫穷落后地区，赚钱门路少，生活_____慢，人们_____在电视机前的时间就长一些。

    A 发达   频繁   节奏   消耗

    B 垄断   繁华   步伐   操作

    C 复兴   繁荣   流通   挥霍

    D 辉煌   繁忙   日程   寄托

67. 恐惧是一种常见的心理状态，也是情绪的一种。一般当人或动物面对环境中不可＿＿、不可确定的＿＿＿时就会产生恐惧。从心理学的＿＿＿来讲，恐惧是人或动物＿＿＿摆脱或逃避某种情景时出现的一种情绪。

A 评估	素养	原则	设想
B 运算	要素	侧面	争取
C 探测	元素	层次	拼搏
D 预料	因素	角度	企图

68. 越是泥泞的道路，留下的足迹越＿＿＿；越是陡峭的山峰，看到的＿＿＿越美妙。世上没有平白无故的成功，所有的鲜花都是用汗水＿＿＿而成的。所以一旦选准了道路，就要勇敢地走下去，再难也要＿＿＿，再远也不要放弃。

A 深沉	景色	哺育	支撑
B 清晰	景致	浇灌	坚持
C 清澈	风景	灌溉	面对
D 深刻	风光	抚养	维持

69. 大唐芙蓉园位于陕西省西安市，是西北地区最大的文化＿＿＿公园。历史上的芙蓉园就是＿＿＿的皇家御苑，今天的大唐芙蓉园建于原址之上，以"走进历史，感受人文，＿＿＿生活"为背景，再现了大唐盛世的＿＿＿文明。

A 标题	众所周知	考验	神奇
B 课题	难能可贵	检验	耀眼
C 主题	久负盛名	体验	灿烂
D 专题	家喻户晓	试验	显著

70. 苏轼少年时聪明好学，常得到＿＿＿的赞扬。他觉得自己很＿＿＿，于是写了一＿＿＿对联贴在门上；"识遍天下字，读尽人间书。"一位老者听说后，故意拿了一本非常＿＿＿的古书来问他，可书中的很多字苏轼都不认识，老者借此委婉地批评了他，于是苏轼把对联改为"发奋识遍天下字，立志读尽人间书"，用以＿＿＿自己。

A	长辈	了不起	副	深奥	勉励
B	同窗	不得了	匹	深沉	刺激
C	伴侣	不敢当	丛	资深	督促
D	搭档	恨不得	束	深刻	警告

▶ 정답 및 해설 120쪽

독해

3부분

시험 유형 소개

★ 350자~500자 사이의 지문이 2개 출제됨

★ 한 지문당 5개의 빈칸에 맞는 내용 채우기

★ 문제 번호: 71번~80번(총 10문제)

★ 배점: 문제당 2점

예제

71–75.

假设，两名犯罪嫌疑人因涉嫌共同盗窃而被拘留。警方将两人分开关押，并对他们分别进行审讯。警方向他们提供以下相同的选择：若一人认罪并作证指控对方，而对方保持沉默，(71)_____，沉默者将被判刑十年。若二人都保持沉默，则二人将都被判刑一年。若二人互相检举，则两人都将被判刑五年。

那么，这两名犯罪嫌疑人会怎么选择呢？显而易见，(72)_____，无疑是保持沉默，这样原本须服刑五到十年，现在只需要在监狱待一年即可。可是有一个问题，(73)_____，那么自己的沉默不仅没有换来更轻的处罚，反而会给自己找来十年牢狱之灾，而若选择将对方供出，自己就可以获释，对于个人来说，这无疑是最佳的选择。

这是赤裸裸的事关切身利益的问题，两个各处一室的囚犯，很快就会怀疑对方，(74)_____，所以猜忌对方是必然的心理活动，那么最稳妥的就是在对方招供之前先供出对方。因此(75)_____。

A 假如对方供出自己   (73)

B 那么这个人将马上获释   (71)

C 最符合双方共同利益的选择   (72)

D 因为他们无法交流并且达成一致 (74)

E 最可能的结果就是两个人都被判刑五年 (75)

시험 공략법

1 첫 번째 빈칸까지 속독으로 내용을 파악한다!

모든 지문은 첫 부분이 중요하므로, 빈칸의 앞뒤 문장부터 보지 말고 지문 처음부터 독해를 합니다. 독해 3부분은 꼼꼼하게 해석하는 것보다 전체의 흐름을 빠르게 파악하는 것이 중요합니다. 따라서 평소에 문제를 풀 때 속독으로 내용을 파악하는 연습을 해야 합니다.

2 첫 번째 빈칸이 나오면 바로 선택지를 분석한다!

선택지를 분석할 때는 해석에만 집중하기보다는 문장 구조나 대명사, 접속사 등의 키워드로 접근하는 것이 빠르고 정확하게 답을 찾을 수 있습니다.

　첫째, 어법적으로 접근하기(접속사와 문장 구조 분석)

　둘째, 대명사(他, 她, 它, 这, 那)와 키워드로 접근하기

　셋째, 앞뒤 문맥을 통해 답안 최종 확인하기

이 방식으로 선택지를 분석하는 연습을 합니다.

3 확실하고 자신 있는 빈칸부터 채운다!

총 다섯 문제 중 네 문제만 정확히 풀어도 남은 하나의 빈칸은 자동으로 답을 고를 수 있기 때문에, 빈칸의 순서에 연연해 하지 말고 자신 있는 문제부터 풀도록 합니다.

4 같은 답을 2개 쓰면 안 된다!

총 다섯 문제 중 세 문제는 정확히 풀고 나서, 남은 두 문제가 잘 풀리지 않는 경우에 두 문제 중 하나라도 맞히겠다는 생각으로 같은 번호로 찍는 학생들이 있습니다. 하지만 이렇게 되면 전체 답안이 무효 처리될 수 있으므로 절대로 같은 답을 2개 쓰지 않도록 합니다.

字로 어휘 익히기

低 dī 형 (높이·정도·등급 등이) 낮다   亻(人)과 氏(근본, 근원)로 이루어진 글자입니다.

- ☐ **降低** jiàngdī 통 내리다, 낮추다
- ☐ **高低** gāodī 명 고저, 높이, 고도
- ☐ **贬低** biǎndī 통 (고의로) 가치를 깎아내리다, 얕잡아 보다
- ☐ **低头** dītóu 통 머리를 숙이다
- ☐ **低调** dīdiào 명 낮은 소리, 저음   통 자랑하지 않다, 겸손하다

底 dǐ 명 밑, 바닥, (사물의) 기초, 내부 상황, 속사정   广과 氏로 이루어진 글자입니다.

- ☐ **到底** dàodǐ 부 도대체[추궁을 나타내는 의문문에서 사용함]   통 끝까지 하다
- ☐ **彻底** chèdǐ 형 철저하다   부 철저히, 완전히
- ☐ **功底** gōngdǐ 명 기초, 기본
- ☐ **归根到底** guīgēndàodǐ 성 근본으로 돌아가다, 결국, 끝내
- ☐ **底线** dǐxiàn 명 (조건·한도 등에서의) 최저 기준, 최저선, 마지노선

抵 dǐ 통 떠받치다, 고이다, 괴다   扌(手)와 氏로 이루어진 글자입니다.

- ☐ **抵达** dǐdá 통 (장소에) 도착하다
- ☐ **抵抗** dǐkàng 통 저항하다, 대항하다
- ☐ **抵制** dǐzhì 통 보이콧(boycott) 하다, 배척하다, 거부하다
- ☐ **抵触** dǐchù 통 저촉되다, 충돌되다, 부딪치다
- ☐ **抵御** dǐyù 통 막아 내다
- ☐ **抵押** dǐyā 통 저당하다, 저당잡히다

兑 duì 통 (수표·어음 등으로) 지불하다, (수표·어음 등을) 현금으로 바꾸다

- ☐ **兑换** duìhuàn 통 환전하다
- ☐ **兑现** duìxiàn 통 (수표·어음 등을) 현금으로 바꾸다

锐 ruì 형 날카롭다, 예리하다   钅(金)과 兑로 이루어진 글자입니다.

- ☐ **尖锐** jiānruì 형 날카롭다, 예리하다
- ☐ **敏锐** mǐnruì 형 (감각이) 예민하다, (눈빛이) 날카롭다, 예리하다
- ☐ **锐利** ruìlì 형 (칼날 등이) 예리하다, (말·문장 등이) 예리하다, 날카롭다

税 shuì 명 세금, 세   禾(벼)와 兑로 이루어진 글자입니다.

- ☐ **交税** jiāoshuì 통 세금을 납부하다
- ☐ **税收** shuìshōu 명 세금 수입

蜕 tuì 통 (매미 · 뱀 등이) 허물을 벗다, 탈피하다   虫(벌레)과 兑로 이루어진 글자입니다.

- ☐ **蜕皮** tuìpí 통 허물을 벗다, 피부가 벗겨지다

脱 tuō 통 (몸에서) 벗다, 벗어나다, 떠나다   月와 兑로 이루어진 글자입니다.

- ☐ **脱离** tuōlí 통 (어떤 상황 · 환경에서) 벗어나다, 떠나다, 이탈하다
- ☐ **摆脱** bǎituō 통 (속박 · 규제 · 생활상의 어려움 등에서) 벗어나다, 빠져나오다
- ☐ **解脱** jiětuō 통 해탈하다, 어려움으로부터 벗어나다

阅 yuè 통 (책을) 보다, 읽다, 훑어보다   门과 兑로 이루어진 글자입니다.

- ☐ **阅读** yuèdú 통 (책이나 신문을) 보다, 읽다
- ☐ **阅览** yuèlǎn 통 (서적이나 잡지를) 열람하다, 훑어보다
- ☐ **阅历** yuèlì 통 경험하다, 체험하다, 겪다

悦 yuè 형 기쁘다, 즐겁다   忄(心)과 兑로 이루어진 글자입니다.

- ☐ **喜悦** xǐyuè 형 기쁘다, 즐겁다, 유쾌하다
- ☐ **愉悦** yúyuè 형 기쁘다, 즐겁다, 유쾌하다
- ☐ **赏心悦目** shǎngxīnyuèmù 성 (아름다운 정경에) 마음과 눈이 즐겁다

어법적으로 접근한다!

독해 3부분을 빠르고 정확하게 풀기 위해서는 어법적으로 접근해야 합니다. 먼저 선택지에 접속사나 접속 역할을 하는 부사(就, 才, 都, 也 등)가 있으면 빈칸 앞뒤 문장에서 호응하는 접속사나 접속부사를 찾으면 됩니다. 다음은 문장 구조(주어+술어+목적어)를 분석해서 빠진 문장성분을 찾습니다. 예를 들어, 선택지에 명사구('관형어+的+명사'와 같은 형태)가 있고 빈칸 바로 뒤의 문장은 술어와 목적어만 있다면 주어가 빠져 있는 경우이므로 명사구가 답이 됩니다.

STEP 01 먼저 풀어보기

예제 🎧 독해 3-01-1 예제.mp3

🎓 선생님의 한마디
문제를 풀어 본 후, 녹음을 반복해 들으면서 복습하세요. 접속사와 같은 키워드 파악, 문장성분 호응 등에 유념하며 전체 내용의 흐름을 이해하도록 합니다.

假设，两名犯罪嫌疑人因涉嫌共同盗窃而被拘留。警方将两人分开关押，并对他们分别进行审讯。警方向他们提供以下相同的选择：若一人认罪并作证指控对方，而对方保持沉默，(01)＿＿＿＿＿＿，沉默者将被判刑十年。若二人都保持沉默，则二人将都被判刑一年。若二人互相检举，则两人都将被判刑五年。

那么，这两名犯罪嫌疑人会怎么选择呢？显而易见，(02)＿＿＿＿＿＿＿＿，无疑是保持沉默，这样原本须服刑五到十年，现在只需要在监狱待一年即可。可是有一个问题，(03)＿＿＿＿＿＿，那么自己的沉默不仅没有换来更轻的处罚，反而会给自己找来十年牢狱之灾，而若选择将对方供出，自己就可以获释，对于个人来说，这无疑是最佳的选择。

这是赤裸裸的事关切身利益的问题，两个各处一室的囚犯，很快就会怀疑对方，(04)＿＿＿＿＿＿，所以猜忌对方是必然的心理活动，那么最稳妥的就是在对方招供之前先供出对方。因此(05)＿＿＿＿＿＿。

A 假如对方供出自己

B 那么这个人将马上获释

C 最符合双方共同利益的选择

D 因为他们无法交流并且达成一致

E 最可能的结果就是两个人都被判刑五年

예제

|해 설|

假设，两名犯罪嫌疑人因涉嫌共同盗窃而被拘留。警方将两人分开关押，并对他们分别进行审讯。警方向他们提供以下相同的选择：[01)]若一人认罪并作证
若~那么/就…
指控对方，而对方保持沉默，(01)＿＿＿＿＿，沉默者将被判刑十年。若二人都保持沉默，则二人将都被判刑一年。若二人互相检举，则两人都将被判刑五年。

那么，这两名犯罪嫌疑人会怎么选择呢？显而易见，(02)＿＿＿＿＿，

[02)]无疑是保持沉默，这样原本须服刑五到十年，现在只需要在监狱待一年即可。
구조 분석하기

可是有一个问题，(03)＿＿＿＿＿，[03)]那么自己的沉默不仅没有换来更轻的处
선택지에서 那么와 호응하는 단어 찾기
罚，反而会给自己找来十年牢狱之灾，而若选择将对方供出，自己就可以获

释，对于个人来说，这无疑是最佳的选择。

这是赤裸裸的事关切身利益的问题，两个各处一室的囚犯，很快就会怀疑

对方，(04)＿＿＿＿＿，[04)]所以猜忌对方是必然的心理活动，那么最稳妥的就是
所以 앞에는 원인이나 이유가 나옴
在对方招供之前先供出对方。[05)]因此(05)＿＿＿＿＿。
因此는 결과를 나타내는 접속사임

A 假如对方供出自己
假如~那么/就…

B 那么这个人将马上获释
若~那么/就…

C 最符合双方共同利益的选择
名사 → 주어/목적어로 쓰임

🎓 선생님의 한마디

1 첫 번째 빈칸이 나올 때까지 빠르게 읽으면서 대략의 내용을 이해하세요.

2 첫 번째 빈칸이 나왔을 때 선택지의 키워드, 접속사(또는 접속 역할을 하는 부사)에 체크하며 선택지의 문장 구조를 분석하세요.

3 키워드를 중심으로 지문과 선택지를 비교하며 호응 관계를 찾으세요.

· 若 = 如果 = 假如

D 因为他们无法交流并且达成一致

因为~所以/就…

E 最可能的结果就是两个人都被判刑五年

01번 빈칸 앞의 접속사 若가 키워드입니다. 若는 如果의 서면어이며, 주로 '若~那么…' 또는 '若~就(=便)…'의 형태로 씁니다. 따라서 선택지 중 那么를 포함하는 구문이 있는지 없는지 확인하고, 그 구문을 빈칸에 넣고 해석을 하여 최종 확인합니다. 정답은 B입니다.

02번 빈칸 뒤의 无疑是保持沉默의 구조를 분석합니다. '无疑[부사]+是[동사 술어]+保持沉默[목적어]'의 구조이므로 빈칸은 주어 자리임을 알 수 있습니다. 선택지에서 C의 키워드가 명사이므로, 주어가 될 수 있습니다. C를 빈칸에 넣고 해석하여 문맥이 매끄러운지 확인합니다. 정답은 C입니다.

03번 빈칸 뒤의 접속사 那么가 키워드입니다. 선택지 A의 假如가 那么와 호응할 수 있으므로, A를 빈칸에 넣고 해석하여 내용을 확인합니다. 정답은 A입니다.

04번 빈칸 뒤의 접속사 所以가 키워드입니다. 선택지 D의 因为가 所以와 호응할 수 있으므로, D를 먼저 빈칸에 넣고 해석해 봅니다. 문맥에 맞기 때문에 정답은 D입니다.

05번 맨 마지막 문장이므로 결론을 나타내는 선택지를 고르면 됩니다. 또한 빈칸 앞의 '因此(그래서)'도 결과를 이끌어 내는 접속사이므로, 빈칸은 결론 문장이 와야 한다는 것을 확신할 수 있습니다. 앞의 네 문제를 정확히 풀었다면 05번 문제는 저절로 답이 풀립니다. 최종적으로 빈칸에 E를 넣고 해석해 봅니다. 정답은 E입니다.

|해 석|

假设，两名犯罪嫌疑人因涉嫌共同盗窃而被拘留。警方将两人分开关押，并对他们分别进行审讯。警方向他们提供以下相同的选择：若一人认罪并作证指控对方，而对方保持沉默，(01)B 那么这个人将马上获释，沉默者将被判刑十年。若二人都保持沉默，则二人将都被判刑一年。若二人互相检举，则两人都将被判刑五年。

那么，这两名犯罪嫌疑人会怎么选择呢？显而易见，(02)C 最符合双方共同利益的选择，无疑是保持沉默，这样原本须服刑五到十年，现在只需要在监狱待一年即可。可是有一个问题，(03)A 假如对方供出自己，那么自己的沉默不仅没有换来更轻的处罚，反而会给自己找来十年牢狱之灾，而若选择将对方供出，自己就可以获释，对于个人来说，这无疑是最佳的选择。

这是赤裸裸的事关切身利益的问题，两个各处一室的囚犯，很快就会怀

가정해 보자. 범죄용의자 두 명이 공동 절도 혐의를 받아 구류되었다. 경찰 측은 두 사람을 나눠서 수감하고, 그들에게 각각 심문을 진행했다. 경찰 측은 그들에게 다음의 똑같은 선택을 제공했다. 만약 한 사람이 자백하고 증언하여 상대방을 고발했는데 상대방이 침묵을 지킨다면, (01)B 이 사람은 바로 석방될 것이고 침묵한 자는 10년을 구형받게 될 것이다. 만약 두 사람이 모두 침묵을 지킨다면, 두 사람은 모두 1년을 구형받게 될 것이다. 만약 두 사람이 서로 고발한다면 두 사람은 모두 5년을 구형받게 될 것이다.

그러면 이 범죄용의자 두 명은 어떻게 선택해야 할까? 명백히 알 수 있듯이, (02)C 쌍방의 공동 이익에 가장 부합하는 선택은 틀림없이 침묵을 지키는 것이다. 이렇게 하면 원래 5년에서 10년을 복역해야 하는데, 지금은 감옥에서 1년만 머무르면 된다. 하지만 한 가지 문제가 있다. (03)A 만일 상대방이 자신의 죄를 불어 버린다면 자신의 침묵은 더 가벼운 처벌로 바꾸지 못할 뿐만 아니라 도리어 자신에게 10년의 옥고가 찾아올 테지만, 만약 상대방의 죄를 털어놓는 것을 선택한다면 자신은 석방될 수 있으니, 개인에게 있어서 이것은 틀림없이 가장 좋은 선택이다.

이것은 적나라하게 자신의 이익과 관련된 문제로, 각각의 방에 있는 두 명의 죄수는 아주 빠르게 상대방을 의심하게 된다. (04)D 그들은 교류하여

疑对方，(04)D 因为他们无法交流并且达成一致，所以猜忌对方是必然的心理活动，那么最稳妥的就是在对方招供之前先供出对方。因此(05)E 最可能的结果就是两个人都被判刑五年。

의견 일치를 볼 수가 없기 때문에 상대방을 의심하고 시기하는 것은 필연적인 심리 활동이며, 가장 안전한 것은 바로 상대방이 자백하기 전에 먼저 상대방을 불어 버리는 것이다. 이 때문에 (05)E 가장 가능성 있는 결과는 바로 두 사람이 모두 5년을 구형받는 것이다.

|단 어| 假设 jiǎshè 图 가정하다 | 犯罪嫌疑人 fànzuì xiányírén 범죄용의자 | 涉嫌 shèxián 图 혐의를 받다 | 盗窃 dàoqiè 图 절도하다, 도둑질하다 | 拘留 jūliú 图 구류하다 | 警方 jǐngfāng 경찰 측 | 分开 fēnkāi 图 나누다, 가르다 | 关押 guānyā 图 수감하다, 감옥에 가두다 | 审讯 shěnxùn 图 심문하다, 취조하다 | 认罪 rènzuì 图 죄를 인정하다, 자백하다 | 作证 zuòzhèng 图 증언하다, 증거로 삼다 | 指控 zhǐkòng 图 (죄상을 열거하여) 고발하다 | 保持 bǎochí 图 (좋은 상태를) 유지하다 | 沉默 chénmò 图 침묵 | 获释 huòshì 图 석방되다 | 判刑 pànxíng 图 구형하다, 형을 선고하다 | 检举 jiǎnjǔ 图 고발하다 | 显而易见 xiǎn'éryìjiàn 图 명백히 알 수 있다 | 无疑 wúyí 图 의심할 바 없다, 틀림없다 | 原本 yuánběn 图 원래, 본래 | 须 xū 图 반드시 ~해야 한다 | 服刑 fúxíng 图 복역하다, 징역 살다 | 监狱 jiānyù 图 감옥, 교도소 | 待 dāi 图 머무르다 | 即可 jí kě ~하면 된다 | 供出 gòngchū 图 (죄를) 자백하다, 불다, 털어놓다 | 处罚 chǔfá 图 처벌하다, 처벌받다 | 牢狱之灾 láoyù zhī zāi 감옥에 가는 재앙, 옥고 * 牢狱 láoyù 图 감옥 | 赤裸裸 chìluǒluǒ 图 적나라하다, 완전히 드러나다 | 事关 shìguān 图 일이 ~에 관계되다 | 切身 qièshēn 图 절실하다, 자신과 관련되다 | 利益 lìyì 图 이익 | 囚犯 qiúfàn 图 죄수 | 怀疑 huáiyí 图 의심하다 | 达成一致 dáchéng yízhì (의견) 일치를 보다 | 猜忌 cāijì 图 의심하고 시기하다 | 稳妥 wěntuǒ 图 안전하다, 믿을 수 있다 | 招供 zhāogòng 图 자백하다, 시인하다

|정 답| (01) B   (02) C   (03) A   (04) D   (05) E

1 문장 분석으로 정답 찾기

독해 3부분에서는 지문을 처음부터 끝까지 세세하게 해석하지 않더라도, 문장 분석만으로도 점수를 크게 향상시킬 수 있습니다. 중국어 문장의 기본 구조를 알고 빈칸 앞뒤의 문장성분을 분석한다면, 선택지를 해석하지 않고도 정답을 골라낼 수 있습니다. 이번 내공쌓기에서는 문장을 분석하여 주어, 술어, 목적어, 부사어 등 문장성분의 위치를 파악하는 연습을 합니다.

[중국어 문장의 기본 구조]

관형어	주어	부사어	술어	보어	관형어	목적어
来上海两年多的	我	已经深深地	喜欢	上了	美丽的	上海。

1. 빈칸 앞에 주어가 있으면 빈칸은 술어 자리이다!

|예 제|

> 妈妈从你出生那天起, _____。
>
> A 孩子听着，陷入了沉思
>
> B 就把整个世界，都作为礼物送给了你
>
> C 我的妈妈竟来不及给我一件礼物
>
> D 孩子向老人倾吐了自己的哀伤
>
> E 那是为了让你珍惜生活，去热爱这个世界!

妈妈 [从你出生那天起], _____술어_____。

'从~起'는 '~부터 시작해서'라는 의미의 전치사구로, 술어 앞에 위치하여 술어를 수식하는 부사어로 쓰입니다. 따라서 이 문제는 빈칸 앞에 주어 妈妈만 있는 셈이므로 빈칸은 술어가 들어가야 합니다. 선택지 B를 보면 把자문인데 주어가 없기 때문에 정답일 확률이 높습니다. B의 부사 就는 从你出生那天起 뒤에 쓰여 '시간이 이르다'라는 뜻을 나타냅니다. 문장의 핵심 성분만 추출하면 '妈妈把整个世界都作为礼物送给了你(엄마는 온 세상을 전부 선물로 당신에게 주었다)'가 되어 문맥이 자연스럽습니다. ∴ B

|해 석|

> 妈妈从你出生那天起，B就把整个世界，都作为礼物送给了你。
> 엄마는 당신이 태어난 그날부터, 온 세상을 당신에게 선물로 보냈다.

A 孩子听着，陷入了沉思
아이는 들으면서 깊은 생각에 잠겼다

C 我的妈妈竟来不及给我一件礼物
우리 엄마는 뜻밖에도 미처 나한테 선물을 주지 못했다

D 孩子向老人倾吐了自己的哀伤
아이는 노인한테 자신의 슬픔을 털어놓았다

E 那是为了让你珍惜生活，去热爱这个世界
그것은 당신이 삶을 소중히 여기고, 이 세상을 뜨겁게 사랑하게 하기 위해서이다

- 陷入 xiànrù 통 깊이 빠져들다
- 沉思 chénsī 통 깊이 생각하다
- 来不及 láibují 통 미처 ~하지 못하다, ~할 겨를이 없다
- 倾吐 qīngtǔ 통 털어놓다, 토로하다
- 哀伤 āishāng 명 슬픔

2. 빈칸 뒤에 술어가 있으면 빈칸은 주어 자리이다!

|예제|

＿＿＿＿＿＿＿＿＿＿，就像一小段一小段绿色的鞭炮挂满枝头。

A 一串一串菱形的果实

B 天山南麓的大片绿洲才免遭沙漠的吞噬

C 迎接四面八方的宾客

D 如能找到一个湿润的地方就扎根发芽

E 胡杨几千万年前就在地球上生存了

＿＿＿＿＿ 주어 ，[就][像一小段一小段绿色的鞭炮] 挂 〈满〉 枝头。
부사어 부사어(전치사구) 술어 보어 목적어

'就像……鞭炮'는 부사어, 挂满枝头는 술어와 목적어이므로 빈칸에는 주어가 필요한 상황입니다. 선택지 A의 一串一串菱形的果实에서 一串一串菱形的는 명사 果实를 수식하는 관형어이므로 A는 결국 하나의 명사나 마찬가지입니다. 따라서 주어가 될 수 있으며, 뒷문장과도 의미상 어울리므로 정답이 됩니다. 이렇게 구조적으로 접근하면 菱形과 같은 아주 어려운 단어를 몰라도 정답을 찾을 수 있습니다. ∴ A

|해석|

A 一串一串菱形的果实，就像一小段一小段绿色的鞭炮挂满枝头。
줄줄이 달린 마름모꼴의 과실은 마치 조그마한 녹색 폭죽이 나뭇가지 끝에 주렁주렁 매달려 있는 것 같다.

B 天山南麓的大片绿洲才免遭沙漠的吞噬
톈산 남쪽 기슭의 드넓은 오아시스가 이제야 사막화되지 않고 있다

C 迎接四面八方的宾客
사방팔방에서 온 손님을 맞이한다

D 如能找到一个湿润的地方就扎根发芽
만일 축축한 곳을 찾을 수 있으면 거기서 뿌리를 내리고 싹을 틔운다

- 串 chuàn 양 꿰미, 줄[길게 꿴 물건을 세는 단위]
- 菱形 língxíng 명 마름모
- 挂满 guàmǎn 가득 매달려 있다
- 麓 lù 명 산기슭
- 大片 dàpiàn 형 (면적이) 크다, 드넓다
- 绿洲 lùzhōu 명 오아시스
- 免遭 miǎnzāo 통 당하지 않다, 모면하다
- 吞噬 tūnshì 통 (통째로) 삼키다
- 湿润 shīrùn 형 축축하다, 습윤하다
- 扎根发芽 zhāgēn fāyá 뿌리를 내리고 싹을 틔우다

· **胡杨** húyáng 몡 백양나무[포플러 일종의 나무 이름]

3. 빈칸을 제외한 문장에 주어 · 술어 · 목적어가 다 있다면, 빈칸은 부사어 자리이다!

|예 제|

到唐宋两代, ＿＿＿＿＿＿＿＿, 中国通往东南亚、印度洋及非洲大陆的航路纷纷开通或延伸。

A 也通过海路源源不断地销往世界各国

B 伴随着中国造船、航海技术的长足发展

C 中西贸易开始越来越多地利用海上航道

D 中国通过海上丝绸之路往外运输的商品

E 海上丝绸之路还只是陆上丝绸之路的一种补充形式

🎓 선생님의 한마디

빈칸을 제외하고 앞뒤에 '주어+술어+목적어'의 문장성분이 모두 들어 있어서 완전한 문장을 이룬다면 빈칸은 없어도 됩니다. 이런 경우에 빈칸은 부사어 자리가 됩니다. 특히 전치사구가 정답으로 자주 출제됩니다.

[到唐宋两代], ＿＿부사어＿＿, (中国通往东南亚、印度洋及非洲大陆的)
　　부사어　　　　　　　　　　　　　　　관형어

航路 [纷纷] 开通或延伸。
주어　부사어　　술어

'中国通往东南亚、印度洋及非洲大陆的'가 뒤에 있는 航路를 수식하고 있으므로, '中国通往……大陆的'는 관형어이고 航路는 주어, 开通或延伸은 술어가 됩니다. 이렇게 빈칸 뒤에는 하나의 완전한 문장이 와 있습니다. 그리고 빈칸 앞 문장 到唐宋两代는 시간을 나타내는 부사어이므로, 빈칸도 뒷문장을 수식하는 부사어 자리임을 알 수 있습니다. 선택지 B의 伴随着는 전치사 随着와 같습니다. 따라서 '伴随着……的长足发展'은 전치사구라 볼 수 있고, 문장성분으로는 부사어가 됩니다. 의미 또한 뒷문장과 맞아떨어집니다. ∴ B

|해 석|

到唐宋两代，B伴随着中国造船、航海技术的长足发展，中国通往东南亚、印度洋及非洲大陆的航路纷纷开通或延伸。
당송 양대에 이르러 중국의 조선, 항해 기술이 장족의 발전을 함에 따라서 중국에서 동남아시아, 인도양과 아프리카 대륙으로 통하는 항로가 잇달아 개통되고 확장되었다.

A 也通过海路源源不断地销往世界各国
해로를 통해서도 세계 각지로 끊임없이 널리 팔렸다

C 中西贸易开始越来越多地利用海上航道
중국과 서양의 무역은 갈수록 많이 해상 항로를 이용하기 시작했다

D 中国通过海上丝绸之路往外运输的商品
중국이 해상 실크로드를 통해서 외부로 운송하는 상품에는

· **长足** chángzú 몡 발전이 빠르다
· **通往** tōng wǎng ~로 통하다
· **纷纷** fēnfēn 뷔 잇달아, 계속해서
· **延伸** yánshēn 통 확장되다
· **源源不断** yuányuánbúduàn 젱 연이어 끊어지지 않다, 끊임없다
· **销往** xiāo wǎng ~로 널리 팔리다

E 海上丝绸之路还只是陆上丝绸之路的一种补充形式
해상 실크로드는 여전히 육상 실크로드의 일종의 보충 형식에 불과하다

* **丝绸之路** Sīchóuzhīlù
  고유 실크로드, 비단길

2 접속사 호응으로 정답 찾기

접속사는 중국어 전반에 걸쳐 아주 중요한 품사이므로 매우 열심히 공부해야 합니다. 아래 내용은 HSK 6급에 가장 많이 출제되고 있는 접속사들을 정리한 것입니다. 여기서 배우는 접속사는 독해 1부분에서도 유용하게 활용할 수 있으므로 잘 익혀 두어야 합니다.

1. 虽然+A, 但是+(주어)+却+B   비록 A이지만, (주어는) B하다

虽然과 같은 의미의 접속사로 虽说/虽/尽管이 있습니다. 但是와 같은 의미의 접속사로는 可是/然而/而가 있으며, 부사 却/倒/则도 但是와 같은 의미입니다. 6급에서는 但是보다 서면어인 然而이나 而가 많이 나옵니다.

☐ 他工作虽然很忙，但对家庭一点儿也没有忽略。
그는 일이 비록 매우 바쁘지만 가정에는 조금도 소홀히 하지 않는다.

☐ 虽说我们现在的生活富裕了，可是也要注意节约。
비록 우리는 현재의 생활이 부유할지라도 절약에 주의해야 한다.

☐ 尽管这次试验又失败了，然而他们并不灰心。
비록 이번 시험에 또 실패했지만 그들은 결코 낙심하지 않았다.

* **忽略** hūlüè 동 소홀히 하다, 등한시하다
* **富裕** fùyù 형 부유하다

* **试验** shìyàn 명 시험, 테스트
* **灰心** huīxīn 동 낙심하다, 의기소침하다

|예 제|

> _____，但它的速度很快。
>
> A 虽然太阳风的密度十分稀薄
>
> B 会在太阳风内引起波动
>
> C 月球是个非常寂静的地方
>
> D 在月球上活动的宇航员是可以听到声音的
>
> E 声音并不是仅通过空气传递

빈칸 뒤에 접속사 但이 있으므로 빈칸에 들어갈 구문에는 但과 호응하는 접속사가 포함되어야 합니다. 선택지 중 A의 虽然이 但과 호응하여 쓰일 수 있습니다. A를 빈칸에 넣고 해석해 보면 정답임을 알 수 있습니다. ∴ A

A 虽然太阳风的密度十分稀薄，但它的速度很快。
비록 태양풍의 밀도는 매우 희박하지만 그것의 속도는 매우 빠르다.

B 会在太阳风内引起波动
태양풍 내에서 파동을 일으킨다

C 月球是个非常寂静的地方
달은 매우 조용한 곳이다

D 在月球上活动的宇航员是可以听到声音的
달에서 활동하는 우주 비행사는 소리를 들을 수 있다

E 声音并不是仅通过空气传递
소리는 결코 공기를 통해서만 전달되는 것은 아니다

- 密度 mìdù 몡 밀도
- 稀薄 xībó 혭 (밀도가) 희박하다
- 引起波动 yǐnqǐ bōdòng 파동을 일으키다
- 宇航员 yǔhángyuán 몡 우주 비행사

2. 不管+두 가지 이상의 조건, 都+결과   (조건에) 상관없이 (결과는) 똑같다

不管과 같은 의미의 접속사로 无论/不论/任凭이 있습니다. 不管이 쓰인 문장에서는 반드시 두 가지 이상의 조건이 와야 하는데, **이 두 가지 이상의 조건은 의문사, 多, 多么, A不A, A 还是B, AB의 형식으로 나타냅니다. 여기서 多나 多么는 형용사 앞에 쓰이며 '얼마나'의 의미 를 갖습니다.** 都는 뒤에 나오는 결과가 항상 똑같다는 것을 의미하며, 也와 总이 都와 같은 의 미로 쓰이기도 합니다.

☐ 不管做什么工作，他都很认真。
어떤 일을 하든 간에 그는 열심히 한다.

☐ 无论大家怎么劝他，他也不听。
모두가 그를 어떻게 설득해도 그는 듣지 않는다.

☐ 不论天气好不好，我去旅行的计划都不会改变。
날씨가 좋든 나쁘든 간에 내가 여행을 가려는 계획은 바뀌지 않을 것이다.

☐ 任凭他说得多么好听，人们也是不会相信他的。
그가 얼마나 듣기 좋게 말하든 사람들은 그를 믿지 않을 것이다.

- 认真 rènzhēn 혭 열심히 하다, 성실하다, 진지하다
- 劝 quàn 됭 설득하다, 권하다

|예 제|

无论做什么事情，_____。

A 之所以问他有什么秘诀

B 都要给自己留下相应的余地

C 只有这样才能保证比例恰到好处

D 人们面面相觑，都大惑不解

E 必须保证两个前提

빈칸 앞 절에 无论이 있습니다. 따라서 빈칸에 들어갈 문장 속에는 부사 都나 也가 있어야 합니다. B와 D에 모두 都가 있으므로 빈칸에 넣고 해석을 해 봅니다. D의 都는 人们의 범위를 나타내는 都이고, B의 都는 결과를 이끌어 내는 접속 역할을 하는 부사입니다. 그러므로 无论과 호응할 수 있는 都는 B입니다. ∴ B

|해 석|

> 无论做什么事情，**B** 都要给自己留下相应的余地。
> 어떤 일을 하든지 간에 자신에게 상응하는 여지를 남겨야 한다.
>
> A 之所以问他有什么秘诀
> 그에게 무슨 비결이 있는지 물은 이유는
>
> C 只有这样才能保证比例恰到好处
> 이렇게 해야만 비로소 비율의 적합함을 보증할 수 있다
>
> D 人们面面相觑，都大惑不解
> 사람들은 서로 얼굴만 쳐다보았는데, 모두들 의혹이 전혀 풀리지 않았다
>
> E 必须保证两个前提
> 반드시 두 가지 전제 조건을 보장해야 한다

- **余地** yúdì 圈 여지
- **保证** bǎozhèng 圈 보장하다
- **恰到好处** qiàdàohǎochù 圈 적합하다, 적절하다
- **面面相觑** miànmiànxiāngqù 圈 서로 얼굴만 쳐다볼 뿐 어찌할 바를 모르다
- **大惑不解** dàhuòbùjiě 圈 의혹이 풀리지 않다, 도무지 이해가 되지 않다
- **前提** qiántí 圈 전제 조건

3. 即使+가정, 也+변하지 않는 결과   설령 ~할지라도 (결과)는 똑같다

即使는 뒤에 주로 극단적인 상황을 가정할 때 사용하며, 같은 의미의 접속사로는 即便/就是/哪怕/纵然/就算이 있습니다. '即使~也…'는 '不管~都…' 구문과 같이, 변하지 않는 결과를 이끌어 내는 역할을 합니다. 다만 不管 뒤에는 두 가지 이상의 조건이 오지만, 即使 뒤에는 일정한 상황이 와야 합니다.

☐ 即使你进步了，也不能骄傲自满。
설령 네가 발전했더라도 거만하고 자만해서는 안 된다.

☐ 即便我们的工作取得了很大的成绩，也不能目中无人。
설령 우리의 일이 큰 성과를 거두었더라도 제멋대로 굴어서는 안 된다.

☐ 就是皇帝犯法了，也要与庶民同罪。
설령 황제가 법을 어겼더라도 서민과 똑같이 벌해야 한다.

☐ 哪怕再苦再累，我也要坚持下去。
설령 아무리 고되고 힘들지라도 나는 계속해 나가야 한다.

☐ 纵然你再委屈，也不应该跟老师顶嘴。
설령 네가 아무리 억울할지라도 선생님에게 말대꾸해서는 안 된다.

- **骄傲自满** jiāo'àozìmǎn 圈 거만하고 자만하다
- **目中无人** mùzhōngwúrén 圈 제멋대로 굴다, 안하무인이다
- **犯法** fànfǎ 圈 법을 어기다
- **庶民** shùmín 圈 서민
- **委屈** wěiqu 圈 억울하다
- **顶嘴** dǐngzuǐ 圈 (윗사람에게) 말대꾸하다

|예 문|

_____, 人们也只会说："啊，他又迟到了。"

A 即使是真因为发生什么事情而迟到

B 请试着客观地重新认识自己平时的行为

C 无论拥有什么样的经济能力

D 行动力会带来新的信誉

E 获得信誉不是一件容易的事情

빈칸 뒤의 접속부사인 也와 어울리는 접속사로 即使, 不管(=无论), 不但이 있습니다. 선택지 A에 即使가 있고, C에 无论이 있습니다. 이럴 때는 해석을 통해서 문맥에 어울리는 선택지를 골라내야 합니다. C의 내용은 빈칸 뒤의 문장과 내용이 이어지지 않음을 알 수 있습니다. A의 내용이 빈칸 뒤의 구문과 어울리므로 정답이 됩니다. ∴ A

|해 석|

A 即使是真因为发生什么事情而迟到，人们也只会说"啊，他又迟到了。"
설령 무슨 일이 생겨서 지각했다 할지라도, 사람들은 "아, 그 사람 또 지각했네."라는 말만 할 것이다.

B 请试着客观地重新认识自己平时的行为
자신의 평소 행동을 객관적으로 다시 알 수 있도록 시도해 보세요

C 无论拥有什么样的经济能力
어떠한 경제력을 가지고 있든지 간에

D 行动力会带来新的信誉
행동력이 새로운 신용을 가져올 것이다

E 获得信誉不是一件容易的事情
신망을 얻는 것은 쉬운 일이 아니다

· **试** shì 圐 시도하다
· **重新** chóngxīn 凰 다시
· **拥有** yōngyǒu 圐 가지다
· **经济能力** jīngjì nénglì 경제적 능력
· **信誉** xìnyù 圀 신용, 명예
· **获得** huòdé 圐 획득하다, 얻다

4. 不仅+A, 而且+(주어)+也/还+B　A뿐만 아니라 B이기도 하다

접속사 不仅과 같은 의미의 접속사로 不但/不光/不单/不仅仅이 있습니다. 뒷절에 쓰이는 还나 也는 접속 역할을 하며, 而且와 같은 의미입니다. 而且와 还(또는 也)가 같이 쓰이기도 하고 둘 중 하나만 쓰이기도 합니다.

☐ 产品不仅产量增加了，而且质量也上去了。
제품은 생산량이 증가했을 뿐만 아니라 품질도 향상됐다.

☐ 他们不但提前完成了任务，而且完成得很出色。
그들은 미리 임무를 완수했을 뿐만 아니라 아주 훌륭하게 완수했다.

☐ 他不但学会了汉语，还交到了很多中国朋友。
　그는 중국어를 배웠을 뿐만 아니라 많은 중국 친구도 사귀었다.

|예 제|

> 优秀的员工不仅能在两者之间取得平衡，_____。
>
> A 很难达到两者的平衡
>
> B 团队为员工提供了施展才华的舞台
>
> C 团队的性质决定了每个员工是团队的一部分
>
> D 在沟通中发现别人的许多优点
>
> E 还能让两者产生互相促进的作用

빈칸 앞 절에 접속사 不仅이 있습니다. 또한 능원동사 能이 함께 쓰였기 때문에 빈칸에는 而且能, 还能, 也能의 형태로 나타나야 한다는 것을 예측할 수 있습니다. 선택지 E에 还能이 있고, 앞 절과 함께 해석해 보면 논리적으로 맞기 때문에 정답은 E입니다. ∴ E

|해 석|

> 优秀的员工不仅能在两者之间取得平衡，E 还能让两者产生互相促进的作用。
> 우수한 직원은 둘 사이에서 균형을 이룰 뿐만 아니라, <u>또한 둘이 상호 촉진하는 작용을 하게 할 수 있다.</u>
>
> A 很难达到两者的平衡
> 　둘의 균형을 맞추기는 매우 어렵다
>
> B 团队为员工提供了施展才华的舞台
> 　팀은 직원을 위해 재능을 펼칠 무대를 제공했다
>
> C 团队的性质决定了每个员工是团队的一部分
> 　팀의 성질은 모든 직원이 팀의 일부분이라는 것을 결정했다
>
> D 在沟通中发现别人的许多优点
> 　소통하면서 다른 사람들의 수많은 장점을 발견하게 된다

- 优秀 yōuxiù 형 우수하다
- 平衡 pínghéng 형 균형, 평형
- 施展 shīzhǎn 동 (수완이나 재능을) 펼치다(발휘하다)
- 才华 cáihuá 명 재능, 재주
- 舞台 wǔtái 명 무대
- 沟通 gōutōng 동 소통하다
- 优点 yōudiǎn 명 장점

5. 不但+不/没+A, 反而/反倒+B　A하지 않을 뿐 아니라 도리어 B하다

不但과 같은 의미로 不仅도 많이 쓰입니다. 간혹 不但이 생략되기도 하므로 유의해야 합니다.

☐ 雨不但没停，反而下得更大了。
　비는 그치지 않았을 뿐만 아니라 도리어 더 많이 내렸다.

☐ 他不但不感谢我，反倒埋怨我。
　그는 나에게 고마워하지 않았을 뿐만 아니라 도리어 나를 원망했다.

- 埋怨 mányuàn 동 원망하다, 불평하다

☐ 吃了药，不但没好，反而疼得更厉害了。
약을 먹었는데 좋아지는커녕 도리어 더 심하게 아팠다.

|예 제|

> 白日梦中经历的虚构的负面事件，并不会让我们产生忧虑，
>
> ＿＿＿＿＿＿＿。
>
> A 平均只持续14秒钟
>
> B 不要对自己的白日梦过于不安
>
> C 反而可以帮我们渡过难关
>
> D 重温那些能给我们带来安全感和愉悦感的白日梦
>
> E 提醒我们将要发生的事

빈칸 앞 절에 不但은 없지만 并不会가 보입니다. 并不会让我们产生忧虑를 해석하면 '결코 우리가 근심이 생기도록 하지 않을 것이다'입니다. 따라서 '오히려 ~할 수 있다'라는 내용이 뒤에 나올 것을 예상할 수 있습니다. 앞에서 会가 쓰였으므로 빈칸에도 反而会, 反而能, 反而可以의 형태로 나올 수 있습니다. 선택지 C에 反而可以가 보이므로 최우선적으로 C를 빈칸에 넣어 앞 절과 함께 해석해 보면서 정답을 찾습니다. ∴ C

|해 석|

白日梦中经历的虚构的负面事件，并不会让我们产生忧虑，C 反而可以帮我们渡过难关。
백일몽에서 경험한 허구의 부정적인 사건은 결코 우리를 걱정하게 하지는 않을 것이며 <u>오히려 우리가 난관을 헤쳐 나가도록 도와줄 수 있다</u>.

A 平均只持续14秒钟
평균 14초 동안만 지속된다

B 不要对自己的白日梦过于不安
자신의 백일몽에 대해서 지나치게 불안해 하지 마라

D 重温那些能给我们带来安全感和愉悦感的白日梦
우리에게 안도감과 기쁨을 가져다줄 수 있는 그 백일몽들을 상기한다

E 提醒我们将要发生的事
우리에게 곧 발생할 일을 일깨워 준다

- 忧虑 yōulǜ 통 우려하다, 걱정하다
- 渡过难关 dùguò nánguān 난관을 넘기다[극복하다]
- 平均 píngjūn 통 평균하여 ~이다
- 持续 chíxù 통 지속하다
- 秒 miǎo 양 초
- 过于 guòyú 부 지나치게, 너무
- 重温 chóngwēn 통 상기하다, 되새기다
- 安全感 ānquángǎn 안도(감)
- 愉悦感 yúyuègǎn 기쁜 마음
- 提醒 tíxǐng 통 일깨우다

6. 如果+가정+(的话), 那么+(주어)+就+결과 만약 ~한다면 …할 것이다

가정을 나타내는 접속사 如果와 같은 의미의 접속사로 若/要是/假如/倘若가 있는데, 6급에서는 서면어인 若가 자주 보입니다. 그리고 부사 就 대신 서면어인 则가 나오기도 합니다. '若~, 则…' 구문도 잘 알아 두도록 합니다.

☐ 如果你不好好学习，就得不到好成绩。
만일 네가 열심히 공부하지 않는다면 좋은 성적을 거둘 수 없다.

☐ 若想做一个成功的企业家，则要有出众的领导能力。
만약 성공한 기업가가 되고 싶다면 뛰어난 지도력을 갖춰야 한다.

☐ 若要成功，就要付出比别人更多的努力。
만약 성공하려면 남보다 더 많은 노력을 들여야 한다.

|예제|

> 若想增强人际吸引，＿＿＿＿＿＿＿＿＿。
>
> A 喜新厌旧是人的天性
>
> B 如果你细心观察就会发现
>
> C 就要留心提高自己在别人面前的熟悉度
>
> D 在这些寝室间互相走动
>
> E 然后请他们评价对照片的喜爱程度

빈칸 앞 문장에 접속사 若가 보입니다. 따라서 선택지 중에 那么, 就, 则가 있는지 체크합니다. B에 就会가 있지만 호응하는 구문 如果가 함께 있어서 '如果～就会…'의 구문을 이미 이루고 있기 때문에 정답이 될 수 없습니다. 선택지 C에 就要가 있고, 앞 절과 함께 해석해 보면 논리적으로 맞기 때문에 C가 정답입니다. ∴ C

|해석|

> 若想增强人际吸引，C 就要留心提高自己在别人面前的熟悉度。
> 만약 인간관계에서의 매력을 높이고 싶다면 주의를 기울여 타인에게 보여지는 자신의 친밀도를 높여야 한다.
>
> A 喜新厌旧是人的天性
>   새로운 것을 좋아하고 옛것을 싫어하는 것은 사람의 천성이다
>
> B 如果你细心观察就会发现
>   만일 당신이 자세히 관찰해 보면 발견하게 될 것이다
>
> D 在这些寝室间互相走动
>   이 침실들 사이로 서로 오간다
>
> E 然后请他们评价对照片的喜爱程度
>   그런 후에 그들에게 사진에 대한 선호도를 평가해 달라고 한다

- 增强 zēngqiáng 图 높이다, 강화하다
- 留心 liúxīn 图 주의를 기울이다, 관심을 갖다
- 熟悉度 shúxīdù 친밀도
- 喜新厌旧 xǐxīnyànjiù 셍 새로운 것을 좋아하고 옛것을 싫어하다
- 寝室 qīnshì 명 침실[주로 기숙사와 같은 단체 시설의 침실을 뜻함]
- 走动 zǒudòng 图 오가다, 왕래하다
- 评价 píngjià 图 평가하다
- 喜爱程度 xǐài chéngdù 선호도

7. 除(了)+A+(以)外, 还/也+B   A를 제외하고 또 B하다

HSK 6급에서는 除了보다는 除가 많이 출제됩니다. 또한 '除了~外'는 전치사구 즉, 부사어이므로 주어는 除了 앞에 있어도 되고, 还/也 앞에 있어도 됩니다.

☐ 除了我以外，当时他也在现场。
   _{주어}
   나 외에 당시에 그도 현장에 있었다.

☐ 他除了工作负责以外，对人还特别热情。
   _{주어}
   그는 일에 책임감이 강한 것 외에 남한테도 아주 친절하다.

|예 제|

> 中国的丝绸除通过这条陆路大量输往中亚、西亚和非洲、欧洲国家外，＿＿＿＿＿＿。
>
> A 也通过海路源源不断地销往世界各国
>
> B 伴随着中国造船、航海技术的长足发展
>
> C 中西贸易开始越来越多地利用海上航道
>
> D 中国通过海上丝绸之路往外运输的商品
>
> E 海上丝绸之路还只是陆上丝绸之路的一种补充形式

빈칸 앞 절에서 '除……外'를 찾을 수 있습니다. 따라서 선택지에는 우선적으로 부사 还나 也가 있는 것을 찾아야 합니다. 선택지 A에 也가 있고, 앞 절과 함께 해석해 보면 정답임을 알 수 있습니다. '除……外' 뒤의 也나 还는 '또', '게다가'의 의미로 접속 역할을 하는데, E의 还는 '아직은'이라는 뜻의 단순 부사이므로 정답이 될 수 없습니다.   ∴ A

|해 석|

中国的丝绸除通过这条陆路大量输往中亚、西亚和非洲、欧洲国家外，A 也通过海路源源不断地销往世界各国。
중국의 비단은 육로를 통해서 중앙아시아, 서아시아와 아프리카, 유럽 국가로 대량으로 운송되는 것 외에, 해로를 통해서도 세계 각지로 끊임없이 널리 팔렸다.

B 伴随着中国造船、航海技术的长足发展
   중국의 조선 · 항해 기술이 장족의 발전을 거둠에 따라서

C 中西贸易开始越来越多地利用海上航道
   중국과 서양의 무역은 갈수록 많이 해상 항로를 이용하기 시작했다.

D 中国通过海上丝绸之路往外运输的商品
   중국이 해상 실크로드를 통해서 외부로 운송하는 상품

E 海上丝绸之路还只是陆上丝绸之路的一种补充形式
   실크로드는 여전히 육상 실크로드의 일종의 보충 형식에 불과했다

- 丝绸 sīchóu 명 비단
- 陆路 lùlù 명 육로
- 非洲 Fēizhōu 지명 아프리카
- 欧洲 Ōuzhōu 지명 유럽
- 源源不断 yuányuánbúduàn 성 연이어 끊어지지 않다, 끊임없다
- 运输 yùnshū 통 운송하다
- 补充 bǔchōng 통 보충하다

01~05 🎧 독해 3-01-2 확인문제.mp3

　　我觉得读书人是世界上最幸福的人。因为他除了拥有现实的世界之外，还拥有另一个更为广阔、丰富的世界。(01)_____，而后一个世界却为读书人所独有。所以我觉得那些失去阅读机会或不能阅读的人是非常不幸的，(02)_____。世界上有诸多的不平等：财富的不平等，权利的不平等，而阅读能力的拥有或丧失却体现为精神的不平等。

　　一个人的一生，不得不经历自己无法逃避的喜悦和苦难。然而人们通过阅读，却能进入不同时空的诸多他人的世界。这样，(03)_____，无形间获得了超越有限生命的无限可能性。阅读不仅使他多识了草木虫鱼之名，(04)_____，饱览存在的与不存在的一切。更为重要的是，(05)_____，而且还在于精神的感化与陶冶。人们从书中学做人，从那些历史名人以及当代才俊的著述中学得他们的人格。

　　A 他们的损失是不可补偿的

　　B 具有阅读能力的人

　　C 读书带给人们的不仅是知识的增加

　　D 现实世界是人人都有的

　　E 而且可以上至远古下及未来

▶ 정답 및 해설 60쪽

키워드와 문맥으로
정답을 찾는다!

키워드와 문맥으로 빠르고 정확하게 문제를 풀 수 있습니다. 빈칸 앞뒤의 키워드와 관련 있는 단어가 있는 선택지를 넣었을 때, 지문의 흐름이 논리적인지 판단해 정답을 찾습니다. 평소 단어를 외울 때 의미가 비슷하거나 반대되는 단어를 함께 알아 두면 도움이 됩니다.

STEP 01 먼저 풀어보기

예제 🎧 독해 3-02-1 예제.mp3

　　一个富豪投巨资收藏了许多珍贵的古董和字画，还有珠宝。他将这些东西放在公司的大厦里，为了防止失窃，他还安装了严密的保安系统，(01)＿＿＿＿＿＿。

　　有一天富豪突然心血来潮，决定让大厦的清洁工进去开开眼界。清洁工进去后，(02)＿＿＿＿＿＿，只是慢慢地注意浏览，富豪忍不住炫耀说：“怎么样？看了这么多的好东西，不枉此生了吧？”

　　清洁工静静地说：“是啊，我现在感觉与你一样富有，而且比你更快乐。”(03)＿＿＿＿＿＿：“我拥有的宝物你一样都没有，你怎么能和我一样，甚至比我更快乐呢？”

　　“你的宝物我都看过了，不就与你一样富有了吗？而且我不必为这些宝物担心这担心那，岂不比你更快乐？”

　　能够欣赏常常比拥有更快乐，(04)＿＿＿＿＿＿，你自私时，它便已经停止流动了，你关上门使快乐无法流向你，困守在自设的真空中，不肯接受也不愿意付出，结果很可能是窒息。而当你敞开心胸，乐意付出的时候，(05)＿＿＿＿＿＿。

A 快乐是一种流动的空气

B 并未流露出艳羡之色

C 快乐、富裕以及真正的自由就会进驻你的心中

D 并且严格限制别人进去欣赏

E 那富豪大感不解，很不高兴

예제

|해 설|

　　一个富豪投巨资收藏了许多珍贵的古董和字画，还有珠宝。他将这些

东西放在公司的大厦里，为了防止失窃，他 [01]还安装了严密的保安系统，

　　　　　　　　　　　　　　　　　　　　　　　호응하는 접속사 찾기

(01)_____。

　　有一天富豪突然心血来潮，决定让大厦的清洁工进去开开眼界。[02]清洁工

　　　　　　　　　　　　　　　　　　　　　　　　　　　　　　　빈칸의 주어

进去后，(02)_____，[02]只是慢慢地注意浏览，富豪忍不住炫耀说："怎么

　　　　　　　　　　접속사 只是에 주의해서 읽고 빈칸 내용 유축하기

样？看了这么多的好东西，不枉此生了吧？"

　　[03]清洁工静静地说："是啊，我现在感觉与你一样富有，而且比你更快

　　　청소부의 말 뒤에는 누구의 말이 이어질까?

乐。"(03)_____："我拥有的宝物你一样都没有，你怎么能和我一样，甚

至比我更快乐呢？"

　　"你的宝物我都看过了，不就与你一样富有了吗？而且我不必为这些宝物担

心这担心那，岂不比你更快乐？"

　　能够欣赏常常比拥有更 [04]快乐，(04)_____，你自私时，它便已经

　　　　　　　　　　　　키워드

停止 [04]流动了，你关上门使快乐无法流向你，困守在自设的真空中，不肯接

　　　키워드

受也不愿意付出，结果很可能是窒息。而 [05]当你敞开心胸，乐意付出的时候，

　　　　　　　　　　　　　　　　　　　　　　当……的时候

(05)_____。

　　　A 快乐是一种流动的空气

　　　　빈칸 앞뒤에 快乐와 流动이 있는지 체크

선생님의 한마디

1 첫 번째 빈칸이 나올 때까지 빠르게 읽으면서 대략의 내용을 이해하세요.

2 첫 번째 빈칸이 나왔을 때 선택지의 키워드, 접속사(또는 접속 역할을 하는 부사)에 체크하며 선택지의 문장 구조를 분석하세요.

3 키워드를 중심으로 지문과 선택지를 비교하며 호응 관계를 찾으세요.

01번 빈칸 앞의 부사 还를 찾아야 합니다. 还는 뒷절의 并且와 서로 호응하여 내용이 진전됨을 나타냅니다. 따라서 접속사 并且가 있는 D를 빈칸에 넣고 의미상 맞는지 확인합니다. 安装了严密的保安系统과 并且严格限制别人进去欣赏은 의미상 서로 자연스레 연결되므로 정답은 D입니다.

02번 빈칸 앞의 清洁工이 주어, 빈칸 뒤의 只是慢慢地注意浏览이 핵심 내용입니다. '只是(다만)'는 접속사로서 앞 문장의 내용을 유추할 수 있는 단서가 됩니다. 또한 浏览의 뜻을 몰랐다고 해도, '览(보다)'으로 단어 의미를 유추할 수 있어야 합니다. 이 문장은 '그저 서서히 주의 깊게 훑어봤을 뿐이다'라는 뜻이므로 빈칸의 내용은 청소부가 많은 금은보화를 보고도 놀라지 않았다는 내용이 오는 것이 적당합니다. 선택지 B에서 未는 没有의 의미이고, 艳羡의 羡은 羡慕의 의미라는 것을 알고 의미를 유추해야 합니다. 정답은 B입니다.

03번 빈칸 앞뒤에 따옴표(" ")가 있는 걸로 보아 대화를 나누는 장면임을 알 수 있습니다. 빈칸 앞 부분은 청소부가 한 말이므로, 빈칸 뒷부분은 부자의 말, 따라서 빈칸은 부자에 대한 묘사임을 알 수 있습니다. 그러므로 富豪가 주어인 E에 주의를 두어야 합니다. 청소부가 보석을 보고도 담담하게 말하는 내용에, 부자의 기분이 나빠졌다고 이어지면 문맥상으로도 자연스러우므로 정답은 E가 됩니다.

04번 빈칸 앞의 快乐와 빈칸 뒤의 流动이 키워드입니다. 선택지 중 A에 快乐와 流动이 모두 나와 있으므로 정답의 후보로 둘 수 있습니다. 해석해 보면 흐름 또한 알맞기 때문에 정답은 A가 됩니다.

05번 빈칸 앞의 '当……的时候'가 힌트입니다. 선택지 중 C에 就会가 있는데 '当……的时候'와 호응하여 쓸 수 있습니다. 就会는 또한 단정 짓는 어감을 나타내기 때문에, 지문에서 결론을 나타내는 맨 마지막 문장에 들어가기에도 적합합니다. 해석해 보면 흐름 또한 어울리므로 정답은 C입니다.

🎓 선생님의 한마디

빈칸 뒤에 마침표가 아닌 쉼표가 있을 경우, 뒷문장까지 읽는 습관을 가져야 합니다.

|해 석|

　　一个富豪投巨资收藏了许多珍贵的古董和字画，还有珠宝。他将这些东西放在公司的大厦里，为了防止失窃，他还安装了严密的保安系统，(01)D并且严格限制别人进去欣赏。

　　有一天富豪突然心血来潮，决定让大厦的清洁工进去开开眼界。清洁工进去后，(02)B并未流露出艳羡之色，只是

　　한 부자가 거금을 들여 수많은 진귀한 골동품과 서화, 그리고 진주와 보석을 수집했다. 그는 이러한 물건들을 회사 빌딩에 가져다 놓았고, 도난 방지를 위해서 그는 빈틈없는 보안 시스템까지 설치했으며, (01)D 또한 다른 사람이 들어가 감상하는 것을 엄격히 제한했다.

　　어느 날, 부자는 갑자기 어떤 생각이 떠올라, 빌딩 청소부를 들어오게 하여 견문을 넓히도록 했다. 청소부는 들어간 후, (02)B 부러워하는 기색 없이 그저 천천히 주의 깊게 훑어볼 뿐이었다. 부

慢慢地注意浏览，富豪忍不住炫耀说："怎么样？看了这么多的好东西，不枉此生了吧？"

清洁工静静地说："是啊，我现在感觉与你一样富有，而且比你更快乐。"(03)E 那富豪大感不解，很不高兴："我拥有的宝物你一样都没有，你怎么能和我一样，甚至比我更快乐呢？"

"你的宝物我都看过了，不就与你一样富有了吗？而且我不必为这些宝物担心这担心那，岂不比你更快乐？"

能够欣赏常常比拥有更快乐，(04)A 快乐是一种流动的空气，你自私时，它便已经停止流动了，你关上门使快乐无法流向你，困守在自设的真空中，不肯接受也不愿意付出，结果很可能是窒息。而当你敞开心胸，乐意付出的时候，(05)C 快乐、富裕以及真正的自由就会进驻你的心中。

자는 참지 못하고 뽐내며 말했다. "어때요? 이렇게 훌륭한 물건들을 보니 이 한평생이 헛되지 않았지요?"

청소부는 조용히 말했다. "네, 저는 지금 당신과 같이 부자가 된 것 같아요. 게다가 당신보다 훨씬 즐겁네요." (03)E그 부자는 이해할 수 없었고 기분이 매우 상했다. "내가 가지고 있는 보물은 당신에게는 하나도 없는데, 당신은 어째서 나와 같이, 심지어 나보다 더 기쁘다고 하는 겁니까?"

"당신의 보물을 제가 이미 봤으니 당신과 같이 부자가 된 게 아닙니까? 게다가 저는 이러한 보물들 때문에 이것저것 걱정할 필요가 없으니 그렇다면 당신보다 더 기쁘지 않겠습니까?"

감상할 수 있다는 것은 때때로 소유하는 것보다 더 즐겁다. (04)A 즐거움은 흐르는 공기라서, 당신이 이기적일 때 그것은 이미 흐르는 것을 멈춘다. 당신이 문을 닫아 버리면 즐거움은 당신에게 흘러갈 수 없게 되고, 자신이 만든 진공 속에 머무르며 받아들이려 하지 않고 주려는 것도 원치 않아서, 결국 질식해 버릴지도 모른다. 그러나 당신이 마음을 활짝 열고 기꺼이 주려고 할 때에는, (05)C 즐거움, 부유 및 진정한 자유가 당신의 마음속에 머물게 될 것이다.

|단 어| **富豪** fùháo 명 부자, 부호 | **投** tóu 동 투입하다, 던지다 | **巨资** jùzī 명 거금, 거액 | **收藏** shōucáng 동 수집하다, 소장하다 | **珍贵** zhēnguì 형 진귀하다 | **古董** gǔdǒng 명 골동품 | **字画** zìhuà 명 서화 | **珠宝** zhūbǎo 명 진주와 보석, 보석류 | **大厦** dàshà 명 빌딩 | **防止** fángzhǐ 동 방지하다 | **失窃** shīqiè 동 (재물을) 도난당하다 | **安装** ānzhuāng 동 설치하다 | **严密** yánmì 형 빈틈없다, 치밀하다 | **保安系统** bǎo'ān xìtǒng 보안 시스템 | **严格** yángé 형 엄격하다 | **限制** xiànzhì 동 제한하다 | **欣赏** xīnshǎng 동 감상하다 | **突然** tūrán 부 갑자기 | **心血来潮** xīnxuèláicháo 성 어떤 생각이 갑자기 떠오르다 | **决定** juédìng 동 결정하다 | **清洁工** qīngjiégōng 청소부 | **开眼界** kāi yǎnjiè 견문을 넓히다 | **并未** bìng wèi 결코 ~하지 않다 | **流露** liúlù 동 (무심코) 드러내다 | **艳羡之色** yànxiàn zhī sè 부러워하는 기색 | **浏览** liúlǎn 동 훑어보다 | **忍不住** rěnbuzhù 참지 못하다 | **炫耀** xuànyào 동 뽐내다, 자랑하다 | **不枉此生** bùwǎng cǐ shēng 이 생이 헛되지 않다 *不枉 bùwǎng 부 헛되지 않다, 보람이 있다 | **富有** fùyǒu 형 부유하다 | **大感不解** dà gǎn bù jiě 도무지 이해가 되지 않다 | **拥有** yōngyǒu 동 가지다, 지니다 | **宝物** bǎowù 명 보물 | **岂不** qǐbù 부 어찌 ~이 아닌가? | **流动** liúdòng 동 (기체·액체가) 흐르다 | **自私** zìsī 형 이기적이다 | **停止** tíngzhǐ 동 멈추다, 정지하다 | **困守** kùnshǒu 동 (포위된 상황에서) 사수하다 | **不肯** bù kěn 원하지 않다, ~하려 하지 않다 *肯 kěn 동 원하다, ~하려 하다 | **接受** jiēshòu 동 받아들이다 | **付出** fùchū 동 (대가·노력 등을) 지불하다 | **窒息** zhìxī 동 질식하다 | **敞开** chǎngkāi 동 활짝 열다 | **心胸** xīnxiōng 명 마음 | **乐意** lèyì 동 기꺼이 ~하다 | **富裕** fùyù 형 부유하다 | **进驻** jìnzhù 동 머물다, 들어가 주둔하다

|정 답| **(01)** D **(02)** B **(03)** E **(04)** A **(05)** C

키워드로 정답 찾기

독해 3부분에서는 문장 구조 분석이나 접속사 호응으로 정답을 찾는 것 외에 '키워드'를 이용할 수도 있습니다. 빈칸 앞뒤 문장의 주요 키워드 또는 대명사와 같은 특정 품사가 선택지에 나와 있거나, 특정 접속사를 중심으로 반대 혹은 점층을 나타내는 키워드를 찾는다면 내용을 다 해석하지 않고도 빠르게 정답을 골라낼 수 있습니다.

1. 동일한 키워드가 있는 선택지를 찾는다!

|예 제|

> 当遇到外界的阻力时，＿＿＿＿＿＿＿＿。
>
> A 比如双方父母的强烈反对
>
> B 当两个相爱的人遇到障碍，不得不分手时
>
> C 这样成就的婚姻很多都走向了离婚
>
> D 这种阻力反而会促成他们的因缘
>
> E 把战胜困难的力量误认为是爱情的力量

이 문제는 동일 키워드 출현 여부를 체크하여 빠르게 풀 수 있습니다. 문제의 키워드는 빈칸 앞의 阻力입니다. 선택지를 보면, D에 这种阻力가 있습니다. 따라서 D를 정답 후보로 보고, 문맥의 흐름이 맞는지 해석해 봅니다.　∴ D

|해 석|

> 当遇到外界的阻力时，D这种阻力反而会促成他们的因缘。
> 외부의 저항을 만났을 때, 이 저항은 오히려 그들의 인연이 이뤄지게 한다.
>
> A 比如双方父母的强烈反对
> 　예를 들어 양측 부모의 강렬한 반대
>
> B 当两个相爱的人遇到障碍，不得不分手时
> 　서로 사랑하는 두 사람이 장애물을 만나서 어쩔 수 없이 헤어질 때
>
> C 这样成就的婚姻很多都走向了离婚
> 　이렇게 이뤄진 혼인은 많이 이혼으로 갔다
>
> E 把战胜困难的力量误认为是爱情的力量
> 　어려움을 이겨 낸 힘을 사랑의 힘이라고 착각한다

- 遇到 yùdào 통 만나다, 마주치다
- 阻力 zǔlì 명 저항[사물의 전진을 방해하는 힘]
- 反而 fǎn'ér 오히려
- 促成 cùchéng 통 (재촉하여) 이뤄지게 하다
- 因缘 yīnyuán 명 인연
- 障碍 zhàng'ài 명 장애물, 장애
- 不得不 bùdébù 어쩔 수 없이
- 分手 fēnshǒu 통 헤어지다
- 离婚 líhūn 통 이혼하다
- 战胜困难 zhànshèng kùnnan 어려움을 이겨 내다
- 误认为 wù rènwéi 착각하다, 잘못 생각하다

2. 키워드와 의미가 유사한 단어가 있는 선택지를 찾는다!

|예 제|

> 人们还会产生错觉，＿＿＿＿＿＿＿＿。
>
> A 比如双方父母的强烈反对
>
> B 当两个相爱的人遇到障碍，不得不分手时
>
> C 这样成就的婚姻很多都走向了离婚
>
> D 这种阻力反而会促成他们的因缘
>
> E 把战胜困难的力量误以为是爱情的力量

문제의 키워드는 错觉입니다. 错觉가 선택지 중에 없으면, 형태는 다르지만 의미가 유사한 단어가 있는 선택지가 정답일 가능성이 높습니다. E를 보면 误以为가 '잘못 이해하다'라는 의미이므로 앞 절의 错觉와 호응할 수 있습니다. ∴ E

|해 석|

> 人们还会产生错觉，E 把战胜困难的力量误以为是爱情的力量。
> 사람들은 또한 착각을 하는데, 어려움을 이겨 낸 힘을 사랑의 힘이라고 잘못 이해한다.
>
> A 比如双方父母的强烈反对
> 예를 들어 양측 부모의 강렬한 반대
>
> B 当两个相爱的人遇到障碍，不得不分手时
> 서로 사랑하는 두 사람이 장애를 만나서 어쩔 수 없이 헤어질 때
>
> C 这样成就的婚姻很多都走向了离婚
> 이렇게 이뤄진 혼인은 많이 이혼으로 갔다
>
> D 这种阻力反而会促成他们的因缘
> 이 저항은 오히려 그들의 인연이 이뤄지게 한다

· 产生错觉 chǎnshēng cuòjué
착각하다

3. 열거 형식의 문장은 숫자가 있는 선택지를 찾는다!

|예 제|

> ＿＿＿＿＿＿＿＿，一是要把鼻子雕得大一些，二是要把眼睛雕得小一些。
>
> A 大家都问他有什么秘诀
>
> B 都要给自己留下相应的余地
>
> C 只有这样才能保证比例恰到好处
>
> D 人们面面相觑，都大惑不解
>
> E 必须保证两个前提

문제를 보면 빈칸 뒤에 '一是……, 二是……'가 있습니다. 두 가지 내용을 열거하고 있기 때문에 선택지 중 수를 나타내는 两个前提가 있는 E가 빈칸에 적합합니다. ∴ E

|해 석|

> E 必须保证两个前提，一是要把鼻子雕得大一些，二是要把眼睛雕得小一些。
> 반드시 두 가지 전제 조건을 보증해야 하는데, 첫째는 코를 좀 더 크게 조각하는 것이고, 둘째는 눈을 좀 더 작게 조각하는 것이다.
>
> A 大家都问他有什么秘诀
>   모두가 그한테 무슨 비결이 있는지 물었다
>
> B 都要给自己留下相应的余地
>   자신에게 상응하는 여지를 남겨야 한다
>
> C 只有这样才能保证比例恰到好处
>   이렇게 해야만 비로소 비율의 적합함을 보증할 수 있다
>
> D 人们面面相觑，都大惑不解
>   사람들은 서로 얼굴만 쳐다보았는데, 모두들 의혹이 전혀 풀리지 않았다

· 雕 diāo ⑧ 조각하다

4. 빈칸 뒤의 문장부호를 확인한다!

|예 제|

> 如果给甲一个机会，给乙300个机会，那么，_____？
>
> A 再也不敢有丝毫马虎
>
> B 在判断你的答案是否正确之前
>
> C 谁更有可能把握机会呢
>
> D 可训练总是漫不经心
>
> E 这样的人会失去一切

빈칸 뒤에 물음표가 있기 때문에 선택지 중에서 의문문이 성립되는 문장을 찾습니다. C에 의문사 谁가 있으므로 C를 빈칸에 넣고 해석해 봅니다. ∴ C

|해 석|

> 如果给甲一个机会，给乙300个机会，那么，C 谁更有可能把握机会呢？
> 만일 갑에게 한 번의 기회를 주고 을에게 300번의 기회를 준다면, 누가 기회를 잡을 가능성이 더 클까?
>
> A 再也不敢有丝毫马虎
>   다시는 추호도 건성으로 하지 못한다
>
> B 在判断你的答案是否正确之前
>   당신의 대답이 맞는지 판단하기 전에

· 把握 bǎwò ⑧ (기회를) 잡다
· 丝毫 sīháo ⑧ 지극히 적은 양이나 정도[주로 부정문에 쓰임]
· 马虎 mǎhu ⑱ 건성으로 하다, 대충하다
· 判断 pànduàn ⑧ 판단하다
· 答案 dá'àn ⑱ 답안, 답
· 正确 zhèngquè ⑱ 맞다, 정확하다

D 可训练总是漫不经心
　그러나 훈련할 때 늘 전혀 아랑곳하지 않는다

E 这样的人会失去一切
　이런 사람은 모든 것을 잃게 된다

- 训练 xùnliàn 图 훈련하다
- 漫不经心 mànbùjīngxīn 젱 전혀 아랑곳하지 않다

5. 동일한 대명사가 있는 선택지를 찾는다!

|예 제|

＿＿＿＿＿＿＿＿，我保证你必胜无疑。

A 孙膑却让田忌出下等的马

B 然而每次比赛，田忌总是输家

C 下次赛马你按我的意见办

D 只是调换了比赛的出场顺序

E 结果田忌的马稍逊一筹

빈칸 뒤에 대명사 我와 你가 있습니다. 선택지 중 C에 동일한 대명사 我와 你가 있으므로 빈칸에 넣어 해석해 봅니다. ∴ C

|해 석|

C 下次赛马你按我的意见办，我保证你必胜无疑。
다음번 경마에서 당신이 내 의견대로 하면, 당신이 의심할 여지없이 반드시 승리할 것임을 내가 보증합니다.

A 孙膑却让田忌出下等的马
　손빈은 오히려 전기에게 하등의 말을 출전시키게 했다

B 然而每次比赛，田忌总是输家
　그러나 시합마다 전기는 늘 패자였다

D 只是调换了比赛的出场顺序
　단지 시합의 출전 순서를 바꿨을 뿐이다

E 结果田忌的马稍逊一筹
　결국 전기의 말은 약간 부족했다

- 赛马 sàimǎ 圆 경마
- 必胜无疑 bìshèng wúyí 의심할 여지없이 반드시 승리하다
- 孙膑 Sūn Bìn 인명 손빈[중국 전국시대 제나라의 병법가, 손무의 후손]
- 田忌 Tián Jì 인명 전기
- 出马 chūmǎ 图 (말을) 출전시키다, 내보내다
- 输家 shūjiā 圆 (시합의) 패자
- 调换 diàohuàn 图 바꾸다
- 稍逊一筹 shāoxùn yìchóu 약간 부족하다, 조금 뒤떨어지다

6. 접속사의 성격으로 정답을 찾는다!

|예 제|

> ＿＿＿＿＿＿＿＿＿, 可是他总是笑而不答。
>
> A 大家都问他有什么秘诀
>
> B 都要给自己留下相应的余地
>
> C 只有这样才能保证比例恰到好处
>
> D 人们面面相觑, 都大惑不解
>
> E 必须保证两个前提

문제에 접속사 '可是(=但是)'가 있으므로 빈칸의 내용은 可是가 이끄는 구문과 반대 내용이어야 합니다. 따라서 可是 뒤의 '不答(대답하지 않다)'와 반대 의미의 키워드인 问이 있는 A가 알맞습니다. ∴ A

|해 석|

> A 大家都问他有什么秘诀, 可是他总是笑而不答。
> 모두가 그에게 무슨 비결이 있는지 물었지만, 그는 항상 웃으며 대답하지 않았다.
>
> B 都要给自己留下相应的余地
> 자신에게 상응하는 여지를 남겨야 한다
>
> C 只有这样才能保证比例恰到好处
> 이렇게 해야만 비로소 비율의 적합함을 보증할 수 있다
>
> D 人们面面相觑, 都大惑不解
> 사람들은 서로 얼굴만 쳐다보았는데, 모두들 의혹이 전혀 풀리지 않았다
>
> E 必须保证两个前提
> 반드시 두 가지 전제 조건을 보증해야 한다

01~05 🎧 독해 3-02-2 확인문제.mp3

在许多人眼中，(01)_____。然而事实果真是如此吗？

20世纪60年代，心理学家查荣茨做过试验：先向被试者出示一些照片，有的出现了20多次，有的出现了10多次，有的只出现一两次，(02)_____，结果发现，被试者更喜欢那些看过20多次的照片，即看的次数增加了喜欢的程度。这种对越熟悉的东西就越喜欢的现象，心理学上称为"多看效应"。

人际吸引难道真的是如此的简单？有社会心理学的实验做佐证：在一所大学的女生宿舍楼里，心理学家随机找了几个寝室，发给她们不同口味的饮料，然后要求这几个寝室的女生，可以品尝饮料为借口，(03)_____。一段时间后，心理学家评估她们之间的熟悉和喜欢的程度，结果发现：见面的次数越多，互相喜欢的程度越大；见面的次数越少或根本没有，相互喜欢的程度也越低。

可见，若想增强人际吸引，(04)_____，这样可以增加别人喜欢你的程度。因此一个自我封闭的人，或是一个面对他人就逃避和退缩的人，由于不易让人亲近而令人费解，也就不太讨人喜欢。在人际交往中，(05)_____，那些人缘很好的人，往往善于制造双方接触的机会，以提高彼此间的熟悉度，然后互相产生更强的吸引力。

A 喜新厌旧是人的天性

B 如果你细心观察就会发现

C 就要留心提高自己在别人面前的熟悉度

D 在这些寝室间互相走动

E 然后请他们评价对照片的喜爱程度

▶ 정답 및 해설 61쪽

71-75 🎧 실전문제 71_75.mp3

日常生活中常见的刀大多是金属制成的，那么假如有人对你说水能做成刀，你会有什么样的感觉呢？

水与刀是如何联系起来的呢？科学家利用流体力学的原理，以高压方式对普通的水增加压强，让水从一个小喷头内喷出来，形成高速射流，再利用高速射流来切割物体，(71)_____。

由纯水产生的水刀能够切割各种非金属材料，比如纸张、玻璃纤维、食品以及各种膨松材料。奇妙的是，(72)_____，这是为什么呢？原来水刀切割时的射流速度极高，水根本来不及去与较大面积的纸面接触，自然就不会弄湿纸了。(73)_____，那么水刀就可以切割几乎所有的材料，什么钢、铁、石头、陶瓷、塑料制品等，均不在话下。

水刀除了可以切割材料外，还有别的用途。比如人们已经把水刀用到了消除混凝土杂物上，那就是水铣作业。混凝土经过日晒雨淋，表面会发生变质，普通的工具很难清除，而水刀却可以轻而易举地解决这个难题。在其他的清洗工作中，(74)_____。

可见，"水滴石穿"的道理虽然众所周知，(75)_____，它才能迸发巨大的能量。

A 如果在水中加入细砂

B 这就是水刀的工作原理

C 但是只有经过科技的武装

D 水刀也有用武之地

E 用水刀切割纸张时并不会弄湿纸

76-80 🎧 실전문제 76_80.mp3

　　天气渐渐变冷，人们都脱下了单衣换上了冬装，可是你知道吗？其实不仅人需要换冬装，汽车轮胎也需要换"冬装"。

　　如果你生活在冬季最低气温低于7℃的地区，那么建议你进入冬天后，(76)＿＿＿＿＿＿＿。这是因为夏季胎的胶质在低温会变硬，抓地能力和制动性能都会下降，(77)＿＿＿＿＿＿＿，而冬季胎是专门针对冬季时的路面情况设计的，它的胎胶配方和胎面花纹都比较特殊，可以提高轮胎的抓地和防滑性能，增强低温状态下汽车对地面的附着力，使其在冬天寒冷、湿滑，甚至积雪的路面上(78)＿＿＿＿＿＿＿。

　　那么更换冬季胎时需要注意什么？首先要选择一款适合自己车型的冬季胎，以应对不同的路况；其次在更换轮胎时，一定要同时更换4个轮胎，(79)＿＿＿＿＿＿＿，在行驶中，4个车轮与地面的附着力便会不均匀，从而形成潜在的安全隐患；最后，(80)＿＿＿＿＿＿＿，一般使用两到三个冬季就需要更换，否则轮胎的摩擦力会逐渐变小，抓地和防滑性能也会变差，容易引起交通事故。

　　A　都能有很好的制动和操控性能

　　B　要及时将汽车轮胎更换为冬季胎

　　C　冬季胎也是有保质期的

　　D　因为若只更换部分轮胎

　　E　如此一来将无法保证行车安全

▶ 정답 및 해설 136쪽

독해

4부분

 예제

81–84.

　　乘坐飞机，在飞机起飞和降落的时候人们一般会觉得耳朵很疼，这其实是空气的气压变化引起的。你可能会有一种疑问，既然飞机的机舱都是密封的，为什么不让机舱内的气压保持固定不变呢？

　　大型客机飞行的高度都远远超过了人类能够生存的高度。比如，在12000米的高空飞行时，气压仅为海平面的五分之一，如果机舱内的气压过大，将有可能向外撑破机身，因此解决这个问题的办法只能是减小机舱内的气压，以确保在飞行中机身任何部分的伸长和弯曲都保持在安全极限以内。

　　对于民航机来说，所选择的巡航期间的机舱内的气压是保证安全的最低气压，仅相当于海拔2500米的气压。这大致是一个健康人不会感到不适的最大高度的气压。

　　另外，世界上的飞机场并不都是在同一个海拔高度。举一个极端的例子，如果是从海平面飞到了4200米左右的高原，在这种情况下，目的地的气压只有出发地气压的一半。两地的环境相差这样大，根本不可能在整个飞行过程中让机舱内的气压保持一样。可以设想一下，假定飞机内外的气压不一样，又打开了机舱门，会是怎样一种情形？你一定会难受到无法忍受。

　　所以乘飞机耳朵疼，其实是为了让你更安全和舒适，现在的做法是飞行员在飞机爬升时以你觉察不到的速度逐渐降低机舱内的气压。在飞机下降时，也就是到达目的机场跑道上空时，再逐渐增加机舱内的气压，直至内外气压相同。一般说来，人的耳朵能够适应这种缓慢的气压变化。如果你仍然感到难受，就必须寻找办法使空气快速通过咽鼓管到达中耳，以平衡耳部内外压力，吞咽、咀嚼、打哈欠、用嘴呼气等都会缓解耳部的不适。

81. 飞机升降时乘客的耳朵为什么会不舒服？
　　A 心理作用　　　　　　　　B 噪音太大
　　C 气温变化　　　　　　　　D 气压变化 ∨

82. 当飞机飞行在12000米高空时，机舱内：
　　A 氧气减少　　　　　　　　B 需要减压 ∨
　　C 气压比地面高　　　　　　D 气压与机舱外保持一致

83. 根据上文，下列哪项正确？
　　A 飞机场海拔越低越好　　　　B 机舱内气压要保持不变
　　C 飞机降落时机舱内会加压 ∨　D 气压变化不会让人感到不适

84. 上文主要谈的是：
　　A 飞机飞行的气候条件　　　　B 飞机舱内气压变化的原因 ∨
　　C 飞行过程中要注意的问题　　D 怎样适应机舱内的气压变化

1 문제를 먼저 읽는다!

문제는 거의 순서대로 풀리기 때문에 4문제를 모두 미리 읽어 둘 필요는 없습니다. '81번 문제 읽기 → 지문에서 81번 정답 찾기 → 82번 문제 읽기 → 지문에서 82번 정답 찾기……'와 같이 지문과 번갈아 가며 한 문제씩 답을 찾아가도록 합니다.

2 맞는 내용을 물을 때 ➜ 선택지(ABCD)를 미리 본다!

지문과 일치하는 내용을 찾는 문제는 선택지를 미리 본 후 지문으로 가서 관련 내용을 찾습니다.

| 예시 문제 | 根据上文，下列哪项正确?
　　　　　　关于胡杨树叶，可以知道什么?

이런 문제의 경우, 문제 자체에 아무런 정보가 없으므로, 선택지로 내용을 파악한 후 지문에서 키워드를 중심으로 일치하는 내용을 찾습니다.

3 세부 내용을 물을 때 ➜ 지문으로 바로 간다!

의문사를 이용해서 원인 또는 목적 등을 구체적으로 묻는 문제는 선택지(ABCD)를 보지 않고 바로 지문으로 가서 관련 내용을 찾습니다.

| 예시 문제 | ……为什么? 또는 ……为了什么?
　　　　　　胡杨为什么能生存下去:

이런 문제의 경우, 선택지를 미리 보더라도 지문을 읽다 보면 선택지 내용을 잊어버리는 경우가 대부분입니다. 따라서 굳이 선택지를 보며 시간을 소모할 필요가 없습니다.

4 모르는 단어(生词)에 겁먹지 않는다!

독해 4부분에 나오는 단어들은 HSK 6급 필수 단어의 범위를 넘어서 출제됩니다. 따라서 아무리 단어를 많이 안다 해도 모르는 단어들이 있기 마련입니다. 모르는 단어는 앞뒤 문맥으로 그 의미를 유추하거나 단어 중 한 글자만 가지고도 뜻을 유추하는 연습을 해야 합니다. 가령 崭新이란 단어의 경우, 의미는 新 한 字만 봐도 충분합니다. 문제 풀이에 필요 없는 단어들은 과감히 넘기도록 합니다.

5 답안 마킹은 한 지문이 끝나는 대로 바로 한다!

독해 영역은 50문제를 50분 안에 풀고 답안 마킹까지 해야 합니다. 따라서 독해 4부분은 한 지문당 총 4분을 넘기지 않아야 합니다. 독해 시간이 끝나면 바로 시험지를 회수해 가기 때문에, 5분 남았다는 방송을 듣고 마킹을 하면 심리적으로 불안해져서 실수할 확률이 높아집니다. 따라서 독해 4부분은 한 지문을 풀고 나서 바로 마킹을 합니다.

字로 어휘 익히기

坚 jiān 혱 단단하다, 견고하다, 확고부동하다

- □ **坚持** jiānchí 통 견지하다, (원칙 등을) 고수하다, (어떤 행동을) 끝까지 하다
- □ **坚持不懈** jiānchí búxiè 성 조금도 느슨해지지 않고 끝까지 견지하다
- □ **坚决** jiānjué 혱 (태도가) 단호하다, 결연하다
- □ **坚强** jiānqiáng 혱 (의지가) 굳세다, 굳고 강하다
- □ **坚韧** jiānrèn 혱 강인하다, 완강하다
- □ **坚定** jiāndìng 혱 (입장·주장·의지 등이) 확고부동하다, 결연하다
- □ **坚固** jiāngù 혱 견고하다, 튼튼하다
- □ **坚实** jiānshí 혱 견고하다, 튼튼하다
- □ **坚硬** jiānyìng 혱 단단하다, 견고하다

疾 jí 몡 질병, 근심   부수 疒은 질병이나 통증과 관련된 단어에 사용됩니다.

- □ **疾病** jíbìng 몡 병, 질병
- □ **残疾** cánjí 몡 불구, 장애

疲 pí 혱 피로하다, 피곤하다, 지치다   疲가 들어간 단어는 모두 '피로하다, 피곤하다, 지치다'라는 의미가 있습니다.

- □ **疲劳** píláo 혱 피로하다, 피곤하다, 지치다
- □ **疲惫** píbèi 혱 피로하다, 피곤하다, 지치다
- □ **疲倦** píjuàn 혱 피로하다, 피곤하다, 지치다
- □ **疲乏** pífá 혱 피로하다, 피곤하다, 지치다

痕 hén 몡 상처, 흔적

- □ **痕迹** hénjì 몡 흔적, 자취, 자국
- □ **伤痕** shānghén 몡 상처, 상흔, 흉터
- □ **疤痕** bāhén 몡 (몸의) 흉터, 상처

疫 yì 몡 [유행성 전염병의 총칭]

- □ **免疫** miǎnyì 몡 면역   통 면역이 되다
- □ **防疫** fángyì 통 방역하다, 전염병을 예방하다
- □ **疫苗** yìmiáo 몡 백신

症 zhèng 명 병, 질병, 증세

- ☐ **癌症** áizhèng 명 암
- ☐ **症状** zhèngzhuàng 명 증상, 증후

长 cháng 형 (길이가) 길다
   동 능숙하다, 뛰어나다

- ☐ **漫长** màncháng 형 (시간이) 길다, (길이) 멀다
- ☐ **擅长** shàncháng 동 (어떤 방면에) 뛰어나다, 정통하다
- ☐ **专长** zhuāncháng 명 특기, 전문 기술(지식)

长 zhǎng 동 자라다

- ☐ **长辈** zhǎngbèi 명 손윗사람, (친척들 중의) 어른
- ☐ **董事长** dǒngshìzhǎng 명 대표이사, 회장
- ☐ **拔苗助长** bámiáozhùzhǎng 성 일을 급하게 이루려고 하다가 도리어 일을 그르치다

张 zhāng 동 열다, 펼치다   弓(활)과 长(길다)으로 이루어진 단어입니다.

- ☐ **张嘴** zhāngzuǐ 동 입을 벌리다
- ☐ **慌张** huāngzhāng 형 당황하다, 허둥대다
- ☐ **扩张** kuòzhāng 동 (세력·영토 따위를) 확장하다, 넓히다
- ☐ **开张** kāizhāng 동 개점하다, 개업하다
- ☐ **夸张** kuāzhāng 동 과장하다
- ☐ **东张西望** dōngzhāngxīwàng 성 여기저기 두리번거리다

涨 zhǎng 동 (수위·가격 등이) 오르다   氵(水)와 张으로 이루어진 단어입니다.

- ☐ **涨价** zhǎngjià 동 물가가 오르다, 가격을 인상하다
- ☐ **上涨** shàngzhǎng 동 (수위·물가 등이) 오르다
- ☐ **高涨** gāozhǎng 동 (정서·물가 등이) 급증하다, 급상승하다

문제를 먼저 읽고
지문에서 정답을 찾는다!

문제를 먼저 읽고 얼마나 빨리 지문에서 해당 문제의 정답을 찾느냐가 관건입니다. 문제를 빠르게 읽고, 지문에서 답을 찾고, 다음 문제를 읽는 순서로 연습해야 합니다. 세부 내용을 묻는 문제인지, 옳은 것을 고르는 문제인지, 단어나 문장의 의미를 묻는지, 주제나 제목을 묻는지 등 자주 나오는 문제 유형을 파악하고 있으면 도움이 됩니다.

STEP 01   먼저 풀어보기

예제   🎧 독해 4-01-1 예제.mp3

乘坐飞机，在飞机起飞和降落的时候人们一般会觉得耳朵很疼，这其实是空气的气压变化引起的。你可能会有一种疑问，既然飞机的机舱都是密封的，为什么不让机舱内的气压保持固定不变呢？

大型客机飞行的高度都远远超过了人类能够生存的高度。比如，在12000米的高空飞行时，气压仅为海平面的五分之一，如果机舱内的气压过大，将有可能向外撑破机身，因此解决这个问题的办法只能是减小机舱内的气压，以确保在飞行中机身任何部分的伸长和弯曲都保持在安全极限以内。

对于民航机来说，所选择的巡航期间的机舱内的气压是保证安全的最低气压，仅相当于海拔2500米的气压。这大致是一个健康人不会感到不适的最大高度的气压。

另外，世界上的飞机场并不都是在同一个海拔高度。举一个极端的例子，如果是从海平面飞到了4200米左右的高原，在这种情况下，目的地的气压只有出发地气压的一半。两地的环境相差这样大，根本不可能在整个飞行过程中让机舱内的气压保持一样。可以设想一下，假定飞机内外的气压不一样，又打开了机舱门，会是怎样一种情形？你一定会难受到无法忍受。

所以乘飞机耳朵疼，其实是为了让你更安全和舒适，现在的做法是飞行员在飞机爬升时以你觉察不到的速度逐渐降低机舱内的气压。在飞机下降时，也就是到达目的机场跑道上空时，再逐渐增加机舱内的气压，直至内外气压相同。一般说来，人的耳朵能够适应这种缓慢的气压变化。如果你仍然感到难受，就必须寻找办法使空气快速通过咽鼓管到达中耳，以平衡耳部内外压力，吞咽、咀嚼、打哈欠、用嘴呼气等都会缓解耳部的不适。

1. 飞机升降时乘客的耳朵为什么会不舒服？
   A 心理作用　　　　　　　　B 噪音太大
   C 气温变化　　　　　　　　D 气压变化

2. 当飞机飞行在12000米高空时，机舱内：
   A 氧气减少　　　　　　　　B 需要减压
   C 气压比地面高　　　　　　D 气压与机舱外保持一致

3. 根据上文，下列哪项正确？
   A 飞机场海拔越低越好　　　B 机舱内气压要保持不变
   C 飞机降落时机舱内会加压　D 气压变化不会让人感到不适

4. 上文主要谈的是：
   A 飞机飞行的气候条件　　　B 飞机舱内气压变化的原因
   C 飞行过程中要注意的问题　D 怎样适应机舱内的气压变化

■ 예제

|해 설|

❷ 지문 읽기

乘坐飞机，在飞机起飞和降落的时候人们一般会觉得耳朵很疼，¹⁾这其实是

1번 문제 부분 　　　　　　　　　　　1번 문제로 가기

❺ 지문 이어 읽기

空气的气压变化引起的。你可能会有一种疑问，既然飞机的机舱都是密封的，

⁴⁾为什么不让机舱内的气压保持固定不变呢?

4번 문제로 가기

大型客机飞行的高度都远远超过了人类能够生存的高度。比如，在12000

2번 문제 부분

米的高空飞行时，气压仅为海平面的五分之一，如果机舱内的气压过大，将有

可能向外撑破机身，²⁾因此解决这个问题的办法只能是减小机舱内的气压，以确

2번 문제로 가기

保在飞行中机身任何部分的伸长和弯曲都保持在安全极限以内。

❾ 지문 이어 읽기

对于民航机来说，所选择的巡航期间的机舱内的气压是保证安全的最低气

压，仅相当于海拔2500米的气压。这大致是一个健康人不会感到不适的最大高

度的气压。

另外，世界上的飞机场并不都是在同一个海拔高度。举一个极端的例子，

如果是从海平面飞到了4200米左右的高原，在这种情况下，目的地的气压只有

出发地气压的一半。两地的环境相差这样大，根本不可能在整个飞行过程中让

机舱内的气压保持一样。可以设想一下，假定飞机内外的气压不一样，又打开

了机舱门，会是怎样一种情形? 你一定会难受到无法忍受。

所以乘飞机耳朵疼，其实是为了让你更安全和舒适，现在的做法是飞行员

在飞机爬升时以你觉察不到的速度逐渐降低机舱内的气压，³⁾在飞机下降时，

3번 문제로 가기

也就是到达目的机场跑道上空时，再逐渐增加机舱内的气压，直至内外气压相

同。一般说来，人的耳朵能够适应这种缓慢的气压变化。如果你仍然感到难

受，就必须寻找办法使空气快速通过咽鼓管到达中耳，以平衡耳部内外压力，

吞咽、咀嚼、打哈欠、用嘴呼气等都会缓解耳部的不适。

❶ 문제 먼저 읽기

1. 飞机升降时乘客的耳朵为什么会不舒服?

   A 心理作用　　　　　　　　B 噪音太大

   C 气温变化　　　　　　　　D 气压变化　　⌐ ❸ 정답 고르기

❹ 문제만 읽기

2. 当飞机飞行在12000米高空时，机舱内:

   A 氧气减少　　　　　　　　B 需要减压

   C 气压比地面高　　　　　　D 气压与机舱外保持一致　⌐ ❼ 정답 고르기

❽ 문제와 선택지 읽기

3. 根据上文，下列哪项正确?

   A 飞机场海拔越低越好　　　B 机舱内气压要保持不变

   C 飞机降落时机舱内会加压　D 气压变化不会让人感到不适　⌐ ❿ 정답 고르기

4. 上文主要谈的是:

   A 飞机飞行的气候条件　　　B 飞机舱内气压变化的原因

   C 飞行过程中要注意的问题　D 怎样适应机舱内的气压变化　⌐ ❻ 정답 고르기

① 1번 문제 먼저 읽기

为什么가 있으므로 원인을 묻는 문제임을 알 수 있습니다. 지문에서 飞机升降时乘客的耳朵会不舒服와 관련된 내용을 빨리 찾도록 합니다.

② 지문 읽기 ~ ③ 1번 정답 고르기

1번 문제를 읽은 후 지문을 읽습니다. 문제의 힌트가 나올 때까지 속독하세요. 비행기를 탔을 때 귀가 불편한 이유에 대해, 这其实是空气的气压变化引起的라고 설명하고 있습니다. 따라서 1번 정답은 D가 됩니다.

④ 2번 문제만 읽기

문제에 숫자 12000米가 있으므로 지문으로 가서 숫자 12000米를 빠르게 찾습니다.

⑤ 지문 이어 읽기

1번 문제의 힌트 뒤부터 이어서 속독합니다. 첫 번째 문단 마지막에 의문문이 있습니다. 설명문의 경우 도입 부분에 의문문이 있으면 주제와 관련이 있습니다. 독해 4부분에서 매 지문의 마지막 문제는 대부분 주제를 묻는 문제이므로, 주제와 관련된 문장이 나오면 바로 주제 문제의 정답을 고릅니다. 2번 문제의 정답이 나오기 전에 주제가 나왔으므로, 우선 4번 문제로 가서 정답을 먼저 고릅니다.

⑥ 4번 정답 고르기

지문에서 '왜 비행기 내의 기압은 고정불변하지 않는가?'라고 했으므로, 이 글은 비행기 내의 기압이 변하는 원인에 대해 설명하고 있음을 유추할 수 있습니다. 지문을 다 읽은 후, 이 문제는 다시 한 번 확인합니다. 4번 정답은 B가 됩니다.

⑦ **2번 정답 고르기**

2번 문제의 핵심 단어 '12000米'가 두 번째 단락에 나오고, 이 단락에서 12000미터 고도에서 비행할 때 나타나는 변화에 대해 자세하게 설명하고 있습니다. 지문에서 减小机舱内的气压라고 했으므로 2번의 정답은 B가 됩니다.

⑧ **3번 문제와 선택지 읽기**

3번 문제는 지문과 일치하는 내용을 찾는 것(……哪项正确？)입니다. 이런 경우 지문으로 가기 전에 선택지를 미리 봅니다. B와 D는 이미 읽은 내용을 통해 답이 아님을 알 수 있습니다. 따라서 나머지 A와 C의 내용을 기억하고 지문을 이어 읽습니다.

⑨ **지문 이어 읽기 ~ ⑩ 3번 정답 고르기**

지문을 빠르게 읽습니다. 한 문단을 다 읽으면 선택지로 가서 내용을 체크하고, 답이 없으면 계속 이어서 읽어 나갑니다. 지문에서 再逐渐增加机舱内的气压라고 했으므로, 3번의 정답은 C가 됩니다.

|해 석|

乘坐飞机，在飞机起飞和降落的时候人们一般会觉得耳朵很疼，这其实是空气的气压变化引起的。你可能会有一种疑问，既然飞机的机舱都是密封的，为什么不让机舱内的气压保持固定不变呢？

大型客机飞行的高度都远远超过了人类能够生存的高度。比如，在12000米的高空飞行时，气压仅为海平面的五分之一，如果机舱内的气压过大，将有可能向外撑破机身，因此解决这个问题的办法只能是减小机舱内的气压，以确保在飞行中机身任何部分的伸长和弯曲都保持在安全极限以内。

对于民航机来说，所选择的巡航期间的机舱内的气压是保证安全的最低气压，仅相当于海拔2500米的气压。这大致是一个健康人不会感到不适的最大高度的气压。

另外，世界上的飞机场并不都是在同一个海拔高度。举一个极端的例子，如果是从海平面飞到了4200米左右的高原，在这种情况下，目的地的气压只有出发地气压的一半。两地的环境相差这样大，根本不可能在整个飞行过程中让机舱内的气压保持一样。可以设想一下，假定飞机内外的气压不一样，又打开了机舱门，会是怎样一种情形？你一定会难受到无法忍受。

비행기를 타면 비행기가 이착륙할 때 사람들이 일반적으로 귀에 통증을 느끼게 되는데, 이는 사실 공기의 기압 변화로 인한 것이다. 당신은 아마도 의문이 생길 것이다. 비행기 객실이 모두 막혀 있는데, 왜 기내의 기압은 고정적으로 변하지 않게 유지하지 않는 걸까?

대형 여객기가 비행하는 고도는 인류가 생존할 수 있는 고도를 훨씬 초과한다. 예를 들어 12000미터의 상공에서 비행할 때, 기압은 해수면의 5분의 1밖에 되지 않는다. 만일 기내의 기압이 지나치게 크면 비행기의 동체가 파손될 수 있기 때문에, 이 문제를 해결하는 방법은 기내의 기압을 낮추는 방법밖에 없다. 이는 비행 중 동체의 어느 부분이 늘어나거나 휘어지는 것이 안전한 범위 내에서 이루어지도록 하기 위해서이다.

민항기의 경우 순항할 때 기내의 기압은 안전 범위 내의 최저 기압으로 유지하는데, 이는 해발 2500미터의 기압에 해당한다. 이는 대략 건강한 사람이 불편을 느끼지 못할 만한 최고 높이의 기압이다.

그 외에, 세계 각지의 공항은 해발 고도가 다 다르다. 극단적인 예를 들자면, 만일 해수면에서 4200미터 정도의 고원으로 날아가는 것이라면, 이런 상황에서 목적지의 기압은 출발지 기압의 절반밖에 되지 않는다. 두 지역의 환경 차가 이처럼 크기 때문에 모든 비행 과정에서 기내의 기압을 같게 유지시키는 것은 불가능하다. 가정해 보자. 만일 비행기 내부와 외부의 기압이 다른데 기내의 문을 연다면 어떤 형상이 될까? 당신은 아마 견디지 못할 것이다.

所以乘飞机耳朵疼，其实是为了让你更安全和舒适，现在的做法是飞行员在飞机爬升时以你觉察不到的速度逐渐降低机舱内的气压。在飞机下降时，也就是到达目的机场跑道上空时，再逐渐增加机舱内的气压，直至内外气压相同。一般说来，人的耳朵能够适应这种缓慢的气压变化。如果你仍然感到难受，就必须寻找办法使空气快速通过咽鼓管到达中耳，以平衡耳部内外压力，吞咽、咀嚼、打哈欠、用嘴呼气等都会缓解耳部的不适。

1. 飞机升降时乘客的耳朵为什么会不舒服？
   A 心理作用
   B 噪音太大
   C 气温变化
   D 气压变化

2. 当飞机飞行在12000米高空时，机舱内：
   A 氧气减少
   B 需要减压
   C 气压比地面高
   D 气压与机舱外保持一致

3. 根据上文，下列哪项正确？
   A 飞机场海拔越低越好
   B 机舱内气压要保持不变
   C 飞机降落时机舱内会加压
   D 气压变化不会让人感到不适

4. 上文主要谈的是：
   A 飞机飞行的气候条件
   B 飞机舱内气压变化的原因
   C 飞行过程中要注意的问题
   D 怎样适应机舱内的气压变化

그래서 비행기를 탈 때 귀가 아픈 것은 사실 당신을 더 안전하고 편안하게 하기 위해서이다. 현재의 방법은 조종사가 비행기를 이륙시킬 때 당신이 느끼지 못할 속도로 기내의 기압을 점차 낮추는 것이다. 비행기가 착륙할 때, 즉, 목적지의 공항 활주로 상공에 도착했을 때 다시 기내의 기압을 점점 올려 내부와 외부의 기압을 같게 한다. 일반적으로 사람의 귀는 위와 같이 느린 기압의 변화에 적응할 수 있다. 만약 여전히 참기 힘들다면 방법을 찾아 공기가 빨리 유스타키오관을 통해 중이에 도달하도록 함으로써 귀 내부와 외부의 압력을 맞춰 준다. 침을 삼키고, 씹고, 하품을 하고, 입으로 숨을 내쉬는 것 등은 모두 귀의 불편함을 완화시킨다.

1. 비행기가 이착륙할 때 승객의 귀는 왜 불편한가?
   A 심리적 작용
   B 소음이 너무 크기 때문에
   C 기온의 변화
   D 기압의 변화

2. 비행기가 12000미터 상공을 날 때 기내는 어떠한가?
   A 산소가 감소한다
   B 압력을 낮춰야 한다
   C 기압이 지면보다 높다
   D 비행기 외부의 기압과 맞춰야 한다

3. 윗글에 근거하여 다음 중 정확한 것은 무엇인가?
   A 공항은 해발이 낮을수록 좋다
   B 기내의 기압은 변하지 않게 해야 한다
   C 비행기가 착륙할 때 기내에 압력이 가해진다
   D 기압의 변화로 불편함을 느낄 수 없다

4. 윗글이 주로 이야기하는 것은 무엇인가?
   A 비행기가 비행할 때의 기후 조건
   B 비행기 내 기압 변화의 원인
   C 비행 과정에서 주의할 점
   D 기내의 기압 변화에 어떻게 적응하는가

| 단 어 | 乘坐 chéngzuò 통 (비행기를) 타다 | 起飞 qǐfēi 통 (비행기가) 이륙하다 | 降落 jiàngluò 통 (비행기가) 착륙하다 | 耳朵 ěrduo 명 귀 | 疼 téng 형 아프다 | 气压 qìyā 명 기압 | 变化 biànhuà 통 변화하다 | 引起 yǐnqǐ 통 야기하다, 일으키다 | 疑问 yíwèn 명 의문 | 既然 jìrán 접 기왕 ~했으니까, 이왕 ~했는데[앞 절에는 원인이, 뒷절에는 就와 함께 제안을 나타내거나 반어문이 나옴] | 机舱 jīcāng 명 (비행기의) 객실, 기내 | 密封 mìfēng 통 밀봉하다, 밀폐하다 | 保持 bǎochí 통 (지속적으로) 유지하다 | 固定 gùdìng 형 고정되다 | 大型 dàxíng 형 대형의 |

客机 kèjī 몡 여객기 | **高度** gāodù 몡 고도, 높이 | **远远超过** yuǎnyuǎn chāoguò 훨씬 초과하다 | **比如** bǐrú 졥 예를 들어 | **飞行** fēixíng 됭 비행하다 | **海平面** hǎipíngmiàn 몡 해수면 | **撑破** chēngpò 됭 (너무 가득 차서) 터지다 | **机身** jīshēn 몡 (비행기의) 동체, 기체 | **减小** jiǎnxiǎo 됭 감소하다, 줄이다 | **确保** quèbǎo 됭 확보하다, 확실히 보장하다 | **伸长** shēncháng 됭 길게 늘이다 | **弯曲** wānqū 혱 휘어지다, 구불구불하다 | **极限** jíxiàn 몡 극한, 한계 | **民航机** mínhángjī 몡 민항기 | **巡航** xúnháng 됭 순항하다, 순찰 항해하다 | **保证** bǎozhèng 됭 보증하다 | **相当于** xiāngdāngyú 됭 ~에 상당하다, ~과 같다 | **海拔** hǎibá 몡 해발 | **大致** dàzhì 믠 대체로, 대략 | **不适** búshì 혱 (몸이) 불편하다 | **举例子** jǔ lìzi 예를 들다 | **极端** jíduān 혱 극단적인 | **左右** zuǒyòu 몡 정도, 안팎, 즈음 | **高原** gāoyuán 몡 고원 | **相差** xiāngchà 됭 서로 차이가 나다 | **整个** zhěnggè 혱 모든, 전체의 | **设想** shèxiǎng 됭 가상하다, 상상하다 | **假定** jiǎdìng 됭 가정하다 | **情形** qíngxing 몡 정황, 상황 | **难受** nánshòu 혱 견딜 수 없다, 괴롭다 | **无法** wúfǎ 믠 ~할 방법이 없다, ~할 수 없다 | **忍受** rěnshòu 됭 참다 | **舒适** shūshì 혱 편안하다, 쾌적하다 | **飞行员** fēixíngyuán 몡 (비행기) 조종사 | **爬升** páshēng 됭 (비행기가) 날아오르다 | **觉察** juéchá 됭 알아차리다, 감지하다 | **逐渐** zhújiàn 믠 점점, 점차 | **降低** jiàngdī 됭 내리다, 낮추다 | **下降** xiàjiàng 됭 하강하다, 떨어지다 | **跑道** pǎodào 몡 (비행기) 활주로 | **直至** zhízhì 됭 쭉 ~에 이르다 | **适应** shìyìng 됭 적응하다 | **缓慢** huǎnmàn 혱 (속도가) 완만하다, 느리다 | **仍然** réngrán 믠 여전히 | **必须** bìxū 됭 반드시 ~해야 한다 | **寻找** xúnzhǎo 됭 (방법을) 찾다 | **咽鼓管** yāngǔguǎn 유스타키오관[귀의 가운데와 코인두를 연결하는 관, 귀의 안과 바깥의 기압을 같게 조절하는 역할을 함] | **中耳** zhōng'ěr 몡 중이 | **平衡** pínghéng 됭 균형을 맞추다 | **吞咽** tūnyàn 됭 (목구멍으로) 삼키다 | **咀嚼** jǔjué 됭 (음식물을) 씹다 | **打哈欠** dǎ hāqian 됭 하품을 하다 | **嘴** zuǐ 몡 입 | **呼气** hūqì 됭 숨을 내쉬다 | **噪音** zàoyīn 몡 소음 | **氧气** yǎngqì 몡 산소 | **减压** jiǎnyā 됭 압력을 낮추다(줄이다) | **一致** yízhì 혱 일치하다 | **加压** jiāyā 됭 압력을 가하다(높이다) | **气候条件** qìhòu tiáojiàn 기후 조건

| 정 답 | (01) D   (02) B   (03) C   (04) B

속독(速读) 요령

독해 문제를 푸는 데 있어서 가장 중요한 것은 '얼마나 빠르게 본문에서 답이 있는 부분을 찾느냐' 하는 것입니다. 글의 세부 내용은 건너뛰면서 보지 않고, 글의 중심만 잡아 읽는 방법은 독해 4부분 문제를 푸는 데 있어 가장 중요한 독해 요령이라 할 수 있습니다. 평소에는 동일한 지문을 반복해서 정독하며 구조를 파악하는 것이 속독을 익히는 지름길입니다.

1. 문장부호로 속독한다!

독해 4부분은 문장부호의 용법을 알면 세부 내용을 일일이 해석하지 않고 건너뛰어도 되는 부분이 눈에 쉽게 드러납니다. 따라서 속독을 하는 데 큰 도움이 됩니다.

1) ： 쌍점(冒号)

쌍점 뒤의 내용은 앞 문장에 대한 설명을 나타내므로 필요에 따라 읽지 않고 건너뛰어도 됩니다. 또한 쌍점은 说, 想, 道, 问 등의 단어 뒤에 사용되어 따옴표(" ")로 이루어진 대화를 이끌어 내기도 합니다.

> 例 人的情绪与气候有密切关系，尤其在35℃以上的高温高热天气下，人很容易冲动，会莫名其妙地出现情绪和行为异常，这就是所谓的'情绪中暑'。医学专家提醒市民，要预防"情绪中暑"主要从三个方面进行自我调节：一是合理饮食，多吃清淡的食物，多吃新鲜水果、蔬菜以及绿茶、金银花露等清火的食物和饮料，不滥服补药；二是保持居室通风，中午室外气温高，宜将门窗紧闭，拉上窗帘，开空调时将温度控制在25℃～27℃左右；三是活动要有规律，早睡早起，保证午休时间，保持充足睡眠，不在烈日下或封闭空间内呆太久。

> 지문을 세세하게 다 해석하기에는 시간이 부족하므로 지문 전체의 구조를 파악해야 하는데, 그때 문장부호가 큰 역할을 합니다. 위의 지문은 '의학 전문가는 시민들에게 '정서가 더위를 먹는 현상(情绪中暑)'을 예방하려면 세 가지 방면에서 자기 조절을 해야 한다고 일깨워 주고 있습니다. 첫째……, 둘째……, 셋째……'와 같이 문장부호를 활용하여 내용을 파악할 수 있습니다.

2) ； 쌍반점(分号)

쌍반점은 서로 상반되는 내용을 대비시키거나 비슷한 내용을 열거할 때 사용하므로, 글의 흐름을 파악해서 읽지 않아도 되는 곳은 건너뛰어도 좋습니다.

> 例 国画又名中国画，是中国传统绘画，绘画手法朴素自然，题材可分为人物、山水、花鸟等：人物画主要反映人类社会，表现的是人与人之间的关系；山水画所表现的是人与自然的关系，将人与自然融为一体；花鸟画则是表现大自然的各种生命与人和谐相处。

> 그림의 소재로 '人物(인물)', '山水(산수)', '花鸟(화조, 꽃과 새)' 등이 있다고 설명한 뒤, 쌍반점(；)을 이용해서 각각 인물화, 산수화, 화조화를 대비해서 설명하고 있습니다.

> 🎓 선생님의 한마디
> 몇 가지 방법을 병렬 나열할 때 쌍점과 '一是……, 二是……, 三是……'와 같은 표현을 이용하여 나타낼 수 있습니다.

모점은 예를 들어 설명할 때, 단어나 구를 병렬할 때 사용하므로 한두 개 단어 (또는 구)만 읽고 내용을 파악한 후 건너뛰어도 됩니다.

> 예 婚姻家庭指导师培训的主要内容有心理学、婚姻法、婚姻文化等。而他们今后的工作内容则包括婚前教育、婚姻困惑指导、"死亡"婚姻的法律援助、亲子教育等，帮助当事人在婚姻纠纷、夫妻矛盾中冷静下来，找出问题，扫除雷区。这种新兴职业是律师与心理咨询师两个职业的进一步交叉和延伸。
>
> 첫 번째 문장에서 혼인 가정 지도사의 주된 교육 내용에 대해 모점을 이용해서 열거하고 있고, 두 번째 문장에서는 업무 내용을 열거하고 있습니다. 지문에서의 모점은 세부 내용을 열거하는 역할로 쓰였으므로, 세부 내용을 묻거나 지문과 일치하는 것을 찾는 문제가 아니라면 내용을 일일이 해석하지 않아도 좋습니다.

2. 접속사로 속독한다!

문장과 문장을 연결하는 접속사(但是, 所以, 而且 등)나 접속부사(就, 却, 也 등)를 이용해 글의 흐름을 쉽게 파악하면서 속독할 수 있습니다.

> 예 中国茶文化早就世界闻名。茶又是世界上公认的六大保健饮料之首，…(중략)…。再加上泡出来的茶水清香可口，…(중략)…。所以喜欢喝茶的人也越来越多。
>
> 지문은 중국의 차 문화에 대해 설명하고 있습니다. 접속사를 중심으로, 즉, '又是……(또 ……이다)', '再加上(게다가)', '所以(그래서)'를 중심으로 건너뛰면서 읽어도 작가가 글에서 말하고자 하는 내용을 빠르게 파악할 수 있습니다.

> 예 花有很多益处。首先，花的香味能影响人的情绪。花的气味和人的鼻腔内的嗅觉细胞相接触后，通过嗅觉神经传输到大脑皮层，令人产生沁人心脾的感觉。这使血脉调和、气顺意畅，久而久之，自然而然能使人体得到调节。其次，花作为植物的一部分，同样能够通过光合作用吸收二氧化碳，呼出氧气，这使花卉周围的空气中二氧化碳的含量减少，氧气相对增加。其三，不少花卉都能吸取有毒气体、尘埃，净化空气，防止大气污染，因而使空气洁净宜人。
>
> 지문의 주제는 花有很多益处입니다. 즉, 꽃의 이로운 점에 대한 설명글이고, 세부 내용은 '首先……, 其次……, 其三……'을 사용해서 설명하고 있습니다. 만약 주제를 묻는 질문이 있다면 首先, 其次, 其三의 내용은 일일이 해석하지 않아도 주제를 찾을 수 있습니다.

🎓 선생님의 한마디

대비되는 내용의 맨 마지막에는 접속사 而과 则가 함께 사용되는 경우가 많습니다.

3. 중복 설명은 쉬운 것만 읽는다!

글 속에서 '也就是说(다시 말하면 ~이다)', '意思是说(의미는 ~이다)', '换句话说(바꿔 말하면 ~이다)', '即(즉 ~이다)' 등의 단어 뒤에 나오는 내용은 중복해서 다시 설명하는 경우이므로, 이 단어들의 앞 내용이나 뒷내용 중에 쉬운 부분을 찾아서 읽으면 됩니다.

⑩ 当今社会，人脉的重要性越来越凸显，据斯坦福研究中心发表的一份报告显示，一个人赚的钱，12.5%来自知识，87.5%来自人脉。美国人中流行一句话："一个人能否成功，不在于你知道什么，而在于你认识谁。"卡耐基训练区负责人强调，这句话并不是鼓励人们放弃专业知识的培养，它只是说明了一个道理，"<u>人脉是一个人通往财富、成功的门票</u>"。换句话说，<u>人脉就是钱脉</u>。设立人脉账户同设立银行帐户一样，也需要管理、储蓄和增值。

换句话说를 중심으로 앞에 나온 人脉是一个人通往财富、成功的门票보다는 뒤에 나온 人脉就是钱脉의 내용이 더 이해하기 쉽습니다. 즉, 换句话说와 같이 중복 설명을 나타내는 표현이 나오면 앞뒤 내용 중 한 부분만 읽어도 내용을 충분히 빠르게 이해할 수 있습니다.

4. 고유명사는 깊이 파고들지 않는다!

지문을 읽다 보면 모르는 단어가 나오기 마련입니다. 특히 인명, 지명, 기관명 등의 고유명사는 어려운 글자로 조합되어 있는 경우가 많습니다. 이때 내용을 이해하는 데 크게 장애가 되지 않는다면, 이런 단어에 얽매이지 않도록 합니다. 주인공의 인명은 중요한 경우가 많으니 주인공 외의 인명과 기타 고유명사는 건너뛰도록 합니다.

⑩ 新华网重庆12月11日电（记者王金涛）前一段时间，四川成都市一家环保公司找到重庆大江工业（集团）有限责任公司，推销自己的节能新技术。条件非常优惠：节能设备安装不收取一分钱，只从节能降耗省出的资金里提成。大江集团认为，既然企业不花一分钱，当然可以试一试。这一试果然非同凡响，节能天地竟是如此广阔！

지문에서 밑줄의 단어들은 깊이 의미를 생각할 필요 없이 빠르게 훑고 지나가면서 속독을 해야 합니다. 인물 중심의 이야기일 경우, 인물이 누구인지 안다면 지문의 이해가 빠를 수 있지만, 지명이나 기관명의 경우는 중요도가 떨어집니다. 이때 단어에 너무 얽매여 내용을 읽는 속도가 떨어지지 않도록 주의해야 합니다.

01~04 🎧 독해 4-01-2 확인문제.mp3

当人们在寒冷的冬天游泳时，大约有三种适应冷水的
方法。有些人先蹲在池边，将水撩到身上，使自己能适应之
后，再进入池子游；有些人可能先站在浅水处，再试着一步
一步向深水走，或逐渐蹲身进入水中；还有一种人，则是做
完热身运动后，便由池边一跃而下。

据说最安全的方法，是置身池外，先行试探；其次则是置身池内，逐步深
入；至于第三种方法，搞不好的话，则可能造成抽筋甚至引发心脏病。

但是你知道吗？最感到冷水刺激的却是第一种，由于置身较暖的池边，每撩
一次水，就造成一次沁骨的寒冷，而一跃入池的人，因为立刻要应付眼前游水的
问题，反倒能忘记周身的寒冷。

与游泳一样，当人们要进入陌生而困苦的环境时，有些人先警惕地探测，以
做万全的准备；有些人先一脚踏入那个环境，但仍留许多后路，看着情况不妙，
就抽身而返；当然还有些人心存济河焚舟之念，打定主意，便全身投入，由于急
着应付眼前重重的险阻，反倒能忘记许多痛苦。

在生活中，我们该怎么做呢？如果是年轻力壮的人，不妨做"一跃而下"的
人。虽然可能有些危险，但是你会发现，当别人还迟疑在池边，或半身站在池里
喊冷时，那敢于一跃入池的人，早已自由自在地游来游去，把这周遭的冷忘得一
尘不染了。

在陌生的环境里，由于这种敢于一跃而下的人较别人果断，较别人敢于冒
险，因此他们能把握更多的机会，获得成功。

01 关于第一种方法，可以知道：

　　A 危险性最高　　　　　　　　　B 冷水刺激最强

　　C 准备时间最短　　　　　　　　D 适合游泳初学者

02 第4段中"济河焚舟"的意思最可能是：

　　A 行动迟缓　　　　　　　　　　B 下决心做到底

　　C 做事小心翼翼　　　　　　　　D 保存自己的实力

03 根据上文，年轻人面对陌生的环境时应该：

　　A 敢于冒险　　　　　　　　　　B 先统筹全局

　　C 有合作精神　　　　　　　　　D 做好充分准备

04 最适合做上文标题的是：

　　A 三思而后行　　　　　　　　　B 付出才会有收获

　　C 冬天游泳的诀窍　　　　　　　D 要敢于"一跃而下"

　　每当春暖花开之时，人们经常能看到蜜蜂在花丛中飞来飞去，采集花粉的样子。如果我们稍加注意，就会发现工蜂将采集到的食物送回蜂房后，会有更多的蜜蜂接踵而来，源源不断地来到同一个花丛中采集。

　　显然，蜜蜂是将消息告诉了它们的同伴。但它们是怎么传递这些信息的呢？是不是通过翅膀的震动所发出的嗡嗡之声来传递信息的呢？实验证明，蜜蜂是没有听觉器官的，根本不会听到任何声音。那么它的同伴又是怎样找到花丛位置的呢？其实秘密就藏在蜜蜂的特殊动作之中，蜜蜂是通过动作来通风报信的，昆虫学家把蜜蜂这些有含义的动作叫"蜂舞"。

　　昆虫学家们专门研究了蜜蜂各种动作的含义，揭示了蜂舞的秘密。蜜蜂在蜂巢上转圆圈这种动作是告诉同伴蜜源离这里很近，一般在45米范围之内。这样的舞蹈一般会持续几分钟，然后它又到蜂巢的其他部分旋转，最后从出口飞出，其他蜜蜂则会跟随而去，到预定的地点去采蜜。另一种叫做"摇摆舞"，蜜蜂先转半个小圈，急转回身又从原地向另一个方向转半个小圈，舞步为∞字形旋转，同时不断摇动腰部，左摇右摆，非常有趣。这种动作表示蜜源不在近处，大约为90米至5公里范围之间。具体距离与舞蹈的圈数有关，如果每分种转28圈，表示蜜源在270米处；如果仅转9圈时，蜜源就在2700米的地方，非常准确，误差极小。

　　当路程确定以后，蜜蜂应向哪个方向飞行呢？昆虫学家仔细观察后发现，它们是利用日光的位置来确定方向的，传递信息的蜜蜂通过太阳、蜜源和蜂巢的位置来定位，而且定位能力也极强。蜜蜂在跳舞时，头朝太阳的方向，表示应向太阳的方向寻找蜜源。若是头向下垂，背着太阳的方向，则表示蜜源与太阳的方向相反。如果蜜蜂的头部与太阳的方向偏左形成一定的角，表示蜜源在太阳的左侧有相应的夹角。在传递信息的蜜蜂跳舞时，会激发周围的许多蜜蜂都随着前者起舞，由于舞蹈的队伍不断扩大，会使更多的蜜蜂得到蜜源的信息。

05 如果蜜蜂在蜂巢上转圈，表示：

A 蜜源就在不远处   B 暴风雨即将来临

C 附近有别的蜂群   D 蜜源在向着太阳的方向

06 关于"蜂舞"，下列哪项正确？

A 能够传递信息   B 没有什么规律

C 没有特别的含义   D 每分钟转20多圈

07 蜜蜂利用什么来传递蜜源方向的信息？

A 蜂舞的圈数   B 太阳的位置

C 翅膀振动的频率   D 头跟翅膀的角度

08 下列哪项最适合做上文的标题？

A 蜂舞的秘密   B 蜂蜜的用途

C 蜂蜜是怎样酿造的   D 蜜蜂是怎样分工的

▶ 정답 및 해설 64쪽

설명문의 흐름에 따라 정답을 찾는다!

독해 4부분은 단어량이나 어법 지식보다 글의 흐름을 잘 파악하는 것이 중요합니다. 보통 문제는 한 단락에 하나씩 출제되기 때문에 글의 흐름을 잘 파악하면 답이 어느 위치에 있을지 한눈에 알 수 있습니다. 5개의 지문 중, 평균 4개의 지문이 설명문입니다. 특히 중국의 전통문화나 공예품, 생활과학에 관련된 글은 매 시험마다 2~3개씩 출제됩니다. 내공쌓기 코너에서 지문에 나올 만한 배경지식을 알아 두면 도움이 됩니다.

STEP 01 　 먼저 풀어보기

예제 　🎧 독해 4-02-1 예제.mp3

塔克拉玛干沙漠的年降雨量只有几十毫米，但蒸发量却达到三千毫米。按理说，这种环境不适宜植物生存。但胡杨林却能够在这里繁衍成荫，这是为什么？

每年夏季，融化的雪水会流入沙漠中的塔里木河，形成一年一度的洪水，利用这个机会，沙漠中的植物开始生根发芽。很快，河床上便长出了各种密密麻麻的小苗。然而就在其他植物茁壮成长时，刚冒出头的胡杨林树苗却停了下来，就这样它们成为所有植物中最矮小、最不起眼的个体。但洪水来得快，去得更快。用不了多久，河道便会重新干涸，那些躯体庞大的植物因为突然断水纷纷干枯而死，而身材矮小的胡杨却活了下来。如果我们向地下挖掘便会发现，每一株胡杨都有着长得令人吃惊的根须。原来当所有植物都急切地向上伸展时，胡杨却竭尽全力地向下生长，在不断努力下，它们的根须长度很快就达到了身长的几十倍。当干旱再次到来时，胡杨因根系强大，能汲取到沙漠深处的水分，于是顽强地活了下来。

如果留心观察你会发现，成年的胡杨都不是笔直伟岸的参天大树，它们或弯曲，或倾斜，这其实是它们适应环境的表现。当遭遇严重干旱时，为节省水分，胡杨会放弃粗壮的主干，从底部另选一条小树枝做新主干，倾斜着继续生长，如果再次遭遇严重干旱，胡杨则会放弃现在这条，再重新选择主干。另外，每一株胡杨的枝上都同时生长着两种形态不同的叶子，长在低处的是条形叶，顶端的是宽阔的掌形叶。这种"一树生两叶"的现象背后则是胡杨的另一种生存智慧。细小的条形叶不但可减少水分消耗，还可以减少风沙打击的面积。那些树顶的掌形叶，由于能够接触到阳光，可以尽可能多地进行光合作用，制造胡杨林生长所需要的能量。所以两种叶子形态虽然不同，却是为了一个相同的目标——生存。经过无数次的适应，胡杨成了形态奇特的树木，沙漠也因此多了一道奇特的风景。

1. 根据第二段，矮小的胡杨为什么能生存下去？

    A 根须发达　　　　　　　　B 需水量小

    C 靠近水源　　　　　　　　D 有专人灌溉

2. 遭遇严重干旱时，胡杨会：

    A 脱落树叶　　　　　　　　B 重新选择主干

    C 加快光合作用　　　　　　D 暂时停止生长

3. 条形的胡杨树叶：

    A 生长在树顶　　　　　　　B 可以降低风力

    C 能减少水分消耗　　　　　D 能供给更多的能量

4. 最适合做上文标题的是：

    A 胡杨的用途　　　　　　　B 如何改造沙漠

    C 沙漠中的绿洲　　　　　　D 胡杨的生存智慧

예제

|해 설|

② 지문 읽기

塔克拉玛干沙漠的年降雨量只有几十毫米，但蒸发量却达到三千毫米。按理

说，这种环境不适宜植物生存。但胡杨林却能够在这里繁衍成荫，这是为什么?

　　每年夏季，融化的雪水会流入沙漠中的塔里木河，形成一年一度的洪水，

利用这个机会，沙漠中的植物开始生根发芽。很快，河床上便长出了各种密密

麻麻的小苗。然而就在其他植物茁壮成长时，刚冒出头的胡杨林树苗却停了下

来，就这样它们成为所有植物中最矮小、最不起眼的个体。但洪水来得快，去

得更快。用不了多久，河道便会重新干涸，那些躯体庞大的植物因为突然断水

纷纷干枯而死，<u>而身材矮小的胡杨却活了下来。</u> ¹⁾<u>如果我们向地下挖掘便会发</u>
　　　　　　　　　　　　1번 문제 부분　　　　　　　　　　　　　1번 문제로 가기

<u>现，每一株胡杨都有着长得令人吃惊的根须。</u>原来当所有植物都急切地向上伸
　　　　　　　　　　　　　　　　　　　　　└ 뒷부분이 주요 내용임

展时，<u>胡杨却竭尽全力地向下生长，在不断努力下，它们的根须长度很快就达</u>

<u>到了身长的几十倍。当干旱再次到来时，胡杨因根系强大，能汲取到沙漠深处</u>

<u>的水分，于是顽强地活了下来。</u>

⑤ 지문 이어 읽기

　　如果留心观察你会发现，成年的胡杨都不是笔直伟岸的参天大树，它们

或弯曲，或倾斜，这其实是它们适应环境的表现。当遭遇严重干旱时，²⁾为节
　　　　　　　　　　　　　　　　　　　　　　　　2번 문제 부분

省水分，胡杨会放弃粗壮的主干，从底部另选一条小树枝做新主干，倾斜着继
2번 문제로 가기

<u>续生长，如果再次遭遇严重干旱，胡杨则会放弃现在这条，再重新选择主干。</u>

⑧ 지문 이어 읽기

另外，每一株胡杨的枝上都同时生长着两种形态不同的叶子，长在低处的是

条形叶，顶端的是宽阔的掌形叶。这种"一树生两叶"的现象背后则是胡杨的

另一种生存智慧。³⁾<u>细小的条形叶不但可减少水分消耗，还可以减少风沙打击</u>
　　　　　　　　　　3번 문제로 가기

<u>的面积。</u>那些树顶的掌形叶，由于能够接触到阳光，可以尽可能多地进行光合

作用，制造胡杨林生长所需要的能量。所以两种叶子形态虽然不同，却是为了

一个相同的目标——生存。经过无数次的适应，胡杨成了形态奇特的树木，沙

漠也因此多了一道奇特的风景。

❶ 문제만 읽기
1. 根据第二段，矮小的胡杨为什么能生存下去?

    A 根须发达   B 需水量小

    C 靠近水源   D 有专人灌溉 ❸ 정답 고르기

❹ 문제만 읽기
2. 遭遇严重干旱时，胡杨会:

    A 脱落树叶   B 重新选择主干

    C 加快光合作用   D 暂时停止生长 ❻ 정답 고르기

❼ 문제와 선택지 읽기
3. 条形的胡杨树叶:

    A 生长在树顶   B 可以降低风力

    C 能减少水分消耗   D 能供给更多的能量 ❾ 정답 고르기

❿ 문제와 선택지 읽고 정답 고르기
4. 最适合做上文标题的是:

    A 胡杨的用途   B 如何改造沙漠

    C 沙漠中的绿洲   D 胡杨的生存智慧

① **1번 문제만 읽기**

두 번째 단락(第二段)이라는 범위를 주고, 왜소한 백양나무가 살아남게 된 원인을 구체적으로 물어보는 문제입니다. 원인을 묻는 문제, 즉, 질문에 为什么가 있을 때는 선택지는 보지 말고 문제만 잘 기억해서 지문을 읽기 시작합니다.

② **지문 읽기 ~ ③ 1번 정답 고르기**

첫 번째 단락은 문제와 상관없지만 글의 도입 부분이므로 빠르게 읽어 주는 것이 좋습니다. 두 번째 단락의 '原来(알고보니)'는 몰랐던 사실을 알게 되었을 때 사용하는 표현으로, 핵심 단어이니 주의를 기울여야 합니다. 바로 뒤에 백양나무가 살아남게 된 원인을 말하고 있습니다. 它们的根须长度很快就达到了身长的几十倍에서 뿌리털 길이가 키의 수십 배에 달했다고 했으므로 1번 정답은 A 根须发达입니다.

④ **2번 문제만 읽기**

문제에서 언급한 遭遇严重干旱이 본문 어느 부분에 나와 있는지 빠르게 찾아본 후에, 그 부분부터 정독을 하면서 정답을 찾습니다.

⑤ **지문 이어 읽기 ~ ⑥ 2번 정답 고르기**

'如果再次遭遇严重干旱，胡杨则会放弃现在这条，再重新选择主干'에서 백양나무는 가뭄이 닥쳤을 때, 기존 줄기를 포기하고 다시 새 줄기를 고른다고 했으므로 2번 정답은 B 重新选择主干입니다.

⑦ **3번 문제와 선택지 읽기**

条形叶에 관해서 물어본 문제로, 문제에 정보가 부족하므로 선택지를 먼저 읽고 기억을 해서 지문에서 정답이 있는 부분을 찾습니다.

⑧ **지문 이어 읽기 ~ ⑨ 3번 정답 고르기**

세 번째 단락에서 细小的条形叶不但可减少水分消耗가 힌트입니다. 선택지 C에서 이와 같은 내용인 能减少水分消耗가 나옵니다. 따라서 3번 정답은 C입니다.

⑩ **4번 문제와 선택지 읽고 정답 고르기**

지문은 사막에서 백양나무가 생존할 수 있는 이유에 대해 설명하고 있습니다. 다른 식물들과 달리, 백양나무는 줄기보다 뿌리털이 성장하는 것, 구불구불한 줄기로 성장하는 것, 수분을 아끼기 위해 굵은 줄기는 포기하고 새로운 줄기로 성장하는 것, 두 가지 형태의 잎사귀가 자라는 것이 생존 이유로 설명되어 있습니다. 백양나무의 열악한 환경 속 생존법에 대한 지문이므로, 제목으로는 D 胡杨的生存智慧가 가장 적합합니다.

|해 석|

塔克拉玛干沙漠的年降雨量只有几十毫米，但蒸发量却达到三千毫米。按理说，这种环境不适宜植物生存。但胡杨林却能够在这里繁衍成荫，这是为什么？

每年夏季，融化的雪水会流入沙漠中的塔里木河，形成一年一度的洪水，利用这个机会，沙漠中的植物开始生根发芽。很快，河床上便长出了各种密密麻麻的小苗。然而就在其他植物苗壮成长时，刚冒出头的胡杨林树苗却停了下来，就这样它们成为所有植物中最矮小、最不起眼的个体。但洪水来得快，去得更快。用不了多久，河道便会重新干涸，那些躯体庞大的植物因为突然断水纷纷干枯而死，而身材矮小的胡杨却活了下来。如果我们向地下挖掘便会发现，每一株胡杨都有着长得令人吃惊的根须。原来当所有植物都急切地向上伸展时，胡杨却竭尽全力地向下生长，在不断努力下，它们的根须长度很快就达到了身长的几十倍。当干旱再次到来时，胡杨因根系强大，能汲取到沙漠深处的水分，于是顽强地活了下来。

如果留心观察你会发现，成年的胡杨都不是笔直伟岸的参天大树，它们或弯曲，或倾斜，这其实是它们适应环境的表现。当遭遇严重干旱时，为节省水分，胡杨会放弃粗壮的主干，从底部

타클라마칸 사막의 연 강우량은 거우 수십 밀리미터이지만, 증발량은 3천 밀리미터에 달한다. 이치대로 말하면 이런 환경은 식물이 생존하는 데 적합하지 않다. 하지만 백양나무는 오히려 이곳에서 번식하고 녹음을 만들 수 있는데, 이것은 왜일까?

매년 여름마다 녹은 눈이 사막의 타리무강으로 흘러 들어가서 일 년에 한 번씩 홍수를 이루는데, 이 기회를 이용해서 사막의 식물들은 뿌리를 내리고 싹을 틔우기 시작한다. 아주 빠르게, 강바닥에는 갖가지 새싹이 빼곡하게 자라난다. 그러나 다른 식물들이 무럭무럭 자라날 때, 막 머리를 내민 백양나무 묘목은 오히려 (성장을) 멈춘다. 이렇게 백양나무는 모든 식물 중 가장 왜소하고 아주 볼품없는 개체가 된다. 하지만 홍수는 빨리 오고, 더 빨리 가 버린다. 얼마 지나지 않아서 강줄기가 다시 마르게 되면, 몸이 매우 큰 그 식물들은 갑자기 물흐름이 끊겨서 잇달아 말라죽게 되고, 몸집이 왜소한 백양나무는 오히려 살아남게 된다. 만일 우리가 지하를 향해 땅을 파 보면 모든 백양나무들이 깜짝 놀랄 정도로 자란 뿌리털을 가지고 있음을 발견하게 될 것이다. 알고 보니 모든 식물들이 급박하게 위로 뻗어 나갈 때, 백양나무는 전력을 다해서 아래로 성장하는 것이다. 부단한 노력하에 백양나무의 뿌리털 길이는 아주 빠르게 키의 수십 배에 달하게 된다. 가뭄이 다시 들 때, 백양나무는 뿌리가 강해서 사막 깊은 곳의 수분을 흡수하여 억척스럽게 살아남을 수 있다.

만일 주의를 기울여서 관찰하면 다 자란 백양나무는 곧고 우람하여 하늘을 찌를 듯한 거목이 아니라, 구불구불하거나 기울어져 있는데, 이것은 사실 백양나무가 환경에 적응한 결과라는 것을 당신은 발견하게 된다. 심각한 가뭄이 닥쳤을 때 수분을 아끼기 위해서, 백양나무는 굵고 단단한 줄기를 포기하고 아래쪽에서 작은 나뭇가지를 따로 골라

另选一条小树枝做新主干，倾斜着继续生长，如果再次遭遇严重干旱，胡杨则会放弃现在这条，再重新选择主干。另外，每一株胡杨的枝上都同时生长着两种形态不同的叶子，长在低处的是条形叶，顶端的是宽阔的掌形叶。这种"一树生两叶"的现象背后则是胡杨的另一种生存智慧。细小的条形叶不但可减少水分消耗，还可以减少风沙打击的面积。那些树顶的掌形叶，由于能够接触到阳光，可以尽可能多地进行光合作用，制造胡杨林生长所需要的能量。所以两种叶子形态虽然不同，却是为了一个相同的目标——生存。经过无数次的适应，胡杨成了形态奇特的树木，沙漠也因此多了一道奇特的风景。

1. 根据第二段，矮小的胡杨为什么能生存下去？
   A 根须发达
   B 需水量小
   C 靠近水源
   D 有专人灌溉

2. 遭遇严重干旱时，胡杨会：
   A 脱落树叶
   B 重新选择主干
   C 加快光合作用
   D 暂时停止生长

3. 条形的胡杨树叶：
   A 生长在树顶
   B 可以降低风力
   C 能减少水分消耗
   D 能供给更多的能量

4. 最适合做上文标题的是：
   A 胡杨的用途
   B 如何改造沙漠
   C 沙漠中的绿洲
   D 胡杨的生存智慧

서 새 줄기로 삼은 뒤 기울어져서 계속 성장한다. 만일 거듭 심각한 가뭄이 닥치게 되면, 백양나무는 지금의 이 줄기를 포기하고 다시 줄기를 고른다. 그밖에, 모든 백양나무의 가지에는 형태가 서로 다른 두 종류의 잎이 동시에 자라고 있는데, 낮은 곳에 자라는 것은 길쭉한 잎이고 꼭대기의 것은 넓은 손바닥 모양의 잎이다. '하나의 나무에 두 가지 잎이 나는' 이런 현상의 배후에는 백양나무의 또 다른 생존 지혜가 있다. 가늘고 작으며 길쭉한 잎은 수분의 소모를 줄일 수 있을 뿐만 아니라, 모래 바람이 때리는 면적도 줄일 수 있다. 나무 꼭대기의 그 손바닥 모양의 잎들은 햇빛과 접촉할 수 있어서, 최대한 많이 광합성 작용을 진행하여 백양나무가 성장하는 데 필요한 에너지를 만들 수 있다. 그래서 두 종류의 잎은 형태는 비록 다르지만, (이는) 하나의 같은 목표인 생존을 위해서이다. 수차례의 적응을 거쳐서 백양나무는 형태가 특이한 나무가 되었고, 사막에서도 이 때문에 독특한 풍경이 하나 더 늘어났다.

1. 두 번째 단락에 따르면, 왜소한 백양나무는 무엇 때문에 생존할 수 있는가?
   A 뿌리털이 발달해서
   B 물 수요량이 적어서
   C 물의 근원지에 가까워서
   D 전문 인원이 물을 줘서

2. 심각한 가뭄이 닥쳤을 때, 백양나무는 어떠한가?
   A 나뭇잎이 떨어진다
   B 다시 줄기를 고른다
   C 광합성 작용을 빠르게 한다
   D 잠시 성장을 멈춘다

3. 길쭉한 형태의 백양나무 나뭇잎은 어떠한가?
   A 나무 꼭대기에서 성장한다
   B 풍력을 줄일 수 있다
   C 수분의 소모를 줄일 수 있다
   D 더 많은 에너지를 공급할 수 있다

4. 윗글의 제목으로 가장 적합한 것은 무엇인가?
   A 백양나무의 용도
   B 어떻게 사막을 개조할까
   C 사막 속의 오아시스
   D 백양나무의 생존 지혜

| 단 어 | **塔克拉玛干沙漠** Tǎkèlāmǎgān Shāmò 지명 타클라마칸 사막 | **降雨量** jiàngyǔliàng 명 강우량 | **毫米** háomǐ 양 밀리미터(mm) | **蒸发量** zhēngfāliàng 명 증발량 | **达到** dádào 동 도달하다, 이르다 | **按理说** àn lǐ shuō 이치대로 말하면 | **环境** huánjìng 명 환경 | **适宜** shìyí 형 적

합하다, 적절하다 | 植物 zhíwù 명 식물 | 胡杨林 húyánglín 명 [사막 지대에 나는 백양나무의 일종] | 繁衍 fányǎn 동 번식하다, 늘어나다, 많아지다 | 成荫 chéngyīn 동 녹음이 지다 | 融化 rónghuà 동 (얼음·눈이) 녹다, 융해되다 | 雪水 xuěshuǐ 명 설수[눈이 녹은 물을 뜻함] | 塔里木河 Tǎlǐmù Hé 지명 타리무강[세계에서 두 번째로 긴 내륙 하천] | 一年一度 yì nián yí dù 일년에 한 번 | 洪水 hóngshuǐ 명 홍수 | 生根发芽 shēnggēn fāyá 뿌리를 내리고 싹을 틔우다 | 河床 héchuáng 명 강바닥 | 密密麻麻 mìmimámá 형 빼곡하다, 촘촘하다, 빽빽하다 | 小苗 xiǎomiáo 명 새싹, 어린 묘목 | 苗壮成长 zhuózhuàng chéngzhǎng (새싹이) 무럭무럭 자라다 | 冒出头 màochū tóu 머리를 내밀다 | 树苗 shùmiáo 명 묘목 | 矮小 ǎixiǎo 형 왜소하다 | 不起眼 bùqǐyǎn 볼품없다, 눈에 띄지 않다 | 河道 hédào 명 강줄기, 수로 | 重新 chóngxīn 부 다시, 재차 | 干涸 gānhé 동 (호수·연못의) 물이 마르다 | 躯体 qūtǐ 명 신체, 몸 | 庞大 pángdà 형 방대하다, 매우 크다 | 突然 tūrán 부 갑자기 | 断水 duànshuǐ 동 물 흐름을 끊다(끊기다) | 纷纷 fēnfēn 부 잇달아, 계속해서 | 干枯 gānkū 형 (초목이) 마르다, 시들다 | 身材 shēncái 명 몸집, 몸매 | 挖掘 wājué 동 파다, 캐다 | 株 zhū 양 그루 | 吃惊 chījīng 동 (깜짝) 놀라다 | 根须 gēnxū 명 뿌리털 | 急切 jíqiè 형 ①(시간이) 급박하다, 다급하다 ②(마음이) 간절하다 | 伸展 shēnzhǎn 동 뻗다, 펼치다 | 竭尽全力 jiéjìn quánlì 모든 힘을 다 기울이다, 전력을 다하다 | 长度 chángdù 명 길이 | 身长 shēncháng 명 키, 신장 | 倍 bèi 양 배 | 干旱 gānhàn 명 가뭄 | 根系 gēnxì 명 뿌리[원뿌리와 곁뿌리의 총칭] | 汲取 jíqǔ 동 흡수하다, 빨아들이다 | 顽强 wánqiáng 형 완강하다, 억척스럽다 | 留心 liúxīn 동 주의를 기울이다 | 观察 guānchá 동 관찰하다 | 笔直伟岸 bǐzhí wěi'àn (나무가) 곧고 우람하다 | 参天大树 cāntiān dàshù 하늘을 찌를 듯한 거목 | 弯曲 wānqū 형 구불구불하다 | 倾斜 qīngxié 형 경사지다, 기울어지다 | 遭遇 zāoyù 동 (불행·불리한 일을) 만나다, 부닥치다 | 严重 yánzhòng 형 심각하다 | 节省 jiéshěng 동 절약하다, 아끼다 | 放弃 fàngqì 동 포기하다 | 粗壮 cūzhuàng 형 (물체가) 굵고 단단하다 | 主干 zhǔgàn 명 (식물의) 줄기[뿌리 위와 원가지 아랫부분을 가리킴] | 另选 lìngxuǎn 동 따로 선정하다(고르다) | 树枝 shùzhī 명 나뭇가지 | 做 zuò 동 ~으로 쓰다(삼다) | 继续 jìxù 동 계속하다 | 叶子 yèzi 명 잎 | 条形叶 tiáoxíngyè 길쭉한 형태의 잎 | 顶端 dǐngduān 명 꼭대기, 정상 | 宽阔 kuānkuò 형 (폭이) 넓다 | 掌形叶 zhǎngxíngyè 손바닥 모양의 잎 | 背后 bèihòu 명 배후 | 智慧 zhìhuì 명 지혜 | 消耗 xiāohào 동 소모하다, 소비하다 명 소모, 소비 | 风沙 fēngshā 명 모래바람 | 打击 dǎjī 동 타격하다, 때리다 | 面积 miànjī 명 면적 | 树顶 shùdǐng 나무 꼭대기 | 接触 jiēchù 동 접촉하다, 닿다 | 尽可能 jǐnkěnéng 부 가능한 한, 최대한 | 光合作用 guānghé zuòyòng 명 광합성 작용 | 制造 zhìzào 동 제조하다, 만들다 | 能量 néngliàng 명 에너지 | 奇特 qítè 형 독특하다, 특이하다 | 靠近 kàojìn 형 가깝다 | 专人 zhuānrén 명 전담자, 전임자 | 灌溉 guàngài 동 관개하다, (농지에) 물을 대다 | 脱落 tuōluò 동 떨어지다 | 树叶 shùyè 명 나뭇잎 | 暂时 zànshí 명 잠시 | 停止 tíngzhǐ 동 정지하다, 멈추다 | 降低 jiàngdī 동 낮추다, 줄이다 | 供给 gōngjǐ 동 공급하다, 제공하다 | 标题 biāotí 명 표제, 제목 | 用途 yòngtú 명 용도 | 绿洲 lùzhōu 명 오아시스

| 정 답 | (01) A　　(02) B　　(03) C　　(04) D

1 철학적 이치(哲理)를 전하는 글

철학적 이치를 전달하는 글은 '이야기+철학적 이치'의 구성인 경우가 많습니다. 글의 소재는 주로 춘추시대 위주의 중국 고사, 동식물 이야기, 일상에서 겪은 이야기입니다. 글의 앞부분에서는 이야기를 전개해 나가고, 마지막 결론 부분에서 이야기를 통해 전달하고 싶은 철학적 이치를 얘기합니다. 간혹 고사 중에는 직접적으로 철학적 이치를 얘기하지 않는 경우도 있습니다. 독해를 할 때는 문장 하나하나 꼼꼼히 해석하는 데 치중해서는 안 되고 빠르게 이야기의 흐름을 읽어 나가야 합니다.

1. 배경지식 1 – 春秋战国时期 춘추전국시대

춘추전국시대는 동주 시기라고도 불린다. 서주 시기에 주나라 천자는 천하의 주인이라는 권위를 유지하고 있었다. 평왕(平王)이 세력을 동쪽으로 옮긴 후에 동주 시기가 시작되었고, 주나라 왕실은 쇠퇴하기 시작하여 단지 천하의 주인이라는 명의만 유지한 채 실제 통제 능력은 없었다. 중원 각국 또한 사회 경제 조건이 달랐기 때문에 대국 간에 맹주의 지위를 놓고 쟁탈하기 시작했다. 국가가 많았기 때문에 중국 역사상 유명한 통치자, 신하는 물론, 수많은 성어들이 모두 이 시기에 나왔다.

춘추시대에는 그중 춘추오패 세력이 가장 강대했다. 바로 제환공, 송양공, 진문공, 진목공, 초장왕 이 다섯 통치자들인데, 그들이 재위한 시기가 본국의 힘이 가장 강대했던 때였다. 老马识途, 退避三舍, 伯乐相马, 一鸣惊人 등 HSK 듣기와 독해에서 자주 출현하는 성어들은 이 몇 명의 통치자들과 밀접한 관계가 있다.

전국시대는 각 국가가 해마다 전쟁이 난 것으로 인해 얻은 이름이다. 그중 세력이 가장 강대했던 전국칠웅은 바로 제나라, 초나라, 연나라, 한나라, 조나라, 위나라와 진나라이다. 진나라는 군사, 정치, 경제력이 강대해서, 잇따라 다른 6개 국가를 멸망시켰고, B.C.221년에 진시황이 전국을 통일했다. 전국시대에는 또한 백가쟁명의 국면이 나타났는데, 공자와 맹자를 대표로 하는 유가, 노자를 대표로 하는 도가, 묵자를 대표로 하는 묵가가 3대 철학 체계를 형성했다.

춘추전국시대에는 수많은 저명한 인물들이 출현하기도 했다. 편작, 상앙, 굴원 등을 예로 들 수 있다. 또한 춘추전국시대에는 예술도 왕성하게 발전하여, 회화, 조각, 서예, 음악과 춤, 건축, 옥 조각 등의 방면에서 커다란 발전이 있었다. 그중 이 시기의 청동기는 전 세계에 잘 알려져 있다. B.C.221년에 진시황은 전국을 통일했지만, 폭정과 사회 불안으로 중국 역사상 첫 번째 대규모의 농민 봉기를 초래했고, 결국 B.C.206년, 진왕 자영은 유방에게 투항했다.

- 춘추오패(春秋五霸 chūnqiū wǔ bà)

춘추시대의 제환공, 송양공, 진문공, 진목공, 초장왕 다섯 명의 패자를 말한다. 덕이 아닌 무력으로 신하와 백성들을 통치했기 때문에 패자라고 불린다.

선생님의 한마디

춘추전국시대의 대략적인 배경을 읽은 후, 주요 인물 및 성어를 학습합니다.

- 제환공 齐桓公 Qíhuángōng
- 송양공 宋襄公 Sòngxiānggōng
- 진문공 晋文公 Jìnwéngōng
- 진목공 秦穆公 Qínmùgōng
- 초장왕 楚庄王 Chǔzhuāngwáng

- 패자(覇者): 무력이나 권력으로 천하를 다스리는 사람

• 老马识途 lǎomǎshítú 늙은 말은 길을 알고 있다

춘추시대에 제나라의 임금인 제환공이 군사를 이끌고 정벌에 나섰다. 긴 전쟁이 끝나고 제나라로 돌아가던 중, 군대는 길을 잃어 같은 산을 빙빙 돌기만 할 뿐 빠져나가는 길을 찾지 못했다. 제환공은 물론 다른 장수들도 좋은 방책을 내놓지 못했을 때 관중이라는 장수가 방도를 내놓기를, 말은 길을 잘 아니 늙은 말의 지혜를 빌려보자고 했다. 제환공이 허락하여 말을 풀어놓자, 과연 늙은 말은 산골짜기를 빠져나와 큰길로 군대를 인도했다. 老马识途는 이 고사에서 유래한 성어로, '경험이 많으면 그 일에 능숙하다'라는 속뜻을 나타낸다.

• 退避三舍 tuìbìsānshè 삼사(三舍)를 물러나다, 남에게 양보하고 다투지 않다

1舍는 30리를 뜻하는 단위로, 옛날 군대는 하루에 1舍를 행군했다. 춘추시대에 진나라와 초나라가 전쟁을 할 때 진문공이 3일 동안 3舍, 즉, 90리를 뒤로 물러나 충돌을 피한 데서 유래한 성어이다. 이처럼 스스로 양보하여 남과 다투지 않는 상황에서 쓸 수 있다.

• 伯乐相马 bólèxiàngmǎ 백락이 말의 좋고 나쁨을 가려내다

춘추시대에 '백락'이라는 사람이 있었다. 이 사람은 좋은 말을 구별하는 재주가 매우 뛰어나서, 초왕이 그에게 천리마를 사 오라는 임무를 맡겼다. 백락은 우연히 소금 수레를 끄는 말을 보았는데, 겉보기에는 매우 보잘것없어 보였지만 백락은 말의 울음소리로 그 말이 명마임을 확신했다. 그 말을 처음 본 초왕은 매우 실망했지만, 후에 그 말은 백락의 생각대로 전장에서 많은 공을 세웠다. 伯乐相马는 이 백락의 일화에서 유래한 성어이다.

• 전국칠웅(战国七雄 zhànguó qī xióng)

전국칠웅은 전국시대의 일곱 제후국인 진, 초, 연, 제, 조, 위, 한나라를 말한다. 이 시기에는 독립된 소국가가 100여 곳이나 산재하고 있었는데, 칠웅은 이러한 나라들 중 강대국 진이 통일할 때까지 멸망하지 않고 살아남은 나라를 가리킨다.

• 진시황(秦始皇 Qínshǐhuáng)

진시황은 전국시대 제후국의 하나인 진(秦)나라의 왕이다. 중국 역사에서 매우 중요한 인물로, 전국시대의 수많은 소국가들을 무력으로 통일시킨 업적이 있다. 나라의 안정과 통일을 위해 화폐, 도량형, 문자를 통일하여 국가를 안정시키는 데 주력하였으며, 강력한 왕권을 가졌던 군주로 기록되어 있다.

• 백가쟁명(百家争鸣 bǎijiāzhēngmíng) 서로 다른 학파들이 자유롭게 논쟁하다

춘추전국시대는 비록 전쟁의 시기이긴 했지만, 사상과 학문의 시기이기도 했다. 이 시기의 제후들은 나라를 부강하게 만들기 위해 유능한 인재를 모았고, 이러한 분위기 속에서 여러 학파의 사상가들이 나타나게 되었다. 이 사상가들과 학파를 일컬어 '제자백가(诸子百家)'라고 하며, 이들의 자유로운 논쟁과 토론을 '백가쟁명(百家争鸣)'이라 한다. 이로 인해 춘추전국시대의 학문과 사상은 더욱 발전되었다. 그 중 가장 대표적인 학파로는 유가(儒家), 도가(道家), 묵가(墨家), 법가(法家)를 들 수 있다.

• 공자(孔子 Kǒngzǐ)

춘추전국시대를 비롯하여 전 중국 역사에서 사상과 문화에 가장 큰 영향을 끼친 학파는 바로 유가이고, 대표자로는 공자와 맹자를 들 수 있다. 공자는 홀어머니와 함께 불우한 가정 환경에서 어린 시절을 보냈지만, 예를 익히고 책을 읽는 것을 좋아했다. 30세가 되던 해, 공자는 자신의 학문이 이미 일정 경지에 도달했음을 깨닫고 제자를 모아 가르쳤다. 제자를 받을 때 그들의 신분을 따지지 않았으며 배움에 뜻이 있는 자들이라면 누구나 거두었다. 공자는 여러 나라를 돌아다니며 가르침을 전하는 동시에, 덕 있는 군주를 만나 천하를 바로잡아 보려 했으나 그의 이상을 받아들이는 군주는 없었다. 이에 공자는 다시 노나라로 돌아와 교육과 저술에 힘썼다. 공자의 핵심 사상은 '인(仁)'으로, 사람을 사랑하고 바른 품성을 유지하는 것을 뜻한다. 또한 생전에 육경을 집필했고, 수많은 제자들을 배출했다. 지금까지도 읽히고 있으며 공자의 저서로 알려진 《논어(论语)》는 사실 공자의 제자들이 그의 언행을 기록하여 정리한 책이다. 공자는 비록 정치 개혁에는 이룬 바가 없으나, 교육과 학문에는 이처럼 놀라운 업적을 이루었다.

• 맹자(孟子 Mèngzǐ)

공자를 계승한 유가의 대표자가 바로 맹자이다. 맹자의 어머니가 아들의 교육을 위해 세 번이나 이사를 했다는 이야기는 유명하다. 맹자는 사람들의 마음은 모두 선량하다고 여겼고, 이러한 '선(善)'한 마음이 확대되면 세상을 바꿀 수 있으리라 생각했다. 하지만 맹자가 살았던 전국시대의 군주들은 무력으로 패왕이 되기만 원했기 때문에, 맹자의 소신은 정치에 받아들여지지 않았다. 이에 맹자는 고향으로 돌아가 제자 양성에만 힘쓰며 여생을 마쳤다. 이러한 맹자의 사상은 《맹자(孟子)》라는 그의 저서에 잘 드러나 있으며, 이 책은 《논어》와 더불어, 후세에 주요 경전으로 크게 존중받았다.

• 편작(扁鹊 Biǎnquè)

편작은 전국시대 사람으로, 중국 역사상 가장 유명한 신의이다. 그의 의술이 워낙 신통하여 죽은 사람도 살리는 명의라 전해진다. 편작이 채나라 환공을 만난 고사는 매우 유명하다. 채환공을 만난 편작이 그의 안색을 보고는 병을 진단하고 치료를 권했으나, 채환공은 듣지 않았다. 몇 번을 권했으나 채환공은 매번 편작의 말을 듣지 않았고 결국 편작의 말대로 죽고 말았다. '편작견채환공(扁鹊见蔡桓公)'이라는 이 고사는 편작의 의술이 매우 뛰어남을 잘 보여 주는 이야기이다.

• 상앙(商鞅 Shāngyāng)

상앙은 전국시대의 저명한 사상가이자 정치가로, 그가 주도한 '商鞅变法'는 진나라의 번영한 경제를 이뤄 냈고, 나중에 진나라가 전국을 통일하는 데 큰 공헌을 했다.

• 굴원(屈原 Qūyuán)

굴원은 초나라의 애국지사이지만 여러 번 정치적인 배척을 당했고, 결국 도성에서 쫓겨나게 되어 이곳저곳을 떠돌아다니다, 조국인 초나라의 침탈 소식을 듣고 분노와 슬픔에 싸여 강물에 투신자살했다. 굴원은 정치가로서도 훌륭했을 뿐 아니라, 시인으로서의 소질도 매우 뛰어났다. 방랑 생활을 하던 중 자신의 번민을 담아 《이

• 육경(六经) :
《수역(周易)》,
《시경(诗经)》,
《서경(书经)》,
《춘추(春秋)》,
《악기(乐记)》,
《주례(周礼)》

소(离骚)》,《어부사(渔父词)》 등 걸작시를 지었다. 그의 작품들은《초사(楚辞)》에 실려 있다. 그 지역의 백성들은 굴원을 추모하기 위해서, 매년 그의 기일인 음력 5월 5일에 용선 경주를 벌이고, 쫑즈를 강에 던졌다. 강 속의 물고기에게 밥을 던져 넣어, 물속에 잠긴 굴원이 물고기에게 먹히지 않도록 하기 위함이었다. 이렇게 굴원을 추모하기 위해 생겨난 중국 전통 명절이 바로 '돤우제端午节'이다.

• 용선(龙舟):
  뱃머리를 용의 머리로 장식한 배

• 쫑즈(粽子):
  찹쌀을 갈대나 대나무 잎에 싸서 찐 음식

2. 배경지식 2 – 楚汉志 초한지

BC.210년, 중국 역사상 가장 큰 농민 봉기가 일어났는데, 바로 진승(陈胜)과 오광(吴广)의 봉기이다. 각지에서 잇달아 호응했고 이때 유방, 항우도 함께 봉기했다. BC.206년 진나라가 멸망한 뒤, 유방과 항우가 가장 큰 중심 세력이 되어 서로 다투게 된다.

유방은 지방 관리 출신으로, 성품이 온화하고 활달하며 도량이 넓었다. 소하, 한신, 장량, 번쾌 등 훌륭한 장군과 참모가 유방을 잘 보좌하였다. 한편 항우는 초나라 귀족의 후예로, 성격이 다소 난폭하고 직설적이었다. 그에게도 범증이라는 참모가 있었으나, 항우는 그의 진언을 잘 받아들이지 않았다.

4년에 걸친 초한 전쟁 중, 유방은 죽음의 위기를 여러 번 맞았으나 참모들의 계책으로 위기를 모면할 수 있었지만, 항우는 여러 번 유방을 물리치면서도 난폭하고 거만하며 의심 많은 성격 때문에 결국 유방한테 패하고 자살했다. 긴 전쟁이 끝난 후, 유방은 한나라를 세웠다.

항우가 고립되어 죽음에 몰린 고사로 四面楚歌라는 성어가 생겨났다. 또한 항우의 죽음 후 그의 애첩 우희가 뒤따라 자살하였는데, 항우와 우희의 이별 이야기는 '패왕별희(霸王别姬)'라는 이야기로 잘 알려져 있다. 비록 항우는 패했지만 여전히 중국 역사상 가장 강한 무장이라고 할 수 있으며, '패왕(霸王)'이란 단어는 전적으로 항우를 가리킨다. 유방은 항우보다 능력이 출중하지는 않았지만, 인재를 잘 활용했기 때문에 결국 황제가 될 수 있었다.

• 유방 刘邦 Liú Bāng
• 항우 项羽 Xiàng Yǔ
• 소하 萧何 Xiāo Hé
• 한신 韩信 Hán Xìn
• 장량 张良 Zhāng Liáng
• 번쾌 樊哙 Fán Kuài
• 범증 范曾 Fàn Zēng

• 진승과 오광의 봉기(陈胜吴广起义 chénshèng wúguǎng qǐyì)

시황제의 뒤를 이어 등극한 2세 황제는 포악한 정치를 일삼고, 자신의 뜻에 반하는 자라면 관리는 물론 형제자매까지도 무참히 죽여 버렸다. 또한 장정과 인부의 징집이 심해지자 끝내 백성들은 폭발하기 시작했고, 이때 최초의 농민 반란이라 불리는 진승과 오광의 난이 일어났다. 농민 출신인 진승과 오광이 징집 명에 따라 이동하던 중, 농민 900여 명을 이끌고 일으킨 난으로, 진(秦)나라 멸망의 계기가 되었다.

• 四面楚歌 sìmiànchǔgē 사면초가

유방과 항우가 대치하던 중, 교섭을 통해 서로 한 발씩 물러나려던 찰나, 유방은 약속을 어기고 항우의 진지를 포위했다. 항우군의 식량이 바닥나고 사기도 떨어져 있을 때, 유방은 자신의 군사 중 초나라 출신을 골라 밤마다 초나라 노래를 부르게 했다. 오랜 시간 동안 전쟁에 시달려 온 항우군의 초나라 병사들은 고향 노래를 듣자 점점 마음이 약해졌고, 이것은 항우 또한 마찬가지였다. 매일 밤 들려오는 초나라 노래에, 항우는 자신을 도와야 할 초나라 군사들이 모두 유방에게 돌아섰다고 생각하고 싸울 기력을 잃고 말았다. 四面楚歌는 이 고사에서 유래한 성어로, '사방이 완전히 적으로 둘러싸여 고립되다'라는 속뜻을 가지고 있다.

- 패왕별희(霸王别姬 bàwáng bié jī): 초왕 항우가 애첩 우희에게 작별을 고하다

우희는 항우의 애첩이다. 당시 우희는 항우에 대한 지조를 지키기 위해 항우가 죽은 후 스스로 자결했다고 전해지기도 하고, 항우가 죽기 직전 스스로 우희를 죽였다고도 한다. '패왕별희'라는 제목의 이들의 이별 이야기는 경극과 영화 등 여러 가지 매체로 각색되어 전해지고 있다. 경극으로는 메이란팡梅兰芳이 출연한 것이 가장 유명하고, 영화로는 장궈룽张国荣이 주연한 것이 가장 유명하다.

|예 제|

春秋时期，楚王请了很多臣子们来喝酒吃饭，席间歌舞妙曼，美酒佳肴，烛光摇曳。同时，楚王还命令两位他最宠爱的美人许姬和麦姬轮流向各位敬酒。

忽然一阵狂风刮来，吹灭了所有的蜡烛，漆黑一片，席上一位官员乘机揩油，摸了许姬的玉手。许姬一甩手，扯了他的帽带，匆匆回到座位上并在楚王耳边悄声说："刚才有人乘机调戏我，我扯断了他的帽带，你赶快叫人点起蜡烛来，看谁没有帽带，就知道是谁了。"楚王听了，连忙命令手下先不要点燃蜡烛，并大声对各位臣子说："我今天晚上，一定要与各位一醉方休，来，大家都把帽子脱了痛饮一场。"众人都没有戴帽子，也就看不出是谁的帽带断了。

后来楚王攻打郑国，有一健将独自率领几百人，为三军开路，斩将过关，直通郑国的首都，而此人就是当年请许姬油的那一位。他因楚王施恩于他，而发誓毕生孝忠于楚王。

"人非圣贤，孰能无过？"很多时候，我们都需要宽容，宽容不仅是给别人机会，更是为自己创造机会。同样，老板在面对下属的微小过失时，则应有所容忍和掩盖，这样做是为了保全他人的体面和企业的利益。

도입:
배경이 되는 시기와 인물을 소개함

사건 발생:
한 관리가 왕의 여인인 쉬지를 희롱함. 쉬지는 범인을 잡아 달라 왕에게 말했지만 왕은 범인을 용서함

사건 결말:
장수는 왕의 은혜에 보답하기 위해 전장에서 큰 공을 세움

교훈(이치):
고사를 이용하여 경영자의 태도를 일깨워 줌

- 美酒佳肴 měijiǔ jiāyáo 좋은 술과 안주
- 烛光摇曳 zhúguāng yáoyè 촛불이 하늘거리다
- 揩油 kāiyóu 통 착복하다
- 扯 chě 통 뜯어내다
- 调戏 tiáoxì 통 희롱하다
- 健将 jiànjiàng 명 용장, 맹장
- 率领 shuàilǐng 통 이끌다, 인솔하다
- 斩 zhǎn 통 베다, 자르다

실제 시험에서는 이렇게 고사를 소개한 후, 마지막 단락에 교훈이나 이치를 전달합니다. 주요 내용은 마지막 단락에 나오지만, 독해 4부분에서는 세부 내용을 묻는 문제가 나오므로 배경지식을 알고 있다면 빠르게 내용을 파악할 수 있습니다. 이 문제에서는 초왕의 일화를 알고 있었다면 해석을 다 하지 않고도 지문의 내용을 파악할 수 있었을 것입니다.

|해 석|

춘추 시기에, 초나라 왕은 많은 신하들을 초대해 술을 마시고 밥을 먹었다. 연회장 안은 아름답고 부드러운 가무, 좋은 술과 좋은 안주가 있었고, 초의 불빛이 하늘거리고 있었다. 동시에 초왕은 그가 가장 총애하는 두 미녀인 쉬지(许姬)와 마이지(麦姬)에게 번갈아 가며 사람들에게 술을 올리도록 했다.

갑자기 거센 바람이 한차례 불어오면서, 모든 촛불이 꺼지며 칠흑같이 어두워졌다. 이때 연회장 안의 한 관리가 이를 틈타 쉬지의 고운 손을 어루만졌다. 쉬지는 손을 뿌리치며 그의 모자 끈을 끊어서 황급히 자리로 돌아가 초왕의 귓가에 속삭였다. "방금 어떤 사람이 어두워진 틈을 타 저를 희롱했어요. 제가

그의 모자 끈을 잘랐어요. 어서 사람을 시켜 촛불을 켜고 누구의 모자 끈이 없어졌는지 살피세요." 초왕은 이를 듣고 황급히 부하들에게 일단 초를 켜지 말라고 명령했고, 곧 모든 신하들에게 말했다. "나는 오늘 밤 모두와 함께 취하도록 마실 것이다. 자, 모두들 모자를 벗고 마음껏 즐기도록 하여라." 이로 인해 모두들 모자를 쓰지 않았기 때문에 누구의 모자 끈이 잘렸는지 가려낼 수 없었다.

후에 초왕이 정나라를 공격할 때 한 용장이 홀로 몇백 명을 이끌고 삼군의 길을 열어 주었고, 관문을 넘어 적장을 베고 정나라의 수도를 가로질렀다. 이 사람이 바로 그 해 쉬지를 희롱했던 사람이었다. 그는 초왕이 베푼 은혜로 인해 평생 초왕에게 충성할 것을 맹세했다.

"성현이 아닌 이상, 그 누군들 잘못이 없겠는가?" 많은 경우에 우리는 포용할 줄 알아야 한다. 포용은 타인에게 기회를 줄 뿐만 아니라 스스로에게 기회를 만들어 준다. 마찬가지로 사장이 부하의 작은 실수를 보았을 때는 어느 정도 용인하고 감춰 줘야 한다. 이렇게 하는 것은 그의 체면을 살려 주고 또 기업의 이익을 보전하기 위함이다.

2 중국의 문화, 전통 공예품, 명소 등을 소개하는 글

HSK는 외국인들을 대상으로 하는 중국어 시험이며, 그중 6급은 고급 과정이므로 수험생들에게 중국의 전통 문화와 공예품 등을 소개하는 글들을 많이 출제합니다. 따라서 평소에 일상 회화만 공부해서는 안 되며, 중국의 문화에도 많은 관심을 가져야 합니다.

1. 중국의 4대 명금(四大名琴 sì dà míng qín)

중국의 선비 계층이 즐기던 풍류로, 거문고, 바둑, 서예, 그림이 있다. 이 네 가지 기예를 '금기서화(琴棋书画)'라고 부르는데, 이 중 거문고, 즉, 금(琴)의 역사가 가장 오래되었다. 가장 유명한 것은 제환공의 호종(号钟), 초장왕의 요량(绕梁), 사마상여의 녹기(绿绮), 채옹의 초미(焦尾)인데, 이 네 가지를 중국의 사대명금이라 부른다.

2. 실크로드(丝绸之路 Sīchóuzhīlù)

실크로드는 중국 고대 한나라 시기에 서방으로 통하던 상업 교류를 하던 길을 뜻한다. 무역을 하던 상품들이 주로 중국의 비단(丝绸), 견직물이었기 때문에 이를 비단길, 즉, 실크로드라 불렀다. 실크로드는 동쪽에서 시작하여 당시의 수도인 장안까지 이어졌으며 서쪽으로 지중해, 유럽까지 펼쳐져 있었다.

> 🎓 선생님의 한마디
> 한나라 때의 수도인 장안은 지금의 산시성 시안을 뜻합니다.

3. 중국의 피리(笛子 dízi)

피리는 중국 한족의 관악기이다. 천연의 대나무로 만들었기 때문에 '竹笛'라고도 부른다. 피리는 선율이 아름다울 뿐 아니라 새 소리 등 대자연의 각종 소리도 표현할 수 있다.

• 笛 dí 명 피리

4. 그림자극(皮影戏 píyǐngxì)

그림자극은 '影子戏'라고도 부르며, 소가죽으로 만든 인물 실루엣을 조명 아래에서 비추어 그림자를 만들어 공연하는 연극을 일컫는다. 중국 민간에서 널리 전해지는 연극의 한 종류이다.

5. 베이징의 측백나무(古柏 gǔbǎi)

베이징의 측백나무는 나이가 대략 5백년 이상인 것이 5,000그루가 넘고, 베이징의 1급 고목(古树) 중 대다수를 차지한다. 그것들은 대부분 요금(辽金) 시대에서 명나라 때 심어진 것으로, '江山永固, 万代千秋(강산이 영원하며 만대에 걸쳐 오래오래 전해진다)'라는 의미를 지니고 있다.

6. 둔황 모가오굴(敦煌莫高窟 Dūnhuáng Mògāo Kū)

모가오굴은 세계 최대의 불교 석굴군으로 1987년 유네스코에 의해 세계 문화유산으로 등록되었으며, 속칭 천불동(千佛洞)이라고도 한다. 간쑤성甘肃省 둔황시 동남쪽에 자리잡은 밍샤산鸣沙山 동쪽 산기슭의 50여 미터 되는 높은 절벽에 층층의 동굴로 배열되어 있다.

* 둔황(敦煌 Dūnhuáng)

둔황은 고대 동서양 교류의 요지로, 실크로드로 가는 통로였던 곳이다. 기원전 11년 한나라 무제가 이곳의 흉노를 무찌르고 동부에서 한족을 이주시켜서 서역 지배의 거점으로 삼았다. 그 후 동서양의 문물이 교차되고 서로 다른 민족과 종교가 이곳 둔황을 거치면서 독특한 문화를 이루게 되었다. 특히 당대(唐代) 7세기부터 8세기 중엽에 걸쳐 가장 왕래가 성해, 동서 무역의 중계 지점으로서 문화의 꽃을 피우며 '둔황 예술'을 창출했다.

• 유네스코
  联合国教科文组织
  Liánhéguó Jiàokēwén Zǔzhī

중국의 3대 석굴
둔황의 모가오굴(莫高窟)
낙양의 룽먼석굴(龙门石窟)
대동의 윈강석굴(云冈石窟)

7. 우타이산(五台山 Wǔtái Shān)

2009년 세계 문화유산으로 지정된 우타이산은 산시성山西省 동북부에 위치하고 있다. 우타이산은 4대 불교 명산 중에 사찰의 건립 시기가 가장 빨라, 4대 불교 명산 중 으뜸이며 중국 불교 역사상 중요한 위치를 차지하고 있다.

중국 4대 불교 명산
우타이산(五台山)
푸퉈산(普陀山)
어메이산(峨眉山)
지우화산(九华山)

* 현통사(显通寺 Xiǎntōng Sì)

우타이산에서 역사가 가장 유구하고 규모가 가장 큰 절이다. 이 절의 기이한 점은 '세 가지가 없고, 두 가지가 기이하며, 한 가지 보배가 있다'라는 것이다. '세 가지가 없다'라는 것은 대궐은 있으나 불상이 없고, 비석은 있으나 글자가 없으며, 건물은 있으나 대들보가 없다는 것이다. '두 가지가 기이하다'라는 것은 입구에 위치한 종루(钟楼)와 비스듬히 자리잡은 정문이고, '한 가지 보배가 있다'라는 것은 구리로 주조한 건물인 '동전(铜殿)'을 가리킨다.

8. 청더 비슈 산장(承德避暑山庄 Chéngdé Bìshǔ Shānzhuāng)

청더 비슈 산장은 중국 4대 정원 중 하나로, 중국 최대의 황실 정원이다. 1703년에 건설을 시작해서 청조 3대 황제인 강희, 융정, 건륭을 거쳐 약 90년 동안 건설되었다. 산장은 호수 구역과 평야 구역, 산간 구역으로 나누어진다. 건물, 궁전, 누각, 정자, 복도, 사찰, 탑, 다리를 비롯한 120여 곳이 자연의 산과 물과 어우러져 아름다운 경관을 형성한다.

• 강희 康熙 Kāngxī
• 융정 雍正 Yōngzhèng
• 건륭 乾隆 Qiánlóng

• 중국 4대 정원
중국 4대 정원에는 베이징 이허위안(颐和园), 쑤저우 쥐정위안(拙政园)과 리우위안(留园), 청더 비슈 산장으로 꼽힌다. 이허위안은 청나라 함풍제의 황후인 서태후가 살았던 별궁으로 유명하다. 쥐정위안은 주요 건물들이 모두 물가에 세워져 있어서 자연스럽고 우아하며 풍격이 독특하다. 리우위안은 명나라 때의 관료 서시태가 만든 개인 정원으로, 700미터의 긴 회랑과 회랑 벽면의 각각 다른 모양의 창, 그리고 그 창을 통해 바라보는 정원의 경관이 그림처럼 아름다운 곳이다.

9. 타클라마칸 사막(塔克拉玛干沙漠 Tǎkèlāmǎgān Shāomò)

타클라마칸 사막은 면적 37만 제곱 킬로미터로, 대표적인 모래 사막에 속한다. 현재 중국의 신장 위구르자치구新疆维吾尔自治区에 속해 있으며, 뤄부포罗布泊 호수를 기준으로, 서쪽은 모래 언덕으로 이루어진 사막이, 동쪽은 자갈로 이루어진 사막이 있다. 지금은 허허벌판이지만 과거에는 실크로드를 잇는 동서간 교통로의 중심지였기에 수많은 크고 작은 도시국가와 군소 왕국들이 사막 위에 군림해 있었다. 실크로드를 타고 온 바람에 번영을 누리기도 하였으나 이후 동서 교통로가 단절되어 가면서 서서히 몰락했다.

10. 투루판(吐鲁番 Tǔlǔfān)

투루판은 신장의 티엔산天山 동부의 산간분지에 있다. 투루판 분지 안은 건조하고 비가 적으며, 일조가 충분하여 중국의 대표적인 포도 생산지이다. 또한 일교차가 아주 커서 '早穿皮袄午穿纱, 围着火炉吃西瓜(아침에는 모피 옷을 입고 낮에는 망사 옷을 입는다, 난로를 에워싸고서 수박을 먹는다)'라는 유명한 말이 생기기도 했다.

| 예 제 |

　　三彩陶始于南北朝而盛于唐朝，它以造型生动逼真、色彩艳丽和富有生活气息而著称，因为以黄、褐、绿为基本釉色，后来人们习惯地把这类陶器称为"唐三彩"。唐三彩的生产已有1300多年的历史了，它吸取了中国国画、雕塑等工艺美术的特点，采用堆贴、刻画等形式的装饰图案，线条粗犷有力。

당삼채에 대한 기본 설명:

　　唐三彩的特点可以归纳为两个方面，**首先**是釉色，**其次**是造型。唐三彩是一种低温釉陶器，在色釉中加入不同的金属氧化物，经过焙烧，便形成浅黄、赭黄、浅绿、深绿、天蓝、褐红、茄紫等多种色彩，但多以黄、褐、绿三色为主。唐三彩色彩自然协调，花纹流畅，是一种具有中国独特风格的传统工艺品，在色彩的相互辉映中，显出堂皇富丽的艺术魅力。

당삼채의 특징1: 釉色

　　唐三彩的造型丰富多彩，一般可以分为动物、生活用具和人物三大类，而其中尤以动物居多。出土的唐三彩，从现在分类来看主要也是分为动物、器皿和人物三类，尤其以动物居多，这个可能和当时的时代背景有关。在我国古代，马是人们重要的交通工具之一，战场上需要马，农民耕田也需要马，交通运输也需要马，所以唐三彩出土的马比较多；其次就是骆驼也比较多，这可能和当时中外贸易有关，骆驼是长途跋涉的交通工具之一，人们去欧洲经商，丝绸之路沿途需要有骆驼作为交通工具。所以说，匠人们把它反映在工艺品上。

당삼채의 특징2: 造型

　　烧制唐三彩的窑主要分布在长安和洛阳两地，在长安的称西窑，在洛阳的则称东窑。唐代盛行厚葬，达官贵族是这样，百姓也是如此，已形成一股风气，古人多把唐三彩作为冥器用来殉葬。现代社会随着人们对唐三彩关注的增多，以及唐三彩复原工作的发展，唐三彩逐渐成为文房陈设、馈赠亲友的良品。

당삼채의 생산 지역

　　唐三彩是唐代陶器中的精华，在初唐、盛唐时达到高峰。安史之乱以后，随着唐王朝的逐步衰弱，由于瓷器的迅速发展，三彩器制作逐步衰退。

당삼채의 역사

- **造型** zàoxíng 명 (만들어 낸 물체의) 이미지, 형상
- **逼真** bīzhēn 형 진짜와 같다
- **釉** yòu 명 유약
- **雕塑** diāosù 명 조소품
- **粗犷** cūguǎng 형 거칠고 상스럽다

🎓 **선생님의 한마디**

'首先……其次……'로 보아, 두 가지 특징이 나옴을 알 수 있습니다.

- **焙烧** bèishāo 동 (광석을) 굽다
- **浅** qiǎn 형 옅은
- **赭** zhě 형 적갈색의
- **褐** hè 형 갈색의
- **辉映** huīyìng 동 (빛·광채가) 눈부시게 빛나다
- **堂皇富丽** tánghuángfùlì 웅장하고 화려하다
- **耕田** gēngtián 동 농사 짓다
- **长途跋涉** chángtúbáshè 먼 길을 고생스럽게 가다
- **窑** yáo 명 (기와·도기를 굽는) 가마
- **厚葬** hòuzàng 동 장례를 성대하게 치르다
- **冥器** míngqì 명 부장품
- **殉葬** xùnzàng 동 순장하다
- **陈设** chénshè 명 진열품, 장식품
- **馈赠亲友** kuìzèng qīnyǒu 친지와 친구에게 선물하다

'당삼채에 대한 기본 설명 → 당삼채의 특징 → 생산 지역 → 역사'의 순서로 지문의 단락이 구분됩니다. 전통 공예품을 소개하는 지문은 대부분 소개의 순서가 비슷하기 때문에, 이러한 흐름을 잘 익혀 두면 다른 공예품의 소개 글이 나와도 글의 흐름을 빠르게 파악할 수 있습니다. 또한 이러한 설명문은 각 단락의 첫 문장이 매우 중요합니다. 주로 첫 번째 문장에 단락의 주제가 나오고, 구체적으로 설명해 나가는 방식을 취합니다. 따라서 이러한 소개 글(설명문)에서는 첫 번째 문장에 주의하며 내용을 파악해야 합니다.

삼색 토기는 남북조 시대에 생겨나서 당나라 때 성행했다. 삼색 토기는 진짜와 같이 생동감 넘치는 조형과 아름다운 색, 풍부한 생활 정취로 유명하다. 황색, 갈색, 녹색을 기본 유약 색깔로 삼았기 때문에, 후에 사람들은 습관적으로 이런 종류의 도자기들을 '당삼채'라 불렀다. 당삼채의 생산은 이미 1300여 년의 역사를 가지고 있다. 당삼채는 중국화, 조소품 등 공예 미술의 특색을 흡수하였고, 쌓고 붙이고 새기거나 그리는 등 형식의 장식 도안을 사용하여 선이 거칠고 힘이 있다.

당삼채의 특색은 두 가지 방면으로 요약할 수 있다. 첫째는 유약의 색이고, 둘째는 조형이다. 당삼채는 저온 유약 도자기이다. 색 유약에 서로 다른 금속 산화물을 첨가하고 굽는 과정을 거쳐 담황색, 황토색, 담록색, 짙은 녹색, 하늘색, 홍갈색, 가지색 등 다양한 색채가 만들어진다. 하지만 대부분 황색, 갈색, 녹색의 세 가지 색이 주이다. 당삼채는 색이 자연스럽고 조화로우며 무늬가 거침이 없어 중국 특유의 기풍을 가진 전통 공예품으로, 색채가 서로 비추며, 웅장하고 화려한 예술적 매력을 발산한다.

당삼채의 조형은 풍부하고 다채로우며 일반적으로 동물, 생활용품과 사람의 세 가지 큰 부류로 나뉘는데, 그중 동물이 특히 많다. 출토된 당삼채를 현재의 분류로 봤을 때에도 주로 동물, 생활 용기, 사람 세 부류로 나누어지며, 그중에서도 역시 동물이 특히 많다. 이는 당시의 시대 배경과 연관이 있다. 중국 고대에 말은 사람의 중요한 교통수단 중 하나였다. 전장에서도 말이 필요했고 농민들이 농사를 짓는 데에도 말이 필요했으며 교통 운송에도 말이 필요했다. 그래서 당삼채가 출토된 것은 말이 비교적 많고, 그다음으로 많은 것은 낙타이다. 이 역시 당시의 무역과 관련이 있다. 낙타는 장거리 여정의 교통수단 중 하나였다. 사람들이 유럽으로 장사를 하러 가거나, 실크로드를 지날 때에도 낙타는 교통수단으로 필요했다. 그래서 공예가들은 낙타를 공예품에 반영했다고 볼 수 있다.

당삼채를 구워 만드는 가마는 주로 장안과 낙양 두 군데에 분포되어 있었는데, 장안의 것을 서가마, 낙양의 것을 동가마라고 불렀다. 당나라 때는 장례를 성대하게 치르는 것이 유행했다. 고관 귀족뿐만 아니라 백성들 역시 그러했는데, 이미 하나의 풍토로 형성되어 있었다. 고대 사람들은 당삼채를 순장을 하는 데 부장품으로 삼았다. 현대 사회에서 당삼채에 대한 사람들의 관심이 높아지고, 당삼채 복원 작업이 발전함에 따라 당삼채는 점점 서재 장식품이나 가족과 친구에게 선물하는 좋은 상품이 되고 있다.

당삼채는 당나라 도기 중에서도 정수이고, 당나라 초기와 번성기에 그 정점을 찍었다. 안사의 난 이후 당나라 왕조가 점점 쇠퇴함에 따라, 자기(瓷器)의 빠른 발전으로 인해 삼색 그릇의 제작 역시 점점 쇠퇴되었다.

3 생활과학 지식을 소개하는 글

HSK 6급 독해 4부분에서 생활과학 지식을 소개하는 글은 매 시험마다 한두 지문씩 출제됩니다. 평소에 한국어로 된 생활 상식 등을 접하면서 배경지식을 쌓아 놓도록 합니다. 아래는 시험에 출제되었던 내용과 출제될 가능성이 있는 내용들을 정리한 것입니다.

1. 발효 식품

발효(发酵 fājiào)란 효모, 유산균, 누룩곰팡이 등의 발효 미생물의 기능을 말한다. 발효 식품의 좋은 점은 발효 과정에서 생산된 영양 성분이 식품 속에 축적되기 때문에 각종 아미노산(氨基酸 ānjīsuān), 미네랄(矿物质 kuàngwùzhì), 비타민(维生素 wéishēngsù)이 풍부하다는 점이다. 따라서 소화 및 흡수에 유리하고, 해독(解毒) 작용도 가지고 있다.

2. 바코드(条形码 tiáoxíngmǎ)

바코드는 1차원 바코드와 2차원 바코드로 나눌 수 있다. 1차원 바코드는 너비가 서로 다른, 희고 검은 줄무늬로 상품의 정체를 표시한 것이다. 1차원 바코드는 주로 8~16개의 줄로 생산국, 제조 업체, 상품 종류, 유통 경로 등을 저장해 놓는다. 2000년대 중반 이후에 등장한 2차원 바코드(二维码)는 1차원 바코드의 데이터 용량의 한계를 극복하여, 문자와 숫자, 사진 등 대량의 정보를 작은 사각형 안에 코드화 한 것으로 대표적인 것으로는 QR코드가 있다.

3. 하품(打哈欠 dǎ hāqian)

하품은 체내의 과도한 이산화탄소를 배출해 주어 인체를 보호해 준다. 수면이 부족하거나 피로가 과도할 경우에 연달아 하품을 하게 되는데, 이는 대뇌와 각 기관이 이미 피로하니 빨리 수면을 취하라고 알려 주는 것이다. 또한 졸리지 않을 때에도 하품을 하는 경우가 있는데 이는 우리 몸에 산소가 부족하다는 것을 의미한다. 누군가 하품을 하면 주위 사람들도 쉽게 하품을 하게 되는 경우가 있는데, 이는 하품이 전염성이 있기 때문이다.

4. 수면(睡眠 shuìmián)

건강한 수면 시간은 7~8시간으로 알려져 있다. 편안하고 건강한 수면은 피로를 없애고 체력을 회복시키며, 면역력을 강화하고 건강을 회복시킨다. 또한 대뇌를 보호하고 에너지를 회복시키며 피부 미용에도 도움을 준다. 성장기의 건강한 수면은 성장 발육을 촉진시키고, 중장년기의 건강한 수면은 노화를 늦추며 장수를 촉진시킨다. 사람들이 잠잘 때 취하는 수면 자세는 크게 4가지로 나눌 수 있다.

1) 반듯이 누워 자기(仰卧 yǎngwò)
약 60퍼센트의 사람들이 선택하는 자세로, 의사들이 추천하는 대중적인 수면 자세이다. 코를 고는 사람이나 호흡기 질병이 있는 사람들에게는 불편한 자세이지만, 가장 건강한 수면 자세로 알려져 있다.

2) 엎드려 자기(俯卧 fǔwò)
5퍼센트 정도의 사람들이 엎드려 자고 있으며, 허리 통증이 있는 사람들에게 유리한 수면 자세이다. 하지만 심장과 폐를 압박해서 호흡에 영향을 준다.

3) 좌측 옆으로 자기(左侧卧 zuǒcèwò)
사람의 심장이 왼쪽에 있기 때문에 심장을 압박하여 건강하지 못한 수면 자세이다.

4) 우측 옆으로 자기(右侧卧 yòucèwò)
심장에 압박감이 없어서 안정감을 주는 수면 자세이나, 폐 운동에 영향을 주어 폐가 약한 사람에게는 좋지 않은 수면 자세이다.

🎓 **선생님의 한마디**

수면과 관련된 여러 가지 표현은 시험에서 자주 보이니 중국어로 알아 두도록 합니다.

- 피로를 없애다 消除疲劳
- 체력을 회복시키다 恢复体力
- 면역력을 강화하다 增强免疫力
- 건강을 회복하다 康复机体
- 대뇌를 보호하다 保护大脑
- 에너지를 회복시키다 恢复精力
- 피부 미용에 도움을 주다 有利于皮肤美容
- 성장 발육을 촉진시키다 促进生长发育
- 노화를 늦추다 延缓衰老
- 장수하게 하다 促进长寿

5. 색깔의 작용

1) 파란색과 녹색(蓝色和绿色)

파란색과 녹색은 맥박 수를 줄여서 혈압을 낮추고 심장의 부담을 줄여 줘서 심리적인 안정을 가져다준다. 특히 녹색은 눈의 피로를 없애는 데 효과적이다.

2) 붉은색(红色)

붉은색은 신경계통을 자극하고 흥분시켜서 아드레날린 분비와 혈액순환을 촉진시킨다.

3) 주황색(橙色)

주황색은 식욕을 유발하는 색깔이다.

4) 노란색(黄色)

노란색은 희망과 기쁨을 대표하는 색으로, 활기차고 생기 있는 느낌을 부여해 준다. 신경계 및 뇌를 강화시켜 주고 소화기관에도 좋은 효과가 있다.

5) 자주색(紫色)

자주색은 마음을 편안하게 해 주는 효과가 있으며 특히 심장 질환이 있는 노인들에게 좋은 색깔이다.

|예 제|

　　进入太空的航天员，不可能总是待在舒适的密封座舱里。比如，在轨道飞行中有时需要到舱外安装、维修和回收仪器设备，回收和修理航天器，组装大型航天器。到达其他星球时，需要走出密封座舱，进行科学考察和科学实验等等。这时又如何保障航天员的生命安全呢？——再造一种适体的小型密封舱！这种适体的小型密封座舱叫作"舱外活动航天服"，以便与在密封座舱中穿用的一般航天服相区别。这就像潜艇上的一般水兵服与潜水时穿的潜水服不同一样。

주제 제시:
우주 비행사의 안전을 보
장해 주는 생비인 舱外
活动航天服 소개

　　不难理解，舱外活动航天服应具备密封座舱保障生命安全的全部功能，比如能防微流星体撞击、防辐射、供氧、维持一定的气压、温度和湿度、能处理二氧化碳和其他有害气体，长期穿用的舱外活动航天服还要能让航天员饮水、进食和大小便。

실외 활동 우주복의 기능

　　事实上，舱外活动航天服的功能要求比密封座舱还多。首先，航天员要穿着舱外活动航天服活动，包括头、体、四肢都要活动。这就要求舱外活动航天服与人的关节相对应的部位能弯曲和转动。其次，舱外活动航天服与其他服装一样有穿也有脱，因此它的衣、裤、头盔、手套和鞋袜需要方便地连接和分离。第三，在太空真空中和有些天体上没有空气传播声音，咫尺之间相互说话也听不见，因而需要有无线电通讯设备。第四，在空旷的太空中八面无着，寸步难移，需要用喷气设备产生的反作用力来移动位置；在其他天体上，由于引力的大小与地球不同，行走起来很不方便，所以需要代步设备。

우주복의 특징1:
활동상의 기능 측면

선생님의 한마디

색깔이 주는 심리적인 작용에 대해 HSK에서 꾸준히 물어보고 있으므로, 각 색깔이 주는 영향에 대해 알아 두도록 합니다.

- **组装** zǔzhuāng 통 조립하다
- **潜艇** qiántǐng 명 잠수정
- **辐射** fúshè 명 방사선
- **二氧化碳** èryǎnghuàtàn 명 이산화탄소
- **头盔** tóukuī 명 헬멧, 투구
- **咫尺** zhǐchǐ 명 아주 가까운 거리
- **无着** wúzhuó 통 의지할 곳이 없다
- **笨重** bènzhòng 형 힘이 들다, 육중하다
- **火箭** huǒjiàn 명 로켓

선생님의 한마디

'首先……其次……第三……第四……'로 보아, 네 가지 특징이 나옴을 알 수 있습니다.

舱外活动航天服的背部有3个背包，分别是存放水、氧气和食物的生命背包，用于通讯的通讯背包和用于移动位置的喷气背包。这样的舱外活动航天服显然是非常笨重的。在飞船发生意外时，舱外活动航天服可作为紧急救生设备使用。在火箭发射飞船时和飞船返回地球时最容易发生意外，所以航天员在飞船发射升空时和返回地球时，总是穿着舱外活动航天服。

우주복의 특징2:
긴급 상황의 기능 측면

생활과학 지식을 소개하는 글에서는 주로 앞부분에 주제를 먼저 알리는 두괄식 쓰기가 많습니다. 이때 첫 번째 단락에서 의문문으로 주제를 유도하는 경우가 많으므로, 항상 첫 번째 단락의 의문문에 주의해야 합니다. 두 번째 단락부터는 지문 소재의 특징, 장단점, 영향 등 세부적인 내용이 나옵니다. 세부 내용을 묻는 문제에 대비하여, 문제의 단어를 지문에서 빠르게 찾는 연습을 많이 해야 합니다.

|해 석|

우주로 진입한 우주 비행사는 항상 편안한 밀폐 객실에 있을 수만은 없다. 예를 들어, 궤도 안에서 비행을 할 때 때때로 객실 밖에서 기기 설비를 설치·수리·회수해야 하고, 우주선을 회수·수리하며, 또 대형 우주선을 조립해야 한다. 다른 천체에 다다랐을 때는 밀폐 객실에서 나와 과학적 탐구와 실험 등을 해야 한다. 이때 과연 어떻게 우주 비행사의 생명을 안전하게 보장할까? 그것은 바로 몸에 맞는 소형 밀폐 객실을 만드는 것이다! 이같이 몸에 맞는 소형 밀폐 객실을 '실외 활동 우주복'이라 부른다. 이는 밀폐 객실 내에서 착용하는 일반 우주복과 구별을 두기 위해서이다. 이는 마치 잠수정의 일반 수병복과 잠수할 때 입는 잠수복이 서로 다른 것과 같다.

쉽게 이해할 수 있는 점은, 실외 활동 우주복은 밀폐 객실 내에서 생명 안전을 보장해 주는 모든 기능을 갖춰야 한다는 것이다. 예를 들어, 작은 유성과의 충돌을 막고 방사선을 막을 수 있고 산소를 공급하고 일정한 기압과 온도·습도를 유지하며, 이산화탄소와 기타 유해 기체를 처리할 수 있어야 한다. 장기간 착용하는 실외 활동 우주복의 경우, 우주 비행사로 하여금 물을 마시고 밥을 먹고 대소변을 해결할 수 있게 해 준다.

사실상 실외 활동 우주복의 기능 요구는 밀폐 객실보다 훨씬 많다. 먼저 우주 비행사는 실외 우주복을 입고 활동할 수 있어야 하고 머리, 몸, 팔다리가 모두 움직일 수 있어야 한다. 그래서 실외 활동 우주복은 사람의 관절과 서로 상응하는 부위가 구부러지고 움직일 수 있어야 한다. 다음으로는 실외 활동 우주복 역시 다른 옷처럼 입고 벗을 수 있어야 한다. 그러므로 우주복의 옷, 바지, 헬멧, 장갑, 그리고 신발과 양말 모두 편리하게 잇고 분리할 수 있어야 한다. 셋째로, 우주 진공 상태와 일부 천체상에서는 소리를 전달할 공기가 없어서 아주 가까운 거리에서도 들을 수가 없다. 때문에 무선 통신 설비가 필요하다. 넷째로, 광활한 우주에서는 사방에 의지할 곳이 없어서 한 발자국도 움직이기 어렵기 때문에 공기를 내뿜는 설비가 만들어 내는 반작용력을 이용해 움직여야 한다. 다른 천체상에서는 만유인력의 크기가 지구와 다르기 때문에 걸음을 걷기가 매우 힘들다. 그래서 걸음을 대신할 설비가 필요하다.

실외 활동 우주복의 뒷면에는 세 가지 배낭이 있는데, 각각 물·산소·식량을 저장하는 생명 배낭, 통신하는 데 사용되는 통신 배낭과 위치를 바꿀 때 사용하는 공기를 내뿜는 배낭이다. 이러한 실외 활동 우주복은 무게가 매우 무거울 것이 자명하다. 우주선에서 의외의 사고가 발생했을 때, 실외 활동 우주복을 긴급 구명 장비로 사용할 수 있다. 로켓이 우주선을 발사할 때와 우주선이 지구로 돌아올 때 의외의 사고가 발생하기 쉽다. 그래서 우주 비행사들은 우주선이 발사되어 하늘로 올라갈 때와 지구로 돌아올 때에 항상 실외 활동 우주복을 입고 있다.

01~04 🎧 독해 4-02-2 확인문제.mp3

俗话说"冬吃萝卜夏吃姜，不劳大夫开药方"，"常吃生姜，不怕风霜"。生活中的姜除用作调味剂、小食品外，也广泛应用于美容、保健等方面。

用生姜浓缩萃取液或者直接用生姜涂抹头发，其中的姜辣素、姜烯油等成分，可以使头部皮肤血液循环正常化，促进头皮新陈代谢，活化毛囊组织，有效地防止脱发、白发，刺激新发生长，并可抑制头皮痒，强化发根。坚持用生姜直接涂抹头部斑秃患处，秃发处甚至可生出新发。

含生姜成分的洗发水，有清洁头皮、祛除头屑、防治脱发等功效。特别是在冬天，用来洗头并配合头皮按摩，感觉轻松暖和。而用生姜或干姜煮水泡脚，全身气血通畅，温暖舒畅。

生姜含一种类似水杨酸的化合物，相当于血液的稀释剂和抗凝剂，对降血脂、降血压、预防心肌梗塞等都有显著效果。

明朝《奇效良方》中载药方说："一斤生姜半斤枣，二两白盐三两甘草，丁香沉香各半两，八两茴香一处捣，蒸也好，煮也好，修合此药胜似宝，每天清晨饮一杯，一世容颜长不老。"姜辣素有很强的对抗脂褐素的作用，生姜切片或切丝，在沸水中浸泡10分钟后，加蜂蜜调匀，每天一杯，可明显减少老年斑。还有一种办法是将生姜切碎后拌少量的盐，长期食用，祛斑效果也不错。

生姜辣素对心脏、心血管有刺激作用，可以加速血液流动，促使排汗，带走体内多余的热量，具有排毒、养颜、减肥的作用。以香醋浸姜制成的保健醋，酸中带姜香，饭前少量饮用能开胃，助消化，软化血管，所以颇受人们的青睐。

01 根据上文，姜辣素有什么作用？

A 退烧

B 防治脱发

C 抑制新陈代谢

D 改善睡眠质量

02 关于水杨酸，可以知道：

A 能使人兴奋

B 可以稀释血液

C 能加速伤口愈合

D 能提高人体免疫力

03 根据《奇效良方》中的那个药方，可以知道：

A 姜越辣越好

B 姜不能空腹吃

C 姜具有养颜效果

D 姜不可长期食用

04 根据上文可以知道，生姜：

A 不宜冷藏

B 含有水杨酸

C 适合夏天吃

D 可治疗头痛

最近科学家设计出了能让盲人看到事物的智能眼镜。这种眼镜通过两个小型摄像头和一部袖珍电脑来捕捉和处理信息，使佩戴者能感到面前的人或物体，甚至可以为盲人"阅读"饭店的菜单。

这种智能眼镜预计于明年年底投放市场，售价不到一万元。目前已有30万盲人订购，其中大多数人都符合这种智能眼镜的佩戴条件。发明者说："多年来这种眼镜只存在于科幻电影中，但现在我们终于能见到电子视觉辅助工具在现实生活中的应用了。这种眼镜看上去和普通眼镜没什么区别，可以像普通眼镜一样随意佩戴。"

其实大多数盲人仍然可以感受到光，智能眼镜正是利用这一点设计出来的。眼镜框内针头般大小的摄像头捕捉到眼前的信息后，会把它们发到一部置于佩戴者口袋内的微型电脑上，经过电脑的处理，这些信息就会形成一个物象，显现在镜片上。眼前的事物越接近佩戴者，镜片上的物象就越明亮。虽然佩戴这种眼镜依然不能让盲人看到太多事物，但却足以让他们独自逛商店或乘坐公交车，满足他们日常生活的需要。随着电脑软件的深入开发，未来这种眼镜还可能会识别公车站牌和公交车号。

智能眼镜又是如何为盲人"阅读"的呢？原理和上面提到的一样，只不过这些信息不再形成物象显示到镜片上，而是通过耳机播放给佩戴者听。另外这种智能眼镜还能引导佩戴者找到大型建筑物的出口。发明者称，这项最新研究不仅能使盲人"看到"人物或词语这种单一的物象，还能帮助他们理解身处的整个场景。

05 根据第二段，可以知道智能眼镜：

A 携带不便   B 外观奇特

C 设计有问题   D 尚未投放市场

06 智能眼镜是利用盲人的什么特点来设计的?

A 听觉发达   B 触觉敏锐

C 方向感强   D 能感觉到光

07 智能眼镜是如何为盲人"阅读"菜单的?

A 将菜单上的字转为盲文   B 将捕捉到的信息转为声音

C 将所获得的信息呈现在镜片上   D 将菜单上的字转为立体图案

08 最适合做上文标题的是：

A 盲人的福音   B 你换眼镜了吗

C 智能眼镜的缺点   D 盲人的"特异功能"

▶ 정답 및 해설 68쪽

81-84 　🎧 실전문제 81_84.mp3

据统计，全世界有7000多种蚂蚁，它们的个体数远远超过其它陆生动物。蚂蚁适应自然环境的能力很强，无论是高山峡谷，还是戈壁沙漠，到处都可以找到它们的踪迹。

昆虫学家发现，原来蚂蚁是一种高级的社团性昆虫，它们的行为与人类有着惊人的相似之处。蚂蚁社会中也有着严格和精密的分工，比如：刚出生的幼蚁都由专门的"托儿所"照料，它们都在那里度过自己的童年。"托儿所"里的"保育员"不但要保证蚂蚁的安全，还要精心喂养，甚至要按时带蚂蚁在"托儿所"附近散步。另外，蚂蚁还有专业的"医疗机构"，蚂蚁医生不但要对生病的蚂蚁展开及时的治疗，还要对健康的蚂蚁进行预防性检查。

蚂蚁的居住环境也别有一番洞天，它们一般在地下筑巢，这些地下巢穴有着良好的排水、通风设施，而规模则相对灵活。最小的蚁穴只能容纳几十或近百只蚂蚁，而较大的蚁穴则能住下几千、几万，甚至更多的蚂蚁。科学家们曾在原始森林中发现过一个巨大的蚂蚁群落，在一个方圆仅1.9平方公里的地方居然筑有1500多个蚂蚁窝，每窝各有100多万只蚂蚁，构成了生物界罕见的特大"蚂蚁城"。"蚂蚁城"内部整齐美观，井然有序。窝与窝之间有蚁道相通，窝的高度和大小都有一定的规格，通常呈钟形，像一座座地下的小山丘，连绵起伏，令人为之称奇。

81. 根据第1段，蚂蚁具有什么特点?

    A 种类繁多   B 生长速度快

    C 是最小的陆地生物   D 对生存环境很挑剔

82. 根据上文，蚂蚁"保育员"主要负责什么?

    A 抵御天敌   B 抚养幼蚁

    C 搬运食物   D 治疗疾病

83. 根据上文，"蚂蚁城":

    A 结构美观整齐   B 有良好的保温功能

    C 是在沙漠地区发现的   D 内部居住了100多万只蚂蚁

84. 根据上文，蚂蚁:

    A 喜欢夜间活动   B 每年秋季迁徙

    C 寿命长达十年   D 有细致的社会分工

▶ 정답 및 해설 140쪽

85-88 🎧 실전문제 85_88.mp3

中国十大传世名画之一的《清明上河图》为风俗画作品，是北宋画家张择端的一幅存世精品，属国宝级文物，现存于北京故宫博物院。

该画为绢本设色的长卷，宽24.8厘米，长528.7厘米。它采用散点透视的构图法，将繁杂的景物纳入统一而富于变化的图画中，描绘了北宋时期首都汴京以及汴河两岸的自然风光和繁荣景象，生动地记录了中国12世纪的风貌。

《清明上河图》全图规模宏大，结构严谨，大致分为三个段落：汴京郊外春光，汴河码头和城内市街。

首段，描写汴京郊外春光。一片柳林刚刚泛出嫩绿色，给人一种虽是春寒料峭，却已春回大地的感觉。路上一顶轿子内坐着一位妇人，是从京郊踏青扫墓归来的。这部分的环境和人物都点明了清明的特定时间和风俗，为全图拉开了序幕。

中段，描写汴河码头。汴河是北宋的漕运枢纽、商业交通要道，从画面上可以看到码头上人来人往，河里的船只川流不息，有的满载货物，逆流而上；有的靠岸停泊，正紧张地卸货。横跨在汴河上的是一座规模宏大的木质拱桥，由于形式优美，宛如飞虹，故名虹桥。桥上摆满了各种饮食摊和杂货摊，场面异常热闹，是整幅画的中心。

后段，描写城内街市，以高大的城楼为中心，两边的屋宇鳞次栉比，有茶坊、酒肆、商铺、庙宇等等。各行各业，应有尽有。街市行人，摩肩接踵。画卷把商业都市的一派繁华景象栩栩如生地展现在人们的眼前。

《清明上河图》不仅仅是一件现实主义绘画珍品，同时也为我们提供了研究北宋都市生活的第一手资料，具有很高的艺术价值和历史价值。

85. 《清明上河图》的构图特点为：

    A 中心对称   B 散点透视

    C 明暗对比   D 黄金分割

86. 《清明上河图》主要描绘了什么？

    A 汴京的建筑风格   B 盛夏的汴河风貌

    C 清朝的城市生活   D 北宋首都的风貌

87. 根据上文，画中的"虹桥"：

    A 造型像彩虹   B 是座石拱桥

    C 坐落在海边   D 正在进行维修

88. 与上文中"鳞次栉比"意思最接近的是：

    A 杂乱无章   B 高耸入云

    C 密密麻麻   D 寥寥无几

▶ 정답 및 해설 142쪽

89-92 🎧 실전문제 89_92.mp3

　　秦二世三年，丞相赵高野心勃勃，日夜盘算着要篡夺皇位。可朝中大臣到底有多少人听他摆布，有多少人反对他，他心中没底。于是他想了一个办法，欲试朝廷中有哪些大臣顺从他的意愿。

　　一天上朝时，赵高让人牵来一只鹿，满脸堆笑地对秦二世说："皇上，我献给您一匹好马，这匹马日行千里，是难得一见的宝马。"秦二世一看，心想：这哪里是马？这分明是一只鹿嘛！便笑着对赵高说："丞相搞错了，这明明是一只鹿，你怎么说是马呢？"赵高面不改色地说："这的确是一匹千里马。"秦二世又看了看那只鹿，将信将疑地说："马的头上怎么会长角呢？"赵高一转身，用手指着众大臣，说道："皇上如果不信我的话，可以问问众位大臣。"

　　大臣们都被赵高的一派胡言搞得不知所措，私下里嘀咕：这个赵高搞什么名堂？是鹿是马这不是明摆着嘛。但看到赵高脸上露出凶狠的表情，大臣们忽然明白了他的阴谋。

　　不敢逆赵高意的大臣和那些本来就与赵高串通一气的大臣都说是马，而敢于反对赵高的人则说是鹿，还有一些胆小的大臣低头不语。后来说是鹿的大臣都被赵高用各种手段害死了。

　　这个故事出自《史记》，后来人们用成语"指鹿为马"来比喻那些故意颠倒是非，混淆黑白的人。

89. 赵高牵一只鹿上朝，是想：

    A 讨好皇帝   B 讽刺大臣们

    C 表现自己的才干   D 弄清大臣们的立场

90. 根据上文，胆小的大臣们：

    A 勃然大怒   B 保持沉默

    C 喜出望外   D 迷惑不解

91. 根据上文，可以知道什么？

    A 赵高想做皇帝   B 皇帝受百姓爱戴

    C 大臣们都支持赵高   D 皇宫里饲养了很多宠物

92. 最适合做上文标题的是：

    A "指鹿为马"的由来   B "指鹿为马"的危害

    C "指鹿为马"的局限   D "指鹿为马"的成效

▶ 정답 및 해설 144쪽

93-96 🎧 실전문제 93_96.mp3

近些年，越来越多的人开始关注投资理财。很多人可能认为在证券市场当中赢利并不难，凭着自己的聪明才智，看看技术方面的书籍，听听专家的意见，就可以做到稳定盈利。也许投资的实施过程看起来的确比较简单，但这并不代表它不具有专业性。几乎没有人会问"怎样才能在短时间内掌握外科手术的技巧"，或是"怎样在短时间内成为网球冠军"——因为我们都知道，这些只有通过长期刻苦的练习才能做到。殊不知投资也是一项专业性非常强的工作，其对于投资者专业水平的要求绝不亚于外科手术医生。若想达到较高的专业水平，必须积累大量的知识。把投资看得太过简单的人，其实是"一叶障目"，只看到投资的实施环节，而忽略了知识积累的重要性，没能充分估量投资的难度，盲目投资，一旦失策，极有可能造成巨大的损失。

投资虽然有点像赌博，但我们不能因噎废食、放弃合理的投资。通货膨胀、物价走高、持续增加的医疗和教育支出，都在考验着我们的"财商"。如果我们不能对资产进行适当管理，并使其增值，那么所有的支出都将落在工资收入上，这无疑会增加生活压力。

面对众多投资者的困惑，资深职业投资人撰写了一本个人理财"入门书"，通过一些有寓意的故事，对市场本质和投资理念进行了简单易懂的分析，帮助读者认识债券、股票、期货、金属、房产等投资工具的特点。书中的内容融合了作者在多年的投资实践与研究中所总结出来的宝贵经验。该书旨在向普通投资者传授开源节流的妙计，指导他们尽快跨入投资门槛，少走弯路。

93. 根据第1段，很多人认为证券投资：

　　A 要博览群书　　　　　　　　B 很耗费时间

　　C 可以轻松赚到钱　　　　　　D 需要雄厚的资本

94. 上文提"外科手术医生"是为了说明投资：

　　A 要承担风险　　　　　　　　B 具有周期性

　　C 专业性很强　　　　　　　　D 要全力以赴

95. 上文中的"财商"是指：

　　A 贸易交往　　　　　　　　　B 消费水平

　　C 道德观念　　　　　　　　　D 理财能力

96. 上文最可能是一篇什么类型的文章？

　　A 图书导读　　　　　　　　　B 哲理散文

　　C 招生简章　　　　　　　　　D 会议纪要

▶ 정답 및 해설 146쪽

97-100 🎧 실전문제 97_100.mp3

　　在湖南吉首市西大约20公里处，有一个风景优美的苗族山寨——矮寨。矮寨不但是一个有着浓郁苗族风情的文化大镇，更是一个有着堪称"天下三绝"的奇特景观的地方。

　　首先是矮寨里的奇特房屋。一般来说，苗族的房屋都是木质结构，但走进矮寨，无论是街还是巷，无论是墙壁还是房顶，全部都是青石板。这些青石板厚薄均匀，与青山绿水和谐地融为一体，简约中透着一股古朴的韵味，给人一种来到了世外桃源一样的感觉。我想，若得三五知己坐在这样的屋子里，吃着峒河特产"桃花虫"，饮着苗族特有的米酒，一定无比惬意！

　　其次是矮寨外的奇特公路。矮寨坐落在群山之间，周围全是悬崖峭壁。早年，当地百姓为了出山，在绝壁上开凿出一条石阶，这石阶宛如悬梯一般，几乎呈竖直状，行人稍不留神就有可能坠入崖底，出行很是艰难。20世纪30年代修建的湘川公路，有一段就在矮寨背面的大山上。这座山的坡度大约从70到90度，在这样陡峭的山上筑路，唯一的办法便是让道路呈"之"字状。于是施工者先在大山的斜面凿出一道道一头高、一头低的"大台阶"，然后再把上下两个台阶相连接起来。虽然这座山的垂直高度只有440米左右，但蜿蜒盘旋的公路却有26个"台阶"，13个转弯，长约6公里。开汽车行驶在这条路上，抬头看上面的车辆仿佛压在头顶，低头看，又仿佛自己的车行驶在前面车辆的顶上，<u>很是惊心动魄</u>。到了山顶的公路尽头，向下望去，在阳光下，公路就像是一条洁白的玉带，层层折叠在山腰之间。

　　矮寨还有一绝，那就是特大悬索桥。这座桥横跨矮寨大峡谷，是渝湘高速公路大动脉中的一段，桥的主跨为1176米，距离地面大约330米，站在桥面俯视谷底，只见矮寨石板房宛如一座座小积木房子，错落有致地排列于山水之间。如果是大雾天，从桥面看下去，矮寨在雾中若隐若现，仿佛仙境一般。

97. 矮寨房屋的奇特之处是：

A 墙壁很薄 　　　　　　 B 屋顶很高

C 建在山谷里 　　　　　 D 用青石板建成

98. 第3段中画线句子是为了说明：

A 景色美 　　　　　　　 B 车辆多

C 公路险 　　　　　　　 D 山路宽

99. 根据上文，可以知道：

A 矮寨公路有26个弯 　　　 B 悬索桥横跨矮寨峡谷

C 雾中美景是矮寨三绝之一 　 D 悬索桥是湘川公路的一段

100. 上文主要谈的是：

A 矮寨的三大奇观 　　　　 B 矮寨的苗族风情

C 矮寨的交通发展 　　　　 D 矮寨的地理环境

▶ 정답 및 해설 149쪽

쓰기
완벽
대비

1장 쓰기, 이렇게 나온다!

셋째 마당 3

시험 유형 소개

★ 1,000자 정도의 지문 한 편을 읽고 400자 정도로 요약하기

★ 지문은 10분 동안 눈으로만 독해할 수 있음

★ 35분 동안 답안(원고지)에 요약하여 쓰기

★ 자신의 관점을 추가해서는 안 됨

★ 문제 번호: 101번(1문제)

★ 배점: 100점

101.

　　孟子是战国时期的大思想家。孟子名轲，从小丧父，全靠母亲仉氏一人日夜纺纱织布，挑起生活重担。仉氏是个勤劳而有见识的妇女，她希望自己的儿子读书上进，早日成才。但小时候的孟轲天性顽皮好动，不想刻苦学习。他整天跟着左邻右舍的孩子爬树捉鸟，下河摸鱼，到田里偷瓜。孟母开始又骂又打，什么办法都用尽了，还是不见效果。

　　她后来一想，儿子不好好读书，与附近的环境不好有关。于是就找了一处邻居家没有贪玩的小孩的房子，第一次搬了家。但搬家以后，孟轲还是坐不住。一天，孟母到河边洗衣服，回来一看，孟轲又跑出去玩了。孟母心想，这周围又没有小孩，他会到哪里去呢？找到邻居院子里，见那儿支着个大炉子，几个满身油污的铁匠师傅在"叮叮当当"地打铁。孟轲呢，正在院子的角落里，用砖块做铁砧，用木棍做铁锤，模仿着铁匠师傅的动作，玩得正起劲呢！孟母一想，这里环境还是不好，于是又搬了家。

　　这次她把家搬到了荒郊野外，周围没有邻居，门外是一片坟地。孟母想，"这里再也没有什么东西吸引儿子了，他总会用心念书了吧！"但转眼间，清明节到了，坟地里热闹起来，孟轲又溜了出去。他看到一溜穿着孝服的送葬队伍，哭哭啼啼地抬着棺材来到坟地，几个精壮小伙子用锄头挖出墓穴，把棺材埋了。他觉得挺好玩，就模仿着他们的动作，也用树枝挖开地面，认认真真地把一根小树枝当作死人埋了下去。直到孟母找来，才把他拉回了家。

　　孟母第三次搬了家。这次的家隔壁是一所学堂，有个胡子花白的老师教着一群大大小小的学生。老师每天摇头晃脑地领着学生念书，那拖腔拖调的声气就像唱歌，调皮的孟轲也跟着摇头晃脑地念了起来。孟母以为儿子喜欢念书了，高兴得很，干脆拿了两条干肉做学费，送孟轲去上学了。

　　可是有一天，孟轲又逃学了。孟母知道后伤透了心。等孟轲玩够回来了，孟母问他："你最近书读得怎么样？"孟轲说："还不错。"孟母一听，气极了，骂道："你这不成器的东西，逃了学还有脸撒谎骗人！我一天到晚苦苦织布为了什么？"说着，揪着他的耳朵拖到织布机房，抄起一把雪亮的剪刀，"哗"的一声，把织机上将要织好的布全剪断了。

　　孟轲吓得愣住了，不明白母亲为什么这样做。孟母把剪刀一扔，厉声说："你贪玩逃学不读书，就像剪断了的布一样，织不成布，就没有衣服穿；不好好读书，你就永远成不了人才。"

　　这一次，孟轲心里被重重地击了一下。他认真地思考了很久，终于明白了母亲的苦心，从此专心读起书来。由于他天资聪明，后来又专门跟孔子的孙儿子思学习，终于成了儒家学说的主要代表人物。

1 10분의 독해 시간 동안 최소 두세 번은 읽어라!

첫 번째는 빠르게 정독하여 내용을 파악하고, 두 번째는 본인이 쓸 내용 위주로 기승전결을 생각하며 읽습니다. 세 번째로 읽을 때는 서론과 결론 위주로 읽습니다. 제목을 쉽게 정하지 못할 경우 요약이 끝난 후 제일 마지막에 써도 좋으니, 제목을 생각하느라 독해 시간을 낭비하는 것은 금물입니다. '배경(시간, 장소, 인물)·사건의 발단·사건의 흐름·결과'를 토대로 내용을 파악하는 것이 우선입니다. 독해 시간이 끝남과 동시에 문제지는 회수해 갑니다.

2 결론이 가장 중요하다!

출제되는 지문은 대부분 서사문(이야기 글)입니다. 이때 서론은 등장인물과 사건의 발단 위주로 간략하게 요약하고 본문은 큰 흐름만 요약합니다. 결론은 반드시 써야 하고, 가급적 지문을 암기해서 그대로 쓰는 것이 가장 좋습니다. 글을 써 내려가다 보면 결론 부분을 잊어버릴 수 있으므로, 쓰기 시간이 시작되면 결론 부분을 먼저 답안지 뒷면 원고지 내에 살짝 메모해 두는 것이 좋습니다. 메모 시, 원고지의 범위를 벗어나지 않고 흔적을 남기지 않고 깨끗하게 지우는 것에 주의합니다.

3 모르는 한자는 부수를 나눠서 기억하라!

어려운 단어는 내용의 흐름상 쓰지 않아도 되는 경우가 많지만, 간혹 주요 단어가 매우 어렵게 나올 때가 있습니다. 이런 경우 10분의 독해 시간 동안 펜 사용이 금지되어 있으므로 어려운 글자는 손가락으로 써 보면서 외워야 합니다. 어려운 한자를 처음 접하게 되면 부수를 나눠서 기억하는 것이 큰 도움이 됩니다. 가령, 安慰의 慰를 처음 볼 경우 尸+示+寸+心으로 나눠 외우면 도움이 됩니다.

4 독해력은 기본이다!

HSK 6급 쓰기는 지문을 요약해서 쓰는 것이기 때문에 무엇보다도 독해력이 중요합니다. 내공이 약한 학생들이 종종 쓰기 영역부터 공부하려고 하는데, 이는 잘못된 순서입니다. 우선적으로 HSK 6급 독해 2, 3, 4부분부터 공부하여 지문을 빠르게 읽고 정확하게 이해하는 실력을 키우는 것이 좋습니다. 독해 4부분과 달리, 쓰기 영역의 독해는 정독이 필요합니다. 빠른 정독을 위해서는 평소에 많은 글을 정독해 봐야 합니다. 같은 지문을 반복해서 많이 정독하고, 문장들을 눈 감고 암기해 보는 훈련을 많이 해야 합니다.

★ 쓰기 원고지는 www.eztok.co.kr에서 무료 다운로드 받아 연습하세요.

普 pǔ 〔형〕 보편적인, 일반적인 　　　　　　　　　　　　　並(并)과 日(날, 해)가 결합한 글자입니다.

- ☐ **普遍** pǔbiàn 〔형〕 보편적인, 일반적인
- ☐ **普及** pǔjí 〔동〕 보급되다, 널리 확산시키다 　〔형〕 보편화된, 대중화된
- ☐ **科普** kēpǔ 〔명〕 과학 보급[科学普及의 줄임말]

谱 pǔ 〔명〕 계보, 표[사물의 계통과 순서를 세워 그것을 체계적으로 기록한 것]
　　　　　　　　　　　　　　　　　　　　　　　　ì(言)과 普가 결합한 글자입니다.

- ☐ **乐谱** yuèpǔ 〔명〕 악보
- ☐ **菜谱** càipǔ 〔명〕 메뉴, 식단
- ☐ **离谱** lípǔ 〔동〕 ①노래 부른 것이 악보에 맞지 않다, 가락이 틀리다 　②말도 안 되다, 믿을 수 없다
- ☐ **脸谱** liǎnpǔ 〔명〕 (중국 전통극에서 일부 배역들의) 얼굴 분장 예술

莫 mò 〔부〕 ~않다, ~못하다[동사·형용사 등의 앞에 쓰여 부정을 나타냄]
　　　　　　　　　　　　莫는 고대 한어에서는 '아무도 없다', '아무것도 없다'라는 의미로 쓰입니다.

- ☐ **莫过于** mòguòyú 〔동〕 ~보다 더한 것이 없다, 제일 ~하다
- ☐ **莫名其妙** mòmíngqímiào 〔성〕 영문을 알 수 없다, 이유나 까닭을 알 수 없다

漠 mò 〔명〕 사막 　〔형〕 냉담하다, 쌀쌀맞다 　　　　氵(水)와 莫가 합쳐진 단어입니다. 물이 없으니 사막이겠죠?

- ☐ **沙漠** shāmò 〔명〕 사막
- ☐ **冷漠** lěngmò 〔형〕 냉담하다, 무관심하다

幕 mù 〔명〕 막, 장막, 천막, 텐트 　　　　　　　　　　　　　莫와 巾이 합쳐진 글자입니다.

- ☐ **字幕** zìmù 〔명〕 (영화·텔레비전의) 자막
- ☐ **开幕式** kāimùshì 〔명〕 개막식
- ☐ **内幕** nèimù 〔명〕 내막, 속사정[주로 부정적인 의미로 쓰임]
- ☐ **荧幕** yíngmù 〔명〕 텔레비전 스크린, 모니터
- ☐ **屏幕** píngmù 〔명〕 스크린

墓 mù 몡 무덤　　　　　　　　　　　　　　　　　　　莫와 土가 합쳐진 글자입니다.

- ☐ 坟墓 fénmù 몡 무덤
- ☐ 陵墓 língmù 몡 왕릉[왕의 무덤]

慕 mù 톰 경모하다, 사모하다　　　　　　莫와 心이 합쳐진 글자입니다. 莫 아래의 忄은 心이 변형된 모습입니다.

- ☐ 羡慕 xiànmù 톰 흠모하다, 부러워하다
- ☐ 慕名而来 mùmíng ér lái 명성을 흠모해서 찾아오다

紫 zǐ 혱 자색의, 자줏빛의　　　　　　　　　　　此와 糸(실)로 이루어진 글자입니다.

- ☐ 紫色 zǐsè 몡 자색, 자줏빛

嘴 zuǐ 몡 입　　　　　　　　　　　　　　　　口와 此, 角로 이루어진 글자입니다.

- ☐ 嘴巴 zuǐba 몡 입, 주둥이
- ☐ 嘴唇 zuǐchún 몡 입술
- ☐ 张嘴 zhāngzuǐ 톰 입을 벌리다

기본 줄거리 요약만으로 60점을 넘깁다!

기본적인 내용만 간단하게 정리해서 써도 60점을 받을 수 있습니다. 구체적으로 묘사하는 부분은 다 생략하고 본인이 이해가 안 되거나 표현하기 어려운 부분을 피하며, 기본 줄거리만 간략하게 정리하세요. 주의해야 할 점은 결말 부분은 되도록 원문과 똑같이 암기해서 마무리해야 한다는 점입니다.

STEP 01 먼저 풀어보기

예제

• 10분 동안 지문을 읽고 400자 정도로 요약하세요.

　　孟子是战国时期的大思想家。孟子名轲，从小丧父，全靠母亲仇氏一人日夜纺纱织布，挑起生活重担。仇氏是个勤劳而有见识的妇女，她希望自己的儿子读书上进，早日成才。但小时候的孟轲天性顽皮好动，不想刻苦学习。他整天跟着左邻右舍的孩子爬树捉鸟，下河摸鱼，到田里偷瓜。孟母开始又骂又打，什么办法都用尽了，还是不见效果。

　　她后来一想，儿子不好好读书，与附近的环境不好有关。于是就找了一处邻居家没有贪玩的小孩的房子，第一次搬了家。但搬家以后，孟轲还是坐不住。一天，孟母到河边洗衣服，回来一看，孟轲又跑出去玩了。孟母心想，这周围又没有小孩，他会到哪里去呢？找到邻居院子里，见那儿支着个大炉子，几个满身油污的铁匠师傅在"叮叮当当"地打铁。孟轲呢，正在院子的角落里，用砖块做铁砧，用木棍做铁锤，模仿着铁匠师傅的动作，玩得正起劲呢！孟母一想，这里环境还是不好，于是又搬了家。

　　这次她把家搬到了荒郊野外，周围没有邻居，门外是一片坟地。孟母想，"这里再也没有什么东西吸引儿子了，他总会用心念书了吧！"但转眼间，清明节到了，坟地里热闹起来，孟轲又溜了出去。他看到一溜穿着孝服的送葬队伍，哭哭啼啼地抬着棺材来到坟地，几个精壮小伙子用锄头挖出墓穴，把棺材埋了。他觉得挺好玩，就模仿着他们的动作，也用树枝挖开地面，认认真真地把一根小树枝当作死人埋了下去。直到孟母找来，才把他拉回了家。

孟母第三次搬了家。这次的家隔壁是一所学堂，有个胡子花白的老师教着一群大大小小的学生。老师每天摇头晃脑地领着学生念书，那拖腔拖调的声气就像唱歌，调皮的孟轲也跟着摇头晃脑地念了起来。孟母以为儿子喜欢念书了，高兴得很，干脆拿了两条干肉做学费，送孟轲去上学了。

可是有一天，孟轲又逃学了。孟母知道后伤透了心。等孟轲玩够回来了，孟母问他："你最近书读得怎么样？"孟轲说："还不错。"孟母一听，气极了，骂道："你这不成器的东西，逃了学还有脸撒谎骗人！我一天到晚苦苦织布为了什么？"说着，揪着他的耳朵拖到织布机房，抄起一把雪亮的剪刀，"哗"的一声，把织机上将要织好的布全剪断了。

孟轲吓得愣住了，不明白母亲为什么这样做。孟母把剪刀一扔，厉声说："你贪玩逃学不读书，就像剪断了的布一样，织不成布，就没有衣服穿；不好好读书，你就永远成不了人才。"

这一次，孟轲心里被重重地击了一下。他认真地思考了很久，终于明白了母亲的苦心，从此专心读起书来。由于他天资聪明，后来又专门跟孔子的孙儿子思学习，终于成了儒家学说的主要代表人物。

1문단 해설

①孟子是战国时期的大思想家。②孟子名轲，从小丧父，全靠母亲仇氏一人日夜纺纱织布，挑起生活重担。③仇氏是个勤劳而有见识的妇女，她希望自己的儿子读书上进，早日成才。④但小时候的孟轲天性顽皮好动，不想刻苦学习。⑤他整天跟着左邻右舍的孩子爬树捉鸟，下河摸鱼，到田里偷瓜。孟母开始又骂又打，什么办法都用尽了，还是不见效果。

맹자는 전국 시기의 대사상가이다. 맹자의 이름은 '가'이다. 어려서 부친을 잃고 전적으로 모친인 장 씨 혼자 밤낮으로 실을 뽑아 베를 짜며 생활의 무거운 짐을 짊어졌다. 장 씨는 근면하고 식견 있는 여성으로, 그녀는 자신의 아들이 공부가 향상되어 하루빨리 인재가 되기를 바랐다. 하지만 어렸을 때의 맹자는 천성이 장난이 심하고 활동적이어서, 열심히 공부하려 하지 않았다. 그는 하루 종일 이웃집 아이들을 따라다니며 나무에 올라 새를 잡고 강에 뛰어들어 물고기를 잡고 밭에 가서 박을 서리했다. 맹자의 어머니는 꾸짖고 때리며 무슨 방법이든 다 써 봤는데도 여전히 효과를 보지 못했다.

중심 내용: 맹자는 편모 슬하에서 자랐다. 어렸을 때 맹자는 글공부를 싫어하고 종일 노는 것만 좋아했다.

① 孟子는 주요 단어이므로 반드시 글자를 쓸 수 있어야 합니다.

② 맹자의 이름은 요약에 꼭 필요한 요소는 아니므로, 생략해도 좋습니다. 어려서 아버지를 잃고 어머니와 함께 살았다는 것은 이 문단의 주요 내용이지만, 쉬운 말로 간략하게 줄여 쓰는 것이 좋습니다.

요약 从小丧父 → 从小就没有父亲

③ 맹자의 어머니에 관해 중요한 사실은 아들의 교육에 정성이 지극했다는 사실입니다. 지문의 전개에 나오는 내용이므로, 이 문단에서는 맹자의 환경과 성격에 관한 내용만 간략하게 주는 것이 좋습니다.

④ 맹자가 어릴 때 공부에는 무관심하고 노는 것만 좋아했다는 것은 맹모의 노력을 부각시키므로 내용 전개에 있어서 중요한 요소가 됩니다.

요약 天性顽皮好动，不想刻苦学习 → 不好好学习，就喜欢玩儿/
不爱学习，整天跟孩子们一起玩儿

⑤ 맹자가 노는 것만 좋아한다는 사실에 대한 부연설명이므로 과감하게 생략하는 것이 좋습니다.

요약 孟子从小就没有父亲，全靠母亲赚钱生活。母亲希望他好好学习，但小时候他不爱学习，整天跟孩子们一起玩儿。

맹자는 어려서 아버지를 잃고 어머니가 생계를 꾸리며 살았다. 맹자의 어머니는 그가 열심히 공부하기를 바랐지만, 어렸을 때 그는 공부하는 것은 싫어하고 온종일 친구들과 함께 놀기만 했다.

단어 孟子 Mèngzǐ [인명] 맹자 | 丧 sàng [동] 잃다, 죽다 | 仇氏 Zhǎng shì 장 씨 | 纺纱 fǎngshā [동] 실을 뽑다(잣다) | 织布 zhībù [동] 베를 짜다 | 挑起 tiāoqǐ [동] (어깨나 등에 짐 등을) 짊어지다 | 重担 zhòngdàn [명] 무거운 짐, 중대한 책임 | 勤劳 qínláo [형] 근면하다, 부지런히 일하다 | 孟轲 Mèng Kē [인명] 맹자 | 顽皮 wánpí [형] 장난이 심하다 | 好动 hào dòng 활동적이다, 움직이기 좋아하다 | 刻苦 kèkǔ [형] 고생을 참다, 매우 애를 쓰다 | 左邻右舍 zuǒlínyòushè [성] 이웃집 | 爬树捉鸟 pá shù zhuō niǎo 나무에 올라 새를 잡다 | 下河摸鱼 xià hé mō yú 강에 뛰어들어 물고기를 잡다 | 偷瓜 tōu guā 박 서리를 하다 | 用尽 yòngjìn 모두 다 쓰다

①她后来一想，儿子不好好读书，与附近的环境不好有关。于是就找了一处邻居家没有贪玩的小孩的房子，第一次搬了家。②但搬家以后，孟轲还是坐不住。③一天，孟母到河边洗衣服，回来一看，孟轲又跑出去玩了。④孟母心想，这周围又没有小孩，他会到哪里去呢？⑤找到邻居院子里，见那儿支着个大炉子，几个满身油污的铁匠师傅在"叮叮当当"地打铁。孟轲呢，正在院子的角落里，用砖块做铁砧，用木棍做铁锤，模仿着铁匠师傅的动作，玩得正起劲呢！⑥孟母一想，这里环境还是不好，于是又搬了家。

그녀가 나중에 생각해 보니 아들이 열심히 공부하지 않는 것은 부근의 환경이 나쁜 것과 관계가 있는 것 같았다. 그래서 이웃집에 노는 것만 좋아하는 아이가 없는 집을 찾아서 처음으로 이사를 했다. 하지만 이사한 이후에도 맹자는 여전히 얌전히 앉아 있지 못했다. 하루는 맹자의 어머니가 강가에서 빨래를 하고 돌아와 보니, 맹자는 또 놀러 나가고 없었다. 맹자의 어머니는 내심 '이 주위에는 아이도 없는데 얘가 어디로 간 거지?' 하고 생각했다. 이웃집 마당을 찾아가자 그곳에 큰 화로를 세워 놓고 온몸에 기름때가 가득한 대장장이 아저씨 몇 명이 '뚱땅뚱땅' 쇠를 두들기는 것을 보았다. 맹자는 마당 구석에서 벽돌로 모루를 만들고 나무 막대기로 망치질하며, 대장장이 아저씨의 동작을 흉내 내어 한창 흥이 나게 놀고 있는 게 아닌가! 맹자의 어머니는 이곳 환경도 역시 좋지 않다고 생각해서 또 이사를 했다.

중심 내용: 맹자의 어머니가 자식의 교육을 위해 이사를 했는데, 그 후에도 맹자는 여전히 놀기만 해서 또 이사를 했다.

★ 선생님의 한마디

2문단은 맹자의 어머니가 자식의 교육을 위해 이사를 한다는 사건을 소개하고 있습니다.

① 이사를 한 이유는 내용 전개에 있어서 중요한 요소이므로, 자세히 묘사하는 것이 좋습니다.

② 뒤에 이어 계속해서 맹자가 놀기만 한다는 내용이 나오니까 이 문장은 생략해도 좋습니다.

③ 一天과 같이 시간을 나타내는 단어들은 정확히 외워서 쓰는 것이 좋습니다. 맹자의 어머니가 빨래했다는 내용은 생략해도 좋지만, 맹자가 또 놀러 갔다는 내용은 빠트리지 말고 꼭 써야 합니다.

④ 맹자의 어머니가 속으로 생각하는 내용은 ⑤에서 어머니가 맹자를 찾아다닌다는 내용과 상통하는 것이므로 생략해도 좋습니다.

⑤ 주인공은 맹자이기 때문에 다른 사람들에 대한 묘사 부분은 생략해도 됩니다.

⑥ 맹자의 어머니가 내린 결론이므로 반드시 쓰도록 합니다.

자주 쓰이는 시간사

- 一天 yìtiān 하루는, 어느 날
- 第二天 dì'èr tiān 이튿날
- 后来 hòulái 나중에, 후에
- 过了一段时间 guò le yí duàn shíjiān 얼마 후
- 不久以后 bù jiǔ yǐhòu 얼마 지나지 않아서
- 很久以后 hěn jiǔ yǐhòu 한참이 지난 후

孟母认为儿子不好好读书，与环境不好有关，就搬到了没有孩子的地方。一天，孟子又跑出去玩儿了。他跑到一个打铁的地方，去模仿大人们打铁的动作，自己玩儿。孟母发现了以后，又搬了家。

맹자의 어머니는 아들이 열심히 공부하지 않는 것이 환경과 관련 있다고 여겨, 아이들이 없는 곳으로 이사했다. 하루는 맹자가 또 나가서 놀았다. 그는 쇠를 두드리는 곳에 가서 사람들이 쇠를 두들기는 동작을 흉내 내면서 혼자 놀고 있었다. 맹자의 어머니는 이 사실을 안 후에 또 이사를 했다.

贪玩 tānwán 동 노는 데만 열중하다 | **坐不住** zuò bu zhù 동 앉아 있지 못하다 | **支** zhī 동 세우다, 지지하다, 받치다 | **炉子** lúzi 명 화로, 난로 | **满身油污** mǎnshēn yóuwū 온몸에 기름때가 가득하다 | **铁匠** tiějiang 명 대장장이 | **叮当** dīngdāng 의성 달그랑[쇠붙이 등이 부딪힐 때 나는 소리] | **打** dǎ 동 두드리다, 때리다 | **角落** jiǎoluò 명 구석, 모퉁이 | **砖块** zhuānkuài 명 벽돌 | **铁砧** tiězhēn 명 모루[대장간에서 불린 쇠를 올려놓고 두드릴 때 받침으로 쓰는 쇳덩이] | **木棍** mùgùn 명 나무 막대기 | **铁锤** tiěchuí 명 망치 | **起劲** qǐjìn 형 흥이 나다

①这次她把家搬到了荒郊野外，周围没有邻居，门外是一片坟地。②孟母想，"这里再也没有什么东西吸引儿子了，他总会用心念书了吧！"。③但转眼间，清明节到了，坟地里热闹起来，孟轲又溜了出去。④他看到一溜穿着孝服的送葬队伍，哭哭啼啼地抬着棺材来到坟地，几个精壮小伙子用锄头挖出墓穴，把棺材埋了。他觉得挺好玩，就模仿着他们的动作，也用树枝挖开地面，认认真真地把一根小树枝当作死人埋了下去。⑤直到孟母找来，才把他拉回了家。

이번에 그녀는 집을 교외의 황량한 들판으로 옮겼다. 주위에는 이웃이 없었고 문밖에는 온통 묘지였다. 맹자의 어머니는 "여기에는 더 이상 아이를 유인할 만한 것이 없으니, 아이가 결국 열심히 공부하겠지!" 하고 생각했다. 하지만 눈 깜짝할 사이에 칭밍제(清明节)가 다가왔고, 묘지가 북적거리기 시작하자 맹자는 또 몰래 빠져나갔다. 그는, 상복을 입고 일렬로 늘어서 있는 장의 행렬이 하염없이 훌쩍거리며 관을 들고 묘지로 와서, 건장한 젊은이 몇 명이 삽괭이로 무덤 구덩이를 파내어 관을 묻는 것을 보았다. 그는 꽤 재미있겠다 여기고는 그들의 동작을 흉내 내었다. 또 나뭇가지로 땅을 파내고, 진지하게 작은 나뭇가지를 죽은 사람 삼아 묻었다. 맹자의 어머니가 찾아오고 나서야 그를 끌어내어 집으로 돌아갔다.

중심 내용: 놀 만한 거리가 없는 묘지 근처로 이사를 갔지만 맹자는 여전히 놀기만 했다.

① 이사를 간 내용은 이야기 전개의 핵심 부분이므로 반드시 그 장소에 대해 설명해야 합니다. 이 문장의 搬家는 '이사하다'라는 뜻의 이합사입니다. '~로 이사하다'라고 쓸 때는 '(把家)搬到+장소'의 형태로 써야 합니다.

> 주의 묘지로 이사하다 → (把家)搬到坟地 (O) / 搬家到坟地 (X)

② 3문단은 두 번째로 이사를 가는 것이라, 처음 이사한 것과 패턴이 거의 비슷합니다. 매번 이사를 하는 것이 맹자가 공부하기를 바라는 어머니의 소망 때문이니, 중복되는 부분은 생략해도 좋습니다.

③ 시간의 경과와 사건의 전환이 나타나는 부분이므로 시간을 나타내는 내용은 꼭 쓰는 것이 좋습니다. '但转眼间，清明节到了'를 다 쓰지는 못해도 '清明节到了'는 써서 사건이 자연스럽게 이어지도록 하는 것이 좋습니다.

④ 맹자가 장의 행렬을 보고 따라 한다는 내용입니다. 단어들이 비교적 어렵기 때문에 모르는 단어는 무시하고 주요 내용만 들어가도록 쓰는 것이 좋습니다. 이 부분의 핵심 내용은 '맹자가 남의 행동을 따라 하다'이므로, 模仿을 제대로 쓸 줄 알아야 합니다.

⑤ 결국 맹모가 아들을 찾아서 집에 데려간다는 내용은 그다지 중요하지 않은 내용이라 생략하는 것이 좋습니다.

요약

这次她把家搬到了周围没有邻居的地方，门外是一片坟地。清明节到了，孟轲又跑了出去，模仿别人埋死人。孟母知道了，又搬家了。

이번에 그녀는 주위에 이웃이 없는 곳으로 집을 이사했다. 문밖에는 온통 묘지만 있었다. 칭밍제가 되었고, 맹자는 또 뛰쳐나가서 사람들이 시체를 묻는 모습을 흉내 내었다. 맹자의 어머니는 이 사실을 알고 나서 또 이사를 했다.

단어

荒野 huāngyě 몡 황량한 들판 | 坟地 féndì 몡 묘지 | 吸引 xīyǐn 동 유인하다, 끌어당기다 | 用心 yòngxīn 동 마음을 집중하다, 최선을 다하다 | 念书 niànshū 동 공부하다 | 转眼间 zhuǎn yǎnjiān 눈 깜짝할 사이, 순식간 | 清明节 Qīngmíngjié 고유 칭밍제 | 热闹 rènao 형 북적거리다, 번화하다 | 溜 liū 동 몰래 빠져나가다, 슬그머니 사라지다 | 溜 liù 양 줄, 행렬 |

孝服 xiàofú 명 상복 | 送葬 sòngzàng 동 장례를 치르다 | 哭哭啼啼 kūkutítí 형 하염없이 훌쩍거리다 | 抬 tái 동 (두 사람 또는 그 이상이) 함께 들다, 어깨에 메다 | 棺材 guāncai 명 관 | 精壮 jīngzhuàng 형 긴장하다, 힘이 세다 | 锄头 chútou 명 괭이, 호미 | 挖出 wāchū 동 파내다 | 墓穴 mùxué 무덤 구덩이 * 穴 xué 명 동굴, 구멍 | 埋 mái 동 묻다, 매장하다 | 当作 dàngzuò 동 ~으로 삼다

문단 해설

①孟母第三次搬了家。这次的家隔壁是一所学堂，有个胡子花白的老师教着一群大大小小的学生。②老师每天摇头晃脑地领着学生念书，那拖腔拖调的声气就像唱歌，调皮的孟轲也跟着摇头晃脑地念了起来。③孟母以为儿子喜欢念书了，高兴得很，干脆拿了两条干肉做学费，送孟轲去上学了。	맹자의 어머니는 세 번째로 이사를 했다. 이번의 집은 이웃이 서당이었는데, 수염이 희끗희끗한 스승이 나이 많고 어린 학생들을 가르치고 있었다. 스승은 매일 고개를 흔들며 학생들이 책을 읽는 것을 이끌었는데 그 길게 이어지는 소리가 마치 노래를 부르는 것 같았다. 장난이 심한 맹자도 덩달아 고개를 흔들며 (소리 내어) 읽기 시작했다. 맹자의 어머니는 아들이 공부하길 좋아하는 줄 알고서 매우 기뻐했고, 아예 말린 고기 두 줄을 학비로 내고 맹자를 공부시키러 보냈다.

중심 내용: 이번에는 서당 근처로 이사를 갔는데, 맹자가 공부하는 것을 흉내 내기 시작했다. 그래서 맹자의 어머니는 기쁜 마음으로 맹자를 서당으로 보냈다.

4문단은 맹자의 어머니가 자식의 교육을 위해 세 번째로 이사를 하는 사건을 소개하고 있습니다.

① '~로 이사를 가다'라는 표현은 '搬到+장소' 형태임을 기억하세요. 혹은 '이번에 이사한 집 주변에는 서당이 있다'와 같이 쉽게 써도 좋습니다.

② 문장에 어려운 표현들이 있으면 동사 앞의 부사어나 명사 앞의 관형어를 생략하고, 주어, 술어, 목적어 위주로 씁니다.

요약 老师每天摇头晃脑地 领着学生念书，那拖腔拖调的声气就像唱歌，
　　　부사어: 생략　　　= 教学生　　　구체적 묘사: 생략
调皮的孟轲也跟着摇头晃脑地念了起来。→ 老师教学生，孟子也跟着念。
관형어: 생략　　　부사어: 생략

③ 拿了两条干肉做学费와 같이 구체적인 내용은 생략해도 좋습니다. 이 문장의 핵심 내용은 '맹자의 어머니가 맹자를 서당에 보냈다'이므로, 간단하게 서술할 수 있습니다.

요약 这次家隔壁是一所学堂，老师每天教学生，孟轲也跟着念起来。孟母以为儿子喜欢学习了，很高兴，就送孟轲去上学了。

이번에는 집의 이웃이 서당이었다. 선생님이 매일 학생들이 이끌고 공부를 하자, 맹자도 따라서 공부를 하기 시작했다. 맹자의 어머니는 아들이 공부하는 걸 좋아하는 줄 알고 매우 기뻐하며 맹자를 서당에 보냈다.

단어 隔壁 gébì 명 이웃집 | 胡子花白 húzi huābái 수염이 희끗희끗하다 | 摇头晃脑 yáotóuhuàngnǎo 성 머리를 흔들다 | 领 lǐng 동 이끌다, 인도하다 | 拖腔拖调 tuōqiāng tuōdiào (소리가) 길게 늘어지다 | 调皮 tiáopí 형 장난이 심하다 | 干脆 gāncuì 부 아예, 차라리 | 干肉 gānròu 명 말린 고기, 건육

셋째 마당 쓰기 완벽 대비 ★ 367

①可是有一天, 孟轲又逃学了。孟母知道后伤透了心。②等孟轲玩够回来了, 孟母问他: "你最近书读得怎么样?" 孟轲说: "还不错。" 孟母一听, 气极了, 骂道: "你这不成器的东西, 逃了学还有脸撒谎骗人!我一天到晚苦苦织布为了什么?" ③说着, 揪着他的耳朵拖到织布机房, 抄起一把雪亮的剪刀, "哗"的一声, 把织机上将要织好的布全剪断了。

④孟轲吓得愣住了, 不明白母亲为什么这样做。⑤孟母把剪刀一扔, 厉声说: "你贪玩逃学不读书, 就像剪断了的布一样, 织不成布, 就没有衣服穿; 不好好读书, 你就永远成不了人才。"

하지만 어느 날, 맹자는 또 수업을 빼먹었다. 맹자의 어머니는 알고 난 후에 너무 속이 상했다. 맹가가 실컷 놀고 돌아오자 어머니는 그에게 물었다. "너는 요즘 공부하는 게 어떠하냐?" 맹자가 말했다. "그런대로 괜찮습니다." 어머니는 듣고 매우 화가 나서 꾸짖었다. "이 쓸모없는 것, 수업을 빼먹고도 거짓말로 속일 낯이 있는 게냐! 내가 하루 종일 힘들게 베를 짜는 건 무엇 때문이더냐!" 말하면서 그의 귀를 잡아당겨 베틀 방으로 끌고 가서 반짝이는 가위를 쥐더니, '찍' 하는 소리와 함께 베틀에서 곧 완성될 천을 모두 잘라 버렸다.

맹자는 놀라서 멍해졌고 어머니가 왜 이러는지 이해하지 못했다. 어머니는 가위를 내던지고는 엄하게 말했다. "네가 노는 것만 좋아하고, 수업을 빼먹고 공부하지 않는 것은 잘라 버린 천과 같아서 짜서 천이 될 수 없으며, 그러면 입을 옷이 없게 된다. 열심히 공부하지 않으면 너는 영원히 인재가 될 수 없다."

중심 내용: 어느 날, 맹자가 또 수업을 빼먹은 것을 알고 어머니는 크게 상심하여 짜고 있던 천을 모두 잘라 버리며 맹자를 크게 혼냈다.

① 맹자가 공부를 안 하고 수업을 빼먹은 것은 이 이야기의 핵심이므로 꼭 써야 합니다.

② 맹자 어머니가 맹자에게 수업 빼먹은 사실을 추궁하는 내용이므로 굳이 쓰지 않아도 됩니다.

③ 맹자의 귀를 잡아당겨 베틀 방으로 끌고 가는 것이 중요한 게 아니라, 천을 잘라 버린 어머니의 행동이 중요합니다.

④ 맹자가 영문을 모른다는 내용이 나오는데, 이 문단에서는 어머니가 어떤 식으로 교훈을 주는지가 중요하지, 맹자의 어리둥절한 반응은 그다지 중요하지 않은 내용이므로 생략하는 것이 좋습니다.

⑤ 어머니의 훈계는 전체 글에서 매우 중요한 부분이므로 최대한 암기해서 똑같이 쓰는 것이 좋습니다.

| 요약 |
可是有一天, 孟轲逃学了。孟母知道后非常伤心, 把布剪断了, 生气地说: "你不读书, 就像剪断了的布一样, 织不成布, 就没有衣服穿; 不好好读书, 你就永远成不了人才。"

하지만 어느 날 맹자는 수업을 빼먹었다. 맹자의 어머니는 이 사실을 안 후에 매우 상심했고, 천을 가위로 잘라 버리고 화를 내며 말했다. "네가 공부를 안 하는 것은 마치 가위로 잘라 낸 천과 같아서 짜서 천이 될 수 없으며, 그러면 입을 옷이 없게 된다. 열심히 공부하지 않으면 너는 영원히 인재가 될 수 없다."

| 단어 |
逃学 táoxué 图 수업을 빼먹다 | 伤透了心 shāngtòu le xīn 속이 너무 상하다, 마음에 상처를 크게 입다 | 不成器 bùchéngqì 图 쓸모없다, 제 구실을 못하다 | 一天到晚 yìtiāndàowǎn 图 하루 종일 | 揪 jiū 图 잡아당기다 | 拖 tuō 图 (잡아)끌다 | 织布机房 zhībùjīfáng 베틀 방 | 抄 chāo 图 쥐다, 잡다 | 雪亮 xuěliàng 图 (눈처럼) 반짝이다 | 哗 huā 의성 찍, 철커덩, 쾅 | 织机 zhījī 图 베틀 | 剪断 jiǎnduàn 图 (가위로) 자르다, 끊다 | 愣住 lèngzhù 图 멍해지다, 넋이 나가다 | 扔 rēng 图 내던지다, 던지다 | 厉声 lìshēng 图 엄한 목소리, 무서운 목소리

①这一次，孟轲心里被重重地击了一下。他认真地思考了很久，终于明白了母亲的苦心，从此专心读起书来。②由于他天资聪明，后来又专门跟孔子的孙儿子思学习，终于成了儒家学说的主要代表人物。

이번에 맹자는 마음에 심하게 충격을 받았다. 그는 진지하게 한참 동안 생각하고 나서 마침내 모친의 고심을 이해했고, 이때부터 전념해서 공부하기 시작했다. 그는 타고난 자질이 총명하고 후에 또 전문적으로 공자의 손자인 자사에게 배워서 마침내 유가 학설의 주요 대표 인물이 되었다.

중심 내용: 맹자가 크게 깨닫고 열심히 공부하기 시작하고, 나중에 큰 인물이 되었다.

선생님의 한마디
7문단은 맹자가 어머니의 꾸중에 크게 깨달음을 얻은 것을 소개하고 있습니다.

① 이야기 글의 마지막 부분에는 终于明白了라는 표현이 자주 나오는데, '恍然大悟(문득 크게 깨닫다)'라는 성어로 바꾸어 활용하면 좋습니다.

요약 他认真地思考了很久，终于明白了母亲的苦心 → 孟子恍然大悟

② 전체 글의 결론 부분을 잘 써야 점수가 잘 나옵니다. 따라서 마지막 결론 부분은 항상 정확히 외워서 가급적 원문 그대로 쓰는 것이 좋습니다.

요약

这一次，孟轲恍然大悟，开始认真学习，后来他成了儒家学说的主要代表人物。

이번에 맹자는 크게 깨달았고, 열심히 공부해서, 훗날 유가 학설의 주요 대표 인물이 되었다.

단어

击 jī 통 두드리다, 공격하다, 치다 | **专心** zhuānxīn 형 전념하다, 몰두하다 | **天资** tiānzī 명 타고난 자질 | **子思** Zǐsī 인명 자사[공자의 손자] | **儒家学说** Rújiā xuéshuō 유가 학설

모범
답안

							孟	母	三	迁								
	孟	子	从	小	就	没	有	父	亲	，	全	靠	母	亲	赚	钱	生	活
母	亲	希	望	他	好	好	学	习	，	但	小	时	候	他	不	爱	学	习 ，
整	天	跟	孩	子	们	一	起	玩	儿	。								
	孟	母	认	为	儿	子	不	好	好	读	书	，	与	环	境	不	好	有
关	，	就	搬	到	了	没	有	孩	子	的	地	方	。	一	天	，	孟	子又
跑	出	去	玩	儿	了	。	他	跑	到	一	个	打	铁	的	地	方	，	去模
仿	大	人	们	打	铁	的	动	作	，	自	己	玩	儿	。	孟	母	发	现了
以	后	，	又	搬	了	家	。											
	这	次	她	把	家	搬	到	了	周	围	没	有	邻	居	的	地	方	，
门	外	是	一	片	坟	地	。	清	明	节	到	了	，	孟	轲	又	跑	了出
去	，	模	仿	别	人	埋	死	人	。	孟	母	知	道	了	，	又	搬	家了 。
	这	次	家	隔	壁	是	一	所	学	堂	，	老	师	每	天	教	学	生，

孟轲也跟着念起来。孟母以为儿子喜欢学习了，很高兴，就送孟轲去上学了。

　　可是有一天，孟轲逃学了。孟母知道后非常伤心，把布剪断了，生气地说："你不读书，就像剪断了的布一样，织不成布，就没有衣服穿；不好好读书，你就永远成不了人才。"

　　这一次，孟轲慌然大悟，开始认真学习，后来他成了儒家学说的主要代表人物。

1 제목 작성하는 방법

제목을 지을 때는 되도록 문장은 쓰지 않도록 합니다. 가급적 명사형 구절로 쓰는 것이 가장 무난하고 좋습니다.

1) 성공 관련 이야기 글

'누구 누구의 성공'과 같은 표현은 한국식 표현이기 때문에 피해야 합니다. 또한 成功은 동사 또는 형용사로만 쓰이기 때문에 명사형으로는 쓸 수 없습니다.

중국식 제목 추천		제목 쓰기의 나쁜 예
小王成功的秘诀	샤오왕 성공의 비결	小王的成功 (X)
小王成功记	샤오왕 성공기	小王是怎么成功的 (X)
有志者事竟成	뜻이 있는 곳에 길이 있다	

> **선생님의 한마디**
> 성공 관련 이야기가 출제되었을 경우, 주인공이 자신의 목표를 견지하고 끝내 뜻을 이룬 내용이라면 제목을 '有志者事竟成(뜻이 있는 곳에 길이 있다)'이라는 성어로 쓰면 좋습니다.

2) 우정 관련 이야기 글

'우정은 소중하다'라는 제목은 '珍贵的友情'이라고 쓰는 것이 좋습니다. 또한 应该, 必须 등을 써서 '반드시 ~해야 한다'와 같이 긴 문장을 제목으로 짓는 것은 피하도록 합니다.

중국식 제목 추천		제목 쓰기의 나쁜 예
真正的友情	진정한 우정	友情很珍贵 (X)
珍贵的友情	소중한 우정	应该珍惜友情 (X)

> • **珍贵** zhēnguì 톙 진귀하다, 귀중하다, 소중하다

3) 사랑 관련 이야기 글

爱情은 추상 명사라서 '누구의 사랑'이라고 표현할 수 없습니다. 굳이 쓰고 싶으면 '사랑 이야기', 즉, '爱情故事'라고 표현해야 하며, 앞에 관형어를 더 붙여서 수식할 수 있습니다. 또한 시험에서 종종 감동적인 사랑 이야기가 출제되는데, 이때 제목으로 '감동적인 OO'을 중작하여 '感动的OO'으로 쓰는 경우가 많습니다. 이는 한국식 표현이기 때문에 '让人感动的OO' 또는 '感人的OO'이라고 해야 올바른 표현이 됩니다.

중국식 제목 추천		제목 쓰기의 나쁜 예
一段浪漫的爱情故事	낭만적인 러브스토리	他们的爱情 (X)
一个感人的爱情故事	감동적인 러브스토리	感动的故事 (X)

> **선생님의 한마디**
> 중국어는 습관적으로 양사를 붙이기 때문에 '一段故事', '一个故事'와 같이 씁니다. 한국어에서는 '이야기 하나', '한 단락의 이야기'와 같이 잘 쓰지 않기 때문에, 중작을 할 경우 양사를 빠뜨리는 경우가 많으니 주의하세요.

> • **浪漫** làngmàn 톙 낭만적이다
> • **感人** gǎnrén 톙 감동적이다

4) 가족 사랑 관련 이야기 글

부모 자식 간의 감동적인 이야기나 자식 교육 이야기도 시험에 자주 출제됩니다. 이때 학생들이 가장 많이 틀리는 표현이 바로 爱情입니다. 爱情은 남녀 간의 사랑만 가리키기 때문에, 가족 간의 사랑이나 친구 간의 우정을 표현할 때는 爱情 대신 爱라고 써야 합니다. 그리고 教育의 경우, 일반적으로 '인성교육(素质教育)', '교육 시스템(教育体系)' 등 객관적 상황의 명사 형태로만 쓰고, 개인적인 상황에는 쓰지 않습니다. 가령, '어머니의 가르침'이라는 제목을 쓰고 싶다면 教育가 아니라 教导라는 단어를 써야 합니다.

중국식 제목 추천		제목 쓰기의 나쁜 예
父亲的爱	아버지의 사랑	父亲的爱情 (X)
妈妈的教导	어머니의 가르침	妈妈的教育 (X)
可怜天下父母心	늘 자식을 걱정하는 부모의 마음	

5) 인생 철학 관련 이야기 글

삶의 지혜나 이치, 교훈을 주는 이야기가 자주 출제됩니다. 이런 경우에 학생들은 그 교훈의 내용을 제목으로 쓰려는 경향이 있는데, 제목을 문장으로 주는 것은 좋지 않습니다. '관형어+명사'의 형태로 쓰는 것이 가장 무난하며, 교훈이 담긴 속담을 쓰면 더 좋은 점수를 받을 수 있습니다.

중국식 제목 추천	제목 쓰기의 나쁜 예
世上无难事，只怕有心人 이 세상에 마음만 먹으면 못할 일이 없다	只有努力才能成功 (X) 坚持的结果 (X)
机遇只青睐有准备的人 기회는 준비하는 자만을 좋아한다, 기회는 준비된 자에게만 온다	

6) 역사 인물 이야기 글

역사상 유명한 인물에 관한 이야기가 출제되면 'OO的故事'라고 쓰는 것이 가장 좋습니다.

중국식 제목 추천	
张良的故事	장량의 이야기
晏子的故事	안자의 이야기

7) 단서가 되는 사물을 중심으로 제목 정하기

이야기의 유형과 상관없이, 사건의 실마리를 구성하는 사물이 있을 경우에는 그 사물을 제목으로 쓰면 됩니다. '수량+명사'의 구조가 가장 좋고, '형용사/동사+的+명사'의 구조로 만드는 것도 좋습니다.

👨‍🏫 **선생님의 한마디**

'可怜天下父母心'은 부모 자식 간의 이야기가 출제될 경우에 제목으로 유용하게 쓸 수 있는 표현이니, 기억해 두세요.

- **教导** jiàodǎo 명 가르침
- **可怜天下父母心**
  kělián tiānxià fùmǔxīn
  세상 부모의 마음이 가련하다, 부모가 하는 모든 것은 자식들을 위한 것이다

- **世上无难事，只怕有心人**
  shìshàng wú nánshì, zhǐpà yǒu xīnrén
  세상에 어려운 일은 없다, 마음 먹기에 달렸다, 이 세상에 마음만 먹으면 못할 일이 없다
- **机遇** jīyù 명 (좋은) 기회, 찬스
- **青睐** qīnglài 동 주목하다, 좋아하다

2 길고 복잡한 내용을 쉽게 줄이는 방법

주어나 목적어 앞에 있는 수식 성분인 관형어, 동사 앞의 수식 성분인 부사어, 동사 뒤의 보어 등은 적절하게 버립니다. 또한 구체적으로 소개하고 묘사하는 부분은 생략하고, 문장의 핵심인 '주어+술어+목적어' 위주로 문장을 만드는 것이 좋습니다. 가장 중요한 것은 결말 부분입니다. 결말 부분은 최대한 지문과 똑같이 암기해서 쓰도록 합니다. 보통 글쓰기의 요소인 '시간(언제), 장소(어디서), 인물(누가), 사건의 발단(왜 일어났나), 사건의 흐름(무엇을 했나), 결말(어떻게 되었나)'을 중심으로 글을 최대한 간단 명료하게 쓰는 것이 중요합니다.

|예 제 1|

一天，他①无意中在晚报上看到一则招聘启事。②一家玻璃制品公司招聘一名③销售主管，④开出的待遇⑤相当诱人。	어느 날, 그는 무심코 석간신문에서 구인 광고를 봤다. 유리 제품 회사에서 영업 팀장을 모집하는데 제시한 대우가 상당히 매력적이었다.

- **无意中** wúyìzhōng ☒ 무의식 중에, 무심코
- **招聘启事** zhāopìn qǐshì 구인 광고
- **销售主管** xiāoshòu zhǔguǎn 영업 팀장
- **开** kāi ☒ 제시하다
- **待遇** dàiyù ☒ 대우
- **诱人** yòurén ☒ 매력적이다

- 줄여서 써 보세요.

_____

_____

요약 쓰기를 할 때, 묘사하는 부분은 과감하게 빼 버리는 것이 중요합니다.

① 无意中在晚报上
주요 동사인 看의 수식어이므로 크게 중요하지 않습니다. 따라서 생략합니다.

② 一家玻璃制品公司
어떠한 회사인지 소개하는 부분입니다. 이렇게 세세한 설명까지는 필요 없으므로 생략하고 一家公司만 쓰도록 합니다.

③ 销售主管
결국 직원을 뜻하는 단어이니, 글자를 못 외우면 '员工(직원)'이라고 바꿔 써도 무방합니다.

④ 开出的
'……的'는 관형어입니다. 이러한 수식 부분은 생략해도 상관없습니다.

⑤ 相当诱人

이 표현은 독해하기에는 쉽지만, 막상 안 보고 쓰려면 어려울 수 있습니다. 很好와 같이 쉬운 표현으로 바꿔 써도 좋습니다.

요약 一天，他看到一家公司的招聘广告，待遇很好。

어느 날, 그는 한 회사의 구인 광고를 봤는데 대우가 매우 좋았다.

|예제 2|

有两个①重病患者，同住在②一家大医院的小病房里。这间病房很小，③没有电视，也没有任何其他可供娱乐的东西，只有一扇窗子④可以看见外面的世界。

중환자 두 명이 큰 병원의 작은 병실에 함께 머물고 있었다. 이 병실은 매우 작은 데다 텔레비전이 없고 다른 어떤 즐길 만한 것도 없으며, 오직 바깥세상을 볼 수 있는 창문 한 짝만 있었다.

- 重病患者 zhòngbìng huànzhě 중환자
- 病房 bìngfáng 명 병실, 병동
- 供 gōng 통 제공하다
- 娱乐 yúlè 통 즐기다, 오락하다
- 扇 shàn 양 짝[문·창문을 세는 단위]
- 窗子 chuāngzi 명 창문

- 줄여서 써 보세요.

_____

_____

해석해 보면 밑줄은 다 묘사하는 부분입니다. 이처럼 내용상 그다지 중요하지 않은 부분은 과감하게 생략하여 줄여야 합니다.

① 重病
'심각한'은 관형어라서 생략해도 좋습니다.

② 一家大医院的
'……的'는 관형어입니다. 이렇게 세세한 설명까지는 필요 없으므로 생략합니다.

③ 没有电视，也没有任何其他可供娱乐的东西
이것도 저것도 다 없다는 내용입니다. 즉, 아무것도 없고 오로지 창문만 있다는 내용이므로, '창문만 있다'와 같이 사실만 간결하게 쓰는 것이 좋습니다.

④ 可以看见外面的世界
窗子 뒤에 위치하는 표현이지만 窗子를 묘사하는 부분입니다. 창문은 당연히 밖을 볼 수 있는 것이고 중요한 수식어도 아니므로 생략합니다.

요약 有两个患者，同住在一个病房里，这间病房什么也没有，只有一扇窗子。

환자 두 명이 한 병실에 함께 머물렀다. 이 병실에는 아무것도 없고 오로지 창문 한 짝만 있다.

|예제 3|

①我问他买擦鞋箱需要多少钱，男孩说125元。我问他现在手里有多少钱，男孩想都没想，说自己已经有35元，②还差90元。③我又问他为什么要买擦鞋箱，他说他家里穷，他要趁着暑假出来赚学费。

내가 그에게 구두닦이 상자를 사는 데 얼마가 필요하냐고 묻자, 남자아이는 125위안이라고 했다. 내가 그에게 지금 수중에 얼마가 있느냐고 묻자, 남자아이는 생각할 것도 없이 자신은 이미 35위안이 있고 아직 90위안이 부족하다고 했다. 나는 또 그에게 왜 구두닦이 상자를 사려느냐고 묻자, 그는 자기 집이 가난해서 여름방학을 틈타 학비를 벌어야 한다고 했다.

- 擦鞋箱 cāxiéxiāng 구두닦이 상자
- 差 chà 통 부족하다, 모자라다
- 趁着 chènzhe 전 (기회·시기를) 틈타
- 暑假 shǔjià 명 여름방학
- 赚学费 zhuàn xuéfèi 학비를 벌다

• 줄여서 써 보세요.

_____

_____

이 지문의 핵심은 남자아이의 대답입니다. 따라서 我의 질문 내용은 빼고 남자아이의 대답 내용만 간략하게 요약하는 것이 관건입니다.

① 我问他买擦鞋箱需要多少钱
첫 번째 문장에서 질문하는 내용인 '我问他……' 부분은 생략하고, 물음에 대답하는 부분만 정리해서 쓰면 됩니다.

② 还差90元
두 번째 문장의 핵심은 아이가 가진 돈 중 '부족한 액수'입니다. 따라서 '还差90元'만 쓰면 됩니다.

③ 我又问他为什么要买擦鞋箱
세 번째 문장도 질문 부분은 과감하게 생략합니다. 남자아이의 대답 부분도 길기 때문에 불필요한 부분은 적당히 빼고 요약합니다. 가난해서 학비를 벌려고 한다는 내용이 핵심입니다.

요약 男孩说买擦鞋箱需要125元，他还差90元，因为他家穷，所以他要赚学费。

남자아이는 구두닦이 상자를 사는 데는 125위안이 필요한데 자신은 아직 90위안이 부족하다고 했다. 자신의 집이 가난해서 학비를 벌어야 한다고 했다.

|예제 4|

老师①并没有多看他一眼，摆摆手说："孩子，回去吧。你考不上的。"②"为什么呀？"他一定要问个清楚。

老师③终于抬起眼睛瞟了瞟他说："你知道音乐剧专业需要干吗吗？要跳芭蕾，你看看你，你这身材能跳芭蕾吗？你的脚尖能撑得住你这大块头吗？"

他不想放弃一丝希望，小声地问老师：④"那我减肥行吗？"

老师这次有点不耐烦了，⑤应付地说了一句："至少要减掉10公斤。"说完就忙别的去了。

선생님은 그를 전혀 거들떠보지도 않고 손을 흔들며 말했다. "자네, 돌아가게. 불합격이네." "왜요?" 그는 반드시 분명하게 물어보려고 했다.

선생님은 마침내 눈을 치켜뜨고 그를 흘겨보며 말했다. "자넨 뮤지컬 전공에서 무엇이 필요한지 알고 있나? 발레를 해야 하는데, 자신을 보게. 자네 같은 몸매로 발레를 할 수 있겠는가? 자네 발끝이 당신 같은 큰 덩치를 지탱할 수 있겠는가?"

그는 한 줄기 희망을 포기하고 싶지 않아서 작은 소리로 선생님한테 물었다. "그럼 제가 살을 빼면 될까요?"

선생님은 이번엔 약간 짜증이 나서 건성으로 한마디 했다. "최소한 10킬로그램을 빼야 해." 말을 마치고 다른 일을 보러 서둘러 갔다.

• 摆手 bǎishǒu 图 손을 흔들다
• 考不上 kǎobushàng 图 시험에 떨어지다, 불합격하다
• 抬起眼睛 táiqǐ yǎnjing 눈을 치켜뜨다[불만을 표시함]
• 瞟 piǎo 图 흘겨보다, 곁눈질하다
• 音乐剧 yīnyuèjù 명 뮤지컬
• 跳芭蕾 tiào bāléi 발레를 하다
• 脚尖 jiǎojiān 발끝
• 撑得住 chēngdezhù 图 지탱할 수 있다, 버틸 수 있다
• 大块头 dàkuàitóu 명 거구, 큰 덩치
• 应付 yìngfu 图 건성으로 하다, 대강하다

• 줄여서 써 보세요.

_____

_____

_____

_____

행동 묘사, 대화 중 질문 내용은 가급적 생략하는 것이 요약에 도움이 됩니다. 또한 부사어 중 모르는 단어가 나오면 무시하고 넘어갑니다. 주어, 술어, 목적어가 주요 성분이므로 부사어와 같은 수식 성분은 굳이 쓰지 않아도 좋습니다.

① 并没有多看他一眼，摆摆手
　　이 부분은 묘사하는 부분입니다. 정확하게 외워서 그대로 쓸 자신이 없으면 쓰지 않아도 좋습니다.

② "为什么呀？"
　　질문하는 부분은 쓰지 않아도 좋습니다.

③ 终于抬起眼睛瞟了瞟他
　　이 부분도 행동을 구체적으로 묘사하는 부분이라 삭제해도 됩니다.

④ "那我减肥行吗？"
　　살을 빼면 되는지에 대해 선생님이 뭐라고 대답했는지가 더 중요하므로 질문 부분은 삭제합니다.

⑤ 应付地说了一句
　　'应付(건성으로 반응하다)'라는 단어는 어려워서 모를 수 있습니다. 부사어는 수식 성분이므로 모르는 부사어가 나오면 안 쓰는 것이 좋습니다.

> **요약** 老师说他考不上，让他回去，因为这个专业要跳芭蕾，他太胖，至少要减掉10公斤才行。
>
> 선생님이 그에게 불합격이니 돌아가라고 했다. 이 전공은 발레를 해야 하는데, 그는 너무 뚱뚱해서 최소한 10킬로그램을 빼야 된다고 했다.

|예제 5|

① 他身高1.83米。	① 그는 키가 183센티미터이다.
② 哈尔滨工业大学开设了一门马克思主义哲学课。	② 하얼빈 공업 대학은 마르크스주의 철학 수업을 개설했다.
③ 他终于完成了《本草纲目》。	③ 그는 마침내 《본초강목》을 완성했다.

- 马克思主义 Mǎkèsī zhǔyì 명 마르크스주의
- 哲学 zhéxué 명 철학
- 本草纲目 Běncǎogāngmù 고유 본초강목[중국 명(明)나라 때 이시진(李時珍)이 저술한 의서]

・줄여서 써 보세요.

_____

_____

_____

연도나 숫자, 고유명사는 굳이 쓸 필요는 없습니다. 다른 표현으로 쉽게 바꿔 써도 좋습니다.

> **요약** ① 他个子很高。　그는 키가 매우 크다.
>
> ② 一所大学开设了一门课。　어느 대학은 한 과목을 개설했다.
>
> ③ 他写完了一本书。　그는 책 한 권을 다 썼다.

3 꼭 쓰게 되는 표현들

이야기의 종류에 상관없이 반드시 쓰게 되는 표현들이 있습니다. 예를 들면 '그러던 어느 날', '그다음 날'과 같이 시간의 경과를 나타내는 표현입니다. 다음의 시간 관련 표현은 반드시 숙지하세요.

1) 有一天 어느 날

有一天，突然有一个人来找我，说要跟我合作。
어느 날 갑자기 누군가가 나를 찾아와서 나와 협력하겠다고 했다.

2) 有一次 한번은

有一次，我们一起出去玩儿，在路上遇到了一件奇怪的事儿。
한번은 우리가 함께 나가서 놀다가 길에서 이상한 일을 만났다.

3) 平时 평소에

平时他工作很认真，今天不知道是怎么了。
평소에 그는 일을 매우 열심히 하는데 오늘은 어찌 된 일인지 모르겠다.

4) 第二天 이튿날

第二天，他又来跟我讨价还价。
이튿날 그는 또 와서 나와 값을 흥정했다.

5) 前一天 전날

考试的前一天，我一夜都没睡。
시험 전날 나는 밤새 못 잤다.

6) 过了一会儿 잠시 후[과거형에 씀]

过了一会儿，他又回来了。
잠시 후 그는 또 돌아왔다.

7) 没过多久 얼마 지나지 않아[과거형에 씀]

他进了一家大公司，但是没过多久，他就辞职了。
그는 대기업에 들어갔지만 얼마 지나지 않아 퇴사했다.

🎓 **선생님의 한마디**

시간 관련 표현들은 막상 쓰게 되면 어색하게 표현하는 학생들이 많습니다. 이런 기본적인 것만 제대로 쓸 줄 알아도 60점대 취득은 어렵지 않습니다. 시간이나 때를 나타내는 다음 표현들을 꼭 숙지해 두세요.

・**讨价还价** tǎojiàhuánjià
(성) 값을 흥정하다

🎓 **선생님의 한마디**

・'过了一会儿'은 몇 분에서 몇 십 분 정도의 잠깐의 시간이 지날 때 사용합니다.

・'没过多久'는 며칠, 또는 몇 달이 될 수도 있지만 생각보다 짧은 시간이 지났을 경우에 사용합니다.

8) 过了一段时间 얼마 후, 시간이 흐른 후[과거형에 씀]

过了一段时间，他的病情开始好转了。

얼마 후 그의 병세는 호전되기 시작했다.

✏ 선생님의 **한마디**

'过了一段时间'은 시간이 안 가거나 빨리 가는 느낌 없이 실제로 몇 달의 물리적인 시간이 흘렀을 경우에 사용합니다.

9) 过了+(시간사) (시간이) 지나다[과거형에 씀]

过了几天 며칠이 지났다 ｜ 过了三年 3년이 지났다 ｜ 过了十年 10년이 지났다

10) 后来 나중에[과거형에 씀]

一开始，我们的关系很好，后来他搬家了，我们也渐渐疏远了。

처음에 우리는 사이가 좋았는데, 나중에 그가 이사를 가고 나서 우리도 점점 소원해졌다.

- 疏远 shūyuǎn 통 (관계가) 소원해지다

11) 最后[=最终] 마지막에, 결국에

最后他还是失败了。 마지막에 그는 역시 실패했다.

最终他还是没找到理想的工作。 결국 그는 여전히 이상적인 일자리를 찾지 못했다.

✏ 선생님의 **한마디**

最后와 **最终**은 일반적인 결말 또는 안타까운 결말을 말할 때 사용합니다.

12) 终于 마침내, 드디어[바라던 결과가 이뤄졌을 때 쓰임]

他终于明白了父亲的苦心。

그는 마침내 아버지의 고심을 알았다.

13) 从那以后[=打那以后] 그 후로

从那以后，我再也没有见过他。

그 후로 나는 더 이상 그를 보지 못했다.

4 자주 틀리는 표현들

학생들이 요약 쓰기를 하면서 자주 틀리는 표현들입니다. 어법적인 오류 혹은 한국식 표현들, 단어 사용의 부적절 등은 학생들이 쓰기를 할 때 많이 틀리는 부분입니다. 이 코너는 공부할 때 단순히 이해하는 데서 그치면 안 되고, 반드시 수십 번 읽어서 어감으로 만들어 놔야 똑같은 실수를 하지 않게 됩니다.

1) 这件事让我真生气。(X) ➡ 这件事让我很生气。

이 일은 나를 매우 화나게 했다.

真은 대화법에서만 쓰는 부사이므로, 대화하거나 혼잣말을 할 때만 쓸 수 있습니다. 요약 쓰기는 서술문이므로, 真을 쓰면 아주 어색해집니다. 따라서 真 대신 很, 非常, 特别와 같은 정도부사를 사용해야 합니다.

2) 见到老同学，我很开心了。(X) → 见到老同学，我很开心。

옛 친구를 만나서 나는 매우 기뻤다.

'형용사+了'는 과거가 아닌, 변화를 나타냅니다. 실제 대화하는 상황에서는 형용사 뒤에 了를 쓰는 경우도 있지만, 요약 쓰기와 같은 서술문 형태의 작문에서는 '정도부사+형용사'의 형태로 써야 합니다.

> **Tip** 감정 형용사+了
>
> 실제 대화 상황에서는 상대방의 표정이나 행동으로 인해 감정의 변화를 느낄 수 있으므로 '형용사+了'의 형태로 말할 수 있습니다.
>
> 예 你不高兴了? 너 기분 안 좋아졌지?
>
> 대화를 나누던 중, 친구의 표정이 갑자기 나쁘게 변하는 것을 보았을 때 이렇게 말할 수 있습니다.
>
> 예 他把我的秘密告诉了别人，我非常生气。
>
> 그가 내 비밀을 다른 사람에게 말해서 나는 매우 화가 났다.
>
> 자신의 감정을 말하는 부분이므로, 과거나 변화가 아닌 그저 자신의 감정 상태를 나타내는 상황입니다. 따라서 我生气了라고 말할 수 없습니다.

선생님의 한마디

我非常生气를 我非常生气了라고 쓰는 것은 한국인들이 가장 많이 틀리는 부분 중 하나이므로 유의해야 합니다.

3) 他没找到理想的工作了。(X) → 他没找到理想的工作。

나는 이상적인 일자리를 찾지 못했다.

没를 동사 앞에 쓰면 동사의 과거를 부정하는 의미가 됩니다. 따라서 과거를 나타내는 了를 또 쓸 수 없습니다.

4) 第二天，他再迟到了。(X) → 第二天，他又迟到了。

이튿날 그는 또 지각했다.

부사 再는 미래형에 쓰고, 과거형에는 又를 써야 합니다. 다른 예로, '我现在很忙，明天再说吧。'라는 문장은 미래형이기 때문에 又를 쓸 수 없습니다.

선생님의 한마디

헷갈리면 "再见!"과 "又来了!"를 생각하세요. 기억하기가 쉬워질 것입니다.

5) 他总是斤斤计较，于是大家都不喜欢他。(X)

→ 他总是斤斤计较，所以大家都不喜欢他。

그는 항상 지나치게 따져서 모두가 그를 싫어한다.

于是는 앞의 상황이나 행동 후, 다른 상황이나 행동이 이어서 나타날 경우에 씁니다. 즉, 于是가 이끄는 내용은 앞의 내용으로 인해 일어난 것입니다. 于是는 복문의 뒷절 맨 앞에 위치하며 거의 과거형에만 씁니다. 위 문장은 他总是斤斤计较가 사람들이 싫어하는 '원인'이므로, 이때는 于是를 쓰면 안 되고 所以를 써야 합니다.

· 斤斤计较 jīnjīnjìjiào
정 (중요하지 않은 일을) 지나치게 따지다

선생님의 한마디

于是는 인과관계가 아니라, '이어지는 상황'의 경우에 쓴다는 것을 꼭 숙지하세요.

6) 他进去自己的房间大声哭了起来。(X)

→ 他进自己的房间去大声哭了起来。

그는 자신의 방에 들어가서 큰 소리로 울기 시작했다.

来/去가 동사로 쓰일 경우, 뒤에 장소 목적어가 올 수 있습니다. 하지만 '동사+来/去'의 경우에는 来/去가 동사가 아니라 방향보어로 쓰인 것입니다. 이때 장소 목적어가 함께 오려면 반드시 '동사+장소+来/去'의 순서로 써야 합니다.

7) 他想这个孩子很诚实。(X) → 他觉得这个孩子很诚实。

그는 이 아이가 솔직하다고 여긴다.

想은 '~을 하고 싶다'라고 생각할 때, 또 속으로 미래에 대해서 예측할 때만 씁니다. '~이라고 여기다' 혹은 평가나 판단에 대해서 말할 경우에는 想이 아니라 觉得를 써야 합니다. 예시 문장은 아이가 솔직한 것 같다고 '판단'을 하고 있으므로 想이 아니라 觉得로 써야 합니다.

> **Tip** **想과 觉得 파헤치기**

想: '~을 하고 싶다', 마음속으로 혼자 생각·예측할 때

예 他心想：这下糟糕了。我心想：要是他能来就好了。

그는 마음속으로 '이번엔 완전히 망쳤구나.'라고 생각했고, 나는 마음속으로 '만약 그가 올 수 있다면 정말 좋겠다.'라고 생각했다.

他와 我가 마음속으로 혼자 생각한 내용이므로, 想을 써야 합니다.

觉得: '~을 여기다', 평가나 판단을 할 때

예 我觉得这里的饭菜很好吃。나는 이곳의 음식이 매우 맛있다고 생각한다.

식사를 끝낸 후 맛있다는 평가를 하는 상황입니다. 따라서 이 문장에서는 觉得를 써야 합니다.

8) 他愿意去留学，但是父母都不同意。(X)

→ 他想去留学，但是父母都不同意。

그는 유학을 가고 싶어 하지만 부모님이 반대한다.

愿意는 일반적으로 대화문에서 가장 자주 씁니다. 서술문에서 희망사항이나 바람을 표현할 때는 愿意가 아니라, 想 혹은 希望을 사용합니다.

📖 선생님의 한마디

进去와 마찬가지로 回去도 '동사(回)+보어(去)'의 구조입니다. '중국으로 돌아가다'라는 표현에서 중국 또한 장소 목적어이므로, '回去中国'가 아니라 '回中国去'라고 해야 합니다.

• **诚实** chéngshí 형 솔직하다, 진실하다

Tip **愿意 파헤치기**

愿意는 실제 대화 상황에서 주로 쓰는 표현입니다.

⑩ A: 你愿意和我结婚吗? 너 나랑 결혼하고 싶니?

　　B: 嗯，我愿意！응, (결혼)하고 싶어!

'~을 하기 싫다', '~을 원하지 않다'와 같이 부정 의사를 나타낼 때는 실제 대화 상황은 물론, 서술문에서도 不愿意를 쓸 수 있습니다.

⑩ 我不愿意去那家公司。나는 그 회사에 가기 싫다.

　　他不愿意去留学。그는 유학 가는 것을 원하지 않는다.

9) 终于，他垂头丧气地回家了。(X)

　　→ 最后，他垂头丧气地回家了。

　　　결국 그는 풀이 죽어서 집에 돌아갔다.

终于는 '드디어', '마침내'라는 뜻이며, 간절히 바라던 바가 이루어졌을 경우에 씁니다. 일반적인 결과 또는 안타까운 결과가 이루어졌을 경우에는 终于가 아니라 最后 또는 最终을 씁니다.

⑩ 最后他们还是分手了。마지막에 그들은 그래도 헤어졌다.

　　最终，他还是去了那家小公司。결국 그는 여전히 그 작은 회사에 가기로 했다.

• **垂头丧气** chuítóusàngqì
  [성] 풀이 죽다, 의기소침하다

10) 一开始我以为他学习不好，以后才知道他学习很好。(X)

　　→ 一开始我以为他学习不好，后来才知道他学习很好。

　　　처음에 나는 그가 공부를 못한다고 여겼는데 나중에 비로소 그가 공부를 아주 잘한다는 것을 알았다.

以后를 문장 맨 앞에 쓰면 미래를 나타내며 '앞으로', '나중에'라고 해석할 수 있습니다. 과거인데 시간이 좀 더 지난 과거를 나타내면서 '나중에[후에] ~했다'라고 표현할 경우에는 后来를 써야 합니다.

Tip **以后와 后来 파헤치기**

⑩ 以后你有什么困难可以来找我。앞으로 무슨 어려움이 있으면 나를 찾아오면 돼.
　　└ 말하는 시점보다 미래를 나타냄

　　后来他再也没有来过。후에 그는 두 번 다시 온 적이 없다.
　　└ 말하는 시점보다 과거를 나타냄

01 ・10분 동안 지문을 읽고 400자 정도로 요약하세요.

　　雪花酒厂的雪花酒，质量可以与国内许多名酒相媲美，但因知名度不高，订货者寥寥无几，销路一直没打开。产品销不出去，直接影响了酒厂的效益，同时也影响了工人们的收入和各种福利待遇。可想而知，工人们的实际利益受到了影响，怎么能提高生产积极性呢？因此酒厂的生产效率一天天下降。面对这种状况，很多关心酒厂的前途和命运的人都愁得要死，急得要命，但是厂长却好像胸有成竹，照常上班、下班，不急也不躁。

　　有一天，厂长从全厂挑选了几个人，这几个人的特点是身材高大，而且都有点儿"将军肚儿"。挑选出来以后，厂长用公款给每个人做了一套非常讲究的高档西服，给每个人配了一部"大哥大"，并且召集他们开了一个秘密会议，然后派他们到北京、天津、上海、广州等地旅游观光。厂长的这个做法，立刻在全厂引起了轰动，有的人感到迷惑："厂长在搞什么鬼名堂？"有的人非常气愤："厂里的酒销不出去，他却大手大脚地花钱，竟然还公费派人去外地旅游观光，真是个败家子儿！"面对工人的迷惑和责骂，厂长无动于衷，不生气也不解释，只是在开会的时候安慰大家说："大家不要着急，我这样做自有道理，我向大家保证，一定在半年的时间内改变我们厂目前的状况，请大家放心好了。"工人们听了半信半疑。

　　再说那几个"将军肚儿"，按照厂长的吩咐，专门去大城市，住大宾馆，逛大商店，吃高级饭店，而且每次住大宾馆总是点名要喝雪花酒，没有不住；逛大商店专买雪花酒，其它酒一概不要；进高级饭店先问有没有雪花酒，没有扭头就走，要是有，就坐下大吃大喝，吃饱喝足以后还要带上几瓶，说："回去以后送给朋友品尝品尝。"给人的印象他们一个个好像大款、大经理什么似的。

　　一个多月以后，他们回厂了。经过一个多月的吃喝玩乐，他们一个个吃得又肥又胖，满面红光。工人们看到这些拿公款吃喝、用公费旅游的人，肺都要气炸了，可是厂长却满面笑容地接见了他们，听了汇报，还表扬他们任务完成得很好。工人们正想集体罢工，要求撤销厂长职务的时候，供销科传出了好消息，说各大城市的订货单纷纷寄来，许多采购人员不远千里亲自找上门来要求订货。于是，雪花酒销量大增，很快在全国出了名，成了远近闻名的畅销酒，产量供不应求。

雪花酒厂兴旺了，效益提高了，工人们的脸上也都露出了满意的笑容。这时候，厂长才在大会上说明了派人公费旅游的目的和推销经过。工人们一听，恍然大悟，纷纷伸出大拇指，夸厂长不愧是厂长，确实是足智多谋。

▶ 모범답안 및 해설 73쪽

기본적인 줄거리 요약과 마무리로 60점을 받았다면, 쓰기 영역 80점 이상 고득점은 4가지만 더 기억하면 됩니다. **결말 부분이 원문과 거의 일치하는지, 성어나 속담을 활용해서 중국식 표현을 사용했는지, 원고지를 거의 다 채웠는지, 제목을 잘 정했는지** 4가지만 체크해 가며 연습한다면 실제 시험에서도 80점 이상 고득점할 수 있습니다.

STEP 01 먼저 풀어보기

예제

• 10분 동안 지문을 읽고 400자 정도로 요약하세요.

　　我十二、三岁的时候，家里住着一位上海来的大学生。父亲对他关怀备至，对待他如同对待自己的兄弟一样。我和弟弟叫他小刘叔叔，他也亲切地称呼我爸爸妈妈为大哥大嫂，我们就像是一家人，相处得非常愉快。

　　后来小刘叔叔走了，回了上海。因为相隔遥远，他和我们的联系也少了很多。一晃几十年过去了，小刘叔叔在我们家中已被淡忘了。

　　去年的一天，小刘叔叔突然出现在我们家中。他先是跟我爸妈寒暄了一番，然后介绍了一下自己近年来的情况，并说是因为出差路过，顺便过来看看。父亲紧紧地抓住他的手，久久不愿松开。在父亲与小刘叔叔叙旧的时候，母亲走进厨房准备饭菜，一个多小时后，母亲就端上来一桌地道的农家菜。父亲让我去取三年前自家酿的高粱酒，我提着装满酒的花瓷瓶过来时，小刘叔叔两眼盯着花瓷瓶看了好一会儿，想说什么，但终究没说。

　　席间，小刘叔叔几次说："好酒呀好酒，就连茅台酒也不过如此！"吃完饭，父亲对小刘叔叔说："既然是好酒，这剩下的你就带回去吧。"小刘叔叔很高兴，掏出500元钱要给父亲，父亲一急，拉着一张脸说："怎么，见外了不是，一缸自家酿的酒，也值得给钱？"话说到这份上，小刘叔叔也就不好再说什么了。小刘叔叔提着酒要走的时候，父亲将他一直送到了村口。当然，小刘叔叔没有忘记与父亲交换电话号码，并一再邀请父亲，有空去上海走走。

前几天，我们一家人看电视，在一档鉴宝节目中，竟然看到小刘叔叔抱着一个花瓷瓶出现在现场。我们一家人盯着花瓷瓶看了一会，自然就都认了出来，这不就是我们家装酒用的花瓷瓶吗？父亲和母亲都非常肯定地说："错不了，一定错不了。"后来，听专家点评并报价，这个花瓷瓶是元朝的青花瓷瓶，存世量极少，价格在300万元以上。

我们逐渐回过味来，原来小刘叔叔赞酒是假，赞瓶是真。我们当即关了电视，谁也不愿说话了。

大约过了一个小时，小刘叔叔给父亲打来了电话。电话中，小刘叔叔着急地说，上次在我们家看到装酒的花瓷瓶时，总觉得是一个宝贝，但自己不是行家，不敢乱下结论，于是就用赞酒的方法，把花瓷瓶要走了，目的就是想找机会做个鉴定。这回他终于在鉴宝节目中进行了鉴定，专家肯定地说，是元朝青花瓷瓶正品。节目一结束，就有人出价330万元。他现在就是想问问父亲，是将花瓷瓶原原本本地送回来，还是卖了以后将钱送过来。父亲听了，激动得说不出话来。

1~2문단 독해

①我十二、三岁的时候，家里住着一位上海来的大学生。②父亲对他关怀备至，对待他如同对待自己的兄弟一样。我和弟弟叫他小刘叔叔，他也亲切地称呼我爸爸妈妈为大哥大嫂，我们就像是一家人，相处得非常愉快。

③后来小刘叔叔走了，回了上海。因为相隔遥远，他和我们的联系也少了很多。④一晃几十年过去了，小刘叔叔在我们家中已被淡忘了。

내가 열두세 살 때 집에 상하이에서 온 대학생 한 명이 머물고 있었다. 아빠는 그 사람에게 지극정성이었고, 그를 마치 자신의 형제처럼 대했다. 나와 동생은 그를 샤오리우 숙부라 불렀고, 그도 친근하게 우리 아빠와 엄마를 큰형, 큰형수라 불렀다. 우리는 한 가족처럼 매우 즐겁게 지냈다.

나중에 샤오리우 숙부는 떠나서 상하이로 돌아갔다. 서로 멀리 떨어져 있어서 그와 우리의 연락도 매우 뜸해졌다. 어느덧 수십 년이 흘렀고, 샤오리우 숙부는 우리 집안의 기억에서 이미 희미해졌다.

중심 내용: 어렸을 때 집에서 머물던 샤오리우 숙부가 있었다. 함께 잘 지내던 그는 후에 상하이로 돌아갔고 그 후에는 서로 연락이 뜸해졌다.

① 사건 발생 시점과 등장인물을 소개하는 내용은 그대로 쓰는 것이 좋습니다.

② 글쓴이의 가족과 샤오리우 숙부가 서로 가족처럼 잘 지냈다는 내용입니다. 전체 지문에서 '샤오리우 숙부'라는 호칭을 쭉 썼기 때문에 주인공이 그를 샤오리우 숙부라고 불렀다는 것은 반드시 소개하는 것이 좋습니다.

③ 내용의 전개상 샤오리우 숙부가 떠난 것을 꼭 써야 합니다. 상하이로 돌아갔다는 내용은 回了上海 또는 回上海了라고 써야 합니다. 간혹 回去了上海라고 쓰는 경우가 많은데, 去가 방향보어로 쓰일 경우 뒤에 장소 명사를 쓸 수 없기 때문에 回去了上海는 잘못된 표현입니다. 去를 쓰고 싶다면 回上海去了라고 써야 합니다.

④ 시간의 경과는 비교적 쉽게 几十年过去了, 很多年过去了, 过了很多年과 같이 표현해도 좋습니다.

🎓 선생님의 한마디

한국어의 '시간이 흘렀다'를 직역해서 '过了时间'이라고 쓰는 학생들이 많은데, 중국어에는 없는 표현이므로 써서는 안 됩니다.

요약 我小时候，家里住着一位上海来的大学生。我和弟弟叫他小刘叔叔，我们就像是一家人，相处得非常愉快。后来小刘叔叔回了上海，我们的联系自然也少了。

내가 어렸을 때, 집에 상하이에서 온 대학생이 살았다. 나와 동생은 그를 샤오리우 숙부라 불렀다. 우리는 마치 한 가족 같았고 매우 즐겁게 지냈다. 나중에 샤오리우 숙부는 상하이로 돌아갔고 우리는 연락이 자연스럽게 뜸해졌다.

단어 关怀备至 guānhuái bèizhì 보살핌이 매우 지극하다, 살뜰하다 | 对待 duìdài 동 대하다 | 如同 rútóng 동 마치 ~과 같다 | 小 xiǎo 접미 샤오[젊은 사람을 부를 때 성씨 앞에 붙이는 호칭] | 刘 Liú 고유 리우[중국의 성씨 중 하나] | 叔叔 shūshu 명 숙부, 아저씨 | 亲切 qīnqiè 형 친근하다 | 称呼 chēnghu 동 ~이라고 부르다 | 大哥 dàgē 큰형 | 大嫂 dàsǎo 큰형수 | 相处 xiāngchǔ 동 함께 살다(지내다) | 相隔遥远 xiānggé yáoyuǎn 서로 멀리 떨어져 있다 | 联系 liánxì 명 연락 | 一晃 yíhuàng 부 어느덧 | 淡忘 dànwàng 동 기억이 흐려져 잊혀지다

①去年的一天，小刘叔叔突然出现在我们家中。他先是跟我爸妈寒暄了一番，然后介绍了一下自己近年来的情况，并说是因为出差路过，顺便过来看看。②父亲紧紧地抓住他的手，久久不愿松开。在父亲与小刘叔叔叙旧的时候，母亲走进厨房准备饭菜，一个多小时后，母亲就端上来一桌地道的农家菜。③父亲让我去取三年前自家酿的高粱酒，我提着装满酒的花瓷瓶过来时，小刘叔叔两眼盯着花瓷瓶看了好一会儿，想说什么，但终究没说。

④席间，小刘叔叔几次说："好酒呀好酒，就连茅台酒也不过如此！" 吃完饭，父亲对小刘叔叔说："既然是好酒，这剩下的你就带回去吧。" ⑤小刘叔叔很高兴，掏出500元钱要给父亲，父亲一急，拉着一张脸说："怎么，见外了不是，一缸自家酿的酒，也值得给钱？" 话说到这份上，小刘叔叔也就不好再说什么了。⑥小刘叔叔提着酒要走的时候，父亲将他一直送到了村口。当然，小刘叔叔没有忘记与父亲交换电话号码，并一再邀请父亲，有空去上海走走。

작년 어느 날, 샤오리우 숙부가 갑자기 우리 집에 나타났다. 그는 먼저 우리 부모님과 인사를 나눈 후 자신의 근황을 소개하고는, 출장을 온 김에 보러 온 것이라고 했다. 아빠는 그의 손을 꽉 잡고는 오래도록 놓으려 하지 않았다. 아빠가 샤오리우 숙부와 회포를 풀 때 엄마는 주방에 들어가 식사를 준비했다. 한 시간 남짓 후, 엄마가 정통 시골 음식을 한 상 차려 왔다. 아빠는 나에게 3년 전에 집에서 빚은 고량주를 가져오라고 했다. 내가 술이 가득 찬 꽃도자기 술병을 들고 왔을 때 샤오리우 숙부는 두 눈으로 꽃도자기 술병을 한참 동안 응시했다. 무슨 말을 하고 싶어 하는 것 같았지만 결국 아무 말도 하지 않았다.

술자리에서 샤오리우 숙부는 몇 번이나 말했다. "좋은 술이네요, 좋은 술이에요. 마오타이주도 이보다 좋지는 않겠어요!" 식사를 마치고 아빠는 샤오리우 숙부에게 말했다. "좋은 술이니까 남은 이 술은 네가 가져가렴." 샤오리우 숙부가 매우 기뻐하며 500위안을 꺼내서 아빠한테 주려고 하자, 아빠는 화가 나서 얼굴을 찌푸리며 말했다. "왜 그래? 남처럼 굴면 안 되지. 우리 집에서 빚은 술 한 단지인데 돈을 내야겠니?" 이렇게까지 말하자 샤오리우 숙부도 더 이상 뭐라고 말하긴 난처했다. 샤오리우 숙부가 술을 들고 가려고 할 때 아빠는 그를 마을 입구까지 계속 배웅했다. 물론 샤오리우 숙부는 아빠와 전화번호 교환하는 것을 잊지 않았고, 아빠한테 짬이 나면 상하이에 오라고 거듭 초대했다.

중심 내용: 작년에 샤오리우 숙부가 갑자기 찾아왔다. 아버지랑 식사를 하던 중, 집에서 담근 술을 샤오리우 숙부가 매우 칭찬했고, 아버지는 샤오리우 숙부가 떠날 때 남은 술을 그에게 선물로 주셨다.

① 샤오리우 숙부가 작년에 갑자기 다시 찾아온 것은 사건 전개의 시작을 알리는 중요한 내용이므로 꼭 써야 합니다.

② 아버지는 샤오리우 숙부 손을 잡고 놓으려 하지 않았고, 어머니가 주방에 가서 식사를 준비했다는 것은 단지 반갑다는 감정을 묘사하는 내용이므로 굳이 쓰지 않아도 됩니다.

③ 高粱酒 대신 酒만 써도 문제는 안 되지만, 花瓷瓶은 키워드이기 때문에 반드시 글자를 외워서 정확하게 써야 합니다. 그리고 샤오리우 숙부의 약간 수상한 반응은 이 글의 복선을 나타내는 부분이므로 쓰는 것이 좋습니다. '말을 하려다 멈추다'라는 표현은 지문에 있는 표현처럼 쉽게 써도 되지만, 성어를 활용하면 더 높은 점수를 받을 수 있습니다.

요약 想说什么，但终究没说 → 欲言又止

④ 아버지가 샤오리우 숙부에게 남은 술을 준 내용도 흐름상 빠져서는 안 되는 부분입니다. 대화는 간접화법으로 바꾸어 씁니다.

주의 아버지가 샤오리우 숙부에게 술을 가져가라고 했다
→ 父亲让小刘叔叔把酒带走 (O) / 父亲说小刘叔叔把酒带走 (X)

⑤ 샤오리우 숙부가 돈을 주려고 했으나 아버지가 받지 않았다는 내용은 간략하게 쓰면 됩니다. 숫자를 원고지에 쓸 경우, 오른쪽으로부터 2자씩 자르고, 한 칸에 2자씩 써야 합니다.

주의　500元　→　| 5 | 00 | 元 |

⑥ 마지막 두 문장은 샤오리우 숙부가 돌아가는 상황을 묘사한 것입니다. 내용 전개에서 그다지 중요한 부분은 아니므로, 과감하게 생략해도 좋습니다.

|요 약|　去年的一天，小刘叔叔突然出现在我们家中。他说出差路过，顺便过来看看。母亲准备了一桌地道的农家菜，父亲还拿出自家酿的酒招待他。但小刘叔叔一直盯着装酒的花瓷瓶，欲言又止。吃饭时，小刘叔叔一直夸酒好喝，于是，吃完饭，父亲就让小刘叔叔把剩下的酒带回去。小刘叔叔很高兴，拿出500元钱要给父亲，但是父亲没收。

작년 어느 날, 샤오리우 숙부가 갑자기 우리 집에 나타났다. 그는 출장 와서 지나는 길에 보러 왔다고 했다. 어머니가 정통 시골 음식을 한 상 차려 오자, 아버지는 집에서 직접 담근 술로 그에게 대접했다. 하지만 샤오리우 숙부는 계속해서 술이 담긴 꽃도자기 술병을 주시하더니, 뭔가 말하려다 멈칫했다. 식사할 때, 샤오리우 숙부는 계속 술이 맛있다고 했고 아버지는 식사를 마친 후 샤오리우 숙부에게 남은 술을 가지고 가라고 했다. 샤오리우 숙부는 매우 기뻐했고, 500위안을 아버지에게 주려고 했지만 아버지는 받지 않았다.

|단 어|　**突然** tūrán 閉 갑자기　|　**寒暄** hánxuān 통 인사말을 나누다　|　**番** fān 양 회, 차례, 번　|　**近年** jìnnián 명 최근 몇 년　|　**出差** chūchāi 통 출장 가다　|　**路过** lùguò 통 지나다, 경유하다　|　**顺便** shùnbiàn 閉 ~하는 김에　|　**紧紧** jǐnjǐn 형 매우 꽉 끼다　|　**抓住** zhuāzhù 통 (손으로) 잡다　|　**久久** jiǔjiǔ 閉 아주 오래도록　|　**松开** sōngkāi 통 풀다, 느슨하게 하다　|　**叙旧** xùjiù 통 회포를 풀다, 옛일을 이야기하다　|　**厨房** chúfáng 명 주방, 부엌　|　**饭菜** fàncài 명 식사, 음식　|　**端** duān 통 (두 손으로 들어) 나르다　|　**桌** zhuō 양 상[음식이 차려진 상을 세는 단위]　|　**地道** dìdao 형 정통의, 오리지널의　|　**取** qǔ 통 찾다, 취하다　|　**酿** niàng 통 (술을) 빚다　|　**高粱酒** gāoliángjiǔ 명 고량주　|　**提** tí 통 (손으로) 들다　|　**装满** zhuāngmǎn 통 가득 차다　*装 zhuāng 통 싣다, 담다　|　**花瓷瓶** huācípíng 명 화자병, 꽃무늬가 수놓인 도자기　|　**盯** dīng 통 응시하다　|　**好一会儿** hǎo yíhuìr 한참 동안　|　**终究** zhōngjiū 閉 결국, 마침내　|　**席间** xíjiān (술자리, 연회 등 모임의) 자리　|　**茅台酒** Máotáijiǔ 고유 마오타이주　|　**不过如此** búguòrúcǐ 성 이 정도이다, 그저 그렇다　|　**剩下** shèngxià 통 남다　|　**掏出** tāochū 통 꺼내다　|　**急** jí 형 화를 내다, (성미가) 급하다　|　**拉着一张脸** lāzhe yì zhāng liǎn 얼굴을 찌푸리다　|　**见外** jiànwài 통 남처럼 대하다　|　**缸** gāng 명 단지, 항아리, 독　|　**不好** bùhǎo 형 ~하기 어렵다(곤란하다, 난처하다)　|　**送** sòng 통 데려다 주다, 배웅하다　|　**村口** cūnkǒu 마을 입구　|　**交换** jiāohuàn 통 교환하다　|　**电话号码** diànhuà hàomǎ 명 전화번호　|　**邀请** yāoqǐng 통 초대하다, 초청하다　|　**欲言又止** yùyányòuzhǐ 성 말하려다 멈추다

①前几天，我们一家人看电视，在一档鉴宝节目中，竟然看到小刘叔叔抱着一个花瓷瓶出现在现场。②我们一家人盯着花瓷瓶看了一会，自然就都认了出来，这不就是我们家装酒用的花瓷瓶吗？父亲和母亲都非常肯定地说："错不了，一定错不了。"③后来，听专家点评并报价，这个花瓷瓶是元朝的青花瓷瓶，存世量极少，价格在300万元以上。

④我们逐渐回过味来，原来小刘叔叔赞酒是假，赞瓶是真。我们当即关了电视，谁也不愿说话了。

며칠 전 우리 가족은 텔레비전을 보았다. 보물 감정 프로그램에서 뜻밖에 샤오리우 숙부가 꽃도자기 병을 안고서 현장에 나타난 것을 보았다. 우리 가족은 잠시 동안 꽃도자기 병을 쳐다보았더니 자연히 알아볼 수 있었다. 이것은 우리 집에서 술을 담을 때 쓰는 꽃도자기 병이 아닌가? 아빠와 엄마 모두 매우 확신하며 말했다. "틀림없어, 틀림없어." 나중에 전문가가 평론하고 가격을 제시하는 것을 들었는데, 이 꽃도자기 병은 원나라 청화자기로 세상에 남아 있는 양이 매우 적어서 가격은 300만 위안 이상이라고 했다.

우리가 천천히 돌이켜 보니, 샤오리우 숙부는 술을 칭찬한 것은 거짓이고 병을 칭찬한 것이 진실이었다. 우리는 즉시 텔레비전을 껐고 모두 할 말을 잃었다.

중심 내용: 며칠 전에 보물 감정 프로그램에서 뜻밖에 샤오리우 숙부가 꽃도자기 병을 안고서 현장에 나타난 것을 보았다. 다들 그제야 샤오리우 숙부에게 당한 것을 알아차렸고, 가족들은 모두 침묵했다.

🎓 **선생님의 한마디**

5~6문단은 이야기의 절정 부분입니다. 샤오리우 숙부의 뜻밖의 행동과 그에 서운함을 느낀 가족의 상황을 소개해야 합니다.

① 이야기의 갈등이 나타나는 부분이므로, 꼭 소개해야 합니다. 키워드 鉴宝节目를 잘 써야 합니다.

② 샤오리우 숙부가 가지고 있는 꽃도자기 병이 우리 집에서 가져간 것을 가족 모두가 알아봤다는 것이 주요 내용입니다.

③ 꽃도자기 병이 원나라 청화자기이고 세상에 남아 있는 양이 매우 적다는 세부 사항까지는 굳이 쓰지 않아도 됩니다. 하지만 이 병이 전문가에 의해 보물임이 드러났다는 것은 이야기 전개에서 중요한 부분이므로 반드시 써야 합니다.

④ 샤오리우 숙부의 의중을 가족들이 그제야 깨달았다는 내용입니다. '뒤늦게 문득 깨닫다'라는 의미의 성어 恍然大悟를 활용하여 가족들의 마음을 묘사하는 것이 좋습니다.

|요 약|

前几天，我们一家人看电视，在鉴宝节目中，竟然看到小刘叔叔抱着从我们家拿走的那个花瓷瓶出现在现场。专家说这个花瓷瓶价格在300万元以上。我们恍然大悟，小刘叔叔赞酒是假，赞瓶是真。我们关了电视，谁也不愿说话了。

며칠 전, 우리 가족은 텔레비전을 보고 있었는데, 보물 감정 프로그램에서 뜻밖에도 샤오리우 숙부가 우리 집에서 가져간 그 꽃도자기 병을 들고서 현장에 나타났다. 전문가는 이 꽃도자기 병 가격이 300만 위안 이상이라고 했다. 우리는 그제야 샤오리우 숙부가 술을 칭찬한 것은 거짓이었고 병을 칭찬한 것이 진짜라는 것을 깨달았다. 우리는 텔레비전을 껐고 모두 할 말을 잃었다.

|단 어|

档 dàng 양 건, 가지[사건이나 일 등을 세는 단위] | **鉴宝** jiàn bǎo 보물을 감정하다 | **节目** jiémù 명 (텔레비전이나 라디오 등의) 프로그램 | **抱** bào 동 (손으로 품에) 안다 | **认出来** rèn chūlái 알아보다 | **肯定地** kěndìng de 확신하며, 확실히 | **错不了** cuòbuliǎo 동 틀림없다 | **点评** diǎnpíng 동 평론하다, 논평하다 | **报价** bàojià 동 (파는 쪽이) 가격을 제시하다 | **存世量** cúnshìliàng 세상에 남아 있는 양 | **逐渐** zhújiàn 부 점점, 점차 | **回过味来** huí guò wèi lái 참 뜻을 깨닫다 | *回味 huíwèi 동 돌이켜 생각하다 | **假** jiǎ 형 거짓의, 가짜의 | **当即** dāngjí 부 즉시, 바로 | **恍然大悟** huǎngrándàwù 성 문득 크게 깨닫다

①大约过了一个小时，小刘叔叔给父亲打来了电话。②电话中，小刘叔叔着急地说，上次在我们家看到装酒的花瓷瓶时，总觉得是一个宝贝，但自己不是行家，不敢乱下结论，于是就用赞酒的方法，把花瓷瓶要走了，目的就是想找机会做个鉴定。这回他终于在鉴宝节目中进行了鉴定，专家肯定地说，是元朝青花瓷瓶正品。③节目一结束，就有人出价330万元。④他现在就是想问问父亲，是将花瓷瓶原原本本地送回来，还是卖了以后将钱送过来。⑤父亲听了，激动得说不出话来。

대략 한 시간이 지난 후, 샤오리우 숙부는 아빠에게 전화를 걸어 왔다. 전화에서 샤오리우 숙부는 조급하게 말했다. 지난번 우리 집에서 술을 담은 꽃도자기 병을 보았을 때 계속 보물이라고 생각했지만 자기는 전문가가 아니니 감히 함부로 결론을 내리지 못했다고 한다. 그래서 술을 칭찬하는 방법으로 꽃도자기 병을 구해 갔는데, 목적은 기회를 봐서 감정을 하기 위함이었다고 했다. 이번에 그는 마침내 보물 감정 프로그램에서 감정을 진행했고, 전문가가 원나라 청화자기 진품이라 확실히 말했다고 했다. 프로그램이 끝나자마자 어떤 사람이 330만 위안을 제시했다고 한다. 그는 지금 아빠에게 꽃도자기 병을 원래 그대로 돌려줄지, 아니면 팔아서 돈을 보낼지 묻고 싶어 했다. 아빠는 듣고서 감격하여 말을 하지 못했다.

중심 내용: 잠시 후 샤오리우 숙부로부터 전화가 걸려 왔고, 왜 말없이 꽃도자기 병을 가져갔는지 설명을 했다. 아버지는 그 얘기를 듣고 감격했다.

🎓 선생님의 한마디
7문단은 결말 부분으로, 가족들이 생각한 샤오리우 숙부의 행동이 오해였음이 드러납니다. 샤오리우 숙부의 진심을 알게 된 후 가족들이 감격한 상황을 소개하고 있습니다.

① 샤오리우 숙부에게서 전화가 걸려 온 것은 매우 중요한 반전이므로 반드시 써야 합니다.

② 샤오리우 숙부가 꽃도자기 병을 왜 가져갔는지 설명하는 부분이라 최대한 자세하게 쓰는 것이 좋습니다. 그리고 한국어로 '설명하다'라는 말은 说明으로 직역하는 경우가 많은데, 중국어에서는 자주 쓰는 표현은 아닙니다. 说 또는 告诉我们이라고 쓰는 것이 더 좋습니다. 전문가가 진품이라고 감정한 것 또한 주요 내용이므로 꼭 써야 합니다.

③ 뒷부분에서 샤오리우 숙부가 꽃도자기 병을 다시 돌려줄지, 팔아서 돈으로 바꾸어 줄지 묻는 부분이 나옵니다. 따라서 누군가가 얼마를 제시했다는 이야기는 굳이 쓰지 않아도 좋습니다.

④ 샤오리우 숙부가 꽃도자기 병을 어떻게 처리할지 아버지에게 의견을 묻는 내용입니다. 두 가지 선택 방법을 제시하고 있으므로, 지문의 문형 그대로 '是……, 还是……' 구문을 이용하는 것이 좋습니다.

⑤ 마지막 문장은 외워서 그대로 쓰도록 합니다. 激动은 '감격스럽다'라는 의미이고, 说不出话来는 激动의 보어로 쓰이므로 반드시 구조조사 得를 함께 써야 합니다. 고득점을 받기 위해서는 激动不已와 같은 표현을 활용하는 것도 좋습니다.

|요 약|
过了一会儿，没想到小刘叔叔给父亲打来了电话。他说上次在我们家看到花瓷瓶时，总觉得是一个宝贝，于是就把花瓷瓶要走了，目的就是想找机会做个鉴定。他问父亲，是把花瓷瓶送回来，还是卖了以后把钱送过来。父亲听了，激动不已。

잠시 후에, 뜻밖에도 샤오리우 숙부가 아버지에게 전화를 걸어 왔다. 그는 지난번 우리 집에서 꽃도자기 병을 봤을 때 보물이라고 여겨서 꽃도자기 병을 가져갔고, 목적은 기회를 봐서 감정을 하려는 것이었다고 설명했다. 그는 아버지에게 꽃도자기 병을 돌려주는 게 좋을지, 아니면 팔아서 돈을 보내 주는 게 좋을지 물었다. 아버지는 듣고 나서 매우 감격했다.

| 단 어 | **宝贝** bǎobèi 몡 보물 | **行家** hángjia 몡 전문가 | **不敢** bùgǎn 동 감히 ~하지 못하다 | **乱下结论** luàn xià jiélùn 함부로 결론을 내리다 | **鉴定** jiàndìng 몡 감정[사물의 특성·참과 거짓 등을 평가하는 것을 뜻함] | **出价** chūjià 동 (사는 쪽이) 가격을 제시하다 | **原原本本** yuányuánběnběn 셩 있는 그대로 | **激动** jīdòng 동 감격하다, 감동하다 | **激动不已** jīdòng bùyǐ 감격해 마지않다 |

모범답안

　　　　　　　一个花瓷瓶

　　我小时候，家里住着一位上海来的大学生。我和弟弟叫他小刘叔叔，我们就像是一家人，相处得非常愉快。后来小刘叔叔回了上海，我们的联系自然也少了。

　　去年的一天，小刘叔叔突然出现在我们家中。他说出差路过，顺便过来看看。母亲准备了一桌地道的农家菜，父亲还拿出自家酿的酒招待他。但小刘叔叔一直盯着装酒的花瓷瓶，欲言又止。吃饭时，小刘叔叔一直夸酒好喝，于是，吃完饭，父亲就让小刘叔叔把剩下的酒带回去。小刘叔叔很高兴，拿出500元钱要给父亲，但是父亲没收。

　　前几天，我们一家人看电视，在鉴宝节目中，竟然看到小刘叔叔抱着从我们家拿走的那个花瓷瓶出现在现场。专家说这个花瓷瓶价格在300万元以上。我们恍然大悟，小刘叔叔赞酒是假，赞瓶是真。我们关了电视，谁也不愿说话了。

　　过了一会儿，没想到小刘叔叔给父亲打来了电话。他说上次在我们家看到花瓷瓶时，总觉得是一个宝贝，于是就把花瓷瓶要走了，目的就是想找机会做个鉴定。他问父亲，是把花瓷瓶送回来，还是卖了以后把钱送过来。父亲听了，激动不已。

1 요약할 때 자주 쓰는 성어 모음

1. 사람의 감정을 묘사하는 성어

1) 春风得意 chūnfēngdéyì 소원이 이뤄져서 기쁘다

他找到了一份好工作，最近每天春风得意。
그는 일자리를 찾아서 최근에 매일같이 기뻐한다.

2) 闷闷不乐 mènmènbúlè 우울하다

丽丽好像有什么心事，老是闷闷不乐的。
리리는 마치 무슨 근심이 있는 것처럼 늘 우울하다.

• **心事** xīnshì 명 근심, 걱정거리

3) 火冒三丈 huǒmàosānzhàng 화가 머리끝까지 치밀다, 매우 화나다

妈妈气得火冒三丈。
엄마는 화가 머리끝까지 치밀었다.

4) 感动不已 gǎndòngbùyǐ 감동해 마지않다, 한없이 감동하다

老奶奶感动不已。
할머니께서 무척이나 감동하셨다.

📖 *선생님의 한마디*
感动不已와 비슷한 표현인 激动
不已도 함께 외워 두세요.

• **激动不已** jīdòng bùyǐ 감격해
마지않다

5) 出人意料 chūrényìliào 예상을 뛰어넘다, 예상 밖이다

考试结果出人意料。
시험 결과가 예상 밖이다.

6) 百感交集 bǎigǎnjiāojí 온갖 생각이 뒤얽히다, 만감이 교차하다

他百感交集，不知道该说什么好。
그는 온갖 생각이 뒤얽혀서 뭐라고 말해야 좋을지 몰랐다.

7) 心急如焚 xīnjírúfén 애가 타다, 마음이 불타는 듯 초조하다

天已经黑了，小王还没回来，大家心急如焚。
날이 이미 저물었는데 샤오왕이 아직 돌아오지 않아서 모두가 애가 탔다.

8) 忐忑不安 tǎntèbù'ān 안절부절못하다, 가슴이 두근두근거리다

领导一直没来电话，科长忐忑不安。

윗사람한테서 계속 전화가 오지 않아서 과장은 안절부절못했다.

9) 惊讶不已 jīngyàbùyǐ 놀라 마지않다

小华竟然考上了大学，大家都惊讶不已。

샤오화가 뜻밖에도 대학에 합격해서 모두가 놀라 마지않았다.

10) 后悔莫及 hòuhuǐmòjí 후회막급이다, 후회해도 소용없다

我后悔莫及。

나는 후회막급이다.

2. 사람의 태도를 묘사하는 성어

1) 一丝不苟 yìsībùgǒu (일 처리가) 조금도 빈틈이 없다

他做什么都一丝不苟。

그는 무엇을 하든 조금도 빈틈이 없다.

2) 专心致志 zhuānxīnzhìzhì 온 마음을 다 기울이다

女儿正在专心致志地学习。

딸은 온 마음을 다해서 공부하고 있다. / 딸은 매우 열심히 공부하고 있다.

3) 三心二意 sānxīn'èryì 덜렁거리다, 세심하지 못하다

小华上课时总是三心二意的，不认真听讲。

샤오화는 수업 때 늘 덜렁거리고 열심히 수업을 듣지 않는다.

4) 一心一意 yìxīnyíyì 한마음 한뜻으로, 전심전력으로

他一心一意地工作。

그는 전심전력으로 일한다.

5) 坚持不懈 jiānchíbúxiè 꾸준하게 하다, 꾸준하며 게으르지 않다

他坚持不懈，最后终于成功了。

그는 꾸준히 해서 결국 마침내 성공했다.

6) 胸有成竹 xiōngyǒuchéngzhú 일을 하기 전에 이미 모든 준비가 되어 있다, 마음속에 이미 전반적인 계획이 서 있다, 자신 있다

这次考试我胸有成竹。
이번 시험은 난 자신 있다.

7) 莫名其妙 mòmíngqímiào 어리둥절하다, 영문을 모르다, 어이없고 황당하다

他的做法让大家莫名其妙。
그의 방법은 모두를 어리둥절하게 만들었다.

8) 百思不得其解 bǎisībùdéqíjiě 백번 생각해도 이해가 되지 않다

我百思不得其解，不知道他到底想干什么。
나는 백번 생각해도 이해가 되지 않고, 그가 도대체 무엇을 하고 싶어 하는지 모르겠다.

9) 不以为然 bùyǐwéirán 그렇게 여기지 않다, 냉담하다, 시큰둥하다

大家都指责他，但他却不以为然。
모두가 그를 질책했지만 그는 그렇게 여기지 않았다.

10) 小题大做 xiǎotídàzuò 과장하다, 오버하다

这件事没什么大不了的，不要小题大做。
이 일은 별것 아니니, 오버하지 마라.

11) 目中无人 mùzhōngwúrén 안하무인이다, 거만하고 남을 업신여기다

自从当上了厂长，他就开始目中无人，完全变成了另外一个人。
공장장이 된 후 그는 안하무인으로 굴기 시작하며 완전히 다른 사람으로 변했다.

12) 心满意足 xīnmǎnyìzú 매우 만족하다

儿子找到了一个好对象，妈妈也心满意足了。
아들이 좋은 짝을 찾아서 엄마도 매우 만족했다.

3. 사람의 표정을 묘사하는 성어

1) 垂头丧气 chuítóusàngqì 머리를 아래로 늘어뜨리고 기를 잃다, 풀이 죽다

他垂头丧气地从办公室里走了出来。
그는 풀이 죽은 채 사무실에서 걸어 나왔다.

2) 无精打采 wújīngdǎcǎi 활기가 없다, 풀이 죽다

   考试没考好，他的样子看起来无精打采的。
   시험을 잘 못 봐서, 그의 모습은 풀이 죽어 보였다.

3) 喜出望外 xǐchūwàngwài 매우 기쁘다

   收到了儿子的大学录取通知书，妈妈喜出望外。
   아들의 대학 입학 통지서를 받아서 엄마는 매우 기뻤다.

4) 目瞪口呆 mùdèngkǒudāi 놀라서 멍하다, 아연실색하다

   听到这个消息，大家都目瞪口呆。
   이 소식을 듣고서 모두가 놀라서 멍해졌다.

5) 热泪盈眶 rèlèiyíngkuàng 뜨거운 눈물이 그렁그렁하다[매우 감격함을 나타냄]

   妈妈激动得热泪盈眶。
   엄마는 매우 감격하여 뜨거운 눈물을 글썽거렸다.

4. 어기를 묘사하는 성어

1) 不加思索 bùjiāsīsuǒ 깊이 생각하지 않고 언행을 (함부로) 하다

   他不加思索地说他的理想是成为一个科学家。
   그는 깊이 생각하지 않고 자신의 꿈은 과학자가 되는 것이라고 말했다.

2) 直截了当 zhíjiéliǎodàng 단도직입적이다, 시원시원하다

   他直截了当地拒绝了她的邀请。
   그는 단도직입적으로 그녀의 초대를 거절했다.

3) 支支吾吾 zhīzhiwūwū (말을) 우물우물하다

   老师问他为什么迟到了，他却支支吾吾地答不上来。
   선생님이 그한테 왜 늦었냐고 묻자, 그는 우물거리며 대답하지 못했다.

4) 爱答不理 àidábùlǐ 본 체 만 체하다, (남에게) 냉담하고 소홀하다

   爸爸跟他说什么，他都爱答不理的。
   아빠가 그에게 뭐라고 하는데도 그는 본 체 만 체했다.

5) 一五一十 yìwǔyìshí 있는 그대로, 빠짐없이

他一五一十地把事情的经过告诉了她。

그는 일의 경과를 있는 그대로 그녀에게 말했다.

6) 开门见山 kāiménjiànshān 단도직입적으로 본론에 들어가다

他一见到她就开门见山地说了自己来找她的原因。

그는 그녀를 보자마자 단도직입적으로 자신이 그녀를 찾은 원인을 말했다.

7) 无话可说 wúhuàkěshuō 할 말이 없다

面对这个荒唐的情况，大家都无话可说。

이런 황당한 상황에 직면하자, 모두들 할 말이 없었다.

• 荒唐 huāngtáng 웹 황당하다,
터무니없다

8) 哑口无言 yǎkǒuwúyán 벙어리와 같이 말을 하지 못하다

看着自己的成绩单，小华哑口无言。

자신의 성적표를 보고 샤오화는 말문이 막혀 아무 말도 못했다.

9) 半信半疑 bànxìnbànyí 반신반의하다

同学们都对他的话半信半疑。

친구들 모두가 그의 말에 반신반의했다.

10) 大惑不解 dàhuòbùjiě 도무지 이해가 되지 않다

大家都对他的举动大惑不解。

모두가 그의 행동에 대해 도무지 이해가 되지 않았다.

5. 시간을 묘사하는 성어

1) 光阴似箭 guāngyīnsìjiàn 시간은 화살과 같다

光阴似箭，一晃过了三十年。

시간은 화살같이 어느덧 30년이 지났다.

• 一晃 yíhuàng 튀 어느덧, 순식
간에

2) 度日如年 dùrìrúnián 하루가 일 년 같다

出差的这几天，对我来说简直是度日如年。

출장 간 요 며칠, 나한테는 정말로 하루가 일 년 같았다.

3) 久而久之 jiǔ'érjiǔzhī 오래되면, 오래 두면

久而久之，早起成了一种习惯。

오래되니, 일찍 일어나는 것이 습관이 되었다.

4) 日复一日 rìfùyírì 매일매일, 날이면 날마다

日复一日的工作让他精疲力竭。

매일 반복되는 일이 그를 기진맥진하게 만들었다.

- **精疲力竭** jīngpílìjié 図 기진맥
  진하다

5) 日积月累 rìjīyuèlěi 세월이 쌓이다

学外语没什么窍门，日积月累，就会越说越好。

외국어 학습에는 어떤 비결이 없고 세월이 쌓이고 많이 말할수록 좋아진다.

- **窍门** qiàomén 図 비결, 요령

6. 결말에 자주 쓰는 성어

1) 恍然大悟 huǎngrándàwù 문득 크게 깨닫다

我恍然大悟。

나는 문득 크게 깨달았다.

2) 如愿以偿 rúyuànyǐcháng 소원 성취하다

他如愿以偿地考上了大学。

그는 원하는 대로 대학에 합격했다.

3) 皆大欢喜 jiēdàhuānxǐ 모두가 만족하고 기뻐하다

我们俩皆大欢喜。

우리 둘은 모두가 만족하고 기뻐했다.

4) 出人头地 chūréntóudì 남보다 뛰어나다, 두각을 나타내다, 출세하다

奋斗了这么多年，我终于出人头地了。

이토록 여러 해 동안 노력해서, 나는 마침내 출세했다.

5) 一事无成 yíshìwúchéng 아무것도 이룬 것이 없다

他都三十多岁了，还一事无成，父母都很失望。

그는 이미 서른 살 남짓이 되었는데 아직 아무것도 이룬 것이 없어서 부모님께서 매우 실망하신다.

2 직접화법을 간접화법으로 바꾸는 방법

직접화법을 간접화법으로 바꿔 쓸 때 가장 자주 쓰는 동사들은 아래와 같습니다. 说는 전치사 对나 跟을 이용해서 '对/跟+사람+说+대화 내용'처럼 써야 하고, 나머지 동사들은 '(동사)+사람+대화 내용'의 형식으로 표현합니다.

> 说, 告诉, 让, 劝, 推荐, 提醒, 求, 拜托, 嘱咐, 通知, 派, 回答

1) 他说："老师，我想去留学。" 그가 말했다. "선생님, 저 유학 가고 싶습니다."

我는 간접화법으로 말할 때는 他로 바꿔 표현해야 합니다. '~에게 말하다'는 반드시 '对+사람+说'로 표현합니다.

→ 他对老师说他想去留学。그는 선생님에게 자신은 유학 가고 싶다고 말했다.

🎓 선생님의 한마디
'~에게 말하다'라는 표현을 '说+사람'의 형태로 쓰는 경우가 많은데, 이것은 틀린 표현임을 기억해 두세요.
예 说老师(X)
   对老师说(O)

2) 我说："小王，你是哪里人？" 나는 말했다. "샤오왕, 넌 어디 사람이니?"

你는 小王과 같은 사람이기 때문에 두 번 쓸 필요가 없습니다. '~에게 물어보다'는 '问+사람+물어본 내용'의 형태로 표현합니다.

→ 我问小王是哪里人。나는 샤오왕에게 어디 사람인지 물어 보았다.

3) 他问我："你去吗？" 그는 나에게 물었다. "너 가니?"

吗는 직접화법에만 쓰는 말이므로, 간접화법으로 바꿀 때는 吗를 쓰면 안 됩니다. 따라서 정반 의문문을 이용해서 뜻을 전달해야 합니다. 또한 간접화법으로 바꿔서 표현할 때는 누구에게 질문하는 상황이 아니므로, 물음표 대신 마침표로 문장이 끝나야 합니다.

→ 他问我去不去。그는 나에게 가는지 안 가는지 물었다.

🎓 선생님의 한마디
동사 问은 전치사 对나 跟 등과 같이 쓰지 않습니다.
예 我对小王问(X)
   我问小王(O)

> **Tip** **의문문을 간접화법으로 바꾸기**
>
> 1. 吗의문문을 간접화법으로 바꿔서 표현할 때, 기본적으로 아래의 형식으로 바꿉니다.
>
> 동+吗？ → 동不동。   예 去吗？ → 去不去。
>
> 동+了吗？ → 동没동。   예 去了吗？ → 去没去。
>
> 2. 능원동사나 심리동사가 있는 경우, 아래의 형식으로 바꿉니다.
>
> 능/심+동+吗？ → 능/심不능/심+동   예 想去吗？ → 想不想去。
> 　　　　　　　　　　　　　　　　　　　喜欢吃吗？ → 喜欢不喜欢吃。/
> 　　　　　　　　　　　　　　　　　　　　　　　　喜不喜欢吃。

4) 父亲对女儿说："我看你还是上中文系好！"
아빠가 딸에게 말했다. "내가 보기엔 넌 그래도 중문과에 가는 게 좋겠어!"

무엇을 하도록 설득하는 어기를 나타낼 때는 劝을 활용하여 '劝+권하는 대상(사람)+권하는 내용(동사+목적어)'의 형태로 씁니다.

→ **父亲劝女儿上中文系。** 아빠는 딸에게 중문과에 가라고 권했다.

5) **张总对我说："你去问老黄吧！"**
장 사장님이 내게 말했다. "당신이 라오황한테 가서 물어보세요!"

여기서 吧는 명령을 나타내는 어기조사입니다. 상대방에게 무엇을 하도록 시키는 내용이므로, 사역동사 让을 써서 '让+사람+동사+(목적어)'의 형태로 나타냅니다.

→ **张总让我去问老黄。** 장 사장님이 나에게 라오황한테 가서 물어보라고 했다.

6) **妈妈对我说："到了就给家里打个电话。"**
엄마가 내게 말했다. "도착하면 집에 전화하렴."

전화를 하라고 시키는 내용이므로 사역동사 让을 써서 표현할 수 있습니다. 그런데 이 문장에는 어머니가 자식을 걱정하는 마음이 담겨 있으므로, 让보다 '당부하다'라는 의미의 嘱咐를 쓰면 더 좋은 문장이 됩니다.

→ ① **妈妈让我到了就给家里打个电话。** 엄마는 내게 도착하면 집에 전화하라고 했다.
　 ② **妈妈嘱咐我到了就给家里打个电话。** 엄마는 내게 도착하면 집에 전화하라고 당부했다.

・嘱咐 zhǔfù 통 당부하다

7) **妈妈说："别忘了吃药！"** 엄마가 말했다. "약 먹는 걸 잊지 매!"

상대방이 잊지 않도록 말해 주는 것을 提醒이라고 표현합니다. 따라서 내용상 상대방에게 깨우쳐 주는 문장이라면 说보다는 提醒을 쓰는 것이 좋습니다.

→ **妈妈提醒我吃药。** 엄마가 내게 약 먹는 걸 잊지 말라고 하셨다.

🗨 *선생님의 한마디*
提醒은 사전에 나와 있는 대로 '일깨우다'의 뜻으로 암기하지 말고, '잊지 마라'라는 뜻으로 외우세요.

8) **我说："太感谢你了。"** 내가 말했다. "당신께 정말 감사드립니다."

'~에게 감사를 표하다'는 '向+사람+表示+感谢[또는 谢意]'로 나타냅니다.

→ **我向他表示感谢。** 나는 그에게 감사를 표시했다.

> **Tip** **감사와 사과를 나타내는 간접화법**
>
> 감사 또는 사과를 표하는 말을 간접화법으로 바꿀 때 다음과 같이 쓰지 않도록 주의하세요.
>
> 我向他表示谢谢。 / 我向他表示道歉。(X)
> 　　　　동사　　　　　　　　동사
>
> 表示 뒤에는 명사 목적어가 와야 하는데, 谢谢와 道歉은 동사이므로 表示의 목적어로 쓰일 수 없습니다. 감사를 뜻하는 올바른 표현은 '向+사람+表示+感谢[谢意]', 사과를 뜻하는 올바른 표현은 '向+사람+表示+歉意'입니다.

01 · 10분 동안 지문을 읽고 400자 정도로 요약하세요.

　　小刚是个性格内向的学生，成绩也不太好。一天下课后，我合上教案，面无表情地走出了教室，小刚跟了上来，他看着我，眼泪就要掉下来了，脸涨得通红。我静静地站着，希望他能开口，但他的嘴唇好像紧紧锁住了似的。他递过来一张纸条，上面写道：老师，我的数学太差，您能不能每天放学后为我补一个小时的课？

　　其实我可以马上答应他，但我决定借这个机会好好儿"改造"他一下。我说："老师答应你的要求，可这两天我太忙，你等等好不好？"他有些失望，但还是点点头。我接着说："而且我有一个条件，你必须先给我一样东西！"他着急起来，可还是说不出一句话。

　　我说："你每天给我一个微笑，好不好？"这个要求太出乎他的意料，他很困惑地看着我。我耐心地等待着，他终于艰难地咧开嘴笑了，尽管有些不自然。

　　第二天上课时，我注意到小刚抬头注视着我，我冲他笑了笑，但他把视线避开了，显然他还不习惯对我回应。我让全班一起朗读课文，然后再让他一个人重读一遍。他站起来读了，也许是想起了前一天对我的承诺，读完后，他困难地对我笑了笑。

　　这样过了好一段时间，我都没提为他补习的事。一天下课后小刚又拦住我，我知道他要干什么，于是故意把手伸给他。他一愣："老师你要干什么？"我说："你不是要给我纸条吗？"他笑着说："我不写纸条了，您给我补补课吧。"我面带笑容说："你不要急，到时我会主动找你的，但我向你要的东西你还没给够。"说完，我递给他一张纸，上面有我为他准备的一道题。我告诉他，一天之后把它做出来，可以和同学讨论，也可以独立完成。我知道，他宁可自己做，也绝对不会和同学讨论的。这正是性格内向的学生的最大的弱点。但是我意外地发现他很积极地和同学们讨论，时不时还会笑一笑，他正在一点一点地变化。渐渐地，他开始和同学来往了，一起做游戏，一起回家……

　　虽然我一直没给他补课，但期末考试时小刚的成绩进步了，每科都及格了，看来我的这种特别的补课方式起到了效果。可是没想到，新学期刚开学，小刚就休学了，因为他父亲做生意破产了，所以他没钱交学费。我很担心，但是无能为力。

星期天，我去市场买菜，一张灿烂的笑脸远远地就进入了我的视线。我走过去一看，发现那个孩子竟是小刚！原来为了生活，小刚在市场里卖蔬菜。"老师，您来点儿什么?"他说。他的脸上没有腼腆，也没有沮丧。他告诉我，因为他学会了笑，总是笑得很甜，所以大家都去他那里买菜，他的生意很好。他和我约定，等赚够了学费，一定会复学，要给我更多的微笑，也要给同学们更多的微笑。

▶ 모범답안 및 해설 77쪽

第101题：缩写

(1) 仔细阅读下面这篇文章，时间为10分钟。阅读时间不能抄写、记录。

(2) 10分钟后，监考收回阅读材料，请你将这篇文章缩写成一篇短文，时间为35分钟。

(3) 标题自拟。只需复述文章内容，不需加入自己的观点。

(4) 字数为400字左右。

(5) 请把作文直接写在答题卡上。

很久很久以前，有一棵大大的苹果树。一个小男孩喜欢每天来到树下围着它玩耍。他爬上树梢，吃苹果，在树阴下打盹……他喜欢这棵树，而这棵树也喜欢和他玩。时间一天天地过去了，小男孩长大了，他已经不再每天围着树玩了。

一天，小男孩来到树的面前，神情忧愁。"来吧，来和我玩！"大树邀请小男孩。"我不再是个孩子了，我再也不围着树玩了。"男孩答道，"我要玩具，需要钱来买。""对不起，我没有钱……但是你可以摘下我所有的苹果，把它们卖掉，这样你就有钱了。"听了大树的话，小男孩别提多高兴了。他摘下了树上所有的苹果，高高兴兴地走了。摘了苹果后，小男孩再也没回来。大树很伤心。

过了很久，小男孩回来了，大树高兴得不得了。"来吧，来和我玩！"大树说。"我没时间玩，我得为我们一家人的生计工作，我们需要一套房子栖身，你能帮我吗？""对不起，我没有房子。但是你可以砍掉我所有的树枝，拿去盖你的房子。"于是，小男孩割下树上所有的树枝，高高兴兴地走了。见到男孩高兴起来大树很高兴，但小男孩从此又不来了，大树又感到很孤独。

在一个炎热的夏日，小男孩回来了，大树十分高兴。"来吧，来和我玩！"大树说道。"我很忧郁，而且我已经老了。我要出海航行，放松一下自己。你能给我一艘船吗？""用我的树干去造你的船吧，你可以航行得很远，高兴起来吧。"就这样，小男孩砍掉树干造了一艘船。他远航了，过了很长的时间，他也没有露面。

后来，在小男孩离开了很多年之后，他又回来了。"对不起，孩子，我没有任何更多的东西给你了，再也没有苹果给你了……"大树说道。"我也没有牙去啃了。"小男孩答道。大树说："我再也没有树干让你爬了。"小男孩说："我现在也老得爬不了啦!"大树流着泪说:"我真的不能给你任何东西了，唯一留下来的就是我正在枯死的树根。""我现在什么也不需要，只要有个地方休息就行了。干了那么多年，我很疲倦。"男孩答道。"那好！老树根正好是用来休息的最好的地方。来吧，在我这儿坐下来休息吧。"男孩坐了下来，老树那个高兴，流下了激动的眼泪。

这就是我们每一个人的故事，这棵树就是我们的父母。当我们还年幼时，我们喜欢和爸爸妈妈玩，当我们长大后，我们离开了他们，只有当我们需要什么，或遇到麻烦时才回到他们身边。不管出了什么事，父母总会在那里，给我们所有他们可以提供的东西，让我们高兴起来。也许你认为这个男孩对待大树太过残忍，但这确实就是我们对待父母的写照。

▶ 모범답안 152쪽

▶ 해설 154쪽

02

第101题：缩写

    (1) 仔细阅读下面这篇文章，时间为10分钟。阅读时间不能抄写、记录。

    (2) 10分钟后，监考收回阅读材料，请你将这篇文章缩写成一篇短文，时间为 35分钟。

    (3) 标题自拟。只需复述文章内容，不需加入自己的观点。

    (4) 字数为400字左右。

    (5) 请把作文直接写在答题卡上。

    英国的一家国际航空公司新开辟了一条至中国北京的国际航线。他们决定在北京招聘8名中国女乘务员。

    这家公司对待这次招聘非常认真，招聘的条件相当高。公司驻北京办事处主任亲自主持了初选，经过层层选拔，选出了12名应聘者参加复选。12名参加复选的人将接受专门从英国赶来的公司副总裁的直接考核。

    副总裁一到办事处，便开始认真地审视办事处主任送来的全部应聘者的材料。突然，副总裁在一张应聘者的表格上停了下来。表格的右上角特别标记了"OK"两个字母，显然是办事处主任写上去的。这位应聘者姓白，23岁，家庭环境富裕，名牌大学毕业，性格活泼大方，英语会话水平很高。副总裁稍微考虑了一会儿，便把白小姐的表格抽出来单独放在一边。他知道办事处主任和他考虑着同样一个问题：他们想让她当空姐的领班。

    副总裁第一个请进了白小姐。他上下仔细地观察了一番这位白小姐。白小姐身材高挑，一身黑色的西服衬托出她高雅的气质。副总裁作了个手势请白小姐坐下。白小姐微笑着对副总裁鞠了一个躬，说："你好！"她落落大方地坐下，平静地等候副总裁提问。

    "欢迎你来我们公司应聘，我相信白小姐将为我们公司这条新航线上所有的乘客留下一个美好的印象！"副总裁的这番话并不完全是客气话，他确实打心眼儿里觉得白小姐是个合适的人选。"如果有幸能为贵公司服务，我将很高兴。"白小姐笑着回答。"白小姐的英语说得很棒！"副总裁说。"谢谢夸奖。"白小姐一直面带笑容。

副总裁和白小姐聊得非常轻松，最后副总裁问白小姐："我们公司准备在英国用三个月的时间对所有受聘者进行一次培训，白小姐，您在生活或感情上能适应远离自己的国家和亲人吗？"白小姐耸了一下肩膀，说："我想任何人都不会排斥这样的好机会吧，反正是去比北京更好的地方，高兴还来不及呢！说实在的，我早就在中国呆够了。"

　　一直认真听白小姐说话的副总裁，脸上的笑容突然消失了，他沉默了一会儿，然后礼貌地站起来看着白小姐，伸出手说："白小姐，真抱歉，我还要接待下一位应聘者，我们先聊到这里，认识您非常高兴，再见！"白小姐只好站起来，礼貌地告辞了。

　　副总裁看着白小姐开门出去，对着写字台上那份白小姐的表格，默默地思考了一会儿，突然掏出笔在"OK"两个字母上重重地划了一笔，同时写上了一个"NO"。嘴里还自言自语地说了一句："一个对自己的国家都没有感情的人，我怎么能相信她会忠于我们公司呢？"

　　白小姐始终没有收到这家公司的录取通知。

▶ 모범답안 152쪽
▶ 해설 158쪽

03

第101题：缩写

(1) 仔细阅读下面这篇文章，时间为10分钟。阅读时间不能抄写、记录。

(2) 10分钟后，监考收回阅读材料，请你将这篇文章缩写成一篇短文，时间为35分钟。

(3) 标题自拟。只需复述文章内容，不需加入自己的观点。

(4) 字数为400字左右。

(5) 请把作文直接写在答题卡上。

女儿的同学都管她叫"二十三号"。她们班里总共有五十个人，而每次考试，女儿都排名二十三，久而久之，同学们便给她起了这个外号，她也就成了名副其实的中等生。其实，我们也动过很多脑筋。为了提高她的学习成绩，我们请过家教，报过辅导班，买过各种各样的资料……可她毕竟是个孩子，身体先挺不住了，得了重感冒。几次折腾下来，女儿的小脸越来越苍白，而且一说要考试，她就开始厌食、失眠、冒虚汗，再接着，她的成绩直线下降，竟然考出了令我们吃惊的三十三名，我和老公不想逼她，于是悄悄地放弃了轰轰烈烈的揠苗助长活动。

一个周末，我和一群同事一起去郊游，大家各自做了最拿手的菜，带着老公和孩子去野餐。一路上笑语盈盈，这家孩子唱歌，那家孩子表演小品。女儿没什么特别的本领，只是开心地不停地鼓掌。她不时跑到后面，照看着那些食物，把倾斜的饭盒摆好，松了的瓶盖拧紧，流出的菜汁擦净，忙忙碌碌，像个细心的小管家。

到了郊外，野餐的时候，两个小男孩，一个是奥数尖子，一个是英语演讲比赛第一名，同时夹住盘子里的一块糯米饼，谁也不肯放手，更不愿平分。大人们又笑又叹，连劝带哄，可怎么都不管用。最后，还是女儿用扔硬币的办法，轻松地解决了这个问题，大人们也都夸我女儿，说她的办法很高明。

回来的路上堵车堵得厉害，一些孩子焦躁起来。这时，女儿开始讲起笑话来。她的笑话一个接一个，全车人都被逗乐了。她手底下也没闲着，用装食品的彩色纸盒，剪出许多小动物，让这些孩子赞叹不已。下车时，每个人都拿到了自己的生肖剪纸。听到孩子们连连道谢，我和老公禁不住露出了自豪的微笑。

期中考试结束后，我接到了女儿班主任的电话。老师说："您的女儿的成绩仍然是中等，不过有一件奇怪的事想告诉您，我从教三十年了，还是第一次遇见这种事。语文试卷上有一道附加题：'你最欣赏班里的哪位同学？请说出理由。'全班绝大部分同学竟然都写上了您女儿的名字。理由很多，热心助人，守信用，不爱生气，好相处等等，写得最多的是'乐观幽默'。另外，很多同学建议由她来担任班长。您这个女儿，虽说成绩一般，可为人的确很优秀啊……"

我恍然大悟，是啊，虽然学生就该好好学习，可是不是说只有学习好才算是优秀的学生。我的孩子的成绩虽然不优秀，但那不代表她的人不优秀。回想一下，我小时候上学时我们班的第一名，他现在在工作上还不如我优秀呢！我为我的女儿感到自豪，她不是中等生，她是真正的上等生。

▶ 모범답안 152쪽
▶ 해설 163쪽

실전
모의고사

모의고사는 실전과 똑같은 환경에서 풀어 보는 것이 중요합니다.
중간에 멈추지 말고, 실제 시험을 치르듯이 풀어 보세요.

정답과 해설은 '정답 & 해설집' 170쪽에 있습니다.

汉语水平考试
HSK（六级）

注　意

一、HSK（六级）分三部分：

　　1. 听力（50题，约35分钟）

　　2. 阅读（50题，50分钟）

　　3. 书写（1题，45分钟）

二、听力结束后，有5分钟填写答题卡。

三、全部考试约140分钟（含考生填写个人信息时间5分钟）。

一、听力

第一部分

第1-15题：请选出与所听内容一致的一项。

1. A 舞蹈可以传达情感
   B 艺术的表现形式多样
   C 文字的诞生与舞蹈有关
   D 舞蹈是人类最早的娱乐方式

2. A 农作物产量极高
   B 农场主的孩子很懒
   C 朋友建议卖掉农场
   D 农场主想锻炼自己的孩子

3. A 金丝猴喜欢群居
   B 金丝猴攻击性强
   C 金丝猴动作笨拙
   D 金丝猴深受人们喜爱

4. A 要学会取舍
   B 要忘掉过去
   C 要懂得分享
   D 不要轻易放弃

5. A 谜语很难猜
   B 谜底在彩灯上
   C 猜灯谜很受欢迎
   D 猜灯谜在南方更流行

6. A 青少年应远离电脑
   B 失眠会导致记忆力减退
   C 手机辐射对青少年危害更大
   D 玩儿手机会使注意力不集中

7. A 人的嗅觉不够灵敏
   B 食物的味道十分单一
   C 苹果的气味不好辨别
   D 分辨食物的味道主要靠嗅觉

8. A 墨迹很难洗掉
   B 蓝墨水可去污
   C 墨水中都有蓝色因子
   D 洗白衣服时可加少量墨水

9. A 要主动打招呼
   B 交谈时要注视对方
   C 不要指出别人的错误
   D 交谈时要遵守一些规则

10. A 要研究兵法
    B 要知己知彼
    C 要守法经营
    D 要警惕风险

11. A 柴达木盆地植被多
    B 柴达木盆地矿产丰富
    C 柴达木盆地盛产水果
    D 柴达木盆地重工业发展快

12. A 有些景点禁止拍照
    B 热门景区交通压力大
    C 节假日是出行高峰期
    D 旅游的乐趣在于用心体会

13. A 机器人很忠实
    B 机器人爱说大话
    C 机器人会推卸责任
    D 机器人从来不犯错

14. A 坚持就是胜利
    B 要及时调整方向
    C 要懂得把握时机
    D 不要担心"碰壁"

15. A 香菜细胞壁很厚
    B 香菜可净化水质
    C 土壤污染很严重
    D 香菜是一种昂贵的香料

第二部分

第16-30题：请选出正确答案。

16. A 中文搜索
    B 外文翻译
    C 社交平台
    D 电子商务

17. A 技术
    B 营销手段
    C 企业文化
    D 公司规模

18. A 创新
    B 用户体验
    C 资金投入
    D 网页设计

19. A 完善线上服务
    B 开拓海外市场
    C 招聘更多员工
    D 将百度做到最好

20. A 男的有销售经历
    B 百度将尝试开发游戏
    C 搜索引擎市场有待规范
    D 搜索引擎处于快速发展阶段

21. A 泡温泉经济实惠
    B 媒体宣传的效果
    C 泡温泉可以降血压
    D 人们的健康意识提高了

22. A 开发潜力大
    B 分布不均匀
    C 以高温温泉为主
    D 约占全球总量的86%

23. A 无序竞争
    B 起步太晚
    C 缺乏创新
    D 利润率低

24. A 诚实守信
    B 优胜劣汰
    C 可持续利用
    D 利益最大化

25. A 能治疗疾病
    B 地理位置优越
    C 含有一定的矿物质
    D 配备完善的服务体系

26. A 很兴奋
    B 很平静
    C 非常不安
    D 有点儿失望

27. A 十分了解运动员
    B 要懂教练的想法
    C 进修过管理课程
    D 有丰富的管理经验

28. A 领导不重视
   B 资金投入不够
   C 后备人才不足
   D 训练方法有误

29. A 有天分的
   B 刻苦努力的
   C 性格外向的
   D 身体素质好的

30. A 曾是奥运冠军
   B 从事教育工作
   C 培养出了很多运动员
   D 希望自己的孩子打羽毛球

第三部分

第31-50题：请选出正确答案。

31. A 想拜郑谷为师
    B 想得到郑谷的指点
    C 想借郑谷的诗看看
    D 想向郑谷炫耀诗作

32. A 太生僻
    B 意思重复
    C 笔画太多
    D 与主题矛盾

33. A 惜字如金
    B 擅长作诗
    C 词汇量大
    D 能纠正一个错字

34. A 侦察环境
    B 寻求帮助
    C 向敌人示威
    D 吸引雌蟹注意

35. A 准备进攻
    B 发现水源
    C 周围没有敌人
    D 处于警戒状态

36. A 蜜源方向
    B 蜜源远近
    C 花粉多少
    D 花的种类

37. A 动物的无声语言
    B 动物的求偶方式
    C 动物如何躲避危险
    D 动物是怎样觅食的

38. A 弹跳
    B 气流
    C 推拉舱壁扶手
    D 撞击其他航天员

39. A 感冒
    B 腿部肿胀
    C 心跳加速
    D 出现定向障碍

40. A 失重就是没有重力
    B 失重时体液会减少
    C 失重后人反应变慢
    D 失重后身体会飘起来

41. A 样式新颖
    B 图案复杂
    C 是玻璃做的
    D 具有加热功能

42. A 漏水
    B 价格太贵
    C 摆放得太偏
    D 杯盖儿有瑕疵

43. A 不要冲动消费
    B 不要过分追求完美
    C 买东西要精挑细选
    D 内在比外在更重要

44. A 易爆炸
    B 保温性差
    C 含有毒物质
    D 生产时耗能大

45. A 耐压
    B 安全
    C 透气
    D 便携

46. A 不易分解
    B 无色透明
    C 对光很敏感
    D 本身有臭味

47. A 玻璃瓶的多种用途
    B 如何防止啤酒变质
    C 啤酒的加工与存放
    D 用玻璃瓶装啤酒的原因

48. A 省力
    B 速度快
    C 节约时间
    D 能看到更多风景

49. A 很罕见
    B 坡度较小
    C 施工成本低
    D 对山体破坏小

50. A 盘山公路不易修建
    B 公路赛车很讲究技巧
    C 不要在盘山公路上停车
    D "之"字形路线的距离更长

二、阅 读

第一部分

第51-60题：请选出有语病的一项。

51. A 酒令是中国人饮酒时一种特有的助兴方式之一。
    B 与其为得不到的东西苦恼，不如想想自己已经拥有的。
    C 经过两个多小时的长途跋涉，我们终于来到了著名的南靖土楼。
    D 蚂蚁的寿命不一，有的工蚁能活几年，而蚁后则能活十几甚至几十年。

52. A 听完女儿全部的历险故事后，她的眼泪如潮水般涌出眼眶。
    B 自1988年起，乒乓球成为奥运会的正式比赛项目。
    C 调查显示，近92%的受访者表示安全座椅是最为安全的儿童乘车。
    D 如果把人生比作一次旅行，那么辛劳和苦难是我们不得不花的旅费。

53. A 这个感人的故事发生在上个世纪50年代的北京。
    B 位于前海西街的恭王府是北京现存最完整的清代王府。
    C 语言学习能促进大脑，对保持大脑健康也有一定的好处。
    D 很多人之所以觉得自己不幸，是因为他们把赚钱当成了人生的唯一目标。

54. A 睡觉前使用电子设备会导致睡眠质量下降。
    B 在中国，腊八节有喝腊八粥、泡腊八蒜的风俗习惯。
    C 那些流星拖着长长的尾巴划过夜空，简直是太美丽了。
    D 尽管天气如何变化，天池始终是一片寂静。

55. A 本省受台风影响，多数地区将普降暴雨。
    B 她为中国早期体育事业的发展做出了不可磨灭的贡献。
    C 香芋肉质洁白，味甜多汁，自古就被称为"蔬菜之王"的美誉。
    D 科学的本质在于不断地探索，用新的认识代替旧的认识。

56. A 汉字是当今世界上使用人数最多的一种文字。
    B 秋季的大明湖气候宜人，景色美不胜收，让人流连忘返。
    C 啤酒中含有丰富的酵母，适量饮用啤酒可以让皮肤更加有弹性。
    D 随着日益增多佩戴人数，隐形眼镜的安全性也受到了越来越多的关注。

57. A 大家对这个问题争论得非常激烈，谁也说服不了谁。
 B 我们每天都要从食物当中摄取身体所需的各种营养物质。
 C 人类基因草图的绘制成功，标志着生命科学研究又进入了一个新的阶段。
 D 在"质量月"活动中，他们围绕以提高产品质量为中心，进行了综合治理。

58. A 各位尊敬的客户，如果您对我们的产品及服务有任何疑问或建议，请及时与我们联系。
 B 在河流、树木、房屋，全都罩上了一层厚厚的雪，万里江山变成了粉妆玉砌的世界。
 C 健康不仅仅是身体没有疾病，而且还是一种心理、社会适应力和道德水平均十分良好的状态。
 D 人们阅读的目的不尽相同，有人是为了放松，有人是为了获取必要的信息，而有人则是为了得到精神上的享受。

59. A 良心是最公正的法官，你骗得了别人，却永远欺骗不了自己的良心。
 B 考古学家在西溪遗址发掘出了大量的陶器、石器、玉器以及骨骼和动物标本。
 C 人说谎时经常会忽略掉主语"我"，因为人的潜意识里不想把自己牵扯进来，这是大脑不由自主的活动。
 D 在中国现代绘画史上，徐悲鸿和齐白石占有举足轻重的地位，他们的影响之大，造诣之高，是同时代其他画家所不能比的。

60. A 忽略身边的人，而将注意力集中在自己的手机上，已经成为了很普遍的习惯。
 B 所谓"性价比"，就是商品的质量、性能、配置或服务的范围、水平等于其价格所形成的比值。
 C 承认失败并不是要你固步自封、画地为牢，而是要你在吸取教训的基础上，做出新的尝试，进行新的探索。
 D 敦煌莫高窟以其别具一格的绘画艺术和珍贵的历史文化内涵，吸引了大批国内外前来参观的游客络绎不绝。

第二部分

第61-70题：选词填空。

61. 布雕是_____布的颜色、纹理和光感等特性，_____改进的刻刀、烙铁等工具，创造出新的雕刻_____，被誉为"中国民间工艺一绝"。

    A 结合   利用   技艺   B 对比   引用   才艺

    C 参照   应用   文艺   D 复制   运用   手艺

62. 直升飞机起飞为什么不用助跑？这是因为直升飞机是_____螺旋桨转动来拨动空气_____升力的。直升飞机起飞时，螺旋桨越转越快，产生的升力也会越来越大，当升力比直升飞机的_____还大时，直升飞机就飞起来了。

    A 靠   产生   重量   B 依   凝聚   重心

    C 凭   生产   面积   D 附   制造   密度

63. 电视小品短小明快，新颖活泼、_____多样。_____一门说和演的艺术，电视小品的最大特点就是要在较短的时间内，充分_____人们"笑"的神经，给人以精神上的刺激和_____上的启迪。

    A 样式   对于   发动   灵魂   B 形式   作为   调动   心灵

    C 模式   通过   鼓动   爱心   D 格式   按照   惊动   灵感

64. 许多人因害怕失败而不敢将理想付诸_____。实际上，实现理想的过程总是_____着挫折、痛苦和失败，所谓的"心想事成""一帆风顺"，只不过是人们的美好_____。若要实现理想，就必须_____"屡败屡战"的勇气。

    A 实践   遭遇   空想   储备   B 追求   陪伴   欲望   装备

    C 行动   伴随   愿望   具备   D 行为   跟随   幻想   拥有

65. 曹雪芹批阅10载，增删5次完成的长篇_____《红楼梦》，以其_____的思想内容，_____的艺术表现手法，_____地成为了中国古典小说中最经典的现实主义作品。

    A 论文   深奥   精简   得天独厚

    B 巨著   深刻   精湛   当之无愧

    C 记录   深沉   精密   不言而喻

    D 文献   资深   精确   称心如意

66. 胡萝卜是一种常见的_____，至今已有两千多年的栽培历史，世界上大多数国家都有_____，广受人们的喜爱。由于它含有大量蔗糖、淀粉和胡萝卜素，营养_____极高，所以在中国又被_____为"土人参"。

A 食物　　培养　　分量　　赞　　　B 粮食　　播种　　要素　　列
C 蔬菜　　种植　　价值　　称　　　D 调料　　培育　　元素　　唤

67. 生活给了你一块石头，你若把它_____在身上，它就会成为一种_____；但你若把它垫在脚下，它就会成为你进步的_____。其实，人生_____与否，全在于你如何去选择。

A 挎　　压力　　途径　　光彩　　B 扛　　负担　　阶梯　　精彩
C 背　　重心　　走廊　　精致　　D 捧　　责任　　台阶　　繁华

68. "泾渭分明"这个成语源自一大自然景观，其中"泾渭"_____指泾河和渭河。由于含沙量不同，泾河汇入渭河时，会_____出一清一浊两条河水同流一河而互不相融的奇观。后来人们就用这个成语来比喻_____清楚或是非分明，也用来形容人们对待同一事物时，表现出的两种_____的态度。

A 各自　　展现　　边界　　南辕北辙　B 分别　　呈现　　界限　　截然不同
C 相对　　涌现　　领域　　一目了然　D 一律　　体现　　范畴　　相辅相成

69. 影响产品_____的，有时不是产品的主体，而是一些不太引人注意的"零部件"，如西服的纽扣，家电的按钮等，这些东西看起来_____，但做得不好却足以引起消费者的_____。只有把各项基础工作都做得_____、到位并持之以恒，才能赢得消费者的_____。

A 形象　　莫名其妙　　反思　　优异　　注视
B 档次　　物美价廉　　感慨　　别致　　爱戴
C 口碑　　微不足道　　反感　　细致　　青睐
D 地位　　无微不至　　反对　　卓越　　拥护

70. 自嘲，指自己嘲笑自己，处于窘况时，_____地用自嘲来应付，不仅能化解_____，而且还会有幽默效果。古时候有个姓石的学士，一次不小心从驴背上摔了下来，他_____地站起来说："_____我是石学士，要是瓦学士还不摔成_____片了？"一句话说得在场的人哈哈大笑，化解了难堪。

A 恰当　　混乱　　吞吞吐吐　　不愧　　扁
B 恰巧　　不安　　有条不紊　　毕竟　　烂
C 灵活　　矛盾　　迫不及待　　多亏　　薄
D 巧妙　　尴尬　　不慌不忙　　幸亏　　碎

第三部分

第71-80题：选句填空。

71-75.

在中国人家里做客吃饭时，主人总会热情地说一句："趁热吃"，(71)_____。可是从健康的角度来看"趁热吃"这种观念其实是错误的。饮食过热可能会烫伤口腔和食道粘膜。(72)_____，食道癌等多种消化道疾病的发生都与此有密切的关系。

我们的口腔和食道表面都覆盖着柔软的粘膜。一般情况下，食物温度应在10℃到40℃之间。这是因为口腔和食道的温度多在36.5℃到37.2℃之间，能忍受的高温也只有50℃到60℃。(73)_____，口腔和食道的粘膜就容易被烫伤。所以如果吃过热的食物或饮用过热的水，黏膜就会被烫伤。长此以往，粘膜会反复地被烫伤、增生、修复，就会发生质变，形成溃疡。另外过热的食物进入消化道后，(74)_____，胃肠道血管扩张，并刺激肠胃，进而导致慢性食管炎、萎缩性胃炎等疾病，严重时甚至会发展成肿瘤。

因此，"趁热吃"只是一种寒暄，(75)_____，这种饮食方式对身体其实并无益处。我们吃东西时一定要注意食物的温度，吃和体温相近的食物，才能延年益寿。

A 是主人热情好客的表现

B 一旦超过这个温度

C 越来越多的研究也显示

D 会导致气血过度活跃

E "趁热吃"似乎一直都是中国人饭桌上的传统

76-80.

假如你看到体重达8600公斤的大鲸鱼跃出水面6.6米，并为你表演各种动作，我想你一定会发出惊叹，将这视为奇迹，(76)_____。

这条鲸鱼的训练师向外界披露了训练的奥秘：开始他们先把绳子放在水面下，(77)_____，鲸鱼每次经过绳子上方就会得到奖励，它们会得到鱼吃，会有人拍拍它并和它玩儿，训练师以此对这只鲸鱼表示鼓励。当鲸鱼从绳子上面通过的次数逐渐多于从下方经过的次数时，训练师就会把绳子提高，(78)_____，不至于让鲸鱼因为过多的失败而沮丧。

无疑，是鼓励的力量激励着这条鲸鱼跃过了这一可载入世界纪录的高度。一条鲸鱼如此，(79)_____：鼓励、赞赏和肯定，会使一个人的潜能得到最大程度的发挥。可事实上更多的人却是与训练师相反，起初他们就怀着期盼定出相当的高度，一旦达不到目标，就会倍感失望。所以我们常常看到上司对下属的不满和惩罚，看到望子成龙的父母对孩子的批评和训斥……

因此，(80)_____，可最好还是给手中的"绳子"定个合适的高度。我们不妨把一个令人生畏的"高度"分解成若干个"跳台"来层层飞跃。

A 只不过提高的速度很慢

B 使鲸鱼不得不从绳子上方通过

C 即使我们的期望值很高

D 而确实有这么一条创造奇迹的鲸鱼

E 对于聪明的人类来说更是这样

第四部分

第81-100题：请选出正确答案。

81-84.

相传很久以前，黄帝命仓颉负责统计牲口和粮食的数量。仓颉是一个很聪明、而且做事又细心的人，所以他很快就对所管理的物品了如指掌了。可随着每天牲口和粮食储量的不断变化，仓颉很难再凭记忆管理了，而当时又没有文字，这可为难他了。

仓颉一心想解决这个难题：他先是用不同颜色的绳子代表不同种类的牲口和粮食，用绳子上打的结表示具体数目，但很快他便发现，数目增加时，在绳子上打个结虽然容易得很，而减少时，要解开一个结却很麻烦。后来，他又在绳上打圈，并在圈上挂上各种贝壳代表他所管的东西。数量增加就添一个贝壳，减少就去掉一个。这个方法很有效，仓颉用这个办法管理了很长时间。黄帝见他如此能干，让他管理的物品种类也逐渐增多，数量也逐渐增大。每年祭祀的次数、狩猎的分配等等，都交给仓颉来管了。这下仓颉又犯难了，因为仅凭结绳子、挂贝壳已经不起作用了。

一天，仓颉走到一个三岔路时，看到三个猎人正在争论该走哪条路：一个人坚持要往东走，说东边有野猪；一个要往北，说前面有鹿群；另外一个偏要往西，说那边有老虎。仓颉一问才知道，原来他们打猎的时候都是根据地上野兽的脚印来判断动物的去向的。仓颉心中一喜：既然一个脚印代表一种野兽，那么我为什么不能用符号来表示我所管的东西呢？他高兴地飞奔回家，开始创造各种各样的符号来表示自己管理的事物。果然，采用这种方法后，他把事情管理得井井有条。

黄帝知道后，对仓颉大加称赞，并派他到各个部落去传授这种方法。渐渐地，这些符号推广开来，并最终形成了汉字。

81. 根据第一段，仓颉遇到了什么难题？
   A 粮食难以储存　　　　　　　　B 黄帝不再相信他
   C 数量变化难以记忆　　　　　　D 牲口数量不断减少

82. 用绳子记事的缺点是什么？
   A 绳子容易断　　　　　　　　　B 打结很耗时
   C 绳子颜色太少　　　　　　　　D 解开绳结不方便

83. 仓颉从猎人那儿受到了什么启发？
   A 可用符号代表事物　　　　　　B 狩猎要团队合作
   C 不懂的问题要及时请教　　　　D 迷路时要学会辨别方向

84. 最适合做上文标题的是：
   A 仓颉造字　　　　　　　　　　B 绳子的妙用
   C 贝壳货币的由来　　　　　　　D 知人善用的黄帝

85-88.

一家啤酒公司面向各大策划公司征集宣传海报，被选上
的作品将有50万的酬金。消息一出，多家策划公司都跃跃欲
试，在短短几周的时间里，这家啤酒公司就收到了数以千计
的广告作品。最终，宣传部的负责人从里面筛选了一个最为
满意的作品，上报给了总经理。

这幅作品的画面中央是一个啤酒瓶，瓶内啤酒汹涌，
瓶颈处紧握着一只手，手的拇指朝上，正欲顶起啤酒瓶的盖儿。海报的广告标语是：
"挡不住的诱惑！"

但是总经理只看了一眼就给否决了，理由是这个创意略显生硬，而且用拇指打开
酒瓶的做法十分危险。如果消费者被广告误导，真的像广告一样用手指开酒瓶，势必
会有许多人受伤，到时他们来起诉公司就得不偿失了。

许多策划公司得知这家公司的总经理如此挑剔，都纷纷放弃了。一个艺术系的
学生听说了这件事后，拿着自己的作品走进了该公司总经理的办公室。同样是只看了
一眼，总经理立即站了起来，兴奋地大声说道："棒极了，这才是我想看到的广告设
计！"这位艺术系的学生也如愿以偿地得到了那50万元。

第二天，啤酒公司的海报就铺天盖地地出现在各大平面媒体上。想知道这幅海报
的内容吗？其实很简单，画面中央依旧是一个啤酒瓶，不同的是拇指姿势：由原来的
要开启瓶盖儿，变成了紧紧地按住瓶盖儿，虽然如此，瓶内的啤酒还是如清泉一般溢
了出来。海报的广告标语也改为："按耐不住的精彩！"

同样是一个拇指，仅仅是改变了一下方向，就赢得了50万元！这在许多人看来
未免有些投机取巧。然而，你可曾想过这个小小的改变背后，在内涵上有多么大的差
异？其实，一个真正富有创意的人，就是能从废墟中发掘到金矿的人！

85. 总经理为什么否决了第一个广告作品？
   A 色彩单一　　　　　　　　　　B 标语难懂
   C 生产费用高　　　　　　　　　D 容易误导消费者

86. 两个广告的不同之处在哪儿？
   A 拇指姿势　　　　　　　　　　B 酒瓶位置
   C 画面背景　　　　　　　　　　D 酒瓶尺寸

87. 根据上文，可以知道：
   A 那个学生得到了酬劳　　　　　B 总经理很会精打细算
   C 大多数的策划公司都倒闭了　　D 宣传部负责人不爱喝啤酒

88. 上文主要想告诉我们：
   A 要重视消费者的反馈　　　　　B 要善于在平凡中发现新意
   C 要多给年轻人展示的机会　　　D 广告要完全展现产品的特征

89-92.

春秋时期，按照鲁国法律规定，如果有人将在国外沦为奴隶的鲁国人赎回，国家会把其所出的赎金全部返还给他。鲁国有个叫子贡的人，他不仅是孔子最富才华的弟子，也是一个成功的生意人。有一次，他在国外赎回了一个沦为奴隶的鲁国人，但回国后谢绝了国家返还的赎金。

子贡有一定的经济实力，那笔赎金对他来说根本算不了什么，更重要的是，他是孔子的学生，受到了孔子的道德感化，所以他才会拒收国家返还的赎金。他本以为孔子知道这件事后会对他赞赏有加，不料孔子却说："子贡，你不应该这样做。你若拿了国家返还的赎金，并不会损害你行为的价值；但你不拿，就破坏了国家那条代偿赎金的好法律。所以，你开了一个不好的头，从今以后，鲁国人不会再帮沦为奴隶的本国同胞赎身了。"

孔子认为，如果人人都以子贡为榜样，认为不领赎金是高尚的做法，领取赎金却是可耻的，那么为同胞赎身的人就会越来越少。因为大多数人的财力比不上子贡，无法不在乎赎金，如果不能向国家要回这笔钱，他们自己的生活可能会受到重大影响；而对于那些有经济实力的人来说，他们可能没有子贡那么高的道德品质，不愿意白白损失这笔钱。如此一来，即便看到沦为奴隶的同胞，大多数鲁国人也会放弃为他们赎身。

事实上，鲁国那条代偿赎金的法律立意，是想让每个人都可以在有机会的时候，惠而不费地去做一件功德无量的大好事，因为人们只是付出了同情心，其它方面毫无损失。因为国家制定法律的目的并不是要人们去做损己利人的牺牲，而是乐于做无损于己但却有利于人的好事。

89. 子贡将同胞赎回后：

    A 被鲁国人当成了英雄   B 忘了去要返还赎金

    C 谢绝了国家返还的赎金   D 得到了同门师兄弟的赞许

90. 孔子认为子贡的行为：

    A 很虚伪   B 不应该被肯定

    C 体现了儒家的思想   D 为鲁国人树立了好榜样

91. 孔子认为，富人不愿意拿钱去救同胞的原因是：

    A 道德水平不高   B 怕被孔子谴责

    C 担心国家没钱偿还   D 生活会受到重大影响

92. 第四段中划线成语"惠而不费"是什么意思？

    A 做事不费功夫   B 不浪费一分钱

    C 帮助别人又能使自己受惠   D 帮助他人又无损自己的利益

93-96.

　　附生现象是指两种生物虽紧密生活在一起，但彼此之间没有营养物质交流的一种生命现象。一种植物借住在其他植物种类的生命体上，能自己吸收水分、制造养分，这种包住不包吃的现象，被称为附生。

　　附生植物最普遍的特点是附生在寄主植物水平的枝干上及枝干的分叉点上。因为这些地方最容易堆积尘土。有的低等植物甚至附生在叶片上，除了叶片附生的植物会对寄主的光照条件造成一定的影响外，附生植物一般不会对寄主造成损害。

　　植物的附生现象是热带雨林的主要标志性特征之一，因此植物附生现象的形成需要满足一定的环境条件：一是空气湿度大，二是寄主表面要有一定的腐殖质存在。因此植物的附生现象多见于湿热的地方，尤其是热带与亚热带雨林中。

　　热带雨林中的植物往往高大茂盛，因此植物间对阳光、雨水的争夺也比较激烈。相对而言，附生植物能更容易地获得来之不易的阳光和雨水。比如鸟巢蕨，它形似鸟巢，可以尽可能多地截留雨水、枯落物以及鸟粪等，这些枯落物可储存水分，并提供营养物质。附生植物在形态和生理上都具有较强的适应性，这为它们的生存和繁衍提供了可能性。

　　附生植物的种类比较丰富，从低等植物到高等植物都有，它们对森林生态系统多样性的形成及其维持、养分与水分的循环都有一定的作用。此外，附生植物对环境变化还具有指示作用。人类活动会影响附生现象的存在，所以在人类活动频繁的区域，附生现象会大大减少，甚至消失。

93.　关于附生现象，下列哪项正确？

　　A 十分罕见　　　　　　　　　B 只出现在低等植物中
　　C 植物间无营养物质的交流　　D 附生植物会损害寄主的生长

94.　为什么附生现象多见于热带与亚热带？

　　A 环境湿热　　　　　　　　　B 阳光充足
　　C 土壤肥沃　　　　　　　　　D 植物种类丰富

95.　根据第四段，可以知道：

　　A 附生植物适应性强　　　　　B 附生植物需水量不大
　　C 附生植物往往高大茂盛　　　D 鸟类喜欢在附生植物上筑巢

96.　下列哪项属于附生植物的作用？

　　A 吸收辐射　　　　　　　　　B 驱逐害虫
　　C 指示环境变化　　　　　　　D 净化室内空气

97-100.

有氧运动是指人体在氧气供应充足的情况下进行的体育锻炼。运动时，由于肌肉收缩需要大量的养分和氧气，心脏收缩的次数便会增加，每次输送的血液量也比平常多。同时，呼吸次数也会变多，肺部的收缩和舒张也随之增多。所以当人长时间地运动时，心脏就必须加大对肌肉所需养分与氧气的供应，以运走肌肉中多余的废物。这种持续性的供应可以提高心肺的耐力，心肺耐力提高后，人就可以进行更长时间，甚至是更高强度的运动，而且不易疲劳。

长期坚持有氧运动不仅能增强心肺功能，还可以增加体内血红蛋白的数量，增强人体免疫力，提高大脑的工作效率，有效防止动脉硬化，降低心脑血管等疾病的发病率。同时，有氧运动还可以更快地消耗体内多余脂肪，减肥者如果在合理安排食物的同时，结合有氧运动，不仅减肥能成功，而且减肥后的体重也不易反弹，可一直保持良好的身材。

运动医学会建议成人每周运动二到五次。如果你以前没有运动的习惯，刚开始时，每周可运动两次，然后慢慢增加到每周三次、四次。初次运动的人往往热情很高，为了尽快得到效果，每天都去锻炼，而且每次锻炼的强度都很大。这样做不但收不到预期的效果，反而会出现疲劳、四肢酸痛等不良症状，导致最后缺乏运动的兴趣。其实我们应该认识到，运动是一个长期的习惯，循序渐进才是最佳的运动原则。运动的强度、次数以及持续的时间都应在个人可承受的范围内逐步递增，不能急于求成。

97. 根据第一段，有氧运动有助于：

   A 促进消化　　　　　　　　B 增强心肺功能
   C 稀释血液浓度　　　　　　D 改善睡眠质量

98. 第二段主要谈有氧运动的：

   A 好处　　　　　　　　　　B 利与弊
   C 种类　　　　　　　　　　D 注意事项

99. 初次运动的人应注意什么？

   A 循序渐进　　　　　　　　B 制定目标
   C 做好防护措施　　　　　　D 选择正确的健身场所

100. 根据上文，下列哪项正确？

   A 有氧运动强度很高　　　　B 有氧运动更适合老年人
   C 有氧运动可减轻心血管疾病　D 有氧运动必须借助健身器材

三、书写

第101题：缩写。

(1) 仔细阅读下面这篇文章，时间为10分钟。阅读时间不能抄写、记录。

(2) 10分钟后，监考收回阅读材料，请你将这篇文章缩写成一篇短文，时间为35分钟。

(3) 标题自拟。只需复述文章内容，不需加入自己的观点。

(4) 字数为400字左右。

(5) 请把作文直接写在答题卡上。

　　有一个郑国人，他生活在偏远的乡下，在村子里是出了名的愚蠢的人。一天，他看到自己脚上的鞋子坏了，已经露出了脚趾，并且鞋帮和鞋底也已经破了，所以他打算去集市上买一双新鞋子。

　　出发之前，他心想，"我家离集市有好几十里地的路呢，万一我买回来的鞋子不合脚，那可怎么办才好啊！要回去换的话，还要再走很长的路，那多不方便呀！我要想一个好主意，省得我再走冤枉路。"郑国人想了一会，终于想出了一个办法。他在家里找了一根绳子，把自己脚的长和宽都仔细地量了又量，然后在绳子上做了记号。他心满意足地对自己说："有了我量好的这个尺码，我就不怕我买的鞋不合脚了。我要用这个尺码好好儿量一下，买双舒服的鞋子！"他把绳子放在枕头底下，准备第二天一早就拿着绳子去集市上买鞋。

　　第二天一大早他就出发了。一路上他紧赶慢赶，走了二十多里地才来到集市上。集市上真是热闹极了，人群熙熙攘攘，各种各样的小商品摆满了柜台，商品真可谓是琳琅满目。这个郑国人径直走到一家鞋铺前，里面有各式各样的鞋子。郑国人让掌柜的拿了几双鞋，他左挑右选，最后选中了一双自己觉得满意的鞋子。这双鞋子样式不错，质量也是上乘的，等掌柜的说出价格以后，他觉得价格也很公道，所以他准备买下来。可是正当他准备拿出自己事先准备好的尺码，来比一比新鞋大小的时候，他才发现绳子竟然忘记在枕头底下没有带来。

　　他用手拍了一下脑门，懊恼地说："我真糊涂，怎么忘记带尺码了呢？跑了一趟冤枉路！"于是他放下鞋子赶紧回家去了。一路上他跑得气喘嘘嘘的，汗水把衣服都浸湿了。回到家里，他从枕头底下拿出了量好的绳子，又急急忙忙赶往集市。尽管他一路小跑，还是花了差不多两个时辰。等他到了集市，太阳快下山了，集市上的小贩们都收了摊，大多数店铺已经关门了。他来到鞋铺，看到鞋铺也关门了。鞋没买成，他低头瞧瞧自己脚上的鞋，原先那个鞋窟窿现在更大了。

这时，有个人路过鞋铺，看见他垂头丧气的样子就问他发生了什么事情，于是他把自己忘记拿尺码的事情给那个人讲了一遍。那人听了以后不明白，就问他："你是帮谁买鞋？"郑国人说："当然是给我自己买鞋啦。"那人听了哈哈大笑起来，笑得眼泪都快出来了，他说："你自己买鞋，用你的脚试一下不就行了吗？还跑回去拿什么尺码呢？"他回答说："那可不成，尺码是昨天量好的，量好的尺码才可靠，我的脚是不可靠的。我宁可相信尺码，也不相信我的脚。"

汉 语 水 平 考 试
HSK（六级）答题卡

姓名	英文	
	中文	

考点代码

[0] [1] [2] [3] [4] [5] [6] [7] [8] [9]
[0] [1] [2] [3] [4] [5] [6] [7] [8] [9]
[0] [1] [2] [3] [4] [5] [6] [7] [8] [9]
[0] [1] [2] [3] [4] [5] [6] [7] [8] [9]
[0] [1] [2] [3] [4] [5] [6] [7] [8] [9]
[0] [1] [2] [3] [4] [5] [6] [7] [8] [9]

考生序号

[0] [1] [2] [3] [4] [5] [6] [7] [8] [9]
[0] [1] [2] [3] [4] [5] [6] [7] [8] [9]
[0] [1] [2] [3] [4] [5] [6] [7] [8] [9]
[0] [1] [2] [3] [4] [5] [6] [7] [8] [9]
[0] [1] [2] [3] [4] [5] [6] [7] [8] [9]

国籍

[0] [1] [2] [3] [4] [5] [6] [7] [8] [9]
[0] [1] [2] [3] [4] [5] [6] [7] [8] [9]

性别　　男 [1]　　　女 [2]

注意	请用2B铅笔这样写: ■

一 听力

06. [A] [B] [C] [D]　11. [A] [B] [C] [D]　16. [A] [B] [C] [D]　21. [A] [B] [C] [D]
07. [A] [B] [C] [D]　12. [A] [B] [C] [D]　17. [A] [B] [C] [D]　22. [A] [B] [C] [D]
08. [A] [B] [C] [D]　13. [A] [B] [C] [D]　18. [A] [B] [C] [D]　23. [A] [B] [C] [D]
09. [A] [B] [C] [D]　14. [A] [B] [C] [D]　19. [A] [B] [C] [D]　24. [A] [B] [C] [D]
10. [A] [B] [C] [D]　15. [A] [B] [C] [D]　20. [A] [B] [C] [D]　25. [A] [B] [C] [D]

26. [A] [B] [C] [D]　31. [A] [B] [C] [D]　36. [A] [B] [C] [D]　41. [A] [B] [C] [D]　46. [A] [B] [C] [D]
27. [A] [B] [C] [D]　32. [A] [B] [C] [D]　37. [A] [B] [C] [D]　42. [A] [B] [C] [D]　47. [A] [B] [C] [D]
28. [A] [B] [C] [D]　33. [A] [B] [C] [D]　38. [A] [B] [C] [D]　43. [A] [B] [C] [D]　48. [A] [B] [C] [D]
29. [A] [B] [C] [D]　34. [A] [B] [C] [D]　39. [A] [B] [C] [D]　44. [A] [B] [C] [D]　49. [A] [B] [C] [D]
30. [A] [B] [C] [D]　35. [A] [B] [C] [D]　40. [A] [B] [C] [D]　45. [A] [B] [C] [D]　50. [A] [B] [C] [D]

二 阅读

51. [A] [B] [C] [D]　56. [A] [B] [C] [D]　61. [A] [B] [C] [D]　66. [A] [B] [C] [D]　71. [A] [B] [C] [D] [E]
52. [A] [B] [C] [D]　57. [A] [B] [C] [D]　62. [A] [B] [C] [D]　67. [A] [B] [C] [D]　72. [A] [B] [C] [D] [E]
53. [A] [B] [C] [D]　58. [A] [B] [C] [D]　63. [A] [B] [C] [D]　68. [A] [B] [C] [D]　73. [A] [B] [C] [D] [E]
54. [A] [B] [C] [D]　59. [A] [B] [C] [D]　64. [A] [B] [C] [D]　69. [A] [B] [C] [D]　74. [A] [B] [C] [D] [E]
55. [A] [B] [C] [D]　60. [A] [B] [C] [D]　65. [A] [B] [C] [D]　70. [A] [B] [C] [D]　75. [A] [B] [C] [D] [E]

76. [A] [B] [C] [D] [E]　81. [A] [B] [C] [D]　86. [A] [B] [C] [D]　91. [A] [B] [C] [D]　96. [A] [B] [C] [D]
77. [A] [B] [C] [D] [E]　82. [A] [B] [C] [D]　87. [A] [B] [C] [D]　92. [A] [B] [C] [D]　97. [A] [B] [C] [D]
78. [A] [B] [C] [D] [E]　83. [A] [B] [C] [D]　88. [A] [B] [C] [D]　93. [A] [B] [C] [D]　98. [A] [B] [C] [D]
79. [A] [B] [C] [D] [E]　84. [A] [B] [C] [D]　89. [A] [B] [C] [D]　94. [A] [B] [C] [D]　99. [A] [B] [C] [D]
80. [A] [B] [C] [D] [E]　85. [A] [B] [C] [D]　90. [A] [B] [C] [D]　95. [A] [B] [C] [D]　100.[A] [B] [C] [D]

三 书写

101.

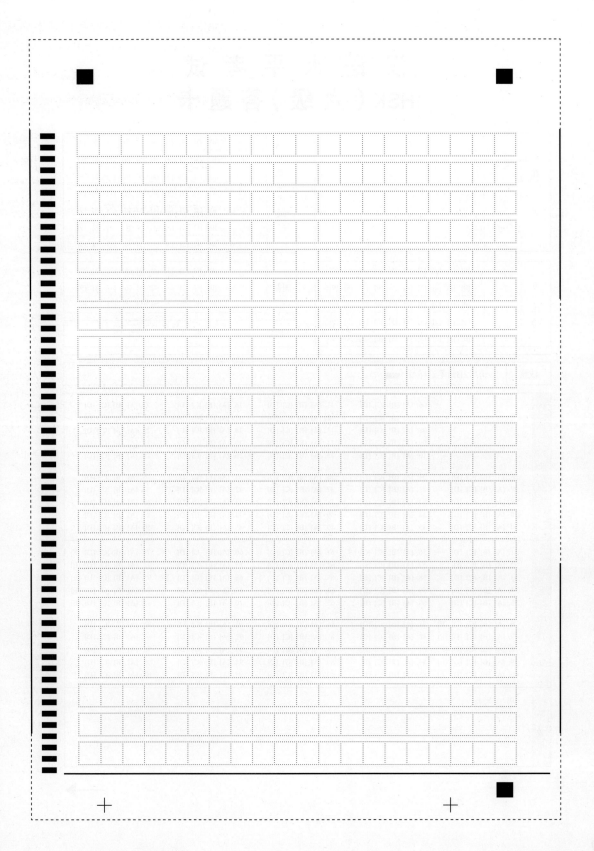

원고지 작성법

시나공 HSK

원고지 작성법
답안 작성 예시

다음 작성법과 문장부호의 용법에 주의하여 원고지에 답안을 작성해 봅시다.

1. 제목은 4칸 들여쓰기, 단락 시작은 2칸 들여쓰기 한다. 한자는 1칸에 1字씩 쓰며 띄어쓰기는 하지 않는다.

				苹	果	树	的	故	事										
		很	久	以	前	，	有	一	颗	苹	果	树	。	一	个	小	男	孩	很
喜	欢	围	着	它	玩	耍	。												

사과 나무 이야기
아주 오래전, 사과나무 한 그루가 있었다. 한 소년은 이 나무의 주변에서 노는 걸 매우 좋아했다.

2. 대부분의 문장부호는 1칸에 1개씩 쓴다.

① 。 마침표(句号 jùhào) ・의미: 문장이 끝남. ・위치: 문장 끝

	春	天	是	运	动	最	好	的	季	节	。								

봄은 운동하기에 가장 좋은 계절이다.

② ， 쉼표(逗号 dòuhào) ・의미: 문장이 끝나지 않음. ・위치: 문장 중간

	即	使	他	不	来	，	我	也	会	等	下	去	。						

그가 오지 않더라도 나는 기다릴 것이다.

③ 、 작은쉼표(顿号 dùnhào) 의미: 단어를 나열함. ・위치: 나열하는 단어 사이

	她	制	作	的	虎	、	猫	、	狗	、	兔	等	动	物	剪	纸	，	深
受	人	们	喜	爱	。														

그녀가 만든 호랑이, 고양이, 개, 토끼 등 동물 젠즈(剪纸)는 사람들의 깊은 사랑을 받았다.

④ ? 물음표(问号 wènhào) ・의미: 의문문에서 의문을 나타냄. ・위치: 의문문의 문장 끝

	我	们	可	以	坐	在	靠	窗	户	那	儿	吗	？						

저희가 창가 쪽 자리에 앉아도 될까요?

⑤ ! 느낌표(叹号 tànhào) · 의미: 감탄문에서 감정을 나타냄. · 위치: 감탄문의 문장 끝

문장부호가 다음 행의 첫 칸에 위치하게 되면, 행의 마지막 칸에 글자와 부호를 함께 쓴다.

| | | 方 | 向 | 错 | 了 | ， | 你 | 的 | 马 | 再 | 快 | ， | 也 | 到 | 不 | 了 | 楚 | 国 | 呀! |

방향이 틀렸습니다. 당신의 말(马)이 아무리 빨라도 초나라에 도착할 수 없다니까요!

⑥ ； 쌍반점(分号 fēnhào) · 의미: 문장에서 구문과 구문을 병렬 혹은 대비로 나열함 · 위치: 문장 안

| | | 一 | 是 | 要 | 情 | 绪 | 乐 | 观 | ； | 二 | 是 | 保 | 证 | 良 | 好 | 的 | 睡 | 眠 | ； |
| 三 | 是 | 多 | 饮 | 水 | 、 | 多 | 吃 | 蔬 | 菜 | 。 | | | | | | | | | |

첫 번째로 마음이 낙관적이어야 하고, 두 번째로 숙면을 보장해야 하며, 세 번째는 물을 많이 마시고 야채를 많이 먹는 것이다.

⑦ ： 쌍점(冒号 màohào) · 의미: 인용 또는 부연설명을 나타냄. · 위치: 문장 안

두 개의 문장부호를 연이어 쓰게 되면, 1칸에 함께 쓴다.

| | | 主 | 人 | 说 | ： | " | 看 | 见 | 谁 | 了 | ？ | 我 | 今 | 天 | 连 | 门 | 都 | 没 | 出。" |

주인이 말했다. "뭘 봤다고 그러세요? 저는 오늘 문 밖에도 나가지 않았는걸요."

⑧ " " 따옴표(双引号 shuāngyǐnhào) · 의미: 문장에서 다른 사람의 말을 인용함. · 위치: 문장 안

| | | 有 | 个 | 孩 | 子 | 对 | 母 | 亲 | 说 | ： | " | 妈 | 妈 | 你 | 今 | 天 | 好 | 漂 | 亮。" |

어떤 아이가 엄마한테 말했다. "엄마 오늘 정말로 예뻐요."

⑨ 《 》 겹화살괄호(书名号 shūmínghào) · 의미: 문장에서 책·영화·문장 제목 등을 나타냄.
· 위치: 문장의 처음 또는 중간

| | | 《 | 阿 | Q | 正 | 传 | 》 | 中 | 的 | 阿 | Q | 是 | 封 | 建 | 社 | 会 | 中 | 国 | 农 |
| 民 | 的 | 典 | 型 | 形 | 象 | 。 | | | | | | | | | | | | | |

《아큐정전》의 '아큐'는 봉건사회 중국 농민의 전형적인 이미지이다.

3. 일부 문장부호는 2칸에 나누어 쓴다.

① ┌─────┐ 줄임표(省略号 shěnglüèhào) · 의미: 문장에서 같은 종류의 사물을 생략함. · 위치: 문장의 중간 또는 끝
     │ ··· │ ··· │
     └─────┘

| | | 桌 | 子 | 上 | 放 | 着 | 书 | 、 | 本 | 子 | 、 | 杂 | 志 | ··· | ··· | | | | |

책상 위에 책, 공책, 잡지 등이 있다.

② ┌─────┐ 붙임표(破折号 pòzhéhào) · 의미:관련 있는 내용을 부연 설명함. · 위치:문장 안
     │ ── │ ── │
     └─────┘

		这	对	夫	妇	对	校	长	说	，	他	们	儿	子	曾	在	哈	佛	读
书	，	因	为	意	外	去	世	了	，	所	以	想	在	学	校	留	下	纪	念
物	──	──	想	捐	给	哈	佛	一	座	大	楼	。							

이 부부는 총장에게 자신의 아들이 하버드에서 공부한 적이 있는데, 의외의 사고로 죽었기 때문에,학교에 기념물을 남기고 싶은데, 하버드에 건물 한 채를 기부하고 싶다고 말했다.

4. 숫자는 다음과 같이 쓴다.

① 짝수 자릿수의 숫자는 1칸에 2字씩 쓴다.

| | | 19 | 77 | 年 | ， | 他 | 毕 | 业 | 后 | 返 | 回 | 香 | 港 | 求 | 职 | 。 | | | |

1977년, 그는 졸업 후 구직을 위해 홍콩으로 돌아왔다.

② 홀수 자릿수의 숫자는 뒤 칸부터 1칸에 2字씩 쓴다.

		公	元	5	00	年	左	右	，	曾	是	丝	绸	之	路	上	重	要	贸
易	中	转	站	的	楼	兰	古	国	，	从	中	国	史	册	上	神	秘	地	消
失	了	。																	

서기 500년쯤, 일찍이 실크로드의 주요 무역 중간 지점이었던 누란고국이 중국 역사책에서 신비롭게 사라졌다.

最年轻的合伙人

　　　　1977年，他毕业后返回香港求职。当时，恰逢香港一家著名公司招聘，但是那家公司要求很高，他根本不符合招聘条件，不过他仍决定去试试。

　　招聘那天，现场人很多。面试完的应聘者出来后都神色沮丧，纷纷抱怨要求太苛刻，听到这些话，很多跟他一样抱着试试看的态度的人就走了。但他并没有走，继续耐心等待。

　　终于轮到他了，面试官听了他的自我介绍后，就说他根本不符合录取条件。他说他可以不要工资，只请公司试用他一个月。一个月后，如果不合适，他就无条件离开。面试官被他的诚意打动了，但是他们要优中择优，所以还要看看后面有没有更合适的人选。

　　面试结束后，他决定等所有人都面试结束后再去一次办公室，向面试官表达自己对这份工作的强烈渴望。终于，所有的人都面试完了，他再次走进办公室。面试官看到他时很吃惊，对他说，他们正想着如果他再来一次，就让他来他们公司工作。没想到他真的来了，于是他被录用了。

　　他果然不负所望，工作做得有声有色，并在一年后成为了该公司200年来最年轻的合伙人。

듣기 특별 모의

듣기 특별 모의고사 01

듣기 특별 모의고사 02

汉语水平考试
HSK（六级）

注　意

一、HSK（六级）分三部分：

1. 听力（50题，约35分钟）

2. 阅读（50题，50分钟）

3. 书写（1题，45分钟）

二、听力结束后，有5分钟填写答题卡。

三、全部考试约140分钟（含考生填写个人信息时间5分钟）。

一、听力

第一部分

第1-15题：请选出与所听内容一致的一项。

1. A 花椒香气逼人
   B 花椒是一种经济作物
   C 花椒从唐代开始种植
   D 古时花椒可作为定情物

2. A 半躺姿势很伤腰
   B 运动可延缓衰老
   C 脊椎变形可以被矫正
   D 玩儿手机会导致视力下降

3. A 董奉生活贫困
   B 杏树浑身是宝
   C 董奉种了很多草药
   D "杏林"成了医界的别称

4. A 海啸破坏力大
   B 海上无风也会有浪
   C 海浪是自发形成的
   D 台风由低气压造成

5. A 黄河鲤鱼体型优美
   B 四大名鱼濒临灭绝
   C 鲤鱼寓意吉祥如意
   D 青海湖鱼最善跳跃

6. A 微格金属价格昂贵
   B 微格金属细如羊毛
   C 微格金属极轻且硬
   D 微格金属提取自蛋壳

7. A 学艺贵精
   B 知足常乐
   C 做事要分轻重缓急
   D 要培养坚强的意志

8. A 潮州方言很难懂
   B 韩愈对官话有偏见
   C 潮州创办学校始于南宋
   D 韩愈促进了潮州的文化进步

9. A 纺锤树叶子宽厚
   B 纺锤树随处可见
   C 纺锤树因其形状得名
   D 纺锤树多长在泉眼边

10. A 蜂蜜保鲜时间长
    B 蜜蜂很早就已被人类驯化
    C 人类食用蜂蜜历史悠久
    D 蜂类产品出现于工业时期

11. A 平凡的人才会低调
    B 想成功先要学会忍耐
    C 事业成功者更爱面子
    D 低调的人懂得保持平常心

12. A 作家薪水很低
    B 小学生在吹牛
    C 小学生很崇拜作家
    D 小学生觉得作家的皮箱不好

13. A 多吃粗粮有益健康
    B 玉米中钙含量很高
    C 酸性物质能加快铁剂吸收
    D 粗粮和钙剂不适宜同时食用

14. A 军人都很忠诚
    B 退伍仪式很隆重
    C 军旅生涯终生难忘
    D 军中生活丰富多彩

15. A 电视剧收视率更高
    B 电影不看重语言艺术
    C 电视拍摄更讲究视觉效果
    D 电视行业的创意主要在于编剧

第二部分

第16-30题：请选出正确答案。

16. A 人才难求
    B 管理落后
    C 水价攀升
    D 被环保组织质疑

17. A 将造成市场垄断
    B 审查制度更加严格
    C 加速普及滑雪运动
    D 会打破目前的僵局

18. A 利润回报快
    B 社会认可度低
    C 缺乏统筹规划
    D 注重可持续发展

19. A 票价高昂
    B 水土流失严重
    C 夏天不对外开放
    D 雪道下面是腐殖土

20. A 是滑雪教练
    B 拥有一家滑雪场
    C 从事滑雪行业多年
    D 参加了第三届亚冬会

21. A 跟随创业热潮
    B 传统行业盈利少
    C 受投资环境影响
    D 变通促销方式以提高销量

22. A 评估质量
    B 提供就业岗位
    C 消除行业间的屏障
    D 解决信息不对称问题

23. A 休闲娱乐
    B 生活服务
    C 教育辅导
    D 理财投资

24. A 邮件推送
    B 用户口碑
    C 免费体验
    D 投放广告

25. A 给客户分红
    B 加大优惠力度
    C 提供私人定制服务
    D 依靠好而精的内容

26. A 源远流长
    B 前景堪忧
    C 明代发展到极盛
    D 是中国四大民间艺术之一

27. A 臂力过人
    B 能制作木偶
    C 有良好的文化修养
    D 能表现木偶的性情

28. A 抖肩
    B 蹬腿
    C 晃膝盖
    D 上下翻腾

29. A 提高票房
    B 培养新人
    C 突出木偶特点
    D 运用新的舞台设备

30. A 控制表演节奏
    B 申请世界文化遗产
    C 增加和观众的互动
    D 定期举办木偶展览

第三部分

第31-50题：请选出正确答案。

31. A 热爱实践
    B 就业率高
    C 孝敬父母
    D 沉着冷静

32. A 铅笔的材质
    B 铅笔的用途
    C 礼品的种类
    D 榜样的力量

33. A 要懂得创新
    B 人要有特长
    C 要学会与人合作
    D 人生有多种选择

34. A 舱里十分拥挤
    B 避免牙膏凝固
    C 防止水四处飘散
    D 舌头很容易被咬到

35. A 直接用水冲洗
    B 用湿毛巾擦身
    C 用药水涂抹身体
    D 用纸沾水洒到身上

36. A 直径不足一米
    B 是一种木质浴桶
    C 利用天然气加热
    D 通过真空管供给氧气

37. A 分解淀粉
    B 纯化海水
    C 蒸发海带汤
    D 提炼植物油

38. A 要加入大量糖分
    B 不采用化学原料
    C 必须保证无菌环境
    D 会产生大量废弃物

39. A 味精对人体无害
    B 味精会污染水源
    C 动物食用味精易上瘾
    D 味精掩盖了食物原味

40. A 环境恶劣
    B 夏季漫长
    C 阳光充足
    D 淡水稀缺

41. A 利用地势坡度
    B 缩小叶片面积
    C 延长开花时间
    D 用花瓣反射阳光

42. A 很有弹性
    B 布满硬刺
    C 跟随太阳旋转
    D 形似天文望远镜

43. A 怎样移植蔷薇
   B 植物的生存智慧
   C 昆虫的授粉能力
   D 北极的气候条件

44. A 美观环保
   B 便于携带
   C 方便识别面额
   D 适应不同验钞机

45. A 旅游业的发展
   B 设计的艺术性
   C 印刷技术高超
   D 对设计者的纪念

46. A 可以直观看到
   B 触摸感觉不到
   C 宽度为5毫米
   D 与纸币材质相同

47. A 只供收藏
   B 是红色的
   C 调整了规格
   D 新增了淡蓝图案

48. A 带动其他消费
   B 迎合顾客要求
   C 调动厨师积极性
   D 营造轻松舒适的氛围

49. A 降低血压
   B 增强肠胃功能
   C 激发创作灵感
   D 减少食物浪费

50. A 旋律要优美
   B 符合时代潮流
   C 配合视频播放
   D 展示自身特色

▶ 정답 456쪽

*듣기 원문 및 해설은 이지톡 홈페이지(www.eztok.co.kr)에서 무료 다운로드 받을 수 있습니다.

汉语水平考试
HSK（六级）

注　意

一、HSK（六级）分三部分：

   1. 听力（50题，约35分钟）

   2. 阅读（50题，50分钟）

   3. 书写（1题，45分钟）

二、听力结束后，有5分钟填写答题卡。

三、全部考试约140分钟（含考生填写个人信息时间5分钟）。

一、听力

第一部分

第1-15题：请选出与所听内容一致的一项。

1. A 铅笔芯不含铅
   B 误食石墨会铅中毒
   C 铅笔芯是石灰做的
   D 铅笔的表面是无毒的

2. A 音乐家经常熬夜
   B 音乐家爱戴着眼罩睡觉
   C 音乐家找不到创作灵感
   D 音乐家想记住梦中的乐谱

3. A 白熊会冬眠
   B 白熊会下海捉鱼
   C 海豹的生存条件恶劣
   D 海豹挖了很多洞迷惑白熊

4. A 牌楼是小品建筑
   B 小品建筑是名胜古迹
   C 小品建筑的规模更大
   D 小品在文学中指议论文

5. A 选择困难的人很勤俭
   B 大脑偏爱复杂的问题
   C 患强迫症的人越来越多
   D 选择过载影响人的幸福感

6. A 百姓喜欢带龙的图案
   B 各朝皇帝都钟爱"九"
   C 故宫三大殿的高度不同
   D 古人将双数视为吉祥数字

7. A 下围棋不准超时
   B 下围棋也被称作手谈
   C 下围棋时禁止有人旁观
   D 围棋选手要先学会手语

8. A 黄皮有药用功效
   B 黄皮的价格不菲
   C 黄皮在南方很少见
   D 黄皮原产自南美洲

9. A 不允许私自安装记录仪
   B 行车记录仪能远程操控
   C 编辑后的视频不可作证据
   D 行车记录仪专门用来导航

10. A 宋太祖不关心国家朝政
    B 大臣违抗了宋太祖的指令
    C 宋太祖办公时要打开殿门
    D 宋太祖命令大臣互相监督

11. A 百望山地势陡峭
    B 百望山上植被稀少
    C 百望山是登山的好去处
    D 百望山不属于太行山脉

12. A 写日记能舒缓心情
    B 爱写日记的人更内向
    C 日记中不宜提及隐私
    D 写日记能提高写作水平

13. A 金牌并非纯金打造
    B 金牌上刻有冠军的名字
    C 奖牌重量不应超过50克
    D 国际奥委会同意铸造奖牌

14. A 要敢于承认错误
    B 悲观的人心胸狭窄
    C 自卑是失败的根源
    D 人在困境中更有斗志

15. A 蛋雕工艺历史悠久
    B 蛋雕不涉及人物题材
    C 厚蛋壳适合镂空雕刻
    D 蛋雕对蛋壳颜色不作要求

第二部分

第16-30题：请选出正确答案。

16. A 暑假想打工
    B 从小有天赋
    C 看了一次风筝展
    D 爷爷发现他画得好

17. A 要顺着风向跑
    B 在起风前放线
    C 放重的风筝要慢跑
    D 要依照风势选风筝

18. A 继承了经典画法
    B 取消了老鹰造型
    C 风筝的中间改成了鼓的
    D 用传统的方法制作骨架

19. A 别埋头苦干
    B 对艺术应该执著
    C 老手艺都会被淘汰
    D 祖传的技艺不外传

20. A 用丝绸作画布
    B 是男的创建的品牌
    C 毛竹会经风干处理
    D 做的风筝只用于观赏

21. A 词汇量少
    B 学校课业繁重
    C 痴迷电子产品
    D 没遇到感兴趣的作品

22. A 会选择励志读物
    B 先了解他们的喜好
    C 优先推荐四大名著
    D 不选排行榜上的书

23. A 阅读时会产生梦想
    B 追求梦想要有勇气
    C 现实跟梦想差距很大
    D 有梦想的人都爱读书

24. A 挣稿费
    B 完成任务
    C 顺利拿到学位
    D 培养学生的爱好

25. A 站在孩子的立场
    B 征求家长的意见
    C 增添科幻的元素
    D 用一些卡通插图

26. A 更便捷
    B 节约能源
    C 富有新意
    D 确保居家安全

27. A 能预测主人的需求
    B 是家庭的理财顾问
    C 可以自动更新升级
    D 实现全程语音操作

28. A 整个计算成本在上涨
    B 各个系统的兼容性很强
    C 需要标准化的连接工具
    D 缺少做硬件控制器的人

29. A 吸引投资商赞助
    B 争取政府的支持
    C 高薪聘请技术人员
    D 寻求公司间的合作

30. A 会泄露信息
    B 尚处于起步阶段
    C 拥有庞大的客户群
    D 能完全替代人劳动

第三部分

第31-50题：请选出正确答案。

31. A 昼夜前行
    B 历时半年
    C 于同年年底到达
    D 途经水路和陆路

32. A 途中遗失了
    B 记了会试心得
    C 由后人加工整理
    D 经数年积累而成

33. A 宋应星会改装机械
    B 宋应星乡试成绩优异
    C 宋应星走遍的了20多个省
    D 《天工开物》是地理图集

34. A 插头会生锈
    B 增强冷冻功能
    C 缩短冰箱的寿命
    D 冰箱门会不灵活

35. A 滋生细菌
    B 耗能变大
    C 堵塞通风口
    D 腐蚀冰箱管道

36. A 冰箱内胆需定期更换
    B 冰箱冬天耗电相对少
    C 节能型冰箱老出故障
    D 冬季食物放室外更保鲜

37. A 雷达
    B 显示屏
    C 电磁辐射
    D 可见光波谱

38. A 无污染
    B 方便维护
    C 需大量配套设备
    D 通信和照明相结合

39. A 网速太慢
    B 天气变化无常
    C 尚无成熟的芯片
    D 信号易受到干扰

40. A 用力摇摆尾巴
    B 借助海浪的力量
    C 吸附在鲸体表面
    D 通过喷水制造动力

41. A 软骨消失了
    B 外套膜变薄了
    C 身体不再柔软
    D 头部的漏斗退化了

42. A 墨鱼的壳儿
    B 墨鱼的巢穴
    C 坏死的细胞
    D 身上的肿瘤

43. A 会大量繁殖
    B 在海里游速快
    C 体形像火箭
    D 会释放气体

44. A 一栋豪宅
    B 一艘轮船
    C 美味佳肴
    D 珍贵的珠宝

45. A 湖边有野兽
    B 有一片田野
    C 湖泊周围是山
    D 画儿中阴雨绵绵

46. A 瀑布太假了
    B 让人觉得视野开阔
    C 仿佛能听到嘈杂声
    D 有模仿名作的嫌疑

47. A 无忧无虑
    B 内心的安详
    C 有坚定的理想
    D 绝对安静的环境

48. A 四肢无力
    B 呼吸急促
    C 梦到被追赶
    D 有踩空的感觉

49. A 在纠正睡姿
    B 为了防止坠落
    C 加速新陈代谢
    D 试图消除疲惫感

50. A 与捕猎方式有关
    B 是放松警惕的结果
    C 源于祖先的睡眠习惯
    D 人类祖先住在山洞里

▶ 정답 456쪽

* 듣기 원문 및 해설은 이지톡 홈페이지(www.eztok.co.kr)에서 무료 다운로드 받을 수 있습니다.

🎧 듣기

01	D	02	A	03	D	04	B	05	A
06	C	07	A	08	D	09	C	10	C
11	D	12	D	13	D	14	C	15	D
16	A	17	C	18	D	19	D	20	C
21	D	22	D	23	B	24	B	25	D
26	A	27	D	28	A	29	C	30	C
31	B	32	B	33	D	34	C	35	B
36	A	37	C	38	B	39	A	40	A
41	D	42	C	43	B	44	C	45	B
46	A	47	B	48	D	49	B	50	D

🎧 듣기

01	A	02	D	03	D	04	A	05	D
06	B	07	B	08	A	09	C	10	C
11	C	12	A	13	A	14	A	15	C
16	D	17	D	18	C	19	B	20	C
21	D	22	B	23	A	24	D	25	A
26	A	27	A	28	C	29	D	30	B
31	D	32	D	33	B	34	C	35	D
36	B	37	D	38	C	39	C	40	D
41	B	42	A	43	B	44	A	45	C
46	C	47	B	48	D	49	B	50	C

듣기 원문 및 해설은 이지톡 홈페이지(www.eztok.co.kr)에서 무료로 다운로드 받을 수 있습니다.

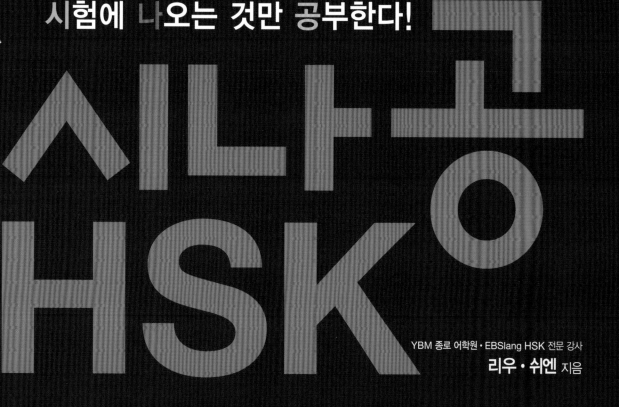

시험에 나오는 것만 공부한다!

시나공 HSK

YBM 종로 어학원·EBSlang HSK 전문 강사

리우·쉬엔 지음

정답과 해설

6급

★ 특별부록 – 최신 난이도 반영 듣기 모의고사 2회분!

★ 3가지 빠르기의 mp3 파일 무료 다운로드

★ 휴대용 소책자 〈HSK 6급 비법노트 – 필수 어휘·호응·문장〉

길벗
이지:톡

시험에 나오는 것만 공부한다!

시나공
HSK 6급

정답 및 해설

확인 문제

정답과 해설

듣기

1부분

시나공법 01 확인문제	30쪽	01 A	02 D	03 D	04 B

🎧 듣기 1-01-3 확인문제.mp3

01 | A

早上，母亲催儿子起床去学校，儿子说："我不去！因为有两个理由：孩子们恨我，老师们也讨厌我。"母亲回答道："我告诉你应该去学校的两个理由：第一，你已经45岁了；第二，你是校长。"

A 儿子是校长
B 母亲45岁了
C 儿子受到了表扬
D 儿子和同学们吵架了

아침에, 어머니가 아들한테 일어나서 학교에 가라고 재촉하자, 아들이 말했다. "전 안 가요! 왜냐하면 두 가지 이유 때문이에요. 아이들이 저를 미워하고, 선생님들도 저를 싫어해요." 어머니가 대답했다. "네가 학교에 가야 하는 두 가지 이유를 내가 말해 줄게. 첫째로 넌 이미 45살이고, 둘째로 넌 교장이야."

A 아들은 교장이다
B 어머니는 45세이다
C 아들은 칭찬을 받았다
D 아들은 친구들과 다투었다

해 설	선택지의 단어가 일상생활과 관련된 것이므로 유머 지문이라는 것을 추측하면서 듣습니다. 등장인물인 儿子, 母亲과 관련된 내용을 구분해서 듣고, 아들의 직업, 엄마의 나이 등을 체크하면서 듣습니다. 마지막 문장을 듣기 전까지 내용을 보면 마치 어린 아들과 엄마의 대화처럼 느껴집니다. 하지만 마지막 문장 "第一，你已经45岁了，第二，你是校长。"이라는 엄마의 말을 통해 아들이 나이가 이미 45세인 교장 선생님이라는 사실을 알 수 있습니다. 따라서 정답은 A 儿子是校长입니다.

단 어	催 cuī 통 재촉하다, 다그치다 │ 起床 qǐchuáng 통 (잠자리에서) 일어나다 │ 理由 lǐyóu 명 이유 │ 恨 hèn 통 미워하다, 원망하다 │ 讨厌 tǎoyàn 통 싫어하다, 미워하다 │ 回答 huídá 통 대답하다 │ 校长 xiàozhǎng 명 교장 │ 受到表扬 shòudào biǎoyáng 칭찬을 받다 │ 吵架 chǎojià 통 말다툼하다, 다투다

02 | D

早上，我在客厅的墙上发现4岁的儿子写了很多一加一等于二，就把儿子喊过来，生气地说："你说说，为什么要在墙上写一加一等于二？"儿子瞅瞅我，说："一加一难道不等于二吗？"我大声说："我没说不等于二！"儿子说："那不就行了，反正我又没算错！"

A 墙上有很多图画
B 妈妈帮儿子学数学
C 儿子的算术算错了
D 儿子不明白妈妈为什么生气

아침에, 나는 거실의 벽에서 4살 된 아들이 '1+1=2'를 많이 써 놓은 것을 발견하고서 아들을 불러서 화내며 말했다. "너 말해 봐, 왜 벽에다 '1+1=2'라고 써 놓은 거지?" 아들은 나를 보며 말했다. "1+1은 혹시 2가 아닌가요?" 나는 큰 소리로 말했다. "2가 아니라고 말한 게 아니야!" 아들이 말했다. "그게 아니면 됐잖아요, 어쨌든 제가 또 잘못 계산한 게 아니니까요."

A 벽에는 많은 그림이 있다
B 엄마는 아들이 수학을 공부하는 것을 도와줬다
C 아들의 산수는 잘못 계산되었다
D 아들은 엄마가 왜 화가 났는지 모른다

해 설	선택지의 등장인물이 妈妈와 儿子인 걸로 봐서 유머 지문일 확률이 높습니다. 유머는 들리는 문장을 그대로 출제하는 유형과 전체 내용을 이해해서 풀어야 하는 유형으로 나뉘는데, 이 문제는 글 전체 내용을 이해해서 풀어야 하는 유형입니다. 선택지에 나오는 등장인물인 墙上, 图画, 数学, 算术, 生气 같은 핵심 단어들을 중심으로 지문을 들어야 합니다. 엄마가 화를 낸 것은 아들이 벽에 낙서를 많이 해 놓은 탓인데, 아들은 '1+1=2'라는 숫자 계산이 틀려서 엄마가 화를 낸 것으로 알고 있습니다. 따라서 정답은 D 儿子不明白妈妈为什么生气입니다.

03 | D

|　　一个医生把别人的儿子误诊致死。为了赔偿，他把自己的儿子送给了对方。接着，他又诊死了一个女仆，于是用自己的女仆做了抵偿。有天晚上，有人敲门求救说："医生，请救救我的妻子。"这医生马上把夫人唤醒，嘱咐道："贤妻，你还是做好离开的准备吧!"

A 妻子希望离开医院
B 医生的女仆辞职了
C 有人把医生的儿子打伤了
D 医生要用自己的妻子做抵偿

어떤 의사가 다른 사람의 아들을 오진해서 죽게 했다. 배상을 해 주기 위해서 그는 자신의 아들을 상대방에게 주었다. 이어서, 그는 또 하녀 한 명을 오진으로 죽게 했다. 그래서 자신의 하녀로 배상을 해 주었다. 어느 날 밤, 어떤 사람이 문을 두드리며 구원을 청하며 말했다. "의사 선생님. 제발 제 아내를 살려 주세요." 이 의사는 바로 아내를 깨워 당부하며 말했다. "어진 아내여, 당신은 아무래도 떠날 준비를 하는게 좋겠소."

A 아내는 병원을 떠나길 희망한다
B 의사의 하녀는 사직했다
C 어떤 사람이 의사의 아들을 때려서 상처 입혔다
D 의사는 자신의 아내로 배상을 하려고 한다

|해 설|　선택지의 등장인물인 妻子, 医生, 有人을 통해 유머 지문이라는 것을 추측하며 듣습니다. 이 문제는 전체 글의 흐름을 이해해야 문제를 풀 수 있습니다. 앞부분에서 의사가 치료하다 상대방의 아들을 죽게 만들자 자신의 아들로 배상을 해 주고, 하녀를 죽게 만들자 하녀로 배상을 해 주었다는 내용을 이해해야 합니다. 마지막에 어떤 사람이 자신의 아내를 치료해 달라고 하자, 의사는 이 사람의 아내도 자신이 치료하다가 죽게 할 것이라고 생각하며 자기 아내에게 떠날 준비를 하라고 합니다. 여기서 떠날 준비란 의사 아내가 배상을 위해 떠나야 한다는 것을 의미하므로 离开만 듣고 A를 고르면 안 됩니다. 조금 어려운 단어이긴 하지만 선택지 D의 抵偿을 미리 본 후에 偿을 통해 赔偿과 비슷한 의미라는 것을 추측하고 들어야 합니다. 정답은 D입니다.

|단 어|　误诊 wùzhěn 동 오진하다 ｜ 致死 zhìsǐ 동 죽게 하다, 죽음에 이르다 ｜ 赔偿 péicháng 동 배상하다 ｜ 女仆 nǚpú 명 하녀 ｜ 抵偿 dǐcháng 동 배상하다, 변상하다 ｜ 唤醒 huànxǐng 동 깨우다, 일깨우다 ｜ 嘱咐 zhǔfù 동 당부하다, 분부하다 ｜ 贤妻 xiánqī 명 어질고 사리에 밝은 아내

04 | B

|　　有人买了一坛好酒，放在小院里。第二天，酒少了1/5，他便在酒桶上贴了"不许偷酒"四个字。第三天，酒还是被偷，于是贴了"尿桶"二字，看谁还喝。第四天他哭了，桶满了。第五天，他再次在酒桶上贴了"不许偷酒"四个字。那一天很多人都哭了。

A 酒最后剩下1/5
B 很多人都喝尿了
C 人们都喝醉了
D 酒的质量不太好

어떤 사람이 좋은 술 한 단지를 사서 작은 뜰에 두었다. 이튿날, 술이 1/5이 없어져서, 그는 바로 술통에 '不许偷酒(술을 훔치지 마시오)'라는 네 글자를 붙여 놓았다. 셋째 날, 술은 여전히 도둑맞았다. 그래서 '尿桶(소변통)'이란 두 글자를 붙여서, 누가 그래도 마시는지 보았다. 넷째 날 그는 울었고, 통은 가득 차 있었다. 다섯째 날, 그는 재차 술통에 '不许偷酒'라는 네 글자를 붙였다. 그날 많은 사람들이 모두 울었다.

A 술은 마지막에 5분의 1이 남았다
B 많은 사람들이 소변을 마셨다
C 사람들 모두가 술에 취했다
D 술의 품질이 그다지 좋지 않다

|해 설|　선택지를 보고, 술과 소변에 관한 유머임을 유추할 수 있어야 합니다. 유머는 구체적으로 들리는 문장을 답으로 고르는 유형, 아니면 전체 내용을 파악해서 풀어야 하는 유형으로 나눠지므로 녹음을 들으면서 선택지에 있는 문장이 들리는지 체크하고, 전체 내용도 이해해야 합니다. 이 문제는 전체 내용을 이해하고 풀어야 하는 유머로 난이도가 높습니다. 주인공의 술을 사람들이 계속 훔쳐 가자 주인공이 尿桶(소변통)이라고 써 붙였고, 그러자 사람들이 그 통에 소변을 본 것입니다. 마지막 날에 그는 다시 소변이 들어 있는 그 술통에 훔쳐 먹지 말라고 써 붙였고 사람들은 소변을 술인 줄 알고 마셨기 때문에 마지막 문장 那一天很多人都哭了가 나온 것입니다. 따라서 정답은 B 很多人都喝尿了입니다.

|단 어|　坛 tán 명 항아리, 단지 ｜ 酒桶 jiǔtǒng 술통 ｜ 贴 tiē 동 붙이다 ｜ 不许 bùxǔ 동 불허하다, ~해서는 안 되다 ｜ 偷 tōu 동 훔치다, 도둑질하다 ｜ 尿桶 niàotǒng 소변통, 오줌통 　*尿 niào 명 소변, 오줌 ｜ 剩下 shèngxià 동 남다, 남기다 ｜ 喝醉 hēzuì 동 (술에) 취하다

🎧 듣기 1-02-3 확인문제.mp3

01 | A

古琴亦称瑶琴、七弦琴，是中国最古老的弹拨乐器之一。古琴在孔子时代就已盛行，有文字可考的历史有4000余年。20世纪初，为了区别于西方乐器，人们才在琴前面加了个"古"字，称作古琴。

A 古琴历史悠久
B 古琴又称四弦琴
C 古琴是打击乐器
D 古琴是从20世纪开始流行的

고금은 요금, 칠현금이라고도 불리며, 중국에서 가장 오래된 현악기 중 하나이다. 고금은 공자 시대에 이미 성행하였고, 문자로 고증할 수 있는 역사는 4000여 년이 된다. 20세기 초, 서양 악기와 구별하기 위해서 사람들은 비로소 금 앞에 '예 고(古)'자를 붙여서 고금(古琴)이라고 불렀다.

A 고금은 역사가 유구하다
B 고금을 사현금(四弦琴)이라고도 부른다
C 고금은 타악기이다
D 고금은 20세기부터 유행하기 시작했다

| 해 설 | 선택지를 보면 중국의 전통 악기인 古琴에 관한 글임을 알 수 있습니다. 선택지의 술어 부분을 먼저 읽어 내용을 파악한 후 녹음을 들어야 합니다. 첫 문장에서 고금의 별칭인 瑶琴과 七弦琴이 들리므로 선택지 B를 제거합니다. 弹拨乐器之一를 들으면서 C를 제거합니다. 历史有4000余年 부분을 들으면서 정답 A 古琴历史悠久를 선택합니다.

Tip 전통 악기와 관련된 문제들 중 '역사가 유구하다'라는 정답은 매우 자주 출제되었습니다.

| 단 어 | **古琴** gǔqín 圐 고금 | **亦** yì 児 ~도 역시, 또, 또한 | **称** chēng 图 ~이라고 부르다 | **瑶琴** yáoqín 圐 요금[옥으로 장식한 금을 뜻함] | **七弦琴** qīxiánqín 圐 칠현금 | **古老** gǔlǎo 圀 오래되다 | **弹拨乐器** tánbō yuèqì 현악기 | **孔子** Kǒngzǐ 인명 공자 | **盛行** shèngxíng 图 성행하다 | **考** kǎo 图 고증하다 | **区别** qūbié 图 구별하다 | **加** jiā 图 (본래 없던 것을) 붙이다, 달다, 더하다 | **称作** chēngzuò 图 ~이라고 부르다 | **历史悠久** lìshǐ yōujiǔ 역사가 유구하다 | **打击乐器** dǎjī yuèqì 타악기 | **流行** liúxíng 图 유행하다

02 | A

舟山群岛是中国沿海最大的群岛，位于长江口以南、杭州湾以东的浙江省北部海域。这里风光秀丽、气候宜人，拥有两个国家海上一级风景区，而且还是海岛鸟类的重要栖息地和候鸟迁徙的重要驿站。

A 舟山群岛风景秀丽
B 舟山群岛没有鸟类
C 舟山群岛面积很小
D 舟山群岛是国家自然保护区

저우산 군도는 중국 연해의 가장 큰 군도로 창장 입구 남쪽, 항저우만 동쪽의 저장성 북부 해역에 위치한다. 이곳은 경치가 수려하고 기후가 적당하며 국가 해상의 일급 관광 특구 두 곳을 가지고 있을 뿐만 아니라, 섬 조류의 중요한 서식지이자 철새가 옮겨 가는 중요한 역참이다.

A 저우산 군도는 풍경이 수려하다
B 저우산 군도에는 조류가 없다
C 저우산 군도의 면적은 매우 작다
D 저우산 군도는 국가 자연보호 구역이다

| 해 설 | 중국의 지역인 舟山群岛가 주어로 있기 때문에 세로줄을 긋고 나머지 술어 부분 위주로 듣도록 합니다. 지역을 소개하는 글이므로 맨 첫 문장에 위치가 들립니다. 位于 뒤쪽이 실제 위치인데 대부분 정답으로 출제하지 않습니다. 선택지에도 위치와 관련한 것은 없으므로 주의하여 듣지 않아도 됩니다. 두 번째 문장에서 这里风光秀丽라고 했으므로 정답은 A입니다. 风景과 风光은 같은 의미라는 것을 알아 둡니다.

| 단 어 | **舟山群岛** Zhōushān qúndǎo 지명 저우산 군도 | **沿海** yánhǎi 圐 연해 | **杭州湾** Hángzhōuwān 지명 항저우만 | **浙江省** Zhèjiāng Shěng 지명 저장성 | **海域** hǎiyù 圐 해역 | **气候宜人** qìhòu yírén 기후가 알맞다 | **风景区** fēngjǐngqū 관광 특구 | **海岛** hǎidǎo 圐 섬 | **栖息地** qīxīdì 圐 서식지 | **候鸟** hòuniǎo 圐 철새 | **迁徙** qiānxǐ 图 옮겨 가다 | **驿站** yìzhàn 圐 (옛날) 역참 | **秀丽** xiùlì 圀 수려하다, 아름답다 | **面积** miànjī 圐 면적

03 | B

　　《伤寒杂病论》是由东汉著名医学家张仲景写成的，这部巨著是中国历史上影响最大的古典医学著作之一，也是中国第一部临床治疗学方面的专著。张仲景因在医学上的杰出贡献被后人誉为"医圣"。

A 张仲景喜欢田园生活
B 张仲景被称为"医圣"
C 《伤寒杂病论》由多人合著
D 《伤寒杂病论》是史学著作

《상한잡병론》은 동한의 저명한 의학자 장중경(张仲景)이 쓴 것으로, 이 대작은 중국 역사상 미친 영향이 가장 큰 고전 의학 저서 중의 하나이며 중국의 첫 번째 임상치료학 방면의 전문 저서이기도 하다. 장중경은 의학에서의 뛰어난 공헌으로 후세 사람에게 '의성'이라고 불린다.

A 장중경은 전원 생활을 좋아한다
B 장중경은 '의성'이라고 불린다
C 《상한잡병론》은 많은 사람들이 공저하였다
D 《상한잡병론》은 사학 저서이다

| 해 설 | 선택지를 먼저 읽고 张仲景이라는 인물과 《伤寒杂病论》이라는 저서를 중심으로 들어야 합니다. 선택지 C의 由多人合著에서 由는 '~이/가'의 의미로 뒤에 있는 행위자를 강조하는 전치사입니다. 著에는 '저술하다', '저서', '저작'이라는 의미가 있어서 合著, 著作 같은 단어를 만들어 냅니다. 앞부분 내용을 들으면서 선택지에서 C와 D를 제거할 수 있지만 전혀 못 들었다 해도 맨 마지막의 被后人誉为医圣라는 말만 놓치지 않는다면 정답 B 张仲景被称为"医圣"을 선택할 수 있습니다.

> **Tip** 이 문제는 《伤寒杂病论》이란 책을 지었고, 의학에 큰 공헌을 한 张仲景을 소개하고 있습니다. 이처럼 중국의 역사적 인물 중 어떤 분야에 공헌이 큰 인물들은 시험에 꾸준히 출제되고 있습니다.

| 단 어 | **伤寒杂病论** Shānghánzábìnglùn 고유 상한잡병론 | **著名** zhùmíng 형 저명하다, 유명하다 | **张仲景** Zhāng Zhòngjǐng 인명 장중경 | **巨著** jùzhù 명 대작, 거작 | **著作** zhùzuò 명 저서, 저작 | **临床治疗学** línchuáng zhìliáoxué 임상치료학 | **专著** zhuānzhù 명 전문 저서 | **杰出** jiéchū 형 뛰어나다, 걸출하다 | **贡献** gòngxiàn 명 공헌 동 공헌하다 | **誉为** yùwéi 동 ~이라고 칭송되다(불리다) | **医圣** yīshèng 명 의성 | **被称为** bèi chēngwéi ~이라고 불리다 | **合著** hézhù 동 공저하다, 공동 집필하다

04 | C

　　中国是世界上主要产玉国，不仅开采历史悠久，而且分布地域极广，中国产玉的地点有两百余处。其中最著名的产地是新疆和田，和田玉色泽艳、品质优，是中国古代玉器原料的重要来源。

A 和田玉开采难度大
B 中国玉石开采业刚起步
C 和田玉是一种优质玉
D 中国玉石集中分布在新疆

중국은 세계 주요 옥 생산국으로 개발 역사가 유구할 뿐만 아니라 분포 지역이 매우 넓으며, 중국에서 옥을 생산하는 지점은 200여 곳이 있다. 그중 가장 유명한 산지는 신장 허톈(新疆和田)이다. 허톈의 옥은 색깔과 광택이 아름답고 품질이 우수하여 중국 고대 옥 그릇 원료의 중요 원산지이다.

A 허톈 옥은 개발 난이도가 높다
B 중국 옥의 개발업은 막 시작했다
C 허톈 옥은 질이 우수한 옥이다
D 중국 옥은 신장에 집중적으로 분포되어 있다

| 해 설 | 옥의 한 종류인 和田玉에 관한 글입니다. 선택지에 두 개의 주어가 나왔으므로, 술어를 각각의 주어에 잘 연결시키며 들어야 합니다. 녹음에서 开采历史悠久를 들으면서 B를 제거합니다. 分布地域极广를 들으면서 D도 제거합니다. '和田玉色泽艳、品质优' 부분을 들으면 和田玉의 품질이 좋다는 것을 알 수 있기 때문에 정답은 C 和田玉是一种优质玉입니다.

| 단 어 | **开采** kāicǎi 동 (지하자원을) 개발하다, 채굴하다 | **地域** dìyù 명 지역 | **极** jí 부 아주, 매우 | **著名** zhùmíng 형 유명하다, 저명하다 | **新疆** Xīnjiāng 지명 신장 | **和田玉** Hétián yù 허톈의 옥[허톈 지역에서 생산되는 옥을 뜻함] | **色泽** sèzé 명 색깔과 광택 | **艳** yàn 형 (색채가) 아름답다, 곱다 | **玉器** yùqì 명 옥 그릇 | **原料** yuánliào 명 원료 | **来源** láiyuán 명 원산지, 생산지 | **难度** nándù 명 난이도 | **玉石** yùshí 명 옥, 옥돌 | **起步** qǐbù 동 (일·사업을) 시작하다, 착수하다 | **优质** yōuzhì 형 양질의, 질이 우수한

🎧 듣기 1-03-3 확인문제.mp3

01 | B

当你手中抓住一件东西不放时，你只能拥有这件东西，如果你肯放手，你就有机会选择别的。人的心若固守自己的观念，不肯放下，那么他的智慧也只能达到某种程度而已。

> 당신이 손에 한 가지 물건을 잡고 놓지 않을 때 당신은 단지 이 물건만을 소유할 수 있다. 만일 당신이 손을 놓으려 한다면 당신은 다른 것을 선택할 기회를 가지게 된다. 사람의 마음이 만약 자신의 관념을 고수하고 내려놓으려 하지 않는다면, 그의 지혜도 겨우 어느 정도에만 도달할 수 있을 뿐이다.

A 看问题要全面
B 放下也是一种智慧
C 坚持才能取得胜利
D 不做没有把握的事情

> A 문제는 전체적으로 바라봐야 한다
> B 내려놓는 것도 일종의 지혜이다
> C 꾸준히 해야 승리를 거둘 수 있다
> D 자신 없는 일은 하지 않는다

| 해 설 | 선택지를 보면 인생철학과 관련한 주제를 고르는 문제임을 알 수 있습니다. D를 제외한 ABC는 모두 답으로 잘 나오는 선택지들입니다. 이 문제는 선택지가 전혀 다른 의미들로 이루어져 있기 때문에 오히려 풀기가 쉽습니다. 녹음에서 放手와 放下라는 단어가 들리기 때문에 이 두 단어만 들어도 B 放下也是一种智慧를 정답으로 선택할 수 있습니다. 앞 문장에서 물건을 예로 들며 구체적으로 설명하는 부분에서 정답을 찾을 수도 있고, 마지막 문장에서 정답을 찾을 수도 있습니다.

| 단 어 | 当~时 dāng~shí ~할 때 | 抓住 zhuāzhù 통 (손으로) 잡다 | 拥有 yōngyǒu 통 소유하다, 가지다 | 肯 kěn 통 기꺼이 ~(하려) 하다 | 放手 fàngshǒu 통 손을 놓다 | 若 ruò 접 만일, 만약 | 固守 gùshǒu 통 (관념을) 고수하다 | 放下 fàngxià 내려놓다 | 智慧 zhìhuì 명 지혜 | 达到 dádào 도달하다, 이르다 | 程度 chéngdù 명 정도, 수준 | 而已 éryǐ 조 ~뿐이다 | 坚持 jiānchí 통 꾸준히 하다, 지속하다 | 胜利 shènglì 명 승리 | 把握 bǎwò 명 자신, 가망

02 | C

人生免不了会有缺憾，但正是因为有缺憾，人生才有了无限转机，有了更多的可能性，这何尝不是一件值得高兴的事情呢？与其以悲观的态度来面对这些缺憾，倒不如将它变成一种动力，使人生变得更有意义。

> 인생에서 부족한 점을 갖는 것을 피할 수는 없다. 하지만 부족한 점이 있기 때문에 인생은 비로소 무한한 전환기를 가지게 되고 더 많은 가능성을 가지게 되니, 이 어찌 기뻐할 만한 일이 아니겠는가? 비관적인 태도로 이러한 부족한 점을 대하는 것보다, 이를 일종의 동력으로 변화시켜서 인생을 더욱 의미 있게 만드는 것이 낫다.

A 做事要持之以恒
B 人生不应该有缺憾
C 缺憾会给人生带来转机
D 付出比得到更令人快乐

> A 일을 할 때는 꾸준히 계속해야 한다
> B 인생은 부족한 점이 있어선 안 된다
> C 부족한 점은 인생에 전환기를 가져다준다
> D 주는 것은 얻는 것보다 사람을 더 즐겁게 한다

| 해 설 | 선택지 단어 중 A의 持之以恒 같은 단어는 持 한 글자만 보고 坚持의 의미라는 것을 유추해야 합니다. 缺憾이 B와 C 두 개의 선택지에 있으므로 녹음 지문에서는 반드시 들리게 됩니다. 내용상 B는 상식적으로 옳지 않은 내용이므로, 정답이 될 확률이 낮습니다. C의 转机는 '호전의 조짐'이란 의미며, 흔히 우리말로 '새로운 전환기를 맞이하다'란 표현으로 많이 사용합니다. 인생철학과 관련된 문제이므로 녹음 지문이 시작되면 주제를 생각하며 들어야 합니다. 人生免不了会有缺憾이라는 문장을 들으면서 선택지 B를 제거하고, C의 缺憾을 봅니다. 그다음에 들리는 '但(그러나)'이 핵심입니다. '但正是因为有缺憾，人生才有了无限转机，有了更多的可能性'에서 转机 단어도 들립니다. 여기까지 듣고 정답 C 缺憾会给人生带来转机를 체크합니다.

| 단 어 | 免不了 miǎnbuliǎo 통 피할 수 없다, ~하게 마련이다 | 缺憾 quēhàn 명 부족한 점 | 无限 wúxiàn 통 무한하다 | 转机 zhuǎnjī 명 호전의 조짐, 전환기 | 何尝 hécháng 부 언제 ~한 적이 있었는가 | 与其~, 不如… yǔqí~, bùrú… ~하는 것보다 차라리 …하는 것이 낫다 | 悲观 bēiguān 형 비관적이다 | 态度 tàidu 명 태도 | 持之以恒 chízhīyǐhéng 성 꾸준히 계속하다 | 付出 fùchū 통 지불하다, 내어 주다, 바치다

03 | A

自我控制能力是人们在没有任何限制的情况下，能够自觉地控制、调节自己的行为、避免冲动、并能坚持到目标实现为止的一种综合能力。研究表明，自我控制能力强的人容易获得更高的成就。

A 自控有助于成功
B 要主动认识世界
C 要有一颗自由的心
D 行动比思考更重要

자제력은 사람들이 아무런 제약이 없는 상황에서 자발적으로 자신의 행동을 억제하고 조절할 수 있고, 흥분하는 것을 피하며 목표가 실현될 때까지 계속할 수 있는 일종의 종합적인 능력이다. 연구에 따르면, 자제력이 강한 사람은 더 높은 성과를 거두기가 쉽다고 한다.

A 자제력은 성공에 도움이 된다
B 먼저 나서서 세상을 알아야 한다
C 자유로운 마음을 가져야 한다
D 행동이 생각보다 더 중요하다

|해 설| 선택지를 보고 인생철학 관련 주제를 찾는 문제임을 알 수 있습니다. A의 自控은 自我控制를 의미합니다. B와 C는 답으로 잘 출제되지 않는 내용이며, D는 답으로 자주 출제되는 내용입니다. 녹음 앞부분은 自我控制能力가 무엇인지에 대한 설명이며, 마지막 문장에서 自我控制能力强的人容易获得更高的成就라고 했으므로 자제력이 뛰어난 사람이 더 쉽게 성취감을 얻을 수 있음을 알 수 있습니다. 따라서 정답은 A 自控有助于成功입니다.

|단 어| **控制** kòngzhì 통 조절하다, 억제하다 | **限制** xiànzhì 명 제약, 제한 | **自觉地** zìjué de 자발적으로 | **调节** tiáojié 통 (행동을) 조절하다 | **避免** bìmiǎn 통 피하다, 모면하다 | **冲动** chōngdòng 통 충동 통 흥분하다 | **获得** huòdé 통 (성과를) 거두다, 획득하다 | **自控** zìkòng 자기 절제하다, 스스로 억제하다 | **颗** kē 양 알[둥글고 작은 알맹이 모양의 사물을 세는 단위]

04 | D

我们总是认为，够不着的果子最甜，得不到的东西最好。我们对那些得不到的东西无法忘记，主要是过分估计了它的价值。那些因为得不到而被自己神话了的东西，实际上往往和自己想象中的样子差别很大。所以你自己手中的可能才是真正的宝贝。

A 要及时调整目标
B 不要低估你的对手
C 得不到的才是最好的
D 要珍惜已有的东西

우리는 항상 손이 닿지 않는 과일이 가장 달고, 얻을 수 없는 물건이 가장 좋다고 여긴다. 우리가 얻을 수 없는 그 물건들에 대해 잊을 수 없는 것은, 주로 그것의 가치를 지나치게 평가하기 때문이다. 얻을 수 없어서 스스로에게 신화가 되어 버린 그 물건들은 실제로 종종 자신의 상상 속의 모습과 차이가 매우 크다. 따라서 당신 자신의 손안에 있는 것이야말로 아마도 진정한 보물일 것이다.

A 제때에 목표를 조정해야 한다
B 당신의 상대를 과소평가하지 마라
C 얻을 수 없는 것이야말로 가장 좋은 것이다
D 이미 가지고 있는 것을 소중히 여겨야 한다

|해 설| 인생철학과 관련된 주제를 묻는 문제입니다. A와 D는 정답으로 종종 출제되며, B와 C는 정답으로 잘 출제되지 않는 내용입니다. 녹음 앞부분은 사람들의 일반적인 통념을 말하고 있고, 뒷부분에서는 实际上을 통해 그 생각이 잘못되었음을 말하고 있습니다. 또한 마지막 문장 你自己手中的可能才是真正的宝贝에서 자기 손안에 있는 것이 진정한 보물이라고 했으므로 정답은 D 要珍惜已有的东西입니다.

|단 어| **够不着** gòubuzháo 통 (손이) 닿지 않다 | **甜** tián 형 (맛이) 달다 | **忘记** wàngjì 통 잊어버리다 | **过分** guòfèn 통 지나치다, 과분하다 | **估计** gūjì 통 평가하다, 예측하다 | **价值** jiàzhí 명 가치 | **实际上** shíjìshang 부 실제로, 사실상 | **想象** xiǎngxiàng 명 상상 통 상상하다 | **差别** chābié 명 차이, 차별 | **宝贝** bǎobèi 명 보물, 보배 | **及时** jíshí 부 제때에, 즉시 | **调整** tiáozhěng 통 조정하다, 조절하다 | **目标** mùbiāo 명 목표 | **低估** dīgū 통 과소평가하다, 얕잡아 보다 | **珍惜** zhēnxī 통 소중히 여기다, 아끼다

🎧 듣기 1-04-3 확인문제.mp3

01 | C

酸奶口味酸甜，营养丰富，深受人们喜爱。它是以新鲜的牛奶为原料，经过发酵再冷却后形成的一种牛奶制品。酸奶不仅保留了鲜牛奶的全部营养物质，而且可以帮助人体更好地消化和吸收牛奶中的营养成分。

A 酸奶即牛奶
B 酸奶容易保存
C 酸奶营养价值高
D 酸奶不易吸收

요구르트는 맛이 새콤달콤하고 영양이 풍부하여 많은 사람들이 좋아한다. 그것은 신선한 우유를 원료로 하고, 발효를 거쳐 다시 냉각한 후에 만들어진 유제품이다. 요구르트는 생우유의 모든 영양물질을 보존할 뿐만 아니라, 인체가 우유의 영양 성분을 더 잘 소화하고 흡수하도록 도와줄 수 있다.

A 요구르트는 곧 우유이다
B 요구르트는 보존하기 쉽다
C 요구르트는 영양가가 높다
D 요구르트는 흡수하기 어렵다

| 해 설 | 선택지를 통해 녹음 지문은 '酸奶(요구르트)'에 관한 설명문임을 알 수 있습니다. A의 即는 就是와 같은 의미입니다. D처럼 부정적인 선택지는 정답으로 잘 출제하지 않으므로 다른 선택지에 더 집중하는 것이 좋습니다. 녹음의 첫 문장 '酸奶口味酸甜, 营养丰富, 深受人们喜爱'를 놓치지 않고 들었다면 정답 C 酸奶营养价值高를 바로 선택할 수 있습니다.

> **Tip** 酸奶가 요구르트인 것을 알고, 중국에서 이미 먹어 본 학생들이라면 배경지식을 이용해서 정답을 더 쉽게 고를 수 있습니다. 이런 문제는 뒷부분을 과감하게 듣지 않고 그다음 문제로 미리 가서 선택지를 보는 것이 요령입니다.

| 단 어 | **酸奶** suānnǎi 명 요구르트 | **口味** kǒuwèi 명 맛 | **酸甜** suāntián 형 새콤달콤하다 | **营养丰富** yíngyǎng fēngfù 영양이 풍부하다 | **以~为…** yǐ~wéi… ~을 …으로 삼다 | **新鲜** xīnxiān 형 신선하다 | **牛奶** niúnǎi 명 우유 | **原料** yuánliào 명 원료 | **发酵** fājiào 동 발효하다, 발효시키다 | **冷却** lěngquè 동 냉각하다 | **牛奶制品** niúnǎi zhìpǐn 명 유제품 | **保留** bǎoliú 동 보존하다 | **鲜牛奶** xiān niúnǎi 생우유 | **消化** xiāohuà 동 소화하다 | **吸收** xīshōu 동 흡수하다 | **即** jí 동 곧 ~이다 | **保存** bǎocún 동 보존하다 | **营养价值** yíngyǎng jiàzhí 영양가, 영양 가치

02 | C

所有的昆虫都没有长鼻子，但它们的嗅觉都异常敏锐，这是为什么呢？原来昆虫的头部都长有一对触角，这对触角上布满了上万个专门辨别气味的嗅觉器，它们就起着鼻子的作用。

A 昆虫方向感很强
B 有些昆虫寿命很长
C 昆虫的嗅觉很灵敏
D 昆虫实际上也有鼻子

모든 곤충은 코가 없지만 곤충들의 후각은 대단히 예민하다. 이건 왜 그럴까? 알고 보니, 곤충의 머리에는 기다란 더듬이 한 쌍이 달려 있는데, 이 더듬이에 냄새를 전문적으로 구별하는 후각기관 수만 개가 가득 널려 있어서 그것들이 코의 역할을 하고 있었다.

A 곤충의 방향감은 매우 뛰어나다
B 몇몇 곤충들은 수명이 매우 길다
C 곤충의 후각은 매우 예민하다
D 곤충도 실제로는 코가 있다

| 해 설 | 선택지로 보아 녹음 지문은 곤충에 관한 설명문임을 알 수 있습니다. 곤충에 대한 배경지식이 있다면 B와 D는 상식적으로 틀렸다는 것을 알 수 있습니다. 녹음의 所有的昆虫都没有长鼻子를 듣고 먼저 D를 제거합니다. 그다음 但它们的嗅觉都异常敏锐를 듣고 C 昆虫的嗅觉很灵敏을 정답으로 선택하면 됩니다. 异常敏锐에서 异常은 很의 의미이며, 敏锐는 灵敏과 동의어라는 것을 알아야 합니다. 녹음 뒷부분은 안 들어도 정답을 고르는 데 지장이 없으므로, 다음 문제의 선택지를 미리 확인합니다.

| 단 어 | **昆虫** kūnchóng 명 곤충 | **长** zhǎng 동 (신체 부위가) 자라다, 달리다 | **鼻子** bízi 명 코 | **嗅觉** xiùjué 명 후각 | **异常** yìcháng 부 대단히, 몹시 | **敏锐** mǐnruì 형 (감각이) 예민하다 | **触角** chùjiǎo 명 더듬이 | **布满** bùmǎn 동 가득 널려 있다 | **专门** zhuānmén 부 전문적으로 | **辨别** biànbié 동 구별하다 | **气味** qìwèi 명 냄새 | **寿命** shòumìng 명 수명 | **灵敏** língmǐn 형 예민하다, 민감하다 | **实际上** shíjìshang 부 실제로

03 | C

一个人的胖瘦主要由三个因素决定：遗传、饮食和运动。此外，情绪、环境和睡眠等因素也会对人的体重有影响。**但这些都没有前三个、尤其是遗传因素那么重要。**

A 减肥需要毅力
B 运动减肥效果最佳
C 胖瘦跟遗传有较大关系
D 体重主要由后天因素决定

사람의 살찐 정도는 주로 유전, 음식과 운동, 이 세 가지 요소가 결정한다. 이외에 정서, 환경과 수면 등의 요소 또한 사람의 체중에 영향을 끼친다. 하지만 이것들은 앞의 세 가지, 특히 유전 요소만큼 그렇게 중요하지는 않다.

A 다이어트는 끈기가 필요하다
B 운동 다이어트 효과가 가장 좋다
C 살찐 정도와 유전은 비교적 큰 관계가 있다
D 체중은 주로 후천적인 요소가 결정한다

|해 설| 선택지 내용을 먼저 파악하고 运动, 遗传 등의 단어와 减肥의 관계를 생각하며 녹음을 들어야 합니다. D의 后天은 '후천적'이라는 의미임을 먼저 체크합니다. 녹음에서 비만을 결정하는 주된 요소로 遗传, 饮食, 运动 세 가지가 있다고 언급했습니다. 또한 맨 마지막 문장에서 '但这些都没有前三个、尤其是遗传因素那么重要'라고 했으므로 '遗传因素(유전적 요소)'가 가장 중요하다는 것이 이 글의 핵심입니다. 따라서 정답은 C 胖瘦跟遗传有较大关系입니다.

> **Tip** 다이어트(减肥)에 관한 내용은 꾸준히 출제되는 주제입니다. 따라서 다이어트에 관련된 배경지식을 쌓아 두면 문제를 훨씬 수월하게 풀 수 있습니다.

|단 어| **胖瘦** pàngshòu 살찐 정도 | **因素** yīnsù 몡 (구성) 요소 | **遗传** yíchuán 동 유전되다 | **饮食** yǐnshí 몡 음식 | **环境** huánjìng 몡 환경 | **睡眠** shuìmián 몡 수면, 잠 | **体重** tǐzhòng 몡 체중 | **减肥** jiǎnféi 동 다이어트 | **毅力** yìlì 몡 끈기, 굳센 의지 | **后天** hòutiān 몡 후천적

04 | D

虽然打哈欠常常与困意联系在一起，**但它的实际作用却是让大脑变得清醒。**打哈欠可以使我们的咽喉得以扩张，从而使空气进入肺部，这样会有更多氧气进入血液里，我们因此变得更为机敏。

A 越打哈欠越困
B 胖子更容易打哈欠
C 打哈欠可以降低血压
D 打哈欠能让大脑清醒

비록 하품이 자주 졸음과 한데 연결되어 있지만, 그것의 실제 작용은 오히려 머리를 맑아지게 하는 것이다. 하품은 우리의 목구멍이 확장될 수 있게 함으로써 공기가 폐부에 들어갈 수 있게 하는데, 이렇게 하면 더 많은 산소가 혈액 속에 들어가서 우리는 더 기민해진다.

A 하품을 할수록 졸린다
B 뚱뚱한 사람은 하품을 더 많이 한다
C 하품은 혈압을 낮출 수 있다
D 하품은 머리를 맑아지게 한다

|해 설| '打哈欠(하품하다)'은 HSK 필수 단어가 아니다 보니 많은 학생들이 잘 모릅니다. 이럴 경우엔 '다하치엔'이란 발음을 그대로 들으면서 녹음 내용과 맞춰 봅니다. 녹음의 첫 부분에서 '虽然~，但…' 구문이 나오는데, 이 구문은 但 뒤의 내용만 잘 들으면 됩니다. 但它的实际作用却是让大脑变得清醒 부분에서 大脑清醒만 놓치지 않고 듣는다면 정답 D 打哈欠能让大脑清醒을 선택할 수 있습니다.

> **Tip** 녹음 지문의 뒷부분에서는 咽喉, 扩张, 肺部, 机敏 등 어려운 단어들이 많이 들려서 내용을 정확히 알아듣기 힘들지만 정답과는 상관없으므로 못 들었다고 걱정할 필요가 없습니다. 듣기 1부분에서 출제되는 설명문은 특히 세부 내용을 전부 알아듣기는 힘들기 때문에, 최대한 선택지 내용에 집중해서 듣도록 합니다. 평소에 받아쓰기를 많이 하면서 듣기 내공을 쌓는 것도 병행해야 합니다.

|단 어| **打哈欠** dǎ hāqian 동 하품을 하다 | **困意** kùnyì 몡 졸음(기) | *困 kùn 동 졸리다 | **联系** liánxì 동 연결하다(되다), 연계하다(되다) | **大脑** dànǎo 몡 대뇌 | **清醒** qīngxǐng 혱 (머리가) 맑다 동 (머리를) 맑아지게 하다 | **咽喉** yānhóu 몡 목구멍, 인후 | **得以** déyǐ ~할 수 있다 | **扩张** kuòzhāng 동 확장하다, 넓히다 | **肺部** fèibù 몡 폐부 | **氧气** yǎngqì 몡 산소 | **血液** xuèyè 몡 혈액 | **机敏** jīmǐn 혱 기민하다, 민첩하다 | **胖子** pàngzi 몡 뚱뚱한 사람, 뚱보 | **降低** jiàngdī 동 낮추다, 내리다 | **血压** xuèyā 몡 혈압

2부분

| 시나공법 01 확인문제 | 81쪽 | 01 B | 02 B | 03 A | 04 A | 05 D |

🎧 듣기 2-01-3 확인문제.mp3

01~05

第1到5题是根据下面一段采访：

[1] **女**：黄老师，您是国内知名的油画专家，您是什么时候开始接触油画的呢？

男：我最初接触油画是在1979年，¹⁾那时我在部队当海军。我认识了一些美术学院的老前辈，于是我就经常和他们一起写生，接触了色彩，逐渐对油画有了一些了解。

[2] **女**：我看到您的系列作品中，有很多描述荷花的作品，您为什么选择荷花来创作呢？

男：²⁾我开始画荷花系列，起因是读了很多诗人赞美荷花的诗篇，这些诗句给我很多启发，于是我就常常观察荷花、感受荷花，³⁾我觉得荷花有一种洁白无瑕的纯美等待我去表达。另外，荷花比较常见，家喻户晓，普遍为人们所喜爱。很多古人曾用很简约的笔墨画荷花，却表达出了极为深远的精神内涵。所以对于荷花我采用国画和油画的形式分别去表现。而且我的油画中能够感受到国画的意境。

[3] **女**：这样看来，您对于国画也是情有独钟？能谈谈您对于国画的看法吗？

男：虽然我现在的主要精力在油画上，但我一直兼画国画，不放弃国画可能是与从小就学习国画有关。⁴⁾我12岁时开始学习国画，当时我在浙江杭州拜师学了一段时间，看到了国画大师的画法，认识到了国画的魅力，所以在我心里，我始终认为国画也是我生命中的一部分。

[4] **女**：黄老师您已有40多年的从画经历，对于您今后的作品您有着怎样的期待？

男：⁵⁾主要是走国画跟油画结合的路，很多极富盛名的画家如吴冠中、林峰连、刘海粟、李赫然这些大师，他们原来的功底是油画，但他们最后的艺术语言都是用国画、用水墨来表达，后来走出了一条中西艺术结合的路，我自己也经常思索，希望能够借鉴老一辈的经验，总结自己并开创出一条自己艺术语言的表达之路。

1~5번 문제는 다음 인터뷰에 근거한다.

여：황 선생님, 선생님은 국내에서 유명한 유화 전문가이신데요, 언제부터 유화를 접하기 시작했습니까?

남：제가 처음으로 유화를 접한 것은 1979년이었고, ¹⁾당시 저는 군부대에 해군으로 있었습니다. 저는 미술대학의 몇몇 대선배들을 알게 되어서, 자주 그들과 함께 스케치를 하면서 색깔을 접하게 되었고 점차 유화에 대해 이해하게 되었습니다.

여：제가 본 선생님의 시리즈 작품에서는 연꽃을 묘사한 작품이 많던데요. 선생님께서는 왜 연꽃으로 작품을 하실 생각을 하셨나요?

남：²⁾제가 연꽃 시리즈를 그리기 시작한 원인은 많은 시인들이 연꽃을 찬미하는 시를 읽었기 때문입니다. 이 시 구절은 저에게 깨달음을 주었기 때문에 저는 자주 연꽃을 관찰하고 감상했습니다. ³⁾제 생각에 연꽃은 순결하고 오점이 없는 순백의 상태로 제가 표현해 주기를 기다리고 있는 것 같았습니다. 그밖에도 연꽃은 흔히 볼 수 있어 잘 알려져 있으며 보편적으로 사람들의 사랑을 받습니다. 수많은 옛 선인들은 간단한 붓과 먹만으로도 연꽃을 그려서 깊은 정신적 의미를 표현했습니다. 그래서 저는 중국화와 유화의 형식을 채택해서 각각 연꽃을 표현했습니다. 또한 제가 그린 유화에서 중국화의 분위기를 느낄 수 있습니다.

여：그렇다면 선생님은 중국화에도 각별한 애정이 있으십니까? 선생님의 중국화에 대한 견해를 말씀해 주실 수 있을까요?

남：비록 지금은 제가 모든 에너지를 유화에 쏟고 있지만 저는 줄곧 중국화도 함께 그렸습니다. 중국화를 포기하지 않는 것은 아마도 어렸을 적 배웠던 중국화와 관련이 있을 것입니다. ⁴⁾저는 12살에 중국화를 배우기 시작했습니다. 당시 저장성 항저우의 선생님께 잠시 배우면서 중국화 대가들의 화법을 보게 되었는데, 그때 중국화의 매력을 알게 되었습니다. 그래서 지금까지 제 마음속에 중국화도 제 생명의 한 부분이라고 생각하고 있습니다.

여：황 선생님께서는 이미 40여 년간의 그림 경력이 있으신데, 앞으로 선생님의 작품에 어떤 기대를 걸고 계신가요?

남：⁵⁾주로 중국화를 유화와 결합시키는 길을 걸을 것입니다. 수많은 저명한 화가, 예를 들면 우관중, 린펑롄, 리우하이쑤, 리허란 등과 같은 분들의 토대는 유화입니다. 하지만 마지막의 예술 언어는 모두 중국화, 수묵화를 이용해 표현했으며 이후에는 중국과 서양의 예술을 결합시키는 길을 걸었습니다. 저도 가끔 생각해 보건대 선배님들의 경험을 본받아 자신을 정리하고 저만의 예술 언어를 표현하는 길을 만들고 싶다는 생각을 하고 있습니다.

| **단 어** | **知名** zhīmíng 혱 유명하다, 저명하다 | **油画** yóuhuà 몡 유화 | **专家** zhuānjiā 몡 전문가 | **接触** jiēchù 통 접하다, 접촉하다 | **部队** bùduì 몡 부대 | **老前辈** lǎoqiánbèi 몡 대선배 | **写生** xiěshēng 통 사생하다[실물이나 실제 경치를 있는 그대로 본떠 그리는 일] | **色彩** sècǎi 몡 색채, 색깔 | **逐渐** zhújiàn 뿐 점점, 점차 | **系列** xìliè 몡 시리즈, 계열 | **描述** miáoshù 통 묘사하다 | **荷花** héhuā 몡 연꽃 | **创作** chuàngzuò 통 창작하다, (예술) 작

品을 만들다 | **起因** qǐyīn 명 (사건 발생의) 원인 | **诗人** shīrén 명 시인 | **赞美** zànměi 동 찬미하다, 칭송하다 | **诗篇** shīpiān 명 시 | **诗句** shījù 명 시구 | **启发** qǐfā 명 깨달음, 영감 | **观察** guānchá 동 관찰하다 | **洁白无瑕** jiébái wúxiá 순결하고 오점이 없다 | **纯美** chúnměi 형 순결하고 아름답다 | **等待** děngdài 동 기다리다 | **表达** biǎodá 동 표현하다, 드러내다 | **家喻户晓** jiāyùhùxiǎo 성 집집마다 다 알다, 누구나 다 알다 | **简约** jiǎnyuē 형 간략하다, 간단하다 | **笔墨** bǐmò 명 붓과 먹 | **极为** jíwéi 부 매우, 아주, 지극히 | **精神内涵** jīngshén nèihán 명 정신적 의미 | **采用** cǎiyòng 동 채택하다 | **分别** fēnbié 부 각각, 따로따로 | **意境** yìjìng 명 (예술적) 경지, 분위기 | **情有独钟** qíngyǒudúzhōng 동 사람이나 사물에 각별한 애정을 보이다 | **兼** jiān 동 겸하다, 동시에 하다 | **放弃** fàngqì 동 포기하다, 버리다 | **与~有关** yǔ~yǒuguān ~과 관계가 있다 | **浙江** Zhèjiāng 지명 저장성 | **杭州** Hángzhōu 지명 항저우 | **拜师** bàishī 동 스승을 모시다 | **魅力** mèilì 명 매력 | **始终** shǐzhōng 부 시종일관, 줄곧 | **从画** cónghuà 동 그림에 종사하다 | **经历** jīnglì 명 경력, 경험 | **期待** qīdài 명 기대 | **结合** jiéhé 동 결합하다 | **极富盛名** jí fù shèngmíng 명성이 아주 높다 | **林峰连** Lín Fēnglián 인명 린펑롄 | **刘海粟** Liú Hǎisù 인명 리우하이쑤 | **李赫然** Lǐ Hèrán 인명 리허란 | **功底** gōngdǐ 명 기초, 기본 | **水墨** shuǐmò 명 수묵화 | **思索** sīsuǒ 동 사색하다, 깊이 생각하다 | **借鉴** jièjiàn 동 본보기로 삼다, 거울로 삼다 | **老一辈** lǎo yíbèi 전 세대 | **总结** zǒngjié 동 총 정리하다 | **开创** kāichuàng 동 창립하다, 일으키다, 열다

01 | B

关于男的可以知道什么？	남자에 관해 알 수 있는 것은 무엇인가?
A 爱好收藏	A 수집하기를 즐긴다
B 当过海军	B 해군으로 복무한 적이 있다
C 准备创业	C 창업을 준비한다
D 曾经留学	D 일찍이 유학한 적이 있다

|해 설| 선택지를 보면, 초대 손님의 취미나 과거 경력에 대한 질문임을 알 수 있습니다. A는 취미에 관한 것이고, B와 D는 과거의 경험을 말한 것이며, C는 미래에 대한 생각입니다. 이런 문제의 정답은 보통 대화를 처음 시작했을 때 등장합니다. 그러므로 인터뷰 맨 처음, 진행자가 초대 손님을 소개하는 부분을 주의해서 들어야 합니다. [1]번 대화에서 那时我在部队当海军이라고 본인이 해군에서 복무했다고 언급하였기 때문에 정답은 B 当过海军입니다.

|단 어| **收藏** shōucáng 동 소장하다

02 | B

男的创作荷花的起因是什么？	남자가 연꽃을 그리기 시작한 원인은 무엇인가？
A 一次旅游的见闻	A 여행에서 보고 들어서
B 受了诗歌的影响	B 시가의 영향을 받아서
C 参观了一次展览	C 전시회에 참관해서
D 有朋友请他画荷花	D 친구가 연꽃을 그리라고 해서

|해 설| 선택지가 다소 긴 편이며, 선택지 간에 서로 연관성은 없어 보입니다. 핵심 단어들인 旅游见闻, 诗歌, 展览, 荷花에 집중해서 녹음을 듣도록 합니다. [2]번 대화 중 진행자의 말 '您为什么选择荷花来创作呢?'가 문제 '男的创作荷花的起因是什么?'와 일치합니다. 초대 손님의 말 속에 문제와 정답이 모두 있습니다. '我开始画荷花系列，起因是读了很多诗人赞美荷花的诗篇，这些诗句给我很多启发'는 시가 내게 깨달음, 즉 영향을 주었다고 이해할 수 있기·때문에 정답은 B 受了诗歌的影响이 됩니다. 나머지 선택지는 대화에서 들리지 않기 때문에 B를 고르는 데 도움이 됩니다.

|단 어| **见闻** jiànwén 명 견문 | **参观** cānguān 동 참관하다, 견학하다 | **展览** zhǎnlǎn 명 전시회, 전람회

03 | A

男的怎样看待荷花？	남자는 연꽃을 어떻게 생각하는가？
A 洁白无瑕	A 순결하고 오점이 없다
B 十分罕见	B 매우 보기 드물다
C 脱离社会现实	C 현실 사회에서 벗어났다
D 实用价值不高	D 실용적인 가치가 크지 않다

선택지를 보면, 사물의 성질에 대한 질문임을 알 수 있습니다. C와 D는 부정적인 내용이라 정답이 될 확률이 낮으므로, A와 B에 더 집중하여 듣습니다. A의 洁白无瑕는 난이도가 있는 단어이지만 洁白의 의미만 알아도 전체 의미를 유추할 수 있습니다. 3번 문제도 [2]번 대화에서 정답을 고를 수 있습니다. 초대 손님이 我觉得荷花有一种洁白无瑕的纯美等待我去表达라고 했으므로 A 洁白无瑕가 정답임을 알 수 있습니다. 녹음에서 洁白无瑕가 그대로 들리기 때문에 발음만 알아들어도 정답을 고를 수 있습니다.

Tip 이 문제의 경우 [2]번 대화에서 2번과 3번, 두 문제의 정답이 나왔습니다. 이는 예외적인 경우이고, 보통은 대화 하나에 한 문제가 출제됩니다.

| 단 어 | **罕见** hǎnjiàn 혱 보기 드물다 | **脱离** tuōlí 동 (어떤 환경·상황에서) 벗어나다

04 | A

男的是从什么时候开始接触国画的?

A 少年时期
B 青年时期
C 中年时期
D 老年时期

남자는 언제부터 중국화를 접하기 시작했는가?

A 소년 시기
B 청년 시기
C 중년 시기
D 노년 시기

선택지를 보면, 어떤 시기에 대한 질문임을 알 수 있습니다. [3]번 대화의 초대 손님 말 속에 정답이 있습니다. 我12岁时开始学习国画를 통해서 초대 손님이 12세부터 중국화를 그렸음을 알 수 있습니다. 따라서 정답은 A 少年时期입니다. 중국에서는 18세 이전을 少年时期라 하고, 18세 이후 성인 기를 青年时期라고 하므로, 少年时期가 정답입니다.

Tip 시기에 대한 문제는 선택지의 네 가지 시기가 동시에 대화 속에 나올 수 있습니다. 따라서 들은 내용을 선택지 옆에 메모해야만, 정답을 제대로 고를 수 있습니다.

05 | D

男的对自己的作品有怎样的期待?

A 风格更简约
B 与科技相结合
C 得到老师的认可
D 油画与国画相结合

남자는 자기 작품에 어떤 기대를 걸고 있는가?

A 스타일이 더 간략하다
B 과학기술과 서로 결합한다
C 선생님의 인정을 받는다
D 유화를 중국화와 서로 결합한다

이렇게 다양한 내용이 나온 선택지는 주로 세부 사항을 묻는 문제이므로, 질문과 대답을 모두 정확하게 들어야 정답을 찾을 수 있습니다. 선택지 중 风格简约, 科技, 认可, 结合가 들리면 체크하면서 듣도록 합니다. 주의할 점은 B와 D의 형식이 같고, 단어만 다르다는 것입니다. 모두 사물 간의 결합이 기 때문에, 두 가지 사물이 무엇을 뜻하는지 확실하게 들어야 합니다. 문제 질문과 진행자의 질문이 일치하기 때문에, 진행자의 질문 다음에 나오는 대 답에 집중하면 정답을 찾을 수 있습니다. [4]번 대화 속 초대 손님이 主要是走国画跟油画结合的路라고 말하기 때문에 정답은 D 油画与国画相结 合입니다.

| 단 어 | **风格** fēnggé 명 스타일, 풍격 | **科技** kējì 명 과학기술 | **得到认可** dédào rènkě 인정을 받다

🎧 듣기 2-02-2 확인문제.mp3

01~05

第1到5题是根据下面一段采访：

[1] 女：¹⁾今天我们有幸请到了中国著名的评书表演艺术家单田芳。单先生，您对现在电视版的《三国》有什么样的看法呢？

男：²⁾旧版唐国强演的那个《三国》，说实话，质量很高，演员阵容也强大。特别是唐国强，我们认为是奶油小生，他不适合演诸葛亮。结果出乎人们的意料，唐国强演得特别好，尤其是到了晚年，诸葛亮演得深沉老练，很动人，那些场面也大。现在高希希版的《三国》尽管网上说什么的都有，但一件东西再好，"羊羔虽美，众口难调"。我认为他的确拍得不错。首先，头一个，他进行大刀阔斧的删减，从《三国》之中提炼最主要的情节，这个我没有想到。我说书是按部就班地说，他是大块砍掉了，能省略的省略，突出了重点，这点我挺欣赏的。另外，选的这些演员也是不错的。³⁾有些情节也比较感人，尤其是武打的场面。过去《三国》看了之后，我们失望的是武打场面不成功。别看通过科技手段，千军万马、攻城略地、人多势众，结果一打起来非常假，³⁾而这一次不一样了，打得比较生动，比较激烈，当然他们投入的力量和功夫是比较大的。后来听他们采访的时候说，就一场几分钟的打戏拍了8天，一招一式都是大伙儿研究成的。在武打这方面，比前一个老《三国》要成功。

[2] 女：您对这里边的角色诸葛亮是最期待的吗？

男：当然是。因为诸葛亮可以说是《三国》里的第一人物，是三国魂，是至关重要的。

[3] 女：您算是最早一批自己开公司的传统艺人之一吗？

男：我们只是搞曲艺的，不算影视界的，好像我是比较早的。^{4,5)}我们是1995年正式成立评书公司的，到现在十好几年了。

[4] 女：这十几年来就一直靠着评书这块儿不停地在运作吗？

男：咱不会别的，我是个说书艺人，不懂得经商，开公司是大势所趋，因为工作的关系，不断地在北京和老家来回跑。后来北京青年报和北京电视台几个朋友就说："你老来回跑什么呢？也退休了，又不用上班，干脆就搬到北京来得了，咱们干脆就联合开一个公司，就经营你的评书，您就给我们录制，咱们就推销评书，全国上千家的电台电视台，会有市场的。"我一听觉得很有道理，我说："可以啊，咱这个公司就是卖评书，别的不干，别的咱也不会。"他说："这您甭管，只要您同意，您生产，我们去营销去。一切运作全包给我们。"就这么一个情况。

1~5번 문제는 다음 인터뷰에 근거한다.

여：¹⁾오늘 우리는 운 좋게도 중국의 유명한 핑슈 공연 예술가이신 샨톈팡(单田芳) 씨를 모셨습니다. 샨톈팡 씨, 당신은 현재 드라마 버전인 《삼국》을 어떻게 보십니까?

남：²⁾구 버전인 탕궈창(唐国强)이 연기했던 《삼국》은 솔직히 말해서 퀄리티가 매우 높았고 연기자 라인 업도 대단했어요. 특히 탕궈창은 얼굴은 준수하나 남성미가 없어서, 그가 제갈량 역에 어울리지 않는다고 생각했지요. 결과적으로 사람들의 예상과 달리, 탕궈창은 정말 연기를 잘했습니다. 특히 노년에 이른 침착하고 노련한 제갈량의 연기는 매우 감동적이었고, 그러한 장면들은 대단했죠. 현재 까오시시(高希希)가 만든 《삼국》은 비록 인터넷상에서 말들이 많지만, 한 가지 물건이 아무리 좋아도 '모든 사람을 만족시키기는 힘들겠지요'. 저는 그가 확실히 촬영을 잘했다고 생각합니다. 우선 으뜸가는 것은, 과감하고 패기 있는 삭제로 《삼국》에서 가장 주요한 줄거리를 다듬었는데 이것은 저도 생각하지 못했어요. 책에서는 순서대로 진행하며 얘기하고 있지만, 그는 큰 덩어리를 잘라 내어 생략할 건 생략하고 핵심만 부각시켰어요. 저는 이 부분이 매우 마음에 듭니다. 그 외에 캐스팅한 연기자들도 좋았어요. ³⁾일부 스토리도 비교적 감동적이었고 특히 무술 장면이요. 과거 《삼국》을 본 후, 우리가 실망한 것은 무술 장면이 성공하지 못해서였어요. 과학기술 수단을 통해서 대규모 병력이나 성 침략, 많은 사람들과 큰 세력을 만들었지만 결과적으로 싸우는 것이 다 가짜였어요. ³⁾하지만 이번에는 달랐어요. 싸우는 것이 비교적 생동감 있고 격렬했지요. 당연히 그들이 투입한 역량과 노력은 비교적 컸겠죠. 나중에 그들이 인터뷰 한 말을 들으니, 몇 분 싸우는 한 장면을 찍는데도 8일이 걸렸고, 한 초식 한 동작 모두 사람들이 연구했다고 하더군요. 무술 장면은 예전 《삼국》보다 성공했어요.

여：당신은 이 작품의 배역 중 제갈량 역에 가장 많이 기대하셨나요?

남：당연하지요. 왜냐하면 제갈량은 《삼국》에서 첫 번째 인물이라고 할 수 있고 삼국의 혼이며 가장 중요합니다.

여：샨톈팡 씨는 가장 먼저 스스로 회사를 세운 전통 예술인 중 한 명인 셈인가요?

남：우리는 설창 문예를 하는 사람일 뿐 영화나 방송 업계 사람이 아니지만, 제가 비교적 이르긴 하죠. ^{4,5)}우리는 1995년 핑슈 회사를 정식으로 설립해서 지금까지 십몇 년이 되었어요.

여：십몇 년 동안 줄곧 핑슈에만 매달려 쉬지 않고 회사를 운영하셨나요?

남：우리는 다른 것은 할 줄 몰라요. 저는 핑슈 예술인이고 경영도 할 줄 모르는데, 회사를 세운 것은 대세의 흐름이었어요. 왜냐하면 일 관계로 계속해서 베이징과 고향을 왔다 갔다 했거든요. 나중에 베이징 칭녠빠오와 베이징 방송국의 몇몇 친구들이 말하더군요. "왜 항상 왔다 갔다 하세요? 퇴직해서 출근할 필요도 없는데 차라리 베이징으로 오면 되잖아요. 우리가 차라리 연합해서 회사 하나를 차려서 당신의 핑슈를 경영할게요. 당신이 우리에게 녹음 제작해 주고 우리들은 핑슈를 전국의 수많은 라디오 방송국과 방송국에 내다 팔게요. 시장이 있을 거예요." 저는 듣자마자 일리가 있다는 생각이 들어서 "좋아요. 우리 회사는 핑슈만 팔고 다른 것은 하지 맙시다. 다른 것은 우리도 할 줄 모르잖아요"라고 말했죠. 그는 "그건 당신은 신경 쓰지 마세요. 당신이 동의만 한다면 당신은 만들고 우리는 내다 팔게요. 모든 운영은 우리에게 맡겨 주세요." 이렇게 말한 상황입니다.

| 단 어 | 著名 zhùmíng 웹 유명하다, 저명하다 | 评书 píngshū 몝 핑슈[민간 문예의 한 가지로, 장편의 이야기를 절부채·손수건·딱따기 등의 도구를 사용하며 강설하는 것] | 单田芳 Shàn Tiánfāng 인몝 산톈팡 | 旧版 jiùbǎn 구 버전, 구판 | 唐国强 Táng Guóqiáng 인몝 탕궈창 | 演 yǎn 둉 연기하다, 공연하다 | 说实话 shuō shíhuà 솔직히 말하다, 진실을 말하다 | 演员 yǎnyuán 몝 배우, 연기자 | 阵容 zhènróng 몝 라인 업[스포츠 팀이나 단체의 이상적인 구성을 뜻함] | 奶油小生 nǎiyóu xiǎoshēng 얼굴만 잘생기고 남성미가 없는 남자 배우 | 适合 shìhé 둉 어울리다, 적합하다 | 诸葛亮 Zhū Gěliàng 인몝 제갈량 | 出乎意料 chūhūyìliào 셩 예상 밖이다, 예상을 벗어나다 | 晚年 wǎnnián 몝 노년, 만년 | 深沉 shēnchén 웹 침착하고 신중하다 | 老练 lǎoliàn 웹 노련하다, 능숙하다 | 动人 dòngrén 웹 감동적이다 | 场面 chǎngmiàn 몝 장면, 신(scene) | 高希希 Gāo Xīxī 인몝 까오시시[드라마 삼국지를 만든 방송국 PD] | 羊羔虽美，众口难调 Yánggāo suī měi, zhòngkǒunántiáo 어린 양은 비록 맛있지만, 많은 사람의 입맛을 다 맞추기는 어렵다 | 的确 díquè 둼 확실히 | 大刀阔斧 dàdāokuòfǔ 셩 과감하고 패기가 있다, 일을 과감하게 처리하다 | 删减 shānjiǎn 둉 빼 버리다, 삭제하다 | 提炼 tíliàn 둉 (문장 등을) 다듬다 | 情节 qíngjié 몝 (작품의) 줄거리 | 按部就班 ànbùjiùbān 셩 순서대로 하나씩 진행하다 | 大块 dàkuài 큰 덩어리 | 砍掉 kǎndiào 둉 잘라 내다, 베어 버리다 | 省略 shěnglüè 둉 생략하다 | 突出 tūchū 둉 부각시키다, 돌출시키다 웹 뛰어나다, 훌륭하다 | 重点 zhòngdiǎn 몝 중점 | 欣赏 xīnshǎng 둉 좋아하다, 마음에 들다 | 感人 gǎnrén 웹 감동적이다 | 武打 wǔdǎ 몝 무술 | 失望 shīwàng 둉 실망하다 | 别看 bié kàn ~이지만 | 千军万马 qiānjūnwànmǎ 셩 천군만마, 대규모 병력 | 攻城略地 gōngchénglüèdì 셩 성을 공격하여 그 땅을 빼앗다 | 人多势众 rénduōshìzhòng 셩 사람이 많고 세력도 크다 | 生动 shēngdòng 웹 생동감 있다 | 激烈 jīliè 웹 격렬하다, 치열하다 | 投入 tóurù 둉 투입하다 | 功夫 gōngfu 몝 노력, 공(功) | 采访 cǎifǎng 둉 취재하다, 인터뷰하다 | 打戏 dǎxì 싸우는 장면 | 一招一式 yì zhāo yí shì 한 초식 한 동작 *招 zhāo [무술의 초식을 뜻함] | 大伙儿 dàhuǒr 멤 모두들, 모든 사람 | 研究 yánjiū 둉 연구하다 | 角色 juésè 몝 배역, 역할 | 期待 qīdài 둉 기대하다 | 魂 hún 몝 혼, 넋, 영혼, 정신 | 至关重要 zhìguān zhòngyào 매우 중요하다 | 算是 suànshì ~인 셈이다, ~으로 간주하다 | 批 pī (사람들의) 무리 | 搞 gǎo 둉 ~에 종사하다, ~을 하다 | 曲艺 qǔyì 몝 [민간에 유행되는 지방색이 농후한 각종 설창 문예의 총칭] | 影视界 yīngshìjiè 영화 분야와 방송미디어 분야 | 成立 chénglì 둉 (조직이나 회사 등을) 설립하다 | 靠着 kàozhe ~에 의지해서, ~에 매달려서 | 不停地 bù tíng de 끊임없이, 계속해서 | 运作 yùnzuò 둉 활동하다, (회사를) 운영하다 | 懂得 dǒngde 둉 알다, 이해하다 | 经商 jīngshāng 둉 장사를 하다 | 大势所趋 dàshìsuǒqū 몝 대세의 흐름 | 不断地 búduàn de 부단히, 끊임없이 | 老家 lǎojiā 몝 고향 | 电视台 diànshìtái 몝 텔레비전 방송국 | 退休 tuìxiū 둉 퇴직하다 | 上班 shàngbān 둉 출근하다 | 干脆 gāncuì 둼 차라리, 아예 | 搬 bān 둉 이사하다, 옮겨 가다 | 得了 déle 죠 ~이면 됐다, ~이면 충분하다[수긍을 나타냄] | 联合 liánhé 둉 연합하다 | 经营 jīngyíng 둉 경영하다 | 录制 lùzhì 둉 녹음 제작하다, 녹화 제작하다 | 推销 tuīxiāo 둉 판로를 확장하다, 널리 팔다 | 电台 diàntái 몝 라디오 방송국 | 甭 béng 둼 ~할 필요 없다, ~하지 마라 | 管 guǎn 둉 관여하다, 참견하다 | 营销 yíngxiāo 둉 판매하다, 마케팅하다 | 包 bāo 둉 (~에게) 맡기다 |

01 | B

男的从事哪方面的工作？	남자는 어떤 분야의 직업에 종사하는가?
A 导演	A 감독
B 评书表演	B 핑슈 공연
C 武打设计	C 무술 디자인
D 公关策划	D 홍보 기획

| 해 설 | 선택지를 보면, 모두 직업과 관계 있는 단어입니다. 초대 손님의 직업은 맨 처음 진행자가 소개할 때 나오는 경우가 많습니다. 1번 문제는 [1]번 대화 중 진행자가 초대 손님을 소개하는 말 속에서 정답을 찾을 수 있습니다. 今天我们有幸请到了中国著名的评书表演艺术家单田芳 통해서 초대 손님의 이름이 单田芳이고 评书에 종사한다는 것을 알 수 있습니다. 따라서 정답은 B 评书表演입니다.

> **Tip** 선택지 B의 评书는 중국 전통 공연 형식 중 하나로, 한 사람이 무대 위에 서서 옛날이야기를 하는 것을 말합니다. 이처럼 생소한 단어가 나올지 모르니, 중국 문화와 관련 단어들을 어느 정도 익혀 두는 것이 좋습니다.

| 단 어 | 导演 dǎoyǎn 몝 감독 | 设计 shèjì 몝 디자인, 설계 | 公关 gōngguān 몝 홍보, 섭외, PR | 策划 cèhuà 몝 기획

02 | B

男的是怎么评价老版《三国》的？ A 演员演技差 B 质量非常高 C 情节不全 D 已经过时了	남자는 구 버전 《삼국》을 어떻게 평가하는가? A 연기자의 연기가 형편없다 B 질이 매우 높다 C 줄거리가 완전하지 못하다 D 이미 유행이 지났다

| 해 설 | 선택지를 보면, ACD는 모두 부정적인 의미이고, B만 긍정적인 의미입니다. 그래서 화자의 관점이 긍정적인지 아니면 부정적인지 확실하게 파악해야 합니다. 2번 문제의 질문은 [1]번 대화 진행자의 질문과 동일하므로, 이에 대한 초대 손님의 답변에서 정답을 찾을 수 있습니다. 여자는 '您对现在电视版的《三国》有什么样的看法呢?'라고 물었고, 남자는 '质量很高，演员阵容也强大'라고 대답했습니다. 质量高가 선택지 B에 나와 있기 때문에 B 质量非常高가 정답입니다. |

| 단 어 | **评价** píngjià 통 평가하다 ｜ **演技** yǎnjì 명 연기 ｜ **过时** guòshí 통 유행이 지나다 |

03 | A

男的欣赏新版《三国》的什么？ A 武打很成功 B 工作效率高 C 忠实于原著 D 设置了许多悬念	남자가 새 버전 《삼국》에서 마음에 들어 하는 것은? A 무술이 매우 성공적이다 B 작업 효율이 높다 C 원작에 충실했다 D 수많은 서스펜스를 배치했다

| 해 설 | 선택지를 보면, 모두 긍정적인 의미입니다. 선택지 중 핵심 단어를 체크해 두고, 녹음에서 핵심 단어가 나올 경우 체크하면서 듣습니다. [1]번 대화에서 초대 손님인 남자의 말 속에 정답이 있습니다. 남자는 '旧版《三国》'에 대해 먼저 평가를 한 후, '现在高希希版的《三国》……'라고 최신 버전에 대해 얘기를 해 나갑니다. 而这一次不一样了 부분에서 주의를 기울여야 합니다. 이어서 남자는 '打得比较生动，比较激烈'라고 최신 버전의 특징을 얘기합니다. 여기서 打가 가리키는 것은 武打이며, 최신 버전의 武打 부분에 비교적 만족한다고 하였기 때문에 3번 문제의 정답은 A 武打很成功입니다. |

> **Tip** D의 悬念은 어렵지만 6급 필수 단어이므로 익혀 두세요.

| 단 어 | **效率** xiàolǜ 명 효율 ｜ **忠实** zhōngshí 형 충실하다 ｜ **原著** yuánzhù 명 원작, 원저 ｜ **设置** shèzhì 통 설치하다, 장치하다 ｜ **悬念** xuánniàn 명 서스펜스[영화, 드라마, 소설 따위에서 줄거리의 전개가 관객이나 독자에게 주는 불안감과 긴박감] |

04 | C

这个公司成立多少年了？ A 三年 B 五年多 C 十几年 D 二十多年	이 회사는 설립한 지 몇 년 되었는가? A 3년 B 5년 남짓 C 십몇 년 D 20여 년

| 해 설 | 선택지는 모두 기간에 관련된 것입니다. 기간과 관련된 단어가 들릴 때마다, 선택지 옆에 관련 내용을 바로 기록해 두어, 나중에 질문을 듣고 나서 정답을 찾을 수 있어야 합니다. [3]번 대화의 '我们是1995年正式成立评书公司的，到现在好几年了'를 통해서, 남자가 회사를 1995년에 설립하였고 회사를 설립한 지 십수 년이 되었다는 것을 알 수 있습니다. 十好几年은 선택지의 十几年과 같은 말입니다. 따라서 정답은 C입니다. |

05 | D

关于男的，下列哪项正确？	남자에 관해서, 다음 중 정확한 것은 무엇인가?
A 打算退休	A 퇴직할 계획이다
B 老家在北京	B 고향이 베이징이다
C 缺少周转资金	C 유동 자금이 부족하다
D 开了一个评书公司	D 핑슈 회사를 세웠다

| 해 설 | 선택지를 보면, 모두 사람의 신상에 관한 것입니다. 따라서 초대 손님의 정보에 관한 문제임을 알 수 있습니다. 이런 문제는 전문을 다 들어야만 정답을 고를 수 있습니다. A는 미래에 대한 가정이고, BCD는 현재의 상황입니다. 특히 C와 D는 경영과 관련된 내용입니다. 4번 문제의 힌트와 같은 문장에서 정답을 얻을 수 있습니다. [3]번 대화에서 남자가 '我们是1995年正式成立评书公司的, 到现在十好几年了'라고 했으므로, 남자가 핑슈 회사를 설립했다는 것을 알 수 있습니다. 따라서 정답은 D 开了一个评书公司입니다. [4]번 대화에서 남자가 '因为工作的关系, 不断地在北京和老家来回跑'라고 했는데 정확하게 듣지 못한 채 北京만 듣고 B를 선택하면 안 됩니다. 일 때문에 계속해서 베이징과 고향을 오갔다는 내용이므로 선택지 B 老家在北京은 정답이 아닙니다. |

| 단 어 | 缺少 quēshǎo 图 부족하다, 모자라다 | 周转资金 zhōuzhuǎn zījīn 유동 자금 ＊周转 zhōuzhuǎn 명 (자금의) 회전 图 (자금이) 돌다, 회전되다 |

🎧 듣기 2-03-4 확인문제.mp3

01~05

第1到5题是根据下面一段采访：	1~5번 문제는 다음 인터뷰에 근거한다.
[1] 女：今天我们特别请到北京人艺院长张泽平来向大家介绍北京人艺的发展情况。张院长，您如何看待剧本、编剧在剧院发展中的作用？	여: 오늘 저희는 베이징 런이 원장 장쩌핑 씨를 특별히 모셔서 여러분에게 베이징 런이 발전 상황을 소개하도록 하겠습니다. 장 원장님, 장원장님은 극본과 극작가가 극단의 발전에 하는 역할을 어떻게 보십니까?
男：¹⁾剧本是一个剧院的立身之本，决定了话剧最后的成败。历史上北京人艺十分注重与优秀作家、剧作家的合作，上演了郭沫若、老舍、曹禺等名家的剧本。我们剧院还善于团结编剧的力量，已授予苏朱阳、刘鹏、万方、孟冰等11人"北京人艺荣誉编剧"称号。	남: ¹⁾극본은 극단이 자립할 수 있는 근원으로, 연극의 최후의 성패를 결정합니다. 역사상 베이징 런이는 우수한 작가, 극작가와의 협력을 매우 중시하여 궈모뤄, 라오서, 차오위 등 유명 작가의 극본을 공연한 적이 있습니다. 우리 극단은 여전히 극작가의 역량을 잘 단결하여 이미 쑤주양, 리우펑, 완팡, 멍빙 등 11인에게 '베이징 런이 명예 극작가'란 칭호를 수여하였습니다.
[2] 女：北京人艺衡量优秀剧本的根据是什么？	여: 베이징 런이가 우수한 극본이라 판단하는 근거는 무엇인지요?
男：²⁾其实文学是对人和人性的深刻表达，能久演不衰的作品都是对人性有深刻表达和理解的作品，都依赖活生生的人物形象的支撑。	남: ²⁾사실 문학은 사람과 인성에 대한 깊은 표현입니다. 오래도록 공연해도 쇠퇴하지 않을 수 있는 작품은 모두 인성에 대해 깊은 표현과 이해가 있는 작품이며, 살아 있는 인물 캐릭터의 지탱에 의존합니다.
[3] 女：现在戏剧创作有一种倾向，是舞台制作大于剧本，对此您如何看待呢？	여: 현재 연극 창작은 하나의 추세가 있는데요, 무대 제작이 극본보다 큰 것을 어떻게 보시나요?
男：当前，某些戏剧院团有一种误区，过于注重舞美而忽视戏剧文学本身品质，这是违背戏剧本质的。我们并不反对运用舞台技术手段，³⁾但是舞美要符合剧本本身的需求，符合表演的需要，舞台技术手段不能代替文学的智慧。	남: 현재 일부 극단들은 잘못된 부분이 있습니다. 지나치게 무대 미술을 중시하고, 연극 문학 자체의 퀄리티를 간과하는데 이는 연극의 본질에 위배되는 것입니다. 우리는 무대 기술 수단을 활용하는 것에 결코 반대하지 않지만, ³⁾무대 미술은 작품 자체의 요구와 공연의 요구에 부합해야 합니다. 무대 기술 수단은 문학의 지혜를 대신할 수 없기 때문입니다.
[4] 女：新世纪以来，活跃在当代文坛的作家，如暮年、刘衡、毕淑敏等，纷纷加盟北京人艺，在剧本创作上作家的优势在哪里呢？	여: 신세기 이래로 당대 문단에서 활약하는 작가, 예를 들어 무녠, 리우헝, 비슈민 등이 잇달아 베이징 런이에 가입했는데요, 극본 창작에서 작가의 장점은 어디에 있는지요?

남: 비록 연극 구성, 연극 기교, 연극 속 갈등의 설치 등 방면은 전문적으로 극본 창작에 종사하는 사람만 못하지만, 4)작가의 사상 깊이, 문화 추구는 그만의 독특한 장점입니다. 5)이 때문에 작가가 연극 창작에 참여하는 것은 연극 창작의 질을 끌어올리는 데 도움이 됩니다. 이 외에 작가는 자신의 창작 스타일과 예술적 개성이 있어서 그들은 자기 것을 반복하는 것을 싫어하고, 다른 사람을 모방할 줄도 모릅니다. 이것은 연극 창작에 있어서 매우 유리합니다.

여: 작가가 연극 창작에 참여하는 것이 논쟁을 가져왔는데, 원장님은 이런 논쟁들을 어떻게 보시나요?

남: 논쟁은 나쁜 일이 아니고 논쟁이 없는 것은 아마도 슬픈 일일 것입니다. 논쟁은 연극의 발전을 촉진시키고 공연 프로그램의 연출을 완벽하게 하는 데 도움이 됩니다.

| 단 어 | 北京人艺 Běijīng Rényì 고유 베이징 런이[베이징 소재의 극단 이름으로, 北京人民艺术剧院의 줄임말임] | 张泽平 Zhāng Zépíng 인명 장쩌핑 | 看待 kàndài 동 대하다, 보다 | 剧本 jùběn 명 극본, 대본 | 编剧 biānjù 명 극작가, 각본가 | 剧院 jùyuàn 명 극단 | 立身 lìshēn 자립하다, (지위 등을) 확고하게 세우다 | 话剧 huàjù 명 연극 | 注重 zhùzhòng 동 중시하다 | 优秀 yōuxiù 형 우수하다 | 上演 shàngyǎn 동 상연하다, 공연하다 | 郭沫若 Guō Mòruò 인명 궈모뤄 | 老舍 Lǎo Shě 인명 라오셔 | 曹禺 Cáo Yú 인명 차오위 | 善于 shànyú ~을 잘하다 | 团结 tuánjié 동 단결하다 | 授予 shòuyǔ (칭호를) 수여하다 | 苏朱阳 Sū Zhūyáng 인명 쑤주양 | 刘鹏 Liú Péng 인명 리우펑 | 孟冰 Mèng Bīng 인명 멍빙 | 荣誉 róngyù 명 영예, 명예 | 称号 chēnghào 명 칭호, 호칭 | 衡量 héngliáng 동 판단하다, 평가하다 | 根据 gēnjù 명 근거 | 深刻 shēnkè 형 (인상이) 깊다, (느낌이) 강렬하다 | 久演不衰 jiǔ yǎn bù shuāi 오래도록 공연해도 쇠퇴하지 않는다 | 依赖 yīlài 동 의지하다, 의존하다 | 支撑 zhīchēng 동 지탱하다 | 倾向 qīngxiàng 명 경향, 편향, 추세 | 戏剧院团 xìjù yuàntuán 극단 *戏剧 xìjù 명 연극 | 误区 wùqū 명 잘못된 부분 | 过于 guòyú 부 지나치게 | 舞美 wǔměi 무대 미술[舞台美术의 줄임말] | 忽视 hūshì 동 소홀히 하다, 간과하다 | 违背 wéibèi 동 위배하다, 어기다 | 符合 fúhé 동 부합하다, 일치하다 | 需求 xūqiú 명 요구, 필요 | 表演 biǎoyǎn 명 공연 | 代替 dàitì 동 대체하다, 대신하다 | 活跃 huóyuè 동 활약하다 | 文坛 wéntán 명 문단 | 暮年 Mù Nián 인명 무녠 | 刘衡 Liú Héng 인명 리우헝 | 毕淑敏 Bì Shūmǐn 인명 비슈민 | 纷纷 fēnfēn 부 잇달아, 계속해서 | 加盟 jiāméng 동 (단체·조직 등에) 가입하다 | 优势 yōushì 명 장점, 강점, 우세한 점 | 结构 jiégòu 명 구성, 구조 | 技巧 jìqiǎo 명 기교, 테크닉 | 冲突 chōngtū 명 갈등, 모순, 충돌 | 设置 shèzhì 명 설치 | 不及 bùjí 동 ~만 못하다 | 提升 tíshēng (품질을) 끌어올리다 | 重复 chóngfù 동 반복하다 | 模仿 mófǎng 동 모방하다, 흉내 내다 | 极为 jíwéi 부 아주, 매우 | 争议 zhēngyì 명 논쟁, 쟁의 | 悲哀 bēi'āi 형 슬프다

01 | A

男的怎样看待剧本的作用？

A 决定话剧的成败
B 推动剧院的发展
C 改变作家的命运
D 决定舞台制作的投入

남자는 극본의 역할을 어떻게 보는가?

A 연극의 성패를 결정한다
B 극단의 발전을 촉진한다
C 작가의 운명을 바꾼다
D 무대 제작의 투자를 결정한다

| 해 설 | 선택지 모두 '술어+목적어' 구조로 간단하게 决定成败, 推动发展, 改变命运, 决定投入라고 볼 수 있습니다. [1]번 대화에서 진행자의 질문이 문제의 질문과 동일하며, 질문에 대한 초대 손님의 대답 속에서 정답을 찾을 수 있습니다. '剧本是一个剧院的立身之本，决定了话剧最后的成败'를 통해서, A 决定话剧的成败가 정답임을 알 수 있습니다.

| 단 어 | 推动 tuīdòng 동 촉진하다, 추진하다

02 | C

男的认为衡量优秀剧本的标准是什么？

A 情节感人
B 吸引观众
C 深刻表达人性
D 反映社会现实

남자가 우수한 극본을 판단하는 기준으로 여기는 것은 무엇인가?

A 줄거리가 감동적이다
B 관중을 끌어들인다
C 인성을 깊이 표현한다
D 사회 현실을 반영한다

| 해 설 | 선택지를 보면, 작품 특성에 대한 질문임을 알 수 있습니다. 이런 문제는 일치하는 단어를 들어야만 정답을 고를 수 있습니다. 4개의 선택지 모두 차이가 크지 않아서 혼동할 수 있기 때문에 조심해야 합니다. [2]번 대화에서 진행자의 질문이 문제로 출제되었고, 초대 손님의 대답 속에서 문제의 정답을 찾을 수 있습니다. 其实文学是对人和人性的深刻表达 부분에서 深刻表达를 놓치지 않고 듣는다면 정답 C를 선택할 수 있습니다. |

| 단 어 | 情节 qíngjié 명 줄거리 ┃ 感人 gǎnrén 동 감동적이다 ┃ 吸引 xīyǐn 동 끌어들이다, 매료시키다 ┃ 反映 fǎnyìng 동 반영하다 |

03 | D

男的怎么看待舞台制作？	남자는 무대 제작을 어떻게 보는가?
A 应该简化	A 간소화해야 한다
B 反对使用技术手段	B 기술 수단의 사용을 반대한다
C 比剧本创作更重要	C 극본 창작보다 더 중요하다
D 应从表演需要出发	D 공연이 필요로 하는 것에서 출발해야 한다

| 해 설 | 선택지의 길이가 비교적 긴 편이므로, 이때에는 핵심 단어를 체크해 놓고 녹음을 들어야 합니다. 각 선택지의 핵심 단어는 简化, 反对技术, 比剧本重要, 从表演出发입니다. [3]번 대화 중 초대 손님의 대답에서 정답을 찾을 수 있습니다. 我们并不反对运用舞台技术手段으로 B를 제거할 수 있습니다. '但是舞美要符合剧作本身的需求，符合表演的需要'에서 舞美가 가리키는 것은 舞台美术이며, 3번 질문의 舞台制作라고 볼 수도 있습니다. 舞美는 공연의 요구에 부합해야 한다고 했기 때문에, 정답은 D 应从表演需要出发입니다. |

04 | B

在剧本创作上，作家有什么优势？	극본 창작에서 작가가 가진 장점은 무엇인가?
A 擅长模仿	A 모방을 잘한다
B 思想有深度	B 사상에 깊이가 있다
C 注重戏剧技巧	C 연극 기교를 중시한다
D 更了解观众需求	D 관중의 요구를 더 잘 이해한다

| 해 설 | 선택지 단어는 비교적 난이도가 있습니다. 이런 경우 반드시 핵심 단어를 먼저 체크해 놓고, 녹음에서 일치하는 단어가 나오는지 체크하면서 들어야 합니다. [4]번 대화 중 초대 손님의 대답 속에서 정답을 찾을 수 있습니다. '但是作家的思想深度、文化追求却是其独特的优势'를 통해서, 작가의 사상 깊이와 문화적 추구가 장점임을 알 수 있습니다. 따라서 정답은 B 思想有深度입니다. |

| 단 어 | 擅长 shàncháng 동 잘하다, 뛰어나다 |

05 | D

关于男的下列哪项正确？	남자에 관해서 다음 중 정확한 것은 무엇인가?
A 是戏剧演员	A 연극 배우이다
B 引起很多争议	B 많은 논쟁을 일으켰다
C 创办了北京人艺	C 베이징 런이를 설립했다
D 赞同作家参与话剧创作	D 작가가 연극 창작에 참여하는 것에 찬성한다

| 해 설 | 선택지를 보면, 초대 손님에 대한 구체적인 질문임을 알 수 있습니다. [5]번 대화가 아닌 [4]번 대화 중 초대 손님의 대답 속에 정답이 있으므로 주의해야 합니다. 남자는 因此作家参与话剧创作对提升话剧创作的质量是有帮助的라고 말했습니다. 작가가 극본 창작에 참여하는 것이 연극 창작의 질을 높이는 데 도움이 된다는 내용이므로, 남자는 작가가 극본 창작에 참여하는 것에 찬성한다고 볼 수 있습니다. 따라서 정답은 D 赞同作家参与话剧创作입니다. |

| 단 어 | 演员 yǎnyuán 명 배우, 연기자 ┃ 引起 yǐnqǐ 동 일으키다, 야기하다 ┃ 创办 chuàngbàn 동 설립하다, 세우다 ┃ 赞同 zàntóng 동 찬성하다 |

3부분

시나공법 01 확인문제				119쪽		
01 D	**02** C	**03** B	**04** D	**05** A	**06** C	**07** C

🎧 듣기 3-01-5 확인문제.mp3

01~03

第1到3题是根据下面一段话：

　　为什么我们常吃的香蕉里没有种子呢？[1]这是因为我们现在吃的香蕉是经过长期的人工选择和培育后改良过来的。[2]原来野生的香蕉里也有一粒粒很硬的种子，吃的时候很不方便。通过科学家们长期的培育和选择，野蕉逐渐朝着人们所希望的方向发展。时间久了，它们就改变了结硬种子的本性，逐渐形成了三倍体，而三倍体植物是没有种子的。

　　从严格意义上来说，平时吃的香蕉里也并不是没有种子，我们吃香蕉时，可以看到果肉里面有一排排褐色的小点儿，这就是种子。只是它没有得到充分发育而退化成这个样子罢了。三倍体的香蕉没有种子，怎样繁殖呢？[3]一般用地下的幼芽来繁殖，这就用不到种子了。

1~3번 문제는 다음 이야기에 근거한다.

　　왜 우리가 자주 먹는 바나나 안에는 씨가 없을까? [1]현재 우리가 먹는 바나나는 장기간 동안 인공적으로 선택과 재배를 거친 후에 개량된 것이기 때문이다. [2]원래 야생 바나나 안에는 딱딱한 씨가 있어서, 먹을 때 불편하다. 과학자들의 장기간의 재배와 선택을 통해, 야생 바나나는 점차 사람들이 원하는 방향으로 발전했다. 시간이 오래 흐르자, 야생 바나나는 딱딱한 씨앗을 맺는 본성을 바꾸어 점점 삼배체가 되었는데 삼배체 식물은 씨앗이 없다.

　　엄밀히 말하면, 평상시 우리가 먹는 바나나 속에는 결코 씨앗이 없는 것이 아니다. 우리가 바나나를 먹을 때 과육 안에 여러 줄로 조그마한 갈색 점이 있는 것을 볼 수 있는데 그것이 바로 씨앗이다. 단지 그 씨앗이 충분히 발육하지 못해 지금의 모양으로 퇴화된 것뿐이다. 삼배체의 바나나는 씨앗이 없는데 어떻게 번식을 할까? [3]일반적으로 땅속의 새싹으로 번식을 하므로 씨앗이 필요 없게 되었다.

| 단 어 | **香蕉** xiāngjiāo 몡 바나나 | **种子** zhǒngzi 몡 씨, 씨앗 | **经过** jīngguò 동 (시간이) 경과하다, 지나다 | **选择** xuǎnzé 동 선택하다 | **培育** péiyù 동 재배하다, 기르다 | **改良** gǎiliáng 동 개량하다 | **野生** yěshēng 톙 야생의 | **粒** lì 톙 알, 톨, 뢀[작은 알갱이를 세는 단위] | **硬** yìng 톙 딱딱하다, 단단하다 | **方便** fāngbiàn 톙 편하다 | **野蕉** yějiāo 몡 야생 바나나 | **逐渐** zhújiàn 뷔 점점, 점차 | **朝** cháo 젠 ~로 향하여 | **改变** gǎibiàn 동 바꾸다 | **结** jiē 동 (열매·씨앗을) 맺다 | **三倍体** sānbèitǐ 몡 삼배체[기본 수의 3배가 되는 염색체 수를 갖는 배수체] | **植物** zhíwù 몡 식물 | **严格** yángé 톙 엄격하다, 엄하다 | **果肉** guǒròu 몡 과육 | **排** pái 톙 줄, 열 | **褐色** hèsè 몡 갈색 | **只是~罢了** zhǐshì~bàle 단지 ~일 뿐이다 | **充分** chōngfèn 톙 충분하다 | **发育** fāyù 동 발육하다, 자라다, 성장하다 | **退化** tuìhuà 동 퇴화하다 | **繁殖** fánzhí 동 번식하다 | **幼芽** yòuyá 몡 새싹 |

Tip 　전체적으로 녹음에서 들리는 순서대로 정답이 풀리는 문제입니다. 또한 들리는 단어들이 선택지에 거의 비슷하게 출제되는 전형적인 듣기 3부분 문제로, 난이도는 중하 정도입니다.

01 | D

香蕉为什么没有种子？	바나나는 왜 씨가 없는가?
A 种子在表皮上	A 씨앗이 표피에 있어서
B 果肉就是种子	B 과육이 바로 씨앗이라서
C 环境受到了污染	C 환경이 오염돼서
D 经过了改良培育	D 개량 재배를 거쳐서

선택지에 种子와 果肉가 있는 걸로 봐서 녹음 지문은 어떤 과일과 관련되어 있다는 것을 알 수 있습니다. 改良培育는 난이도가 있는 단어이므로 녹음에서 발음이 들리는지만 체크합니다. 이 문제에서는 为什么를 이용하여 원인을 묻고 있습니다. 첫 문장에서 '为什么我们常吃的香蕉里没有种子呢?'라고 질문을 던지고 바로 그다음 문장에서 정답을 언급하고 있습니다. 정답은 D 经过了改良培育입니다.

| 단 어 | **表皮** biǎopí 명 표피 | **污染** wūrǎn 명 오염

02 | C

关于野生香蕉，可以知道什么？

A 很难消化
B 价格昂贵
C 有很硬的种子
D 果肉里有褐色小点儿

야생 바나나에 관해 알 수 있는 것은 무엇인가？

A 소화시키기 힘들다
B 가격이 비싸다
C 딴딴한 씨앗이 있다
D 과육 안에 갈색의 작은 점이 있다

| 해 설 | 이 이야기에 나오는 과일의 특징을 물어본 문제입니다. 술어 부분을 중심으로 듣기를 합니다. 2번 문제는 야생 바나나에 관해 지문과 일치하는 내용을 묻는 문제입니다. 문제의 질문을 듣기 전에 녹음 지문을 들으면서 정답을 골라내야 합니다. 녹음에서 原来野生的香蕉也有一粒粒很硬的种子라고 했으므로 정답은 C 有很硬的种子입니다.

| 단 어 | **消化** xiāohuà 동 소화하다 | **昂贵** ánguì 형 (가격이) 비싸다

03 | B

香蕉是怎样繁殖的？

A 嫁接繁殖
B 用幼芽繁殖
C 用种子繁殖
D 用野生香蕉繁殖

바나나는 어떻게 번식하는가？

A 접붙이기로 번식한다
B 새싹으로 번식한다
C 씨앗으로 번식한다
D 야생 바나나로 번식한다

| 해 설 | 선택지 A의 嫁接는 상당히 어려운 단어이므로 녹음에서 발음이 들리는지만 체크합니다. 선택지의 내용으로 보아 '繁殖(번식)'의 방법에 대해 물어보았음을 유추할 수 있습니다. 녹음 지문의 마지막 부분에서 '三倍体的香蕉没有种子，怎样繁殖呢?'라고 질문을 던지고 뒤이어 바로 一般用地下的幼芽来繁殖라고 정답을 언급하고 있습니다. 정답은 B 用幼芽繁殖입니다.

| 단 어 | **嫁接** jiàjiē 동 접붙이기 하다, 접목하다

04~07

第4到7题是根据下面一段话：

　　在很多重大比赛上，我们都会为这样的场景唏嘘不已：颇有天赋的运动员，在本来有很大胜算时却[4]发挥失常，错失冠军奖杯。在心理学上，这种关键时刻"掉链子"的行为被称为运动员的"阻塞现象"。[4]阻塞现象的存在多半和运动员的水平无关，而是心理上出现了障碍。心理学家仔细对产生阻塞现象的因素进行了分析。[5]最终找到了罪魁祸首，那就是：想得太多。研究结果显示，有经验的运动员依赖大脑的自动处理，就可以接近完美。而过多的思考反而会影响

4~7번 문제는 다음 이야기에 근거한다

　　중요한 시합에서 우리는 이런 장면 때문에 탄식해 마지않는다. 상당히 천부적 재능을 지닌 운동선수는 승산이 있었는데, [4]실력을 제대로 발휘하지 못해서 우승컵을 놓쳤다. 심리학적으로 이처럼 중요한 순간에 '실수를 저지르는 행동을 운동선수의 '막힘 현상'이라고 한다. [4]막힘 현상은 대부분 운동선수들의 수준과는 관련이 없으며 심리적으로 장애가 발생하는 것이다. 심리학자는 막힘 현상이 생기는 원인에 대해 상세하게 분석을 했다. [5]결국 원흉을 찾게 되었는데, 그것은 바로 생각이 너무 많다는 것이다. 연구 결과에 따르면, 경험이 있는 운동선수들은 대뇌의 자동 처리에 의존하는 것이 완벽에 가깝다고 한다. 하지만 지나치게 많은 생각을 하게 되면 오히려 다년간 훈련으로 생긴 '직감'에 영향을 준

他们多年训练造就的"直觉"。在最差的情况下，这种干扰带来的错误会形成恶性循环，使得高压下的比赛变得更加压力重重。[7]当他们开始为自己的表现而紧张时，他们会变得更加在意自己的行为。他们会小心翼翼不犯错误，但这可能给他们带来致命的影响。例如：篮球运动员可能会因为太注重自己的行为而忘记了球的位置。在这一刻，以往流畅的动作消失了，取而代之的是运动员的重大失误。所以对每一个准备充分的运动员来说，[6]在面对比赛的压力时，想想激励自己的话，而不要过度思考细节，或许可以发挥出更好的水平。

다. 심한 경우, 이러한 방해로 인한 실수는 악순환을 만들게 되고, 높은 스트레스하에서의 시합은 더욱 스트레스가 심해지게 된다. [7]운동선수들이 자신의 행동 때문에 긴장하기 시작할 때, 그들은 자신의 행위를 더욱 마음에 두게 된다. 그들은 실수를 할까 조심조심하지만 이것은 그들에게 치명적인 영향을 가져올지도 모른다. 예를 들어, 농구 선수들이 자신의 행위에 너무 신경을 쓰다 보면 공의 위치를 잊을 수도 있게 된다. 이때 본래의 자연스러운 동작이 사라지고, 이를 대신하는 것은 선수의 심각한 실수이다. 그래서 충분한 준비를 갖춘 모든 운동선수는, [6]그들이 시합 스트레스를 받게 되었을 때 자신을 격려하는 말을 생각해야 하는데, 너무 세세하게 생각하지는 않아야 한다. 그렇게 되면 더 좋은 기량을 발휘할 수 있다.

| 단 어 | 比赛 bǐsài 명 시합, 경기 | 场景 chǎngjǐng 명 장면 | 唏嘘 xīxū 동 흐느껴 울다, 탄식하다 | 不已 bùyǐ 동 ~해 마지않다 | 颇有 pō yǒu 상당히 ~이 있다 *颇 pō 부 상당히, 매우, 꽤 | 天赋 tiānfù 명 타고난 재능, 천부적 재능 | 胜算 shèngsuàn 명 승산 | 发挥 fāhuī 동 (실력 등을) 발휘하다 | 失常 shīcháng 형 비정상적이다, 정상적이지 못하다 | 错失 cuòshī 동 놓치다, 잃어버리다 | 冠军奖杯 guànjūn jiǎngbēi 우승 트로피 | 关键时刻 guānjiàn shíkè 중요한 순간, 결정적인 순간 | 掉链子 diào liànzi (자전거·오토바이의) 체인이 빠지다, 실수를 저지르다 | 被称为 bèi chēngwéi ~이라고 불리다 | 阻塞现象 zǔsè xiànxiàng 막힘 현상, 두절 현상 | 多半 duōbàn 부 대부분, 대체로 | 障碍 zhàng'ài 명 장애, 장애물 | 仔细 zǐxì 형 자세하다, 상세하다 | 因素 yīnsù 명 원인, 요인 | 分析 fēnxī 동 분석하다 | 罪魁祸首 zuìkuíhuòshǒu 성 (재난의) 주요 원인, 근본 원인 | 经验 jīngyàn 명 경험 | 依赖 yīlài 동 의지하다, 의존하다 | 接近 jiējìn 동 가까워지다, 근접하다 | 完美 wánměi 형 완전하다, 매우 훌륭하다 | 反而 fǎn'ér 부 도리어, 오히려 | 影响 yǐngxiǎng 동 영향을 주다 | 训练 xùnliàn 동 훈련하다 | 造就 zàojiù 동 양성해 내다, 만들어 내다 | 直觉 zhíjué 명 직감 | 情况 qíngkuàng 명 상황 | 干扰 gānrǎo 동 방해하다 | 错误 cuòwù 명 실수, 잘못 | 恶性循环 èxìng xúnhuán 악순환 | 使得 shǐde 동 ~하게 하다 | 重重 chóngchóng 형 매우 많다 | 表现 biǎoxiàn 동 (자신을) 드러내 보이다 명 태도, 행동 | 在意 zàiyì 동 마음에 두다, 신경을 쓰다 | 小心翼翼 xiǎoxīnyìyì 성 매우 조심스럽다 | 犯错误 fàn cuòwù 실수를 하다 | 致命 zhìmìng 형 치명적이다 | 例如 lìrú 동 예를 들다 | 篮球 lánqiú 명 농구 | 注重 zhùzhòng 동 중시하다, 중점을 두다 | 忘记 wàngjì 동 잊어버리다 | 位置 wèizhi 명 위치 | 以往 yǐwǎng 명 이전, 종전 | 流畅 liúchàng 형 유창하다 | 消失 xiāoshī 동 사라지다, 없어지다 | 取而代之 qǔ'érdàizhī 성 다른 것으로 대체하다 | 激励 jīlì 동 격려하다 | 过度 guòdù 형 지나치다, 과도하다 | 细节 xìjié 명 세부 사항 | 或许 huòxǔ 부 아마, 어쩌면 |

Tip

이 지문은 6번과 7번 문제가 순서대로 풀리지 않고 뒤바뀌어 7번이 먼저 풀린 뒤에 6번 문제가 풀립니다. 또한 어려운 단어들이 많이 들려서 전체적인 난이도는 높은 편입니다. 하지만 아무리 어려운 지문이라도 답을 그대로 들려주는 문제도 있으니 선택지에 더욱 집중해서 문제를 풀어야 합니다. 이 지문에서 비교적 쉽게 들리는 运动员, 心理上出现了障碍, 错误, 压力 등의 단어들을 조합하고, 7번 문제의 주제를 생각하며 들으면 전체 글의 흐름을 잡을 수 있습니다. 다 들으려고 하지 말고, 반드시 들리는 단어와 선택지의 단어들을 조합한 뒤에 한국어로 흐름을 생각하는 연습을 해야 합니다.

04 | D

关于"阻塞现象"下列哪项正确？	'막힘 현상'에 관해서 다음 중 정확한 것은 무엇인가?
A 是一种生理现象	A 일종의 생리 현상이다
B 发生在比赛结束后	B 시합이 끝난 후 발생한다
C 和比赛的胜负无关	C 시합의 승부와 무관하다
D 会影响运动员的发挥	D 선수의 기량 발휘에 영향을 준다

| 해 설 | 선택지 내용으로 보아 '시합', '운동선수'와 관련된 지문임을 유추할 수 있습니다. 선택지에 주어가 없기 때문에 주어가 무엇인지 생각하며 녹음 지문을 들어야 합니다. D의 发挥는 원래 동사지만 여기서는 '기량(실력) 발휘'라는 명사형으로 쓰였습니다. 4번 질문에서는 阻塞现象에 관해 물어봤는데 阻塞란 단어는 필수 단어가 아니라서 알아듣기 힘듭니다. 녹음을 들으면서 앞부분에서 发挥失常이나 而是心理上出现了障碍 부분을 듣고 정답 D 会影响运动员的发挥를 유추해 내야 합니다.

| 단 어 | 结束 jiéshù 동 끝나다 | 胜负 shèngfù 명 승부 |

05 | A

为什么会出现"阻塞现象"？	왜 '막힘 현상'이 생기는가?
A 想得太多	A 너무 많이 생각해서
B 天气异常	B 날씨가 이상해서
C 缺少竞争	C 경쟁이 부족해서
D 缺少压力	D 스트레스가 부족해서

| 해 설 | 선택지가 길지 않기 때문에 한눈에 볼 수 있습니다. 녹음에서 天气, 竞争, 压力 같은 단어들이 들리는지 체크합니다. 녹음 지문의 '最终找到了罪魁祸首, 那就是: 想得太多' 부분에서 선택지 내용인 想得太多가 그대로 나오고 있으므로 놓치지 않아야 합니다. 녹음 지문의 罪魁祸首는 어려운 단어지만 시험에 종종 나오므로 꼭 알아 두어야 하며, 最终, 那就是와 같은 단어들은 핵심 단어로 주의해서 듣는 연습을 합니다. 정답은 A입니다.

| 단 어 | 异常 yìcháng [형] 이상하다, 정상이 아니다 | 缺少 quēshǎo [동] 부족하다, 모자라다

06 | C

为了发挥得更好，运动员应该怎样做？	기량을 제대로 발휘하기 위해 선수들은 어떻게 해야 하는가?
A 反复训练	A 반복적으로 훈련한다
B 与队友交流	B 멤버와 교류한다
C 多激励自己	C 자신을 많이 격려한다
D 顺其自然	D 순리를 따른다

| 해 설 | 선택지가 동사구로 이루어져 있습니다. 선택지의 训练, 交流, 激励와 같은 핵심 단어들을 중심으로 듣기를 합니다. 激励는 6급 필수 단어인데, 5급 필수 단어인 鼓励와 같은 의미로 보면 됩니다. 녹음 지문의 맨 마지막 부분에서 '在面对比赛的压力时，想想激励自己的话'라는 부분을 듣고 정답 C 多激励自己를 선택합니다. 激励란 핵심 단어를 알아들었는지 확인하는 문제입니다.

| 단 어 | 队友 duìyǒu [명] 팀 동료, 멤버 | 顺其自然 shùn qí zìrán 순리를 따르다

07 | C

这段话主要想告诉我们什么？	이 이야기가 우리에게 말하려는 것은 무엇인가?
A 付出才有回报	A 노력을 해야만 얻는 것이 있다
B 比赛结果可以预料	B 시합 결과는 예측할 수 있다
C 太在意反而容易出错	C 너무 마음에 두면 도리어 실수하기 쉽다
D 对手也可能成为朋友	D 경쟁자도 친구가 될 수 있다

| 해 설 | 주제와 관련된 문제임을 알 수 있습니다. A는 평소에 주제로 많이 출제되며, B는 상식적으로 주제 내용과는 다소 거리가 있다는 걸 알고 듣기에 들어갑니다. C는 在意란 단어와 容易出错란 단어를 중심으로 듣기를 합니다. 주제 문장을 고를 때는 전체 글의 흐름을 알아듣고 정답을 골라도 되고, 녹음에서 언급한 '当他们开始为自己的表现而紧张时，他们会变得更加在意自己的行为' 부분을 듣고 정답을 고를 수도 있습니다. 이 부분을 보면 운동선수들이 긴장했을 때 더욱 자신의 행동에 신경 쓰게 된다는 의미입니다. 그리고 녹음 지문에서 错误나 重大失误 같은 단어들을 들었다면 이 글의 주제인 C 太在意反而容易出错를 선택할 수 있습니다.

| 단 어 | 付出才有回报 fùchū cái yǒu huíbào 노력을 해야만 얻는 것이 있다 | 预料 yùliào [동] 예상하다, 예측하다 | 出错 chūcuò [동] 실수하다, 착오가 생기다

01 D **02** A **03** D **04** A **05** D **06** B

🎧 듣기 3-02-3 확인문제.mp3

01~03

第1到3题是根据下面一段话：

小鱼问大鱼道："妈妈，我的朋友告诉我，钓钩上的东西是最美的，可就是有一点儿危险。¹⁾要怎样才能尝到这种美味而又保证安全呢？"

"我亲爱的孩子。"大鱼说，"这两者是不能并存的，²⁾最安全的办法是绝对不去碰它。"

"可它们说，那是最便宜的，因为它不需要付出任何代价。"小鱼说。

"这可就完全错了。"大鱼说，"最便宜的很可能恰好是最贵的，因为它让你付出的代价是整个生命。你知道吗？它里面裹着一只钓钩。"

"要判断里面有没有钓钩，必须掌握什么原则呢？"小鱼又问。

"那个原则其实你已经说了。"大鱼说，"³⁾一种东西味道最鲜美，又最便宜，似乎不用付出任何代价，钓钩很可能就藏在里面。"

1~3번 문제는 다음 이야기에 근거한다.

작은 물고기가 큰 물고기에게 물었다. "엄마, 친구가 그러는데 낚싯바늘에 걸린 음식이 제일 맛있는데, 조금 위험해요. ¹⁾어떻게 하면 그 맛있는 음식을 안전하게 먹어 볼 수 있을까요?"

"사랑하는 우리 아가." 큰 물고기가 말했다. "이 두 가지는 함께 가질 수 없단다. ²⁾가장 안전한 방법은 절대 건드리지 않는 거야."

"그런데 친구들이 말하기를, 그게 가장 값이 싼 거래요. 왜냐하면 그건 어떤 대가도 지불할 필요가 없으니까요." 작은 물고기가 말했다.

"그건 완전히 틀린 이야기란다." 큰 물고기가 말했다. "가장 값싼 것은 가장 값비쌀 것일 수도 있어. 왜냐하면 대가를 지불해야 하는 경우, 그건 네 목숨을 송두리째 내어놓아야 하기 때문이란다. 알겠니? 그 안에는 낚싯바늘이 있어."

"안에 낚싯바늘이 있는지 없는지 판단하려면 어떤 원칙을 알아야 해요?" 작은 물고기가 또 물었다.

"그 원칙은 사실 네가 이미 말했어." 큰 물고기가 말했다. "³⁾어떤 음식이 가장 맛있고 또 어떤 대가도 지불하지 않아도 될 정도로 값이 싸기까지 하다면 낚싯바늘이 그 안에 있을 가능성이 높겠지."

단어 钓钩 diàogōu 명 낚싯바늘 | 美味 měiwèi 명 맛있는 음식 | 并存 bìngcún 동 공존하다 | 绝对 juéduì 부 절대로 | 碰 pèng 동 건드리다, 부딪치다 | 付出 fùchū 동 (대가·노력 등을) 지불하다 | 任何 rènhé 형 아무, 무슨 | 代价 dàijià 명 대가, 대금 | 恰好 qiàhǎo 부 바로, 마침 | 裹 guǒ 동 싸다, 감싸다 | 判断 pànduàn 동 판단하다 | 掌握 zhǎngwò 동 파악하다, 정통하다 | 原则 yuánzé 명 원칙 | 鲜美 xiānměi 형 (음식의) 맛이 좋다 | 似乎 sìhū 부 마치 ~인 것 같다 | 藏 cáng 동 숨기다, 감추다

Tip 小鱼와 大鱼의 대화를 통해 인생의 깨우침을 주는 글입니다. 이 지문의 1번과 2번 문제의 정답은 녹음에서 순서대로 들려주므로 난이도는 그리 높지 않습니다. 다만 3번의 주제와 관련된 문제는 이 이야기의 내용을 전반적으로 이해해서 풀어야 합니다.

01 | D

小鱼问妈妈什么问题？

A 怎样游得更快
B 怎么找到食物
C 什么东西最好吃
D 怎样才能吃到钓钩上的东西

작은 물고기는 엄마에게 무엇을 물어보고 있는가？

A 더 빨리 헤엄치려면 어떻게 해야 하는가
B 어떻게 먹이를 찾는가
C 어떤 것이 가장 맛있는가
D 어떻게 해야 낚싯바늘에 있는 먹이를 먹을 수 있는가

해설 선택지에 의문사가 있을 경우 의문사를 중심으로 의미를 파악합니다. 또한 동사들을 보면 뭔가를 먹는 것과 관련 있는 내용임을 알 수 있습니다. 녹음 지문에서 작은 물고기가 엄마에게 말을 하는 부분 중 '要怎样才能尝到这种美味而又保证安全呢？'를 듣고 정답 D 怎样才能吃到钓钩上的东西를 선택하면 됩니다.

02 | A

大鱼认为最安全的办法是什么?	큰 물고기는 가장 안전한 방법이 무엇이라 생각하는가?
A 不去碰它	A 건드리지 않는다
B 不断尝试	B 계속 시도해 본다
C 学会合作	C 협동하는 것을 배운다
D 学会躲藏	D 숨는 것을 배운다

|해 설| 선택지에 주어가 생략되어 있으므로 동사 위주로 선택지를 미리 체크해 둡니다. 碰, 尝试, 合作, 躲藏 중 어떤 단어가 들리는지 놓치지 않고 체크해야 합니다. 녹음 지문에서 最安全的办法是绝对不去碰它 부분을 듣고 정답 A 不去碰它를 선택하면 됩니다. 이 문제는 '最+형용사'의 구조를 활용한 문제입니다. 녹음에서 最가 들리면 절대로 놓치지 말아야 합니다.

|단 어| **尝试** chángshì 통 시도해 보다, 테스트하다 | **合作** hézuò 통 협력하다 | **躲藏** duǒcáng 통 숨다

03 | D

这段话主要想告诉我们什么?	이 이야기가 우리에게 말하려는 것은 무엇인가?
A 骄傲使人落后	A 교만은 사람을 뒤처지게 한다
B 要勇于挑战困难	B 용기 있게 어려움에 도전해야 한다
C 遇到危险要保持镇静	C 위험에 부딪혔을 때 냉정을 유지해야 한다
D 世上没有免费的午餐	D 세상에 공짜는 없다

|해 설| 주제를 묻는 문제입니다. 주제 문제는 주로 제일 마지막에 위치하며, 주제를 직접 언급하기보다는 이야기를 통해서 유추하게끔 출제합니다. 3번 문제는 직접 답이 들리지 않지만, 이야기 전반을 통해 혹은 이 글의 마지막 문장을 통해서 엄마 물고기가 아이 물고기에게 세상에서 뭔가를 얻으려면 그만큼 대가를 지불해야 한다는 점을 알려 주고 있습니다. 따라서 정답은 D 世上没有免费的午餐입니다.

|단 어| **骄傲** jiāo'ào 형 교만하다, 오만하다 | **落后** luòhòu 형 뒤처지다, 낙오하다 | **挑战** tiǎozhàn 통 도전하다, 맞서다 | **镇静** zhènjìng 형 냉정하다, 침착하다

04~06

第4到6题是根据下面一段话:	4~6번 문제는 다음 이야기에 근거한다.
我们的手指、手臂、腿的动作，还有面部表情，都会泄露我们内心真正的情感。4)许多人都没有意识到他们的身体会说话，当他们试图用语言欺骗别人的时候，真相往往已经悄无声息地显现出来了。他们的表情或身体语言出卖了他们。 　　避免眼神接触或很少直视对方，这是典型的欺骗表现。5)当一个人在撒谎时，他会用尽方法去避免眼神的接触。他的潜意识觉得你会从他的眼睛里看穿他的心思。因为心虚，他不愿面对你，经常往下面看。相反，当我们说真话时，或因为被冤枉而忿忿不平时，我们会全神贯注，两只眼睛直瞪着对方，仿佛在说："把事情讲清楚，否则休想一走了之。"	우리의 손가락, 팔, 다리의 동작, 또한 얼굴 표정은 모두 우리 마음속의 진정한 감정을 드러낸다. 4)수많은 사람들은 자신들의 몸이 말할 줄 안다는 것을 의식하지 못한다. 사람들이 말로 다른 사람을 속이는 것을 시도할 때, 실상은 종종 이미 쥐 죽은 듯이 고요하게 드러난다. 그들의 표정 혹은 신체 언어가 그들을 배신하는 것이다. 　　눈빛의 접촉을 피하거나 드물게 상대방을 직시하는 이것은 전형적인 기만 행동이다. 5)한 사람이 거짓말을 할 때, 그는 모든 방법을 다 써서 눈빛의 접촉을 피한다. 그의 잠재의식은 자신의 눈을 통해서 자기 마음을 간파할 거라고 여긴다. 제 발 저린 탓에 그는 당신을 마주하길 원치 않고 자주 아래를 본다. 반대로, 우리가 진실을 말할 때, 혹은 억울해서 매우 화가 났을 때, 우리는 온 정신을 집중시키고 두 눈으로 상대방을 노려본다. 마치 "일을 분명하게 말하세요. 그렇지 않으면 그냥 가 버릴 생각하지 마세요."라고 말하는 것과 같다.

| 단 어 | **手指** shǒuzhǐ 몡 손가락 | **手臂** shǒubì 몡 팔 | **腿** tuǐ 몡 다리 | **泄露** xièlòu 통 누설하다, 폭로하다, 드러내다 | **情感** qínggǎn 몡 감정, 느낌 | **试图** shìtú 통 시도하다 | **欺骗** qīpiàn 통 기만하다, 속이다 | **真相** zhēnxiàng 몡 실상, 진상 | **悄无声息** qiǎowúshēngxī 솅 쥐 죽은 듯이 고요하다 | **显现** xiǎnxiàn 통 나타나다, 드러나다 | **出卖** chūmài 통 (개인적 이익을 위하여 친구·국가 등을) 배신하다, 팔아먹다 | **避免** bìmiǎn 통 피하다, 모면하다 | **眼神** yǎnshén 몡 눈빛 | **接触** jiēchù 통 접촉하다 | **直视** zhíshì 통 직시하다 | **典型** diǎnxíng 혱 전형적인 | **撒谎** sāhuǎng 통 거짓말을 하다 | **用尽** yòngjìn 있는 힘을 다하다 | **潜意识** qiányìshí 몡 잠재의식 | **眼睛** yǎnjing 몡 눈 | **看穿** kànchuān 통 꿰뚫어 보다, 간파하다 | **心思** xīnsi 몡 마음, 심정, 생각 | **心虚** xīnxū 혱 (잘못을 저질러) 제 발 저리다, 안절부절못하다 | **相反** xiāngfǎn 젭 반대로 | **说真话** shuō zhēnhuà 진실을 말하다, 참말을 하다 | **冤枉** yuānwang 통 억울하다 | **忿忿不平** fènfènbùpíng 솅 불공평한 것에 매우 화가 나다 | **全神贯注** quánshénguànzhù 솅 온 정신을 집중시키다 | **直瞪** zhídèng 통 직시하다, 노려보다 | **仿佛** fǎngfú 뷔 마치 ~인 것 같다 | **否则** fǒuzé 젭 만약 그렇지 않으면 | **休想** xiūxiǎng 통 생각하지 마라, 단념하라 | **一走了之** yì zǒu liǎo zhī 신경 쓰지 않은 채 그냥 가 버리다

> **Tip** 4번 문제와 5번 문제는 녹음에서 들리는 내용이 선택지에 거의 비슷하게 출제되었습니다. 주제를 찾는 문제인 6번은 지문에서 직접 언급하지는 않았으며, 글 전체를 듣고 풀어야 합니다. 신체 언어와 관련한 녹음 지문은 HSK 6급에서 꾸준히 출제되는 중요한 소재입니다.

04 | A

很多人没意识到什么？ A 身体也会说话 B 自己经常撒谎 C 倾听的重要性 D 微笑可以延缓衰老	많은 사람들은 무엇을 의식하지 못하는가? A 몸도 말을 할 줄 안다 B 자신이 자주 거짓말을 한다 C 경청의 중요성 D 미소는 노화를 늦출 수 있다

| 해 설 | 선택지의 身体说话, 撒谎, 倾听, 微笑를 중심으로 듣기를 합니다. 녹음 지문의 두 번째 문장에서 许多人都没有意识到他们的身体会说话라고 했으므로 A 身体也会说话를 정답으로 선택하면 됩니다. 녹음에서 들리는 단어는 놓치지 않고 선택지에 체크하며 듣도록 합니다.

> **Tip** 撒谎, 倾听은 6급 필수 단어 중에서도 자주 보이는 단어들이므로 꼭 익혀 두도록 합니다.

| 단 어 | **倾听** qīngtīng 통 경청하다 | **微笑** wēixiào 몡 미소 통 미소 짓다 | **延缓** yánhuǎn 통 늦추다, 뒤로 미루다 | **衰老** shuāilǎo 혱 노화되다

05 | D

如果一个人在撒谎，他可能会怎么样？ A 显得全神贯注 B 显得十分气愤 C 经常往上面看 D 不愿直视对方	만일 한 사람이 거짓말을 하고 있을 때, 그는 어떻게 하는가? A 온 정신을 집중시키는 것처럼 보인다 B 매우 화내는 것처럼 보인다 C 자주 위를 본다 D 상대방을 직시하는 것을 원치 않는다

| 해 설 | 선택지의 내용으로 보아, 겉으로 드러나는 어떤 행동을 물어보는 문제임을 유추할 수 있습니다. 녹음을 들으면서 들리는 선택지의 단어에 동그라미 표시를 합니다. 녹음에서 '当一个人在撒谎时, 他会用尽方法去避免眼神的接触' 부분을 통해, 거짓말을 할 때는 눈빛을 피한다고 언급하고 있습니다. 즉, 상대방을 똑바로 쳐다보지 못한다는 D의 내용과 뜻이 같습니다. 따라서 정답은 D 不愿直视对方이 됩니다.

| 단 어 | **显得** xiǎnde 통 ~하게 보이다, ~인 것처럼 보이다 | **气愤** qìfèn 혱 화내다, 분개하다

06 | B

这段话主要谈什么?	이 이야기가 말하려는 것은 무엇인가?
A 说话的艺术	A 말하기의 예술
B 撒谎时的表现	B 거짓말을 할 때의 태도
C 怎样避免冲突	C 어떻게 충돌을 피할 것인가
D 有时谎话是有益的	D 때때로 거짓말이 유익하다

|해 설| 주제를 물어보는 문제입니다. 설명문의 경우 대부분 도입 부분에 주제가 있기 때문에 앞부분을 주의 깊게 들어야 합니다. B와 D의 撒谎, 谎话를 보면 거짓말과 관련한 지문임을 알 수 있습니다. 녹음 지문을 보면 설명문이지만 도입 부분에서 직접 주제를 언급하지 않고, 글 전반에 걸쳐서 거짓말할 때 겉으로 드러나는 행동들에 대해 말하고 있습니다. 따라서 정답은 B 撒谎时的表现입니다.

|단 어| **表现** biǎoxiàn 몡 태도, 표현, 행동 | **冲突** chōngtū 몡 충돌, 모순 | **谎话** huǎnghuà 거짓말 | **有益** yǒuyì 동 유익하다, 이롭다

시나공법 03 확인문제 | 137쪽

| 01 B | 02 A | 03 B | 04 B | 05 D | 06 C |

🎧 듣기 3-03-2 확인문제.mp3

01~03

第1到3题是根据下面一段话:	1~3번 문제는 다음 이야기에 근거한다.
有人曾提出一个关于人生与健康的关键数字"0.8",他认为,就健康方面而言,心脏每"0.8"秒跳动一下,¹⁾也就是每分钟75下,是人体循环的最佳状态。烹饪时原本加一匙盐,改为"0.8"匙,最能保留生鲜食材的原味,而且对肾脏也不会造成太大的负担。他进而指出,²⁾人生需要一些舒缓的空间与余地,而不是让身心一直处于紧绷状态。凡事尽力而为,但不要过度追求完美而让自己透支、赔上健康、也牺牲了陪伴家人的时间。幸福在哪里? 幸福就在"0.8"之外的那两成空间里孕育着。 ³⁾人生赢在"0.8",并不是不求进取,而是给自己留一些空间和寄托,不让自己太满,从而能走得更远。比如对一件事情,我们付出了很大的努力,希望收获,但有时付出并不一定就有回报。这时,我们要有"0.8"的思维方式,要有从头再来的勇气和力量。凡事留有一点余地,我们才会有耐力把路走得更好、走得更远。	누군가가 일찍이 인생과 건강에 관한 중요한 숫자인 '0.8'을 제시했다. 그는 건강 측면에서 말하자면, 심장은 '0.8'초마다 뛰는 것, ¹⁾다시 말해 분당 75번 뛰는 것이 인체 순환의 최적의 상태라고 여긴다. 요리할 때 원래 소금 한 스푼을 넣던 것을 '0.8' 스푼으로 바꾸면, 신선한 식재료의 제맛을 가장 잘 유지할 수 있을 뿐만 아니라 신장에도 그리 큰 부담을 주지 않게 된다. 그는 더 나아가, ²⁾인생은 느슨한 공간과 여지가 필요하고, 심신을 줄곧 긴장한 상태에 놓지 말라고 지적한다. 모든 일에는 최선을 다해야 하지만, 지나치게 완벽을 추구하여 스스로를 무리하게 하고 건강을 해치며 가족과 함께하는 시간을 희생하게 하지 말아야 한다. 행복은 어디에 있을까? 행복은 바로 '0.8' 밖의 그 2할의 공간 안에서 자라나고 있다. ³⁾인생의 성공이 '0.8'에 달려 있다는 이 말은 결코 앞으로 나아가며 노력하지 않는 것이 아니라, 자신에게 공간과 희망을 남겨서, 자신이 너무 꽉 차지 않게 함으로써 더 멀리 갈 수 있는 것을 의미한다. 예를 들어 한 가지 일에 대해서 우리는 아주 큰 노력을 들이고 수확을 바라지만, 때때로 노력한다고 해서 반드시 얻는 게 있는 것은 결코 아니다. 이때 우리는 '0.8'의 사고방식을 가지고, 처음부터 다시 시작하는 용기와 힘을 가져야 한다. 모든 일에는 약간의 여지를 남겨 둬야, 우리가 비로소 길을 더 제대로, 더 멀리 가는 인내력을 가지게 된다.

|단 어| **提出** tíchū 동 제시하다, 제기하다 | **健康** jiànkāng 몡 건강 | **关键** guānjiàn 혱 중요한, 핵심의 | **就~而言** jiù~ér yán ~에 대해 말하자면, ~으로 보면 | **心脏** xīnzàng 몡 심장 | **秒** miǎo 양 초 | **跳动** tiàodòng 동 (심장·맥박이) 뛰다 | **分钟** fēnzhōng 몡 분 | **人体循环** réntǐ xúnhuán 인체 순환 | **最佳状态** zuìjiā zhuàngtài 최적의 상태 | **烹饪** pēngrèn 동 요리하다 | **原本** yuánběn 튀 원래, 본래 | **加** jiā 동 더하다, 보태다 | **匙** chí 양 숟가락, 스푼 | **盐** yán 몡 소금 | **保留** bǎoliú 동 유지하다, 보존하다 | **生鲜** shēngxiān 혱 신선하다 | **食材** shícái 몡 식재료 | **原味** yuánwèi 몡 제맛, 본래의 맛 | **肾脏** shènzàng 몡 신장, 콩팥 | **造成** zàochéng 동 (나쁜 결과를) 초래하다, 야기하다 | **负担** fùdān 몡 부담 | **进而** jìn'ér 더 나아가, 진일보하여 | **指出** zhǐchū 동 지적하다, 가리키다 | **舒缓** shūhuǎn 혱 느슨하다, 완만하다 | **余地** yúdì 몡 여지 | **处于** chǔyú 동 (~한 상태에) 있다 | **紧绷** jǐnbēng 동 팽팽하게 잡아당기다 | **凡事** fánshì 몡 모든 일 | **尽力而为** jìnlì'érwéi 전력을 다하다, 최선을 다하다 | **过度** guòdù 혱 지나치다, 과도하다 | **追求** zhuīqiú 동 추구하다 | **完美** wánměi 혱 완벽하다 | **透支** tòuzhī 동 무리하다, 과도하게 몸과 마음을 쓰다 | **赔** péi 동 손해를 보다, 밑지다 | **牺牲** xīshēng 동 희생하다 | **陪伴** péibàn 동 함께하다, 동반하다 | **幸福** xìngfú 행복 | **孕育** yùnyù 동 낳아 기르다, 생육하다 | **赢** yíng 동 이기다, (성공해서) 획득하다 | **不求进取** bù qiú jìnqǔ 앞으로 나아가려 노력하지 않다 | **寄托** jìtuō 동 심리적으로 기대다, (이상·희망·기대를) 걸다, 두다, 의탁하다 | **付出** fùchū 동 (노력·대가 등을) 들이다, 지불하다 | **收获** shōuhuò 몡 수확, 성과 | **不一定** bùyídìng 튀 반드시

~한 것은 아니다 | **回报** huíbào 통 보답하다, 보상하다 | **思维方式** sīwéi fāngshì 사고방식 | **从头再来** cóng tóu zài lái 처음부터 다시 시작하다 | **勇气** yǒngqì 명 용기 | **力量** lìliang 명 역량, 힘 | **留有** liúyǒu 통 남겨 두다 | **耐力** nàilì 명 인내력

Tip 글 전반에 걸쳐 계속해서 들리는 숫자 '0.8'에 주의해서 듣도록 합니다. 1번 문제는 녹음에서 들리는 숫자가 1개 밖에 없기 때문에 쉽게 답을 선택할 수 있습니다. 2번과 3번 문제는 주제와 관련 있는 문제입니다. HSK에서 자주 등장하는 주제인 坚持에 익숙해져 있다고 해서 섣불리 주제를 持之以恒으로 선택해서는 안 됩니다.

01 | B

每分钟心跳多少次是人体循环的最佳状态?	분당 심장이 몇 번 뛰는 것이 인체 순환의 최적의 상태인가?
A 平均60次	A 평균 60번
B 平均75次	B 평균 75번
C 平均85次	C 평균 85번
D 不超过100次	D 100번을 넘지 않는다

|해 설| 선택지 내용으로 보아, 숫자와 관련된 문제임을 알 수 있습니다. 녹음 지문에서 숫자는 0.8과 75, 이 두 가지가 언급됩니다. 也就是每分钟75下 부분만 놓치지 않고 듣는다면 정답 B 平均75次를 선택할 수 있습니다.

> **Tip** 숫자와 관련된 문제는 직접 그 숫자를 들려줄 경우 2개 이상이 들릴 수도 있으니 숫자 옆에 내용을 간략히 메모를 하면서 듣도록 합니다.

|단 어| **心跳** xīntiào 통 심장이 뛰다 | **平均** píngjūn 형 평균의 | **超过** chāoguò 통 초과하다, 넘다

02 | A

关于"0.8", 下列哪项正确?	'0.8'에 관해서, 다음 중 정확한 것은 무엇인가?
A 人生需要放松	A 인생은 느슨하게 하는 것이 필요하다
B 人生需要拼搏	B 인생은 전력을 다해 싸우는 것이 필요하다
C 人生需要宽恕	C 인생은 너그러이 용서하는 것이 필요하다
D 人生需要忍耐	D 인생은 인내하는 것이 필요하다

|해 설| 인생에서 필요한 것을 放松, 拼搏, 宽恕, 忍耐 중에서 찾는 문제입니다. 녹음 지문의 人生需要一些舒缓的空间与余地 부분에서 '人生需要……空间……'만 정확히 듣는다면 정답을 고를 수 있습니다. 여기서 空间이란 물리적인 공간이 아닌, 마음의 공간, 즉, 여유를 뜻합니다. 따라서 정답은 A 人生需要放松입니다.

|단 어| **放松** fàngsōng 통 느슨하게 하다, 늦추다 | **拼搏** pīnbó 통 전력을 다해 싸우다 | **宽恕** kuānshù 통 너그러이 용서하다 | **忍耐** rěnnài 통 인내하다

03 | B

这段话主要想告诉我们什么?	이 이야기가 우리에게 말하려는 것은 무엇인가?
A 做事要有目标	A 일 처리를 할 때는 목표가 있어야 한다
B 做事做到八成就好	B 일은 8할 정도하는 것이 좋다
C 做事要持之以恒	C 일 처리는 꾸준히 해야 한다.
D 做事要全力以赴	D 일 처리는 최선을 다해야 한다

주제를 묻는 문제입니다. 선택지의 A, C, D는 모두 HSK에서 자주 등장하는 주제입니다. 하지만 반드시 자주 나오는 주제들 중에서 정답으로 출제되는 것은 아니니 B를 간과하여 들어서는 안 됩니다. C의 持之以恒의 持는 坚持의 의미이고, D의 全力以赴의 赴는 去의 의미입니다. 핵심 단어인 숫자 '0.8'의 의미를 알아야 하고, '0.8'은 八成과 동의어라는 것도 알아야 정답을 고를 수 있습니다. 정답은 B 做事做到八成就好입니다.

| 단 어 | **成** chéng ⑱ 10분의 1, 할 | **持之以恒** chízhīyǐhéng ⑱ 꾸준히 하다, 오랫동안 지속하다 | **全力以赴** quánlìyǐfù ⑱ 최선을 다하다, 전력을 기울이다

04~06

第4到6题是根据下面一段话:

　　近来有一句流行语:"现在不是大鱼吃小鱼,而是快鱼吃慢鱼的时候。"这句话让一些自觉发展速度较慢的老板,愈想愈觉得不安。4)其实大鱼有大鱼的生存方式,小鱼有小鱼的生存空间,快鱼要活,慢鱼亦要求生。谁能活到最后,真的说不定。自然界里,行动缓慢的动物,寿命往往较长,从科学角度分析,是因为消耗少、新陈代谢慢,从而节省了能量。如果能量是有限的,用得慢的当然比用得快的活得长久。
　　5)人们恐惧慢,是因为活在快的时代,仿佛一停步,就会被远远地抛在后面。但你有没有发觉,过快的发展潜伏着危机?其实速度可以产生极大的伤害,在高速的情况下,再坚固的物体也是脆弱的,一点点的小意外,都会导致受重伤,甚至毁灭。人生如跑马拉松,浮躁的心态、盲目地加速,只是一时的痛快,对长远的发展并不是好事。6)人生到底可跑多远,并不在于速度快慢,而是要不停地跑。

4~6번 문제는 다음 이야기에 근거한다.

　　요즘에 유행하는 한마디가 있다. '지금은 큰 물고기가 작은 물고기를 먹는 것이 아니라 빠른 물고기가 느린 물고기를 먹는 시대이다.' 이 말은 자각 발전 속도가 비교적 느린 사장들로 하여금 생각할수록 불안하게 만든다. 4)사실 큰 물고기는 큰 물고기의 생존 방식이 있고, 작은 물고기는 작은 물고기의 생존 공간이 있으며, 빠른 물고기가 살고자 한다면 느린 물고기 또한 살고자 한다. 누가 마지막까지 살 수 있을지는 정말로 단언하기 어렵다. 자연계에서 행동이 느린 동물은 종종 수명이 비교적 길다. 과학적인 각도에서 분석해 보면 소모가 적고 신진대사가 느려서 에너지가 절약되기 때문이다. 만약 에너지에 한계가 있다면 천천히 쓰는 것이 당연히 빨리 쓰는 동물보다 오래 산다.
　　5)사람들이 천천히를 두려워하는 것은 빠른 시대에 살고 있어서 마치 걸음을 멈추기만 하면 곧 뒤쪽으로 멀리멀리 처질 것 같기 때문이다. 하지만 당신은 지나치게 빠른 발전이 위기를 숨기고 있다는 것을 알아차렸는가? 사실 속도는 크나큰 상해를 만들 수 있다. 고속의 상황하에서는 아무리 견고한 물체도 약하게 되고 아주 작은 사고에도 중상을 입을 수 있으며 심지어 파괴된다. 인생은 마라톤을 달리는 것과 같아서 조급한 심리 상태, 맹목적인 가속은 단지 일시적인 즐거움일 뿐, 장기적인 발전에 결코 좋은 일이 아니다. 6)인생이 도대체 얼마나 멀리 달릴 수 있는가는 속도가 빠르고 느림에 있는 것이 아니라 멈추지 않고 달리는 것에 있다.

| 단 어 | **流行语** liúxíngyǔ 유행어 | **慢** màn ⑲ 느리다 | **自觉** zìjué ⑱ 자각[스스로 느낌] | **速度** sùdù ⑲ 속도 | **愈~愈…** yù~yù… ⑱ ~하면 할수록 …하다 | **生存** shēngcún ⑧ 생존하다 | **亦** yì ⑭ 또한 | **求生** qiúshēng ⑧ 살려고 하다 | **说不定** shuōbudìng ⑧ 단언하기 어렵다 | **缓慢** huǎnmàn ⑲ (속도가) 느리다, 완만하다 | **寿命** shòumìng ⑲ 수명 | **角度** jiǎodù ⑱ 각도, 관점 | **分析** fēnxī ⑧ 분석하다 | **消耗** xiāohào ⑧ (에너지를) 소모하다 | **新陈代谢** xīnchéndàixiè ⑱ 신진대사 | **节省** jiéshěng ⑧ 아끼다, 절약하다 | **能量** néngliàng ⑱ 에너지 | **有限** yǒuxiàn ⑲ 한계가 있다 | **活得长久** huó de chángjiǔ 오래 살다 | **恐惧** kǒngjù ⑧ 두려워하다 | **仿佛** fǎngfú ⑱ 마치 ~인 듯하다 | **停步** tíngbù ⑧ 걸음을 멈추다 | **抛** pāo ⑧ 버리다, 버려 두다 | **发觉** fājué ⑧ 알아차리다, 발견하다 | **潜伏** qiánfú ⑧ 숨어 있다, 잠복하다 | **危机** wēijī ⑱ 위기 | **伤害** shānghài ⑧ 상해, 해 | **坚固** jiāngù ⑲ 견고하다 | **脆弱** cuìruò ⑲ 약하다 | **意外** yìwài ⑱ 의외의 사고 | **导致** dǎozhì ⑧ (나쁜 결과를) 초래하다 | **受重伤** shòu zhòngshāng 중상을 입다 | **毁灭** huǐmiè ⑧ 파괴하다, 파멸하다 | **马拉松** mǎlāsōng ⑱ 마라톤 | **浮躁** fúzào ⑲ 조급하다, 경솔하다, 충동적이다 | **盲目地** mángmù de 맹목적으로 | **加速** jiāsù ⑧ 가속하다, 속도를 내다 | **痛快** tòngkuài ⑲ 즐겁다, 유쾌하다 | **长远** chángyuǎn ⑲ (미래의 시간이) 장기적이다 | **到底** dàodǐ ⑭ 도대체 | **不停地** bùtíng de 계속해서, 끊임없이

Tip 첫 문장에서 大鱼, 小鱼, 快鱼, 慢鱼 등의 단어가 들리지만 전체 녹음 지문은 단순히 물고기 얘기가 아니라 삶의 방식을 얘기한다는 것을 알아차려야 합니다. 문제의 정답이 지문의 흐름과 동일하게 순차적으로 풀리며, 핵심 구문인 '不是~, 而是…'와 其实 등을 놓치지 않고 듣는다면 정답을 잘 선택할 수 있습니다.

04 | B

说话人对这句流行语是什么看法?	화자는 이 유행어에 대해 어떻게 생각하는가?
A 应该当"快活族"	A '빨리 사는 무리'가 되어야 하나
B 生存方式是多样的	B 생존 방식이 다양하다
C 让老板们感到很不安	C 사장들이 매우 불안해한다
D 应该当"慢活族"	D '천천히 사는 무리'가 되어야 한다

|해 설| 선택지 A의 '快活族'는 사전에 나오지 않는 단어이지만 '빠르게 사는 사람'을 뜻하며, 반대로 '慢活族'는 '느리게 사는 사람'을 뜻한다는 것을 유추해 낼 수 있어야 합니다. B의 生存方式에 대한 내용도 유심히 듣습니다. 녹음 지문의 첫 문장에서 언급한 유행어를 화자가 부정하면서 '其实大鱼有大鱼的 生存方式，小鱼有小鱼的生存空间，快鱼要活，慢鱼亦要求生'이라고 하는 부분이 힌트입니다.

05 | D

人们为什么恐惧慢?	사람들은 왜 천천히를 두려워하는가?
A 怕消耗能量	A 에너지를 소모할까 봐
B 不利于健康	B 건강에 이롭지 않아서
C 速度比方向重要	C 속도는 방향보다 중요해서
D 怕自己消沉下去	D 자신이 의기소침해질까 봐

|해 설| 선택지 A와 D의 怕는 '~을 걱정하다, 두려워하다'라는 의미입니다. B와 C의 확인을 위해 건강, 속도와 방향에 관련된 내용이 나오는지 주의하여 듣습니다. D의 消沉은 필수 단어는 아니지만 '沉(물에 가라앉다)'의 의미만 알고 있다면 消沉의 의미를 대략적으로 유추할 수 있습니다. '人们恐惧慢，是因为活在快的时代，仿佛一停步，就会被远远地抛在后面'에서 사람들은 발걸음을 멈추면 남들에게 뒤처질까 봐 두려워한다는 것을 알 수 있습니다. 선택지에는 녹음 지문의 내용을 똑같이 주지 않고, 消沉이라는 단어로 바꾸어 놓았습니다. 이 단어의 의미는 '의기소침하다', '풀이 죽다'입니다. 이 단어를 모른다면 나머지 선택지들을 제거하면서 정답을 찾아야 합니다. 정답은 D 怕自己消沉下去입니다.

|단 어| 怕 pà 图 (~하는 것을) 걱정하다, 두려워하다 | 不利于 búlì yú ~에 이롭지 않다, ~에 해롭다 | 消沉 xiāochén 혱 의기소침하다, 풀이 죽다, 의욕이 없다

06 | C

这段话主要想说明什么?	이 이야기가 우리에게 말하려는 것은 무엇인가?
A 要学会变通	A 임기응변을 배워야 한다
B 要保护海洋	B 해양을 보호해야 한다
C 坚持才是最重要的	C 지속적으로 하는 것이 가장 중요하다
D 身体是革命的本钱	D 신체는 혁명의 밑천이다(건강이 가장 중요하다)

|해 설| 선택지 A의 '임기응변할 줄 알아야 한다'도 주제로 간혹 출제됩니다. C는 주제로 가장 많이 출제되며, D는 건강을 강조할 때 주제로 쓰입니다. 선택지 내용으로 보아, 이 문제는 주제를 묻는 문제임을 알 수 있습니다. 녹음 지문의 마지막 문장에서 '人生到底可跑多远，并不在于速度快慢，而是要 不停地跑'라고 했으므로 정답은 C 坚持才是最重要的입니다. '并不在于~，而是…' 구문은 시험에 자주 나오며, 而是 뒤쪽을 주의해서 들어야 합니다.

> **Tip**
> 중국에 '不怕慢，只怕站(천천히 가는 것을 두려워 말고, 멈추는 것을 두려워해라)'이라는 유명한 속담이 있습니다. 이 속담을 보면 알 수 있듯 이 중국인들은 천천히 가더라도 중간에 포기하지 않고 끝까지 가는 것을 중요시하고 있습니다. 이러한 문화적 배경지식이 있다면 지문을 이해하 고 정답을 고르는 데 큰 도움이 될 수 있습니다.

|단 어| 变通 biàntōng 图 임기응변하다 | 保护 bǎohù 图 보호하다 | 本钱 běnqián 몡 밑천, 본전

1부분

| 시나공법 01 확인문제 | 162쪽 | 01 B | 02 B | 03 B |

01 | B

A 这个节目创意独特，颇受年轻人的欢迎。

B 著名京剧表演艺术家梅兰芳先生的祖籍是江苏泰州人。

C 他小小年纪，就能做到遇事从容不迫，真是难能可贵。

D 哺乳动物的感情世界要比昆虫和鱼类丰富和鲜明得多。

A 이 프로그램은 창의성이 독특해서, 젊은이들의 환영을 매우 많이 받았다.

B 유명한 경극 예술가 메이란팡 선생의 본적은 장쑤 타이저우이다.

C 그는 어린 나이인데 벌써 매사를 침착하게 처리할 수 있다니, 정말 기특하다.

D 포유동물의 감정 세계는 곤충과 어류보다 훨씬 풍부하고 뚜렷하다.

| 해 설 |

A　这个节目　创意独特，　颇受　（年轻人的）　欢迎。
　　　　S　　　　V₁　　　V₂　　　관형어　　　O₂

앞 절과 뒷절의 주어가 这个节目로 같기 때문에 뒷절에는 주어가 생략되어 있습니다. '주어+술어, (주어 생략)+술어+목적어'의 구조로, 주요 문장성분이 완전하게 갖춰져 있기 때문에 A는 病句가 아닙니다.

> **Tip**
> 앞 절의 술어 创意独特는 '주어(创意)+술어(独特)'로 이루어진 구조입니다. 그리고 뒷절의 동사 술어인 颇受는 부사 颇와 동사 受로 이루어진 구조인데 한 단어처럼 쓰이므로 묶어서 암기해 두는 것이 좋습니다.

B　（著名京剧表演艺术家梅兰芳先生的）　祖籍　是　江苏泰州人。
　　　　　　　　관형어　　　　　　　　　　S　　V　　　O
　　　　　　　　　　　　　　　　　　　　　└─호응X─┘

문장에서 주어, 술어, 목적어만 보면 '祖籍是江苏泰州人(본적은 장쑤 타이저우 사람이다)'이므로, 주어와 목적어의 호응 관계가 맞지 않습니다. 따라서 목적어 江苏泰州人을 江苏泰州로 바꾸어 호응을 맞춰야 합니다. 따라서 B가 病句입니다.

著名京剧表演艺术家梅兰芳先生的祖籍是江苏泰州人。

▶ 著名京剧表演艺术家梅兰芳先生的祖籍是江苏泰州。

C　他　[小小年纪]，　[就][能]　做到　遇事从容不迫，　[真是]　难能可贵。
　　S　　부사어　　　부사어　　V₁　　　O₁　　　　　부사어　　　V₂

술어 做到는 뒤에 목적어로 문장이나 동사구를 가질 수 있습니다. 难能可贵는 '어떤 일을 해내어 기특하다'라는 의미로 쓰입니다. 문장성분이 완전하게 갖추어져 있고 의미상 오류도 없으므로 C는 病句가 아닙니다.

D　（哺乳动物的）　感情世界　[要][比昆虫和鱼类]　丰富和鲜明　得　〈多〉。
　　　관형어　　　　S　　　　　　부사어　　　　　　V　　　조사　　보어

문장에 전치사 比가 있으면 항상 비교문이 제대로 쓰였는지 체크해 봐야 합니다. 비교 공식은 'A要比B＋형용사 술어+得多'로, 의미는 'A는 B보다 훨씬 ~하다'입니다. 이 공식에서 要는 강조의 역할을 하므로 굳이 해석하지 않아도 되며, 형용사 뒤의 得多는 '훨씬'이라는 의미로 비교의 차이가 클 때 사용합니다. D에는 오류가 없으므로 病句가 아닙니다.

|단 어| **创意** chuàngyì 몡 창의성 | **颇受** pōshòu (~을) 매우 많이 받다 | ***颇** pō 뿐 꽤, 상당히 | **梅兰芳** Méi Lánfāng 인몡 메이란팡[유명한 경극 배우] | **祖籍** zǔjí 몡 본적 | **江苏** Jiāngsū 지몡 장쑤성 | **泰州** Tàizhōu 지몡 타이저우 | **遇事** yùshì 동 일이 생기다, 일을 맞닥뜨리다 | **从容不迫** cóngróngbúpò 성 매우 침착하다 | **难能可贵** nánnéngkěguì 성 어려운 일을 해내서 기특하다(대견하다) | **哺乳动物** bǔrǔdòngwù 몡 포유동물 | **昆虫** kūnchóng 몡 곤충 | **鱼类** yúlèi 몡 어류 | **鲜明** xiānmíng 혱 뚜렷하다, 분명하다

02 │ B

A 这次失败的原因在于事先准备不足，计划做得不够周密。
B 古龙创作的武侠小说构思巧妙，开展了武侠小说的新天地。
C 关于牛郎与织女的爱情故事，中国民间有很多不同的版本。
D 核桃含有较多的优质蛋白质和脂肪酸，对脑细胞的生长有益。

A 이번 실패의 원인은 사전 준비가 부족하고 계획을 치밀하게 세우지 못한 데 있다.
B 구룽이 창작한 무협 소설은 구성이 정교하며, 무협 소설의 신천지를 개척하였다.
C 견우와 직녀의 러브 스토리에 관해서, 중국 민간에 서로 다른 많은 버전이 있다.
D 호두는 비교적 많은 양질의 단백질과 지방산을 함유하고 있어서, 뇌세포의 성장에 유익하다.

|해 설| **A** (这次失败的) 原因 在于 [事先]准备不足，计划 做 得〈不够周密〉。
　　　　　　　　관형어　　　　S　　V

이 문장의 전체 술어는 在于이며, 在于 뒤의 내용이 모두 목적어입니다. 이렇게 동사 在于는 간단한 명사 목적어뿐만 아니라, 문장을 목적어로 가져올 수도 있습니다. 이 문장은 구조상으로나 의미상으로 문제가 없으므로 病句가 아닙니다.

B (古龙创作的) 武侠小说 构思巧妙， 开展 了 (武侠小说的) 新天地。
　　　　관형어　　　　S　　　V　　　V　조사　　관형어　　　O
　　　　　　　　　　　　　　　　　└─ 호응X ─┘

앞 절의 술어인 构思巧妙는 '주어(构思)+형용사 술어(巧妙)'로 이루어진 구조입니다. 뒷절의 주어는 앞 절과 같기 때문에 생략되었습니다. 따라서 구조상에는 아무런 문제가 없습니다. 다만, 동사 开展은 '开展活动(활동을 전개하다)'과 같이 사용되며, '开展新天地'는 잘못된 호응입니다. 따라서 开展을 开辟로 바꿔서 '开辟新天地(신천지를 열다)'로 호응을 맞춰 주어야 합니다. 따라서 B가 病句입니다.

　　古龙创作的武侠小说构思巧妙，开展了武侠小说的新天地。
▶ 古龙创作的武侠小说构思巧妙，开辟了武侠小说的新天地。

C [关于牛郎与织女的爱情故事]， 中国民间 有 (很多不同的) 版本。
　　　　부사어　　　　　　　　　　S　　V　　관형어　　　O

关于는 '~에 관해서'라는 뜻으로, 어떤 내용에 관해서 말을 시작할 때 쓰는 전치사입니다. '关于+명사'의 전치사구는 부사어이므로, 주어 앞에 위치할 수 있습니다. 나머지 문장성분도 완전하게 들어가 있고, 의미상 오류도 없으므로 C는 病句가 아닙니다.

D 核桃 含有 (较多的优质) 蛋白质和脂肪酸， [对脑细胞的生长] 有益。
　　　S　　V　　관형어　　　　O　　　　　　부사어　　　V

앞 절과 뒷절의 주어가 같기 때문에 뒷절의 주어는 생략할 수 있습니다. 앞 절의 술어인 含有는 목적어로 어떠한 '성분'을 갖기 때문에 목적어인 蛋白质和脂肪酸과 호응이 맞습니다. 뒷절의 '对+대상+有益' 구조는 자주 보이는 구조이므로 암기해 둡니다. 따라서 D는 病句가 아닙니다.

|단 어| **事先准备** shìxiān zhǔnbèi 사전 준비 | **计划** jìhuà 몡 계획 | **不够** búgòu 동 (정도가 요구에) 미치지 못하다 | **周密** zhōumì 상세하고 치밀하다 | **古龙** Gǔ Lóng 인몡 구룽[무협 소설가로 金庸, 梁羽生과 함께 중국 무협 소설의 3대 종사로 일컬어짐] | **创作** chuàngzuò 동 (문예 등을) 창작하다 | **武侠小说** wǔxiá xiǎoshuō 몡 무협 소설 | **构思** gòusī 몡 구상 | **巧妙** qiǎomiào 혱 정교하다, 뛰어나다 | **开展** kāizhǎn 동 전개하다, 펼치다 | **开辟** kāipì 동 개척하다 | **牛郎** Niúláng 인몡 견우 | **织女** Zhīnǚ 인몡 직녀 | **核桃** hétao 몡 호두 | **优质** yōuzhì 혱 양질의, 우수한 품질의 | **蛋白质** dànbáizhì 몡 단백질 | **脂肪酸** zhīfángsuān 몡 지방산 | **脑细胞** nǎoxìbāo 몡 뇌세포 | **有益** yǒuyì 동 유익하다

03 | B

A	苦瓜虽苦，但与其他食材搭配时并不会将苦味渗入别的材料中，被人们称为"君子菜"。	A	여주는 비록 쓰지만, 다른 음식 재료와 결합할 때는 쓴맛이 결코 다른 재료에 배지 않아서 사람들에게 '군자 야채'로 불린다.
B	天气的变化，直接影响着动物的生活，往往能及时察觉到天气的变化，并预先做好相应的准备。	B	날씨의 변화는 동물의 생활에 직접적으로 영향을 끼치고 있다. 동물은 종종 제때에 날씨의 변화를 알아차릴 수 있으며, 또한 미리 상응하는 준비를 한다.
C	在中国，酒主要以粮食为原料酿制而成。其中由谷物粮食酿造的酒一直处于优势地位，而果酒所占的份额很小。	C	중국에서 술은 주로 식량을 원료로 해서 빚는다. 그중 곡물 식량으로 빚은 술은 줄곧 우위를 차지해 왔으며, 과일주가 차지하는 비율은 매우 적었다.
D	研究发现，一个人缓解压力的能力与他的社会经验有关，30岁以下的上班族的减压能力明显弱于资深上班族。	D	연구에서 사람이 스트레스를 푸는 능력은 그의 사회 경험과 관계가 있는데, 30세 이하 샐러리맨이 스트레스를 줄이는 능력은 경력이 오래된 샐러리맨보다 분명히 약하다는 것을 발견하였다.

|해 설|

A

苦瓜	虽	苦，	但	[与其他食材搭配时]	[并不会]	[将苦味]	渗	〈入别的材料中〉，	[被人们]	称	〈为"君子菜"〉。
S	접속사	V	접속사	부사어	부사어	=把+O	V	결과보어	被+S	V	결과보어

접속사 구문 '虽然~但是…' 대신 '虽~但…'이 사용되었습니다. 与其他食材搭配时에서는 동사 搭配 앞에 전치사 与가 맞게 사용되었는지 체크합니다. 将이 명사 苦味 앞에 있기 때문에 将은 把와 같은 의미의 전치사로 쓰였습니다. 술어인 渗入는 술어 渗과 보어 入가 함께 붙어 있는 형태입니다. 入 뒤에는 장소를 나타내는 단어(别的材料中)가 와야 합니다. 따라서 A는 문장성분이나 의미가 모두 알맞으므로, 病句가 아닙니다.

B

(天气的)	变化，	[直接]	影响	着	(动物的)	生活，
관형어	S	부사어	V	조사	관형어	O

[往往][能][及时]	察觉	〈到〉	(天气的)	变化，	并	[预先]	做	〈好〉	(相应的)	准备。
부사어	V	보어	관형어	O	접속사	부사어	V	보어	관형어	O

앞 절의 주어 变化는 察觉变化의 주어가 될 수 없음

앞 절과 뒷절의 주어가 같을 경우, 뒷절의 주어를 생략합니다. 하지만 이 문장에서 앞 절의 주어인 变化는 뒷절의 察觉到天气的变化의 주어가 될 수 없습니다. 즉, 이 문장은 察觉到의 주어 动物이 빠져 있는 病句입니다. 따라서 뒷절에 주어 动物를 꼭 써 주어야 합니다.

天气的变化，直接影响着动物的生活，往往能及时察觉到天气的变化，……。

▶ 天气的变化，直接影响着动物的生活，动物往往能及时察觉到天气的变化，……。

C

[在中国]，	酒	[主要][以粮食为原料]	酿制而成。	[其中]	(由谷物粮食酿造的)	酒
부사어	S₁	부사어	V₁	부사어	관형어	S₂

[一直]	处于	优势地位，	而	(果酒所占的)	份额	很小。
부사어	V₂	O₂	접속사	관형어	S₃	V₃

'以~为…'는 '~을 …으로 여기다'라는 의미이며, 由는 '~으로'라는 의미로 방식을 나타냅니다. 处于优势地位는 자주 보이는 호응이므로 암기해 두도록 합니다. 이 문장은 주술목 구조 및 의미상에서 오류가 없으므로 病句가 아닙니다.

D

研究	发现，	(一个人缓解压力的)	能力	[与他的社会经验]	有关，
大S	大V	관형어	S₁	부사어	V₁

(30岁以下的上班族的)	减压能力	[明显]	弱	〈于资深上班族〉。
관형어	S₂	부사어	V(형)₂	보어

研究发现 뒤의 전체 내용이 研究发现의 목적어입니다. 이렇게 목적어가 완전한 문장으로 길게 나올 경우, 목적어 부분에 치중하여 구조를 분석해야 합니다. 각 절이 '주어+술어'의 형태를 제대로 갖추고 있으므로, 구조상으로 문제가 없습니다. 목적어 부분의 첫 번째 술어 有关은 항상 '与(和/跟)~有关'의 형태로 쓰입니다. 또한 明显은 형용사이지만 부사어로 자주 쓰이므로, 세 번째 절의 술어의 수식어로 올바르게 되었습니다. 세 번째 절의 술어 弱는 주로 弱于의 형태로 쓰이는데, 이처럼 '1음절 형용사+于'에서 于는 '~보다'라는 비교의 의미를 나타냅니다. 세부적인 문법 사항에서도 오류가 없으므로 이 문장은 病句가 아닙니다.

|단 어| 苦瓜 kǔguā 명 여주[박과의 한해살이물] | 搭配 dāpèi 통 배합하다, 조합하다, 결합하다 | 苦味 kǔwèi 명 쓴맛 | 渗入 shènrù 통 스며들다, 배다 | 察觉 chájué 통 알아차리다 | 预先 yùxiān 부 미리, 먼저 | 粮食 liángshi 명 식량, 양식 | 原料 yuánliào 명 원료 | 酿制 niàngzhì 통 양조하다 [술·간장 등을 빚는 것을 뜻함] | 份额 fèn'é 명 점유율, 비율 | 缓解 huǎnjiě 통 (스트레스를) 풀다 | 上班族 shàngbānzú 명 샐러리맨, 출퇴근족 | 减压 jiǎnyā 통 스트레스를 줄이다 | 明显 míngxiǎn 형 뚜렷하다, 분명하다 | 资深 zīshēn 형 경력이 오랜, 베테랑의

01 | D

A 发言之前，每个人有两分钟的准备时间。	A 발표하기 전에 모든 사람은 2분의 준비 시간이 있다.
B 一口健康洁白的牙齿，会让你的笑容更迷人。	B 건강하고 새하얀 치아는 당신의 웃는 얼굴을 더 매력적이게 할 것이다
C 长期以来，外滩一直被世人看成是上海的象征。	C 오랫동안 와이탄은 줄곧 세상 사람들에게 상하이의 상징으로 여겨져 왔다.
D 顾虑太多，犹豫不决，就容易把机会从手中溜走。	D 너무 많이 근심하고 망설이는 것은 기회가 손에서 쉽게 빠져나가게 만든다.

|해 설|

A [发言之前]，　每个人　有　(两分钟的)　准备时间。
　　　부사어　　　　　S　　V　　관형어　　　　O

'……之前'은 주어 앞에 올 수 있는 부사어입니다. 이 문장은 주어, 술어, 목적어가 완전하게 들어가 있고, 기타 문장성분의 의미도 잘 어울리므로 病句가 아닙니다.

B (一口健康洁白的)　牙齿，　[会]　让　(你的)　笑容　[更]　迷人。
　　　관형어　　　　　S₁　　부사어　V₁　관형어　S₂　부사어　V₂
　　　　　　　　　　　　　　　　　　(사역동사)　　(겸어)

사역동사가 보이면, 사역동사를 중심으로 앞에 주어1이 제대로 쓰였는지, 让 뒤에 '주어+술어(+목적어)' 형태의 완전한 문장이 오는지 체크합니다. 一口健康洁白的牙齿는 让의 주어가 될 수 있고, 让 뒤의 你的笑容更迷人 또한 구조와 의미에 오류가 없으므로, B는 완전한 문장입니다.

C [长期以来]，　外滩　[一直]　[被世人]　看　〈成是上海的象征〉。
　　　부사어　　　　O　부사어　被+S　　V　　보어

문장에 被가 있으므로, 먼저 올바른 被자문인지 체크합니다. 이 문장에서 동사 看의 주어가 世人이고, 목적어는 外滩이 됩니다. 의미상으로도 '와이탄은 사람들에 의해 ～이라 여겨진다'로 매끄럽기 때문에 옳은 문장이 됩니다. 동사 뒤의 '成+象征'은 보어로 쓰였습니다. 보어 부분의 是는 강조 역할로 쓰였기 때문에 있어도 되고 없어도 됩니다. 문법, 문맥상 오류가 없으므로 C는 病句가 아닙니다.

D 顾虑太多，犹豫不决，　[就容易]　[把机会]　[从手中]　溜走。
　　　S　　　　　　　　　　부사어　　　把+O　　부사어　　V

이 문장에서는 술어인 溜走의 뜻을 알아야 把자문을 써야 할지 겸어문을 써야 할지 알 수 있습니다. 많은 학생들이 溜走의 뜻을 몰라서 病句임을 찾지 못하는 문제입니다. 溜走는 '몰래 빠져나가다'라는 의미로, 뒤에 목적어를 갖지 않는 동사입니다. 把자문과 被자문에 쓰이는 동사들은 모두 목적어를 갖는 동사들이므로, 위 문장의 把자문은 病句입니다. 把를 让으로 바꾸어 겸어문으로 만들어 주면 옳은 문장이 됩니다.

　　顾虑太多，犹豫不决，就容易把机会从手中溜走。
▶ 顾虑太多，犹豫不决，就容易让机会从手中溜走。

|단 어| 健康 jiànkāng 휑 건강하다 | 洁白 jiébái 휑 새하얗다 | 牙齿 yáchǐ 몡 이, 치아 | 笑容 xiàoróng 몡 웃는 얼굴, 웃는 표정 | 迷人 mírén 됭 매력적이다 | 长期以来 chángqī yǐlái 오랫동안 | 外滩 Wàitān 고유 와이탄 | 世人 shìrén 몡 세상 사람 | 看成 kànchéng 됭 ～이라고 여기다 | 象征 xiàngzhēng 몡 상징 | 顾虑 gùlǜ 됭 근심하다, 염려하다 | 犹豫不决 yóuyùbùjué 솅 결단을 내리지 못하고 망설이다 | 溜走 liūzǒu 됭 (몰래) 빠져나가다, 사라지다

A 为了便于记忆，人们编了一首二十四节气歌。

B 人要善于控制自己的情绪，否则你就会控制它们。

C 马在松软的土地上容易失蹄，人在甜言蜜语中容易失足。

D 古代，人们把一天划分为12个时辰，一个时辰相当于现在的两个小时。

A 쉽게 기억하기 위해서, 사람들은 24절기 노래를 엮었다.

B 사람은 자신의 마음을 잘 조절해야지, 그렇지 않으면 당신이 그것 (자신의 마음)에 통제된다.

C 말은 부드러운 땅에서 실족하기 쉽고 사람은 감언이설 속에서 실수하기 쉽다.

D 고대에, 사람들은 하루를 12시진으로 나누었는데 한 시진은 현재의 2시간과 같다.

|해 설|

A [为了便于记忆], 人们 编 了 (一首二十四节气) 歌。
부사어　　　　　 S　　V　조사　　관형어　　　　　 O

'为了+목적'은 전치사구로, 주어 앞에 놓여 부사어로 쓰입니다. 부사어 뒤에 주술목의 문장성분이 완전하게 들어가 있고, 전체 문맥이 매끄러우므로 A는 病句가 아닙니다.

B 人 [要] 善于 控制 (自己的) 情绪, 否则 你 [就会] 控制 它们。
S　부사어　V　　　　 O　　　　　　접속사　S　부사어　　V　　O

이 문제는 어법적으로는 문제가 없지만, 의미상 앞 절과 뒷절이 맞지 않습니다. 앞 절에서는 자신의 마음을 잘 통제해야 한다고 언급했습니다. 접속사 否则가 뒷절을 잇고 있는데 否则는 不然과 같은 의미로, '만약에 그렇지 않으면'이라는 의미이기 때문에 뒤에는 앞 절과 상반되는 내용이 나와야 문맥이 매끄럽습니다. 따라서 뒷절은 被를 이용하여, 否则你就会被它们控制와 같이 바꾸어 문맥이 자연스러워지도록 만들어 주어야 합니다. 따라서 B는 病句입니다.

人要善于控制自己的情绪，否则你就会控制它们。

▶ 人要善于控制自己的情绪，否则你就会**被**它们控制。

Tip 善于는 동사로서 문장에서는 술어 역할을 하며, 동사나 동사구('동사+목적어' 또는 '부사어+동사')를 목적어로 가집니다. 善于는 6급에서 자주 등장하는 단어이므로 특징을 꼭 암기해 두세요.

C 马 [在松软的土地上][容易] 失蹄, 人 [在甜言蜜语中][容易] 失足。
S₁　　　 부사어　　　　　 V₁　S₂　　　 부사어　　　　V₂

이 문장은 '주어1+술어1, 주어2+술어2'의 형태로 비교적 단순한 구조의 문장입니다. 马와 失蹄, 人과 失足의 의미상 호응도 맞는지 꼭 체크해야 합니다. 구조나 문맥에서 오류가 없으므로 C는 病句가 아닙니다.

D [古代], 人们 [把一天] 划分 〈为12个时辰〉, 一个时辰 相当于 现在的两个小时。
부사어　 S₁　 把+O　 V₁　　　 보어　　　　 S₂　　 V₂　　　　 O₂

문장에 把가 있으면 把자문이 제대로 쓰였는지 반드시 체크합니다. 동사 划分 뒤의 '为+명사'의 전치사구가 보어로 쓰였습니다. 구조상 주어, 술어, 보어의 위치가 알맞게 들어갔고, 의미상으로도 오류가 없기 때문에 이 문장은 病句가 아닙니다.

|단 어| **便于** biànyú 图 (~하기에) 쉽다, 편하다 | **记忆** jìyì 图 기억하다 | **编** biān 图 엮다, 창작하다[주로 책이나 노래 가사 등의 창작에 씀] | **控制** kòngzhì 图 조절하다, 통제하다 | **松软** sōngruǎn 톙 부드럽다, 푹신푹신하다 | **失蹄** shītí 图 실족하다 *蹄 tí 멩 발굽 | **甜言蜜语** tiányánmìyǔ 졍 달콤한 말, 감언이설 | **失足** shīzú 图 실족하다, 발을 헛디디다 | **划分** huàfēn 图 (전체를 여러 부분으로) 나누다, 구분하다 | **时辰** shíchen 멩 시진[고대의 시간 단위, 1시진은 지금의 2시간임] | **相当于** xiāngdāngyú 图 ~에 상당하다, ~과 같다

A 乐观是一种习惯，悲观也是一种习惯，而习惯是可以养成的，也是可以摒弃的。

B "隔行如隔山"，是指如果你不干这一行，就很难理解这一行的内容和规则。

C 有弟兄两个人，各自在院子里种了一些土豆。在他们的精心栽培中，土豆的长势非常良好。

D 循环赛是指每个队都能和其他队比赛一次或两次，最后按总成绩计算名次的一种比赛。

A 낙관적인 것은 일종의 습관이고 비관적인 것 역시 습관이다. 습관은 기를 수도 있고 버릴 수도 있다.

B '직업이 다르면 산을 사이에 둔 것과 같다(隔行如隔山)'가 가리키는 것은 만일 당신이 이 업종에서 일하는 게 아니라면 이 업종의 내용과 규칙을 이해하기 어렵다는 것이다.

C 어떤 형제 두 명이 각자 뜰에 감자를 조금 심었다. 그들의 정성스러운 재배에 감자의 작황이 매우 좋았다.

D 리그전은 모든 팀이 다른 팀과 한 번 내지 두 번씩 시합할 수 있고, 마지막에 전체 성적대로 순위를 계산하는 시합을 가리키는 것이다.

|해 설|

A   乐观 是 一种习惯，悲观 [也] 是 一种习惯，
　　　　　S　V　O　　　　S　부사어 V　O

而 习惯 是 [可以] 养成 的，[也] 是 [可以] 摒弃 的。
접속사 S　　부사어　V　　　부사어　　부사어　V

이 문장에서 '是~的' 강조 구문은 술어 부분인 可以养成과 可以摒弃를 강조하고 있습니다. 술어 부분을 '是~的' 구문으로 강조할 때의 특징은 이 술어가 동사일 경우에 동사의 목적어(习惯)가 주어 자리에 온다는 점입니다. 이 문장은 각각의 문장성분과 강조 구문이 올바르게 쓰였으므로 病句가 아닙니다.

Tip '是~的' 강조 구문은 독해 1부분에서 출제율이 아주 낮습니다. 2년에 한 번 나올 정도이니 부담없이 공부하세요.

B   "隔行如隔山"，是指 如果 你 不干 这一行，就 [很难] 理解 （这一行的） 内容和规则。
　　　　大S　　　　　大V　접속사 S　V₁　O₁　　부사 부사어　V₂　　관형어　　　O₂

술어 '是指(~을 가리키는 것이다)'란 한 단어는 아니지만 편의상 한 단어처럼 공부해 둡니다. 是指의 목적어는 뒤에 있는 전체 내용입니다. 접속사 구문이 있으므로, 이 구문이 제대로 쓰였는지 체크합니다. '如果~就…'는 '만약 ~이라면 …이다'라는 의미입니다. 부사 就가 앞의 접속사 如果와 함께 쓰여 뒷절에서 결과를 이끌어 내는 접속 역할을 합니다. 구조상으로나 의미상으로 오류가 없으므로 B는 病句가 아닙니다.

C   有弟兄两个人，[各自在院子里] 种 了 一些土豆。
　　　　S　　　　　　부사어　　　V　조사　O

[在他们的精心栽培中]，（土豆的） 长势 [非常] 良好。
　　부사어　　　　　　　관형어　　S　부사어　V(형)

有弟兄两个人는 有자로 시작하는 겸어문의 일종으로 有 뒤에 있는 명사는 주어가 됩니다. 두 번째 문장의 '在……中'은 주로 과정이나 범위를 나타내는데, 他们的精心栽培는 土豆的长势非常良好의 조건이 됩니다. 조건이나 상황을 나타낼 때는 '在……下'를 써야 하므로, C는 病句입니다.

在他们的精心栽培中，土豆的长势非常良好。
▶ 在他们的精心栽培下，土豆的长势非常良好。

Tip '在……的过程中', '在……的条件下', '在……的情况下'는 꼭 암기해 두세요.

D   循环赛 是指 （每个队都能和其他队比赛一次或两次，最后按总成绩计算名次的） 一种比赛。
　　　　S　　V　　　　　　　　　　　　관형어　　　　　　　　　　　　　　O

어떤 용어의 정의를 내릴 때 '是指(~을 가리키는 것이다)'를 많이 사용합니다. 이 문장에서 是指의 목적어는 一种比赛입니다. 구조와 의미에서 오류가 없으므로 病句가 아닙니다.

|단 어|　乐观 lèguān 혱 낙관적이다 ｜ 习惯 xíguàn 몡 습관 ｜ 悲观 bēiguān 혱 비관적이다 ｜ 养成 yǎngchéng 동 (습관을) 기르다 ｜ 摒弃 bìngqì 동 버리다, 없애다 ｜ 隔行如隔山 gé háng rú gé shān 속담 직업이 다르면 산을 사이에 둔 것과 같다, 직업이 다르면 서로의 상황을 모른다 ｜ 行 háng 몡 업종, 직종 ｜ 规则 guīzé 몡 규칙 ｜ 种 zhòng 동 (씨앗 등을) 심다 ｜ 精心 jīngxīn 혱 정성을 들이다 ｜ 栽培 zāipéi 동 재배하다 ｜ 长势 zhǎngshì 몡 (식물의) 작황, 성장 상황 ｜ 循环赛 xúnhuánsài 몡 리그전 ｜ 队 duì 몡 팀 ｜ 计算 jìsuàn 동 계산하다 ｜ 名次 míngcì 몡 순위

01 | C

A 这栋楼已经有100多年的历史了。	A 이 건물은 이미 100여 년의 역사를 가지고 있다.
B 人类离不开盐，盐是调味品，更是生命的必需品。	B 인류는 소금이 없어서는 안 된다. 소금은 조미료이자, 더욱이 생명의 필수품이다.
C 黄山毛峰香气清新，畅销全国，是中国十大名茶。	C 황산 마오펑은 향기가 산뜻하고 전국적으로 잘 팔리며 중국의 십 대 명차 중 하나이다.
D 运气也许能使你抵达巅峰，但它不能使你永远呆在那儿。	D 운은 어쩌면 당신을 산꼭대기에 도달하게 할 수는 있지만 영원히 그곳에 머무르게 할 수는 없다.

|해 설|

A
这栋楼 [已经] 有 (100多年的) 历史 了。
S 부사어 V 관형어 O 조사

100多年의 多는 대략적인 수를 나타냅니다. 숫자 뒤에 위치하므로, A는 病句가 아닙니다.

> **Tip**
> 多와 같이 대략적인 수를 나타내는 단어로 快가 있습니다. 快는 '快+수량사'의 형태로 쓰고 '곧[머지않아] ~이다'의 뜻을 나타냅니다. 이때 수량사는 구체적인 숫자로 나와야 하며, 快와 多는 함께 쓸 수 없습니다.
> 예 快100年了。(O)
> 　 快100多年了。(X)

B
人类 离不开 盐，// 盐 是 调味品， [更] 是 (生命的) 必需品。
S V O S V₁ O₁ 부사어 V₂ 관형어 O₂

정도부사 更은 문장에서 부사어로 쓰입니다. 원래 정도부사는 형용사나 심리동사를 수식하기 때문에 是를 수식하지 못하지만 更과 很은 更是와 很是처럼 是를 수식할 수 있습니다. 이 문장은 구조나 의미상 오류가 없으므로 B는 病句가 아닙니다.

C
黄山毛峰 香气清新， 畅销 全国， 是 中国十大名茶。
S S V V O V O
주어 1개 　　　　　　　　　　　　　　　　　10가지 명차

香气清新은 '주어+술어'의 구조이면서 黄山毛峰의 술어로 쓰였습니다. 전체 주어는 黄山毛峰이라는 차 한 종류인데 목적어는 中国十大名茶라고 주어졌습니다. 주어와 목적어의 수가 맞지 않으므로, 반드시 中国十大名茶之一라고 써야 합니다. 따라서 C는 病句입니다.

黄山毛峰香气清新，畅销全国，是中国十大名茶。
▶ 黄山毛峰香气清新，畅销全国，是中国十大名茶之一。

D
运气 [也许][能] 使 你 抵达 巅峰， 但 它 [不能] 使 你 [永远] 呆 〈在那儿〉。
S₁ 부사어 V₁ S₂ V₂ O₂ 접속사 S₃ 부사어 V₃ S₄ 부사어 V₄ 보어
　　　　　(사역동사) 　　　　　　　　　　　　　　(사역동사)

사역동사 使가 보이므로, 먼저 겸어문이 제대로 쓰였는지 체크합니다. 使 뒤의 '你抵达峰顶', '你永远呆在那儿'은 하나의 완전한 문장 '주어+술어+목적어'로, 구조적으로 오류가 없습니다. 使 앞의 주어인 运气도 틀리지 않았으므로, D는 病句가 아닙니다.

|단 어| 栋 dòng 통 동, 채[건물을 세는 단위] | 楼 lóu 명 층집, (다층) 건물 | 历史 lìshǐ 명 역사 | 离不开 líbukāi 통 없어서는 안 되다 | 盐 yán 명 소금 | 调味品 tiáowèipǐn 명 조미료 | 必需品 bìxūpǐn 명 필수품 | 黄山毛峰 Huángshān máofēng 명 황산 마오펑[안후이성(安徽省)의 대표적인 차 중 하나로, 녹차에 속함] | 香气清新 xiāngqì qīngxīn 향기가 산뜻하다 | 畅销 chàngxiāo 통 잘 팔리다 | 运气 yùnqi 명 운 | 抵达 dǐdá 통 도달하다 | 巅峰 diānfēng 명 최고봉, 산꼭대기 | 永远 yǒngyuǎn 부 영원히 | 呆 dāi 통 머무르다

A 许多人缺少的不是美丽的外貌，而是自信的气质。

B 他们昨晚刚办了一个生日宴会，所以屋子里显得很乱糟糟的。

C 积极的人在危机中看到机会，而消极的人则在机会中看到危机。

D 人在情绪低落的时候，适当吃些甜食，会让自己的心情好起来。

A 수많은 사람들에게 부족한 것은 아름다운 외모가 아니라 자신감 있는 기질이다.

B 그들은 어제저녁에 막 생일 파티를 열어서, 방 안이 지저분해 보였다.

C 긍정적인 사람은 위기 속에서 기회를 보지만, 부정적인 사람은 기회 속에서 위기를 본다.

D 사람은 기분이 안 좋을 때 단것을 적당히 먹으면 자신의 기분이 좋아지게 된다.

|해 설|

A

许多人缺少的　不是　(美丽的)　外貌，　而是　(自信的)　气质。
　　S　　　　V₁　관형어　　O₁　　V₂　관형어　　O₂

이 문장은 '不是~而是…' 구문입니다. 하나의 주어에 구문과 내용이 모두 알맞게 들어가 있으므로, A는 病句가 아닙니다.

B

他们　[昨晚][刚]　办　了　一个生日宴会，　所以　屋子里　显　得　〈很乱糟糟的〉。
　S　　부사어　　V　조사　　　O　　　　접속사　　S　　V　조사　　보어

형용사 중첩은 뒤에 습관적으로 的를 붙여 쓰고, 很이나 非常과 같은 정도부사와는 함께 쓸 수 없습니다. 즉, 이 문장에서 형용사 중첩 형태인 乱糟糟的는 오류가 아니지만, 정도부사와 함께 쓰였으므로 病句입니다. 따라서 很을 삭제하고 显得乱糟糟的로 써야 옳은 문장이 됩니다. 형용사 중첩은 그 자체로 정도를 강조하는 의미가 있기 때문에 정도부사를 붙일 수 없다는 점에 유의하세요.

他们昨晚刚办了一个生日宴会，所以屋子里显得很乱糟糟的。

▶ 他们昨晚刚办了一个生日宴会，所以屋子里显得乱糟糟的。

C

(积极的)　人　[在危机中]　看到　机会，　而　(消极的)　人　则　[在机会中]　看到　危机。
关형어　　S₁　부사어　　V₁　　O₁　접속사　관형어　　S₂　접속사　부사어　　V₂　　O₂

'A~, 而 B 则…' 구문에서 而과 则은 역접을 나타내는 접속사이고, 구문의 의미는 'A는 ~한데, 반면에 B는 …하다'가 됩니다. 이 문장은 앞뒤 절의 의미가 대조적이고, 접속사 또한 적절하게 쓰였으므로 病句가 아닙니다.

D

[人在情绪低落的时候]，　适当吃些甜食，　[会]　让　(自己的)　心情　好　〈起来〉。
　부사어　　　　　　　　　　S₁　　　부사어　V₁　관형어　　S₂　V₂　보어
　　　　　　　　　　　　　　　　　　　　　(사역동사)

사역동사 让이 보이므로, 겸어문이 제대로 쓰였는지 체크합니다. 适当吃些甜食가 让의 주어가 되며, 让 뒤에는 心情好起来라는 하나의 문장이 왔습니다. 주어 부분의 适当은 형용사지만 직접 동사(吃)를 수식하는 부사어로 쓰이기도 합니다. 따라서 D는 病句가 아닙니다.

|단 어| **缺少** quēshǎo 통 부족하다, 결핍되다 | **外貌** wàimào 명 외모, 용모 | **生日宴会** shēngrì yànhuì 생일 파티 | **显得** xiǎnde 통 ~하게 보이다 | **乱糟糟** luànzāozāo 형 매우 지저분하다 | **积极** jījí 형 긍정적이다, 적극적이다 | **危机** wēijī 명 위기 | **消极** xiāojí 형 부정적이다, 소극적이다 | **情绪低落** qíngxù dīluò 기분이 가라앉다, 기분이 우울하다 | **甜食** tiánshí 명 단것, 단 음식

A 长期以来，香港素有"购物天堂"的美称。 B 莫高窟的彩塑，每一尊都是一件令人称叹的艺术品。 C 在你想要放弃的那一刻，不妨想想当初为什么坚持走到了这里。 D 有没有远大的志向和脚踏实地的精神，是一个人取得成功的关键。	A 오랫동안, 홍콩은 예로부터 '쇼핑 천국'이란 아름다운 이름이 있었다. B (둔황) 모가오굴의 소상은 하나하나가 모두 사람들을 감탄하게 하는 예술품이다. C 당신이 포기하고 싶은 그 순간에, 처음에 왜 여기까지 포기하지 않고 걸어왔는지를 생각해 보는 것도 괜찮다. D 원대한 포부와 착실하게 일하는 정신이 있는지 여부가 사람이 성공을 거둘 수 있는지의 관건이다.

| 해 설 |

A [长期以来]，香港 [素] 有 ("购物天堂"的) 美称。
　　　　부사어　　　S　부사어　V　　　관형어　　　　O

'주어+素有~的美称'은 '주어는 예로부터 ~이라는 이름을 가지고 있다'라는 의미이고, 부사 素는 一直의 의미입니다. 또한 '素有~之称'으로 쓰기도 합니다. 이 문장은 구조상이나 의미상 오류가 없으므로 病句가 아닙니다.

B (莫高窟的) 彩塑，[每一尊][都] 是 (一件令人称叹的) 艺术品。
　　　관형어　　　S　　부사어　　V　　관형어　　　　　O

문장의 주술목을 먼저 체크합니다. 이 문장의 뼈대는 彩塑是艺术品으로 주어, 술어, 목적어가 다 갖추어져 있고, 관형어나 부사어 부분에도 오류가 없으므로 病句가 아닙니다.

C [在你想要放弃的那一刻]，[不妨] 想想 [当初][为什么] 坚持 走 〈到了这里〉。
　　　부사어　　　　　　부사어　　V　　　　　O

전체 문장의 주어인 你는 명령문이라 생략되어 있습니다. 목적어 부분을 다시 보면, 当初为什么가 부사어이고, 坚持는 첫 번째 동사, 走는 두 번째 동사이며, 到了这里는 走의 보어로 쓰였습니다. 따라서 이 문장은 病句가 아닙니다.

D 有没有远大的志向和脚踏实地的精神，是 (一个人取得成功的) 关键。
　　S　　　　　　　　　　　　　　　　V　　　관형어　　　　O

주어 부분에 有没有가 있기 때문에, 관형어 부분은 의미상 取得成功이 아닌 能否取得成功으로 바뀌어야 합니다. 따라서 D는 病句입니다.

　　有没有远大的志向和脚踏实地的精神，是一个人取得成功的关键。
▶ 有没有远大的志向和脚踏实地的精神，是一个人能否取得成功的关键。

| 단 어 | **长期以来** chángqī yǐlái 오랫동안 | **香港** Xiānggǎng 지명 홍콩 | **素有~美称** sùyǒu~měichēng 예로부터 ~라는 아름다운 이름을(명성을) 가지고 있다 | **购物天堂** gòuwù tiāntáng 쇼핑 천국 | **莫高窟** Mògāo Kū 고유 모가오굴[둔황에 위치한 석굴로, 중국의 4대 석굴 중 하나임] | **彩塑** cǎisù 명 (채색한) 소상 | **尊** zūn 양 기[불상을 세는 양사] | **称叹** chēngtàn 동 감탄하다, 찬탄하다 | **放弃** fàngqì 동 포기하다 | **不妨** bùfáng 부 (~하는 것도) 괜찮다, 무방하다 | **志向** zhìxiàng 명 포부 | **脚踏实地** jiǎotàshídì 성 일하는 것이 착실하다 | **取得成功** qǔdé chénggōng 성공을 거두다 | **关键** guānjiàn 명 관건, 핵심, 키포인트

04 | D

A 苏州地处温带，四季分明，气候温和，物产丰富，是众所周知的"鱼米之乡"。	A 쑤저우는 온대 지역에 위치하고 사계절이 뚜렷하며 기후가 따뜻하고 생산물이 풍부해서, 모든 사람이 다 알고 있는 '살기 좋은 곳'이나.
B 以"色绿、香郁、味甘、形美"而闻名于世的龙井茶，在历史上留下了不少神奇的传说。	B '색이 푸르고, 향이 진하고, 맛이 달고, 모양이 아름다운'것으로 세계적으로 유명한 룽징차는 역사상 많은 신기한 전설을 남겼다.
C 这本书讲述了东汉开国皇帝刘秀从一个底层农民成为天下霸主的传奇经历。	C 이 책은 동한 개국 황제인 유수가 하층 농민에서 천하 맹주가 된 전기적 경험을 서술했다.
D 城市原住民的生活和风俗传统等非物质文化遗产的保护非常重要，何况这些东西丢失了，那么城市最重要的精神个性就没有了。	D 도시 원주민의 생활과 풍속 전통 등의 비물질 문화유산의 보호는 매우 중요해서 만일 이러한 것들을 잃어버리게 되면 도시의 가장 중요한 정신적 개성도 사라지게 된다.

| 해 설 |

A　苏州　地处　温带，　四季分明，　气候温和，　物产丰富，　是　〔众所周知的〕　"鱼米之乡"。
　　　S　V　O　　V　　　V　　　V　　V　관형어　　O

전체 문장의 주어는 苏州이고, 四季分明, 气候温和, 物产丰富는 모두 '주어+술어'의 구조이자, 苏州의 술어입니다. 구조상으로나 의미상 오류가 없고 완전한 문장이므로 A는 病句가 아닙니다.

B　(以"色绿、香郁、味甘、形美"而闻名于世的)　龙井茶，　[在历史上]　留下　了　(不少神奇的)　传说。
　　　　　　관형어　　　　　　　S　　부사어　V　조사　관형어　　O

'以~而闻名于世'는 '~으로 세상에 이름을 떨치다'라는 표현이며, 같은 의미로 '以~而著称于世'도 자주 보이는 표현입니다. 구조적으로 잘못된 곳이 없기 때문에 B는 病句가 아닙니다.

C　这本书　讲述　了　(东汉开国皇帝刘秀从一个底层农民成为天下霸主的)　传奇经历。
　　　S　V　조사　　　　관형어　　　　　　　O

주술목 구조는 비교적 간단한 문장입니다. 관형어 부분의 '从~成为…'는 '~한 신분(위치)에서 …이 되다'를 나타내고 있는데, 전치사 从이 맞게 쓰였습니다. 따라서 C는 病句가 아닙니다.

D　(城市原住民的生活和风俗传统等非物质文化遗产的)　保护　[非常]　重要，
　　　　　　　관형어　　　　　　　S　부사어　V

何况　这些东西　丢失　了，　那么　(城市最重要的)　精神个性　[就]　没有　了。
접속사　S　　V　조사　접속사　관형어　　S　부사어　V　조사

접속사 何况은 '北方都这么热，何况南方呢? (북방조차 이렇게 더운데, 하물며 남방은?)'와 같이 주로 반어문에 쓰입니다. 이 문장은 반어문이 아니므로 D가 病句임을 알 수 있습니다. 뒷절에 那么와 就가 있고, 내용으로 봐서 何况 대신 접속사 如果를 써야 자연스러운 문맥이 됩니다.

　　　……何况这些东西丢失了，那么城市最重要的精神个性就没有了。
▶　……如果这些东西丢失了，那么城市最重要的精神个性就没有了。

| 단 어 |　**苏州** Sūzhōu 지명 쑤저우 | **地处** dìchǔ 통 ~에 위치하다 | **四季分明** sìjì fēnmíng 사계절이 뚜렷하다 | **气候温和** qìhòu wēnhé 기후가 따뜻하다 | **物产丰富** wùchǎn fēngfù 생산물이 풍부하다 | **众所周知** zhòngsuǒzhōuzhī 성 모든 사람이 다 알고 있다 | **鱼米之乡** yúmǐzhīxiāng 성 (바다 가까운 곳의) 살기 좋은 땅 | **香郁** xiāng yù 향이 진하다 | **味甘** wèi gān 맛이 달다 | **形美** xíng měi 모양이 아름답다 | **闻名于世** wénmíng yú shì 세계적으로 유명하다 | **龙井茶** lóngjǐngchá 룽징차 | **神奇** shénqí 형 신기하다 | **传说** chuánshuō 명 전설 | **讲述** jiǎngshù 통 서술하다, 이야기하다 | **开国皇帝** kāiguó huángdì 개국 황제 | **刘秀** Liú Xiù 인명 유수[후한의 1대 황제인 광무제를 뜻함] | **底层** dǐcéng 명 (사회의) 하층, 밑바닥 | **霸主** bàzhǔ 명 패자, 맹주, 제왕 | **传奇经历** chuánqí jīnglì 전기적 경험 | **原住民** yuánzhùmín 명 원주민 | **文化遗产** wénhuà yíchǎn 명 문화유산 | **丢失** diūshī 통 잃어버리다

독해

2부분

| 시나공법 01 확인문제 | 219쪽 | 01 B | 02 B | 03 A | 04 A |

01 | B

"沙画"艺术是近年兴起的一种与舞台艺术相结合的表演形式。表演者在白色背景板上现场用沙子作画，并结合音乐，通过投影①展现在屏幕上。沙画具有②独特的表演魅力，能使现场观众获得③奇妙的视觉享受。

A 反射○   特定×   巧妙×
B 展现○   独特○   奇妙○
C 展望×   独立×   美妙○
D 呈现○   单独×   神奇○

'모래 그림' 예술은 최근 몇 년 동안 발전하기 시작한 무대 예술과 서로 결합된 공연 형식이다. 공연자는 흰색 배경판에 현장에서 모래로 그림을 그리고 음악을 결합하며, 빔 프로젝터를 통해서 스크린에 ①펼쳐 보인다. 모래 그림은 ②독특한 공연 매력을 가지고 있어서, 현장의 관중이 ③기묘한 시각적 즐거움을 누리도록 해 줄 수 있다.

A 반사하다 / 특정한 / 훌륭한
B (눈앞에) 펼쳐지다 / 독특한 / 기묘한
C 전망하다 / 독립적인 / 아름다운
D 나타나다 / 단독으로 / 신기한

|해 설| **[1번 빈칸]** 并结合音乐通过投影 ① 在屏幕上。

빈칸은 '음악을 결합하며, 빔 프로젝터를 통해서 스크린에서 (   )하다'라는 의미로, 投影, 屏幕와 어울리는 동사를 찾아야 합니다. 投影으로 보아 의미상 '반사하다', '나타나다' 등이 들어갈 수 있습니다. 따라서 反射(A), 展现(B), 呈现(D)이 정답 범위에 들어갈 수 있고, 展望(C)은 뜻이 맞지 않아 제거할 수 있습니다. 1번 빈칸은 어렵기 때문에 흐름만 잡고 2번 빈칸으로 넘어갑니다.

> A 反射 fǎnshè 통 반사하다 명 반사
> 反射光线 빛을 반사하다 | 条件反射 조건반사
>
> B 展现 zhǎnxiàn 통 (눈앞에) 펼쳐지다, 드러내다
> 展现智慧 지혜를 드러내다 | 展现才华 재능을 드러내다
>
> C 展望 zhǎnwàng 통 전망하다
> 展望明天 내일을 전망하다 | 展望未来 미래를 전망하다
>
> D 呈现 chéngxiàn 통 나타나다, 보이다
> 呈现景象 모습이 나타나다 | 呈现趋势 추세를 보이다   · 趋势 qūshì 명 추세

[2번 빈칸] 沙画具有 ② 的表演魅力,

빈칸의 문장은 '모래 그림은 (   )한 공연 매력을 갖고 있다'라는 의미로, 魅力를 수식하는 형용사를 찾아야 합니다. 의미상 独特만이 魅力를 수식할 수 있고, 나머지 단어들은 호응하지 않습니다. 따라서 B가 정답이 됩니다. 独特는 5급 필수 단어로, 이 단어만 알면 문제는 쉽게 풀립니다.

> A 特定 tèdìng 형 특정하다
> 特定的方式 특정한 방식 | 特定的人选 특정 후보   · 人选 rénxuǎn 명 후보
>
> B 独特 dútè 형 독특하다
> 独特的魅力 독특한 매력 | 独特的风格 독특한 풍격
>
> C 独立 dúlì 통 독립하다, 독자적으로 하다
> 独立自主 독립하여 자주하다(자주 독립하다) | 独立思考 독자적으로 사고하다
>
> D 单独 dāndú 부 단독으로, 홀로
> 单独行动 단독으로 행동하다 | 单独会见 단독으로 회견하다

[3번 빈칸] 能使现场观众获得　③　的视觉享受。

빈칸 문장은 '현장에 있는 관중들이 (　　)한 시각적인 즐거움을 얻을 수 있게 했다'라는 의미입니다. 의미상 视觉享受를 수식할 수 있는 단어로는 '신기하다', '아름답다'라는 의미의 奇妙(B), 美妙(C), 神奇(D)가 가능합니다. 巧妙(A)는 视觉享受를 수식하지 않기 때문에 제거합니다. 巧妙, 奇妙, 美妙는 모두 '妙(뛰어나다, 훌륭하다)'의 의미가 있으며, 세 단어의 차이는 바로 나머지 한 글자인 '巧(정교하다, 솜씨 있다)', '奇(신기하다)', '美(아름답다)'에 있습니다.

A 巧妙 qiǎomiào 혱 훌륭하다, 절묘하다, 기발하다 巧妙的设计 기발한 디자인 ｜ 巧妙地应用 절묘하게 응용하다 **B** 奇妙 qímiào 혱 기묘하다, 신기하다 奇妙的现象 기묘한 현상 ｜ 奇妙的世界 신기한 세상 **C** 美妙 měimiào 혱 아름답다, 훌륭하다 美妙的诗篇 아름다운 시 ｜ 美妙的音乐 아름다운 음악 **D** 神奇 shénqí 혱 신기하다 神奇的现象 신기한 현상 ｜ 神奇的效果 신기한 효과	• 巧妙를 중한사전에 있는 '교묘하다'라는 의미로 공부하지 않도록 합니다. 한국어로 '교묘하다'는 평소에 자주 사용하지 않을뿐더러 부정적인 의미지만, 巧妙는 긍정적인 의미입니다.

|단 어|　**舞台艺术** wǔtái yìshù 무대 예술 ｜ **沙子** shāzi 명 모래 ｜ **投影** tóuyǐng 명 빔 프로젝터 ｜ **魅力** mèilì 명 매력

---

02 ｜ B

当人心中充满不满或悲伤时，会希望通过谈话的①方式向身边的人倾诉，高兴的时候，也希望有人可以②分享快乐的心情。换句话说，人都有一种向他人倾诉的需求，而朋友是最好的倾诉③对象，当这种需求无法得到④满足时，就会造成"欲求不满"。时间一长，朋友之间的关系自然会受到影响。	사람의 마음속에 불만이나 슬픔이 가득할 때 이야기라는 ①방식을 통해서 곁에 있는 사람에게 털어놓길 바라고, 기쁠 때에도 즐거운 마음을 ②함께 나눌 수 있는 사람이 있길 바란다. 바꿔 말하면, 사람은 모두 남에게 하소연하고 싶어 하는 욕구가 있고 친구는 하소연하기에 가장 좋은 ③대상이다. 이런 욕구는 ④만족을 얻을 수 없을 때 '욕구 불만'을 야기한다. 시간이 길어지면 친구 간의 관계는 자연히 영향을 받게 된다.

A 方案✕	分解✕	现象✕	立足✕
B 方式○	分享○	对象○	满足○
C 方针✕	分辨✕	对手✕	慰问✕
D 格式✕	分别✕	对方✕	自满✕

A 방안 / 분해하다 / 현상 / 입각하다
B 방식 / 함께 나누다 / 대상 / 만족시키다
C 방침 / 분별하다 / 적수 / 위문하다
D 격식 / 분별하다 / 상대방 / 자만하다

|해 설|　**[1번 빈칸]**　会希望通过谈话的　①　向身边的人倾诉，

빈칸 앞의 通过가 결정적 단서입니다. 전치사 通过는 주로 '어떤 방식을 통해서'라는 의미로 쓰이므로 빈칸에는 方式를 써 주면 됩니다. **方案**과 **方式**는 5급 단어라서 내공이 약한 학생들은 무조건 1번 빈칸에서 답을 찾아야 합니다. 谈话的方案은 틀린 표현이므로 方案(A)을 삭제합니다. **方针**(C)과 **格式**(D)가 6급 단어라서 어려울 수 있지만, 모르는 단어들이라 해도 方式가 확실하면 그걸 답으로 선택하면 대부분 맞습니다. 실제 시험에서도 나머지 빈칸은 보지 말고 다음 문제로 넘어갑니다.

A 方案 fāng'àn 명 방안 改革方案 개혁 방안 ｜ 解决方案 해결 방안 **B** 方式 fāngshì 명 방식 生活方式 생활 방식 ｜ 表达方式 표현 방식 **C** 方针 fāngzhēn 명 방침 经营方针 경영 방침 ｜ 外交方针 외교 방침 ｜ 指导方针 지도 방침 **D** 格式 géshì 명 격식, 양식 书写格式 쓰기 양식

[2번 빈칸] 也希望有人可以　②　快乐的心情。

빈칸 앞에 능원동사 可以가 있으므로, 빈칸은 동사 자리임을 알 수 있습니다. 따라서 快乐的心情을 목적어로 갖는 동사를 찾아야 합니다. 문맥상 '즐거운 마음을 함께 누린다'라는 의미가 와야 자연스러우므로 分享(B)만 정답이 될 수 있습니다. 分享은 급수 외 단어이지만 단어를 한 字씩 공부한 학생들은 享이 享受의 의미라는 것을 유추할 수 있습니다. 이렇게 시험에서는 급수 외 단어가 정답으로 출제되기도 하므로 단어를 한 字씩 공부하는 습관을 길러야 합니다.

A **分解** fēnjiě 图 분해하다

这支枪容易分解. 이 총은 분해하기 쉽다.　　　　　　　·枪 qiāng 图 총

B **分享** fēnxiǎng 图 함께 나누다, 함께 누리다

分享喜悦 기쁨을 함께 누리다 ｜ 分享快乐 즐거움을 함께 누리다

C **分辨** fēnbiàn 图 분별하다, 가리다, 구분하다

分辨是非 시비를 가리다

D **分别** fēnbié 图 분별하다, 구별하다

分别好坏 좋고 나쁨을 분별하다

[3번 빈칸] 而朋友是最好的倾诉　③　,

빈칸은 '倾诉(~을 말하다, 털어놓다)'의 수식을 받는 자리이고, 주어가 朋友이므로 목적어가 사람임을 알 수 있습니다. 선택지 중 사람을 나타내는 단어는 对象(B), 对手(C), 对方(D)입니다. 对手는 경쟁 상대나 적수를 나타내므로 의미상 맞지 않고, 对方은 '상대방'이라는 의미로 눈에 보이는 구체적 대상을 가리킵니다. 对象은 '상대', '대상'이라는 의미로, 좀 더 추상적이며 사용 범위가 넓습니다. 빈칸 앞의 倾诉와 호응하기에는 对象이 적합합니다. 따라서 이 빈칸의 정답은 B밖에 없습니다.

A **现象** xiànxiàng 图 현상

神奇的现象 신기한 현상 ｜ 自然现象 자연현상

B **对象** duìxiàng 图 대상

调查对象 조사의 대상 ｜ 倾诉的对象 하소연 대상

C **对手** duìshǒu 图 적수, 상대

竞争对手 경쟁 상대

D **对方** duìfāng 图 상대방

轻视对方 상대방을 경시하다 ｜ 跟对方联系 상대방과 연락하다

[4번 빈칸] 当这种需求无法得到　④　时,

빈칸은 1차적으로 得到와 호응하는 목적어를 고르고, 2차적으로 주어인 需求와의 호응을 살펴봐야 합니다. 得到는 명사와 동사를 모두 목적어로 가질 수 있는데, 이때 해석은 명사 형태로 하는 것이 매끄럽습니다. 自满(D)은 형용사이므로 먼저 제거합니다. 立足(A)를 빈칸에 넣어 해석해 보면, '입각함을 얻어 내다'가 되므로 의미상 매끄럽지 못합니다. 慰问(C)은 '방문하여 위로함'을 뜻하므로 得到와 어울려 쓸 수는 있으나 주어인 需求와 호응하지 못하므로 정답이 될 수 없습니다. 满足(B)는 得到满足라고 쓸 수 있으며 주어인 需求와도 호응하므로 정답은 B입니다.

A **立足** lìzú 图 입각하다, 발붙이다

立足现在 현재에 입각하다 ｜ 立足于社会 사회에 발붙이다

B **满足** mǎnzú 图 만족시키다

满足要求 요구를 만족시키다 ｜ 满足条件 조건을 만족시키다

C **慰问** wèiwèn 图 위문하다

慰问解放军 해방군을 위문하다 ｜ 慰问孤寡老人 독거노인을 위문하다　　·孤寡 gūguǎ 图 고독하다, 외롭다

D **自满** zìmǎn 图 자만하다

骄傲自满 거만하고 자만하다　　　　　　　·骄傲 jiāo'ào 图 거만하다, 교만하다

|단 어| **悲伤** bēishāng 图 슬픔 ｜ **倾诉** qīngsù 图 털어놓다, 하소연하다 ｜ **需求** xūqiú 图 수요, 필요, 욕구

人们普遍认为，女性要获得①事业上的成功，就必须"表现得像个男人"。然而研究②表明，表现得刚毅而自信的"强势型"女性，③通常比"温柔型"女性获得升职的机会少。虽然这些性格特征在男性身上广为推崇，但表现在女性身上，则会④显得"缺乏可爱"。

A 事业○	表明○	通常○	显得○
B 事项✕	证明○	平常✕	展现✕
C 事务✕	指示✕	时常✕	展示✕
D 行业✕	显示○	照常✕	流露✕

사람들은 보편적으로 여성이 ①사업에서 성공을 거두려면 반드시 '남자처럼 행동해야 한다'고 여긴다. 그러나 연구에서는, 강인하고 자신 있게 행동하는 '강한 유형'의 여성은 ③통상적으로 '온유한 유형'의 여성보다 승진할 기회가 적다②고 나타났다. 비록 이런 성격 특징들은 남성에게 나타나면 널리 떠받들어지지만, 여성한테 나타나면 '귀여움이 부족한' 것처럼 ④보인다.

A 하늘 일 / 나타내다 / 통상적으로 / ~하게 보이다
B 사항 / 증명하다 / 평소 / (눈앞에) 펼쳐지다
C 업무 / 가리키다 / 자주 / 전시하다
D 업종 / 보여 주다 / 평소대로 / 드러내다

|해 설|

[1번 빈칸] 女性要获得 **①** 上的成功,

빈칸 뒤의 上的成功이 단서입니다. 여기서 上은 어떤 방면을 나타냅니다. 한국어에서도 '사업상의 성공'이란 말을 쓰듯이 중국어도 事业上的成功이라고 표현합니다. 事业가 6급 단어이긴 하지만 한국인들에게는 그리 어려운 단어는 아닙니다. 나머지 단어들은 모두 '……上的成功'과 어울리지 않기 때문에 정답은 A가 됩니다.

A 事业 shìyè 몡 (하는) 일
事业有成 하는 일이 성공하다 | 热爱自己的事业 자신의 일을 매우 사랑하다

B 事项 shìxiàng 몡 사항
注意事项 주의 사항

C 事务 shìwù 몡 업무, 사무
事务繁忙 업무가 번거롭고 바쁘다

D 行业 hángyè 몡 업종, 직업
服务行业 서비스 업종 | 各个行业 각각의 직업

[2번 빈칸] 研究 **②** ,

빈칸은 주어 研究와 호응하는 동사 자리입니다. 研究表明과 研究显示가 가장 많이 쓰이는 호응 관계이며, 研究证明도 가능합니다. 단, 研究指示는 호응이 되지 않습니다.

A 表明 biǎomíng 통 분명하게 나타내다
结果表明 결과가 분명하게 나타내다 | 研究表明 연구가 분명하게 나타내다

B 证明 zhèngmíng 통 증명하다
结果证明 결과가 증명하다 | 事实证明 사실이 증명하다

C 指示 zhǐshì 통 가리키다, 지시하다
上级指示 상사가 지시하다 | 领导指示 지도자가 지시하다

D 显示 xiǎnshì 통 뚜렷하게 보여 주다
结果显示 결과가 뚜렷하게 보여 주다 | 调查显示 조사가 뚜렷하게 보여 주다

[3번 빈칸] 表现得刚毅而自信的"强势型"女性, **③** 比"温柔型"女性获得升职的机会少。

빈칸은 부사 자리이며, 뒤에 나오는 비교문의 술어인 获得升职的机会少를 수식할 수 있어야 합니다. 선택지는 모두 '~常'으로 비슷하게 생겼지만 단어들의 의미는 전혀 다릅니다. 이 빈칸은 의미상 오직 通常(A)만 사용이 가능합니다. 그러므로 정답은 A가 됩니다.

A 通常 tōngcháng 몡 통상적으로, 보통
通常不下雨 보통 비가 내리지 않는다 | 通常比较凉快 보통 비교적 시원하다

B 平常 píngcháng 몡 평소, 보통 때
平常不加班 평소 야근하지 않는다 | 平常不喝酒 평소 술을 마시지 않는다

C 时常 shícháng 图 자주

时常打电话 자주 전화를 한다 ｜ 时常见面 자주 만난다

D 照常 zhàocháng 图 평소대로 하다, 평소와 같다

照常营业 평소대로 영업하다 ｜ 照常工作 평소대로 일하다

[4번 빈칸] 但表现在女性身上，则会 ___④___ "缺乏可爱"。

4번 빈칸은 선택지 단어들의 난이도가 어렵습니다. 展现(B), 展示(C), 流露(D)가 모두 6급 단어이며, 展示 외에는 자주 보이지 않는 동사들입니다. 하지만 정답으로 주고 있는 显得(A)는 5급 단어이므로 이 단어만 가지고도 해석해서 문제를 풀 수 있습니다. 구조적으로 접근해 보면 동사 展现, 展示, 流露는 뒤에 명사 목적어가 옵니다. 빈칸 다음에 나온 缺乏可爱는 동사와 목적어로 이루어진 동사구이므로 이 단어들과는 호응할 수 없으며, 显得와만 호응할 수 있습니다. 따라서 정답은 A입니다.

> A 显得 xiǎnde 图 드러나다, ~하게 보이다
>
> 显得很可爱 매우 귀엽게 보이다 ｜ 显得很年轻 매우 젊게 보이다
>
> B 展现 zhǎnxiàn 图 (눈앞에) 펼쳐지다, 드러내다
>
> 展现智慧 지혜를 드러내다 ｜ 展现才能 재능을 드러내다
>
> C 展示 zhǎnshì 图 전시하다, 드러내다
>
> 展示新产品 신제품을 전시하다 ｜ 展示技艺 기예를 드러내다
>
> D 流露 liúlù 图 (감정을) 무심코 드러내다
>
> 流露出气息 숨결을 드러내다 ｜ 流露出真情 심정을 드러내다

｜단 어｜ **获得成功** huòdé chénggōng 성공을 거두다 ｜ **表现** biǎoxiàn 图 표현하다, 행동하다 ｜ **刚毅** gāngyì 图 (의지가) 굳다, 강인하다 ｜ **强势** qiángshì 图 강력하다, (성격이) 세다 ｜ **温柔** wēnróu 图 온유하다, 부드럽고 상냥하다 ｜ **升职** shēngzhí 图 승진, 진급 ｜ **特征** tèzhēng 图 특징 ｜ **广为** guǎngwéi 图 널리, 폭넓게 ｜ **推崇** tuīchóng 图 떠받들다, 추앙하다 ｜ **缺乏** quēfá 图 결핍되다, 부족하다

---

04 ｜ A

苏州素有"人间天堂"之称，这里①孕育出了苏州刺绣艺术。苏州刺绣已有2000余年的历史，早在三国时就有了关于刺绣制作的②记载。苏州刺绣具有图案秀丽、③构思巧妙、绣工细腻、针法活泼的④独特风格，地方特色浓郁。

A	孕育〇	记载〇	构思〇	独特〇
B	诞生✕	记忆✕	设计〇	独立✕
C	创造✕	记录〇	构成✕	单独✕
D	发育✕	标记✕	设置✕	特殊✕

쑤저우는 예로부터 '인간 세상의 천당'이란 명칭을 가지고 있었으며, 이곳은 쑤저우 자수 예술을 ①낳았다. 쑤저우 자수는 이미 20000여 년의 역사를 가지고 있는데, 일찍이 삼국시대 때부터 자수 제작에 관한 ②기록이 있었다. 쑤저우 자수는 도안이 아름답고 ③구상이 훌륭하며 자수 작업이 정교하고 침법이 생동감 있는 ④독특한 스타일을 가지고 있으며, 지방 특색이 강하다.

A 낳아서 기르다 / 기록 / 구상 / 독특하다
B 탄생하다 / 기억 / 디자인 / 독립하다
C 창조하다 / 기록 / 구성 / 단독으로
D 발육 / 표기 / 설치하다 / 특수하다

｜해 설｜ **[1번 빈칸]** 苏州素有"人间天堂"之称，这里 ___①___ 出了苏州刺绣艺术。

빈칸은 목적어 苏州刺绣艺术와 호응하는 동사 자리입니다. 诞生(B)은 뒤에 목적어를 갖지 않는 자동사이므로 제거합니다. 创造(C)를 빈칸에 넣어 해석하면 '쑤저우 자수 예술을 창조해 냈다'가 되어 얼핏 한국어로 보면 말이 되는 것 같지만, 주어인 这里와 동사 创造는 호응할 수 없습니다. 发育(D)는 주로 명사로 쓰이며, '(생물의) 발육'이라는 의미이므로 제거합니다. 따라서 빈칸의 정답은 孕育(A)가 됩니다. 孕育는 '낳아서 기르다'라는 의미로 주로 艺术와 같은 추상 명사를 목적어로 가집니다. 孕育는 6급 단어로 난이도가 높습니다. **단어의 의미를 모를 경우, 위와 같이 나머지 선택지를 제거하는 방식으로 답을 찾아갑니다.**

> A 孕育 yùnyù 图 낳아서 기르다(키우다)
>
> 孕育文化 문화를 키우다 ｜ 孕育艺术 예술을 키우다 ｜ 孕育希望 희망을 키우다
>
> B 诞生 dànshēng 图 탄생하다, 출생하다
>
> 伟人诞生 위인이 탄생하다 ｜ 新技术诞生 신기술이 탄생하다 ｜ 新中国诞生 신중국이 탄생하다

C 创造 chuàngzào 통 창조하다, 새롭게 만들다

创造奇迹 기적을 창조하다 | 创造条件 조건을 만들다 | 创造记录 기록을 세우다

D 发育 fāyù 명 발육[성장 과정을 뜻함]

孩子发育 아이의 발육 | 成长发育 성상 발육

[2번 빈칸] 苏州刺绣已有2000余年的历史，早在三国时就有了关于刺绣制作的 ② 。

빈칸 문장은 쑤저우 자수의 역사와 관련하여 '삼국시대부터 (　)이 있었다'라고 말하고 있으므로, 의미상 记载(A), 记录(C)가 정답의 범위에 들어갑니다. 따라서 B, D는 제거합니다. 记载와 记录는 독해 2부분에서 자주 보이는 단어이므로 잘 기억해 두어야 합니다.

A 记载 jìzǎi 명 기록

有关~的记载 ~한 기록과 관계 있다

B 记忆 jìyì 명 기억

记忆犹新 아직도 기억에 생생하다

C 记录 jìlù 명 기록

打破记录 기록을 깨다 · 打破 dǎpò 통 타파하다, 깨다

D 标记 biāojì 명 표기

做标记 표기하다

[3번 빈칸] 苏州刺绣具有图案秀丽、 ③ 巧妙、绣工细腻、……

巧妙와 호응하는 명사를 찾는 문제입니다. 巧妙와의 호응은 构思(A)와 设计(B) 모두 가능합니다. 따라서 C와 D는 제거합니다.

A 构思 gòusī 명 구상

构思独特 구상이 독특하다 | 构思巧妙 구상이 절묘하다

B 设计 shèjì 명 디자인, 설계

设计独特 디자인이 독특하다 | 设计巧妙 디자인이 절묘하다

C 构成 gòuchéng 통 구성하다 [주로 '由~构成'의 형태로 씀]

这部小说是由三个小故事构成的。 이 소설은 세 개의 작은 이야기로 구성되었다.

D 设置 shèzhì 통 설치하다

设置机构 기구를 설치하다 | 设置路标 교통 표지를 설치하다

[4번 빈칸] 针法活泼的 ④ 风格，地方特色浓郁。

빈칸 바로 뒤의 风格가 단서입니다. 风格와 호응하는 형용사는 独特(A)밖에 없습니다. 이 문제는 1~3번 빈칸의 단어들이 비교적 어렵지만 4번 빈칸에서 5급 단어인 独特만 제대로 알고 있다면 정답을 찾을 수 있습니다.

A 独特 dútè 형 독특하다

独特的风格 독특한 스타일

B 独立 dúlì 통 독립하다

独立的国家 독립 국가

C 单独 dāndú 부 단독으로, 혼자서

单独行动 단독으로 행동하다 | 单独生活 혼자서 생활하다

D 特殊 tèshū 형 특수하다

特殊情况 특수한 상황

| 단 어 | 苏州 Sūzhōu 지명 쑤저우 | 素有~之称 sùyǒu~zhī chēng 예로부터 ~이라는 칭호가 있다 | 刺绣 cìxiù 명 자수 | 图案 tú'àn 명 도안 | 秀丽 xiùlì 형 아름답다 | 巧妙 qiǎomiào 형 절묘하다, 훌륭하다 | 绣工 xiùgōng 명 자수를 놓는 일, 자수 세공 | 细腻 xìnì 형 섬세하다 | 针法 zhēnfǎ 명 수놓는 기술, 침법 | 活泼 huópo 형 생동감 있다 | 浓郁 nóngyù 형 (분위기·색채 등이) 강하다, 짙다

01 | A

男人流泪比女人更容易让人觉得真诚，更容易获得积极的①反应。常言道："男儿膝下有黄金"，"男儿有泪不轻弹"，②一旦男人流泪，人们就觉得这样的感情十分③珍贵，令人感动。

A 反应○   一旦○   珍贵○
B 反射✕   一度✕   宝贵○
C 反驳✕   万一✕   昂贵✕
D 反思✕   一贯✕   可贵○

남자가 눈물을 흘리는 것은 여자보다 더 쉽게 사람들로 하여금 진실되다고 여기게 만들며, 더 쉽게 긍정적인 ①반응을 얻는다. 속담에서 흔히 말하기를 '남자는 무릎 아래에 황금이 있다.', '남자는 눈물이 나도 쉽게 흘리지 않는다.'라고 한다. ②일단 남자가 눈물을 흘리면 사람들은 이러한 감정이 매우 ③귀중하다고 여겨서 감동을 받는다.

A 반응 / 일단 / 귀중하다
B 반사하다 / 한때 / 귀중하다
C 반박하다 / 만일 / 비싸다
D 반성하다 / 일관되다 / 귀중하다

|해 설|　**[1번 빈칸]**　男人流泪比女人更容易让人觉得真诚，更容易获得积极的　①　。

빈칸은 동사 获得의 목적어이면서 积极的의 수식을 받는 명사 자리입니다. 문장의 의미상 反应(A)만 들어갈 수 있습니다. 反이라는 글자 때문에 선택지의 단어가 비슷해 보이지만, 각각의 의미는 전혀 다릅니다. 나머지 단어는 문맥상 빈칸에 들어갈 수 없습니다.

A 反应 fǎnyìng 뗑 반응, 태도
　反应灵敏 반응이 빠르다　·反应迟钝 반응이 느리다　　　　·灵敏 língmǐn 뗑 (반응이) 빠르다　·迟钝 chídùn 뗑 둔하다, 느리다
B 反射 fǎnshè 통 반사하다
　反射光线 빛을 반사하다
C 反驳 fǎnbó 통 반박하다
　反驳得有理 이치에 맞게 반박하다
D 反思 fǎnsī 통 반성하다, 되돌아보다
　反思错误 잘못을 되돌아보다

[2번 빈칸]　　②　男人流泪，人们就觉得这样的感情十分　③　，

문맥상 이 문장은 '___+가정, 就+결과'의 구조이므로, 빈칸의 단어는 접속사이며 뒤에 나오는 부사 就와 호응해야 함을 알 수 있습니다. 따라서 이를 충족하는 단어는 一旦(A)밖에 없습니다. C의 万一도 가정을 나타내는 접속사이지만, 주로 일어나기 힘든 일을 가정하기 때문에 万一 뒤에는 대부분 부정적인 내용이 옵니다. 따라서 C는 적합하지 않습니다.

A 一旦 yídàn 젭 일단 ~하면
　一旦出事，后果不堪设想。　　　　　　　　　·不堪设想 bùkānshèxiǎng 젱 상상조차 할 수 없다
　일단 사고가 생기면 결과는 상상조차 할 수 없다.
B 一度 yídù 뿐 한때, 한동안
　这种款式一度曾经非常流行。　　　　　　　　·款式 kuǎnshi 뗑 양식, 스타일
　이런 스타일은 한때 매우 유행했다.
C 万一 wànyī 젭 만일 ~한다면
　万一失败怎么办? 만일 실패하면 어쩌지?
D 一贯 yíguàn 뗑 일관되다, 한결같다
　这是我一贯的办事原则。 이것이 나의 일관된 일 처리 원칙이다.

[3번 빈칸]　人们就觉得这样的感情十分　③　，令人感动。

3번 빈칸은 부사 十分의 수식을 받고 있으므로 술어 자리임을 알 수 있습니다. 빈칸의 주어는 感情이기 때문에, 선택지의 단어 중 물건이나 상품의 가격을 나타내는 단어인 昂贵(C)를 제외하고는 다 빈칸에 올 수 있습니다. 3번 빈칸은 정답을 고르는 데는 크게 도움이 되지 않는 빈칸이므로, 앞의 두 개의 빈칸을 통해 답을 고를 수 있어야 합니다.

A	珍贵 zhēnguì 혱 귀중하다, 진귀하다
	珍贵的礼物 귀중한 선물 ┃ 珍贵的照片 진귀한 사진
B	宝贵 bǎoguì 혱 귀중하다, 소중하다
	宝贵的时间 귀중한 시간 ┃ 宝贵的生命 소중한 생명
C	昂贵 ángguì 혱 (가격이) 비싸다
	昂贵的皮包 비싼 가죽 가방 ┃ 价格昂贵 가격이 비싸다
D	可贵 kěguì 혱 귀중하다, 소중하다
	可贵的精神 귀중한 정신 ┃ 可贵的感情 소중한 감정

|단 어| 流泪 liúlèi 통 눈물을 흘리다 ┃ 真诚 zhēnchéng 혱 진실하다 ┃ 获得 huòdé 통 획득하다, 얻다 ┃ 积极 jījí 혱 긍정적이다, 적극적이다 ┃ **常言** chángyán 명 속담, 격언, 명언 ┃ **男儿膝下有黄金** nán'ér xīxià yǒu huángjīn 남자는 무릎 아래에 황금이 있다, 남자는 경솔하게 남에게 무릎을 꿇어서는 안 된다 ┃ **男儿有泪不轻弹** nán'ér yǒu lèi bù qīng tán 남자는 눈물이 나도 가볍게 흘리지 않는다 *弹 tán 통 (눈물이나 피 따위를) 흩뿌리다

02 │ B

不认为自己幸运的人永远感受不到幸运。①除非我们把抱怨的心态转化为②感恩的心态，把注意的焦点放在③拥有的部分，否则幸运将离你越来越远。不幸的④根源，在于看不见自己的幸运。	스스로 운이 좋다고 여기지 않는 사람은 영원히 행운을 느낄 수 없다. 우리는 원망하는 심리 상태를 ②고맙게 여기는 심리 상태로 바꾸고, 생각하는 초점을 ③소유하고 있는 부분에 두①어야 한다. 그렇지 않으면 행운은 당신에게서 갈수록 멀어질 것이다. 불행의 ④근본 원인은 자신의 행운을 보지 못하는 데 있다.
A 倘若✕　　感激✕　　守护✕　　来源✕	A 만일 ~한다면 / 매우 감사하다 / 지키다 / 근원
B 除非○　　感恩○　　拥有○　　根源○	B 오직 ~해야 한다 / 고맙게 여기다 / 소유하다 / 근본 원인
C 并非✕　　感慨✕　　拥护✕　　实质○	C 결코 ~하지 않다 / 감격하다 / 지지하다 / 본질
D 无非✕　　感谢○　　占领✕　　源泉✕	D 단지 ~일 뿐이다 / 감사하다 / 점령하다 / 원천

|해 설| **[1번 빈칸]** 　①　我们把抱怨的心态转化为　②　的心态，把注意的焦点放在　③　的部分，否则幸运将离你越来越远。

　　빈칸은 선택지 단어로 보아 접속사를 묻는 문제임을 알 수 있습니다. 접속사는 뒤에 호응하는 단어가 함께 쓰이는 경우가 많으므로, 빈칸 절만 보는 것보다 문장 전체를 봐야 정답을 빨리 찾을 수 있습니다. '除非~，否则…' 문형은 '반드시 ~해야지, 그렇지 않으면 …하다'라는 의미입니다. 세 번째 절의 否则를 찾았다면 정답이 B임을 알 수 있습니다. 나머지 선택지들은 否则와 호응하지 않습니다.

A	倘若 tǎngruò 젭 만일(만약) ~한다면[如果와 용법이 같고, 주로 '倘若~，那么/就…'의 형태로 씀]
	倘若时间可以倒流，那么我最想回到大学。　　·倒流 dàoliú 통 역류하다, 거꾸로 흐르다
	만일 시간이 거꾸로 흐를 수 있다면, 나는 대학 때로 가장 돌아가고 싶다.
B	除非 chúfēi 젭 오직 ~해야 한다
	除非你去，否则我也不去。 네가 가야지, 그렇지 않으면 나도 안 가.
C	并非 bìngfēi 통 결코 ~하지 않다, 결코 ~이 아니다
	我并非不想去，而是我没有时间去。 나는 결코 가기 싫은 게 아니라, 내겐 갈 시간이 없어.
D	无非 wúfēi 믠 단지 ~일 뿐이다[주로 '无非~而已'의 형태로 씀]
	我无非是运气好而已。 나는 단지 운이 좋을 뿐이다.

[2번 빈칸] ___①___ 我们把抱怨的心态转化为 ___②___ 的心态，

첫 번째 문장에서 不认为自己幸运的人永远感受不到幸运이라고 했습니다. 바꾸어 말하면 '스스로 운이 좋다고 여겨야 한다'라는 뜻입니다. 그러므로 전체 지문은 자신을 운이 좋은 사람이라 여기기 위한 조건이 나올 것임을 미리 짐작할 수 있습니다. 2번 빈칸은 앞의 把抱怨的心态와 같이 봐야 합니다. '转化(전환하다, 바꾸다)'가 있으므로 빈칸에는 抱怨的心态와 반대되는 말을 찾아야 합니다. 선택지 단어를 보면, '원망하는 마음을 감사하는 마음으로 전환시켜야 한다'라는 내용을 문맥으로 짐작할 수 있습니다. 그러므로 '고맙게 생각하다'라는 의미를 가진 단어인 感恩(B), 感谢(D)가 2번 빈칸에 들어갈 수 있습니다. 感激(A)는 '매우 감사하다'라는 의미로, 주로 사람과 함께 쓰여 '~에게 감사드리다'와 같이 일반적인 감사의 의미를 나타내기 때문에 感激的心态로는 쓰지 않습니다. 2번 빈칸은 어감이 필요한 문제라서 난이도가 비교적 높습니다.

A 感激 gǎnjī 통 매우 감사하다
　感激王老师 왕 선생님에게 매우 감사드리다

B 感恩 gǎn'ēn 통 고맙게 여기다, 은혜에 감사하다
　感恩之心 고마워하는 마음

C 感慨 gǎnkǎi 통 감격하다, 감개무량하다
　感慨万千 감개가 무량하다

D 感谢 gǎnxiè 통 감사하다, 고마워하다
　感谢朋友 친구에게 고마워하다

[3번 빈칸] 把注意的焦点放在 ___③___ 的部分，否则幸运将离你越来越远。

첫 줄에서 언급한 '자신을 행운으로 여겨야 한다'라는 의미의 전제 조건을 생각하며 문장을 봐야 합니다. 빈칸 문장은 '생각하는 초점을 (　)에 두어야 한다. 그렇지 않으면 행복이 멀어진다'라는 의미입니다. 선택지 단어의 의미로 보아, 스스로 운이 좋다고 여기고 만족하기 위해서는 자신이 가지지 못한 것을 욕심내는 것이 아니라 자신이 소유한 것에 만족해야 한다는 점, 즉, 拥有(B)가 정답으로 가장 적절함을 알 수 있습니다. 守护(A)와 拥护(C)는 문맥상 어울리지 않고, 占领(D)은 '경쟁해서 차지하다'라는 의미가 강하기 때문에 적합하지 않습니다.

A 守护 shǒuhù 통 지키다, 수호하다
　守护家园 가정을 지키다 ｜ 守护边疆 국경 지대를 지키다

B 拥有 yōngyǒu 통 가지다, 소유하다
　拥有友谊 우정을 가지다 ｜ 拥有自行车 자전거를 소유하다

C 拥护 yōnghù 통 지지하다, 옹호하다
　拥护共产党 공산당을 지지하다

D 占领 zhànlǐng 통 점령하다, 점유하다
　占领高地 고지를 점령하다 ｜ 占领市场 시장을 점유하다

· 家园 jiāyuán 명 가정, 고향, 집의 정원
· 边疆 biānjiāng 명 변경, 국경 지대
· 友谊 yǒuyì 명 우정

[4번 빈칸] 不幸的 ___④___ ，在于看不见自己的幸运。

'불행의 (　)은 자신의 행운을 보지 못하는 데 있다'라는 의미입니다. 선택지로 보아, 원인이나 출처를 나타내는 단어가 오는 것을 알 수 있습니다. 따라서 根源(B), 实质(C)가 들어갈 수 있습니다. 来源(A), 源泉(D)은 不幸的처럼 부정적으로 쓰이는 단어들과 호응하지 않으므로 빈칸에 적합하지 않습니다.

A 来源 láiyuán 명 근원, 출처 통 기원하다, 생겨나다
　经济来源 경제적 원천 ｜ 艺术来源于生活 예술은 생활에서 생겨난다

B 根源 gēnyuán 명 근본 원인
　经济危机的根源 경제 위기의 근본 원인 ｜ 犯错误的根源 실수하는 근본 원인

C 实质 shízhì 명 본질, 실질
　问题的实质 문제의 본질 ｜ 矛盾的实质 모순의 본질

D 源泉 yuánquán 명 원천
　知识的源泉 지식의 원천 ｜ 幸福的源泉 행복의 원천

|단 어| 　抱怨 bàoyuàn 통 원망하다 ｜ 转化 zhuǎnhuà 통 전환하다, 바꾸다 ｜ 焦点 jiāodiǎn 명 초점

03 | B

春节是中国最重要的传统节日，春节①意味着团圆，因此在中国南方普遍都有过年吃汤圆的②习俗。因为汤圆是圆的，象征着一家团圆，正好符合春节的文化意义。不过春节吃汤圆并非是全国各个地方都有的现象。在北方，③家家户户过年基本上都吃饺子，这从一个④侧面反映出了中国地域文化的差异。

A	传达×	典礼×	大街小巷×	表面×
B	意味○	习俗○	家家户户○	侧面○
C	示意×	风俗○	四面八方×	反面×
D	指示×	礼节×	世世代代×	平面×

춘제(春节)는 중국에서 가장 중요한 전통 명절이다. 춘제는 (가족이) 한자리에 모인다는 것을 ①의미해서 중국 남방에서는 보편적으로 새해를 맞이할 때 탕위안을 먹는 ②풍속이 있다. 탕위안은 둥글기 때문에 가족이 한자리에 모인다는 것을 상징하고 있어서, 춘제의 문화적 의의에 딱 부합한다. 그러나 춘제 때 탕위안을 먹는 것은 결코 전국 각 지방에 모두 있는 현상은 아니다. 북방에서는 ③집집마다 새해를 맞이할 때 대부분 쟈오즈를 먹는데, 이것은 한 ④측면에서 중국 지역 문화의 차이를 반영한다.

A 전달하다 / 의식 / 거리와 골목 / 표면
B 의미 / 풍속 / 집집마다 / 측면
C (의사를) 표시하다 / 풍속 / 사방팔방 / ~한 면
D 지시하다 / 예절 / 대대손손 / 평면

|해 설| **[1번 빈칸]** 春节是中国最重要的传统节日，春节 ① 着团圆，

빈칸 뒤에 着가 있기 때문에 빈칸은 동사 자리임을 알 수 있습니다. '춘제(春节)는 가족 모임(团员)을 ( )하고 있다'라는 뜻이므로, 문맥상 意味(B)가 적합합니다. 意味의 품사는 명사인데, '意味着(~을 의미한다)'의 형태로 문장에서는 술어로 쓰입니다. 나머지 선택지들은 문맥상 전혀 어울리지 않는 뜻의 단어입니다.

> A 传达 chuándá 图 전달하다, 전하다
> 传达意思 의사를 전달하다 | 传达指令 지령을 전하다
>
> B 意味 yìwèi 图 의미, 뜻
> 意味着成功 성공을 의미하다 | 意味着团圆 한자리에 모이는 것을 의미하다
>
> C 示意 shìyì 图 (동작·표정·함축된 말로) 의사를 표시하다, 뜻을 나타내다
> 示意我离开 나에게 떠나라고 표시를 하다 | 点头示意 고갯짓을 하다
>
> D 指示 zhǐshì 图 지시하다, 명령을 내리다 图 지시, 명령
> 领导的指示 상사의 지시 | 上级的指示 상부의 지시

[2번 빈칸] 因此在中国南方普遍都有过年吃汤圆的 ② 。

빈칸은 过年吃汤圆的의 수식을 받고 있으므로 명사이자, 술어 有의 목적어여야 합니다. 춘제 때 탕위안을 먹는 것을 말하고 있으므로, '풍습'에 관해 설명하고 있음을 쉽게 유추할 수 있습니다. 따라서 빈칸에는 习俗(B)와 风俗(C)가 들어갈 수 있고 나머지 선택지는 의미상 제거됩니다.

> A 典礼 diǎnlǐ 图 의식, 식, 행사
> 毕业典礼 졸업식 | 结婚典礼 결혼식
>
> B 习俗 xísú 图 풍속, 습속
> 民间习俗 민간 풍속 | 独特的习俗 독특한 풍속
>
> C 风俗 fēngsú 图 풍속
> 风俗习惯 풍속 습관(풍습) | 当地的风俗 현지의 풍속
>
> D 礼节 lǐjié 图 예절
> 注重礼节 예절을 중시하다 | 讲究礼节 예절을 중요시하다(따지다)

[3번 빈칸] 在北方， ③ 过年基本上都吃饺子，

빈칸은 吃饺子의 주어 자리입니다. 吃饺子는 사람이 하는 행동인데, 家家户户(B)는 집집마다 있는 사람들을 포함하기 때문에 정답이 될 수 있습니다. 나머지 성어들은 쓰임이 다르기 때문에 정답이 될 수 없습니다. 성어가 나오더라도 당황하지 말고 한 字씩 보면서 그 뜻을 유추해 보는 연습을 해야 합니다.

> A 大街小巷 dàjiēxiǎoxiàng 图 거리와 골목, 온 거리
> 大街小巷都是人。 온 거리에 모두 사람이다.
>
> B 家家户户 jiājiāhùhù 图 집집마다
> 家家户户都贴对联。 집집마다 모두 대련을 붙인다. · 贴 tiē 图 (풀 따위로) 붙이다, 바르다
> · 对联 duìlián 대련[종이나 천에 쓰거나 대나무·나무·기둥 따위에 새긴 대구]

C 四面八方 sìmiànbāfāng 성 사방팔방

朋友们从四面八方赶来。 친구들이 사방팔방에서 달려왔다.

D 世世代代 shìshìdàidài 성 대대손손

世世代代流传的故事 대대손손 전해진 이야기

[4번 빈칸] 这从一个 ④ 反映出了中国地域文化的差异。

빈칸은 전치사 从과 함께 쓰인다는 점에 유의해야 합니다. 앞의 내용에서 남방과 북방의 춘제 음식 풍습을 비교하여 말하고 있습니다. '이것은 중국의 지역에 따른 문화적 차이를 반영하는 하나의 (　)이다'라고 했으므로, 선택지 단어 중 정답이 될 수 있는 것은 侧面(B)밖에 없습니다.

A 表面 biǎomiàn 명 표면, 겉

表面现象 표면 현상 │ 表面上看起来 겉으로 보기에는

B 侧面 cèmiàn 명 측면, 한 측면, 어떤 방면

从侧面反映问题 어떤 방면에서 문제를 반영하다

C 反面 fǎnmiàn 명 (부정적이거나 소극적인) 면

反面人物 반동적이고 부정적인 인물 │ 反面教材 반면교사가 될 만한 것 　·반면교사: 사물의 부정적인 측면을 통해 교훈을 얻는다는 뜻

D 平面 píngmiàn 명 평면

平面图 평면도

|단 어| 春节 Chūnjié 고유 춘제[설날, 음력 1월 1일] │ 传统节日 chuántǒng jiérì 전통 명절 │ 团圆 tuányuán 동 (가족이) 한자리에 모이다 │ 普遍 pǔbiàn 형 보편적인 │ 过年 guònián 동 새해를 맞다, 설을 쇠다 │ 汤圆 tāngyuán 탕위안[찹쌀가루 등을 새알 모양으로 빚은 것으로, 대부분 소를 넣어 만듦. 또는 이것을 넣고 끓인 음식] · 圆 yuán 형 둥글다 │ 象征 xiàngzhēng 동 상징하다 │ 符合 fúhé 동 부합하다, 일치하다 │ 饺子 jiǎozi 명 자오즈[밀가루를 반죽하여 엷게 민 다음 잘게 저민 고기나 야채 따위를 넣어 싸서 찐 음식으로, 우리나라의 만두와 같음] │ 反映 fǎnyìng 동 반영하다 │ 地域 dìyù 명 지역 │ 差异 chāyì 명 차이

04 │ D

人们常说创业之所以未果，多半是由于资金匮乏或①人员不力。其实现实生活中，创业失败的最大原因往往是原始构思不②可行。才华横溢的创业者们往往太③着迷于自己的完美构思，④以致忽视了现实中的种种限制。

사람들은 창업이 결실을 맺지 못하는 것은 대부분 자금이 부족하거나 ①인원이 일을 잘 못하기 때문이라고 자주 말한다. 사실 현실 생활에서 창업이 실패하는 가장 큰 원인은 종종 최초 구상이 ②실행될 수 없어서이다. 재능이 넘치는 창업자는 주로 자신의 완벽한 구상에 너무 ③빠져들어서, 현실 속의 여러 제한을 간과④하게 된다.

A 成员×	可观×	着重×	导致×
B 人质×	可靠×	迷失×	以免×
C 人事×	可恶×	迷惑×	以便×
D 人员○	可行○	着迷○	以致○

A 구성원 / 볼만하다 / 중시하다 / 야기하다

B 인질 / 믿을 만하다 / (길을) 잃다 / ~하지 않도록

C 인사 / 밉살스럽다 / 미혹시키다 / ~하기 위해서

D 인원 / 실행 가능하다 / ~에 빠져들다 / ~하게 되다

|해 설| [1번 빈칸] 多半是由于资金匮乏或 ① 不力。

빈칸 뒤의 '不力(최선을 다하지 않다)'와 호응하는 단어를 골라야 합니다. 人员(D)은 工作人员을 말하므로 不力와 호응합니다. 나머지 선택지들은 不力와 호응하지 못합니다. 특히 '(조직 내의) 구성원'이라는 의미의 成员(A)은 호응이 될 것 같지만, 成员不力라는 표현은 쓰지 않으므로 유의해야 합니다.

A 成员 chéngyuán 명 구성원, 회원[조직 내의 일원을 뜻함]

新成员 신입 회원

B 人质 rénzhì 명 인질

释放人质 인질을 석방하다 　·释放 shìfàng 동 석방하다

C 人事 rénshì 명 인사

　人事部门 인사부

D 人员 rényuán 명 인원

　工作人员 업무 인원 | 有关人员 관계자

[2번 빈칸] 创业失败的最大原因往往是原始构思不　②　。

'최초 구상(原始构思)이 (　)하지 못해서' 창업에 실패한다는 문장이므로, 빈칸에 적합한 단어는 可行(D)밖에 없습니다. 2번 빈칸 하나로 정답을 고를 수 있습니다.

A 可观 kěguān 형 볼만하다, 상당하다

　规模可观 규모가 볼만하다 | 收入可观 수입이 상당하다

B 可靠 kěkào 형 믿을 만하다

　可靠的朋友 믿을 만한 친구 | 可靠的消息 믿을 만한 소식

C 可恶 kěwù 형 밉살스럽다, 얄밉다

　可恶的老太太 밉살스러운 할머니

D 可行 kěxíng 형 실행 가능하다

　可行的方案 실행 가능한 방안 | 可行的政策 실행 가능한 정책

[3번 빈칸] 才华横溢的创业者们往往太　③　于自己的完美构思,

빈칸 뒤의 于와 함께 쓸 수 있는 단어를 먼저 골라냅니다. 着重(A), 迷失(B), 着迷(D)가 전치사 于와 함께 쓸 수 있습니다. 이 중에서 의미상 着迷가 적합합니다. 3번 빈칸은 비교적 어려운 빈칸이므로 다른 빈칸에서 승부를 걸어야 합니다.

A 着重 zhuózhòng 동 중시하다, ~에 치중하다, 힘을 주다

　着重强调 힘을 주어 강조하다 | 着重形式 형식을 중시하다

B 迷失 míshī 동 (길·방향을) 잃다

　迷失路途 길을 잃다 | 迷失方向 방향을 잃다

C 迷惑 míhuò 동 미혹시키다, 미혹되다, 현혹되다

　迷惑不解 어찌된 영문인지 모르다 | 迷惑的表情 현혹된 표정

D 着迷 zháomí 동 ~에 빠져들다, ~에 몰두하다

　对学中文着迷 중국어 공부에 빠져들다 | 着迷于收藏 수집에 몰두하다　　　·收藏 shōucáng 동 수집하다

[4번 빈칸] 才华横溢的创业者们往往太　③　于自己的完美构思,　④　忽视了现实中的种种限制。

4번 빈칸은 앞 절을 함께 봐야 합니다. 앞 절이 원인을 나타내므로 '원인,　④　+안 좋은 결과'의 구조임을 알 수 있습니다. 따라서 4번 빈칸은 안 좋은 결과를 이끌어 내는 접속사가 와야 합니다. 以免(B)과 以便(C)은 목적을 이끌어 내는 접속사이기 때문에 적합하지 않고, 导致(A)는 안 좋은 결과를 이끌어 내기는 하지만, 접속사가 아닌 동사이므로 의미를 떠나 어법적으로 맞지 않습니다. 导致忽视了라고 쓰지 않고, 了는 동사인 导致 뒤에 써야 합니다. 따라서 정답은 以致(D)입니다.

A 导致 dǎozhì 동 (나쁜 결과를) 야기하다, 초래하다

　导致失败 실패를 초래하다 | 导致癌症 암을 야기하다　　　·癌症 áizhèng 명 암

B 以免 yǐmiǎn 접 ~하지 않도록

　你最好提醒他一下, 以免他忘了。 그 사람이 잊지 않도록 네가 그에게 알려 주도록 해라.

C 以便 yǐbiàn 접 ~하기 위해서

　每个学生都要掌握一门外语, 以便将来工作得更好。

　장래에 일을 더욱 잘하기 위해서, 모든 학생은 외국어를 한 가지씩 마스터해야 한다.

D 以致 yǐzhì 접 (그래서) ~했다[주로 나쁜 결과를 이끌어 냄]

　司机酒后开车, 以致出了严重的交通事故。 운전기사가 음주 운전을 하여 큰 교통사고가 발생했다.

| 단 어 | **未果** wèiguǒ 통 결실을 맺지 못하다 | **多半** duōbàn 튀 대부분, 대개 | **资金** zījīn 명 자금 | **匮乏** kuìfá 통 부족하다 | **不力** búlì 형 최선을 다하지 않다, 효과를 얻지 못하다 | **原始** yuánshǐ 형 원시의, 최초의 | **构思** gòusī 명 구상 | **才华横溢** cáihuáhéngyì 형 재능이 넘치다 | **忽视** hūshì 통 소홀히 하다, 간과하다 | **限制** xiànzhì 명 제한

| 시나공법 03 확인문제 | 267쪽 | **01** B | **02** A | **03** D | **04** D |

01 | B

작为一个单位的领导，不需要、也不可能①事必躬亲，但一定要明察秋毫，能够在细节问题上比他人观察得更②细致，在解决关键问题时为每个员工做出③榜样。

A	见多识广✕	精致✕	模型✕
B	事必躬亲○	细致○	榜样○
C	兢兢业业✕	精确✕	模范✕
D	有条不紊✕	别致✕	案例✕

회사 사장으로서 ①모든 일을 도맡아 직접 할 필요가 없으며, 직접 하는 것도 불가능하다. 하지만 반드시 작은 일까지 빈틈없이 살펴서 세부적인 문제에 있어서 남보다 더 ②세밀하게 관찰을 해야 하고, 중요한 문제를 해결할 때에는 모든 직원들에게 ③모범을 보일 수 있어야 한다.

A 박학다식하다 / 정교하다 / 모델
B 일은 반드시 직접 해야 한다 / 세밀하다 / 모범
C 부지런하고 성실하다 / 정확하다 / 모범
D 질서 정연하다 / 특이하다 / 사례

| 해 설 | **[1번 빈칸]** 作为一个单位的领导，不需要、也不可能 ___①___ ，
회사 사장으로서 해서는 '안 되고(不需要)', 하는 것이 '불가능한(也不可能)' 것이 무엇인지 생각해 보고 제시된 선택지의 의미를 빈칸에 넣어 해석해 봅니다. 성어의 의미를 알아야 빠르고 정확하게 풀 수 있습니다. 1번 빈칸은 의미상 事必躬亲(B)이 가장 적합합니다.

A 见多识广 jiànduōshíguǎng 형 박학다식하다, 식견이 넓다
他是一位见多识广的教授。 그는 식견이 넓은 교수이다.
B 事必躬亲 shìbìgōngqīn 형 일은 반드시 직접 해야 한다
王老板什么事都事必躬亲，别人劝他也没用。
왕 사장은 어떤 일이든 반드시 직접 해야 하는데, 다른 사람이 그를 타일러도 소용이 없다.
C 兢兢业业 jīngjīngyèyè 형 부지런하고 성실하다
他在工作上总是兢兢业业的。 그는 업무에 있어서 늘 부지런하고 성실하다.
D 有条不紊 yǒutiáobùwěn 형 질서 정연하다, 체계가 서다
我不管做什么事情都有条不紊，从不慌张。   · 慌张 huāngzhāng 형 당황하다, 허둥대다
나는 어떤 일을 하든 체계가 있어서 여태껏 허둥댄 적이 없다.

[2번 빈칸] 但一定要明察秋毫，能够在细节问题上比他人观察得更 ___②___ ，
빈칸은 술어 观察의 결과를 보충해 주는 보어를 찾는 문제인데 선택지 단어들의 난이도가 상당히 높습니다. 빈칸 앞의 在细节问题上이 단서가 됩니다. 문장을 해석해 보면 '세부적인 문제에 있어서 (지도자들은) 남보다 더 (   )하게 관찰을 해야 한다'입니다. 단어가 어려울 때는 1字씩 이해하는 방법으로 승부를 걸어야 합니다. 선택지 A, B, D에 공통으로 들어 있는 글자 致를 제외하고 나머지 글자인 精, 细, 别에서 정답을 찾도록 합니다. 관찰할 때 필요한 것은 细이므로, 정답은 细致(B)입니다.

A 精致 jīngzhì 형 정교하다[주로 눈에 보이는 사물에 씀]
精致的包装 정교한 포장 | 精致的礼物 정교한 선물
B 细致 xìzhì 형 세밀하다, 꼼꼼하다
观察得很细致 세밀하게 관찰하다 | 研究得很细致 꼼꼼하게 연구하다
C 精确 jīngquè 형 정확하다(정밀하고 확실하다)
精确的计算 정확한 계산 | 精确的时间 정확한 시간
D 别致 biézhì 형 특이하다, 색다르다
款式别致 스타일이 특이하다 | 设计别致 디자인이 색다르다   · 款式 kuǎnshì 명 스타일, 양식

[3번 빈칸] 在解决关键问题时为每个员工做出 ___③___ 。

빈칸 문장의 핵심 구조는 '为(给)+대상+做出+( )'임을 알 수 있습니다. 주어는 첫 번째 절에 있는 领导입니다. 즉, 이 문장은 '(사장이) 중요한 문제를 해결할 때 직원들에게 ( )이 되어야 한다'라는 의미이므로, 선택지 단어 중 빈칸은 '모범'이라는 의미가 가장 적합합니다. 榜样(B)과 模范(C)이 '모범'이라는 의미입니다. 하지만 C는 劳动模范과 같이 주로 명사 형태의 고정 격식에 많이 쓰이므로, 이 문장의 빈칸에는 적절하지 않습니다. 따라서 정답은 B입니다.

> **A** 模型 móxíng 몡 모델, 모형
> 飞机模型 비행기 모형 ｜ 洗车模型 세차 모델
>
> **B** 榜样 bǎngyàng 몡 모범, 본보기
> 学习的榜样 학습의 본보기 ｜ 给孩子做榜样 아이에게 모범이 되다
>
> **C** 模范 mófàn 몡 모범[고유명사에만 쓰임]
> 劳动模范 노동 모범, 모범 노동자 ｜ 模范单位 모범 회사
>
> **D** 案例 ànlì 몡 사례, (사건·소송의) 예
> 成功案例 성공 사례 ｜ 营销案例 마케팅 사례

|단 어| **明察秋毫** míngcháqiūháo 솅 지극히 미세한 것까지 살피다 ｜ **细节** xìjié 몡 세부 사항, 자세한 사정 ｜ **关键** guānjiàn 혱 매우 중요하다, 관건이다

---

02 | A

> 　　刚毕业的大学生在积累工作经验的①同时，也要认识到相对②稳定的工作经历是今后发展所需的重要资历之一，动不动就辞职是一种③得不偿失的做法。
>
> A 同时○　　稳定○　　得不偿失○
> B 时光×　　镇定×　　急功近利×
> C 时刻×　　坚定×　　半途而废×
> D 时期×　　固定×　　拔苗助长×

> 막 졸업한 대학생은 업무 경험을 쌓는 ①동시에 또한 상대적으로 ② 안정적인 업무 경력이 앞으로 발전하는 데 필요한 중요 이력 중의 하나이며, 걸핏하면 사직하는 것은 ③득보다 실이 많은 방법이라는 것을 알아야 한다.
>
> A 동시 / 안정적이다 / 득보다 실이 많다
> B 시절 / 침착하다 / 눈앞의 성공과 이익에 급급하다
> C 순간 / 확고하다 / 도중에 포기하다
> D 시기 / 고정되다 / 일을 급하게 이루려 하다가 도리어 그르치다

|해 설| **[1번 빈칸]** 刚毕业的大学生在积累工作经验的 ___①___ ，也要认识到……

이 문장에서 '在~的同时, 也…(~함과 동시에 …도 한다)' 구문이 쓰였음을 체크합니다. 뒷절에 나오는 부사 也의 역할이 아주 중요하므로 평소에 부사나 접속사를 꼼꼼히 체크하는 습관을 기릅니다. 선택지 B, C, D는 단순히 시간과 시기를 나타내는 단어들이며, 뒷절의 也와 호응하여 쓰지 않습니다. 따라서 A가 정답이 됩니다.

> **A** 同时 tóngshí 몡 동시, 같은 시기
> 太阳在发光的同时，也产生热量。 태양은 빛을 발함과 동시에 열을 만들어 낸다.
>
> **B** 时光 shíguāng 몡 시절, 시간
> 幸福的时光 행복한 시간 ｜ 美好的时光 아름다운 시절
>
> **C** 时刻 shíkè 몡 순간, 시각, 시간
> 最后时刻 최후의 순간 ｜ 关键时刻 중요한 순간
>
> **D** 时期 shíqī 몡 시기
> 儿童时期 아동기 ｜ 青少年时期 청소년기

[2번 빈칸] 也要认识到相对 ___②___ 的工作经历是今后发展所需的重要资历之一，

빈칸은 '工作经历(업무 경험)'를 수식할 수 있는 단어를 고르는 문제인데, 호응 관계를 알면 쉽게 풀 수 있습니다. 하지만 만약 모른다면 문 뒷부분에서 언급된 향후 발전에 필요한 중요 이력 중 하나가 무엇인지 생각해 보면 바로 '안정적인 경력'이라는 것을 알 수 있습니다. 따라서 2번 빈칸의 정답은 稳定(A)입니다. 나머지 선택지는 모두 의미상 적합하지 않습니다.

A 稳定 wěndìng 혱 안정적이다, 안정되다

　稳定的工作 안정적인 업무 | 生活稳定 생활이 안정되다

B 镇定 zhèndìng 혱 침착하다, 진정하다, 태연하다

　保持镇定 침착함을 유지하다 | 故作镇定 일부러 태연한 척하다 　·故作 gùzuò 동 일부러 ~한 척하다

C 坚定 jiāndìng 혱 확고하다, 굳다

　立场坚定 입장이 확고하다 | 坚定的态度 확고한 태도

D 固定 gùdìng 혱 고정되다

　时间固定 시간이 고정되다 | 固定的座位 고정 좌석

[3번 빈칸] 动不动就辞职是一种 ③ 的做法。

动不动就는 '걸핏하면 ~하다'라는 의미로, 주로 바라지 않는 일과 결합하여 쓰입니다. 이 문장을 해석해 보면 '걸핏하면 사직하는 것은 (　)한 행동이다'라는 의미가 되므로, 빈칸에는 '득보다 실이 훨씬 크다'라는 성어인 得不偿失(A)가 적합합니다. 나머지 성어는 의미상 적합하지 않습니다.

A 得不偿失 débùchángshī 성 얻는 것보다 잃는 것이 많다, 득보다 실이 많다

　为了减肥不好好儿吃饭是得不偿失的。 다이어트하기 위해서 제대로 식사하지 않는 것은 득보다 실이 많다.

B 急功近利 jígōngjìnlì 성 눈앞의 성공과 이익에 급급하다

　城市建设不能急功近利。 도시 건설은 눈앞의 성공과 이익에 급급해선 안 된다.

C 半途而废 bàntú'érfèi 성 도중에 포기하다

　他只学了两个月就半途而废了。 그는 겨우 두 달 배우다가 도중에 포기했다.

D 拔苗助长 bámiáozhùzhǎng 성 모를 뽑아 자라게 하다, 일을 급하게 이루려고 하다가 도리어 그르치다

　教育子女不能拔苗助长。 자녀 교육은 급하게 성과를 이루려고 서둘러서는 안 된다.

|단 어| **积累** jīlěi 동 (경험을) 쌓다 | **资历** zīlì 명 자격과 경력, 이력 | **动不动** dòngbudòng 부 걸핏하면 | **辞职** cízhí 동 사직하다, 직장을 그만두다 | **做法** zuòfǎ 명 방법, 행동

03 | D

　　火宫殿是湖南著名的旅游景点，也是长沙饮食文化的中心。火宫殿八大小吃是①正宗湘菜的代表，凝聚了湘菜烹饪技巧的②精华。在这里不仅能大饱眼福，还能大饱口福，因此一年到头游客③络绎不绝。

A	正经✕	结晶✕	川流不息✕
B	正规✕	风味✕	空前绝后✕
C	正当✕	焦点✕	家喻户晓✕
D	正宗○	精华○	络绎不绝○

　　화궁전은 후난의 유명한 관광 명소로, 창사 음식 문화의 중심이기도 하다. 화궁전 팔대 먹거리는 ①정통 후난 요리의 대표로, 후난 요리 테크닉의 ②정화를 응집하였다. 이곳에서는 실컷 보고 즐길 수 있을 뿐만 아니라 맛있는 음식을 배불리 먹을 수 있어서, 일년 내내 여행객들이 ③끊이지 않는다.

A 정식의 / 결정체 / 끊임없이 오가다

B 정규의 / 풍미 / 전무후무하다

C 정당한 / 초점 / 누구나 다 알다

D 정통의 / 정화 / 왕래가 끊이지 않다

Tip 湖南의 약칭은 湘 xiāng입니다. 따라서 湖南菜는 湘菜라고 부르기도 합니다. 자주 나오는 지역들의 약칭은 알아 두는 것이 좋습니다.
예 北京 → 京 Jīng, 上海 → 沪 Lú, 山东 → 鲁 Lǔ, 广东 → 粤 Yuè

|해 설| **[1번 빈칸]** 火宫殿八大小吃是 ① 湘菜的代表，

'화궁전 팔대 먹거리는 ~한 후난 요리의 대표이다'라는 의미이며, 빈칸은 명사 湘菜를 수식해 주는 형용사를 찾는 자리입니다. 한국어로도 '정통 요리'란 말을 쓰듯이 여기에서도 요리를 수식하므로 '정통의'가 가장 자연스럽습니다. 따라서 정답은 正宗(D)입니다. 나머지는 의미상 호응이 맞지 않습니다.

3개의 빈칸 가운데 가장 쉬운 빈칸이므로 1번 빈칸에서 정답을 찾아야 합니다.

A **正经** zhèngjing 휑 정식의, 정직한

　　正经工作 정식 업무 │ 正经人 정직한 사람

B **正规** zhèngguī 휑 정규의, 표준의

　　正规训练 정규 훈련 │ 正规军 정규군

C **正当** zhèngdàng 휑 정당한

　　正当防卫 정당방위 │ 正当理由 정당한 이유

D **正宗** zhèngzōng 휑 정통의

　　正宗川菜 정통 쓰촨요리 │ 正宗韩国料理 정통 한국 요리

[2번 빈칸] 凝聚了湘菜烹饪技巧的　②　。

'후난 요리 테크닉의 (　)을 응집시켰다'라는 의미로, 凝聚의 목적어를 찾는 문제입니다. 凝聚가 어려운 단어이므로 聚 한 글자만 가지고 '모으다'라는 의미를 유추해야 합니다. 한국어로 해석하면 A와 B도 될 것 같지만 빈칸 앞의 烹饪技巧와도 어울려야 하기 때문에 정답이 아닙니다. 선택지 중에서 오직 精华(D)만 빈칸에 들어갈 수 있습니다.

A **结晶** jiéjīng 몡 결정(체)

　　形成结晶 결정을 형성하다 │ 劳动的结晶 노동의 결정체

B **风味** fēngwèi 몡 풍미, 맛

　　地方风味 지방의 풍미 │ 别具风味 남다른 풍미를 가지다

C **焦点** jiāodiǎn 몡 초점

　　关注的焦点 관심의 초점 │ 社会焦点 사회초점

D **精华** jīnghuá 몡 정화

　　凝聚精华 정화를 응집하다 │ 提取精华 정화를 추출하다　　　　　　　·提取 tíqǔ 통 추출하다, 뽑아내다

[3번 빈칸] 因此一年到头游客　③　。

'그러므로 일년 내내 여행객들이 (　)하다'라는 뜻입니다. 해석해 보면 '여행객들이 끊이지 않는다'라고 해야 의미가 가장 자연스럽습니다. 따라서 정답은 络绎不绝(D)입니다. 川流不息(A)는 '차량이나 배 등이 끊임없이 다니고 번화하다'라는 뜻으로 빈칸에 어울리지 않습니다. 시험에서 络绎不绝와 川流不息는 함께 자주 출제되므로 확실히 공부해 두도록 합니다.

A **川流不息** chuānliúbùxī 솅 (배·차량이) 냇물처럼 끊임없이 오가다

　　大街上车来车往，川流不息。 거리에 차들이 끊임없이 오간다.

B **空前绝后** kōngqiánjuéhòu 솅 전무후무하다

　　这是一次空前绝后的盛会。 이것은 전무후무한 성대한 모임이다.

C **家喻户晓** jiāyùhùxiǎo 솅 집집마다 다 알다, 누구나 다 알다

　　他在中国家喻户晓。 그는 중국에서 누구나 다 안다

D **络绎不绝** luòyìbùjué 솅 왕래가 빈번하여 끊이지 않다

　　游客络绎不绝。 여행객들이 끊이지 않는다.

│단 어│　**火宫殿** Huǒgōngdiàn 고유 화궁전 │ **湖南** Húnán 지명 후난 │ **旅游景点** lǚyóu jǐngdiǎn 관광 명소 │ **长沙** Chángshā 지명 창샤 │ **湘菜** xiāngcài 후난 요리 │ **凝聚** níngjù 응집하다, 모으다 │ **烹饪** pēngrèn 통 요리하다, 조리하다 │ **大饱眼福** dàbǎoyǎnfú 솅 (진기하고 아름다운 경관·사물을) 실컷 보고 즐기다 │ **大饱口福** dà bǎo kǒufú 맛있는 음식을 배불리 먹다 │ **一年到头** yìniándàotóu 솅 일년 내내

公元500年左右，曾是丝绸之路上重要①贸易中转站的楼兰古国，从中国史册上②神秘地消失了。迄今为止，关于楼兰古国消失的原因依然③众说纷纭，而楼兰古城却只是静静地躺在距离若羌县城200多公里的地方，④等待着更多的人去揭开它的面纱。

A 交易×	秘密×	博大精深×	期待○
B 交际×	神奇○	不可思议×	看待×
C 外交×	神圣×	不言而喻×	等候○
D 贸易○	神秘○	众说纷纭○	等待○

서기 500년쯤에 일찍이 실크로드의 주요 ①무역 중간 지점이었던 누란고국이 중국 역사책에서 ②신비롭게 사라졌다. 지금까지 누란고국이 사라진 원인에 관해서는 여전히 ③의견이 분분하고, 누란 고성은 뤄창현성(若羌县城)에서 단지 200여 킬로미터 떨어진 곳에 조용히 누워서, 더 많은 사람들이 가서 그것의 베일을 벗겨 주길 ④기다리고 있을 뿐이다.

A 거래 / 비밀 / 사상이 넓고 심오하다 / 기대하다
B 교제 / 신기하다 / 불가사의하다 / 대하다
C 외교 / 성스럽다 / 말하지 않아도 안다 / 기다리다
D 무역 / 신비하다 / 의견이 분분하다 / 기다리다

|해설|

[1번 빈칸] 公元500年左右，曾是丝绸之路上重要 ① 中转站的楼兰古国，

실크로드(丝绸之路)가 아시아 각국을 연결해 주는 일종의 무역 교통로였다는 사실을 알고 있었다면 정답을 수월하게 고를 수 있습니다. 선택지를 보면 交际(B)와 外交(C)는 의미상 맞지 않고, 交易(A)와 贸易(D)가 남게 됩니다. 交易(A)는 주로 개인 간의 거래를 일컬으며, 贸易는 나라와 나라 간의 물건을 사고 파는 행위를 말하므로 정답은 贸易(D)입니다.

A 交易 jiāoyì 몡 거래, 장사 통 거래하다, 장사하다
证券交易 증권 거래 ｜ 一笔交易 한 건의 거래 ·证券 zhèngquàn 몡 증권
B 交际 jiāojì 몡 교제 통 교제하다, 서로 사귀다
善于交际 교제를 잘하다 ｜ 交际很广 교제가 폭넓다
C 外交 wàijiāo 몡 외교
外交手段 외교 수단 ｜ 外交政策 외교 정책
D 贸易 màoyì 몡 (나라와 나라 간의) 무역
贸易往来 무역 거래 ｜ 进出口贸易 수출입 무역

[2번 빈칸] 从中国史册上 ② 地消失了。

2번 빈칸은 술어 '消失了(사라졌다)'를 수식하는 부사입니다. A의 秘密는 명사라서 부사어로 쓸 수 없으므로, 정답에서 제외됩니다. 선택지 B, C, D를 빈칸에 넣어서 해석해 보면, '신기하게 사라졌다', '성스럽게 사라졌다', '신비롭게 사라졌다'가 됩니다. 선택지 C인 '나라가 성스럽게 사라졌다'는 문맥이 매끄럽지 않으므로 정답에서 제외됩니다. 따라서 정답 범위는 神奇(B), 神秘(D)가 됩니다.

A 秘密 mìmì 몡 비밀
保守秘密 비밀을 지키다 ｜ 泄露秘密 비밀을 누설하다 ·保守 bǎoshǒu 통 (비밀을) 지키다 ·泄露 xièlòu 통 누설하다, 폭로하다
B 神奇 shénqí 혱 신기하다
神奇的现象 신기하다 ｜ 神奇的力量 신기한 힘
C 神圣 shénshèng 혱 성스럽다, 신성하다
神圣的领土 신성한 영토 ｜ 神圣不可侵犯 신성 불가침 ·侵犯 qīnfàn 통 침범하다
D 神秘 shénmì 혱 신비하다
神秘人物 신비한 인물 ｜ 神秘色彩 신비한 색채

[3번 빈칸] 关于楼兰古国消失的原因依然 ③ ，

이 문장의 앞 내용에서 '누란고국이 (신비롭게) 사라졌다'라는 언급이 나왔고, 그 문장으로 보아 누란고국이 사라진 원인에 대해서 정확히 밝혀진 바가 없다는 것을 알 수 있습니다. 또한 그 원인에 대한 여러 가지 설이 있다는 추측이 가능해집니다. 따라서 의미상 가장 근접한 성어인 众所纷纭(D)만 3번 빈칸에 들어갈 수 있습니다. 성어를 안다면 정답을 쉽게 고를 수 있습니다.

A 博大精深 bódàjīngshēn 성 (사상 · 학식이) 넓고 심오하다

中国文化博大精深。 중국 문화는 넓고 심오하다.

B 不可思议 bùkěsīyì 성 불가사의하다

这件事情真让人不可思议。 이 일은 정말 사람들에겐 불가사의하다.

C 不言而喻 bùyán'éryù 성 말하지 않아도 안다

健康的重要性是不言而喻的。 건강의 중요성은 말하지 않아도 안다.

D 众说纷纭 zhòngshuōfēnyún 성 사람들의 의견이 분분하다

大家对这件事众说纷纭。 모두가 이 일에 의견이 분분하다.

[4번 빈칸] ____④____ 着更多的人去揭开它的面纱。

4번 빈칸은 着 앞에 있기 때문에 동사 자리임을 알 수 있습니다. 또한 하나의 문장인 '更多的人(주어)+去揭开(술어)+它的面纱(목적어)'를 목적어로 가질 수 있는 동사여야 합니다. 의미상 '(사람 · 문제를) 대하다'라는 의미를 가진 B의 看待를 제외한 나머지 선택지 단어가 모두 4번 빈칸에 들어갈 수 있습니다.

A 期待 qīdài 동 기대하다

期待回音 답장을 기대하다 ∣ 期待聚会 모임을 기대하다   · 回音 huíyīn 명 답장, 회신

B 看待 kàndài 동 (사람 · 문제 등을) 대하다, 다루다

看待问题 문제를 대하다 ∣ 如何看待? 어떻게 생각하니?

C 等候 děnghòu 동 기다리다[주로 구체적인 대상에 쓰임]

等候消息 소식을 기다리다 ∣ 等候命令 명령을 기다리다

D 等待 děngdài 동 기다리다

等待好消息 좋은 소식을 기다리다 ∣ 等待结果 결과를 기다리다

|단 어| 丝绸之路 Sīchóuzhīlù 고유 실크로드 ∣ 中转站 zhōngzhuǎnzhàn 중간 지점, 갈아타는 역 ∣ **史册** shǐcè 명 역사책, 사서 ∣ 迄今为止 qìjīn wéi zhǐ 지금까지 ∣ **依然** yīrán 부 여전히 ∣ **揭开** jiēkāi 동 (덮고 있는 것을) 벗기다, 폭로하다 ∣ **面纱** miànshā 명 베일, 면사포

독해

3부분

01~05 | D A B E C

🎧 독해 3-01-2 확인문제.mp3

我觉得读书人是世界上最幸福的人。因为他除了拥有现实的世界之外，还拥有另一个更为广阔、丰富的世界。(01)D 现实世界是人人都有的，而后一个世界却为读书人所独有。所以我觉得那些失去阅读机会或不能阅读的人是非常不幸的，(02)A 他们的损失是不可补偿的。世界上有诸多的不平等：财富的不平等，权利的不平等，而阅读能力的拥有或丧失却体现为精神的不平等。

一个人的一生，不得不经历自己无法逃避的喜悦和苦难。然而人们通过阅读，却能进入不同时空的诸多他人的世界。这样，(03)B 具有阅读能力的人，无形间获得了超越有限生命的无限可能性。阅读不仅使他多识了草木虫鱼之名，(04)E 而且可以上至远古下及未来，饱览存在的与不存在的一切。更为重要的是，(05)C 读书带给人们的不仅是知识的增加，而且还在于精神的感化与陶冶。人们从书中学做人，从那些历史名人以及当代才俊的著述中学得他们的人格。

A 他们的损失是不可补偿的

B 具有阅读能力的人

C 读书带给人们的不仅是知识的增加

D 现实世界是人人都有的

E 而且可以上至远古下及未来

나는 책을 읽는 사람이 세상에서 가장 행복한 사람이라고 생각한다. 왜냐하면 그는 현실적인 세계를 가지고 있는 것 외에, 그 밖의 더 넓고 풍부한 세계를 더 가지고 있기 때문이다. (01)D 현실 세계는 누구에게나 있지만 후자의 세상[현실 세계 외의 세상]은 책을 읽는 사람이 독점하고 있다. 그래서 나는 독서 기회를 잃거나 독서할 수 없는 사람은 매우 불행하다고 생각하는데, (02)A 그들의 손실은 보상할 수 없다. 세상에는 부의 불평등과 권리의 불평등 등 수많은 불평등이 있지만, 독서 능력의 소유 혹은 상실은 오히려 정신적 불평등으로 구현된다.

사람의 인생은 어쩔 수 없이 스스로 도피할 수 없는 희열과 고난을 겪게 된다. 하지만 사람들은 독서를 통해서 다른 시공의 많은 타인의 세계에 들어갈 수 있다. 이렇게 (03)B 독서 능력을 갖춘 사람은 저도 모르게 유한한 생명을 초월한 무한한 가능성을 얻었다. 독서는 그가 풀과 나무, 곤충과 물고기의 이름을 많이 알게 했을 뿐만 아니라, (04)E 위로는 먼 옛날부터 아래로는 미래에 이르기까지, 존재하는 것과 존재하지 않는 모든 것을 충분히 보게 했다. 더욱 중요한 것은 (05)C 독서가 사람들에게 가져다주는 것은 지식의 증가뿐만 아니라 정신의 감화와 도야에도 있다는 것이다. 사람들은 책 속에서 처신하는 것을 배우고, 역사 명인들과 당대의 뛰어난 서서들에서 그들의 인격을 배운다.

A 그들의 손실은 보상할 수 없다

B 독서 능력을 갖춘 사람

C 독서가 사람들에게 가져다주는 것은 지식의 증가뿐만 아니라

D 현실 세계는 누구에게나 있다

E 게다가 위로는 먼 옛날부터 아래로는 미래에 이르기까지

| 해설 | [01번 빈칸] (01)_____，而后一个世界却为读书人所独有。

　　　　　　　　　　　而과 却는 앞 내용과 반대 내용을 이끌어 내는 접속사

　　　　　D 现实世界是人人都有的

　　　　　　　后一个世界에 상대되는 내용

빈칸 뒤에 전환을 나타내는 접속사 而과 却가 있기 때문에 빈칸에는 '后一个世界却为读书人所独有(후자의 세상은 책을 읽는 사람이 독점하고 있다)'와 반대 내용이 와야 함을 알 수 있습니다. 后一个世界가 가리키는 세상은 '另一个更为广阔、丰富的世界(더 넓고 풍부한 세계)'이므로, 빈칸에는 이와 상대되는 개념, 즉, '现实世界(현실 세계)'에 대한 내용이어야 합니다. 따라서 선택지 D를 빈칸에 넣으면 문맥이 맞게 됩니다.

[02번 빈칸] ……人是非常不幸的，(02)_____。

　　　　　　　　不幸 뒤에는 부정적인 내용이 옴

　　　　　A 他们的损失是不可补偿的

　　　　　　　부정적인 의미의 단어 → 02번 빈칸 앞 내용에 이어짐

빈칸 끝에 마침표가 있으므로 빈칸 앞 문장에 힌트가 있습니다. 빈칸 앞 구문 주요 내용은 人是非常不幸的입니다. 따라서 불행에 관련된, 부정적인 내용이 이어질 것을 유추할 수 있습니다. 의미상 A가 가장 적합합니다. 이렇게 의미로 찾는 문제는 사실 가장 어렵다고 할 수 있기 때문에 마지막에 풀어도 됩니다. 시험에서는 순서에 연연하지 말고 쉬운 문제부터 풀도록 합니다.

[03번 빈칸] (03)_____, [无形间] 获得了 (超越有限生命的) 无限可能性。

구조 분석하기

B (具有阅读能力的) 人
└─────────┘
명사 → 주어/목적어의 역할

빈칸 뒷구문을 분석하면 '부사(无形间)+술어(获得)+목적어(无限可能性)'의 구조입니다. 주어가 없으므로 빈칸에는 주어가 와야 합니다. 선택지의 B가 '···的人'이라는 '관형어+명사'의 구조라서 주어가 될 수 있습니다. 빈칸에 넣고 해석해 보면 뒷문장과 자연스럽게 연결됨을 알 수 있습니다.

[04번 빈칸] 阅读不仅使他多识了草木虫鱼之名, (04)_____,

不仅과 호응하는 접속사 찾기

E 而且可以上至远古下及未来

不仅~而且

빈칸 앞 구문의 접속사 不仅을 찾으면 쉽게 풀립니다. 선택지 E에 而且가 있으므로 E를 빈칸에 넣고 해석해서 맞는지 체크합니다. 해석이 조금 어렵기 때문에 '不仅~而且···'의 호응으로 풀 수 있어야 합니다.

[05번 빈칸] (05)_____, 而且还在于精神的感化与陶冶。

而且와 호응하는 접속사 찾기

C 读书带给人们的不仅是知识的增加

不仅~而且/还/也···

빈칸 뒷내용에 접속사 而且가 있으므로, 호응하는 접속사를 선택지에서 찾아야 합니다. C의 不仅이 而且와 호응하므로, 빈칸에 넣어서 해석으로 체크합니다.

| 단 어 | 读书人 dúshūrén 책을 읽는 사람 | 幸福 xìngfú 휑 행복하다 | 拥有 yōngyǒu 동 소유하다, 보유하다 | 广阔 guǎngkuò 휑 넓다, 광활하다 | 独有 dúyǒu 동 독점하다, 독차지하다 | 不幸 búxìng 휑 불행하다 | 损失 sǔnshī 몡 손실, 손해 | 不可补偿 bùkě bǔcháng 보상할 수 없다 | 诸多 zhūduō 휑 많다[주로 추상적인 사물에 씀] | 财富 cáifù 몡 부, 재산 | 权利 quánlì 몡 권리 | 丧失 sàngshī 동 상실하다, 잃어버리다 | 体现 tǐxiàn 동 구현하다(구체적으로 드러내다) | 不得不 bùdébù 뷔 어쩔 수 없이 | 经历 jīnglì 동 겪다, 경험하다 | 逃避 táobì 동 도피하다 | 喜悦 xǐyuè 휑 기쁘다, 즐겁다 | 无形 wúxíng 휑 모르는 사이에, 어느새 | 获得 huòdé 동 얻다, 획득하다 | 超越 chāoyuè 동 초월하다, 뛰어넘다 | 有限 yǒuxiàn 휑 유한하다, 한계가 있다 | 远古 yuǎngǔ 몡 먼 옛날 | 饱览 bǎolǎn 충분히 보다, 실컷 보다 | 感化 gǎnhuà 동 감화하다, 감화시키다 | 陶冶 táoyě 동 도야하다[심신을 닦고 수양하는 것을 뜻함] | 做人 zuòrén 동 처신하다, 좋은 사람이 되다 | 才俊 cáijùn 몡 뛰어난 재능, 재능이 뛰어난 사람 | 著述 zhùshù 몡 저서, 저술 |

01~05 | A E D C B

🎧 독해 3-02-2 확인문제.mp3

在许多人眼中, (01)A 喜新厌旧是人的天性。然而事实果是如此吗?

20世纪60年代, 心理学家查荣茨做过试验: 先向被试者出示一些照片, 有的出现了20多次, 有的出现了10多次, 有的只出现一两次, (02)E 然后请他们评价对照片的喜爱程度, 结果发现, 被试者更喜欢那些看过20多次的照片, 即看的次数增加了喜欢的程度。这种对越熟悉的东西就越喜欢的现象, 心理学上称为"多看效应"。

人际吸引难道真的是如此的简单? 有社会心理学的实验做佐证: 在一所大学的女生宿舍楼里, 心理学家随机找了几个寝

많은 사람들의 눈에 (01)A 새로운 것이 좋고 옛것이 싫은 것은 사람의 천성이다. 하지만 실제로 정말 그럴까?

1960년대 심리학자 차룽츠가 실험을 했다. 먼저 피험자에게 사진 몇 장을 보여 주었는데, 어떤 사진은 20여 차례, 어떤 사진은 10여 차례, 또 어떤 사진은 한두 번만 보여 주었다. (02)E 그런 후 그들에게 사진에 대한 선호도를 평가하게 했다. 결과에 따르면 피험자들이 더 좋아하는 것은 20여 차례 봤던 사진들이었다. 즉, 보는 횟수가 선호도를 높인 것이다. 이처럼 익숙한 사물일수록 더 좋아지는 현상은 심리학적으로 '단순 노출 효과(Mere-Exposure Effect)'라고 한다.

대인 관계의 이끌림도 설마 정말로 이렇게 단순할까? 사회심리학의 실험이 이를 증명해 준다. 한 대학의 여학생 기숙사에서 심리학자가 무작위로 몇 개의 방을 선택한 후 학생들에게 맛이 다른 음료수를 나눠 주

室，发给她们不同口味的饮料，然后要求这几个寝室的女生，可以品尝饮料为借口，(03)D 在这些寝室间互相走动。一段时间后，心理学家评估她们之间的熟悉和喜欢的程度，结果发现：见面的次数越多，互相喜欢的程度越大；见面的次数越少或根本没有，相互喜欢的程度也越低。

可见，若想增强人际吸引，(04)C 就要留心提高自己在别人面前的熟悉度，这样可以增加别人喜欢你的程度。因此一个自我封闭的人，或是一个面对他人就逃避和退缩的人，由于不易让人亲近而令人费解，也就不太讨人喜欢。在人际交往中，(05)B 如果你细心观察就会发现，那些人缘很好的人，往往善于制造双方接触的机会，以提高彼此间的熟悉度，然后互相产生更强的吸引力。

A 喜新厌旧是人的天性
B 如果你细心观察就会发现
C 就要留心提高自己在别人面前的熟悉度
D 在这些寝室间互相走动
E 然后请他们评价对照片的喜爱程度

었다. 그러고는 이 몇 개 방의 여학생들에게 음료수 시식을 핑계로 (03)D 몇 개의 방을 서로 옮겨 다니게 했다. 일정 시간이 지난 후 심리학자는 그들 간의 친밀도와 선호도를 조사했고 결과는 다음과 같았다. 만난 횟수가 많을수록 서로의 선호도가 높았고, 만난 횟수가 적을수록 혹은 만난 적이 없을 때는 선호도가 낮았다.

만약 대인 관계에서의 매력을 높이고 싶다면 (04)C 주의를 기울여 스스로 타인 앞에서의 친밀도를 높여야 함을 알 수 있다. 이렇게 되면 다른 사람의 당신에 대한 선호도를 높일 수 있다. 그러므로 폐쇄적인 사람 또는 타인을 대면하면 도망가거나 위축되는 사람은, 사람들에게 친밀감을 주지 못하기 때문에 남들이 이해하기 어려워하고 그다지 환심을 사지도 못한다. 대인 관계에 있어서 (05)B 만일 당신이 자세히 관찰해 보면 인복이 좋은 사람들은 종종 상대방과의 접촉의 기회를 만드는 데 능숙하고, 상호간의 친밀도를 높여 그다음에 서로 간에 더 강한 이끌림이 생기는 것임을 발견할 수 있다.

A 새것을 좋아하고 옛것을 싫어하는 것은 사람의 천성이다
B 만일 당신이 자세히 관찰하면 발견할 수 있다
C 주의를 기울여 스스로 타인 앞에서의 친밀도를 높여야 한다
D 몇 개의 방을 서로 옮겨 다니다
E 그런 후 그들에게 사진에 대한 선호도를 평가하게 했다

|해 설| **[01번 빈칸]** [在许多人眼中], (01)_____。然而事实果真是如此吗?

부사어   '주어+술어' 구조 찾기

A 喜新厌旧 是 (人的) 天性

주어   술어   목적어

01번 문제는 '在许多人眼中, 사람들의 일반적인 생각'이며, 구조적으로는 '주어+술어'가 와야 합니다. 의미적으로는 바로 뒤에 나오는 '然而事实果真是如此吗?'를 통해 일반적인 생각을 부정하려 한다는 것을 알 수 있습니다. 선택지에서 A를 제외하면 나머지는 구조적으로 '주어+술어' 구조도 아니며 내용적으로도 사람들의 일반적인 생각을 말하고 있지 않습니다. 따라서 정답은 A입니다. 喜新厌旧에서 厌은 讨厌이라는 것을 유추해야 합니다.

[02번 빈칸] 先向被试者出示一些照片, ……, (02)_____, 结果发现,

키워드   先~然后…

E 然后请他们评价对照片的喜爱程度

先~然后…

02번 문제는 빈칸 문장의 첫 부분에 있는 先이 키워드입니다. 先은 동작의 순서를 나타내므로, 주로 '先~然后…'의 형식으로 씁니다. 선택지 E에 然后가 있고, 해석해 보면 문맥 또한 자연스러우므로 정답은 E가 됩니다.

[03번 빈칸] 然后要求这几个寝室的女生, 可以品尝饮料为借口, (03)_____。

키워드

D 在这些寝室间互相走动

빈칸 문장은 실험의 과정을 말하고 있습니다. 빈칸 앞의 문장을 보면 실험의 배경은 这几个寝室이므로, 키워드 寝室가 나오는 선택지를 찾아서 체크합니다. 정답은 D가 됩니다.

[04번 빈칸] 可见, 若想增强人际吸引, (04)_____, 这样可以增加别人喜欢你的程度。

若+가정, (주어)+就+결과

C 就要留心提高自己在别人面前的熟悉度

如果/若~, 就…

빈칸 앞의 접속사 若를 찾는 것이 핵심입니다. 若는 가정을 나타내는 접속사로서, 주로 '若(=如果)+가정, (那么)+(주어)+就(=便)+결과'의 구조로 씁니다. 선택지 중 C가 '就+결과'의 구조이므로 빈칸에 적합합니다. 해석을 통해 최종적으로 확인을 합니다. 정답은 C가 됩니다.

[05번 빈칸] 在人际交往中, (05)_____, 那些人缘……

B 如果你细心观察就会发现

发现+결론

05번 문제는 결정적인 힌트가 없어서 가장 어려운 문제이기도 합니다. 따라서 힌트가 확실한 문제의 정답을 우선적으로 찾은 후에 마지막 남은 선택지를 정답으로 고르면 됩니다. 또한 선택지 如果你细心观察就会发现에서 发现 뒤에는 결론이 온다는 것을 알 수 있습니다. 따라서 이 선택지는 전체 글의 마지막 부분에 출현할 것이라는 것을 예상할 수 있습니다. 마지막으로 빈칸에 넣고 해석해 보면 정답이 B임을 알 수 있습니다.

|단 어| 喜新厌旧 xǐxīnyànjiù 성 새로운 것을 좋아하고 옛것을 싫어하다 | 果真 guǒzhēn 부 과연, 정말 | 查荣茨 Chá Róngcí 인명 차롱츠 | 试验 shìyàn 명 실험, 테스트 | 被试者 bèishìzhě 명 피실험자 | 出示 chūshì 동 보여 주다, 제시하다 | 评价 píngjià 동 평가하다 | 喜爱程度 xǐ'ài chéngdù 선호도, 호감도 | 即 jí 부 곧, 즉, 바로 | 次数 cìshù 명 횟수 | 熟悉 shúxī 형 잘 알다, 익숙하다 | 称为 chēngwéi 동 ~이라고 부르다 | 多看效应 duōkàn xiàoyìng 단순 노출 효과(Mere-Exposure Effect) | 人际吸引 rénjì xīyǐn 사람 사이의 흡인력 | 难道 nándào 부 설마 ~이란 말인가? | 实验 shíyàn 명 실험 | 佐证 zuǒzhèng 명 증거 | 宿舍楼 sùshèlóu 명 기숙사 건물 | 随机 suíjī 부 무작위로, 임의로 | 寝室 qǐnshì 침실[주로 기숙사의 침실을 뜻함] | 口味 kǒuwèi 명 맛 | 饮料 yǐnliào 명 음료 | 品尝 pǐncháng 동 맛보다 | 借口 jièkǒu 명 핑계, 구실 | 互相 hùxiāng 부 서로, 상호간에 | 走动 zǒudòng 동 오가다, 왕래하다 | 评估 pínggū 동 평가하다 | 增强 zēngqiáng 동 강화하다, 높이다 | 留心 liúxīn 주의를 기울이다, 신경을 쓰다 | 熟悉度 shúxīdù 친밀도, 호감도 | 封闭 fēngbì 동 폐쇄하다, 봉쇄하다 | 逃避 táobì 동 도피하다 | 退缩 tuìsuō 동 위축되다, 주눅이 들다 | 不易 búyì 형 쉽지 않다 | 亲近 qīnjìn 형 친근하다, 가깝다 | 费解 fèijiě 형 이해하기 어렵다, 알기 어렵다 | 讨人喜欢 tǎo rén xǐhuan 남의 환심을 사다 | 人际交往 rénjì jiāowǎng 대인 관계 | 观察 guānchá 동 관찰하다 | 人缘 rényuán 명 인복 | 善于 shànyú 동 ~을 잘하다, ~에 능하다 | 制造 zhìzào 동 만들다, 제조하다 | 接触 jiēchù 동 접촉하다 | 以 yǐ 접 ~으로써, ~을 근거로 | 彼此 bǐcǐ 대 서로, 피차

독해

4부분

01 B	02 B	03 A	04 D	05 A	06 A	07 B	08 A

01~04 | B B A D

🎧 독해 4-01-2 확인문제.mp3

②지문 읽기

当人们在寒冷的冬天游泳时，大约有三种适应冷水的方法。有些人先蹲在池边，将水撩到身上，使自己能适应之后，再进入池子游；有些人可能先站在浅水处，再试着一步一步向深水走，或逐渐蹲身进入水中；还有一种人，则是做完热身运动后，便由池边一跃而下。

据说最安全的方法，是置身池外，先行试探；其次则是置身池内，逐步深入；至于第三种方法，搞不好的话，则可能造成抽筋甚至引发心脏病。

但是你知道吗？ [1]最感到冷水刺激的却是第一种，由于置

⑤지문 이어 읽기

身较暖的池边，每撩一次水，就造成一次沁骨的寒冷，而一跃入池的人，因为立刻要应付眼前游水的问题，反倒能忘记周身的寒冷。

与游泳一样，当人们要进入陌生而困苦的环境时，有些人先警惕地探测，以做万全的准备；有些人先一脚踏入那个环境，但仍留许多后路，看着情况不妙，就抽身而返；[2]当然还有些人心存济河焚舟之念，打定主意，便全身投入，由于急

⑧지문 이어 읽기

着应付眼前重重的险阻，反倒能忘记许多痛苦。

在生活中，我们该怎么做呢？如果是年轻力壮的人，不妨做"一跃而下"的人。虽然可能有些危险，但是你会发现，当别人还迟疑在池边，或半身站在池里喊冷时，那敢于一跃入池的人，早已自由自在地游来游去，把这周遭的冷忘得一尘不染了。

[3,4]在陌生的环境里，由于这种敢于一跃而下的人较别人果断，较别人敢于冒险，因此他们能把握更多的机会，获得成功。

①문제와 선택지 읽기

01. 关于第一种方法，可以知道：

A 危险性最高

B 冷水刺激最强

C 准备时间最短 }③정답 고르기

D 适合游泳初学者

사람이 추운 겨울에 수영을 할 때, 차가운 물에 적응하는 방법은 대략 세 가지가 있다. 어떤 사람들은 먼저 수영장 옆에 웅크리고 앉아 손으로 물을 몸에 뿌리면서 몸을 적응시킨 후 물에 들어가 수영을 한다. 어떤 사람들은 먼저 비교적 얕은 물에 서서 한 걸음씩 깊은 물로 걸어가거나 점점 몸을 웅크려서 물에 들어간다. 또 어떤 사람들은 도리어 준비운동을 끝낸 후에 수영장 옆에서 단번에 물에 뛰어든다.

가장 안전한 방법은 몸을 수영장 밖에 둔 채 먼저 살피는 것이라고 한다. 그다음에는 몸을 수영장 안에 두고 한 걸음씩 깊게 들어가는 것이라고 한다. 세 번째 방법은 잘못하면 오히려 쥐가 나거나 심지어 심장병까지 일으킬 수 있다.

하지만 당신은 알고 있는가? [1]차가운 물의 자극을 가장 많이 느끼는 것은 오히려 첫 번째 방법이다. 왜냐하면 비교적 따뜻한 수영장 옆에 몸을 두었기 때문에 매번 손으로 몸에 물을 뿌릴 때마다 뼈가 물속에 담기는 것 같은 추위를 야기한다. 반면에 한번에 물에 뛰어드는 사람은 바로 수영을 해야 하는 문제에 대처해야 하기 때문에 오히려 온몸의 추위를 잊을 수 있다.

수영과 마찬가지로 사람들은 낯설거나 괴로운 환경에 처했을 때, 어떤 사람들은 먼저 조심스럽게 탐색을 하며 만반의 준비를 한다. 어떤 사람들은 그 환경에 먼저 한 발을 들여놓지만 여전히 많은 퇴로를 남겨 두어, 상황이 좋지 않은 것을 알아차리면 바로 빠져나와 버린다. [2]물론 또 어떤 사람들은 마음속에 결사의 각오를 가지고 생각을 정한 뒤에는 온몸을 던져 넣는다. 눈앞의 심각한 어려움에 대처하는 데 급급하면, 오히려 수많은 고통을 잊을 수 있다.

일상생활 속에서 우리는 어떻게 해야 할까? 만약 젊고 건장한 사람이라면 '단번에 뛰어드는' 사람이 되어도 좋다. 비록 조금은 위험하겠지만, 다른 사람들이 물가에 서서 망설이거나 몸을 반쯤 물속에 담그고 춥다며 아우성칠 때, 용감히 뛰어든 사람은 이미 자유롭게 이리저리 헤엄쳐 다니며 추위를 깨끗하게 잊어버리는 것을 볼 수 있을 것이다.

[3,4]낯선 환경에서 용감히 단번에 뛰어든 사람은 다른 사람에 비해 비교적 결단력이 있고, 과감하게 모험에 도전하기 때문에 그들은 더 많은 기회를 잡아서 성공할 수 있다.

01. 첫 번째 방법에 관해 알 수 있는 것은 무엇인가?

A 위험성이 가장 크다

B 찬물의 자극이 가장 강하다

C 준비 시간이 가장 짧다

D 수영 초보자에게 적합하다

④문제만 읽기

02. 第4段中"济河焚舟"的意思最可能是：

A 行动迟缓

B 下决心做到底

C 做事小心翼翼 ⑥정답 고르기

D 保存自己的实力

⑦문제만 읽기

03. 根据上文，年轻人面对陌生的环境时应该：

A 敢于冒险

B 先统筹全局

C 有合作精神 ⑨03번 정답 고르기

D 做好充分准备

⑩문제 읽고 정답 고르기

04. 最适合做上文标题的是：

A 三思而后行

B 付出才会有收获

C 冬天游泳的诀窍

D 要敢于"一跃而下"

02. 네 번째 문단 중 '济河焚舟'의 의미로 알맞은 것은 무엇인가?

A 행동이 느리다

B 결정을 하면 끝을 본다

C 일 처리가 조심스럽다

D 자신의 실력을 지킨다

03. 윗글에 따르면, 젊은이들은 낯선 환경에서 어떻게 해야 하는가?

A 용감히 도전한다

B 먼저 전면적인 계획을 세운다

C 협력 정신을 가진다

D 준비를 충분히 한다

04. 윗글의 제목으로 적합한 것은 무엇인가?

A 신중히 생각하고 행동해라

B 노력을 해야만 성공할 수 있다

C 겨울 수영의 비결

D 과감하게 단번에 뛰어들어라

|해 설| ① 1번 문제와 선택지 읽기

지문과 일치하는 내용을 묻는 문제입니다. 第一种方法라는 범위를 주긴 했지만 정보가 다소 부족하니 선택지를 미리 보고 지문에서 정답을 찾도록 합니다.

② 지문 읽기 ~ ③ 1번 정답 고르기

1번 문제와 선택지를 읽고 바로 지문을 읽습니다. 세 번째 단락에서 最感到冷水刺激的却是第一种이라고 했으므로 1번 정답은 B입니다.

④ 2번 문제만 읽기

지문 속 단어의 의미를 물어보는 문제입니다. 제시된 단어인 济河焚舟가 있는 부분을 중심으로 앞뒤 문맥을 파악합니다.

⑤ 지문 이어 읽기 ~ ⑥ 2번 정답 고르기

济河焚舟는 한 字씩 해석해 보면 '강을 건너고 배를 불사르다'라는 의미이며, 결사의 각오로 싸움에 임할 때 사용하는 단어입니다. 이 성어는 어렵기 때문에 앞뒤 문맥으로 뜻을 유추하도록 합니다. 정답은 B입니다.

⑦ 3번 문제만 읽기

문제가 구체적이기 때문에 年轻人面对陌生的环境时만 읽고 이 내용을 지문에서 찾도록 합니다.

⑧ 지문 이어 읽기 ~ ⑨ 3번 정답 고르기

3번 문제의 陌生的环境은 지문의 마지막 단락에 있습니다. 在陌生的环境里 뒤에 较别人敢于冒险이 선택지에 있으므로 3번 정답은 A가 됩니다.

⑩ 4번 문제 읽고 정답 고르기

제목을 고르는 문제는 곧 지문의 주제를 찾는 문제입니다. 이 글의 주제는 마지막 단락에 있습니다. 성공의 조건인 D의 要敢于一跃而下가 4번 정답이 됩니다.

|단 어| 寒冷 hánlěng 톙 춥고 차다 | 适应 shìyìng 동 적응하다 | 蹲 dūn 동 쪼그리고 앉다, 웅크리고 앉다 | 池边 chíbiān 물가, 연못가 | 撩 liāo 동 손으로 물을 뿌리다 | 浅水 qiǎnshuǐ (깊이가) 얕은 물 | 一步一步 yí bù yí bù 한 발 한 발, 한 걸음씩 | 向 xiàng 젠 ~로 향해 | 逐渐 zhújiàn 뵌 점점, 점차 | 热身 rèshēn 동 준비운동을 하다, 워밍업하다 | 一跃而下 yí yuè ér xià 단번에 뛰어들다 ＊跃 yuè 동 뛰다, 도약하다 | 据说 jùshuō ~이라고 하다, 들리는 바로는 ~이다 | 置身 zhìshēn 동 몸을 ~에 두다 | 先行 xiānxíng 뵌 먼저, 우선 | 试探 shìtàn 동 (어떤 문제를) 살피다, 탐색하다, 모색하다 | 逐步 zhúbù 뵌 한 걸음씩 | 深入 shēnrù 동 깊이 들어가다 | 至于 zhìyú 젠 ~으로 말하자면[화제를 돌릴 때 씀] | 搞不好 gǎo bu hǎo 잘 못하다, 제대로 못하다 | 造成 zàochéng 동 (나쁜 결과를) 야기하다, 초래하다 | 抽筋 chōujīn 동 쥐가 나다, 근육이 경련을 일으키다 | 甚至 shènzhì 뵌 심지어 | 引发 yǐnfā 동 일으키다, 야기하다 | 心脏病 xīnzàngbìng 몡 심장병 | 刺激 cìjī 동 자극하다 | 沁 qìn 동 물속에 담그다 | 应付 yìngfu 동 (일·사람에) 대응하다, 대처하다 | 游水 yóushuǐ 동 수영하다, 헤엄치다 | 反倒 fǎndào 뵌 오히려, 도리어, 반대로 | 陌生 mòshēng 톙 낯설다, 생소하다 | 困苦 kùnkǔ 톙 어렵고 고통스럽다 | 警惕 jǐngtì 동 경계하다, 경계심을 갖다 | 探测 tàncè 동 탐색하다, 탐측하다 | 万全 wànquán

형 만전을 기하다, 조금도 빈틈이 없다 | **踏** tà 통 밟다 | **留** liú 통 머무르게 하다 | **后路** hòulù 명 퇴로, 여지 | **不妙** búmiào 형 좋지 않다 | **抽身** chōushēn 빠져나오다, 벗어나다 | **返** fǎn 통 돌아오다, 돌아가다 | **心存** xīn cún 마음속에 품다 | **济河焚舟** jìhéfénzhōu 성 물을 건너고 나서는 그 배를 태워 버린다, 결사의 각오로 싸움에 임하다 | **打定主意** dǎdìng zhǔyì 마음을 정하다, 결정을 내리다 | **投入** tóurù 통 뛰어들다, 참가하다, (자금을) 투입하다 | **重重** chóngchóng 형 매우 많다 | **险阻** xiǎnzǔ 명 큰 곤란과 좌절 | **痛苦** tòngkǔ 명 고통, 아픔 | **年轻力壮** niánqīnglìzhuàng 성 젊고 몸이 건장하다 | **不妨** bùfáng 부 (~하는 것도) 괜찮다, 무방하다 | **危险** wēixiǎn 형 위험하다 | **迟疑** chíyí 통 망설이다, 머뭇거리다, 주저하다 | **喊** hǎn 통 크게 소리치다 | **敢于** gǎnyú 통 (~할) 용기가 있다, (용감하게) ~하다 | **自由自在** zìyóuzìzài 성 자유자재하다 | **游来游去** yóu lái yóu qù 이리저리 헤엄쳐 다니다 *~来~去 ~lái~qù 이리저리 ~하다 | **周遭** zhōuzāo 명 주위, 주변 | **忘得一尘不染** wàng de yìchénbùrǎn 까맣게 잊다 *一尘不染 yìchénbùrǎn 성 깨끗이, 모조리, 깡그리[주로 보어로 쓰임] | **果断** guǒduàn 형 결단력이 있다 | **冒险** màoxiǎn 통 모험하다, 위험을 무릅쓰다 | **把握** bǎwò 통 (추상적인 사물을) 파악하다, 잡다 | **获得** huòdé 통 얻다, 취득하다 | **适合** shìhé 통 적합하다 | **初学者** chūxuézhě 초보자 | **行动** xíngdòng 명 행위, 행동 | **迟缓** chíhuǎn 형 느리다, 완만하다 | **下决心** xià juéxīn 결심하다 | **到底** dàodǐ 통 끝까지 ~하다 | **小心翼翼** xiǎoxīnyìyì 성 매우 조심스럽다 | **保存** bǎocún 통 보존하다 | **实力** shílì 명 실력 | **统筹** tǒngchóu 통 전면적인 계획을 세우다 | **合作** hézuò 통 협력하다 | **三思而后行** sānsī'érhòuxíng 성 (일을 할 때) 마땅히 심사숙고하고 나서 행동해야 한다 | **付出** fùchū 통 (돈·대가 등을) 지불하다 | **诀窍** juéqiào 명 비결, 방법

05~08 | A A B A

🎧 독해 4-01-3 확인문제.mp3

②지문 읽기

　　每当春暖花开之时，人们经常能看到蜜蜂在花丛中飞来飞去，采集花粉的样子。如果我们稍加注意，就会发现工蜂将采集到的食物送回蜂房后，会有更多的蜜蜂接踵而来，源源不断地来到同一个花丛中采集。

　　显然，蜜蜂是将消息告诉了它们的同伴。但它们是怎么传递这些信息的呢？是不是通过翅膀的震动所发出的嗡嗡之声来传递信息的呢？实验证明，蜜蜂是没有听觉器官的，根本不会听到任何声音。<u>[8] 那么它的同伴又是怎样找到花丛位置的呢？其实秘密就藏在蜜蜂的特殊动作之中，[6] 蜜蜂是通过动作来通风报信的，昆虫学家把蜜蜂这些有含义的动作叫"蜂舞"。</u>

　　昆虫学家们专门研究了蜜蜂各种动作的含义，揭示了蜂舞的秘密。<u>[5] 蜜蜂在蜂巢上转圆圈这种动作是告诉同伴蜜源离</u>

⑦지문 이어 읽기

<u>这里很近</u>，一般在45米范围之内。这样的舞蹈一般会持续几分钟，然后它又到蜂巢的其他部分旋转，最后从出口飞出，其他蜜蜂则会跟随而去，到预定的地点去采蜜。另一种叫做"摇摆舞"，蜜蜂先转半个小圈，急转回身又从原地向另一个方向转半个小圈，舞步为∞字形旋转，同时不断摇动腰部，左摇右摆，非常有趣。这种动作表示蜜源不在近处，大约为90米至5公里范围之间。具体距离与舞蹈的圈数有关，如果每分种转28圈，表示蜜源在270米处；如果仅转9圈时，蜜源就在2700米的地方，非常准确，误差极小。

　　当路程确定以后，蜜蜂应向哪个方向飞行呢？昆虫学家仔细观察后发现，<u>[7] 它们是利用日光的位置来确定方向的，传递信息的蜜蜂通过太阳、蜜源和蜂巢的位置来定位，而且定位能力也极强。蜜蜂在跳舞时，头朝太阳的方向，表示应向太阳的方向寻找蜜源。若是头向下垂，背着太阳的方向，则表示蜜源与太阳的方向相反。如果蜜蜂的头部与太阳的方向偏左形成一定的角，表示蜜源在太阳的左侧有相应的夹角。在传递信息的蜜蜂跳舞时，会激发周围的许多蜜蜂都随着前者起舞，由于舞蹈的队伍不断扩大，会使更多的蜜蜂得到蜜源的信息。

봄이 되어 날씨가 따뜻해지고 꽃이 필 때마다 사람들은 자주 꿀벌이 꽃밭을 이리저리 날아다니며 꽃가루를 채집하는 모습을 볼 수 있다. 만일 우리들이 조금 더 주의한다면, 일벌이 채집한 먹이를 벌집으로 보낸 후에 더 많은 꿀벌이 잇달아 와서 끊임없이 같은 꽃밭에 채집하러 오는 것을 발견할 수 있다.

분명히 꿀벌이 정보를 자신들의 동료에게 알린 것이다. 그런데 꿀벌들은 어떻게 이 정보들을 전달하는 것일까? 날개의 진동을 통해서 생기는 윙윙거리는 소리가 정보를 전달하는 것일까? 실험에서 증명하길, 꿀벌은 청각기관이 없어서 어떤 소리도 전혀 듣지 못한다고 한다. [8] 그러면 꿀벌의 동료는 또 어떻게 꽃밭의 위치를 찾아내는 걸까? 사실 비밀은 바로 꿀벌의 특수한 동작에 숨겨져 있다. [6] 꿀벌은 동작을 통해서 정보를 은밀히 전하는데 곤충학자는 꿀벌의 의미 있는 이 동작들을 '꿀벌 춤'이라고 부른다.

곤충학자들은 꿀벌의 갖가지 동작의 의미를 전문적으로 연구하여 꿀벌 춤의 비밀을 밝혔다. [5] 꿀벌이 벌집에서 빙빙 도는 이런 동작은 동료들에게 꿀의 근원지가 여기에서 매우 가깝다는 것을 알리는데, 보통 45미터 범위 내에 있다. 이런 춤은 일반적으로 몇 분 동안 지속하고, 그런 후에 꿀벌은 또 벌집의 다른 부분에서 빙빙 돌고 마지막에 출구로 날아가면 다른 꿀벌들이 뒤쫓아 예정된 장소로 가서 꿀을 모은다. 다른 한 가지는 '로큰롤'이라고 부른다. 꿀벌이 먼저 작은 원 반 바퀴를 돌고 급히 몸을 돌려 또 제자리에서 다른 방향으로 작은 원 반 바퀴를 돌아가 춤의 스텝을 ∞자형으로 빙빙 돌고, 동시에 끊임없이 허리를 움직이고 좌우로 흔드는데 매우 재미있다. 이런 동작은 꿀의 근원지가 근처에 없고 대략 90미터에서 5킬로미터 범위 사이라는 것을 표시한다. 구체적인 거리는 춤의 도는 횟수와 관계가 있다. 만일 분당 28바퀴를 돈다면 꿀의 근원지가 270미터 되는 곳에 있다는 것을 표시하고, 만일 겨우 9바퀴를 돌 때는 꿀의 근원지가 바로 2700미터 되는 곳에 있다. 매우 정확하고 오차도 매우 적다.

노선 확정 이후에 꿀벌은 어느 방향으로 비행할까? 곤충학자는 자세히 관찰한 후에 [7] 꿀벌들은 햇빛의 위치를 이용해서 방향을 확정한다는 것을 발견했다. 정보를 전달하는 꿀벌은 태양, 꿀의 근원지와 벌집의 위치를 통해서 위치를 지정할 뿐만 아니라, 위치 지정 능력 또한 매우 뛰어나다. 꿀벌이 춤을 출 때, 머리가 태양의 방향으로 향하는 것은 태양의 방향으로 꿀의 근원지를 찾아야 한다는 것을 표시한다. 만일 머리가 아래로 숙여진다면 태양을 등진 방향, 즉, 꿀의 근원지가 태양의 방향과 반대된다는 것을 표시한다. 만일 꿀벌의 머리 부위가 태양의 방향과 왼쪽으로 기울어 일정한 각을 형성한다면 꿀의 근원지가 태양의 왼쪽에 있

어 상응하는 끼인각이 생긴다는 것을 나타낸다. 정보를 전달하는 꿀벌이 춤을 출 때, 주위의 수많은 꿀벌들이 앞의 꿀벌을 뒤따라 춤을 추게 하는데, 춤을 추는 행렬이 확대돼서 더 많은 꿀벌들이 꿀 근원지의 정보를 얻게 한다.

① 문제 먼저 읽기

05. 如果蜜蜂在蜂巢上转圈，表示：

A 蜜源就在不远处
B 暴风雨即将来临
C 附近有别的蜂群
D 蜜源在向着太阳的方向

③ 정답 고르기

05. 만일 꿀벌이 벌집에서 빙빙 돈다면 나타내는 것은 무엇인가?

A 꿀의 근원지가 멀지 않은 곳에 있다
B 폭풍우가 곧 다가올 것이다
C 부근에 다른 꿀벌 무리가 있다
D 꿀의 근원지가 태양의 방향을 향하고 있다

④ 문제와 선택지 모두 읽기

06. 关于"蜂舞"，下列哪项正确？

A 能够传递信息
B 没有什么规律
C 没有特别的含义
D 每分钟转20多圈

⑤ 정답 고르기

06. '꿀벌 춤'에 관해서 다음 중 정확한 것은 무엇인가?

A 정보를 전달할 수 있다
B 어떤 규율이 없다
C 특별한 의미가 없다
D 분당 20여 바퀴를 돈다

⑥ 문제만 읽기

07. 蜜蜂利用什么来传递蜜源方向的信息？

A 蜂舞的圈数
B 太阳的位置
C 翅膀振动的频率
D 头跟翅膀的角度

⑧ 정답 고르기

07. 꿀벌은 무엇으로 꿀 근원지 방향의 정보를 전달하는가?

A 꿀벌 춤의 도는 횟수
B 태양의 위치
C 날개 진동의 빈도
D 머리와 날개의 각도

⑨ 문제와 선택지 읽기

08. 下列哪项最适合做上文的标题？

A 蜂舞的秘密
B 蜂蜜的用途
C 蜂蜜是怎样酿造的
D 蜜蜂是怎样分工的

⑩ 정답 고르기

08. 다음 중 윗글의 제목으로 삼기에 가장 적합한 것은 무엇인가?

A 꿀벌 춤의 비밀
B 꿀의 용도
C 꿀은 어떻게 만드는가
D 꿀벌은 어떻게 분업하는가

|해 설| ① 5번 문제 먼저 읽기

세부 사항을 묻는 문제이므로 선택지를 볼 필요 없이 문제의 蜜蜂在蜂巢上转圈을 기억한 뒤 지문에서 빠르게 찾습니다.

② 지문 읽기 ~ ③ 5번 정답 고르기

설명문의 도입 부분에 있는 질문은 주제와 관련 있습니다. 지문의 두 번째 단락에 질문과 그에 대한 답이 있기 때문에 주제 문장일 확률이 높습니다. 일단 머릿속에 주제가 있는 부분이란 생각만 해 두고 5번 문제를 먼저 풉니다. 세 번째 단락 앞부분의 蜜蜂在蜂巢上转圆圈这种动作是告诉同伴蜜源离这里很近을 보면 5번 문제와 정답이 모두 있다는 걸 알 수 있습니다. 很近은 A에서 不远处로 바뀌어 있습니다. 따라서 5번의 정답은 A가 됩니다.

④ 6번 문제와 선택지 모두 읽기 ~ ⑤ 6번 정답 고르기

6번은 蜂舞에 관해 지문과 일치하는 내용을 고르는 것이므로 선택지도 함께 봅니다. 이미 읽은 첫 번째와 두 번째 단락에서 답이 있다면 바로 답을 체크하면 되고, 답이 안 나오면 지문으로 돌아가 이어서 읽습니다. 이 문제는 두 번째 단락 마지막 문장에서 '蜜蜂是通过动作来通风报信的，昆虫学家把蜜蜂这些有含义的动作叫蜂舞'라고 했으므로, 정답은 A입니다.

⑥ 7번 문제만 읽기

세부 사항을 묻는 문제이므로 문제를 잘 기억해서 지문에서 빨리 해당 부분을 찾습니다.

⑦ 지문 이어 읽기 ~ ⑧ 7번 정답 고르기

네 번째 단락에서 7번 문제의 답을 찾을 수 있습니다. 它们是利用日光的位置来确定方向的라고 했으므로 7번 정답은 B입니다.

⑨ 8번 문제와 선택지 읽기 ~ ⑩ 8번 정답 고르기

제목, 즉, 주제를 묻는 문제입니다. 설명문의 경우 글의 도입 부분에서 주제를 먼저 말하는 두괄식 형태가 많습니다. 이 지문도 두 번째 단락에서 질문을 통해 내용을 말하고 있습니다. '那么他的同伴又是怎样找到花丛未知的呢?'라는 질문에 其实秘密就藏在蜜蜂的特殊动作之中이라 답하고 있

고, 바로 다음 문장에서 蜜蜂的特殊动作를 蜂舞라 부른다는 내용이 나옵니다. 지문의 내용 또한 꿀의 근원지와 꿀벌 춤의 관계에 대해 설명하고 있으므로, 이 글의 주제는 A 蜂舞的秘密임을 알 수 있습니다.

| 단 어 |

蜜蜂 mìfēng 몡 꿀벌 | **花丛** huācóng 몡 꽃밭 | **采集** cǎijí 툥 채집하다 | **花粉** huāfěn 몡 꽃가루 | **样子** yàngzi 몡 모양, 모습 | **稍加** shāojiā 믠 조금 더 | **工蜂** gōngfēng 몡 일벌 | **食物** shíwù 몡 먹이 | **蜂房** fēngfáng 몡 벌집 | **接踵而来** jiēzhǒng ér lái 잇따라 오다 | *接踵 jiēzhǒng 툥 (사람 등이) 잇따르다 | **源源不断** yuányuánbúduàn 솅 연이어 끊어지지 않다 | **显然** xiǎnrán 몡 (상황이나 이치가) 분명하다, 명백하다 | **消息** xiāoxi 몡 소식, 정보 | **同伴** tóngbàn 몡 동료 | **传递** chuándì 툥 (정보를) 전달하다, 전하다 | **翅膀** chìbǎng 몡 날개 | **震动** zhèndòng 몡 진동 | **发出** fāchū 툥 (소리가) 나다 | **嗡嗡之声** wēngwēng zhī shēng 윙윙거리는 소리 *嗡嗡 wēngwēng 읯성 윙윙, 웽웽, 붕붕[곤충이나 기계 등에서 나는 소리] | **实验** shíyàn 몡 실험 | **听觉器官** tīngjué qìguān 청각기관 | **根本** gēnběn 믠 전혀, 아예 | **位置** wèizhi 몡 위치 | **秘密** mìmì 몡 비밀 | **藏** cáng 툥 숨기다, 감추다 | **特殊** tèshū 솅 특수하다 | **通风报信** tōngfēngbàoxìn 솅 정보를 은밀히 전하다 | **昆虫学家** kūnchóng xuéjiā 곤충학자 | **蜂舞** fēngwǔ 꿀벌 춤 | **研究** yánjiū 툥 연구하다 | **揭示** jiēshì 툥 밝히다, 드러내 보이다 | **蜂巢** fēngcháo 벌집 | **转圆圈** zhuàn yuánquān (원을 그리며) 빙빙 돌다 | *转 zhuàn 툥 돌다, 회전하다 | **圆圈** yuánquān 몡 동그라미, 원 | **蜜源** mìyuán 꿀의 근원지, 밀원 | **范围** fànwéi 몡 범위 | **舞蹈** wǔdǎo 몡 춤, 무도 | **持续** chíxù 툥 지속하다 | **旋转** xuánzhuǎn 툥 (빙빙) 돌다, 선회하다 | **跟随而去** gēnsuí ér qù 뒤쫓아 가다 | *跟随 gēnsuí 뒤쫓다 | **预定** yùdìng 툥 예정하다, 미리 약속하다 | **地点** dìdiǎn 몡 지점, 장소 | **采蜜** cǎi mì 꿀을 모으다 | **叫做** jiàozuò 툥 ~이라고 불리다 | **摇摆舞** yáobǎiwǔ 로큰롤 | **转圈** zhuànquān 툥 한 바퀴를 돌다 | **急转回身** jí zhuǎn huí shēn 급히 몸을 돌리다 | **原地** yuándì 몡 제자리 | **舞步** wǔbù 몡 춤의 스텝 | **∞[无穷大]** wúqióngdà 몡 무한대 | **摇动** yáodòng 툥 흔들다 | **腰部** yāobù 몡 허리 | **左摇右摆** zuǒ yáo yòu bǎi 좌우로 흔들다 | **有趣** yǒuqù 솅 재미있다 | **大约** dàyuē 믠 대략 | **公里** gōnglǐ 몡 킬로미터(km) | **具体** jùtǐ 솅 구체적이다 | **距离** jùlí 몡 거리 | **圈数** quānshù 바퀴 수 | **仅** jǐn 믠 겨우, 가까스로 | **准确** zhǔnquè 솅 정확하다, 확실하다 | **误差** wùchā 몡 오차 | **路程** lùchéng 몡 노선, 코스 | **观察** guānchá 툥 관찰하다 | **定位** dìngwèi 툥 자리를 정하다 | **跳舞** tiàowǔ 툥 춤을 추다 | **寻找** xúnzhǎo 툥 찾다 | **若是** ruòshì 젭 만약 ~한다면 | **头向下垂** tóu xiàng xià chuí 머리가 아래로 숙여지다 | **背** bèi 툥 등지다 | **相反** xiāngfǎn 툥 상반되다, 반대되다 | **偏左** piānzuǒ 왼쪽으로 기울다(치우치다) | **左侧** zuǒcè 몡 좌측 | **夹角** jiājiǎo 몡 끼인각, 협각 | **激发** jīfā 툥 불러일으키다, 분발시키다 | **随着** suízhe 뒤따르다 | **起舞** qǐ wǔ 춤을 추기 시작하다 | **队伍** duìwu 몡 대오, 행렬 | **扩大** kuòdà 툥 확대하다 | **即将** jíjiāng 믠 곧, 머지않아 | **来临** láilín 툥 다가오다 | **规律** guīlǜ 몡 규율 | **频率** pínlǜ 몡 빈도 | **用途** yòngtú 몡 용도 | **酿造** niàngzào 툥 양조하다 | **分工** fēngōng 툥 분업하다, 분담하다

시나공법 02 확인문제 | 342쪽

| 01 B | 02 B | 03 C | 04 C | 05 D | 06 D | 07 B | 08 A |

01~04 | B B C C

🎧 독해 4-02-2 확인문제.mp3

②지문 읽기

俗话说 "[4]冬吃萝卜夏吃姜，不劳大夫开药方"，"常吃生姜，不怕风霜"。生活中的姜除用作调味剂、小食品外，也广泛应用于美容、保健等方面。

用生姜浓缩萃取液或者直接用生姜涂抹头发，[1]其中的姜辣素、姜烯油等成分，可以使头部皮肤血液循环正常化、促进头皮新陈代谢，活化毛囊组织，有效地防止脱发、白发，刺激新

⑤지문 이어 읽기

发生长，并可抑制头皮痒，强化发根。坚持用生姜直接涂抹头部斑秃患处，秃发处甚至可生出新发。

含生姜成分的洗发水，有清洁头皮、祛除头屑、防治脱发等功效。特别是在冬天，用来洗头并配合头皮按摩，感觉轻松暖和。而用生姜或干姜煮水泡脚，全身气血通畅，温暖舒畅。

[2]生姜含一种类似水杨酸的化合物，相当于血液的稀释剂和

⑧지문 이어 읽기

抗凝剂，对降血脂、降血压、预防心肌梗塞等都有显著效果。

속담에서 "[4]겨울에 무를 먹고 여름에 생강을 먹으면 의사들의 약 처방이 필요 없다', '자주 생강을 먹으면 바람과 서리가 두렵지 않다'라고 하였다. 생활 속에서 생강은 조미료나 간식으로 쓰이는 것 외에, 미용과 보건 등의 방면에도 광범위하게 응용된다.

생강 추출 농축액을 쓰거나 직접 생강을 이용해 머리에 바르면, [1]그 속의 진저롤(zingerol)과 쇼가올(shogaol) 등의 성분이 두피의 혈액순환을 정상화하고 두피 신진대사를 촉진하고 모낭 조직을 활성화하여, 효과적으로 탈모와 백발을 방지하고 새 머리카락이 자라게 자극하며 또 두피의 가려움을 억제하고 모근을 강화할 수 있다. 생강으로 직접 머리 부분 원형 탈모증 환부에 바르는 걸 지속하면 머리가 빠지는 곳에는 심지어 새 머리카락이 생길 수 있다.

생강 성분이 함유된 샴푸는 두피를 깨끗이 하고 비듬을 제거하며 탈모를 예방 치료하는 등의 효능이 있다. 특히 겨울에 머리를 감는 데 쓰고 두피 안마를 함께하면 느낌이 편하고 따뜻하다. 그리고 생강 혹은 말린 생강으로 물을 끓여 발을 담그면 전신 기혈이 잘 통하여 따뜻하고 쾌적해진다.

[2]생강은 살리실산(salicylic acid)과 유사한 화합물을 함유하고 있는데,

³⁾明朝《奇效良方》中载药方说："一斤生姜半斤枣，二两白盐三两甘草，丁香沉香各半两，八两茴香一处捣，蒸也好，煮也好，修合此药胜似宝，³⁾每天清晨饮一杯，一世容颜长不老。"姜辣素有很强的对抗脂褐素的作用，生姜切片或切丝，在沸水中浸泡10分钟后，加蜂蜜调匀，每天一杯，可明显减少老年斑。还有一种办法是将生姜切碎后拌少量的盐，长期食用，祛斑效果也不错。

生姜辣素对心脏、心血管有刺激作用，可以加速血液流动，促使排汗，带走体内多余的热量，具有排毒、养颜、减肥的作用。以香醋浸姜制成的保健醋，酸中带姜香，饭前少量饮用能开胃，助消化，软化血管，所以颇受人们的青睐。

① 문제만 읽기

01. 根据上文，姜辣素有什么作用？

A 退烧

B 防治脱发

C 抑制新陈代谢

D 改善睡眠质量

③ 정답 고르기

④ 문제만 읽기

02. 关于水杨酸，可以知道：

A 能使人兴奋

B 可以稀释血液

C 能加速伤口愈合

D 能提高人体免疫力

⑥ 정답 고르기

⑦ 문제만 읽기

03. 根据《奇效良方》中的那个药方，可以知道：

A 姜越辣越好

B 姜不能空腹吃

C 姜具有养颜效果

D 姜不可长期食用

⑨ 정답 고르기

⑩ 문제와 선택지 읽고 정답 고르기

04. 根据上文可以知道，生姜：

A 不宜冷藏

B 含有水杨酸

C 适合夏天吃

D 可治疗头痛

혈액의 희석제와 항응제와 같아서 혈액 속 지방을 낮추고 혈압을 낮추며 심근경색을 예방하는 것 등에 모두 뚜렷한 효과가 있다.

³⁾명나라 《기효양방》에 기록된 약방문에서 (이렇게 말한다. '한 근의 생강과 반 근의 대추, 소금 두 냥과 감초 세 냥, 정향과 침향 각각 반 냥, 회향 여덟 냥을 한데 빻아서 쪄도 좋고 삶아도 좋다. 이 약을 조제해서 먹으면 보물보다 낫다. ³⁾매일 새벽 한 잔씩 마시면 죽을 때까지 얼굴이 늙지 않는다.' 진저롤은 리포푸신(lipofuscin)에 대항하는 아주 강한 작용이 있어서, 생강을 얇게 썰거나 채를 썰어 끓는 물에 10분 동안 담근 후 꿀을 넣고 잘 섞어서 매일 한 잔씩 마시면 뚜렷하게 검버섯을 줄일 수 있다. 또 다른 방법은 생강을 잘게 썬 후 소량의 소금에 버무려서 장기간 먹는 것인데, 반점을 없애는 효과도 괜찮다.

진저롤은 심장과 심혈관에 대해 자극하는 효과가 있어서 혈액의 흐름을 빠르게 할 수 있고, 땀을 흘려 체내에 여분의 열량을 가져가게 만들며 독을 배출하고 얼굴을 가꾸고 다이어트하는 효과를 가지고 있다. 향초에 생강을 담가 만든 건강 식초는 신맛 가운데 생강 향을 가지고 있어서 식전에 소량 마시면 식욕을 돋울 수 있고 소화를 돕고 혈관을 부드럽게 해서 사람들에게 상당히 환영을 받고 있다.

01. 윗글에 따르면 진저롤(姜辣素)은 어떤 효과가 있는가?

A 열을 내린다

B 탈모를 예방 치료한다

C 신진대사를 억제한다

D 수면의 질을 개선한다

02. 살리실산(水杨酸)에 관해 알 수 있는 것은 무엇인가?

A 사람을 흥분하게 만들 수 있다

B 혈액을 희석할 수 있다

C 상처가 아무는 것을 빠르게 할 수 있다

D 인체의 면역력을 높일 수 있다

03. 《기효양방》 속의 그 약방문에 따르면 알 수 있는 것은 무엇인가?

A 생강은 매울수록 좋다

B 생강은 빈속에 먹어선 안 된다

C 생강은 얼굴을 가꾸는 효과가 있다

D 생강은 장기간 복용해서는 안 된다

04. 윗글에 근거하면 생강은 어떠한가?

A 냉장 보관을 해서는 안 된다

B 살리실산(水杨酸)을 함유하고 있다

C 여름에 먹는 것이 적합하다

D 두통을 치료할 수 있다

|해 설| **① 1번 문제만 읽기**

姜辣素의 효과를 물어본 문제이므로 본문에서 먼저 姜辣素를 빨리 찾은 다음, 선택지 내용과 맞춰 봅니다.

② 지문 읽기 ~ ③ 1번 정답 고르기

1번 문제와 선택지를 읽고 바로 지문을 읽기 시작합니다. 첫 번째 단락의 두 번째 문장을 보면, 생강의 기본적인 조미료 역할은 '除……外'로 제외를 시키고, 생강의 다른 역할인 '美容(얼굴 미용)'과 '保健(건강 관리)' 방면을 언급하고 있으므로, 이 글 전체가 美容과 保健으로 흘러간다는 것을 유추할 수 있습니다. 두 번째 단락에서 '其中的姜辣素、姜烯油等成分' 뒤쪽의 내용을 보면 '有效地防止脱发、白发' 부분이 보입니다. 이 부분을 통해 1번 정답이 B라는 것을 알 수 있습니다.

④ 2번 문제만 읽기

水杨酸에 관해서 지문과 일치하는 내용을 물어봤으므로 먼저 지문에서 水杨酸를 찾은 다음, 선택지의 내용과 맞춰 봅니다.

⑤ 지문 이어 읽기 ~ ⑥ 2번 정답 고르기

생강에는 水杨酸과 유사한 성분의 화합물이 있다고 하면서 相当于血液的稀释剂和抗凝剂라고 했으므로 水杨酸은 血液的稀释 작용을 한다는 것을 알 수 있습니다. 따라서 2번 정답은 B입니다.

⑦ 3번 문제만 읽기

《奇效良方》은 책 이름이므로 지문에서 금방 찾을 수 있습니다. 먼저 《奇效良方》과 那个药方에 관해서 읽은 다음, 선택지를 봅니다.

⑧ 지문 이어 읽기 ~ ⑨ 3번 정답 고르기

다섯 번째 단락에서 《奇效良方》 다음에 따옴표에 있는 말 중 '每天清晨饮一杯，一世容颜长不老(매일 새벽에 한 잔씩 마시면 평생 얼굴이 늙지 않는다)'를 통해 생강에는 얼굴을 관리해 주는 효능이 있음을 알 수 있습니다. 따라서 3번 정답은 C입니다.

⑩ 4번 문제와 선택지 읽고 정답 고르기

첫 단락 맨 처음 문장 따옴표에 있는 말인 '冬吃萝卜夏吃姜(겨울에는 무를 먹고 여름에는 생강을 먹는다)'이 4번 문제의 결정적 단서가 됩니다. 보통은 따옴표(" ") 안의 말들은 시구나 속담 등 인용구들이 많고 정답으로 잘 출제하지는 않지만 이 문제는 예외입니다. 또한 冬吃萝卜夏吃姜을 한 글자씩 해석해야 하는 어려움이 있습니다. 4번 문제는 이 지문에서 가장 난이도가 있는 문제입니다. 정답은 C입니다.

|단 어|

俗话 súhuà 명 속담 | 冬吃萝卜夏吃姜, 不劳大夫开药方 dōng chī luóbo xià chī jiāng, bùláo dàifu kāi yàofāng 속담 겨울에 무를 먹고 여름에 생강을 먹으면 의사들의 약 처방이 필요 없다 | 常吃生姜, 不怕风霜 cháng chī shēngjiāng, búpà fēngshuāng 속담 자주 생강을 먹으면 바람과 서리가 두렵지 않다 | 调味剂 tiáowèijì 명 조미료 | 广泛 guǎngfàn 형 광범위하다 | 美容 měiróng 명 (얼굴) 미용 | 保健 bǎojiàn 명 보건, 건강 관리 | 浓缩萃取液 nóngsuō cuìqǔyè 농축 추출액 | 涂抹 túmǒ 동 바르다, 칠하다 | 姜辣素 jiānglàsù 명 진저롤[zingefol](생강 속에 들어 있는 매운맛을 내는 성분] | 姜烯油 jiāngxīyóu 명 쇼가올[shogaol](생강 속에 들어 있는 매운맛을 내는 성분] | 皮肤 pífū 명 피부 | 血液循环 xuèyè xúnhuán 혈액순환 | 促进 cùjìn 동 촉진시키다 | 新陈代谢 xīnchéndàixiè 명 신진대사 | 活化 huóhuà 동 활성화하다 | 毛囊组织 máonáng zǔzhī 모낭 조직[모낭은 털을 만드는 피부 기관을 뜻함] | 有效 yǒuxiào 형 효과적이다, 유효하다 | 防止 fángzhǐ 동 방지하다 | 脱发 tuōfà 명 탈모 | 刺激 cìjī 동 자극하다 | 抑制 yìzhì 동 억제하다 | 痒 yǎng 형 가렵다 | 强化 qiánghuà 동 강화하다 | 发根 fàgēn 명 모근 | 坚持 jiānchí 동 지속하다, 고수하다 | 斑秃 bāntū 명 원형 탈모증 | 患处 huànchù 명 환부[병이나 상처가 난 자리를 뜻함] | 秃发处 tūfàchù 머리가 빠지는 곳 | 洗发水 xǐfàshuǐ 명 샴푸 | 清洁 qīngjié 동 청결하게 하다 | 祛除 qūchú 동 제거하다, 없애다 | 头屑 tóuxiè 명 비듬 | 防治 fángzhì 동 예방 치료하다 | 功效 gōngxiào 명 효능, 효과 | 洗头 xǐtóu 동 머리를 감다 | 配合 pèihé 동 함께하다, 협력하다 | 按摩 ànmó 동 안마 | 轻松暖和 qīngsōng nuǎnhuo 편하고 따뜻하다 | 煮水泡脚 zhǔshuǐ pàojiǎo 물을 끓여 발을 담그다 | 气血通畅 qìxuè tōngchàng 기혈이 잘 통하다 | 温暖舒畅 wēnnuǎn shūchàng 따뜻하고 시원하다 | 类似 lèisì 동 유사하다 | 水杨酸 shuǐyángsuān 명 살리실산(salicylic ocid) | 相当于 xiāngdāngyú 동 ~에 상당하다, ~과 같다 | 稀释剂 xīshìjì 명 희석제 | *稀释 xīshì 동 희석하다, 묽게 하다 | 抗凝剂 kàngníngjì 명 항응제, 응고 방지제 | 降 jiàng 동 낮추다 | 血脂 xuèzhī 명 혈지[혈액 속에 내포된 중성 지방·콜레스테롤·인지질·유리 지방산 등을 가리킴] | 预防 yùfáng 동 예방하다 | 心肌梗塞 xīnjīgěngsè 명 심근경색[심장 동맥 경화증 때문에 혈액순환이 제대로 되지 않아 심장 근육에 괴사가 일어나는 병] | 显著 xiǎnzhù 형 현저하다, 뚜렷하다 | 明朝 Míng cháo 명나라 | 载 zǎi 동 기재하다, 기록하다 | 枣 zǎo 명 대추 | 白盐 báiyán 명 식염 | 甘草 gāncǎo 명 감초 | 捣 dǎo 동 찧다, 빻다 | 蒸 zhēng 동 찌다 | 煮 zhǔ 동 삶다, 끓이다 | 胜似 shèngsì 동 ~보다 낫다 | 清晨 qīngchén 명 이른 아침, 새벽 | 饮 yǐn 동 마시다 | 容颜 róngyán 명 용모, 모습 | 对抗 duìkàng 동 대항하다 | 脂褐素 zhīhèsù 명 리포푸신(lipofuscin)[세포 내에 축적되는 지방질과 섬유질로, 세포의 기능을 방해하여 노화를 일으킴] | 切片 qiēpiàn 동 얇게 썰다 | 切丝 qiēsī 동 채를 썰다 | 沸水 fèishuǐ 끓는 물 | 浸泡 jìnpào 동 (액체에) 담그다 | 蜂蜜 fēngmì 명 벌꿀 | 调匀 tiáoyún 동 고루 섞다 | 减少 jiǎnshǎo 동 감소하다, 줄다 | 老年斑 lǎoniánbān 명 검버섯 | 切碎 qiēsuì 동 잘게 썰다 | 拌 bàn 동 뒤섞다 | 祛斑 qūbān 동 반점을 없애다 | 心脏 xīnzàng 명 심장 | 加速 jiāsù 동 가속하다, 빠르게 하다 | 促使 cùshǐ 동 ~하도록 (재촉)하다 | 排汗 páihàn 동 땀을 흘리다 | 排毒 páidú 동 독을 배출하다 | 养颜 yǎngyán 동 얼굴을 가꾸다[관리하다] | 香醋 xiāngcù 명 향초[향과 맛이 맑은 식초를 뜻함] | 酸 suān 형 (맛·냄새가) 시다 | 饮用 yǐnyòng 동 마시다 | 开胃 kāiwèi 동 식욕을 돋우다 | 软化 ruǎnhuà 동 부드럽게 하다 | 颇 pō 부 상당히, 몹시 | 受青睐 shòu qīnglài 환영을 받다 | 退烧 tuìshāo 동 열을 내리다 | 兴奋 xīngfèn 형 (기뻐서) 흥분하다 | 伤口愈合 shāngkǒu yùhé 상처가 아물다 | 免疫力 miǎnyìlì 명 면역력 | 空腹 kōngfù 명 빈속, 공복 | 不宜 bùyí 동 ~해서는 안 된다 | 冷藏 lěngcáng 동 냉장 보관하다

②지문 읽기

最近科学家设计出了能让盲人看到事物的智能眼镜。这种眼镜通过两个小型摄像头和一部袖珍电脑来捕捉和处理信息，使佩戴者能感到面前的人或物体，甚至可以为盲人"阅读"饭店的菜单。

⑤지문 이어 읽기

5)这种智能眼镜预计于明年年底投放市场，售价不到一万元。目前已有30万盲人订购，其中大多数人都符合这种智能眼镜的佩戴条件。发明者说："多年来这种眼镜只存在于科幻电影中，但现在我们终于能见到电子视觉辅助工具在现实生活中的应用了。这种眼镜看上去和普通眼镜没什么区别，可以像普通眼镜一样随意佩戴。"

6)其实大多数盲人仍然可以感受到光，智能眼镜正是利用这一点设计出来的。

⑧지문 이어 읽기

眼镜框内针头般大小的摄像头捕捉到眼前的信息后，会把它们发到一部置于佩戴者口袋内的微型电脑上，经过电脑的处理，这些信息就会形成一个物象，显现在镜片上。眼前的事物越接近佩戴者，镜片上的物象就越明亮。虽然佩戴这种眼镜依然不能让盲人看到太多事物，但却足以让他们独自逛商店或乘坐公交车，满足他们日常生活的需要。随着电脑软件的深入开发，未来这种眼镜还可能会识别公车站牌和公交车号。

智能眼镜又是如何为盲人"阅读"的呢？7)原理和上面提到的一样，只不过这些信息不再形成物象显示到镜片上，而是通过耳机播放给佩戴者听。另外这种智能眼镜还能引导佩戴者找到大型建筑物的出口。发明者称，这项最新研究不仅能使盲人"看到"人物或词语这种单一的物象，还能帮助他们理解身处的整个场景。

①문제와 선택지 먼저 읽기

05. 根据第二段，可以知道智能眼镜：

A 携带不便
B 外观奇特
C 设计有问题 ③정답 고르기
D 尚未投放市场

④문제만 읽기

06. 智能眼镜是利用盲人的什么特点来设计的?

A 听觉发达
B 触觉敏锐
C 方向感强 ⑥정답 고르기
D 能感觉到光

⑦문제만 읽기

07. 智能眼镜是如何为盲人"阅读"菜单的?

A 将菜单上的字转为盲文
B 将捕捉到的信息转为声音
C 将所得的信息呈现在镜片上 ⑨정답 고르기
D 将菜单上的字转为立体图案

최근 과학자가 시각장애인이 사물을 볼 수 있게 하는 스마트 안경을 설계해 냈다. 이 안경은 두 가지 소형 웹캠과 휴대형 컴퓨터를 통해서 정보를 포착하고 처리하여, 착용자가 앞의 사람 혹은 물체를 느끼게 하고 심지어 시각장애인을 위해 식당의 메뉴를 '읽어' 줄 수 있다.

5)이 스마트 안경은 내년 연말에 시장에 출시되며 판매가는 만 위안이 되지 않을 것으로 예측된다. 현재 이미 시각장애인 30만 명이 예약 주문하였는데, 그중 대다수가 이 스마트 안경의 착용 조건에 부합한다. 발명자는 "오랫동안 이런 안경은 SF 영화에서만 존재했습니다. 하지만 지금 우리는 마침내 전자 시각 보조 기구가 현실 생활 속에서 응용되는 것을 볼 수 있게 되었습니다. 이 안경은 겉으로는 보통 안경과 별다른 차이가 없으며, 보통 안경처럼 마음대로 착용할 수 있습니다."라고 말했다.

6)사실 대다수의 시각장애인들은 여전히 빛을 느낄 수 있는데, 스마트 안경은 바로 이 점을 이용해서 설계한 것이다. 안경테 안의 바늘 같은 크기의 웹캠이 눈앞의 정보를 포착한 후에, 그 정보들을 착용자 호주머니 안의 소형 컴퓨터로 보내고, 컴퓨터의 처리를 거쳐서 이 정보들이 사물의 형태를 형성하여 렌즈에 나타난다. 눈앞의 사물이 착용자에게 가까울수록 렌즈의 사물 형태도 밝아진다. 비록 이런 안경을 써도 여전히 시각장애인이 더 많은 사물을 보게 할 순 없지만, 충분히 그들이 혼자서 쇼핑을 하거나 버스를 타게 할 수 있어서 그들의 일상생활의 요구를 만족시킨다. 컴퓨터 소프트웨어가 점점 개발됨에 따라, 미래에 이런 안경은 버스 정거장 표지와 버스의 번호를 식별할 수 있을지도 모른다.

스마트 안경은 또한 어떻게 시각장애인을 위해서 '읽어' 줄 수 있을까? 7)원리는 위에서 언급한 바와 같다. 단지 이 정보들이 더 이상 사물의 형태를 형성하여 렌즈에 나타나지 않고, 이어폰을 통해서 착용자한테 들려주는 것이다. 그 밖에 이런 스마트 안경은 착용자가 대형 건물의 출구를 찾을 수 있게 안내할 수도 있다. 발명자는, 이 최신 연구는 시각장애인이 인물 혹은 글자 같은 단일한 사물의 형태를 '보게' 할 수 있을 뿐만 아니라, 그들이 있는 곳의 모든 장면을 이해하도록 도울 수도 있다고 한다.

05. 두 번째 단락에 근거하여 스마트 안경에 대해 알 수 있는 것은 무엇인가?

A 휴대가 불편하다
B 외관이 특이하다
C 설계에 문제가 있다
D 아직 시장에 출시되지 않았다

06. 스마트 안경은 시각장애인의 어떤 특징을 이용해서 설계하였는가?

A 청각이 발달한 것
B 촉각이 예민한 것
C 방향감이 좋은 것
D 빛을 느낄 수 있는 것

07. 스마트 안경은 어떻게 시각장애인을 위해서 메뉴를 '읽어' 주는가?

A 메뉴 위의 글자를 점자로 바꿔서
B 포착한 정보를 소리로 변환해서
C 얻은 정보를 렌즈 위에 나타내서
D 메뉴 위의 글자를 입체적인 도안으로 바꿔서

08. 最适合做上文标题的是：

A 盲人的福音

B 你换眼镜了吗

C 智能眼镜的缺点

D 盲人的"特异功能"

08. 윗글의 제목으로 가장 적합한 것은 무엇인가?

A 시각장애인에게 좋은 소식

B 당신은 안경을 바꿨습니까

C 스마트 안경의 결점

D 시각장애인의 '특별한 능력'

| 해 설 |

① 5번 문제와 선택지 읽기

두 번째 단락(第二段)이라는 범위를 주었지만 지문과 일치하는 내용을 고르는 문제이므로 선택지도 함께 봅니다.

② 지문 읽기 ~ ③ 5번 정답 고르기

첫 번째 단락은 빠르게 읽으며 넘어가고 두 번째 단락에서 정답 부분을 찾습니다. 두 번째 단락의 这种智能眼镜预计于明年年底投放市场에서 스마트 안경이 내년에 시장에 출시될 거라고 했기 때문에 아직 출시되지 않았다고 할 수 있습니다. 따라서 5번 정답은 D 尚未投放市场입니다.

④ 6번 문제만 읽기

세부 내용을 묻는 문제입니다. 문제를 잘 기억한 후에 지문에서 답이 있는 부분을 빨리 찾습니다.

⑤ 지문 이어 읽기 ~ ⑥ 6번 정답 고르기

세 번째 단락의 '其实大多数盲人仍然可以感受到光，智能眼镜正是利用这一点设计出来的'에서 대다수 시각장애인이 빛을 느낄 수 있고, 이를 이용해서 스마트 안경을 설계했다고 했으므로 6번 정답은 D 能感觉到光입니다.

⑦ 7번 문제만 읽기

7번 문제의 키워드인 阅读를 지문에서 찾아낸 다음, 정독하면서 정답 부분을 찾습니다.

⑧ 지문 이어 읽기 ~ ⑨ 7번 정답 고르기

마지막 단락의 '只不过这些信息不再形成物象显示到镜片上，而是通过耳机播放给佩戴者听'에서 이어폰을 통해서 스마트 안경 착용자에게 정보를 들려준다고 했으므로 정답은 B 将捕捉到的信息转为声音입니다.

⑩ 8번 문제와 선택지 읽고 정답 고르기

福音은 종교적으로 '복음'이란 의미 외에, '좋은 소식'이란 의미도 있습니다. 福音의 의미를 잘 모른다면 나머지 선택지가 제목으로 적합한지 여부를 따져 소거법으로 정답을 고르면 됩니다. 정답은 A 盲人的福音입니다.

| 단 어 |

设计 shèjì 통 설계하다, 디자인하다 | **盲人** mángrén 명 시각장애인, 맹인 | **智能眼镜** zhìnéng yǎnjìng 명 스마트 안경 | **小型** xiǎoxíng 형 소형의 | **摄像头** shèxiàngtóu 명 웹캠, 웹카메라 | **袖珍** xiùzhēn 형 휴대형의, 소형의, 포켓형의 | **捕捉** bǔzhuō 통 포착하다, 붙잡다 | **佩戴** pèidài 통 착용하다, 달다 | **预计** yùjì 통 예측하다 | **年底** niándǐ 명 연말 | **投放** tóufàng 통 (시장에 상품을) 내놓다, 출시하다 | **售价** shòujià 명 판매가 | **订购** dìnggòu 통 예약하여 구입하다, 주문하다 | **符合** fúhé 통 부합하다, 일치하다 | **科幻** kēhuàn 명 공상 과학(SF) | **终于** zhōngyú 부 마침내 | **视觉** shìjué 명 시각 | **辅助** fǔzhù 통 보조하다, 돕다 | **普通** pǔtōng 형 보통이다, 일반적이다 | **区别** qūbié 명 구별, 차이 | **随意** suíyì 부 마음대로, 뜻대로 | **仍然** réngrán 부 여전히, 변함없이 | **眼镜框** yǎnjìngkuàng 명 안경테 | **针头** zhēntóu 명 바늘 | **般** bān 조 ~과 같은 | **置于** zhìyú ~에 두다(놓다) | **口袋** kǒudai 명 호주머니 | **微型** wēixíng 형 소형의 | **物象** wùxiàng 명 사물의 형태, 형상 | **显现** xiǎnxiàn 통 (분명하게) 나타나다, 드러나다 | **镜片** jìngpiàn 명 렌즈 | **接近** jiējìn 통 접근하다, 다가가다 | **明亮** míngliàng 형 빛나다, 반짝거리다 | **依然** yīrán 부 여전히 | **足以** zúyǐ 부 충분히 ~할 수 있다 | **独自** dúzì 부 단독으로, 홀로 | **逛商店** guàng shāngdiàn 쇼핑을 하다 | **乘坐** chéngzuò 통 (교통수단에) 타다 | **公交车** gōngjiāochē 명 버스 | **满足** mǎnzú 통 (요구를) 만족시키다 | **软件** ruǎnjiàn 명 (컴퓨터) 소프트웨어 | **深入** shēnrù 형 깊다, 철저하다 | **识别** shíbié 통 식별하다 | **站牌** zhànpái 명 (버스의) 정거장 표지 | **原理** yuánlǐ 명 원리 | **显示** xiǎnshì 통 (뚜렷하게) 나타나다, 드러나다 | **耳机** ěrjī 명 이어폰 | **播放** bōfàng 통 방송하다 | **引导** yǐndǎo 통 안내하다, 인도하다 | **建筑物** jiànzhùwù 명 건축물 | **场景** chǎngjǐng 명 장면, 모습 | **携带** xiédài 통 휴대하다 | **外观** wàiguān 명 외관, 겉모양 | **尚未** shàngwèi 부 아직 ~하지 않다 | **听觉** tīngjué 명 청각 | **触觉** chùjué 명 촉각 | **敏锐** mǐnruì 형 (감각이) 예민하다 | **转为** zhuǎnwéi 통 ~으로 바꾸다(바뀌다) | **盲文** mángwén 명 점자 | **呈现** chéngxiàn 통 나타나다, 나타내다 | **图案** tú'àn 명 도안 | **福音** fúyīn 명 좋은 소식, 복음 | **缺点** quēdiǎn 명 결점, 단점 | **特异功能** tèyì gōngnéng 특별한 능력, 초능력

쓰기

시나공법 01 확인문제 | 382쪽

高明的厂长

　　雪花酒厂的雪花酒，质量非常好，但因知
名度不高，所以卖得不太好。大家都很着急，
但是厂长却一点儿也不急。

　　有一天，厂长从全厂挑了几个身材高大的 100
人，然后让他们到各地旅游。大家都很生气，
但厂长只是安慰大家不要着急，并向大家保证，
一定在半年的时间内改变目前的状况，工人们
听了半信半疑。

　　那几个大个子，按照厂长的吩咐，专门去 200
大城市吃吃喝喝，而且不管去什么地方都只喝
雪花啤酒，人们都以为他们很有钱。

　　一个多月以后，他们回来了。工人们看到
他们都特别生气，可是厂长却表扬他们任务完
成得很好。工人们气得正想罢工时，却传来了 300
雪花酒销量大增的好消息，雪花酒很快在全国
出了名。

　　雪花酒厂效益好了，工人们也很高兴。这
时候，厂长才说明了派人公费旅游的目的。工
人们一听，恍然大悟，夸厂长了不起。 400

뛰어난 공장장

　설화주 공장의 설화주는 품질이 매우 좋지만 인지도가 높지 않아서 잘 팔리지 않았다. 사람들은 모두 조급해하는데 공장장은 조금도 조급해하지 않았다.

　어느 날, 공장장은 전체 공장에서 몇 명의 체격이 큰 사람들을 고른 다음, 그들에게 각지로 여행을 가게 했다. 사람들은 화를 냈지만, 공장장은 그저 사람들에게 조급해하지 말라고 위로하며 반드시 반년 내에 현재의 상황을 바꾸겠다고 사람들에게 약속했다. 사람들은 듣고 나서 반신반의했다.

　그 몇몇의 키 큰 사람들은 공장장의 명령에 따라 일부러 대도시에 가서 먹고 마시고 놀았고 어디를 가든 설화주만 마셨다. (이들을 본) 사람들은 그들이 돈이 매우 많다고 여겼다.

　한 달여 후, 그들이 돌아왔다. 공장 사람들은 그들을 보고 매우 화를 냈지만 공장장은 오히려 그들에게 임무를 잘 완성했다고 칭찬해 주었다. 공장 사람들이 화가 나서 파업을 하려고 할 때, 설화주의 판매량이 급증했다는 좋은 소식이 전해졌다. 설화주는 매우 빠르게 전국적으로 유명해졌다.

　설화주 공장의 이익은 좋아졌고 근로자들은 매우 기뻐했다. 이제야 공장장은 사람들을 공금으로 여행하게 한 목적을 말해 주었다. 근로자들은 듣고서 크게 깨달았고, 공장장이 대단하다고 칭찬했다.

|1문단 해설| 발단: 설화주 공장이 현재 처한 상황에 대해 소개함

　　①雪花酒厂的雪花酒，质量可以与国内许多名酒相媲美，但因知名度不高，订货者寥寥无几，销路一直没打开。②产品销不出去，直接影响了酒厂的效益，同时也影响了工人们的收入和各种福利待遇。可想而知，工人们的实际利益受到了影响，怎么能提高生产积极性呢？因此酒厂的生产效率一天天下降。③面对这种状况，很多关心酒厂的前途和命运的人都愁得要死，急得要命，但是厂长却好像胸有成竹，照常上班、下班，不急也不躁。

　설화주 공장의 설화주는 품질이 국내의 수많은 명주와 서로 견줄 만하지만, 인지도가 높지 않아서 주문자가 매우 적고 판로가 계속 열리지 않았다. 상품이 팔려 나가지 않자 술 공장의 이익에 직접적으로 영향을 끼쳤고, 동시에 근로자들의 수입과 각종 복리 대우에도 영향을 끼쳤다. 미루어 알 수 있듯이 근로자들의 실제 이익이 영향을 받았는데 어떻게 생산의 적극성을 끌어올릴 수 있겠는가? 그래서 공장의 생산 효율은 하루하루 떨어졌다. 이런 상황에 직면하자, 공장의 전망과 운명에 관심 있는 많은 사람들이 매우 근심하고 초조해했다. 그러나 공장장은 오히려 마치 마음속에 이미 계획이 있는 것처럼 평소대로 출퇴근하고 조급해하지도 않았다.

중심 내용: 설화주는 품질은 아주 좋지만 인지도가 높지 않아서 잘 팔리지 않았다. 공장의 직원들이 모두 이를 걱정하는 반면, 공장장은 전혀 조급해하지 않았다.

① 'A可以与B相媲美'는 6급에서 반드시 알아야 하는 표현으로, 'A는 B만큼 훌륭하고 손색이 없다'라는 뜻입니다. 하지만 독해하기는 쉬워도 작문에서 적용하기에는 어려운 표현입니다. 이런 경우, 가급적 쉬운 표현으로 바꾸어 쓰는 것이 좋습니다.

> **요약** 质量可以与国内许多名酒相媲美 ➡ 质量很好
> 订货者寥寥无几，销路一直没打开 ➡ 卖得不好

② 공장의 심각한 상황과 분위기를 묘사하는 부분입니다. 이 문단의 중심 내용은 '술이 안 팔리고 있다'라는 상황이므로, 구체적인 묘사는 굳이 쓰지 않아도 좋습니다.

③ 직원들과 공장장의 태도가 정반대임을 나타내는 문장입니다. 다음 문단에서 이어질 공장장의 행동과도 연관 있는 부분이므로, 짧게 써 주는 것이 좋습니다. 이때 '공장장'이라는 단어에 주의합니다. 한국식 표현인 '工厂长'이라고 쓰면 안 되며, 반드시 '厂长'이라고 써야 합니다.

| 요 약 | 雪花酒厂的雪花酒，质量非常好，但因知名度不高，所以卖得不太好。大家都着急，但是厂长却一点儿也不急。
설화주 공장의 설화주는 품질이 매우 좋지만 인지도가 높지 않아서 잘 팔리지 않았다. 사람들은 모두 조급해 하는데 공장장은 조금도 조급해하지 않았다.

| 단 어 | **雪花酒** xuěhuājiǔ 몡 설화주 | **媲美** pìměi 동 견줄 만하다, 필적하다 | **订货者** dìnghuòzhě 주문자 | *订货 dìnghuò 동 주문하다 | **寥寥无几** liáoliáowújǐ 셍 (수량이) 매우 적다 | **销路** xiāolù 몡 (상품의) 판로 | **打开** dǎkāi 동 열다, 개척하다 | **效益** xiàoyì 몡 효과와 이익 | **福利待遇** fúlì dàiyù 복리와 대우 | **可想而知** kěxiǎng'érzhī 셍 미루어 알 수 있다 | **积极性** jījíxìng 몡 적극성 | **生产效率** shēngchǎn xiàolǜ 생산 효율 | **下降** xiàjiàng 동 떨어지다, 낮아지다 | **前途** qiántú 몡 전망, 전도, 앞길 | **愁** chóu 동 근심하다, 걱정하다 | **要死** yàosǐ 동 죽을 지경이다[정도가 절정에 달했음을 나타냄] | **要命** yàomìng 혱 심하다[정도가 아주 극심함을 나타냄] | **厂长** chǎngzhǎng 몡 공장장 | **胸有成竹** xiōngyǒuchéngzhú 셍 대나무를 그리기 전에 마음속에는 이미 대나무의 형상이 있다, 일을 하기 전에 이미 모든 준비가 되어 있다 | **照常** zhàocháng 동 평소대로 하다, 평소와 같다 | **躁** zào 혱 성급하다, 조급하다

|2~3문단 해설| **전개:** 몇 명의 배불뚝이 직원들이 공장장의 명령에 따라 큰 도시로 여행을 떠남

①有一天，厂长从全厂挑选了几个人，这几个人的特点是身材高大，而且都有点儿"将军肚儿"。②挑选出来以后，厂长用公款给每个人做了一套非常讲究的高档西服，给每个人配了一部"大哥大"，并且召集他们开了一个秘密会议，然后派他们到北京、天津、上海、广州等地旅游观光。③厂长的这个做法，立刻在全厂引起了轰动，有的人感到迷惑："厂长在搞什么鬼名堂？"有的人非常气愤："厂里的酒销不出去，他却大手大脚地花钱，竟然还公费派人去外地旅游观光，真是个败家子儿！"④面对工人的迷惑和责骂，厂长无动于衷，不生气也不解释，只是在开会的时候安慰大家说："大家不要着急，我这样做自有道理，我向大家保证，一定在半年的时间内改变我们厂目前的状况，请大家放心好了。"⑤工人们听了半信半疑。

⑥再说那几个"将军肚儿"，按照厂长的吩咐，专门去大城市，住大宾馆，逛大商店，吃高级饭店，而且每次住大宾馆总是点名要喝雪花酒，没有不住；逛大商店专买雪花酒，其它酒一概不要；进高级饭店先问有没有雪花酒，没有扭头就走，要是有，就坐下大吃大喝，吃饱喝足以后还要带上几瓶，说："回去以后送给朋友品尝尝。"⑦给人的印象他们一个个好像大款、大经理什么似的。

어느 날 공장장이 전체 공장에서 몇 사람을 뽑았다. 이 몇 사람의 특징은 몸집이 크고 모두 '배불뚝이'라는 것이다. 뽑은 후에 공장장은 공금으로 모두에게 매우 세련된 고급 양복을 맞춰 주었고, 휴대전화를 한 대씩 나누어 주었다. 게다가 그들을 모아서 비밀 회의를 연 후에 그들을 베이징, 톈진, 상하이, 광저우 등지로 보내서 관광 여행을 시켰다. 공장장의 이 방법은 바로 전 공장에 센세이션을 일으켰다. 어떤 사람은 "공장장이 무슨 수작을 부리려는 거지?"하고 미심쩍어 했고, 어떤 사람은 "공장 안의 술이 팔리지도 않는데 그는 오히려 돈을 물 쓰듯이 쓰고, 놀랍게도 공금으로 사람을 외지로 관광 여행까지 보내다니, 정말 집안을 망치는 놈일세!" 하며 분노했다. 근로자들의 의혹과 질책을 직면하고도 공장장은 조금도 동요하지 않았으며 화를 내지도, 변명을 하지도 않았다. 다만 회의를 할 때 모두를 위로하며 말했다. "여러분, 조급해 하지 마세요. 제가 이렇게 하는 것은 다 이유가 있습니다. 제가 여러분에게 약속합니다. 반드시 반년이라는 시간 내에 우리 공장의 지금 상황을 바꾸겠습니다. 모두들 마음 푹 놓으시기 바랍니다." 근로자들은 듣고서 반신반의했다.

다시 그 '배불뚝이'들로 말하자면, 공장장의 명령에 따라 오로지 대도시에만 가고 큰 호텔에 묵고 큰 상점만 돌아다니며 고급 식당에만 갔다. 게다가 매번 큰 호텔에 머물 때마다 항상 설화주를 마시겠다고 지명했고, 없으면 머물지 않았다. 큰 상점을 돌아다니면서 오로지 설화주만 사고 다른 술은 하나도 사지 않았다. 고급 식당에 들어가서는 먼저 설화주가 있는지 묻고, 없으면 몸을 돌려 바로 나왔다. 만약 있으면 앉아서 진탕 먹고 마셨으며, 배불리 먹고 마신 후에도 몇 병을 챙기며 말했다. "돌아가서 친구에게 선물해서 맛보게 해야겠군." 그들이 사람들에게 준 인상은 마치 갑부나 사장 같았다.

중심 내용: 몇 명의 배불뚝이 직원들이 공장장의 명령에 따라 큰 도시로 여행을 떠났고, 직원들이 분노했지만 공장장은 자신을 믿어 달라고 했다. 배불뚝이 직원들은 여행을 하면서 어디 가든 설화주만 시켜 먹었고, 그들을 본 사람들은 그들이 돈이 매우 많다고 여겼다.

① 시간사 有一天은 반드시 써야 합니다. 내용상 사람을 어디서 뽑았는지는 중요하지 않지만, 어떠한 사람들을 뽑았는지는 핵심 내용이므로 빠뜨리면 안 됩니다.

> **요약** 身材高大，而且都有点儿"将军肚儿" ➡ 都很胖 / 身材高大

② 뽑힌 사람들이 무슨 일을 했는지가 이 문단의 주요 내용입니다. 따라서 이 문장처럼 구체적인 상황 설명은 과감하게 버리는 것이 좋습니다.

③ 직원들이 굉장히 화난 것을 생동감 있게 묘사한 부분이지만 요약 쓰기 할 때는 생략하는 것이 좋습니다. 단지 직원들이 화가 났다는 것을 소개하면 충분합니다.

④ 无动于衷은 6급 필수 단어이므로 외워서 활용하는 것이 좋습니다. 직접화법은 가급적 간접화법으로 바꿔 씁니다. 간접화법으로 바꿔 쓸 때, 단지 큰따옴표만 지우고 '说……'와 같이 옮겨 쓰는 것은 안 됩니다. 반드시 1인칭 시점을 3인칭 시점으로 바꾸어 써야 합니다.

주의 "大家不要着急，我这样做自有道理，我向大家保证，一定在半年的时间内改变我们厂目前的状况，请大家放心好了。"
➡ 厂长让大家别担心。(〇) / 厂长对大家说别担心。(X)

⑤ 半信半疑는 6급 필수 단어입니다. 활용하면 좋지만, 꼭 성어를 써야 점수를 잘 준다는 오해는 하지 말아야 합니다. 쉽고 자연스러운 표현으로 쓰는 것이 가장 중요하므로 不太相信과 같이 써도 좋습니다.

⑥ 배불뚝이 직원들의 행동을 묘사한 부분입니다. 내용이 길기 때문에 중요한 사실만 뽑아서 간추리는 것이 좋습니다. 핵심 내용은 그들이 어디에 가서 무엇을 하든 '반드시 설화주를 시켜 먹었다'라는 것입니다.

⑦ 가급적 짧고 간결한 문장으로 요약합니다. '잘못 생각하고 있다'라는 표현을 나타낼 때는 觉得가 아닌, 以为를 써야 합니다.

|요 약| 有一天，厂长从全厂挑了几个身材高大的人，然后让他们到各地旅游。大家都很生气，但厂长只是安慰大家不要着急，并向大家保证，一定在半年的时间内改变目前的状况，工人们听了半信半疑。
那几个大个子，按照厂长的吩咐，专门去大城市吃吃喝喝，而且不管去什么地方都只喝雪花啤酒，人们都以为他们很有钱。

어느 날, 공장장은 전체 공장에서 몇 명의 체격이 큰 사람들을 고른 다음, 그들에게 각지로 여행을 가게 했다. 사람들은 화를 냈지만, 공장장은 그저 사람들에게 조급해 하지 말라고 위로하며 반드시 반년 내에 현재의 상황을 바꾸겠다고 사람들에게 약속했다. 사람들은 듣고 나서 반신반의했다.
그 몇몇 키 큰 사람들은 공장장의 명령에 따라 일부러 대도시에 가서 먹고 마시고 놀았고, 어디를 가든 설화주만 마셨다. (이들을 본) 사람들은 그들이 돈이 매우 많다고 여겼다.

|단 어| **挑选** tiāoxuǎn 통 뽑다, 고르다, 선택하다 | **身材** shēncái 명 몸집, 몸매 | **将军肚儿** jiāngjūndùr 명 장군의 배[남자의 불룩하게 나온 배를 뜻함, 주로 '부(富)'를 상징함] | **公款** gōngkuǎn 명 공금 | **套** tào 명 벌, 세트[몇 개의 구성으로 이루어진 사물을 세는 단위] | **讲究** jiǎngjiu 통 세련되다, 정교하다, 화려하다 | **高档** gāodàng 형 고급의, 상등의 | **西服** xīfú 명 양복, 정장 | **配** pèi 통 나누어 주다, 분배하다 | **大哥大** dàgēdà 명 휴대전화 | **召集** zhàojí 통 불러 모으다, 소집하다 | **秘密** mìmì 명 비밀 형 비밀의 | **会议** huìyì 명 회의 | **派** pài 통 파견하다, 보내다 | **引起轰动** yǐnqǐ hōngdòng 센세이션을 일으키다 | **迷惑** míhuò 통 (옳고 그름 등의) 구분을 하지 못하다, 미혹되다, 현혹되다, 혼란스럽게 하다 | **搞鬼名堂** gǎo guǐmíngtáng 수작을 부리다, 꿍꿍이를 꾸미다 | **气愤** qìfèn 형 분노하다, 화내다 | **销** xiāo 통 팔다, 판매하다 | **大手大脚** dàshǒudàjiǎo 성 돈을 물 쓰듯 헤프게 쓰다 | **竟然** jìngrán 부 놀랍게도, 뜻밖에도, 의외로 | **公费** gōngfèi 명 공금, 국비 | **败家子儿** bàijiāzǐr 명 집안 망치는 자식, 가산을 탕진하는 자식 | **责骂** zémà 명 질책, 꾸중 | **无动于衷** wúdòngyúzhōng 성 조금도 동요하지 않다, 아무런 느낌이 없다 | **解释** jiěshì 통 변명하다, 해명하다 | **安慰** ānwèi 통 위로하다 | **半信半疑** bànxìnbànyí 성 반신반의하다 | **按照** ànzhào 전 (요구나 기준)에 따라서 | **吩咐** fēnfù 명 명령, 분부 | **专门** zhuānmén 부 오로지, 전문적으로 | **逛** guàng 통 돌아다니다, 거닐다 | **点名** diǎnmíng 통 지명하다 | **一概** yígài 부 (예외 없이) 모두, 전부 | **扭头** niǔtóu 통 몸을 돌리다, 고개를 돌리며 돌아서다 | **大吃大喝** dàchīdàhē 성 진탕 먹고 마시다 | **吃饱喝足** chībǎohēzú 배불리 먹고 마시다 | **瓶** píng 양 병 | **品尝** pǐncháng 통 맛보다 | **大款** dàkuǎn 명 갑부, 큰 부자

|4문단 해설| 절정: 설화주의 판매가 급증함

①一个多月以后，他们回厂了。②经过一个多月的吃喝玩乐，他们一个个吃得又肥又胖，满面红光。③工人们看到这些拿公款吃喝、用公费旅游的人，肺都要气炸了，可是厂长却满面笑容地接见了他们，听了汇报，还表扬他们任务完成得很好。④工人们正想集体罢工，要求撤销厂长职务的时候，供销科传出了好消息，说各大城市的订货单纷纷寄来，许多采购人员不远千里亲自找上门来要求订货。⑤于是，雪花酒销量大增，很快在全国出了名，成了远近闻名的畅销酒，产量供不应求。

한 달 남짓 지난 후에 그들은 공장으로 돌아왔다. 한 달여 동안 먹고 마시고 놀며 즐긴 끝에, 그들 모두가 잘 먹어서 뚱뚱해졌고 얼굴에 화색이 돌았다. 근로자들은 공금을 가지고 먹고 마시고 여행한 사람들을 보자, 부아가 치밀어 올랐다. 그러나 공장장은 오히려 얼굴 가득 미소를 띠고 그들을 만났고, 보고를 듣고서 그들이 임무를 매우 잘 완수하였다고 칭찬했다. 근로자들이 마침 집단 파업을 하며 공장장의 직무 해임을 요구하려고 할 때, 공급판매과에서 희소식이 전해져 왔다. 여러 대도시의 주문서가 잇달아 왔고 수많은 구매자들이 매우 먼 거리임에도 불구하고 직접 공장에 찾아와서 주문을 요구한다는 것이다. 그리하여 설화주는 판매량이 크게 늘어나 매우 빠르게 전국적으로 유명해졌고, 널리 이름난 베스트 상품이 되었으며, 생산량이 공급이 수요를 따르지 못할 정도였다.

중심 내용: 그들이 돌아온 후 설화주 판매량이 급상승했고, 설화주는 전국적으로 유명해졌다.

① 시간의 경과를 나타내는 짧은 문장이라 그대로 쓰는 것이 가장 좋습니다. 만약 한 달이라는 시간이 잘 생각이 안 나면 过了一段时间이나 不久以后라고 써도 좋습니다. 过了时间은 한국식 표현이므로 절대 쓰지 않도록 주의합니다.

② 여행을 다녀온 사람들에 대한 설명입니다. 흐름상 중요한 부분이 아니기 때문에 생략하는 것이 좋습니다.

③ 직원들은 화가 난 반면, 공장장은 매우 만족스러워 하는 상반된 태도를 비교하며 쓰는 것이 중요합니다.

④ 반전은 전체 이야기의 흐름상 가장 중요한 부분입니다. 이 문장은 지금까지의 상황과는 달리, 판매와 주문이 급증했다는 내용이므로, 의미가 누락되거나 달라지지 않게 요약을 잘해야 합니다. 订货는 핵심 단어이므로 꼭 외워서 써야 합니다.

> **요약**　传出了好消息　➡️　大家听到了好消息
> 各大城市的订货单纷纷寄来，许多采购人员不远千里亲自找上门来要求订货　➡️　人们都来订货

⑤ 문장은 길지만 핵심 내용은 설화주가 유명해졌다는 것입니다. '아주 유명해졌다'라는 표현을 한국식으로 很出名了라고 쓰지 않도록 주의합니다. 出名은 동사와 형용사 용법이 모두 있습니다. 형용사 용법으로 쓰일 때 很의 수식을 받을 수 있어서 很出名은 가능하지만, 出名了는 변화를 나타내기 때문에 很과 같이 쓸 수 없습니다. 따라서 出名了, 또는 出了名과 같이 써야 하고, 정도부사는 함께 쓸 수 없습니다.

| 요 약 | 一个多月以后，他们回来了。工人们看到他们都特别生气，可是厂长却表扬他们任务完成得很好。工人们气得正想罢工时，却传来了雪花酒销量大增的好消息，雪花酒很快在全国出了名。
한 달여 후, 그들이 돌아왔다. 공장 사람들은 그들을 보고 매우 화를 냈지만 공장장은 오히려 그들에게 임무를 잘 완성했다고 칭찬해 주었다. 공장 사람들이 화가 나서 파업을 하려고 할 때, 설화주의 판매량이 급증했다는 좋은 소식이 전해졌다. 설화주는 매우 빠르게 전국적으로 유명해졌다. |
|---|---|

단 어	**吃喝玩乐** chīhēwánlè [관용] 먹고 마시고 놀며 즐기다 ｜ **肥** féi [형] 살지다 ｜ **胖** pàng [형] 뚱뚱하다 ｜ **满面红光** mǎnmiànhóngguāng [성] 얼굴에 화색이 돌다 ｜ **肺都要气炸了** fèi dōu yào qìzhà le 부아가 터질 것 같다 ｜ *肺 fèi [명] 폐 气炸 qìzhà [동] 몹시 화가 나다 ｜ **满面笑容** mǎnmiàn xiàoróng 얼굴 가득 미소를 띠다 ｜ **接见** jiējiàn [동] (손님을) 만나다, 접견하다[주로 윗사람이 아랫사람이 만나는 것을 가리킴] ｜ **汇报** huìbào [명] (종합) 보고 [동] (상급자에게) 보고하다 ｜ **表扬** biǎoyáng [동] 칭찬하다, 표창하다 ｜ **集体** jítǐ [명] 집단, 단체 ｜ **罢工** bàgōng [동맹] 파업하다 ｜ **撤销** chèxiāo [동] (직무를) 해임하다 ｜ **供销科** gōngxiāokē 공급판매과[供应销售科의 줄임말, 공장이나 회사 안에서 원료 구입과 상품 판매를 책임지는 부서] ｜ **订货单** dìnghuòdān [명] 주문서 ｜ *订货 dìnghuò [동] (상품을) 주문하다 ｜ **纷纷** fēnfēn [형] 잇달아, 연달아, 쉴 새 없이 ｜ **采购** cǎigòu [동] 구입하다, 구매하다[주로 기관이나 기업에서 구매하는 것을 뜻함] ｜ **不远千里** bùyuǎnqiānlǐ [성] 먼 길을 마다하지 않고 달려오다 ｜ **销量** xiāoliàng [명] 판매량 ｜ **远近闻名** yuǎnjìn wénmíng 널리 이름이 나다 ｜ **畅销** chàngxiāo [형] 잘 팔리는, 매상이 좋은 ｜ **供不应求** gōngbúyìngqiú [성] 공급이 수요를 따르지 못하다, 공급이 달리다

|5문단 해설| 결말: 공장장의 기지로 공장이 번창함

①雪花酒厂兴旺了，效益提高了，工人们的脸上也都露出了满意的笑容。②这时候，厂长才在大会上说明了派人公费旅游的目的和推销经过。③工人们一听，恍然大悟，纷纷伸出大拇指，夸厂长不愧是厂长，确实是足智多谋。	설화주 공장은 번창했고 이익이 높아졌으며, 근로자들의 얼굴에도 만족스러운 미소가 나타났다. 이제야 공장장은 전체 회의에서, 사람을 보내 공금으로 여행을 하게 한 목적과 마케팅 과정을 설명했다. 근로자들은 듣고서 문득 크게 깨닫고는 잇달아서 엄지손가락을 내밀며 공장장으로서 손색이 없고 확실히 지략이 풍부하다고 칭찬했다.

> 중심 내용: 공장장은 그 사람들을 보낸 이유를 근로자들에게 말해 주었고, 근로자들이 그제야 상황을 이해하고서 공장장을 칭찬했다.

① 회사가 잘된 것을 소개하는 내용입니다. 발단과 달라진 결말이므로, 반드시 써야 합니다.

② 뒤늦게 일어난 상황을 나타낼 때는 부사 才를 써야 합니다. 才는 부사라서 반드시 주어 뒤에 위치해야 합니다.

> **주의**　这时候，厂长+才······ 또는 厂长+这时候才······ (○) / 这时候才+厂长······ (X)

③ '工人们一听，恍然大悟'의 경우, 학생들은 익숙한 표현인 '一~就···' 구문을 활용하는 경우가 많습니다. 하지만 恍然大悟는 뒤늦게 깨달았다는 의미를 가지고 있기 때문에, 就보다 才와 어울립니다. 만약 꼭 강조하고 싶다면 '工人们一听，才恍然大悟'라고 표현할 수 있습니다.

| 요 약 | 雪花酒厂效益好了，工人们也很高兴。这时候，厂长才说明了派人公费旅游的目的。工人们一听，恍然大悟，夸厂长了不起。
설화주 공장의 이익은 좋아졌고 근로자들은 매우 기뻐했다. 이제야 공장장은 사람들을 공금으로 여행하게 한 목적을 말해 주었다. 근로자들은 듣고서 크게 깨달았고, 공장장이 대단하다고 칭찬했다. |
|---|---|

단 어	**兴旺** xīngwàng [형] 번창하다, 흥성하다 ｜ **露出** lòuchū [동] (기색이) 나타나다, 드러나다 ｜ **推销** tuīxiāo [동] 마케팅하다, 판매를 넓히다 ｜ **经过** jīngguò [명] 과정, 경로 ｜ **恍然大悟** huǎngrándàwù [성] 문득 크게 깨닫다 ｜ **伸出** shēnchū [동] (안에서 밖으로) 내밀다 ｜ **大拇指** dàmǔzhǐ [명] 엄지손가락 ｜ **夸** kuā [동] 칭찬하다 ｜ **不愧** búkuì [동] ~에 손색이 없다, ~에 부끄럽지 않다, ~답다 ｜ **足智多谋** zúzhìduōmóu [성] 지략이 풍부하다, 지혜가 많고 계략이 풍부하다

给我一个微笑

　　小刚是个性格内向的学生，成绩也不太好。一天下课后，小刚紧张地递给我一张纸条，上面写着他希望我给他补课。

　　我说我可以答应他的要求，但是有一个条件，就是他必须每天给我一个微笑。这个要求出乎他的意料，他迷惑不解，但还是艰难地笑了。

　　第二天上课，我让他读课文。读完后，他又困难地对我笑了笑。

　　这样过了好一段时间，我都没提为他补习的事。一天下课后，小刚又拦住我，这次他笑着请我给他补课，我让他别急，然后递给他一张纸，那里有我为他准备的一道题。我以为他会自己做，但是我意外地发现他很积极地和同学们讨论，时不时还会笑一笑。渐渐地，他开始和同学来往了。

　　虽然我一直没给他补课，但期末考试时小刚的成绩进步了，我的这种特别的补课方式很有效果。可是出人意料的是，新学期刚开学，小刚就因没钱交学费而休学了，我也无可奈何。

　　星期天，我去市场买菜，发现小刚在市场里卖蔬菜。他的脸上没有腼腆也没有沮丧。他告诉我，因为他学会了笑，所以大家都去他那里买菜，生意很好。他和我约定，等赚够了学费，一定会复学，要给我和同学们更多的微笑。

나에게 웃어 주다

샤오강은 성격이 내성적인 학생이며, 성적도 그다지 좋지 않다. 하루는 수업 후에 샤오강이 긴장을 하며 나에게 종이쪽지 한 장을 건넸는데, 거기에는 내가 그에게 보충수업을 해 주기를 바란다고 쓰여 있었다.

나는 그의 요구에 승낙할 수 있지만 조건이 하나 있다고 말했다. 바로 그가 매일 나에게 미소를 한 번씩 보여 주는 것이었다. 이 요구는 그의 예상 밖이었고, 그는 당황스러워 했지만 그래도 힘들게 웃었다.

그다음 날 수업 시간에 나는 그에게 본문을 읽으라고 시켰다. 다 읽은 후에 그는 또 힘겹게 나에게 웃어 주었다.

이렇게 한동안 시간이 흘렀지만 나는 그에게 보충수업 이야기를 꺼내지 않았다. 하루는 수업 후에 샤오강이 또 나를 가로막았다. 이번에 그는 웃으며 나에게 보충수업을 해 달라고 했고, 나는 그에게 서두르지 말라고 한 뒤에 종이쪽지 한 장을 건넸다. 쪽지에는 내가 그를 위해 준비한 문제가 하나 있었다. 나는 그가 혼자서 할 것이라 여겼는데, 뜻밖에도 그가 매우 적극적으로 친구들과 토론하고 자주 웃기까지 하는 것을 발견했다. 점점 그는 친구들과 교제를 하기 시작했다.

비록 나는 줄곧 그에게 보충수업을 해 주지 않았지만 기말고사 때 샤오강의 성적은 향상되었다. 나의 이런 특별한 보충수업 방식은 매우 효과가 있었다. 하지만 뜻하지 않게 새 학기가 막 시작되었을 때 샤오강은 학비를 낼 돈이 없어서 휴학을 했고, 나는 어찌할 도리가 없었다.

일요일에 나는 시장에 음식을 사러 갔다가 샤오강이 시장에서 야채를 팔고 있는 것을 발견했다. 그의 얼굴에는 부끄럽거나 의기소침한 기색이 없었다. 그는 나에게, 자신이 웃는 것을 배웠기 때문에 사람들이 다 그에게서 야채를 사 가서 장사가 잘된다고 알려 주었다. 그는 학비를 벌고 나면 반드시 복학할 것이고, 나와 친구들에게 더 많이 웃어 줄 것이라고 내게 약속했다.

|1문단 해설| 발단: 등장인물(샤오강)의 성격과 '나'에게 부탁한 내용을 소개함

①小刚是个性格内向的学生，成绩也不太好。②一天下课后，我合上教案，面无表情地走出了教室，小刚跟了上来，他看着我，眼泪就要掉下来了，脸涨得通红。我静静地站着，希望他能开口，但他的嘴唇好像紧紧锁住了似的。③他递过来一张纸条，上面写道：老师，我的数学太差，您能不能每天放学后为我补一个小时的课？

샤오강은 성격이 내성적인 학생으로, 성적도 그다지 좋지 않다. 하루는 수업이 끝난 후 나는 교안을 덮고서 무표정하게 교실을 걸어 나왔는데, 샤오강이 따라 올라오더니 나를 쳐다보았다. 막 눈물이 떨어지려고 했으며, 얼굴은 새빨갛게 달아올라 있었다. 나는 조용히 서서 그가 입을 열기를 바랐지만, 그의 입술은 마치 꼭 잠겨 있는 듯했다. 그는 쪽지 한 장을 건넸는데, 그 위에는 다음과 같이 쓰여 있었다. '선생님, 저는 수학이 너무 부족한데, 매일 방과 후에 저에게 한 시간 정도 보충수업을 해 주실 수 있나요?'

중심 내용: 샤오강은 내성적인 아이인 데다가 공부도 잘하지 못한다. 어느 날 샤오강이 나에게 쪽지를 건넸는데, 쪽지에는 보충수업을 해 달라는 내용이 쓰여 있었다.

① 첫 문장은 주인공을 소개하는 문장이므로 꼭 써야 합니다. 중국어에서는 사람을 소개할 때, 수량사인 '(一)个'를 습관적으로 쓴다는 점에 주의합니다.

② 一天下课后처럼 시간을 나타내는 말은 그대로 쓰는 것이 좋습니다. 나머지 부분은 생동감 있게 묘사하는 부분이라 쓰지 않아도 됩니다.

③ 쪽지 내용은 이야기의 흐름상 중요한 부분입니다. '종이'를 나타내는 양사 张을 잊지 않도록 주의합니다. '거기에는 ~이라고 쓰여 있었다'라는 표현은 중국어로 上面写道 혹은 上面写着라고 씁니다. 上面写了라고 쓰지 않도록 주의합니다.

| 요 약 | 小刚是个性格内向的学生，成绩也不太好。一天下课后，小刚紧张地递给我一张纸条，上面写着他希望我给他补课。
샤오강은 성격이 내성적인 학생이며, 성적도 그다지 좋지 않다. 하루는 수업 후에 샤오강이 긴장을 하며 나에게 종이쪽지 한 장을 건넸는데, 거기에는 내가 그에게 보충수업을 해 주기를 바란다고 쓰여 있었다.

| 단 어 | **性格** xìnggé 몡 성격 | **内向** nèixiàng 혱 내성적이다 | **合上** héshang (펼쳐지거나 열려 있는 것을) 덮다, 닫다 | **教案** jiào'àn 몡 교안 | **面无表情** miàn wú biǎoqíng 얼굴에 표정이 없다, 무표정하다 | **眼泪** yǎnlèi 몡 눈물 | **涨** zhàng 동 (얼굴 등이) 달아오르다, 상기되다, 충혈되다 | **通红** tōnghóng 혱 새빨갛다 | **开口** kāikǒu 동 입을 열다 | **嘴唇** zuǐchún 몡 입술 | **紧紧** jǐnjǐn 분 바짝, 꽉 | **锁住** suǒzhù 동 잠그다, 닫다 | **递** dì 동 건네다 | **纸条** zhǐtiáo 몡 쪽지 | **数学** shùxué 몡 수학 | **补课** bǔkè 동 보충수업을 하다, 과외를 하다

| 2~4문단 해설 | 전개: 샤오강의 내성적인 성격을 고치기 위한 '나'의 노력이 시작됨

①其实我可以马上答应他，但我决定借这个机会好好儿"改造"他一下。②我说："老师答应你的要求，可这两天我太忙，你等等好不好？"他有些失望，但还是点点头。我接着说："而且我有一个条件，你必须先给我一样东西！"他着急起来，可还是说不出一句话。

我说："你每天给我一个微笑，好不好？"③这个要求太出乎他的意料，他很困惑地看着我。我耐心地等待着，他终于艰难地咧开嘴笑了，尽管有些不自然。

④第二天上课时，我注意到小刚抬头注视着我，我冲他笑了笑，但他把视线避开了，显然他还不习惯对我回应。我让全班一起朗读课文，然后再让他一个人重读一遍。他站起来读了，也许是想起了前一天对我的承诺，读完后，他困难地对我笑了笑。

사실 나는 그 아이에게 바로 승낙할 수도 있었지만, 나는 이 기회를 빌어 그를 잘 '개조'시켜 보기로 결정했다. 나는 말했다. "선생님이 네 요구를 들어줄 수 있지만, 요 며칠간은 내가 너무 바쁘거든. 기다려 주겠니?" 그는 다소 실망했지만, 그래도 고개를 끄덕였다. 나는 이어서 말했다. "또 조건이 하나 있단다. 너는 꼭 내게 한 가지를 줘야만 해!" 그는 초조해 했지만, 여전히 한마디도 내뱉지 못했다.

나는 말했다. "매일 내게 미소를 지어 주렴. 그래 주겠니?" 이 요구는 그의 예상을 너무 벗어난 것이라서, 그는 아주 당혹스러워 하며 나를 보았다. 나는 인내심을 가지고 기다렸고, 그는 비록 부자연스럽긴 했지만, 결국 어렵사리 입을 벌리고 웃었다.

이튿날 수업에서 나는 샤오강이 고개를 들어 나를 바라보고 있는 것을 발견하고 그를 향해 웃었다. 하지만 그는 내 시선을 피했다. 분명 나에게 반응하는 것이 아직 익숙하지 않기 때문일 것이다. 나는 반 전체가 함께 본문을 읽도록 하였고, 그런 후에 샤오강 혼자 다시 한 번 읽도록 시켰다. 그는 일어나서 읽었고, 아마도 전날 나에게 한 약속이 떠올랐는지, 다 읽은 후에 힘겹게 나에게 웃어 보였다.

중심 내용: 나는 샤오강에게 보충수업을 해 주는 조건으로 매일 웃어 달라고 요구했다. 샤오강은 내 조건에 놀랐지만 어렵게 웃어 보였다. 그다음 날부터 샤오강은 웃으려고 노력하기 시작했다.

① 주인공인 '나'의 심리적 묘사 부분이라 굳이 안 써도 좋습니다.

② '나'의 말과 샤오강의 반응이 자세하게 쓰인 부분입니다. 직접화법을 간접화법으로 바꾸고 대화의 요점만 간략하게 짚어서 요약합니다.

요약 我说："你每天给我一个微笑，好不好？" → 我问他可不可以每天给我一个微笑。/ 我让他每天给我一个微笑。

③ 주로 샤오강의 표정을 묘사하는 부분입니다. 구체적으로 다 쓸 필요는 없지만 샤오강이 내심 힘들어 하면서도 노력한다는 점은 쓰는 것이 좋습니다.

④ 第二天上课时는 시간의 경과를 나타내므로 그대로 쓰는 것이 좋습니다. 샤오강이 힘겨워 하면서도 웃었다는 것은 이 문단의 주요 내용이므로 꼭 써야 합니다.

| 요 약 | 我说我可以答应他的要求，但是有一个条件，就是他必须每天给我一个微笑。这个要求出乎他的意料，他迷惑不解，但还是艰难地笑了。
第二天上课，我让他读课文。读完后，他又困难地对我笑了笑。
나는 그의 요구에 승낙할 수 있지만 조건이 하나 있다고 말했다. 바로 그가 매일 나에게 미소를 한 번씩 보여 주는 것이었다. 이 요구는 그의 예상 밖이었고, 그는 당황스러워 했지만 그래도 힘들게 웃었다.
그다음 날 수업 시간에 나는 그에게 본문을 읽으라고 시켰다. 다 읽은 후에 그는 또 힘겹게 나에게 웃어 주었다.

|단어| 其实 qíshí 분 사실 | 答应 dāying 동 승낙하다, 허락하다 | 借机会 jiè jīhuì 기회를 빌다(틈타다) | 改造 gǎizào 동 개조하다 | 失望 shīwàng 동 실망하다 | 点头 diǎntóu 동 고개를 끄덕이다 | 接着 jiēzhe 동 이어서 | 样 yàng 양 개, 가지, 종류 | 微笑 wēixiào 명 미소 | 出乎意料 chūhūyìliào 예상을 벗어나다 | 困惑 kùnhuò 형 당혹스럽다, 곤혹스럽다 | 耐心 nàixīn 형 인내심을 가지다 | 等待 děngdài 동 기다리다 | 终于 zhōngyú 분 마침내 | 艰难 jiānnán 형 어렵다, 힘들다 | 咧开嘴笑 liěkāi zuǐxiào 입을 벌리고 웃다 | 尽管 jǐnguǎn 접 비록 ~이라 하더라도 | 抬头 táitóu 동 고개를 들다 | 注视 zhùshì 동 주시하다 | 冲 chòng 전 ~을 향하여 | 视线 shìxiàn 명 시선 | 避开 bìkāi 동 피하다 | 显然 xiǎnrán 형 분명하다 | 回应 huíyìng 동 대답하다, 응답하다, 반응하다 | 朗读 lǎngdú 동 (글을) 낭독하다 | 课文 kèwén 명 본문 | 重读 chóng dú 다시 읽다 | 遍 biàn 양 번, 차례[동작의 처음부터 끝까지의 전 과정을 셀 때 쓰는 단위] | 也许 yěxǔ 분 아마도 | 承诺 chéngnuò 명 약속 | 迷惑不解 míhuò bùjiě 어찌된 영문인지 모르다

|5~6문단 해설| 질장: 샤오강이 변화되어 가는 과정을 소개함

①这样过了好一段时间，我都没提为他补习的事。②一天下课后小刚又拦住我，我知道他要干什么，于是故意把手伸给他。③他一愣："老师你要干什么？"我说："你不是要给我纸条吗？"他笑着说："我不写纸条了，您给我补补课吧。"④我面带笑容说："你不要急，到时我会主动找你的，但我向你要的东西你还没给够。"说完，我递给他一张纸，上面有我为他准备的一道题。我告诉他，一天之后把它做出来，可以和同学讨论，也可以独立完成。我知道，他宁可自己做，也绝对不会和同学讨论的。这正是性格内向的学生的最大的弱点。但是我意外地发现他很积极地和同学们讨论，时不时还会笑一笑，他正在一点一点地变化。渐渐地，他开始和同学来往了，一起做游戏，一起回家……

⑤虽然我一直没给他补课，但期末考试时小刚的成绩进步了，每科都及格了，看来我的这种特别的补课方式起到了效果。⑥可是没想到，新学期刚开学，小刚就休学了，因为他父亲做生意破产了，所以他没钱交学费。我很担心，但是无能为力。

이렇게 시간이 꽤 지났지만, 나는 샤오강에게 보충수업에 관한 일을 언급하지 않았다. 하루는 수업이 끝나고 샤오강이 또 나를 가로막는데, 나는 그가 무엇을 하려는지 알았기에 일부러 손을 그에게 내밀었다. 그는 어리둥절해 하며 "선생님 뭐 하시는 거예요?"하고 물었다. 나는 말했다. "너 내게 쪽지를 주려는 것 아니었니?" 그는 웃으며 말했다. "전 이제 쪽지를 안 써요. 선생님, 제게 보충수업을 해 주세요." 나는 얼굴에 미소를 띠고서 말했다. "조급해 하지 마. 때가 되면 내가 먼저 너를 찾을 테니까. 하지만 내가 너한테 요구한 걸 넌 아직 충분히 주지 못했어." 말을 끝내고 나는 아이에게 종이 한 장을 건넸다. 그것에는 내가 그에게 내주는 문제가 있었다. 나는 그에게, 내일까지 그것을 풀어 오는데 친구와 토론해도 좋고 혼자 해도 좋다고 말했다. 나는 그가 혼자 풀지언정 절대 친구와 토론하지 않을 것인 걸 알고 있었다. 이것이 바로 성격이 내성적인 학생의 가장 큰 약점이다. 하지만 의외로 그가 아주 적극적으로 친구들과 토론하고 자주 웃기까지 하는 것을 발견했다. 그는 조금씩 변하고 있었다. 점차 그는 함께 게임하고 함께 하교하는 등 친구들과 교류하기 시작했다.

비록 나는 계속해서 그 아이한테 보충수업을 해 주지 못했지만, 기말고사 때 샤오강의 성적은 나아졌고, 모든 과목을 통과했다. 보아하니 나의 이런 특별한 보충수업 방식이 효과를 본 것 같았다. 하지만 생각지도 못하게, 새 학기가 막 시작되었을 때 샤오강은 바로 휴학을 했다. 그의 아버지 사업이 파산했기 때문에 그는 학비를 낼 돈이 없었던 것이다. 나는 매우 걱정이 되었지만 어찌할 도리가 없었다.

중심 내용: 시간이 지났지만 나는 보충수업을 해 준다는 얘기를 꺼내지 않았다. 샤오강은 점차 친구들과 어울리고 웃음도 많아졌다. 보충수업을 해 주지 않았지만 샤오강의 성적은 향상됐다. 하지만 새 학기가 막 시작되었을 때, 샤오강은 휴학을 했다.

① 시간의 경과를 나타내는 这样过了好一段时间은 그대로 쓰면 좋습니다. 过了很长时间, 过了很久와 같이 바꾸어 써도 무방합니다.

② 핵심은 샤오강이 먼저 '나'를 찾아왔다는 내용입니다. 기타 '나'의 생각이나 행동은 그다지 중요한 내용은 아니므로, 요점만 뽑아서 쓰도록 합니다.

③ 대화 부분은 지문의 분량을 줄이기에 유리합니다. 꼭 필요한 내용만 뽑아서 간접화법으로 바꾸어 짧게 요약합니다.

④ 내용이 길지만 핵심은 내성적인 샤오강이 친구들과 어울리며 발전한다는 것입니다. 이야기의 흐름을 매끄럽게 하기 위해 '나'가 숙제를 냈다는 것, 샤오강의 발전 모습을 간략하게 쓰는 것이 좋습니다.

⑤ '나'가 보충수업을 해 주지 않은 것은 샤오강을 외면한 것이 아니라 스스로 발전하기를 유도한 것임을 알 수 있는 대목입니다. 따라서 '나'의 특별한 보충수업 방식이 효과를 봤다는 점을 언급하면, 지문을 제대로 이해했음을 보여 줄 수 있습니다.

⑥ 문장의 没想到는 그대로 써도 좋지만, 같은 의미의 성어 出人意料로 바꾸어 쓰면 더 높은 점수를 받을 수 있습니다.

|요 약| 这样过了好一段时间，我都没提为他补习的事。一天下课后，小刚又拦住我，这次他笑着请我给他补课，我让他别急，然后递给他一张纸，那里有我为他准备的一道题。我以为他会自己做，但是我意外地发现他很积极地和同学们讨论，时不时还会笑一笑。渐渐地，他开始和同学来往了。

虽然我一直没给他补课，但期末考试时小刚的成绩进步了，我的这种特别的补课方式很有效。可是出人意料的是，新学期刚开学，小刚就因没钱交学费而休学了，我也无可奈何。

이렇게 한동안 시간이 흘렀지만 나는 그에게 보충수업 이야기를 꺼내지 않았다. 하루는 수업 후에 샤오강이 또 나를 가로막았다. 이번에 그는 웃으며 나에게 보충수업을 해 달라고 했고, 나는 그에게 서두르지 말라고 한 뒤에 종이쪽지 한 장을 건넸다. 쪽지에는 내가 그를 위해 준비한 문제가 하나 있었다. 나는 그가 혼자서 할 것이라 여겼는데, 뜻밖에도 그가 매우 적극적으로 친구들과 토론하고 자주 웃기까지 하는 것을 발견했다. 점점 그는 친구들과 교제를 하기 시작했다.

비록 나는 줄곧 그에게 보충수업을 해 주지 않았지만 기말고사 때 샤오강의 성적은 향상되었다. 나의 이런 특별한 보충수업 방식은 매우 효과가 있었다. 하지만 뜻밖에 새 학기가 막 시작되었을 때 샤오강은 학비를 낼 돈이 없어서 휴학을 했고, 나는 어찌할 도리가 없었다.

|단 어| **提** tí 통 언급하다 | **补习** bǔxí 통 보충 학습을 하다 | **拦住** lánzhù 통 가로막다 | **故意** gùyì 부 일부러, 고의로 | **伸** shēn 통 (바깥을 향해) 내밀다 | **愣** lèng 통 어리둥절하다 | **面带笑容** miàn dài xiàoróng 얼굴에 웃음을 띠다 | **主动** zhǔdòng 형 먼저 나서다, 주동적이다 | **递给** dìgěi 통 건네다 | **准备** zhǔnbèi 통 준비하다 | **道** dào 양 개[명령·문제 등을 세는 단위] | **讨论** tǎolùn 통 토론하다 | **宁可~也(不)…** nìngkě~yě(bù)… 차라리 ~할언정 …하지 않다 | **绝对** juéduì 절대로 | **弱点** ruòdiǎn 명 약점 | **意外** yìwài 형 의외이다 | **时不时** shíbùshí 자주, 늘 | **渐渐** jiànjiàn 부 점점, 점차 | **来往** láiwǎng 통 교제하다, 왕래하다 | **做游戏** zuò yóuxì 게임을 하다, 놀이를 하다 | **期末考试** qīmò kǎoshì 명 기말고사 | **及格** jígé 통 (시험에) 통과하다, 합격하다 | **效果** xiàoguǒ 명 효과 | **没想到** méixiǎngdào 생각하지 못하다, 뜻밖에 | **休学** xiūxué 통 휴학하다 | **破产** pòchǎn 통 파산하다 | **交学费** jiāo xuéfèi 학비를 내다 | **无能为力** wúnéngwéilì 정 어찌할 도리가 없다, 무력하다 | **出人意料** chūrényìliào 정 예상 밖이다, 뜻밖이다 | **无可奈何** wúkěnàihé 정 어쩔 수 없다

|7문단 해설| 결말: 샤오강의 변화된 모습과 '나'와의 약속을 소개함

①星期天，我去市场买菜，一张灿烂的笑脸远远地就进入了我的视线。我走过去一看，发现那个孩子竟是小刚！原来为了生活，小刚在市场里卖蔬菜。②"老师，您来点儿什么？"他说。他的脸上没有腼腆，也没有沮丧。③他告诉我，因为他学会了笑，总是笑得很甜，所以大家都去他那里买菜，他的生意很好。他和我约定，等赚够了学费，一定会复学，要给我更多的微笑，也要给同学们更多的微笑。

일요일에 나는 음식을 사러 시장에 갔는데, 눈부신 미소를 띤 얼굴 하나가 멀리서 내 시선에 들어왔다. 나는 다가가서 살펴보고는 그 아이가 뜻밖에 샤오강이라는 것을 알아챘다. 알고 보니 생계를 위해서 샤오강은 시장에서 야채를 팔고 있었다. "선생님, 뭐 드릴까요?" 그가 말했다. 얼굴에는 부끄러워하거나 의기소침한 기색이 없었다. 그는 내게, 웃을 줄 알게 되었고 항상 환하게 웃기 때문에 모두가 자신에게 와서 야채를 사 가서 장사가 아주 잘된다고 말했다. 또한 학비를 모으고 나면 반드시 복학할 것이라고, 나에게도 더욱 많이 웃어 주고 친구들에게도 더욱 많이 웃어 줄 것이라고 내게 약속했다.

중심 내용: 어느 날 나는 시장에 갔는데, 그곳에서 환하게 웃으며 야채를 팔고 있는 샤오강을 우연히 만났다. 샤오강은 앞으로도 더욱 많이 웃을 것이라 내게 약속했다.

① '나'가 우연히 샤오강을 만난 상황이 나타나 있습니다. 시간과 장소는 그대로 쓰는 것이 좋고, 一张灿烂的笑脸远远地就进入了我的视线과 길게 수식하는 내용은 짧고 간결하게 바꾸어 쓰는 것이 좋습니다.

> 요약 一张灿烂的笑脸远远地就进入了我的视线。 → 我看见了小刚在那儿卖蔬菜。 / 我发现小刚在市场里卖蔬菜。

② 腼腆이나 沮丧 같은 형용사는 다소 어려울 수 있으나 고득점을 위해서 쓰는 것이 좋습니다. 기억이 나지 않는다면 쉬운 표현으로 바꾸어 써도 무방합니다.

> 요약 他的脸上没有腼腆，也没有沮丧。 → 他变得很自信。

③ 샤오강이 '잘 웃어서 장사도 잘된다'라고 말한 부분은 샤오강의 변화가 잘 드러나는 내용이므로 최대한 자세하게 쓰는 것이 좋습니다. 또한 마무리 문장은 암기해서 똑같이 쓰는 것이 가장 좋습니다.

|요 약| 星期天，我去市场买菜，发现小刚在市场里卖蔬菜。他的脸上没有腼腆也没有沮丧。他告诉我，因为他学会了笑，所以大家都去他那里买菜，生意很好。他和我约定，等赚够了学费，一定会复学，要给我和同学们更多的微笑。

일요일에 나는 시장에 음식을 사러 갔다가 샤오강이 시장에서 야채를 팔고 있는 것을 발견했다. 그의 얼굴에는 부끄럽거나 의기소침한 기색이 없었다. 그는 나에게, 자신이 웃는 것을 배웠기 때문에 사람들이 다 그에게서 야채를 사 가서 장사가 잘된다고 알려 주었다. 그는 학비를 벌고 나면 반드시 복학할 것이고, 나와 친구들에게 더 많이 웃어 줄 것이라고 내게 약속했다.

|단 어| **灿烂** cànlàn 형 눈부시다, 찬란하다 | **竟** jìng 부 뜻밖에 | **蔬菜** shūcài 명 야채, 채소 | **腼腆** miǎntiǎn 형 부끄러워하다, 수줍어하다 | **沮丧** jǔsàng 형 의기소침하다 | **约定** yuēdìng 약속하다 | **赚** zhuàn 통 (돈을) 벌다 | **复学** fùxué 통 복학하다

실전
문제

정답과 해설

실전문제		68쪽	01 C	02 D	03 B	04 A	05 D
06 B	07 C	08 D	09 A	10 C	11 C	12 B	13 B	14 C	15 A

🎧 1-05 실전문제.mp3

01 | C

〈반복훈련용〉 🎧 실전문제 01.mp3

有个人在咨询跳伞收费的问题，"跳一次多少钱？"他问道。"一百块。"教练回答。"那要是跳伞时降落伞打不开怎么办？""您别担心，如果您跳伞不成功，我们会全额退款的。"教练微笑着答道。

A 跳伞有优惠
B 那个人跳伞成功了
C 降落伞打不开不收钱
D 降落伞质量有问题

어떤 사람이 낙하산으로 뛰어내리는 비용 문제를 물어보고 있었다. "한 번 뛰어내리는 데 얼마죠?" 그가 물었다. "백 위안입니다." 교관이 대답했다. "그럼 만일 낙하산으로 뛰어내릴 때 낙하산이 펼쳐지지 않으면 어쩌죠?" "걱정 마세요, 만일 당신이 낙하산으로 뛰어내리는 데 실패한다면, 저희는 전액을 환불해 드립니다." 교관이 미소 지으며 대답했다.

A 낙하산 뛰는 비용에는 혜택이 있다
B 그 사람은 낙하산으로 뛰어내리는 데 성공했다
C 낙하산이 펼쳐지지 않으면 돈을 받지 않는다
D 낙하산은 품질에 문제가 있다

| 해 설 | 선택지를 보고, A의 跳伞의 伞이 '降落伞(낙하산)'임을 알아야 합니다. 만약 降落伞이라는 단어를 몰라도 한 字씩 보면 '降(떨어지다)+落(떨어지다)+伞(우산)'이 되어 '낙하산'이라는 의미를 유추할 수 있습니다. 낙하산을 탈 때 돈을 받는 것과 관련되어 있으며, 유머 지문일 확률이 높다는 것을 생각합니다. 녹음 지문을 들으면 어떤 사람이 낙하산을 타 보려 하는 상황임을 알 수 있습니다. 만약에 낙하산이 안 펴지면 어떻게 하냐고 묻자 교관은 낙하산이 안 펴지면 돈을 전부 환불해 준다고 합니다. 따라서 정답은 C 降落伞打不开不收钱입니다. 退款의 款은 '돈'이라는 의미이며, 중요한 단어이므로 꼭 익혀 두도록 합니다.

| 단 어 | 咨询 zīxún 图 자문하다, 상의하다 | 跳伞 tiàosǎn 图 낙하산으로 뛰어내리다 *跳 tiào 图 뛰다, 도약하다 | 收费 shōufèi 图 비용, 요금 | 教练 jiàoliàn 图 교관, 코치 | 回答 huídá 图 대답하다 | 降落伞 jiàngluòsǎn 图 낙하산 | 打不开 dǎ bu kāi 열리지 않다, 펼쳐지지 않다 | 担心 dānxīn 图 걱정하다 | 全额 quán'é 图 전액 | 退款 tuìkuǎn 图 환불하다, 돈을 돌려주다 | 微笑 wēixiào 图 미소 짓다 | 答道 dádào 图 대답하다 | 优惠 yōuhuì 图 (주로 경제적) 혜택, 특혜 | 收钱 shōuqián 图 돈을 받다

02 | D

🎧 실전문제 02.mp3

人生事业之成败除了取决于各种各样的客观条件之外，还受到一个重要因素的制约，那就是自身的毅力。所谓毅力，指的是人们对某件事的坚韧性和持久力，如果一个人在创业中有着坚定的毅力，那么他的事业终将会有所成功。

A 客观条件决定一切
B 事业成功具有偶然性
C 创业前应做好充分准备
D 事业成功离不开坚韧的毅力

인생 사업의 성패는 갖가지 객관적인 조건에 달려 있는 것 외에도 한 가지 중요한 요소의 제약을 받는데, 그것은 바로 자신의 굳센 의지이다. 굳센 의지란 사람들의 어떤 일에 대한 강인성과 지구력을 가리키는데, 만일 한 사람이 창업 중에 확고한 의지가 있다면 그의 사업은 결국 어느 정도 성공하게 될 것이다.

A 객관적인 조건이 모든 것을 결정한다
B 사업 성공은 우연성을 가지고 있다
C 창업 전에 충분한 준비를 해야 한다
D 사업 성공은 강인한 의지가 없어서는 안 된다

| 해 설 | 선택지를 보면 '사업의 성공(事业成功)'과 관련된 문제임을 알 수 있습니다. A처럼 一切이 들어가면 답이 아닐 확률이 높습니다. 사업 성공의 핵심 요소가 무엇인지 생각하면서 녹음을 듣습니다. 녹음에서 '除了~之外，还…' 구문이 나오는데, 이 구문에서 중요한 부분은 还 뒷부분입니다. 따라서 '还受到一个重要因素的制约，那就是自身的毅力' 부분을 제대로 듣는다면, 사업의 성공에서 중요한 요소가 굳센 의지, 즉, 毅力임을 알 수 있습니다. 따라서 정답은 D 事业成功离不开坚韧的毅力입니다.

| 단 어 | **成败** chéngbài 명 성패, 성공과 실패 | **取决于** qǔjué yú ~에 달려 있다 | **各种各样** gèzhǒnggèyàng 성 갖가지, 각양각색 | **制约** zhìyuē 명 제약 동 제약하다 | **毅力** yìlì 명 굳센 의지, 끈기 | **所谓** suǒwèi 형 ~이라는 것은, ~이란 | **坚韧** jiānrèn 형 강인하다 | **持久力** chíjiǔlì 명 지구력 | **坚定** jiāndìng 형 (의지가) 확고하다, 굳다 | **终将** zhōngjiāng 명 결국 ~일 것이다 | **有所** yǒusuǒ 동 어느 정도 ~하다, 다소 ~하다 | **客观** kèguān 형 객관적이다 | **离不开** líbukāi 동 없어서는 안 되다, 떨어질 수 없다

03 | B

🎧 실전문제 03.mp3

> 说起梅兰芳，中国人应该是无人不知，无人不晓。这位家喻户晓的京剧大师有着自己独特的艺术风格，世称"梅派"。他的《贵妃醉酒》、《霸王别姬》等代表剧享誉海内外。
>
> A 梅兰芳弟子众多
> B 梅兰芳是京剧大师
> C 梅兰芳祖籍是上海
> D 梅兰芳人缘很好

> 메이란팡을 언급하면, 중국인은 당연히 모르는 사람이 없을 것이다. 누구나 다 아는 이 경극 대가는 자신만의 독특한 예술 스타일을 가지고 있어서 세상은 '매파(梅派)'라고 부른다. 그의 《귀비취주》, 《패왕별희》 등의 대표극은 국내외에 명성을 떨쳤다.
>
> A 메이란팡은 제자가 아주 많다
> B 메이란팡은 경극 대가이다
> C 메이란팡의 본적은 상하이이다
> D 메이란팡은 붙임성이 좋다

| 해 설 | 梅兰芳이란 인물에 관한 문제입니다. 선택지의 주어가 모두 梅兰芳이므로 세로로 줄을 그어 놓고 술어 부분 위주로 녹음을 듣습니다. HSK에 가장 많이 출제되는 인물이 경극의 대가인 梅兰芳입니다. 매우 구체적인 정보까지는 요구하지 않으므로, 梅兰芳이 경극의 대가라는 사실만 알아도 됩니다. 梅兰芳을 모르는 상태에서 듣기를 해도, 두 번째 문장에서 这位家喻户晓的京剧大师라는 말이 나오기 때문에 B를 정답으로 고를 수 있습니다.

| 단 어 | **梅兰芳** Méi Lánfāng 인명 메이란팡 | **无人不知** wú rén bù zhī 모르는 사람이 없다[=无人不晓 wú rén bù xiǎo] | **家喻户晓** jiāyùhùxiǎo 성 누구나 다 알다 | **贵妃醉酒** Guìfēizuìjiǔ 고유 귀비취주[양귀비가 술에 취하다] | **霸王别姬** Bàwángbiéjī 고유 패왕별희[초나라 왕 항우가 애첩 우희에게 작별을 고하다] | **享誉海内外** xiǎngyù hǎinèiwài 국내외에 명성을 떨치다 | **众多** zhòngduō 형 아주 많다 | **祖籍** zǔjí 명 본적 | **人缘** rényuán 명 붙임성, 사교성

04 | A

🎧 실전문제 04.mp3

> 食盐可以说是家里的隐形灭火剂，它的主要成分氯化钠，在高温状态下可以快速分解成氢氧化钠，抑制燃烧。同时，食盐遇火会发生吸热反应，可使火很快熄灭。
>
> A 食盐能灭火
> B 要加强防火意识
> C 家里应配备灭火器
> D 食盐的主要成分是氢氧化钠

> 식염은 집안의 보이지 않는 소화제라고 말할 수 있다. 그것의 주요 성분은 염화나트륨으로, 고온 상태에서 수산화나트륨으로 빠르게 분해되어 연소를 억제할 수 있다. 동시에, 식염이 불을 만나면 흡열 반응이 일어나서 불이 아주 빨리 꺼지게 할 수 있다.
>
> A 식염은 불을 끌 수 있다
> B 방화 의식을 강화해야 한다
> C 집에 소화기를 갖춰야 한다
> D 식염의 주요 성분은 수산화나트륨이다

| 해 설 | 선택지를 보면, 소금(食盐)과 불(灭火, 防火)에 관한 내용이 나올 것임을 알 수 있습니다. 녹음 지문 중 它的主要成分氯化钠에서 식염의 주요 성분이 氯化钠임을 알 수 있으므로 D를 먼저 제거합니다. 氯化钠나 氢氧化钠 같은 단어는 전문용어라 어려우므로, 대략적으로 발음만 체크하며 듣기를 합니다. 마지막 문장 '食盐遇火会发生吸热反应，可使火很快熄灭'에서 식염이 불을 끄는 역할을 할 수 있다는 것을 알 수 있습니다. 따라서 정답은 A 食盐能灭火입니다.

| 단 어 | **食盐** shíyán 명 식염, 소금 | **隐形** yǐnxíng 형 보이지 않다, 투명하다, 모습을 감추다 | **灭火剂** mièhuǒjì 명 소화제 | **氯化钠** lǜhuànà 명 염화나트륨, 소금 | **快速** kuàisù 형 쾌속의, 빠르다 | **分解** fēnjiě 동 분해하다 | **氢氧化钠** qīngyǎnghuànà 명 수산화나트륨, 가성소다 | **抑制** yìzhì 동 억제하다 | **燃烧** ránshāo 동 연소하다 명 연소 | **遇火** yùhuǒ 불을 만나다 | **吸热反应** xīrè fǎnyìng 흡열 반응 | **熄灭** xīmiè 동 (불이) 꺼지다 | **灭火** mièhuǒ 동 불을 끄다, 소화하다 | **加强** jiāqiáng 동 (의식을) 강화하다 | **防火** fánghuǒ 동 방화하다, 화재를 방지하다 명 방화 | **配备** pèibèi 동 갖추다, 배치하다 | **灭火器** mièhuǒqì 명 소화기

牙齿是动物身体中最坚硬的部分，数目较多，因此成为化石而被长期保存下来的可能性也最大，是古生物学和考古学上最有价值的资料。科学家们通过研究牙齿化石，而获得了古生物和古人类化石方面的大量知识。

A 饭后要刷牙
B 修补牙齿费用很高
C 动物的牙齿更坚固
D 牙齿化石的考古价值很大

치아는 동물의 신체 중 가장 단단한 부분으로 개수가 비교적 많다. 그래서 화석이 되어 장시간 보존될 가능성 역시 가장 높아, 고생물학과 고고학에서 가장 가치 있는 자료이다. 과학자들은 치아 화석 연구를 통해서 옛 생물과 옛 인류 화석 방면의 많은 지식을 얻었다.

A 식사 후 양치를 해야 한다
B 치아를 고치는 데는 많은 비용이 든다
C 동물의 치아는 더욱 튼튼하다
D 치아 화석의 고고학 가치는 매우 높다

| 해 설 | 선택지를 보면 치아와 관련된 문제임을 유추할 수 있습니다. A와 B는 사람의 치아이고, C는 동물의 치아, D는 치아 화석이라는 점을 미리 보고 녹음 지문을 들어야 합니다. 녹음에서 牙齿와 化石를 듣고 치아 화석과 관련된 내용임을 알아야 합니다. **是古生物学和考古学上最有价值的资料** 부분을 들으면 D 牙齿化石的考古价值很大를 정답으로 고를 수 있습니다.

| 단 어 | **牙齿** yáchǐ 몡 치아, 이 | **坚硬** jiānyìng 톙 단단하다, 견고하다 | **数目** shùmù 몡 개수, 수량 | **化石** huàshí 몡 화석 | **古生物学** gǔshēngwùxué 몡 고생물학 | **考古学** kǎogǔxué 몡 고고학 | **价值** jiàzhí 몡 가치 | **资料** zīliào 몡 자료 | **刷牙** shuāyá 통 이를 닦다, 양치하다 | **修补** xiūbǔ 통 수리하다, 보수하다 | **费用** fèiyòng 몡 비용 | **坚固** jiāngù 톙 튼튼하다, 견고하다

灯塔是位于海岸、港口或河道，用以指引船只航行的建筑物。灯塔大部分都类似塔的形状，塔里的透镜系统可以将光芒直接射向海面，为来往的船只照明。在电力未普及之前，灯塔常以火作为灯源。

A 灯塔的形状多样
B 灯塔可为船只照明
C 灯塔发出的光线微弱
D 目前灯塔多以火作为光源

등대는 해안, 항구, 수로에 위치하며, 선박의 항행을 안내할 때 쓰는 건축물이다. 등대는 대부분 탑의 형상과 유사하며, 탑 안의 렌즈 계통이 빛을 해면으로 직접 쏘아 오는 선박을 위해 비출 수 있다. 전력이 보급되기 전에, 등대는 종종 불을 등원으로 삼았다.

A 등대의 형상은 다양하다
B 등대는 선박을 위해 빛을 비출 수 있다
C 등대가 내는 빛은 미약하다
D 현재 등대는 대부분 불을 광원으로 삼는다

| 해 설 | 선택지에서 '등대(灯塔)'라는 단어를 몰랐다면 灯 한 글자만 가지고 뜻을 유추하면서 듣도록 합니다. 선택지 내용에 따라 灯塔의 모양과 역할, 특징을 중심으로 듣기를 합니다. 녹음의 첫 문장은 등대의 정의를 내리고 있습니다. 첫 문장을 듣고 답을 고를 수도 있겠지만 알아듣기 힘들기 때문에 뒷부분 문장인 **为来往的船只照明**을 듣고 B 灯塔可为船只照明을 정답으로 선택합니다. A의 形状이란 단어는 들리기는 하지만 '대부분 탑(塔)의 모양을 하고 있다'라고 했으므로 오답입니다.

| 단 어 | **灯塔** dēngtǎ 몡 등대 | **位于** wèiyú 통 ~에 위치하다 | **海岸** hǎi'àn 몡 해안 | **港口** gǎngkǒu 몡 항구 | **河道** hédào 몡 수로, 하도 | **用以** yòngyǐ 통 ~으로 쓰이다[=用来 yònglái] | **指引** zhǐyǐn 통 안내하다, 인도하다 | **船只** chuánzhī 몡 선박 | **航行** hángxíng 통 항행하다 몡 항행 | **建筑物** jiànzhùwù 몡 건축물 | **类似** lèisì 통 유사하다 | **形状** xíngzhuàng 몡 형상, 형태 | **透镜** tòujìng 몡 렌즈 | **系统** xìtǒng 몡 계통, 체계, 시스템 | **光芒** guāngmáng 몡 빛, 광망 | **直接** zhíjiē 톙 직접적인 | **射** shè 통 (빛 등을) 쏘다, 발산하다 | **来往** láiwǎng 통 오가다, 왕래하다 | **照明** zhàomíng 통 (빛을) 비추다, 조명하다 | **普及** pǔjí 통 보급되다(시키다), 확산되다(시키다) | **光线** guāngxiàn 몡 빛, 광선 | **微弱** wēiruò 톙 미약하다

07 | C

有一个典故叫"江郎才尽"，大概意思是说，江淹年轻时就已经是一个鼎鼎有名的文学家了，可是年纪大了以后，文章反倒不如从前了。一天晚上，他梦见自己怀中的笔被人偷偷地拿走了。此后，他再也没有写出令自己满意的作品来。

A 经验很重要
B 江淹是位画家
C 江淹年轻时很有名
D 人的潜力是无限的

'江郎才尽'이라는 고사가 있는데, 대략의 뜻은 다음과 같다. 장옌은 젊었을 때 이미 유명한 문학가였다. 하지만 나이가 든 후 글은 오히려 그전보다도 못했다. 어느 날 밤, 그는 품속의 펜을 몰래 빼앗기는 꿈을 꾸었다. 그 후로 그는 다시는 스스로 만족할 만한 작품을 써 내지 못했다.

A 경험이 중요하다
B 장옌은 화가이다
C 장옌은 젊었을 때 유명했다
D 사람의 잠재력은 무한하다

| 해 설 | 선택지를 보면 江淹이란 인물에 대해 말하고 있음을 알 수 있습니다. 江淹이 사람 이름이라는 것을 알아차리고 녹음을 들어야 합니다. 江郎才尽이라는 성어를 언급하고 있지만, 바로 뒤에 유래를 설명하고 있으므로 성어의 뜻을 몰라도 상관없습니다. 녹음에서 江淹年轻时就已经是一个鼎鼎有名的文学家了라고 했는데, 鼎鼎有名을 다 듣지 못해도 有名만 제대로 듣는다면 정답 C 江淹年轻时很有名을 고를 수 있습니다.

> **Tip**
> 성어 江郎才尽의 郎은 고대 관직의 이름이고, 才는 '재능'이란 의미입니다. 이처럼 듣기 1부분에서는 간혹 성어나 속담의 유래에 관해 설명하는 글이 나오는데, 성어를 모르더라도 뒤에 설명하는 내용만 알아들으면 정답을 고를 수 있습니다.

| 단 어 | **典故** diǎngù 몡 전고[전례와 고사를 아울러 이르는 말] | **江郎才尽** jiānglángcáijìn 젱 장옌의 창작력이 다하다, 창작력이 고갈되다 | **江淹** Jiāng Yān 인명 장옌 | **鼎鼎有名** dǐngdǐngyǒumíng 젱 유명하다, 명성이 높다[=鼎鼎大名 dǐngdǐngdàmíng] | **反倒** fǎndào 뮈 오히려, 반대로 | **梦见** mèngjiàn 동 꿈을 꾸다, 꿈에 보다 | **怀** huái 몡 품, 가슴 | **潜力** qiánlì 몡 잠재력 | **无限** wúxiàn 혱 무한하다, 끝이 없다 | **从前** cóngqián 몡 이전, 옛날

08 | D

🎧 실전문제 08.mp3

你正在往前走，突然前面出现了一面墙，这时你会怎么做？如果只为赶路，你完全可以绕开这面墙，而并不需要推倒它。同样，人生中有些问题也是可以绕开的。就像墙，它不会移动，不会时刻跟着你，你只要绕开它，它很快就会被你甩在身后。

A 遇到问题要保持冷静
B 逃避是解决不了问题的
C 朋友之间应该相互信任
D 面对某些难题，可以绕道而行

당신이 앞으로 가고 있는데, 갑자기 앞에 벽 하나가 나타났다. 이때 당신은 어떻게 할 것인가? 만일 단지 서둘러 가기 위해서라면, 당신은 완전히 이 벽을 피해 갈 수 있고 결코 그것을 넘어뜨릴 필요는 없다. 마찬가지로, 인생 중 어떤 문제들은 피해 갈 수도 있다. 마치 벽처럼, 그것은 이동하지 않고 늘 당신을 쫓는 것이 아니다. 당신이 그것을 피해 가기만 하면 그것은 아주 빨리 뒤에 놓이게 될 것이다.

A 문제를 만나면 냉정을 유지해야 한다
B 도피하는 것은 문제를 해결할 수 없다
C 친구 간에는 서로 신뢰해야 한다
D 어떤 난제들에 직면하면 길을 돌아서 가도 된다

| 해 설 | 선택지를 보면 문제를 만났을 때 해야 하는 행동에 관한 지문이 나올 것임을 유추할 수 있습니다. 保持冷静, 逃避, 相互信任, 绕道而行 같은 핵심 단어가 녹음에서 그대로 들리는지 아니면 비슷한 내용이 들리는지 체크하면서 듣도록 합니다. 지문의 앞부분에서는 '길을 걷다가 벽을 만나면 돌아가도 된다'라고 하면서, '同样(마찬가지로, 이처럼)'을 이용해 인생과 연관 짓고 있습니다. 앞부분의 내용을 이해하여 정답을 골라도 되고, 同样 뒤의 人生中有些问题也是可以绕开的라는 문장을 듣고 정답을 D 面对某些难题，可以绕道而行으로 선택해도 됩니다. D의 绕는 5급 필수 단어로, '돌다, 우회하다'라는 뜻입니다.

| 단 어 | **突然** tūrán 뮈 갑자기 | **赶路** gǎnlù 동 서둘러 가다, 길을 재촉하다 | **绕开** ràokāi 동 피해 가다 | **推倒** tuīdǎo 동 밀어 넘어뜨리다 | **移动** yídòng 동 이동하다 | **时刻** shíkè 뮈 늘, 항상, 시시각각 | **跟着** gēnzhe 동 쫓아가다, 따라가다 | **甩** shuǎi 동 떼어 놓다, 떨치다 | **保持** bǎochí 동 (지속적으로) 유지하다 | **冷静** lěngjìng 혱 냉정하다 | **逃避** táobì 동 도피하다 | **信任** xìnrèn 동 신뢰하다, 신임하다 | **难题** nántí 몡 난제, 어려운 문제 | **绕道而行** rào dào ér xíng 길을 돌아서 가다

시나공법 실전 문제 정답과 해설 ★ **85**

　　青海湖是中国最大的内陆湖，也是中国最大的咸水湖。青海湖位于青海省东北部，由于地势很高，所以气候十分凉爽。即使是烈日炎炎的盛夏，日平均气温也只有15度左右，<u>是理想的避暑休闲胜地</u>。

A 青海湖是避暑胜地
B 青海湖面积很小
C 青海湖气候炎热
D 青海湖常年结冰

칭하이후는 중국에서 가장 큰 내륙 호수이자, 중국에서 가장 큰 짠물 호수이다. 칭하이후는 칭하이성 동북부에 위치하며, 지형이 높기 때문에 기후가 매우 서늘하다. 혹서 무더운 한여름일지라도, 하루 평균 기온은 15도 정도이기 때문에 <u>이상적인 피서 휴식 명승지이다</u>.

A 칭하이후는 피서 명승지이다
B 칭하이후는 면적이 작다
C 칭하이후는 기후가 무덥다
D 칭하이후는 일년 내내 얼음이 언다

| 해 설 | 선택지 네 개 모두 青海湖가 주어이므로 세로줄을 긋고 술어 부분을 중심으로 青海湖의 특징을 체크해 가며 녹음 지문을 듣습니다. 이 문제는 중국의 고유 명소인 青海湖를 소개한 글로, 여러 특징들 중에서 칭하이후가 여름철 피서 명승지임이 나왔습니다. 이 글 마지막 문장에서 是理想的避暑休闲胜地라고 선택지 A의 내용과 거의 같은 표현이 나왔으므로, 정답은 A 青海湖是避暑胜地임을 알 수 있습니다. 青海湖의 또 다른 특징인 咸水湖도 참고로 알아 두도록 합니다.

> **Tip**
> HSK듣기 1부분에서 중국 내 명소 관련 문제는 꾸준히 출제되고 있습니다. 본 교재 p.37 내공쌓기에서 중국의 주요 명소들의 특징을 다시 한 번 공부하세요.

| 단 어 | 青海湖 Qīnghǎi Hú 지명 칭하이후[중국에서 면적이 가장 넓은 호수] | 内陆湖 nèilùhú 내륙 호수[내륙에 위치하여 바다로 흘러 나가지 않는 호수로, 염분을 많이 포함하고 있음] | 咸水湖 xiánshuǐhú 짠물 호수 | 位于 wèiyú 동 ~에 위치하다 | 地势 dìshì 명 땅의 형세, 지형 | 气候 qìhòu 명 기후 | 凉爽 liángshuǎng 형 서늘하다 | 即使~也~ jíshǐ~yě~ 설령 ~이라고 해도 …하다 | 烈日炎炎 lièrìyányán 성 무더위가 기승을 부리다 | 盛夏 shèngxià 명 한여름 | 平均 píngjūn 명 평균의, 평균적인 | 避暑 bìshǔ 동 피서하다, 더위를 피하다 | 休闲 xiūxián 동 한가롭게 지내다 명 휴식, 여가 활동 | 胜地 shèngdì 명 명승지 | 炎热 yánrè 형 매우 무덥다, 찌는 듯 덥다 | 结冰 jiébīng 동 얼음이 얼다

　　当一个人玩儿电子游戏的时候，他玩儿的究竟是什么？研究表明，游戏之所以令人如此着迷，是因为满足了人的心理需要。一个人在现实生活中，也许很平庸，日子过得很无聊，<u>但却有可能在游戏中成为横扫千军的英雄</u>。

A 游戏种类繁多
B 平淡的生活中也有乐趣
C 电子游戏让人很有成就感
D 电子游戏不再是年轻人的专利

혼자 전자 게임을 할 때, 그가 하는 것은 도대체 무엇일까? 연구에 따르면 게임이 이처럼 사람을 빠져들게 하는 것은 사람의 심리적 욕구를 만족시키기 때문이라고 한다. 혼자서는 현실 생활 속에서 아마도 평범하고 아주 무료한 나날을 보낼지도 모르지만, <u>게임 속에서는 수많은 적군을 한번에 쓸어버리는 영웅이 될 수 있다</u>.

A 게임은 종류가 많다
B 평범한 생활 속에도 즐거움이 있다
C 전자 게임은 큰 성취감을 맛보게 한다
D 전자 게임은 더 이상 젊은이의 전유물이 아니다

| 해 설 | 선택지를 보며 电子游戏에 관한 문제라는 것을 유추합니다. '成就感(성취감)'과 '不再是年轻人的专利(더 이상 젊은이들의 전유물이 아니다)'라는 내용을 구분해서 들도록 합니다. 핵심 문장은 녹음 지문의 마지막 문장인 但却有可能在游戏中成为横扫千军的英雄입니다. 다만 横扫千军은 어려운 표현이므로 과감히 버리고 英雄만 골라 듣습니다. 게임을 하면 영웅이 될 가능성이 있다는 말을 함으로써 게임에서 성취감을 얻는다는 C를 정답으로 고를 수 있습니다. 成就感이 녹음에서 직접적으로 들리지 않기 때문에 주의해서 정답을 골라야 합니다.

| 단 어 | 玩儿 wánr 동 놀다, (게임을) 하다 | 电子游戏 diànzǐ yóuxì 명 전자 게임, 온라인 게임 | 究竟 jiūjìng 부 도대체 | 之所以~是因为~ zhīsuǒyǐ~shìyīnwèi~ …로 인해 ~이 되다 | 着迷 zháomí 동 빠져들다, 몰두하다 | 心理需要 xīnlǐ xūyào 심리적 욕구 | 也许 yěxǔ 부 아마도, 어쩌면 | 平庸 píngyōng 형 평범하다 | 过 guò 동 (날·시간 등을) 보내다 | 无聊 wúliáo 형 무료하다 | 横扫千军 héngsǎoqiānjūn 성 수많은 적군을 한번에 쓸어버리다 | 英雄 yīngxióng 명 영웅 | 种类 zhǒnglèi 명 종류 | 繁多 fánduō 동 매우 많다 | 平淡 píngdàn 형 평범하다 | 乐趣 lèqù 명 즐거움 | 年轻人 niánqīngrén 명 젊은이 | 专利 zhuānlì 명 전유물, 특허

11 | C

阅读是一种很好的心理治疗法，阅读时人往往不会觉得孤单或者失落。都说"等人心焦"，但如果你包里总放着一本书，那么在等人的时候，你就可以拿出来翻阅了，有书的陪伴，你的心情会平静许多。

A 要选好书读
B 等人要有耐心
C 阅读能使人心静
D 等人时不要看书

독서는 아주 좋은 심리 치료법으로, 독서할 때 사람은 종종 외로움이나 실의를 느끼지 않게 된다. 모두가 '사람을 기다리는 것은 초조하다'라고 말하지만 만일 당신 가방에 늘 책 한 권이 있다면, 사람을 기다릴 때 당신은 꺼내서 읽을 수 있다. 책이 함께한다면 당신의 마음은 아주 많이 평온해질 것이다.

A 좋은 책을 골라서 읽어야 한다
B 사람을 기다리는 데에는 인내심이 있어야 한다
C 독서는 사람의 마음을 평온하게 할 수 있다
D 사람을 기다릴 때에는 책을 보지 마라

| 해 설 | 선택지 B와 D를 통해 녹음 지문에서 等人이 녹음에서 들릴 것이라는 것을 알아차려야 합니다. 다만 B와 D는 내용상 정답이 되기에는 부족하다는 사실을 미리 인지하고 A와 C에 집중해서 듣습니다. 녹음 지문에서 等人이 두 번 들리기 때문에 내공이 약한 학생들은 B와 D 중에서 답을 고를 수도 있겠지만, 둘 다 정답이 되기에는 HSK 문제 취지에 맞지 않는다는 것을 알아야 합니다. 이 지문은 독서의 효과에 대해 얘기를 하면서 사람을 기다릴 때 책을 보면 마음이 평온해진다고 얘기하고 있으므로, 정답은 C 阅读能使人心静이 됩니다.

| 단 어 | 治疗法 zhìliáofǎ 치료법 | 孤单 gūdān 형 외롭다, 쓸쓸하다 | 失落 shīluò 형 실의하다, 낙담하다 | 心焦 xīnjiāo 형 초조하다, 애타다 | 拿出来 ná chūlái 꺼내 들다 | 翻阅 fānyuè 동 (책·신문 등을) 훑어보다 | 陪伴 péibàn 동 함께하다, 동반하다 | 平静 píngjìng 형 (마음이) 평온하다, 안정되다 | 耐心 nàixīn 명 인내심, 참을성 | 心静 xīnjìng 형 마음이 평온하다

12 | B

"磨刀不误砍柴工"的意思是说如果刀很钝，就会严重影响砍柴的速度，如果砍柴之前能先把刀磨得更加锋利，效率则会大大提高，从而节省时间。因此做一件事之前，先花些时间做好准备，会大大提高办事效率。

A 好钢要用在刀刃上
B 行动之前要先做准备
C 做决定不要优柔寡断
D 要合理安排自己的时间

'磨刀不误砍柴工'은 칼이 무디면 장작을 패는 속도에 영향을 준다는 뜻이다. 만약 장작을 패기 전 먼저 칼을 더욱 날카롭게 간다면, 효율이 매우 높아지고 시간을 절약할 수 있다. 그러므로 어떤 일을 하기 전에 먼저 시간을 들여 준비를 잘한다면, 일 처리 효율을 크게 높일 수 있다.

A 좋은 쇠는 칼날을 만드는 데 써야 한다
B 행동하기 전에 준비해야 한다
C 결정을 내림에 우유부단해서는 안 된다
D 합리적으로 자신의 시간을 짜야 한다

| 해 설 | 네 개의 선택지 모두 주제를 제시하고 있습니다. A와 C는 선택지 내용이 어렵기 때문에 일단 B와 D를 중심으로 녹음 지문을 듣습니다. 주제를 묻는 문장은 한두 문장만 알아들어도 쉽게 정답을 고를 수 있습니다. 녹음 앞부분에서 磨刀不误砍柴工은 어려운 속담이기 때문에 뜻을 바로 알아차리기 힘듭니다. 속담이나 성어를 풀이하는 지문은 그 뜻을 몰라도 정답을 고를 수 있습니다. 녹음 지문의 마지막에 이 속담이 인용되는 부분을 말해 주므로, 마지막을 중심으로 들어도 됩니다. '做一件事之前，先花些时间做好准备，会大大提高办事效率' 부분을 들으면 B 行动之前要先做准备를 정답으로 고를 수 있습니다.

| 단 어 | 磨刀不误砍柴工 mó dāo bú wù kǎncháigōng 속담 칼을 가는 일은 나무하는 일을 지체시키지 않는다, 사전에 준비를 해 두면 일을 순조롭고 효율적으로 진행할 수 있다 *磨 mó 동 갈다, 문지르다 | 砍柴 kǎn chái 장작을 패다 | 钝 dùn 형 무디다 | 锋利 fēnglì 형 날카롭다, 뾰족하다 | 效率 xiàolǜ 명 효율, 능률 | 节省 jiéshěng 동 절약하다, 아끼다 | 好钢用在刀刃上 hǎogāng yòng zài dāorèn shang 속담 좋은 쇠는 칼날을 만드는 데 써야 한다, 좋은 사람은 요긴한 곳에 써야 한다 | 优柔寡断 yōuróuguǎduàn 성 우유부단하다, 결단력이 없다 | 安排 ānpái 동 (시간·스케줄을) 짜다, 안배하다

시나공법 실전 문제 정답과 해설 ★ 87

13 | B

🎧 실전문제 13.mp3

皮影戏是中国的一种民间戏剧，产生于两千年前的西汉。因为它用灯光照射人物剪影来表演故事，又俗称影子戏。表演时，艺人们在白色幕布后面，一边用剪影表演一边唱，同时配有音乐，很受人们的欢迎。

A 皮影戏是无声的
B 皮影戏离不开灯光
C 皮影戏对中国电影有很大影响
D 皮影戏距今有四千多年历史了

그림자극은 중국의 민간 연극으로, 2000년 전의 서한에서 생겨났다. <u>그것은 조명으로 인물 실루엣을 비춰서 이야기를 공연하기 때문에 속칭 影子戏라고도 불린다.</u> 공연할 때, 예인들은 백색 스크린 뒤에서 실루엣으로 공연을 하며 노래를 하고, 동시에 음악을 갖추고 있는데 사람들의 환영을 많이 받는다.

A 그림자극은 소리가 없다
B 그림자극은 조명이 없어서는 안 된다
C 그림자극은 중국 영화에 커다란 영향을 끼쳤다
D 그림자극은 지금으로부터 4천여 년의 역사를 가지고 있다

|해 설| 선택지의 주어인 皮影戏를 보고 중국의 전통극 중 하나인 그림자극에 대한 설명문임을 유추합니다. 皮影戏 옆으로 세로줄을 긋고 술어 부분을 중심으로 녹음 지문을 듣습니다. 皮影戏가 그림자극이라는 것을 알고 있으면 답을 좀 더 쉽게 찾을 수 있습니다. 녹음 지문의 *产生于两千年前的西汉* 부분을 들으면서 먼저 D를 제거합니다. 因为它用灯光照射人物剪影来表演故事 부분을 통해 그림자극의 공연 방식을 이해했다면 B 皮影戏离不开灯光을 정답으로 쉽게 선택할 수 있습니다. 그림자극이라서 A의 无声을 고르는 학생들이 있습니다. 하지만 一边用剪影表演一边唱이라고 언급했으므로, 无声이 아님을 알아야 합니다.

Tip 중국의 전통 문화는 시험에 꾸준히 출제되는 중요한 부분입니다. 본 교재 p.45 내공쌓기에서 중국의 주요 전통 문화에 대해 다시 한 번 공부하세요.

|단 어| **皮影戏** píyǐngxì 명 (가죽 인형) 그림자극 | **戏剧** xìjù 명 연극 | **灯光** dēngguāng 명 조명, 불빛 | **照射** zhàoshè 동 (빛을) 비추다 | **人物剪影** rénwù jiǎnyǐng 인물 실루엣 | **表演** biǎoyǎn 동 공연하다 | **俗称** súchēng 동 속칭하다, 통속적으로 부르다 | **影子戏** yǐngzixì 명 그림자극 | **幕布** mùbù 명 스크린 | **配有** pèiyǒu 동 갖추고 있다, 배치되어 있다 | **无声** wúshēng 동 소리가 없다 | **离不开** líbukāi 동 없어서는 안 되다, 떨어질 수 없다 | **距今** jùjīn 동 지금으로부터 (얼마 동안) 떨어져 있다

14 | C

🎧 실전문제 14.mp3

观察发现，<u>在父母的严格管教中长大的孩子往往缺乏独立性</u>，<u>在压力中长大的孩子通常比较忧郁，在被信赖中长大的孩子通常自信，并且相信别人。在比较自由的环境中长大的孩子</u>，一般都很有责任感。

A 自由是相对的
B 压力并不总是消极的
C 孩子的个性与环境关系密切
D 家庭教育比学校教育更重要

관찰을 통해 부모의 엄격한 가르침 속에서 자란 아이는 종종 독립성이 부족하며, <u>스트레스 속에서 자란 아이는 일반적으로 비교적 우울해하며, 신뢰를 받고 자란 아이는 일반적으로 자신감이 있고 또 타인을 믿는다는 것을 발견했다. 비교적 자유로운 환경 속에서 자란 아이는 일반적으로 책임감이 강하다.</u>

A 자유는 상대적이다
B 스트레스가 항상 부정적인 것은 아니다
C 아이의 개성은 환경과 관계가 밀접하다
D 가정교육이 학교교육보다 더 중요하다

|해 설| 선택지 C와 D에서 孩子가 나와 있으므로, 녹음 지문은 아이의 교육과 관련한 글임을 유추하고 녹음을 듣습니다. 녹음의 *在父母的严格管教中长大的孩子往往缺乏独立性* 부분은 상식적으로 알 수 있는 내용입니다. 이 부분을 들으면서 머릿속으로는 뒷부분에 在父母的严格管教中长大的孩子와 다른 상황에서 자란 아이에 대한 설명이 나올 것임을 유추할 수 있어야 합니다. '어떤 상황에서 자란 아이가 더 낫다'라는 내용이 아니고, 여러 환경, 즉 在父母的严格管教中长大的孩子, 在压力中长大的孩子, 在被信赖中长大的孩子, 在比较自由的环境中长大的孩子 이렇게 네 가지의 환경에서 자란 아이의 성격을 언급하고 있기 때문에 정답은 C 孩子的个性与环境关系密切입니다.

Tip 아이의 교육과 관련한 지문은 HSK에서 매년 꾸준히 출제되고 있습니다. 특히 '아이의 의견을 존중해 주어야 한다', '아이들은 뛰놀게 해야 한다'라는 내용의 문제가 가장 자주 출제됩니다.

15 | A

　　网络小说是目前很受推崇的一种文学样式，其形式很自由，题材不限，发表和阅读方式都较为简单，主要体裁以玄幻和言情居多。尽管网络小说的水平参差不齐，但它成就了大批网络作家，促进了文学的繁荣。

A 网络小说颇受欢迎
B 网络作家多是兼职的
C 网络小说可免费下载
D 网络小说题材有限

　　인터넷 소설은 현재 추앙을 받는 문학 양식의 하나로, 그 형식은 매우 자유롭고 소재에 한계가 없으며, 발표와 읽는 방식이 비교적 간단하고 주요 장르는 판타지와 로맨스가 다수를 차지한다. 비록 인터넷 소설의 수준이 고르지 않지만, 그것은 많은 인터넷 작가를 키워 냈고 문학의 번영을 촉진시켰다.

A 인터넷 소설은 매우 환영을 받는다
B 인터넷 작가는 대부분 겸직을 한다
C 인터넷 소설은 무료로 다운받을 수 있다
D 인터넷 소설의 소재는 한계가 있다

| 해 설 | 선택지 내용으로 보아, 인터넷 소설에 관한 지문임을 알 수 있습니다. 선택지의 술어 부분을 중심으로 녹음 지문을 듣습니다. 녹음 지문의 첫 문장 **网络小说是目前很受推崇的一种文学样式**에서 **推崇**이 조금 어려운 단어지만 문맥으로 의미를 유추할 수 있어야 합니다. 따라서 이 문장을 통해 정답 A를 선택할 수 있습니다. B와 C는 녹음에서 언급되지 않았고, 지문에서 **题材不限**이라고 했으므로 D는 제거합니다. HSK는 부정적인 내용은 정답으로 출제하지 않는 경향이 있으므로, D와 같은 선택지가 있을 경우 다른 선택지들에 더 집중하여 녹음을 듣습니다. |

듣기

2부분

실전문제		102쪽	16 A	17 A	18 C	19 C	20 D
21 A	22 C	23 B	24 A	25 B	26 B	27 C	28 A	29 C	30 D

🎧 2-04 실전문제.mp3

16~20

第16到20题是根据下面一段采访：

[1] 女：篮球会是你的终身事业吗？你将来会从事哪些方面的工作？

男：可以肯定地说，我将来的事业轨迹一定是和体育有关系的。因为体育包含很广泛的领域，我希望将来可以起到一个纽带的作用，用自己的能力去做一些事情。

[2] 女：是什么原因促使你成立自己的基金会？

男：在此之前我一直通过各种方式参与公益活动，16,18)我希望能够帮助更多失学的孩子，让他们有条件更好的成长。同时这个基金会关注其他一些自然灾害和社会问题的受众，这也是金钱最具有意义的流向和方式。

[3] 女：作为世博会形象大使，你参与了哪些有意义的推广活动？你是如何向外国朋友推广世博会的？

男：我很荣幸能为自己的家乡和家乡人们出一份力，我参与了"明星带你看世博"大型公益活动，美国花车巡游等等。这次世博会是历史上最大规模的一次展会，17)作为上海人，我会把这里最具特色、新鲜有趣的一些东西介绍给外国朋友们。除了看世博场馆，我希望他们都能去看看东方明珠塔、城隍庙、豫园和外滩，尝尝这里的小笼包、大闸蟹。

[4] 女：你对于世博会的场馆熟悉吗？对哪些场馆最感兴趣？

男：中国馆非常有特色，我很喜欢，同时我有机会的话希望去非洲馆看看，我还没有去过非洲，想去看看非洲的原生态。

[5] 女：你如何看中国和上海的未来？

男：上海作为一个商业城市，它的机会越来越多，会有更大的发展。19)同时对于中国的未来我也保持比较乐观的态度，但是由于国家太大，在快速发展的过程中，危险与机遇并存。

[6] 女：你怎样规划自己未来的5年？

男：20)首先我希望先学习做一个父亲，我现在经常会回想起自己小时候，我的爸爸是怎么培养我、教导我的。养育一个孩子其实并不是件容易的事情。同时，我也会好好打球，创造好的成绩，同时在学习中巩固国内的事业。

16~20번 문제는 다음 인터뷰에 근거한다.

여：농구는 당신의 한평생의 업종입니까? 당신은 앞으로 어떤 방면의 일에 종사할 겁니까?

남：확실히 말할 수 있습니다. 제 장래의 활동 궤도는 반드시 스포츠와 관계가 있을 겁니다. 스포츠는 아주 광범위한 분야를 포함하기 때문에 전 장래에 연결 고리 역할을 하기를 희망하고 제 능력으로 일들을 할 겁니다.

여：어떤 이유로 당신은 자신의 재단을 설립하게 되었습니까?

남：이전에 저는 줄곧 여러 방식을 통해서 공익 활동에 참여해 왔습니다. 16,18)저는 더 많은, 배움의 기회를 잃은 아이들을 도와서 그들이 더 훌륭하게 성장할 조건을 갖추기를 바랍니다. 동시에 이 재단은 다른 자연재해와 사회문제의 대상들에게 관심을 가지는데, 이것 또한 돈이 가장 의미를 가지는 흐름과 방식입니다.

여：세계박람회 홍보대사로서, 당신은 어떤 의미 있는 홍보 활동에 참여 했습니까? 당신은 어떻게 외국 친구들에게 세계박람회를 알릴 겁니까?

남：저는 아주 영광스럽게도 제 고향과 고향 사람들을 위해서 힘을 다할 수 있습니다. 저는 '스타와 함께하는 세계박람회'라는 대형 공익 활동, 미국 꽃차 퍼레이드 등등에 참여했었지요. 이번 세계박람회는 역사상 최대 규모의 전시회로, 17)상하이 사람으로서 저는 이곳의 가장 특색 있고 새롭고 재미있는 것들을 외국 친구들에게 소개할 겁니다. 세계박람회관을 보는 것 외에, 저는 그들이 동팡밍주탑, 성황묘, 위위안, 와이탄에 가 보고 이곳의 샤오롱빠오와 따자셰를 맛볼 수 있길 바랍니다.

여：당신은 세계박람회장에 대해서 잘 아십니까? 어떤 회장들에 흥미가 있습니까?

남：중국관이 매우 특색 있어서 제가 아주 좋아합니다. 동시에 저는 기회가 생기면 아프리카관에 가 보고 싶어요. 아직 아프리카에 가 본 적이 없어서 아프리카의 자연 그대로의 생태를 보러 가고 싶습니다.

여：당신은 중국과 상하이의 미래를 어떻게 보십니까?

남：상하이는 상업 도시로서 그 기회는 갈수록 많아지고 있고, 더 큰 발전을 이루고 있습니다. 19)동시에 중국의 미래에 대해서 저 또한 비교적 낙관적인 태도를 유지하지만, 국가가 너무 커서 빠르게 발전하는 과정 중 위험과 기회가 공존할 겁니다.

여：당신은 자신의 미래 5년을 어떻게 계획하고 있습니까?

남：20)우선 저는 먼저 아버지가 되는 법을 배우고 싶습니다. 저는 현재 제가 어렸을 때 제 아버지가 어떻게 저를 기르고 가르치셨는지 자주 회상하곤 합니다. 아이를 키우는 것은 사실 결코 쉬운 일이 아니더군요. 동시에 저 또한 열심히 운동하며 좋은 성과를 내며, 공부하면서 국내의 활동을 공고히 할 것입니다.

| 단 어 | 篮球 lánqiú 몡 농구 | 终身事业 zhōngshēn shìyè 한평생의 사업 | 将来 jiānglái 몡 장래 | 从事 cóngshì 통 종사하다 | 肯定 kěndìng 통 확실하다, 틀림없다 | 轨迹 guǐjì 몡 궤적, (인생의) 발자취 | 体育 tǐyù 몡 스포츠, 체육 | 包含 bāohán 통 포함하다 | 广泛 guǎngfàn 톙 광범위하다 | 领域 lǐngyù 몡 분야, 영역 | 希望 xīwàng 통 바라다, 희망하다 | 起~作用 qǐ~zuòyòng ~한 역할을 하다 | 纽带 niǔdài 연결 고리, 유대 | 促使 cùshǐ 통 ~하도록 (재촉)하다 | 成立 chénglì 통 설립하다 | 基金会 jījīnhuì 몡 재단 | 参与 cānyù 참여하다 | 公益活动 gōngyì huódòng 공익 활동 | 失学 shīxué 배움의 기회를 잃다 | 关注 guānzhù 통 관심을 가지다, 주시하다 | 自然灾害 zìrán zāihài 자연재해 | 社会问题 shèhuì wèntí 사회문제 | 受众 shòuzhòng 몡 대상, 청중, 시청자 | 金钱 jīnqián 몡 돈, 금전 | 具有意义 jùyǒu yìyì 의미(의의)를 가지다 | 流向 liúxiàng 몡 (움직이는) 방향 | 世博会 shìbóhuì 몡 세계박람회, 엑스포[世界博览会의 줄임말] | 形象大使 xíngxiàng dàshǐ 홍보대사 | 推广活动 tuīguǎng huódòng 홍보 활동 | *推广 tuīguǎng 통 널리 보급하다, 홍보하다 | 荣幸 róngxìng 톙 (매우) 영광스럽다 | 家乡 jiāxiāng 몡 고향 | 出力 chūlì 통 힘을 다하다 | 明星 míngxīng 몡 스타높은 인기를 얻고 있는 연예인이나 운동선수를 가리킴] | 大型 dàxíng 톙 대형의 | 花车巡游 huāchē xúnyóu 꽃차 퍼레이드 | 大规模 dàguīmó 톙 대규모의 | 展会 zhǎnhuì 몡 전시회, 전람회 | 作为 zuòwéi 몡 ~으로서[신분·자격과 함께 씀] | 特色 tèsè 몡 특색 | 新鲜 xīnxiān 톙 새롭다, 참신하다 | 场馆 chǎngguǎn 몡 (운동)장, (체육)관 | 东方明珠塔 Dōngfāngmíngzhū Tǎ 고유 동팡밍주탑[아시아 1위, 세계 3위의 방송관제탑으로 상하이에 위치함] | 城隍庙 Chénghuáng Miào 고유 성황묘[성황신을 모신 사당] | 豫园 Yù Yuán 고유 위위안[중국의 4대 정원 중 한 곳] | 外滩 Wàitān 고유 와이탄 | 尝 cháng 통 맛보다 | 小笼包 xiǎolóngbāo 몡 샤오롱빠오[중국식 고기 만두] | 大闸蟹 dàzháxiè 몡 따자셰[민물 게로 만든 중국 음식] | 熟悉 shúxī 톙 잘 알다, 익숙하다 | 感兴趣 gǎn xìngqù 흥미가 있다 | 非洲 Fēizhōu 지명 아프리카 | 原生态 yuán shēngtài 몡 가공하지 않은 생태 환경 *原 yuán 톙 가공하지 않은 | 未来 wèilái 몡 미래 | 商业城市 shāngyè chéngshì 상업 도시 | 发展 fāzhǎn 통 발전하다 | 保持 bǎochí 통 (태도 등을) 유지하다 | 乐观 lèguān 톙 낙관적이다 | 态度 tàidu 몡 태도 | 由于 yóuyú 젭 ~때문에, ~으로 인해 | 快速 kuàisù 톙 빠르다 | 过程 guòchéng 몡 과정 | 危险 wēixiǎn 몡 위험 | 机遇 jīyù 몡 기회, 찬스 | 并存 bìngcún 통 공존하다 | 规划 guīhuà 통 계획하다 | 回想 huíxiǎng 통 회상하다 | 培养 péiyǎng 통 기르다 | 教导 jiàodǎo 통 가르치다 | 养育 yǎngyù 통 양육하다, 기르다 | 打球 dǎqiú 통 구기 운동을 하다, 공놀이하다 | 创造 chuàngzào 통 창조하다, 만들다 | 成绩 chéngjì 몡 성적, 성과 | 巩固 gǒnggù 통 공고히 하다, 견고하게 하다 |

16 | A

〈반복훈련용〉 🎧 실전문제 16.mp3

男的为什么要成立基金会?

A 帮助他人
B 提高知名度
C 创立新品牌
D 开办体育院校

남자는 왜 재단을 설립했는가?

A 남을 도우려고
B 지명도를 높이려고
C 신규 브랜드를 런칭하려고
D 스포츠 대학을 설립하려고

| 해 설 | 선택지를 살펴보면, 초대 손님이 스포츠 업종에 종사하는 사람일 가능성이 있습니다. 이를 염두에 두고 듣기에 들어갑니다. [2]번 대화에서 진행자의 질문이 문제로 출제되었고, 초대 손님의 대답 속에서 정답을 찾을 수 있습니다. 我希望能够帮助更多失学的孩子를 통해서 정답이 A 帮助他人임을 알 수 있습니다.

| 단 어 | 提高 tígāo 통 높이다, 향상시키다 | 知名度 zhīmíngdù 몡 지명도 | 创立 chuànglì 통 창립하다, 런칭하다 | 新品牌 xīnpǐnpái 신규 브랜드 | 开办 kāibàn 통 설립하다, 개설하다 | 体育院校 tǐyù yuànxiào 스포츠 대학

17 | A

🎧 실전문제 17.mp3

关于男的, 可以知道什么?

A 是上海人
B 爱好收藏
C 去过非洲
D 在大使馆工作

남자에 관해서 알 수 있는 것은 무엇인가?

A 상하이 사람이다
B 수집하는 것을 즐긴다
C 아프리카에 가 본 적이 있다
D 대사관에서 일한다

| 해 설 | 선택지는 초대 손님의 출신, 취미, 직업에 관련된 내용입니다. 이런 유형은 주로 인터뷰의 앞부분이나 끝 부분에 정답 내용이 나오지만, 17번 문제처럼 간혹 대화 중간 부분에 나오기도 합니다. 대화 전체의 중간쯤에 해당하는 [3]번 대화 중 초대 손님의 대답 속에서 정답을 찾을 수 있습니다. '作为上海人, 我会把……一些东西介绍给外国朋友们'에서 남자가 상하이 출신이라는 것을 알 수 있습니다. 따라서 정답은 A 是上海人입니다.

| 단 어 | 爱好 àihào 통 ~하기를 즐기다 | 收藏 shōucáng 통 수집하다, 소장하다 | 大使馆 dàshǐguǎn 몡 대사관

18 | C

🎧 실전문제 18.mp3

根据这段对话，下列哪项正确?

A 男的还没结婚
B 男的是田径运动员
C 男的关注失学儿童
D 北京世博会规模最大

이 대화에 근거하여 다음 중 정확한 것은 무엇인가?

A 남자는 아직 결혼하지 않았다
B 남자는 육상 선수이다
C 남자는 배움의 기회를 잃은 아동들에게 관심이 있다
D 베이징 세계박람회는 규모가 가장 크다

| 해 설 | 선택지 ABC는 초대 손님에 대한 내용입니다. D는 다른 선택지와 관련성이 떨어지는데, 이런 경우 정답일 가능성이 낮습니다. 남자의 결혼 여부, 직업, 관심 사항에 주의해서 듣습니다. [2]번 대화 중 我希望能够帮助更多失学的孩子 부분을 제대로 들었다면 남자가 배움의 기회를 잃은 아이들 문제에 관심을 가지고 있다는 사실을 알 수 있습니다. 따라서 정답은 C 男的关注失学儿童입니다.

| 단 어 | **结婚** jiéhūn 통 결혼하다 | **田径** tiánjìng 명 육상 경기 | **儿童** értóng 명 아동

19 | C

🎧 실전문제 19.mp3

男的怎么看待中国未来的发展?

A 会匀速发展
B 前景不容乐观
C 危险与机遇并存
D 资源不足限制发展

남자는 중국 미래의 발전을 어떻게 보는가?

A 일정한 속도로 발전할 것이다
B 전망이 낙관적이지 않다
C 위험과 기회가 공존한다
D 자원 부족이 발전을 제한한다

| 해 설 | 어떤 사물의 발전과 관련한 내용임을 알 수 있습니다. 선택지 A는 긍정적이고, B와 D는 부정적이며, C는 중립적입니다. 따라서 화자의 관점이 긍정적인 지 아니면 부정적, 중립적인지에 중점을 두고 들어야 합니다. [5]번 대화에서 진행자의 질문이 문제와 똑같이 출제되었고, 초대 손님의 대답 속에서 정답을 찾을 수 있습니다. '同时对于中国的未来我也保持比较乐观的态度……危险与机遇并存'에서 危险与机遇并存만 놓치지 않고 들었다면 정답이 C 危险与机遇并存임을 알 수 있습니다.

| 단 어 | **看待** kàndài 통 대하다, 보다 | **匀速** yúnsù 형 등속의, 일정한 속도의 | **前景** qiánjǐng 명 전망, 장래 | **不容** bùróng 통 용납(허용)하지 않다 | **资源** zīyuán 명 자원 | **不足** bùzú 통 부족하다, 충분하지 않다 | **限制** xiànzhì 통 제한하다

20 | D

🎧 실전문제 20.mp3

男的近期有什么目标?

A 出国学习
B 夺得世界冠军
C 抽出时间陪父母
D 学习做个好父亲

남자의 가까운 장래의 목표는 무엇인가?

A 외국에 가서 공부한다
B 월드 챔피언을 차지한다
C 시간을 내서 부모를 모신다
D 좋은 아버지가 되는 법을 배운다

| 해 설 | 선택지 내용으로 보아 초대 손님의 미래에 대한 계획임을 알 수 있습니다. 초대 손님의 미래 계획은 주로 대화의 마지막 부분에 나옵니다. [6]번 대화에서 진행자의 질문과 20번 문제가 같으며, 초대 손님의 대답 속에서 정답을 찾을 수 있습니다. 남자의 대답 중 首先我希望先学习做一个父亲을 통해 정답이 D 学习做个好父亲임을 알 수 있습니다.

> **Tip**
>
> 듣기 2부분은 보통 정답 힌트가 문제 순서와 같게 나오기 때문에, 녹음을 들으면서 차례로 문제를 풀 수 있는 경우가 대부분입니다. 하지만 이번 16~20번 문제는 문제 순서과 녹음 내용 순서가 일치하지 않는데, 지문이 전반적으로 쉬운 난이도라 그렇습니다. 녹음 지문에서 16, 18번 → 17번 → 19번 → 20번 순서로 힌트가 나오기 때문에 선택지를 미리 봐 두지 않으면 헷갈릴 수 있습니다. 간혹 이러한 지문이 시험에 출제되므로, 녹음 시작 전에 미리 선택지를 봐 두는 연습이 필요합니다.

| 단 어 | 近期 jìnqī 圆 가까운 시기 | 目标 mùbiāo 圆 목표 | 夺 duó 區 (쟁취하여) 얻다 | 世界冠军 shìjiè guànjūn 월드 챔피언 | *冠军 guànjūn 圆 1등, 우승 | 抽出 chōuchū 區 (시간을) 내다, (~을) 뽑아내다, 추출하다 | 陪 péi 區 모시다, 동반하다

21~25

第21到25题是根据下面一段采访:

[1] 女： 许市长，您好！西宁作为青海省省会，古有"西海锁钥"称号，21)现有"中国夏都"美誉。到底23)西宁是一座怎样的城市？请您给我们介绍一下。

男： 大家知道，西宁是青海的省会，它还有一个称呼，就是"中国夏都"。西宁作为青海的省会，地处黄土高原和青藏高原交界处，作为一个高原城市，西宁平均海拔是2261米，总人口现在有218万人，西宁民族众多，目前我们有汉族、回族、蒙古族、藏族、土族、撒拉族、满族等35个民族。西宁的气候应该说是冬暖夏凉，就是冬无严寒，夏无酷暑，所以是一个天然的避暑圣地，所以叫"中国夏都"。

[2] 女： 西宁有哪些独具的魅力呢？

男： 西宁的魅力在我看来，主要有这么几点：一是文化底蕴深厚，长期以来西宁是多民族聚居、多宗教并存的民族文化，这些文化汇集成一种很富有西宁特色的文化，22)二是名胜古迹众多。比如藏传佛教圣地塔尔寺，还有西部地区最高的东关清真大寺。25)三是西宁冬暖夏凉。西宁冬无严寒、夏无酷暑，夏季平均温度是17～19度，炎炎夏日，你仍能感受到大自然的凉爽。四是生态非常好。夏天的天蓝、水绿，到处是柳绿花红，有一种回归自然的优美生态。

[3] 女： 提到"中国夏都"西宁市，很多人都会想到郁金香。自2002年举办"中国青海郁金香节"以来，西宁市在国内外的知名度如芝麻开花节节高。对于今年的西宁市"中国青海郁金香节"，您有哪些期待？

男： 的确是这样，24)自举办"中国青海郁金香节"以来，西宁市的知名度和美誉度不断得到提升，成为我市对外宣传的一张"金名片"。今年"中国青海郁金香节"的主题是"开放合作，绿色发展"，我们不但邀请了国内主要城市政府代表、企业及客商，而且还邀请了俄罗斯、日本、韩国等国友好城市代表、客商，希望以花为媒，以节为平台，对西宁进行全方位的宣传，进一步加大对外开放力度，使国内外各界了解西宁，加深对西宁的印象。

21~25번 문제는 다음 인터뷰에 근거한다.

여: 쉬 시장님, 안녕하세요! 시닝은 칭하이성 성도로서 예로부터 '서해 요충지'라는 호칭이 있고 21)현재는 '중국의 여름 도시'라는 명성이 있는데요. 도대체 23)시닝은 어떤 도시인가요? 저희에게 소개 좀 해주시죠.

남: 모두가 알다시피 시닝은 칭하이의 성도입니다. 그리고 또 다른 호칭이 있는데, 바로 '중국의 여름 도시'입니다. 시닝은 칭하이의 성도이고 황투고원과 칭짱고원 경계 부분에 위치합니다. 고원도시인 시닝의 평균 해발은 2261m이고 총 인구는 현재 218만 명입니다. 시닝은 민족이 매우 많은데요, 현재 저희는 한족, 회족, 몽골족, 장족, 토족, 살라족, 만족 등 35개 민족이 있습니다. 시닝의 기후는 겨울에는 따뜻하고 여름에는 시원하다고 말할 수 있습니다. 즉, 겨울에는 혹한이 없고 여름에는 혹서가 없어서, 천연 피서의 성지이기 때문에 '중국의 여름 도시'라고 부릅니다.

여: 시닝은 어떤 남다른 매력들이 있나요?

남: 시닝의 매력은 제가 보기에 주요하게는 이런 몇 가지가 있습니다. 첫째, 문화적 축적이 깊습니다. 오랫동안 시닝은 다민족이 모여 살고 다종교가 공존하는 민족 문화인데, 이러한 문화들이 모여서 시닝의 특색이 풍부한 문화가 되었습니다. 22)둘째, 명승고적이 매우 많습니다. 예를 들어 라마불교의 성지인 타얼사, 그리고 서부 지역에서 가장 높은 동관 이슬람 사원이 있습니다. 25)셋째, 시닝은 겨울에는 따뜻하고 여름에는 시원합니다. 시닝은 겨울에 혹한이 없고 여름에 혹서가 없습니다. 여름의 평균 온도는 17～19도로, 뜨거운 여름에도 여전히 대자연의 시원함을 느낄 수 있습니다. 넷째, 생태가 매우 좋습니다. 여름의 하늘과 물이 파랗고, 곳곳에 버드나무는 푸르고 꽃은 붉어서 자연으로 돌아가는 아름다운 생태를 가지고 있습니다.

여: '중국의 여름 도시'인 시닝시를 언급하면, 많은 사람들이 튤립을 떠올립니다. 2002년에 '중국 칭하이 튤립 페스티벌'을 개최한 이래로, 시닝시의 국내외 지명도가 나날이 높아졌습니다. 올해 시닝시 '중국 칭하이 페스티벌'에 대해서 시장님은 어떤 기대를 갖고 계신가요?

남: 확실히 그렇습니다. 24)중국 칭하이 튤립 페스티벌을 개최한 이래로 시닝시의 지명도와 명성이 끊임없이 올라가서 저희 시를 대외적으로 홍보하는 '골드 명함'이 되었습니다. 올해 '중국 칭하이 튤립 페스티벌'의 주제는 '개방 협력, 녹색 발전'입니다. 저희는 국내 주요 도시 정부의 대표 및 기업과 바이어를 초청했을 뿐만 아니라 러시아, 일본, 한국 등 국가의 우호적인 도시 대표와 바이어를 초청했습니다. 꽃을 매개체로 하고 페스티벌을 무대로 삼아, 시닝에 대한 전방위적인 홍보를 진행하고 대외 개방 역량을 한층 더 키워서 국내외 각 분야에서 시닝을 잘 이해하고 시닝에 대한 인상이 깊어지게 하고 싶습니다.

| 단 어 | 西宁 Xīníng 圆 시닝 | 作为 zuòwéi 區 ~으로서[신분·자격과 함께 씀] | 青海省 Qīnghǎi Shěng 圆 칭하이성 | 省会 shěnghuì 圆 성도[우리나라의 도청 소재지와 같음] | 西海锁钥 xīhǎi suǒyuè 서해 요충지 | *锁钥 suǒyuè 圆 ①요새, 요충지 ②자물쇠와 열쇠 | 称号 chēnghào 圆 호칭, 칭호 | 美誉 měiyù 圆 명성, 명예 | 到底 dàodǐ 旦 도대체 | 城市 chéngshì 圆 도시 | 介绍 jièshào 區 소개하다 | 地处 dìchǔ ~에 위치하다 | 黄土高原 Huángtǔ Gāoyuán 圆 황투고원 | 青藏高原 Qīngzàng Gāoyuán 圆 칭짱고원 | 交界处 jiāojièchù 경계 부분 | *交界 jiāojiè 區 두 지역이

인접하다 | 平均 píngjūn 톙 평균의, 균등한 | 海拔 hǎibá 몡 해발 | 民族 mínzú 몡 민족 | 众多 zhòngduō 톙 (주로 사람이) 매우 많다 | 蒙古族 Měnggǔzú 고유 몽골족 | 藏族 Zàngzú 고유 장족 | 撒拉族 Sālāzú 고유 살라족 | 满族 Mǎnzú 고유 만족 | 气候 qìhòu 몡 기후 | 冬暖夏凉 dōng nuǎn xià liáng 겨울에는 따뜻하고 여름에는 시원하다 | 严寒 yánhán 톙 추위가 심하다, 매우 춥다 | 酷暑 kùshǔ 몡 혹서, 극염[매우 더운 날씨를 뜻함] | 避暑圣地 bìshǔ shèngdì 피서의 성지 | 独具 dújù 통 독자적으로 갖추다, 남다르다 | 魅力 mèilì 몡 매력 | 底蕴 dǐyùn 몡 속사정, (내면의) 세부 사항, 속에 깊이 쌓아 둠 또는 그런 것 | 深厚 shēnhòu 톙 깊다, 두텁다 | 长期以来 chángqī yǐlái 오랫동안 | 聚居 jùjū 통 모여 살다 | 多宗教 duōzōngjiào 몡 다종교 | 并存 bìngcún 통 공존하다 | 汇聚 huìjù 통 한데 모이다 | 富有 fùyǒu 통 풍부하다, 충분히 가지다 | 名胜古迹 míngshènggǔjì 몡 명승고적 | 比如 bǐrú 젭 예를 들어 | 藏传佛教 Zàngchuán fójiào 고유 라마불교[티베트를 중심으로 발전한 불교의 한 파] | 塔尔寺 Tǎ'ěr Sì 고유 타얼새[칭하이성 제일의 티베트 불교 사원] | 东关清真大寺 Dōngguān Qīngzhēn Dàsì 고유 동관 이슬람 사원[칭하이성 시닝에 위치한 이슬람 사원] | *清真 qīngzhēn 톙 이슬람교의, 회교식의 | 炎炎 yányán 톙 (태양이) 매우 뜨겁다, (불길이) 이글이글 타오르다 | 感受 gǎnshòu 통 느끼다 | 凉爽 liángshuǎng 톙 쾌적하고 시원하다 | 生态 shēngtài 몡 생태 | 天蓝 tiānlán 몡 하늘색 | 水绿 shuǐlǜ 몡 연녹색 | 柳绿花红 liǔ lǜ huā hóng 버드나무는 푸르고 꽃은 붉다[봄날의 아름다운 경치를 형용함] | 回归 huíguī 통 (원래 있던 곳으로) 돌아가다 | 优美 yōuměi 톙 우아하고 아름답다 | 提到 tídào 통 언급하다 | 郁金香 yùjīnxiāng 몡 튤립 | 举办 jǔbàn 통 (행사 등을) 개최하다, 열다 | 节 jié 몡 축제일, 기념일[주로 행사를 뜻함] | 知名度 zhīmíngdù 몡 지명도 | 芝麻开花节节高 zhīma kāihuā jiéjié gāo 속담 (상황이) 나날이 좋아지다 | 期待 qīdài 통 기대하다 | 的确 díquè 뛩 확실히 | 美誉度 měiyùdù 몡 명성도 | 得到提升 dédào tíshēng 오르다, 상승하다 | 宣传 xuānchuán 통 홍보하다 | 主题 zhǔtí 몡 주제 | 邀请 yāoqǐng 통 초청하다 | 城市政府代表 chéngshì zhèngfǔ dàibiǎo 도시 정부의 대표 | 企业 qǐyè 몡 기업 | 及 jí 젭 및, ~과 | 客商 kèshāng 몡 바이어 | 俄罗斯 Éluósī 고유 러시아 | 以~为… yǐ~wéi… ~을 …으로 삼다 | 媒 méi 몡 매개체, 매개물 | 平台 píngtái 몡 무대 | 加大 jiādà 통 (역량을) 확대하다, 키우다 | 力度 lìdù 몡 역량 | 加深 jiāshēn 통 (인상을) 깊게 하다 | 印象 yìnxiàng 몡 인상

21 | A

🎧 실전문제 21.mp3

西宁有什么样的美誉?

A 中国夏都
B 中国花都
C 花园城市
D 魅力之都

시닝은 어떤 명성을 가지고 있는가?

A 중국의 여름 도시
B 중국의 꽃 도시
C 화원 도시
D 매력 있는 도시

| 해 설 | 선택지의 내용으로 보아, 도시의 별칭에 대한 질문임을 알 수 있습니다. 夏都, 花都, 之都에서 都는 모두 '도시'의 의미이며, 발음은 dū입니다. [1]번 대화 중 진행자의 질문 속에 정답이 있습니다. '现有"中国夏都"美誉'에서 칭하이는 현재 中国夏都라고 불리고 있음을 알 수 있습니다. 따라서 정답은 A 中国夏都입니다.

22 | C

🎧 실전문제 22.mp3

下列哪项是西宁的魅力?

A 人口稀少
B 矿产丰富
C 名胜古迹众多
D 畜牧业发达

다음 중 시닝의 매력은 무엇인가?

A 인구가 적다
B 광산이 풍부하다
C 명승고적이 많다
D 목축업이 발달했다

| 해 설 | 선택지에 도시에 대한 구체적 내용이 나왔으므로, 22번 문제는 인터뷰에 등장하는 지역의 특징을 물어보는 문제임을 짐작할 수 있습니다. 특징이 나오면 OX를 체크하면서 녹음을 들어야 합니다. [2]번 대화 중 초대 손님의 대답에서 정답을 찾을 수 있습니다. 남자는 西宁의 4가지 매력을 언급했는데 그 중 두 번째가 二是名胜古迹众多입니다. 따라서 정답은 C입니다. 녹음에서 들리는 '一是……, 二是……, 三是……'는 여러 가지 특징을 열거할 때 자주 보이는 구문이며, 이 특징들 중 한두 개는 시험에서 물어보므로, 선택지와 비교하면서 듣도록 합니다.

| 단 어 | 稀少 xīshǎo 톙 적다, 희소하다 | 矿产 kuàngchǎn 몡 광산(물) | 畜牧业 xùmùyè 몡 목축업

23 | B

🎧 실전문제 23.mp3

关于男的可以知道什么?

A 是少数民族
B 对西宁很熟悉
C 受到市民的称赞
D 重视基础设施建设

남자에 관해서 알 수 있는 것은 무엇인가?

A 소수민족이다
B 시닝에 대해서 잘 알고 있다
C 시민의 칭찬을 받았다
D 인프라 건설을 중시한다

해설 　선택지에 생략된 주어는 초대 손님입니다. 초대 손님이 소수민족인지, 西宁에 대해 잘 알고 있는지, 시민의 칭찬을 받았는지, 인프라 건설을 중시하는지 체크하면서 듣도록 합니다. [1]번 대화에서 정답을 찾을 수 있습니다. 진행자가 초대 손님인 남자에게 西宁에 대해 소개를 부탁했고, 남자가 그에 대한 자세한 설명을 하고 있다는 것은 남자가 西宁에 대해서 아주 잘 알고 있다는 의미입니다. 따라서 정답은 B 对西宁很熟悉입니다.

단어 　**少数民族** shǎoshùmínzú 몡 소수민족 | **熟悉** shúxī 통 잘 알다 | **受到称赞** shòudào chēngzàn 칭찬을 받다 | **重视** zhòngshì 통 중시하다 | **基础设施** jīchǔ shèshī 기초 시설, 인프라 | **建设** jiànshè 몡 건설

24 | A

🎧 실전문제 24.mp3

男的希望郁金香节可以起到什么作用?

A 宣传西宁
B 促销郁金香
C 扩大海外投资
D 丰富市民生活

남자는 튤립 페스티벌이 어떤 역할을 할 수 있길 바라는가?

A 시닝을 홍보한다
B 튤립 판매를 촉진한다
C 해외 투자를 확대한다
D 시민의 생활을 풍족하게 한다

해설 　선택지를 보면, 모두 '동사+목적어' 구조임을 알 수 있습니다. 동사 宣传, 促销, 扩大, 丰富에 해당되는 핵심 단어를 체크하며 듣습니다. [3]번 대화에서 정답을 찾을 수 있습니다. 진행자가 질문에서 郁金香을 언급했으므로 남자는 郁金香에 대해 답변할 것이라는 추측을 하면서 듣기를 합니다. '自举办"中国青海郁金香节"以来，西宁市的知名度和美誉度不断得到提升，成为我市对外宣传的一张"金名片"'을 통해서, 튤립이 홍보 수단이 되었다는 것을 알 수 있습니다. 따라서 정답은 A 宣传西宁입니다. 힌트 뒷부분의 '而且还邀请了俄罗斯、日本、韩国等国友好城市代表、客商……'을 듣고 정답이 B 促销郁金香라고 착각할 수 있는데, 이 국가들의 대표를 초청하는 것은 튤립 페스티벌에 참가하도록 하여 결국 西宁을 홍보하기 위한 것입니다. 따라서 B는 정답이 아닙니다.

단어 　**促销** cùxiāo 통 판촉하다, 판매를 촉진시키다 | **扩大** kuòdà 통 확대하다

25 | B

🎧 실전문제 25.mp3

根据这段对话，可以知道什么?

A 西宁海拔较低
B 西宁气候宜人
C 青海金融业发达
D 郁金香节是首次举办

이 대화에 근거하여 알 수 있는 것은 무엇인가?

A 시닝의 해발은 비교적 낮다
B 시닝의 기후는 적당하다
C 칭하이는 금융업이 발달했다
D 튤립 페스티벌은 처음 개최되었다

해설 　선택지를 보면, ABD 속 단어인 西宁과 郁金香은 24번 선택지에도 동일하게 출현하고 있기 때문에 듣기에서 이와 관련된 내용이 나올 것임을 유추할 수 있습니다. 선택지 C의 青海는 西宁을 포함하고 있는 성(省)으로, 헷갈리게 하기 위한 함정으로 나왔으며, 금융업에 대한 내용은 언급되지 않았습니다. 정답은 [2]번 대화 중 초대 손님의 대답에서 나옵니다. 정답은 지문의 중간 부분에서 나오고 문제는 제일 끝이므로, 선택지를 한눈에 보면서 녹음을 들어야 잘 풀 수 있습니다. [2]번 대화에서 남자가 西宁에 대해서 언급한 세 번째 매력인 三是西宁冬暖夏凉를 통해, 시닝은 겨울에는 따뜻하고 여름에는 시원함, 즉, 기후가 좋음을 알 수 있습니다. 따라서 정답은 B 西宁气候宜人입니다.

단어 　**宜人** yírén 통 (기후가) 알맞다 | **金融业** jīnróngyè 몡 금융업 | **首次** shǒucì 몡 최초, 처음

第26到30题是根据下面一段采访：

[1] 男： 早上好，各位网友！众所周知，陶瓷艺术在中国文化历史长河中占有非常重要的位置。今天我们就将和您一起寻根中国文化，一起谈谈陶艺。今天的嘉宾是著名的陶艺家周玲女士。欢迎您，周老师。

女： 各位朋友，大家好！

[2] 男： 26)我仔细看了您的作品，您的作品里的马都是长的。您在很多场合都把马表现为这种风格，为什么呢？

女： 因为艺术的形象和生活的形象是有区别的，艺术需要夸张手法，需要强调某些部分，而不是还原生活中的真实形象。我的作品是很个性化的东西，它来源于生活又高于生活。

[3] 男： 陶器和瓷器在烧制、选材过程中最大的区别是什么？

女： 27)陶是有空隙的，有很大的吸水性，而瓷器的密度是很高的。有一点，瓷有透明度，而陶没有，密度可以通过敲击来判断，透明度可以通过视觉来观察。

[4] 男： 您一般是用什么材料来制作陶器呢？

女： 我主要是用瓷的材料来创作，但根据需要，两者我都会用。

[5] 男： 一个艺术家，把陶瓷艺术做到极致，有什么标准吗？

女： 28)艺术的极致是相对的，艺术的路是永远没有终点的，我永远都在探索。

[6] 男： 这么多年，您的陶艺生涯中有什么特别精彩的东西和大家分享吗？

女： 以前我从事传统陶瓷艺术，有五彩、粉彩和红绿彩等，主要以彩绘为主，都是比较古典风格的陶瓷艺术形式。后来开始进行陶瓷材料以及陶烧成的研究，创作了一系列体现陶瓷本然特色、张扬陶艺特色的陶艺作品。

[7] 男： 您如何看待您的艺术定位，如何解读您的陶艺作品？

女： 一个人应该活得很自信，人在社会中应该经常向别人学习，学习是很重要的，一个人的知识面是有限的。就陶艺作品来讲，它是土与火的艺术，这与钢材、木材是有区别的。一定要体现陶瓷的本然美，29)一定要更好地张扬它的性格，30)用土与火去表达你的思想。我出生在景德镇，我的父母也从事陶艺，陶艺是我生活中很重要的一部分。我从事陶瓷专业时间很长，并且成立了景德镇民窑艺术研究院。

26~30번 문제는 다음 인터뷰에 근거한다.

남: 안녕하세요. 네티즌 여러분! 모두가 알다시피 도자기 예술은 중국 문화 역사의 길고 긴 과정에서 매우 중요한 위치를 차지하고 있습니다. 오늘 저희는 여러분과 함께 중국 문화의 뿌리를 찾고 함께 도예에 대해 이야기해 보겠습니다. 오늘의 초대 손님은 유명한 도예가이신 저우링 여사입니다. 환영합니다. 저우 선생님.

여: 여러분, 안녕하세요?

남: 28)제가 선생님의 작품을 자세히 봤는데, 선생님의 작품 속 말은 모두 길더군요. 많은 장면에서 말을 이런 스타일로 표현하셨는데 왜 그런 거죠?

여: 예술의 이미지와 생활의 이미지는 차이가 있기 때문입니다. 예술은 과장의 수법이 필요하고 몇몇 부분은 강조가 필요해요. 실제 생활 속의 진실한 이미지를 복원하는 것이 아니지요. 저의 작품은 매우 개성화된 것으로, 그것은 생활로부터 나왔으며 또 생활 이상입니다.

남: 도기와 자기를 가마에 굽고 재료를 선택하는 과정에서의 가장 큰 차이는 무엇인가요?

여: 27)도기는 틈 때문에 매우 큰 흡수성이 있고 반면에 자기는 밀도가 매우 높습니다. 그리고 자기는 투명도가 있고 도기는 없다는 점이 있는데, 밀도는 두드리는 것을 통해서 판단할 수 있고 투명도는 시각을 통해서 관찰할 수 있어요.

남: 선생님은 일반적으로 어떤 재료로 도기를 만드십니까?

여: 전 주로 자기의 재료로 창작을 하지만 필요에 따라 두 가지를 모두 씁니다.

남: 한 명의 예술가로서 도자기 예술을 극치까지 해내는 데 어떤 기준이 있는지요?

여: 28)예술의 극치는 상대적입니다. 예술의 길은 영원히 종점이 없기 때문에 전 영원히 찾을 거예요.

남: 이렇게 여러 해 동안 선생님의 도예 생애 중 모두와 함께 나눌 아주 훌륭한 것은 무엇이 있는지요?

여: 이전에 전 전통 도자기 예술을 했습니다. 오채, 분채, 홍록채 등 주로 채색을 위주로 한 것인데 모두 비교적 고전적인 스타일의 도자기 예술 형식이지요. 나중에는 도자기 재료와 도기를 구워 만드는 연구를 진행하기 시작해서, 도자기 본연의 특색을 구현하고 도예 특색을 널리 알리는 일련의 도예 작품을 창작했어요.

남: 선생님은 자신의 예술적 위치를 어떻게 보시고, 자신의 도예 작품을 어떻게 분석하시나요?

여: 사람은 마땅히 매우 자신 있게 살아야 하고 사회에서 자주 다른 사람에게 배워야 하죠. 배움은 매우 중요하고, 사람의 지식 폭은 한계가 있기 때문이에요. 도예 작품으로 말하자면, 그것은 흙과 불의 예술인데 이것은 철재, 목재와 차이가 있어요. 반드시 도자기 본연의 미를 구현해 내서 29)반드시 그것의 성격을 더 잘 널리 알리며 30)흙과 불로 당신의 사상을 표현해 내야 합니다. 전 징더전에서 태어났고 저의 부모님도 도예에 종사했지요. 도예는 제 생활 중 매우 중요한 일부분이에요. 전 도자기 전문 분야에 종사한 시간이 매우 길었고, 게다가 징더전 민요 예술 연구원을 세웠어요.

| 단 어 | **众所周知** zhòngsuǒzhōuzhī 성 모두가 다 알고 있다 | **陶瓷** táocí 명 도자기 | **长河** chánghé 명 길고 긴 과정 | **占有** zhànyǒu 동 (위치를) 차지하다 | **位置** wèizhi 명 위치 | **寻根** xúngēn 동 뿌리를 찾다 | **陶艺** táoyì 명 도예 | **嘉宾** jiābīn 명 초대 손님, 게스트, 귀빈 | **著名** zhùmíng 형 유명하다, 저명하다 | **仔细** zǐxì 형 자세하다 | **场合** chǎnghé 명 (특정한) 장소, 장면, 경우 | **表现** biǎoxiàn 동 표현하다, 나타내다 | **风格** fēnggé 명 스타일, 풍격 | **形象** xíngxiàng 명 이미지, 형상 | **区别** qūbié 명 차이, 구별 | **夸张** kuāzhāng 형 과장되다 동 과장하다 | **手法** shǒufǎ 명 수법, 수단, 방법 | **强调** qiángdiào 동 강조하다 | **还原** huányuán 동 복원하다, 원상회복하다 | **来源于** láiyuán yú ~에서 생겨나다 | **烧制** shāozhì 동 가마에 넣어 굽다 | **选材** xuǎncái 동 재료를 선택하다(고르다) | **过程** guòchéng 명 과정 | **空隙** kòngxì 명 틈, 간격 | **吸水性** xīshuǐxìng 흡수성 | **透明度** tòumíngdù 투명도 | **密度** mìdù 명 밀도 | **敲击** qiāojī 동 두드리다 | **判断** pànduàn 동 판단하다 | **视觉** shìjué 명 시각 | **观察** guānchá 동 관찰하다 | **材料** cáiliào 명 재료, 원료 | **创作** chuàngzuò 동 창작하다 | **需要** xūyào 명 필요, 욕구 | **极致** jízhì 명 극치(최고의 경지)

| **永远** yǒngyuǎn 튀 영원히 | **终点** zhōngdiǎn 뎽 종점, 종착지 | **探索** tànsuǒ 동 찾다, 탐색하다 | **生涯** shēngyá 뎽 생애 | **精彩** jīngcǎi 뼹 훌륭하다 | **分享** fēnxiǎng 동 함께 나누다(누리다) | **从事** cóngshì 동 종사하다, (일을) 하다 | **五彩** wǔcǎi 뎽 오채[靑(푸른색)·黃(노란색)·赤(붉은색)·白(흰색)·黑(검은색)의 다섯 가지 색깔] | **粉彩** fěncǎi 뎽 분채[청대에 도자기에 칠하던 연하고 고운 빛깔의 무늬] | **彩绘** cǎihuì 뎽 채색하여 그림 그리다 | **古典** gǔdiǎn 뼹 고전적 | **一系列** yíxìliè 뼹 일련의 | **体现** tǐxiàn 뎽 구현하다, 구체적으로 드러내다 | **本然** běnrán 뼹 본연의, 본디 그대로의 | **张扬** zhāngyáng 동 널리 알리다 | **看待** kàndài 뎽 대하다, 보다 | **定位** dìngwèi 뎽 정해진 자리, 확정된 위치 | **解读** jiědú 분석하다, 해독하다 | **知识面** zhīshimiàn 지식 폭 | **有限** yǒuxiàn 뼹 한계가 있다 | **就~来讲** jiù~lái jiǎng ~으로 말하자면 | **钢材** gāngcái 뎽 철재 | **景德镇** Jǐngdézhèn 囷 징더전[장시(江西)성의 한 도시] | **民窑** mínyáo 뎽 민요[민간에서 도자기를 굽던 가마]

26 | B

🎧 실전문제 26.mp3

女的的作品里的马有什么特点?

A 腿粗
B 形体长
C 尾巴短
D 都在奔跑

여자의 작품 속 말은 어떤 특징이 있는가?

A 다리가 굵다
B 형체가 길다
C 꼬리가 짧다
D 모두 질주하고 있다

| 해 설 | 形体, 尾巴의 단어로 보아 선택지의 주제는 동물임을 짐작할 수 있습니다. 따라서 동물의 특징을 물어보는 문제임을 예상하고 녹음 지문을 듣습니다. 선택지 단어가 모두 비교적 평이하기 때문에 같은 단어가 출현하는지 여부를 듣고 정답을 찾으면 됩니다. [1]번 대화에서는 진행자가 초대 손님을 소개하면서 인사를 나눕니다. 초대 손님의 직업인 陶艺家를 머릿속에 기억하면서 전체 지문을 들어야 합니다. 이 문제의 정답은 [2]번 대화에서 찾을 수 있습니다. [2]번 대화를 시작할 때 남자가 您的作品里的马都是长的라고 말했으므로 정답은 B 形体长입니다.

| 단 어 | **腿** tuǐ 뎽 다리 | **粗** cū 뼹 굵다 | **尾巴** wěiba 뎽 꼬리 | **奔跑** bēnpǎo 동 질주하다, 내달리다

27 | C

🎧 실전문제 27.mp3

下列哪项是陶器的特点?

A 透明
B 密度高
C 吸水性好
D 声音清脆

다음 중 도기의 특징은 무엇인가?

A 투명하다
B 밀도가 높다
C 흡수성이 좋다
D 소리가 맑고 깨끗하다

| 해 설 | 선택지 내용은 어떤 사물에 대한 특징임을 짐작할 수 있습니다. 동물의 특징을 묻는 26번 문제와 혼동하지 말고, 사물의 특징에 대해서 언급한 부분을 들어야 합니다. 또한 진행자의 질문과 문제의 질문이 동일하게 나오지 않았기 때문에 주의해야 합니다. [3]번 대화에서 진행자는 도기와 자기의 차이를 물어봤고, 초대 손님은 도기와 자기의 차이를 설명하면서 도기의 특징을 언급합니다. 초대 손님의 말 '陶是有空隙的, 有很大的吸水性'을 통해 정답은 C가 됩니다.

| 단 어 | **透明** tòumíng 뼹 투명하다 | **清脆** qīngcuì 뼹 (소리가) 맑고 깨끗하다, 낭랑하다

28 | A

🎧 실전문제 28.mp3

对于艺术的极致, 女的有什么看法?

A 是相对的
B 标准不统一
C 无法超越古人
D 只有少数人能达到

예술의 극치에 대해 여자의 견해는 어떠한가?

A 상대적이다
B 기준이 통일되어 있지 않다
C 옛사람을 능가할 수 없다
D 소수의 사람만이 도달할 수 있다

선택지를 보면, 무엇인가에 대한 견해를 묻는 질문임을 알 수 있습니다. 핵심 단어를 체크해 놓고, 동일한 단어가 나오는지 잘 들어야 합니다. [5]번 대화에 정답이 있습니다. 진행자가 도자기 예술을 극치까지 해내는 데 어떤 기준이 있는지 질문한 것에 대해, 초대 손님인 여자는 **艺术的极致是相对的**라고 대답했으므로 정답이 A **是相对的**임을 알 수 있습니다.

|단 어|　**超越** chāoyuè 통 능가하다, 초월하다

29 | C

🎧 실전문제 29.mp3

关于女的，下列哪项正确？	여자에 관해서 다음 중 정확한 것은 무엇인가?
A 反对夸张手法	A 과장의 수법을 반대한다
B 是陶艺评论家	B 도예 평론가이다
C 强调作品的个性	C 작품의 개성을 강조한다
D 现在追求古典风格	D 현재 고전 스타일을 추구한다

|해 설|　사람에 대한 설명이므로 선택지의 주체는 초대 손님임을 알 수 있습니다. 선택지 ACD는 작품에 대해 추구하는 바를 나타낸 것이고, B는 직업입니다. 직업은 대화 맨 처음에 등장하는 경우가 많으므로 주의해서 듣습니다. [7]번 대화에서 여자의 답변 중 **一定要更好地张扬它的性格**가 힌트입니다. 다만 '**张扬**(퍼뜨리다, 소문을 내다)'이라는 단어를 정답에서는 **强调**로 바꾸고, **性格**라는 단어를 **个性**으로 바꿔서 출제했습니다. 내용을 알아들어야 풀 수 있는 문제로, 난이도가 비교적 높습니다. 정답은 C **强调作品的个性**입니다.

|단 어|　**评论家** pínglùnjiā 명 평론가

30 | D

🎧 실전문제 30.mp3

女的怎样解读自己的陶艺作品？	여자는 자신의 도예 작품을 어떻게 분석하는가?
A 再现历史	A 역사를 재현한다
B 充满想象力	B 상상력이 가득하다
C 反映时尚潮流	C 유행의 흐름을 반영한다
D 用土与火表达思想	D 흙과 불로 사상을 표현한다

|해 설|　선택지에서 핵심 단어인 **历史, 想象力, 潮流, 土与火** 위주로 들으면서 정답을 찾습니다. [7]번 대화에서 정답을 찾을 수 있습니다. 여자의 대답 중 **用土与火去表达你的思想**을 통해서, 정답이 D **用土与火表达思想**임을 알 수 있습니다.

|단 어|　**再现** zàixiàn 통 재현하다 ｜ **反映** fǎnyìng 통 반영하다 ｜ **时尚潮流** shíshàng cháoliú 유행의 흐름

3부분

실전문제			138쪽						
31 A	**32** A	**33** B	**34** D	**35** A	**36** B	**37** B	**38** C	**39** A	**40** D
41 B	**42** C	**43** C	**44** B	**45** C	**46** A	**47** C	**48** B	**49** C	**50** C

🎧 3-04 실전문제.mp3

31~33

第31到33题是根据下面一段话:

　　有一个守财奴,为了确保自己的财产安全, ³¹⁾把所有的一切都变卖了,换成一大块金子。³³⁾他把金块藏在地洞里,并且每日去查看。他的行动引起了一个盗贼的注意,盗贼猜想,那洞里必定有一个值钱的宝贝。一天当守财奴照例查看完金块,起身离开后,³²⁾盗贼便偷偷溜进地洞,把金块偷走了。当守财奴发现地洞里空无一物时,急得痛哭起来。邻里乡亲们看见他伤心欲绝的样子,问明了原因,对他说:"别伤心了,你拿块石头放在地洞里,把它当作金块就行了。石块和金块对你来说是一样的,反正你从没打算花了它。"

31~33번 문제는 다음 이야기에 근거한다.

　　한 구두쇠가 자신의 재산 안전을 확실히 보장하기 위해 ³¹⁾모든 것을 팔아 커다란 금 덩어리로 바꿨다. ³³⁾그는 금 덩어리를 동굴 안에 숨기고 매일 점검하러 갔다. 그의 행동은 한 도적의 주의를 끌었고, 도적은 그 동굴에 반드시 값어치가 나가는 보물이 있을 것이라고 추측했다. 하루는 구두쇠가 본디 하던 대로 금 덩어리를 점검하고 떠난 후에 ³²⁾도적은 몰래 동굴로 들어가 금 덩어리를 훔쳐 달아났다. 구두쇠는 동굴 안이 텅 비어 있는 것을 발견하고는 화가 나 통곡하기 시작했다. 마을 사람들은 그가 상심하여 매우 슬퍼하는 모습을 보고, 원인을 묻고는 그에게 말했다. "마음 아파하지 말아요, 돌덩어리를 동굴 안에 넣고 그것을 금 덩어리로 삼으면 되지요. 돌과 금은 당신에게 있어서 마찬가지예요. 어쨌든 당신은 그것을 쓰려 하지 않았잖아요."

|단 어| **守财奴** shǒucáinú 圐 구두쇠 | **确保** quèbǎo 튐 확실히 보장하다 | **财产** cáichǎn 圐 재산 | **一切** yíqiè 圐 모든 것, 일체 | **变卖** biànmài 튐 (재산을 팔아) 돈을 만들다 | **换成** huànchéng 튐 ~으로 바꾸다 | **块** kuài 圝 덩어리, 덩이 | **金子** jīnzi 圐 금덩이, 금괴 | **藏** cáng 튐 숨기다, 감추다 | **地洞** dìdòng 圐 동굴, 땅굴 | **查看** chákàn 튐 살펴보다, 조사하다 | **引起~注意** yǐnqǐ~zhùyì 주의를 끌다 | **盗贼** dàozéi 圐 도적, 도둑 | **猜想** cāixiǎng 튐 추측하다, 짐작하다 | **必定** bìdìng 圕 반드시 | **宝贝** bǎobèi 圐 보물, 보배 | **照例** zhàolì 圕 관례대로, 본디 하던 대로 | **起身** qǐshēn 튐 일어나다, 몸을 일으키다 | **溜** liū 튐 몰래 ~하다, 슬그머니~하다[주로 '溜+동작'의 형태로 씀] | **空无一物** kōng wú yíwù 텅 비어 아무것도 없다 | **痛哭** tòngkū 튐 통곡하다 | **邻里** línlǐ 圐 동네 | **乡亲** xiāngqīn 圐 마을 사람 | **伤心欲绝** shāngxīn yùjué 극도로 슬퍼하다, 슬퍼 죽을 지경이다 | **问明** wènmíng 튐 분명하게 묻다 | **当作** dàngzuò 튐 ~으로 여기다 | **反正** fǎnzhèng 圕 어쨌든

31 | A

〈반복훈련용〉 🎧 실전문제 31.mp3

守财奴是怎么得到金块的?

A 变卖家产
B 继承遗产
C 朋友馈赠
D 中了彩票

구두쇠는 어떻게 금 덩어리를 얻었는가?

A 가산을 팔아 돈을 만들었다
B 유산을 상속받았다
C 친구가 선물했다
D 복권에 당첨되었다

|해 설| 선택지에는 주어가 나와 있지 않지만 주인공일 것이라 추측하고, 주인공의 행동을 중심으로 듣도록 합니다. C의 馈赠은 아주 어려운 단어이지만 赠 한 글자만 보고 그 뜻을 유추할 수 있습니다. 31번 질문에서는 구두쇠가 어떻게 금을 가지게 되었는지 묻고 있습니다. 만약 守财奴의 뜻을 몰랐다 해도, 그저 주인공으로만 생각하고 들어도 좋습니다. 녹음 지문의 도입 부분에서 '把所有的一切都变卖了,换成一大块金子'라는 내용이 나오기 때문에 주인공은 집안의 재산을 팔아 금을 가지게 되었음을 알 수 있습니다. 따라서 A 变卖家产이 정답입니다.

| 단 어 | **变卖** biànmài 통 (재산이나 물건을) 팔아 돈을 만들다 | **家产** jiāchǎn 명 가산, 집안 재산 | **继承** jìchéng 통 계승하다, 상속하다, 물려받다 | **遗产** yíchǎn 명 유산 | **馈赠** kuìzèng 통 선물하다 | **中彩票** zhòng cǎipiào 복권에 당첨되다

32 ┃ A

🎧 실전문제 32.mp3

守财奴为什么痛哭起来？	구두쇠는 왜 통곡하기 시작했는가?
A 被盗了	A 도둑맞아서
B 被恐吓了	B 협박받아서
C 房子着火了	C 집에 불이 나서
D 亲人去世了	D 가족이 죽어서

| 해 설 | 선택지 A, B는 피동형이고 C의 주어는 집, D의 주어는 가족임을 알 수 있습니다. 때문에 녹음을 들으면서 주어가 무엇인지 체크하며 답을 골라야 합니다. 32번 질문에서는 주인공이 통곡한 이유를 묻고 있습니다. 녹음 지문에서 '盗贼便偷偷溜进地洞, 把金块偷走了。当守财奴发现地洞里空无一物时, 急得痛哭起来' 부분을 제대로 들었으면 정답을 고를 수 있습니다. 정답은 A 被盗了입니다.

| 단 어 | **盗** dào 통 도둑질하다, 훔치다 | **恐吓** kǒnghè 통 협박하다, 위협하다 | **着火** zháohuǒ 통 불나다 | **去世** qùshì 통 세상을 뜨다, 사망하다

33 ┃ B

🎧 실전문제 33.mp3

根据这段话，守财奴有什么特点？	이 이야기에 따르면 구두쇠는 어떤 특징이 있는가?
A 和蔼可亲	A 상냥하고 친절하다
B 视财如命	B 재물을 목숨처럼 소중히 여긴다
C 心地善良	C 마음씨가 착하다
D 乐于助人	D 다른 사람을 기꺼이 돕는다

| 해 설 | 선택지는 모두 사람의 성격과 관련된 단어들입니다. 선택지 중 A, C, D는 긍정적인 의미의 내용이고, B는 약간 부정적인 의미라는 것을 체크하고 녹음을 듣습니다. 선택지 단어들이 어렵긴 하지만 한 字씩 보면 뜻을 유추할 수 있습니다. 녹음 지문에서 선택지의 내용이 그대로 나오지는 않지만 글의 흐름을 잘 파악했다면 주인공이 재산을 매우 아낀다는 것을 알 수 있습니다. 글의 앞부분에 '他把金块藏在地洞里，并且每日去查看'이라는 문장을 통해서도 주인공이 재산을 매우 아낀다는 것을 알 수 있습니다. 따라서 정답은 B 视财如命입니다.

| 단 어 | **和蔼可亲** hé'ǎikěqīn 성 상냥하고 친절하다 | **视财如命** shìcáirúmìng 성 재물을 목숨처럼 중히 여기다 | **心地善良** xīndì shànliáng 마음씨가 착하다 | **乐于助人** lèyú zhùrén 다른 사람을 기꺼이 돕는다

34~37

第34到37题是根据下面一段话：

　　大部分人都知道运动可以强健体魄，³⁴⁾其实长期坚持体育锻炼，还会对你的性格产生潜移默化的影响。当然不同的体育项目带来的影响不同，这与项目本身的特点直接相关。

　　帆船的历史和人类文明史一样悠久，直至今天，帆船比赛还是各项比赛中最超然的，因为对手不是别人，而是你自己以及复杂的大自然，³⁵⁾所以经常参与帆船运动的人，往往心胸宽阔，遇到棘手的问题也能泰然处之，潇洒豁达。

　　从足球场上退下来的人具备团队合作能力，³⁷⁾退役的守门员最适合组织工作，他会不断协调众人的能力，是训练出来的帅

34~37번 문제는 다음 이야기에 근거한다.

　　대부분의 사람은 모두 운동을 하면 신체와 정신을 튼튼하게 할 수 있다고 알고 있다. ³⁴⁾사실 장기간 운동을 지속하는 것은 당신의 성격에 무의식적으로 영향을 끼칠 수 있다. 물론 각각 다른 스포츠 종목이 가져오는 영향은 다르며, 이것은 종목 자체의 특징과 직접적으로 관련되어 있다.

　　요트의 역사는 인류 문명사와 똑같이 유구하고, 오늘날에 이르기까지 요트 시합은 여전히 여러 시합 중에서 가장 초연하다. 왜냐하면 상대가 남이 아니라 당신 자신과 복잡한 대자연이기 때문이다. ³⁵⁾그래서 자주 요트 운동에 참여하는 사람은 대부분 마음이 넓고, 까다로운 문제에 맞닥뜨려도 태연하게 일을 처리할 수 있으며 시원스럽고 너그럽다.

　　축구장에서 물러난 사람은 팀워크 능력을 갖추고 있다. ³⁷⁾은퇴한 골키퍼는 조직 업무에 가장 적합하다. 그는 끊임없이 많은 사람들의 능력

才，前卫则是很好的技术型人才，他能够组织一次又一次的进攻，可以成为学科带头人，或出色的营销经理。

游泳时，水能对全身的穴位和经络起到针刺和按摩的作用，使神经系统各器官得到全面锻炼，改善大脑皮质的调节功能。游泳还能消除过度兴奋，使性情暴躁的人变得心平气和，[36]更是患有神经衰弱或失眠症的人的灵丹妙药。

乒乓球被称为聪明人的运动，它能使注意力、记忆力、思维能力以及反应能力得到提高。

을 조화롭게 하며, 훈련된 통솔력을 갖춘 인재이다. 하프백은 매우 훌륭한 기술형 인재로 그는 거듭되는 공격을 조직할 수 있고, 학문 분야의 리더 혹은 뛰어난 영업 매니저가 될 수 있다.

수영할 때 물은 전신의 경혈과 경락에 침을 놓고 안마하는 작용을 할 수 있고, 신경 계통의 각 기관으로 하여금 전반적인 단련이 되게 해서 대뇌피질의 조절 기능을 개선한다. 수영은 또한 과도한 흥분을 없앨 수 있고 성질이 급한 사람을 차분해지게 하며 [36]더욱이 신경쇠약 혹은 불면증에 걸린 사람의 만병통치약이다.

탁구는 똑똑한 사람의 운동으로 불리는데 그것은 주의력, 기억력, 사고 능력과 반응 능력이 향상되게 할 수 있다.

|단 어| 强健 qiángjiàn 동 강건하게 하다, 튼튼하게 하다 | 体魄 tǐpò 명 신체와 정신 | 坚持 jiānchí 동 지속하다, 계속하다 | 体育锻炼 tǐyù duànliàn 운동, 체력 단련 | *体育 tǐyù 명 운동, 스포츠 | 锻炼 duànliàn 동 운동하다, (몸을) 단련하다 | 性格 xìnggé 명 성격 | 产生～的影响 chǎnshēng~de yǐngxiǎng ～한 영향을 주다(끼치다) | 潜移默化 qiányímòhuà 성 무의식중에 감화되다, 은연중에 감화되다 | 项目 xiàngmù 명 종목, 항목, 사항 | 特点 tèdiǎn 명 특징 | 直接相关 zhíjiē xiāngguān 직접적으로 관련되어 있다 | 帆船 fānchuán 명 요트 | 悠久 yōujiǔ 형 (역사가) 유구하다 | 直至今天 zhízhì jīntiān 오늘날에 이르기까지 | 比赛 bǐsài 명 시합, 경기 | 项 xiàng 양 종목, 항목 | 超然 chāorán 형 초연하다[자연을 초월하거나 어떤 현실에서 벗어나는 것을 뜻함] | 对手 duìshǒu 명 상대, 적수 | 参与 cānyù 동 참여하다 | 心胸 xīnxiōng 명 ①도량, 아량 ②마음속, 심중 | 宽阔 kuānkuò 형 (마음·아량이) 넓다, (공간이) 넓다 | 遇到 yùdào 동 만나다, 마주치다 | 棘手 jíshǒu 형 (처리하기) 까다롭다, 곤란하다 | 泰然处之 tàirán chǔ zhī 태연하게 일을 처리하다 | *泰然 tàirán 형 태연하다 | 潇洒 xiāosǎ 형 시원스럽다, 대범하다 | 豁达 huòdá 형 마음이 너그럽고 성격이 밝다 | 足球场 zúqiúchǎng 명 축구장 | 退下来 tuì xiàlái 물러나다 | 具备 jùbèi 동 갖추다 | 团队合作能力 tuánduì hézuò nénglì 팀워크 능력 | 退役 tuìyì 동 (운동선수가) 은퇴하다 | 守门员 shǒuményuán 명 골키퍼 | 适合 shìhé 동 적합하다 | 组织 zǔzhī 동 조직하다 | 不断 búduàn 부 끊임없이, 부단히 | 协调 xiétiáo 동 조화롭게 하다 | 众人 zhòngrén 명 여러 사람, 뭇사람 | 训练 xùnliàn 동 훈련하다, 훈련시키다 | 帅才 shuàicái 명 통솔력을 갖춘 인재 | 前卫 qiánwèi 명 하프백[축구나 하키 등의 경기에서 뒤쪽에 위치하는 선수를 뜻함] | 技术型人才 jìshùxíng réncái 기술형 인재 | 进攻 jìngōng 동 공격 | 带头人 dàitóurén 명 리더, 인도자 | 营销经理 yíngxiāo jīnglǐ 영업 매니저 | 穴位 xuéwèi 명 경혈 | 经络 jīngluò 명 경락 | 针刺 zhēncì 동 침을 놓다 | 按摩 ànmó 동 안마하다 | 神经系统 shénjīng xìtǒng 신경계통 | 器官 qìguān 명 기관 | 大脑皮质 dànǎo pízhì 대뇌피질 | 调节功能 tiáojié gōngnéng 조절 기능 | 消除 xiāochú 동 없애다, 제거하다 | 过度 guòdù 형 과도하다 | 兴奋 xīngfèn 명 흥분 형 흥분하다 | 性情 xìngqíng 명 성질, 성정, 성격 | 暴躁 bàozào 형 (성질이) 급하다, 쉽게 화를 내다 | 心平气和 xīnpíngqìhé 성 마음이 평온하고 기질이 온화하다 | 患有 huànyǒu 동 (질병에) 걸리다 | 神经衰弱 shénjīng shuāiruò 명 신경쇠약 | 失眠症 shīmiánzhèng 명 불면증 | 灵丹妙药 língdān miàoyào 성 만병통치약 | 乒乓球 pīngpāngqiú 명 탁구 | 被称为 bèi chēngwéi ～이라고 불리다 | 注意力 zhùyìlì 주의력 | 记忆力 jìyìlì 명 기억력 | 思维能力 sīwéi nénglì 사고 능력 | 提高 tígāo 동 향상시키다, 높이다

> **Tip**
> 녹음 지문의 첫 문장에서 '오랜 기간 동안 운동을 하면 성격에 영향을 준다'로 언급하면서 몇 가지 운동이 사람의 성격에 어떠한 영향을 주는지 구체적으로 설명해 나가고 있습니다. 이런 형식의 문제를 풀 때 가장 중요한 점은 바로 메모입니다. 여러 가지 운동과 특징이 나열되고 있으므로, 각 운동별 특징을 메모하며 들어야 문제를 풀 때 수월합니다.

34 | D

🎧 실전문제 34.mp3

关于体育运动，可以知道什么?

A 也有副作用
B 时间不宜太短
C 可以提高记忆力
D 会影响人们的性格

스포츠에 관해서 알 수 있는 것은 무엇인가?

A 부작용도 있다
B 시간이 너무 짧아서는 안 된다
C 기억력을 향상시킬 수 있다
D 사람들의 성격에 영향을 끼친다

|해 설| 부작용, 시간의 길이, 기억력 향상, 사람의 성격, 이렇게 선택지를 한국어로 이해하고 녹음을 듣도록 합니다. B의 不宜는 '～해서는 안 된다'라는 의미입니다. 선택지 내용을 보면 이 글의 주제와도 관련이 있음을 알 수 있습니다. 녹음 지문은 설명문이라 도입 부분에 주제를 던지고 구체적으로 설명해 가는 방식을 택하고 있습니다. 핵심 단어 其实가 있는 문장 '其实长期坚持体育锻炼，还会对你的性格产生潜移默化的影响' 부분을 들으면 정답 D 会影响人们的性格를 선택할 수 있습니다.

|단 어| 副作用 fùzuòyòng 명 부작용 | 不宜 bùyí 동 ～해서는 안 된다, ～하는 것은 좋지 않다

🎧 실전문제 35.mp3

关于帆船运动员，可以知道什么？

A 遇事沉着
B 具备领导才能
C 做事不够果断
D 熟悉人类文明史

요트 선수에 관해서 알 수 있는 것은 무엇인가？

A 일이 생겼을 때 침착하다
B 리더십을 가지고 있다
C 일 처리에 결단력이 부족하다
D 인류 문명사를 잘 안다

| 해 설 | 36번 선택지와 연관해서 봐야 합니다. 36번을 보면 여러 운동이 나오는데, 지문에서는 한 가지 운동만 들릴 수도 있고 여러 가지 운동이 들릴 수도 있습니다. 여러 가지 운동이 들릴 경우 각 운동의 특징이 들리므로 35번 선택지에 운동 종목을 메모해야 합니다. 선택지의 C처럼 부정적인 내용은 정답으로 잘 출제되지 않습니다. B와 D의 내용은 녹음에서 들리지 않았습니다. A의 沉着은 6급 필수 단어라 어휘량이 약한 학생들은 이렇게 나머지 선택지를 제거해서 정답 A를 찾아내야 합니다. 내공이 있는 학생들은 녹음에서 '所以经常参与帆船运动的人，往往心胸宽阔，遇到棘手的问题也能泰然处之，潇洒豁达' 부분을 듣고 정답을 찾으면 되는데, 沉着란 단어가 직접 들리지 않고 '心胸宽阔', '泰然处之', '潇洒豁达' 같은 어려운 단어들을 알아들어야 하므로 비교적 난이도가 있습니다. 정답은 A 遇事沉着입니다.

| 단 어 | **遇事** yùshì 图 일을 맞닥뜨리다 | **沉着** chénzhuó 톕 침착하다, 차분하다 | **领导才能** lǐngdǎo cáinéng 리더십 | **不够** búgòu 图 부족하다 | **果断** guǒduàn 톕 결단력이 있는, 과단성이 있는 | **熟悉** shúxī 图 잘 알다

🎧 실전문제 36.mp3

下列哪项运动适合睡眠质量不好的人？

A 乒乓球
B 游泳
C 帆船
D 足球

다음 중 어떤 운동이 수면의 질이 나쁜 사람에게 적합한가？

A 탁구
B 수영
C 요트
D 축구

| 해 설 | 운동 이름만 나와 있는 것으로 보아, 36번 문제에서는 한 가지 운동의 특징에 대해 언급한 후 어떤 운동인지 물어볼 수 있습니다. 녹음 지문을 들을 때 각 운동에 대한 특징을 주의하며 듣습니다. 선택지 C의 帆船은 어려운 단어이므로, 船 한 글자만 듣고 배와 관련된 운동이라 짐작하며 듣습니다. 또한 녹음에서 들리는 각 운동들의 특징을 메모해야 풀 수 있는 문제입니다. 맨 마지막에 들리는 A의 乒乓球는 '똑똑한 사람들의 운동'이라고 메모하고, B의 游泳은 '대뇌피질 개선 / 신경쇠약 / 불면증'이라고 대략적으로 메모를 합니다. C의 帆船의 경우는 35번에서 이미 물어봤기 때문에 다시 물어보지는 않지만 녹음을 들을 때는 문제를 듣기 전이므로 '마음이 넓어짐'이라고 메모합니다. D의 足球는 '단체 협력(팀워크) 능력, 조직 능력'이라고 메모를 합니다. 문제에서는 수면의 질이 안 좋은 사람에게 좋은 운동을 물어봤으므로 정답은 B 游泳입니다.

🎧 실전문제 37.mp3

根据这段话，下列哪项正确？

A 游泳容易上瘾
B 守门员组织能力强
C 乒乓球适合老年人
D 帆船是聪明人的运动

이 이야기를 바탕으로 다음 중 정확한 것은 무엇인가？

A 수영은 재미를 붙이기 쉽다
B 골키퍼는 조직 능력이 뛰어나다
C 탁구는 노인에게 적합하다
D 요트는 똑똑한 사람의 운동이다

| 해 설 | 각각의 운동에 대한 설명입니다. 마찬가지로 해당 운동이 들릴 때, 내용이 맞는지 체크합니다. 녹음 지문을 들으면서 36번 선택지에 각 운동의 특징에 대해 메모를 했다면 37번의 정답을 고르는 데는 큰 문제가 없습니다. 守门员은 골키퍼를 의미하므로 축구와 관련되어 있으며, 조직 능력은 축구의 특징입니다. 따라서 정답은 B 守门员组织能力强입니다.

| 단 어 | **上瘾** shàngyǐn 图 중독되다, 재미를 붙이다

第38到40题是根据下面一段话：

　　有三个兄弟早上一同外出。大哥拿了把雨伞，二哥拿了根拐杖，最小的弟弟却什么也没有拿就出去了。晚上回来时，[38]拿伞的大哥浑身是水，拿拐杖的二哥浑身是泥，而什么都没拿的弟弟却安然无恙。于是两个哥哥问弟弟为什么会这样。弟弟回答说："当大雨来临时，[39]我因为没有伞，所以必须及时去找个地方躲雨；当路不好走时，[39]我因为没有拐杖，就必须小心翼翼。所以我既没有被淋湿，也没有跌倒。你们的失误是由于你们过分依赖自己的优势。许多时候，[40]我们不是跌倒在自己的缺陷上，而是被自己的优势所累，因为缺陷常常让我们保持警醒，而优势却使我们忘乎所以。"

38~40번 문제는 다음 이야기에 근거한다.

　　세 명의 형제가 아침에 함께 외출을 했다. 큰형은 우산을 가지고 갔고, 둘째 형은 지팡이를 들고 나갔으며, 막내는 아무것도 들고 나가지 않았다. 저녁에 돌아왔을 때, [38]우산을 들고 나간 큰형은 온몸이 젖어 있었고, 지팡이를 들고 간 둘째 형은 온몸이 진흙이었으며, 아무것도 들고 나가지 않은 동생은 무사했다. 그래서 두 명의 형은 동생에게 왜 그럴 수 있었는지 물었다. 동생이 대답했다. "큰 비가 내렸을 때 나는 [39]우산이 없었기 때문에 반드시 즉각 장소를 찾아서 비를 피해야 했어. 길이 걷기에 좋지 않을 때는 [39]지팡이가 없었으니 반드시 아주 조심해야 했어. 그래서 나는 젖지 않았을 뿐만 아니라, 넘어지지도 않았지. 형들의 실수는 형들이 자신의 우세함에 너무 의존했기 때문이야. 대부분의 경우, [40]우리는 자신의 결함에 의해 쓰러지는 게 아니라 자신의 우세함에 의해 고생하게 되는 거야. 왜냐하면 결함은 자주 우리가 경계를 유지하도록 하지만, 우세함은 우리가 너무 흥분해서 근본을 잊어버리게 하기 때문이지."

|단 어| **一同** yìtóng 면 함께, 같이 | **把** bǎ 양 개[한 손으로 잡을 수 있는 사물을 세는 단위] | **根** gēn 양 개, 가닥[가늘고 긴 사물을 세는 단위] | **拐杖** guǎizhàng 명 지팡이 | **浑身** húnshēn 명 온몸, 전신 | **泥** ní 명 진흙 | **安然无恙** ānránwúyàng 성 탈없이 무사하다 | **当~时** dāng~shí ~을 할 때 | **来临** láilín 동 이르다, 다가오다 | **及时** jíshí 면 곧바로, 즉시 | **躲雨** duǒyǔ 동 비를 피하다 | **小心翼翼** xiǎoxīnyìyì 성 (언행·일 처리 등이) 매우 조심스럽고 신중하다 | **既~也** jì~yě ~일 뿐만 아니라 …이다 | **淋湿** línshī 동 흠뻑 젖다 | **跌倒** diēdǎo 동 넘어지다, 쓰러지다 | **失误** shīwù 명 실수 | **过分** guòfèn 동 지나치다, 과분하다 | **依赖** yīlài 동 의존하다, 의지하다 | **优势** yōushì 명 우세함, 우위, 유리한 점 | **缺陷** quēxiàn 명 결함, 결점 | **警醒** jǐngxǐng 동 경계하고 깨닫다 | **忘乎所以** wànghūsuǒyǐ 성 너무 흥분해서 근본을 잊어버리다

38 | C

🎧 실전문제 38.mp3

晚上回来时带伞的大哥怎么样了？

A 感到庆幸

B 腿受伤了

C 浑身都湿了

D 沾了一身泥

저녁에 돌아왔을 때 우산을 가진 큰형은 어떻게 되었는가?

A 다행이라고 생각했다

B 다리를 다쳤다

C 온몸이 젖었다

D 온몸에 진흙이 묻었다

|해 설| 선택지의 내용들은 모두 어떤 일이 생겼을 때의 결과에 대해 나타내고 있습니다. 따라서 어떤 사건이 나오는지, 주체는 누구인지, 어떤 결과가 생겼는지 체크하면서 녹음을 들어야 합니다. 38번 질문은 등장인물 중 한 사람에 대해 묻고 있고, 이 이야기에서 등장하는 사람은 총 3명입니다. 보통 맨 마지막에 등장하는 사람이 주인공이며, 이 사람을 통해 주제를 알려 주는 경우가 많습니다. 38번 문제는 등장인물 중 우산을 챙겨 간 큰형에 대해 묻고 있습니다. 녹음에서 拿伞的大哥浑身是水라는 내용이 언급되기 때문에 정답은 C 浑身都湿了입니다. 선택지 중 D 역시 지문 속에 언급되었지만 이는 지팡이를 지닌 둘째 형에 대한 내용이므로 헷갈리지 말아야 합니다.

|단 어| **庆幸** qìngxìng 동 다행스러워하다 | **腿** tuǐ 명 다리 | **受伤** shòushāng 동 다치다, 부상을 입다 | **湿** shī 동 젖다, 적시다 | **沾** zhān 동 묻다, 묻히다 | **一身** yìshēn 명 온몸, 전신

39 | A

🎧 실전문제 39.mp3

出门时什么都没带的弟弟为什么安然无恙？

A 小心谨慎

B 熟悉地形

C 身体强壮

D 见多识广

외출할 때 아무것도 가지고 나가지 않은 동생은 왜 무사했는가?

A 조심하고 신중해서

B 지형에 익숙해서

C 신체가 건강해서

D 보고 들은 것이 많아서

네 개의 선택지는 각각 인물의 성격이나 특징을 묘사하고 있고 의미상 큰 차이를 가지고 있습니다. 그러므로 이를 묘사하는 부분을 주의 깊게 듣고, 등장 인물이 여러 명일 경우에는 선택지 옆에 각각의 주어가 누구인지 체크하면서 녹음을 들어야 합니다. 39번 질문에서는 막냇동생에 대해 묻고 있습니다. 녹음 지문에서 '我因为没有伞，……, ' '我因为没有拐杖，就必须小心翼翼'라는 부분이 들립니다. 따라서 정답은 A 小心谨慎입니다.

| 단 어 | **熟悉** shúxī 웹 익숙하다, 잘 알다 | **地形** dìxíng 웹 지형(땅의 형세) | **强壮** qiángzhuàng 웹 건장하다 | **见多识广** jiànduōshíguǎng 웹 보고 들은 것이 많고 식견이 넓다

40 | D

这段话主要想告诉我们什么?
A 优势是成功的保障
B 优势是自信的基础
C 不要只看别人的缺点
D 不要过分依赖自己的优势

이 이야기가 우리에게 말하려는 것은 무엇인가?
A 우세함은 성공의 보장이다
B 우세함은 자신감의 기초이다
C 다른 사람의 결점만 보려 하지 마라
D 자신의 우세함에 너무 의존하지 마라

| 해 설 | 선택지를 보면 주제를 묻는 문제임을 알 수 있습니다. 앞부분의 구체적인 이야기를 통해 주제를 찾아도 되고, 만약 앞의 내용을 완전히 이해하지 못했더라도 보통 교훈은 뒷부분에 한 번 더 언급되는 경우가 많기 때문에 뒷부분을 주의 깊게 듣고 주제를 찾아도 됩니다. 주제를 묻는 문제는 질문을 따로 듣지 않아도 녹음 지문을 다 들은 후 바로 정답을 찾을 수 있어야 합니다. 세 형제의 이야기를 통해서도 주제를 유추할 수 있고, 마지막 부분에서 주제를 다시 정리해 주고 있습니다. 마지막 부분의 '我们不是跌倒在自己的缺陷上，而是被自己的优势所累'를 통해서 D 不要过分依赖自己的优势 가 정답임을 알 수 있습니다.

| 단 어 | **保障** bǎozhàng 웹 보장 | **基础** jīchǔ 웹 기초 | **缺点** quēdiǎn 웹 결점, 단점

41~44

第41到44题是根据下面一段话:

　　如果没有专业的设备，如何判断别人说的话是真是假? 最好的办法就是分析说话人的表达方式。⁴¹⁾在说真话的时候，人们的表现通常比较镇定，语气平缓，不会有明显的犹豫或紧张。相反，⁴²⁾说谎者由于心虚，在叙述事情经过的时候，很少会提及个人的感受，经常用笼统的"我难过极了"，"我很感动"之类的话来应付。

　　一次，⁴³⁾我们公司的财务部门丢失了一笔现金。警察来调查时，对当天在办公楼里的员工进行逐一排查。当警察追问案发当天的中午大家在干什么时，和事情无关的人给出了："我忘记了"，或"我去吃饭了"这样简单的回答，而撒谎者在这个时候却表现出了超强的记忆力，回忆起当天的很多细节。比如："我那天中午约了女朋友，在公司附近的饭店一起吃了午饭，我吃了一碗西红柿鸡蛋打卤面。"这样的表现是有悖常理的。因为一般人很难快速回忆起这么多细节。总的来说，说谎者的描述通常具备以下特点: 第一，很少谈及自己的感受。第二，说话时，停顿和犹豫不决的情况比较多。⁴⁴⁾第三，对于很多人会忘记的琐碎细节都能记得一清二楚。

41~44번 문제는 다음 이야기에 근거한다.

　　만약 전문적인 설비가 없다면, 어떻게 다른 사람이 한 말이 진짜인지 거짓인지 판단할까? 가장 좋은 방법은 바로 말하는 사람의 표현 방식을 분석하는 것이다. ⁴¹⁾진실을 말할 때 사람들의 표현은 일반적으로 비교적 침착하고 말투가 온화하며 분명한 망설임이나 긴장이 없다. 이와 반대로, ⁴²⁾거짓말을 하는 사람들은 마음이 불안하기 때문에 일의 경과를 서술할 때 개인의 느낌을 극히 일부분만 언급하며, 모호한 말인 "나는 너무 괴로웠어", "나는 정말 감동받았어"와 같은 말로 자주 얼버무린다.

　　한번은 ⁴³⁾우리 회사 재무팀이 뭉칫돈을 잃어버렸다. 경찰이 와서 조사를 할 때, 그날 사무실 건물에 있었던 직원을 샅샅이 조사했다. 경찰이 사건 발생 당일 정오에 사람들이 무엇을 했는지를 추궁할 때, 이 일과 무관한 사람은 "잊어버렸어요" 또는 "저는 밥을 먹으러 나갔어요"와 같은 간단한 대답을 했지만, 거짓말하는 사람들은 이때 오히려 뛰어난 기억력을 보였고, 당일의 세세한 것까지 모두 기억해 냈다. 예를 들면, "저는 그날 점심에 여자 친구와 약속을 해서 회사 부근의 식당에서 함께 점심을 먹었어요. 저는 토마토 볶음 국수를 먹었죠"와 같다. 이런 행동은 이치에 맞지 않는다. 왜냐하면 일반인들은 이처럼 많은 세부 사항을 빨리 기억해 내기가 힘들기 때문이다. 요컨대, 거짓말하는 사람들의 묘사는 보통 다음과 같은 몇 가지 특징이 있다. 첫째, 자신의 느낌을 잘 말하지 않는다. 둘째, 말을 할 때 멈추거나 망설이는 경우가 비교적 많다. ⁴⁴⁾셋째, 많은 사람들이 쉽게 잊어버리는 사소하고 잡다한 부분들을 또렷하게 기억한다.

|단 어| 专业 zhuānyè 휑 전문적인, 전문의 | 设备 shèbèi 휑 설비 | 如何 rúhé 떼 어떻게 | 判断 pànduàn 통 판단하다 | 分析 fēnxī 통 분석하다 | 表达 biǎodá 통 (감정·의사 등을) 표현하다 | 镇定 zhèndìng 휑 침착하다, 차분하다 | 语气 yǔqì 휑 말투 | 平缓 pínghuǎn 휑 온화하다 | 明显 míngxiǎn 휑 분명하다, 뚜렷하다 | 犹豫 yóuyù 휑 머뭇거리다, 망설이다 | 说谎 shuōhuǎng 통 거짓말하다 | 由于 yóuyú 젠 ~때문에 | 心虚 xīnxū 휑 제 발 저리다, 안절부절못하다 | 叙述 xùshù 통 서술하다 | 提及 tíjí 통 언급하다, 말하다 | 笼统 lǒngtǒng 휑 모호하다, 두루뭉술하다, 막연하다 | 难过 nánguò 휑 괴롭다, 슬프다 | 之类 zhī lèi ~등, ~따위 | 应付 yìngfu 통 얼버무리다, 대강하다 | 财务部门 cáiwù bùmén 재무 부서 | 丢失 diūshī 통 잃다, 잃어버리다 | 笔 bǐ 몘[큰 금액의 돈을 나타낼 때 쓰는 단위] | 办公楼 bàngōnglóu 몘 오피스 빌딩 | 逐一 zhúyī 튀 일일이, 하나하나 | 排查 páichá 통 일일이 조사하다 | 追问 zhuīwèn 통 추궁하다, 캐묻다 | 案发 ànfā 통 사건이 발생하다 | 撒谎 sāhuǎng 통 거짓말하다 | 超强 chāoqiáng 휑 뛰어나다 | 回忆 huíyì 통 기억하다, 회상하다 | 细节 xìjié 세부 사항 | 碗 wǎn 몘 그릇, 공기 | 西红柿 xīhóngshì 몘 토마토 | 鸡蛋 jīdàn 몘 달걀 | 打卤面 dǎlǔmiàn 몘 다루미엔[중국 국수의 한 종류] | 悖 bèi 통 상식에 어긋나다, 이치에 벗어나다 | 常理 chánglǐ 몘 이치, 통념, 상식적인 도리 | 总的来说 zǒng de lái shuō 총체적으로 말한다면 | 描述 miáoshù 통 묘사하다 | 具备 jùbèi 통 갖추다 | 谈及 tánjí 통 언급하다 | 停顿 tíngdùn 통 (말을) 잠시 멈추다 | 犹豫不决 yóuyùbùjué 결단을 내리지 못하고 망설이다, 우유부단하다 | 琐碎 suǒsuì 휑 자질구레하고 번거롭다 | 一清二楚 yìqīng'èrchǔ 휑 아주 명확하다, 매우 뚜렷하다

Tip 이 이야기에는 진실을 말하는 사람과 거짓을 말하는 사람이 등장하며 주로 거짓을 말하는 사람의 특징에 대해 말하고 있습니다.

---

41 | B

🎧 실전문제 41.mp3

根据这段话，说真话时有什么表现？

A 表情僵硬
B 平静镇定
C 犹豫不决
D 无精打采

이 이야기에 따르면, 진실을 말할 때는 어떤 행동을 보이는가?

A 표정이 경직된다
B 차분하고 침착하다
C 결단을 내리지 못하고 망설인다
D 풀이 죽는다

|해 설| 선택지 내용은 인물의 성격이나 태도에 대한 설명이므로, 등장인물이 어떤 상황에서 어떤 태도를 보이는지 체크하면서 듣도록 합니다. 질문에서는 진실을 말하는 사람의 특징에 대해 물어봤습니다. 녹음 지문 첫 부분의 '在说真话的时候，人们的表现通常比较镇定'에서 镇定이란 단어를 놓치지 말고 선택지 B에 동그라미를 치면서 녹음을 계속 들어 나갑니다. 정답은 B 平静镇定입니다. 이 문제는 상식적으로도 풀 수 있는 문제이므로, 녹음을 전혀 못 들었을 경우에는 상식에 의거해서 문제를 풀도록 합니다.

|단 어| 僵硬 jiāngyìng 휑 (사지·태도·표정 등이) 경직되다 | 平静 píngjìng 휑 (마음·환경 등이) 차분하다, 고요하다 | 无精打采 wújīngdǎcǎi 휑 풀이 죽다, 기운이 없다

---

42 | C

🎧 실전문제 42.mp3

根据这段话，说谎者很少会谈到什么？

A 身体状况
B 成长经历
C 自身感受
D 工资待遇

이 이야기에 따르면, 거짓말하는 사람들은 무엇을 잘 말하지 않는가?

A 신체 상태
B 성장 경험
C 본인의 느낌
D 임금 대우

|해 설| 선택지를 보면 명사형입니다. 따라서 문제는 什么의문문으로 나올 것을 예상할 수 있습니다. 녹음에서 들리는 단어를 놓치지 않도록 합니다. 질문에서는 거짓을 말하는 사람에 대해 물어봤습니다. '相反(이와 반대로)'을 놓치지 않고 들으면 문맥의 흐름을 알 수 있습니다. 녹음에서 '说谎者由于心虚，在叙述事情经过的时候，很少会提及个人的感受'라고 말했으므로 个人的感受를 듣고 정답 C 自身感受를 선택합니다.

|단 어| 工资 gōngzī 몘 임금, 월급 | 待遇 dàiyù 몘 (임금·복지·지위 등의) 대우

43 | C

警察来调查什么案件?

A 债务纠纷
B 机密泄露
C 现金丢失
D 员工失踪

경찰은 어떤 사건을 조사했는가?

A 채무 분쟁
B 기밀 누설
C 현금 분실
D 직원 실종

| 해 설 | 선택지 A와 B의 단어는 비교적 어려운 편입니다. 의미를 잘 모를 경우, 녹음 지문에서 债务(zhàiwù)와 机密(jīmì)가 들리는지 발음으로 체크해야 합니다. C와 D도 녹음 지문을 들으면서 정답 여부를 바로 체크해야 합니다. 녹음 지문에서 '我们公司的财务部门丢失了一笔现金。警察来调查时……' 부분을 통해 경찰이 온 이유는 회사에서 현금을 잃어버렸기 때문이라는 것을 알 수 있습니다. 정답은 C 现金丢失입니다.

| 단 어 | 债务 zhàiwù 몡 채무, 빚 | 纠纷 jiūfēn 몡 분쟁 | 机密 jīmì 몡 기밀 | 泄露 xièlòu 몡 (비밀 · 기밀 등을) 누설하다 | 失踪 shīzōng 통 실종되다, 행방불명되다

44 | B

根据这段话,说谎者有什么特点?

A 态度严肃认真
B 喜欢描述细节
C 缺乏时间观念
D 故意诬陷他人

이 이야기에 따르면, 거짓말하는 사람은 어떤 특징을 가지고 있는가?

A 태도가 엄숙하고 진지하다
B 세부 사항을 묘사하길 좋아한다
C 시간 관념이 부족하다
D 고의적으로 남을 모함한다

| 해 설 | 선택지에 주어는 없으므로 등장인물과 관련해서 맞는 내용을 체크하며 녹음을 듣습니다. 질문에서는 42번과 같은 마찬가지로 거짓말하는 사람의 특징을 물어봤습니다. 녹음 맨 마지막 부분에서 거짓말하는 사람들의 특징을 총 3가지로 다시 정리하고 있고, 이 중에서 세 번째 특징이 출제되었습니다. '第三，对于很多人会忘记的琐碎细节都能记得一清二楚' 부분을 듣고 정답 B 喜欢描述细节를 선택해야 합니다.

| 단 어 | 严肃 yánsù 휑 (태도 · 분위기 등이) 엄숙하다 | 认真 rènzhēn 휑 (태도나 언행이) 진지하다 | 缺乏 quēfá 통 부족하다, 결핍되다 | 故意 gùyì 틘 고의로, 일부러 | 诬陷 wūxiàn 통 모함하다, 억울한 죄를 씌우다

45~47

第45到47题是根据下面一段话:

我们常说物以类聚,人以群分。科学研究发现: [45]人的大脑也有这个特点,一旦我们把一个事物归为某一类,即使没有亲眼见到,也会把这类事物的特点强加到它的身上。比如: 天下乌鸦一般黑,独生子女问题多,有钱人不靠谱。研究者称之为——刻板印象。这说明我们的大脑也会偷懒,想找捷径去认识世界,而分类是最便捷的判断方法。[46]殊不知生活中很多偏见和歧视,正是由于贴标签而造成的。知道了这一点,以后再听到这种"贴标签的话"时,[47]我们恐怕更应该冷静判断,不要以偏概全。

45~47번 문제는 다음 이야기에 근거한다.

우리는 물건은 종류별로 모으고 사람은 무리로 나뉜다고 자주 말한다. 과학 연구에서, [45]사람의 대뇌에도 이 특징이 있어서 일단 우리가 하나의 사물을 어떤 종류로 분류하면, 설령 직접 보지 않았을지라도 이 종류의 사물의 특징을 그것에 전가할 수 있다는 것을 발견했다. '세상의 까마귀는 보통 검다', '외아들과 외동딸은 문제가 많다', '부자는 믿을 수 없다'를 예로 들 수 있다. 연구자는 이를 '고정관념'이라고 부른다. 이것은 우리의 대뇌도 게으름을 피울 수 있고 지름길을 찾아 세계를 인식하려 하며, 분류가 가장 간편한 판단 방법이라는 것을 설명한다. [46]뜻밖에도 생활 속의 많은 편견과 차별은 바로 꼬리표를 붙이는 것이 초래한다. 이점을 안 이후에 이러한 '꼬리표를 붙이는 말'을 다시 들을 때, [47]우리는 아마도 더 냉정하게 판단해야 하고, 부분으로 전체를 판단해선 안 될 것이다.

106 ★ 시나공 HSK 6급

物以类聚 wùyǐlèijù 성 물건을 종류별로 모으다, 유유상종하다 | 人以群分 rényǐqúnfēn 성 사람은 무리로 나뉘다, 유유상종하다 | 科学研究 kēxué yánjiū 명 과학 연구 | 发现 fāxiàn 동 발견하다, 알아차리다 | 大脑 dànǎo 명 대뇌 | 特点 tèdiǎn 명 특징 | 归为 guīwéi 동 (~으로) 분류하다 | 即使~也… jíshǐ~yě… 설령 ~하더라도 …하다 | 亲眼 qīnyǎn 부 제 눈으로, 직접 | 强加 qiángjiā 동 (~에게 억지로) 전가하다 | 比如 bǐrú 접 예를 들어 | 乌鸦 wūyā 명 까마귀 | 黑 hēi 형 검다 | 独生子女 dúshēng zǐnǚ 외아들 또는 외동딸 | 不靠谱 búkàopǔ 믿을 수 없다, 신뢰가 가지 않다 | 刻板印象 kèbǎn yìnxiàng 고정관념 | *刻板 kèbǎn 형 판목에 새기다 | 偷懒 tōulǎn 동 게으름을 피우다 | 捷径 jiéjìng 명 지름길 | 分类 fēnlèi 명 분류 | 便捷 biànjié 형 간편하다 | 判断 pànduàn 동 판단하다 | 殊不知 shūbùzhī 뜻밖이다, 생각지도 못하다 | 偏见 piānjiàn 명 편견 | 歧视 qíshì 명 차별 | 由于~而… yóuyú~ér… ~때문에 …하다, ~으로 인해 …하다 | 贴标签 tiē biāoqiān 꼬리표를 붙이다 | 造成 zàochéng 동 (나쁜 결과를) 초래하다, 야기하다 | 恐怕 kǒngpà 부 아마 ~일 것이다 | 冷静 lěngjìng 형 냉정하다, 침착하다 | 以偏概全 yǐpiāngàiquán 성 부분으로 전체를 판단하다

Tip 첫 문장에서 '我们常说物以类聚，人以群分'이라고 하면서 사람들의 일반적인 견해를 언급합니다. 이럴 경우, 두 번째 문장에서는 이 일반적인 견해를 뒤집으면서 '其实……'로 글을 이끄는 경우가 많지만, 이 글은 이 일반적인 견해를 좀 더 구체적으로 설명하면서 글을 이끌어 가기 때문에 '物以类聚，人以群分'을 알아듣는다면 전체 글을 이해하기 쉽습니다. 내공이 약해서 알아듣지 못했다면 선택지에 더욱 집중하고 들리는 단어들을 체크하면서 듣도록 합니다. 특히 47번 주제는 녹음에서 직접 들려주기 때문에 틀리면 안 됩니다.

45 | C

🎧 실전문제 45.mp3

根据这段话，人的大脑有什么特点？

A 左脑更灵活
B 结构与年龄有关
C 喜欢对事物进行分类
D 更依赖时间来做出判断

이 이야기에 따르면, 사람의 대뇌는 어떤 특징이 있는가?

A 좌뇌가 더 민첩하다
B 구조는 나이와 관계가 있다
C 사물에 대해 분류하기를 좋아한다
D 시간에 더 의존해서 판단을 내린다

| 해 설 | 녹음 지문을 듣기 전에 선택지를 먼저 보면서 내용을 파악합니다. 左脑, 结构与年龄, 事物分类, 做出判断과 같이 핵심 내용은 미리 체크를 해 둔 후, 녹음을 듣습니다. 녹음 지문에서 '人的大脑也有这个特点，一旦我们把一个事物归为某一类，即使没有亲眼见到，也会把这类事物的特点强加到它的身上' 부분을 듣고 정답을 선택해야 합니다. 즉, 우리 뇌는 사물을 어떤 종류로 분류하게 되면 이 사물의 특징을 그 종류에 억지로 집어넣게 된다는 말이므로, 정답은 C 喜欢对事物进行分类입니다.

| 단 어 | 左脑 zuǒnǎo 명 좌뇌 | 灵活 línghuó 형 민첩하다 | 结构 jiégòu 명 구조 | 年龄 niánlíng 명 나이, 연령 | 依赖 yīlài 동 의존하다, 의지하다 | 做出判断 zuòchū pànduàn 판단을 내리다

46 | A

🎧 실전문제 46.mp3

"贴标签的话"指什么样的话？

A 带有偏见
B 激励人心
C 实事求是
D 责备别人

'꼬리표를 붙이는 말'이란 무슨 말을 가리키는가?

A 편견을 가지고 있다
B 사람의 마음을 격려한다
C 실사구시[사실을 토대로 진리를 탐구하다]
D 다른 사람을 꾸짖는다

| 해 설 | 선택지의 偏见, 激励, 实事求是, 责备의 핵심 단어들을 중심으로 듣기를 합니다. 녹음 지문의 '殊不知生活中很多偏见和歧视，正是由于贴标签而造成的'에서 偏见이란 단어를 놓치지 않고 들어야 합니다. 46번 질문에서 贴标签的话의 의미를 물어봤는데 사실상 贴标签的话를 직접 알아듣고 문제를 풀기는 쉽지 않기 때문에 偏见이란 단어에 의존해서 A 带有偏见을 정답으로 선택해야 합니다.

| 단 어 | 带有 dàiyǒu 동 가지고 있다 | 激励 jīlì 동 격려하다 | 实事求是 shíshìqiúshì 성 실사구시[사실에 입각하여 진리를 탐구하려는 태도를 뜻함] | 责备 zébèi 동 꾸짖다, 책망하다

这段话主要告诉我们什么?

A 要重视健康
B 成功没有捷径
C 不能以偏概全
D 要透过现象看本质

이 이야기가 우리에게 말하려는 것은 무엇인가?

A 건강을 중시해야 한다
B 성공은 지름길이 없다
C 부분으로 전체를 판단해선 안 된다
D 현상을 통해서 본질을 봐야 한다

| 해 설 | 주제와 관련된 문제입니다. 반드시 녹음 지문을 듣기 전에 미리 선택지를 보고 대략의 내용을 짐작한 후, 녹음을 들어야 합니다. 녹음 지문의 마지막 부분에 이 글의 주제가 나오는데, 특히 **不要以偏概全**이라고 선택지의 내용을 직접 들려주기 때문에 놓치지 말고 정답 C **不能以偏概全**을 선택해야 합니다.

| 단 어 | **重视** zhòngshì 图 중시하다 | **健康** jiànkāng 図 건강 | **透过** tòuguo 图 ~을 통해서

48~50

第48到50题是根据下面一段话:

科学家曾经做过这样一个实验。[48)]让参加实验的志愿者看同一张照片,然后对照片上的人的相貌做出描述和评价。科学家首先将志愿者分为两组,在出示照片之前,对第一组人说,照片上的这个人是个囚犯,而对另外一组说,这个人是一位受人敬仰的大学教授。然后让两组志愿者仔细观察,并做出评价。结果,第一组志愿者将照片上的人描述成:深陷的双眼证明内心充满了仇恨,看得出来他做了许多坏事,突出的下巴代表易怒和性格粗暴。而第二组志愿者却认为,深陷的双眼代表了思想的深沉,看得出来他的学问非常深厚,突出的下巴表明具有克服困难的意志力。

[49)]同样一个人,只是因为事先被贴上了不同的身份标签,竟然得到了完全相反的判断和描述。[50)]这个实验说明,人们具有定势思维。换句话说,最初的心理定位,会对以后的认知过程造成不可磨灭的影响。

48~50번 문제는 다음 이야기에 근거한다.

과학자들이 일찍이 이러한 실험을 한 적이 있다. [48)]실험에 참가한 지원자들이 같은 사진을 보게 한 후, 사진 속 사람의 용모에 대해 묘사와 평가를 하도록 했다. 과학자들은 우선 지원자를 두 조로 나누고, 사진을 보여 주기 전에 첫 번째 조에게 사진 속의 사람은 죄수라고 말하고, 또 다른 조에게 그 사람은 존경받는 대학교수라고 말했다. 그 후 두 조의 지원자들에게 자세하게 관찰하고 평가를 내리도록 했다. 그 결과, 첫 번째 조의 지원자는 사진 속 사람을, 깊이 파인 두 눈은 마음에 원한이 가득하다는 것을 증명하고, 그가 나쁜 짓을 많이 했다는 것을 알 수 있으며, 돌출된 아래턱은 쉽게 화를 내고 성격이 거친 것을 나타낸다고 묘사했다. 그러나 두 번째 조의 지원자는 깊이 파인 두 눈은 사상의 깊이를 나타내고, 그의 학문이 매우 깊다는 것을 알 수 있으며, 돌출된 아래턱은 어려움을 극복하는 의지력을 나타낸다고 여겼다.

[49)]같은 사람인데도 단지 사전에 다른 신분 꼬리표가 붙여지자 뜻밖에도 완전히 반대되는 판단과 묘사를 얻었다. [50)]이 실험은 사람들이 고정 관념이 있다는 것을 설명한다. 다시 말하면, 최초의 심리적 평가는 이후의 인지 과정에 지울 수 없는 영향을 미칠 수 있다.

| 단 어 | **志愿者** zhìyuànzhě 図 지원자 | **相貌** xiàngmào 図 용모, 생김새 | **描述** miáoshù 图 묘사하다 | **评价** píngjià 図 평가 图 평가하다 | **组** zǔ 図 조, 벌, 세트 | **出示** chūshì 图 꺼내어 보이다 | **囚犯** qiúfàn 図 죄수 | **敬仰** jìngyǎng 图 깊이 존경하다, 공경하고 우러러보다 | **仔细** zǐxì 図 자세하다, 꼼꼼하다 | **深陷** shēn xiàn 움푹 파이다, 깊이 파이다 | **证明** zhèngmíng 图 증명하다 | **充满** chōngmǎn 图 충만하다, 가득하다 | **仇恨** chóuhèn 図 원한, 증오 | **突出** tūchū 图 돌출하다, 두드러지다, 뛰어나다 | **下巴** xiàba 図 아래턱 | **易怒** yì nù 화를 잘 내다 | **粗暴** cūbào 図 (성격이) 거칠다 | **深沉** shēnchén 図 (정도가) 깊다, 침착하고 신중하다 | **克服困难** kèfú kùnnan 어려움을 극복하다 | **意志力** yìzhìlì 図 의지력 | **事先** shìxiān 図 사전, 미리 | **贴标签** tiē biāoqiān 꼬리표를 붙이다 | **竟然** jìngrán 图 뜻밖에도 | **判断** pànduàn 図 판단 | **定势思维** dìngshì sīwéi 고정관념 | ***定势** dìngshì 図 (장기간 형성된) 고정 방식 | **定位** dìngwèi 图 (객관적으로) 평가하다 | **造成** zàochéng 图 (나쁜 결과를) 초래하다, 야기하다 | **不可磨灭** bùkěmómiè 図 영원히 지워지지 않다, 불멸하다

48 | B

🎧 실전문제 48.mp3

实验中科学家让志愿者看什么?

A 一本相册
B 一张照片
C 一座塑像
D 一部短片

실험 중 과학자들은 지원자에게 무엇을 보게 했는가?

A 앨범 한 권
B 사진 한 장
C 조각상 하나
D 단편영화 한 편

| 해 설 | 선택지는 모두 양사와 명사가 결합한 형태입니다. 이런 경우 명사 위주로 듣기를 해야 합니다. 간혹 양사가 힌트가 되어 답이 풀리는 경우도 있습니다. 48번 질문에서는 과학자들이 실험 대상자들에게 무엇을 보여 줬는지 물어보고 있습니다. 글의 도입 부분에서 让参加实验的志愿者看同一张照片 부분을 듣고 정답 B 一张照片을 선택합니다.

| 단 어 | 相册 xiàngcè 명 앨범, 사진첩 | 塑像 sùxiàng 명 조각상 | 短片 duǎnpiàn 명 단편영화

49 | C

🎧 실전문제 49.mp3

影响志愿者做出不同评价的因素是什么?

A 性别
B 年龄
C 受到的暗示
D 实验的长度

지원자가 다른 평가를 하는 데 영향을 준 요소는 무엇인가?

A 성별
B 연령
C 받은 암시
D 실험의 길이

| 해 설 | 선택지가 명사로 이루어져 있습니다. 녹음을 들으면서 들리는 단어는 놓치지 않도록 합니다. 녹음 지문에서는 이 문제의 선택지 단어를 직접 언급하지 않으므로, 전체 내용을 근거로 유추해야 하는 문제입니다. 따라서 비교적 어려운 문제이며, 전체 내용에 대한 이해가 매우 중요합니다. 실험의 결론을 내리면서 '同样一个人, 只是因为事先被贴上了不同的身份标签, 竟然得到了了完全相反的判断和描述'라고 합니다. 이 내용과 가장 근접한 정답은 C 受到的暗示입니다.

| 단 어 | 暗示 ànshì 명 암시 | 长度 chángdù 명 길이

50 | C

🎧 실전문제 50.mp3

这个实验得到什么结论?

A 态度决定成败
B 性格决定相貌
C 人具有思维定势
D 眼睛是心灵的窗户

이 실험은 어떤 결론을 얻었는가?

A 태도가 성패를 결정한다
B 성격이 외모를 결정한다
C 사람은 고정관념이 있다
D 눈은 마음의 창이다

| 해 설 | 선택지를 보면 이 글의 주제를 묻는 문제임을 알 수 있습니다. 이런 문제는 직접적으로 제시되기보다는 우리 스스로 결론지어야 하는 경우가 많기 때문에 전반적인 흐름을 파악할 수 있어야 합니다. 일반적으로 실험과 관련된 지문에서는 실험의 결과를 통해 주제를 말하므로, 마지막 부분에서 주제를 찾을 수 있습니다. 녹음 지문의 마지막 부분에서 '这个实验说明, 人们具有定式思维'라고 했으므로 정답은 C 人具有思维定势를 선택할 수 있습니다.

| 단 어 | 结论 jiélùn 명 결론 | 成败 chéngbài 명 성패(성공과 실패) | 思维定势 sīwéi dìngshì 고정관념, 정형화된 생각 | 心灵 xīnlíng 명 마음

독해

부분

| 실전문제 | | 190쪽 |

| 51 A | 52 A | 53 C | 54 B | 55 A | 56 C | 57 A | 58 C | 59 B | 60 D |

51 | A

A 我国棉花的生产，长期不能自给。

B 如果他不能实事求是，事业就会受到损失。

C 他的革命形象时刻浮现在我眼前。

D 我们在学习上应该树立不畏艰难的信心。

A 우리 나라가 생산하는 목화는 오랫동안 자급할 수 없었다.

B 만일 그가 사실에 입각하지 않는다면, 사업은 손해를 입게 될 것이다.

C 그의 혁명 이미지는 언제나 내 눈앞에 떠오른다.

D 우리는 배움에 있어서 어려움을 두려워하지 않는 자신감을 가져야 한다.

|해 설| **A**   (我国棉花的)　生产，　[长期][不能]　自给。
　　　　　　관형어　　　　　S　　　　부사어　　　　　V
　　　　　　　　　　　　　　└─── 호응 X ───┘

이 문장은 구조에는 아무 문제가 없으나, 주어 生产과 술어 自给가 호응이 맞지 않습니다. '自给(지급하다)'의 주어는 生产이 아닌, 棉花가 되어야 합니다. 따라서 A가 病句입니다.

　　我国棉花的生产，长期不能自给。

▶ 我国生产的棉花，长期不能自给。

B   如果　他　[不能]　实事求是，　事业　[就会]　受到　损失。
　　　접속사　S　부사어　　V　　　　　　S　부사어　　V　　　O

접속사 如果가 쓰인 앞 절은 '사실에 입각하지 않는다면'이라는 뜻이고, 뒷절은 '사업이 손해를 입게 될 것이다'라는 뜻입니다. 접속사의 쓰임이나 의미상 모두 문제가 없으므로 B는 病句가 아닙니다.

C   (他的)　革命形象　[时刻]　浮现　〈在我眼前〉。
　　　관형어　　S　　　　부사어　　V　　　보어

가장 먼저 주어, 술어, 목적어의 기본적인 문장성분이 있는지, 의미상 호응이 맞는지 체크합니다. 주어와 술어가 갖추어져 있고 의미상으로도 주어 '革命形象(혁명 이미지)'과 동사 술어 '浮现(눈앞에 떠오르다)'의 호응이 맞기 때문에 病句가 아닙니다.

D   我们　[在学习上][应该]　树立　(不畏艰难的)　信心。
　　　　S　　　　부사어　　　　　V　　　관형어　　　　　O

동사 술어인 树立는 목적어 信心 또는 '榜样(모범, 본보기)'과 자주 호응합니다. 동사와 목적어 호응에 문제가 없기 때문에 病句가 아닙니다.

|단 어|　**棉花** miánhua 몡 목화 | **自给** zìjǐ 툉 자급하다 | **实事求是** shíshìqiúshì 솅 실사구시[사실을 토대로 하여 진리를 탐구하다] | **损失** sǔnshī 몡 손실, 손해 | **革命** gémìng 몡 혁명 | **形象** xíngxiàng 몡 이미지, 형상 | **时刻** shíkè 틴 늘, 언제나, 항상 | **浮现** fúxiàn 툉 (눈앞에) 떠오르다 | **树立** shùlì 툉 수립하다, 세우다 | **畏** wèi 툉 두려워하다 | **艰难** jiānnán 혱 어렵다, 힘들다

A 怀疑精神是科研工作者应该具备的基本。

B 专利申请的快速增长表明公众专利意识在不断增强。

C 由于应酬增多，许多上班族的假期生活反而比平时更加繁忙。

D 一个优秀的推销员总能不断开发潜在的市场，拓宽产品销路。

A 의심하는 정신은 과학 연구 종사자가 갖춰야 할 기본적인 소양이다.

B 특허 출원의 빠른 증가는 대중의 특허 의식이 끊임없이 높아지고 있음을 보여 준다.

C 접대가 많아져서 수많은 직장인의 휴가 기간 동안의 생활이 도리어 평소보다 더 바빠졌다.

D 우수한 판매원은 항상 끊임없이 잠재된 시장을 개발하고 상품의 판로를 넓힐 수 있다.

|해 설|

A <u>怀疑精神</u>　是　（科研工作者应该具备的）　基本。
　　　 S 　　　　V　　　　　　　　　　　　관형어
　　　 └─ 호응하는 목적어 누락

이 문장은 목적어가 누락되어 있습니다. **基本**은 형용사로서 명사를 수식하는 역할을 하므로, 목적어가 될 수 없습니다. 따라서 빠져 있는 목적어 **素质**를 넣어야 올바른 문장이 됩니다. 따라서 A는 病句입니다.

怀疑精神是科研工作者应该具备的基本。

▶ 怀疑精神是科研工作者应该具备的基本素质。

B （专利申请的）　<u>快速增长</u>　表明　<u>公众专利意识</u> [在不断] 增强。
　　　 관형어　　　　 S　　　　 V　　　　　 O

表明의 목적어 부분을 보면 다시 하나의 문장으로 이루어져 있습니다. 公众专利意识가 주어이며, 增强이 술어입니다. 한국인들이 실수하는 부분 중 하나가 '意识提高'로 자주 쓰는 것인데 이는 틀린 표현입니다. 독해 1부분에서 意识가 提高와 호응하면 病句임을 기억합니다. 이 문장은 호응이 맞기 때문에 病句가 아닙니다.

C 由于　应酬　增多，　（许多上班族的）　假期生活　[反而][比平时][更加]　繁忙。
　　 접속사　S　 V　　　　 관형어　　　　 S　　　　 부사어　　　　　　 V

앞 절에는 원인을 나타내는 접속사 由于가 있으며, 뒷절에는 所以가 생략되어 있습니다. 앞 절에서는 '접대가 많다'라고 했고, 뒷절에서는 '휴가 기간 동안의 생활이 오히려 평소보다 더 바쁘다'라고 했으므로 앞뒤 절의 내용상 틀린 부분이 없습니다. 따라서 C는 病句가 아닙니다.

D （一个优秀的）　<u>推销员</u>　[总能][不断]　开发　（潜在的）　<u>市场</u>，　拓宽　<u>产品销路</u>。
　　 관형어　　　　 S　　　 부사어　　　 V₁　 관형어　　 O₁　　 V₂　 O₂

앞 절과 뒷절의 주어는 모두 推销员으로 같기 때문에 뒷절의 주어가 생략되었습니다. 동사와 목적어 호응 관계도 확인합니다. 开发市场과 拓宽产品销路가 모두 맞는 표현이므로 D는 病句가 아닙니다.

|단 어| **怀疑** huáiyí 통 의심하다 | **科研** kēyán 명 과학 연구[科学研究의 줄임말] | **具备** jùbèi 통 갖추다 | **素质** sùzhì 명 소양, 자질 | **专利申请** zhuānlì shēnqǐng 특허 출원 | **快速** kuàisù 형 쾌속의, 빠른 | **增强** zēngqiáng 통 높이다, 강화하다 | **应酬** yìngchou 통 접대하다 | **上班族** shàngbānzú 명 샐러리맨, 직장인 | **假期** jiàqī 명 휴가 기간 | **繁忙** fánmáng 형 (번거롭고) 바쁘다 | **推销员** tuīxiāoyuán 명 판매원, 세일즈맨 | **潜在** qiánzài 통 잠재하다, 잠재되다 | **拓宽** tuòkuān 통 확장하다, 넓히다 | **销路** xiāolù 명 (상품의) 판로

A 同学们正在努力复习，迎接高考。

B 这次学术会收获很大，尽管开的时间并不长。

C 为精简字数，不得不略加删改一些。

D 同学们对学校的教育课程改革方案广泛地交换了意见。

A 학우들은 열심히 복습하며 대학 입학 시험을 맞이하고 있다.

B 이번 학술회는 비록 연 시간이 결코 길지 않지만 수확은 매우 크다.

C 글자 수를 간소화하기 위해서, 어쩔 수 없이 조금 수정해야겠다.

D 학우들은 학교의 교육 과정 개혁 방안에 대해서 폭넓게 의견을 교환했다.

|해설|

A　同学们　[正在][努力]　复习，　迎接　高考。
　　　 S　　　부사어　　　 V　　 V　 O

동사 迎接와 목적어 高考의 호응이 맞습니다. 만약 '迎接高考到来'라고 썼으면 틀린 문장이 됩니다. 迎接와 到来는 의미상 중복되므로 함께 쓰지 않습니다. 이 문장은 맞게 썼기 때문에 病句가 아닙니다.

B　这次学术会　收获　[很]　大，　尽管　(开的)　时间　[并不]　长。
　　　 S　　　　 S₁　부사어 V₁　접속사 관형어　 S₂　부사어 V₂

접속사 '尽管(=虽然)'은 주로 앞 절에 쓰이지만, 간혹 이 문장처럼 뒷절에 쓰일 수도 있습니다. 앞 절과 뒷절의 내용이 서로 반대이므로 尽管의 사용이 적절합니다. 따라서 B는 病句가 아닙니다.

C　[为精简字数]，　[不得不][略加]　删改　一些。
　　　 부사어　　　　　 부사어　　 V　 O

略加는 주로 '略加+2음절 동사'의 형태로 쓰입니다. 예를 들면 '略加思索(좀 더 사색하다)', '略加分析(좀 더 분석하다)'와 같이 쓰입니다. 또한 略가 '조금', '약간'의 의미를 나타내는 글자이므로, 이 문장처럼 뒤에 一些나 一点 등의 수량을 나타내는 양사와 함께 쓸 수 없습니다. 따라서 C는 病句입니다.

　　为精简字数，不得不略加删改一些。

▶ 为精简字数，不得不删改一些。

Tip

略加, 稍微, 略微

略加 lüèjiā	稍微 shāowēi	略微 lüèwēi
凰 조금, 약간	凰 조금, 약간	凰 조금, 약간
수량을 나타내는 양사와 함께 쓸 수 없음 예 略加删改一些 (X)	수량을 나타내는 양사와 함께 쓸 수 있음 예 稍微等一下 　 略微知道一点儿	

D　同学们　[对学校的教育课程改革方案][广泛地]　交换　了　意见。
　　　 S　　　　　　 부사어　　　　　　　　　　 V　 조사　 O

문장에서 부사어가 제대로 쓰였는지를 보려면 술어를 봐야 합니다. 交换了意见의 대상을 이끌어 낼 때는 전치사 对를 사용하므로 맞게 썼습니다. 학생들이 자주 쓰는 오류인 '交换了广泛的意见'은 틀린 표현이며, 반드시 위 문장처럼 '广泛地交换了意见'이라고 써야 합니다. D는 病句가 아닙니다.

|단어|　**迎接** yíngjiē 통 맞이하다, 영접하다 | **高考** gāokǎo 명 대학 입학 시험 | **收获** shōuhuò 명 수확, 성과 | **精简** jīngjiǎn 통 간소화하다 | **字数** zìshù 글자 수 | **不得不** bùdébù 뷔 어쩔 수 없이 | **略加** lüèjiā 뷔 조금, 약간 | **删改** shāngǎi 통 (글을) 수정하다 | **教育课程** jiàoyù kèchéng 교육 과정 | **广泛** guǎngfàn 형 폭넓다, 광범위하다 | **交换** jiāohuàn 통 교환하다

A 他的论文在社会上引起了巨大的反响。	A 그의 논문은 사회에 커다란 반향을 일으켰다.
B 在王洛宾改编的民歌，最著名的要数《在那遥远的地方》了。	B 왕뤄빈이 가색한 민요 중에서 가장 유명한 것은 《그 머나먼 곳에서》를 손꼽는다.
C 他的一番话博得了老总的赏识，最终他录用为这个部门的经理。	C 그의 말은 사장님의 높은 평가를 얻었고, 결국 그는 이 부서의 매니저로 채용되었다.
D 我喜欢在午后，坐在咖啡厅的一角，静静地享受悠闲的时光。	D 나는 오후에 카페의 한구석에 앉아서, 조용하게 한가한 시간을 누리는 걸 좋아한다.

해 설	**A**	(他的)	<u>论文</u>	[在社会上]	引起	了	(巨大的)	反响。
		관형어	S	부사어	V	조사	관형어	O

引起了巨大的反响은 자주 쓰이는 표현이니 잘 암기해 두도록 합니다. 주술목의 문장성분이 완전하게 갖추어져 있고, 술목 호응도 알맞게 들어갔으므로 A는 病句가 아닙니다.

	B	[在王洛宾改编的民歌],	<u>最著名的</u>	[要]	数	《在那遥远的地方》	了。
			부사어	S	부사어	V	조사

전치사 在는 뒤에 시간이나 장소가 와야 하며, 그렇지 않을 경우에는 '在+일반 명사+上/中/下' 구문으로 쓰여야 합니다. 이 문장에서 王洛宾改编的民歌는 일반 명사인데 在 뒤에 있으므로 病句가 됩니다. 이렇게 범위를 나타낼 때는 '在……中'의 형태, 즉, 在王洛宾改编的民歌中이라고 써야 합니다. '最～的要数…了' 구문은 '가장 ～한 것으로 …을 손꼽는다'라는 표현입니다.

在王洛宾改编的民歌，最著名的要数《在那遥远的地方》了。

▶ 在王洛宾改编的民歌中，最著名的要数《在那遥远的地方》了。

	C	(他的)	<u>一番话</u>	博得	了	(老总的)	<u>赏识</u>,	[最终]	他	[被+(주어 생략)]	录用	〈为这个部门的经理〉。
		관형어	S	V	조사	관형어	O	부사어	O	被(+S)	V	보어

문장에 被가 보이면 먼저 被자문이 제대로 쓰였는지 체크합니다. 被 뒤에는 주어가 생략되고 바로 동사 录用이 왔으며 동사 뒤에 '为+명사'의 전치사구가 보어로 쓰였습니다. 赏识는 동사지만 博得의 목적어로 쓰이면서 명사처럼 쓰였습니다. 구조적으로 오류가 없으므로 C는 病句가 아닙니다.

	D	我	喜欢	[在午后],	[坐在咖啡厅的一角],	[静静地]	享受	(悠闲的)	时光。
		S	V					O	

동사 喜欢은 '동사구(동사+목적어)'를 목적어로 가질 수 있습니다. 동사 享受와 목적어 时光의 호응 관계도 잘 암기해 두세요. 이 문장은 구조상이나 내용상으로 오류가 없으므로 D는 病句가 아닙니다.

| 단 어 | 论文 lùnwén 몡 논문 | 引起反响 yǐnqǐ fǎnxiǎng 반향을 일으키다 | 王洛宾 Wáng Luòbīn 인명 왕뤄빈 | 改编 gǎibiān 동 각색하다 | 民歌 míngē 몡 민요 | 数 shǔ 동 손꼽다 | 遥远 yáoyuǎn 톙 아주 멀다 | 番 fān 양 번, 차례, 바탕 | 博得 bódé 동 (호감·동정 등을) 얻다 | 赏识 shǎngshí 동 (어떤 사람의 재능·물건의 가치 등을) 높이 평가하다 | 录用 lùyòng 동 채용하다 | 咖啡厅 kāfēitīng 몡 카페, 커피숍 | 一角 yì jiǎo 한 구석 | 享受 xiǎngshòu 동 누리다, 즐기다 | 悠闲 yōuxián 톙 한가롭다, 여유롭다 | 时光 shíguāng 몡 시간, 시기, 때 |

A 抽烟没有安全剂量，每抽一支烟都会有损害健康。

B 一个成年人所表现出来的性格特点，大都可以在幼年时期找到缘由。

C 自信的人能看见问题后面的机会，自卑的人只能看见机会后面的问题。

D 果汁的营养和水果比起来有很大的差距，千万不要把两者混为一谈。

A 흡연은 안전한 사용량이 없다. 담배 한 개피를 피울 때마다 건강을 해친다.

B 성인이 보여 주는 성격 특징은 대부분 유년기에서 원인을 찾을 수 있다.

C 자신감 있는 사람은 문제 뒤의 기회를 볼 수 있고, 열등감을 느끼는 사람은 기회 뒤의 문제만을 볼 수 있다.

D 과일 주스의 영양은 과일과 비교하면 매우 큰 차이가 있으니, 절대로 둘을 동일시해서는 안 된다.

|해 설|

A

抽烟　没有　安全剂量，　[每抽一支烟][都会]　有　损害　健康。
S　 V₁　 O₁　　　　 부사어　　　 V₂　 O₂

뒷절의 有损害健康에서 주어 抽烟에 대한 술어는 损害입니다. 有는 쓸데없이 들어간 동사이므로, 有를 삭제해 주어야 옳은 문장이 됩니다. 따라서 정답은 A입니다.

　　抽烟没有安全剂量，每抽一支烟都会有损害健康。

▶ 抽烟没有安全剂量，每抽一支烟都会损害健康。

B

(一个成年人所表现出来的)　性格特点，　[大都可以在幼年时期]　找到　缘由。
　　　관형어　　　　　　 S　　　 부사어　　　　　 V　 O

관형어 所表现出来的는 '所+동사+的+명사' 구문입니다. 이때 所는 아무 의미 없는 조사이므로 굳이 해석할 필요는 없습니다. 이 문장은 주술목의 문장성분이 완전하게 갖추어져 있고, 내용상으로도 오류가 없으므로 病句가 아닙니다.

C

(自信的)　人　[能]　看见　(问题后面的)　机会，　(自卑的)　人　[只能]　看见　(机会后面的)　问题。
관형어　 S　부사어　 V　　 관형어　　 O　　 관형어　 S　부사어　 V　　 관형어　　 O

이 문장은 앞뒤 절이 같은 구조, 상반된 내용으로 대비를 보여 주고 있습니다. 어법적으로 문제가 되는 부분도 없고, 내용상이나 구조적으로 오류도 없으므로 C는 病句가 아닙니다.

D

(果汁的)　营养　[和水果][比起来]　有　(很大的)　差距，　[千万][不要][把两者]　混为一谈。
관형어　 S　　 부사어　　　 V　 관형어　 O　　 부사어　　　　 V

이 문장의 앞 절은 주술목의 문장성분을 완전하게 갖추고 있고, 뒷절은 명령문의 성격을 띠기 때문에 굳이 주어를 쓰지 않아도 됩니다. 따라서 이 문장은 病句가 아닙니다.

|단 어|

剂量 jìliàng 명 사용량, 조제량 | 支 zhī 양 자루, 개피[막대 모양의 물건을 세는 단위] | 损害健康 sǔnhài jiànkāng 건강을 해치다 | 成年人 chéngniánrén 명 성인 | 表现 biǎoxiàn 동 보여 주다, 나타내다 | 性格特点 xìnggé tèdiǎn 성격 특징 | 大都 dàdōu 부 대부분 | 幼年时期 yòunián shíqī 유년기 | 缘由 yuányóu 명 원인, 연유 | 自信 zìxìn 형 자신감 있다, 자신만만하다 | 自卑 zìbēi 형 열등감을 느끼다 | 果汁 guǒzhī 명 과일 주스 | 营养 yíngyǎng 명 영양 | 差距 chājù 명 차이 | 混为一谈 hùnwéiyìtán 성 동일시하다

56 | C

<table>
<tr><td>

A 早晨6点钟，通往机场的大街两旁已经站满了数万名迎送的人群。

B 中学生阅读和理解大量文学名著，有利于开阔视野、陶冶情操。

C 通过中国男子足球队的表现，使我们认识到有良好的心态是非常重要的。

D 很显然，汉武帝国策抉择的正确与否，直接关系着西汉王朝命运的兴衰。

</td><td>

A 아침 6시, 공항으로 통하는 대로 양쪽에는 이미 수만 명의 마중하고 배웅하는 사람들이 가득 서 있다.

B 중학생이 많은 문학 명작을 읽고 이해하는 것은 시야를 넓히고 인격을 도야하는 데 이롭다.

C 중국 남자 축구팀의 활약은 우리가 좋은 마음가짐을 가지는 것이 매우 중요하다는 것을 인식하게 해 줬다.

D 매우 분명히, 한 무제의 국책 선택이 정확한지의 여부가 서한 왕조 운명의 흥망성쇠에 직접적으로 관련되어 있다.

</td></tr>
</table>

| 해 설 |

A [早晨6点钟]，(通往机场的) <u>大街两旁</u> [已经] 站 〈满〉 了 (数万名迎送的) <u>人群</u>。
　　　　부사어　　　　관형어　　　　　S　　　부사어　V　보어　조사　　관형어　　　　　목적어

이 문장은 장소인 **大街两旁**이 주어입니다. 동사 **站** 뒤에 **满**이 보어로 쓰였으며, 목적어는 **人群**입니다. '(장소)에 (사람/사물)이 존재하다'라고 표현할 때는 장소가 주어가 되는데, 이때 장소 앞에는 전치사 **在**를 쓰지 않습니다. A는 어법상 오류가 없으므로 **病句**가 아닙니다.

> **Tip** '(장소)에 (사람/사물)이 존재하다'의 구문과 같이 '장소'가 주어로 쓰일 때는 전치사 **在**를 쓰지 않습니다. '**教室里坐满了学生**(교실에 학생이 가득 앉아 있다)'이라는 예문을 외워 두면 쉽게 기억할 수 있습니다.

B <u>中学生</u> 阅读和理解 (大量) 文学名著， 有利于 开阔 视野、陶冶 情操。
　　　　　S　　　　　　　V　　　　　　　　　O

中学生阅读和理解大量文学名著에서 동사 **阅读**와 **理解**를 접속사 **和**로 연결했으며, **阅读**와 **理解**의 공통된 목적어가 **大量文学名著**입니다. 주어와 목적어가 길어서 어려워 보이지만 단순한 구조와 문장입니다. 구조나 의미상 오류가 없으므로 B는 **病句**가 아닙니다.

C 通过中国男子足球队的表现， 使 我们 认识到 (有良好的) 心态 是 [非常] 重要 的。
　'전치사+명사'는 주어가 될 수 없음　　　　　V　S₂　　V₂　　　관형어　　　S₃　　　부사어　　V₃
　　　　　　　　　　　　　　　　　사역동사

'**通过**+명사'는 전치사구이므로, 동사 **使**의 주어가 될 수 없습니다. 따라서 이 문장은 **病句**입니다. 사역동사 **使** 뒤에는 하나의 완전한 문장, 즉 '주어+술어'가 와야 합니다. 이 문장에서는 **使** 뒤에 **我们认识到**가 제대로 쓰였습니다. 마지막 부분의 '**是……的**'는 강조 구문입니다. 따라서 앞부분의 **通过**를 삭제하여 **中国男子足球队的表现**을 동사 술어 **使**의 주어로 만들어 주어야 합니다.

~~通过~~中国男子足球队的表现，使我们认识到有良好的心态是非常重要的。
▶ 中国男子足球队的表现，使我们认识到有良好的心态是非常重要的。

D [很显然]， (汉武帝国策抉择的) <u>正确与否</u>， [直接] 关系 着 (西汉王朝命运的) <u>兴衰</u>。
　　　부사어　　　　　관형어　　　　　　S　　　부사어　V　조사　　관형어　　　　O

형용사구 **很显然**이 문장 전체를 수식하는 부사어로 쓰였습니다. 주어인 **正确与否**와 술어인 **关系着**, 목적어인 **兴衰**는 모두 호응이 맞기 때문에 D는 **病句**가 아닙니다.

| 단 어 | **早晨** zǎochen 몡 (이른) 아침 | **通往** tōngwǎng 됭 ~로 통하다 | **大街** dàjiē 몡 대로, 큰길 | **迎送** yíngsòng 됭 맞이하고 보내다 | **名著** míngzhù 몡 명작, 명저 | **开阔** kāikuò 됭 (시야를) 넓히다 | **视野** shìyě 몡 시야 | **陶冶情操** táoyě qíngcāo 인격을 도야하다[훌륭한 사람이 되도록 몸과 마음을 닦아 기르는 것을 뜻함] | **足球队** zúqiúduì 축구팀 | **显然** xiǎnrán 혱 뚜렷하다, 분명하다 | **国策** guócè 몡 국책[국가의 기본 정책] | **抉择** juézé 됭 선택하다, 선정하다 | **王朝** wángcháo 몡 왕조 | **兴衰** xīngshuāi 혱 흥하고 쇠하다

A 在雪橇犬的牵引下，我们的雪橇在雪地上出发飞速。

B 钱庄是明代中叶后出现的一种信用机构，是银行的雏形。

C "风能"作为一种清洁的可再生能源，逐渐受到了各国政府的重视。

D 成熟由两部分组成，一部分是对美好的追求，一部分是对残缺的接纳。

A 썰매견의 이끎 아래, 우리의 눈썰매는 설원에서 나는 듯이 출발했다.

B 전장은 명대 중엽 후에 나타난 신용 기구로 은행의 초기 형태이다.

C '풍력 에너지'는 깨끗한 재생 가능 에너지로서, 점차 각국 정부의 중시를 받았다.

D 성숙함은 두 부분으로 구성되어 있다. 한 부분은 아름다움에 대한 추구이고, 한 부분은 불완전함에 대한 수용이다.

|해 설|

A [在雪橇犬的牵引下], （我们的） 雪橇 [在雪地上] 出发 飞速。
부사어 　관형어 S 부사어 V 형용사

'在~下'는 조건을 나타내는 전치사구입니다. 전체 문장의 술어인 出发는 뒤에 목적어를 갖지 않는 자동사이므로, 飞速는 出发 앞에서 부사어 역할을 해야 합니다. 따라서 A가 病句입니다.

　在雪橇犬的牵引下，我们的雪橇在雪地上出发飞速。

▶ 在雪橇犬的牵引下，我们的雪橇在雪地上飞速出发。

B 钱庄 是 （明代中叶后出现的一种） 信用机构， 是 （银行的） 雏形。
S V 관형어 O V 관형어 O

앞 절과 뒷절의 주어가 같을 경우 뒷절의 주어를 생략할 수 있습니다. 이 문장은 앞 절과 뒷절이 모두 앞 절의 주어 钱庄에 대한 내용이므로, 뒷절의 주어를 생략하는 것이 맞습니다. 간혹 주어가 다른데 생략한 病句들이 출제되기도 하므로 체크하는 습관을 기릅니다. B는 病句가 아닙니다.

C "风能" [作为一种清洁的可再生能源]， [逐渐] 受到 了 （各国政府的） 重视。
S 부사어 부사어 V 조사 관형어 O

문장 가운데에 쉼표가 있지만 이 문장은 앞 절과 뒷절로 나뉜 복문이 아니라, 하나의 문장입니다. 作为는 전치사이며, '~으로서'라는 의미로 쓰입니다. 부사 逐渐은 渐渐과 같은 의미이며, 술어 受到를 수식하고 있습니다. 구조적으로나 의미적으로 틀리지 않았기 때문에 C는 病句가 아닙니다.

D 成熟 [由两部分] 组成， 一部分 是 （对美好的） 追求， 一部分 是 （对残缺的） 接纳。
S 부사어 V S V 관형어 O S V 관형어 O

'由~组成'은 많이 보이는 구조입니다. 즉, 组成 앞에는 전치사 由를 써야 한다는 사실을 기억해 두세요. 나머지 부분도 구조와 의미상 틀리지 않기 때문에 D는 病句가 아닙니다.

|단 어| **雪橇犬** xuěqiāoquǎn 몡 썰매견 | **牵引** qiānyǐn 동 끌다, 견인하다 | **雪地** xuědì 몡 설원, 눈밭 | **钱庄** qiánzhuāng 몡 전쟁[옛날, 개인이 운영하던 금융 기관] | **中叶** zhōngyè 몡 중엽 | **信用机构** xìnyòng jīgòu 신용 기구 | **银行** yínháng 몡 은행 | **雏形** chúxíng 몡 초기 형태 | **风能** fēngnéng 몡 풍력 에너지 | **清洁** qīngjié 톙 깨끗하다, 청결하다 | **逐渐** zhújiàn 분 점점, 점차 | **政府** zhèngfǔ 몡 정부 | **成熟** chéngshú 톙 성숙하다 | **由~组成** yóu~zǔchéng ~으로 구성하다(구성되다) | **残缺** cánquē 톙 불완전하다, 모자라다 | **接纳** jiēnà 동 수용하다, 받아들이다

A 幽默的确很有魅力，拥有了它，我们的语言变得更加生动，与别人的交谈也变得趣味盎然。

B 由于环境压力的增大，能源需求的增加，天然气作为"对环境友好"的能源，其地位正在逐渐提高。

C 贪婪的人很容易被事物的表面现象极易迷惑，难以自拔，但时过境迁后，往往又会后悔不已。

D "五一"期间，植物园在"百花展"系列游园活动中将展出郁金香、牡丹和连翘等花卉，届时还将举办大型民族舞蹈表演。

A 유머는 확실히 아주 매력적이다. 유머가 있으면 우리의 언어는 더 생동감 있게 변하고, 다른 사람과의 대화가 재미가 넘쳐나게 변한다.

B 환경 스트레스가 커지고 에너지 수요가 늘어나고 있기 때문에, 천연가스는 '환경에 우호적인' 에너지로서 그 지위가 점차 높아지고 있다.

C 매우 탐욕스러운 사람은 사물의 표면적인 현상에 의해 아주 쉽게 현혹되어 스스로 벗어나기 어렵지만, 시간이 흐르고 상황이 변하게 되면 종종 매우 후회하게 된다.

D '노동절' 기간에 식물원은 '백화전' 계열의 공원놀이 행사에서 튤립, 모란, 개나리 등의 화초를 전시할 것이고, 그때는 대형 민족 무용 공연도 개최할 것이다.

|해설|

A　幽默　[的确][很]　有　魅力，　拥有　了　它，
　　　　S　　부사어　　V　　O　　　V　조사　O

(我们的)　语言　变　得　〈更加生动〉，(与别人的)　交谈　[也]　变　得　〈趣味盎然〉。
관형어　　S　V　조사　보어　　　관형어　　　S　부사어　V　조사　보어

동사 有 앞에는 정도부사 很을 쓸 수 있습니다. 得는 뒤에 동사의 결과인 보어를 이끌어 내는 구조조사입니다. 变得更加生动과 变得趣味盎然이 제대로 쓰였으므로 A는 病句가 아닙니다.

B　[由于环境压力的增大，能源需求的增加]，　天然气　[作为"对环境友好"的能源]，其地位　[正在][逐渐] 提高。
　　　　　　　　　　　　부사어　　　　　　　　　　　　　S　　　　　　　부사어　　　　　　　　　　　　부사어　　　V

由于는 '~때문에'라는 의미이며, 접속사와 전치사 용법이 있습니다. 由于 뒤에 술어가 오면 접속사이며, 由于 뒤에 명사가 오면 전치사입니다. 增大와 增加는 동사이지만, 이 문장에서는 관형어의 수식을 받는 명사형으로 쓰였습니다. 따라서 이 문장에서는 由于가 전치사로 쓰였고, 전체 문장의 주어는 天然气이며 술어는 其地位正在逐渐提高로 하나의 문장이 술어로 쓰인 구조입니다. 의미와 구조적으로 틀리지 않았으므로 B는 病句가 아닙니다.

C　(贪婪的)　人　[很容易]　[被(事物的)表面现象]　[极易]　迷惑，
　　　　관형어　　O　　부사어　　　　被+S　　　　　　부사어　　　V

[难以]　自拔，　但　[时过境迁后]，　[往往又会]　后悔不已。
부사어　　V　접속사　　부사어　　　　부사어　　　　V

被자문은 '주어+술어+목적어' 구조에서 목적어를 주어 앞으로 뺀 구조입니다. 따라서 이 문장에서는 동사 迷惑의 목적어가 贪婪的人이 되는 것입니다. 부사어 很容易도 被 앞에 제대로 쓰였습니다. 따라서 被자문에서는 잘못된 부분이 없습니다. 다만 '아주 쉽게'라는 의미의 很容易라는 부사어가 있는데 동사 迷惑 바로 앞에 이와 똑같은 의미인 极易를 써서 의미가 중복되었기 때문에 C는 病句입니다.

　　贪婪的人很容易被事物的表面现象~~极易~~迷惑，……。
　▶ 贪婪的人很容易被事物的表面现象迷惑，……。

D　["五一"期间]，　植物园　[在"百花展"系列游园活动中][将]　展出
　　　　부사어　　　　　S　　　　　　　부사어　　　　　　　부사어　　V

郁金香、牡丹和连翘等花卉，　[届时][还将]　举办　(大型)　民族舞蹈表演。
　　　　　　O　　　　　　　　　부사어　　　　V　　관형어　　　O

먼저 주어, 술어, 목적어의 문장성분을 체크해서 오류가 있는지 봅니다. 뒷절에서는 동사 举办과 民族舞蹈表演의 호응이 맞는지 체크합니다. 모두 제대로 썼기 때문에 D는 病句가 아닙니다.

|단어|　**幽默** yōumò 혱 유머러스하다 | **魅力** mèilì 몡 매력 | **交谈** jiāotán 동 이야기를 나누다 | **盎然** àngrán 혱 (흥미가) 차고 넘치다 | **能源** néngyuán 몡 에너지 | **需求** xūqiú 몡 수요(량) | **天然气** tiānránqì 천연가스 | **逐渐** zhújiàn 뷔 점점, 점차 | **提高** tígāo 동 높아지다, 향상되다(시키다) | **贪婪** tānlán 혱 매우 탐욕스럽다 | **迷惑** míhuò 동 미혹되다, 현혹되다 | **自拔** zìbá 동 (고통에서) 스스로 벗어나다 | **时过境迁** shíguòjìngqiān 솅 시간이 흐르고 상황이 변하다 | **后悔不已** hòuhuǐ bùyǐ 후회해 마지않다 | **五一** Wǔyī 고유 노동절[五一国际劳动节의 줄임말] | **植物园** zhíwùyuán 몡 식물원 | **系列** xìliè 몡 계열 | **游园** yóuyuán 몡 [공원에서 행하는 각종 활동] | **展出** zhǎnchū 동 전시하다, 진열하다 | **郁金香** yùjīnxiāng 몡 튤립 | **牡丹** mǔdān 몡 모란 | **连翘** liánqiáo 몡 개나리 | **花卉** huāhuì 몡 화초, 화훼 | **届时** jièshí 동 그때가 되다 | **举办** jǔbàn 동 개최하다, 열다 | **民族舞蹈** mínzú wǔdǎo 민족 무용 | **表演** biǎoyǎn 동 공연하다, 연기하다

A 走进国家图书馆古朴典雅的阅览大厅，任何一个人都会不自觉地放轻脚步，屏气凝神。

B 一个热爱读书的人，既然不能拥有舒适的房屋、宁静的夜晚，也会始终保持着一份纯洁的读书感情。

C 考古学家对长沙马王堆一号墓新出土的文物进行了多方面的研究，对墓主人所处的时代有了进一步的了解。

D 与作家不同的是，摄影师对自然、社会、人文的感受不是通过文字来表达，而是通过镜头来展示。

A 국립도서관의 고풍스럽고 우아한 열람실에 들어서면, 어떤 사람이라도 자기도 모르게 발걸음을 가볍게 하고 숨을 죽이며 정신을 집중하게 된다.

B 독서를 매우 좋아하는 사람은 설령 편안한 집과 조용한 밤을 가질 수 없더라도 줄곧 순결한 독서 감정을 유지하게 된다.

C 고고학자는 창사 마왕뚜이 1호 무덤에서 새로 출토된 문물에 대해 다방면의 연구를 진행하고서, 무덤 주인이 살던 시대에 대해서 더 많은 이해를 하게 되었다.

D 작가와 다른 점은 사진사는 자연, 사회, 인문에 대한 느낌을 문자를 통해서 표현하는 것이 아니라, 렌즈를 통해서 드러내고 있다는 점이다.

|해 설|

A <u>走进</u> (国家图书馆古朴典雅的) <u>阅览大厅，</u> <u>任何一个人</u> [都][会][不自觉地] <u>放轻</u> <u>脚步，</u> <u>屏气凝神。</u>
　　　 V 　　　　관형어 　　　　　　 O 　　　　　 S 　　　　　　 부사어 　　　　 　　　

앞 절과 뒷절의 주어가 같을 경우 보통 뒷절의 주어를 생략하지만, 이 문장에서는 앞 절의 주어를 생략했습니다. 뒷절의 任何一个人이 이 문장의 주어입니다. 부사어의 不自觉地처럼 조사 地가 있는 경우에는 능원동사(会) 뒤에 위치합니다. 어법적으로나 구조적으로 틀리지 않았기 때문에 A는 病句가 아닙니다.

既然~就… 이왕 ~했으니까 …해라

B (一个热爱读书的) <u>人，</u> 既然 [不能] <u>拥有</u> <u>舒适的房屋、宁静的夜晚，</u>
　　 관형어 　　　　 S 　접속사 부사어 　 V 　　　　　　 O

편안한 집과 조용한 밤을 가질 수 없다

[也][会][始终] <u>保持</u> 着 (一份纯洁的) <u>读书感情。</u>
　 부사어 　　　 V 　조사 　 관형어 　　　　 O

줄곧 순결한 독서 감정을 유지한다

既然은 就와 호응하여 원인을 이끌어 냅니다. 하지만 이 문장에서 既然 뒤의 내용은 뒷절의 원인이 아니라, 서로 반대되는 내용입니다. 이처럼 반대되는 극단적인 상황을 가정할 때는 '即使/哪怕/就算/即便~也…(설령 ~할지라도 …하다)' 구문을 씁니다. 따라서 B가 病句입니다.

既然不能拥有舒适的房屋、宁静的夜晚，也会始终保持着一份纯洁的读书感情。

▶ 即使不能拥有舒适的房屋、宁静的夜晚，也会始终保持着一份纯洁的读书感情。

C <u>考古学家</u> [对长沙马王堆一号墓新出土的文物] <u>进行</u> 了 (多方面的) <u>研究，</u>
　　 S 　　　　　　 부사어 　　　　　　　　　　　　 V 　조사 　 관형어 　　 O

[对墓主人所处的时代] <u>有</u> 了 (进一步的) <u>了解。</u>
　　 부사어 　　　　　 V 　조사 　 관형어 　　 O

앞 절의 술어인 进行 앞에 전치사 对가 맞게 사용되었습니다. 또한 뒷절의 술목 구조인 有了了解 앞에도 전치사 对가 제대로 쓰였습니다. 따라서 C는 病句가 아닙니다.

D <u>与作家不同的</u> <u>是，</u> (摄影师对自然、社会、人文的) <u>感受</u> <u>不是</u> <u>通过文字来表达，</u> <u>而是</u> <u>通过镜头来展示。</u>
　大S(的자구 주어) 大V 　　　　　 관형어 　　　　　　　 S 　　 V 　　 O 　　　 V 　　　 V 　　　 O

전체 문장의 주어는 与作家不同的로, 的 뒤에 명사를 생략한 '的자구 주어'입니다. 또한 전체 문장의 술어는 是이며, 是 뒤에 나오는 내용이 是의 목적어입니다. 목적어에는 '不是A, 而是B(A가 아니라 B이다)' 구문이 쓰였습니다. 여기서 다시 '通过+방식+来+동사' 구조가 보입니다. 通过와 함께 쓰이는 来는 방식을 나타내는 조사로 쓰여 通过와 같은 의미라 생각하면 됩니다. 전체적으로 구조에 문제가 없으며, 의미상으로 오류가 없으므로 D는 病句가 아닙니다.

|단 어| **古朴典雅** gǔpǔ diǎnyǎ 고풍스럽고 우아하다 | **阅览大厅** yuèlǎn dàtīng 열람실 | **不自觉地** bú zìjué de 자기도 모르게 | **放轻** fàngqīng 동 가볍게 하다 | **屏气凝神** bǐngqìníngshén 성 숨을 죽이고 정신을 집중하다 | **宁静** níngjìng 형 조용하다 | **纯洁** chúnjié 형 순결하다, 티없이 깨끗하다 | **考古学家** kǎogǔxuéjiā 명 고고학자 | **马王堆** mǎwángduī 고유 마왕뚜이[후난성(湖南省) 창사시(长沙市)에 위치한 고대 상상의 묘를 가리킴] | **墓** mù 명 무덤 | **处** chǔ 동 거주하다, 살다 | **摄影师** shèyǐngshī 명 사진사, 카메라맨 | **镜头** jìngtóu 명 (사진 촬영 시의) 장면, 화면

A 越剧善于抒情，以唱为主，声腔优美动听，表演真切动人，极具江南灵秀之气。

B 从1898年清政府成立京师大学堂至今，中国的现代高等教育已经走过了110多年的历史。

C 早在一个多世纪以前的科幻小说里，人类就开始在火星上散步了，然而直到今天，它仍然还只是一种幻想。

D "蝴蝶效应"是指在一个动力系统中，初始条件下微小的变化会整个系统带来长期、巨大的连锁反应。

A 월극은 감정을 드러내는 데 뛰어나고 노래를 위주로 한다. 곡조가 아름다우면서 감동적이고 공연이 진실하고 감동을 주며, 지앙난의 뛰어난 기개를 많이 가지고 있다.

B 1898년 청 정부가 경사대학당을 설립해서 지금에 이르기까지, 중국의 현대 고등교육은 이미 110여 년의 역사를 걸어왔다.

C 일찍이 한 세기 남짓 이전의 공상과학 소설에는 인류가 화성을 산책하기 시작했지만, 오늘까지 그것은 여전히 환상에 불과하다.

D '나비효과'는 하나의 동적인 시스템에서 초기 조건하의 아주 작은 변화가 시스템 전체에 장기적이고 거대한 연쇄반응을 가져오는 것을 가리킨다.

| 해 설 |

A 越剧 善于 抒情， 以唱为主， 声腔 优美动听， 表演 真切动人， [极] 具 江南灵秀之气。

S V O₁ V₁ S₁ S₂ V₂ 부사어 V₃ O₃

전체 문장의 주어는 越剧이며, 이 越剧에 대해 구체적으로 설명하는 문장입니다. 뒤에 나오는 声腔이나 表演은 越剧的声腔, 越剧的表演을 의미합니다. 以唱为主는 '以~为主' 구문으로 '~을 주로 삼다'라는 의미입니다. 주어, 술어, 목적어의 문장성분이 모두 완전하게 갖추어져 있으므로 A는 病句가 아닙니다.

B [从1898年清政府成立京师大学堂至今]， (中国的) 现代高等教育 [已经] 走过 了 (110多年的) 历史。

부사어 관형어 S 부사어 V 조사 관형어 O

부사어의 '从~至今'은 '~부터 시작해서 오늘날에 이르기까지'라는 의미입니다. 주술목의 구조가 완전하고 의미상으로도 오류가 없으므로 B는 病句가 아닙니다.

C [早在一个多世纪以前的科幻小说里]， 人类 [就] 开始 [在火星上]散步 了，

부사어 S 부사어 V O

然而 [直到今天]， 它 [仍然][还] 只是 一种幻想。

접속사 부사어 S 부사어 V O

동사 开始는 뒤에 동사구(在火星上散步)를 목적어로 가질 수 있습니다. 접속사 然而도 앞뒤 문맥에 맞게 제대로 썼는지 체크합니다. 구조나 의미에서 오류가 없으므로 C는 病句가 아닙니다.

D "蝴蝶效应" 是指 [在一个动力系统中]， (初始条件下微小的) 变化

大S 大V 부사어 관형어 S

[会][整个系统] 带来 (长期、巨大的) 连锁反应。

부사어 V 관형어 O

是指는 한 단어는 아니지만 '~을 가리키는 것이다'라는 의미로, 마치 한 단어처럼 자주 쓰입니다. 또한 是指 뒤의 전체 문장이 是指의 목적어가 됩니다. 变化会整个系统带来 부분을 보면 능원동사 会 뒤에 명사 整个系统이 왔기 때문에 이 문장은 病句가 됩니다. 능원동사 뒤에는 동사 혹은 전치사구가 와야 합니다. 동사는 带来가 있기 때문에 전치사 给를 추가하여 给整个系统으로 전치사구를 만들어 줘야 합니다.

……, 初始条件下微小的变化会整个系统带来长期、巨大的连锁反应。

▶ ……, 初始条件下微小的变化会给整个系统带来长期、巨大的连锁反应。

| 단 어 | **越剧** Yuèjù [고유] 월극[중국 저장성을 기반으로 한 민속극과 그 음악. 기본 표현 수단은 노래이며, 필요한 대목에서는 대사도 활용함] | **抒情** shūqíng [동] 감정을 드러내다 | **以~为主** yǐ~wéi zhǔ ~을 위주로 하다 | **声腔** shēngqiāng [명] 곡조 | **优美动听** yōuměi dòngtīng 아름답고 감동적이다 | **真切动人** zhēnqiè dòngrén 진실하고 감동적이다 | **灵秀之气** língxiù zhī qì 뛰어난 기개 | **京师大学堂** Jīngshī Dàxuétáng [고유] 경사대학당 | **至今** zhìjīn [부] 지금까지 | **科幻小说** kēhuàn xiǎoshuō [명] 공상과학 소설, SF소설 | **仍然** réngrán [부] 여전히 | **幻想** huànxiǎng [명] 환상 | **蝴蝶效应** húdié xiàoyìng [명] 나비효과 | **动力系统** dònglì xìtǒng 동적인 시스템[시간에 따라 변화하는 시스템의 변화량들의 인과관계를 나타내기 위한 수학적인 모델] | **初始条件** chūshǐ tiáojiàn 초기 조건 | **连锁反应** liánsuǒ fǎnyìng [명] 연쇄반응

독해

2부분

실전문제				268쪽					
61 D	**62** C	**63** C	**64** B	**65** A	**66** A	**67** D	**68** B	**69** C	**70** A

61 | D

春节期间，北京某大型商场为了①促销，贴出了这样的②布告：凡在本店购物满300元者，将获赠③精美礼品一份。

A 销售✕　　情报✕　　精密✕
B 推销✕　　汇报✕　　精确✕
C 畅销✕　　公告✕　　精简✕
D 促销○　　布告○　　精美○

춘지에(春节) 기간에, 베이징 모 대형 상점은 ①판촉하기 위해서 이런 ②안내문을 붙였다. '저희 백화점에서 300위안 넘게 구매하신 모든 분들께 ③정교하고 아름다운 선물을 하나씩 증정합니다.'

A 판매하다 / 정보 / 정밀하다
B 널리 팔다 / 보고하다 / 정확하다
C 잘 팔리다 / 공고 / 간소화하다
D 판촉하다 / 안내문 / 정교하고 아름답다

| 해설 | **[1번 빈칸]**　春节期间，北京某大型商场为了＿＿①＿＿，
1번 빈칸은 해석을 통해서 풀 수 있는 문제입니다. 이 문장은 '베이징의 모 대형 상점에서 (　)하기 위해서'라는 뜻입니다. 춘지에(春节)와 호응해서 보면, 명절 때 세일을 해 주면서 판매를 더 촉진시키려 한다고 해야 자연스럽기 때문에 정답이 促销(D)가 됩니다. 여기서 促는 '재촉하다', '촉진하다'의 의미입니다. 销售(A)는 단순히 '판매하는 것'이라서 부자연스럽고, 推销(B)는 대상을 찾아가서 판매하는 세일즈의 의미라서 商场에서 할 수 있는 판매 형태가 아니므로 빈칸에는 적절하지 않습니다. 畅销(C)는 '잘 팔리다'라는 형용사라 역시 빈칸에는 부적절합니다. 따라서 정답은 D입니다.

> A 销售 xiāoshòu 동 판매하다, 팔다
> 销售产品 제품을 판매하다
>
> B 推销 tuīxiāo 동 널리 팔다, 내다 팔다
> 上门推销 방문 판매하다
>
> C 畅销 chàngxiāo 형 잘 팔리다, 판로가 넓다
> 畅销书 베스트셀러 도서
>
> D 促销 cùxiāo 동 판촉하다(판매를 촉진시키다)
> 促销活动 판촉 행사

[2번 빈칸]　贴出了这样的＿＿②＿＿：
2번 빈칸은 동사 贴의 목적어를 찾는 문제입니다. 1번 빈칸과 마찬가지로 '대형 상점(大型商场)'이라는 키워드를 생각하며 풀어야 합니다. 이 문장은 '(대형 상점에서 판촉을 위해) 이러한 (　)을 붙여 놨다'라는 뜻이므로, '안내문', '광고'라는 의미의 단어가 들어가야 자연스럽습니다. 따라서 布告(D)가 자연스럽고, 나머지 선택지는 정답에서 제외됩니다.

> A 情报 qíngbào 명 정보
> 盗取情报 정보를 훔치다　　　　　　　·盗取 dàoqǔ 동 훔치다, 도둑질하다
>
> B 汇报 huìbào 동 (상급자에게) 보고하다
> 汇报工作 업무를 보고하다
>
> C 公告 gōnggào 명 공고, 알림
> 政府公告 정부 공고

D　布告 bùgào 몡 안내문, 게시문

　　贴布告 안내문을 붙이다

[3번 빈칸]　将获赠　③　礼品一份。

3번 빈칸은 '礼品(선물)'을 수식하는 단어를 찾는 문제입니다. 礼品의 관형어로 쓸 수 있는 단어는 여기서 精美밖에 없습니다. 나머지 단어들은 礼品을 수식하기에는 의미가 어울리지 않습니다. 따라서 정답은 D입니다.

A　精密 jīngmì 톙 정밀하다

　　精密仪器 정밀 기기 │ 精密仪表 정밀 계량기　　　　　　　　　·仪器 yíqì 몡 측정기 　·仪表 yíbiǎo 몡 (측정하는) 계량기

B　精确 jīngquè 톙 정확하다(정밀하고 확실하다)

　　精确的计算 정확한 계산 │ 精确的测量 정확한 측량　　　　　·测量 cèliáng 몡 측량, 측정

C　精简 jīngjiǎn 동 간소화하다, 정간하다

　　精简人员 인원을 줄이다 │ 精简机构 기구를 간소화하다

D　精美 jīngměi 톙 정교하고 아름답다

　　精美的礼物 정교하고 아름다운 선물 │ 精美的包装 정교하고 아름다운 포장

|단 어|　**春节** Chūnjié 고유 춘제[설, 음력 정월 초하루] │ **大型商场** dàxíng shāngchǎng 대형 상점, 대형 백화점 │ **贴** tiē 동 붙이다 │ **凡** fán 뷔 모두, 전부 │ **购物** gòuwù 동 쇼핑하다 │ **获赠** huòzèng 동 (증정품으로) 얻다 │ **礼品** lǐpǐn 몡 선물

Tip　春节와 관련 내용은 자주 출제됩니다. 따라서 过年, 除夕, 春联 등 春节와 관련된 단어들은 잘 익혀 두기 바랍니다.

---

62 │ C

　　"算术"一词正式出现于《九章算术》。在古代，"算"是指一种竹制的①运算器具，而"算术"则是指②操作这种计算器具的技术，也③泛指当时一切与计算有关的数学知识。

A　记录×　　操纵×　　指示×
B　预算×　　掌握×　　概括×
C　运算○　　操作○　　泛指○
D　结算×　　操练×　　指定×

'산술'이란 단어는 《구장산술》에서 정식으로 출현한다. 고대에 '산(算)'은 대나무로 만든 ①연산 기구를 가리키지만, '산술(算术)'은 이런 계산 기구를 ②다루는 기술을 가리키며, ③일반적으로 당시의 모든 계산과 관련된 수학 지식을 가리키기도 한다.

A 기록하다 / 조작하다 / 지시하다
B 예산하다 / 마스터하다 / 요약하다
C 연산하다 / 다루다 / 일반적으로 ~을 가리키다
D 결산하다 / 훈련시키다 / 지정하다

|해 설|　**[1번 빈칸]**　在古代，"算"是指一种竹制的　①　器具，

1번 빈칸 문장을 해석하면 '고대에 算은 대나무로 만든 (　)한 도구이다'라는 내용입니다. 算이라는 글자로 보아, 계산 도구 또는 연산 도구가 오면 문맥이 자연스러워집니다. 선택지 중 B, C, D의 단어에 算이 똑같이 들어가 있지만, 나머지 한 글자가 서로 다른 의미를 갖고 있으므로 각각의 단어는 전혀 다른 의미가 됩니다. 의미상 运算(C)만 빈칸에 들어갈 수 있고, 나머지 단어들은 문장과 의미가 맞지 않으므로 정답의 범위에서 제외됩니다. 따라서 정답은 C입니다.

A　记录 jìlù 동 기록하다

　　记录内容 내용을 기록하다 │ 记录名单 명단을 기록하다

B　预算 yùsuàn 동 예산하다 몡 예산

　　工程预算 공사 예산 │ 财政预算 재정 예산　　　　　　　　·工程 gōngchéng 몡 공사

C 运算 yùnsuàn 图 연산하다, 운산하다 图 연산, 운산

　　运算工具 연산 도구 ｜ 运算方法 연산 방법

D 结算 jiésuàn 图 결산하다 图 결산, 결제

　　年终结算 연말 결산 ｜ 现金结算 현금 결제

[2번 빈칸] 而"算术"则是指 　②　 这种计算器具的技术,

빈칸 문장은 '算数란 이러한 계산 기구를 (　)하는 기술을 가리킨다'라는 뜻입니다. 빈칸의 선택지는 모두 동사이며, 목적어는 빈칸 바로 뒤에 있는 **这种计算器具**라는 것을 먼저 파악해야 합니다. 따라서 **掌握(B)**나 **操练(D)**은 의미상 어울리지 못하며, '조종하다', '다루다'라는 의미를 가진 **操纵(A)**과 **操作(C)**가 남습니다. 이 중에서 **操纵**은 '큰 기계를 다루다', 또는 부정적인 의미에서 '정권을 조종하다'와 같은 식으로 사용합니다. **操作**는 우리말 한자로 봤을 때는 '조작'이라는 부정적 의미지만 중국어에서는 모든 기계나 도구를 다룬다는 뜻으로 쓸 수 있는 단어입니다. 따라서 정답은 C입니다.

A 操纵 cāozòng 图 조작하다, 조종하다

　　操纵物价 물가를 조작하다 ｜ 操纵市场 시장을 조작하다

B 掌握 zhǎngwò 图 마스터하다, 장악하다, 터득하다

　　掌握外语 외국어를 마스터하다 ｜ 掌握技术 기술을 터득하다

C 操作 cāozuò 图 다루다, 조작하다

　　操作机器 기계를 다루다 ｜ 操作电脑 컴퓨터를 조작하다

D 操练 cāoliàn 图 훈련시키다, 조련하다

　　操练军人 군인을 훈련시키다 ｜ 操练士兵 병사를 훈련시키다

[3번 빈칸] 也 　③　 当时一切与计算有关的数学知识。

부사 **也**로 보아 빈칸은 동사 자리이고, 문장은 '당시의 모든 계산과 관련된 수학 지식을 (　)하다'이므로 '~하다'에 해당되는 동사를 찾아야 합니다. 선택지를 보면 '가리키다'라는 의미의 **指**가 A, C, D의 동사에 있습니다. 즉, '당시의 모든 계산과 관련된 수학 지식을 가리키기도 한다'라는 의미가 자연스러운 것을 알 수 있습니다. 따라서 정답은 **泛指(C)**가 됩니다. **이 빈칸은 다소 어려울 수 있으니 다른 빈칸에서 답을 찾는 것이 요령입니다.**

A 指示 zhǐshì 图 지시하다

　　领导指示 상사가 지시하다 ｜ 上级指示 상급자가 지시하다

B 概括 gàikuò 图 요약하다, 개괄하다

　　概括总结 개괄하여 총정리하다 ｜ 概括内容 내용을 요약하다

C 泛指 fànzhǐ 图 일반적으로 ~을 가리키다

　　"屌丝"是网络新词, 泛指平凡的老百姓。

　　'屌丝'는 인터넷 신조어로 일반적으로 평범한 사람들을 가리킨다.

　　"山寨"泛指冒牌货。

　　'山寨'는 일반적으로 모조품을 가리킨다.

　　· 屌丝 diǎosī 图 루저[능력·배경·금전 등 조건이 뒤처지는 사람을 가리키는 신조어]

　　· 山寨 shānzhài 图 모조품, 가짜

　　· 冒牌货 màopáihuò 图 모조품, 위조 상품

D 指定 zhǐdìng 图 지정하다

　　指定地点 지점을(장소를) 지정하다 ｜ 指定座位 자리를 지정하다

|단 어|　**算术** suànshù 图 산술, 산수 ｜ **指** zhǐ 图 가리키다 ｜ **器具** qìjù 图 기구 ｜ **计算** jìsuàn 图 계산 ｜ **数学** shùxué 图 수학

63 | C

<table>
<tr><td>

随着机动车的普及和道路的发展，①设置醒目的交通标志已成为实施交通管理、保证道路交通安全的重要②措施。交通标志有多种类型，常见的有可动式标志和③固定式标志、照明标志、发光标志和反光标志等。

A 部署×　　来源×　　专程×
B 布置×　　设备×　　遥控×
C 设置○　　措施○　　固定○
D 修建×　　途径×　　探索×

</td><td>

자동차의 보급과 도로의 발전에 따라서, 눈에 띄는 교통표지를 ①설치하는 것은, 이미 교통 관리를 실시하고, 도로의 교통 안전을 보증하는 중요한 ②조치가 되었다. 교통 표지에는 여러 유형이 있는데, 자주 보이는 것으로 이동식 표지와 ③고정식 표지, 조명 표지, 발광 표지와 반사 표지 등이 있다.

A 배치하다 / 근원 / 특별히
B 배치하다 / 설비 / 원격 조종하다
C 설치하다 / 조치 / 고정되다
D 건설하다 / 경로 / 탐색하다

</td></tr>
</table>

|해 설|　**[1번 빈칸]**　　①　醒目的交通标志已成为实施交通管理，

1번 빈칸은 동사 자리이므로 먼저 목적어를 찾도록 합니다. 빈칸 동사의 목적어는 바로 뒤에 있는 **醒目的交通标志**입니다. '눈에 확 띄는 교통표지를 (　　)한다'라는 뜻이므로, 문맥상 '설치하다'가 들어갈 수 있을 것입니다. 따라서 设置(C)가 정답으로 적합합니다. 이 문장에서 술어 동사인 成为의 목적어는 뒤에 있는 交通管理가 아니며, 2번 빈칸이 목적어라는 점에 유의해야 합니다.

> A **部署** bùshǔ 동 배치하다, 안배하다　명 배치, 안배
> 　**部署工作** 업무를 안배하다 ｜ **战略部署** 전략적 배치
> B **布置** bùzhì 동 배치하다, 안배하다
> 　**布置工作** 업무를 안배하다 ｜ **布置作业** 숙제를 내다
> C **设置** shèzhì 동 설치하다
> 　**设置红绿灯** 신호등을 설치하다 ｜ **设置安全标志** 안전표지를 설치하다　　·**红绿灯** hónglǜdēng 명 (교통) 신호등
> D **修建** xiūjiàn 동 건설하다
> 　**修建大桥** 다리를 건설하다 ｜ **修建公路** 도로를 건설하다

[2번 빈칸]　　①　醒目的交通标志已成为实施交通管理，保证道路交通安全的重要　②　。

문장의 주어는 '(　　)醒目的交通标志'이고 술어는 成为입니다. 따라서 2번 빈칸에는 주어, 술어와 호응하는 목적어를 찾아야 합니다. 눈에 띄는 교통 표지를 (설치)하는 것은 일종의 '조치'에 해당하므로 정답은 措施(C)가 됩니다. 나머지 선택지들은 모두 의미상 적합하지 않습니다.

> A **来源** láiyuán 명 근원, 출처
> 　**收入来源** 수입원 ｜ **食物来源** 음식의 출처
> B **设备** shèbèi 명 설비, 시설
> 　**大型设备** 대형 설비 ｜ **通风设备** 통풍 설비
> C **措施** cuòshī 명 조치, 대책
> 　**采取措施** 조치를 취하다 ｜ **安全措施** 안전 대책
> D **途径** tújìng 명 경로, 방법
> 　**传染途径** 전염 경로 ｜ **摸索途径** 방법을 모색하다　　·**摸索** mōsuǒ 동 모색하다

[3번 빈칸]　交通标志有多种类型，常见的有可动式标志和　③　式标志，照明标志、发光标志和反光标志等。

문장의 제일 앞 절로 보아, 이 문장은 교통 표지판의 종류에 대해 말하고 있음을 알 수 있습니다. 뒷부분의 표지판 종류는 发光标志와 反光标志로, 반대 의미의 표지를 나타내고 있습니다. 따라서 3번 빈칸은 앞에 나오는 可动式标志의 반대인 固定(C)式标志가 가장 적합합니다. 따라서 정답은 C입니다.

> A **专程** zhuānchéng 부 특별히
> 　**专程来拜访** 특별히 방문하다 ｜ **专程去邀请** 특별히 초대하다　　·**拜访** bàifǎng 동 방문하다
> B **遥控** yáokòng 동 원격 조종하다
> 　**远程遥控** 원격 조종하다 ｜ **遥控器** 리모컨　　·**远程** yuǎnchéng 형 장거리의, 원거리의

C 固定 gùdìng 图 고정되다

固定的座位 고정석 | 固定的格式 고정 격식 · 格式 géshì 명 격식, 양식

D 探索 tànsuǒ 图 탐색하다, 찾다

探索道路 길을 찾다 | 探索途径 방법을 찾다

| 단 어 | 机动车 jīdòngchē 명 자동차 | 醒目 xǐngmù 图 눈에 띄다, 남의 주의를 끌다 | 标志 biāozhì 명 표지 | 实施 shíshī 图 실시하다 | 交通管理 jiāotōng guǎnlǐ 교통 관리 | 类型 lèixíng 명 유형 | 可动式 kědòngshì 명 이동식 | 照明 zhàomíng 图 (빛으로) 비추다 | 发光 fāguāng 图 빛을 발하다, 빛을 내다 | 反光 fǎnguāng 图 빛을 반사하다

Tip 机动车는 모든 자동차를 지칭합니다. 평소에 우리 흔히 말하는 승용차는 轿车라고 합니다.

64 | B

本市二手房交易市场中，租售比失调仍十分①突出。在市场普遍不景气的情况下，房东和中介②机构只能通过上调租金来③弥补预期收益，从而出现了二手房的价格④下跌，但租金持续上涨的现象。

본 도시의 중고 주택 거래 시장에서는 임대와 매매 비율의 불균형이 여전히 매우 ①두드러진다. 시장이 보편적으로 불경기인 상황에서, 집주인과 중개 ②기구는 임대료 인상을 통해 예상 수익을 ③메울 수밖에 없어서, 중고 주택 가격은 ④하락하지만 임대료는 지속적으로 오르는 현상이 나타났다.

A	罕见×	设施×	补救×	浮动×	A 보기 드물다 / 시설 / 보완하다 / 떠다니다
B	突出○	机构○	弥补○	下跌○	B 두드러지다 / 기구 / 메우다 / 하락하다
C	薄弱×	单位×	补贴×	反弹×	C 약하다 / 회사 / 보조하다 / 반등하다
D	坚定×	团体×	补偿×	飙升×	D 확고하다 / 단체 / 보상하다 / 급증하다

| 해 설 | **[1번 빈칸]** 本市二手房交易市场中，租售比失调仍十分 ① 。

빈칸 문장을 해석하면 '이 도시의 중고 주택 거래 시장에서 임대와 매매 비율의 불균형이 매우 ( )하다'라는 의미로, '불균형이 심각하다' 또는 '불균형이 두드러지다'가 가장 자연스럽습니다. 突出(B)가 '두드러지다'라는 의미를 가지고 있으므로, 정답은 B가 됩니다.

A 罕见 hǎnjiàn 图 보기 드물다

罕见的现象 보기 드문 현상

B 突出 tūchū 图 두드러지다, 뛰어나다.

问题突出 문제가 두드러지다 | 矛盾突出 모순(갈등)이 두드러지다

C 薄弱 bóruò 图 (박)약하다

薄弱环节 약한 부분

D 坚定 jiāndìng 图 확고하다, 굳다

立场坚定 입장이 확고하다 | 意志坚定 의지가 굳다

[2번 빈칸] 房东和中介 ② 只能通过上调租金来 ③ 预期收益,

빈칸 뒤에 只能이 있고 房东和中介라는 주어부와 이어져 있기 때문에 2번 빈칸은 中介와 함께 쓸 수 있는 명사형 단어임을 알 수 있습니다. 设施(A)는 '시설'이란 의미이므로 문맥에 어울리지 않고, 나머지 机构(B), 单位(C), 团体(D)는 의미로 정답을 구별하기는 어렵습니다. 中介机构가 한 단어로 자주 쓰이고, 中介单位나 中介团体는 안 쓰는 표현들이므로, 정답은 B입니다. **이 단어의 호응을 몰랐을 경우 다른 빈칸에서 승부를 보는 것이 좋습니다.**

A 设施 shèshī 몡 시설

公共设施 공공 시설 │ 娱乐设施 오락 시설

B 机构 jīgòu 몡 기구

教育机构 교육 기구 │ 政府机构 정부 기구

C 单位 dānwèi 몡 회사, 기관, 직장

事业单位 공기업 │ 工作单位 직장

D 团体 tuántǐ 몡 단체

旅游团体 여행 단체 │ 民间团体 민간 단체

[3번 빈칸] 房东和中介 ② 只能通过上调租金来 ③ 预期收益,

'通过+방식+来+동사' 구조의 来는 通过와 같은 의미로 쓰인 조사입니다. 3번 빈칸 부분을 해석하면 '집주인과 중개상은 단지 임대료 인상을 통해서 예상 수익을 ( )한다'라는 의미입니다. 선택지 단어를 빈칸에 넣어서 해석해 보면, '예상 수익을 메우다/보완하다'의 의미가 가장 자연스럽습니다. 따라서 경제적 손실을 메우고 보완할 때 쓰는 단어인 弥补(B)가 정답입니다. 나머지 선택지 단어들도 호응과 함께 익혀 두도록 합니다.

A 补救 bǔjiù 통 (잘못된 것을) 보완하다, 바로잡다

补救过失 과실을 바로잡다

B 弥补 míbǔ 통 (경제적 손실을) 메우다, 보완하다

弥补损失 손실을 메우다

C 补贴 bǔtiē 통 보조하다 몡 보조금

生活补贴 생활 보조금

D 补偿 bǔcháng 통 보상하다

补偿金 보상금 │ 补偿+(对象) (어떤 대상에게) 보상해 주다

[4번 빈칸] 从而出现了二手房的价格 ④ ，但租金持续上涨的现象。

이 절의 술어는 出现了이고, 목적어는 맨 뒤에 있는 现象입니다. 문장을 해석하면 '따라서 중고 주택의 가격이 ( )하지만, 임대료는 지속적으로 오르는 현상이 나타났다'라는 뜻이므로, 빈칸에는 但 뒤 持续上涨의 반대말이 와야 합니다. 따라서 정답은 가격이 떨어질 때 사용하는 下跌(B)가 적합합니다. D의 飙升같은 어려운 단어는 升만 보고도 '오르다'라는 의미임을 유추할 수 있습니다.

A 浮动 fúdòng 통 떠다니다, 유동하다

上下浮动 위아래로 떠다니다

B 下跌 xiàdiē 통 하락하다, 떨어지다

价格下跌 가격이 하락하다

C 反弹 fǎntán 통 반등하다, 내렸다가 다시 오르다

体重反弹 체중이 다시 올라가다

D 飙升 biāoshēng 통 급증하다, 급등하다

物价飙升 가격이 급등하다

| 단 어 | 二手房 èrshǒufáng 중고 주택 │ 交易 jiāoyì 몡 거래, 장사 │ 租售比 zūshòubǐ 임대와 매매 비율 │ 失调 shītiáo 통 균형을 잃다 몡 불균형 │ 不景气 bùjǐngqì 불경기의 │ 房东 fángdōng 몡 집주인 │ 中介 zhōngjiè 몡 중개, 매매 │ 上调 shàngtiáo 통 (가격 등을) 인상하다, 상향 조정하다 │ 租金 zūjīn 몡 임대료, 세 │ 预期 yùqī 통 예상하다 │ 收益 shōuyì 몡 수익 │ 持续 chíxù 통 계속하다 │ 上涨 shàngzhǎng 통 (물가 등이) 오르다

Tip

二手는 '중고'라는 의미로, 주로 '二手+사물'의 형태로 쓰입니다.

예 二手车 중고 차 │ 二手货 중고 물품 │ 二手烟 간접 흡연

本质往往被①覆盖在表象的最底层，而我们肉眼所看到的却只是其表象。因此不要轻易相信你的所见所闻，在下②结论之前，应先深入调查一番。要想判断一件事的好坏③是非，我们必须先对表象进行④分析。

A 覆盖○　结论○　是非○　分析○
B 掩盖○　结局✕　雌雄✕　阐述✕
C 遮挡○　结果✕　曲折✕　分解✕
D 埋葬✕　后果✕　彼此✕　分辨✕

본질은 주로 겉모습의 가장 아래쪽에 ①뒤덮여 있지만, 우리가 육안으로 보는 것은 단지 그 겉모습이다. 이 때문에 당신이 보고 들은 것을 쉽사리 믿어서는 안 되고, ②결론을 내리기 전에 먼저 한번 깊이 조사해야 한다. 한 가지의 일의 좋고 나쁨과 ③옳고 그름을 판단하려면, 우리는 반드시 먼저 겉모습에 대해 ④분석을 진행해야 한다.

A 뒤덮다 / 결론 / 옳고 그름 / 분석하다
B 감추다 / 결말 / 승패 / 진술하다
C 가리다 / 결과 / 우여곡절 / 분해하다
D 매장하다 / 나쁜 결과 / 피차 / 분별하다

|해 설| **[1번 빈칸]** 本质往往被 ① 在表象的最底层，

문장을 해석하면, '본질은 주로 겉모습의 가장 아래쪽에 (　)되어 있다'입니다. 문맥상 '덮다', '가리다', '숨기다' 등이 적합합니다. 따라서 覆盖(A), 掩盖(B), 遮挡(C)은 모두 적합하지만 埋葬(D)은 전혀 다른 의미이므로 제거합니다. 정답의 범위는 A, B, C입니다.

> A 覆盖 fùgài 통 뒤덮다
> 覆盖大地 대지를 뒤덮다 | 覆盖地球 지구를 뒤덮다
>
> B 掩盖 yǎngài 통 감추다, 덮어 가리다
> 掩盖事实 사실을 감추다 | 掩盖真相 진상을 감추다
>
> C 遮挡 zhēdǎng 통 가리다, 막다
> 遮挡视线 시선을 가리다 | 遮挡车牌 차량 번호판을 가리다　　　·车牌 chēpái 명 차량 번호판
>
> D 埋葬 máizàng 통 (시체를) 매장하다, 묻다
> 埋葬尸体 시체를 매장하다 | 埋葬死人 죽은 사람을 묻다

[2번 빈칸] 在下 ② 之前，应先深入调查一番。

빈칸 앞의 下와 호응할 수 있는 명사는 结论밖에 없으므로 정답은 A가 됩니다. 下结论은 '결론을 내리다'라는 의미로 HSK 5급 단어입니다. **2번 빈칸에서 정답을 찾는 것이 가장 쉽습니다.**

> A 结论 jiélùn 명 결론
> 下结论 결론을 내리다
>
> B 结局 jiéjú 명 (이야기의) 결말, 끝
> 故事的结局 이야기의 결말
>
> C 结果 jiéguǒ 명 결과
> 比赛结果 시합 결과
>
> D 后果 hòuguǒ 명 나쁜 결과
> 后果自负 나쁜 결과는 자신이 감당한다　　　·自负 zìfù 통 스스로 책임지다

[3번 빈칸] 要想判断一件事的好坏 ③ ，

빈칸 앞의 一件事的好坏와 어울리는 단어를 찾아야 합니다. 빈칸 뒤가 쉼표로 절이 끝나기 때문에 다른 문장성분이 올 수 없고, 목적어로서 好坏와 한 단어처럼 쓰여야 합니다. 문장을 해석하면 '한 사건의 좋고 나쁜 것, (　)한 것을 판단해야 한다'인데, 의미상 자연스러운 것은 是非(A)뿐입니다. 나머지는 의미가 어울리지 않으므로 정답이 될 수 없습니다. 따라서 정답은 A입니다.

> A 是非 shìfēi 명 옳고 그름, 시비
> 事情的是非 일의 시비
>
> B 雌雄 cíxióng 명 승패, 승부, 자웅
> 一决雌雄 싸워서 승패를 가리다

C 曲折 qūzhé 몡 우여곡절 혱 곡절이 많다, 복잡하다

　情节曲折 줄거리가 복잡하다　　　　　　　　　　　　　· 情节 qíngjié 몡 줄거리, 플롯

D 彼此 bǐcǐ 몡 피차, 쌍방

　不分彼此 피차를 구분하지 않다[아주 친근함을 나타냄]

[4번 빈칸]　我们必须先对表象进行　④　。

문장은 '우리는 반드시 먼저 겉모습에 대해 (　)해야 한다'라는 내용입니다. 선택지의 단어를 빈칸에 넣어 해석해 보면, '분석하다', 즉, 分析가 들어가야 자연스럽습니다. B의 阐述는 HSK 6급 필수 단어이지만 난이도가 높습니다. 의미를 모를 경우 述 한 글자를 가지고 의미를 유추하도록 합니다.

A 分析 fēnxī 동 분석하다

　分析情况 상황을 분석하다

B 阐述 chǎnshù 동 상세히 진술하다

　阐述观点 관점을 상세히 진술하다

C 分解 fēnjiě 동 분해하다 몡 분해

　因数分解 인수분해

D 分辨 fēnbiàn 동 분별하다, 가리다

　分辨是非 시비를 가리다

|단 어|　肉眼 ròuyǎn 몡 육안, 맨눈 | 轻易 qīngyì 뵈 쉽사리, 함부로 | 所见所闻 suǒjiànsuǒwén 몡 보고 들은 것 | 深入 shēnrù 혱 깊다, 철저하다 | 番 fān 얭 차례, 번 | 判断 pànduàn 동 판단하다 | 必须 bìxū 뵈 반드시 ~해야 한다

Tip　수량사 '一番(한 차례, 한 번)'은 핵심 단어이므로 잘 알아 두어야 합니다. 자주 쓰는 표현으로는 调查一番, 打量一番, 一番话, 一番 道理 등이 있습니다.

66 | A

人们看电视时间的长短，也有规律可循：经济①发达地区，由于商贸活动②频繁，人们忙着赚钱，看电视的时间就短；贫穷落后地区，赚钱门路少，生活③节奏慢，人们④消耗在电视机前的时间就长一些。

A	发达○	频繁○	节奏○	消耗○
B	垄断×	繁华×	步伐×	操作×
C	复兴×	繁荣×	流通×	挥霍×
D	辉煌×	繁忙○	日程×	寄托×

사람들이 텔레비전을 보는 시간의 길이에도 따를 만한 규칙이 있다. 경제가 ①발달한 지역은 비즈니스 활동이 ②빈번하기 때문에 사람들은 돈을 버느라 바빠서 텔레비전을 보는 시간이 짧다. 가난하고 낙후된 지역은 돈을 버는 방법이 적고 생활 ③리듬이 느려서, 사람들은 텔레비전 앞에서 ④소비하는 시간이 조금 길다.

A 발달하다 / 빈번하다 / 리듬 / 소비하다

B 독점하다 / 번화하다 / 발걸음 / 조작하다

C 부흥하다 / 번영하다 / 유통하다 / (돈을) 헤프게 쓰다

D 찬란하다 / 바쁘다 / 일정 / (감정을) 걸다

|해 설|　[1번 빈칸]　经济　①　地区，……; 贫穷落后地区，……

쌍반점(;)에 주의합니다. 쌍반점은 비슷한 내용이나 반대되는 내용을 병렬 나열할 때 사용하는 문장부호로, 여기서는 문맥상 반대되는 내용을 열거하고 있음을 알 수 있습니다. 따라서 1번 빈칸에는 贫穷落后地区와 정반대의 상황이 되어야 하므로, 선택지 단어 중 发达가 가장 적합합니다. 发达는 동사가 아닌 형용사라는 점에도 유의합니다. 정답은 A입니다.

A 发达 fādá 혱 발달하다

　　发达国家 발달한 국가[선진국을 뜻함] ｜ 发达地区 발달한 지역

B 垄断 lǒngduàn 통 독점하다

　　垄断经济 경제를 독점하다 ｜ 垄断市场 시장을 독점하다

C 复兴 fùxīng 통 부흥하다, 부흥시키다

　　民族复兴 민족이 부흥하다 ｜ 文艺复兴 문예 부흥[르네상스]

D 辉煌 huīhuáng 혱 찬란하다, 눈부시다

　　辉煌的历史 찬란한 역사 ｜ 辉煌的成绩 눈부신 성과

[2번 빈칸]　由于商贸活动　②　，人们忙着赚钱，看电视的时间就短；

이 문장은 '상업과 무역 활동이 (　)하기 때문에 사람들은 돈 벌기에 바빠서, 텔레비전 보는 시간이 짧다'라는 뜻입니다. 문맥상 '상업과 무역 활동이 빈번하다'라는 의미가 적합합니다. 따라서 '빈번하다' 또는 '잦다'라는 의미로 쓰이는 频繁(A)이 가장 자연스럽고, 繁忙(D)은 '바쁘다'라는 의미지만 活动과 호응하지 않기 때문에 정답이 될 수 없습니다.

A 频繁 pínfán 혱 빈번하다, 잦다

　　频繁见面 빈번히 만나다 ｜ 事故频繁 사고가 잦다

B 繁华 fánhuá 혱 번화하다

　　繁华的都市 번화한 도시 ｜ 繁华的街市 번화한 시가　　　　·街市 jiēshì 명 시가[상점이 늘어선 거리를 뜻함]

C 繁荣 fánróng 혱 번영하다

　　繁荣昌盛 번영하며 크게 발전하다 ｜ 经济繁荣 경제가 번영하다

D 繁忙 fánmáng 혱 (번거롭고) 바쁘다

　　繁忙的工作 바쁜 일 ｜ 繁忙的一天 바쁜 하루

[3번 빈칸]　贫穷落后地区，赚钱门路少，生活　③　慢，

이 문장은 '빈곤하고 낙후된 지역은 돈 버는 방법이 적어서 생활 (　)이 느리다'라는 뜻입니다. 선택지 단어 중 生活와 어울려서 한 단어처럼 쓸 수 있는 것은 节奏(A)입니다. 节奏는 HSK 6급 필수 단어지만 5급 시험에도 자주 등장하는 단어이니, 외워 두어야 합니다.

A 节奏 jiézòu 명 리듬

　　生活节奏 생활 리듬 ｜ 节奏快 리듬이 빠르다

B 步伐 bùfá 명 발걸음

　　改革的步伐 개혁의 발걸음 ｜ 前进的步伐 나아가는 발걸음

C 流通 liútōng 통 유통되다, 잘 통하다

　　商品流通 상품이 유통되다 ｜ 货币流通 화폐가 유통되다

D 日程 rìchéng 명 일정

　　旅游日程 여행 일정 ｜ 日程安排 일정 안배

[4번 빈칸]　人们　④　在电视机前的时间就长一些。

문장은 '사람들이 텔레비전 앞에서 (　)하는 시간이 조금 길다'라는 뜻입니다. 시간과 호응할 수 있는 표현은 '시간을 쓰다/소비하다'이기 때문에 선택지 단어 중 消耗(A)가 정답입니다. 操作(B), 寄托(D)은 정답은 아니지만 꼭 알아야 하는 단어이며, 挥霍(C)는 중요도가 비교적 떨어지는 단어입니다.

A 消耗 xiāohào 통 소비하다, 소모하다

　　消耗能量 에너지를 소모하다 ｜ 消耗热量 열량을 소모하다

B 操作 cāozuò 통 조작하다, 다루다

　　操作机器 기계를 조작하다 ｜ 操作系统 조작 시스템[운영 체제]

C 挥霍 huīhuò 图 (돈을) 헤프게 쓰다, 물 쓰듯 쓰다

  挥霍金钱 돈을 헤프게 쓰다 | 挥霍财产 재산을 헤프게 쓰다

D 寄托 jìtuō 图 (감정을) 걸다 명 기탁, 의탁

  寄托希望 희망을 걸다 | 精神寄托 정신적 의탁

|단 어| **有规律可循** yǒu guīlǜ kěxún 따를 만한 규칙이 있다 | **商贸** shāngmào 명 상업과 무역, 비즈니스 | **忙着** mángzhe ∼하느라 바쁘다 | **赚钱** zhuànqián 图 돈을 벌다 | **贫穷** pínqióng 혱 가난하다, 빈궁하다 | **落后** luòhòu 혱 낙후되다 | **门路** ménlu 명 방법, 비결, 실마리 | **慢** màn 혱 느리다

> **Tip** 有规律可循은 '따를 만한 규칙이 있다'라는 의미로, 자주 쓰는 표현이니 잘 알아 두도록 합니다.

67 | D

恐惧是一种常见的心理状态，也是情绪的一种。一般当人或动物面对环境中不可①预料、不可确定的②因素时就会产生恐惧。从心理学的③角度来讲，恐惧是人或动物④企图摆脱或逃避某种情景时出现的一种情绪。

A	评估✕	素养✕	原则✕	设想✕
B	运算✕	要素○	侧面✕	争取✕
C	探测✕	元素✕	层次✕	拼搏✕
D	预料○	因素○	角度○	企图○

공포심은 흔히 볼 수 있는 심리 상태이며, 감정의 한 종류이기도 하다. 일반적으로 사람 혹은 동물이 환경에서 ①예측할 수 없고 확정할 수 없는 ②요소에 직면했을 때 공포심이 생겨난다. 심리학의 ③관점에서 말하자면, 공포심은 사람 혹은 동물이 어떤 장면을 벗어나거나 도피하려고 ④의도할 때 나타나는 감정이다.

A 평가하다 / 소양 / 원칙 / 상상하다
B 연산하다 / 요소 / 측면 / 쟁취하다
C 탐사하다 / 원소 / 차원 / 필사적으로 싸우다
D 예측하다 / 요소 / 관점 / 의도하다

|해 설| **[1번 빈칸]** 一般当人或动物面对环境中不可 ① 、不可确定的 ② 时就会产生恐惧。

이 문장은 '[一般] [当……时] [就会] 产生 恐惧'의 구조로, '일반적으로 ……할 때 공포심이 생겨난다'라는 의미입니다. 선택지 단어를 1번 빈칸에 넣어 해석해 보면, '일반적으로 예측할 수 없는 상황에 직면했을 때 공포심이 생겨난다'가 문맥상 가장 자연스럽습니다. 따라서 1번 빈칸의 정답은 预料(D)입니다.

A 评估 pínggū 图 평가하다

  评估业绩 업적을 평가하다 | 评估资产 자산을 평가하다

B 运算 yùnsuàn 图 연산하다, 운산하다 명 연산, 운산

  逻辑运算 논리적 연산 | 数学运算 수학적 연산   · 逻辑 luójí 명 논리

C 探测 tàncè 图 탐사하다, 탐측하다

  探测石油 석유를 탐사하다 | 探测资源 자원을 탐사하다

D 预料 yùliào 图 예측하다, 예상하다

  预料之中 예상한 것 | 无法预料 예측할 수 없다

[2번 빈칸] 一般当人或动物面对环境中不可 ① 、不可确定的 ② 时就会产生恐惧。

'当……时'는 시간을 나타내는 부사절입니다. 관형어인 '不可( )、不可确定的'를 제외하고 주어, 술어, 목적어만 해석해 보면, '사람이나 동물은 ( )에 직면할 때'가 됩니다. 선택지의 단어를 2번 빈칸에 넣어 보면, 素养(A)과 元素(C)는 의미상 어울리지 않으므로 빈칸에 들어갈 수 없습니다. 동사 面对와 호응할 수 있는 목적어는 要素(B)와 因素(D)입니다. 따라서 정답의 범위는 B와 D입니다.

A 素养 sùyǎng 명 소양

人的素养 사람의 소양 ｜ 提高素养 소양을 제고하다

B 要素 yàosù 명 요소

问题的要素 문제의 요소 ｜ 事件的要素 사건의 요소

C 元素 yuánsù 명 원소

微量元素 미량 원소 ｜ 化学元素 화학 원소

D 因素 yīnsù 명 요소

不利因素 불리한 요소 ｜ 外在因素 외적 요소

[3번 빈칸]　从心理学的 __③__ 来讲,

빈칸 절은 '심리학의 (　)으로 말하자면'이라는 뜻입니다. 선택지 단어를 빈칸에 넣어 보면 D의 角度가 가장 자연스럽습니다. 한국어에서는 '~의 측면으로 말하자면'이 매우 자연스럽기 때문에 학생들이 侧面(B)을 많이 선택하는데, '从~的侧面'은 자주 쓰지 않는 표현입니다. 특히 侧面은 앞에 관형어의 수식을 받지 않으며, 주로 从一个侧面, 从几个侧面과 같은 형태로 쓰기 때문에 3번 빈칸에는 들어갈 수 없습니다.

A 原则 yuánzé 명 원칙

有原则 원칙이 있다 ｜ 坚持原则 원칙을 고수하다

B 侧面 cèmiàn 명 (다른) 측면

从一个侧面看 한 가지 측면에서 보다 ｜ 从侧面反映 다른 측면에서 반영하다

C 层次 céngcì 명 차원, 순서, 단계

高层次 고차원 ｜ 多层次 다차원

D 角度 jiǎodù 명 관점, 각도

经济学角度 경제학 관점 ｜ 个人的角度 개인의 관점

[4번 빈칸]　恐惧是人或动物 __④__ 摆脱或逃避某种情景时出现的一种情绪。

빈칸 문장을 해석하면 '공포심은 사람이나 동물이 어떠한 상황에서 벗어나거나 회피하려고 (　)할 때 나타나는 감정이다'입니다. 선택지 단어를 빈칸에 넣어 해석해 보면, 企图가 가장 자연스럽습니다. '상상하다'라는 의미의 设想은 의미상 적합하지 않고, 争取(B)와 拼搏(C)는 열심히 노력해서 결과를 얻어 낸다는 의미이므로, 摆脱나 逃避와 같은 부정적인 의미와 어울릴 수 없습니다. 따라서 정답은 D입니다.

A 设想 shèxiǎng 동 상상하다, 가상하다

不敢设想 감히 상상할 수 없다 ｜ 凭空设想 터무니없는 상상을 하다　　·凭空 píngkōng 부 근거 없이, 터무니없이

B 争取 zhēngqǔ 동 쟁취하다, ~하려고 애쓰다

争取机会 기회를 쟁취하다 ｜ 争取考第一 일등을 하려고 애쓰다

C 拼搏 pīnbó 동 필사적으로 싸우다

勇于拼搏 용감하게 필사적으로 싸우다 ｜ 顽强拼搏 완강하게 필사적으로 싸우다

D 企图 qìtú 동 의도하다, ~하려고 하다

企图逃跑 도망치려고 하다 ｜ 企图独吞 독차지하려고 하다　　·独吞 dútūn 동 독점하다, 독차지하다

| 단 어 |　恐惧 kǒngjù 명 공포, 공포심 ｜ 情绪 qíngxù 명 감정, 마음, 기분 ｜ 确定 quèdìng 동 확정하다 ｜ 摆脱 bǎituō 동 벗어나다, 빠져나오다 ｜ 逃避 táobì 동 도피하다 ｜ 情景 qíngjǐng 명 (눈앞에 펼쳐진) 장면, 정경

Tip

情绪는 HSK 5급 필수 단어지만, 6급 시험에서도 자주 출제되는 편입니다. 한자 독음대로 '정서'라고 해석하는 경우가 많은데, '기분', '감정' 또는 '불만'이라고 해석하는 것이 자연스럽습니다. HSK 6급 시험에서는 '情绪高涨(기분이 업되다)', '情绪低落(기분이 다운되다)'가 많이 출제됩니다.

越是泥泞的道路，留下的足迹越①清晰；越是陡峭的山峰，看到的②景致越美妙。世上没有平白无故的成功，所有的鲜花都是用汗水③浇灌而成的。所以一旦选准了道路，就要勇敢地走下去，再难也要④坚持，再远也不要放弃。

질퍽거리는 길일수록 남겨진 발자국이 ①뚜렷하고, 험준한 산봉우리일수록 볼 수 있는 ②경치가 아름답다. 세상에는 아무런 이유도 없는 성공이 없고, 모든 꽃은 땀으로 ③물을 줘서 만들어진 것이다. 그래서 일단 길을 정확하게 선택했다면 용감하게 나아가야 하고, 아무리 어려워도 ④계속해야 하며, 아무리 멀어도 포기해선 안 된다.

A 深沉✕	景色○	哺育✕	支撑✕
B 清晰○	景致○	浇灌○	坚持○
C 清澈✕	风景○	灌溉✕	面对✕
D 深刻✕	风光○	抚养✕	维持✕

A 침착하다 / 경치 / 양육하다 / 지탱하다
B 뚜렷하다 / 경치 / 물을 주다 / 계속하다
C 맑고 투명하다 / 풍경 / 물을 주다 / 직면하다
D 깊다 / 풍경 / 부양하다 / 유지하다

|해 설| **[1번 빈칸]** 越是泥泞的道路，留下的足迹越 ① ，

빈칸 절은 '도로가 질퍽할수록 남겨진 발자국이 ( )하다'라는 의미입니다. 深沉(A)은 사람의 성격이나 주변의 소리와 함께 쓰이는 형용사이고, 清澈(C)는 '물이 맑고 투명하다'라는 뜻이므로 足迹와 호응할 수 없습니다. 深刻(D)는 추상적인 의미로 사용되기 때문에 이 빈칸에 적합하지 않습니다. 정답은 '뚜렷하다'라는 의미의 清晰(B)가 됩니다.

A 深沉 shēnchén 형 (성격이) 침착하다, (소리가) 낮고 묵직하다
　性格深沉 성격이 침착하다 | 语调深沉 목소리가 낮고 묵직하다　　·语调 yǔdiào 명 어조, 목소리

B 清晰 qīngxī 형 뚜렷하다, 분명하다
　画面清晰 화면이 뚜렷하다 | 痕迹清晰 흔적이 뚜렷하다　　·痕迹 hénjì 명 흔적

C 清澈 qīngchè 형 (물이) 맑고 투명하다
　清澈的小溪 맑고 투명한 시내 | 清澈的泉水 맑고 투명한 샘물　　·小溪 xiǎoxī 명 시내

D 深刻 shēnkè 형 깊다
　印象深刻 인상이 깊다 | 意义深刻 의미가 깊다

[2번 빈칸] 越是陡峭的山峰，看到的 ② 越美妙。

선택지는 모두 '풍경', '경치'를 나타내는 단어로, 의미가 유사합니다. 여기서는 네 개의 단어가 모두 정답의 범위에 들 수 있습니다.

A 景色 jǐngsè 명 경치, 풍경
　景色宜人 경치가 마음에 들다　　·宜人 yírén 동 (사람의) 마음에 들다

B 景致 jǐngzhì 명 경치, 풍경
　优美的景致 아름다운 경치

C 风景 fēngjǐng 명 풍경, 경치
　美妙的风景 아름다운 풍경

D 风光 fēngguāng 명 풍경, 경치
　美好的风光 아름다운 풍경

[3번 빈칸] 所有的鲜花都是用汗水 ③ 而成的。

빈칸 문장은 '모든 꽃은 땀으로 ( )해서 만들어진다'라는 뜻입니다. 선택지 단어를 빈칸에 넣어 해석해 보면, '물을 주다'라는 의미인 浇灌(B)가 가장 자연스럽습니다. 哺育(A)와 抚养(D)는 사람이나 동물에 쓰기 때문에 빈칸에는 적합하지 않습니다. C의 灌溉는 浇灌과 마찬가지로 '물을 주다', '관개하다'라는 뜻이지만 '농지나 밭에 물을 주다'라는 의미로 쓰이므로, 빈칸의 주어인 鲜花와는 어울리지 않습니다. 따라서 정답은 B입니다.

A 哺育 bǔyù 동 양육하다, 먹여 기르다
　哺育幼鸟 어린 새를 먹여 기르다

B 浇灌 jiāoguàn 동 물을 주다, 물을 대다, 관개하다
　浇灌花草 화초에 물을 주다

C 灌溉 guàngài 동 (농지에) 물을 주다, 물을 대다, 관개하다
　灌溉农田 농지에 물을 대다

D **抚养** fǔyǎng 图 부양하다, 정성 들여 기르다

　　抚养孩子 아이를 정성 들여 기르다

[4번 빈칸]　所以一旦选准了道路，就要勇敢地走下去，再难也要 ④ ，再远也不要放弃。

빈칸 문장은 '일단 길을 선택했으면 용감하게 나아가야 한다. 아무리 어려워도 (　)해야 하고, 아무리 멀어도 포기하지 말아야 한다'라는 뜻입니다. 선택지의 단어 중 '계속하다', '꾸준히 하다'라는 坚持가 들어가서 '아무리 어려워도 (계속해야 하고), ……'의 의미가 되는 것이 가장 자연스럽습니다. 面对(C)는 의미에 맞지 않아서 먼저 제거합니다. 그리고 支撑(A)은 보통 '支撑下去'의 형태로 써야 자연스럽기 때문에 빈칸에는 적합하지 않습니다. 维持(D)는 일반적으로 힘든 상황을 유지해 나갈 때 사용하므로 문맥상 어울리지 않습니다. 따라서 정답은 坚持(B)입니다.

A **支撑** zhīchēng 图 지탱하다, 버티다

　　支撑家庭 가정을 지탱하다 ｜ 支撑下去 버텨 나가다

B **坚持** jiānchí 图 계속하다, 꾸준히 하다

　　坚持下去 계속해 나가다 ｜ 坚持锻炼 꾸준히 단련하다

C **面对** miànduì 图 직면하다, 마주하다

　　面对危机 위기에 직면하다 ｜ 面对父母 부모님을 마주하다

D **维持** wéichí 图 유지하다

　　维持生命 생명을 유지하다 ｜ 维持秩序 질서를 유지하다　　　　　　· **秩序** zhìxù 圐 질서

|단 어| **泥泞** nínìng 圐 질퍽거리다 ｜ **足迹** zújì 圐 발자국, 족적 ｜ **陡峭** dǒuqiào 圐 (산세가) 험준하다, 가파르다 ｜ **山峰** shānfēng 圐 산봉우리 ｜ **美妙** měimiào 圐 아름답다, 미묘하다 ｜ **平白无故** píngbáiwúgù 圀 아무런 이유도 없다 ｜ **鲜花** xiānhuā 圐 꽃, 생화 ｜ **汗水** hànshuǐ 圐 땀 ｜ **选准** xuǎnzhǔn 图 정확하게 선택하다 ｜ **勇敢** yǒnggǎn 圐 용감하다 ｜ **放弃** fàngqì 图 포기하다

Tip

坚持는 시험에서 꾸준히 출제되는 단어입니다. '(중도에 포기하지 않고) 꾸준히 하다'의 의미로 쓰이는 경우가 대부분이고, 간혹 '고집 부리다'라는 의미로 쓰이기도 합니다.

圙 坚持运动 운동을 꾸준히 하다 ｜ 坚持不懈 느슨해지지 않고 끝까지 견지하다 ｜ 坚持到底 끝까지 버티다 ｜ 坚持己见 자신의 의견을 고수하다

69 | C

　　大唐芙蓉园位于陕西省西安市，是西北地区最大的文化①主题公园。历史上的芙蓉园就是②久负盛名的皇家御苑，今天的大唐芙蓉园建于原址之上，以"走进历史，感受人文，③体验生活"为背景，再现了大唐盛世的④灿烂文明。

대당부용원(大唐芙蓉园)은 산시성 시안시에 위치한, 서북 지역 최대의 문화 ①테마파크이다. 역사상의 부용원은 바로 ②명성을 오랫동안 누린 황가의 어원으로, 오늘날 대당부용원은 원래의 터 위에 지어졌고 '역사로 들어가서 인문을 느끼고 생활을 ③체험한다'를 배경으로 해서, 대당 성세의 ④찬란한 문명을 재현했다.

A	标题×	众所周知〇	考验×	神奇×
B	课题×	难能可贵×	检验×	耀眼×
C	主题〇	久负盛名〇	体验〇	灿烂〇
D	专题×	家喻户晓〇	试验×	显著×

A 제목 / 모든 사람들이 다 알다 / 시련을 주다 / 신기하다
B 과제 / 아주 기특하다 / 검사하다 / 눈부시다
C 주제 / 명성을 오랫동안 누리다 / 체험하다 / 찬란하다
D (특정) 제목 / 집집마다 다 알다 / 실험하다 / 뚜렷하다

|해 설|　**[1번 빈칸]**　大唐芙蓉园位于陕西省西安市，是西北地区最大的文化 ① 公园。

이 문장은 '대당부용원은 산시성 시안시에 위치한, 서북 지역의 가장 큰 문화 (　)공원이다'라는 뜻입니다. 公园의 관형어로 쓸 수 있는 단어는 主题(C)뿐입니다. 主题는 한국어 독음대로 '주제'라는 뜻이 있고, 외래어 '테마'도 중국어로는 主题라고 씁니다. '主题酒店', '主题餐厅', '主题旅游' 등 다양한 단어들이 있지만, 이 중 가장 많이 출제된 단어가 바로 '테마파크'인 主题公园입니다.

A 标题 biāotí 몡 제목, 표제

新闻的标题 뉴스의 제목

B 课题 kètí 몡 과제

研究课题 연구 과제

C 主题 zhǔtí 몡 주제, 테마

主题公园 테마파크

D 专题 zhuāntí 몡 특정한 제목, 전문적인 테마

专题报道 특집 보도

[2번 빈칸] 历史上的芙蓉园就是 ② 的皇家御苑,

문장은 '역사상의 부용원은 ( )한 황가의 어원이다'라는 의미입니다. 선택지 단어를 빈칸에 넣어 해석해 보면, 众所周知(A), 久负盛名(C), 家喻户晓(D)가 정답의 범위에 들 수 있습니다. B의 难能可贵는 '아주 기특하다'라는 의미라 '공원'의 관형어로 쓸 수 없어 제거합니다.

A 众所周知 zhòngsuǒzhōuzhī 솅 모든 사람들이 다 알다

众所周知的事实 모든 사람들이 다 아는 사실

B 难能可贵 nánnéngkěguì 솅 (어려운 일을 해내어) 아주 기특하다

难能可贵的精神 아주 기특한 정신

C 久负盛名 jiǔfùshèngmíng 솅 명성을 오랫동안 누리다

久负盛名的公园 명성을 오랫동안 누린 공원

D 家喻户晓 jiāyùhùxiǎo 솅 집집마다 다 알다, 모두가 다 알다

家喻户晓的明星 모두가 다 아는 스타

[3번 빈칸] 以"走进历史，感受人文， ③ 生活"为背景,

3번 빈칸은 生活를 목적어로 갖는 동사를 찾는 문제입니다. 해석을 하지 않아도 호응 관계로 충분히 풀 수 있습니다. 验이 들어가는 단어 중에 生活와 호응할 수 있는 단어는 体验뿐입니다. 体验生活는 '(다양한) 생활을 체험하다'라는 의미로, 자주 쓰는 호응 관계입니다.

A 考验 kǎoyàn 동 시련을 주다(겪다), 시험하다 명 시험, 시련

久经考验 오랫동안 여러 가지 시련을 겪다 | 经受考验 시련을 겪다

B 检验 jiǎnyàn 동 검사하다, 검증하다 명 검사, 검증

检验产品 제품을 검사하다 | 质量检验 품질 검사

C 体验 tǐyàn 동 체험하다

体验生活 생활을 체험하다 | 亲身体验 몸소 체험하다

D 试验 shìyàn 동 실험하다, 시험하다 명 실험, 시험

试验新机器 새로운 기계를 실험하다 | 核试验 핵실험

[4번 빈칸] 再现了大唐盛世的 ④ 文明。

이 절의 大唐은 당 나라를 의미합니다. 해석해 보면 '대당 성세의 ( )한 문명을 재현했다'라는 의미이고, 4번 빈칸은 文明을 수식하는 형용사가 들어가야 합니다. '찬란하다'라는 의미의 灿烂(C)이 文明을 수식하는 데 가장 적합합니다. 나머지 선택지들은 의미상 모두 文明을 수식할 수 없습니다.

A 神奇 shénqí 혱 신기하다

神奇的大自然 신기한 대자연

B 耀眼 yàoyǎn 혱 눈부시다

耀眼的光芒 눈부신 빛　　　　　　　　　　　　　　·光芒 guāngmáng 명 빛

C 灿烂 cànlàn 혱 찬란하다, 눈부시다

灿烂的文化 찬란한 문화

D 显著 xiǎnzhù 혱 뚜렷하다, 현저하다

显著的变化 뚜렷한 변화

| 단 어 | **大唐芙蓉园** Dàtáng fúróngyuán [고유] 대당부용원 | **位于** wèiyú [통] ~에 위치하다, ~에 있다 | **陕西省** Shǎnxī Shěng [지명] 산시성 | **皇家** huángjiā [명] 황가, 황실 | **御苑** yùyuàn [명] 어원(궁정의 뜰을 뜻함) | **建于** jiànyú [통] ~에 지어지다 | **原址** yuánzhǐ 원래의 주소 | **以~为…** yǐ~wéi… ~을 …으로 삼다 | **背景** bèijǐng [명] 배경 | **再现** zàixiàn [통] 재현하다 | **盛世** shèngshì [명] 성세

70 | A

　　苏轼少年时聪明好学，常得到①长辈的赞扬。他觉得自己很②了不起，于是写了一③副对联贴在门上；"识遍天下字，读尽人间书。"一位老者听说后，故意拿了一本非常④深奥的古书来问他，可书中的很多字苏轼都不认识，老者借此委婉地批评了他，于是苏轼把对联改为"发奋识遍天下字，立志读尽人间书"，用以⑤勉励自己。

　　소식(苏轼)은 어린 시절에 총명하고 배우기 좋아했으며, 자주 ①어른의 칭찬을 받았다. 그는 자신이 매우 ②대단하다고 여겨서, '세상의 글자를 모두 알고, 세상의 책을 다 읽었다.'라는 대련 한 ③구를 써서 문에 붙였다. 이것을 들은 한 노인이 일부러 매우 ④심오한 고서 한 권을 가져와서 그에게 물었지만, 책 속의 많은 글자들을 소식은 알지 못했고, 노인은 이 기회를 빌어 그를 완곡하게 꾸짖었다. 그래서 소식은 자기가 써 놓은 대련을 '세상의 글자를 두루 알고자 분발하고, 세상의 책을 다 읽고자 뜻을 세운다.'로 고쳐서 자신을 ⑤격려했다.

A 长辈〇	了不起〇	副〇	深奥〇	勉励〇
B 同窗✕	不得了✕	匹✕	深沉✕	刺激✕
C 伴侣✕	不敢当✕	丛✕	资深✕	督促〇
D 搭档✕	恨不得✕	束✕	深刻✕	警告✕

A 어른 / 대단하다 / 쌍 / 심오하다 / 격려하다
B 동창 / 심하다 / 필 / 침착하다 / 자극하다
C 배우자 / 감당하기 어렵다 / 더미 / 베테랑의 / 독촉하다
D 파트너 / ~못하는 것이 안타깝다 / 다발 / 깊다 / 경고하다

| 해 설 | **[1번 빈칸]** 苏轼少年时聪明好学，常得到 ① 的赞扬。

이 문장은 '소식은 어린 시절에 총명하고 배우기를 좋아해서 자주 ( )의 칭찬을 받았다'라는 의미입니다. 선택지 단어 중 문맥상 빈칸에 어울리는 것은 长辈(A)입니다.

> A **长辈** zhǎngbèi [명] (집안) 어른
> 长辈与晚辈 윗사람과 아랫사람
>
> B **同窗** tóngchuāng [명] 동창(생)
> 十年同窗 10년 지기 동창
>
> C **伴侣** bànlǚ [명] 배우자, 반려자
> 人生的伴侣 인생의 반려자
>
> D **搭档** dādàng [명] 파트너, 협력자
> 工作上的搭档 사업상 파트너

[2번 빈칸] 他觉得自己很 ② ，

'그는 스스로 ( )하다고 생각한다'라는 문장입니다. 앞 문장에서 소식은 똑똑해서 어른들의 칭찬을 받았다는 내용이 나오므로, 소식은 스스로 대단하다고 생각할 것임에 틀림없습니다. 따라서 了不起(A)가 정답입니다. 나머지 선택지는 모두 의미상 어울리지 않으므로 정답이 될 수 없습니다.

> A **了不起** liǎobuqǐ [형] 대단하다, 뛰어나다
> 他是个了不起的人物。 그는 대단한 인물이다.
>
> B **不得了** bùdéliǎo [형] (정도가) 심하다
> 他气得不得了。 그는 화가 잔뜩 났다.
>
> C **不敢当** bù gǎndāng 감당하기 어렵다
> 您过奖了，我实在不敢当。 과찬이십니다. 전 정말 감당하기 어렵습니다.　·**过奖** guòjiǎng [통] 지나치게 칭찬하다, 과찬이다
>
> D **恨不得** hènbude [통] ~못하는 것이 안타깝다
> 我恨不得一口气把这些内容都背下来。 나는 단숨에 이 내용들을 외워 버리지 못하는 것이 안타깝다.

[3번 빈칸] 于是写了一___③___对联贴在门上；

3번 빈칸은 对联의 양사를 찾는 문제입니다. 두 개가 짝을 이루어 한 세트를 이루는 사물을 세는 단위는 副입니다. 따라서 정답은 A입니다.

> A 副 fù 웹 쌍, 켤레, 짝[쌍이나 짝으로 된 물건을 세는 단위]
>   一副对联 대련 한 쌍 | 一副手套 장갑 한 켤레 | 一副眼镜 안경 한 개
>
> B 匹 pǐ 웹 필[말 등의 가축을 세는 단위]
>   一匹马 말 한 필
>
> C 丛 cóng 웹 더미, 무더기, 떨기
>   一丛灌木 관목 한 더미   · 灌木 guànmù 몡 관목
>
> D 束 shù 웹 다발, 묶음, 단
>   一束花 꽃 한 다발

[4번 빈칸] 故意拿了一本非常___④___的古书来问他，可书中的很多字苏轼都不认识，

문장을 해석해 보면 '일부러 ( )한 고서를 가져와서 그에게 물었는데, 책 속의 많은 글자들을 그는 모두 몰랐다'라는 말입니다. 선택지의 단어를 빈칸에 넣어 해석해 보면, 深奥(A)가 적합합니다. 深沉(B)은 주체가 주로 사람이어야 하고, 资深(C)은 '경력이 오래다', '베테랑이다'라는 형용사이므로 역시 주체가 사람이어야 합니다. 深刻(D)는 주로 추상적인 사물을 수식하므로, 구체적 사물인 古书를 수식하는 빈칸에는 어울리지 않습니다.

> A 深奥 shēn'ào 웹 심오하다
>   深奥的道理 심오한 이치 | 深奥的书 심오한 책
>
> B 深沉 shēnchén 웹 (성격이) 침착하다, (소리가) 낮고 묵직하다
>   性格深沉 성격이 침착하다 | 语调深沉 목소리가 낮고 묵직하다
>
> C 资深 zīshēn 웹 베테랑의, 경력이 오랜
>   资深记者 베테랑 기자 | 资深专家 베테랑 전문가
>
> D 深刻 shēnkè 웹 깊다
>   深刻的内涵 깊은 내용 | 深刻的印象 깊은 인상

[5번 빈칸] 于是苏轼把对联改为"发奋识遍天下字，立志读尽人间书"，用以___⑤___自己。

빈칸 문장은 '소식은 대련의 내용을 "发奋识遍天下字，立志读尽人间书"로 바꿔서 자신을 ( )했다'라는 뜻입니다. 이 문제를 풀려면 소식이 고쳐 쓴 대련의 내용을 대충이라도 알아야 합니다. 대련의 핵심 단어는 发奋과 立志입니다. 스스로를 격려하는 내용이므로, 빈칸에는 勉励(A), 督促(C)가 들어갈 수 있습니다. 5번 빈칸의 난이도는 어렵기 때문에 ①~④번 빈칸에서 답을 찾아야 합니다.

> A 勉励 miǎnlì 됨 격려하다
>   勉励学生学习 학생들이 공부하도록 격려하다
>
> B 刺激 cìjī 됨 자극하다
>   刺激大脑 대뇌를 자극하다
>
> C 督促 dūcù 됨 독촉하다(감독 재촉하다)
>   督促学生学习 학생들이 공부하도록 독촉하다
>
> D 警告 jǐnggào 됨 경고하다
>   事先警告 사전에 경고하다

| 단 어 |　苏轼 Sū Shì 인몡 소식 | 好学 hàoxué 됨 배우기 좋아하다 | 赞扬 zànyáng 됨 칭찬하다, 찬양하다 몡 칭찬, 찬양 | 对联 duìlián 몡 대련[종이나 천에 쓰거나 대나무·나무·기둥 따위에 새긴 대구의 글] | 贴 tiē 됨 (풀 따위로) 붙이다 | 遍 biàn 몡 모두, 전부 | 故意 gùyì 몡 일부러, 고의로 | 借此 jiè cǐ 이 기회를 빌다 | 委婉 wěiwǎn 웹 완곡하다 | 批评 pīpíng 됨 꾸짖다, 질책하다 | 发奋 fāfèn 됨 분발하다 | 立志 lìzhì 됨 뜻을 세우다 | 用以 yòngyǐ 됨 ~에 쓰다[=用来 yònglái]

> **Tip**　对联은 대구되는 글귀를 종이나 천에 쓰거나 대나무·나무·기둥 따위에 새겨 넣는 것을 뜻합니다. 특히 설날에 써서 붙이는 대련을 '春联(儿)'이라고 부릅니다. 시험에서 많이 출제되는 단어이니 잘 알아 둬야 합니다.

독해

3부분

실전문제				302쪽					
71 B	**72** E	**73** A	**74** D	**75** C	**76** B	**77** E	**78** A	**79** D	**80** C

71~75 | B E A D C

🎧 실전문제 71_75.mp3

日常生活中常见的刀大多是金属制成的，那么假如有人对你说水能做成刀，你会有什么样的感觉呢？

水与刀是如何联系起来的呢？科学家利用流体力学的原理，以高压方式对普通的水增加压强，让水从一个小喷头内喷出来，形成高速射流，再利用高速射流来切割物体，(71)B 这就是水刀的工作原理。

由纯水产生的水刀能够切割各种非金属材料，比如纸张、玻璃纤维、食品以及各种膨松材料。奇妙的是，(72)E 用水刀切割纸张时并不会弄湿纸，这是为什么呢？原来水刀切割时的射流速度极高，水根本来不及去与较大面积的纸面接触，自然就不会弄湿纸了。(73)A 如果在水中加入细砂，那么水刀就可以切割几乎所有的材料，什么钢、铁、石头、陶瓷、塑料制品等，均不在话下。

水刀除了可以切割材料外，还有别的用途。比如人们已经把水刀用到了消除混凝土杂物上，那就是水铣作业。混凝土经过日晒雨淋，表面会发生变质，普通的工具很难清除，而水刀却可以轻而易举地解决这个难题。在其他的清洗工作中，(74)D 水刀也有用武之地。

可见，"水滴石穿"的道理虽然众所周知，(75)C 但是只有经过科技的武装，它才能迸发巨大的能量。

A 如果在水中加入细砂
B 这就是水刀的工作原理
C 但是只有经过科技的武装
D 水刀也有用武之地
E 用水刀切割纸张时并不会弄湿纸

일상생활에서 자주 보이는 칼은 대부분 금속으로 만든 것이다. 그러면 만일 누군가가 당신에게 물로 칼을 만들 수 있다고 말한다면, 당신은 어떠한 생각이 들겠는가?

물과 칼은 어떻게 연관 지을까? 과학자가 유체역학의 원리를 이용해서, 고압 방식으로 일반적인 물에 단위 면적당 받는 압력을 높여서 물을 작은 분사 노즐로 내뿜게 하여 고속 유체를 형성하고, 다시 고속 유체를 이용해서 물체를 자르는데, (71)B 이것이 바로 수력 절단기의 작업 원리이다.

순수한 물이 생산하는 수력 절단기는 갖가지 비금속 재료를 자를 수 있다. 예를 들면 종이, 유리 섬유, 식품 그리고 각종 부풀어 있는 재료이다. 기묘한 것은 (72)E 수력 절단기로 종이를 자를 때는 결코 종이를 적시지 않는데, 이것은 왜 그럴까? 알고 보니, 수력 절단기가 자를 때의 유체 속도가 아주 높아서, 물이 비교적 큰 면적의 지면과 접촉할 겨를이 전혀 없어서, 자연히 종이를 적시지 않게 된다. (73)A 만일 물속에 가는 모래를 넣는다면, 수력 절단기는 거의 모든 재료를 자를 수 있다. 강철, 쇠, 돌, 도지기, 플라스틱 제품 등 모두 전혀 문제될 것이 없다.

수력 절단기는 재료를 자를 수 있는 것 외에, 다른 용도도 있다. 예를 들어 사람들은 이미 수력 절단기를 콘크리트 불순물을 제거하는 데 쓰는데, 그것이 바로 '水铣(물로 씻어내다)' 작업이다. 콘크리트는 햇빛에 쬐이고 비에 젖으면 표면에 변질이 일어난다. 보통의 도구로는 완전히 없애기가 어렵지만, 수력 절단기는 매우 수월하게 이 난제를 해결할 수 있다. 다른 청소 작업 중 (74)D 수력 절단기도 사용할 수 있는 곳이 있다.

이로부터 알 수 있는 것은, '낙숫물이 댓돌을 뚫는다'라는 이치는 비록 모든 사람들이 다 알고 (75)C 있지만 과학기술의 무장을 거쳐야만, 그것은 비로소 거대한 에너지를 내뿜을 수 있다는 것이다.

A 만일 물속에 가는 모래를 넣는다면
B 이것이 바로 수력 절단기의 작업 원리이다
C 하지만 과학기술의 무장을 거쳐야만 한다
D 수력 절단기는 그 힘을 발휘한다
E 수력 절단기로 종이를 자를 때는 결코 종이를 적시지 않는다

| 해 설 | [71번 빈칸] 科学家利用流体力学的原理，……，(71)_____。

해석으로 흐름 잡고 빈칸 내용 유추하기

B 这就是水刀的工作原理

결론을 낼 때 쓰이는 표현이므로, 한 단락의 마지막 또는 글 전체의 마지막에 쓰임

두 번째 단락의 첫 문장이 '水与刀是如何联系起来的呢?'라는 질문으로 시작합니다. 여기에 대한 답변이 두 번째 단락의 주된 내용입니다. 문장을 해석하면 '물과 칼은 어떻게 연관 지을까? 과학자가 유체역학의 원리를 이용해서……'입니다. 전체를 다 해석하지 않아도 되며, 중간 부분은 어떠한 설

명을 하고 있다는 흐름만 잡으면 됩니다. 그리고 마지막에 '이러한 원리이다'라고 마무리를 해야 한다는 것을 알 수 있습니다. 따라서 B 这就是水刀的工作原理가 정답이 됩니다.

[72번 빈칸] 奇妙的是，(72)＿＿＿＿＿＿＿，……，自然就不会弄湿纸了。

　　　　　키워드　　　　　해석으로 흐름 잡고 빈칸 내용 유추하기

　　E 用水刀切割纸张时并不会弄湿纸

　　　　　키워드로 의미 파악하기

빈칸 바로 앞에 '기묘한 것은'이라는 말이 있으니, 빈칸에는 신기한 내용이 나와야 합니다. 선택지 E를 해석해 보면, '수력 절단기로 종이를 자를 때는 결코 종이를 적시지 않는다'라는 신기한 현상에 대해 말하고 있습니다. 그리고 빈칸 뒷부분을 좀 더 해석해 보면, 종이가 물에 안 젖는 이유에 대한 설명이 나옵니다. 따라서 E가 정답이 됩니다.

[73번 빈칸] (73)＿＿＿＿＿＿＿，那么水刀就可以切割几乎所有的材料，

　　　　　　　　　　那么와 호응하는 단어 찾기

　　A 如果在水中加入细砂

　　　如果~那么/就… → 결과절 찾기

빈칸 뒤에 접속사 那么가 있기 때문에 빈칸에 那么와 호응하는 단어가 들어가는 것이 가장 적합합니다. 선택지 중 A의 如果가 那么와 호응할 수 있습니다. 따라서 A가 정답입니다.

[74번 빈칸] 在其他的清洗工作中，(74)＿＿＿＿＿＿＿。

　　　　　키워드

　　D 水刀也有用武之地

　　　비슷한 내용이 다시 언급될 때 사용

빈칸 앞에 其他的가 있어서 쉽게 풀 수 있습니다. 한국어에서도 '나머지도 마찬가지이다'라고 표현하듯, 중국어에서도 '其他的……也……'와 같이 표현합니다. 따라서 D가 정답입니다.

[75번 빈칸] (75)＿＿＿＿＿＿＿，它才能迸发巨大的能量。

　　　　　　才와 호응하는 단어 찾기

　　C 但是只有经过科技的武装

　　　只有~才… → 뒷절에 才가 나와야 함

빈칸 뒤에 才가 있습니다. '只有~才…'가 자주 쓰이는 접속사 호응 관계이므로, 只有로 시작하는 C를 찾아서 빈칸에 넣고 해석으로 최종 확인합니다. 접속사 호응과 해석 모두 맞기 때문에 정답은 C가 됩니다. 만약 71~74번 문제를 정확히 풀었다면 75번은 저절로 풀리게 됩니다.

|단 어|　　**大多** dàduō 뿐 대부분 | **金属** jīnshǔ 명 금속 | **联系** liánxì 통 연관 짓다, 연계하다, 연결하다 | **流体力学** liútǐ lìxué 유체역학 ＊**流体** liútǐ 명 [액체와 기체의 총칭] | **压强** yāqiáng 명 단위 면적당 받는 압력 | **喷头** pēntóu 명 (물뿌리개의) 분사 노즐 | **喷** pēn 통 내뿜다, 분출하다 | **射流** shèliú 명 (작은 구멍으로 뿜어져 나오는) 유체 | **切割** qiēgē 통 자르다, 절단하다 | **水刀** shuǐdāo 명 수력 절단기[유체역학 원리를 이용하여 고속 분출하는 물로, 물체를 절단하는 공구] | **纯水** chúnshuǐ 명 (이물질이 없는) 순수한 물 | **非金属** fēijīnshǔ 명 비금속 | **材料** cáiliào 명 재료 | **纸张** zhǐzhāng 명 종이 | **玻璃纤维** bōli xiānwéi 유리 섬유 | **膨松** péngsōng 형 부풀어 있는, 팽창되어 있는 | **奇妙** qímiào 형 기묘하다, 신기하다 | **弄湿** nòngshī 통 적시다 | **来不及** láibují 통 (시간이 부족하여) ~할 겨를이 없다 | **细砂** xìshā 명 세사, 가는 모래 | **钢** gāng 명 강철 | **铁** tiě 명 쇠, 철 | **陶瓷** táocí 명 도자기 | **塑料制品** sùliào zhìpǐn 플라스틱 제품 | **均** jūn 뿐 모두, 다 | **不在话下** búzàihuàxià 성 전혀 문제될 것이 없다 | **用途** yòngtú 명 용도 | **消除** xiāochú 통 없애다, 제거하다 | **混凝土** hùnníngtǔ 명 콘크리트 | **杂物** záwù 명 불순물, 잡물, 잡다한 물건 | **水铣** shuǐxǐ 통 (금속 등의 재료들을) 물로 제거하다 | **日晒雨淋** rìshàiyǔlín 성 햇빛에 쬐이고 비에 젖다 | **清除** qīngchú 통 완전히 없애다, 철저히 제거하다 | **轻而易举** qīng'éryìjǔ 성 매우 수월하다, 가벼워서 들기 쉽다 | **清洗** qīngxǐ 통 청소하다, 깨끗이 씻다 | **用武之地** yòngwǔzhīdì 성 사용할 수 있는 곳, 자신의 재능을 보여 주는 곳 | **水滴石穿** shuǐdīshíchuān 성 낙숫물이 댓돌을 뚫는다, 작은 힘이라도 끈기 있게 계속하면 성공한다 | **众所周知** zhòngsuǒzhōuzhī 성 모든 사람들이 다 알고 있다 | **科技** kējì 명 과학 기술 | **武装** wǔzhuāng 명 무장 통 무장하다 | **迸发** bèngfā 통 내뿜다, 분출하다

天气渐渐变冷，人们都脱下了单衣换上了冬装，可是你知道吗？其实不仅人需要换冬装，汽车轮胎也需要换"冬装"。

如果你生活在冬季最低气温低于7℃的地区，那么建议你进入冬天后，(76)B 要及时将汽车轮胎更换为冬季胎。这是因为夏季胎的胶质在低温会变硬，抓地能力和制动性能都会下降，(77)E 如此一来将无法保证行车安全，而冬季胎是专门针对冬季时的路面情况设计的，它的胎胶配方和胎面花纹都比较特殊，可以提高轮胎的抓地和防滑性能，增强低温状态下汽车对地面的附着力，使其在冬天寒冷、湿滑，甚至积雪的路面上(78)A 都能有很好的制动和操控性能。

那么更换冬季胎时需要注意什么？首先要选择一款适合自己车型的冬季胎，以应对不同的路况；其次在更换轮胎时，一定要同时更换4个轮胎，(79)D 因为若只更换部分轮胎，在行驶中，4个车轮与地面的附着力便会不均匀，从而形成潜在的安全隐患；最后，(80)C 冬季胎也是有保质期的，一般使用两到三个冬季就需要更换，否则胎胶的摩擦力会逐渐变小，抓地和防滑性能也会变差，容易引起交通事故。

A 都能有很好的制动和操控性能
B 要及时将汽车轮胎更换为冬季胎
C 冬季胎也是有保质期的
D 因为若只更换部分轮胎
E 如此一来将无法保证行车安全

날씨가 점점 추워지면 사람들은 모두 홑옷을 벗고 겨울옷으로 갈아입는다. 그런데 당신은 알고 있는가? 사실 사람만 겨울옷으로 갈아입어야 하는 게 아니라, 자동차 타이어도 '겨울옷'으로 갈아입어야 한다.

만일 당신이 겨울철 최저 기온이 7도보다 낮은 지역에서 생활한다면, 당신에게 겨울이 된 후에 (76) B 제때에 자동차 타이어를 겨울철 타이어로 바꿔야 한다고 제안한다. 이것은 여름철 타이어의 고무 질이 저온에서 딱딱해져서 지면을 잡는 능력과 제동 성능 모두가 떨어지기 때문인데, (77) E 이렇게 되면 안전 운행을 보장할 수 없다. 반면 겨울철 타이어는 겨울철의 노면 상황에 초점을 맞추어 전문적으로 설계한 것이다. 겨울철 타이어의 타이어 고무는 배합 방법과 타이어 표면의 무늬 모두가 비교적 특수해서 타이어의 지면을 잡고 미끄럼을 방지하는 성능을 높일 수 있으며, 저온 상태에서 자동차의 지면에 대한 부착력을 강화하여 겨울철 타이어가 겨울에 춥고 미끄러우며 심지어 눈이 쌓인 노면에서도 (78) A 아주 좋은 제동과 컨트롤 성능을 가질 수 있게 한다.

그러면 겨울철 타이어를 바꿀 때 무엇에 주의해야 할까? 우선 자신의 차종에 적합한 겨울철 타이어를 선택함으로써 다른 도로 상황에 대처한다. 두 번째로 타이어를 바꿀 때에는 반드시 타이어 4개를 동시에 바꿔야 하는데, (79) D 만약 일부의 타이어만 바꾼다면 운전 중에 4개의 바퀴와 지면의 부착력이 고르지 않아서 잠재된 안전 위험이 형성되기 때문이다. 마지막으로 (80) C 겨울철 타이어도 품질 보증 기간이 있어서, 일반적으로 두세 번의 겨울 동안 사용하면 바꿔 줘야 한다. 그렇지 않으면 타이어의 마찰력이 점차 작아지고, 지면을 잡고 미끄럼을 방지하는 성능도 나빠져서 교통사고가 발생하기 쉽다.

A 아주 좋은 제동과 컨트롤 성능을 가진다
B 제때에 자동차 타이어를 겨울철 타이어로 바꿔야 한다
C 겨울철 타이어도 품질 보증 기간이 있다
D 만약 일부의 타이어만 바꾼다면 ……하기 때문이다
E 이렇게 되면 안전 운행을 보장할 수 없다

| 해 설 | [76번 빈칸] 那么建议你进入冬天后，(76)_____。

키워드　　　　문맥으로 빈칸 내용 유추하기

B 要及时将汽车轮胎更换为冬季胎
의견을 내놓을 때 쓰는 능원동사

빈칸 바로 앞에 建议라는 단어가 있습니다. 보통 建议 다음에는 하나의 문장, 즉 '주어+술어' 구조가 옵니다. 那么建议你进入冬天后에서 建议 다음에 주어 你가 있기 때문에 76번 빈칸에는 술어 부분이 와야 합니다. 그러므로 A와 B가 후보인데, A에는 부사 都가 있기 때문에 你 뒤에 쓸 수 없습니다. 따라서 구조적으로 먼저 B를 답으로 찾은 후에 해석으로 의미를 확인합니다. B를 해석해 보면, '자동차 타이어는 제때에 겨울철 타이어로 바꿔야 한다'라고 했으므로 건의하는 내용이 맞습니다. 정답은 B입니다.

[77번 빈칸] 这是因为夏季胎的胶质在低温会变硬，抓地能力和制动性能都会下降，(77)_____，而冬季胎是……

원인　　　　　　　　　　결과　　　전환

E 如此一来将无法保证行车安全
결론을 이끄는 표현

빈칸 앞에는 '여름철 타이어는 고무 질이 저온에서 딱딱해져서, 지면을 잡는 능력과 제동 성능 모두가 떨어지기 때문에'라는 말을 하고 있고, 빈칸 뒷문장에서는 '而(반면에)'을 사용해서 겨울 타이어의 소개로 내용을 전환하고 있습니다. 따라서 빈칸에는 여름철 타이어에 대해서 결론을 내려야 하므로 E가 정답이 됩니다.

[78번 빈칸] 可以提高……，增强……，使其在冬天寒冷、湿滑，甚至积雪的路面上(78)_____。

문맥 파악하기　　　　┌─ 구조분석 하기 → 使其+술어

A 都能 有 很好的 制动和操控性能
술어　　　목적어　　　→ '술어+목적어' 구조와 부사 都 앞에는 복수가 와야 한다는 사실 파악하기

빈칸 앞의 내용을 볼 때는 다 해석하지 말고 키워드 提高, 增强 등의 쉬운 단어들을 통해 흐름을 파악합니다. 또한 빈칸 앞의 使其가 결정적 단서입니다. '使其在冬天寒冷、湿滑，甚至积雪的路面上' 부분은 '使+주어(其)+전치사구(在冬天寒冷、湿滑，甚至积雪的路面上)'의 구조입니다.

따라서 78번 빈칸에는 술어가 와야 합니다. 선택지 중에서 B는 이미 76번의 답이 되었기 때문에 남은 A만이 빈칸에 들어갈 수 있습니다. 빈칸에 A를 넣고 해석해서 정답을 최종 확인합니다.

[79번 빈칸] 一定要同时更换 4 个轮胎，(79)_____，在行驶中，4车轮与地面的附着力便会不均匀，

　　　　　　문맥으로 빈칸 내용 유추하기　　　　　　　　　　　　　　　　　　　키워드

　　D 因为若只更换部分轮胎

　　　　若(=如果)～那么/就/便…

빈칸 앞에는 4개의 타이어를 다 교체해야 한다는 말이 있고, 빈칸 뒤에는 위험할 수 있다는 얘기가 이어집니다. 따라서 빈칸에는 의미상 '다 교체하지 않고, 일부만 교체하면'이라는 가정이 나와야 합니다. 또한 빈칸 뒤의 부사 便은 就의 서면어로서 결과를 이끌어 냅니다. 선택지 D에 접속사 '若(=如果)'가 있기 때문에 접속사 호응 '若～, 便…'으로도 문제를 풀 수 있습니다. 따라서 D가 정답입니다.

[80번 빈칸] 最后，(80)_____，一般使用两到三个冬季就需要更换，否则……

　　　　　　　　문맥으로 빈칸 내용 유추하기

　　　C 冬季胎 也 是 有保质期的

　　　　주어　　술어　목적어　➜ 주어, 술어, 목적어 구조와 의미 파악하기

빈칸 뒤의 문장을 해석하면 '두세 번의 겨울 동안 사용하면 바꿔 줘야 한다'라는 내용입니다. 선택지 C를 보면, 타이어도 품질 보증 기간이 있다고 말합니다. 즉, 빈칸 뒤에는 타이어 보증과 관련된 내용이므로 C가 정답입니다. 76~79번 문제를 정확히 풀었다면 80번은 저절로 풀리게 됩니다.

|단 어|　渐渐 jiànjiàn 🅱 점점, 점차 ｜ 脱下 tuōxià 🅣 벗다 ｜ 单衣 dānyī 🅜 홑옷[한 겹으로 된 옷] ｜ 换上 huànshang 갈아입다 ｜ 冬装 dōngzhuāng 🅜 겨울옷 ｜ 轮胎 lúntāi 🅜 타이어 ｜ 及时 jíshí 🅱 제때에 🅗 시기적절하다 ｜ 更换 gēnghuàn 🅱 바꾸다, 교체하다 ｜ 胶质 jiāozhì 🅜 고무의 질 ｜ 变硬 biànyìng 🅣 딱딱해지다 ｜ 下降 xiàjiàng 🅣 떨어지다 ｜ 行车 xíngchē 🅣 운행하다, 운전하다 ｜ 专门 zhuānmén 🅱 전문적으로 ｜ 针对 zhēnduì 🅣 (초점을) 맞추다, 겨누다, 조준하다 ｜ 胶 jiāo 🅜 고무, 풀 ｜ 配方 pèifāng 🅜 배합 방법 ｜ 胎面花纹 tāi miàn huāwén 타이어 표면의 무늬 ｜ 特殊 tèshū 🅗 특수하다, 특별하다 ｜ 提高 tígāo 🅣 (성능을) 높이다, 향상시키다 ｜ 防滑 fánghuá 🅣 미끄럼을 방지하다 ｜ 增强 zēngqiáng 🅣 증강하다, 강화하다 ｜ 附着力 fùzhuólì 🅜 부착력 ｜ 寒冷 hánlěng 🅗 한랭하다, 몹시 춥다 ｜ 湿滑 shīhuá 🅗 (축축해서) 미끄럽다 ｜ 积雪 jīxuě 🅣 눈이 쌓이다 ｜ 操控 cāokòng 🅣 조종하다, 컨트롤하다 ｜ 款 kuǎn 🅜 종류, 스타일, 타입 ｜ 车型 chēxíng 🅜 차량 모델, 차종 ｜ 应对 yìngduì 🅣 대응하다, 대처하다 ｜ 路况 lùkuàng 🅜 도로 상황 ｜ 行驶 xíngshǐ 🅣 운행하다, 운전하다 ｜ 车轮 chēlún 🅜 바퀴 ｜ 不均匀 bù jūnyún 고르지 않다 ｜ 潜在 qiánzài 🅣 잠재되다 ｜ 安全隐患 ānquán yǐnhuàn 안전 위험 요소[안전 방면에 잠복해 있는 위험] ｜ 保质期 bǎozhìqī 🅜 품질 보증 기간 ｜ 摩擦力 mócālì 🅜 마찰력 ｜ 逐渐 zhújiàn 🅱 점점, 점차 ｜ 变小 biànxiǎo 🅣 작아지다 ｜ 变差 biànchà 🅣 나빠지다 ｜ 引起 yǐnqǐ 🅣 야기하다, 초래하다

독해

4부분

실전문제				346쪽					
81 A	82 B	83 A	84 D	85 B	86 D	87 A	88 C	89 D	90 B
91 A	92 A	93 C	94 C	95 D	96 A	97 D	98 C	99 B	100 A

81~84 | A B A D

🎧 실전문제 81_84.mp3

②지문 읽기

据统计，81)全世界有7000多种蚂蚁，它们的个体数远远超过

⑤지문 이어 읽기

其它陆生动物。蚂蚁适应自然环境的能力很强，无论是高山峡谷，还是戈壁沙漠，到处都可以找到它们的踪迹。

昆虫学家发现，原来蚂蚁是一种高级的社团性昆虫，它们的行为与人类有着惊人的相似之处。84)蚂蚁社会中也有着严格和精密的分工，比如：刚出生的幼蚁都由专门的"托儿所"照料，它们都在那里度过自己的童年。82)"托儿所"里的"保育员"不但要保证蚂蚁的安全，还要精心喂养，甚至要按时带蚂蚁在"托儿

⑧지문 이어 읽기

所"附近散步。另外，蚂蚁还有专业的"医疗机构"，蚂蚁医生不但要对生病的蚂蚁展开及时的治疗，还要对健康的蚂蚁进行预防性检查。

蚂蚁的居住环境也别有一番洞天，它们一般在地下筑巢，这些地下巢穴有着良好的排水、通风设施，而规模则相对灵活。最小的蚁穴只能容纳几十或近百只蚂蚁，而较大的蚁穴则能住下几千、几万，甚至更多的蚂蚁。科学家们曾在原始森林中发现过一个巨大的蚂蚁群落，在一个方圆仅1.9平方公里的地方居然筑有1500多个蚂蚁窝，每窝各有100多万只蚂蚁，构成了生物界罕见的特大"蚂蚁城"。83)"蚂蚁城"内部整齐美观，井然有序。窝与窝之间有蚁道相通，窝的高度和大小都有一定的规格，通常呈钟形，像一座座地下的小山丘，连绵起伏，令人为之称奇。

①문제 먼저 읽기

81. 根据第1段，蚂蚁具有什么特点？

A 种类繁多

B 生长速度快

C 是最小的陆地生物　　③정답 고르기

D 对生存环境很挑剔

④문제만 읽기

82. 根据上文，蚂蚁"保育员"主要负责什么？

A 抵御天敌

B 抚养幼蚁

通계에 따르면, 81)전 세계에는 7000여 종의 개미가 있다. 그들의 개체 수는 기타 육지 생물을 훨씬 초과한다. 개미는 자연환경에 적응하는 능력이 매우 강해서, 고산 협곡이든 아니면 고비사막이든 도처에서 그들의 종적을 찾을 수 있다.

곤충학자는 원래 개미는 고급 사회성 곤충이고, 그들의 행위는 인류와 놀라울 정도로 비슷한 점이 있다는 것을 발견했다. 84)개미 사회에도 엄격하고 정밀한 분업이 있다. 예를 들어, 막 태어난 어린 개미는 모두 전문적인 '탁아소'에서 돌보는데, 그들은 모두 그곳에서 자신의 어린 시절을 보낸다. 82)'탁아소' 안의 '보육원'는 개미의 안전을 보장해야 할 뿐 아니라 정성을 들여 양육하고 심지어 시간에 맞춰 개미를 데리고 '탁아소' 부근을 산책해야 한다. 그 밖에, 개미는 전문적인 '의료 기관'도 가지고 있다. 개미 의사는 병이 난 개미에게 시기적절한 치료를 전개해야 할 뿐만 아니라, 또한 건강한 개미에게 예방성 검사를 진행해야 한다.

개미의 거주 환경도 별천지이다. 그들은 보통 지하에 보금자리를 만드는데, 이 지하 보금자리에는 좋은 배수 및 통풍 시설이 있고, 규모는 상대적으로 유연하다. 가장 작은 개미집은 몇십 혹은 거의 백 마리의 개미만 수용할 수 있다. 그러나 비교적 큰 개미집은 몇천, 몇만, 심지어 더 많은 개미가 살 수 있다. 과학자들이 일찍이 원시림에서 거대한 개미 군락을 발견한 적이 있는데, 1.9제곱킬로미터의 지역에 놀랍게도 1500여 개의 개미굴이 있었다. 각 굴마다 100만 마리가 넘는 개미가 있어 생물계에서 보기 어려운 특대 '개미 성'을 형성하고 있었다. 83)'개미 성' 내부는 고르고 아름다우며 질서 정연했다. 굴과 굴 사이에 개미 길이 서로 통해 있었고, 굴의 높이와 크기는 일정한 규격이 있었는데 통상 종 모양을 띠었고 지하의 작은 언덕처럼 끊임없이 기복이 있어서, 사람들은 이 기묘함에 탄복했다.

81. 첫 번째 문단에 따르면 개미는 어떤 특징이 있는가?

A 종류가 다양하다

B 생장 속도가 빠르다

C 가장 작은 육지 생물이다

D 생존 환경이 까다롭다

82. 윗글에 따르면 개미 '보육원'은 주로 무엇을 책임지는가?

A 천적을 막는다

B 어린 개미를 부양한다

C 搬运食物
　D 治疗疾病

⑥정답 고르기

C 음식을 나른다
D 질병을 치료한다

⑦문제만 읽기
83. 根据上文，"蚂蚁城"：
　A 结构美观整齐
　B 有良好的保温功能
　C 是在沙漠地区发现的
　D 内部居住了100多万只蚂蚁

⑨정답 고르기

83. 윗글에 따르면 '개미 성'은?
A 구조가 아름답고 고르다
B 좋은 보온 기능이 있다
C 사막 지역에서 발견되었다
D 내부에 100여 만 마리가 넘는 개미가 산다

⑩문제와 선택지 읽고 정답 고르기
84. 根据上文，蚂蚁：
　A 喜欢夜间活动
　B 每年秋季迁徙
　C 寿命长达十年
　D 有细致的社会分工

84. 윗글에 따르면 개미는 어떠한가?
A 야간 활동을 좋아한다
B 매년 가을에 이동한다
C 수명이 10년이다
D 정밀한 사회 분업이 있다

|해 설|　**① 81번 문제 먼저 읽기**

지문과 일치하는 내용을 묻는 문제로, 첫 번째 단락(第一段)이라는 범위를 주었습니다. 첫 번째 단락이 길지 않으니 먼저 지문을 읽고 나서 선택지를 읽고 답을 고릅니다.

② 지문 읽기 ~ ③ 81번 정답 고르기

첫 번째 단락의 '全世界有7000多种蚂蚁，它们的个体数远远超过其它陆生动物'에서 전 세계에 개미의 종류가 7,000여 종이 있다고 했으므로 81번 정답은 A입니다.

④ 82번 문제만 읽기

세부 내용을 묻는 문제입니다. 지문에서 保育员을 빠르게 찾습니다.

⑤ 지문 이어 읽기 ~ ⑥ 82번 정답 고르기

지문에 '托儿所里的"保育员"不但要保证蚂蚁的安全，还要精心喂养，甚至要按时带蚂蚁在"托儿所"附近散步'라는 문장이 있습니다. 여기에서 保育员은 托儿所 안에서 보육을 담당하는 개미를 나타냅니다. 따라서 82번 정답은 B입니다. 선택지 B의 幼蚁는 '어린 개미' '새끼 개미'라는 의미로 유추하면 됩니다.

⑦ 83번 문제만 읽기

蚂蚁城에 관해서 물어본 문제이므로 먼저 지문에서 蚂蚁城을 찾은 후에 선택지를 보고 정답을 찾습니다.

⑧ 지문 이어 읽기 ~ ⑨ 83번 정답 고르기

마지막 단락의 '蚂蚁城内部整齐美观，并然有序'가 힌트입니다. 선택지 A에 이와 같은 내용인 结构美观整齐가 나옵니다. 따라서 83번 정답은 A입니다.

⑩ 84번 문제와 선택지 읽고 정답 고르기

마지막 문제는 보통 주제나 제목을 물어보지만 이 지문의 마지막 문제는 지문과 일치하는 내용을 고르는 문제입니다. 이미 전체 단락을 다 읽어 봤기 때문에 먼저 선택지를 보고 일치하는 내용을 골라내면 좋지만, 그렇지 못할 경우 선택지를 기억해서 지문에서 빠르게 찾습니다. 두 번째 단락 앞부분을 보면 蚂蚁社会中也有着严格和精密的分工이라고 나와 있으므로 정답은 D입니다.

|단 어|　**据统计** jù tǒngjì 통계에 따르면 ~이다 | **蚂蚁** mǎyǐ 몡 개미 | **个体数** gètǐ shù 개체 수 | **远远超过** yuǎnyuǎn chāoguò 훨씬 초과하다 | **陆生动物** lùshēng dòngwù 육지 동물 | **适应** shìyìng 통 적응하다 | **自然环境** zìrán huánjìng 자연환경 | **峡谷** xiágǔ 몡 협곡, 골짜기 | **戈壁沙漠** Gēbì Shāmò 지명 거비사막 | **到处** dàochù 몡 도처, 곳곳 | **踪迹** zōngjì 몡 종적, 행적 | **昆虫** kūnchóng 몡 곤충 | **社团性** shètuánxing 몡 사회성 | **相似之处** xiāngsì zhī chù 비슷한 점 | **严格** yángé 혱 엄격하다 | **精密** jīngmì 혱 정밀하다 | **分工** fēngōng 몡 분업 | **幼蚁** yòuyǐ 몡 어린 개미 | **托儿所** tuō'érsuǒ 몡 탁아소 | **照料** zhàoliào 통 돌보다, 보살피다 | **度过** dùguò 통 (시간을) 보내다 | **童年** tóngnián 몡 어린 시절 | **保育员** bǎoyùyuán 몡 보모, 보육사[지문에서는 보육을 담당하는 개미를 뜻함] | **保证** bǎozhèng 통 보증하다 | **精心** jīngxīn 혱 정성을 들이다 뭐 정성 껏 | **喂养** wèiyǎng 통 양육하다, 키우다 | **按时** ànshí 뭐 제때에, 시간에 맞추어 | **附近** fùjìn 몡 부근, 근처 | **散步** sànbù 통 산책하다 | **医疗机构** yīliáo jīgòu 의료 기관 | **展开** zhǎnkāi 통 (활동을) 전개하다, 벌이다 | **及时** jíshí 혱 시기적절하다 | **治疗** zhìliáo 몡 치료 통 치료하다 | **预防**

性检查 yùfángxìng jiǎnchá 예방성 검사 | **居住环境** jūzhù huánjìng 거주 환경 | **别有洞天** biéyǒudòngtiān 웹 별천지이다. 완전히 다른 세상이다 | **筑巢** zhùcháo 图 보금자리를 짓다, 둥지를 틀다 | **巢穴** cháoxué 몡 보금자리, 둥지 | **排水** páishuǐ 몡 배수 图 배수하다 | **通风设施** tōngfēng shèshī 통풍 시설 | **规模** guīmó 몡 규모 | **灵活** línghuó 혱 유연하다, 융통성이 있다 | **蚁穴** yǐxué 몡 개미집 | **容纳** róngnà 图 수용하다 | **原始森林** yuánshǐ sēnlín 몡 원시림 | **群落** qúnluò 몡 (동식물의) 군락, 무리 | **方圆** fāngyuán 몡 주위, 주변 | **平方公里** píngfāng gōnglǐ 양 제곱킬로미터(Km²) | **居然** jūrán 틘 뜻밖에, 놀랍게도 | **筑** zhù 图 건축하다, 짓다 | **蚂蚁窝** mǎyǐwō 개미굴 | *窝 wō 图 굴, 둥지, 우리[짐승·곤충 등의 거처를 뜻함] | **构成** gòuchéng 图 구성하다, 형성하다 | **罕见** hǎnjiàn 혱 보기 드물다 | **整齐** zhěngqí 혱 고르다, 가지런하다 | **美观** měiguān 혱 아름답다, 보기 좋다 | **井然有序** jǐngrányǒuxù 웹 질서 정연하다 | **蚁道相通** yǐdào xiāngtōng 개미 길이 서로 통하다 | **规格** guīgé 몡 규격 | **呈** chéng 图 (어떤 색깔·상태를) 띠다, 드러내다 | **钟形** zhōngxíng 종 모양 | **山丘** shānqiū 몡 산언덕 | **连绵起伏** liánmiánqǐfú 끊임없이 기복을 이루다 | **为之称奇** wèi zhī chēng qí 이로 인해 기묘함에 탄복하다 | **种类** zhǒnglèi 몡 종류 | **繁多** fánduō 혱 (종류가) 다양하다, 많다 | **速度** sùdù 몡 속도 | **陆地** lùdì 몡 육지 | **挑剔** tiāotì 혱 까다롭다 | **抵御** dǐyù 图 막다, 저항하다 | **天敌** tiāndí 몡 천적 | **抚养** fǔyǎng 图 부양하다, 정성 들여 기르다 | **搬运** bānyùn 图 운반하다, 나르다 | **保温功能** bǎowēn gōngnéng 보온 기능 | **居住** jūzhù 图 거주하다, 살다 | **迁徙** qiānxǐ 图 이동하다, 옮겨 가다 | **细致** xìzhì 혱 정밀하다, 정교하다

②지문 읽기

中国十大传世名画之一的《清明上河图》为风俗画作品，是北宋画家张择端的一幅存世精品，属国宝级文物，现存于北京故宫博物院。

该画为绢本设色的长卷，宽24.8厘米，长528.7厘米。[85]它采

⑤지문 이어 읽기

用散点透视的构图法，将繁杂的景物纳入统一而富于变化的图画中，[86]描绘了北宋时期首都汴京以及汴河两岸的自然风光和繁荣景象，生动地记录了中国12世纪的风貌。

⑧지문 이어 읽기

《清明上河图》全图规模宏大，结构严谨，大致分为三个段

전체 문장 구조 파악하기

落：汴京郊外春光，汴河码头和城内市街。

首段，描写汴京郊外春光。一片柳林刚刚泛出嫩绿色，给人一种虽是春寒料峭，却已春回大地的感觉。路上一顶轿子内坐着一位妇人，是从京郊踏青扫墓归来的。这部分的环境和人物都点明了清明的特定时间和风俗，为全图拉开了序幕。

中段，描写汴河码头。汴河是北宋的漕运枢纽、商业交通要道，从画面上可以看到码头上人来人往，河里的船只川流不息，有的满载货物，逆流而上；有的靠岸停泊，正紧张地卸货。横跨在汴河上的是一座规模宏大的木质拱桥，[87]由于形式优美，宛如飞虹，故名虹桥。桥上摆满了各种饮食摊和杂货摊，场面异常热闹，是整幅画的中心。

⑪지문 이어 읽기

后段，描写城内街市。[88]以高大的城楼为中心，两边的屋宇鳞次栉比，有茶坊、酒肆、商铺、庙宇等等。各行各业，应有尽有。街市行人，摩肩接踵。画卷把商业都市的一派繁华景象栩栩如生地展现在人们的眼前。

《清明上河图》不仅仅是一件现实主义绘画珍品，同时也为我们提供了研究北宋都市生活的第一手资料，具有很高的艺术价值和历史价值。

중국에 대대로 전해지는 10대 명화 중 하나인 《청명상하도》는 풍속화 작품으로, 북송 화가 장택단이 세상에 남긴 매우 우수한 작품이다. 국보급 문화재에 속하며 현재 베이징 고궁박물관에 보관되어 있다.

이 그림은 비단에 채색한 두루마리 서화로, 너비 24.8센티미터, 길이 528.7센티미터이다. [85]이 그림은 산점 투시의 구도법을 적용하여 번잡한 경치를 통일되고 변화가 많은 그림에 담아 [86]북송 시기 수도 비앤징 및 비앤허 양안의 자연 풍광과 번영한 모습을 묘사했고, 중국 12세기의 풍경을 생동감 있게 기록했다.

《청명상하도》의 전체 규모는 방대하고 구조가 잘 짜여 있으며, 대강 비앤징 교외 봄 경치, 비앤허 부두와 성내 시가지의 세 부분으로 나뉜다.

첫 번째 부분은 비앤징 교외 봄 경치를 묘사하였다. 버드나무 숲은 연녹색이 막 드러나 이른 봄날의 추위가 여전히 매섭지만 봄이 이미 대지로 온 느낌을 전달한다. 길 위 가마 안에는 교외에서 들놀이를 하고 성묘를 지내고 돌아오는 부인이 앉아 있다. 이 부분의 환경과 인물은 모두 '청명(清明)'이라는 특정 시기와 풍속을 나타내, 그림 전체의 서막을 연다.

중간 부분은 비앤허 부두를 묘사했다. 비앤허는 북송 조운의 중추이자 상업 교통의 요로로, 부두에는 사람들이 끊임없이 왕래하고, 강에는 배들이 끊임없이 오가는 것을 그림에서 볼 수 있다. 어떤 배는 화물을 가득 싣고 물을 거슬러 올라가고, 어떤 배는 물가에 정박하고는 바쁘게 짐을 내린다. 비앤허에 걸쳐 있는 것은 규모가 큰 목재 아치형 다리로, [87]형태가 아름답고 마치 무지개와 같아서 무지개 다리라고 불린다. 다리 위에는 각종 음식 노점과 잡화 노점이 가득 늘어서 있고 장면이 매우 시끌벅적하며 전체 그림의 중심이다.

마지막 부분은 성내 시가지를 묘사했다. [88]높은 성루를 중심으로 양측에 집들이 빽빽하게 들어서 있고 찻집, 주점, 상점, 사당 등이 있다. 각종 직업이 다 있고, 있을 것은 모두 다 있다. 시가지의 행인들은 발 디딜 틈도 없이 붐빈다. 두루마리 그림은 상업 도시의 번화한 광경을 생동감 있게 사람들의 눈앞에 드러낸다.

《청명상하도》는 현실주의 회화의 진귀한 작품일 뿐만 아니라 우리에게 북송 도시 생활 연구를 위한 기초적인 자료를 제공해, 매우 높은 예술적 가치와 역사적 가치를 지닌다.

① 문제 먼저 읽기

85. 《清明上河图》的构图特点为:

A 中心对称
B 散点透视
C 明暗对比
D 黄金分割

③정답 고르기

85. 《청명상하도》의 구도법 특징은 무엇인가?

A 중심 대칭
B 산점 투시
C 명암 대비
D 황금 분할

④ 문제만 읽기

86. 《清明上河图》主要描绘了什么?

A 汴京的建筑风格
B 盛夏的汴河风貌
C 清朝的城市生活
D 北宋首都的风貌

⑥정답 고르기

86. 《청명상하도》는 주로 무엇을 묘사했는가?

A 변경의 건축 양식
B 한여름의 변하 모습
C 청조의 도시 생활
D 북송 수도의 풍경

⑦ 문제만 읽기

87. 根据上文，画中的"虹桥":

A 造型像彩虹
B 是座石拱桥
C 坐落在海边
D 正在进行维修

⑨정답 고르기

87. 윗글에 따르면 그림의 '무지개 다리'는 어떠한가?

A 조형이 무지개 같다
B 아치형 돌다리이다
C 바닷가에 위치한다
D 현재 보수 중이다

⑩ 문제만 읽기

88. 与上文中"鳞次栉比"意思最接近的是:

A 杂乱无章
B 高耸入云
C 密密麻麻
D 寥寥无几

⑫정답 고르기

88. 윗글의 '鳞次栉比'와 뜻이 가장 가까운 것은 무엇인가?

A 뒤죽박죽이다
B 구름 속으로 우뚝 솟다
C 빽빽하다
D 수량이 매우 적다

| 해 설 | ① 85번 문제 먼저 읽기

작품 《清明上河图》의 구도 특징을 물어봤으므로 构图特点이라는 단어를 생각하면서 지문을 처음부터 읽어 나갑니다.

② 지문 읽기 ~ ③ 85번 정답 고르기

두 번째 단락의 它采用散点透视的构图法에서 构图란 단어를 찾을 수 있고 散点透视란 단어가 선택지에 그대로 있기 때문에 의미를 몰라도 정답 B를 고를 수 있습니다. 지문 내용이 어려울 경우, 쉼표 단위로 문장을 읽으면서 선택지와 맞춰 봅니다.

④ 86번 문제만 읽기

《清明上河图》가 주로 묘사한 것이 무엇인지 생각하면서 지문을 이어 읽습니다.

⑤ 지문 이어 읽기 ~ ⑥ 86번 정답 고르기

보통은 한 단락에 한 문제씩 출제하는 것을 원칙으로 하지만, 이 지문처럼 한 단락 안에 두 문제의 정답이 다 들어 있는 문제도 가끔씩 출제되므로 유의해야 합니다. 두 번째 단락에서 描绘了北宋时期首都汴京以及汴河两岸的自然风光和繁荣景象 부분을 보면 정답이 D임을 알 수 있습니다.

⑦ 87번 문제만 읽기

그림 속의 虹桥에 관해서 물어본 문제이므로 지문에서 먼저 虹桥를 빠르게 찾은 후에 선택지를 봅니다.

⑧ 지문 이어 읽기 ~ ⑨ 87번 정답 고르기

다섯 번째 단락까지 정독이 아닌 속독을 하면서 虹桥를 빨리 찾는 것이 중요합니다. 그림의 中段을 설명한 다섯 번째 단락에 '由于形式优美，宛如飞虹，故名虹桥'라고 나와 있으므로 정답은 A입니다. 지문의 飞虹과 A의 彩虹이 같은 의미라는 것을 파악해야 합니다.

⑩ 88번 문제만 읽기

지문에 나온 어려운 단어를 물어보는 문제입니다. 제시된 성어인 鳞次栉比는 아주 어려운 성어이므로, 지문의 앞뒤 문맥의 흐름으로 의미를 유추해야 합니다.

⑪ 지문 이어 읽기 ~ ⑫ 88번 정답 고르기

后段으로 시작하는 단락을 보면 '以高大的城楼为中心，两边的屋宇鳞次栉比，有茶坊、酒肆、商铺、庙宇等等' 부분에 문제의 성어가 있습니다. 앞뒤 문맥을 통해 주어인 两边的屋宇가 '매우 많다'라는 뜻임을 알 수 있으므로 정답은 '빽빽하다'의 의미인 C 密密麻麻입니다. 선택지의 성어들이 어렵다 보니 비교적 난이도가 높은 문제입니다. 평소에 단어를 字로 익혀 둬야 모르는 단어나 성어의 의미를 유추할 수 있습니다.

| 단어 | 传世 chuánshì 통 세상에 전해지다 | 清明上河图 Qīngmíngshànghétú 고유 청명상하도 | 风俗画 fēngsúhuà 명 풍속화 | 张择端 Zhāng Zéduān 인명 장택단 | 幅 fú 영 폭[옷감·종이·그림을 세는 단위] | 存世 cúnshì 통 세상에 남기다 | 精品 jīngpǐn 명 우수한 작품 | 属 shǔ 통 ~에 속하다 | 国宝级 guóbǎojí 명 국보급 | 文物 wénwù 명 문화재, 문물 | 故宫博物院 Gùgōng Bówùyuàn 고유 고궁박물관 | 该 gāi 대 (앞에서 언급한) 이, 그, 저 | 绢本 juànběn 명 견본[비단에 쓰거나 그린 글씨나 그림을 뜻함] | 设色 shèsè 통 채색하다 | 长卷 chángjuàn 명 (가로로 긴) 서화, 긴 두루마리 | 宽 kuān 명 너비, 폭 | 厘米 límǐ 양 센티미터(cm) | 采用 cǎiyòng 통 채용하다, 채택하다 | 散点透视 sǎndiǎn tòushì 산점 투시[회화(绘画)의 구도 기법 중 하나로, 초점이 여러 군데로 흩어져 있는 것을 뜻함] | 构图法 gòutúfǎ 명 구도법 | 繁杂 fánzá 형 번잡하다 | 景物 jǐngwù 명 경치 | 纳入 nàrù 통 집어넣다, 포함시키다 | 统一 tǒngyī 형 통일되다 | 富于 fùyú 통 ~이 풍부하다 | 图画 túhuà 명 그림 | 描绘 miáohuì 통 묘사하다 | 首都 shǒudū 명 수도 | 汴京 Biànjīng 지명 비앤징[허난성 카이펑의 옛 이름] | 汴河 Biànhé 지명 비앤허[허난성에 있는 강의 이름] | 两岸 liǎng'àn 명 (강·해협의) 양안 | 繁荣 fánróng 형 번영하다 | 景象 jǐngxiàng 명 광경, 풍경, 모습 | 记录 jìlù 통 기록하다 | 风貌 fēngmào 명 풍경, 경치 | 规模 guīmó 명 규모 | 宏大 hóngdà 형 방대하다 | 结构 jiégòu 명 구성, 구조 | 严谨 yánjǐn 형 빈틈없다, 잘 짜여 있다 | 大致 dàzhì 부 대체로, 대강 | 分为 fēnwéi 통 (~으로) 나누다 | 段落 duànluò 명 단락, 부분 | 郊外 jiāowài 명 교외 | 春光 chūnguāng 명 봄 경치 | 码头 mǎtou 명 부두 | 市街 shìjiē 명 시가지, 도시의 거리 | 描写 miáoxiě 통 묘사하다 | 柳林 liǔlín 명 버드나무 숲 | 泛出 fànchū 통 나타나다, 드러나다 | 嫩绿色 nènlǜsè 명 연녹색 | 春寒料峭 chūnhánliàoqiào 성 이른 봄날의 추위가 여전히 매섭다 | 感觉 gǎnjué 명 느낌, 감각 | 顶 dǐng 양 개, 채[가마를 세는 단위] | 轿子 jiàozi 명 가마 | 妇人 fùrén 명 부인[주로 기혼 여성을 뜻함] | 京郊 jīngjiāo 명 수도의 교외 지역 | 踏青 tàqīng 통 들놀이를 하다[주로 칭밍제(清明节) 때 교외에서 들놀이하는 것을 뜻함] | 扫墓 sǎomù 통 성묘하다 | 归来 guīlái 통 돌아오다 | 环境 huánjìng 명 환경 | 点明 diǎnmíng 통 지적하여 설명하다, 명확하게 밝히다 | 风俗 fēngsú 명 풍속 | 拉开序幕 lākāi xùmù 서막을 열다 | 漕运 cáoyùn 통 조운하다, 운송하다[원래는 수로 운송을 뜻했으나, 후에는 수도(首都) 또는 기타 지정 장소로 운송하는 것을 모두 '漕运'이라 함] | 枢纽 shūniǔ 명 중추, 허브(hub) | 要道 yàodào 명 요도, 중요한 길 | 人来人往 rénláirénwǎng 성 사람들이 끊임없이 왕래하다 | 船只 chuánzhī 명 선박, 배 | 川流不息 chuānliúbùxī 성 (행인·차량이) 흐르는 물처럼 끊이지 않다, 끊임없이 오가다 | 满载 mǎnzài 통 만재하다, 가득 싣다 | 货物 huòwù 명 화물 | 逆流而上 nìliú'érshàng 성 물을 거슬러 올라가다 | 靠岸 kào'àn 통 (배를) 물가에 대다 | 停泊 tíngbó 통 (배가) 정박하다 | 卸货 xièhuò 통 (운송 수단에서) 짐을 내리다 | 横跨 héngkuà 통 걸쳐 있다 | 拱桥 gǒngqiáo 명 아치형 다리 | 优美 yōuměi 형 우아하고 아름답다 | 宛如飞虹 wǎnrú fēihóng 마치 무지개와 같다 | 虹桥 hóngqiáo 명 무지개 다리 | 摆满 bǎimǎn 통 가득 늘어서다 | 饮食摊 yǐnshítān 음식 노점 | *摊 tān 명 노점 | 杂货摊 záhuòtān 잡화 노점 | 异常 yìcháng 부 매우, 대단히 | 热闹 rènao 형 시끌벅적하다, 떠들썩하다 | 城楼 chénglóu 명 성루 | 屋宇 wūyǔ 명 가옥, 집 | 鳞次栉比 líncìzhìbǐ 성 집들이 빽빽하게 늘어서 있다 | 茶坊 cháfáng 명 찻집, 다관 | 酒肆 jiǔsì 명 주점, 술집 | 商铺 shāngpù 명 상점 | 庙宇 miàoyǔ 명 사당, 불당 | 各行各业 gèhánggèyè 명 각종 직업 | 应有尽有 yīngyǒujìnyǒu 성 온갖 것이 다 있다 | 摩肩接踵 mójiānjiēzhǒng 성 발 디딜 틈이 없을 정도로 붐비다 | 派 pài 양 온통, 완전히[주로 一派로 쓰고, 기분·분위기·경치·소리·말 따위에 써서 가득 차거나 넘쳐남을 나타냄] | 繁华 fánhuá 형 번화하다 | 栩栩如生 xǔxǔrúshēng 성 (마치 살아 있는 것처럼) 생동감이 있다 | 展现 zhǎnxiàn 통 드러내다, 나타나다 | 现实主义 xiànshí zhǔyì 명 현실주의 | 绘画 huìhuà 명 회화, 그림 | 珍品 zhēnpǐn 명 진귀한 물건 | 提供 tígōng 통 제공하다 | 资料 zīliào 명 자료 | 价值 jiàzhí 명 가치 | 对称 duìchèn 형 대칭이다 | 明暗 míng'àn 명 명암 | 黄金分割 huángjīn fēngē 명 황금 분할 | 建筑风格 jiànzhù fēnggé 건축 양식 | 盛夏 shèngxià 명 한여름 | 造型 zàoxíng 명 조형, 형상 | 彩虹 cǎihóng 명 무지개 | 坐落 zuòluò 통 (건물이) ~에 위치하다 | 维修 wéixiū 통 보수하다 | 杂乱无章 záluànwúzhāng 성 난잡하고 무질서하다 | 高耸入云 gāosǒng rù yún 구름 속으로 우뚝 솟다 | 密密麻麻 mìmimámá 형 촘촘하다, 빽빽하다[주로 작은 물건에 쓰임] | 寥寥无几 liáoliáowújǐ 성 수량이 매우 적다, 매우 드물다 |

89~92 | D B A A

②지문 읽기

91)秦二世三年, 丞相赵高野心勃勃, 日夜盘算着要篡夺皇位。89)可朝中大臣到底有多少人听他摆布, 有多少人反对他, 他心中没底。于是他想了一个办法, 欲试朝廷中有哪些大臣顺从他的意愿。

⑤지문 이어 읽기

一天上朝时, 赵高让人牵来一只鹿, 满脸堆笑地对秦二世说:"皇上, 我献给您一匹好马, 这匹马日行千里, 是难得一见的宝马。"秦二世一看, 心想: 这哪里是马? 这分明是一只鹿嘛! 便笑着对赵高说:"丞相搞错了, 这明明是一只鹿, 你怎么说是马呢?"赵高面不改色地说:"这的确是一匹千里马。"秦二世又看了看那只鹿, 将信将疑地说:"马的头上怎么会长角

91)진나라 2대 황제 3년. 승상 조고는 야심이 몹시 많아 밤낮으로 보위를 찬탈할 생각뿐이었다. 89)하지만 조정 대신 중 얼마나 많은 사람들이 그가 조종하는 것을 따르고, 얼마나 많은 사람들이 그를 반대할지, 그는 마음속으로 자신이 없었다. 그리하여 그는 한 가지 방법을 생각해 내어, 조정에 어느 대신들이 자신의 뜻을 순순히 따르는지 시험해 보고자 했다.

하루는 입궐할 때, 조고가 사람을 시켜 사슴 한 마리를 끌고 오게 하고는 얼굴에 웃음을 띠고 진 2대 황제에게 말했다. "황상, 황상께 좋은 말 한 필을 바치겠습니다. 이 말은 하루에 천리를 가는 보기 드문 보마입니다." 황제가 보고 마음속으로 생각했다. '이게 무슨 말인가? 이는 분명 사슴이다!' 그리고 웃으며 조고에게 말했다. "승상이 틀렸소. 이는 분명 사슴인데 어째서 말이라고 말하시오?" 조고는 얼굴빛 하나 변하지 않고 말했다. "이것은 확실히 천리마입니다." 황제는 그 사슴을 보고 또

呢?"赵高一转身，用手指着众大臣，说道："皇上如果不信我的话，可以问问众位大臣。"

大臣们都被赵高的一派胡言搞得不知所措，私下里嘀咕：这个赵高搞什么名堂？是鹿是马这不是明摆着嘛。但看到赵高脸上露出凶狠的表情，大臣们忽然明白了他的阴谋。

不敢逆赵高意的大臣和那些本来就与赵高串通一气的大臣都说是马，而敢于反对赵高的人则说是鹿，[90]还有一些胆小的大⑨지문 이어 읽기
臣低头不语。后来说是鹿的大臣都被赵高用各种手段害死了。

[92]这个故事出自《史记》，后来人们用成语"指鹿为马"来比喻那些故意颠倒是非，混淆黑白的人。

---

①문제 먼저 읽기

89. 赵高牵一只鹿上朝，是想：

A 讨好皇帝
B 讽刺大臣们
C 表现自己的才干
D 弄清大臣们的立场

③정답 고르기

④문제와 선택지 읽기

90. 根据上文，胆小的大臣们：

A 勃然大怒
B 保持沉默
C 喜出望外
D 迷惑不解

⑥정답 고르기

⑦문제와 선택지 읽고 정답 고르기

91. 根据上文，可以知道什么？

A 赵高想做皇帝
B 皇帝受百姓爱戴
C 大臣们都支持赵高
D 皇宫里饲养了很多宠物

⑧문제와 선택지 읽기

92. 最适合做上文标题的是：

A "指鹿为马"的由来
B "指鹿为马"的危害
C "指鹿为马"的局限
D "指鹿为马"的成效

⑩정답 고르기

보고는 반신반의하며 말했다. "말의 머리에 어째서 뿔이 돋아 있소?" 조고가 몸을 돌려 손으로 많은 대신들을 가리키며 말했다. "황상께서 저의 말을 못 믿으시겠다면, 여러 대신들에게 물어보셔도 됩니다."

대신들은 모두 조고의 말도 되지 않는 소리에 어찌할 바를 몰라, 혼자 속으로 수군거렸다. '조고가 무슨 꿍꿍이시? 사슴인지 말인지 분명하잖아.' 그러나 조고의 얼굴에 무서운 표정이 드러나는 것을 보고 대신들은 어느덧 그의 음모를 알아차렸다.

조고의 뜻을 감히 거스르지 못한 대신과 본래 조고와 한통속인 그 대신들은 말이라고 말했지만, 대담하게 조고를 반대하는 사람은 오히려 사슴이라고 말했고, [90]또한 일부 겁이 많은 대신들은 머리를 숙이고 말을 하지 않았다. 나중에, 사슴이라고 말한 대신은 조고의 갖가지 수단에 살해당했다.

[92]이 이야기는 《사기》에 나온다. 후에 사람들은 성어 '지록위마'로, 고의적으로 시비를 전도하고 옳고 그름을 헷갈리게 하는 사람을 비유했다.

89. 조고가 사슴을 끌고와 입궐하면서 생각한 것은 무엇인가?

A 황제에게 잘 보여야겠다
B 대신들을 풍자해야겠다
C 자신의 능력을 보여야겠다
D 대신들의 입장을 분명히 알아야겠다

90. 윗글에 따르면, 겁이 많은 대신들은 어떻게 했는가?

A 벌컥 성을 냈다
B 침묵을 유지했다
C 기뻐서 어쩔 줄을 몰랐다
D 어찌된 영문인지 몰랐다

91. 윗글에 근거하여 알 수 있는 것은 무엇인가?

A 조고는 황제가 되고 싶어 한다
B 황제는 백성의 추대를 받는다
C 대신들은 모두 조고를 지지한다
D 황궁에서 많은 애완동물을 사육한다

92. 윗글의 제목으로 가장 적합한 것은 무엇인가?

A '지록위마'의 유래
B '지록위마'의 위해
C '지록위마'의 한계
D '지록위마'의 효과

|해 설| ① 89번 문제 먼저 읽기

세부 내용을 묻는 문제이므로 문제만 읽고 지문으로 가서 赵高牵一只鹿上朝 부분을 찾습니다.

② 지문 읽기 ~ ③ 89번 정답 고르기

赵高牵一只鹿上朝 문제 부분은 두 번째 단락 맨 처음에 나오지만 정답은 첫 번째 단락을 읽어야 찾을 수 있습니다. 첫 번째 단락의 내용을 보면 조고가 야심이 많아서 조정의 대신들 중 얼마나 많은 사람들이 자신을 믿고 따를지 시험해 보고 싶어서 방법을 생각해 냈다고 나옵니다. 따라서 정답은 D 弄清大臣们的立场입니다.

④ 90번 문제와 선택지 읽기

胆小的大臣们의 행동을 물어보는 문제입니다. 지문에서 胆小的大臣们을 먼저 속독으로 찾은 후에 정독을 하면서 선택지와 맞춰 봅니다.

⑤ 지문 이어 읽기 ~ ⑥ 90번 정답 고르기

胆小的大臣이 네 번째 단락에 나옵니다. 따라서 두 번째, 세 번째 단락은 대충의 이야기 흐름만 읽은 후에 빠르게 네 번째 단락으로 가야 합니다. 지문에서 还有一些胆小的大臣低头不语라고 했으므로 정답은 B 保持沉默입니다.

⑦ 91번 문제와 선택지 읽고 정답 고르기

지문과 일치하는 내용을 묻는 문제이므로 선택지와 함께 읽습니다. 이야기 글의 경우 문제가 순서대로 풀리지 않고 무작위로 풀리는 경우가 있습니다. 91번 문제도 지문 맨 첫 문장 '秦二世三年，丞相赵高野心勃勃，日夜盘算着要篡夺皇位' 부분을 보고 정답을 고를 수 있습니다. 정답은 A입니다.

⑧ 92번 문제와 선택지 읽기

제목을 묻는 문제입니다. 선택지를 보고 지금까지 읽은 내용을 근거로 답을 찾을 수도 있지만 그렇지 못할 경우 아직 읽지 않은 지문인 마지막 문장으로 돌아가서 지문을 읽습니다.

⑨ 지문 이어 읽기 ~ ⑩ 92번 정답 고르기

맨 마지막 문장에서 '这个故事出自《史记》，后来人们用成语"指鹿为马"来比喻那些故意颠倒是非，混淆黑白的人'이라고 나오므로 이 글의 제목은 A임을 알 수 있습니다.

| 단 어 |

秦 Qín 고유 진나라 | 丞相 chéngxiàng 명 승상[고대에 군주를 보좌하던 최고 대신] | 赵高 Zhào Gāo 인명 조고[중국 진나라 때의 환관] | 野心勃勃 yěxīnbóbó 야심만만하다 | 日夜 rìyè 명 밤낮 | 盘算 pánsuan 동 (마음속으로) 따져 보다, 생각하다 | 篡夺皇位 cuànduó huángwèi 보위를 찬탈하다 | 朝 cháo 명 조정[朝廷(cháotíng)을 뜻함] | 大臣 dàchén 명 대신 | 到底 dàodǐ 부 도대체 | 摆布 bǎibu 동 조종하다, 좌지우지하다 | 反对 fǎnduì 동 반대하다 | 没底 méidǐ 동 자신이 없다 | 欲 yù 동 ~을 하려고 하다 | 顺从 shùncóng 동 순종하다, 순순히 따르다 | 意愿 yìyuàn 명 바람, 염원, 뜻 | 上朝 shàngcháo 동 입궐하다 | 牵 qiān 동 끌다 | 鹿 lù 명 사슴 | 满脸堆笑 mǎnliǎn duī xiào 얼굴 가득 웃음을 띠다 | 皇上 huángshang 명 황상 | 献 xiàn 동 바치다, 올리다 | 匹 pǐ 양 필[말·소 등의 가축을 세는 단위] | 日行千里 rì xíng qiānlǐ 하루에 천리를 가다 | 难得一见 nándé yí jiàn 보기 드물다, 한 번 보기도 어렵다 | 宝马 bǎomǎ 보마, 훌륭한 말 | 搞错 gǎocuò 동 잘못하다, 실수하다 | *搞 gǎo 동 ~을 하다, 처리하다 | 面不改色 miànbùgǎisè 얼굴빛 하나 변하지 않다 | 将信将疑 jiāngxìnjiāngyí 성 반신반의하다 | 长角 zhǎng jiǎo 뿔이 돋다 | 转身 zhuǎnshēn 동 몸을 돌리다 | 众 zhòng 형 많다 | 一派胡言 yí pài húyán 온통 허튼소리 | 不知所措 bùzhīsuǒcuò 어찌할 바를 모르다 | 私下 sīxià 부 혼자 속으로, 개인적으로 | 嘀咕 dígu 동 수군거리다, 속닥거리다 | 名堂 míngtang 명 꿍꿍이 | 明摆着 míngbǎizhe 형 명백하다, 분명하다 | 露出 lòuchū 동 드러내다 | 凶狠 xiōnghěn 형 흉악하다, 사납다 | 表情 biǎoqíng 명 표정 | 忽然 hūrán 부 갑자기, 문득 | 阴谋 yīnmóu 명 음모 | 不敢 bùgǎn 동 감히 ~하지 못하다 | 逆意 nìyì 동 뜻을 거스르다 | 串通一气 chuàntōngyíqì 성 서로 공모하여 한통속이 되다, 서로 내통하다 | 敢于 gǎnyú 동 대담하게 ~을 하다 | 胆小 dǎnxiǎo 형 겁이 많다, 담이 작다 | 低头不语 dī tóu bù yǔ 머리를 숙이고 말을 하지 않다 | 害死 hàisǐ 동 살해하다, 죽이다 | 史记 Shǐjì 고유 사기[한나라 때 사마천이 지은 역사서] | 指鹿为马 zhǐlùwéimǎ 성 사슴을 가리켜 말이라고 하다, 고의로 흑백을 전도하다 | 比喻 bǐyù 동 비유하다 | 颠倒是非 diāndǎoshìfēi 성 시비를 전도하다 | 混淆黑白 hùnxiáo hēibái 흑백(옳고 그름)을 헷갈리게 하다 | 讨好 tǎohǎo 동 잘 보이다, 환심을 사다 | 皇帝 huángdì 명 황제 | 讽刺 fěngcì 동 풍자하다 | 才干 cáigàn 명 재능, 능력 | 弄清 nòngqīng 동 분명히 알다 | 立场 lìchǎng 명 입장 | 勃然大怒 bórándànù 벌컥 성을 내다 | 保持沉默 bǎochí chénmò 침묵을 지키다 | 喜出望外 xǐchūwàngwài 뜻밖의 기쁜 일을 만나 기뻐서 어쩔 줄 모르다 | 迷惑不解 míhuò bùjiě 어찌 된 영문인지 모르다 | 爱戴 àidài 동 추대하다, 우러러 섬기다 | 饲养 sìyǎng 동 사육하다, 기르다 | 宠物 chǒngwù 명 애완동물 | 危害 wēihài 동 위해, 해 | 局限 júxiàn 명 국한, 한계 | 成效 chéngxiào 명 효과

93~96 | C C D A

②지문 읽기

近些年，越来越多的人开始关注投资理财。[93]很多人可能认

⑤지문 이어 읽기

为在证券市场当中赢利并不难，凭着自己的聪明才智，看看技术方面的书籍，听听专家的意见，就可以做到稳定盈利。也许投资的实施过程看起来的确比较简单，但这并不代表它不具有专业性。几乎没有人会问"怎样才能在短时间内掌握外科手术的技巧"，或是"怎样在短时间内成为网球冠军"——因为我们都知道，这些只有通过长期刻苦的练习才能做到。[94]殊不知投资也是一项专业性非常强的工作，其对于投资者专业水平的要求绝

⑧지문 이어 읽기

不亚于外科手术医生。若想达到较高的专业水平，必须积累大量的知识。把投资看得太过简单的人，其实是"一叶障目"，只

최근 몇 년간, 점점 더 많은 사람들이 투자 재테크에 관심을 가지기 시작했다. [93]많은 사람들이 증권 시장에서 이익을 얻는 것은 결코 어렵지 않다고 생각할 것이다. 자신의 총명함과 지혜와 재능으로 기술 분야의 서적을 보고, 전문가의 의견을 들으면 안정적으로 이익을 얻을 수 있을 거라고 생각한다. 어쩌면 투자의 실행 과정은 정말 비교적 간단해 보이지만, 전문성을 갖지 않는다는 것은 아니다. '어떻게 해야 짧은 시간 안에 외과 수술의 테크닉을 마스터할 수 있을까' 혹은 '어떻게 해야 짧은 시간 안에 테니스 챔피언이 될지'를 묻는 사람은 거의 없다. 우리 모두 이것들은 장기간의 각고의 연습을 통해야 할 수 있다는 것을 알기 때문이다. [94]뜻밖에도 투자 역시 전문성이 매우 강한 일로, 투자자의 전문적인 수준에 대한 요구가 외과 수술을 하는 의사에 절대 못지 않다. 만약 비교적 높은 전문적인 수준에 이르고 싶다면 반드시 많은 지식을 쌓아야 한다. 투자를 너무 간단하게 보는 사람은 사실 '부분적인 현상에 미혹되어 전체를 보지 못하는 것'이다. 투자의 실시 단계만 볼 뿐 지식 축적

看到投资的实施环节，而忽略了知识积累的重要性，没能充分估量投资的难度，盲目投资，一旦失策，极有可能造成巨大的损失。

投资虽然有点像赌博，但我们不能因噎废食、放弃合理的投资。[95]通货膨胀、物价走高、持续增加的医疗和教育支出，都

⑪지문 이어 읽기

在考验着我们的"财商"。如果我们不能对资产进行适当管理，并使其增值，那么所有的支出都将落在工资收入上，这无疑会增加生活压力。

[96]面对众多投资者的困惑，资深职业投资人撰写了一本个人理财"入门书"，通过一些有寓意的故事，对市场本质和投资理念进行了简单易懂的分析，帮助读者认识债券、股票、期货、金属、房产等投资工具的特点。书中的内容融合了作者在多年的投资实践与研究中所总结出来的宝贵经验。该书旨在向普通投资者传授开源节流的妙计，指导他们尽快跨入投资门槛，少走弯路。

①문제만 읽기

93. 根据第1段，很多人认为证券投资：

A 要博览群书
B 很耗费时间
C 可以轻松赚到钱
D 需要雄厚的资本

③정답 고르기

④문제만 읽기

94. 上文提"外科手术医生"是为了说明投资：

A 要承担风险
B 具有周期性
C 专业性很强
D 要全力以赴

⑥정답 고르기

⑦문제만 읽기

95. 上文中的"财商"是指：

A 贸易交往
B 消费水平
C 道德观念
D 理财能力

⑨정답 고르기

⑩문제와 선택지 읽기

96. 上文最可能是一篇什么类型的文章？

A 图书导读
B 哲理散文
C 招生简章
D 会议纪要

⑫정답 고르기

의 중요성을 소홀히 해서 투자의 난이도를 충분히 예측하지 못한다. 맹목적으로 투자하다 일단 실책을 범하게 되면 커다란 손실을 초래할 가능성이 매우 높다.

투자는 비록 도박과도 조금 비슷하지만 아예 시도하지 않고 합리적인 투자를 포기할 수는 없다. [95]인플레이션, 물가 상승, 지속적으로 늘어나는 의료와 교육비 지출은 모두 우리의 '금융 지수'를 시험하고 있다. 만약 우리가 투자에 대해 적당한 관리를 해 가치를 늘리지 못한다면, 월급으로 모든 지출을 감당해야 해서 틀림없이 생활 압력을 증가시킨다.

[96]많은 투자자들의 당혹함에 직면하여, 베테랑 직업 투자자가 개인 재테크 '입문서'를 저술했다. 메시지가 있는 이야기를 통해 시장 본질과 투자 이념에 대해 간단하고 알기 쉬운 분석을 진행해서, 독자가 채권, 주식, 선물, 금속, 부동산 등 투자 도구의 특징을 인식하도록 도와준다. 책속의 내용은 작가의 다년간의 투자 실천과 연구 중 종합한 귀중한 경험이 녹아 있다. 이 책은 일반 투자자에게 수입을 늘리고 지출을 줄일 수 있는 묘책을 전수하고 그들이 되도록 빨리 투자의 문턱에 진입해서 시행착오를 줄이도록 지도한다.

93. 첫 단락에 따르면 많은 사람들은 증권 투자에 대해 어떻게 여기는가?

A 많은 책을 다독해야 한다
B 시간을 매우 소모한다
C 쉽게 돈을 벌 수 있다
D 충분한 자본이 필요하다

94. 윗글에서 '외과 수술과 의사'를 언급한 것은 투자의 무엇을 설명하기 위해서인가?

A 위험을 부담해야 한다
B 주기성이 있다
C 전문성이 강하다
D 최선을 다해야 한다

95. 윗글의 '금융 지수'란 무엇인가?

A 무역 거래
B 소비 수준
C 도덕 관념
D 재테크 능력

96. 윗글은 어떤 유형의 글인가?

A 도서 안내(가이드)
B 철학 산문
C 학생 모집 요강
D 회의록

|해 설| ① 93번 문제만 읽기

첫 번째 단락이라는 범위를 주고 证券投资에 대한 사람들의 견해를 물어보았습니다. 证券投资를 기억하면서, 지문으로 가서 해당 부분을 빠르게 찾습니다.

② 지문 읽기 ~ ③ 93번 정답 고르기

첫 번째 단락 두 번째 문장을 보면 很多人可能认为在证券市场当中赢利并不难이라고 나오므로 이 부분이 사람들의 증권 투자에 대한 견해임을 알 수 있습니다. 지문의 赢利并不难이 선택지 C의 可以轻松赚到钱으로 바뀌어 출제되었습니다. 정답은 C입니다.

④ 94번 문제만 읽기

문제에서 外科手术医生을 언급한 이유를 묻고 있습니다. 문제를 잘 기억한 후에 지문에서 답이 있는 부분을 빠르게 찾습니다.

⑤ 지문 이어 읽기 ~ ⑥ 94번 정답 고르기

94번 문제도 첫 번째 단락에서 정답을 찾을 수 있습니다. '殊不知投资也是一项专业性非常强的工作，其对于投资者专业水平的要求绝不亚于外科手术医生' 부분에서 外科手术医生이 나오므로, 이 문장을 정독하며 답을 찾습니다. 정답은 C입니다.

⑦ 문제만 읽기

문제에서 财商에 관해 물어봤으므로 지문에서 먼저 财商을 빠르게 찾은 후 선택지를 봅니다.

⑧ 지문 이어 읽기 ~ ⑨ 95번 정답 고르기

두 번째 단락에서 '财商'이 있는 문장을 찾은 후 정독합니다. '通货膨胀、物价走高、持续增加的医疗和教育支出，都在考验着我们的"财商"'에서 财商의 의미를 문맥에 따라 유추하면 정답이 D 理财能力임을 알 수 있습니다. 만약에 '智商(지능지수)'과 '情商(감정 지수)'이라는 단어를 알고 있었다면 财商의 财가 理财와 관련 있다는 것을 유추할 수 있어서 정답을 빠르게 찾았을 것입니다.

⑩ 문제와 선택지 읽기

이 글이 어떤 종류의 글인지 물어보는 문제입니다. 두 번째 단락까지만 읽어서는 정답을 고르기 힘듭니다. 따라서 남은 세 번째 단락도 마저 읽습니다.

⑪ 지문 이어 읽기 ~ ⑫ 96번 정답 고르기

마지막 단락을 보면 '……入门书，……帮助读者认识……，书中的内容……'과 같은 단어들이 등장하므로 이 글의 종류는 A 图书导读임을 알 수 있습니다.

|단 어| 关注 guānzhù 동 관심을 가지다 | 投资理财 tóuzī lǐcái 투자 재테크 | *投资 tóuzī 동 투자하다 명 투자 | 理财 lǐcái 동 재정을 관리하다 | 证券市场 zhèngquàn shìchǎng 명 증권시장 | 赢利 yínglì 동 이익을 얻다 | 凭 píng 전 ~을 근거로 해서 | 才智 cáizhì 명 재지, 재능과 지혜 | 书籍 shūjí 명 서적, 책 | 稳定 wěndìng 형 안정적이다 | 盈利 yínglì 명 이익을 얻다, 돈을 벌다 | 也许 yěxǔ 부 어쩌면, 아마도 | 实施 shíshī 동 실행하다 | 过程 guòchéng 명 과정 | 简单 jiǎndān 형 간단하다, 단순하다 | 具有 jùyǒu 동 있다, 가지다 | 专业性 zhuānyèxìng 전문성 | 几乎 jīhū 부 거의 | 掌握 zhǎngwò 동 숙달하다, 마스터하다 | 外科手术 wàikē shǒushù 외과 수술 | 技巧 jìqiǎo 명 테크닉, 기교 | 网球 wǎngqiú 명 테니스 | 冠军 guànjūn 명 챔피언 | 刻苦 kèkǔ 형 각고의, 몹시 애를 쓰다 | 练习 liànxí 명 연습 | 殊不知 shūbùzhī 동 뜻밖이다, 생각지도 못하다 | 项 xiàng 양 가지, 항목, 조항 | 绝 jué 부 절대로, 결코[주로 부정사 앞에 쓰임] | 不亚于 búyàyú 동 ~에 못지 않다, ~에 뒤지지 않다 | 若 ruò 접 만일, 만약 | 必须 bìxū 부 반드시 ~해야 한다 | 积累 jīlěi 동 (지식을) 축적하다, 쌓다 | 一叶障目 yíyèzhàngmù 부분적인 현상에 미혹되어 전체를 보지 못하다 | 实施环节 shíshī huánjié 실시 단계 | 忽略 hūlüè 동 소홀히 하다, 간과하다 | 充分 chōngfèn 형 충분하다, 충분히 | 估量 gūliáng 동 추측하다, 예측하다 | 难度 nándù 명 난이도 | 盲目 mángmù 형 맹목적이다 | 失策 shīcè 동 실책하다 | 极有可能 jí yǒu kěnéng ~할 가능성이 매우 크다 | 造成 zàochéng 동 (나쁜 결과를) 초래하다, 야기하다 | 损失 sǔnshī 명 손실 | 赌博 dǔbó 동 도박, 노름 | 因噎废食 yīnyēfèishí 성 음식을 먹다가 목이 메었다고 다시는 그 음식을 먹으려 하지 않다, 사소한 문제로 인해 중요한 일을 그만두다 | 放弃 fàngqì 동 포기하다 | 通货膨胀 tōnghuò péngzhàng 인플레이션, 통화 팽창 | 物价走高 wùjià zǒugāo 물가가 오르다 | *走高 zǒugāo 동 (가격 등이) 오르다 | 持续 chíxù 동 지속하다 | 增加 zēngjiā 동 증가하다, 늘다 | 医疗 yīliáo 명 의료 | 支出 zhīchū 명 지출 | 考验 kǎoyàn 동 시험하다 | 财商 cáishāng 금융 지수 | 资产 zīchǎn 명 자산 | 适当 shìdàng 형 적당하다 | 增值 zēngzhí 동 가치가 증가하다 | 落在 luò zài ~에 떨어지다 | 无疑 wúyí 형 틀림없다, 의심할 여지가 없다 | 众多 zhòngduō 형 (사람이) 아주 많다 | 困惑 kùnhuò 형 곤혹스럽다, 당혹스럽다 | 资深 zīshēn 형 경력이 오랜, 베테랑의 | 撰写 zhuànxiě 동 저술하다 | 寓意 yùyì 명 함축된 의미, 메시지 | 简单易懂 jiǎndān yìdǒng 간단하고 알기 쉽다 | 分析 fēnxī 동 분석하다 명 분석 | 债券 zhàiquàn 명 채권 | 股票 gǔpiào 명 주식 | 期货 qīhuò 명 선물[쌍방이 협상을 통해 정한 조건에 따라 약정 기일에 결제하고 청산하는 화물·주식·외환·채권 등을 말함] | 金属 jīnshǔ 명 금속 | 房产 fángchǎn 명 부동산 | 工具 gōngjù 명 도구, 수단 | 融合 rónghé 동 융합하다 | 实践 shíjiàn 명 실천 동 실천하다 | 总结 zǒngjié 동 총정리하다, 종합하다 | 宝贵 bǎoguì 형 귀중하다 | 经验 jīngyàn 명 경험 | 旨 zhǐ 명 목적, 뜻, 뜻하는 바, 의의 | 传授 chuánshòu 동 전수하다, 가르치다 | 开源节流 kāiyuánjiéliú 성 수입을 늘리고 소비를 줄이다 | 妙计 miàojì 명 묘책 | 指导 zhǐdǎo 동 지도하다 | 尽快 jǐnkuài 부 되도록 빨리 | 跨入 kuàrù 동 진입하다, 들어서다 | 门槛 ménkǎn 명 문지방, 문턱 | 少走弯路 shǎozǒu wānlù 시행착오를 줄이다 | 博览群书 bólǎn qúnshū 성 많은 책을 다독하다 | 耗费 hàofèi 동 (시간을) 소비하다 | 轻松 qīngsōng 형 수월하다, 가볍다 | 赚钱 zhuànqián 동 돈을 벌다 | 雄厚 xiónghòu 형 충분하다 | 资本 zīběn 명 자본 | 承担风险 chéngdān fēngxiǎn 위험을 감당하다 | 周期性 zhōuqīxìng 명 주기성 | 全力以赴 quánlìyǐfù 성 최선을 다하다 | 贸易交往 màoyì jiāowǎng 무역 거래 | 道德观念 dàodé guānniàn 도덕 관념 | 图书导读 túshū dǎodú 도서 안내(가이드) | 哲理散文 zhélǐ sǎnwén 철학 산문 | 招生简章 zhāoshēng jiǎnzhāng 학생 모집 요강 | 会议纪要 huìyì jìyào 회의록

②지문 읽기

在湖南吉首市西大约20公里处，有一个风景优美的苗族山寨——矮寨。¹⁰⁰矮寨不但是一个有着浓郁苗族风情的文化大镇，更是一个有着堪称"天下三绝"的奇特景观的地方。

首先是矮寨里的奇特房屋。一般来说，苗族的房屋都是木质结构，但走进矮寨，无论是街还是巷，无论是墙壁还是房顶，⁵지문 이어 읽기 ⁹⁷全部都是青石板。这些青石板厚薄均匀，与青山绿水和谐地融为一体，简约中透着一股古朴的韵味，给人一种来到了世外桃源一样的感觉。我想，若得三五知己坐在这样的屋子里，吃着峒河特产"桃花虫"，饮着苗族特有的米酒，一定无比惬意！

其次是矮寨外的奇特公路。矮寨坐落在群山之间，周围全是悬崖峭壁。早年，当地百姓为了出山，在绝壁上开凿出一条石阶，这石阶宛如悬梯一般，几乎呈竖直状，行人稍不留神就有可能坠入崖底，出行很是艰难。20世纪30年代修建的湘川公路，有一段就在矮寨背面的大山上。这座山的坡度大约从70到90度，在这样陡峭的山上筑路，唯一的办法便是让道路呈"之"字状。于是施工者先在大山的斜面凿出一道道一头高、一头低的"大台阶"，然后再把上下两个台阶相连接起来。虽然这座山的垂直高度只有440米左右，但蜿蜒盘旋的公路却有26个"台阶"，13个转弯，长约6公里。⁹⁸开汽车行驶在这条路上，抬头看上面的车辆仿佛压在头顶，低头看，又仿佛自己的车行驶在前面车辆的顶上，很是惊心动魄。到了山顶的公路尽头，向下望去，在阳光下，公路就像是一条洁白的玉带，层层折叠在山腰之间。

⑧지문 이어 읽기

矮寨还有一绝，⁹⁹那就是特大悬索桥。这座桥横跨矮寨大峡谷，是渝湘高速公路大动脉中的一段，桥的主跨为1176米，距离地面大约330米，站在桥面俯视谷底，只见矮寨石板房宛如一座座小积木房子，错落有致地排列于山水之间。如果是大雾天，从桥面看下去，矮寨在雾中若隐若现，仿佛仙境一般。

①문제만 읽기

97. 矮寨房屋的奇特之处是：

A 墙壁很薄

B 屋顶很高

C 建在山谷里   ③정답 고르기

D 用青石板建成

④문제만 읽기

98. 第3段中画线句子是为了说明：

A 景色美

B 车辆多

C 公路险   ⑥정답 고르기

D 山路宽

⑦문제와 선택지 읽기

99. 根据上文，可以知道：

A 矮寨公路有26个弯

B 悬索桥横跨矮寨峡谷

C 雾中美景是矮寨三绝之一   ⑨정답 고르기

D 悬索桥是湘川公路的一段

후난 지서우시 서쪽 대략 20킬로미터에 풍경이 아름다운 먀오족 마을 아이자이가 있다. ¹⁰⁰아이자이는 농후한 먀오족 지방색을 가진 문화 마을일 뿐 아니라 '천하삼절'이라 할 만한 독특한 경치를 지니고 있는 곳이기도 하다.

첫 번째는 아이자이의 독특한 집이다. 일반적으로 먀오족의 집은 모두 목재 구조이지만, 아이자이에 들어서면 길이든 골목이든, 벽이든 지붕이든 ⁹⁷모두 푸른 석판이다. 이 푸른 석판은 두께가 고르고 청산녹수와 조화롭게 하나가 되며 간결함 속에서도 소박한 운치를 드러내서, 사람들에게 무릉도원에 온 것과 같은 느낌을 준다. 나는 만약 몇몇 좋은 친구와 이러한 집에 앉아 통허 특산물인 '타오화총'을 먹고, 먀오족 고유의 막걸리를 마시면 반드시 더없이 흡족할 것 같은 생각이 든다!

두 번째는 아이자이 밖의 독특한 도로이다. 아이자이는 많은 산 사이에 있는데, 주위는 모두 깎아지를 듯한 절벽이다. 오래전, 현지 사람들은 산을 나오기 위해 절벽에 돌계단을 만들었다. 이 돌계단은 줄사다리처럼 거의 수직 형태를 띠는데, 행인이 조금만 주의하지 않으면 절벽 아래로 떨어져 다니기 매우 어려웠다. 1930년대 건축된 샹촨 도로는 한 구간이 이 아이자이 뒤쪽의 커다란 산에 있다. 이 산의 경사도는 대략 70도에서 90도로, 이렇게 가파른 산에 도로를 건설하는 유일한 방법은 도로를 '갈지(之)' 자 모양으로 만드는 것이다. 그래서 시공자는 우선 산의 경사면에 한쪽은 높고 한쪽은 낮은 '대형 계단'을 건설한 후, 위아래 두 계단을 이었다. 비록 이 산의 수직 고도는 440미터 정도밖에 되지 않지만, 구불구불한 도로는 26개의 '계단', 13개의 모퉁이가 생겼으며 길이는 약 6킬로미터에 이르렀다. ⁹⁸차를 몰아 이 길을 운전할 때 고개를 들어 위의 차를 보면 마치 정수리를 누르는 것 같고, 고개를 내려 보면 또 자신의 차가 앞 차의 꼭대기에 있는 것 같아 짜릿하다. 산 정상의 도로 끝에 이르러 아래를 내려다보면, 햇빛 아래 도로는 새하얀 옥띠처럼 층층이 산허리에 접혀 있다.

아이자이에 절경이 또 있는데, ⁹⁹바로 대형 현수교이다. 이 다리는 아이자이 대협곡에 걸쳐져 있고 위상 고속도로 대동맥의 한 부분으로, 다리의 길이는 1176미터, 지면과의 거리는 330미터이다. 다리 바닥에 앉아서 골짜기 바닥을 내려다보면 작은 장난감 블록 같은 아이자이 석판 집이 들쭉날쭉 아름답게 산과 물 사이에 배열되어 있는 것만 보인다. 만약 안개가 짙은 날, 다리 바닥에서 내려다보면, 아이자이는 안개 속에서 보일 듯 말 듯하여, 마치 신선이 사는 곳 같다.

97. 아이자이 집의 독특한 점은 무엇인가?

A 벽이 얇다

B 지붕이 높다

C 산골짜기에 지어져 있다

D 푸른 석판으로 지었다

98. 세 번째 단락 중 밑줄 친 문장은 무엇을 설명하기 위해서인가?

A 경치가 아름답다

B 차가 많다

C 도로가 위험하다

D 산길이 넓다

99. 윗글에 근거하여 알 수 있는 것은 무엇인가?

A 아이자이 도로에 26개의 모퉁이가 있다

B 현수교는 아이자이 협곡에 걸쳐 있다

C 안개 속 아름다운 경치는 아이자이 3대 절경 중 하나이다

D 현수교는 샹촨 도로의 한 부분이다

⑩문제와 선택지 읽고 정답 고르기

100. 上文主要谈的是:
A 矮寨的三大奇观
B 矮寨的苗族风情
C 矮寨的交通发展
D 矮寨的地理环境

100. 윗글이 주요하게 이야기하는 것은 무엇인가?
A 아이자이의 3대 기이한 풍경
B 아이자이의 묘족 지방 특색
C 아이자이의 교통 발전
D 아이자이의 지리 환경

| 해 설 | ① 97번 문제만 읽기

이 글은 중국 소수민족의 전통 가옥을 소개한 글입니다. 矮寨 같은 어려운 단어는 고유명사이므로 몰라도 됩니다. 지문에서 矮寨房屋를 빠르게 찾은 후 선택지를 봅니다.

② 지문 읽기 ~ ③ 97번 정답 고르기

문제가 矮寨房屋的奇特之处를 찾는 것이고, 두 번째 단락에서 首先是矮寨里的奇特房屋라고 했으므로 두 번째 단락에 정답이 있음을 알 수 있습니다. 두 번째 단락을 읽다 보면 全都是青石板이 나오므로 선택지 D 用青石板建成을 정답으로 고르면 됩니다.

④ 98번 문제만 읽기

세 번째 단락에서 밑줄 친 단어의 의미를 물어보는 문제입니다. 惊心动魄에서 惊을 보고 '무서워한다'라는 의미를 잡고 왜 그런지 지문에서 정답을 찾습니다.

⑤ 지문 이어 읽기 ~ ⑥ 98번 정답 고르기

세 번째 단락 맨 첫 문장 其次是矮寨外的奇特公路는 이 단락의 주제입니다. 따라서 밑줄 친 단어를 사용한 의도는 '公路(도로)'가 무섭다는 것을 설명하기 위해서입니다. 세 번째 단락 전체를 정독할 필요는 없으며, 밑줄 친 단어 앞의 '开汽车行驶在这条路上，抬头看上面的车辆仿佛压在头顶，低头看，又仿佛自己的车行驶在前面车辆的顶上' 부분만 봐도 도로가 아주 험하게 생겼다는 것을 알 수 있습니다. 따라서 정답은 C 公路险입니다.

⑦ 99번 문제와 선택지 읽기

지문과 일치하는 내용을 고르는 문제이므로 선택지도 함께 봅니다. 지금까지 읽은 내용으로 A와 C는 정답이 아님을 알 수 있습니다. 전체 글의 구성을 봐서 마지막 단락, 즉 矮寨의 세 번째 절경에서 99번 문제가 풀릴 것이라는 것을 유추하고 마지막 단락을 읽습니다.

⑧ 지문 이어 읽기 ~ ⑨ 99번 정답 고르기

마지막 단락의 도입 부분에서 '那就是特大悬索桥。这座桥横跨矮寨大峡谷'라고 했으므로 정답은 B 悬索桥横跨矮寨峡谷를 고르면 됩니다.

⑩ 100번 문제와 선택지 읽고 정답 고르기

이 글의 주제를 물어보는 문제입니다. 설명문의 주제는 주로 맨 첫 단락에 나옵니다. 이 글도 맨 첫 단락의 '矮寨不但是一个有着浓郁苗族风情的文化大镇，更是一个有着堪称"天下三绝"的奇特景观的地方'으로 보아, 아이자이의 풍경에 대해 서술하고 있음을 알 수 있습니다. 두 번째 단락부터 네 번째 단락까지는 앞서 말한 세 가지 절경을 구체적으로 설명하고 있습니다. 따라서 주제는 A 矮寨的三大奇观입니다.

| 단 어 | 湖南 Húnán 지명 후난성 | 吉首市 Jíshǒu Shì 지명 지서우시 | 大约 dàyuē 부 대략 | 公里 gōnglǐ 양 킬로미터(km) | 风景 fēngjǐng 명 풍경, 경치 | 优美 yōuměi 형 우아하고 아름답다 | 苗族 Miáozú 고유 먀오족 | 山寨 shānzhài 명 울타리가 쳐진 산간 마을 | 矮寨 Ǎizhài 지명 아이자이 | 浓郁 nóngyù 형 농후하다, 강하다, 짙다 | 风情 fēngqíng 명 생활양식, 풍토와 인정 | 镇 zhèn 명 진(중국의 행정단위 중 하나) | 堪称 kānchēng 동 ~이라고 할 만하다 | 奇特 qítè 형 독특하다 | 景观 jǐngguān 명 경관, 경치 | 房屋 fángwū 명 집, 가옥 | 结构 jiégòu 명 구조 | 街 jiē 명 길, 거리 | 巷 xiàng 명 골목 | 墙壁 qiángbì 명 벽 | 房顶 fángdǐng 명 지붕 | 青石板 qīng shíbǎn 푸른 석판 | 厚薄 hòubó 명 두께 | 均匀 jūnyún 형 고르다, 균일하다 | 青山绿水 qīngshānlùshuǐ 성 푸른 산과 맑은 물 | 和谐 héxié 형 조화롭다 | 融为一体 róngwéi yì tǐ 하나가 되다, 일체가 되다 | 简约 jiǎnyuē 형 간결하다 | 透着 tòuzhe 동 나타나다, 드러나다 | 股 gǔ 양 줄기[맛 · 기체 · 냄새 · 힘 따위를 세는 단위] | 古朴 gǔpǔ 형 소박하다 | 韵味 yùnwèi 명 운치, 정취 | 世外桃源 shìwàitáoyuán 성 무릉도원, 세외도원, 도원경 | 感觉 gǎnjué 명 감각, 느낌 | 若 ruò 접 만일, 만약 | 知己 zhījǐ 명 지기, 친구 | 峒河 Tónghé 지명 퉁허 | 特产 tèchǎn 명 특산물 | 桃花虫 táohuāchóng 명 타오화충[중국의 먹거리 중 하나] | 米酒 mǐjiǔ 쌀로 빚은 술, 막걸리 | 无比惬意 wúbǐ qièyì 더없이 흡족하다 | 公路 gōnglù 명 도로 | 坐落 zuòluò 동 (땅 · 건물이) ~에 위치하다 | 群山 qúnshān 명 많은 산 | 周围 zhōuwéi 명 주위 | 悬崖峭壁 xuányáqiàobì 성 깎아지른 듯한 절벽 | 当地 dāngdì 명 현지, 그 지방 | 绝壁 juébì 명 절벽, 낭떠러지 | 开凿 kāizáo 동 (수로 · 굴 등을) 파다, 뚫다 | 石阶 shíjiē 명 돌계단 | 宛如 wǎnrú 동 마치 ~과 같다 | 悬梯 xuántī 명 줄사다리 | 一般 yìbān 형 같다, 엇비슷하다 | 呈 chéng 동 (어떤 상태를) 띠다, 나타내다 | 竖直状 shùzhízhuàng 수직 형태 | *竖直 shùzhí 형 수직의, 직립의 | 稍 shāo 부 약간, 조금 | 留神 liúshén 동 주의하다 | 坠入 zhuìrù 동 (~속으로) 떨어지다, 빠지다 | 崖底 yádǐ 명 절벽 밑, 절벽 바닥 | 艰难 jiānnán 형 어렵다, 힘들다 | 修建 xiūjiàn 동 건설하다, 건축하다 | 湘川 Xiāngchuān 지명 샹촨 | 背面 bèimiàn 명 뒤쪽, 반대편 | 坡度 pōdù 명 경사도, 기울기 | 陡峭 dǒuqiào 형 (산세가) 험준하다, 가파르다 | 筑路 zhùlù 동 도로를 건설하다 | 唯一 wéiyī

---

150 ★ 시나공 HSK 6급

형 유일하다 | **施工者** shīgōngzhě 명 시공자 | **斜面** xiémiàn 명 경사면, 비탈 | **道** dào 양 줄기, 갈래[길·하천 등 가늘고 긴 사물을 세는 단위] | **台阶** táijiē 명 계단 | **连接** liánjiē 동 연결하다, 잇다 | **垂直** chuízhí 형 수직의 | **左右** zuǒyòu 명 정도, 쯤 | **蜿蜒盘旋** wānyán pánxuán 구불구불하다 | **转弯** zhuǎnwān 명 모퉁이 | **行驶** xíngshǐ 동 (차를) 운전하다, 몰다 | **抬头** táitóu 동 머리를 들다 | **车辆** chēliàng 명 차량 | **仿佛** fǎngfú 부 마치 ~인 것 같다 | **压** yā 동 누르다 | **头顶** tóudǐng 명 정수리 | *顶 dǐng 명 꼭대기, 정수리 | **低头** dītóu 동 머리를 숙이다 | **惊心动魄** jīngxīndòngpò 성 마음을 놀라게 하고 넋을 뒤흔들다, 몹시 공포에 떨다 | **山顶** shāndǐng 명 산꼭대기, 산 정상 | **尽头** jìntóu 명 끝, 말미 | **向下望去** xiàng xià wàng qù 아래로 내려다보다 | **洁白** jiébái 형 새하얗다 | **玉带** yùdài 명 옥띠 | **层层** céngcéng 부 층층이, 겹겹이 | **折叠** zhédié 동 접다, 개다 | **山腰** shānyāo 명 산허리, 산 중턱 | **悬索桥** xuánsuǒqiáo 명 현수교, 출렁다리 | *桥 qiáo 명 다리, 교량 | **横跨** héngkuà 동 (가로로) 걸쳐 있다 | **峡谷** xiágǔ 명 협곡 | **渝湘** Yúxiāng 지명 위상 | **高速公路** gāosù gōnglù 명 고속도로 | **大动脉** dàdòngmài 명 대동맥[교통의 중요한 간선로를 뜻함] | **主跨** zhǔ kuà (육지와 육지를 잇는 다리의) 길이 | **距离** jùlí 동 (~로부터) 사이를 두다, 떨어지다 | **俯视** fǔshì 동 내려다보다, 굽어보다 | **谷底** gǔdǐ 명 골짜기의 밑바닥 | **积木** jīmù 명 장난감 블록 | **错落有致** cuòluòyǒuzhì 성 들쭉날쭉 아름답다 | **排列** páiliè 동 배열하다 | **大雾** dàwù 명 짙은 안개 | **若隐若现** ruòyǐnruòxiàn 성 보일 듯 말 듯하다 | **仙境** xiānjìng 명 신선이 살 것 같은 경치[경치의 신비롭고 아름다움을 뜻함] | **薄** báo 형 얇다 | **山谷** shāngǔ 명 산골짜기 | **建成** jiànchéng 동 건설하다, 짓다 | **画线** huàxiàn 동 줄을 치다, 선을 긋다 | **险** xiǎn 형 위험하다 | **宽** kuān 형 (폭이) 넓다 | **三绝之一** sān jué zhī yī 3대 절경 중 하나 | **奇观** qíguān 명 기이한 풍경

실전문제 | 402~407쪽

01

60점 목표 모범답안

一棵苹果树

很久以前，有一棵苹果树，一个小男孩喜欢和这棵树玩儿，但后来小男孩长大了，他不再和树玩儿了。

一天，小男孩来找大树，大树让小男孩和它一起玩儿，但小男孩不愿意，他说他需要钱买玩具，大树没有钱，于是让他摘下所有的苹果，把它们卖掉。小男孩摘下苹果就走了，然后再也没回来，大树很伤心。

过了很久，小男孩回来了，大树想跟男孩一起玩儿，但他说需要一套房子，让大树帮他。大树让他砍掉树上所有的树枝拿去盖房子。小男孩拿走了树枝，又不来了。

一个夏天，小男孩回来了。这次他向大树要一艘船，于是大树让小男孩把自己的树干拿去造船。小男孩造了船去远航了，过了很久也没回来。

很多年之后，他又回来了。这回大树已经没有可以给他的东西了，而小男孩也老了，他什么都不需要了，只想找个地方休息。于是大树让他在自己的树根上坐下来休息，大树感到很幸福。

这就是我们的故事，这棵树就是我们的父母。我们只有需要帮助时才去找父母，而父母总会给我们所有他们可以提供的东西。

80점 목표 모범답안

苹果树的故事

很久以前，有一颗苹果树。一个小男孩很喜欢围着它玩耍。他爱这棵树，这棵树也喜欢和他玩儿。

后来，小男孩长大了。一天，他来到树前，告诉大树他想要玩具，需要钱。大树让小男孩摘下自己身上苹果拿去卖，这样他就有钱了。小男孩摘下树上所有的苹果，高兴地走了，然后很久都没有消息。

过了很久，小男孩回来了。他又来向大树诉苦，说自己要买房子，问大树能不能帮自己。大树让小男孩砍掉它的树枝拿去盖房子。于是小男孩毫不犹豫地砍下了大树的树枝，又高兴地走了。从那以后，他又杳无音信。

过了很久，小男孩又来找大树了。当然这次他又是有求于大树。他说他要出海，想要一只船。这次小男孩把大树的树干砍了下来，造了一只船，然后坐船走了。

不知道过了多久，小男孩又回来了。大树很高兴，不过它已经没有任何东西可以给他了。这回小男孩也说他什么也不需要了，他只想个地方休息。小男孩在大树下坐着，大树流下了幸福的眼泪。

这就是我们每个人的故事，这棵树就是我们的父母，我们总是向父母索取，父母总是默默地为我们付出一切。

02

60점 목표 모범답안

白小姐应聘

英国的一家航空公司新开了一条航线，他们决定在北京招8名中国女乘务员。北京办事处主任先选出了12个人，这12个人要由从英国来的副总裁直接面试。

副总裁一到办事处，就开始认真地看应聘

80점 목표 모범답안

白小姐应聘

英国的一家国际航空公司在北京招聘中国女乘务员。公司驻北京办事处主任亲自主持了初选，精挑细选决定了12名应聘者参加复选，并将由副总裁直接考核。

副总裁千里迢迢地从英国赶来，一到办事

者的材料。突然，副总裁发现了一张表格，上面写着"ＯＫ"，这位应聘者姓白，非常优秀。副总裁把白小姐的表格单独放在一边，因为他想让她当空姐的领班。

副总裁第一个请进了白小姐。看到白小姐，副总裁觉得白小姐是个合适的人选。面试的气氛一直很轻松，最后副总裁问白小姐如果去英国培训三个月，能不能适应远离自己的国家和亲人的生活，白小姐说反正是去比北京更好的地方，所以她很高兴，而且她说已经在中国呆够了。听到这儿，副总裁脸上的微笑突然消失了，他说还要接待下一位应聘者，然后请白小姐出去了。

白小姐出去后，副总裁把"ＯＫ"改成了"ＮＯ"，因为他觉得一个对自己的国家都没有感情的人，也不会忠于他们公司。白小姐始终没有收到这家公司的录取通知。

处，便开始认真地审视全部应聘者的材料。副总裁发现一张应聘者的表格的右上角上特别标记了"ＯＫ"两个字母，这位应聘者姓白，各方面的条件都很好。副总裁知道主任和自己想得一样，是想让她当空姐的领班。

副总裁第一个请进了白小姐，他先和白小姐进行了一段轻松的对话，最后告诉白小姐如果被录用的话，将在英国进行长达三个月的培训，他问白小姐在生活或感情上是否能接受。但出人意料的是白小姐不以为然地说，自己早就在中国呆够了，所以高兴还来不及呢。副总裁突然沉下了脸，沉默了片刻后，他站起来请白小姐出去，白小姐只好向他告了辞。

副总裁目送白小姐出去后，想了一会儿，最后掏出笔在表格上写上了一个"ＮＯ"，还自言自语地说，一个对自己的国家都没有感情的人，无法相信她会忠于自己的公司。白小姐始终没有收到这家公司的录取通知。

03

60점 목표 모범답안

我的女儿

女儿是中等生。其实，为了提高她的学习成绩，我们也试过很多办法，但都没有什么效果。

周末，和一群同事一起去郊游。一路上同事的孩子们都表演节目，但女儿没什么特别的本领，只是开心地不停鼓掌。野餐的时候，两个小男孩吵架了，大人们怎么劝都没用，但我女儿想了一个好办法，轻松地解决了这个问题。回来的路上堵车堵得厉害，这时，女儿开始讲笑话，全车人都被逗乐了。

期中考试后，我接到了女儿班主任的电话。老师说我女儿的成绩仍然是中等，不过有一件奇怪的事。语文试卷上有一道附加题："你最欣赏班里的哪位同学？请说出理由。"全班绝大部分同学都写上了我女儿的名字，理由是女儿热心助人，乐观幽默。还有很多同学建议让她来当班长。老师还说女儿虽说成绩一般，但是她人很优秀。

我恍然大悟，虽然学生应该好好学习，可是不是说学习好才是优秀的学生。我为我的女儿感到自豪，她不是中等生，她是真正的上等生。

80점 목표 모범답안

家有中等生

女儿的同学都管她叫"二十三号"，因为每次考试，女儿都排名二十三，在学习方面她是一个中等生。其实，我们也曾想方设法地去提高她的学习成绩，可她后来不但生了病，连成绩也下降了，于是我和老公放弃了揠苗助长的活动。

周末，跟一群同事一起去郊游。一路上，孩子们都表演自己拿手的节目，女儿没什么特别的本领，只是开心地不停鼓掌，而且跑来跑去照看大家的东西，像个细心的小管家。野餐的时候，两个小男孩，同时夹住一块糯米饼，谁也不肯放手。就在大家不知所措时，女儿用扔硬币的办法，轻松地解决了这个问题。回来的路上堵车堵得厉害，一些孩子焦躁起来。女儿讲了几个笑话，把全车人都逗乐了。

期中考试后，我接到了女儿班主任的电话。老师说女儿的成绩仍然是中等，不过出人意料的是，大部分班上的同学都很欣赏女儿，因为她乐于助人，好相处，而且乐观幽默。老师还说很多同学建议由她来担任班长，老师觉得女儿的为人很优秀。

我恍然大悟，不是说学习好才是优秀的学生。我为我的女儿感到自豪，她不是中等生，她是真正的上等生。

|1문단 해설| 발단: 등장인물과 그들 간의 관계를 설명함

①很久很久以前，有一棵大大的苹果树。②一个小男孩喜欢每天来到树下围着它玩耍。③他爬上树梢，吃苹果，在树阴下打盹……他喜欢这棵树，而这棵树也喜欢和他玩。④时间一天天地过去了，小男孩长大了，他已经不再每天围着树玩了。

아주 먼 옛날에, 커다란 사과나무 한 그루가 있었다. 한 어린 소년은 매일 나무 밑에 와서 나무 곁에서 노는 것을 좋아했다. 소년은 나무 꼭대기에 올라가기도 하고 사과를 먹기도 하고 나무 그늘 아래서 졸기도 했다. 소년은 이 나무를 좋아했고, 이 나무도 소년과 노는 것을 좋아했다. 시간이 하루하루 지나갔고, 소년은 자라서 더 이상 매일 나무 곁에서 놀지 않았다.

중심 내용: 사과나무와 한 소년이 있었다. 소년은 나무와 노는 것을 좋아했지만, 시간이 흐르면서 점차 소원해졌다.

|해 설| ① 大大的苹果树는 그대로 써도 좋고 大苹果树 혹은 苹果树라고 써도 됩니다. 하지만 大的苹果树는 잘못된 표현이니 주의합니다.

② 아이가 '매일 나무에 와서 논다'가 주요 내용이므로, 의미만 통하도록 쉽게 바꾸어 쓰면 됩니다.

> 요약　每天来到树下围着它玩耍　➜　和大树玩儿

③ 이 문장은 문장 ②에 대해 구체적으로 설명을 하고 있는 문장입니다. 따라서 생략해도 무방합니다.

④ 시간이 지나자 소년이 나무와 놀지 않았다는 것은 주요 내용이므로 꼭 써야 합니다. '不再……了'의 호응 관계를 기억하세요.

|요 약| 很久以前，有一棵苹果树，一个小男孩喜欢和这棵树玩儿，但后来小男孩长大了，他不再和树玩儿了。
아주 오래전, 사과나무 한 그루가 있었다. 한 소년이 이 나무와 놀길 좋아했지만, 나중에 자라서는 더 이상 나무와 놀지 않았다.

|단 어| **棵** kē 앱 그루, 포기[식물을 세는 단위] | **玩耍** wánshuǎ 동 놀다 | **树梢** shùshāo 명 나무 꼭대기, 나뭇가지 끝 | **树阴** shùyīn 명 나무 그늘 | **打盹** dǎdǔn 동 졸다

|2문단 해설| 사건1: 소년이 나무에게 하는 첫 번째 부탁을 설명함

①一天，小男孩来到树的面前，神情忧愁。"来吧，来和我玩！"大树邀请小男孩。②"我不再是个孩子了，我再也不围着树玩了。"男孩答道，"我要玩具，需要钱来买。""对不起，我没有钱……但是你可以摘下我所有的苹果，把它们卖掉，这样你就有钱了。"③听了大树的话，小男孩别提多高兴了。他摘下了树上所有的苹果，高高兴兴地走了。摘了苹果后，小男孩再也没回来。大树很伤心。

하루는 소년이 나무 앞에 와서 우울한 표정을 지었다. "어서 와. 나랑 놀자!" 나무가 소년을 초대했다. "난 더 이상 아이가 아니니까 이제 나무 곁에서 놀지 않을 거야." 소년이 대답했다. "난 장난감을 갖고 싶어. 살 돈이 필요해." "미안해, 난 돈이 없는걸. 하지만 넌 나의 모든 사과를 따도 돼. 그것을 팔아 봐. 이렇게 하면 돈이 생길 거야." 나무의 말을 듣고, 소년은 말할 수 없이 기뻤다. 그는 나무 위의 모든 사과를 따는 기뻐하며 떠났다. 사과를 딴 후에 소년은 더 이상 돌아오지 않았다. 나무는 매우 슬퍼했다.

중심 내용: 소년이 장난감을 살 돈이 필요하다고 말하자, 나무는 자신의 사과를 모두 따서 팔라고 했다. 사과를 모두 따 간 소년은 돌아오지 않았고 나무는 슬퍼했다.

|해 설| ① 직접화법은 간접화법으로 바꿔서 표현하는 것이 원칙입니다.

> 요약　"来吧，来和我玩！"大树邀请小男孩。　➜　大树让小男孩和它一起玩儿。

② 대화 내용을 다 전달할 필요는 없고, 중요한 내용만 요약해서 간접화법으로 표현하면 됩니다. 이때 시점을 3인칭으로 바꾸는 것에 주의합니다.

> 요약　"我不再是个孩子了，我再也不围着树玩了。"男孩答道，"我要玩具，需要钱来买。"
> ➜　小男孩不愿意，他说他需要钱买玩具。

> 요약　"对不起，我没有钱……但是你可以摘下我所有的苹果，把它们卖掉，这样你就有钱了。"
> ➜　大树没有钱，于是让小男孩摘下所有的苹果，把它们卖掉。

③ 高高兴兴地走了는 高兴地走了라고 써도 됩니다. 高高兴兴은 형용사 중첩으로 이미 정도가 강조되었기 때문에 앞에 정도부사를 붙일 수 없습니다. 즉, 很高高兴兴地走了라고 쓸 수 없습니다.

Tip 매 문단마다 '소년의 요구 → 나무의 베풂 → 소년이 떠남 → 나무의 감정'이 같은 패턴으로 나오고 있습니다. 따라서 소년이 무엇을 원하는지, 그에 따라 나무가 무엇을 주는지 잘 기억하도록 합니다.

| 요 약 | 一天, 小男孩来找大树, 大树让小男孩和它一起玩儿, 但小男孩不愿意, 他说他需要钱买玩具, 大树没有钱, 于是让他摘下所有的苹果, 把它卖掉。小男孩摘下苹果就走了, 然后再也没回来, 大树很伤心。

어느 날 소년이 나무를 찾아왔고, 나무는 소년에게 함께 놀자고 했다. 하지만 소년은 원하지 않았으며 자신은 장난감을 살 돈이 필요하다고 말했다. 나무는 돈이 없었다. 그래서 소년에게 모든 사과를 따서 그것들을 팔라고 했다. 소년은 사과를 따자마자 가 버린 다음, 다시는 돌아오지 않았고 나무는 매우 슬퍼했다.

| 단 어 | **神情忧愁** shénqíng yōuchóu 표정이 우울하다(슬프다) | **邀请** yāoqǐng 동 초청하다, 초대하다 | **答道** dádào 동 대답하다 | **玩具** wánjù 명 장난감 | **摘下** zhāixià 동 (열매를) 따다 | **提** tí 동 언급하다, 말을 꺼내다 | **伤心** shāngxīn 동 슬퍼하다, 상심하다

| 3문단 해설 | 사건2: 소년이 사과나무에게 하는 두 번째 부탁을 설명함

①过了很久, 小男孩回来了, 大树高兴得不得了。②"来吧, 来和我玩!"大树说。③"我没时间玩, 我得为我们一家人的生计工作, 我们需要一套房子栖身, 你能帮我吗?""对不起, 我没有房子。但是你可以砍掉我所有的树枝, 拿去盖你的房子。"④于是, 小男孩割下树上所有的树枝, 高高兴兴地走了。见到男孩高兴起来大树很高兴, 但小男孩从此又不来了, 大树又感到很孤独。

한참이 지난 후 소년이 돌아왔고 나무는 매우 기뻐했다. "어서 와. 나랑 놀자!" 나무가 말했다. "난 놀 시간이 없어. 난 우리 가족의 생계를 위해서 일해야 해. 우린 머물 집이 필요해요. 날 도와줄 수 있겠니?" "미안해. 난 집이 없어. 하지만 너는 나의 모든 나뭇가지를 베어도 돼, 가져가서 너의 집을 지으렴." 그리하여 소년은 나무 위의 모든 나뭇가지를 잘라 내고는 즐거워하며 떠났다. 소년이 기뻐하는 것을 보자, 나무도 기뻤다. 하지만 소년은 이때부터 또 오지 않았고, 나무는 외로워 했다.

중심 내용: 소년이 집이 필요하다고 말하자, 나무는 자신의 나뭇가지를 베어서 집을 지으라고 했다. 나뭇가지를 베어 간 소년은 돌아오지 않았고 나무는 외로움을 느꼈다.

| 해 설 | ① 高兴得不得了에서 不得了는 高兴의 보어이기 때문에 高兴 뒤에 得를 써서 표현합니다. 이때 地를 쓰지 않도록 주의합니다.

② 직접화법은 간접화법으로 바꿔서 표현합니다. 이 문장의 경우, '大树说来和自己玩儿'과 같이 바꾸어 쓰는 학생들이 많은데, 이는 틀린 표현입니다. 说는 '이야기를 해 주다'라는 의미인데, 이 문장은 나무가 소년에게 어떠한 사실에 대해 전달한 것이 아니라, 함께 놀고 싶어 하는 나무의 바람을 나타낸 것이므로, 想이나 希望으로 바꿔 표현해야 옳은 문장이 됩니다.

요약 "来吧, 来和我玩!" ➡ 大树想跟男孩儿一起玩儿。

③ 이 문장은 내용을 이해하기는 쉬우나 간접화법으로 바꾸어 쓰려면 어렵습니다. 시점에 주의하며 요점만 살려 간단하게 줄여 씁니다.

요약 "我没时间玩。我得为我们一家人的生计工作, 我们需要一套房子栖身, 你能帮我吗?"
➡ 小男孩说他需要一套房子, 让大树帮他。

요약 "对不起, 我没有房子。但是你可以砍掉我所有的树枝, 拿去盖你的房子。"
➡ 大树让他砍掉树上所有的树枝拿去盖房子。

| 요 약 | 过了很久, 小男孩回来了, 大树想跟男孩一起玩儿, 但他说需要一套房子, 让大树帮他。大树让他砍掉树上所有的树枝拿去盖房子。小男孩拿走了树枝, 又不来了。

한참이 지나고서, 소년은 돌아왔다. 나무는 소년과 함께 놀고 싶었지만 소년은 집이 필요하다고 말하며 나무에게 자신을 도와 달라고 했다. 나무는 소년에게 나무 위의 모든 나뭇가지들을 베어서 가져가 집을 지으라고 했다. 소년은 나뭇가지를 들고 간 뒤로 또 오지 않았다.

| 단 어 | **不得了** bùdéliǎo 형 (정도가) 심하다 | **生计** shēngjì 명 생계 | **栖身** qīshēn 동 머물다, 거주하다 | **砍掉** kǎndiào 동 베어 내다 | **树枝** shùzhī 명 나뭇가지 | **拿去** ná qù 가져가다 | **盖** gài 동 (집을) 짓다 | **割** gē 동 자르다, 끊다 | **孤独** gūdú 형 고독하다, 외롭다

①在一个炎热的夏日，小男孩回来了，大树十分高兴。②"来吧，来和我玩！"大树说道。③"我很忧郁，而且我已经老了。我要出海航行，放松一下自己。你能给我一艘船吗？"④"用我的树干去造你的船吧，你可以航行得很远，高兴起来吧。"⑤就这样，小男孩砍掉树干造了一艘船。他远航了，过了很长的时间，他也没有露面。

무더운 여름날, 소년이 돌아오자 나무는 매우 기뻐했다. "어서 와, 나랑 놀자!" 나무가 말했다. "난 정말 우울해. 게다가 난 이미 늙었어. 난 바로 나가 항해하며 휴식을 취하고 싶어. 나에게 배 한 척을 줄 수 있겠니?" "나의 나무줄기로 너의 배를 만들어 봐. 너는 아주 멀리까지 항해할 수 있어서 기분이 좋아질 거야." 이렇게 해서, 소년은 나무줄기를 베어 내서 배 한 척을 만들었다. 그는 멀리 항해를 떠났고, 아주 오랜 시간이 지나도록 모습을 드러내지 않았다.

중심 내용: 소년이 배가 필요하다고 말하자, 나무는 자신의 줄기를 베어서 배를 만들라고 했다. 줄기를 베어 간 소년은 돌아오지 않았다.

|해 설| ③ 소년의 감정과 배가 필요한 이유를 나타내고 있습니다. 주요 내용은 '배가 필요하다'이므로, 감정과 이유는 생략하고 핵심만 요약합니다.

> **요약** "我很忧郁，而且我已经老了。我要出海航行，放松一下自己。你能给我一艘船吗？"
>   ➡ 小男孩向大树要一艘船。

④ 대화는 길지만 핵심 내용은 나무가 자신의 나무줄기를 소년에게 베풀어 주었다는 것입니다. 최대한 짧고 간결하게 요약하여 씁니다.

> **요약** "用我的树干去造你的船吧，你可以航行得很远，高兴起来吧。"
>   ➡ 大树让小男孩把自己的树干拿去造船。

|요 약| 一个夏天，小男孩回来了。这次他向大树要一艘船，于是大树让小男孩把自己的树干拿去造船。小男孩造了船去远航了，过了很久也没回来。

어느 여름날, 소년이 돌아왔다. 이번에는 소년이 나무에게 배 한 척을 원하자, 나무는 소년에게 자신의 나무줄기를 가져가서 배를 만들라고 했다. 소년은 배를 만들어 멀리 항해를 떠났고, 오랜 시간이 지나도록 돌아오지 않았다.

|단 어| 炎热 yánrè 형 무덥다 | 夏日 xiàrì 명 여름날 | 忧郁 yōuyù 형 우울하다, 침울하다 | 出海 chūhǎi 동 바다로 나가다 | 航行 hángxíng 동 항해하다 | 放松 fàngsōng 동 (기분 등을) 느슨하게 하다, 편안히 하다 | 艘 sōu 양 척[선박을 세는 단위] | 树干 shùgàn 명 나무줄기 | 造船 zàochuán 동 배를 만들다 | 露面 lòumiàn 동 모습을 드러내다

①后来，在小男孩离开了很多年之后，他又回来了。②"对不起，孩子，我没有任何更多的东西给你了，再也没有苹果给你了……"大树说道。"我也没有牙去啃了。"小男孩答道。大树说："我再也没有树干让你爬了。"小男孩说："我现在也老得爬不了啦！"大树流着泪说："我真的不能给你任何东西了，唯一留下来的就是我正在枯死的树根。"③"我现在什么也不需要，只要有个地方休息就行了。干了那么多年，我很疲倦。"男孩答道。"那好！老树根正好是用来休息的最好的地方。来吧，在我这儿坐下来休息吧。"④男孩坐了下来，老树那个高兴，流下了激动的眼泪。

훗날 소년이 떠난 지 여러 해가 지난 후에, 그는 다시 돌아왔다. "미안해, 친구야. 난 네게 줄 것이 더 이상 없어. 네게 줄 사과도 이제는 없단다." 나무가 말했다. "나도 베어 먹을 이가 없어." 소년이 대답했다. 나무가 말했다. "난 네가 올라갈 나무줄기가 더 이상 없어." 소년이 말했다. "나도 이제는 늙어서 올라갈 수 없어!" 나무가 눈물을 흘리며 말했다. "나는 정말로 네게 어떠한 것도 줄 수가 없어. 유일하게 남은 건 바로 말라죽어 가고 있는 나의 나무 밑동이야." "난 지금 아무것도 필요하지 않아. 쉴 곳만 있으면 돼. 너무 오랫동안 일했더니 난 너무 지쳤어." 소년이 대답했다. "잘됐구나! 늙은 나무 밑동이 마침 남아 있는데, 쉬기에는 가장 좋은 곳이야. 어서 와. 내가 있는 이곳에 앉아서 쉬렴." 소년이 앉자, 늙은 나무는 그토록 기뻐하며 감격의 눈물을 흘렸다.

중심 내용: 오랜만에 돌아온 소년에게 나무는 아무것도 줄 것이 없다고 하자, 소년은 단지 쉴 곳이 필요하다고 했다. 나무가 밑동에 앉아 쉬라고 하자, 소년은 앉았고 나무는 감격했다.

|해 설| ② 소년과 나무가 한담을 나누는 내용입니다. 대화가 길기 때문에 각 인물의 입장을 요약하여 간접화법으로 짧고 간결하게 줄여야 합니다. 주요 내용은 '나무에게는 더 이상 줄 게 없고, 소년 또한 더 이상 필요한 게 없다'라는 것입니다.

> **요약** 나무의 입장 ➡ 大树已经没有可以给他的东西了。
>   소년의 입장 ➡ 小男孩也老了，他什么都不需要了。

③ 소년은 더 이상 아무것도 필요 없고 단지 쉴 곳만 있으면 된다고 말합니다. 이 부분은 최대한 자세히 표현하는 것이 좋습니다.

> **요약** "我现在什么也不需要，只要有个地方休息就行了。➡ 他说他什么都不需要了，只想找个地方休息。

"那好！老树根正好是用来休息的最好的地方。来吧，在我这儿坐下来休息吧。" → 大树让他在自己的树根上坐下来休息。

|요 약| 很多年之后，他又回来了。这回大树已经没有可以给他的东西了，而小男孩也老了，他什么都不需要了，只想找个地方休息。于是大树让他在自己的树根上坐下来休息，大树感到很幸福。

수년이 지난 후에, 소년은 또 돌아왔다. 이번에 나무는 이미 소년에게 줄 수 있는 것이 없었고, 소년도 늙어서 아무것도 원하지 않았다. 다만 쉴 곳이 필요했다. 그래서 나무는 소년을 자신의 나무 밑동에 앉아서 쉬게 했고 행복감을 느꼈다.

|단 어| **离开** líkāi 통 떠나다 | **牙** yá 명 이, 치아 | **啃** kěn 통 (물어서) 먹다, 뜯어먹다, 갉아먹다 | **流泪** liúlèi 통 눈물을 흘리다 | **唯一** wéiyī 형 유일하다 | **枯死** kūsǐ 통 말라 죽다 | **树根** shùgēn 명 나무 밑동, 나무 뿌리 | **休息** xiūxi 통 휴식하다, 쉬다 | **疲倦** píjuàn 형 지치다, 피곤하다 | **激动** jīdòng 통 감격하다, 감동하다 | **眼泪** yǎnlèi 명 눈물

|6문단 해설| 결말: 이야기를 통해 인생의 교훈을 언급함

　　这就是我们每一个人的故事，这棵树就是我们的父母。当我们还年幼时，我们喜欢和爸爸妈妈玩，当我们长大后，我们离开了他们，只有当我们需要什么，或遇到麻烦时才回到他们身边。不管出了什么事，父母总会在那里，给我们所有他们可以提供的东西，让我们高兴起来。也许你认为这个男孩对待大树太过残忍，但这确实就是我们对待父母的写照。

이것은 바로 우리 모두의 이야기이며, 이 나무는 바로 우리의 부모님이다. 우리가 아직 어렸을 때, 우리는 부모님과 노는 것을 좋아하지만, 자란 후에는 그들한테서 떠나고, 무언가 필요하거나 골치 아픈 일을 만나서야 그들 곁으로 돌아간다. 무슨 일이 생기든 간에 부모는 항상 그 자리에 있으면서, 우리에게 자기들이 줄 수 있는 모든 것을 주며 우리들을 기쁘게 해 준다. 아마도 당신은 이 소년이 나무에게 너무 잔인하게 대한다고 생각할 테지만, 이것은 확실히 우리 모두가 부모를 대하는 것을 묘사한 것이다.

중심 내용: 이 나무는 우리의 부모와 같다. 자식은 뭔가 필요할 때만 부모를 찾지만, 부모는 항상 자식에게 모든 것을 다 내어 주려고 한다.

|해 설| 마지막 단락은 이야기의 결말로 끝나는 경우도 있고, 의미 있는 메시지나 교훈을 주며 끝나는 경우도 있습니다. 요약 쓰기(缩写)의 원칙은 원문 그대로 요약해서 마무리를 해야 한다는 것입니다. 절대로 개인적인 생각이나 견해를 추가해서는 안 된다는 점을 기억해야 합니다.

|요 약| 这就是我们的故事，这棵树就是我们的父母。我们只有需要帮助时才去找父母，而父母总会给我们所有他们可以提供的东西。

이것은 바로 우리의 이야기로, 이 나무가 바로 우리의 부모님이다. 우리는 도움이 필요할 때 부모님을 찾지만, 부모님은 늘 우리에게 자신들이 줄 수 있는 모든 것들을 준다.

|단 어| **故事** gùshi 명 이야기 | **年幼** niányòu 형 (나이가) 어리다 | **遇到** yùdào 통 (문제·상황 등을) 만나다, 맞닥뜨리다 | **麻烦** máfan 형 골치 아프다, 귀찮다 | **提供** tígōng 통 제공하다, 주다 | **也许** yěxǔ 부 아마도 | **对待** duìdài 통 (사람·사물을) 대하다 | **太过残忍** tàiguò cánrěn 너무 잔인하다 | **确实** quèshí 부 확실히 | **写照** xiězhào 명 묘사, 서술

|모범답안|

60점 목표 모범답안

一棵苹果树

　　很久以前，有一棵苹果树，一个小男孩喜欢和这棵树玩儿，但后来小男孩长大了，他不再和树玩儿了。

　　一天，小男孩来找大树，大树让小男孩和它一起玩儿，但小男孩不愿意，他说他需要钱买玩具，大树没有钱，于是让他摘下所有的苹果，把它们卖掉。小男孩摘下苹果就走了，然后再也没回来，大树很伤心。

　　过了很久，小男孩回来了，大树想跟男孩一起玩儿，但他说需要一套房子，让大树帮他。大树让他砍掉树上所有的树枝拿去盖房子。小男孩拿走了树枝，又不来了。

　　一个夏天，小男孩回来了。这次他向大树要一艘船，于

사과나무 한 그루

　　아주 오래전, 사과나무 한 그루가 있었다. 한 소년이 이 나무와 놀길 좋아했지만, 나중에 자라서는 더 이상 나무와 놀지 않았다.

　　어느 날 소년이 나무를 찾아왔고, 나무는 소년에게 함께 놀자고 했다. 하지만 소년은 원하지 않았고 자신은 장난감을 살 돈이 필요하다고 말했다. 나무는 돈이 없었다. 그래서 소년에게 모든 사과를 따서 그것들을 팔라고 했다. 소년은 사과를 따자마자 가 버린 다음, 다시는 돌아오지 않았고 나무는 매우 슬퍼했다.

　　한참이 지나고서, 소년은 돌아왔다. 나무는 소년과 함께 놀고 싶었지만 소년은 집이 필요하다고 말하며 나무에게 자신을 도와 달라고 했다. 나무는 소년에게 나무 위의 모든 나뭇가지들을 베어서 가져가 집을 지으라고 했다. 소년은 나뭇가지를 들고 간 뒤로 또 오지 않았다.

　　어느 여름날, 소년이 돌아왔다. 이번에는 소년이 나무에게 배 한 척을

是大树让小男孩把自己的树干拿去造船。小男孩造了船去远航了，过了很久也没回来。

很多年之后，他又回来了。这回大树已经没有可以给他的东西了，而小男孩也老了，他什么都不需要了，只想找个地方休息。于是大树让他在自己的树根上坐下来休息，大树感到很幸福。

这就是我们的故事，这棵树就是我们的父母。我们只有需要帮助时才去找父母，而父母总会给我们所有他们可以提供的东西。

원하자, 나무는 소년에게 자신의 나무줄기를 가져가서 배를 만들라고 했다. 소년은 배를 만들어 멀리 항해를 떠났고, 오랜 시간이 지나도록 돌아오지 않았다.

수년이 지난 후에, 소년은 또 돌아왔다. 이번에 나무는 이미 소년에게 줄 수 있는 것이 없었고, 소년은 늙어서 아무것도 원하지 않았다. 다만 쉴 곳이 필요했다. 그래서 나무는 소년을 자신의 나무 밑동에 앉아서 쉬게 했고 행복감을 느꼈다.

이것은 바로 우리의 이야기로, 이 나무가 바로 우리의 부모님이다. 우리는 도움이 필요할 때만 부모님을 찾지만, 부모님은 늘 우리에게 자신들이 줄 수 있는 모든 것들을 준다.

80점 목표 모범답안

苹果树的故事

很久以前，有一颗苹果树。一个小男孩很喜欢围着它玩要。他爱这棵树，这棵树也喜欢和他玩儿。

后来，小男孩长大了。一天，他来到树前，告诉大树他想要玩具，需要钱。大树让小男孩摘下自己身上苹果拿去卖，这样他就有钱了。小男孩摘下树上所有的苹果，高兴地走了，然后很久都没有消息。

过了很久，小男孩回来了。他又来向大树诉苦，说自己要买房子，问大树能不能帮自己。大树让小男孩砍掉它的树枝拿去盖房子。于是小男孩毫不犹豫地砍下了大树的树枝，又高兴地走了。从那以后，他又杳无音信。

过了很久，小男孩又来找大树了。当然这次他又是有求于大树。他说他要出海，想要一只船。这次小男孩把大树的树干砍了下来，造了一只船，然后坐船走了。

不知道过了多久，小男孩又回来了。大树很高兴，不过它已经没有任何东西可以给他了。这回小男孩也说他什么也不需要了，他只想有个地方休息。小男孩在大树下坐着，大树流下了幸福的眼泪。

这就是我们每个人的故事，这棵树就是我们的父母，我们总是向父母索取，父母总是默默地为我们付出一切。

사과나무 이야기

아주 오래전, 사과나무 한 그루가 있었다. 한 어린 소년은 그 나무 곁에서 노는 것을 좋아했다. 그는 이 나무를 좋아했고, 나무 또한 그와 노는 것을 좋아했다.

후에 소년이 자랐다. 하루는 소년이 나무에 와서 자신은 장난감이 가지고 싶어서 돈이 필요하다고 말했다. 나무는 소년에게, 자신에게 달린 사과를 가져가서 팔라고 했다. 이러면 소년이 돈을 가질 수 있었다. 소년은 나무의 사과를 몽땅 따서 기뻐하며 떠났고, 그 후에는 오랫동안 소식이 없었다.

한참이 지나고 나서야 소년이 돌아왔다. 그는 또 나무에게 하소연하며, 자신은 집이 필요한데 나무에게 자신을 도와줄 수 없느냐고 물었다. 나무는 소년에게 자신의 나뭇가지를 베어 집을 지으라고 했고, 소년은 조금의 망설임도 없이 나뭇가지를 베어 내고는 또 기뻐하며 떠났다. 그날 이후로 그는 또 감감무소식이었다.

한참이 지나고 나서, 소년은 또 나무를 찾아왔다. 당연히 이번에 그는 또 나무에게 요구하는 것이 있었다. 그는 바다에 나갈 것이니 배 한 척이 필요하다고 말했다. 이번에 소년은 나무의 줄기를 베어 내어 배 한 척을 만들고는, 배를 타고 떠났다.

얼마가 지났는지는 몰라도, 소년은 또 돌아왔다. 나무는 매우 기뻤지만, 이제 그에게 줄 수 있는 것은 아무것도 없었다. 이번에는 소년도 자신은 아무것도 필요하지 않고, 다만 쉴 곳을 원한다고 말했다. 소년은 나무에 앉았고, 나무는 행복의 눈물을 흘렸다.

이것은 바로 우리 모두의 이야기이다. 이 나무는 우리의 부모이다. 우리는 항상 부모님께 요구를 하지만, 부모님은 항상 묵묵히 우리에게 모든 것을 베풀어 주신다.

| 단 어 | 诉苦 sùkǔ 동 괴로움을 하소연하다, 고충을 호소하다 | 毫不犹豫 háo bù yóuyù 조금도 망설이지 않다 | 杳无音信 yǎowúyīnxìn 성 감감무소식이다
有求于 yǒuqiú yú ~에게 요구하다 | **索取** suǒqǔ 동 요구하다

02

|1~2문단 해설| 발단: 등장인물과 이야기의 배경을 설명함

①英国的一家国际航空公司新开辟了一条至中国北京的国际航线。②他们决定在北京招聘8名中国女乘务员。③这家公司对待这次招聘非常认真，招聘的条件相当高。④公司驻北京办事处主任亲自主持了初选，经过层层选拔，选出了12名应聘者参加复选。⑤12名参加复选的人将接受专门从英国赶来的公司副总裁的直接考核。

영국의 한 국제항공회사가 중국 베이징까지의 국제 노선을 새롭게 열었다. 그들은 베이징에서 중국인 스튜어디스 8명을 채용하기로 결정했다.

이 회사는 이번 채용에 매우 진지하게 임했고, 채용 조건은 상당히 높았다. 베이징 사무소의 담당은 직접 서류 1차 심사를 진행했고, 거듭된 선발 끝에 2차 면접에 참가할 12명의 지원자를 선출했다. 2차 면접에 참가할 12명은 특별히, 영국에서 서둘러 온 회사 부사장의 직접적인 심사를 받게 된다.

중심 내용: 한 국제항공사가 중국인 스튜어디스를 뽑기로 했다. 지원자는 부사장의 면접을 봐야 한다.

② 招聘乘务员은 서면어입니다. 招乘务员이라고 해도 괜찮지만, 找乘务员이라고 해서는 안 됩니다. 한국어로는 직원을 채용할 때 '사람을 구하다 [찾다]'라고 말할 수 있지만 중국어에서는 인력 채용 시 找를 쓰지 않습니다. 이렇게 한국식 중국어가 나오지 않도록 주의해야 합니다.

주의 승무원을 채용하다 ➞ 招乘务员 또는 招聘乘务员(O) / 找乘务员 (X)

④ 문맥상 그다지 중요하지 않은 문장이라는 것을 판단할 수 있습니다. 요점은 '12명의 2차 선발 인원을 뽑았다'인데 复选이 어려우면 '12명을 뽑았다' 라고 쓰면 됩니다.

요약 公司驻北京办事处主任亲自主持了初选，经过层层选拔，选出了12名应聘者参加复选。

➞ 北京办事处主任先选出了12个人。

|요 약| 英国的一家航空公司新开了一条航线，他们决定在北京招8名中国女乘务员。北京办事处主任先选出了12个人，这12个人要由从英 国来的副总裁直接面试。

영국의 한 항공회사가 새로운 항로를 열었다. 그들은 베이징에서 8명의 중국인 스튜어디스를 선발하기로 결정했다. 베이징 사무소 담당은 우선 12명을 선발했고, 이 12명은 영국에서 오는 부사장이 직접 면접을 보게 되었다.

|단 어| 国际航空公司 guójì hángkōng gōngsī 국제항공회사 | 开辟 kāipì 동 (항로 등을) 열다 | 航线 hángxiàn 명 (배 · 비행기의) 노선, 항로 | 招聘 zhāopìn 동 (직원을) 모집하다, 초빙하다 | 乘务员 chéngwùyuán 명 승무원 | 对待 duìdài 동 대하다 | 认真 rènzhēn 형 진지하다, 성실하다 | 驻 zhù 동 주재하다, 머무르다 | 办事处 bànshìchù 명 사무소 | 主任 zhǔrèn 명 담당자, 주임 | 亲自 qīnzì 부 직접, 친히, 몸소 | 主持 zhǔchí 동 진행하다, 사회를 보다 | 初选 chūxuǎn 명 초선, 예선, 1차 선발 | 层层 céngcéng 부 층층이, 겹겹이 | 选拔 xuǎnbá 동 (인재를) 선발하다 | 选 出 xuǎnchū 동 뽑다, 선발하다, 선출하다 | 应聘者 yìngpìnzhě 명 지원자, 응시자 | 参加 cānjiā 동 참가하다 | 复选 fùxuǎn 명 본선, 2차 선발 | 接受 jiēshòu 동 받아들이다, 받다 | 专门 zhuānmén 부 특별히, 일부러 | 赶来 gǎnlái 동 서둘러 오다 | 副总裁 fùzǒngcái 명 부사장, 부총재 | 直接 zhíjiē 형 직접적인 | 考核 kǎohé 동 심사하다 명 심사

|3문단 해설| 전개: 사건의 배경 및 등장인물의 감정을 설명함

①副总裁一到办事处，便开始认真地审视办事处主任送来 的全部应聘者的材料。②突然，副总裁在一张应聘者的表格上 停了下来。③表格的右上角特别标记了"OK"两个字母，显然 是办事处主任写上去的。④这位应聘者姓白，23岁，家庭环境 富裕，名牌大学毕业，性格活泼大方，英语会话水平很高。⑤ 副总裁稍微考虑了一会儿，便把白小姐的表格抽出来单独放在 一边。他知道办事处主任和他考虑着同样一个问题：他们想让 她当空姐的领班。

부사장은 사무소에 도착하자마자, 사무소 담당이 준 모든 지원자들의 자료를 진지하게 꼼꼼히 살펴보기 시작했다. 갑자기 부사장은 한 장의 지원서에서 멈추었다. 지원서의 오른쪽 상단 귀퉁이에는 특별히 'OK'라 고 알파벳 두 글자가 표시되어 있었다. 분명히 사무소 담당이 쓴 것이었 다. 이 지원자는 백 씨로, 23살이고 가정환경은 부유했으며 명문대를 졸 업했다. 성격은 활발하고 시원스럽고 영어 회화 실력이 매우 높았다. 부 사장은 잠시 동안 생각한 뒤, 백 씨의 지원서를 따로 한쪽으로 뽑아 두 었다. 그는 사무소의 담당이 자신과 같은 문제로 고민하고 있음을 알 수 있었다. 그들은 그녀에게 스튜어디스의 조장을 시키고 싶어 했다.

중심 내용: 부사장은 여러 지원자 중 백씨를 가장 마음에 들어했다.

|해 설| ② 구체적으로 묘사되어 있는 문장은 최대한 짧고 간결하게 바꾸어 씁니다.

요약 副总裁在一张应聘者的表格上停了下来。 ➞ 副总裁发现了一张表格。

④ 인물에 대해 매우 상세하게 묘사되어 있습니다. 핵심 내용은 이 지원자가 매우 실력이 뛰어나다는 내용이므로, 쉬운 단어를 활용하여 짧게 바꾸어 씁니다.

요약 这位应聘者姓白，23岁，家庭环境富裕，名牌大学毕业，性格活泼大方，英语会话水平很高。

➞ 这位应聘者姓白，非常优秀。

|요 약| 副总裁一到办事处，就开始认真地看应聘者的材料。突然，副总裁发现了一张表格，上面写着"OK"，这位应聘者姓白，非常优 秀。副总裁把白小姐的表格单独放在一边，因为他想让她当空姐的领班。

부사장은 사무소에 도착하자마자 진지하게 지원자의 자료를 보기 시작했다. 갑자기 부사장은 상단에 'OK'라고 쓰인 지원서 한 장을 발견했다. 이 지원 자는 성이 백 씨로 매우 뛰어났다. 부사장은 백 씨의 지원서를 따로 한쪽에 놔두었다. 왜냐하면 그는 그녀에게 스튜어디스의 조장을 시키고 싶었기 때문 이다.

认真 rènzhēn ⟮형⟯ 진지하다, 착실하다 | **审视** shěnshì ⟮동⟯ 자세히 보다, 꼼꼼히 보다 | **材料** cáiliào ⟮명⟯ 자료 | **突然** tūrán ⟮부⟯ 갑자기 | **表格** biǎogé ⟮명⟯ 양식, 서식, 표[지문에서는 '지원서'의 의미로 쓰임] | **停** tíng ⟮동⟯ 멈추다, 정지하다 | **右上角** yòu shàng jiǎo 오른쪽 상단 모서리 | **标记** biāojì ⟮동⟯ 표기하다 | **字母** zìmǔ ⟮명⟯ 알파벳 | **显然** xiǎnrán ⟮형⟯ 분명하다, 명백하다 | **家庭环境** jiātíng huánjìng 가정환경 | **富裕** fùyù ⟮형⟯ 부유하다 | **名牌大学** míngpái dàxué 명문 대학 | **毕业** bìyè ⟮동⟯ 졸업하다 | **活泼** huópo ⟮형⟯ 활발하다, 활기차다 | **大方** dàfang ⟮형⟯ 시원스럽다, 대범하다 | **稍微** shāowēi ⟮부⟯ 약간, 조금 | **抽出来** chōu chūlái 빼다, 끄집어내다 | **单独** dāndú ⟮부⟯ 단독으로, 홀로 | **同样** tóngyàng ⟮형⟯ 같다, 마찬가지다 | **空姐** kōngjiě ⟮명⟯ 스튜어디스 | **领班** lǐngbān ⟮명⟯ 조장, 반장

|4~5문단 해설|

①副总裁第一个请进了白小姐。②他上下仔细地观察了一番这位白小姐。白小姐身材高挑，一身黑色的西服衬托出她高雅的气质。副总裁作了个手势请白小姐坐下。白小姐微笑着对副总裁鞠了一个躬，说："你好！"她落落大方地坐下，平静地等候副总裁提问。

"欢迎你来我们公司应聘，我相信白小姐将为我们公司这条新航线上所有的乘客留下一个美好的印象！"副总裁的这番话并不完全是客气话，他确实打心眼儿里觉得白小姐是个合适的人选。"如果有幸能为贵公司服务，我将很高兴。"白小姐笑着回答。"白小姐的英语说得很棒！"副总裁说。"谢谢夸奖。"白小姐一直面带笑容。

부사장은 첫 번째로 백 씨를 들어오게 했다. 그는 위아래로 그녀를 자세히 관찰했다. 백 씨는 몸매가 늘씬하고 검은색 정장이 그녀의 우아한 품격을 돋보이게 했다. 부사장은 손짓으로 백 씨를 앉게 했고, 백 씨는 미소를 띠며 부사장에게 허리를 굽혀 인사한 후 "안녕하십니까?" 하고 말했다. 그녀는 시원스러운 모습으로 앉았고, 차분하게 부사장의 질문을 기다렸다.

"우리 회사에 지원하신 것을 환영합니다. 저는 당신이 우리 회사 새로운 노선의 모든 승객들에게 아름다운 인상을 남길 것이라 믿습니다." 부사장의 이 말은 결코 예의를 차린 말이 아니었다. 그는 확실히 마음속으로 지원자 백 씨가 적합한 후보라고 생각했다. "만약 운 좋게 귀사에서 일하게 된다면, 저는 매우 기쁠 것입니다." 백 씨는 웃으며 대답했다. "당신의 영어 실력이 상당히 높군요!" 부사장이 말했다. "칭찬해 주셔서 감사합니다." 백 씨는 계속 얼굴에 웃음을 띠고 있었다.

중심 내용: 면접에서 백씨를 본 부사장은 그녀가 매우 적합한 후보라고 생각했다.

|해 설| ① 부사장이 백 씨를 첫 번째로 들어오게 했다는 것은 가장 마음에 들어했다는 간접적인 표현이므로, 이 문장은 가급적 그대로 쓰는 게 좋습니다.

② 백 씨의 첫인상과 가볍게 인사를 나누는 것에 대해 자세히 묘사하는 부분이므로, 최대한 줄여 써서 답안의 글자 수를 줄여야 합니다. 요점은 '부사장이 백씨를 매우 적합한 후보라고 생각했다'라는 것입니다.

|요 약| 副总裁第一个请进了白小姐。看到白小姐，副总裁觉得白小姐是个合适的人选。
부사장은 첫 번째로 백 씨를 들어오게 했다. 백 씨를 보고서 부사장은 백 씨가 적합한 후보라고 생각했다.

|단 어| **仔细** zǐxì ⟮형⟯ 자세하다, 꼼꼼하다 | **观察** guānchá ⟮동⟯ 관찰하다 | **番** fān ⟮양⟯ 번, 차례[말·생각·과정 등을 세는 단위] | **身材高挑** shēncái gāotiāo 몸매가 늘씬하다 | **西服** xīfú ⟮명⟯ 정장, 양복 | **衬托** chèntuō ⟮동⟯ 돋보이게 하다 | **高雅** gāoyǎ ⟮형⟯ 우아하다, 고상하다 | **气质** qìzhì ⟮명⟯ 품격, 기질 | **作手势** zuò shǒushì 손짓을 하다 | **微笑** wēixiào ⟮동⟯ 미소를 짓다 | **鞠躬** jūgōng ⟮동⟯ (몸을 굽혀) 인사하다 | **落落大方** luòluòdàfāng ⟮성⟯ (언행 등이) 시원스럽고 거리낌이 없다 | **平静** píngjìng ⟮형⟯ 차분하다 | **等候** děnghòu ⟮동⟯ 기다리다 | **提问** tíwèn ⟮명⟯ 질문 | **乘客** chéngkè ⟮명⟯ 승객 | **留下印象** liúxià yìnxiàng 인상을 남기다(주되) | **客气话** kèqihuà ⟮명⟯ 인사말[예의를 갖춘 말을 뜻함] | **确实** quèshí ⟮부⟯ 확실히, 틀림없이 | **打心眼儿** dǎ xīnyǎnr 마음속으로부터 | **合适** héshì ⟮형⟯ 적합하다, 알맞다 | **人选** rénxuǎn ⟮명⟯ 후보 | **有幸** yǒuxìng ⟮형⟯ 운이 좋다, 행운이다 | **棒** bàng ⟮형⟯ (수준이) 높다, (성적이) 좋다 | **夸奖** kuājiǎng ⟮동⟯ 칭찬하다 | **面带笑容** miàn dài xiàoróng 얼굴에 웃음을 띠다

|6문단 해설| 절정: 반전되는 사건 및 등장인물의 감정 변화를 설명함

①副总裁和白小姐聊得非常轻松，最后副总裁问白小姐："我们公司准备在英国用三个月的时间对所有受聘者进行一次培训，白小姐，您在生活或感情上能适应远离自己的国家和亲人吗？"②白小姐耸了一下肩膀，说："我想任何人都不会排斥这样的好机会吧，反正是去比北京更好的地方，高兴还来不及呢！说实在的，我早就在中国呆够了。"

부사장과 백 씨는 매우 가볍게 이야기를 나누었고, 마지막에 부사장이 백 씨에게 물었다. "우리 회사는 모든 합격자에게 영국에서 3개월 동안 연수를 진행할 계획입니다. 당신은 생활이나 감정에 있어서 자신의 모국, 가족들과 멀리 떨어져서 적응할 수 있겠습니까?" 백 씨는 어깨를 으쓱거리며 말했다. "저는 누구든 이렇게 좋은 기회를 마다하지 않을 것이라 생각합니다. 어쨌든 베이징보다 더 좋은 곳으로 가는 것이니, 어떻게 기쁘지 않겠어요? 솔직히 말해서 저는 이미 중국에서 충분히 머물렀습니다."

중심 내용: 부사장은 해외 연수에 대한 백 씨의 생각을 물었고, 백 씨는 자신의 모국보다 좋은 곳이니 기쁘다고 대답했다.

① 글을 전개하는 과정에서 등장하는 핵심 단어들, 특히 시간의 경과를 나타내는 最后, 终于, 最终, 结果 등의 단어가 보이면 그 문장을 자세히 살펴

보고 알맞게 써야 합니다. 또한 회사에서 직원들을 교육하는 과정, 또는 연수하는 것은 培训이라고 합니다.

> **요약** 我们公司准备在英国用三个月的时间对所有受聘者进行一次培训 → 去英国培训三个月

> **주의** 기업 연수를 받다 → 培训 (O) / 教育, 训练 (X)

|요 약| 面试的气氛一直很轻松，最后副总裁问白小姐如果去英国培训三个月，能不能适应远离自己的国家和亲人的生活，白小姐说反正是
去比北京更好的地方，所以她很高兴，而且她说已经在中国呆够了。

면접 분위기는 줄곧 가벼웠고, 마지막으로 부사장은 백 씨에게 만약 영국으로 연수를 3개월 동안 간다면 자신의 국가, 가족과 멀리 떨어진 생활에 적응
할 수 있겠느냐고 물어봤다. 백 씨는 어쨌든 베이징보다 좋은 곳으로 가는 것이니 기쁘고, 게다가 그녀는 이미 중국에서 충분히 머물렀다고 말했다.

|단 어| **轻松** qīngsōng 혱 가볍다, 수월하다 ┃ **受聘者** shòupìnzhě 몡 합격자, 초빙을 받은 사람 ┃ **培训** péixùn 동 양성하다, 훈련하다 ┃ **适应** shìyìng 동 적
응하다 ┃ **远离** yuǎnlí 동 멀리 떨어지다 ┃ **耸** sǒng 동 (어깨를) 으쓱거리다 ┃ **肩膀** jiānbǎng 몡 어깨 ┃ **排斥** páichì 동 배척하다, 물리치다 ┃ **反正**
fǎnzhèng 튀 어쨌든, 아무튼 ┃ **来不及** láibují 동 (시간이 촉박하여) 겨를이 없다, ~할 시간이 없다 ┃ **呆** dāi 동 머무르다

|7문단 해설|

> ①一直认真听白小姐说话的副总裁，脸上的笑容突然消失
> 了，他沉默了一会儿，然后礼貌地站起来看着白小姐，伸出手
> 说：②"白小姐，真抱歉，我还要接待下一位应聘者，我们先聊
> 到这里，认识您非常高兴，再见！"③白小姐只好站起来，礼貌
> 地告辞了。

> 계속 진지하게 백 씨의 말을 듣고 있던 부사장은 얼굴에서 미소가 갑
> 자기 사라졌다. 그는 잠시 침묵한 후에, 예의 바르게 일어나서 백 씨를
> 바라보고 손을 뻗으며 말했다. "정말 죄송합니다. 저는 다음 지원자를
> 맞이해야겠군요. 우리는 일단 여기까지 이야기하도록 합시다. 만나서 반
> 가웠어요. 안녕히 가세요." 백 씨는 어쩔 수 없이 일어났고, 예의 바르
> 게 작별을 고했다.

중심 내용: 부사장의 얼굴에서 미소가 사라졌고, 그는 다음 지원자의 면접을 핑계로 백씨를 내보냈다.

|해 설| ① 반전이나 변화가 있는 부분은 내용이나 표현을 잘 살려서 요약해야 합니다. 消失는 '저절로 사라지다'라는 뜻을 가진 단어로 매우 중요합니다. 따라

서 消失를 정확하게 써 주는 것이 좋고, 혹시라도 생각이 안 나면, 没有了와 같이 바꾸어 쓸 수 있습니다. 消失와 비슷한 의미의 失去는 '失去信
心(자신감을 잃어버리다)'과 같이 뒤에 반드시 목적어가 있어야 하므로 笑容失去了라고 쓸 수 없습니다.

> **주의** 얼굴에서 미소가 갑자기 사라지다 → 脸上的笑容突然消失了 또는 脸上的笑容突然没有了 (O) / 脸上的笑容突然失去了 (X)

② 형식적으로 인사 나누는 얘기는 그대로 쓸 필요가 없습니다. 다른 지원자 면접을 핑계로 백 씨를 내보냈다는 주요 내용만 간추려 쓰면 됩니다.

> **요약** "白小姐，真抱歉，我还要接待下一位应聘者，我们先聊到这里，认识您非常高兴，再见！"
> → 他说还要接待下一位应聘者，然后请白小姐出去了。

|요 약| 听到这儿，副总裁脸上的微笑突然消失了，他说还要接待下一位应聘者，然后请白小姐出去了。

여기까지 들은 부사장은 얼굴에서 미소가 갑자기 사라졌다. 그는 다음 지원자를 맞이해야 하니, 백 씨에게 나가 줄 것을 청했다.

|단 어| **消失** xiāoshī 동 사라지다, 없어지다 ┃ **沉默** chénmò 동 침묵하다 ┃ **然后** ránhòu 접 그런 후에 ┃ **礼貌** lǐmào 혱 예의 바르다 ┃ **伸手** shēnshǒu 동
손을 뻗다(내밀다) ┃ **抱歉** bàoqiàn 동 미안해 하다, 미안하게 생각하다 ┃ **接待** jiēdài 동 맞이하다, 접대하다 ┃ **只好** zhǐhǎo 튀 어쩔 수 없이 ┃ **告辞**
gàocí 동 작별을 고하다

|8~9문단 해설| 결말: 감정 변화의 이유를 설명하고 사건을 마무리함

> ①副总裁看着白小姐开门出去，对着写字台上那份白小姐
> 的表格，默默地思考了一会儿，突然掏出笔在"OK"两个字母上
> 重重地划了一笔，同时写上了一个"NO"。②嘴里还自言自语地
> 说了一句："一个对自己的国家都没有感情的人，我怎么能相信
> 她会忠于我们公司呢？"
> ③白小姐始终没有收到这家公司的录取通知。

> 부사장은 백 씨가 문을 열고 나가는 것을 보다가, 책상 위 백 씨의 지
> 원서로 (시선을) 향하고는 묵묵히 잠시 생각했다. 그러고는 갑자기 펜을
> 꺼내어 'OK'라고 쓰인 두 글자에 두껍게 선을 그었고, 동시에 'NO'라고
> 썼다. 입으로는 "자신의 나라에도 애정이 없는 사람인데, 우리 회사에
> 충성할 거라고 내가 어떻게 믿겠어?"라고 중얼거렸다.
> 백 씨는 결국 이 회사의 합격 통지를 받지 못했다.

중심 내용: 부사장은 자신의 나라에 애정이 없는 사람은 회사에도 충성하지 않을 것이라 여기고 백 씨를 불합격시켰다.

| 해 설 | ② 이 문단에서는 부사장이 혼잣말을 하는 이 부분이 가장 중요한 내용입니다. 백 씨와 대화 도중 갑자기 태도가 변한 이유를 말해 주고 있기 때문입니다. 이 문장 앞의 내용들은 부사장이 결정을 내리기까지의 과정을 묘사하는 부분이라 쓰든 안 쓰든 상관없습니다. 답안의 글자 수에 맞추어 적당히 줄여 쓰면 됩니다.

③ 始终은 '처음부터 끝까지라'는 뜻으로 一直와 비슷한 의미이지만, 终于와는 전혀 다른 의미인 것에 주의해야 합니다. 终于는 '마침내 해내다', '바라던 대로 이루어지다'라는 의미를 갖고 있어서 이 문장의 의미에는 적합하지 않습니다.

| 요 약 | 白小姐出去后，副总裁把"OK"改成了"NO"，因为他觉得一个对自己的国家都没有感情的人，也不会忠于他们公司。白小姐始终没有收到这家公司的录取通知。

백 씨가 나간 후 부사장은 'OK'를 'NO'로 고쳤다. 그는 자신의 국가에 대해 애정이 없는 사람은 회사에도 충성하지 않을 것이라고 여겼다. 백 씨는 결국 이 회사의 합격 통지를 받지 못했다.

| 단 어 | **写字台** xiězìtái 몡 사무용 책상 | **掏出** tāochū 동 꺼내다, 끄집어내다 | **划一笔** huá yì bǐ 한 획을 긋다 | **嘴** zuǐ 몡 입 | **自言自语** zìyánzìyǔ 셍 혼잣말하다, 혼자 중얼거리다 | **忠于** zhōngyú 동 ~에 충성을 다하다, ~에 충실하다 | **始终** shǐzhōng 튀 끝내, 결국, 시종일관 | **录取通知** lùqǔ tōngzhī 합격 통지(서), 합격 통보

| 모범답안 |

60점 목표 모범답안

白小姐应聘

英国的一家航空公司新开了一条航线，他们决定在北京招8名中国女乘务员。北京办事处主任先选出了12个人，这12个人要由从英国来的副总裁直接面试。

副总裁一到办事处，就开始认真地看应聘者的材料。突然，副总裁发现了一张表格，上面写着"OK"，这位应聘者姓白，非常优秀。副总裁把白小姐的表格单独放在一边，因为他想让她当空姐的领班。

副总裁第一个请进了白小姐。看到白小姐，副总裁觉得白小姐是个合适的人选。面试的气氛一直很轻松，最后副总裁问白小姐如果去英国培训三个月，能不能适应远离自己的国家和亲人的生活，白小姐说反正是去比北京更好的地方，所以她很高兴，而且她说已经在中国呆够了。听到这儿，副总裁脸上的微笑突然消失了，他说还要接待下一位应聘者，然后请白小姐出去了。

白小姐出去后，副总裁把"OK"改成了"NO"，因为他觉得一个对自己的国家都没有感情的人，也不会忠于他们公司。白小姐始终没有收到这家公司的录取通知。

백 씨가 지원하다

영국의 한 항공회사가 새로운 항로를 열었다. 그들은 베이징에서 8명의 중국인 스튜어디스를 선발하기로 결정했다. 베이징 사무소 담당은 우선 12명을 선발했고, 이 12명은 영국에서 오는 부사장이 직접 면접을 보게 되었다.

부사장은 사무소에 도착하자마자 진지하게 지원자의 자료를 보기 시작했다. 갑자기 부사장은 상단에 'OK'라고 쓰인 지원서 한 장을 발견했다. 이 지원자는 성이 백 씨로 매우 뛰어났다. 부사장은 백 씨의 지원서를 따로 한쪽에 두었다. 왜냐하면 그는 그녀에게 스튜어디스의 조장을 시키고 싶었기 때문이다.

부사장은 첫 번째로 백 씨를 들어오게 했다. 백 씨를 보고서 부사장은 백 씨가 적합한 후보라고 생각했다. 면접 분위기는 줄곧 가벼웠고, 마지막으로 부사장은 백 씨에게 만약 영국으로 연수를 3개월 동안 간다면 자신의 국가, 가족과 멀리 떨어진 생활에 적응할 수 있겠냐고 물어봤다. 백 씨는 어쨌든 베이징보다 더 좋은 곳으로 가는 것이니 기쁘고, 게다가 그녀는 이미 중국에서 충분히 머물렀다고 말했다. 여기까지 들은 부사장은 얼굴에서 미소가 갑자기 사라졌다. 그는 다음 지원자를 맞이해야 하니, 백 씨에게 나가 줄 것을 청했다.

백 씨가 나간 후 부사장은 'OK'를 'NO'로 고쳤다. 그는 자신의 국가에 대해 애정이 없는 사람은 회사에도 충성하지 않을 것이라고 여겼다. 백 씨는 결국 이 회사의 합격 통지를 받지 못했다.

80점 목표 모범답안

白小姐应聘

英国的一家国际航空公司在北京招聘中国女乘务员。公司驻北京办事处主任亲自主持了初选，精挑细选决定了12名应聘者参加复选，并将由副总裁直接考核。

副总裁千里迢迢地从英国赶来，一到办事处，便开始认真地审视全部应聘者的材料。副总裁发现一张应聘者的表格的右上角上特别标记了"OK"两个字母，这位应聘者姓白，各方面的条件都很好。副总裁知道主任和自己想得一样，是想让她当空姐的领班。

백 씨가 지원하다

영국의 한 국제항공사가 베이징에서 중국인 스튜어디스를 모집했다. 회사의 베이징 주재 사무소 담당자는 직접 서류 심사를 진행했다. 꼼꼼하게 선발하여 12명의 지원자를 2차 심사에 참가시킬 것을 결정했고, 부사장이 직접 심사할 예정이었다.

부사장은 멀리 영국에서 서둘러 와 사무소에 도착하자마자 진지하게 모든 지원자의 자료를 살피기 시작했다. 부사장은 한 지원자의 지원서 오른쪽 상단 귀퉁이에 'OK'라는 알파벳이 적힌 것을 발견했다. 이 지원자는 백 씨로, 모든 방면의 조건이 매우 훌륭했다. 부사장은 담당자가 자신의 생각과 마찬가지로 그녀에게 스튜어디스의 조장을 맡기고 싶어한다는 것을 알았다.

副总裁第一个请进了白小姐，他先和白小姐进行了一段轻松的对话，最后告诉白小姐如果被录用的话，将在英国进行长达三个月的培训，他问白小姐在生活或感情上是否能接受。但出人意料的是白小姐不以为然地说，自己早就在中国呆够了，所以高兴还来不及呢。副总裁突然沉下了脸，沉默了片刻后，他站起来请白小姐出去，白小姐只好向他告了辞。

副总裁目送白小姐出去后，想了一会儿，最后掏出笔在表格上写上了一个"NO"，还自言自语地说，一个对自己的国家都没有感情的人，无法相信她会忠于自己的公司。白小姐始终没有收到这家公司的录取通知。

부사장은 첫 번째로 백 씨를 들어오게 했고, 먼저 백 씨와 가벼운 대화를 진행했다. 마지막에 백 씨에게 합격된다면 영국에서 3개월 동안 연수가 진행될 것인데, 생활이나 감정 면에서 받아들일 수 있을지 물어보았다. 하지만 예상 밖으로, 백 씨는 대수롭지 않다는 듯이 자신은 이미 중국에서 충분히 머물렀으니 매우 기쁘냐고 말했다. 부사장은 갑자기 안색이 어두워졌다. 잠시 침묵한 후에 그는 일어서더니 백 씨에게 나가 줄 것을 청했고, 백 씨는 어쩔 수 없이 작별을 고했다.

부사장은 백 씨를 눈으로 배웅한 후 잠시 생각을 하다가 결국 펜을 꺼내어 지원서에 'NO'라고 썼다. 또 자신의 나라에도 아무 애정이 없는 사람이니, 자신의 회사에 충성할 것이라고는 믿을 수 없다고 중얼거리듯 말했다. 백 씨는 결국 이 회사의 합격 통지를 받지 못했다.

|단 어| **精挑细选** jīng tiāo xì xuǎn 꼼꼼하게 선발하다 | *精细 jīngxì 휑 꼼꼼하다, 자세하다 | **挑选** tiāoxuǎn 동 선발하다, 뽑다 | **千里迢迢** qiānlǐtiáotiáo 헝 길이 아주 멀다. 노정이 까마득하다 | **出人意料** chūrényìliào 헝 예상 밖이다, 예상을 뛰어넘다 | **不以为然** bùyǐwéirán 헝 대수롭지 않게 여기다, 그렇게 여기지 않다 | **沉下脸** chénxiàliǎn 안색이 어두워지다, 어두운 얼굴을 하다 | **片刻** piànkè 명 잠시, 잠깐 | **目送** mùsòng 동 눈으로 배웅하다

03

|1문단 해설| 발단: 화자가 자신의 딸이 처한 상황에 대해 소개함

女儿的同学都管她叫"二十三号"。她们班里总共有五十个人，而每次考试，女儿都排名二十三，久而久之，同学们便给她起了这个外号，她也就成了名副其实的中等生。其实，我们也动过很多脑筋。为了提高她的学习成绩，我们请过家教，报过辅导班，买过各种各样的资料……可她毕竟是个孩子，身体先挺不住了，得了重感冒。几次折腾下来，女儿的小脸越来越苍白，而且一说要考试，她就开始厌食、失眠、冒虚汗，再接着，她的成绩直线下降，竟然考出了令我们吃惊的三十三名，我和老公不想逼她，于是悄悄地放弃了轰轰烈烈的揠苗助长活动。

딸의 친구들은 모두 그녀를 '23번'이라고 부른다. 아이의 반은 모두 50명인데, 매번 시험을 볼 때마다 딸은 모두 23등을 했다. 꽤 오랜 시간이 지나자 친구들은 그녀에게 이런 별명을 붙여 주었고, 그녀도 명실상부한 '중간급 학생'이 되어 버렸다. 사실 우리도 많은 연구를 했다. 아이의 학습 성적을 올리기 위해서, 우리는 가정교사를 부르고 보충수업에 등록하고 각종 자료를 샀다. 그러나 그녀는 어쨌든 아이인지라 몸이 먼저 견디질 못하고 독감에 걸렸다. 몇 번 고생시키니 딸의 작은 얼굴은 점점 창백해져 갔다. 게다가 시험 본다는 말을 하기만 하면 아이는 바로 식욕이 없어지고 잠을 이루지 못하며 식은땀을 흘렸다. 다시 계속하자, 그녀의 성적은 가파르게 떨어져서 뜻밖에 놀랍게도 33등을 했다. 나와 남편은 아이를 압박하고 싶지 않아서, 아직 자라지도 않은 볏모를 뽑아 버리는 기세 등등한 행동은 조용하게 포기했다.

중심 내용: 딸은 성적이 중간급으로, 딱히 잘난 것이 없는 매우 평범한 아이이다.

|해 설| 쓰기 시험에서 자주 범하는 오류 중 하나는 첫 번째 문단을 필요 이상으로 많이 쓴다는 것입니다. 가장 쉬우면서도 가장 기억에 남는 부분이다 보니 길게 쓰게 되는데, 매우 나쁜 습관입니다. 도입부는 간단히 쓰고, 이야기가 전개되는 부분과 절정 부분을 잘 써야 합니다. 즉, 앞부분은 과감하게 줄여서 쓰는 것이 좋습니다.

|요 약| 女儿是中等生。其实，为了提高她的学习成绩，我们也试过很多办法，但都没有什么效果。
딸아이는 성적이 '중간급' 학생이다. 사실 아이의 성적을 올리기 위해서 우리도 많은 방법을 시도해 봤지만 모두 효과가 없었다.

|단 어| **管~叫…** guǎn~jiào… ~을 …이라고 부르다 | **班** bān 명 반, 학급 | **总共** zǒnggòng 부 모두, 전부 | **考试** kǎoshì 동 시험을 보다 | **排名** páimíng 동 서열을(순위를) 매기다 | **久而久之** jiǔ'érjiǔzhī 헝 상당히 긴 시간이 지나다 | **起外号** qǐ wàihào 별명을 붙이다 | **名副其实** míngfùqíshí 헝 명실상부하다, 명성과 실상이 서로 부합하다 | **其实** qíshí 부 사실 | **动脑筋** dòng nǎojīn 동 머리를 쓰다, 깊이 연구하다 | **提高** tígāo 동 향상시키다, 올리다 | **学习成绩** xuéxí chéngjì 학습 성적 | **家教** jiājiào 명 가정교사 | **报** bào 동 신청하다, 등록하다 | **辅导班** fǔdǎobān 특별지도반 | **各种各样** gèzhǒnggèyàng 명 각양각색, 갖가지 | **资料** zīliào 명 자료 | **毕竟** bìjìng 부 어쨌든 | **挺不住** tǐngbuzhù 동 견딜 수 없다 | **重感冒** zhòng gǎnmào 독감, 심한 감기 | **折腾** zhēteng 고생시키다, 고통스럽게 하다 | **苍白** cāngbái 형 창백하다, 파리하다 | **厌食** yànshí 동 식욕이 없다 | **失眠** shīmián 동 잠을 이루지 못하다 | **冒虚汗** mào xūhàn 식은땀이 나다 | **接着** jiēzhe 동 이어서 (~을) 하다 | **直线** zhíxiàn 형 직선의, 가파른 | **下降** xiàjiàng 동 떨어지다, 하강하다 | **竟然** jìngrán 동 뜻밖에도, 의외로 | **吃惊** chījīng 동 놀라다 | **逼** bī 동 압박하다, 강요하다 | **悄悄** qiāoqiāo 부 살며시, 조용히 | **放弃** fàngqì 동 포기하다 | **轰轰烈烈** hōnghōnglièliè 형 기세가 드높다, 기운차다 | **揠苗助长** yàmiáozhùzhǎng 헝 볏묘를 뽑아 빨리 자라게 하다. 일을 급하게 서두르다 오히려 그르치다

①一个周末，我和一群同事一起去郊游，大家各自做了最拿手的菜，带着老公和孩子去野餐。②一路上笑语盈盈，这家孩子唱歌，那家孩子表演小品。③女儿没什么特别的本领，只是开心地不停地鼓掌。④她不时跑到后面，照看着那些食物，把倾斜的饭盒摆好，松了的瓶盖拧紧，流出的菜汁擦净，忙忙碌碌，像个细心的小管家。

어느 주말에 나는 동료들과 함께 나들이를 갔다. 모두들 각자 가장 자신 있는 요리를 해서, 남편과 아이도 데리고 야외에서 식사를 했다. 가는 길에 마음껏 웃고 떠들었고, 이 집 아이는 노래를 부르고 저 집 아이는 개그 콩트를 했다. 딸은 특별한 재주가 없어서 그저 즐겁게 쉬지 않고 박수를 치기만 했다. 아이는 이따금 차의 뒷좌석 쪽으로 달려가서 음식들을 지켰다. 기울어진 도시락통을 바르게 놓고 느슨해진 병뚜껑을 꽉 잠그고 흘러나온 음식의 물을 깨끗하게 닦으며 이리저리 분주한 것이 마치 세심한 어린 살림꾼 같았다.

중심 내용: 동료들과의 나들이에서 다른 아이들은 장기자랑을 했지만 딸은 특별한 재주가 없었다.

|해 설| ③ 이야기의 전개에서, 앞부분은 특히 잘난 점 없이 평범한 딸을 소개하지만 뒷부분에서는 딸의 장점을 소개합니다. 따라서 이 문장은 딸의 장점을 대비하여 보여 주기 전 복선이 되므로 반드시 써야 합니다.

④ 딸의 구체적인 행동을 묘사하는 부분이므로, 간단히 줄여 씁니다. 혹은 생략해도 무방한 부분입니다.

|요 약| 周末，和一群同事一起去郊游。一路上同事的孩子们都表演节目，但女儿没什么特别的本领，只是开心地不停鼓掌。
주말에 동료들과 함께 교외로 나들이를 갔다. 가는 길에 동료의 아이들은 모두 공연을 했지만 딸은 특별한 재주가 없어서 단지 즐겁게 계속 박수만 쳤다.

|단 어| **群** qún 웹 무리, 떼 | **郊游** jiāoyóu 통 교외로 소풍 가다 | **拿手** náshǒu 웹 (어떤 기술에) 뛰어나다, 자신 있다 | **野餐** yěcān 웹 야외에서 먹는 식사 통 야외에서 식사를 하다 | **笑语盈盈** xiàoyǔ yíngyíng 마음껏 웃고 떠들다 | **唱歌** chànggē 통 노래를 부르다 | **表演** biǎoyǎn 통 공연하다, 연기하다 | **小品** xiǎopǐn 웹 샤오핀[만담 형식의 단막 희극], 단막극, (비교적 짧은) 드라마 | **本领** běnlǐng 웹 능력, 재주 | **不停地** bùtíng de 끊임없이, 계속 | **鼓掌** gǔzhǎng 통 박수를 치다 | **不时** bùshí 뛰 때때로, 이따금 | **照看** zhàokàn 통 돌보다, 보살피다 | **倾斜** qīngxié 통 (한쪽으로) 기울어지다 | **饭盒** fànhé 웹 도시락 | **摆** bǎi 통 놓다, 배치하다 | **松** sōng 웹 느슨하다, 헐겁다 | **瓶盖** pínggài 웹 병뚜껑, 병마개 | **拧紧** nǐngjǐn 통 꽉 조이다 | *紧 jǐn 웹 바짝 죄다, 꽉 끼다 | **流出** liúchū 통 흘러나오다 | **菜汁** càizhī 웹 음식의 물 | **擦净** cājìng 통 깨끗이 닦다 | **忙忙碌碌** mángmánglùlù 웹 (정신없이) 바쁘다, 분주하다 | **细心** xìxīn 웹 세심하다 | **管家** guǎnjiā 웹 살림꾼

|3문단 해설|

①到了郊外，野餐的时候，两个小男孩，一个是奥数尖子，一个是英语演讲比赛第一名，同时夹住盘子里的一块糯米饼，谁也不肯放手，更不愿平分。②大人们又笑又叹，连劝带哄，可怎么都不管用。③最后，还是女儿用扔硬币的办法，轻松地解决了这个问题，大人们也都夸我女儿，说她的办法很高明。

교외에 도착해서 식사를 할 때, 수학올림피아드 영재인 아이와 영어 말하기 대회 1등인 아이, 이 두 명의 남자아이가 동시에 접시 위의 찹쌀떡을 집었다. 아무도 손을 놓으려 하지 않고, 반으로 나누는 것은 더 싫어했다. 어른들은 웃으면서도 한숨을 쉬며, 타이르기도 하고 달래기도 했지만 모두 소용이 없었다. 마지막에 딸이 동전을 던지는 방법으로 가볍게 이 문제를 해결하자, 어른들도 딸을 칭찬하며 아이의 방법이 매우 훌륭하다고 말했다.

중심 내용: 아이들이 다툴 때 어른들의 설득도 소용이 없었지만 딸의 지혜로 문제를 쉽게 해결했다.

|해 설| 이 문단은 두 아이가 왜 싸웠는지 설명하는 부분인데, '아이들이 싸웠다'가 핵심이 아니고 '딸이 현명하게 문제를 해결했다'라는 것이 핵심입니다.

① 수학올림피아드 영재, 영어 말하기 대회 1등이라는 두 남자아이에 대한 부연 설명은 생략해도 무방합니다.
요약 同时夹住盘子里的一块糯米饼，谁也不肯放手，更不愿平分。 → 两个小男孩吵架了。

|요 약| 野餐的时候，两个小男孩吵架了，大人们怎么劝都没用，但我女儿想了一个好办法，轻松地解决了这个问题。
야외에서 식사를 할 때, 남자아이 두 명이 말다툼을 했는데, 어른들이 아무리 타일러도 소용이 없었다. 그런데 딸이 좋은 방법을 생각해서 수월하게 이 문제를 해결했다.

|단 어| **郊外** jiāowài 웹 교외 | **奥数** àoshù 웹 수학올림피아드 | **尖子** jiānzi 웹 뛰어난 사람이나 물건 | **演讲比赛** yǎnjiǎng bǐsài 웹 말하기 대회, 웅변 대회 | **夹住** jiāzhù 통 집다, 끼우다 | **盘子** pánzi 웹 접시, 쟁반 | **糯米饼** nuòmǐbǐng 웹 찹쌀떡 | **不肯** bùkěn 통 ~하려 하지 않다 | **放手** fàngshǒu 통 손을 놓다 | **平分** píngfēn 통 고르게 나누다 | **叹** tàn 통 한숨짓다, 탄식하다 | **连劝带哄** lián quàn dài hōng 타이르고 달래다

*连~带… lián~dài… ~하고 …하다[두 가지 동작을 동시에 진행할 때 씀] 劝 quàn 图 설득하다 哄 hǒng 图 (아이를) 어르고 달래다 | 不管用
bùguǎnyòng 图 쓸모없다, 소용없다 | 扔 rēng 图 (~을) 던지다 | 硬币 yìngbì 图 동전 | 轻松 qīngsōng 图 가볍다, 수월하다 | 解决 jiějué 해
결하다 | 夸 kuā 图 칭찬하다 | 高明 gāomíng 图 훌륭하다, 뛰어나다

| 4문단 해설 |

①回来的路上堵车堵得厉害，一些孩子焦躁起来。这时，女儿开始讲起笑话来。②她的笑话一个接一个，全车人都被逗乐了。③她手底下也没闲着，用装食品的彩色纸盒，剪出许多小动物，让这些孩子赞叹不已。下车时，每个人都拿到了自己的生肖剪纸。听到孩子们连连道谢，我和老公禁不住露出了自豪的微笑。	돌아오는 길에 차가 매우 심하게 막히자 아이들이 초조해 했다. 이때 딸이 우스갯소리를 하기 시작했다. 딸의 우스갯소리는 꼬리에 꼬리를 물었고, 차 안의 사람들이 모두 재미있어 했다. 딸의 손도 쉬지 않았다. 음식을 담았던 색깔 있는 종이 상자를 잘라서 많은 동물들을 만들어 내어 아이들이 찬탄해 마지않게 했다. 차에서 내릴 때는 모든 사람들이 모두 자신의 띠에 맞는 젠즈를 가지고 있었다. 아이들이 잇달아 고맙다고 하는 말을 듣자, 나와 남편은 자랑스러운 미소를 참을 수 없었다.

중심 내용: 차가 심하게 막혀 모두 초조해 할 때 딸이 우스갯소리를 하여 분위기를 전환시켰다.

| 해 설 | 이 단락에서는 딸의 장점들을 소개하고 있습니다. 조금씩 요약해서 다 소개해 주는 것이 가장 좋지만, 다 쓰지 못할 것 같으면 쉬운 내용 위주로 간략하게 씁니다.

③ 이 문장은 딸이 젠즈(剪纸) 공예를 잘한다고 말하는 내용입니다. 어려우면 생략해도 무방합니다.

| 요 약 | 回来的路上堵车堵得厉害，这时，女儿开始讲笑话，全车人都被逗乐了。
돌아오는 길에 차가 매우 심하게 막혔다. 이때, 딸이 우스갯소리를 하기 시작했고, 차 안의 사람들이 모두 재미있어 했다.

| 단 어 | 堵车 dǔchē 图 차가 막히다 | 厉害 lìhai 图 심하다, 지독하다 | 焦躁 jiāozào 图 초조하다 | 笑话 xiàohua 图 우스갯소리 | 一个接一个 yí gè jiē yí gè 꼬리에 꼬리를 물다 | *接 jiē 图 연속하다, 계속하다 | 逗乐 dòulè 图 (사람들을) 웃기다 | 手底下 shǒudǐxià 손 아래 | 没闲着 méi xiánzhe 쉬지 않다, 놀지 않다 | 装 zhuāng 图 담다, 집어넣다 | 彩色 cǎisè 图 색깔, 컬러 | 纸盒 zhǐhé 图 종이 상자 | 剪 jiǎn 图 (가위로) 자르다(오리다) | 赞叹不已 zàntàn bùyǐ 찬탄해 마지않다 | 拿到 nádào 图 손에 넣다, 가지다 | 生肖 shēngxiào 图 (사람의) 띠 | 剪纸 jiǎnzhǐ 图 젠즈[종이를 오려서 만드는 공예 작품] | 连连 liánlián 凰 계속해서, 끊임없이 | 道谢 dàoxiè 图 감사의 말을 하다 | 禁不住 jīnbuzhù 图 참지 못하다, 금치 못하다 | 露出 lòuchū 图 드러내다, 노출시키다 | 自豪 zìháo 图 자랑스럽다, 대견하다, 뿌듯하다

| 5문단 해설 | 절정: 딸의 담임선생님을 통해 딸의 우수한 면모가 드러남

①期中考试结束后，我接到了女儿班主任的电话。②老师说："您的女儿的成绩仍然是中等，不过有一件奇怪的事想告诉您，我从教三十年了，还是第一次遇见这种事。③语文试卷上有一道附加题：'你最欣赏班里的哪位同学？请说出理由。'全班绝大部分同学竟然都写上了您女儿的名字。④理由很多，热心助人，守信用，不爱生气，好相处等等，写得最多的是'乐观幽默'。⑤另外，很多同学建议由她来担任班长。⑥您这个女儿，虽说成绩一般，可为人的确很优秀啊……"	중간고사가 끝난 후, 나는 딸의 담임선생님 전화를 받았다. 선생님이 "따님의 성적은 여전히 중간입니다. 그런데 한 가지 이상한 일이 있어서 알려 드리려고 전화드렸습니다. 제가 교단에 선 지 30년이 되었지만, 이런 일은 처음입니다. 국어 시험지에 '반에서 가장 좋아하는 친구는 누구인가요? 이유를 말해 보세요.'라는 추가 문제가 하나 있었는데, 반 전체 대부분의 학생이 놀랍게도 따님의 이름을 썼어요. 이유는 아주 많았지요. 남을 열심히 돕는다, 약속을 잘 지킨다, 화를 잘 내지 않는다. 친구들과 사이좋게 지낸다 등등이요. 가장 많이 쓴 것은 '낙관적이고 유머가 있다'였어요. 그밖에 많은 친구들이 따님이 반장을 맡게 해 달라고 건의했습니다. 따님은 비록 성적은 보통이지만 됨됨이는 정말 우수합니다."

중심 내용: 담임선생님을 통해, 딸이 친구들 사이에서 매우 인기가 많고 비록 성적은 별로지만 됨됨이가 매우 뛰어남을 알게 되었다.

| 해 설 | 이제 점점 마무리 단계로 접어들고 있습니다. 이야기의 주요 부분이 중간에서 끝부분에 나오므로, 너무 많이 생략하지 말고 최대한 자세하게 내용을 살려서 쓰는 것이 좋습니다.

① '전화를 받았다'라는 표현은 중국어로 接到了电话라고 합니다. 여기서 보어 到를 꼭 써야 합니다. 接了电话는 잘못된 표현입니다.

⑤ 很多同学建议由她来担任班长 부분은 由 대신 让으로 바꾸어 쓸 수는 있지만 절대 생략하면 안 됩니다. 만약 由를 빼고 很多同学建议她来担任班长이라고 쓴다면 친구들이 그녀에게 건의한다는 의미이므로, 지문 내용과는 전혀 다른 의미가 됩니다.

|요약| 期中考试后，我接到了女儿班主任的电话。老师说我女儿的成绩仍然是中等，不过有一件奇怪的事。语文试卷上有一道附加题："你最欣赏班里的哪位同学?请说出理由。"全班绝大部分同学都写上了我女儿的名字，理由是女儿热心助人，乐观幽默。还有很多同学建议让她来当班长。老师说女儿虽说成绩一般，但是她人很优秀。

중간고사 시험이 끝난 후, 나는 딸의 담임선생님 전화를 받았다. 선생님은 딸의 성적은 여전히 중간이지만 이상한 일이 있었다고 했다. 국어 시험지에 '반에서 가장 좋아하는 친구는 누구인가? 그 이유를 말해 보세요.'라는 추가 문제가 하나 있었는데, 반의 대부분 학생들이 딸의 이름을 썼고 이유는 딸이 열심히 남을 돕고 낙관적이며 유머러스하기 때문이라는 것이다. 또 많은 친구들이 딸에게 반장을 맡겨 달라고 제안했다. 선생님은 딸이 비록 성적은 별로지만 매우 뛰어나다고 말했다.

|단어| **期中考试** qīzhōng kǎoshì 몡 중간고사 | **结束** jiéshù 동 끝나다 | **接到** jiēdào 동 (전화를) 받다 | **班主任** bānzhǔrèn 몡 담임선생님 | **仍然** réngrán 뮈 여전히 | **奇怪** qíguài 혱 이상하다, 기이하다 | **从教** cóngjiào 교단에 서다, 교육에 종사하다 | **遇见** yùjiàn 동 만나다, 마주치다 | **语文** yǔwén 몡 국어 | **试卷** shìjuàn 몡 시험지 | **附加** fùjiā 몡 부가적 | **欣赏** xīnshǎng 동 좋아하다, 마음에 들다 | **理由** lǐyóu 몡 이유 | **热心** rèxīn 혱 열심이다, 열성적이다 | **守信用** shǒu xìnyòng 신용을 지키다 | **乐观** lèguān 혱 낙관적이다 | **幽默** yōumò 혱 유머가 있다 | **担任** dānrèn 동 맡다, 담임하다 | **为人** wéirén 몡 (사람의) 됨됨이, 인간성

|6문단 해설| 결말: 화자의 깨달음

①我恍然大悟，是啊，虽然学生就该好好学习，可是不是说只有学习好才算是优秀的学生。②我的孩子的成绩虽然不优秀，但那不代表她的人不优秀。③回想一下，我小时候上学时我们班的第一名，他现在在工作上还不如我优秀呢！④我为我的女儿感到自豪，她不是中等生，她是真正的上等生。

나는 문득 크게 깨달았다. 그렇다. 비록 학생이라면 마땅히 공부를 잘해야 하지만, 공부를 잘해야만 우수한 학생이라고 말할 수는 없다. 우리 아이의 성적은 비록 우수하지는 않지만, 그것이 아이가 우수하지 않다는 것은 아니다. 돌이켜 생각해 보면, 내가 어려서 학교에 다닐 때 우리 반 1등이었던 그 아이는 지금 업무에 있어서 나보다 우수하지 않은 걔 나는 내 딸을 자랑스럽게 여긴다. 아이는 중간급 학생이 아니라, 진정한 상급 학생이다.

중심 내용: 반드시 공부를 잘해야만 우수한 학생인 것은 아니다. 화자는 자신의 딸은 '중간급' 학생이 아니고 진정한 상급 학생임을 깨닫게 되었다.

|해설| ① 恍然大悟라는 성어는 글을 마무리할 때 많이 활용할 수 있는 성어이니 꼭 기억해 둡니다.

④ 마지막 내용은 가능한 그대로 외워서 써야 좋은 점수를 받을 수 있습니다. 이 문장은 글쓴이의 깨우침을 나타낸 문장이므로 그대로 쓰는 것이 좋습니다.

|요약| 我恍然大悟，虽然学生应该好好学习，可是不是说学习好才是优秀的学生。我为我的女儿感到自豪，她不是中等生，她是真正的上等生。

나는 문득 크게 깨달았다. 비록 학생은 열심히 공부해야 하지만, 공부를 잘해야만 우수한 학생이라고 말할 수는 없다. 나는 딸에게 자부심을 느꼈다. 그녀는 '중간급' 수준의 학생이 아니고, 진정한 상급 학생이다.

|단어| **恍然大悟** huǎngrándàwù 솅 문득 크게 깨닫다 | **回想** huíxiǎng 동 돌이켜 생각하다, 회상하다

|모범답안|

60점 목표 모범답안

我的女儿
　女儿是中等生。其实，为了提高她的学习成绩，我们也试过很多办法，但都没有什么效果。
　周末，和一群同事一起去郊游。一路上同事的孩子们都表演节目，但女儿没什么特别的本领，只是开心地不停鼓掌。野餐的时候，两个小男孩吵架了，大人们怎么劝都没用，但我女儿想了一个好办法，轻松地解决了这个问题。回来的路上堵车

나의 딸
　딸아이는 성적이 '중간급' 학생이다. 사실 아이의 성적을 올리기 위해서 우리도 많은 방법을 시도해 봤지만 모두 효과가 없었다.
　주말에 동료들과 함께 교외로 나들이를 갔다. 가는 길에 동료의 아이들은 모두 공연을 했지만 딸은 특별한 재주가 없어서 단지 즐겁게 계속 박수만 쳤다. 야외에서 식사를 할 때, 남자아이 두 명이 말다툼을 했는데, 어른들이 아무리 타일러도 소용이 없었다. 그런데 딸이 좋은 방법을 생각해서 수월하게 이 문제를 해결했다. 돌아오는 길에 차가 매우 심하

堵得厉害，这时，女儿开始讲笑话，全车人都被逗乐了。

期中考试后，我接到了女儿班主任的电话。老师说我女儿的成绩仍然是中等，不过有一件奇怪的事。语文试卷上有一道附加题："你最欣赏班里的哪位同学？请说出理由。"全班绝大部分同学都写上了我女儿的名字，理由是女儿热心助人，乐观幽默。还有很多同学建议让她来当班长。老师还说女儿虽说成绩一般，但是她人很优秀。

我恍然大悟，虽然学生应该好好学习，可是不是说学习好才是优秀的学生。我为我的女儿感到自豪，她不是中等生，她是真正的上等生。

게 막혔다. 이때, 딸이 우스갯소리를 하기 시작했고, 차 안의 사람들이 모두 재미있어 했다.

중간고사 시험이 끝난 후, 나는 딸의 담임선생님 전화를 받았다. 선생님은 딸의 성적은 여전히 중간이지만 이상한 일이 있었다고 했다. 국어 시험시에 '반에서 가장 좋아하는 친구는 누구인가? 그 이유를 말해 보세요.'라는 추가 문제가 하나 있었는데, 반의 대부분 학생들이 딸의 이름을 썼고 이유는 딸이 열심히 남을 돕고 낙관적이며 유머러스하기 때문이라는 것이다. 또 많은 친구들이 딸에게 반장을 맡겨 달라고 제안했다. 선생님은 딸이 비록 성적은 별로지만 매우 뛰어나다고 말했다.

나는 문득 크게 깨달았다. 비록 학생은 열심히 공부해야 하지만, 공부를 잘해야만 우수한 학생이라고 말할 수는 없다. 나는 딸에게 자부심을 느꼈다. 그녀는 '중간급' 수준의 학생이 아니고, 진정한 상급 학생이다.

80점 목표 모범답안

家有中等生

女儿的同学都管她叫"二十三号"，因为每次考试，女儿都排名二十三，在学习方面她是一个中等生。其实，我们也曾想方设法地去提高她的学习成绩，可她后来不但生了病，连成绩也下降了，于是我和老公放弃了揠苗助长的活动。

周末，跟一群同事一起去郊游。一路上，孩子们都表演自己拿手的节目，女儿没什么特别的本领，只是开心地不停鼓掌，而且跑来跑去照看大家的东西，像个细心的小管家。野餐的时候，两个小男孩，同时夹住一块糯米饼，谁也不肯放手。就在大家不知所措时，女儿用扔硬币的办法，轻松地解决了这个问题。回来的路上堵车堵得厉害，一些孩子焦躁起来。女儿讲了几个笑话，把全车人都逗乐了。

期中考试后，我接到了女儿班主任的电话。老师说女儿的成绩仍然是中等，不过出人意料的是，大部分班上的同学都很欣赏女儿，因为她乐于助人，好相处，而且乐观幽默。老师还说很多同学建议由她来担任班长，老师觉得女儿的为人很优秀。

我恍然大悟，不是说学习好才是优秀的学生。我为我的女儿感到自豪，她不是中等生，她是真正的上等生。

집에 중간급 학생이 있다

딸의 친구들은 모두 그녀를 '23번'이라고 부른다. 시험을 볼 때마다 딸은 23등을 했고 학습 방면에서 아이는 중간급 학생이기 때문이다. 사실 우리도 이미 모든 방법을 다 동원해서 아이의 학습 성적을 올리려 했지만, 그녀는 나중에 병이 났을 뿐만 아니라 성적도 떨어졌다. 그래서 나와 남편은 아직 다 자라지도 않은 볏모를 뽑는 일은 포기해 버렸다.

주말에 동료들과 함께 교외로 나들이를 갔다. 가는 길에 아이들은 자신이 잘하는 장기를 보여 주었는데, 딸은 특별한 재주가 아무것도 없어서 그저 즐겁게 쉬지 않고 박수를 치기만 했다. 그리고 이리저리 움직이며 사람들의 물건을 챙기는 것이, 꼭 세심한 어린 살림꾼 같았다. 야외에서 식사를 할 때, 남자아이 두 명이 동시에 떡을 잡았는데 아무도 놓으려 하지 않았다. 모두들 어쩔 줄 몰라 할 때, 딸이 동전을 던지는 방법으로 이 문제를 가볍게 해결했다. 돌아오는 길에 차가 심하게 막히자 아이들은 조급해 했고, 딸이 몇 가지 우스갯소리를 하여 차 안의 모든 사람을 웃겨 주었다.

중간고사가 끝난 후, 나는 딸의 담임선생님의 전화를 받았다. 선생님은 딸의 성적은 여전히 중간이지만, 예상 밖으로 대부분의 반 아이들이 모두 딸을 좋아하는데 아이가 친구들을 잘 돕고 사이좋게 지내며 낙관적이고 유머가 있기 때문이라고 했다. 선생님은 또한, 많은 아이들이 딸이 반장을 맡게 해 달라고 건의를 했고, 딸의 됨됨이를 매우 훌륭하게 생각한다고 말했다.

나는 문득 크게 깨달았다. 공부를 잘해야만 우수한 학생이라고 말할 수는 없다. 나는 내 딸을 자랑스럽게 생각한다. 아이는 '중간급' 학생이 아니라 진정한 상급 학생이다.

| 단 어 | **想方设法** xiǎngfāngshèfǎ 셩 갖은 방법을 다하다, 온갖 방법을 다 생각하다 | **不知所措** bùzhīsuǒcuò 셩 어쩔 줄 모르다 | **出人意料** chūrényìliào 셩 예상 밖이다, 뜻밖이다 |

실전
모의
고사

정답과 해설

🎧 듣기

01 A	02 D	03 D	04 A	05 C
06 C	07 D	08 D	09 D	10 B
11 B	12 D	13 C	14 B	15 B
16 A	17 A	18 B	19 D	20 D
21 D	22 A	23 A	24 C	25 C
26 A	27 A	28 C	29 B	30 A
31 B	32 D	33 D	34 D	35 D
36 B	37 A	38 C	39 D	40 D
41 A	42 D	43 B	44 C	45 A
46 C	47 D	48 A	49 B	50 D

📖 독해

51 A	52 C	53 C	54 D	55 C
56 D	57 D	58 B	59 B	60 D
61 A	62 A	63 B	64 C	65 B
66 C	67 B	68 B	69 C	70 D
71 E	72 C	73 B	74 D	75 A
76 D	77 B	78 A	79 E	80 C
81 C	82 D	83 A	84 A	85 D
86 A	87 A	88 B	89 C	90 B
91 A	92 D	93 C	94 A	95 A
96 C	97 B	98 A	99 A	100 C

✏️ 쓰기

60점 목표 모범답안

郑国人买鞋

有个郑国人住在乡下，他很笨。一天，他的鞋子坏了，所以他打算去集市上买一双新鞋子。

他心想万一买回来的鞋子不合适，要回去换的话很麻烦，于是就想了一个办法。他找了一根绳子，把自己脚的尺寸用绳子都量好了，然后把绳子放在了枕头下面，准备第二天拿着绳子去集市上买鞋。

第二天一大早他就出发了。他来到集市上的一家鞋铺前，挑了一双觉得满意的鞋子，但是这时他才发现自己忘了带准备好的绳子。

他很后悔，赶快回家去取绳子。但是他回到集市上的时候，鞋铺已经关门了。

这时，有个人路过，看见他垂头丧气的样子就问他怎么了，他把事情的经过给他讲了一遍，那人听了以后问他是给谁买鞋，他说是给自己买鞋。那人告诉他给自己买鞋的话，自己直接试一下就可以了。但他却回答说，他只相信尺码，不相信自己的脚。

80점 목표 모범답안

郑人买履

有一个郑国人住在乡下，是村里出了名的笨蛋。一天，他发现鞋子坏了，于是打算去集市上买一双新鞋。他心想万一买回来的鞋子不合适，要回去换的话很麻烦，于是就想了一个办法。他找了一根绳子，把自己脚的尺寸用绳子都量好了，然后把绳子放在了枕头下面，准备第二天拿着绳子去集市上买鞋。

第二天，他走了很远的路，到了集市上的一家鞋铺。他左挑右选，最后选中了一双样式和质量都让自己觉得很满意的鞋子。但是正当他准备把鞋买下来的时候，才发现尺码竟然忘记带来了。

他放下鞋子，赶紧回家去拿量好的尺码。等他又赶到集市上的时候，太阳已经快下山了，鞋铺也关门了。所以他的鞋也没买成。

这时，有个人路过，看见他垂头丧气的样子就问他发生了什么事情，他把事情的经过给他讲了一遍，那人听了以后百思不得其解，问他是给谁买鞋，他说是给自己买鞋。那人一听大笑起来，告诉他给自己买鞋的话，自己直接试一下就可以了。但他却回答说，自己的脚是不可靠的，他宁可相信尺码，也不相信自己的脚。

一、听力

🎧 실전모의고사 1회 듣기.mp3

제 1 부분

01 | A

> 舞蹈是一种没有文字的艺术，也是一种无声的语言，它通过形体动作来表达思想感情，是人类最早使用的交际手段之一，因此人们把舞蹈称为"艺术之母"。
>
> A 舞蹈可以传达情感
> B 艺术的表现形式多样
> C 文字的诞生与舞蹈有关
> D 舞蹈是人类最早的娱乐方式

춤은 문자가 없는 예술로, 무성 언어이기도 하다. 춤은 신체 동작을 통해 생각과 감정을 표현하며, 인류가 최초로 사용한 교제 수단 중 하나이다. 이 때문에 사람들은 춤을 '예술의 어머니'라고 부른다.

A 춤은 감정을 전달할 수 있다
B 예술의 표현 형식은 다양하다
C 문자의 탄생은 춤과 연관이 있다
D 춤은 인류 최초의 오락 방식이다

해설 | 녹음 중 它通过形体动作来表达思想感情을 듣고, '表达=传达', '感情=情感'과 같이 동의어 분석을 해야 합니다. 이 분석을 통해서 정답이 A임을 알 수 있습니다.

단어 | 舞蹈 wǔdǎo 명 춤, 무용 | 形体动作 xíngtǐ dòngzuò 신체 동작 *形体 xíngtǐ 명 (사람의) 신체, 몸매, (사물의) 형상, 형체 | 情感 qínggǎn 명 감정, 느낌

02 | D

> 有个农场主，每天都要他的孩子在农场里干活，朋友对他说："孩子太辛苦了，没必要这样，即使几天没人照料，农作物一样会长得很好。"可农场主却说："我不是在栽培农作物，我是在栽培我的孩子。"
>
> A 农作物产量极高
> B 农场主的孩子很懒
> C 朋友建议卖掉农场
> D 农场主想锻炼自己的孩子

한 농장 주인은 매일 자신의 아이를 농장에서 일하게 했다. 친구가 그에게 말했다. "아이가 매우 힘들어 해. 이렇게 할 필요 없잖아. 설령 며칠 돌볼 사람이 없다고 해도

농작물은 변함없이 잘 자라." 그러나 농장 주인이 말했다. "난 농작물을 키우고 있는 것이 아니라, 내 아이를 키우고 있는 거라네."

A 농작물의 생산량이 매우 높다
B 농장 주인의 아이는 매우 게으르다
C 친구는 농장을 팔 것을 권유했다
D 농장 주인은 자신의 아이를 단련시키고 싶어 한다

해설 | 깨우침을 주는 글은 주로 마지막에 주제가 나옵니다. 栽培는 동식물뿐만 아니라 사람에게 쓸 수도 있습니다. '사람을 栽培한다'라는 말은 사람을 '培养+锻炼(기르고 단련시킨다)'한다는 의미이므로 D가 정답입니다.

단어 | 照料 zhàoliào 동 돌보다, 보살피다 | 栽培 zāipéi 동 재배하다, 인재를 기르다 | 懒 lǎn 형 게으르다, 나태하다

03 | D

> 金丝猴这种珍稀动物主要分布于四川、陕西、甘肃以及湖北的部分地区。它们形态独特，动作优雅，性情温和，深受人们的喜爱。在中国，其珍贵程度不亚于大熊猫，属于国宝级动物。
>
> A 金丝猴喜欢群居
> B 金丝猴攻击性强
> C 金丝猴动作笨拙
> D 金丝猴深受人们喜爱

희귀 동물인 황금원숭이는 주로 쓰촨, 산시, 간쑤 그리고 후베이 일부 지역에 분포되어 있다. 황금원숭이의 형태는 독특하고 행동은 우아하며 심성이 온화해서 사람들에게 깊은 사랑을 받는다. 중국에서 황금원숭이의 진귀한 정도는 판다 못지 않으며, 국보급 동물에 속한다.

A 황금원숭이는 무리 지어 사는 것을 좋아한다
B 황금원숭이는 공격성이 강하다
C 황금원숭이는 행동이 굼뜨다
D 황금원숭이는 사람들에게 깊은 사랑을 받는다

해설 | 동물이 나올 경우 전체 글의 흐름을 듣도록 합니다. 처음엔 동물의 분포지가 나오고 그다음엔 동물의 특징이 나오다가 深受人们的喜爱라고 나옵니다. 이 부분만 놓치지 않으면 정답 D를 선택할 수 있습니다.

단어 | 金丝猴 jīnsīhóu 명 황금원숭이 | 不亚于 búyàyú 형 ~에 못지 않다, ~에 뒤지지 않다 | 大熊猫 dàxióngmāo 명 판다 | 笨拙 bènzhuō 형 굼뜨다, 우둔하다

04 | A

> 大家都知道要经常清理电脑的回收站，否则就会占用过多的空间，影响电脑的运行速度。人的大脑也同样如此，既不能什么都扔掉，但也不能什么都留下。只有善于取舍的人才是真正的智者。

A 要学会取舍
B 要忘掉过去
C 要懂得分享
D 不要轻易放弃

사람들은 모두 컴퓨터의 휴지통을 자주 비워야 한다는 것을 알고 있다. 그렇지 않으면 너무 많은 공간을 차지해 컴퓨터의 작동 속도에 영향을 준다. 인간의 뇌 역시 이러하다. 모든 것을 버려서는 안 되지만, 모든 것을 남겨서도 안 된다. 취하고 버리는 것을 잘하는 사람만이 진정으로 지혜로운 자이다.

A 취하고 버릴 줄 알아야 한다
B 과거를 잊어야 한다
C 함께 나눌 줄 알아야 한다
D 쉽게 포기해서는 안 된다

해설 | 선택지를 보면 주제와 관련된 글임을 알 수 있습니다. 주제는 주로 마지막 부분에 나옵니다. 只有善于取舍的人才是真正的智者에서 정답이 A임을 알 수 있습니다.

단어 | 回收站 huíshōuzhàn 명 휴지통

05 | C

每逢元宵佳节家家户户都会悬挂彩灯，为了娱乐，一些人便把写有谜语的纸条贴在彩灯上供大家猜。后来因为谜语饶有趣味又能启迪智慧，受到了大家的欢迎，猜灯谜的活动便流行了起来。

A 谜语很难猜
B 谜底在彩灯上
C 猜灯谜很受欢迎
D 猜灯谜在南方更流行

매번 위엔샤오(元宵)가 되면, 사람들은 집집마다 모두 오색등을 매단다. 재미를 위해 일부 사람들은 수수께끼를 적은 쪽지를 오색등 위에 붙여, 사람들에게 풀게 한다. 후에 수수께끼는 흥미롭고 또 지혜를 깨우쳐 주기 때문에 사람들의 환영을 받았고, 등롱 수수께끼를 푸는 행사는 유행하게 되었다.

A 수수께끼는 풀기 힘들다
B 수수께끼의 답은 오색등에 있다
C 등롱 수수께끼를 푸는 것은 매우 인기 있다
D 등롱 수수께끼를 푸는 것은 남방에서 더욱 유행한다

해설 | 중국의 전통 명절을 소개하는 글로, 보통은 역사가 오래 되었거나 사람들의 환영을 받는다는 내용을 많이 출제됩니다. 녹음의 마지막 부분 '受到了大家的欢迎，猜灯谜的活动便流行了起来'에서 정답이 C임을 알 수 있습니다.

단어 | 元宵 yuánxiāo 명 위엔샤오[음력 1월 15일로, 우리나라의 정월대보름과 같음] | 悬挂 xuánguà 동 걸다, 매달다 | 彩灯 cǎidēng 명 오색등 | 谜语 míyǔ 명 수수께끼 | 纸条 zhǐtiáo 명 종이쪽지, 메모 | 饶有趣味 ráoyǒuqùwèi 성 흥미진진하다 | 启迪 qǐdí 동 깨우치다, 일깨우다 | 灯谜 dēngmí 명 등롱 수수께끼 | 谜底 mídǐ 명 수수께끼의 답

06 | C

青少年长时间地使用手机会对健康造成不良的影响，这是因为他们的免疫系统比较脆弱，更容易受辐射影响。频繁地使用手机会伤害他们的脑部神经，引起失眠、头痛、记忆力减退等症状。

A 青少年应远离电脑
B 失眠会导致记忆力减退
C 手机辐射对青少年危害更大
D 玩儿手机会使注意力不集中

청소년이 장시간 휴대전화를 사용하면 건강에 나쁜 영향을 끼친다. 이는 그들의 면역 계통이 비교적 약해서 더욱 쉽게 전자파의 영향을 받기 때문이다. 빈번히 휴대전화를 사용하는 것은 청소년의 뇌 신경을 손상시키고, 불면과 두통, 기억력 감퇴 등의 증상을 유발한다.

A 청소년은 컴퓨터를 멀리해야 한다
B 불면은 기억력 감퇴를 유발할 수 있다
C 휴대전화 전자파는 청소년에게 더 해롭다
D 휴대전화를 가지고 노는 것은 주의력을 분산시킨다

해설 | 녹음 지문의 첫 부분에 청소년과 휴대전화를 언급하고 있기 때문에, 관련성이 떨어지는 선택지 A와 B를 우선 제거할 수 있습니다. 녹음 중 更容易受辐射影响에서 정답이 C임을 알 수 있습니다.

단어 | 脆弱 cuìruò 형 연약하다, 약하다 | 辐射 fúshè 명 전자파 | 频繁 pínfán 형 잦다, 빈번하다 | 减退 jiǎntuì 동 감퇴하다, 약해지다 | 远离 yuǎnlí 동 멀리 떠나다, 멀리하다

07 | D

食物的味道如何往往不是用嘴巴尝出来的，而是用鼻子闻出来的。如果没有气味，很多时候是无从分辨的。不信的话，捏紧鼻子、闭上眼睛，你就会发现你分不清你喝的是茶还是咖啡，甚至分不出剁碎的洋葱还是苹果。

A 人的嗅觉不够灵敏
B 食物的味道十分单一
C 苹果的气味不好辨别
D 分辨食物的味道主要靠嗅觉

음식의 맛이 어떠한지는 종종 입으로 맛보는 것이 아니라, 코로 맡는 것이다. 만약 향이 없다면, 대부분 식별해 낼 방법이 없다. 믿기지 않는다면 코를 꽉 틀어막고 눈을 감아 보아라. 당신은 자신이 마시는 것이 차인지 아니면 커피인지 구별할 수 없음을 알게 될 것이다. 심지어 다진 양파인지 아니면 사과인지조차 구분할 수 없다.

A 사람의 후각은 그다지 민감하지 않다
B 음식의 맛은 매우 단일하다
C 사과의 향은 식별하기 어렵다
D 음식의 맛을 분별하는 것은 주로 후각에 의존한다

해설 | '不是 A，而是 B(A가 아니라 B이다)' 구문에 유의해서 듣습니다. 녹음 시작 부분에서 음식의 맛은 입으로 맛보는 것이 아닌 코로 맡는 것이라고 언급했고, 嗅觉는 바로 후각을 나타내기 때문에 정답이 D임을 알 수 있습니다.

단어 | 无从 wúcóng 부 ~할 길이 없다, 방법이 없다 | 分辨 fēnbiàn 동 분별하

다, 구별하다 | **捏** niē 통 집다, 쥐다 | **闭上** bìshang 통 (눈을) 감다, (문을) 닫다 | **剁碎** duòsuì 통 칼로 다지다 | **洋葱** yángcōng 명 양파 | **辨别** biànbié 통 식별하다, 판별하다 | **嗅觉** xiùjué 명 후각

08 | D

> 洗白色衣服时，在水中滴一至两滴蓝色墨水，可以使洗出来的白衣服显得更白，这是因为蓝色墨水中含有蓝色因子，而蓝色因子在阳光的照射下，会给人带来更加明亮的视觉效果。
>
> A 墨迹很难洗掉
> B 蓝墨水可去污
> C 墨水中都有蓝色因子
> D 洗白衣服时可加少量墨水

흰 옷을 세탁할 때 물속에 파란 잉크를 한두 방울 떨어뜨리면, 세탁한 흰 옷을 더욱 하얗게 보이게 할 수 있다. 이는 파란 잉크 속에 푸른색 입자가 함유되어 있는데, 푸른색 입자는 태양이 비칠 때 더욱 빛나는 시각 효과를 가져오기 때문이다.

A 잉크 자국은 씻어 내기 어렵다
B 파란 잉크액은 때를 제거할 수 있다
C 잉크 중에는 파란색 입자가 있다
D 흰 옷을 세탁할 때 소량의 잉크를 첨가할 수 있다

해설 | 녹음 시작 부분의 '洗白色衣服时，在水中滴一至两滴蓝色墨水，可以使洗出来的白衣服显得更白'에서 정답이 D임을 알 수 있습니다. 참고로 선택지에 都, 一定처럼 예외를 인정하지 않는 단어가 있는 경우에는 일반적으로 오답일 확률이 높습니다.

단어 | **滴** dī 통 떨어뜨리다 명 방울 | **墨水** mòshuǐ 명 잉크, 먹물 | **墨迹** mòjì 명 잉크 자국, 먹물 자국 | **去污** qùwū 통 더러운 것을 없애다(제거하다)

09 | D

> 沟通要遵循一定的规则，这些规则通常是约定俗成的。虽然在不同社会、不同文化和不同职业的人之间有所差异，但也存在一些普遍性的规则。例如别人在讲话的时候你要注意倾听，不要轻易打断别人说话。
>
> A 要主动打招呼
> B 交谈时要注视对方
> C 不要指出别人的错误
> D 交谈时要遵守一些规则

소통은 일정한 규칙을 따라야 한다. 이러한 규칙들은 보통 생활에서 자연스럽게 형성된 것이다. 비록 서로 다른 사회와 문화, 서로 다른 직업을 가진 사람들 사이에 약간의 차이는 있지만 보편적인 규칙들이 존재한다. 예를 들어 타인이 이야기를 할 때는 당신은 주의 깊게 경청해야 하고, 함부로 타인의 말을 끊어서는 안 된다.

A 먼저 인사해야 한다
B 대화를 할 때 상대방을 주시해야 한다
C 타인의 잘못을 지적해서는 안 된다
D 대화를 할 때 일부 규칙을 준수해야 한다

해설 | 녹음 첫 문장의 沟通要遵循一定的规则에서 沟通은 交谈으로, 遵循은 遵守로 변경하여 정답을 출제한 문제입니다. 설명문이라서 첫 문장에 주제를 던져 놓고 구체적으로 설명하는 형태이므로, 첫 문장을 놓치지 않아야 정답을 고를 수 있습니다.

단어 | **遵循** zūnxún 통 (규칙 등을) 따르다 | **约定俗成** yuēdìngsúchéng 성 관습이 장기간에 걸쳐 사람들 사이에서 형성되다 | **倾听** qīngtīng 통 경청하다 | **遵守** zūnshǒu 통 준수하다, 지키다

10 | B

> "知己知彼百战不殆"，这句出自古代兵法的名言同样也适用于现代商场，在商业合作中，我们不但要知道自己的优势和劣势，也要充分了解竞争对手的实力，这样才能做出正确的决策，做到百战百胜。
>
> A 要研究兵法
> B 要知己知彼
> C 要守法经营
> D 要警惕风险

'나를 알고 상대를 알아야 백번을 싸워도 위태롭지 않다'. 고대 병법에서 나온 이 명언은 현대 상업계에도 똑같이 적용할 수 있다. 사업상 협력할 때 우리는 자신의 강점과 약점을 알아야 할 뿐만 아니라, 경쟁 상대의 실력도 충분히 이해해야 한다. 그래야 정확한 대책을 강구할 수 있고, 백번의 전투에서 모두 승리할 수 있다.

A 병법을 연구해야 한다
B 나를 알고 상대를 알아야 한다
C 법을 지키며 경영해야 한다
D 위험을 경계해야 한다

해설 | 녹음 지문의 첫 문장 知己知彼百战不殆를 다 알아듣기는 힘들어도 '知己知彼(자기의 역량을 정확히 평가하고, 또 상대방도 충분히 파악하여야 한다)'는 알아들을 수 있습니다. 이 부분만 들어도 정답 B를 선택할 수 있습니다.

단어 | **百战不殆** bǎizhànbúdài 성 백전불태, 백번을 싸워도 위태롭지 않다 | **劣势** lièshì 명 약점, 열세 | **决策** juécè 명 결정된 책략이나 방법 | **警惕** jǐngtì 통 경계하다

11 | B

> 柴达木盆地位于青藏高原北部，是中国四大盆地中地势最高的一个。那里不仅是盐的世界，<u>而且</u>还蕴藏着丰富的煤、石油以及多种金属矿藏。因此柴达木盆地有"聚宝盆"的美誉。
>
> A 柴达木盆地植被多
> B 柴达木盆地矿产丰富
> C 柴达木盆地盛产水果
> D 柴达木盆地重工业发展快

차이다무(柴达木) 분지는 칭짱 고원 북부에 위치하는 것으로, 중국 사대 분지 중 지대가 가장 높다. 차이다무 분지는 소금의 세계일 뿐만 아니라, 풍부한 석탄과 석유 및 여러 종류의 금속 지하자원이 매장되어 있다. 이 때문에 차이다무 분지는 '자원의 보고'라는 명성을 가지고 있다.

A 차이다무 분지는 식생이 많다

B 차이다무 분지는 광산물이 풍부하다

C 차이다무 분지는 과일이 많이 생산된다

D 차이다무 분지는 중공업 발전이 빠르다

해설 | 중국의 지역을 소개하는 지문은 그 지역의 특징을 잘 들어야 합니다. 녹음의 '而且还蕴藏着丰富的煤、石油以及多种金属矿藏'에서 차이다무 분지는 금속 자원이 많다는 사실을 알 수 있기 때문에 정답은 B입니다.

단어 | 蕴藏 yùncáng 통 잠재하다, 매장되다 | 矿藏 kuàngcáng 명 지하자원, 매장 광물 | 聚宝盆 jùbǎopén 명 자원의 보고, 화수분, 보물단지 | 植被 zhíbèi 명 식생[일정 지역에 모여 자라는 식물 집단을 뜻함] | 盛产 shèngchǎn 통 많이 생산하다, 많이 나다

12 | D

> 有些人旅游时喜欢带着照相机，每到一个旅游景点就掏出相机不停地照，根本顾不上欣赏眼前的美景，只要"到此一游"即可。而有些人则乐意用眼睛去欣赏，用心去体会。其实后者更能享受旅游的乐趣。
>
> A 有些景点禁止拍照
> B 热门景区交通压力大
> C 节假日是出行高峰期
> D 旅游的乐趣在于用心体会

어떤 사람들은 여행을 할 때 사진기를 챙겨 가는 것을 좋아한다. 여행 명소에 갈 때마다 사진기를 꺼내 쉴 새 없이 찍느라 막상 눈앞의 아름다운 경치는 감상할 틈도 없이, 그저 '여기에 왔다 간다'면 된다. 반면에 어떤 사람들은 기꺼이 눈으로 감상하고 마음으로 체득하려 한다. 사실 후자가 여행의 즐거움을 더 누릴 수 있다.

A 일부 명소는 사진 촬영을 금지한다

B 인기 많은 명소는 교통 체증이 심하다

C 휴일은 외출의 절정기이다

D 여행의 즐거움은 마음으로 체득하는 데 있다

해설 | '有些人……, 而有些人则……' 구문을 써서 크게 두 종류의 사람들을 비교하고 있습니다. 녹음 지문의 마지막 부분에서 用心去体会 와 其实 뒷부분을 들으면 정답이 D임을 알 수 있습니다.

단어 | 掏出 tāochū 통 꺼내다 | 到此一游 dào cǐ yì yóu 여기에 와서 놀고 가다 | 乐意 lèyì 통 기꺼이 ~하다, ~하기를 원하다 | 热门 rèmén 명 인기 있는 것, 유행하는 것 | 交通压力 jiāotōng yālì 교통 체증 | 高峰期 gāofēngqī 명 절정기, 극성기

13 | C

> 一位科学家骄傲地说："我发明了一种机器人，简直和真人一模一样。""和真人一样？我不信。"他的朋友说道，科学家回答说："我给你举个例子，当这个机器人犯了错误的时候，它会把责任推卸到别的机器人身上。"
>
> A 机器人很忠实
> B 机器人爱说大话
> C 机器人会推卸责任
> D 机器人从来不犯错

한 과학자가 자랑스럽게 말했다. "내가 로봇을 발명했는데, 정말 사람과 똑같아." "사람과 똑같다고? 믿을 수가 없어." 그의 친구가 말하자, 과학자가 대답했다. "내가 예를 하나 들어 줄게. 이 로봇은 잘못을 했을 때, 책임을 다른 로봇에게 미룬다네."

A 로봇은 매우 충성스럽다

B 로봇은 허풍 떨기를 좋아한다

C 로봇은 책임을 미룬다

D 로봇은 여태껏 잘못을 하지 않았다

해설 | 녹음의 마지막 부분 它会把责任推卸到别的机器人身上에서 정답이 C임을 알 수 있습니다. 推卸가 어려운 단어이긴 하지만 责任을 확실히 듣고 답을 유추해 내야 합니다.

단어 | 骄傲 jiāo'ào 형 자랑스럽다, 거만하다 | 机器人 jīqìrén 명 로봇 | 一模一样 yìmúyíyàng 성 완전히 같은 모습이다 | 推卸 tuīxiè 통 책임을 미루다(떠넘기다) | 说大话 shuōdàhuà 통 허풍 떨다, 큰소리치다

14 | B

> 人们常说那些头脑不开窍、认死理的人总喜欢钻牛角尖。其实走出"牛角"再容易不过了，只需掉转方向，但是就是这简单的道理，却难倒了无数人。人们总是在碰了壁之后才知道回头，但大多为时已晚。
>
> A 坚持就是胜利
> B 要及时调整方向
> C 要懂得把握时机
> D 不要担心"碰壁"

사람들은 종종 머리가 깨어 있지 않고 완고한 사람들이 고집스럽게 어떤 일에 매달린다고 한다. 사실 '집착'에서 벗어나는 건 더할 나위 없이 쉽다. 단지 방향만 바꾸면 된다. 하지만 이런 단순한 이치가 많은 사람들을 어렵게 한다. 사람들은 항상 난관에 부딪쳤을 때에야 후회하지만 대부분은 이미 늦었다.

A 꾸준히 하는 것이 승리하는 것이다

B 적절한 때에 방향을 조정해야 한다

C 시기를 잡을 줄 알아야 한다

D '난관에 부딪치는 것'을 걱정해서는 안 된다

해설 | 선택지를 보면 처세와 관련한 주제를 묻는 문제임을 알 수 있습니다. 开窍, 认死理, 钻牛角尖과 같은 어려운 단어들은 안 들리는 것이 당연하니 고민하지 말고 그냥 넘어갑니다. 녹음 중 只需掉转方向만 듣는다면 전체 글의 주제가 B임을 알 수 있습니다.

단어 | 开窍 kāiqiào 통 (생각이) 트이다, 열려 있다 | 认死理 rènsǐlǐ 관용 완고하다, 고집불통이다 | 钻牛角尖 zuānniújiǎojiān 관용 (해결할 수 없거나 가치 없는 일에) 고집스럽게 매달리다 | 掉转 diàozhuǎn 통 반대 방향으로 바꾸다 | 难倒 nándǎo 통 어렵게 만들다, 곤란하게 하다 | 碰壁 pèngbì 통 벽에 부딪치다, 난관에 부닥치다 | 回头 huítóu 통 반성하다, 후회하다 | 为时 wéishí 통 시간으로 보아 ~하다

15 | B

> 最近大家关注的焦点集中在香菜身上。虽然它看上去是一种非常普通的植物，但它却还是净化饮用水的能手。香菜净水的秘密来自细胞壁，它们有着吸附重金属的理想结构。这意味着，以后只要把香菜晒干研碎就可以当过滤器用了。

A 香菜细胞壁很厚
B 香菜可净化水质
C 土壤污染很严重
D 香菜是一种昂贵的香料

최근 사람들의 관심이 상차이(香菜)에 모이고 있다. 비록 보기에는 평범한 식물이지만, 상차이는 식수를 정화하는 재주꾼이다. 상차이가 물을 정화하는 비밀은 세포벽에서 비롯된다. 상차이는 중금속을 흡착하는 이상적인 구조를 가지고 있다. 이는 후에 상차이를 햇빛에 말려 빻기만 하면, 필터로 이용할 수 있음을 뜻한다.

A 상차이는 세포벽이 매우 두껍다
B 상차이는 수질을 정화할 수 있다
C 토양 오염이 심각하다
D 상차이는 비싼 향료이다

해설 | 녹음 지문의 但它却还是净化饮用水的能手에서 '식수를 정화하다(净化饮用水)'라는 내용이 언급되었기 때문에 정답이 B임을 알 수 있습니다.

단어 | 香菜 xiāngcài 명 상차이, 고수 | 细胞壁 xìbāobì 명 세포벽 | 吸附 xīfù 동 흡착하다 | 晒干 shàigān 동 햇볕에 말리다 | 研碎 yánsuì 동 빻다, 가루를 내다 | 过滤器 guòlùqì 명 필터, 여과기 | 土壤 tǔrǎng 명 토양

제 2 부 분

16~20

第16到20题是根据下面一段采访:

[1] 女: 大家好！今天我们请到的嘉宾是百度总裁李彦宏。我想请教李总，百度的定位是什么呢？

男: [16)]百度的定位非常简单，就是中文搜索。无论是找网页、找音乐、找照片、或者是找电影，我们都希望给网民提供最便捷的查询方式。大家只要在百度的搜索框里输入查询的内容就可以。不用从哪一个分类里找，就一个搜索框，就这么简单。

[2] 女: 那您觉得百度的核心竞争力是什么？

男: [17)]最大的竞争力还是技术，因为我本身也是科班出身，在这方面应该说最有信心。其他方面比如市场、销售等等，更多是依靠公司的其他职员，甚至有的是摸索前进的状态。对于技术我个人是比较有把握的，我起码知道我们哪里需要提升、哪里需要改进、哪里做得还不错，怎么保持行业领头羊的地位。

[3] 女: 百度在技术上跟其他搜索引擎有哪些不同？或者什么地方做得更好？

男: 搜索引擎要想做好，不是单靠某个单项技术就可以的，绝大多数搜索引擎使用者并不懂技术，他们只能够感觉出来自己在这儿是否

能快速、准确地找到想要的信息。[18)]所以对搜索引擎来说，你要想做得好，要吸引网民，就要综合用户的体验。其中包括一些很尖端的技术，比如用户行为分析的技术等，还有看上去非常简单的东西，比如搜索引擎输入字体要多大的字体、多宽、多长，这些是潜移默化的东西。他来这儿就觉得使用舒服和简单，实际上看起来很简单，但需要下很大功夫琢磨的。

[4] 女: 百度在业内已经算是第一了，那百度近期有什么大的目标吗？

男: 我过去一直做的事情都跟搜索引擎有关，我想把百度做成最好的搜索引擎，能够为网民提供最便捷的信息获取方式。这话说起来简单，但做起来就永无止境。[20)]现在搜索引擎还处于快速发展的阶段，有很多我们想到还没来得及做的事情，和很多还没想到的事情。[19)]短期之内没有其他的想法，只是要把百度做得特别特别好。

16~20번 문제는 다음 인터뷰에 근거한다.

여: 여러분, 안녕하세요? 오늘 저희가 초대할 손님은 바이두 회장 리옌훙(李彦宏)입니다. 리 회장님께 가르침을 청하고 싶습니다. 현재 바이두의 포지셔닝은 무엇인가요?

남: [16)]바이두의 포지셔닝은 간단해요. 바로 중국어 검색이죠. 웹사이트를 찾든, 음악을 찾든, 사진이나 영화를 찾든 간에 우리는 네티즌들에게 가장 간편한 검색 방식을 제공하고 싶어요. 여러분은 바이두 검색창에 검색 내용만 입력하면 되죠. 어떤 한 분류 안에서 찾을 것도 없이, 검색창 하나만 있으면 돼요. 간단하죠.

여: 그럼 회장님은 바이두의 핵심 경쟁력은 무엇이라고 생각하세요?

남: [17)]가장 큰 경쟁력은 아무래도 기술이죠. 제 자신도 전공자 출신이라 이 방면에서는 가장 자신 있다고 말할 수 있어요. 다른 방면, 예를 들면 마케팅, 영업 등에서는 대부분 다른 직원들에게 의지하죠. 심지어 어떤 방면은 모색하면서 나아가는 상태이기도 해요. 기술에 대해서는 제가 비교적 자신 있어요. 저는 적어도 우리가 어느 부분이 업그레이드가 필요하고 개선이 필요한지, 어느 부분을 잘하고 있는지, 또 어떻게 업계 리더 자리를 지킬 수 있는지는 알죠.

여: 바이두는 기술상에서 다른 검색엔진과 어떤 차이가 있는지요? 혹은 어떤 부분을 더 잘하고 있나요?

남: 검색엔진이 좋아지려면, 단순히 어떤 한 가지 기술에만 의존해서는 안 돼요. 대부분의 검색 이용자들은 기술을 잘 몰라요. 그들은 자신이 이용하는 엔진이 빠른지, 원하는 정보를 정확하게 찾는지 여부만 느끼죠. [18)]그래서 검색엔진에 대해 말하자면, 당신이 잘 만들고 싶고 네티즌을 끌어들이고 싶다면 사용자의 체험을 종합해야 해요. 그중에는 예를 들어 사용자 행위 분석 기술과 같이 일부 첨단 기술들이 포함되고, 또 보기에는 매우 간단한 것도 있어요. 예를 들어 검색엔진 입력 글꼴에 얼마나 크고 넓고 긴 글꼴이 필요한지인데, 이러한 것들이 은연중에 영향을 주는 것이에요. 사용자가 여기에 와서 사용하기 편안하고 간단하게 여기는데, 실제로는 매우 간단해 보이지만 대단한 노력을 기울이고 궁리해야 해요.

여: 바이두는 업계에서 이미 첫 번째라고 할 수 있는데요, 바이두는 가까운 시기에 어떤 큰 목표가 있는지요?

남: 제가 과거에 줄곧 해 온 일은 모두 검색엔진과 관계가 있어요. 저는 바이두를 가장 좋은 검색엔진으로 만들고 싶고, 네티즌에게 가장 간편한 정보 습득 방식을 제공할 수 있었으면 합니다. 이것은 말로 하자면 간단하지만, 실천하려면 끝이 없어요. [20)]현재 검색엔진은 빠르게 발전하는 단계에 있습니다. 우리가 생각은 했지만 미처 행하지 못한 것들이 많이 있고, 미처 생각하지 못한 것들도 많이 있어요. [19)]단기간에는 다른 생각이 없고, 단지 바이두를 가장 좋게 만들어야겠다는 생각뿐입니다.

단어 | 便捷 biànjié 형 간편하다, 빠르고 편리하다 | 查询 cháxún 동 검색하다, 조사하여 묻다 | 搜索框 sōusuǒkuàng 명 검색창 | 输入 shūrù 동 입력하

다 | **科班出身** kēbān chūshēn 전공자 출신[전공과 직업의 업종이 같은 사람을 가리킴] | **领头羊** lǐngtóuyáng 몡 리더, 선도자 | **搜索引擎** sōusuǒyǐnqíng 몡 (인터넷) 검색엔진 | **尖端** jiānduān 혱 첨단의 | **潜移默化** qiányímòhuà 셍 은연중에 영향을 받다 | **琢磨** zuómo 동 깊이 생각하다, 궁리하다 | **永无止境** yǒngwúzhǐjìng 셍 영원히 끝이 없다

16 | A

百度的定位是什么?

A 中文搜索
B 外文翻译
C 社交平台
D 电子商务

바이두의 포지셔닝은 무엇인가?

A 중국어 검색
B 외국어 번역
C 사교 무대
D 전자 상거래

해설 | 문제의 질문은 [1]번 대화에서 진행자의 질문과 같으며, 초대 손님인 남자의 대답 중 '百度的定位非常简单, 就是中文搜索'에서 정답이 A임을 알 수 있습니다.

17 | A

百度的竞争力体现在什么地方?

A 技术
B 营销手段
C 企业文化
D 公司规模

바이두의 경쟁력은 어느 부분에서 구현되었는가?

A 기술
B 마케팅 수단
C 기업 문화
D 회사 규모

해설 | 문제의 질문은 [2]번 대화에서 진행자의 질문과 같으며, 남자의 대답 중 最大的竞争力还是技术에서 정답이 A임을 알 수 있습니다.

단어 | **营销** yíngxiāo 동 (상품을) 판매하다, 마케팅하다

18 | B

男的认为要把搜索引擎做好, 需要做好什么?

A 创新
B 用户体验
C 资金投入
D 网页设计

남자는 검색엔진을 좋게 만들려면 어떤 일이 필요하다고 생각하는가?

A 새것을 창조한다
B 사용자가 체험한다
C 자금 투입
D 홈페이지 디자인

해설 | 남자의 답변 중에서 '所以对搜索引擎来说, 你要想做得好, 要吸引网民, 就要综合用户的体验' 부분이 들립니다. 따라서 정답은 B입니다.

19 | D

男的有什么目标?

A 完善线上服务
B 开拓海外市场
C 招聘更多员工
D 将百度做到最好

남자의 목표는 무엇인가?

A 온라인 서비스를 완전하게 하는 것
B 해외시장을 개척하는 것
C 더 많은 직원을 모집하는 것
D 바이두를 가장 좋게 만드는 것

해설 | [4]번 대화에서 진행자의 질문과 일치합니다. 남자는 답변에서 '短期之内没有其他的想法, 只是要把百度做得特别特别好'라고 했으므로 정답이 D임을 알 수 있습니다.

단어 | **开拓** kāituò 동 개척하다

20 | D

根据对话, 下列哪项正确?

A 男的有销售经历
B 百度将尝试开发游戏
C 搜索引擎市场有待规范
D 搜索引擎处于快速发展阶段

이 대화에 근거하여 다음 중 정확한 것은 무엇인가?

A 남자는 판매 경험이 있다
B 바이두는 게임 개발을 시도할 것이다
C 검색엔진 시장은 규범화할 필요가 있다
D 검색엔진은 빠른 발전 단계에 있다

해설 | [4]번 대화에서 남자의 답변 중 现在搜索引擎还处于快速发展的阶段 부분에서 정답이 D임을 알 수 있습니다.

단어 | **有待** yǒudài 동 ~할 필요가 있다, ~이 요구되다

21~25

第21到25题是根据下面一段采访：

[1] 女：今天来到我们现场的嘉宾是温泉专家朱元法先生。朱先生，您好！目前越来越多的人喜欢泡温泉，您觉得原因是什么呢？

男：[21] 随着生活水平的提高，人们对健康的要求也逐渐提高，人们已不再满足于单纯的洗澡了。泡温泉可以消除疲劳、放松心情、缓解压力。除此之外，泡温泉还可以加速人体新陈代谢，大多数温泉中都含有丰富的矿物质，有助于增强机体免疫力。泡温泉很容易出汗，身体的毒素能够随着汗液排出体外，有益于皮肤的健康。

[2] 女：那么中国温泉产业的现状是怎样的呢？

男：中国温泉产业的现状主要分两种状态：一是资源非常丰富，发展潜力巨大。中国是地热和中低温温泉的大国，约占全球的8.6%。[22] 这个数字表明了中国地热温泉资源可开发利用的潜力很大。二是发展迅猛，竞争激烈。当今各种形式、各种规模的温泉旅游企业遍布全国，取得了很好的经济效益和社会效益。

[3] 女：那据您的观察，目前中国的温泉产业存在哪些问题呢？

男：国内温泉产业正处在起步阶段，存在很多问题，[23] 最主要的问题是无序竞争和开发力度不大。

[4] 女：您一直在研究温泉经济，您认为当今要抓好哪些方面？

男：我认为，首先要对全国温泉经济进行发展规划，[24] 按照可持续发展的原则，对温泉所在地进行系统规划。其次应当尽快研究和制定有关法律和法规，使温泉产业有序竞争和发展。最后，应当研究温泉业的行业标准，使温泉在质量卫生等方面有行业共同遵守的参照尺度。

[5] 女：有人提出，景点可以无中生有，那么温泉也可以吗？如果无中生有，那这种人造的温泉算是真温泉吗？

男：温泉开发绝对不可以这样，[25] 因为温泉最重要的就是水中的矿物质，只有达到一定温度，而且含有达到标准的矿物质和各种微量元素，这样才是真正的温泉。并不是说在水中随便加点化学元素就可以的。

21~25번 문제는 다음 인터뷰에 근거한다.

여: 오늘 찾아오신 초대 손님은 온천 전문가 주위엔파(朱元法) 씨입니다. 주 선생님, 안녕하세요? 현재 점점 더 많은 사람들이 온천에 몸을 담그는 것을 좋아하고 있는데요, 이 유가 뭐라고 생각하시나요?

남: [21] 생활 수준이 향상되면서, 건강에 대한 사람들의 요구도 점점 높아지고 있어요. 사람들은 이미 더 이상 단순한 목욕에 만족하지 않아요. 온천에 몸을 담그게 되면, 피로를 없애고 마음을 느슨하게 하며 스트레스를 풀 수 있어요. 이것 외에, 온천은 인체의 신진대사를 더 빠르게 해 줍니다. 대다수 온천에는 풍부한 광물질이 함유되어 있어서 신체 면역력을 강하게 하는 데 도움이 되죠. 온천에 몸을 담그면 쉽게 땀이 나는데, 신체의 독소가 땀을 타고 배출되어서 피부 건강에도 좋아요.

여: 그럼 중국 온천 산업의 현재 상황은 어떤가요?

남: 현재 중국 온천 산업의 현재 상황은 크게 두 가지 상태로 나뉘어요. 첫째, 자원이 풍부하고 잠재력이 거대하다는 거예요. 중국은 지열과 중저온 온천의 대국으로, 전체 지구의 약 8.6퍼센트를 차지하고 있죠. [22] 이 수치는 중국 지열 온천 자원의 개발 이용의 잠재력이 크다는 것을 나타내요. 둘째는 발전이 매우 빠르고 경쟁이 치열하다는 거예요. 현재 각종 형식과 각종 규모의 온천 여행 기업들이 전국에 널려 있고, 굉장한 경제적 이익과 사회적 이익을 얻고 있죠.

여: 그럼 선생님이 보시기에, 현재 중국의 온천 산업에는 어떤 문제점들이 있을까요?

남: 국내 온천 산업은 현재 걸음마 단계여서 많은 문제점이 있죠. [23] 가장 주된 문제는 무질서한 경쟁과 개발 역량이 크지 않다는 거예요.

여: 선생님은 계속해서 온천 경제를 연구하고 계시는데요, 선생님은 현재 어떤 방면을 잡아야 한다고 생각하시나요?

남: 제가 보기에는, 먼저 전국의 온천 경제에 대해 발전 계획을 세워야 해요. [24] 지속적으로 발전 가능한 원칙에 따라, 온천이 있는 지역에 대해 체계적인 계획을 진행해야 하죠. 다음으로는, 최대한 빨리 관련 법률과 법규를 연구하고 제정해서, 온천 산업이 질서 있는 경쟁과 발전을 할 수 있게 해야 하죠. 마지막으로는, 온천 업계의 업종 기준을 연구해서 온천이 품질, 위생 등 각 방면에서 업계가 공통적으로 준수하는 참고 척도를 가지게 해야 합니다.

여: 어떤 이는 명소가 무에서 유를 창조해 낼 수 있다고 말하는데요, 그렇다면 온천도 가능할까요? 만약 그렇다면 이런 인공적인 온천 역시 진짜 온천이라고 할 수 있을까요?

남: 온천 개발은 절대 그런 식으로 해서는 안 돼요. [25] 왜냐하면 온천의 가장 중요한 것은 물속의 광물질이기 때문이죠. 일정 온도가 되어 기준에 다다르는 광물질과 각종 미량 원소를 함유해야만 진정한 온천이 됩니다. 절대 물속에 마음대로 화학 원소를 첨가하면 된다는 말이 아니에요.

단어 | 泡 pào 통 물에 담그다 | 汗液 hànyè 명 땀 | 遍布 biànbù 통 널리 퍼지다 | 无中生有 wúzhōngshēngyǒu 성 무에서 유가 되다, 없는 사실을 꾸며 내다

21 | D

泡温泉的人为什么越来越多？

A 泡温泉经济实惠
B 媒体宣传的效果
C 泡温泉可以降血压
D 人们的健康意识提高了

온천에 몸을 담그는 사람들은 왜 갈수록 많아지는가?

A 온천에 몸을 담그는 것은 경제적이고 실속이 있어서
B 매체 홍보의 효과 때문에
C 온천에 몸을 담그면 혈압을 내릴 수 있어서
D 사람들의 건강 의식이 높아져서

해설 | 문제의 질문은 [1]번 대화에서 진행자의 질문과 같으며, 초대 손님인 남자의 답변에서 '随着生活水平的提高，人们对健康的要求也逐渐提高'라고 했으므로 정답이 D임을 알 수 있습니다.

22 | A

根据对话，中国的温泉资源有什么特点？

A 开发潜力大
B 分布不均匀
C 以高温温泉为主
D 约占全球总量的86%

대화에 따르면, 중국의 온천 자원은 무슨 특징이 있는가?

A 개발 잠재력이 크다
B 분포가 고르지 않다
C 고온 온천이 주이다
D 지구 전체 총량의 약 86퍼센트를 차지한다

해설 | [2]번 대화에서 진행자가 중국 온천의 현재 상황을 물어보고 남자는 크게 2가지로 나눠서 답변합니다. 그중에서 这个数字表明了中国地热温泉资源可开发利用的潜力很大 부분을 듣고 정답이 A임을 알 수 있습니다.

23 | A

男的认为中国温泉业存在什么问题？

A 无序竞争
B 起步太晚
C 缺乏创新
D 利润率低

남자는 중국 온천 산업에 어떤 문제가 있다고 생각하는가?

A 무질서한 경쟁
B 출발이 너무 늦다
C 창의성이 부족하다
D 이익률이 낮다

해설 | 문제의 질문이 [3]번 대화에서 진행자의 질문과 같고, 남자의 답변 중 最主要的问题是无序竞争和开发力度不大에서 정답이 A임을 알 수 있습니다. 最主要的 같은 단어가 들리면 놓치지 않고 뒷부분을 잘 듣도록 합니다.

24 | C

男的认为开发温泉应遵循什么原则？

A 诚实守信
B 优胜劣汰
C 可持续利用
D 利益最大化

남자는 온천 개발은 반드시 어떤 원칙을 따라야 한다고 생각하는가?

A 진실되고 신용을 지킨다
B 강한 것은 살아남고 약한 것은 도태된다
C 지속적으로 이용할 수 있어야 한다
D 이윤을 극대화해야 한다

해설 | [3]번 대화에서는 진행자가 문제점을 물어보고, [4]번 대화에서는 해결

책을 물어봅니다. 남자는 크게 2가지로 나눠서 답변을 하는데, 그중에서 '按照可持续发展的原则，对温泉所在地进行系统规划'를 듣고 정답이 C임을 알 수 있습니다.

단어 | **优胜劣汰** yōushèngliètài [성] 강한 자는 살아남고 약한 자는 도태되다

25 | C

男的认为真正的温泉应该具备什么特点？

A 能治疗疾病
B 地理位置优越
C 含有一定的矿物质
D 配备完善的服务体系

남자는 진정한 온천은 어떤 특징을 갖춰야 한다고 생각하는가?

A 질병을 치료할 수 있다
B 지리적 위치가 우월하다
C 일정한 광물질을 함유한다
D 완전한 서비스 체계를 갖춘다

해설 | 문제 질문이 [5]번 대화 진행자의 질문과 같지는 않지만 남자의 답변 속에서 정답이 들립니다. 남자의 답변 중 '因为温泉最重要的就是水中的矿物质，只有达到一定温度，而且含有达到标准的矿物质和各种微量元素，这样才是真正的温泉'에서 最重要的 부분을 놓치지 않고 듣는다면 정답이 C임을 알 수 있습니다.

단어 | **配备** pèibèi [동] 갖추다

26~30

第26到30题是根据下面一段采访：

[1] **男**：各位观众，大家好！30)今天我们非常荣幸地邀请到了奥运会羽毛球女子双打冠军、亚运会火炬手张洁雯。

女：大家好！

[2] **男**：作为亚运会火炬手，你当时的心情怎么样？

女：26)拿着火炬开始跑的那一刻，我就不知不觉地变得特别兴奋。有记者说，我参加了那么多的世界大赛，传递火炬应该是小意思。其实不是，我在比赛的时候有过很多经历，不会有太多的兴奋，但火炬传递是第一次，这种心情和第一次参加奥运会一样，感觉很神圣。

[3] **男**：你现在是羽毛球管理中心副主任，为什么退役后没有做教练呢？

女：我觉得现在的角色更适合我。从事教练工作，虽然可以为国家培养后备人才，但作为团队的管理者，我觉得我的工作也非常有价值。我现在负责与教练和队员的沟通工作，27)我是运动员出身，所以对运动员需要什么、不需要什么，以及他们每个阶段的心态都比较清楚，很适合与他们沟通。帮他们在比赛前树立良好的心态，这对取得好成绩是很有帮助的。

[4] **男**: 你说过，广州羽毛球有一个断层，怎么会出现这种问题呢？

女: 要成为一个优秀的选手，不是靠一两年的训练就可以的，而是要经过十几年。[28)]但现在很多父母希望他们的孩子学习打球两不误，所以并不愿意让孩子接受专门的训练，因为这会耽误孩子的文化课。因此我们要在这个方面下功夫，保证孩子们得以学业和运动两不误，让更多的父母把孩子送来打球。只有这样，羽毛球队才有更多优秀的后备人才。

[5] **男**: 你曾说过，现在的孩子缺少一股拼劲儿。

女: 对，因为现在社会选择特别多，他可能感觉这个不行还有别的。羽毛球虽然讲究天分，但自己不去努力，即使他的天分再高，我们也不愿选择他。[29)]相反，他身上有那种努力不服输的精神，即使天分不高，我们也愿意培养他。

26~30번 문제는 다음 인터뷰에 근거한다.

남: 시청자 여러분. 안녕하세요? 오늘은 영광스럽게도 [30)]올림픽 배드민턴 여자 복식 챔피언이자 아시안 게임 성화 봉송 주자인 장제원(张洁雯) 선수를 모셨습니다.

여: 여러분, 안녕하세요?

남: 아시안 게임 성화 봉송 주자로서, 당시 기분이 어땠나요?

여: [26)]성화를 가지고 달리기 시작한 그 순간, 저도 모르게 정말 흥분되었어요. 한 기자가, 저는 그렇게나 많은 세계 경기에 참가해서 성화를 전해 주는 건 별일 아닐 거라고 말하더군요. 사실 아니에요. 제가 경기할 때는 많은 경험이 있어서 그렇게 큰 흥분은 없었어요. 하지만 성화를 전하는 건 처음이었고, 그때 기분은 처음 올림픽에 참가했을 때 같았어요. 기분이 굉장히 성스러웠죠.

남: 당신은 현재 배드민턴 관리 센터의 부주임이신데요, 은퇴한 후 왜 감독이 되지 않았나요?

여: 전 지금의 역할이 저한테 더 잘 어울린다고 생각해요. 감독 일에 종사하게 되면 국가를 위해 예비 인재를 양성할 수 있겠지만, 단체의 관리자로서의 저의 일도 굉장히 가치 있다고 생각해요. 저는 현재 감독과 운동선수가 소통하는 일을 맡고 있어요. 그리고 [27)]제가 운동선수 출신이다 보니 그들에게 무엇이 필요하고 무엇이 필요하지 않은지, 각 단계에서 그들의 심리 상태까지 모두 비교적 잘 알고 있어요. 그들과 소통하는 데 아주 적합하죠. 경기 전 그들이 건강한 심리 상태를 갖게 도울 것이고, 이는 좋은 성적을 받는 데 많은 도움이 될 거예요.

남: 당신은 광저우 배드민턴에 단절이 있다고 말했었는데요, 어떻게 이런 문제가 생겨난 걸까요?

여: 뛰어난 선수가 되려면, 단지 1, 2년의 훈련만으로 되는 게 아니에요. 십몇 년을 거쳐야 하죠. [28)]하지만 현재 많은 부모들은 그들의 자녀가 공부와 운동 모두를 잘 해내길 원해요. 때문에 아이들이 전문적인 훈련을 받길 원하지 않아요. 공부에 영향을 줄 수 있기 때문이죠. 이 때문에 우리는 이 방면에서 노력해야 해요. 아이들이 학업과 운동 모두 잘 할 수 있게 보장해 주어서 더 많은 부모들이 아이들에게 운동을 가르치게 해야 해요. 이렇게 해야만 배드민턴 팀이 더 많은 우수한 예비 인재를 갖출 수 있어요.

남: 당신은 예전에 요즘 아이들이 강한 의지가 부족하다고 말했었는데요.

여: 맞아요. 요즘 사회는 선택이 매우 많기 때문에, 아이들은 아마 이게 안 되면 다른 길이 있다고 생각할 거예요. 배드민턴은 비록 타고난 자질을 중요시하지만, 자신이 노력하지 않으면 그의 자질이 아무리 뛰어나도 우리는 그를 선택하고 싶지 않아요. [29)]반대로 아이에게 노력하고 패배에 굴복하지 않는 정신이 있다면, 설령 선천적 자질이 높지 않아도 우리는 그를 키우고 싶죠.

단어 | **火炬手** huǒjùshǒu 성화 봉송 주자 | **后备** hòubèi [형] 예비의, 후보의 | **两不误** liǎngbùwù [관용] 두 방면의 일을 모두 그르치지 않고 잘하다 | **拼劲儿** pīn jìnr 필사적으로 하는 힘, 불굴의 의지 | **服输** fúshū [동] 패배를 인정하다, 굴복하다

26 | A

传递火炬时，女的心情如何？

A 很兴奋
B 很平静
C 非常不安
D 有点儿失望

성화를 전할 때, 여자의 심정은 어떠했는가?

A 매우 흥분되었다
B 매우 평온했다
C 매우 불안했다
D 조금 실망했다

해설 | 문제의 질문은 [2]번 대화에서 진행자의 질문과 일치하며, 초대 손님인 여자의 답변 중 '拿着火炬开始跑的那一刻, 我就不知不觉地变得特别兴奋'에서 정답이 A임을 알 수 있습니다.

27 | A

女的为什么说自己更适合做管理者？

A 十分了解运动员
B 要懂教练的想法
C 进修过管理课程
D 有丰富的管理经验

여자는 왜 자신이 관리자에 더 적합하다고 말했는가?

A 운동선수를 매우 잘 이해하기 때문에
B 감독의 생각을 이해해야 하기 때문에
C 관리 과정을 연수했기 때문에
D 풍부한 관리 경험이 있기 때문에

해설 | [3]번 대화에서 진행자의 질문과 문제의 질문이 일치하지는 않지만 여자의 답변 중 '我是运动员出身, 所以运动员需要什么、不需要什么, 以及他们每个阶段的心态都比较清楚, 很适合与他们沟通'에서 정답이 A임을 알 수 있습니다.

28 | C

女的认为广州羽毛球出现断层的原因是什么？

A 领导不重视
B 资金投入不够
C 后备人才不足
D 训练方法有误

여자는 광저우 배드민턴에 단절이 나타나게 된 원인이 무엇이라고 생각하는가?

A 윗사람이 중시하지 않아서

B 자금 투입이 충분하지 않아서

C 예비 인재가 부족해서

D 훈련 방법에 오류가 있어서

해설 | 문제의 질문은 [4]번 대화에서 진행자의 질문과 일치합니다. 여자의 답변 중 '但现在很多父母希望他们的孩子学习打球两不误, 所以并不愿意让孩子接受专门的训练'에서 정답이 C임을 알 수 있습니다.

29 | B

女的更倾向于培养什么样的人?

A 有天分的

B 刻苦努力的

C 性格外向的

D 身体素质好的

여자는 어떤 사람을 더 양성하고 싶어 하는가?

A 타고난 재능이 있는 사람

B 열심히 노력하는 사람

C 성격이 외향적인 사람

D 신체적 자질이 좋은 사람

해설 | 마지막 [5]번 대화에서 여자의 답변 속에서 정답이 있습니다. 여자는 앞부분에서는 싫어하는 선수의 유형을 말하고 이어서 좋아하는 선수의 특징을 얘기합니다. '相反, 他身上有那种努力不服输的精神, 即使天分不高, 我们也愿意培养他'에서 정답이 B임을 알 수 있습니다.

30 | A

关于女的, 下列哪项正确?

A 曾是奥运冠军

B 从事教育工作

C 培养出了很多运动员

D 希望自己的孩子打羽毛球

여자에 관해서 다음 중 정확한 것은 무엇인가?

A 예전에 올림픽 챔피언이었다

B 교육 사업에 종사한다

C 많은 운동선수들을 양성해 냈다

D 자신의 아이가 배드민턴을 하길 바란다

해설 | [1]번 대화에서 진행자의 소개 속에 정답이 들어 있습니다. 녹음 지문이 시작하기 전에 미리 선택지를 보고, 초대 손님의 신상 정보에 주의하여 들어야 합니다. 진행자의 말 중 邀请到了奥运会羽毛球女子双打冠军에서 정답이 A임을 알 수 있습니다.

제 3 부분

31~33

第31到33题是根据下面一段话:

唐朝时, 有个叫齐己的人对写诗很感兴趣。 [31)一天, 齐己带着自己的诗稿, 去拜访仰慕已久的诗人郑谷, 希望能得到他的指点。郑谷拿到诗稿后, 认真地读了起来。当读到《早梅》这首诗时, 郑谷不觉地陷入了沉思, 他反复地朗读了几遍, 对齐己说: "[32)昨夜数枝开, 这句有点问题, 你的题目叫《早梅》, 但诗中却指出很多梅花都已经开了, 那就不能算早了。"郑谷又想了一会, 说道: "不如把'数'字改为'一'字, 这样更妥帖。"齐己听后不禁赞叹道: "改得太好了!"于是恭恭敬敬地行了个礼。

其他的文人得知这件事后, 就把郑谷称为"一字之师"。后来, [33)人们就把那些能指出别人一字使用不当的人称为"一字之师"。

31~33번 문제는 다음 이야기에 근거한다.

당나라 시기, 치지(齐己)라는 사람이 시 짓기에 흥미가 있었다. [31)하루는 치지가 자신의 시 원고를 가지고 오랫동안 존경해 온 시인 정구(郑谷)를 찾아가 그의 가르침을 받고 싶어 했다. 정구는 시 원고를 받은 후, 진지하게 읽기 시작했다. 《早梅》라는 시를 읽을 때, 정구는 저도 모르게 깊은 생각에 빠졌다. 그는 반복해서 몇 번을 낭독하고서 치지에게 말했다. "[32)어젯밤 몇 개의 나뭇가지가 피었다, 이 시구에 문제가 조금 있어요. 당신 시의 제목은 《早梅》예요. 하지만 시에선 많은 매화들이 이미 피었음을 가리키고 있는데, 그건 이르다고 할 순 없어요. 정구는 다시 잠시 생각하고 말했다. "숫자를 一자로 고치는 게 낫겠어요. 그래야 적당해요." 치지는 들은 후에 감탄을 금치 못했다. "고치고 나니 정말 훌륭하군요!" 그래서 아주 공손하게 절을 했다.

다른 문인들이 이 일을 알게 된 후, 정구를 '一字之师'라 불렀다. 후에, [33)사람들은 다른 사람의 한 글자의 부적절한 사용을 지적할 수 있는 그런 사람을 '一字之师'라 불렀다.

단어 | 仰慕已久 yǎngmùyǐjiǔ [성] 오랫동안 존경하다 | 指点 zhǐdiǎn [동] 지적해 주다, 일깨워 주다 | 陷入 xiànrù [동] 빠지다, 몰두하다 | 沉思 chénsī [명] 깊은 생각 | 朗读 lǎngdú [동] 낭독하다 | 妥帖 tuǒtiē [형] 매우 타당하다 | 恭敬 gōngjìng [형] 공손하다, 정중하다 | 行礼 xínglǐ [동] 절을 하다, 경례하다 | 一字之师 yīzìzhīshī [성] 한 글자를 고치더라도 문장이 더 완벽해지면 스승이라 부를 수 있다

31 | B

齐己为什么要去拜访郑谷?

A 想拜郑谷为师

B 想得到郑谷的指点

C 想借郑谷的诗看看

D 想向郑谷炫耀诗作

치지는 왜 정구를 찾아가려 했는가?

A 정구를 스승으로 모시고 싶어서

B 정구의 가르침을 받고 싶어서

C 정구의 시를 빌려 보고 싶어서

D 정구에게 시 작품을 자랑하고 싶어서

해설 | 31번 문제의 힌트는 지문의 도입 부분에 있습니다. 치지가 정구를 찾아가려는 이유가 希望能得到他的指点이라고 했습니다. 따라서 정답 B를 선택할 수 있습니다.

단어 | 炫耀 xuànyào 통 자랑하다, 뽐내다

32 | D

郑谷改那个字的理由是什么?

A 太生僻
B 意思重复
C 笔画太多
D 与主题矛盾

정구가 그 글자를 고친 이유는 무엇인가?

A 매우 생소해서
B 의미가 중복돼서
C 필획이 너무 많아서
D 주제와 모순이라서

해설 | 32번 문제는 이 지문에서 가장 중요한 부분이라 할 수 있습니다. 녹음 지문에서 '你的题目叫《早梅》, 但诗中却指出很多梅花都已经开了, 那就不能算早了'라고 했으므로, 제목과 내용이 안 맞아서 글자를 고쳤음을 알 수 있습니다. 따라서 정답은 D입니다.

단어 | 生僻 shēngpì 형 생소하다, 낯설다

33 | D

什么样的人可以被称为"一字之师"?

A 惜字如金
B 擅长作诗
C 词汇量大
D 能纠正一个错字

어떤 사람을 '一字之师'라 부를 수 있는가?

A 글자를 금과 같이 중시한다
B 시 짓기에 재주가 있다
C 어휘량이 많다
D 한 개의 틀린 글자를 고칠 수 있다

해설 | 녹음 지문의 끝부분에 나온 성어 一字之师의 의미를 묻고 있습니다. 지문의 마지막 부분에서 '人们就把那些能指出别人一字使用不当的人称为"一字之师"라고 했으므로 정답이 D임을 알 수 있습니다.

34~37

第34到37题是根据下面一段话:

37)动物也有着自己的语言, 它们不光有声音语言, 还有许多无声的语言。有些动物是以动作作为联系信号的。海滩上有一种蟹, 雄蟹有一只很大的螯, 在寻求配偶时, 它们会高举这只大螯, 并频频挥动, 34)一旦它们觉得有雌蟹走来, 它们就会更加起劲儿地挥动大螯, 直至雌蟹跟随自己一起回穴。

有一种鹿, 是靠尾巴向同类"通风报信"的。平安无事时, 他们的尾巴就会自然下垂; 35)处于警戒状态时, 尾巴就会半抬起来; 如果深陷危机, 尾巴就会完全竖直。

蜜蜂的无声语言更特别, 它们能用独特的舞蹈动作, 告诉伙伴们蜜源的方向和距离。蜜蜂头朝上跳舞时, 表明蜜源与太阳的方向相同; 头朝下时, 则在相反方向。另外, 36)蜜源距离越近, 它们在舞蹈的过程中, 转弯越急, 动作越快; 距离越远, 转弯越缓, 动作也越慢。因此有人曾提出一个奇特的想法: 如果派人造的电子蜂打入蜜蜂群中, 指挥蜜蜂活动, 那么不但可以按人的需要收获不同的蜂蜜, 还可以帮助植物传粉, 提高农作物的产量, 真是一举两得。

34~37번 문제는 다음 이야기에 근거한다.

37)동물 역시 자기만의 언어가 있다. 그들은 유성 언어뿐만 아니라 무수히 많은 무성 언어를 가지고 있다. 일부 동물은 동작을 연락 신호로 삼는다. 해변 모래사장의 게의 경우, 수컷에게 커다란 집게발이 있는데, 짝짓기를 할 때 그들은 이 커다란 집게발을 높이 들어 반번히 흔든다. 34)그들은 암컷이 다가온다고 생각하면, 바로 더 거세게 집게발을 흔드는데 암컷이 자신과 함께 (모래)굴로 갈 때까지 계속한다.

일부 사슴의 경우, 꼬리로 동지들에게 '정보를 전달한다'. 평화로울 때 그들의 꼬리는 자연스럽게 아래로 내려가고, 35)경계 상태에 처할 때는 꼬리를 바로 반쯤 들어 올리며, 만약 심각한 위기에 처하면 꼬리는 완전히 수직이 된다.

꿀벌의 무성 언어는 더 특이하다. 그들은 독특한 춤 동작을 이용해 동지들에게 꿀 근원지의 방향과 거리를 알린다. 꿀벌의 머리가 위를 향해 춤을 출 때는 꿀 근원지와 태양의 방향이 일치함을 나타내고, 머리가 아래를 향할 때는 반대 방향임을 나타낸다. 그밖에 36)꿀 근원지의 거리가 가까울수록 꿀벌은 춤을 추는 과정에서 도는 것이 빨라지고 동작도 빨라지며, 거리가 멀수록 도는 것이 느려지고 동작도 느려진다. 이 때문에 어떤 사람은 기발한 아이디어를 냈다. 만약 사람이 만든 전자 벌을 꿀벌 무리 속에 투입해서 꿀벌 활동을 지휘한다면, 사람들의 수요에 따라 각기 다른 꿀을 수확할 수 있고 또한 식물이 꽃가루를 옮기는 것을 도와 농작물 생산량을 높일 수 있다. 이는 정말 일석이조이다.

단어 | 蟹 xiè 명 게 | 螯 áo 명 집게발 | 起劲儿 qǐjìnr 형 기운이 나다 | 鹿 lù 명 사슴 | 通风报信 tōngfēngbàoxìn 성 정보를 전달하다 | 下垂 xiàchuí 통 아래로 드리우다 | 警戒 jǐngjiè 통 경계하다 | 深陷 shēnxiàn 깊이 빠져들다 | 竖直 shùzhí 형 수직의 | 转弯 zhuǎnwān 통 돌다, 회전하다 | 传粉 chuánfěn 통 꽃가루를 옮기다

Tip

이 지문은 맨 첫 문장에서 주제를 말하고, 그 주제를 설명하기 위해 게(蟹), 사슴(鹿), 꿀벌(蜜蜂) 3가지 동물로 예를 들어 설명합니다. 또한 각각의 동물에 대해 한 문제씩 골고루 출제한 문제로, 전형적인 듣기 3부분 문제 유형입니다.

34 | D

雄蟹挥动大螯的目的是什么?

A 侦察环境
B 寻求帮助
C 向敌人示威
D 吸引雌蟹注意

수컷 게가 커다란 집게발을 흔드는 목적은 무엇인가?

A 환경을 정찰한다
B 도움을 구한다
C 적에게 위세를 떨쳐 보인다
D 암게의 주의를 끈다

해설 | 게(蟹)에 관한 문제입니다. '一旦它们觉得有雌蟹走来, 它们就会更加起劲儿地挥动大螯'에서 수컷 게가 집게발을 흔드는 목적은 암컷 게를 유혹하려는 것임을 알 수 있습니다. 즉 암컷 게의 주의를 끌고자 하는 것이기 때문에 정답은 D입니다.

단어 | 侦察 zhēnchá 图 정찰하다 | 示威 shìwēi 图 위세를 떨쳐 보이다

35 | D

鹿的尾巴半抬起时表明什么?

A 准备进攻
B 发现水源
C 周围没有敌人
D 处于警戒状态

사슴의 꼬리가 반쯤 들어 올려질 때는 무엇을 나타내는가?

A 공격을 준비한다
B 수원을 발견한다
C 주위에 적이 없다
D 경계 상태에 있다

해설 | 사슴(鹿)에 관한 문제로 '处于警戒状态时, 尾巴就会半抬起来'에서 정답이 D임을 알 수 있습니다.

36 | B

蜜蜂舞蹈动作的快慢和什么有关?

A 蜜源方向
B 蜜源远近
C 花粉多少
D 花的种类

꿀벌의 춤 동작의 속도는 무엇과 관계가 있는가?

A 꿀 근원지의 방향
B 꿀 근원지의 거리
C 꽃가루 양
D 꽃의 종류

해설 | 꿀벌(蜜蜂)에 관한 문제입니다. 녹음에서 '蜜源距离越近, 它们在舞蹈的过程中, 转弯越急, 动作越快; 距离越远, 转弯越缓, 动作也越慢'이라고 했으므로 춤의 속도는 꿀 근원지의 거리와 관련이 있습니다. 따라서 정답은 B입니다.

37 | A

这段话主要谈的是什么?

A 动物的无声语言
B 动物的求偶方式
C 动物如何躲避危险
D 动物是怎样觅食的

이 이야기가 우리에게 말하려는 것은 무엇인가?

A 동물의 무성 언어
B 동물의 짝짓기 방식
C 동물은 어떻게 위험에서 벗어날까
D 동물은 어떻게 먹이를 구할까

해설 | 주제를 묻는 문제입니다. 설명문이므로 도입 부분을 주의해서 들어야 합니다. 맨 첫 문장에서 '动物也有着自己的语言, 他们不光有声音语言, 还有许多无声的语言'이라고 하면서 뒤에서는 게, 사슴, 꿀벌의 무성 언어를 언급하고 있기 때문에 정답은 A입니다.

단어 | 觅食 mìshí 图 (짐승 등이) 먹이를 구하다

38~40

第38到40题是根据下面一段话:
　　失重并不是没有重力, 而是感觉不到重量。
　　航天员在太空中失重是由于与飞船一起围绕地球运行, 这时地球重力充当向心力维持他们做圆周运动, 航天员和飞船之间没有了相互作用力, 于是他们就失去了对重量的感觉。
　　40)进入失重状态后, 航天员的身体就会飘浮起来, 他们的双脚会自然而然地离开地面, 身体悬浮在空中, 因此此时正常行走是不可能的了, 38)只能靠推拉舱壁上的扶手来达到移动的目的。
　　失重环境会对人体产生一定的影响, 航天员一旦进入失重状态, 全身的体液会因为缺乏向下的吸引力而开始向上半身和头部转移, 这时航天员会出现脸部浮肿、鼻腔和鼻窦充血、鼻子不通气等症状, 表面上和患感冒的情况相似。39)另外由于感觉不到重量, 航天员还会产生空间定向障碍, 因此航天员在进入太空前, 需要进行长期的、专门的失重训练, 以适应太空中的失重感。

38~40번 문제는 다음 이야기에 근거한다.

　　무중력이라는 것은 중력이 없다는 것이 아니라, 중량을 느끼지 못한다는 것이다.
　　우주 비행사들이 우주에서 무중력인 것은 우주선과 함께 지구를 돌며 운행하기 때문이다. 이때 지구 중력이 구심력을 대신해 그들이 원주 운동을 하도록 유지해 주는데,

우주 비행사들과 우주선 사이에는 상호 작용력이 없어서 그들은 중량에 대한 감각을 잃어버린다.

⁴⁰무중력 상태에 들어간 후에는, 우주 비행사들의 신체가 뜨기 시작한다. 그들의 두 발은 자연스럽게 지면에서 벗어나게 되며 신체는 공중에 뜨게 된다. 그래서 이때는 정상적으로 걷는 것이 불가능하게 되어, ³⁸우주선 벽의 손잡이를 밀고 당기는 것에 의지해서만 이동하는 목적을 달성할 수 있다.

무중력 환경은 인체에 일정한 영향을 준다. 우주 비행사들은 일단 무중력 상태에 접어들면 전신의 체액이 아래로 향하는 흡인력[아래쪽으로 끌어당기는 힘]이 부족해지기 때문에 상반신과 머리를 향해 이동하기 시작한다. 이때 비행사들은 얼굴이 붓고 비강과 부기강의 충혈, 코에 공기가 통하지 않는 등의 증상이 나타나는데, 표면적으로는 감기에 걸린 상황과 비슷하다. ³⁹그밖에 중량을 느끼지 못하기 때문에 우주 비행사들은 공간 방향 조정 장애가 나타난다. 이 때문에 우주 비행사들은 우주에 들어서기 전, 우주 공간의 무중력에 적응하기 위해 장기간 동안 전문적인 무중력 훈련을 받아야 한다.

단어 | 失重 shīzhòng 동 무중력 상태가 되다 | 飞船 fēichuán 명 우주선 | 围绕 wéirào 동 둘러싸다 | 向心力 xiàngxīnlì 명 구심력, 응집력 | 飘浮 piāofú 동 (공중에) 떠다니다 | 悬浮 xuánfú 동 뜨다, 떠다니다 | 扶手 fúshǒu 명 손잡이[손으로 붙들고 의지할 만한 것을 뜻함] | 浮肿 fúzhǒng 명 부종, 몸이 부은 상태 | 鼻腔 bíqiāng 명 비강 | 鼻窦 bídòu 명 부비강

38 | C

航天员在飞船中靠什么移动身体?

A 弹跳
B 气流
C 推拉舱壁扶手
D 撞击其他航天员

우주 비행사들은 우주선 안에서 무엇에 의존해 신체를 이동하는가?

A 도약해서
B 기류
C 우주선 벽의 손잡이를 밀고 당겨서
D 다른 우주비행사들과 충돌해서

해설 | 38번 문제는 첫 번째 문제이지만 정답이 앞부분에서 들리지 않고 중간 부분에서 들립니다. 只能靠推拉舱壁上的扶手来达到移动的目的에서 정답이 C임을 알 수 있습니다.

단어 | 弹跳 tántiào 동 도약하다, 튀어 오르다

39 | D

航天员在失重状态下会怎么样?

A 感冒
B 腿部肿胀
C 心跳加速
D 出现定向障碍

우주 비행사는 무중력 상태에서 어떠한가?

A 감기에 걸린다
B 다리가 붓는다
C 심장박동이 빨라진다
D 방향 조정 장애가 나타난다

해설 | 39번 문제는 A가 오답인 것에 유의해야 합니다. 表面上和患感冒的

情况相似에서 感冒가 들리긴 했지만 감기와 '비슷한 상황'이라고 했기 때문에 실제로 감기에 걸리는 것이 아닙니다. '另外由于感觉不到重量, 航天员还会产生空间定向障碍'를 통해 정답이 D임을 알 수 있습니다.

단어 | 肿胀 zhǒngzhàng 동 붓다, 부어오르다

40 | D

根据这段话, 下列哪项正确?

A 失重就是没有重力
B 失重时体液会减少
C 失重后人反应变慢
D 失重后身体会飘起来

이 이야기에 근거하여 다음 중 정확한 것은 무엇인가?

A 무중력은 중력이 없는 것이다
B 무중력 상태일 때 체액은 감소한다
C 무중력 상태가 된 후에 사람은 반응이 느려진다
D 무중력 상태가 된 후에 신체는 뜨기 시작한다

해설 | 지문에서 40번 문제의 힌트가 가장 먼저 나오므로 선택지를 40번까지 미리 보고 녹음을 들었으면 쉽게 맞힐 수 있습니다. 녹음에서 '进入失重状态后, 航天员的身体就会漂浮起来'를 통해 정답이 D임을 알 수 있습니다.

41~43

第41到43题是根据下面一段话:

⁴¹某大型超市新进了一批样式新颖、色彩均匀的杯子。超市经理以为它们会非常畅销, 然而过了很长时间, 杯子的销量却不是非常乐观。这让经理非常莫名其妙, 在询问了一些顾客对杯子的看法后, 他让工作人员把所有的杯盖都撤掉, 只留下杯子并按原价出售。

十天后, 这批杯子被抢购一空。⁴²原来, 这批杯子的杯盖有瑕疵, 顾客虽然想买杯子, 但有缺陷的杯盖让他们有一种吃亏的感觉。如今它们没有了杯盖, 又成了完美的杯子。

⁴³通常人的烦恼并不是来自于对"美"的追求, 而是来自于对"完美"的追求。超市经理若不是抓住了顾客追求完美的心理, 将杯子卖了出去, 那么这批本身很好的杯子, 就可能落得无人问津的命运。很多时候, 就是因为一点小小的缺陷, 我们才忽略了周边的精彩, 以致错过了许多美好的东西。

41~43번 문제는 다음 이야기에 근거한다.

⁴¹어느 대형 슈퍼마켓이 디자인이 참신하고 색채가 고른 컵들을 새로 들여왔다. 슈퍼마켓의 사장은 컵이 잘 팔릴 거라고 생각했지만, 시간이 꽤 지난 후에도 컵의 판매량은 매우 좋지는 않았다. 사장은 영문을 알 수 없었다. 그는 일부 고객들에게 컵에 대한 생각을 물은 후, 직원들에게 컵 덮개를 모두 치우고 컵만 원래 가격에 맞춰 팔도록 했다.

열흘 후, 컵은 모두 앞다투어 팔려 나갔다. ⁴²알고 보니 컵 덮개에 결함이 있었고, 고객들은 컵을 사고 싶어도 결함이 있는 컵 덮개로 인해 손해를 보는 듯한 느낌이 들었던 것이다. 현재 컵은 덮개가 없어졌고, 완벽한 컵이 되었다.

⁴³⁾일반적으로 사람들의 고민은 결코 '아름다움'에 대한 추구에서 오는 것이 아니라, '완벽함'에 대한 추구에서 오는 것이다. 슈퍼마켓 사장이 고객들의 완벽을 추구하는 심리를 잡아내어 컵을 팔지 못했다면, 그 자체로는 훌륭한 이 컵들은 아무 관심도 받지 못하는 운명으로 전락했을 것이다. 많은 경우, 아주 작은 결함으로 인해 우리는 주변의 훌륭한 것들을 소홀히 하고, 이는 많은 완벽한 것들을 놓치게 한다.

단어 | **均匀 jūnyún** 형 고르다, 균일하다 | **畅销 chàngxiāo** 형 잘 팔리다 | **莫名其妙 mòmíngqímiào** 성 영문을 알 수 없다 | **撤掉 chèdiào** 동 없애다, 제거하다 | **抢购 qiǎnggòu** 동 다투어 구매하다 | **瑕疵 xiácī** 명 흠, 결함 | **无人问津 wúrénwènjīn** 성 관심을 가지는 사람이 없다

41 | A

关于那批杯子，可以知道什么？

A 样式新颖
B 图案复杂
C 是玻璃做的
D 具有加热功能

그 컵들에 관해서 알 수 있는 것은 무엇인가?

A 디자인이 참신하다
B 도안이 복잡하다
C 유리로 만들었다
D 가열 기능을 갖추고 있다

해설 | 녹음 맨 첫 문장에서 '某大型超市新进了一批样式新颖、色彩均匀的杯子'라고 했으므로 样式新颖만 들으면 정답이 A임을 알 수 있습니다.

42 | D

杯子一开始为什么卖不出去？

A 漏水
B 价格太贵
C 摆放得太偏
D 杯盖儿有瑕疵

컵은 처음에 왜 팔리지 않았는가?

A 물이 새서
B 가격이 너무 비싸서
C 진열이 너무 한쪽에 치우쳐서
D 컵 덮개에 결함이 있어서

해설 | 녹음 중 '原来，这批杯子的杯盖有瑕疵'를 통해서 정답이 D임을 알 수 있습니다. 몰랐던 사실을 알았을 때 사용하는 '原来(알고 보니)'는 뒤에 나오는 내용이 중요하므로 잘 듣도록 합니다.

단어 | **漏水 lòu shuǐ** 물이 새다 | **偏 piān** 형 치우치다, 쏠리다

43 | B

这段话主要想告诉我们什么？

A 不要冲动消费
B 不要过分追求完美
C 买东西要精挑细选
D 内在比外在更重要

이 이야기가 우리에게 말하려는 것은 무엇인가?

A 충동적으로 소비해서는 안 된다
B 지나치게 완벽을 추구해서는 안 된다
C 매우 신중히 물건을 사야 한다
D 내적인 것이 외적인 것보다 더 중요하다

해설 | 주제를 묻는 문제입니다. 컵 이야기를 통해 전달하고자 하는 주제는 글의 마지막 부분에서 들립니다. '通常人的烦恼并不是来自于对"美"的追求，而是来自于对"完美"的追求'에서 而是 뒤의 내용이 중요합니다. 정답은 B입니다.

44~47

第44到47题是根据下面一段话：
　　玻璃啤酒瓶比较笨重，在生产过程中耗能大，且极易爆炸。⁴⁷⁾那为什么人们还用玻璃瓶装啤酒，而不用相对轻便安全的塑料瓶呢？
　　这是因为啤酒里含有酒精等有机成分，而塑料也属于有机物，⁴⁴⁾如果用塑料瓶装啤酒，根据"相似相溶"的原理，塑料瓶中对人体有害的有机物可能会溶解到啤酒中。当人们饮用这样的啤酒时，也就将这些有毒物质摄入了体内。这样一来就会对人体造成危害。其次，由于啤酒的特殊性，⁴⁵⁾啤酒瓶一定要耐压。在这个方面，玻璃瓶优于塑料瓶，而且玻璃瓶有良好的阻气性，使用寿命相对较长，所以玻璃瓶更适合装啤酒。另外，使用玻璃瓶装啤酒时，应尽量选择深色的瓶子，⁴⁶⁾这是因为啤酒的重要原料啤酒花对光很敏感，啤酒花在阳光中紫外线的作用下会分解，产生不愉快的"阳光臭"。但深色玻璃瓶可以在一定程度上减少这种反应的发生。

44~47번 문제는 다음 이야기에 근거한다.
　　유리 맥주병은 비교적 무겁고 생산 과정 중에 에너지 소모가 크며 게다가 쉽게 폭발한다. <u>⁴⁷⁾그럼 왜 사람들은 여전히 유리병에 맥주를 담고 왜 상대적으로 간편하고 안전한 플라스틱병을 사용하지 않을까?</u>
　　이는 맥주 속에 알코올 등의 유기 성분을 함유하고 있고, 게다가 플라스틱도 유기물에 포함되기 때문이다. <u>⁴⁴⁾만약 플라스틱을 이용해 맥주를 담으면, '서로 비슷하면 서로 녹이는' 원리에 따라 플라스틱병 속 인체에 유해한 유기물이 맥주 속에 용해될 것이다.</u> 사람들이 이런 맥주를 마실 때 역시 이러한 유해 물질을 체내에 섭취하게 된다. 이렇게 되면 인체에 해를 끼친다. 다음으로, 맥주의 특수성 때문에 <u>⁴⁵⁾맥주병은 반드시 압력을 견뎌 내야 한다.</u> 이 부분에서 유리병은 플라스틱병보다 우수하다. 게다가 유리병은 공기를 막는 성질이 뛰어나고, 사용 수명이 비교적 길기 때문에 유리병은 맥주를 담는 데 더 적합하다. 이외에 유리병을 사용하여 맥주를 담을 때, 반드시 최대한 짙은 색의 병을 선택해야 한다. <u>⁴⁶⁾이는 맥주의 주요 원료인 홉(hop)이 빛에 민감하기 때문이다.</u> 홉은 햇빛 속 자외선의 작

용하에서 분해가 되어, 불쾌한 '阳光臭(햇빛에 의한 냄새)'를 만들어 낸다. 하지만 짙은 색의 유리병은 어느 정도 이 같은 반응의 발생을 줄일 수 있다.

44 | C

塑料啤酒瓶有什么缺点?

A 易爆炸
B 保温性差
C 含有毒物质
D 生产时耗能大

플라스틱 맥주병은 어떤 단점이 있는가?

A 쉽게 폭발한다
B 보온성이 약하다
C 유해 물질을 함유한다
D 생산할 때 에너지 소모가 크다

해설 | 맥주를 유리병에 담는 첫 번째 원인에서 답을 찾을 수 있습니다. 녹음에서 '如果用塑料瓶装啤酒，根据"相似相容"的原理，塑料瓶中对人体有害的有机物可能会溶解到啤酒中' 부분의 对人体有害的有机物가 有毒物质를 가리키며, 그다음 문장에서도 有毒物质에 관한 내용이 언급됩니다. 따라서 정답은 C입니다.

45 | A

关于玻璃啤酒瓶的性能，下列哪项正确?

A 耐压
B 安全
C 透气
D 便携

유리 맥주병의 성능에 관해서 다음 중 정확한 것은 무엇인가?

A 압력을 견딘다
B 안전하다
C 공기가 통한다
D 휴대하기 편리하다

해설 | 맥주를 유리병에 담는 두 번째 원인에서 답을 찾을 수 있습니다. 녹음에서 其次 뒷부분을 잘 듣도록 합니다. 啤酒瓶一定要耐压를 통해 정답이 A임을 알 수 있습니다.

46 | C

关于啤酒花，可以知道什么?

A 不易分解
B 无色透明
C 对光很敏感
D 本身有臭味

홉(hop)에 관해 알 수 있는 것은 무엇인가?

A 분해하기 어렵다
B 색이 없고 투명하다
C 빛에 민감하다
D 그 자체에 악취를 가지고 있다

해설 | 맥주를 유리병에 담는 세 번째 원인에서 답을 찾을 수 있습니다. 另外 뒷부분을 잘 듣도록 합니다. 녹음에서 这是因为啤酒的重要原料啤酒花对光很敏感이라고 했으므로 정답이 C임을 알 수 있습니다.

47 | D

这段话主要谈的是什么?

A 玻璃瓶的多种用途
B 如何防止啤酒变质
C 啤酒的加工与存放
D 用玻璃瓶装啤酒的原因

이 이야기가 우리에게 말하려는 것은 무엇인가?

A 유리병의 다양한 용도
B 어떻게 맥주의 변질을 막을까
C 맥주의 가공과 보관
D 유리병에 맥주를 담는 원인

해설 | 주제를 묻는 문제입니다. 설명문에서는 주제를 먼저 말하고 구체적으로 설명해 가는 방식을 주로 사용합니다. 이 지문에서도 녹음 첫 부분에서 '那为什么人们还用玻璃瓶装啤酒，而不用相对轻便安全的塑料瓶呢?'라는 질문을 통해 이 글의 주제를 말하고 있습니다. 따라서 정답은 D입니다.

48~50

第48到50题是根据下面一段话:

　　自行车选手在盘山公路上比赛时，一般都是走"之"字形路线。选手们为什么要这样曲折盘旋地前进呢？这是因为：无论走路、骑车、还是开车，当从低处向高处前行时，都要比在平地上走的吃力得多，并且爬坡度大的斜坡比爬坡度小的更费力。因此爬山时，人们一般都会走"之"字形路线。50)这样做，水平距离虽然会增加，49)但坡度会自然而然地减小，48)所以爬起来也就更省力。如果留心观察，你会发现：盘山公路本身也是呈"之"字形的，弯弯曲曲地盘绕着山体延伸到远处。这里所依据的道理就是将高坡度改为低坡度，于是上山就十分容易了。

48~50번 문제는 다음 이야기에 근거한다.

　　자전거 선수는 산을 휘감으며 나 있는 도로에서 경기를 할 때, 일반적으로 '갈 지(之)'자 형의 노선으로 달린다. 선수들은 왜 이같이 구불구불하게 돌며 앞으로 갈까? 이는 길을 걷던 자전거를 타든 아니면 운전을 하든, 낮은 곳에서 높은 곳을 향해 앞으로 갈 때가 평지에서 걸을 때보다 훨씬 힘이 들기 때문이다. 게다가 경사도가 큰 비탈을 오르는 것이 경사도가 작은 곳보다 더 힘이 든다. 이 때문에 산을 오를 때 사람들은 일반적으로 '갈 지'자 형 노선으로 걷는다. ⁵⁰⁾이렇게 하면, 비록 수평거리가 증가하더라도 ⁴⁹⁾경사도가 자연히 줄어서 ⁴⁸⁾오르기가 더 수월하다. 만약 유심히 관찰해 보면, 당신은 산을 휘감으며 나 있는 도로 자체가 '갈 지'자 형을 띠고 있고, 구불구불하게 산 형체를 돌며 멀리 뻗어 있다는 것을 발견할 것이다. 여기에 근거한 이치는 바로 높은 경사도를 낮은 경사도로 바꾸는 것이다. 그래서 산에 오르는 것이 매우 쉬워진다.

단어 | **盘山公路** pánshān gōnglù 산을 휘감으며 나 있는 도로 | **曲折** qūzhé 형 굽다, 구불구불하다 | **盘旋** pánxuán 통 돌다, 선회하다 | **无论~都…** wúlùn~dōu… ~에 관계없이 모두 ~하다 | **吃力** chīlì 형 힘들다 | **坡度** pōdù 명 경사도, 기울기 | **斜坡** xiépō 명 비탈, 경사진 언덕 | **弯曲** wānqū 형 구불구불하다 | **盘绕** pánrào 통 돌다, 휘감다 | **延伸** yánshēn 통 뻗어 나가다, 펴다

── Tip ──
이 글은 설명문으로, 도입 부분에 '选手们为什么要这样曲折盘旋地前进呢？'라는 의문문을 통해 주제를 말하고 있습니다. 주제를 알면 전체 글의 흐름을 파악할 수 있어 듣기가 수월해집니다.

48 | A

走"之"字形路线的好处是什么？

A 省力
B 速度快
C 节约时间
D 能看到更多风景

'갈 지'자 형의 노선으로 걸을 때의 장점은 무엇인가?

A 힘이 덜 든다
B 속도가 빠르다
C 시간이 절약된다
D 더 많은 풍경을 볼 수 있다

해설 | 48번 문제는 녹음 지문의 '并且爬坡度大的斜坡比爬坡度小的更费力。因此爬山时，人们一般都会走"之"字形路线' 부분을 들으면 사람들이 왜 之형으로 산을 오르는지 알 수 있습니다. 그 뒷문장에서도 所以爬起来也就更省力라고 했으므로 A가 정답입니다.

49 | B

关于"之"字形的盘山公路，可以知道什么？

A 很罕见
B 坡度较小
C 施工成本低
D 对山体破坏小

'갈 지'자 형의 산을 둘러싸고 있는 도로에 관해 알 수 있는 것은 무엇인가?

A 보기 드물다
B 경사도가 비교적 작다
C 공사 비용이 낮다
D 산의 형체를 덜 파괴한다

해설 | 49번 문제는 녹음 지문의 但坡度会自然而然地减小를 통해 정답이 B임을 알 수 있습니다.

단어 | **罕见** hǎnjiàn 형 보기 드물다

50 | D

根据这段话，下面哪项正确？

A 盘山公路不易修建
B 公路赛车很讲究技巧
C 不要在盘山公路上停车
D "之"字形路线的距离更长

이 이야기에 근거하여 다음 중 정확한 것은 무엇인가?

A 산을 휘감으며 나 있는 도로는 건설하기 어렵다
B 도로 자동차 경주는 테크닉을 중시한다
C 산을 휘감으며 나 있는 도로에는 주차하면 안 된다
D '갈 지'자 형 노선의 거리는 더 길다

해설 | 50번 문제의 힌트는 '这样做，水平距离虽然会增加'입니다. '这样做'는 之자형으로 걷는 것을 의미하며, 이렇게 하면 수평거리는 더 증가한다고 했기 때문에 정답이 D임을 알 수 있습니다.

二、阅读

제 1 부분

51 | A

> A 酒令是中国人饮酒时一种特有的助兴方式之一。
> B 与其为得不到的东西苦恼，不如想想自己已经拥有的。
> C 经过两个多小时的长途跋涉，我们终于来到了著名的南靖土楼。
> D 蚂蚁的寿命不一，有的工蚁能活几年，而蚁后则能活十几甚至几十年。

A 벌주놀이는 중국인이 술을 마실 때 흥을 돋우는 독특한 방식 중 하나이다.

B 얻을 수 없는 것을 위해 고민하기보다는 자신이 이미 가지고 있는 것을 생각해 보는 것이 낫다.

C 2시간 남짓의 먼 길을 고생스럽게 간 끝에, 우리는 마침내 유명한 난징투러우(南靖土楼)에 왔다.

D 개미의 수명은 다르다. 어떤 일개미는 몇 년 동안 살 수 있고, 여왕개미는 십몇 년간 심지어 몇십 년 동안 살 수 있다.

해설 | A는 一种과 之一가 함께 쓰여 있습니다. 一种은 사물의 개수가 한 가지임을 나타내고, '……之一'는 사물이 여러 개임을 나타내기 때문에 의미가 상충합니다. 따라서 두 표현 중 하나만 써야 합니다.

· 酒令是中国人饮酒时一种特有的助兴方式之一。
  → 酒令是中国人饮酒时一种特有的助兴方式。

· 酒令是中国人饮酒时一种特有的助兴方式之一。
  → 酒令是中国人饮酒时特有的助兴方式之一。

단어 | 酒令 jiǔlìng 명 벌주놀이 | 助兴 zhùxìng 동 흥을 돋우다 | 与其～, 不如… yǔqí～, bùrú… ～하기보다 …하는 것이 낫다, ～하는 것은 …하는 것만 못하다 | 长途跋涉 chángtú báshè 먼 길을 고생스럽게 가다 | 蚂蚁 mǎyǐ 명 개미

52 | C

> A 听完女儿全部的历险故事后，她的眼泪如潮水般涌出眼眶。
> B 自1988年起，乒乓球成为奥运会的正式比赛项目。
> C 调查显示，近92%的受访者表示安全座椅是最为安全的儿童乘车。
> D 如果把人生比作一次旅行，那么辛劳和苦难是我们不得不花的旅费。

A 딸이 위험을 겪었던 모든 이야기를 다 들은 후, 그녀의 눈물이 조수같이 눈가에서 쏟아져 나왔다.

B 1988년부터 탁구는 올림픽의 정식 시합 종목이 되었다.

C 조사에 따르면, 92%에 가까운 인터뷰 대상자들이 안전 시트가 가장 안전한 아동 승차 시트라고 나타냈다고 한다.

D 만일 인생을 여행에 비유한다면, 고생과 고난은 우리가 지불할 수 밖에 없는 여비다.

해설 | C는 동사 表示 뒤에 하나의 문장이 목적어로 왔습니다.

受访者 表示 安全座椅 是 (最为安全的) 儿童乘车。

여기서 목적어 부분의 주어인 安全座椅와 목적어인 儿童乘车가 호응이 맞지 않습니다. 儿童乘车는 '아동이 타다'라는 의미로 목적어가 될 수 없으므로, 뒤에 목적어인 座椅를 추가해야 주술목의 호응 관계가 맞게 됩니다.

· 调查显示，近92%的受访者表示安全座椅是最为安全的儿童乘车。
  → 调查显示，近92%的受访者表示安全座椅是最为安全的儿童乘车座椅。

단어 | 潮水 cháoshuǐ 명 조수(아침에 밀려들었다가 나가는 바닷물을 뜻함) | 涌出 yǒngchū 동 쏟아져 나오다, 솟아나다 | 眼眶 yǎnkuàng 명 눈가 | 座椅 zuòyǐ 명 시트(seat), 좌석

53 | C

> A 这个感人的故事发生在上个世纪50年代的北京。
> B 位于前海西街的恭王府是北京现存最完整的清代王府。
> C 语言学习能促进大脑，对保持大脑健康也有一定的好处。
> D 很多人之所以觉得自己不幸，是因为他们把赚钱当成了人生的唯一目标。

A 이 감동적인 이야기는 1950년대의 베이징에서 발생했다.

B 치엔하이시 거리(前海西街)에 있는 공왕부(恭王府)는 베이징에 현존하는 가장 온전한 청대 왕부이다.

C 언어 학습은 대뇌를 자극할 수 있고, 대뇌 건강을 유지하는 데에도 어느 정도의 장점이 있다.

D 많은 사람들이 자신이 불행하다고 여기는 이유는 그들이 돈을 버는 것을 인생의 유일한 목표로 삼기 때문이다.

해설 | C의 앞 절에서, 동사 促进은 大脑를 목적어로 가질 수 없습니다. '대뇌를 촉진시키다'가 아니라 '대뇌를 자극하다'라고 표현해야 술어와 목적어의 호응이 맞습니다. 따라서 促进 대신 刺激를 써서 刺激大脑라고 해야 옳은 문장이 됩니다.

· 语言学习能促进大脑，对保持大脑健康也有一定的好处。
  → 语言学习能刺激大脑，对保持大脑健康也有一定的好处。

단어 | 促进 cùjìn 동 촉진시키다, 재촉하다 | 赚钱 zhuànqián 동 돈을 벌다 | 刺激 cìjī 동 자극하다

54 | D

> A 睡觉前使用电子设备会导致睡眠质量下降。
> B 在中国，腊八节有喝腊八粥、泡腊八蒜的风俗习惯。
> C 那些流星拖着长长的尾巴划过夜空，简直是太美丽了。
> D 尽管天气如何变化，天池始终是一片寂静。

A 자기 전에 전자 기계를 사용하는 것은 수면의 질이 떨어지게 한다.

B 중국에서 라빠제(腊八节)에는 라빠저우(腊八粥)를 먹고 라빠쏸(腊八蒜)을 담그는 풍습이 있다.

C 그 유성들이 긴 꼬리를 늘어뜨리고 밤하늘을 가로지르는데, 정말이지 매우 아름답다.

D 날씨가 어떻게 변하든 관계없이, 천지는 줄곧 고요하다.

해설 | 尽管은 虽然과 같은 뜻으로, '비록 ~하더라도'의 의미를 나타내며 뒷 절은 앞 절과 반대되는 내용이 옵니다. D는 尽管이 쓰였지만 앞뒤 절이 반대 내용이 아니라 조건과 결과를 나타내고 있으므로 부적절합니다. D의 如何와 같은 의문사, 또는 'A不A', 'A还是B' 등의 형식으로 2가지 이상의 조건을 나타낼 때는 不管, 无论, 不论과 같은 접속사를 사용해야 합니다.

· 尽管天气如何变化，天池始终是一片寂静。
  → 不管天气如何变化，天池始终是一片寂静。

단어 | 腊八节 Làbājié [고유] 라빠제[석가모니가 득도한 날, 음력 12월 8일] | 腊八粥 làbāzhōu [명] 라빠저우[부처님의 득도를 기리기 위해 라빠제 때 먹는 죽] | 泡 pào [동] (액체에) 담가 두다 | 腊八蒜 làbāsuàn [명] 라빠쏸[라빠제 때 담그는 마늘 장아찌] | 拖 tuō [동] 늘어뜨리다 | 尾巴 wěiba [명] 꼬리 | 划 huà [동] (선 등을) 긋다, 가르다

55 | C

A 本省受台风影响，多数地区将普降暴雨。
B 她为中国早期体育事业的发展做出了不可磨灭的贡献。
C 香芋肉质洁白，味甜多汁，自古就被称为"蔬菜之王"的美誉。
D 科学的本质在于不断地探索，用新的认识代替旧的认识。

A 우리 성은 태풍의 영향을 받아서, 다수의 지역에 폭우가 두루 내릴 것이다.
B 그녀는 중국의 초기 스포츠 사업의 발전을 위해서 사라질 수 없는 공헌을 했다.
C 토란은 육질이 새하얗고 맛이 달며 즙이 많아서, 예로부터 '채소의 왕'이라고 불렸다.
D 과학의 본질은 끊임없이 탐구하고, 새로운 인식으로 오래된 인식을 대체하는 데 있다.

해설 | C의 '被称为~'는 '~이라고 불리다'라는 의미입니다. '被称为……的美誉'는 의미가 중복이 되므로 함께 쓸 수 없습니다. 美誉는 '有~的美誉'의 구조로 써야 합니다.

· 香芋肉质洁白，味甜多汁，自古就被称为"蔬菜之王"的美誉。
  → 香芋肉质洁白，味甜多汁，自古就被称为"蔬菜之王"。

단어 | 普降 pǔjiàng [동] (눈·비가) 두루 내리다 | 不可磨灭 bùkěmómiè [성] 사라지지 않다, 불멸하다 | 香芋 xiāngyù [명] 토란

56 | D

A 汉字是当今世界上使用人数最多的一种文字。
B 秋季的大明湖气候宜人，景色美不胜收，让人流连忘返。
C 啤酒中含有丰富的酵母，适量饮用啤酒可以让皮肤更加有弹性。
D 随着日益增多佩戴人数，隐形眼镜的安全性也受到了越来越多的关注。

A 한자는 현재 세계에서 사용하는 사람 수가 가장 많은 문자이다.
B 가을의 따밍후(大明湖)는 기후가 적당하고 풍경이 아름다운 곳이 매우 많아 사람들이 아름다운 경치에 빠져 떠나기 싫어하게 한다.
C 맥주에는 풍부한 효모가 함유되어 있어서, 적당량의 맥주를 마시는 것은 피부를 더욱 탄력 있게 할 수 있다.
D 착용하는 사람 수가 나날이 많아짐에 따라, 콘택트렌즈의 안전성 또한 갈수록 많은 관심을 받는다.

해설 | D의 전치사 随着는 '~함에 따라서'라는 의미로 사용될 때 보통 '随

착……的+술어'의 구조로 쓰입니다. 따라서 술어로 쓰이는 日益增多를 뒤에 놓아야 합니다.

· 随着日益增多佩戴人数，隐形眼镜的安全性也受到了越来越多的关注。
  → 随着佩戴人数的日益增多，隐形眼镜的安全性也受到了越来越多的关注。

단어 | 美不胜收 měibúshèngshōu [성] 일일이 다 감상할 수 없을 만큼 좋은 것이 매우 많다 | 流连忘返 liúliánwàngfǎn [성] 아름다운 경치에 빠져 떠나기 싫어하다 | 酵母 jiàomǔ [명] 효모 | 佩戴 pèidài [동] (장식품 등을) 착용하다, 달다 | 隐形眼镜 yǐnxíng yǎnjìng [명] 콘택트렌즈

57 | D

A 大家对这个问题争论得非常激烈，谁也说服不了谁。
B 我们每天都要从食物当中摄取身体所需的各种营养物质。
C 人类基因草图的绘制成功，标志着生命科学研究又进入了一个新的阶段。
D 在"质量月"活动中，他们围绕以提高产品质量为中心，进行了综合治理。

A 모두가 이 문제에 대해서 아주 격렬하게 논쟁했고, 누구도 상대를 설득할 수 없었다.
B 우리는 매일 음식 속에서 신체에 필요한 각종 영양물질을 섭취해야 한다.
C 인류 유전자 도면의 제작 성공은 생명과학 연구가 또 하나의 새로운 단계에 들어섰음을 상징한다.
D '품질의 달' 행사에서, 그들은 제품의 품질 향상 문제를 둘러싸고 종합적인 관리를 진행했다.

해설 | D의 围绕는 '~을 둘러싸다', '~을 중심에 놓다'라는 의미로, '以~为中心(~을 중심으로 삼다)' 구문과 의미상 중복이 됩니다. 따라서 둘 중 하나를 삭제해야 합니다.

· 在"质量月"活动中，他们围绕以提高产品质量为中心，进行了综合治理。
  → 在"质量月"活动中，他们围绕提高产品质量的问题，进行了综合治理。
· 在"质量月"活动中，他们围绕以提高产品质量为中心，进行了综合治理。
  → 在"质量月"活动中，他们以提高产品质量为中心，进行了综合治理。

단어 | 摄取 shèqǔ [동] 섭취하다 | 基因 jīyīn [명] 유전자 | 草图 cǎotú [명] (공사 등의) 기본 설계도, 초안 도면 | 绘制 huìzhì [동] (도면 등을) 제작하다 | 围绕 wéirào [동] (문제나 일 등을) 둘러싸다

58 | B

A 各位尊敬的客户，如果您对我们的产品及服务有任何疑问或建议，请及时与我们联系。
B 在河流、树木、房屋，全都罩上了一层厚厚的雪，万里江山变成了粉妆玉砌的世界。
C 健康不仅仅是身体没有疾病，而且还是一种心理、社会适应力和道德水平均十分良好的状态。
D 人们阅读的目的不尽相同，有人是为了放松，有人是为了获取必要的信息，而有人则是为了得到精神上的享受。

A 존경하는 고객 여러분, 만일 당신이 저희의 상품과 서비스에 대해 어떠한 의문이나 건의가 있다면, 즉시 저희에게 연락해 주십시오.

B 강, 나무, 집이 모두 두꺼운 눈으로 덮이자, 만리강산이 분을 바르고 옥을 쌓은 듯한 세상으로 변했다.

C 건강하다는 것은 몸에 질병이 없는 것일 뿐만 아니라, 심리적, 사회적 적응력과 도덕 수준 모두가 매우 양호한 상태에 도달하는 것이다.

D 사람들이 독서하는 목적은 다 같지는 않다. 누군가는 휴식하기 위해서이고, 누군가는 필요한 정보를 얻기 위해서이며, 누군가는 정신적으로 즐기기 위해서이다.

해설 | B의 앞 절은 '在+장소'의 구문으로 쓰였습니다. '在+장소'는 전치사구로서 주로 주어 뒤에 위치하여 부사어로 사용됩니다. 따라서 B는 현재 주어가 없는 상태로, 완전한 문장이 되려면 술어 罩上了 앞에 주어가 있어야 합니다. 따라서 전치사 在를 삭제하고 장소 명사인 河流、树木、房屋를 주어로 만들어 주어야 합니다.

· 在河流、树木、房屋，全都罩上了一层厚厚的雪，万里江山变成了粉妆玉砌的世界。
  → 河流、树木、房屋全都罩上了一层厚厚的雪，万里江山变成了粉妆玉砌的世界。

단어 | 罩 zhào 동 덮다 | 粉妆玉砌 fěn zhuāng yù qì 분을 바르고 옥을 쌓은 듯하다[설경을 묘사할 때나 여성의 피부가 백옥 같음을 묘사할 때 사용함]

59 | B

A 良心是最公正的法官，你骗得了别人，却永远欺骗不了自己的良心。

B 考古学家在西溪遗址发掘出了大量的陶器、石器、玉器以及骨骼和动物标本。

C 人说谎时经常会忽略掉主语"我"，因为人的潜意识里不想把自己牵扯进来，这是大脑不由自主的活动。

D 在中国现代绘画史上，徐悲鸿和齐白石占有举足轻重的地位，他们的影响之大，造诣之高，是同时代其他画家所不能比的。

A 양심은 가장 공정한 법관으로, 당신은 다른 사람을 속일 수는 있지만 영원히 자신의 양심을 속일 수는 없다.

B 고고학자가 시시(西溪) 유적에서 대량의 도기, 석기, 옥기 그리고 골격 등의 동물표본을 발굴해 냈다.

C 사람이 거짓말을 할 때 주어인 '나'를 자주 빼 버리는 것은, 사람의 잠재의식 속에 자신을 연루되게 하고 싶지 않기 때문인데, 이는 대뇌에서 저절로 일어나는 활동이다.

D 중국 현대 회화 역사에서 쉬베이홍과 치바이스는 아주 중요한 지위를 차지하고 있다. 그들의 영향력이 매우 크고 조예가 높음은 동시대 다른 화가로서는 견줄 수 없는 것이다.

해설 | B의 목적어 부분은 '陶器、石器、玉器以及骨骼和动物标本'으로 병렬 나열되어 있습니다. 도기, 옥기, 석기, 골격은 의미상 병렬적으로 나타낼 수 있지만, 骨骼는 动物标本과 의미상 대등한 관계가 아니라 종속 관계입니다. 따라서 和를 等으로 바꾸어 주어야 합니다.

· 考古学家在西溪遗址发掘出了大量的陶器、石器、玉器以及骨骼和动物标本。
  → 考古学家在西溪遗址发掘出了大量的陶器、石器、玉器以及骨骼等动物标本。

단어 | 西溪 Xīxī 지명 시시[항저우(杭州)시에 위치한 관광지] | 遗址 yízhǐ 명 유적, 옛 터 | 发掘 fājué 동 발굴하다, 캐내다 | 骨骼 gǔgé 명 골격 | 牵扯 qiānchě 동 연루되다, 관련되다 | 举足轻重 jǔzúqīngzhòng 성 (일거수일투족이) 전체에 중대한 영향을 끼치다 | 造诣 zàoyì 명 조예

60 | D

A 忽略身边的人，而将注意力集中在自己的手机上，已经成为了很普遍的习惯。

B 所谓"性价比"，就是商品的质量、性能、配置或服务的范围、水平等于其价格所形成的比值。

C 承认失败并不是要你固步自封、画地为牢，而是要你在吸取教训的基础上，做出新的尝试，进行新的探索。

D 敦煌莫高窟以其别具一格的绘画艺术和珍贵的历史文化内涵，吸引了大批国内外前来参观的游客络绎不绝。

A 주변 사람한테 소홀히 하고 주의력을 자신의 휴대전화에 집중하는 것은 이미 매우 보편적인 습관이 되었다.

B 소위 '가성비'는 바로 상품의 품질, 성능, 사양 혹은 서비스의 범위, 수준이 그 가격을 형성하는 비율과 같다.

C 실패를 인정하는 것은 결코 당신한테 제자리걸음하고 스스로 자신을 제한하라는 것이 아니라, 당신에게 교훈을 받아들이는 기초 위에 새로운 시도를 하고 새로운 탐구를 진행하라는 것이다.

D 둔황 모가오굴(敦煌莫高窟)은 그 남다른 풍격을 지닌 회화 예술과 진귀한 역사문화적 의미로, 국내외에서 견학하러 온 많은 관광객들을 끌어들였다.

해설 | D의 뒷절은 술어 吸引了 뒤에 목적어 大批游客가 오고, 술어 성분인 络绎不绝가 다시 이어지고 있습니다. 따라서 불필요한 성분인 络绎不绝를 삭제하여 '吸引了(술어)+大批游客(목적어)'의 형태로 만들어야 합니다.

· 敦煌莫高窟以其别具一格的绘画艺术和珍贵的历史文化内涵，吸引了大批国内外前来参观的游客络绎不绝。
  → 敦煌莫高窟以其别具一格的绘画艺术和珍贵的历史文化内涵，吸引了大批国内外前来参观的游客。

단어 | 性价比 xìngjiàbǐ 가성비[가격 대 성능비] | 配置 pèizhì 명 사양, 옵션 | 固步自封 gùbùzìfēng 제자리걸음하다, 진보를 바라지 않고 현상에 안주하다 | 画地为牢 huàdìwéiláo 땅바닥에 동그라미 하나를 그려 놓고 감옥으로 삼다, 스스로 자신을 제한하다 | 别具一格 biéjùyígé 성 남다른 품격을 지니다 | 络绎不绝 luòyìbùjué 성 왕래가 빈번해 끊이지 않다

제 2 부 분

61 | A

　　布雕是①结合布的颜色、纹理和光感等特性，②利用改进的刻刀、烙铁等工具，创造出新的雕刻③技艺，被誉为"中国民间工艺一绝"。

A 结合○ / 利用○ / 技艺○
B 对比× / 引用× / 才艺×
C 参照× / 应用× / 文艺×
D 复制× / 运用× / 手艺×

　　布雕는 천의 색깔, 무늬, 빛에 의한 변화 등의 특성을 ①결합하고 개량한 조각칼, 다리미 등의 도구를 ②이용해서 창조해 낸 새로운 조각 ③기예로 '중국 민간 공예의 일품'으로 불린다.

A 결합하다 / 이용하다 / 기예
B 대비하다 / 인용하다 / (개인의) 재능

C 참조하다 / 응용하다 / 문화 예술

D 복제하다 / 활용하다 / (요리 등의) 솜씨

해설 |

① 빈칸은 동사 자리이며, 목적어는 뒤에 나열되어 있는 '布的颜色、纹理和光感等特性'입니다. 첫 번째 선택지 중 의미상 '천의 색깔, 무늬, 빛에 의한 변화를 결합하다'가 자연스럽기 때문에 정답은 A입니다. 나머지 선택지는 모두 의미상 자연스럽지 않기 때문에 정답이 될 수 없습니다.

② 빈칸 뒤의 '工具(도구)'와 호응할 수 있는 단어는 利用(A)뿐입니다. 따라서 정답은 A가 됩니다. 引用(B)은 引用诗句처럼 글이나 문장을 인용할 때 사용합니다. 应用(C)과 运用(D)은 应用理论, 运用理论처럼 사용법이 거의 유사하므로 굳이 구분해서 공부할 필요는 없습니다.

③ 빈칸 앞의 雕刻와 어울릴 수 있는 단어를 찾으면 됩니다. 의미상 조각 예술 혹은 조각 기예가 적절하기 때문에, 선택지 가운데 技艺(A)가 정답이 됩니다. 才艺(B)는 개인의 재능을 의미하는 것이고, 文艺(C)는 문화 예술의 총칭이며, 手艺(D)는 손재주, 특히 요리 솜씨를 뜻하므로, 문맥상 어울리지 않습니다.

단어 | 布雕 bùdiāo 천을 이용한 조각 작품 | 纹理 wénlǐ 圈 (물체에 나타나는) 무늬, 결 | 刻刀 kèdāo 圈 조각칼 | 烙铁 làotie 圈 다리미

62 | A

直升飞机起飞为什么不用助跑？这是因为直升飞机是①靠螺旋桨转动来拨动空气②产生升力的。直升飞机起飞时，螺旋桨越转越快，产生的升力也会越来越大，当升力比直升飞机的③重量还大时，直升飞机就飞起来了。

A 靠○ / 产生○ / 重量○

B 依× / 凝聚× / 重心×

C 凭○ / 生产× / 面积×

D 附× / 制造× / 密度×

헬리콥터는 이륙하면서 왜 활주를 할 필요가 없을까? 이것은 헬리콥터는 프로펠러가 도는 것에 ①의지해서 공기를 움직여 양력을 ②만들어 내기 때문이다. 헬리콥터가 이륙할 때 프로펠러는 돌면 돌수록 빨라지고 생기는 양력도 갈수록 커진다. 양력이 헬리콥터의 ③무게보다 더 클 때, 헬리콥터는 이륙하게 된다.

A ~에 의지해서 / 생기다 / 무게

B ~에 따라 / 응집하다 / 중심

C ~에 의지해서 / 생산하다 / 면적

D 덧붙이다 / 제조하다 / 밀도

해설 |

① 빈칸은 '____⋯⋯来(방식)+술어'구조로, 빈칸에 들어갈 수 있는 단어는 靠(A)와 凭(C)입니다. 의미상으로는 '⋯⋯에 의지해서'입니다.

② 빈칸은 升力와 호응하는 동사를 찾는 문제입니다. 목적어가 추상명사인 升力이므로 生产(C)이나 制造(D)는 오답이며, 产生(A)만이 가능합니다. 따라서 정답은 A입니다.

③ 헬리콥터가 떠오르려면, 양력이 헬리콥터의 무게보다 더 커야 하기 때문에 정답은 重量(A)이 됩니다.

단어 | 直升飞机 zhíshēng fēijī 圈 헬리콥터 | 助跑 zhùpǎo 통 도움닫기하다, (비행기의 이착륙 시) 활주하다 | 螺旋桨 luóxuánjiǎng 圈 프로펠러 | 转动 zhuàndòng 통 돌다, 회전하다 | 拨动 bōdòng 통 (손가락·막대기로) 움직이다, 돌리다 | 升力 shēnglì 圈 양력, 뜨는 힘[물체의 운동 방향과 수직으로 작용하는 힘, 비행기 등의 물체는 이 힘에 의해 공중을 날 수 있음]

63 | B

电视小品短小明快，新颖活泼、①形式多样。②作为一门说和演的艺术，电视小品的最大特点就是要在较短的时间内，充分③调动人们"笑"的神经，给人以精神上的刺激和④心灵上的启迪。

A 样式× / 对于× / 发动× / 灵魂○

B 形式○ / 作为○ / 调动○ / 心灵○

C 模式× / 通过× / 鼓动× / 爱心×

D 格式× / 按照× / 惊动× / 灵感×

텔레비전 샤오핀은 간결 명쾌하고 참신 활발하며 ①형식이 다양하다. 말하고 연기하는 하나의 예술②로서, 텔레비전 샤오핀의 최대 특징은 바로 비교적 짧은 시간 내에, 사람들의 '웃음' 신경을 충분히 ③자극하여, 사람들에게 정신적인 자극과 ④마음의 깨우침을 주는 것이다.

A 스타일 / ~에 대해서 / 발동하다 / 영혼

B 형식 / ~로서 / 자극하다 / 마음

C 표준 양식 / ~을 통해서 / 선동하다 / 사랑하는 마음

D 격식 / ~에 따라 / 놀라게 하다 / 영감

해설 |

① 빈칸은 电视小品에 대한 설명 중 多样과 어울리는 단어를 찾으면 됩니다. 의미상 '(예술) 형식이 다양하다'가 가장 적절하기 때문에 정답은 形式(B)가 됩니다. 样式(A)는 주로 옷이나 제품의 스타일을 의미하며, 模式(C)는 표준 양식, 패턴의 의미를 갖습니다. 格式(D)는 주로 서식이나 공문의 격식을 의미합니다.

② 빈칸은 전치사가 들어갑니다. 빈칸 뒤의 艺术와 주어인 电视小品의 最大特点의 관계를 보면 예술로서의 샤오핀의 특징을 의미하므로 '~으로서'라는 의미의 전치사 作为(B)가 정답입니다.

③ 빈칸이 있는 문장을 보면, '사람들을 웃게 만든다'라는 의미임을 알 수 있습니다. 调动(B)은 '옮기다, 이동하다'라는 의미에서 '자극하다'라는 의미가 파생된 단어입니다. 웃음 신경을 움직여서 웃게 만든다는 내용이므로 문맥상 적절합니다. 나머지는 모두 의미가 통하지 않으므로 오답입니다.

④ 빈칸 뒤의 启迪와 호응할 수 있는 단어를 찾으면 됩니다. 灵魂(A)과 心灵(B)이 정답의 범위에 들어갑니다. 启迪는 어려운 단어이므로 가급적 정답은 4번 빈칸이 아닌 2번 빈칸에서 찾아야 합니다. 참고로 '给人以+명사' 구조에서 给는 동사이고, 以는 조사로 쓰였으며 해석상 의미는 없습니다.

단어 | 新颖 xīnyǐng 圈 참신하다 | 启迪 qǐdí 통 깨우치다, 일깨우다 圈 깨우침

64 | C

许多人因害怕失败而不敢将理想付诸①行动。实际上，实现理想的过程总是②伴随着挫折、痛苦和失败，所谓的"心想事成""一帆风顺"，只不过是人们的美好③愿望。若要实现理想，就必须④具备"屡败屡战"的勇气。

A 实践○ / 遭遇× / 空想× / 储备×

B 追求× / 陪伴× / 欲望× / 装备×

C 行动○ / 伴随○ / 愿望○ / 具备○

D 行为× / 跟随× / 幻想× / 拥有○

수많은 사람들이 실패를 두려워해서 감히 이상을 ①행동으로 옮기지 못한다. 사실상 이

상을 실현하는 과정은 늘 좌절, 고통과 실패를 ②동반하고 있고, 소위 '마음이 절실하면 이뤄진다'. '일이 순조롭게 진행된다'라는 말은 단지 사람들의 아름다운 ③바람일 뿐이다. 만약 이상을 실현하려면, 반드시 '여러 번 패해도 여러 번 도전하는' 용기를 ④갖춰야 한다.

A 실천하다 / (불행한 일을) 만나다 / 공상 / (물자를) 비축하다
B 추구하다 / 함께하다 / 욕망 / (무기나 기계를) 장착하다
C 행동 / 동반하다 / 바람 / (조건 등을) 갖추다
D 행위 / (사람을) 뒤따르다 / 환상 / 소유하다

해설 |

① '将理想付诸____'는 '이상을 실천/행동으로 옮기다'라는 표현이 되어야 자연스럽습니다. 따라서 实践(A), 行动(C)이 정답의 범위에 들 수 있습니다. 이 두 가지 표현은 종종 보이므로 암기해 두도록 합니다.

② '이상을 실현하는 과정은 좌절, 고통과 실패를 ____하고 있다'에서 의미상 빈칸에 적절한 단어는 '동반하다'라는 의미를 가진 伴随(C)입니다. 遭遇(A)는 '(안 좋은 일에) 당하다'라는 의미이고, 뒤에 着와 어울려 쓰지 않습니다. 陪伴(B)는 '함께해 주다, (외로운 사람 옆에) 있어 주다'라는 의미로, 이 문장에서는 문맥에 어울리지 않으므로 쓸 수 없습니다. 跟随(D)는 '(사람을) 따라다니다'라는 뜻이라 역시 빈칸에는 들어갈 수 없습니다.

③ 心想事成, 一帆风顺과 빈칸은 의미상 서로 통해야 합니다. 이런 표현은 일종의 바람이므로, 빈칸에는 愿望(C)이 적절합니다. 나머지 선택지는 모두 의미상 정답이 될 수 없습니다. 3번 빈칸의 단어들이 가장 쉬우므로 정답은 3번 빈칸만으로도 찾을 수 있습니다.

④ 목적어인 勇气와 호응할 수 있는 동사를 찾는 문제입니다. 네 번째 선택지 중 勇气와 호응할 수 있는 동사는 具备(C)와 拥有(D)입니다.

단어 | 付诸 fùzhū 통 (이상·계획을 행동이나 실천으로) 옮기다 | 心想事成 xīn xiǎng shì chéng 마음이 절실하면 이뤄진다 | 一帆风顺 yìfānfēngshùn 성 순풍에 돛을 올리다. 일이 순조롭게 진행되다 | 屡败屡战 lǚ bài lǚ zhàn 여러 번 패해도 여러 번 도전하다

---

65 | B

曹雪芹批阅10载，增删5次完成的长篇①巨著《红楼梦》，以其②深刻的思想内容，③精湛的艺术表现手法，④当之无愧地成为了中国古典小说中最经典的现实主义作品。

A 论文× / 深奥× / 精简× / 得天独厚×
B 巨著○ / 深刻○ / 精湛○ / 当之无愧○
C 记录× / 深沉× / 精密× / 不言而喻×
D 文献× / 资深× / 精确× / 称心如意×

조설근이 10년간 읽으면서 수정하고 5번 첨삭하여 완성한 장편 ①대작 《홍루몽》은 그 ②깊은 사상 내용과 ③뛰어난 예술 표현 수법으로, ④그 이름에 부끄럽지 않게 중국 고전소설 중에서 가장 오래도록 사랑받는 현실주의 작품이 되었다.

A 논문 / 심오하다 / 간소화하다 / 특별히 좋은 조건을 갖추다
B 대작 / 깊다 / 뛰어나다 / 그 이름에 부끄럽지 않다
C 기록 / (속이) 깊다 / 정밀하다 / 말하지 않아도 알다
D 문헌 / 베테랑의 / 정확하다 / 마음에 꼭 들다

해설 |

① 수많은 시행착오를 거쳐서 완성한 장편소설 《홍루몽》에 대한 설명이므로, 빈칸에는 巨著(B)가 적절합니다. 쌍괄호(《 》)는 작품의 이름을 나타내며, 著는 저서와 관련된 글자입니다. 마지막 절의 中国古典小说을 통해서도 《홍루몽》이 저서라는 것을 알 수 있습니다. 巨著는 비록 필수 단어는 아니지만 HSK 5급부터 종종 보이는 단어이므로 외워 둡니다.

② 빈칸이 수식하는 중심어 内容과 호응할 수 있는 단어는 深奥(A)와 深刻

(B)입니다. 深沉(C)은 사람의 성격이 침착하고 신중할 때 쓰는 단어이고, 资深(D)은 '경력이 오래된'의 의미이므로 문맥상 부자연스럽습니다. 그리고 마지막 절의 '现实主义作品(현실주의 작품)'이라는 말에 심오한 내용을 담았다고 하면 논리에 맞지 않으므로 深奥(A)도 제거할 수 있습니다.

③ 빈칸은 위치상 관형어 자리입니다. 艺术表现手法를 수식할 수 있는 관형어는 精湛뿐입니다. 精简(A)은 조직을 간소화하거나 인원을 감원할 때 사용합니다. 精密(C)와 精确(D)는 한국어와 같이 각각 '정밀하다'와 '정확하다'라는 의미입니다. A, C, D 모두 문맥상 빈칸에 어울리지 않으므로 정답이 될 수 없습니다.

④ 성어들을 차례대로 빈칸에 넣어서 해석해 봤을 때, 의미상 가장 적절한 단어는 当之无愧(B)입니다. 성어를 알면 쉽게 풀리지만 난이도가 있기 때문에 다른 빈칸에서 정답을 찾도록 합니다.

단어 | 批阅 pīyuè 통 (문서를) 읽으면서 수정하다 | 载 zǎi 명 해, 년 | 增删 zēngshān 통 첨삭하다 | 精湛 jīngzhàn 형 (기예가) 뛰어나다. 훌륭하다 | 当之无愧 dāngzhīwúkuì 성 그 이름에 부끄럽지 않다 | 经典 jīngdiǎn 형 전형적이고 권위 있는, 오래도록 사랑받는 | 得天独厚 détiāndúhòu 성 특별히 좋은 조건을 갖추다 | 不言而喻 bùyán'éryù 성 말하지 않아도 알다 | 称心如意 chènxīnrúyì 성 마음에 꼭 들다

---

66 | C

胡萝卜是一种常见的①蔬菜，至今已有两千多年的栽培历史，世界上大多数国家都有②种植，广受人们的喜爱。由于它含有大量蔗糖、淀粉和胡萝卜素，营养③价值极高，所以在中国又被④称为"土人参"。

A 食物○ / 培养× / 分量× / 赞×
B 粮食× / 播种× / 要素× / 列×
C 蔬菜○ / 种植○ / 价值○ / 称○
D 调料× / 培育× / 元素× / 唤×

당근은 흔한 ①야채로, 지금까지 이미 2천여 년의 재배 역사를 가지고 있다. 세계 대다수의 국가들이 다 ②재배하고 있으며, 사람들의 사랑을 널리 받고 있다. 당근은 대량의 자당, 전분과 카로틴을 함유하고 있고 영양③가가 매우 높아서 중국에서 '토인삼'이라고도 ④불린다.

A 음식 / 기르다 / 무게 / 칭찬하다
B 양식 / 씨앗을 뿌리다 / 요소 / 배열하다
C 야채 / 재배하다 / 가치 / 부르다
D 조미료 / (묘목을) 키우다 / 원소 / 부르다

해설 |

① '胡萝卜(당근)'는 야채의 일종이므로, 의미상 食物(A)와 蔬菜(C)가 정답의 범위에 들어갑니다. B와 D는 삭제합니다.

② '당근은 대다수의 국가들이 다 ____한다'라는 문장이므로, 의미상 가장 적절한 단어는 种植(C)입니다. 培养(A)은 '(세균 등을) 배양하다', '(인재 등을) 키우다'라는 의미로 쓰이고, 播种(B)는 '씨앗을 뿌리다'라는 의미며, 培育(D)는 '(묘목 등을) 키우다'라는 의미이므로 모두 정답이 될 수 없습니다.

③ 영양가는 营养价值라고 합니다. 한국어의 '영양가'와 조금 다르기 때문에 잘 익혀 두어야 합니다. 정답은 价值(C)입니다.

④ '~이라고 불리다'라는 표현은 '被称为~' 또는 '被誉为~'라고 합니다. 따라서 정답은 C입니다.

단어 | 胡萝卜 húluóbo 명 당근 | 栽培 zāipéi 통 재배하다 | 蔗糖 zhètáng 명 자당[사탕수수 등에 들어 있는 당류] | 淀粉 diànfěn 명 전분, 녹말 | 胡萝卜素 húluóbosù 명 카로틴

生活给了你一块石头，你若把它①扛在身上，它就会成为一种②负担；但你若把它垫在脚下，它就会成为你进步的③阶梯。其实，人生④精彩与否，全在于你如何去选择。

A 挎× / 压力○ / 途径× / 光彩×
B 扛○ / 负担○ / 阶梯○ / 精彩○
C 背○ / 重心× / 走廊× / 精致×
D 捧× / 责任× / 台阶○ / 繁华×

생활이 당신에게 돌 하나를 주었다. 당신이 만약 그것을 몸에 ①짊어진다면, 그것은 ②부담이 된다. 하지만 당신이 만약 그것을 발밑에 깔아 둔다면, 그것은 당신이 발전하는 ③계단이 될 것이다. 사실 인생이 ④훌륭한지 여부는 전적으로 당신이 어떻게 선택하는가에 달려 있다.

A (팔에) 걸다 / 스트레스 / 경로 / 영예롭다
B (어깨에) 짊어지다 / 부담 / 계단 / 훌륭하다
C (등에) 짊어지다 / 중심 / 복도 / 정교하다
D (두 손으로) 받쳐 들다 / 책임 / 계단 / 변화하다

해설 |

① 빈칸 앞의 它는 石头를 가리킵니다. 의미상 '돌을 어깨나 등에 짊어진다'가 가장 자연스럽기 때문에, 빈칸에는 扛(B)와 背(C)가 들어갈 수 있습니다.

② 돌을 몸에 들거나 휴대하는 것은 일종의 스트레스나 부담이 될 수 있기 때문에, 의미상 压力(A)와 负担(B)이 정답의 범위에 들어갑니다. C와 D는 삭제합니다. 따라서 정답은 B입니다.

③ 돌을 밑밭에 깔아 둔다는 것은 밟고 올라갈 수 있는 계단이 된다는 의미이기 때문에, 의미상 빈칸에는 阶梯(B)와 台阶(D)가 들어갈 수 있습니다.

④ 인생은 선택에 따라서 결과가 결정이 되기 때문에, 의미상 빈칸에는 精彩(B)가 적절합니다. 光彩(A)는 '光彩照人(업적이 휘황찬란하여 다른 사람들의 주목을 받다)'이란 성어로 많이 쓰이며, 精致(C)는 '精致的包装(정교한 포장)'의 용례를 암기해 둡니다. 繁华(D)는 '(거리나 도시가) 번화하다'라는 의미로 쓰입니다. 4번 빈칸의 A, C, D는 모두 6급 필수 단어이지만, 精彩는 4급 필수 단어이므로 人生精彩는 충분히 답으로 고를 수 있어야 합니다.

단어 | 扛 káng (어깨에) 짊어지다, 메다 | 垫 diàn (바닥에) 깔다, 받치다 | 阶梯 jiētī 계단 | 挎 kuà (팔에) 걸다, 끼다 | 捧 pěng (두 손으로) 받쳐 들다, 받들다

"泾渭分明"这个成语源自一大自然景观，其中"泾渭"①分别指泾河和渭河。由于含沙量不同，泾河汇入渭河时，会②呈现出一清一浊两条河水同流一河而互不相融的奇观。后来人们就用这个成语来比喻②界限清楚或是非分明，也用来形容人们对待同一事物时，表现出的两种④截然不同的态度。

A 各自× / 展现× / 边界× / 南辕北辙×
B 分别○ / 呈现○ / 界限○ / 截然不同○
C 相对× / 涌现× / 领域× / 一目了然×
D 一律× / 体现× / 范畴× / 相辅相成×

'泾渭分明'이란 성어는 자연경관에서 나왔다. 그중 '泾渭'는 ①각각 징허(泾河)와 웨

이허(渭河)를 가리킨다. 모래 함량이 달라서, 징허가 웨이허로 흘러 들어갈 때 하나는 맑고 하나는 탁한 강물 두 줄기가 하나의 강으로 합류하면서도 서로 융합하지 않는 기이한 풍경이 ②나타난다. 나중에 사람들은 이 성어로 ③경계가 뚜렷하거나 시비가 분명한 것을 비유했고, 사람들이 동일한 사물을 대할 때 보이는 두 가지 ④확연히 다른 태도를 형용하는 데에도 사용했다.

A 각자 / 드러내다 / 국경 / 하는 행동과 목적이 상반되다
B 각각 / 나타나다 / 경계 / 확연히 다르다
C 상대적으로 / 한꺼번에 나타나다 / 영역 / 일목요연하다
D 일률적으로 / 구체적으로 드러내다 / 범주 / 상부상조하다

해설 |

① '泾渭'를 분리해서 泾河와 渭河에 대해 설명했기 때문에, 빈칸에는 '각각', '따로따로'의 의미를 가진 分别(B)가 적절합니다. 各自(A)는 '각자'의 뜻으로 대상이 사람일 때 쓰기 때문에 이 문장에서는 적합하지 않습니다. 1번 빈칸이 가장 쉽기 때문에 여기서 정답을 골라야 합니다.

② 빈칸은 목적어인 奇观과 호응할 수 있는 동사를 찾는 문제입니다. '기이한 풍경이 나타난다'가 가장 자연스럽기 때문에 呈现(B)이 정답입니다. 展现(A)은 展现才华처럼 재능을 드러낼 때 사용하며, 涌现(C)은 한꺼번에 많은 것이 나타난다는 의미이므로 오답입니다. 体现(D)은 体现精神처럼 추상적인 사물을 구체적으로 보여 줄 때 사용하므로 정답이 될 수 없습니다.

③ 앞에서 맑은 泾河와 탁한 渭河가 서로 섞이지 않는다고 언급한 점에서, 그 구분이 매우 뚜렷함을 알 수 있습니다. 따라서 빈칸에는 界限(B)가 적절합니다.

④ 하나로 융합되지만 각각 뚜렷한 구분이 있는 강에 대한 설명이 나왔습니다. 즉, 동일한 사물을 대할 때 보여 주는 두 가지 태도가 서로 다름을 알 수 있습니다. 따라서 정답은 '확연히 다르다'라는 성어인 截然不同(B)이 적합합니다.

단어 | 泾渭分明 Jīngwèifēnmíng 성 맑은 징허의 물(泾水)과 탁한 웨이허의 물(渭水)이 서로 섞여 흘러도 맑음과 탁함이 분명하다, 시비나 한계가 뚜렷하고 분명하다 | 汇入 huìrù 동 (한곳에 모여서) ~로 흘러 들어가다 | 浊 zhuó 형 흐리다, (혼)탁하다 | 互不相融 hù bù xiāng róng 서로 융합하지 않다 | 界限 jièxiàn 명 경계 | 截然不同 jiéránbùtóng 성 확연히 다르다 | 南辕北辙 nányuánběizhé 성 속으로는 남쪽으로 가려 하면서 수레는 도리어 북쪽으로 몰다, 하는 행동과 목적이 상반되다 | 涌现 yǒngxiàn 동 한꺼번에 나타나다 | 一目了然 yímùliǎorán 성 일목요연하다, 한눈에 환히 알다 | 范畴 fànchóu 명 범주 | 相辅相成 xiāngfǔxiāngchéng 성 서로 도와서 일이 잘되어 나가도록 하다, 상부상조하다

影响产品①口碑的，有时不是产品的主体，而是一些不太引人注意的"零部件"，如西服的纽扣，家电的按钮等，这些东西看起来②微不足道，但做得不好却足以引起消费者的③反感。只有把各项基础工作都做得④细致、到位并持之以恒，才能赢得消费者的⑤青睐。

A 形象○ / 莫名其妙× / 反思× / 优异× / 注视×
B 档次× / 物美价廉× / 感慨× / 别致× / 爱戴×
C 口碑○ / 微不足道○ / 反感○ / 细致○ / 青睐○
D 地位× / 无微不至× / 反对× / 卓越× / 拥护×

제품의 ①평판에 영향을 주는 것은 때때로 제품의 주요 부분이 아니라, 사람들의 주의를 그다지 끌지 않는 '부속품'들이다. 예를 들면 양복의 단추, 가전제품의 버튼 등이다. 이것들은 겉으로 보기에는 ②보잘것없어 보이지만, (제 역할을) 제대로 못하면 충분히 소비자의 ③반감을 야기할 수 있다. 각각의 기초 작업을 ④세밀하고 적절하게 제 역할을 하고

꾸준히 해 나가야지, 비로소 소비자의 ⑤호감을 얻을 수 있다.

A 이미지 / 영문을 알 수 없다 / 반성 / 우수하다 / 주시하다
B 등급 / 물건이 좋고 값도 싸다 / 감격 / 색다르다 / 추대하다
C 평판 / 보잘것없다 / 반감 / 세밀하다 / 호감
D 지위 / 세심하다 / 반대 / 탁월하다 / 옹호하다

해설 |

① '제품의 ＿＿에 영향을 주는 것은 제품의 주요 부분이 아니라 부품이다'라고 했기 때문에, 빈칸에 들어갈 수 있는 것은 '이미지' 또는 '평판'임을 알 수 있습니다. 따라서 의미상 形象(A)과 口碑(C)가 정답의 범위에 들어갑니다. 口碑는 어려운 단어이므로 1번 빈칸은 넘기는 것이 좋습니다.

② 제품 가운데 주의를 별로 끌지 못하는 것에 대한 예를 들고 나서 '이것들은 ＿＿하게 보이지만'이라고 이어지기 때문에, 빈칸에는 문맥상 微不足道(C)가 가장 적절합니다. 선택지에 있는 4개의 선택지는 시험에 잘 나오는 성어들이므로 꼭 암기해 두도록 합니다.

③ '제대로 못하면 소비자의 ＿＿을 야기할 수 있다'라는 내용상, 빈칸에는 反感(C)가 가장 적절합니다. 전체 빈칸 중 가장 쉬우므로 세 번째 빈칸에서 정답을 찾아야 합니다.

④ 빈칸은 조사 得로 보아 보어 자리임을 알 수 있습니다. 工作와 의미상 어울릴 수 있는 단어는 细致(C)입니다. 优异(A)와 卓越(D)는 의미상 빈칸에 적절하지 않고, 또한 보어로 쓰이지 않으므로 정답이 될 수 없습니다.

⑤ 빈칸은 '只有+조건, 才+결과' 구문의 결과절입니다. 앞 절은 작업을 세밀하게 해야 한다는 내용이므로 才 뒤의 '소비자의 ＿＿을 얻을 수 있다'에서는 소비자의 '환영'이나 '호감' 등 긍정적인 내용이 들어가면 적합합니다. 따라서 동사 赢得와 호응하면서 '호감'이란 의미인 青睐(C)가 정답입니다. 품사로 접근해 봐도 A, B, D는 모두 동사로 쓰이며, 赢得와 호응하지 않으므로 정답이 될 수 없습니다.

단어 | 口碑 kǒubēi 명 평판 | 零部件 língbùjiàn 명 부속품, 부품 | 纽扣 niǔkòu 명 단추 | 按钮 ànniǔ 명 버튼, 누름 단추 | 微不足道 wēibùzúdào 성 보잘것없다, 하찮아서 말할 가치가 없다 | 足以 zúyǐ 부 충분히 ~할 수 있다 | 到位 dàowèi 형 제격이다 | 持之以恒 chízhīyǐhéng 성 꾸준히 하다 | 赢得 yíngdé 동 얻다, 획득하다 | 无微不至 wúwēibùzhì 성 세세한 데까지 신경을 쓰다, (보살핌이) 세심하고 주도면밀하다

70 | D

自嘲，指自己嘲笑自己，处于窘况时，①巧妙地用自嘲来应付，不仅能化解②尴尬，而且还会有幽默效果。古时候有个姓石的学士，一次不小心从驴背上摔了下来，他③不慌不忙地站起来说：
"④幸亏我是石学士，要是瓦学士还不摔成⑤碎片了?"一句话说得在场的人哈哈大笑，化解了难堪。

A 恰当○ / 混乱✕ / 吞吞吐吐✕ / 不愧✕ / 扁✕
B 恰巧✕ / 不安○ / 有条不紊○ / 毕竟✕ / 烂✕
C 灵活○ / 矛盾✕ / 迫不及待✕ / 多亏○ / 薄✕
D 巧妙○ / 尴尬○ / 不慌不忙○ / 幸亏○ / 碎○

자조(自嘲)는 스스로 자신을 비웃는 것을 가리킨다. 난처한 상황에 처했을 때 ①절묘하게 스스로를 비웃는 것으로 대처하는데, 이는 ②난감함을 풀 수 있을 뿐만 아니라 유머 효과도 있다. 옛날에 석(石)씨 성의 학자가 있었다. 한번은 부주의해서 당나귀 등에서 떨어졌는데, 그는 ③당황하지 않고 침착하게 일어나서 말했다. "④다행히 내가 석학사이기에 망정이지, 만일 瓦(기와) 학사였다면 떨어져서 ⑤산산조각이 나지 않았겠는가?" 이 한마디 말로 그 자리에 있던 사람들이 크게 웃었으며, 난처함을 없앴다.

A 적절하다 / 혼란하다 / 우물쭈물하다 / ~에 부끄럽지 않다 / 평평하다

B 공교롭게도 / 불안하다 / 조리 있다 / 그래도 어쨌든 / 부패하다
C 융통성 있다 / 모순되다 / 한시도 지체할 수 없다 / 다행히 / 얇다
D 절묘하다 / 난처하다 / 당황하지 않고 침착하다 / 다행히 / 산산조각 나다

해설 |

① 빈칸 앞의 '处于窘况时(난처한 상황에 처했을 때)'와 빈칸 뒤의 '自嘲로 대처한다'로 보아, 빈칸에는 '아주 잘 대처했다'라는 내용이 나와야 자연스럽습니다. 따라서 의미상 恰当(A), 灵活(C), 巧妙(D) 모두 정답의 범위에 들어갑니다. 巧妙는 '교묘하다'는 의미로 알고 있으면 안 되고, '절묘하다', '훌륭하다'라는 의미로 암기해 두어야 합니다.

② 앞에 나온 处于窘况时에서 窘况이 힌트가 되지만 상당히 어려운 단어이므로, 뒷부분에서 石학사의 예를 들어 준 부분을 읽고 정답을 찾아야 합니다. 의미상 '난감함을 풀 수 있다'가 적절하기 때문에, 빈칸에는 尴尬(D)가 적합합니다.

③ 빈칸을 중심으로 앞뒤 이야기를 보면 당나귀 등에서 떨어진 후 하는 말이 조리 있거나 당황하지 않고 침착하다는 내용입니다. 따라서 有条不紊(B)과 不慌不忙(D)이 정답의 범위에 들어갑니다.

④ 다섯 번째 빈칸이 먼저 풀리게 됩니다. '要是瓦学士还不摔成碎片了?'는 자신이 '瓦(기와) 학사'였다면 산산조각이 났을 것이라는 유머입니다. 따라서 빈칸에는 石학사라서 '다행이다'가 논리적으로 자연스럽습니다. 의미상 多亏(C)와 幸亏(D)가 정답의 범위에 들어갑니다.

⑤ '瓦(기와)'는 높은 곳에서 떨어지면 깨지는 것이 당연합니다. 따라서 碎片이 되는 것이 상식적으로 맞습니다. '薄片(얇은 조각)'이라는 단어도 있지만, 기와가 얇은 조각이 된다는 것은 이치에 맞지 않아서 薄(B)는 정답이 될 수 없습니다. 따라서 정답은 碎(D)입니다. 5개의 빈칸 중에서 마지막 빈칸이 쉬운 편이므로 여기서 정답을 고르도록 합니다.

단어 | 自嘲 zìcháo 동 자조하다, 스스로를 비웃다 | 嘲笑 cháoxiào 동 비웃다 | 窘况 jiǒngkuàng 명 난처한 상황 | 应付 yìngfu 동 대처하다, 대응하다 | 化解 huàjiě 동 없애다, 풀다 | 尴尬 gāngà 형 (입장이) 난처하다, 곤란하다 | 驴背 lǘbèi 당나귀 등 | 摔 shuāi 동 떨어지다, 추락하다 | 不慌不忙 bùhuāngbùmáng 성 당황하지 않고 침착하다 | 瓦 wǎ 명 기와 | 碎 suì 동 부서지다, 깨지다 | 难堪 nánkān 형 난감하다, 난처하다 | 吞吞吐吐 tūntūntǔtǔ 성 (말을) 우물쭈물하다, 얼버무리다 | 有条不紊 yǒutiáobùwěn 성 (말·행동이) 조리 있고 정연하다 | 迫不及待 pòbùjídài 성 잠시도 지체할 수 없다

제 3 부 분 ....

71~75

在中国人家里做客吃饭时，主人总会热情地说一句："(71)趁热吃"，(71)E"趁热吃"似乎一直都是中国人饭桌上的传统。可是从健康的角度来看"趁热吃"这种观念其实是错误的。饮食过热可能会烫伤口腔和食道粘膜。(72)C 越来越多的研究也显示，(72)食道癌等多种消化道疾病的发生都与此有密切的关系。
我们的口腔和食道表面都覆盖着柔软的粘膜。一般情况下，食物温度应在10℃到40℃之间。这是因为口腔和食道的温度多在36.5℃到37.2℃之间，能忍受的高温也只有50℃到60℃。(73)B 一旦超过这个温度，口腔和食道的粘膜就容易被烫伤。所以如果吃过热的食物或饮用过热的水，黏膜就会被烫伤。长此以往，粘膜会反复地被烫伤、增生、修复，就会发生质变，形成溃疡。⁷⁴⁾另外过热的食物进入消化道后，(74)D <u>会导致气血过度活跃</u>，胃肠道血管扩张，并刺激肠胃，进而导致慢性食管炎、萎缩性胃炎等疾病，严重时甚至会发展成肿瘤。

因此，"趁热吃"只是一种⁷⁵⁾寒暄，(75)A <u>是主人热情好客的表现</u>，这种饮食方式对身体其实并无益处。我们吃东西时一定要注意食物的温度，吃和体温相近的食物，才能延年益寿。

A 是主人热情好客的表现
B 一旦超过这个温度
C 越来越多的研究也显示
D 会导致气血过度活跃
E "趁热吃"似乎一直都是中国人饭桌上的传统

중국인의 집에 초대되어 식사를 할 때, 주인은 늘 친절하게 한마디 한다. "⁷¹⁾뜨거울 때 드세요." (71) E '뜨거울 때 드세요'는 줄곧 중국인의 식탁 위 전통이었다. 하지만 건강의 관점에서 보면 '뜨거울 때 드세요'라는 이런 관념은 사실 잘못됐다. 음식이 너무 뜨거우면 구강과 식도 점막이 델지도 모른다. (72) C 갈수록 많은 연구에서도 보여 주길, ⁷²⁾식도암 등 여러 소화기 질병의 발생은 이것과 밀접한 관계가 있다고 한다.

우리의 구강과 식도 표면은 모두 부드러운 점막으로 덮여 있다. 일반적인 상황에서, 음식 온도는 10도에서 40도 사이에 있어야 한다. 이것은 구강과 식도의 온도가 대부분 36.5도에서 37.2도 사이에 있기 때문인데, 참을 수 있는 높은 온도도 50도에서 60도에 불과하다. (73) B 일단 이 온도를 초과하면, 구강과 식도의 점막은 쉽게 데게 된다. 그래서 만일 너무 뜨거운 음식을 먹거나 너무 뜨거운 물을 마시면, 점막이 데는 것이다. 계속 이 상태로 가면, 점막은 반복해서 데었다가 증식하고, 재생하면서 변질이 일어나 궤양이 형성된다. ⁷⁴⁾그 밖에 너무 뜨거운 음식이 소화관에 들어간 후에는, (74) D 기혈이 지나치게 활발해지고 위장 혈관이 확장되며 장과 위를 자극한다. 더 나아가 만성 식도염과 위축성 위염 등의 질병을 초래하는데, 심할 때에는 심지어 종양으로 발전된다.

이 때문에, "뜨거울 때 드세요"는 단지 ⁷⁵⁾인사말로, (75) A 주인이 친절하게 손님을 대하는 표현이며, 이렇게 음식을 먹는 방식은 신체에 사실 이로운 점이 결코 없다. 우리들이 음식을 먹을 때에는 반드시 음식의 온도에 주의해야 하며, 체온과 비슷한 음식을 먹어야 비로소 장수할 수 있다.

A 주인이 친절하게 손님을 대하는 표현이다
B 일단 이 온도를 초과하면
C 갈수록 많은 연구에서도 보여 준다
D 기혈이 지나치게 활발해질 수 있다
E '뜨거울 때 드세요'는 줄곧 중국인의 식탁 위 전통이었다

71 | E

해설 | 빈칸 뒤에 마침표가 나옵니다. 따라서 우선 B, C는 제외됩니다. 빈칸 앞의 문장은 '식사를 할 때, 주인은 늘 친절하게 한마디 한다. "뜨거울 때 드세요."'라는 내용입니다. A와 D는 주어가 없으므로 앞 문장의 주어와 같아야 합니다. 빈칸 앞 문장의 주어는 主人인데, 이것을 A와 D의 주어 자리에 넣어 보면 의미와 호응이 맞지 않습니다. E의 주어 자리에 넣고 해석해 보면 자연스럽기 때문에 E가 정답이 됩니다.

72 | C

해설 | 빈칸 바로 뒤에 '식도암 등 여러 소화기 질병의 발생은 이것과 밀접한 관계가 있다'라는 전문적인 사실을 알려 줍니다. 따라서 선택지 C의 '갈수록 많은 연구에서도 보여 주다'라는 말이 의미상 가장 적합합니다. 또한 구조로 봐도, A, B, D는 이 빈칸에 들어갈 수가 없고, E는 이미 71번 답이므로, 남아

있는 C가 정답인 것을 알 수 있습니다.

73 | B

해설 | 빈칸 뒷절에 접속사 就가 있기 때문에 就와 호응할 수 있는 단어를 먼저 찾습니다. 선택지 B의 접속사 一旦이 就와 호응하여 쓰입니다. B를 넣고 해석해 보면 정답임을 확인할 수 있습니다.

74 | D

해설 | 빈칸 앞의 문장은 '그 밖에 너무 뜨거운 음식이 소화관에 들어간 후에'라고 말하고 있습니다. 따라서 뒤에는 안 좋은 결과를 나타내는 导致가 있는 D가 정답으로 적합합니다.

75 | A

해설 | 빈칸 앞의 문장이 "따뜻할 때 드세요"는 단지 인사말일뿐이다'라는 내용인데, 주어인 趁热吃와 문장을 이루려면 A가 적합합니다. 앞의 71~74번 문제를 정확히 풀었다면 75번은 저절로 풀리게 됩니다.

단어 | 烫伤 tàngshāng 통 데다, 화상을 입다 | 口腔 kǒuqiāng 명 구강 | 粘膜 niánmó 명 점막 | 食道癌 shídào'ái 명 식도암 | 覆盖 fùgài 통 덮다, 덮이다 | 柔软 róuruǎn 형 유연하다, 부드럽고 연하다 | 增生 zēngshēng 통 증식하다 | 修复 xiūfù 통 (조직을) 복원하다, 재생하다 | 溃疡 kuìyáng 명 궤양 | 食管炎 shíguǎnyán 명 식도염 | 萎缩性胃炎 wěisuōxìng wèiyán 명 위축성 위염 | 肿瘤 zhǒngliú 명 종양 | 寒暄 hánxuān 명 (상투적인) 인사말 | 延年益寿 yánniányìshòu 성 (사람이) 장수하다

76~80

假如你看到体重达8600公斤的大鲸鱼跃出水面6.6米，并为你表演各种动作，我想你一定会发出惊叹，将这视为⁷⁶⁾奇迹，(76)B <u>而确实有这么一条创造奇迹的鲸鱼。</u>

这条鲸鱼的训练师向外界披露了训练的奥秘：开始他们先把⁷⁷⁾绳子放在水面下，(77)B <u>使鲸鱼不得不从绳子上方通过</u>，鲸鱼每次经过⁷⁷⁾绳子上方就会得到奖励，它们会得到鱼吃，会有人拍拍它并和它玩儿，训练师以此对这只鲸鱼表示鼓励。当鲸鱼从绳子上面通过的次数逐渐多于从下方经过的次数时，训练师就会把绳子⁷⁸⁾提高，(78)A <u>只不过提高的速度很慢</u>，不至于让鲸鱼因为过多的失败而沮丧。

无疑，是鼓励的力量激励着这条鲸鱼跃过了这一可载入世界纪录的高度。⁷⁹⁾一条鲸鱼如此，(79)E <u>对于聪明的人类来说更是这样：</u>鼓励、赞赏和肯定，会使一个人的潜能得到最大程度的发挥。可事实上更多的人却是与训练师相反，起初他们就怀着期盼定出相当的高度，一旦达不到目标，就会倍感失望。所以我们常常看到上司对下属的不满和惩罚，看到望子成龙的父母对孩子的批评和训斥……

因此，(80)C 即使我们的期望值很高，80)可最好还是给手中的"绳子"定个合适的高度。我们不妨把一个令人生畏的"高度"分解成若干个"跳台"来层层飞跃。

A 只不过提高的速度很慢
B 使鲸鱼不得不从绳子上方通过
C 即使我们的期望值很高
D 而确实有这么一条创造奇迹的鲸鱼
E 对于聪明的人类来说更是这样

만일 체중이 8600kg에 달하는 큰 고래가 수면 6.6미터 위로 뛰어올라서 당신을 위해 각종 동작을 연기하는 것을 본다면, 나는 당신이 분명 경탄하며 이것을 ⁷⁶⁾기적으로 여길 거라고 생각하는데 (76)D 정말로 이렇게 기적을 창조하는 고래가 있다.

이 고래의 조련사가 외부에 조련의 비밀을 밝혔다. 처음에 그들은 먼저 ⁷⁷⁾밧줄을 수면 아래에 놓고 (77)B 고래로 하여금 어쩔 수 없이 밧줄 위로 통과하게 하는데, 고래는 ^밧줄 위를 통과할 때마다 상을 받는다. 고래들은 물고기를 받아 먹고, 어떤 이는 고래를 두드려 주고 그들과 놀아 준다. 조련사는 이처럼 이 고래에게 격려를 표시한다. 고래가 밧줄 위를 통과하는 횟수가 아래쪽으로 지나가는 횟수보다 점차 많아질 때, 조련사는 끈을 ⁷⁸⁾높인다. (78)A 다만 높이는 속도가 느려서 고래로 하여금 너무 많은 실패 때문에 낙담하게 할 정도는 아니다.

틀림없이 격려의 힘은 이 고래가 세계 기록으로 남길 수 있는 이 높이를 넘도록 북돋워 주고 있다. ⁷⁹⁾고래도 이와 같을진대, (79)E 똑똑한 인류로 말하자면 더욱 이러하다. 격려, 칭찬, 인정은 한 사람의 잠재력이 최대 한도로 발휘되게 만들어 준다. 하지만 사실상 더 많은 사람들이 조련사와 반대되는 행동을 한다. 처음에 그들은 기대를 품고 상당한 높이를 정하지만, 일단 목표를 달성하지 못한다면 더욱더 실망감을 느끼게 된다. 그래서 우리는 종종 상사의 부하 직원에 대한 불만과 징벌을 보게 되고, 아들이 훌륭한 인물이 되길 바라는 부모의 아이에 대한 질책과 꾸중을 보게 된다.

이 때문에 (80)C 설령 우리의 기대치가 매우 높다 하더라도, 80)손안의 '밧줄'에 적합한 높이를 정해 주는 것이 가장 좋다. 우리를 두렵게 만드는 '높이'를 몇 개의 '점프대'로 분해해서 차츰차츰 뛰어오르게 하는 것도 괜찮다.

A 다만 높이는 속도가 느리다
B 고래로 하여금 어쩔 수 없이 밧줄 위로 통과하게 한다
C 설령 우리의 기대치가 매우 높다 하더라도
D 정말로 이렇게 기적을 창조하는 고래가 있다
E 똑똑한 인류로 말하자면 더욱 이러하다

76 | D

해설 | 빈칸 바로 앞에 奇迹라는 단어가 있습니다. 해석해 보면 '이것을 기적으로 여긴다'라는 뜻인데, D에만 키워드 奇迹가 들어가 있습니다. D를 해석해 보면 '정말로 이렇게 기적을 창조하는 고래가 있다'라는 뜻이니 문맥상 잘 맞습니다. 따라서 D가 정답입니다.

77 | B

해설 | 빈칸 앞에는 '처음에 그들은 먼저 밧줄을 수면 아래로 놓는다'라는 내용이 있고, 빈칸 뒤에는 '고래가 밧줄 위로 지나갈 때마다 상을 받는다'라는 내용이 있습니다. 핵심 키워드인 绳子가 들어간 선택지는 B밖에 없으며 의미상으로도 적합하므로 B가 정답입니다.

78 | A

해설 | 빈칸 앞의 문장을 살펴보면 해석하지 않아도 키워드 提高를 통해서 풀 수 있습니다. 提高에 관한 이야기가 이어지고 있는 것은 A입니다. 따라서 A가 정답입니다.

79 | E

해설 | 빈칸 앞 如此가 힌트입니다. E에 更是这样이 보입니다. 단어는 다르지만 의미는 같습니다. 해석하지 않아도 구조상 호응하고 있음을 알 수 있으므로 E가 정답이 됩니다.

80 | C

해설 | 빈칸 앞의 因此로 인해 빈칸 문장은 앞 단락 내용의 결과임을 알 수 있습니다. 앞 단락과 빈칸 문장의 흐름을 보면, '기대 때문에 상당한 높이를 정하지만 목표에 달성하지 못하면 더욱 실망한다+그러므로(因此)+_____+적당한 높이를 정해 주어야 한다'입니다. 따라서 문맥의 흐름상 가장 적합한 내용은 C입니다. 또한 접속사 即使가 쓰인 문장은 앞뒤 절이 서로 반대되는 내용이어야 합니다. 即使가 이끄는 '기대치가 높다'와 뒷절의 '적당한 높이를 정해야 한다'는 의미상 반대되는 내용이므로, C가 정답임을 확인할 수 있습니다.

단어 | 鲸鱼 jīngyú 명 고래 | 披露 pīlù 통 공표하다, 밝히다 | 奥秘 àomì 명 비밀, 신비 | 绳子 shéngzi 명 밧줄, (노)끈 | 倍感 bèigǎn 더욱이 느끼다, 배로 느끼다 | 惩罚 chéngfá 통 징벌 | 望子成龙 wàngzǐchénglóng 성 자식이 훌륭한 인물이 되기를 바라다 | 训斥 xùnchì 통 꾸짖다, 꾸중하다 | 期望值 qīwàngzhí 명 기대치 | 若干 ruògān 여러 개 | 跳台 tiàotái 명 점프대, 다이빙대 | 飞跃 fēiyuè 통 비약하다, 뛰어오르다

제 4 부 분

81~84

　　相传很久以前，黄帝命仓颉负责统计牲口和粮食的数量。仓颉是一个很聪明、而且做事又细心的人，所以他很快就对所管理的物品了如指掌了。⁸¹⁾可随着每天牲口和粮食储量的不断变化，仓颉很难再凭记忆管理了，而当时又没有文字，这可为难他了。

　　仓颉一心想解决这个难题：他先是用不同颜色的绳子代表不同种类的牲口和粮食，用绳子上打的结表示具体数目，但很快他便发现，数目增加时，⁸²⁾在绳子上打个结虽然容易得很，而减少时，要解开一个结却很麻烦。后来，他又在绳上打圈，并在圈上挂上各种贝壳代表他所管的东西。数量增加就添一个贝壳，减少就去掉一个。这个方法很有效，仓颉用这个办法管理了很长时间。黄帝见他如此能干，让他管理的物品种类也逐渐增多，数量也逐渐增大。每年祭祀的次数、狩猎的分配等等，都交给仓颉来管了。这下仓颉又犯难了，因为仅凭结绳子、挂贝壳已经不起作用了。

　　一天，仓颉走到一个三岔路时，看到三个猎人正在争论该走哪条路：一个人坚持要往东走，说东边有野猪；一个要往北，说前面有鹿群；另外一个偏要往西，说那边有老虎。仓颉一问才知道，原来他们打猎的时候都是根据地上野兽的脚印来判断动物的去向的。仓颉心中一喜：⁸³⁾既然一个脚印代表一种野兽，那么我为什么不能用符号来表示我所管的东西呢？他高兴地飞奔回家，开始创造各种各样的符号来表示自己管理的事物。果然，采用这种方法后，他把事情管理得井井有条。

黄帝知道后，对仓颉大加称赞，并派他到各个部落去传授这种方法。[84)]渐渐地，这些符号推广开来，并最终形成了汉字。

아주 오래전 황제(黄帝)가 창힐(仓颉)에게 가축의 수와 식량의 양을 계산하라고 명령했다. 창힐은 매우 똑똑하고 일 처리가 꼼꼼한 사람이었기에 자신이 관리하는 물품을 빠르고 정확하게 파악했다. [81)]하지만 매일 가축과 식량의 저장량이 끊임없이 변화하니, 창힐은 기억력으로 관리하기가 어려웠다. 게다가 당시에는 문자도 없었기 때문에 그를 곤란하게 했다.

창힐은 이 난제를 해결하기 위해 고심했다. 그는 우선 각각 다른 색깔의 새끼줄로 각각의 가축과 식량을 표시하고, 새끼줄에 매듭을 지어서 구체적인 수량을 표시했다. 하지만 얼마 지나지 않아, 수량이 증가했을 [82)]새끼줄에 매듭을 짓는 것은 쉽지만, 반대로 감소했을 때 매듭을 푸는 것은 매우 번거롭다는 것을 발견하게 되었다. 후에 그는 또 새끼줄에 고리를 만들고, 그 고리에 그가 관리하는 물품을 상징하는 각각의 조개껍데기를 매달았다. 수량이 증가하면 조개껍데기를 추가하고, 감소하면 빼는 식이었다. 이 방법은 매우 효과적이어서, 창힐은 이 방법으로 꽤 오랫동안 관리했다. 황제는 그가 이처럼 유능한 것을 보고 그가 관리하는 물품의 종류와 수량도 크게 늘렸다. 매년 제사 지내는 횟수, 사냥의 분배 등을 모두 창힐에게 넘겨 관리하게 했다. 이렇게 되자 창힐은 또다시 곤란하게 되었다. 왜냐하면 새끼줄을 꼬아 조개껍데기를 거는 것만으로는 이미 관리가 힘들었기 때문이다.

어느 날, 창힐이 세 갈래 길에 도달했을 때 사냥꾼 세 명이 어느 길로 갈지 다투고 있는 것을 보았다. 한 사람은 동쪽으로 가기를 고집하며 동쪽에 멧돼지가 있다고 말했고, 다른 사람은 북쪽으로 가야 한다며 앞에 사슴 떼가 있다고 말했다. 또 다른 사람은 꼭 서쪽으로 가야 한다며 그쪽에 호랑이가 있다고 말했다. 창힐이 다가가 물으니, 그들은 사냥할 때 땅 위의 짐승 발자국을 보고 동물들의 방향을 파악한다는 것을 알 수 있었다. 창힐은 속으로 기뻐했다. [83)]'발자국 하나가 짐승 하나를 표시한다면, 왜 나는 부호로 내가 관리하는 물건을 표시하지 않았을까?' 그는 매우 기뻐서 나는 듯 집에 돌아와, 각종 부호를 만들어 자신이 관리하는 물품을 표시하기 시작했다. 과연 이 방법을 사용하고 나서 그는 체계적으로 일을 관리할 수 있었다.

황제가 이 사실을 알게 된 후 창힐을 크게 칭찬하고, 그를 여러 부락에 보내 이 방법을 전수하도록 했다. [84)]점차 이러한 부호가 보급되기 시작했고, 결국 한자가 형성되었다.

단어| 黄帝 Huángdì [고유] 황제[고대 중국 중원 지방 각 부족 공통의 시조] | 仓颉 Cāng Jié [인명] 창힐[한자를 창제했다는 전설 속의 인물] | 牲口 shēngkou [명] 가축 | 了如指掌 liǎorúzhǐzhǎng [성] 제 손금을 보듯 훤하다 | 打结 dǎjié [동] 매듭을 짓다 | 祭祀 jìsì [동] 제사 지내다 | 狩猎 shòuliè [동] 사냥하다 | 犯难 fànnán [동] 곤란하다 | 岔路 chàlù [명] 갈림길 | 野猪 yězhū [명] 멧돼지 | 井井有条 jǐngjǐngyǒutiáo [성] 질서 정연하다

81 | C

根据第一段，仓颉遇到了什么难题？

A 粮食难以储存

B 黄帝不再相信他

C 数量变化难以记忆

D 牲口数量不断减少

첫 번째 단락에 의하면 창힐은 어떤 문제에 직면하게 되었는가?

A 식량을 저장하기 힘들었다

B 황제가 그를 다시는 신뢰하지 않았다

C 수량의 변화를 기억하기 힘들었다

D 가축의 수량이 계속 감소했다

해설| 첫 번째 단락이라는 범위가 주어지고 창힐에게 닥친 어려움이 무엇인지 물었으므로, 선택지를 미리 보지 말고 바로 지문으로 가서 정답을 찾습니다. 첫 번째 단락 마지막 부분에서 '可随着牲口和粮食储量每天变化不断, 仓颉很难再凭记忆管理了'라고 했으므로 정답은 C입니다.

82 | D

用绳子记事的缺点是什么？

A 绳子容易断

B 打结很耗时

C 绳子颜色太少

D 解开绳结不方便

새끼줄로 기록하는 것의 단점은 무엇인가？

A 새끼줄이 쉽게 끊어진다

B 매듭을 짓는 데 시간이 많이 걸린다

C 새끼줄의 색상이 너무 적다

D 새끼줄의 매듭을 푸는 것이 불편하다

해설| 새끼줄로 기록하는 것의 단점을 물어봤으므로 선택지를 보지 말고 바로 지문으로 갑니다. 绳子를 찾아서 두 번째 단락부터 읽어 나가면 됩니다. '在绳子上打个结虽然容易得很, 而减少时, 要解开一个结却很麻烦'을 통해 새끼줄의 매듭을 푸는 것이 번거로움을 알 수 있습니다. 정답은 D입니다.

단어| 耗时 hàoshí [동] 시간이 걸리다

83 | A

仓颉从猎人那儿受到了什么启发？

A 可用符号代表事物

B 狩猎要团队合作

C 不懂的问题要及时请教

D 迷路时要学会辨别方向

창힐은 사냥꾼들에게서 어떠한 깨우침을 얻었는가？

A 부호로 사물을 표시할 수 있다

B 사냥은 협동해야 한다

C 모르는 문제는 즉시 물어보아야 한다

D 길을 잃었을 때 방향을 구별하는 방법을 배워야 한다

해설| 사냥꾼과 관련하여 물어봤으므로, 지문에서 猎人을 빠르게 찾습니다. 세 번째 단락에서 猎人이 등장합니다. '既然一个脚印代表一种野兽, 那么我为什么不能用符号来表示我所管的东西呢' 부분이 사냥꾼으로부터 얻은 깨달음입니다. 정답은 A입니다.

84 | A

最适合做上文标题的是：

A 仓颉造字

B 绳子的妙用

C 贝壳货币的由来

D 知人善用的黄帝

윗글의 제목으로 가장 적합한 것은 무엇인가?

A 창힐의 문자 창제
B 새끼줄의 절묘한 운용
C 조개껍데기 화폐의 유래
D 용인술이 뛰어난 황제

해설 | 제목을 묻고 있습니다. 맨 마지막 단락에서 '渐渐地, 这些符号推广开来, 并最终形成了汉字'라고 했으므로 이 글은 창힐이 문자를 창조한 과정을 서술한 글임을 알 수 있습니다. 따라서 정답은 A입니다.

85~88

一家啤酒公司面向各大策划公司征集宣传海报，被选上的作品将有50万的酬金。消息一出，多家策划公司都跃跃欲试，在短短几周的时间里，这家啤酒公司就收到了数以千计的广告作品。最终，宣传部的负责人从里面筛选了一个最为满意的作品，上报给了总经理。

这幅作品的画面中央是一个啤酒瓶，瓶内啤酒汹涌，瓶颈处紧握着一只手，手的拇指朝上，正欲顶起啤酒瓶的盖儿。海报的广告标语是："挡不住的诱惑！"

但是总经理只看了一眼就给否决了，理由是这个创意略显生硬，而且用拇指打开酒瓶的做法十分危险。85)如果消费者被广告误导，真的像广告一样用手指开酒瓶，势必会有许多人受伤，到时他们来起诉公司就得不偿失了。

许多策划公司得知这家公司的总经理如此挑剔，都纷纷放弃了。一个艺术系的学生听说了这件事后，拿着自己的作品走进了该公司总经理的办公室。同样只看了一眼，总经理立即站了起来，兴奋地大声说道："棒极了，这才是我想看到的广告设计！"87)这位艺术系的学生也如愿以偿地得到了那50万元。

第二天，啤酒公司的海报就铺天盖地地出现在各大平面媒体上。想知道这幅海报的内容吗？其实很简单，86)画面中央依旧是一个啤酒瓶，不同的是拇指姿势：由原来的要开启瓶盖儿，变成了紧紧地按住瓶盖儿，虽然如此，瓶内的啤酒还是如清泉一般溢了出来。海报的广告标语也改为："按耐不住的精彩！"

同样是一个拇指，仅仅是改变了一下方向，就赢得了50万元！这在许多人看来未免有些投机取巧。然而，你可曾想过这个小小的改变背后，在内涵上有多么大的差异？88)其实，一个真正富有创意的人，就是能从废墟中发掘到金矿的人！

한 맥주 회사에서 여러 큰 기획 회사에 광고 포스터를 모집하면서 뽑히는 작품에는 50만 위안의 보수를 지급하기로 했다. 이 소식이 전해지자 여러 기획 회사는 참가하고 싶어 안달이 났고, 몇 주도 안 되는 짧은 시간 동안 이 맥주 회사는 수천 건의 광고 작품을 받았다. 최종적으로 홍보부의 담당자가 그중에서 가장 만족스러운 작품을 선별해 사장에게 보고했다.

이 작품의 화면 중앙에는 맥주병이 하나 있는데, 병 속의 맥주는 터질 듯 뿜어져 나오고 있다. 병의 목 부분은 한 손이 꽉 움켜쥐고 있고 손의 엄지가 위를 향해 있는데, 꼭 병뚜껑을 따려고 하는 것 같다. 포스터의 광고 카피는 '막을 수 없는 유혹!'이다.

그러나 사장은 포스터를 보자마자 부결했다. 이유는 창의성이 없고 어설퍼 보이며, 엄지손가락으로 병뚜껑을 따는 방법이 매우 위험하다는 것이다. 85)만약 소비자가 이 광고에 오도되어, 정말로 광고처럼 손가락으로 병뚜껑을 따면 단연코 많은 사람들이 다칠 것이고, 그들이 회사를 고소하면 득보다 실이 크게 된다.

많은 기획 회사들이 이 회사의 사장이 이처럼 까다롭다는 것을 알고서는 모두 줄줄이 포기했다. 한 예술 전공의 학생이 이 이야기를 듣고, 자신의 작품을 들고 그 회사 사장의 사무실로 찾아갔다. 이전과 마찬가지로 흘끔 본 사장은 바로 벌떡 일어나더니, 흥분해서 크게 소리쳤다. '정말 훌륭해. 이것이야말로 내가 보고 싶었던 광고 디자인이야!' 87)이 예술 전공 학생도 바라던 대로 50만 위안을 손에 쥐게 되었다.

다음 날, 맥주 회사의 포스터는 온 천지를 뒤덮을 기세로 각종 지면 광고에 나타났다. 이 포스터의 내용을 알고 싶은가? 사실 매우 단순하다. 86)화면 중앙에는 여전히 맥주병 하나가 있다. 다른 것은 엄지손가락의 자세다. 원래의 병뚜껑을 따려던 모양에서, 병뚜껑을 단단히 막으려는 모양으로 바뀐 것이다. 그럼에도 불구하고 병 속의 맥주는 여전히 맑은 샘물처럼 넘쳐흐르는 모습이다. 포스터의 광고 카피 역시 바뀌었다. '억누를 수 없는 활력!'

같은 엄지손가락이고 겨우 방향만 바꾸었을 뿐인데 50만 위안을 벌다니! 이는 수많은 사람들이 보기에는 교묘한 수단으로 사리사욕을 취한 것이라 생각하지 않을 수 없다. 하지만 이 작은 변화 뒤에 담겨 있는 의미는 얼마나 큰 차이가 있는지 생각해 본 적이 있는가? 88)사실 진정으로 창의력이 풍부한 사람은 바로 폐허 속에서 금광을 발굴할 수 있는 사람이다!

단어 | 征集 zhēngjí 동 구하다, 모집하다 | 海报 hǎibào 명 광고지, 포스터 | 跃跃欲试 yuèyuèyùshì 성 해 보고 싶어 안달이다 | 数以千计 shù yǐ qiān jì 수천을 헤아리다 | 筛选 shāixuǎn 동 선별하다 | 汹涌 xiōngyǒng 형 (물이 용솟음치는 모양을 형용함) | 欲 yù 동 ~을 하려고 하다, 원하다 | 顶起 dǐngqǐ (밑에서부터) 들어 올리다 | 生硬 shēngyìng 형 생경하다, 어색하다 | 误导 wùdǎo 동 오도하다, 잘못 이끌다 | 势必 shìbì 부 단연코, 반드시, 기필코 | 起诉 qǐsù 동 기소하다, 고소하다 | 不偿失 débùchángshī 얻는 것보다 잃는 것이 더 많다 | 挑剔 tiāoti 형 가리는 것이 많다, 까다롭다 | 如愿以偿 rúyuànyǐcháng 성 소원을 성취하다 | 铺天盖地 pūtiāngàidì 성 온 천지를 뒤덮다 | 开启 kāiqǐ 열다, 개방하다 | 溢 yì 동 넘치다, 넘쳐흐르다 | 按耐 ànnài 동 억누르다, 억제하다 | 未免 wèimiǎn 부 ~이라 하지 않을 수 없다 | 投机取巧 tóujīqǔqiǎo 성 기회를 틈타(교묘한 수단을 빌어) 사리사욕을 취하다 | 废墟 fèixū 명 폐허 | 发掘 fājué 동 발굴하다, 캐내다

85 | D

总经理为什么否决了第一个广告作品？

A 色彩单一
B 标语难懂
C 生产费用高
D 容易误导消费者

사장은 왜 첫 번째 광고 작품을 부결했는가?

A 색상이 단조로워서
B 표어가 난해해서
C 생산 비용이 높아서
D 소비자를 오도하기 쉬워서

해설 | 为什么를 이용해 세부 내용을 묻고 있습니다. 문제를 기억하여 지문에서 문제가 있는 부분을 찾습니다. 세 번째 단락 첫 문장에서 但是总经理只看了一眼就给否决了 라고 했으므로 원인은 그 뒤에서 찾으면 됩니다. '如果消费者被广告误导，真的像广告一样用手指开酒瓶，势必会有许多人受伤' 부분을 통해 정답이 D임을 알 수 있습니다.

86 | A

两个广告的不同之处在哪儿?

A 拇指姿势
B 酒瓶位置
C 画面背景
D 酒瓶尺寸

두 광고의 차이는 무엇인가?

A 엄지의 자세
B 술병의 위치
C 화면의 배경
D 술병의 크기

해설 | 두 개의 광고의 다른 점을 묻고 있으므로 지문의 뒷부분에 정답이 있음을 유추해 낼 수 있습니다. 다섯 번째 단락을 보면 '画面中央依旧是一个啤酒瓶, 不同的是拇指姿势'라고 했으므로 정답은 A입니다. 문장 뒤의 쌍점(:)은 부연 설명을 나타내므로 뒷부분은 굳이 읽지 않아도 됩니다.

87 | A

根据上文, 可以知道:

A 那个学生得到了酬劳
B 总经理很会精打细算
C 大多数的策划公司都倒闭了
D 宣传部负责人不爱喝啤酒

윗글을 통해 알 수 있는 것은 무엇인가?

A 그 학생이 사례금을 받았다
B 사장은 매우 계산에 밝다
C 대다수 기획 회사가 도산했다
D 홍보부 담당자는 맥주를 좋아하지 않는다

해설 | 지문과 일치하는 내용을 묻는 문제이므로 ABCD 선택지를 미리 봅니다. 한국어로 대략의 내용을 기억하고 핵심 단어들을 체크한 뒤에 지문에서 답을 찾도록 합니다. 这位艺术系的学生也如愿以偿地得到了那50万元을 통해 그 학생이 보수를 받았다는 A가 정답임을 알 수 있습니다.

단어 | 酬劳 chóuláo 몡 보수, 사례금 | 精打细算 jīngdǎxìsuàn 셍 꼼꼼하게 따지고 세밀하게 계산하다

88 | B

上文主要想告诉我们:

A 要重视消费者的反馈
B 要善于在平凡中发现新意
C 要多给年轻人展示的机会
D 广告要完全展现产品的特征

윗글이 우리에게 말하려는 것은 무엇인가?

A 소비자의 피드백을 중요하게 생각해야 한다

해설 | 주제를 묻는 문제입니다. 이야기 글은 주로 맨 마지막에 주제를 정리해 줍니다. 전체 글의 내용을 알고서 답을 찾아도 좋고, 마지막 단락의 '其实, 一个真正富有创意的人, 就是能从废墟中发掘到金矿的人' 부분을 통해 정답이 B임을 알 수 있습니다.

단어 | 反馈 fǎnkuì 몡 피드백

89~92

春秋时期, 按照鲁国法律规定, 如果有人将在国外沦为奴隶的鲁国人赎回, 国家会把其所出的赎金全部返还给他。鲁国有个叫子贡的人, 他不仅是孔子最富才华的弟子, 也是一个成功的生意人。[89]有一次, 他在国外赎回了一个沦为奴隶的鲁国人, 但回国后谢绝了国家返还的赎金。

子贡有一定的经济实力, 那笔赎金对他来说根本算不了什么, 更重要的是, 他是孔子的学生, 受到了孔子的道德感化, 所以他才会拒收国家返还的赎金。他本以为孔子知道这件事后会对他赞赏有加, [90]不料孔子却说: "子贡, 你不应该这样做。你若拿了国家返还的赎金, 并不会损害你行为的价值; 但你不拿, 就破坏了国家那条代偿赎金的好法律。所以, 你开了一个不好的头, 从今以后, 鲁国人不会再帮沦为奴隶的本国同胞赎身了。"

孔子认为, 如果人人都以子贡为榜样, 认为不领赎金是高尚的做法, 领取赎金却是可耻的, 那么为同胞赎身的人就会越来越少。因为大多数人的财力比不上子贡, 无法不在乎赎金, 如果不能向国家要回这笔钱, 他们自己的生活可能会受到重大影响; [91]而对于那些有经济实力的人来说, 他们可能没有子贡那么高的道德品质, 不愿意白白损失这笔钱。如此一来, 即便看到沦为奴隶的同胞, 大多数鲁国人也会放弃为他们赎身。

事实上, 鲁国那条代偿赎金的法律立意, 是想让每个人都可以在有机会的时候, 惠而不费地去做一件功德无量的大好事, 因为人们只是付出了同情心, 其它方面毫无损失。因为国家制定法律的目的并不是要人们去做损己利人的牺牲, [92]而是乐于做无损于己但却有利于人的好事。

춘추시대 노나라의 법률 규정에 따르면, 만일 누군가가 외국에서 노예가 된 노나라 사람을 구해 오면, 국가는 그가 지불한 몸값 전부를 그에게 되돌려준다. 노나라에 자공(子贡)이라는 사람이 있었는데, 그는 공자의 제자 중 가장 뛰어난 사람이었을 뿐만 아니라 성공한 사업가이기도 했다. [89]어느 날, 그는 다른 나라에서 노예가 된 노나라 사람을 구해 왔지만 귀국한 후에 국가의 반환금을 사절했다.

자공은 어느 정도의 경제력이 있었기 때문에, 그 돈이 그에게는 별것 아니었다. 더 중요한 것은 그가 공자의 제자이고 공자의 가르침에 감화를 받았기에 국가의 보상금 반환을 거부하였다는 점이다. 그는 본디 공자가 이 사실을 알면 그를 더욱더 칭찬할 줄 알았지만, [90]뜻밖에도 공자는 이렇게 말했다. "자공아, 너는 그렇게 하지 않았어야 한다. 만약 국가의

보상금을 받아들였다면 네 행위의 가치를 상하지 않게 하였겠지만, 네가 받지 않음으로써 국가의 보상금 반환이라는 좋은 법률 조항을 깨뜨리게 되었다. 때문에, 네가 좋지 않은 선례를 남김으로써, 앞으로 노나라 사람은 노예가 된 본국의 동포를 구하려고 돈을 지불하지는 않을 것이다."

공자는 만약 사람들이 자공을 본받아 보상금을 받지 않은 것이 가장 순고한 것이며 보상금을 받는 것을 치욕적이라 여긴다면, 동포의 석방을 위해 돈을 쓰는 사람이 갈수록 적어질 것이라 생각했다. 왜냐하면 대다수 사람들의 재력은 자공에 비할 수 없기 때문에 보상금에 연연하지 않을 수 없는데, 만약 국가에 이 금액을 돌려받을 수 없다면 그들은 자신의 생활에 아마도 심각한 영향을 받게 될 것이다. [91]또 경제력이 있는 사람들의 경우에는, 자공만큼 높은 도덕성이 없을 수 있기 때문에 대가 없이 이 금액의 손실을 감내하길 원하지 않을 것이다. 이렇게 되면 노예가 된 동포를 보게 된다 할지라도 대다수의 노 나라 사람들은 그들이 해방되도록 돈을 쓰는 것은 포기할 것이다.

사실 노나라의 보상금 반환 조항의 입법 취지는 모든 사람들이 기회가 있을 때 자신에게 손실이 없는 방식으로 공덕을 쌓는 일을 할 수 있게 하려는 것이었다. 왜냐하면 사람은 동정심만 지불할 뿐 그 외의 다른 손실이 없기 때문이다. 국가가 법을 제정한 목적은 사람들이 타인을 위해 자신을 희생하라는 것이 아니라 [92]자신에게 손해가 되지 않으면서 타인을 이롭게 하는 좋은 일을 기꺼이 하라는 것이기 때문이다.

단어 | 沦为 lúnwéi 동 ~으로 전락하다, ~이 되다 | 奴隶 núlì 명 노예 | 赎回 shúhuí 동 (대금을 치르고 저당물 또는 인질을) 되찾다 | 赎金 shújīn 명 (저당물을 되찾기 위해) 물어 줄 돈, (인질의) 몸값 | 返还 fǎnhuán 동 되돌려주다, 반환하다 | 代偿 dàicháng 동 대신 갚다 | 开头 kāitóu 동 (일·행동 등을) 처음 시작하다 | 同胞 tóngbāo 명 동포 | 赎身 shúshēn 동 (노비·기녀가) 돈이나 다른 대가를 지불하고 자유를 얻다 | 可耻 kěchǐ 형 수치스럽다, 치욕스럽다 | 惠而不费 huì'érbúfèi 성 남에게 은혜를 베풀면서도 비용이 들지 않다

89 | C

> 子贡将同胞赎回后:
>
> A 被鲁国人当成了英雄
> B 忘了去要返还赎金
> C 谢绝了国家返还的赎金
> D 得到了同门师兄弟的赞许

자공은 동포를 구한 다음에 어떻게 했는가?

A 노나라 사람들에게 영웅 대접을 받았다
B 보상금 청구를 잊었다
C 국가의 보상금 반환을 사절했다
D 동문 사형제의 칭찬을 받았다

해설 | 세부 내용을 묻는 문제이므로 선택지를 보지 말고 문제만 기억해서 지문을 봅니다. 첫 번째 단락 마지막 문장의 '他在国外赎回了一个沦为奴隶的鲁国人，但回国后谢绝了国家返还'을 통해 정답 C를 선택할 수 있습니다.

90 | B

> 孔子认为子贡的行为:
>
> A 很虚伪
> B 不应该被肯定
> C 体现了儒家的思想
> D 为鲁国人树立了好榜样

공자는 자공의 행위를 어떻게 생각했는가?

A 매우 위선적이다
B 인정받아서는 안 된다
C 유가 사상을 구현했다
D 노나라 사람들에게 좋은 귀감이 되었다

해설 | 세부 내용을 묻는 문제로, 지문에서 자공의 행위에 대한 공사의 생각 부분을 찾아야 합니다. 두 번째 단락에서 '不料孔子却说: 子贡, 你不应该这样做' 부분을 보면 공자가 자공이 한 행동에 대해 부정적인 의견을 나타내고 있음을 알 수 있습니다. 따라서 정답은 B입니다.

단어 | 虚伪 xūwěi 형 위선적이다, 허위적이다

91 | A

> 孔子认为，富人不愿意拿钱去救同胞的原因是:
>
> A 道德水平不高
> B 怕被孔子谴责
> C 担心国家没钱偿还
> D 生活会受到重大影响

공자가 부자들이 돈을 써 가며 동포를 구하지 않을 것이라고 생각한 이유는 무엇인가?

A 도덕 수준이 높지 않아서
B 공자한테 질책을 받을까 봐
C 국가가 갚을 돈이 없는 것이 걱정돼서
D 생활에 심각한 영향을 받을 수 있어서

해설 | 세부 내용을 묻는 문제이므로 선택지를 보지 말고 문제만 기억해서 지문을 봅니다. 문제의 富人이 지문에서는 有经济实力의 人으로 나와 있습니다. '而对于那些有经济实力的人来说，他们可能没有子贡那么高的道德品质，不愿意白白损失这笔钱'이라고 했으므로 정답은 A입니다.

단어 | 谴责 qiǎnzé 동 질책하다, 비난하다 | 偿还 chánghuán 동 (진 빚을) 상환하다, 갚다

92 | D

> 第四段中划线成语"惠而不费"是什么意思?
>
> A 做事不费功夫
> B 不浪费一分钱
> C 帮助别人又能使自己受惠
> D 帮助他人又无损自己的利益

네 번째 단락의 성어 '惠而不费'의 뜻은 무엇인가?

A 일을 하는 데 힘이 들지 않다
B 한 푼도 낭비하지 않는다
C 타인을 돕고 자기도 혜택을 받을 수 있게 된다
D 타인을 돕고 자신도 손해 보지 않는다

해설 | 밑줄 친 성어의 의미를 묻는 문제입니다. 먼저 단어를 한 글자씩 보면서 뜻을 유추해 보고, 앞뒤 문맥을 통해 전체 뜻을 유추합니다. 惠而不费에서 惠는 '남에게 혜택을 주다, 은혜를 베풀다'이란 의미이고, 费는 '소비하다'란 의미이므로, 유추하면 '남에게 혜택을 주면서 소비는 안 한다'라는 의미가 됩니다. 즉, '남을 도와주면서 자신의 이익에는 손해가 나지 않는다'라는 의미이므로 정답은 D입니다.

93~96

⁹³⁾附生现象是指两种生物虽紧密生活在一起，但彼此之间没有营养物质交流的一种生命现象。一种植物借住在其他植物种类的生命体上，能自己吸收水分、制造养分，这种包住不包吃的现象，被称为附生。

附生植物最普遍的特点是附生在寄主植物水平的枝干上及枝干的分叉点上，因为这些地方最容易堆积尘土。有的低等植物甚至附生在叶片上，除了叶片附生的植物会对寄主的光照条件造成一定的影响外，附生植物一般不会对寄主造成损害。

植物的附生现象是热带雨林的主要标志性特征之一，因此植物附生现象的形成需要满足一定的环境条件：⁹⁴⁾一是空气湿度大，二是寄主表面要有一定的腐殖质存在。因此植物的附生现象多见于湿热的地方，尤其是热带与亚热带雨林中。

热带雨林中的植物往往高大茂盛，因此植物间对阳光、雨水的争夺也比较激烈。相对而言，附生植物能更容易地获得来之不易的阳光和雨水。比如鸟巢蕨，它形似鸟巢，可以尽可能多地截留雨水、枯落物以及鸟粪等，这些枯落物可储存水分，并提供营养物质。⁹⁵⁾附生植物在形态和生理上都具有较强的适应性，这为它们的生存和繁衍提供了可能性。

附生植物的种类比较丰富，从低等植物到高等植物都有，它们对森林生态系统多样性的形成及其维持、养分与水分的循环都有一定的作用。⁹⁶⁾此外，附生植物对环境变化还具有指示作用。人类活动会影响附生现象的存在，所以在人类活动频繁的区域，附生现象会大大减少，甚至消失。

하며, 심지어 사라지기도 한다.

단어 | **附生** fùshēng 图 착생하다, 다른 물체에 부착하여 생장하다 | **包住不包吃** bāo zhù bù bāo chī 머무르는 것만 보장하고 먹는 것은 보장하지 않는다 | **寄主** jìzhǔ 图 기주, 숙주 | **分叉点** fēnchādiǎn 图 분기점 | **堆积** duījī 图 쌓이다 | **腐殖质** fǔzhízhì 图 부식질 | **茂盛** màoshèng 图 (식물이) 우거지다, 무성하다 | **来之不易** láizhībúyì 图 오기가 쉽지 않다, 얻기가 쉽지 않다 | **鸟巢蕨** niǎocháojué 图 아스플레니움 니두스(Asplenium nidus) [고사리과의 식물] | **鸟巢** niǎocháo 图 새 둥지 | **截留** jiélíu 图 붙잡아 두다 | **枯落物** kūluòwù 마른 낙엽 | **鸟粪** niǎofèn 图 새똥 | **繁衍** fányǎn 图 번식 图 번식하다 | **频繁** pínfán 图 빈번하다, 잦다

93 | C

关于附生现象，下列哪项正确？

A 十分罕见
B 只出现在低等植物中
C 植物间无营养物质的交流
D 附生植物会损害寄主的生长

착생현상에 관하여 다음 중 옳은 것은 무엇인가?

A 매우 드물다
B 하등식물에서만 나타난다
C 식물 간 영양물질 교환이 없다
D 착생식물은 기주의 생장에 해를 끼친다.

해설 | 지문과 일치하는 내용을 물어본 문제이므로, 선택지를 미리 보고 정답을 찾습니다. 제일 첫 문장 '附生现象是指两种生物虽紧密生活在一起, 但彼此之间没有营养物质交流的一种生命现象'에서 但 뒷부분을 보면 정답이 C임을 알 수 있습니다.

94 | A

为什么附生现象多见于热带与亚热带？

A 环境湿热
B 阳光充足
C 土壤肥沃
D 植物种类丰富

착생현상은 왜 열대와 아열대에서 자주 나타나는가?

A 햇빛이 습윤하고 더워서
B 일조량이 충분해서
C 토양이 비옥해서
D 식물 종류가 다양해서

해설 | 为什么를 이용해서 세부 내용을 묻는 문제이므로, 지문에서 문제 부분을 먼저 찾도록 합니다. 세 번째 단락의 맨 첫 문장 植物的附生现象是热带雨林的主要标志性特征之一가 문제의 내용을 담고 있으므로, 세 번째 단락부터 정독해 나갑니다. 원인을 2가지로 얘기하면서 植物的附生现象多见于湿热的地方이라고 정리하고 있으므로 정답은 A입니다.

단어 | **肥沃** féiwò 图 (토양이) 비옥하다

---

⁹³⁾착생현상은 두 종의 생물이 함께 긴밀하게 생활하고는 있으나 상호간에 영양물질의 교환이 없는 생명 현상을 말한다. 한 종의 식물이 다른 종 식물의 생명체 위에 살면서, 스스로 수분을 흡수하고 영양분을 만들 수 있다. 이처럼 머무르지만 먹는 것은 포함하지 않는 현상을 착생이라 부른다.

착생식물의 가장 보편적인 특징은 기주식물의 수평 방향의 가지 위와 가지의 분기점에 산다는 점인데, 이러한 곳은 가장 쉽게 먼지가 쌓이기 때문이다. 일부 하등식물은 심지어 잎사귀 위에 착생하는 경우도 있다. 잎사귀에 착생하는 식물이 기주의 일조 조건에 어느 정도 영향을 주는 것 외에, 착생식물은 보통 기주에 손실을 끼치지 않는다.

식물의 착생현상은 열대우림의 대표적인 특징 중 하나이다. 이 때문에 식물 착생현상의 형성은 일정한 환경 조건이 충족되어야 한다. ⁹⁴⁾먼저 공기 습도가 높아야 하고, 다음으로 기주의 표면에 일정한 부식질이 존재해야 한다. 그러므로 식물의 착생현상은 덥고 습윤한 지방에서 자주 발견되며, 특히 열대와 아열대우림에서 자주 나타난다.

열대우림의 식물은 대개 크고 무성하다. 이 때문에 식물 간에 빛, 빗물에 대한 경쟁이 비교적 치열하다. 상대적으로 착생식물은 귀한 빛과 빗물을 더 쉽게 얻을 수 있다. 예를 들어 아스플레니움 니두스(鸟巢蕨)는 생김새가 마치 새의 둥지 같아서, 빗물이나 마른 낙엽, 새똥 등을 가능한 많이 보존할 수 있는데, 이런 마른 낙엽들은 수분을 저장하고 영양 물질을 제공할 수 있다. ⁹⁵⁾착생식물은 형태와 생리상 비교적 강한 적응력을 가지고 있다. 이는 그들의 생존과 번식에 가능성을 제공한다.

착생식물의 종류는 비교적 많다. 하등식물부터 고등식물까지 모두 있는데, 이들은 삼림 생태계의 다양성을 형성 및 유지하고, 영양분과 수분의 순환에 일정한 역할을 한다. ⁹⁶⁾이 외에, 착생식물은 환경 변화에 대해 지시적인 역할을 한다. 인류의 활동은 착생현상의 존재에 영향을 줄 수 있기 때문에 인류의 활동이 빈번한 지역에서는 착생현상이 크게 감소

95 | A

根据第四段，可以知道：

A 附生植物适应性强
B 附生植物需水量不大
C 附生植物往往高大茂盛
D 鸟类喜欢在附生植物上筑巢

네 번째 단락에 근거하여 알 수 있는 것은 무엇인가?

A 착생식물은 적응력이 강하다
B 착생식물은 필요한 수분이 많지 않다
C 착생식물은 크고 무성하게 자라는 편이다
D 조류는 착생식물 위에 둥지를 짓는 것을 좋아한다.

해설 | 네 번째 단락이라는 범위를 주고 지문과 일치하는 내용을 물어봤습니다. 선택지를 미리 보고 내용을 기억한 후에 지문에서 일치하는 내용을 고릅니다. 네 번째 단락 마지막 부분에 附生植物在形态和生理上都具有较强的适应性이라고 했으므로 정답은 A입니다.

단어 | 筑巢 zhù cháo 둥지를 짓다

96 | C

下列哪项属于附生植物的作用？

A 吸收辐射
B 驱逐害虫
C 指示环境变化
D 净化室内空气

다음 중 착생식물의 역할에 해당하는 것은 무엇인가?

A 전자파를 흡수한다
B 해충을 쫓아낸다
C 환경 변화를 지시한다
D 실내 공기를 정화한다

해설 | 96번 문제는 마지막 단락에 답이 있을 것임을 유추하고, 문제의 附生植物的作用을 지문에서 찾습니다. 마지막 단락을 보면 附生植物对环境变化还具有指示作用이라고 했으므로 정답은 C입니다.

단어 | 驱逐 qūzhú 동 쫓아내다, 몰아내다

97~100

有氧运动是指人体在氧气供应充足的情况下进行的体育锻炼。运动时，由于肌肉收缩需要大量的养分和氧气，心脏收缩的次数便会增加，每次输送的血液量也比平常多。同时，呼吸次数也会变多，肺部的收缩和舒张也随之增多。所以当人长时间地运动时，心脏就必须加大对肌肉所需养分与氧气的供应，以运走肌肉中多余的废物。[97)]这种持续性的供应可以提高心肺的耐力，心肺耐力提高后，人就可以进行更长时间，甚至是更高强度的运动，而且

不易疲劳。

[97,98)]长期坚持有氧运动不仅能增强心肺功能，还可以增加体内血红蛋白的数量，增强人体免疫力，提高大脑的工作效率，有效防止动脉硬化，[100)]降低心脑血管等疾病的发病率。同时，有氧运动还可以更快地消耗体内多余脂肪，减肥者如果在合理安排食物的同时，结合有氧运动，不仅减肥能成功，而且减肥后的体重也不易反弹，可一直保持良好的身材。

运动医学会建议成人每周运动二到五次。如果你以前没有运动的习惯，刚开始时，每周可运动两次，然后慢慢增加到每周三次、四次。初次运动的人往往热情很高，为了尽快得到效果，每天都去锻炼，而且每次锻炼的强度都很大。这样做不但收不到预期的效果，反而会出现疲劳、四肢酸痛等不良症状，导致最后缺乏运动的兴趣。其实我们应该认识到，[99)]运动是一个长期的习惯，循序渐进才是最佳的运动原则。运动的强度、次数以及持续的时间都应在个人可承受的范围内逐步递增，不能急于求成。

유산소운동은 인체가 산소의 공급이 충분한 상태에서 운동하는 것을 말한다. 운동할 때 근육이 수축하는 데 많은 양분과 산소가 필요하기 때문에, 심장이 수축하는 횟수가 증가하게 되고 매번 전달되는 혈액량도 평소보다 많아진다. 동시에, 호흡 횟수 또한 많아지고 폐부의 수축과 팽창도 그에 따라 증가한다. 그래서 오랜 시간 운동할 때 심장은 반드시 근육에 필요한 양분과 산소의 공급을 늘려서, 근육 내의 여러 쓸모없는 물질을 운반해야 한다. [97)]이러한 지속적인 공급은 심폐의 지구력을 높일 수 있고, 심폐지구력이 높아지면 사람은 더 긴 시간 동안, 심지어 더 높은 강도의 운동을 지속할 수 있으며 쉽게 지치지 않는다.

[97,98)]장기간 유산소운동을 계속하는 것은 심폐 기능을 증강시킬 뿐만 아니라 체내 헤모글로빈의 수를 증가시켜 인체의 면역력과 대뇌의 작업 효율을 높여 주고, 효과적으로 동맥경화를 방지하고 [100)]심뇌혈관 등 질병의 발병률도 낮출 수 있다. 동시에, 유산소운동은 체내의 잉여 지방을 더 빠르게 소모시킬 수 있기 때문에 다이어트를 하는 사람이 합리적으로 식단을 조절하면서 유산소운동을 하는 경우 다이어트에 성공할 수 있을 뿐만 아니라 요요현상도 쉽게 나타나지 않아 몸매 유지에 도움이 된다.

운동의학회는 성인의 경우 매주 2~5회 운동할 것을 권장한다. 만약 이전에 운동하는 습관 없이 막 시작했다면 매주 2회 운동하는 것이 좋고, 천천히 매주 3회, 4회로 늘리는 것이 좋다. 처음 운동하는 사람은 의욕이 넘쳐서 빠르게 효과를 얻기 위해 매일 운동하고, 운동 강도 또한 높게 하는 경우가 많다. 이러한 방법은 원하는 효과를 얻을 수 없을 뿐만 아니라 오히려 피로, 근육통 등의 나쁜 증상이 나타나서 운동에 대한 흥미를 떨어뜨릴 수 있다. 사실 [99)]운동은 장기적인 습관이며, 천천히 조금씩 하는 것이 최선의 운동 원칙이라는 것을 알아야 한다. 운동의 강도, 횟수 및 지속 시간은 개인의 능력 내에서 점차 증가시켜야지, 조급하게 성공하려 해서는 안 된다.

단어 | 氧气 yǎngqì 명 산소 | 收缩 shōusuō 동 수축하다 | 舒张 shūzhāng 명 이완, 확장 동 이완되다, 확장되다 | 耐力 nàilì 명 지구력, 인내력 | 血红蛋白 xuèhóngdànbái 명 헤모글로빈 | 动脉硬化 dòngmài yìnghuà 동맥경화 | 反弹 fǎntán 동 원래대로 회복하다 | 酸痛 suāntòng 형 (사지가) 시큰시큰 쑤시고 아프다 | 循序渐进 xúnxùjiànjìn 성 순차적으로 진행하다 | 急于求成 jíyúqiúchéng 성 서둘러 성공을 추구하다, 조급하게 성공하려 하다

97 | B

根据第一段，有氧运动有助于：

A 促进消化
B 增强心肺功能
C 稀释血液浓度
D 改善睡眠质量

첫 번째 단락에 근거하면, 유산소운동은 무엇에 도움이 되는가?

A 소화를 촉진하다
B 심폐 기능을 강화한다
C 혈액 농도를 희석한다
D 수면의 질을 개선한다

해설 | 이 지문에서 자주 나오는 有氧运动에서 氧이 '氧气(산소)'라는 것을 알면 有氧运动이 유산소운동이라는 것을 유추할 수 있습니다. 이것을 알면 전체 글이 쉬워집니다. 97번 문제는 첫 번째 단락에서 말하는 유산소운동의 이점에 대해 묻고 있습니다. 这种持续性的供应可以提高心肺的耐力에서 심장의 지구력을 높여 준다고 했습니다. 여기서 정답을 고를 수도 있지만, 두 번째 단락에서 다시 유산소운동의 이점에 대해 나열하고 있습니다. 두 번째 단락의 첫 문장인 长期坚持有氧运动不仅能增强心肺功能을 통해서 확실하게 정답 B를 고를 수 있습니다.

단어 | **稀释** xīshì (동) 희석하다

98 | A

第二段主要谈有氧运动的：

A 好处
B 利与弊
C 种类
D 注意事项

두 번째 단락은 유산소운동의 어떤 점에 대해 이야기하고 있는가?

A 장점
B 장단점
C 종류
D 주의 사항

해설 | 두 번째 단락의 주제를 묻고 있습니다. 두 번째 단락은 유산소운동의 이점을 '不仅……, 还可以……'와 '同时, 有氧运动还可以……' 구문을 통해서 나열하고 있습니다. 따라서 정답은 A입니다.

99 | A

初次运动的人应注意什么？

A 循序渐进
B 制定目标
C 做好防护措施
D 选择正确的健身场所

처음 운동하는 사람이 주의해야 하는 것은 무엇인가?

A 순차적으로 진행한다
B 목표를 세운다
C 방어 조치를 마련한다
D 올바른 운동 장소를 고른다

해설 | 初次运动的人을 기억해서 지문에서 이 부분을 먼저 찾습니다. 세 번째 단락 '初次运动的人往往……'을 찾을 수 있고, 그 뒤로 읽다 보면 '运动是一个长期的习惯，循序渐进才是最佳的运动原则'라고 나오기 때문에 정답은 A가 됩니다. 循序渐进은 어려운 성어인데 선택지에 그대로 출제되었기 때문에 난이도가 높지 않은 문제입니다.

100 | C

根据上文，下列哪项正确？

A 有氧运动强度很高
B 有氧运动更适合老年人
C 有氧运动可减轻心血管疾病
D 有氧运动必须借助健身器材

윗글에 근거하여 다음 중 옳은 것은 무엇인가?

A 유산소운동은 강도가 높다
B 유산소운동은 노령 인구에 적합하다
C 유산소운동은 심혈관 질병을 줄일 수 있다
D 유산소운동은 반드시 운동 기구를 이용해야 한다

해설 | 지문과 일치하는 내용을 고르는 문제이므로 먼저 선택지를 봅니다. 틀린 내용을 제거해 가는 방법도 있고, 직접 일치하는 내용을 고를 수도 있습니다. 두 번째 단락에서 유산소운동의 이점을 여러 가지 나열하고 있는데, 그중에서 降低心脑血管等疾病的发病率라는 내용이 있으므로 정답은 C입니다.

三、书写

[1] 有一个郑国人，他生活在偏远的乡下，在村子里是出了名的愚蠢的人。一天，他看到自己脚上的鞋子坏了，已经露出了脚趾，并且鞋帮和鞋底也已经破了，所以他打算去集市上买一双新鞋子。

[2] 出发之前，他心想，"我家离集市有好几十里地的路呢，万一我买回来的鞋子不合脚，那可怎么办才好啊！要回去换的话，还要再走很长的路，那多不方便呀！我要想一个好主意，省得我再走冤枉路。"郑国人想了一会，终于想出了一个办法。他在家里找了一根绳子，把自己脚的长和宽都仔细地量了又量，然后在绳子上做了记号。他心满意足地对自己说："有了我量好的这个尺码，我就不怕我买的鞋不合脚了。我要用这个尺码好好儿量一下，买双舒服的鞋子！"他把绳子放在枕头底下，准备第二天一早就拿着绳子去集市上买鞋。

[3] 第二天一大早他就出发了。一路上他紧赶慢赶，走了二十多里地才来到集市上。集市上真是热闹极了，人群熙熙攘攘，各种各样的小商品摆满了柜台，商品真可谓是琳琅满目。这个郑国人径直走到一家鞋铺前，里面有各式各样的鞋子。郑国人让掌柜的拿了几双鞋，他左挑右选，最后选中了一双自己觉得满意的鞋子。这双鞋子样式不错，质量也是上乘的，等掌柜的说出价格以后，他觉得价格也很公道，所以他准备买下来。可是正当他准备拿出自己事先准备好的尺码，来比一比新鞋大小的时候，他发现绳子竟然忘记在枕头底下没有带来。

[4] 他用手拍了一下脑门，懊恼地说："我真糊涂，怎么忘记带尺码了呢？跑了一趟冤枉路！"于是他放下鞋子赶紧回家去了。一路上他跑得气喘吁吁的，汗水把衣服都浸湿了。回到家里，他从枕头底下拿出了量好的绳子，又急急忙忙赶往集市。尽管他一路小跑，还是花了差不多两个时辰。等他到了集市，太阳快下山了，集市上的小贩们都收了摊，大多数店铺已经关门了。他来到鞋铺，看到鞋铺也关门了。鞋没买成，他低头瞧瞧自己脚上的鞋，原先那个鞋窟窿现在更大了。

[5] 这时，有个人路过鞋铺，看见他垂头丧气的样子就问他发生了什么事情，于是他把自己忘记拿尺码的事情给那个人讲了一遍。那人听了以后不明白，就问他："你是帮谁买鞋？"郑国人说："当然是给我自己买鞋啦。"那人听了哈哈大笑起来，笑得眼泪都快出来了，他说："你自己买鞋，用你的脚试一下不就行了吗？还跑回去拿什么尺码呢？"他回答说："那可不成，尺码是昨天量好的，量好的尺码才可靠，我的脚是不可靠的。我宁可相信尺码，也不相信我的脚。"

어떤 정 나라 사람이 있었다. 그는 궁벽한 시골에 사는데 마을에서 이름난 멍청이였다. 하루는 그가 자기 발의 신발이 망가진 것을 보았다. 이미 발가락이 드러났고 신발 발등 및 옆면과 신발 밑바닥이 이미 터져 있었다. 그래서 그는 재래시장에 가서 새 신발 한 켤레를 사려고 했다.

출발 전에 그는 "우리 집은 재래시장에서 수십 리 길이잖아. 만일 내가 사 온 신발이 발에 맞지 않는다면 어쩌해야 좋을깨 돌아가서 바꾸려 한다면 아주 긴 길을 다시 걸어야 하는데, 그럼 얼마나 불편하겠어! 내가 좋은 생각을 내 봐야겠어. 헛걸음을 다시 하지 않도록 말이야."라고 생각했다. 정 나라 사람은 잠시 생각하더니 드디어 한 가지 방법을 생각해 냈다. 그는 집에서 끈 하나를 찾아서 자기 발의 길이와 폭을 꼼꼼하게 거듭 잰 다음, 끈에 표시를 했다. 그는 매우 만족해서 자신에게 말했다. "내가 잰 이 치수가 있으니, 난 이제 새 신발이 발에 안 맞게 무섭지 않아. 이 치수로 잘 재서 편안한 신발을 사야지." 그는 끈을 베개 밑에 두고는 이튿날 이른 아침에 끈을 들고 재래시장에 가서 신발을 사려고 했다.

이튿날 이른 아침에 그는 출발했다. 가는 길에 그는 급히 서둘렀고 이십여 리를 걸어서야 재래시장에 도착했다. 재래시장은 정말로 매우 번화했다. 사람들이 바글거렸고 갖가지 일상 잡화가 판매대에 가득 놓여 있었으며 상품들은 정말로 훌륭한 물건들로 가득하다 할 수 있었다. 이 정 나라 사람은 곧장 신발 가게로 갔다. 안에는 갖가지 신발이 있었다. 정 나라 사람은 가게 주인에게 신발 몇 켤레를 꺼내게 해서 이것저것 고르다가 마지막에 마음에 드는 신발 한 켤레를 골랐다. 이 신발은 모양이 괜찮았고 품질도 최상이었으며, 가게 주인이 가격을 말한 후에 그는 가격도 매우 합리적이라고 생각했다. 그래서 그는 사려고 했다. 하지만 마침 그가 자신이 미리 준비한 치수를 꺼내서 새 신발의 크기를 비교해 보려고 할 때, 그는 그제야 끈을 뜻밖에도 베개 밑에 두고는 깜박하고 챙겨 오지 않았다는 것을 알아차렸다.

그는 손으로 이마를 치고는 언짢아하며 말했다. "난 정말 멍청해. 어떻게 치수 챙기는 걸 깜박한 거지? 헛걸음했잖아!" 그래서 그는 신발을 내려놓고 서둘러 집으로 돌아갔다. 가는 길에 그는 숨을 헐떡거릴 정도로 달려서 땀이 옷을 모두 적셨다. 집에 돌아와서 그는 베개 밑에서 재어 놓은 끈을 들고 또 급히 재래시장으로 서둘러 갔다. 비록 그는 계속해서 뛰었지만 그래도 거의 두 시진이나 걸렸다. 그가 재래시장에 도착하자 해는 곧 지려고 했다. 재래시장의 소상인이 노점을 거두었고 대다수 점포들은 이미 문을 닫았다. 그가 신발 가게에 도착했을 때, 신발 가게가 문을 닫은 것을 보았다. 신발은 사지 못했고, 그가 고개를 숙여 자신의 발의 신발을 보니 원래의 그 신발 구멍이 지금은 더욱 커져 있었다.

이때 어떤 사람이 신발 가게를 지나가다가 그의 의기소침한 모습을 보고는 그에게 무슨 일인지 묻자, 그는 자신이 치수 챙기는 것을 깜박한 일을 이야기했다. 그 사람은 듣고 난 후에 이해가 되지 않아서 그에게 물었다. "누구 신발을 사려는 거였소?" 정 나라 사람이 말했다. "당연히 내 신발을 사려 했소." 그 사람이 듣고는 크게 웃기 시작했는데, 웃느라 눈물이 다 날 지경이었다. "당신 자신이 신발을 사는 거면, 신어 보면 되지 않소? 다시 뛰어가서 치수인가 뭔가를 챙긴 거요?" 그는 대답했다. "그건 안 된다오. 치수는 어제 잰 거요. 재어 놓은 치수는 믿을 만한데 내 발은 믿을 수 없소. 난 치수를 믿을지언정 내 발은 못 믿소."

해설 |

[1] 등장인물과 사건의 소개가 시작되는 단락입니다. 등장인물은 그대로 써야 하고, 구체적인 설명은 되도록 간단하고 쉬운 표현으로 바꾸어 요약합니다.

· 是出了名的愚蠢的人。 → 他很笨。

요약 有个郑国人住在乡下，他很笨。一天，他的鞋子坏了，所以他打算去集市上买一双新鞋子。

[2] 인물이 새로 사는 신발이 발에 안 맞을까 봐 걱정하며 해결 방법을 생각해 내는 내용입니다. 어려운 단어들, 혼잣말이나 속으로 생각하는 부분 등은 생략하고 핵심만 줄여서 씁니다.

· 办法(O): 개인적으로 일을 처리하는 방법에 씀
  方法(X): 객관적으로 따르는 법칙 등에 씀
· 把绳子放在枕头底下: 그대로 옮기기

요약 他心想万一买回来的鞋子不合适，要回去换的话很麻烦，于是就想了一个办法。他找了一根绳子，把自己脚的尺寸用绳子都量好了，然后把绳子放在了枕头下面，准备第二天拿着绳子去集市上买鞋。

[3] 시장에 와서 마음에 드는 신발을 고르고 나서야 준비해 놓은 끈을 집에 두고 온 것을 알았다는 내용입니다. 결국 끈을 안 챙겨 왔다는 것이 핵심 내

용이므로, 신발을 고르는 구체적인 과정은 생략해도 좋습니다.

- 第二天一大早他就出发了: 시간을 묘사하는 부분은 그대로 옮기기
- 满意(O): 마음에 들다
  满足(X): 더 이상 욕심이 없어 만족하다

요약 第二天一大早他就出发了。他来到集市上的一家鞋铺前，挑了一双觉得满意的鞋子，但是这时他才发现自己忘了带准备好的绳子。

[4] 자신의 실수를 깨달은 인물이 서둘러 집에 돌아가서 끈을 가지고 다시 시장으로 왔지만, 시간이 늦어서 결국 신발을 사지 못했다는 내용입니다. 이 단락에 어려운 표현들이 많지만 대부분 생동감을 주려고 쓰는 표현이므로, 혼잣말, 묘사는 생략해도 좋습니다.

- 于是他放下鞋子赶紧回家去了: 于是가 있는 문장은 결과 문장이므로 반드시 쓰기
- 回到家里，他从枕头底下拿出了量好的绳子，又急急忙忙赶往集市。 → 回到家里，他拿出了绳子，又去了集市。
- 鞋没买成(O): 신발을 사지 못했다
  不能买鞋(X): 과거형으로 쓰이지 않으므로 '못 샀다'를 표현할 수 없음

요약 他很后悔，赶快回家去取绳子。但是他回到集市上的时候，鞋铺已经关门了。

[5] 지나가던 행인이 주인공의 어리석음을 비웃으며 방법을 알려 주었지만, 주인공은 끝까지 고집스러운 행동을 보입니다. 결말 부분이 대화로 끝나는 구조이므로, 그대로 암기해서 쓰기보다는 간접화법으로 바꾸어 핵심 내용만 전달하도록 합니다.

- 问+대상+묻는 내용: ~에게 …을 묻다[대상 앞에 对, 向, 给 등 전치사는 쓸 수 없음]
- 那人听了以后不明白，就问他："你是帮谁买鞋？" → 那人问他是给谁买鞋。
- 郑国人说："当然是给我自己买鞋啦！" → 郑国人说是给自己买鞋。
- 他说："你自己买鞋，用你的脚试一下不就行了吗？还跑回去拿什么尺码呢？" → 他说自己买鞋，自己直接试一下就可以了。
- 他回答说："那可不成，尺码是昨天量好的，量好的尺码才可靠，我的脚是不可靠的。我宁可相信尺码，也不相信我的脚。" → 他回答说，他只相信尺码，不相信自己的脚。

요약 这时，有个人路过，看见他垂头丧气的样子就问他怎么了，他把事情的经过给他讲了一遍，那人听了以后问他是给谁买鞋，他说是给自己买鞋。那人告诉他给自己买鞋的话，自己直接试一下就可以了。但他却回答说，他只相信尺码，不相信自己的脚。

단어 **愚蠢** yúchǔn 혱 어리석다, 멍청하다 | **脚趾** jiǎozhǐ 몡 발가락 | **鞋帮** xiébāng 몡 밑창을 뺀 신발의 윗부분 | **走冤枉路** zǒu yuānwanglù 헛걸음하다 | **尺码** chǐmǎ 몡 치수, 사이즈 | **枕头** zhěntou 몡 베개 | **紧赶慢赶** jǐngǎn màngǎn 급히 서두르다 | **熙熙攘攘** xīxīrǎngrǎng 혱 왕래가 빈번하고 번화하다, (사람이) 바글거리다 | **琳琅满目** línlángmǎnmù 혱 갖가지 훌륭한 물건이 매우 많다[주로 책이나 공예품을 가리킴] | **掌柜的** zhǎngguìde 몡 (가게) 주인 | **上乘** shàngchéng 몡 최상, 최고 | **脑门** nǎomén 몡 이마[=前额 qián'é] | **懊恼** àonǎo 혱 (마음이) 언짢다, 괴롭다 | **气喘嘘嘘** qìchuǎnxūxū (숨을) 헐떡거리다 | **浸湿** jìnshī 동 적시다, 축축해지다 | **收摊** shōutān 동 노점을 거두다 | **窟窿** kūlong 몡 구멍 | **垂头丧气** chuítóusàngqì 혱 의기소침하다

모범답안 |

[60점 목표 모범답안]

郑国人买鞋

有个郑国人住在乡下，他很笨。一天，他的鞋子坏了，所以他打算去集市上买一双新鞋子。

他心想万一买回来的鞋子不合适，要回去换的话很麻烦，于是就想了一个办法。他找了一根绳子，把自己脚的尺寸用绳子都量好了，然后把绳子放在了枕头下面，准备第二天拿着绳子去集市上买鞋。

第二天一大早他就出发了。他来到集市上的一家鞋铺前，挑了一双觉得满意的鞋子，但是这时他才发现自己忘了带准备好的绳子。

他很后悔，赶快回家去取绳子。但是他回到集市上的时候，鞋铺已经关门了。

这时，有个人路过，看见他垂头丧气的样子就问他怎么了，他把事情的经过给他讲了一遍，那人听了以后问他是给谁买鞋，他说是给自己买鞋。那人告诉他给自己买鞋的话，自己直接试一下就可以了。但他却回答说，他只相信尺码，不相信自己的脚。

정나라 사람이 신발을 사다

어떤 정나라 사람이 시골에서 사는데, 그는 매우 멍청하다. 하루는 그의 신발이 망가져서 그는 재래시장에 가서 새 신발 한 켤레를 사려고 했다.

그는 속으로, 사 온 신발이 맞지 않아 돌아가서 바꾸어 한다면 귀찮을 것이라 생각해서 한 가지 방법을 생각해 냈다. 그는 끈을 하나 찾아서 자신의 발 치수를 끈으로 잘 재었다. 그러고는 끈을 베개 밑에 두었다가 이튿날 끈을 들고 재래시장에 가서 신발을 사려고 했다.

이튿날 이른 아침에 그는 출발했다. 그는 직접 재래시장의 한 신발 가게 앞에 와서 마음에 드는 신발 한 켤레를 골랐지만, 이때 그는 비로소 자신이 준비한 끈을 챙기는 것을 깜박했다는 걸 발견했다.

그는 아주 후회하며, 얼른 집에 돌아가서 끈을 챙겼다. 하지만 그가 재래시장에 돌아왔을 때, 신발 가게는 이미 문이 닫혀 있었다.

이때, 누군가가 지나가면서 그의 의기소침한 모습을 보고서 그에게 어찌된 일인지 물었다. 그가 일의 경과를 그에게 말하자, 그 사람은 듣고 난 후 누구에게 신발을 사 주는 것인지 물었다. 그는 자기 신발을 사는 것이라 말했다. 그 사람은 자신의 신발을 사는 거라면 직접 신어 보면 되지 않느냐고 그에게 말했지만, 그는 오히려 자기 치수만 믿지 자신의 발을 믿지 않는다고 대답했다.

郑人买履

有一个郑国人住在乡下，是村里出了名的笨蛋。一天，他发现鞋子坏了，于是打算去集市上买一双新鞋。他心想万一买回来的鞋子不合适，要回去换的话很麻烦，于是就想了一个办法。他找了一根绳子，把自己脚的尺寸用绳子都量好了，然后把绳子放在了枕头下面，准备第二天拿着绳子去集市上买鞋。

第二天，他走了很远的路，到了集市上的一家鞋铺。他左挑右选，最后选中了一双样式和质量都让自己觉得很满意的鞋子。但是正当他准备把鞋买下来的时候，才发现尺码竟然忘记带来了。

他放下鞋子，赶紧回家去拿量好的尺码。等他又赶到集市上的时候，太阳已经快下山了，鞋铺也关门了。所以他的鞋也没买成。

这时，有个人路过，看见他垂头丧气的样子就问他发生了什么事情，他把事情的经过给他讲了一遍，那人听了以后百思不得其解，问他是给谁买鞋，他说是给自己买鞋。那人一听大笑起来，告诉他给自己买鞋的话，自己直接试一下就可以了。但他却回答说，自己的脚是不可靠的，他宁可相信尺码，也不相信自己的脚。

정나라 사람이 신발을 사다

어떤 정나라 사람이 시골에서 사는데, 마을에서 이름난 멍청이였다. 하루는 그가 신발이 망가진 것을 발견하고는 재래시장에 가서 새 신발 한 켤레를 사려고 했다. 그는 속으로, 사 온 신발이 맞지 않아 돌아가서 바꿔야 한다면 귀찮을 것이라 생각해서, 한 가지 방법을 생각해 냈다. 그는 끈을 하나 찾아서 자신의 발 치수를 끈으로 잘 재었다. 그러고는 끈을 베개 밑에 두었다가 이튿날 끈을 들고 재래시장에 가서 신발을 사려고 했다.

이튿날, 그는 아주 먼 길을 걸어서 재래시장의 한 신발 가게에 도착했다. 그는 이것저것 고르다가 결국 모양과 품질이 매우 마음에 드는 신발을 골랐다. 하지만 마침 그가 신발을 사려고 할 때, 그제야 치수 챙겨 오는 것을 깜박했던 걸 알아차렸다.

그는 신발을 내려놓고, 얼른 집에 돌아가서 재 놓은 치수를 챙겼다. 그가 또 재래시장에 서둘러 도착했을 땐, 해가 곧 지려고 했고 신발 가게도 문이 닫혀 있었다. 그래서 그는 신발도 사지 못했다.

이때, 누군가가 지나가면서 그의 의기소침한 모습을 보고는 그에게 무슨 일이 일어난 것인지 물었다. 그가 일의 경과를 그에게 말하자, 그 사람은 듣고 난 이후에 도무지 이해가 되지 않아서 누구에게 신발을 사 주는 것이냐 물었고, 그는 자신의 신발을 사는 것이라고 말했다. 그 사람은 듣고 크게 웃으며, 자신의 신발을 사는 거라면 자신이 직접 신어 보면 되지 않느냐고 그에게 말했다. 하지만 그는 오히려, 자신의 발은 믿을 수가 없으니 자긴 치수를 믿을지언정 자신의 발은 믿지 않는다고 대답했다.

단어 | 履 lǚ 명 신발 | 百思不得其解 bǎi sī bùdé qí jiě 성 도무지 이해가 되지 않는다

중국어회화 핵심패턴 233

부록
- 휴대용 소책자
- mp3 파일
  무료 다운로드

엄상천 지음 | 296쪽 | 15,800원

패턴 233개만 알면 중국어 말문이 트인다!

중국인들이 일상생활에서 밥 먹듯이 쓰는 **알짜배기 패턴 233개!**
입 트이기에 최적화된 구성으로 **회화를 완벽하게 트레이닝** 할 수 있습니다.

난이도	첫걸음	초급	중급	고급		기간	80일

대상	기초를 끝내고 회화를 본격적으로 시작하려는 학습자	목표	내가 말하고 싶은 기초회화 마스터하기

1 | 시나공법만 알면 된다!

각 영역별, 부분별로 정답을 고르는 방법을 〈시나공법〉으로 정리했습니다.
책만 따라 하면 실제 시험에서 정답이 한눈에 들어옵니다!

2 | 최다 합격생 배출 리우&쉬엔의 전략으로 합격한다!

오프라인 강의에서만 배울 수 있었던 저자의 노하우를 한 권에 담았습니다.
'학습 순서 바꾸기 전략', '字로 단어 암기법', 배경지식까지 합격의 지름길을 제시합니다!

3 | 국내 최초! 최신 듣기 모의고사 추가 수록!

더 빨라지고 어려워진 시험 경향 반영! 듣기 모의고사 2회분을 추가 수록했습니다.
3가지 빠르기의 mp3, 휴대용 소책자, 학습자료를 활용해 완벽하게 대비하세요!

본책	정답 및 해설	휴대용 소책자〈HSK 6급 비법노트〉	3가지 빠르기 mp3파일	HSK 6급 시나공 족보	HSK 6급 최우선 단어 800	최우선 단어 800 쓰기노트	단어 받아쓰기	녹음지문 받아쓰기	다시 풀어보기 복습자료

값 25,000원

시나공 HSK 6급
Crack the Exam! - HSK for Level 6   ISBN 979-11-5924-127-7

03720

9 791159 241277